DAS GROSSE TOLKIEN-LEXIKON

W0231257

Friedhelm Schneidewind

DAS GROSSE
TOLKIEN-LEXIKON

Von »Roverandom« bis zum »Silmarillion«,
vom »Kleinen Hobbit« bis zum »Herrn der Ringe« –
eine phantastische Reise durch die Welt
des John R. R. Tolkien

Mit einem Titelbild und Illustrationen
von Ulrike Schneidewind

LEXIKON IMPRINT VERLAG

*Hinter oder über oder außerhalb der Science Fiction,
aber über sie wachend wie das Schloss in Kafkas Roman
über das Dorf, steht J. R. R. Tolkiens Trilogie
»The Lord of the Rings.«*

Brian W. Aldiss, 1973

Inhalt

Rechtliche Hinweise

Dieses Buch wird nicht gesponsert oder unterstützt, weder von Tolkien Enterprises noch von Christopher Reuel Tolkien und Frank Richard Williamson, den Verwaltern des Erbes von J. R. R. Tolkien, einem der Verlage, bei denen Tolkiens Bücher erscheinen, noch einer anderen Firma. Das Buch erscheint unabhängig von diesen Personen und Unternehmen. Mit ihnen besteht auch keine andere geschäftliche Verbindung bei der Veröffentlichung dieses Buches.

Alle geäußerten Meinungen gehen allein auf den Autor Friedhelm Schneidewind zurück und entsprechen nicht notwendigerweise denen von J. R. R. Tolkien, Christopher Tolkien, Tolkien Enterprises, der beteiligten Verlage oder deren Lizenznehmern.

Alle Warenzeichen gehören dem jeweiligen Besitzer, auch wenn dies nicht extra aufgeführt ist. THE HOBBIT und THE LORD OF THE RINGS und alle Charaktere und Orte darin sind Warenzeichen von TOLKIEN ENTERPRISES, Berkeley, CA. Alle Charaktere und Orte aus den Werken von J. R. R. Tolkien sind Warenzeichen unter Lizenz von Collins, verlegende Ausführer von Unwin Hyman Ltd., und George Allen & Unwin Ltd., London, UK. Dies gilt auch für die deutschen Äquivalente. Alle Rechte an Materialien, die in Zusammenhang mit der Filmtrilogie stehen, sind Eigentum von New Line Cinema und Kinowelt Medien AG.

Die Nennung von als Marken geschützten Wörtern erfolgt in diesem Lexikon, wie in Nachschlagewerken üblich, ohne Erwähnung etwa bestehender Patente, Gebrauchsmuster oder Marken. Das Fehlen eines solchen Hinweises berechtigt also nicht zu der Annahme, eine nicht gekennzeichnete Ware, Marke oder Dienstleistung sei frei.

Vorwort

Dieses Lexikon ist das Ergebnis einer jahrzehntelangen Beschäftigung mit dem Künstler, den ich für den größten Fantasy-Autor überhaupt halte. Seit ich 1978 innerhalb weniger Tage zum ersten Mal den »Herrn der Ringe« und das »Silmarillion« verschlang, hat mich seine Welt nicht mehr losgelassen – ich schrieb Artikel dazu und Lieder, entwickelte ein eigenes Quenya-Lexikon und Computerzeichensätze, baute Tolkiens Welt und Figuren ins Rollenspiel ein und hielt Vorträge zu meinem Lieblingsautor.

Tolkien und seine Ideen bestimmten nicht nur mein Leben wesentlich mit; sie hatten wesentlichen Einfluss auf Literatur und Kultur der zweiten Hälfte des 20. Jahrhunderts, auf die Studentenbewegung wie auf die Musik, und nicht zuletzt gilt Tolkien mit gutem Recht als Begründer des literarischen Genres Fantasy. Und dies, obwohl zu seinen Lebzeiten eigentlich nur zwei seiner Werke größere Bedeutung erlangten, der »Hobbit« und der »Herr der Ringe«. Schon das posthum veröffentlichte »Silmarillion« (1977, in Deutschland 1978) ist ein Buch für »echte Fans« und Spezialisten geblieben, und es ist ja auch wirklich nicht leicht zu lesen: Das von manchen Kritikern mit dem Alten Testament verglichene Werk umfasst auf wenigen hundert Seiten immerhin einen Zeitraum von vielen tausend Jahren, von der Erschaffung der Welt bis zur Zeit nach dem Ringkrieg, mit kompletter Kosmogonie, Mythologie und Religion und sogar eigenen Sprachen und Schriften. Tolkiens andere zu Lebzeiten veröffentlichte Werke, die nicht in »Mittelerde«, der Welt des »Herrn der Ringe« und des »Silmarillion«, spielten, wurden ebenfalls nur einem kleinen Kreis von Liebhabern bekannt, Beispiele sind die (in Deutschland erst 1975 veröffentlichten) »Fabelhaften Geschichten«: »Blatt von Tüftler« (1945), »Bauer Giles von Ham« (1949) und »Der Schmied von Großholzingen« (1967).

Obwohl also das bis zu seinem Tod 1973 veröffentlichte Werk nur ein paar Bücher mit weniger als 2000 Seiten umfasst, galt Tolkien bereits damals als der unumstrittene Alt- und Großmeister der phantastischen Literatur, als der Mann, der diese Art Literatur überhaupt erst zu einem eigenständigen Genre machte. Vergleicht man den Umfang seines Werkes mit dem anderer erfolgreicher, Genre-prägender Autorinnen und Autoren, wird besonders deutlich, was Tolkien damit geleistet hat: Über 80 Bücher veröffentlichte die erfolgreichste Autorin aller Zeiten, die »Queen of Crime« Agatha Christie. Von Karl May liegen über 80 Bücher vor, Hedwig Courths-Mahler erschrieb sich ihren Ruf als Meisterin der Trivial-Literatur mit über 200 Romanen. Selbst Joanne K. Rowling übertrumpft mit ihren bisher erschienenen vier Harry-Potter-Bänden den Tolkien der frühen 70er-Jahre – umfangmäßig betrachtet.

Wenn es nicht die Menge ist – was also macht Tolkien so einzigartig, so beliebt und begehrt? Dies ist eines der meistdiskutierten Themen sowohl in der Fachwelt wie in der Fan-Gemeinde, und ich maße mir nicht an, diese Frage allgemeingültig zu beantworten. Letztendlich kann und muss jede Leserin und jeder Leser selbst beantworten, was sie oder ihn an Tolkien fasziniert (oder eben nicht). Für mich sind dies die Sprache Tolkiens ebenso wie der romantisch-tragische Stil, der viele seiner Geschichten auszeichnet, und der immer wieder vermittelte Eindruck, dass im Hintergrund ein riesiger Fundus unerzählter Geschichten wartet. Mich begeistert aber auch die Komplexität seiner Plots und die Großartigkeit seiner Mythologie, hat Tolkien doch einen der umfangreichsten, fantastischsten und schlüssigsten Mythen der gesamten Literatur geschaffen. Aus der frühen Erkenntnis heraus, dass seinem Land eine umfassende Mythologie fehle, entstand bei Tolkien die Idee, eine komplette Kosmogonie und Mythologie zu erschaffen; dabei erzählt er eben nicht Geschichten aus und über eine frei erfundene, eine parallele oder eine Alternativ-Welt, sondern über unsere Welt und unsere Vor-Geschichte: »Mittelerde ist unsere Welt.« Tolkiens Werk bietet zudem viele zusätzliche Aspekte, bis hinein in den politischen Raum, auch wenn er selbst es nie politisch verstanden wissen wollte. Immerhin gingen in den USA 1968 Studierende auf die Straße mit dem Slogan »Gandalf for President« und wird der »Herr der Ringe« seit Jahren in den Nachfolgestaaten der ehemaligen Sowjetunion mit Begeisterung und auch als politische Allegorie gelesen. Und der letzte Teil des »Herrn der Ringe« behandelt den Kampf zwischen Industrie und Umwelt, zwischen Ausbeutung und humaner Lebensweise, oder, modern gesprochen, zwischen Ökonomie und Ökologie. Zudem kann man in den Werken des eigentlich konservativen Autors zu zahlreichen Aspekten des Menschseins Bedenkenswertes und oft auch Utopisches finden. Ich teile die Auffassung von Tom Shippey, dass es nicht nur unsere Fähigkeit, sondern sogar unsere Aufgabe ist, in Tolkiens Werken auch Metaphorisches zu finden und so manches, was Tolkien selbst nicht darin sah – dies ist, wie Umberto Eco stets betont, eine der wesentlichen Eigenschaften guter Kunst.

1996 wurde der »Herr der Ringe« bei einer Umfrage in England zum *wichtigsten* Buch des Jahrhunderts gewählt, es folgten mehrere Umfragen in den USA und Großbritannien, die alle den Herrn der Ringe« zum *besten* Buch des Jahrhunderts kürten, und die etwa 50.000 Mitglieder der englischen »Folio Society« wählten Tolkiens Werk sogar zum besten Buch aller Zeiten. »Buch des Jahrhunderts« wurde der »Herr der Ringe« 1999 bei einer Umfrage von *amazon. com*, und nach einer weiteren Umfrage soll er auch das meistgelesene Buch des Jahrhunderts sein. Klett-Cotta, Tolkiens deutscher Verlag, behauptete in der »Tolkien-Times« im August 2001, das Werk sei nach der Bibel das meistgelesene Buch der Welt. Eines der bedeutendsten ist es auf jeden Fall, selbst wenn dies nicht stimmen sollte – die Auflagenhöhe ist ja nicht das entscheidende Kriterium für die Bedeutung eines Buches, sonst würde man zahlreichen Werken der Weltliteratur nicht gerecht. Sicher werden »Ulysses«, der »Faust« oder Shakespeares Werke nicht so häufig gelesen wie z. B. Harry Potter (zumindest nicht freiwillig ...)

Unabhängig von der Zahl der Leserinnen und Leser steht Tolkiens Werk in der phantastischen Literatur einzigartig da. Seit dem »Herrn der Ringe« schreibt man als phantastischer Autor oder Autorin entweder »wie Tolkien« oder eben »anders als Tolkien«. Einen »erratischen Block«, einen Findling in der literarischen Landschaft des 20. Jahrhunderts, nannte sein Werk 1983 ein Fantasy-Lexikon. Helmut W. Pesch, einer der renommiertesten Tolkien-Kenner, sieht es in einer Bestandsaufnahme im Herbst 2001 eher als alten, einsamen, ein wenig morschen Baum, dessen Wurzeln sich weit ausbreiten. Ich finde das Bild des mächtigen, schattenspendenden Baumes sehr schön, zumal es zu Tolkiens eigener Vorstellung aus »Blatt von Tüftler« passt. Doch sehe ich ihn nicht als morsch an. Sicher mag es manche schwachen und morschen Zweige geben, doch insgesamt erblicke ich einen Baum in vollem Saft und Kraft, heute mächtiger denn je. Dies gilt umso mehr, wenn man nicht nur die Hauptwerke betrachtet, sondern auch die Impulse berücksichtigt, die Tolkien mit seinen anderen Geschichten gesetzt hat. Für mich ist und bleibt Tolkien unerreicht.

Die Tolkien-Begeisterung hat, seit die Film-Trilogie zum »Herrn der Ringe« angekündigt ist, noch einmal stark zugenommen. Viele Menschen werden durch diese Filme, deren erster im Dezember 2001 in die Kinos kommt, ihren ersten und vielleicht auch einzigen Kontakt mit dem Meister der Fantasy erleben, andere werden sich beim Lesen oder Hören auf die üblichen Hauptwerke beschränken, den »Hobbit« und den »Herrn der Ringe« (die einzigen, die auch als Hörspiele vorliegen). So manche werden Tolkiens Ideen nicht durch sein Werk, sondern die zahlreichen Merchandising-Artikel kennen lernen – sofern sie irgend etwas mit Fantasy zu tun hatten, *kennen* sie sie sowieso schon, auch wenn sie sie nicht *erkennen*.

Ich möchte allen diesen Leuten mit meinem Lexikon ein Hilfsmittel an die Hand geben, den komplexen Kosmos von Mittelerde besser zu verstehen und sich in der Vielzahl der Figuren, Völker, Sprachen, Lieder und Geschichten zurechtzufinden, ohne deshalb unbedingt das »Silmarillion« lesen zu müssen (das ich aber unbedingt empfehle!) oder gar die 12-bändige »History of Middle-Earth«, die Christopher Tolkien in den 80er-Jahren zusammenstellte (und von der nur die ersten beiden Bände auf Deutsch erschienen sind).

Dieses Lexikon soll aber auch denen nutzen, die sich intensiver mit Tolkien beschäftigen, für Lehre, Studium oder das Schreiben mehr wissen müssen oder sich gar wissenschaftlich mit seinem Werk auseinander setzen. Deshalb finden sich viele Hinweise auf Geschehnisse und Personen, die nur im »Silmarillion«, den »Nachrichten aus Mittelerde« oder der »History of Middle-Earth« zu finden sind. Das Lexikon kann und soll das Lesen dieser Werke nicht ersetzen – alleine die »History« umfasst mit ihren 12 Bänden mehrere tausend Seiten –, aber es soll das Wesentliche finden lassen und als Wegweiser dienen zu einer weiteren Recherche in Tolkiens Werken. Wenn es Widersprüche gibt – und diese finden sich in Tolkiens Werk nicht selten –, habe ich mich an jene Variante gehalten, die von Christopher Tolkien, dem wohl besten Kenner der Werke seines Vaters, als die wahrscheinlichste ausgegeben oder als letzte veröffentlicht wurde. Dies mag im Einzelfall dazu führen, dass ich andere Daten angebe als sie etwa in den Anhängen zum »Herrn der Ringe« stehen; ich gebe dann jeweils den Grund an.

Unmöglich ist es, in diesem Werk alle von Tolkien erfundenen Sprachen bis in die Einzelheiten darzustellen. Ein komplettes Wörterbuch alleine der Elbensprachen würde den Rahmen dieses Lexikons weit sprengen, und eine genauere etymologische Betrachtung oder einzelne Quellenangaben sind schon gar nicht möglich. Doch finden sich wichtige Begriffe der beiden bedeutendsten Elbensprachen, des Quenya und des Sindarin, sowie Quellenangaben und Hinweise zu weiteren Recherchen, insbesondere auch im Internet, außerdem habe ich die Grundlagen aller Sprachen dargestellt.

Die komplexe Sprachentwicklung bei Tolkien sorgt dafür, dass viele Begriffe in sehr unterschiedlicher Schreibweise vorkommen, besonders gibt es häufig unterschiedliche Varianten bei den Akzenten. Tolkien selbst hat diese manchmal in einem einzigen Manuskript unterschiedlich gehandhabt; sein Sohn Christopher hat schon in seinen Veröffentlichungen eine teilweise Vereinheitlichung vorgenommen. Ich verwende in der Regel die Form, die in den bekannteren Werken, dem »Silmarillion« und dem »Herrn der Ringe«, in den deutschen Übersetzungen vorkommt; nur wichtige Abweichungen bei bedeutenden Begriffen habe ich eigens angegeben. Auch habe ich die im Deutschen inzwischen übliche Schreibweise übernommen, bei Doppellauten wie z. B. ai oder ea auf die Punkte über einem der Vokale zu verzichten, also z. B. *Earendil* statt *Eärendil* und *Feanor* statt *Fëanor* zu schreiben, denn dies würde im Deutschen oft nur zu Verwirrung führen. Man merke sich einfach, dass bei Tolkien solche Doppellaute immer wie zwei getrennte Laute zu sprechen sind. Anders ist es bei Begriffen wie *Emerië*, wo man im Deutschen ohne die Punkte über dem e sonst vielleicht ein langes i sprechen würde.

Es war mir nicht möglich, alle englischen Begriffe aufzuführen; bei wichtigen Personen, Gegenständen oder Begriffen habe ich jedoch auch die englische Form angegeben. Sie ist durch *kursive Schrift* gekennzeichnet und verweist in der Regel auf den deutschen Begriff. Leider gibt es nicht selten, bedingt durch die neuen Übersetzungen des »Hobbit« und des »Herrn der Ringe«, auch mehrere deutsche Namen oder Gedichtanfänge. Manche sind gewöhnungsbedürftig, etwa *Rosie Kattun* statt *Rosie Hüttinger*. Ich habe meist beide Formen angegeben und jeweils gekennzeichnet, um welche Übersetzung es sich handelt. Personen mit Vor- und Nachnamen findet man in der Regel unter ihrem Familiennamen (z. B. »Tolkien, Priscilla«). Wichtige Figuren habe ich jedoch auch unter ihren Vornamen aufgeführt, da man sie dort eher suchen dürfte, und an dieser Stelle einen Verweis auf den Nachnamen gesetzt, und bei einigen Figuren findet man den Haupttext beim Vornamen – wer etwa würde bei Frodo schon nach Beutlin suchen oder bei Tom Bombadil nicht bei Tom schauen? – Wenn man einen Eintrag mit Artikel nicht unter diesem findet, schaue man unter dem Begriff ohne Artikel nach, und umgekehrt. Nicht immer habe ich in diesem Fall einen Verweis gesetzt. Manche Namen und Begriffe, die man unter C suchen mag, finden sich vielleicht unter K oder G und umgekehrt. Begriffe mit Umlauten (ä, ö, ü) finden sich eingeordnet bei denen mit nichtumgelauteten Vokalen: Die »Äußeren Lande« stehen also hinter dem »Außenmeer« und der »Düsterwald« hinter »Duruchalm«.

Bei Jahreszahlen in den vier Zeitaltern von Tolkiens Zeitrechnung bedeutet:

EZ	=	Erstes Zeitalter
ZZ	=	Zweites Zeitalter
DZ	=	Drittes Zeitalter
VZ	=	Viertes Zeitalter
AZ	=	Auenland-Zeitrechnung (DZ = AZ + 1600)

Ich habe meist nicht darauf verwiesen, aus welchen von Tolkiens Werken ich welche Information entnommen habe, meist sind sie aus vielen Quellen zusammengetragen. Wenn ich eine Angabe für sinnvoll hielt, finden folgende Abkürzungen Verwendung:

HOB	»Der Hobbit«
HdR	»Der Herr der Ringe«, evt. mit Angabe des Bandes
ANH	Anhänge zum »Herrn der Ringe«
SIL	»Das Silmarillion«
NAM	»Nachrichten aus Mittelerde«
HIS	»The History of Middle-Earth«, mit Bandangabe; HIS 1 und 2 sind »Das Buch der verschollenen Geschichten« Band 1 und 2

Für alle, die einen Blick über Mittelerde hinaus werfen wollen, werden auch die anderen Werke von Tolkien ausführlich vorgestellt, von den »Fabelhaften Geschichten« über seine wissenschaftlichen Werke und die »Briefe an den Weihnachtsmann« bis hin zu dem erst 1998 veröffentlichten Märchen »Roverandom«. Auch alle handelnden Figuren aus diesen Werken sind zu finden. Schließlich werden wichtige Gemälde und Zeichnungen von Tolkien und seine Lieder besprochen.

Bei Begriffen oder Wesen, die es auch in der Mythologie oder Geschichte unserer »gewöhnlichen Welt« gibt (die ja laut Tolkien Mittelerde *ist*, nur in einem anderen Zeitalter), habe ich in der Regel nicht nur beschrieben, wie diese und ihre Geschichte sich bei Tolkien darstellen, sondern auch ihre Einordnung und Hintergründe in unserer Welt und Mythologie. Umfassend werden Tolkiens Quellen, Ursprünge und fremde Einflüsse dargestellt – vom Sagenkreis um König Artus bis zur nordischen Sagenwelt, von der Edda bis zum finnischen Kalevala. Auch die Bereiche, auf die Tolkien und sein Werk Einfluss ausgeübt haben, werden behandelt, z. B. Brett- und Rollenspiele und besonders ausführlich die neue Verfilmung, inklusive vieler Informationen zu den Darstellenden.

Nicht zuletzt finden sich in diesem Lexikon umfangreiche biographische Angaben sowohl zu Tolkien selbst wie auch zu seinen Weggefährten und anderen Schriftstellerinnen und Schriftstellern seiner Epoche oder solchen, die ihn beeinflussten.

Zum schnellen Überblick findet sich am Ende des Lexikons eine umfangreiche Biobibliographie, in der zu Tolkiens Lebensdaten auch seine Veröffentlichungen angegeben sind sowie bis zum Erscheinen des »Herrn der Ringe« 1954 auch wichtige Ereignisse aus Politik, Wissenschaft und Kultur, um Tolkiens Lebenssituation leichter einordnen und bewerten zu können (zumal die meisten, die dieses Lexikon in die Hand nehmen, sich an diese Zeit kaum aus persönlichem Erleben erinnern dürften). Weitere Zeittafeln stellen in Kurzfassung die Geschehnisse der verschiedenen Zeitalter dar. Ein ausführliches Literaturverzeichnis soll ermöglichen, sich in der Vielzahl der veröffentlichten Tolkien-Ausgaben etwas zurechtzufinden wie auch weitere Recherchen zu betreiben.

Dies ist ein Nachschlagewerk – ich kann und will nicht die Geschichten erzählen, die bereits Tolkien so unnachahmlich erzählt hat. Dennoch würde ich mich freuen, wenn dieses Lexikon auch zum Schmökern benutzt wird. Wenn es obendrein jemanden verführen sollte, mehr von Tolkien zu lesen, umso besser – die Großartigkeit seiner Werke kann hier sowieso nur angedeutet werden. Tolkien muss man lesen!

Trotz sorgfältiger Recherche sind mir bei meiner Arbeit sicher auch Fehler unterlaufen. Falls jemand mich auf solche oder auf etwaige Versäumnisse aufmerksam machen möchte oder wenn jemand Anregungen hat, bitte ich um eine Nachricht, entweder an den Verlag oder direkt an mich, am besten per E-Mail an *Lexika4all@aol.com* oder an *jrrt@incantatio.de*.

Aktualisierungen, Ergänzungen und Korrekturen werde ich im Internet veröffentlichen unter *www.incantatio.de*.

Im Oktober 2001
Friedhelm Schneidewind

A

A Elbereth Gilthoniel

Altes Elbenlied, das → Frodo in → Bruchsal hört (HdR1), eine → Anrufung von → Elbereth, wie → Varda in Sindarin genannt wurde. Nur die erste Strophe ist überliefert, die sieben Zeilen haben das Muster *aababcc*. Eine Vertonung findet sich auf der CD → »An Evening in Rivendell« der dänischen Gruppe → »The Tolkien Ensemble«.

A Fourteenth Century Romance

Vorwort von Tolkien zur Sendung des → »Sir Gawain and the Green Knight« in Tolkiens Übersetzung im dritten Programm der BBC im Dezember 1953 (wiederholt 1954), abgedruckt in »Radio Times«, London, 4. Dezember 1953.

A Middle English Vocabulary

Als Hilfsmittel von Tolkien entwickelt für »Fourteenth Century Verse and Prose« von Kenneth Sisam; erschien getrennt von der ersten Ausgabe dieses Buches (1921) erst 1922 in Oxford bei Clarendon Press; in späteren Ausgaben wurde es als Glossar mitgedruckt, aber auch getrennt nachgedruckt.

A New English Dictionary on Historical Principles

Zunächst zehnbändiges Nachschlagewerk, dessen Erstellung 1888 begonnen wurde und 1928 fertiggestellt war. Tolkien arbeitete daran von 1918 bis 1920 mit. 1932 wurde das Werk neu aufgelegt als »The Oxford English Dictionary« (12 Bände), 1989 erschien eine von J. A. Simpson und E. S. C. Weiner überarbeitete und erweiterte 20-bändige Ausgabe.

A New Glossary of the Dialect of the Huddersfield District

Buch von Walter E. Haigh (London, Oxford University Press, 1928), zu dem Tolkien das Vorwort schrieb.

A Night in Rivendell

Die zweite CD der dänischen Formation → »The Tolkien Ensemble« von 2000 beinhaltet folgende Titel: »A Rhyme of Lore« · »Gandalf's Song of Lórien« · »Lament of the Rohirrim« · »Frodo's Lament for Gandalf« · »Bilbo's Song« · »Gollum's Song« · »Lament for Boromir« · »Song in the Woods« · »The fall of Gil-galad« · »Lament for Theodén« · »Song of the Mounds of Mundburg« · »Elven Hymn to Elbereth Gilthoniel, A Elbereth«

A Secret Vice

»Ein heimliches Laster«: Essay von Tolkien über seine Liebe zu Sprachen und darüber, dass letztendlich seine Mythologie von → Mittelerde und seine Geschichten in erster Linie entstanden seien, um die Sprachen eine Geschichte zu geben, in der sie sich entfalten konnten. wahrscheinlich entstanden 1931, veröffentlicht 1983 in »The Monsters and the Critics and Other Essays«, deutsch in »Gute Drachen sind rar« (1984) und in »Die Ungeheuer und ihre Kritiker« (1987).

A Spring Harvest

Gedichtsammlung von Geoffrey Bache → Smith, herausgegeben 1918 bei Erskine MacDonald von Tolkien und C. L. → Wiseman, die damit ihrem gefallenen Freund ein Denkmal setzten. Seine einleitende Bemerkung zeichnete Tolkien mit »J.R.R.T.«.

Abendrot-Berge

Die Emyn Uial (Sindarin), in → Westron Evenim-Berge genannt:eine niedrige, in nord-südlicher Richtung verlaufende Bergkette nördlich des → Auenlandes. An ihrem Fuß liegt der Abendrotsee, der See → Nenuial.

Abendrot-See

Auch »Evendim-See« genannt oder »See des Zwielichts«, der See → Nenuial nördlich des → Auenlandes; an seinen Ufern lag → Annúminas, der alte Sitz der Könige von → Arnor.

Abendstern

Übersetzung von Undomiel, Beiname von → Arwen

Abendstern

Die → Venus, in der Mythologie der → Elben → Earendil, der als Stern in seinem Schiff → Vingilot am Himmel seine Bahn zieht.

Abenteuer des Tom Bombadil, Die

Das Gedicht → »The Adventures of Tom Bombadil«

Abenteuer des Tom Bombadil und andere Gedichte aus dem Roten Buch, Die

Deutscher Titel von → »*The Adventures of Tom Bombadil and other verses from The Red Book*« (1962), in Deutschland veröffentlicht 1984

abonnen (Sindarin)

»nachgeboren«, eine Bezeichnung der → Elben für die Menschen

Abstammungsgemeinschaft

Der Fachbegriff für die »Herkunft des Volkes (oder Stammes)« ist »Origo gentis«, und diese bestimmt Tolkiens Welt in so erheblichem Maße, dass manche Kritiker ihm sogar → Rassismus vorgeworfen haben. Die Abstammungslinien der großen Helden und – selten – Heldinnen werden stets ausführlich behandelt, etwa wenn mehrfach betont wird, dass in → Elrond und → Elros und durch diesen auch in → Aragorn (II.) sowohl das Blut der Menschen wie der → Elben, ja sogar der → Maiar, fließe. Wichtig ist auch, dass Aragorn aus dem Ersten Haus der Menschen, dem Volk von → Beor, abstammt. Das ganze Konzept der → Dúnedain basiert auf Abstammungslinien, und → Faramir erklärt → Frodo im → »Herrn der Ringe« einmal ausführlich, wie man in → Gondor die Menschen nach ihrer Abstammung einteilt: in hohe Völker oder Menschen des Westens, in mittlere Völker oder Menschen des Zwielichts, und in wilde oder Dunkelmenschen. Christopher Tolkien weist immer wieder auf Abstammung und → Rasse hin, z. B. seien die → Dunländer *»Überbleibsel einer alten Menschenrasse«* (NAM). Krege übernimmt diese Formulierungen und spricht etwa im »Handbuch der Weisen von Mittelerde« von »edlen Rassen«. Auch die Elben in den ersten beiden Zeitaltern beziehen sich immer wieder auf Abstammung und Verwandtschaftsbeziehungen, dies geht manchmal, wie bei den Menschen, bis zu Formen von → Rassismus. Die Blutslinie spielt auch oft eine wichtige Rolle in der Auswahl der Handelnden und in deren Bewertung. Und sogar bei → Bäumen ist die Abstammungslinie wichtig, etwa wenn der → Weiße Baum von Gondor auf die → Zwei Bäume von Valinor zurückgeführt wird. – Tolkien hat dadurch, dass er Elben, Menschen und → Zwerge als getrennt Geschaffene beschreibt, eine in der modernen Biologie nicht bekannte und von der Situation der heutigen Menschen stark abweichende Grundbedingung geschaffen:

Sie sind keine Rassen, aber auch keine Arten im biologischen Sinn, denn diese wären nicht kreuzbar. Alle modernen Menschen jedoch sind von einer Art, egal, welcher Rasse sie angehören. – In seinen Vorstellungen zu Abstammung und Blutsverwandtschaft steht Tolkien ansonsten ganz in der Tradition, sowohl seines monarchistisch organisierten Landes wie auch der alten → Sagas, an denen er sich ja stark orientiert. Diese Ideen sind nicht nur sehr alt, sondern waren auch stets weit verbreitet; für viele Völker sind sie sogar bis heute grundlegender Bestandteil ihrer Identität, wie es ja auch bei den Elben und den → Dúnedain immer wieder deutlich wird. *»Die ›Origo gentis‹ schildert die ›Geburt des Volkes‹ und will dessen Wesen und Identität anhand der Genealogien und Geschlechterabfolgen aufweisen. Eigentlich ist es ein ›Ursprungsmythos‹: Der Anfang enthält bereits die ganze Geschichte, denn dort sind die Lebenskraft wie auch die Lebensnormen für alle Zukunft grundgelegt worden. In der sich verkettenden Geschlechterabfolge nimmt dieses anfanghaft-vorbildliche Leben seinen Weg durch die Geschichte bis zur Gegenwart. Die Genealogie verbürgt, dass rechtes und ganzes Leben sich dort vollzieht, wo man am Blut des Ursprungs teilhat. Zumal in ›Gesellschaften ohne Staat‹ liefert die ›Origo gentis‹ die Grundlage des Selbstverständnisses wie des Lebenssystems der eigenen Gesellschaft. [...] Dabei soll der Blick sowohl auf die innere Struktur der sich durch Abstammung definierenden Gruppen gelenkt werden als auch auf die Außenbeziehungen, die solche Gruppen mit anderen unterhalten. An erster Stelle ist der ›Stammvater‹ anzuführen oder, wie Karl Hauck ihn genannt hat, der ›Spitzenahn‹. Von ihm als dem göttlichen oder halbgöttlichen Urvater stammen König, Adel und Volk ab. [...] Aus der Idee des Spitzenahns ergibt sich die besondere Bedeutung der Ahnen und der blutsmäßigen Abstammung, denn für den lebenswichtigen Anschluss an den Spitzenahn bedarf es der Ahnenreihe. [...] Im Binnenkreis ist es die Blutsverwandtschaft mit ihrem Gefälle vom Clan bis zu den Grenzen des eigenen Volkes, wo das Zusammengehörigkeitsgefühl aufhört, ja umschlägt in ›natürliche Feindschaft‹. Innerhalb dieses Eigenkreises herrscht eine hohe soziale Binnenverpflichtung, wobei aber das soziale Innengefüge wie auch das Herrschaftsrecht nochmals durch Abstammung und Blut differenziert sind: Das ganz reine Blut schafft ein Geblütsvorrecht und begründet Herrschaft, während das mindere Blut das gemeine Volk ausmacht, und so kann auch hier wieder Krieg entstehen. Die Sklaven endlich sind, weil nicht von gleichem Blut, ›Untermenschen‹, in der Antike sogar eine Sache.«* (Arnold Angenendt: »Geschichte der Religiosität im Mittelalter«, Darmstadt 1997). Dies galt in der Antike fast durchgehend. Bei den → Griechen wie bei den Römern, den Juden wie den → Germanen oder → Kelten, die ja auch Vorbilder von Tolkiens Welt sind, wurde *»die Entstehung der Welt und der Götter als Abfolge von Zeugungen und Geschlechtern aufgefasst«* (Wolfgang Speyer, 1976). Auch im Mittelalter war die Verwandtschaft, etwa die Stammeszugehörigkeit, von überragender Bedeutung; das adelige Geburtsrecht und die von der Abstammung hergeleitete Königsherrschaft wurden als natürliche Institutionen betrachtet – wie man es bei → Aragorn und seinem Anspruch aufgrund von Abstammung findet. Bei Tolkien als konservativem Monarchisten mit ausgeprägtem Standes- und Klassenbewusstsein mag das nicht wundern; erstaunlich finde ich es jedoch, in wie vielen modernen Fantasy-Geschichten die Abstammung als adelndes Element herangezogen wird. Wenn damit zur Erklärung, wie bei den Deryni-Romanen von Katherine Kurtz oder den Harry-Potter-Büchern von Joanne K. Rowling, eine genetische Komponente verbunden ist, also etwa die Vererbung von Zauberfähigkeiten, ist dies ja noch einleuchtend, doch alles, was darüber hinausgeht, entspricht weder einem modernen Menschenbild noch einer demokratischen Gesellschaft. Nun muss eine phantastische Welt diesen Vorstellungen ja gar nicht entsprechen, es gibt aber genug Beispiele, die zeigen, das es möglich ist. – Wie unsinnig übrigens die Vorstellung eines Blutadels ist, verdeutlicht eine einfache Berechnung, die zeigt, wie eng wir alle miteinander verwandt sind: *»In Europa und Nordamerika, das ja zum größten Teil von Europäern besiedelt wurde, gibt es heute rund 200 Millionen Kinder. Nachdem das Bevölkerungswachstum in Europa und Nordamerika mehr oder weniger stagniert, leben diese 200 Millionen Kinder in 100 Millionen Familien mit 200 Millionen Eltern. Jeder von uns hat 2 Eltern, 4 Großeltern, 8 Urgroßeltern und so fort; diese 200 Millionen Eltern der Kinder müssten also, wenn wir eine Generationsdauer von 25 Jahren annehmen (was zwar für heute nicht mehr ganz richtig ist, für früher aber etwa stimmt), 400 Millionen Großeltern im Jahre 1950 und 800 Millionen Urgroßeltern im Jahre 1925 haben. An Ahnen dieser jetzt lebenden Kinder müssten es im Jahr 1900, also vor 4 Generationen, bereits 1,6 Milliarden sein, und um 1800, also vor etwa 8 Generationen, müssten etwa 25,6 Milliarden Weiße (Gesamtzahl aller Menschen 1987 ca. 5,5 Milliarden) gelebt haben, wenn keine Verwandtschaft unter diesen Ahnen bestünde. Im Jahre 1500, also vor der Besiedlung Nordamerikas durch die Weißen (Kaukasier), müsste die Bevölkerung in Europa etwa 1000 Milliarden umfasst*

haben und um Christi Geburt müssten es ca. 1032 gewesen sein. Alle Europäer – das gilt aber auch für andere Rassen – müssen also in einem geringeren oder höheren Maß miteinander verwandt sein.« (G. Czihak/H. Langer/H. Ziegler: Biologie, Berlin u. a. 1992) In → Oxford, Tolkiens wissenschaftlicher Heimat, hat Bryan Sykes, Professor für Humangenetik, im Mai 2001 dies für England eindrucksvoll bewiesen: Bei DNA-Analysen an 10.000 Briten fand er bei einem Prozent Gene von Schwarzen aus Afrika oder von Asiaten. Sykes führt dies auf den Soldaten- und Sklaven-Export der Römer zurück. Er sieht dies als weiteren Beweis dafür, dass es keinen biologischen Grund für eine Klassifizierung nach Hautfarben oder »Rassen« gibt und dafür, dass wir alle eine komplexe Mischung sind und zudem alle miteinander verwandt.

Abyss

Die tiefsten Abgründe der »Zeitlosen Leere« oder »Zeitlosen Hallen« von → Ilúvatar, der → »Äußeren Dunkelheit«. In der → Mythologie der → Griechen war Abyss ein Name für die Unterwelt. Manchmal wird auch der tiefe Abgrund von → Moria so genannt, den → Durins Brücke überspannte.

Ach, Haus und Herd, auf Wiedersehn

Anfangszeile des Liedes, das → Merry und → Pippin singen, nachdem → Frodo zugestimmt hat, sie auf seine Reise mitzunehmen. Sie hatten es in Zwergenstrophen zur Melodie des Zwergenliedes geschrieben, das die → Zwerge in → »The Hobbit« bei → Bilbo gesungen hatten (→ »Über die Nebelberge«).

Acharn (Sindarin)

»Rache, Vergeltung«

Achas (Sindarin)
»Furcht, Angst«

Achtel-Meile
Alte englische Maßeinheit, die Tolkien verwendet *(furlong)*, entspricht 110 → Faden, 220 → *yards* oder 201,168 Metern. In diesem Lexikon wurden alle → Längenmaße auf das metrische System umgerechnet.

Ackerkratz, Herr
Ein Breeländer, Gast im Gasthaus → »Zum Tänzelnden Pony« von → Bree, als → Frodo und seine Gefährten dort eintreffen (in der neuen Übersetzung des → »Herrn der Ringe«; alte Übersetzung: Affalter). Unklar, ob es Roland → Ackerkratz ist.

Ackerkratz, Roland
Einer der Leute, die bei dem Handgemenge Anfang 1419 AZ (3019 DZ) in → Bree ums Leben gekommen sind (in der neuen Übersetzung des → »Herrn der Ringe«; alte Übersetzung: Roland Affalter).

Ad Ilon
Ein früher Name in den mystischen Sprüchen der → Gnome für → Ilúvatar

Ada (Sindarin)
»Vater«

Adab (Sindarin)
»Gebäude, Haus«

Adamant
Altertümliche Bezeichnung für einen Diamanten

Adan (Sindarin)
»Mensch« – einer der Nachgeborenen, Mehrzahl: Edain (Quenya Atan, Mehrzahl Atani), z. B. in → Adanadar, → Adanedhel, → Dúnedain

Adanadar (Sindarin)
Ehrentitel für einen der »Väter der Menschen«, z. B. → Beor und → Marach

Adanath (Sindarin)
(sterblicher) »Mann«

Adanedhel (Sindarin)
»Elbenrnensch«: der Name, der Túrin in Nargothrond verliehen wurde

Adaneth (Sindarin)
(sterbliche) »Frau«

Adar (Sindarin)
»Vater«

Adertha, aderthad (Sindarin)
»Versöhnung, Vereinigung«

adlann (Sindarin)
»schräg, geneigt«

Adler
Im ersten → Zeitalter meint dies die (übernatürlichen) Vögel → Manwes (Sindarin *thoron*), die ihm berichteten, was in Mittelerde geschah: riesige Vögel, deren größter, Thorondor, eine Flügelspannweite von fast 60 Metern hatte – kein Wunder, dass sie mehrere ausgewachsene Elben oder Menschen, selbst in Rüstung, durch die Luft tragen konnten. In früheren Versionen der → Valaquenta war Manwe von Falken umgeben (HIS 1) – beides erinnert an den obersten Gott der → Germanen, → Odin, dessen zwei Raben Hugin (»Gedanke«) und Munin (»Erinnerung«) ihm täglich aus den neun Welten berichteten. »Normale« Adler, wie wir sie kennen, spielen bei Tolkien keine Rolle. Dass sie schon existierten und nur keine Erwähnung finden, ist ebenso möglich, wie dass sie Nachfahren von Manwes Adlern sind. Dessen Abkömmlinge

wurden nämlich immer kleiner. Dies galt schon für die Adler von → Númenor, die dort im Gebirge des → Forostar (Nordland) hausten und dort auch manchmal die »Zeugen Manwes« genannt wurden, und noch mehr für ihre Nachfahren im Dritten Zeitalter, die Adler um → Gwaihir. Diese konnten zwar noch einen ausgewachsenen Mann wie → Gandalf oder einen → Zwerg und einen → Hobbit tragen (HOB), doch waren sie schon erheblich kleiner geworden, wenn sie auch noch reden konnten. Wenn sich diese Entwicklung fortgesetzt hat, könnten ihre Nachfahren durchaus unsere heutigen Adler sein, die dann auch das Reden verlernt hätten. – Welcher Naturdie Adler Manwes Adler, ist unklar. Waren es → Maiar in Vogelgestalt, wie manche vermuten? Dann sind sie mit der Veränderung der Welt nach → Valinor entschwunden und haben sterbliche Nachfahren hinterlassen wie etwa Gwaihir. Ich glaube aber eher, dass sie von Anfang an sterbliche Geschöpfe waren, keine Maiar. – Die Adler Manwes hausten nach dem Auszug der Elben aus Valinor zunächst in den Bergen um die → Thangorodrim, später in den → Crissaegrim, um die geheimen Zugänge zu → Gondolin zu bewachen. Die Zucht von geflügelten → Drachen gelang → Morgoth wahrscheinlich nur, weil er gefangene Adler untersuchte und zum Teil zur Zucht missbrauchte. Manwes Adler kämpften natürlich in den Kriegen des ersten Zeitalters mit, oft sogar in Geschwader-Formation, berühmt wurde ihr Einsatz gemeinsam mit → Earendil gegen die Drachen in der letzten Großen Schlacht gegen → Morgoth über dem → Thangorodrim. Häufig hat Tolkien Adler als Retter in letzter Sekunde eingesetzt, so oft, dass ihm dies selber nicht ganz geheuer war. Die Adler im dritten Zeitalter sprachen → Westron und → Sindarin; ihr höflicher Abschiedsgruß lautete: »*Fahrt wohl, wohin Eure Fahrt auch führt, bis ihr heil wieder in euren Horsten landet!*« Die korrekte Erwiderung war: »*Möge der Wind unter euren Schwingen euch dorthin tragen, wo die Sonne segelt und der Mond wandert!*« (HOB). Gerne hat Tolkien Adler gezeichnet, als Hauptfiguren z. B. in den Bildern → »Ankunft der Adler« und → »Bilbo erwachte im Morgensonnenschein«, aber auch als Nebenfiguren in vielen anderen Zeichnungen.

Adlergast

So nennt sich → Bilbo Beutlin im Gespräch mit dem → Drachen → Smaug, um seinen Namen nicht preiszugeben.

Adlerhorst

Hoher Gipfel am Ostrand der → Nebelberge, auf den → Gwaihirs → Adler Bilbo → Beutlin und seine Gefährten brachten, nachdem sie sie vor → Orks und → Wargs gerettet hatten.

Adlerspalte

Auch Cristhorn genannt: → Cirith Thoronath, eine Schlucht in den → Umzingelnden Bergen von → Gondolin

Adorn

Fluss, fließt von der Quelle in den → Ered Nimrais durch die Westmark von → Rohan in den → Isen

Adrahil (I)

Ein Befehlshaber der Streitkräfte von → Gondor, genannt »von → Dol Amroth«, im Krieg gegen die → Wagenfahrer 1944 DZ, wahrscheinlich ein Vorfahr von Adrahil (II)

Adrahil (II)

Ein Fürst von → Dol Amroth, Vater von → Imrahil und → Finduilas

Aduial (Sindarin)

(späterer) »Abend«, die späte Abenddämmerung

Adún

adûnaisch: Westen, z. B. in → Ar-Adûnakhôr

Adûnaisch

Die Sprache von Númenor, auch als Númendrisch bekannt. Entstanden aus der alten Sprache des Hauses → Hador, stark beeinflusst durch verschiedene Elbensprachen, besonders das → Sindarin. Aus Adûnaisch entstand später das → Westron.

Adûnakhôr

→ Ar-Adûnakhôr

Adurant

Sechster und südlichster Nebenfluss des → Gelion, südliche Grenze von → Ossiriand. Der Name bedeutet »Doppelfluss«, da er auf beiden Seiten um die Insel → Tol Galen fließt.

Adventures in Unnatural History...

Beginn des Titels zweier Gedichte von Tolkien, die 1928 erschienen in »The Stapeldon Magazine 7« (No. 40, Oxford) und die beide später überarbeitet im Buch → »The Adventures of Tom Bombadil and other verses from The Red Book« (1962) veröffentlicht wurden: »Adventures in Unnatural History and Medieval Metres: being The Freaks of Fisiologus (i): Fastitocalon« (späterer Titel nur → »Fastitocalon«) sowie »Adventures in Unnatural History and Medieval Metres: being The Freaks of Fisiologus (ii): Iumbo, or, Ye Kind of Ye Oliphaunt« (späterer Titel: »Oliphaunt«, deutsch → »Olifant«, auch im → »Herrn der Ringe«).

Aear (Sindarin)

»Meer«

Aearon (Sindarin)

»großes Meer, Ozean«

Aegas (Sindarin)

»Berggipfel, -spitze«

Aegidii Ahenobarbi Julii Agricole de Hammo

Beginn des vollen Titels der Geschichte des → Bauern Giles von Ham auf Latein: »*Aegidii Ahenobarbi Julii Agricole de Hammo, Domini de Domito, Aule Draconarie Comitis, Regni Minimi Regis et Basilei mira facinora et mirabilis*«, zu deutsch: Der Aufstieg und die wunderbaren Abenteuer des Bauern Giles, Herrn von Tame, Grafen von Würmlingshausen und Königs im Kleinen Königreich. *Dominus de Domito* ist eine Kurzform von *Domini de Domito Serpente*, Herr des Zahmen Wurms.

Aegidius Ahenobarbus Julius Agricola de Hammo

Lateinischer voller Name des → Bauern Giles von Ham, übersetzt: Giles der Rotbart Julius, Bauer von Ham

Aegidius Draconarius

Der Krönungstitel des → Bauern Giles von Ham als König im Kleinen Königreich

Aeglos (Sindarin)

»Schneedorn«, eine Pflanze, gab es z. B. auf dem → Amon Rúdh; auch als »Schneespitze« übersetzt (Krege übersetzt es als »Eiszapfen«), Name auch des Speeres von → Gil-galad.

Aegnor

Jüngster, vierter Sohn von → Finarfin, Bruder von → Finrod Felagund und dessen

Vasall; der Name bedeutet »Wildfeuer«. Quenya Aikanáro, Vatername Ambaráto. Bewachte mit seinem Bruder → Angrod die Nordhänge von → Dorthonion. Unglückliche Liebesgeschichte (HIS 3) mit Andreth, Menschenfrau aus dem Hause → Beor: Er gibt die Beziehung auf, da er nicht ertragen kann, sie vor seinen Augen altern und sterben zu sehen und auch, um ihr diese Erfahrung zu ersparen – ein Motiv, das in der Fantasy später immer wieder auftaucht, von »Dragonlance« bis »Highlander«. Aegnor fiel in der → Dagor Bragollach, Andreth starb einige Jahre später.

Ælfhâm
»Elbenheim« (altenglisch), ein Name für → Eldaros oder → Luthanien

Ælfheah
Seefahrer, Gefährte von → Ælfwine in manchen Varianten der Geschichte, genannt »der Vaterlose« (HIS 2)

Ælfwine
»Elbenfreund« (altenglisch) – verdrängte kurzzeitig (wohl um 1925/26) → Eriol in unveröffentlichten Varianten von dessen Geschichte, zeitweise als Mann aus → England dargestellt (oder Englaland oder Angol), mal von den Normannen vertrieben, mal als ein Mann aus dem Wessex des 11. Jahrhunderts. Erhält Beinamen wie Lúthien, der Mann aus Luthanien, oder → Angol (→ Angeln). (HIS 2).

Aelin (Sindarin)
»See, Teich, Tümpel«, auch »Ufer, Küste«

Aelin-uial
Region von Doriath, »Dämmerseen« (in früheren Geschichten Umboth-muilin, die »Weiher des Zwielichts«), Gebiet aus Marschen und Teichen, in dem der → Aros in den → Sirion mündet, wegen der häufigen dichten Nebel so genannt. Hier erschien → Ulmo → Finrod und → Turgon im Traum und riet ihnen, verborgene Festungen zu bauen.

Aeluin-See
→ Tarn Aeluin

Aer (Sindarin)
»Meer«, z. B. in → Oraearon oder → Aerandir

Aerandir
»Seewanderer«, einer der drei Seeleute, die → Earendil auf allen seinen Reisen begleiteten, selbst auf seiner letzten Reise nach → Aman, das sie aber nicht betreten durften. Was aus ihnen wurde, ist nicht bekannt.

Aerin
Verwandte von → Húrin, lebte in → Dorlómin als Frau des → Ostling → Brodda, half → Morwen und Túrin nach der → Nírnaeth Arnoediad, Name in früheren Fassungen Airin, auch Faiglindra oder Firilanda, »die Langhaarige«.

Aes (Sindarin)
(gekochtes) »Essen, Speise«

Aew (Sindarin)
(kleiner) »Vogel«

Affalter, Herr
Ein Breeländer, Gast im Gasthaus → »Zum Tänzelnden Pony« in → Bree, als → Frodo und seine Gefährten dort eintreffen (in der alten Übersetzung des → »Herrn der Ringe«; neue Übersetzung: Ackerkratz). Unklar, ob es Roland → Affalter ist.

Affalter, Roland
Einer der Leute, die bei dem Handgemenge

Anfang 1419 AZ (3019 DZ) in → Bree ums Leben gekommen sind (in der neuen Übersetzung des → »Herrn der Ringe«: Roland Ackerkratz).

Afros
Fluss in → Tol Eressea, mündet an der Brücke von → Tavrobel in den → Gruir.

agar (Sindarin)
»Blut«

Agarwaen (Sindarin)
»Der Blutbefleckte« oder auch »Blutbefleckt«, Name, den sich → Túrin gab, als er nach → Nargothrond kam.

Agatha
Die Frau des → Bauern Giles von Ham, später die höchst umfangreiche und gewichtige Königin des Kleinen Königreiches

Agathurusch
Name des Flusses → Gwathló auf → Adûnaisch

Aghan
Ein Drûg, einer der → Drúedain, Hauptakteur in der Geschichte »Der getreue Stein« (NAM), Heilkundiger, beherrscht eine Form von Übertragungs-→ Magie. Lässt das Heim seines Freundes Barach, eines Menschen aus dem Volk von → Haleth, der im Wald wohnt, von einem Wacht-Stein bewachen, dem er einige seiner Kräfte übergibt. Dieser schützt das Haus, indem er angreifende Orks vertreibt und die Flammen, die sie gelegt haben, austritt. Die Wunden zeichnen trägt Aghan. – Diese Idee der Machtübertragung auf Objekte findet sich bei → Sauron und dem → Herrscherring wieder.

Aglar (Sindarin)
»Ruhm, Ehre, Glanz, Pracht, Leuchten«, z. B. in → Aglarond

Aglareb
Kurzform für die → Dagor Aglareb (»Ruhmreiche Schlacht«): die dritte der sechs großen → Schlachten von → Beleriand

aglareb (Sindarin)
»ruhmreich, ehrenvoll, prächtig«, z. B. in → Dagor aglareb

Aglarond (Sindarin)
»Glitzernde Grotte« oder »Glänzendes Gewölbe«, Tropfsteinhöhlen unter dem nördlichsten Ausläufer der → Ered Nimrais, schon von den → Númenórern als Festung ausgebaut, später ein Teil von → Helms Klamm. Manchmal wird so auch die eigentliche Festung, die → Hornburg, genannt. Nach dem → Ringkrieg ließ sich → Gimli dort mit einem Teil der → Zwerge von → Erebor nieder und baute die Höhlen zu einer Zwergenstadt aus.

Aglon (Sindarin)
»Enger Pass, Engpass«. So wurde der Pass zwischen → Dorthonion und → Himring genannt, die wichtigste Verbindung zwischen → Lothlann und → Beleriand. Bei der → Dagor Bragollach verloren → Celegorm und → Curufin den Pass, → Maedhros konnte ihn später zwar für einige Zeit zurückerobern, doch dann ging er wieder verloren.

Ah, wie Gold fallen die Blätter im Winde
Beginn der Übersetzung des Liedes → »Namarië«, das → Galadriel → Frodo und seinen Gefährten zum Abschied nachsingt, über → Varda und → Valinor: »Ai! Laurië lantar ...«

Aha (Quenya)

»Zorn«, auch der spätere Name des → Teng-war-Zeichens Nr. 11, ᴄ, das zunächst für »ch« stand, sich aber im DZ immer mehr zu einem gehauchten »h« entwickelte.

ahya (Quenya)

»sich verändern, sich wandeln«

Ai! Laurië lantar ...

Beginn des Liedes → »*Namarië*«

Aiglos

Der Speer von Gil-galad, → Aeglos

aika (Quenya)

»spitz, scharf, wild, schrecklich«, z. B. in → Aikanáro

Aikanáro (Quenya)

Quenya-Name von → Aegnor: »Wildes Feuer«

ailine (Quenya)

»See, Teich, Tümpel«, auch »Ufer, Küste«

Ailinel

Die ältere der beiden Schwestern von → Tar-Aldarion (beide jünger als dieser)

Ailios

Früher, verworfener Name von → Gilfanon

Ailwing

ältere Schreibweise von → Elwing

aina (Quenya)

»heilig«, z. B. in → Ainulindale

Ainu (Quenya)

»Heiliger«, einer der → Ainur

Ainulindale (Quenya)

Der »Gesang der → Ainur« oder die »Musik der Ainur«, chronologisch betrachtet das erste Ereignis in der Geschichte von → Mittelerde, der Beginn der Schöpfung der Welt, und in seinen Grundzügen auch sehr früh von Tolkien fertiggestellt, spätestens 1920 (HIS I). – Der Eine, oberste Gott → Ilúvatar ließ in der → Zeitlosen Leere seine → Ainur ein gewaltiges Thema anstimmen, in dem die gesamte Geschichte der Welt zu hören sein sollte. Doch → Melkor stellte ein eigenes Thema entgegen, und einige schlossen sich ihm an. Ein zweites Thema gab Ilúvatar vor, und wieder setzte Melkor seine eigene Musik entgegen. Ein drittes Thema setzte Ilúvatar, und seine und Melkors Musik rangen um die Vorherrschaft, bis Ilúvatar das Konzert abbrach. Um den Ainur seine Vorherrschaft zu zeigen und ihnen zu beweisen, dass sie nur seine Werkzeuge sind, schuf Ilúvatar aus den Ideen eine Realität: → Ea – »die Welt, die ist« (in frühen Versionen entsteht die Welt aus der Musik, HIS I). Und er ließ alles geschehen, was in den drei Themen zu finden war: die Gestaltung von → Arda, das Erwachen der → Kinder Ilúvatars, der → Elben und Menschen, und vieles mehr: »*Am Anfang schuf der eine Gott | der Götter Vielzahl mit Musik. | Die hatten Streit, der Gott Morgoth | lehnte sich auf, es kam zum Krieg. | Der Elben und Menschen Geschick | bestimmt hinfort der Widerstreit | von Melkor und der Götter Schar | bis an das End' der ersten Zeit.*« – so habe ich dies beschrieben in meiner → »Ballade von den Alten Zeiten«. Diejenigen der Ainur, die in die Schöpfung herabgestiegen sind, die → Valar und → Maiar, kennen einiges aus der Zukunft, nämlich jenes, an was sie sich aus der großen Musik erinnern, am meisten aber wissen → Manwe und → Mandos. Vieles jedoch ist auch ihnen verborgen, denn es steckt im dritten Thema, an dem nur Ilúvatar Anteil hatte. Und das endgültige Schicksal der Elben und der

Menschen wie auch das, was letzteren nach dem → Tode widerfährt, wird erst offenbar in der → Zweiten Musik der Ainur am Ende der Zeiten, dem → Weltende. – Ainulindale wird auch der Text über diese Schöpfung genannt, den → Rúmil von Tirion verfasste und der über Bilbo → Beutlin und das → Rote Buch Eingang fand in das Silmarillion, dessen ersten Teil er bildet.

Ainur

»Die Heiligen« (Einzahl Ainu): die ersten von → Ilúvatar erschaffenen Wesen, »Sprößlinge seiner Gedanken«. Wie viele es sind, ist nicht bekannt, aber sie müssen sehr zahlreich sein. Es gibt bei Tolkien viele ursprüngliche Ideen zu diesen Wesen, so bezeichnet er z. B. *ainu* als »heidnischer Gott« und *aini* als »heidnische Göttin«; in den frühesten Versionen der Ainulindale (um 1920) werden die Ainur auch ausdrücklich → »Götter« genannt (HIS 1); Tolkiens Vorstellungen sind hier zunächst stark von der → Mythologie der → Germanen geprägt. Später werden aus diesen Göttern die aus dem Silmarillion bekannten Ainur als im Wesentlichen ausführende Organe des einen Gottes, eine dann sehr christliche Vorstellung. Selbst als sie in der → Ainulindale mit ihm gemeinsam ein »Konzept« der Welt erschaffen, sind die Ainur Ilúvatars Werkzeug, auch → Melkor, als er sich auflehnt: »*Kein Thema kann gespielt werden, das nicht in mir seinen tiefsten Grund hätte, noch kann das Lied einer ändern, mir zum Trotz. Denn wer dies unternimmt, nur als mein Werkzeug wird er sich erweisen, um Herrlicheres zu schaffen, von dem er nichts ahnt.*« (SIL). Hier zeigt sich Tolkiens Katholizismus sehr deutlich; er erklärte auch ausdrücklich, dass sie zwar fremd und eigenartig wirken, aber *keine Lüge* sein solle. Die Ainur entsprechen den → Engeln, → Melkor entspricht → Satan und → Luzi-

fer. In der christlichen Überlieferung gibt es sehr viel mehr Engel als bei den Menschen je in Erscheinung treten, und in Mittelerde finden wir nur jene Ainur, die freiweilig → Ea, die Schöpfung, betreten: die großen Mächte, die → Valar (vergleichbar vielleicht den Erzengeln), und die minderen, die → Maiar. Einige von ihnen werden von manchen Völkern in Mittelerde besonders angebetet – wie heidnische → Götter. Nur wenige Völker Mittelerdes wussten überhaupt von Ilúvatar; in Númenor etwa wurde er auf dem → Meneltarma verehrt. Für Melkor ist eine solche Verehrung sogar ein Hauptziel. Die Parallele zum Christentum lässt sich übrigens bis zum »Jüngsten Gericht« bei der → Zweiten Musik der Ainur« ziehen und zur »Auferstehung« von → Gandalf/Olorin. – Es gibt natürlich auch ähnliche theologische Probleme wie bei der christlichen Kirche: Wenn die Ainur nur Werkzeuge sind, sind sie dann verantwortlich für das, was sie tun? Dies gilt insbesondere für → Melkor (und später → Sauron) – ist er von sich aus böse, oder ist er dies, weil Ilúvatar dies so will? Kann man ihn dann verurteilen? (Eine solche Frage stellt sich bei den Christen etwa bzgl. Judas – wenn er nicht böse gehandelt hätte, wie hätte Jesus dann seine Aufgabe erfüllen sollen?) Und wie sieht es aus mit den von Melkor verführten oder gar den von ihm geschaffenen oder pervertierten Kreaturen, etwa den → Orks? Sind sie für das, was sie tun, verantwortlich zu machen? Derartige → Moral-Probleme, die die christliche Theologie seit Jahrtausenden umtreiben, werden bei Tolkien zwar nicht explizit angesprochen, aber zwischen den Zeilen immer wieder thematisiert.

Airin

Frühe Form des Namens → Aerin; in einer früheren Fassung ist sie freiwillig mit

Brodda verheiratet, der Herr seines Landes ist, und wird auch Faiglindra oder Firilanda, »die Langhaarige«, genannt (HIS 2).

Aith (Sindarin)
»Speerspitze«

Aiwe (Quenya)
(kleiner) »Vogel«, z. B. in → Aiwendil

Aiwendil (Quenya)
»Liebhaber der Vögel», Quenya-Name von → Radagast

Aiwenor, Aiwenóre (Quenya)
»Vogelland«, die unterste Schicht der → Atmosphäre, auch Vista genannt oder Vilna

Aiya (Quenya)
»Sei gegrüßet!«

Akairis
»Braut«: ein Name von → Erinti

Akallabêth
»Die Versunkene« (→ adûnaisch): das untergegangene → Númenor, zugleich Titel eines Werkes über die Geschichte des Númenórischen Reiches, das → Elendil verfasst haben soll, genannt in Quenya: »Atalante«. In eine Abschrift dieses Werkes, die in → Gondor aufbewahrt wurde, erhielten → Frodo und → Pippin Einblick, so dass sein Inhalt Eingang in das → »Rote Buch der Westmark« fand – und damit ins → Silmarillion und in → »The Lord of the Rings«

Aksa
»Wasserfall« in der Sprache der → Gnome

Aksan
→ Dor-lómin

alag (Sindarin)
»rasend, ungestüm, stürmisch«

Alagos (Sindarin)
»Sturmwind«

Alaire
Vanyar-Elbin, in einer frühen Fassung Frau von → Turgon (HIS 2)

Alalminóre (Quenya)
»Land der Ulmen«: in frühen Geschichten Vorläufer von → Valinor, Gebiet in → Tol Eressea und in → England (Warwickshire) (NAM)

Alata (Quenya)
»Schein, Glanz«, z. B. in Alatáriel

Alatar
Einer der → Istari, einer der Blauen Zauberer (→ Ithryn Luin) (NAM)

Alatáriel (Quenya)
»Mädchen, mit einem Strahlenkranz gekrönt«: Name, den → Galadriel von ihrem Gatten → Celeborn erhielt (→ Teleri-Form: Altáriel)

Albion
Alter Name für → England; in früheren Geschichten auch gebraucht für → Luthanien

Alcar (Quenya)
»Ruhm, Ehre, Glanz, Pracht, Leuchten«, z. B. in → Alcarinque

alcarin (Quenya)
»ruhmreich, ehrenvoll, prächtig«, z. B. in → Tar-Alcarin und in → Alcarinque

Alcarin, Tar-
→ Tar-Alcarin

Alcarinque (Quenya)

»Der Ruhmreiche« oder »der Glanzvolle«, einer der Sterne, die von → Varda für das Erwachen der → Elben an den Himmel gesetzt wurde. Wahrscheinlich Jupiter (der der Sonne fünftnächste, der schwerste und größte von 9 Planeten in unserem Sonnensystem)

Alcarondas

»Meeresburg«: Name des riesigen goldschwarzen Schiffes von → Ar-Pharazôn, auf dem sein Thron stand, als er gegen → Valinor zog

Alchemie, Alchimie, Alchymie

Der Vorläufer unserer modernen Naturwissenschaft – noch im Mittelalter nannte man die wissenschaftliche Beschäftigung mit chemischen Stoffen Alchemie – ist eine der Domänen von → Aule, der z. B. mit ihrer Hilfe das Metall Tilkas für die Kette → Angainor herstellt (HIS 1). Aber auch → Melkor bedient sich der Alchemie, etwa um neue → Rassen zu züchten. In unserer Zeit gilt sie als geheime »Schwarze Kunst« *neben* der Naturwissenschaft. Woher das Wort kommt, ist so unklar wie der Beginn dieser Wissenschaft. Da die Ägypter bereits 3000 v. Chr. Gold aus der Erde gewannen, vermuten manche die Ursprünge in dieser Zeit und leiten das Wort vom ägyptischen khem (»schwarz«) ab, das auch für den nährenden Nilschlamm benutzt wurde. Andere leiten es vom griechischen chyma ab (Metallguss). Eines der wichtigsten Werkzeuge und Ziele zugleich in der Alchemie war der sogenannte »Stein der Weisen«. Die Verwandlung unedler Metalle in Gold (Transmutation) und die Suche nach der → Unsterblichkeit – von Leib oder Seele – gelten als die edelsten Ziele der Alchemie. Aber auch mit der »einfachen« Verjüngung, der Schaffung einer Universalmedizin (→ Elixier des Lebens, Elixier vitae) oder der Erschaffung eines künstlichen Menschen gab man sich zufrieden. → Paracelsus behauptete, er könne einen Menschen künstlich erzeugen – im Geiste ganz ein Nachfahr von Aule, dem Erschaffer der → Zwerge.

Alda (Quenya)

»Baum«, z. B. in → Aldarion, → Aldamir, → Aldaron, → Malinalda. Auch Name des → Tengwar-Zeichens Nr. 28, ꞩ, das in → Quenya für »ld«, in → Sindarin und → Westron aber später für »lh« stand.

Aldalóme

»Baumdämmerung«: Name einer Landschaft im Lied des → Ents → Baumbart, wahrscheinlich ein Teil des von ihm behüteten Waldes → Fangorn

Aldamir

»Baumjuwel«: der 22. König von Gondor (1490–1540), er wurde 1540 erschlagen im Krieg mit → Harad und den → Korsaren von Umbar

Aldarion und Erendis: Das Weib des Seefahrers

Geschichte in den → »Nachrichten aus Mittelerde«, von Christopher Tolkien aus wenigen Fundstücken rekonstruiert. Einzige Geschichte aus der Zeit von → Númenor, von der Geschichte von seinem Ende, der → »Akallabêth«, abgesehen. Beruht hauptsächlich auf dem Typoskript »Der Schatten des Schatten: Die Geschichte vom Weib des Seefahrers, und die Geschichte der Prinzessin Schäferin«, das von Tolkien wahrscheinlich 1965 abgeschlossen wurde, und Fragmenten mit dem Titel »Indis i-Kiryamo: Das Weib des Seefahrers«. Es geht um das Misslingen der Ehe von → Tar-Aldarion mit → Erendis, die weder seine

Liebe zur Seefahrt teilte noch seine langen Reisen guthieß. Die Geschichte endet mit der Übergabe des Szepters durch → Tar-Meneldur an Tar-Aldarion.

Aldarion, Tar-
→ Tar-Aldarion

Aldaron (Quenya)
»König der Wälder«, »Herr der Bäume«, ein Name für den → Vala → Orome

Aldburg
Wohnsitz von Éomer in der → Folde von → Rohan, ererbt von → Eorl dem Jungen, der hier sein Haus hatte.

Aldea (Quenya)
»(Tag des) Baums«, Name des vierten Tages in der siebentägigen Woche im → Kalender der → Númenórer, gewidmet dem → Weißen Baum, desses Abkömmling → Nimloth war, auch Orghalad (Sindarin)

Aldor
Ein Name für den → Vala → Orome in der Sprache der → Gnome, bedeutet wohl »Herr der Bäume«

Aldor der Alte
Dritter König von Rohan, Sohn von → Brego, dem Sohn von → Eorl dem Jungen, lebte von 2544 DZ bis 2645, regierte ab 2570. Vollendete die Eroberung der Bereiche östlich des → Isen

Aldudénië
»Klagelied um die Zwei Bäume«, gedichtet von dem → Vanya Elemmíre, erzählt von der Vernichtung der Bäume von → Valinor durch → Melkor und → Ungoliant.

Aldúya (Quenya)
»(Tag der) Bäume«, Name des vierten Tages in der sechstägigen Woche im → Kalender der → Elben, den → Zwei Bäumen von Valinor gewidmet

Alex
Einer der drei Bären, die → Herr Glück in seinem Auto mitnimmt (englisch: Archie)

Alf
Küchenjunge (Spitzname »Stift«) und später Küchenmeister in der Geschichte → »Der Schmied von Großholzingen«; in Wirklichkeit der Elbenkönig

Alfirin
Kleine, weiße Blume mit glockenförmigen Blüten, auch Uilos (Sindarin: die Weiße) genannt und Simbelmyne (in → Rohan: Immertreu). Wuchs vor den Toren von → Edoras und → Gondolin und auf dem Amon Anwar, dem → Halifirien, am Grab von → Elendil dem Langen.

Alfred Street No. 1
Wohnung in → Oxford von John Ronald Reuel → Tolkien und seiner Familie 1919 bis 1920 (heute Pusey Street)

Bad der Flamme
→ Fôs'Almir

Bad der Sonne
→ Fôs na Ngalmir

Algund
Mann aus → Dor-lómin, der älteste in der Bande Geächteter, der → Túrin sich anschloss

Alkar (Quenya)
»Ruhm, Ehre, Glanz, Pracht, Leuchten«

alkarinqua, alkarinque (Quenya)
»ruhmreich, ehrenvoll, prächtig«

Allen & Unwin
Der englische → Verlag, in dem Tolkiens Werke erschienen

Allvater
In der → Mythologie der → Germanen der nicht näher bestimmte, namenlose → Himmelsgott, der die Welt und das Sein erschafft aus → Ginnungagap, dem gähnenden, lautlosen Nichts. Diesem Gott ist → Ilúvatar relativ ähnlich. Manchmal wurde auch → Odin so genannt.

Alma (Quenya)
»Glück, Heil, Segen«, z. B. in → Almarian und in → Almarien

Almare
»Heil, Segen, Segnung«, z. B. in → Almaren und → Almarian

Almaren
»Segen, Segnung«, Erster Wohnsitz der → Valar in → Arda vor dem zweiten Angriff von → Melkor, eine Insel in einem großen See. Von hier aus zogen die Valar später nach → Aman.

Almarian
»Glückliche Gabe«, Gattin von → Tar-Meneldur, Tochter von → Veantur, Mutter von → Tar-Aldarion

Almáriel
»Mädchen, mit Glück bekränzt«, Mädchen aus → Númenor (HIS 5)

Almiel
»Tochter des Glücks«, die jüngere der beiden Schwestern von → Tar-Aldarion (beide jünger als dieser)

Alpa (Telerin)
»Schwan«

Alph (Sindarin)
»Schwan«

Alphabet von Daeron
Die → Angerthas von → Daeron

Alqa (älteres Quenya)
»Schwan«

Alqalunte (älteres Quenya)
»Schwanenhafen«: → Alqualonde

Alqaráme (älteres Quenya)
»Schwanenschwinge«: ein Name des Schiffes von → Tuor

Alqua (Quenya)
»Schwan«, z. B. in → Alqualonde

Alqualonde (Quenya)
»Schwanenhafen«: Hauptstadt und Hafen der → Teleri an der Küste von → Aman, am Nordufer der Bucht von → Eldamar in Aman, Sitz von → Olwe. Hier kam es zum → Sippenmord, der den → Fluch von Mandos zur Folge hatte. Der Hafen heißt so, weil die Schiffe der Teleri bei der Ankunft von Schwänen gezogen wurden, die → Osse beauftragte.

Alquaráme (Quenya)
»Schwanenschwinge«: ein Name des Schiffes von → Tuor

Altáriel
»Mädchen, mit einem Strahlenkranz gekrönt«: → Teleri-Form des Namens, den → Galadriel von ihrem Gatten → Celeborn erhielt (Quenya: Alatáriel)

Altbock vom Bruch
So nannte sich ursprünglich die → Hobbit-Familie → Brandybock, bis Gorhendad Altbock im Jahre 2340 DZ (740 AZ) aus dem

Westviertel nach → Bockland zog und den Familiennamen inBrandybock änderte (englisch: Oldbuck of the Marish). Damit ging das Amt des → Thain, das sie wohl seit ihrem Vorfahren → Bucca vom Bruch innehatte, von den Altbocks auf die Familie → Tuk über. Die ursprüngliche Form des Namens Altbock in der Sprache der → Hobbits war Zaragamba.

Alte Furt

Furt über den → Anduin, den »Großen Fluss«, auf der → Alten Waldstraße, etwa 80 Kilometer südlich der → Carrock-Furt, während des → Ringkriegs zeitweise von → Orks und Wölfen kontrolliert.

Alte Kameradschaft

Die ursprünglichen Mitglieder der Bande von → Túrin in → Dor-Cúarthol

Alte Listen

Jene alten Listen, nach denen der → Ent → Baumbart in seiner Jugend gelernt hat, welche Wesen es auf der Welt gibt; die → Hobbits kann er darauf nicht finden, nur die → vier »freien Völker«.

Alte Puckel-Wildnis

→ Drúwaith Iaur

Alte Spinne, juckt der Grind?

Beginn eines Liedes, das → Bilbo singt, um die riesigen → Spinnen im → Düsterwald zu sich zu locken (HOB, neue Übersetzung; alt: Alte, fette Spinne)

Alte Sprache

Bezeichnung für die → Sprache → Quenya

Alte Straße

Die alte Straße, von der → Frodo und → Streicher am fünften Tag ihrer Wanderung sprechen, ist die Große → Oststraße.

Alte Wagenstraße

Führte durch das → Steinkarrental von → Minas Tirith zu den Steinbrüchen in den → Ered Nimrais.

Alte Waldstraße

Straße, die vom Pass von → Imladris herabführte, durch den → Düsterwald nach → Esgaroth, → Thal und zum Einsamen Berg, dem → Erebor, eine Verlängerung der Großen → Oststraße. Sie überquerte den → Anduin an der Alten Furt. Auch genannt Waldstraße und »Men-i-Naugrim«, die → »Zwergenstraße«. Zur Zeit von → Bilbos Wanderung zum Erebor (HOB) bereits ziemlich verfallen, deshalb wich er mit seinen Gefährten auf einen nördlich gelegenen Elbenpfad aus.

Alte Wörter und Namen im Auenland

Ein Werk, verfasst von Meriadoc (→ Merry) Brandybock, in dem er die Verwandtschaft der Sprache der → Hobbits mit der Sprache der → Rohirrim nachweisen wollte

Alte, fette Spinne

Beginn eines Liedes, das → Bilbo singt, um die riesigen → Spinnen im → Düsterwald zu sich zu locken (HOB, alte Übersetzung; neu: Alte Spinne, juckt der Grind?)

Alt-Entisch

So nennt der → Ent → Baumbart seine alte Sprache.

Alter

→ Zeitalter

Alter Erdwühler

Ein Schimpfwort von Tüftler für Paris in der Geschichte → »Blatt von Tüftler«

Alter Gammidschie

Hob → Gammidsch

Alter Giles Würmling

Liebevolle Bezeichnung seiner Untertanen für den König im Kleinen Königreich, vormals → Bauer Giles von Ham

Alter Rorig

Rorimac → Brandybock

Alter Tobi

Eine der drei besten Sorten an → Pfeifenkraut, also Tabak, bei den Hobbits

Alter Tuk

Gerontius → Tuk, der Großvater von Bilbo → Beutlin und Urgroßvater von Peregrin Tuk (→ Pippin)

Alter Wald

Wald zwischen → Bockland im Westen und den → Hügelgräberhöhen im Osten, wie → Fangorn ein Rest der Wälder aus den frühen Tagen von → Mittelerde. Die Bäume haben noch die ihnen einst von → Yavanna verliehene Fähigkeit, sich zu wehren, besonders der → Alte Weidenmann, und greifen Eindringlinge an. Hüter des Waldes ist → Tom Bombadil, der → Frodo und seine Freunde vor dem Alten Weidenmann rettet und sie in seinem Haus bewirtet. In den Geschichten, die sich die Hobbits erzählen, ist der Wald ein unheimlicher und feindseliger Gegner, der sogar einmal versucht haben soll, sich in ihr Gebiet, ins Bockland, auszudehnen, aber zurückgeschlagen werden konnte.

Alter Weidenmann

Ein großer Baum im → Alten Wald, am Ufer der → Weidenwinde, konnte die anderen Bäume beeinflussen. Nahm → Merry und

Der Alte Weidenmann

Helen Schneidewind

→ Pippin gefangen; → Tom Bombadil konnte ihn mit Liedern dazu bringen, sie freizugeben. Taucht auch auf in dem Gedicht → »Die Abenteuer des Tom Bombadil«. Der Alte Weidenmann ist wahrscheinlich ein → Huorn, ein Baum, in dem noch die den → Olvar einst von → Yavanna verliehene Fähigkeit lebt, sich zu bewegen und zu wehren. Vielleicht ist er aber auch ein »baumisch« gewordener → Ent – dies lässt sich nicht entscheiden.

Alter Weidenmann (Zeichnung)
Sehr detailliert ausgeführte Zeichnung (Bleistift/Buntstift) von Tolkien, auf der die Szenerie trügerisch friedlich wirkt

Alter Westen
→ Aman

Alter Wingert
Ein starker Rotwein aus dem Südviertel des → Auenlandes, gerne trinken ihn → Bilbo und → Frodo Beutlin

Ältere Kinder
→ Elben, die älteren → Kinder Ilúvatars

Ältere Tage
Im → Dritten Zeitalter wurden so die beiden vorhergehenden → Zeitalter bezeichnet, das eigene Zeitalter nannte man auch »Jüngere Tage«. Später, im → Vierten Zeitalter, nannte man so auch alle vorhergehenden Zeitalter gemeinsam, also praktisch die ganze Zeit bis zum Ende des Ringkrieges, und benutzte den Begriff deckungsgleich mit Altvorderenzeit.

Altes Puckel-Land, Alte Puckel-Wildnis
→ Drúwaith Iaur

Älteste Tage
Das → Erste Zeitalter

Ältester König
→ Manwe

Ältestes Haus der Menschen
Die Nachfahren von → Beor

Altvorderenzeit
Eigentlich nur das → Erste Zeitalter, in späterer Zeit, im → Vierten Zeitalter, wurden so aber auch alle vorhergehenden → Zeitalter bezeichnet, also praktisch die ganze Zeit bis zum Ende des Ringkrieges.

Aluin
In einem der Entwürfe von Tolkien der älteste aller → Ainur, die Zeit (ursprünglich Lúmin genannt), der/die stets bei → Ilúvatar ist.

alya (Quenya)
»reich, blühend«

am (Sindarin)
»hoch, hinauf«, z. B. in → Amaurea

Am Feuer sitze ich und denk
Beginn des Erinnerungsliedes von → Bilbo, das er in → Imladris beim Abschied von → Frodo singt (I Sit beside the Fire). Eine Vertonung von Donald → Swann findet sich im Liederzyklus → »The Road goes ever on« und auf der LP → »Poems and Songs of Middle Earth«, eine weitere auf der CD → »A Night in Rivendell« der dänischen Gruppe → »The Tolkien Ensemble«.

Aman (Quenya)
»Gesegnet, frei von Unheil«: das Land, in dem die → Valar wohnten, nachdem sie → Almaren verlassen hatten, auch das Segensreich genannt, die Unsterblichen Lande oder der Alte Westen. Gelegen im äußersten Westen der damals noch flachen Welt (entsprechend dem → Elysium der Grie-

chen), von → Mittelerde getrennt durch → Belegaer, das große Meer. Im Westen von Aman gab es nur noch Ekkaia, das → Außenmeer. Den größten Teil der Insel nahm → Valinor in Anspruch, das Land der Valar. Als Schutzwall gegen Morgoth im Osten bauten sie nahe der Ostküste die → Pelóri, die höchsten Berge der Welt. Deren oberster Gipfel war der → Taniquetil, auch Oiolosse oder Amon Uilos genannt, der Wohnsitz von → Manwe und → Varda. An der Ostküste, von Valinor aus gesehen also hinter den Pelóri, lag → Tirion, die Stadt der → Vanyar und der → Noldor. Damit auch diese das Licht der → Zwei Bäume von Valinor sehen konnten, gab es in den Pelóri einen einzigen Durchgang, den Pass → Calacirya (»Lichtspalt«). Hier an der Küste, in → Elende (Elbenland), war das Licht der Bäume so schwach, dass man die Sterne sehen konnte. Der Bereich, den die → Teleri bewohnten, hieß → Eldamar (Elbenheim). Die → Elben, die später gekommen waren, hausten auf der Insel → Tol Eressea in Sichtweite der Küste. Im äußersten Norden war Aman von den »Hinnenlanden«, von Mittelerde, nur durch das Eis der → Helcaraxe getrennt, über das die Elben unter → Fingolfin, → Finrod und → Galadriel nach dem Verrat durch Feanor Mittelerde erreichten. Als die Menschen von → Númenor unter → Ar-Pharazôn Aman angriffen, weil sie glaubten, so die → Unsterblichkeit erringen zu können, legten die → Valar zum einzigen Mal die Herrschaft über die Erde nieder, und Ilúvatar selbst veränderte die Welt. Seither ist die Erde rund, Aman aus ihr entrückt und nur noch über den → »Geraden Weg« zu erreichen. Auch in dieser Hinsicht entspricht Aman dem → Avalon der Kelten.

Amandil

»Freund von → Aman«: der letzte Herr von → Andúnië, Vater von → Elendil dem Langen. Abkömmling von → Elros, aus einer Nebenlinie der königlichen Familie, wurde er der geheime Führer der → Elendili, der Getreuen zur Zeit von → Ar-Pharazôn. Ursprünglich dessen Freund und Waffengefährte, verlor er seinen Sitz im königlichen Rat, als → Sauron dort immer mehr an Einfluss gewann. Vor der Schlacht gegen Aman schickte er seinen Sohn Elendil und dessen Söhne → Isildur und → Anárion nach → Mittelerde; er selbst versuchte, wie einst sein Vorfahr → Earendil, Aman und → Valinor zu erreichen. Man hörte nie wieder von ihm.

Amandil, Tar-
→ Tar-Amandil

Amanelda (Quenya)
»Elbe aus Aman«, bedeutet dasselbe wie → Amanya

Amanya (Quenya)
»Elbe aus Aman«: ein Elbe oder eine Elbin, der oder die in → Aman lebt oder einst dort gewesen ist, synonym gebraucht zu »Lichtelb«, → Calaquende. Mehrzahl Amanyar.

Amar (Sindarin)
»Die Erde«

Amárië
Vanyar-Elbin, Geliebte von → Finrod Felagund, blieb in → Valinor

Amarth (Sindarin)
»Schicksal, Verhängnis«, z. B. in → Taramarth

Amaurea (Quenya)
»Morgendämmerung« (eigentlich »heraufziehender Tag«)

amba (Quenya)
»hoch, hinauf«, z. B. in Ambarussa

Ambar (Quenya)
»Schicksal, Verhängnis«, z. B. in → Turambar, »Meister des Schicksals«. Auch gebraucht in der Bedeutung »Geschick der Welt« und so synonym zu → Ea als dem Weltall oder zu → Arda als der Erde, etwa in → Ambarmetta, → Ambarkanta oder → Ambarendya

Ambaráto (Quenya)
Der Vatername von → Aegnor

Ambarendya, Ambarenya (Quenya)
»Die Mittlere Welt«: Mittelerde

Ambarkanta (Quenya)
»Gestalt der Welt«: kosmologische Schrift, angeblich verfasst von → Rúmil, entstanden in den 30er-Jahren (HIS 1, 2, 4 u. a.)

Ambarmetta (Quenya)
→ »Weltende, Weltuntergang«

Ambaróna (Quenya)
»Sonnenaufgang«: Name einer Landschaft im Lied des → Ents → Baumbart, wahrscheinlich ein Teil des Namens seines Waldes → Fangorn

Ambaróne (Quenya)
»Sonnenaufgang, Osten«

Ambarussa (Quenya)
»oben rostbraun«, Muttername der Zwillinge → Amrod und → Amras

ambenn (Sindarin)
»bergauf, ansteigend«

Ambon (Quenya)
»Berg«

Amdir
König von Lórien, Vater von → Amroth, erschlagen in der Schlacht auf der → Dagorlad im → Krieg des Letzten Bündnisses (3334 ZZ)

Amgrenost (Sindarin)
»Eiserne Festung«: → Isengard

Amil (Quenya)
»Mutter«, z. B. in → Amilesse

Amilesse (Quenya)
»Muttername«: bei den Elben der ursprüngliche, von der Mutter verliehene Name

Amillo
In einer frühen Fassung der → Valaquenta der jüngste der großen → Valar, auch Ómar genannt (HIS 1,2)

Amlach
Sohn von Imlach, Enkel von → Marach. Mit → Bereg Wortführer der Unzufriedenen in → Estolad, die nicht gegen → Melkor kämpfen wollten. Später erklärte er, nie an der betreffenden Versammlung teilgenommen zu haben, und trat in den Dienst von → Maedhros. Ob er selbst gegen den Krieg gesprochen hatte oder einer von Melkors Dienern dies in seiner Gestalt tat, ist ungeklärt.

Amlaith von Fornost
→ Dunédain, erster König von → Arthedain (861–946 DZ), ältester Sohn von → Earendur, dem letzten König von → Arnor, und Nachfahr von → Isildur

Amloth (Sindarin)
(aufrechtstehende) »Blume«

Amlug (Sindarin)
→ »Drache«

Amnon

Ein Prophet, der angeblich den Fall von → Gondolin vorhergesagt hat, evt. auch der Ort, an dem diese Prophezeiung gesprochen wurde (Amnor war auch ein früher Name für → Amnos). (HIS 1,2)

Amnos

Der Landeplatz des Schiffes → Mornie (HIS 1)

Amon (Sindarin)

»Hügel, Berg«

Amon Amarth (Sindarin)

»Schicksalsberg«: Name, der in → Gondor dem → Orodruin verliehen wurde, als nach → Saurons Rückkehr aus → Númenor dessen Feuer wieder entfacht wurde

Amon Anwar (Sindarin)

»Berg der Ehrfurcht«: Name des → Halifirien

Amon Darthir (Sindarin)

Berggipfel in den → Ered Wethrin, südlich von → Dor-lómin

Amon Dîn (Sindarin)

»Schweigender Berg«: das erste der sieben → Leuchtfeuer von → Gondor in den → Ered Nimrais

Amon Ereb (Sindarin)

»Einsamer Berg« zwischen dem östlichen Ausläufer der → Andram-Kette und dem → Gelion. Nicht sehr hoch und sanft abfallend, hier befand sich zeitweise die Festung von → Amrod und → Amras, und hier fiel → Denethor, Fürst der → Nandor von → Ossiriand.

Amon Ethir (Sindarin)

»Hügel der Späher«, ihn ließ → Finrod Felagund etwa 5 Kilometer östlich der Tore von → Nargothrond errichten. Hier begegnete → Niënor dem Drachen → Glaurung.

Amon Gwareth (Sindarin)

»Berg der Wacht« auf der Ebene von → Tumladen; auf ihm war → Gondolin erbaut. Seine Nordseite bildete der → Caragdûr.

Amon Hen (Sindarin)

»Berg des Auges« am südwestlichen Ufer des → Nen Hithoel, kurz vor → Rauros. Auf dem Gipfel stand ein steinerner Hochsitz, den einst die Grenzwachen von Gondor benutzt hatten. → Frodo konnte von hier aus mit Hilfe des → Herrscherrings ganz → Mittelerde überblicken. Auch Amnon Lhaw, »Berg des Ohrs«, genannt. – »Amon Hen« heißt auch die alle zwei Monate erscheinende Zeitschrift der Tolkiengesellschaft → »The Tolkien Society«.

Amon Lanc

»Nackter Berg«: der Berg, auf dem → Dol Guldur stand

Amon Lhaw (Sindarin)

»Berg des Ohrs«, anderer Name für den → Amon Hen, den »Berg des Auges«

Amon Obel (Sindarin)

Waldreicher Hügel in West-→ Beleriand, im Wald von → Brethil, die höchste Erhebung der Region. Von hier aus stürzte der → Celebros über den Wasserfall → Dimrost (oder → Nen Girith) zum → Teiglin hinab. Von der oberen Stufe des Wasserfalls hatte man einen weiten Ausblick nach Westen und Süden, bis hin zur Teiglin-Schlucht → Cabed-en-Aras, wo → Túrin den Drachen → Glaurung tötete und in die sich → Niëmor stürzte.. Auf dem Hügel lag → Ephel Brandir.

Amon Rûdh (Sindarin)
»Kahler Berg«, einzeln stehender hoher Berg südlich von → Brethil, bewachsen mit nichts außer rotblühendem → Seregon. Hier hausten der → Kleinzwerg → Mim und später → Túrin mit seiner Bande. Von den Zwergen »Scharbhund« genannt.

Amon Sûl
»Wind-Berg«, in → Bree »Wetterspitze« genannt: ein runder, kahler Berg an der Südseite der → Wetterberge in → Eriador

Amon Uilos (Sindarin)
Sindarin-Name für den → Taniquetil

Ampa (Quenya)
»Haken«, auch Name des → Tengwar-Zeichens Nr. 14, ꜩ, in Quenya benutzt für »mp«, in anderen Sprachen auch für »v«.

Amras
Jüngster Sohn von → Feanor, Zwillingsbruder von → Amrod. Wie dieser bei den → Sirionmündungen erschlagen, als sie die Flüchtlinge aus → Gondolin und die Überlebenden von → Doriath überfielen, um den → Silmaril von → Elwing zu erobern.

Amrod
Zweitjüngster Sohn von → Feanor, Zwillingsbruder vom → Amras

Amroth
Sindarin-Elb, König von → Lórien seit 3434 ZZ. Von Tolkien zeitweise als Sohn von → Galadriel und → Celeborn gedacht; diese Idee wurde später wieder verworfen, war dann der Sohn von Andir, dem Herrn von Lórien, der in der Schlacht von → Dagorlad getötet worden war. Sein Heim stand auf dem → Cerin Amroth (Amroths Hügel). Er liebte die → Waldelbin → Nimrodel, die aber mit den → Eldar nicht zu tun

haben wollte, da sie ihnen die Schuld gab an den dauernden Kriegen. Nach dem Aufruhr von → Moria, wo 1980 DZ ein → Balrog eindrang, floh sie nach → Fangorn, wo Amroth sie nach langer Suche fand. Sie willigte ein, seine Frau zu werden, wenn er sie in ein Land bringe, wo Frieden herrsche. Sie suchten einen Elbenhafen, von dem aus sie nach → Aman fahren könnten. Auf dem Weg nach → Belfalas, wo es einen kleinen Elbenhafen, Edhellond, gab, wurden sie getrennt. Amroth wartete viele Wochen auf dem einzigen Schiff, das dort zur Abfahrt bereitlag. Ein Herbststurm riss das Schiff los und trieb es auf das Meer hinaus. Amroth versuchte, zurück an Land zu schwimmen, und er ward nie wieder gesehen. Die Stadt bei dem Elbenhafen nannte man später → Dol Amroth. Nimrodel blieb verschollen, die Fürsten von Dol Amroth leiteten später aber ihre Herkunft von einer ihrer Begleiterinnen ab. (NAM) – Am Wasserfall Nimrodel, an dem sie gelebt haben soll, sang → Legolas seinen Gefährten die Ballade von Amroth und Nimrodel vor, das → »Lied von Nimrodel«. Im Schlachtruf der Schwanenritter von Dol Amroth wird oft nur »Amroth« gerufen.

Amroths Hafen
So nennt → Legolas im Gespräch mit → Imrahil die → Grauen Anfurten.

Amroths Hügel
→ Cerin Amroth

Amrûn (Sindarin)
»Osten«

an (Quenya und Sindarin)
→ and

An den Grauen Anfurten
→ Bilbos Abschiedslied

An Elvinmaid there was of old
Englischer Beginn des → Liedes von → Nimrodel

An Evening in Rivendell
Die erste CD der dänischen Formation → »The Tolkien Ensemble« von 1997 beinhaltet folgende Titel: »Verse of the Rings« · »The Old Walking Song« · »Tom Bombadil's Song« · »There is an inn, a merry old inn« · »Song of Beren and Lúthien« · »Galadriel's Song of Eldamar, I sang of leaves...« · »Elven Hymn to Elbereth Gilthoniel« · »The Ent and the Ent-wife« · »Sam's Rhyme of the Troll« · »Galadriel's Song of Eldamar, Ai! laurië lantar« · »Sam's Song in the Orc-tower« · »The Old Walking Song (reprise)«

Anach Pass
Pass, der vom → Taur-nu-Fuin an der Westseite der → Ered Gorgoroth herabführte

Anadûnê
»Westemis«: Der Name von → Númenor im → Adûnaischen

Anaire
Elbin, Frau von → Turgon oder von → Fingolfin (HIS 11)

Anam-Pass
Pass zwischen den → Echoriath und den → Ered Gorgoroth; wurde von den → Orks nach der → Dagor Bragollach als Straße ausgebaut

Anann (Sindarin)
»lange Zeit, lange«

Anar, Anár (Quenya)
Sonne, z. B. in → Anardil, → Anárion, → coranar, auch das Sonnenschiff, das von → Ariën gelenkt wird.

Anardil (Quenya)
»Der die Sonne liebt«: (I) Geburtsname von → Tar-Aldarion; (II) ein → Dúnedain, der sechste König von → Gondor, herrschte 324 bis 411 DZ

Anárion (Quenya)
»Sohn der Sonne«: (I) der achte König von → Númenor, → Tar-Anárion; (II) der jüngere Sohn von → Elendil, entkam mit seinem Vater und seinem Bruder → Isildur dem Untergang von Númenor, gründete mit ihnen → Osgiliath. Herr von → Minas Anor, gemeinsam mit Isildur König von → Gondor (3320–3440 ZZ), gefallen 3440 bei der Belagerung von → Barad-dûr.

Anárions Erben
Die Könige von Gondor, Erben von → Elendil und dessen jüngerem Sohn → Anárion (wenn auch nicht immer in direkter Linie). Inklusive dieser beiden gab es 33 Könige in Gondor, wenn man → Isildur nicht mitrechnet, der gemeinsam mit Anárion und Elendil herrschte, bis die → Truchsessen die Herrschaft übernahmen. Die → Dúnedain des Südens beherrschten ihr Reich rund 2000 Jahre lang seit Beginn des → Dritten Zeitalters, stets bedroht und meistens in Kriege verwickelt. Die Liste der Könige findet man unter dem Stichwort → Gondor.

Anarríma (Quenya)
Sternbild, das von → Varda an den Himmel gesetzt wurde, um den → Elben beim Erwachen zu leuchten

Anarya (Quenya)
»(Tag der) Sonne«, Name des zweiten Tages in der sechstägigen Woche im → Kalender der → Elben

Anborn
Ein → Dúnedain von → Gondor, ein Wald-

läufer aus → Ithilien, zeitweise unterwegs mit → Frodo und → Faramir (II)

Anc (Sindarin)
»Maul, Kiefer, Rachen, Schlund«, z. B. in → Ancalagon

Anca (Quenya)
»Maul, Kiefer, Rachen, Schlund«; auch Name des → Tengwar-Zeichens Nr. 15, ꞇꞇ, das für »zh« oder auch »nk« steht.

Ancalagon (der Schwarze)
Der größte der geflügelten → Drachen von → Morgoth, von → Earendil getötet. Sein Sturz zerbrach den → Thangorodrim.

ancalima (Quenya)
»hellste/r«, z. B. in → Ancalime

Ancalime
Name des Baumes, den → Tar-Aldarion von den Elben 871 ZZ zu seiner Hochzeit erhielt und den er in seinem Garten in → Armenelos einpflanzte (NAM)

Ancalime, Tar-
→ Tar-Ancalime

Ancalimon (Quenya)
»Der Hellste«

Ancalimon, Tar-
→ Tar-Ancalimon

Ancrene Riwle, Ancrene Wisse
Manuskript aus dem 12. oder eher ersten Drittel des 13. Jahrhunderts, wahrscheinlich in Westengland geschrieben. Der am besten bekannte und auch der längste von mehreren überlieferten Texten, die der spirituellen Erziehung der Mädchen und Frauen dienten, geschrieben von anonym gebliebenen Männern als »Führer für Einsiedlerinnen«. Diese Texte bieten eine gute Möglichkeit, sich sowohl über die Stellung der Frau in der mittelalterlichen englischen Gesellschaft wie auch die Religion jener Zeit zu informieren. Zudem kann man anhand dieses und anderer Werke schön den Einfluss des Französischen und Lateinischen auf das alte Englisch nach der Eroberung durch die Normannen 1066 untersuchen; für eine lange Zeit hatten diese beiden Sprachen Alt-Englisch als literarische und Amts-Sprache verdrängt (den → Angelsachsen ging es damals ähnlich wie Jahrhunderten vorher den → Kelten, als diese von den → Angeln und Sachsen erobert worden waren). Das Ancrene Wisse, das auch Ancrene Riwle genannt wird, wurde in einem bereits stark durch das Französische und Lateinische beeinflussten Mittelenglisch geschrieben, hier ein kleiner Auszug:

»þah cleannesse of chasteté ne beo
nawt bune ed Godd
ah beo geove of grace,
ungraciuse stondeð þer togeines
and makieð ham unwurðe
to halden se heh þing,
þe nulleð swinc
þervore bliðeliche polien.«
*(Obwohl die reine Unberührtheit keine
Belohnung von Gott ist,
sondern aus Gnade geschenkt wird,
stehen jene ohne Gnade da
und erweisen sich dieses hohen Gutes
als unwürdig,
welche dafür nicht freudig Anstrengungen/Leiden auf sich nehmen.)*
Für Tolkien, der Spezialist für die → angelsächsische Sprache (Alt-Englisch) wie auch das Mittelenglische war und ihre Beziehung zu ähnlichen Sprachen wie Altnordisch (→ Island), Alt-→ Germanisch und Gotisch untersuchte, war das Ancrene Wisse zeitweise ein Forschungsschwerpunkt. Er veröffentlichte 1929 einen ersten Artikel

dazu (»Ancrene Wisse and Hali Meiðhad«, in »Essays and Studies by members of the English Association«, Band XIV, Oxford, Clarendon Press), schrieb das Vorwort zu der 1955 erschienenen Übersetzung »The Ancrene Riwle« von M. B. Salu (London, Burns & Oates) und legte 1962 eine eigene Übersetzung vor: »Ancrene Wisse: The English Text of the Ancrene Riwle« (mit einer Einleitung von N. R. Ker, herausgegeben von der Early English Text Society, Oxford University Press, London). Das Ancrene Wisse wird, als eines der herausragenden Beispiele für Mittelenglisch, immer wieder neu übersetzt und untersucht und ist auch an deutschen Universitäten regelmäßig Thema von Seminaren und Proseminaren.

Ancrene Wisse and Hali Meiðhad

Artikel, den Tolkien 1929 in den »Essays and Studies by members of the English Association« veröffentlichte (Band XIV, Oxford, Clarendon Press); → Ancrene Riwle

Ancrene Wisse:
The English Text of the Ancrene Riwle

Schrift von Tolkien, mit einer Einleitung von N. R. Ker versehen, herausgegeben von der Early English Text Society, Oxford University Press, London, 1962; → Ancrene Riwle

and (Quenya und Sindarin)

»lang«, vor manchen Konsonanten auch als »an«; z. B. in → Andram, → Anduin, → Anfalas, → Angerthas, → Cair Andros

anda (Quenya)

»lang«, z. B. in → Andalóke

Andaith

»Länge-Zeichen«, ein → Tehta, ein Zeichen in der Schrift → Tengwar, um anzuzeigen, dass ein Vokal lang ist

Andalóke (Quenya)

»Lange Schlange«: ein Schiff von → Ar-Pharazôn (HIS 9). »Lange Schlange« oder »Langer Wurm« hieß auch das berühmte Schiff des Königs Olav Trygvasson von Norwegen (995–1000), das in der Heimskringla-→ Saga des → Snorri Sturluson erwähnt wird. Tolkien hat dieses Schiff 1938 in seinem Vortrag über → Drachen erwähnt (→ Drachenschiff).

andave (Quenya)

»lange«

Anderes Land

In der Geschichte → »Roverandom« zusammenfassender Name für den Bereich der → Schattenmeere, die → Verwunschenen Inseln und das, was jenseits davon liegt. Eine Art von → Anderswelt im 20. Jahrhundert, die kaum jemand betreten oder auch nur sehen darf. Vergleichbar in der → Mythologie von → Mittelerde dem nur noch über den geraden Weg erreichbaren, entrückten → Aman und dessen vorgelagerten Bereichen.

Anderson, Bob

»Swordmaster«, Leiter der Kampfaktionen und Schwertkämpfe im → Film von Peter → Jackson, in ähnlicher Funktion schon bei »Star Wars« und »Highlander« tätig

Anderswelt

Allgemeine Bezeichnung für eine jenseitige Welt, je nach Standpunkt oder Religion/Ideologie können das Himmel oder Hölle, das → Paradies oder eine Unterwelt, eine Parallelwelt oder eine andere Dimension sein oder auch einfach das

Traumreich der Phantasie. Das → Avalon der → Kelten ist ebenso in dieser entrückten Welt zu finden, zu der nur wenige Auserwählte Zutritt erlangen, wie in der Mythologie von Tolkien → Aman und die → Hallen von Mandos, aber auch → Elbland in → »Der Schmied von Großholzingen«, das Reiseziel in → »Blatt von Tüftler« und das »andere Land« in → »Roverandom«. In eine Anderswelt entführen einen zahlreiche Fantasy-Bücher, z. B. die »Narnia«-Bücher von C. S. → Lewis und »Alice im Wunderland« von Lewis Carroll. Im engeren Sinne wird als Anderswelt die Feenwelt der Kelten bezeichnet, bevölkert von → Elfen, → Kobolden und anderen nichtmenschlichen Wesen. Als mythische Gegenwelt taucht sie in der Literatur erstmals in den Werken von George → MacDonald (1824–1905) auf, die Tolkien sehr geschätzt hat, und später z. B. bei Paul Anderson, Marion Zimmer-Bradley, Thomas Burnett Swann und Wolfgang Hohlbein.

Andir
Elbenkönig, Vater von → Amroth, Herr von → Lórien, getötet 3434 DZ in der Schlacht von → Dagorlad

ando, Ando (Quenya)
»lange«, aber auch »Tor«; auch Name für das → Tengwar-Zeichen Nr. 5, ꝑ, das für »nd« in Quenya und in anderen Sprachen oft auch nur für »d« steht.

Ando Lómen (Quenya)
»Tor der Nacht« (HIS 4)

Andor (Quenya)
»Das Land der Gabe, des Geschenkes«: Name, den die → Dúnedain ihrem Land → Númenor gaben. In frühen Notizen auch Andóre genannt.

Andram (Sindarin)
»Der Lange Wall«: das → Scheidegebirge, das sich durch → Beleriand zog, von → Taur-en-Faroth im Westen bis in die Nähe des → Amon Ereb. Das östliche Ende hieß Ramdal. Der → Sirion stürzte sich bei den Sirion-Fällen den Andram hinab und verschwand in der »Höhle der stürmischen Winde« für rund 15 Kilometer unter der Erde, bis er an den → Pforten des Sirion wieder zum Vorschein kam.

Andrast (Sindarin)
»Langes Kap«, das Kap von Andrast: gebirgige Landzunge zwischen den Flüssen → Isen und → Lefnui, zugleich die westliche Begrenzung der Bucht von → Belfalas

Andrath (Sindarin)
»Langer Aufstieg«: Talschlucht zwischen den → Hügelgräberhöhen und den → Südhöhen; die → NordStraße, der Grünweg, führte hier hindurch.

Andreth
Nachfahrin von → Beor. Sie erlebte eine unglückliche Liebesgeschichte mit dem Elbenprinzen → Aegnor: Er gab die Beziehung auf, da er nicht ertragen konnte, sie vor seinen Augen altern und sterben zu sehen, aber auch, um ihr diese Erfahrung zu ersparen, ein Motiv, das in der Fantasy später immer wieder auftaucht, von »Dragonlance« bis »Highlander«. Aegnor fiel in der → Dagor Bragollach, Andreth starb einige Jahre später.

Andróg
Mann aus Dor-lómin, Mitglied in der Bande Geächteter, der Túrin sich anschloss.

Androth (Sindarin)
Höhlen in den Bergen von → Mithrim. Nach der → Nírnaeth Arnoediad verbargen sich

hier versprengte Gruppen von → Sindar; bei einer unter Führung von → Annael wuchs → Tuor auf. Er lebte hier auch später als Geächteter.

Andu (Quenya)
»Sonnenuntergang, Westen«, z. B. in → Anducal und → Andúril

Anduin (Sindarin)
»Der lange Fluss«: großer Strom östlich des → Nebelgebirges, auch einfach »der Strom« oder »der große Strom« genannt. Häufig war der Anduin im Zweiten und Dritten Zeitalter Grenz- oder Frontlinie. In ihm verlor → Isildur den → Herrscherring, dort fand ihn → Déagol. Viel später bereisten die Gefährten der → Ringgemeinschaft den Strom. Von seinen Quellen im hohen Norden bis zum Mündungsdelta in der Bucht von → Belfalas legten seine Wasser etwa 2500 Kilometer zurück; der Anduin war damit etwa so lang wie der Ganges oder der Orinoko. Der Anduin entstand aus dem Zusammenfluss der Flüsse → Gwathló und → Langquell, wichtige Nebenflüsse waren → Celebrant, → Entwasser, → Erui, → Gladden, → Limklar, → Morgulduin, → Poros, → Schwertel, → Celebrant (Silberlauf) und → Sirith. Einige der vielen bedeutenden Orte an seinem Lauf waren → Rauros, → Nindalf, → Cair Andros, → Minas Tirith, → Pelargir sowie früher → Osgiliath, das zu beiden Seiten des Stromes lag. Das Mündungsdelta hieß Ethir Anduin.

Andúne (Quenya)
»Abend, Sonnenuntergang, Westen«, z. B. in → Andúnië und in → adûnaisch

Andúnië (Quenya)
»Sonnenuntergang«, Stadt und Hafen an der Westküste von → Númenor, gelegen an einem Fjord des westlichen Vorgebirges von → Andustar. Sitz der Herren von → Andúnië, einer Nebenlinie der königlichen Familie, entstanden im 6. Jahrhundert ZZ aus → Silmariën, Tochter von → Tar-Elendil. Aus den letzten Herren von Andúnië, → Amandil und → Elendil, ging die Linie der Könige von → Gondor und → Arnor bis hin zu König → Aragorn II. Elessar hervor.

Andúril (Quenya)
»Flamme des Westens«: Name des leuchtenden Schwertes → Narsil, nachdem es für → Aragorn neu geschmiedet worden war. Warum Aragorn vor dem Neuschmieden »das gebrochene Schwert« bei sich trug, gehört zu den ungeklärten Rätseln im »Herrn der Ringe«. Kämpfen konnte er damit nicht, und es wird nirgendwo gesagt, er habe noch eine weitere Waffe mit sich getragen. Bei einer evt. Gefangennahme wäre außerdem sofort klar gewesen, wer → Streicher wirklich war. Hatte er es vielleicht nur dabei, als er in → Bree die → Hobbits traf, um sich ihnen gegenüber »auszuweisen«?

Andustar (Quenya)
»Westland«: das westliche Vorgebirge von → Númenor, wie die anderen Vorgebirge als selbstständige Region des Landes angesehen. → Erendis war einst Herrin des Westlandes.

Andweis, Seiler von Reepfeld
Hobbit aus dem → Auenland, genannt Andi *(Andwise Roper of Tighfield, Andy)*, älterer Bruder von Hamweis → Gamdschie, Sohn von Hobsen (Seiler Gamdschie)

Anesse (Quenya)
»gegebener, verliehener Name«: ein zusätzlicher verliehener Name bei den → Elben

Anfalas (Quenya)

»Langstrand«: Ein Küstenstreifen südlich der → Pinnath Gelin, zwischen den Mündungen von → Morthond und → Lefnui. Eines der südlichen Lehen von → Gondor, während des → Ringkrieges herrschte hier Fürst Golasgil.

Anfang (Sindarin)

»Langbart«: zunächst Bezeichnung für einen der → Zwerge von → Belegost, später für alle Zwerge; Mehrzahl »Anfangrim«

Anfauglir (Sindarin)

»Maul des Durstes«: Name für → Carcharoth

Anfauglith (Sindarin)

»Erstickender Staub, erstickende Asche«: Name der Ebene von → Ard-galen nach der Verwüstung durch → Morgoth in der → Dagor Bragollach, auch Dor nu-Fauglith genannt, »Land unter der erstickenden Asche«

Anführer der Ringgeister

der Schwarze → Hexenkönig

Anfurten

»Häfen«, auch allgemeine Kurzbezeichnung für die → Grauen Anfurten

Ang (Sindarin)

»Eisen«

Anga (Quenya)

»Eisen«, z. B. in → Angainor, → Angband, → Anglachel, → Angrist, → Gurthang. Auch Name des → Tengwar-Zeichens Nr. 7, ᴄᴄʄ, das für »j« oder »ng« steht.

Angaino (altes Quenya)

»Quäler, Peiniger«. Ursprünglich erklärt als »ein Riese«, später als »die große Kette«, mit der → Melko gefesselt wurde (HIS 1)

Angainor (Quenya)

»Eiserner Peiniger«: die Kette, mit der die → Valar im → Ersten Zeitalter → Melkor fesselten. → Aule hatte sie aus den sechs Metallen Kupfer, Silber, Zinn, Blei, Eisen und Gold geschmiedet unter Beimischung eines siebten Metalls, das er mit Hilfe der → Alchemie aus diesen sechs schuf, genannt Tilkal. Drei »Alter« war Melkor nach seiner ersten Niederlage mit dieser unzerbrechlichen Kette mit zwei Hand- und vier Fußfesseln gefesselt, ehe er im Ersten Zeitalter von den Valar begnadigt wurde. Seit seiner letzten Niederlage zum Ende des Zweiten Zeitalters trägt er sie wieder, geworfen in die → Äußere Dunkelheit, zusätzlich gefesselt mit einem Halseisen, das aus seiner Eisenkrone gefertigt wurde (SIL, HIS 1).

Angainos

→ Gnomischer Beiname für → Melko, laut Tolkien ausdrücklich nicht zu verwechseln mit → Angaino (HIS 1,2)

Angali

Ein Name der → »Angeln«

Angamaitë (Quenya)

»Eisenhändig«: (I) Beiname von → Angrod; (II) Führer der Korsaren von Umbar, Urenkel von → Castamir, mit seinem Bruder → Sangahyando Führer der Korsaren bei der Schlacht am → Pelargir, bei der → Minardil 1634 DZ erschlagen wurde.

Angamando (Quenya)

»Hölle aus Eisen«: Quenya-Name für → Angband, auch gebraucht in der Mehrzahl Angamandi

Angaráto

»Eisenrecke«: → Teleri-Beiname von → Angrod; die Quenyaform ist Artanga.

Angband (Sindarin)

»Eisenkerker, Eisenhölle«: Hauptquartier von → Melkor im Nordosten von Mittelerde im Zweiten Zeitalter, eine riesige Höhlenfeste unter dem südwestlichen Ende der → Ered Engrin, nur etwa 250 Kilometer von → Menegroth entfernt. Schon im Ersten Zeitalter eine von Melkors Festungen; Statthalter war lange → Sauron. Im Feldzug der → Valar am Ende des ersten Zeitalters nur unzureichend zerstört; zu tief waren seine Klüfte, in denen sich Lager verbargen und Kerker, Laboratorien, Waffenschmieden und vulkanische Feuer. Wieder aufgebaut, ragten seine höchsten Gipfel bis in die Regionen des ewigen Eises und seine Hallen weit hinab; von Melkors Feinden gelang es nur → Beren und → Lúthien, über die labyrinthische Treppe, die in Morgoths Thronsaal führte, hinab- und wieder herauszugelangen. Das Haupttor öffnete sich nach Süden, zur Ebene von → Ard-galen, geschützt vom neu errichteten dreizackigen Gipfel des → Thangorodrim. Die Umgebung von Angband nannte man Dor Daedeloth, Land des dunklen Schreckens. In Quenya hieß Angband Angamaite, Angamando und Angamandi.

Angbor (Sindarin)

»Eisenmann«: Ein Fürst von → Lamedon, führte die Verteidigung von → Linhir gegen die → Korsaren an und brachte → Aragorn II. nach der Schlacht auf dem → Pelennor viertausend Mann von Pelargir zur Verstärkung.

Angelimar

Zwanzigster Fürst von → Dol Amroth, Großvater von → Imrahil

Angeln

Bei Tolkien auch einmal »Angeli« genannt (HIS 1). Ursprungsstamm der Engländer, westgermanischer Stamm (→ Germanen), erstmals von Tacitus im 1. Jahrhundert n. Chr. erwähnt (lateinisch Angli). Beheimatet auf dem Gebiet der dänischen Halbinsel, zwischen der Flensburger Förde und dem Fluss Schlei, südlich der dänischen Grenze, im heutigen Schleswig-Holstein in der Region Angeln. Ein Teil wanderte während der Völkerwanderung nach Thüringen, ein anderer gemeinsam mit den Sachsen und Jüten nach Britannien, dessen östlichen Teil, East Anglia und Northumbria, sie ab 449 von den → Kelten eroberten. Der altenglische Name der Angeln war → »Angol« oder »Angul«, und so wird → Eriol in einer frühen Version der → Verschollenen Geschichten genannt (HIS 1).

Angelsachsen

Der Zusammenschluss aus → Angeln, Sachsen und Jüten, die ab 449 Britannien eroberten, alles Weststämme der → Germanen. Das Gebiet dieser → Angelsachsen wurde »Englaland« genannt, → England, und sie selbst Engländer. Ihre berühmtesten Führer waren → Hengist und → Horsa, ihr heutzutage bekanntester Gegner → Artus. Ab 600 etwa wurden die Angelsachsen christianisiert, 827 wurde das Königreich England unter Egbert von Wessex vereint. Nachdem um 850 die Dänen Ost-England erobert hatten, gelang 926 die Wiederherstellung der angelsächsischen Einheit. Im 8. bis 10. Jahrhundert entfaltete sich die angelsächsische Kultur zu hoher Blüte; ein Beispiel für das reichhaltige Schrifttum jener Zeit ist das Heldenepos Beowulf, mit dem sich Tolkien ja nicht nur wissenschaftlich auseinandergesetzt hat, sondern das seine Werke auch mit beeinflusst hat. Nach der Eroberung durch die Normannen unter Wilhelm dem Eroberer 1066 ging es den Angelsachsen unter deren Herrschaft ähnlich wie Jahrhunderten vorher den

→ Kelten unter ihrer Herrschaft – und den beiden Volkshelden der Engländer, Artus und Robin Hood, ist gemeinsam, dass sie jeweils auf der Seite der Unterlegenen kämpften. – Den Begriff Angelsachsen verwendet man heute auch als Gesamtbezeichnung für Engländer und Nordamerikaner.

Angerboda

→ Angrboda

Angerthas, Angerthas Daeron, Angerthas Moria

Lang-Runen; eine altertümliche, aber schon hoch entwickelte Form der → Cirth, angeblich von → Daeron gestaltet; von den → Zwergen von → Moria wurde ihre eigene Variante entwickelt

Anghabar (Sindarin)

»Eisengrube«: Bergwerk in den Umzingelnden Bergen, den → Echoriath, um → Gondolin

Anglachel (Sindarin)

»Eisenflamme«: Ein Schwert aus → Meteoreisen. → Thingol erhielt es von → Eol und gab es auf dessen ausdrücklichen Wunsch → Beleg Cúthalion, der damit von seinem Freund → Turin aus Versehen erschlagen wurde. Danach war das Schwert stumpf und schwarz, doch es wurde für Túrin neu geschliffen und leuchtete nun in fahlem Licht; Turin nannte es → Gurthang, »Todes-Eisen«. Das einzige intelligente und sprechende Schwert in Mittelerde hatte auch einen eigenen Willen; → Melian warnte, das dunkle Herz seines Schmiedes wohne in ihm; und es tötete sowohl Beleg wie schließlich Túrin selbst. Wahrscheinlich ist Anglachel ein Vorbild für das Schwert »Stormbringer« in der Elric-Saga von Michael Moorcock.

Angmar (Sindarin)

»Eisen-Heim«: das Hexenreich am Nordrand des → Nebelgebirges, regiert vom Herrn der → Nazgûl, der sich danach Hexenmeister von Angmar oder → Hexenkönig von Angmar nannte. Dieser schuf um 1300 DZ, über tausend Jahre nach dem → Krieg des Letzten Bündnisses, eine Machtbasis in dem Gebiet um die nördlichen Ausläufer des Nebelgebirges. Er siedelte → Orks und Menschen an und erbaute als Hauptstadt seine Festung Carn Dûm, nicht weit weg von → Gundabad, der großen Orkfeste. Nachdem der »Schwarze Hexenmeister« 1975 DZ von einem Heer aus → Gondor unter Führung von → Earnur besiegt worden war, verließ er Angmar und ging nach → Mordor. Angmar aber blieb eine verrufene Gegend, besiedelt von Orks, → Trollen und ähnlichem Gesindel.

Angol

Früher Name für → Eriol (Ælfwine) in unveröffentlichten Varianten von dessen Geschichte. Angol war ein Name für den Stamm der → Angeln, aber auch ihr Land. In der Sprache der → Gnome soll Angol »Eisenklippen« bedeuten, in Sindarin sowohl »Gestank« wie auch → »Magie, Zauberkunde« (HIS 2).

Angolcynn

Altenglische Bezeichnung für die Engländer (HIS 1)

Angordin

Alter Name für die Eisenberge, die → Ered Engrin (HIS 1)

Angrboda

»Unheilsbringerin«: Reif-→ Riesin in der germanischen Mythologie, Mutter der → Midgardschlange Jörmungand, von → Hel und → Fenriswolf

angren (Sindarin)
»Eisern, aus Eisen«, z. B. in → Angrenost, in Mehrzahlform z. B. in → Ered Engrin oder Ethraid Engrin

Angren (Sindarin)
Name des Flusses → Isen (= Eisen)

Angrenost (Sindarin)
»Eiserne Festung«: Name von → Isengart (= Eisen-Feste)

Angrim (Sindarin)
Mensch aus dem ersten Haus, der Vater von → Gorlim dem Unglücklichen

Angrist (Sindarin)
»Eisenspalter«: Messer, das → Telchar aus Nogrod geschmiedet hatte. → Beren nahm es → Curufin ab und schnitt damit einen → Silmaril aus der Krone von → Morgoth. Beim Versuch, auch die beiden anderen Silmaril loszuschneiden, zerbrach es.

Angrod (Sindarin)
»Eisen-Recke«: Fürst der Noldor, der dritte Sohn von → Finarfin. Bewachte mit seinem Bruder → Aegnor die Nordhänge von → Dorthonion. Gefallen in der → Dagor Bragollach. Sein → Teleri-Name war Angaráto, die Quenyaform Artanga. Er hatte auch den Quenya-Beinamen Anga-maitë, »eisenhändig«.

Anguirel
Ein Schwert aus → Meteoreisen, geschmiedet von → Eol als Gegenstück zu → Angla-chel, wurde Eol von → Maeglin gestohlen.

Angwedh (Sindarin)
»Kette«

Animalisch
Die erste der erfundenen → Sprachen, die Tolkien benutzte, erfunden von seinen Cousinen Mary und Marjorie → Incledon, mit denen Tolkien spielte, während er 1904 (mit 12 Jahren) in → Rednal wohnte, sie lebten im Nachbarort Barnt Green. Die Sprache bestand im Wesentlichen aus Tiernamen.

aníra (Sindarin)
»wünschen«

Ankunft der Adler, Die
Zeichnung mit Bleistift, schwarzer und roter Tusche von Tolkien für das 17. Kapitel von → »The Hobbit«, entstanden wohl 1937

Anna (Quenya)
»Geschenk, Gabe«, z. B. in → Anantar, → Melian, → Yavanna und → Andor; auch Name des → Tengwar-Zeichens Nr. 12, ᚦ, das für ein konsonantisches »y« stand.

anna (Sindarin)
»geben«

Annabon (Sindarin)
»Elefant«

Annael (Sindarin)
Grau-Elbe aus → Mithrim, Pflegevater von → Tuor

Annalen von Beleriand
Früher Text von Tolkien, wohl aus den 30er-Jahren (HIS 1,2)

Annalen von Valinor
Früher Text von Tolkien, wohl aus den 30er-Jahren, über → Eriol (HIS 1,2)

Annatar (Sindarin)
»Herr der Geschenke«, »König der Geschenke«: Name, den → Sauron sich selbst im → Zweiten Zeitalter beilegte, als er die → Elben betörte

anno (Sindarin)
»geben«

Annon (Sindarin)
»Tor, (große) Tür« (Mehrzahl ennyn), z. B. in → Annon-in-Gelydh, → Morannon und → Sirannon

Annon-in-Gelydh (Sindarin)
»Tor der Noldor«: der östliche Eingang zu einem unterirdischen Wasserlauf in den westlichen Bergen von → Dor-lómin, führte nach → Cirith Ninniach. Wurde erbaut von → Thurgon, als dieser noch in → Nevrast lebte, bevor er nach → Gondolin zog.

Ann-thennath (Sindarin)
Eine Vers-Art der Elben, in der die erste Version des → Leithian-Liedes verfasst wurde, gekennzeichnet durch einen Wechsel von langen und kurzen Vokalen

annui (Sindarin)
»westlich«

Annúminas
»Turm des Westens«: der alte Sitz der Könige von → Arnor am See → Nenuial (Abendrot-See), als erste Hauptstadt des Nördlichen Königreichs der → Dúnedain von → Elendil am Südufer des Sees in → Eriador erbaut. Hier wurde der Haupt- → Palantir des Bordens aufbewahrt, bis er verloren ging. Nach dem → Krieg des Letzten Bündnisses zunehmend verfallen, irgendwann in der Zeit nach → Valandil von → Fornost als Hauptstadt abgelöst. Wieder aufgebaut von → Aragorn II. , der das Szepter von Annúminas von → Elrond, der es aufbewahrt hatte, zur Krönung erhielt.

Annún (Sindarin)
»Westen, Sonnenuntergang«, z. B. in → Annúminas und → Henneth Annún

Annúnaid (Sindarin)
»die gemeine Sprache«: das → Westron

Anor (Sindarin)
»Sonne«, z. B. in → Minas Anor; auch eine Bezeichnung für die → Unverlöschliche Flamme, auf die sich → Gandalf in seinem Kampf gegen den → Balrog beruft

Anórien (Sindarin)
»Sonnenland«: Gebiet in → Gondor nördlich der → Ered Nimrais, begrenzt im Süden vom → Anduin, im Westen durch die Mündungen der → Entwasser und den → Glanhir, wo das Land an → Rohan stieß. Viel fruchtbares Ackerland und der → Drúadan-Wald gehörten zu dem Gebiet, das einst → Anárion beherrschte. Die Rohirrim nannten das Land Sunlending.

Anor-Stein
Der → Palantir von → Minas Anor

Anrufung von Elbereth
Bei den → Elben verbreitete Art, → Varda mit Gesängen zu ehren, die in Sindarin → Elbereth genannt wurde, im »Herrn der Ringe« z. B. mit den Liedern → »O Königin, schneeweiß und fern« und → »A Elbereth Gilthoniel«. Als → Sam Elbereth anruft, strahlt → Galadriels Phiole so stark, dass → Kankra flieht.

Anrufung von Eru
Die religiöse Praxis in → Númenor, → Ilúvatar/Eru auf dem → Meneltarma jahreszeitgemäße Opfer darzubringen

Ansen (Anson)
→ Hobbit aus dem → Auenland (geboren 1361 AZ), Sohn von → Andweis

Ant (Sindarin)
»Gabe, Geschenk«

Anta (Quenya)

»Gesicht«

Antani

alte Variante von → Atani

Anthropophage

»Menschenesser«: neutraler und wertfreier als der häufig verwandte Terminus Kannibale, daher wird er in der Wissenschaft vorgezogen. Bei Tolkien gibt es zahlreiche Wesen, die das Fleisch von Menschen oder Elben bevorzugen, erwähnt seien nur die → Trolle, die → Muhlipps, die → Orks und, laut der Aussage von → Saruman, Gríma → Schlangenzunge. Auch König → Helm Hammerhand von → Rohan soll Menschen verspeist haben. Damit steht Tolkien auch hier in einer Tradition mit den alten Sagas und Epen, so sind etwa das Ungeheuer Grendel und seine Mutter im → »Beowulf« fürchterliche Menschenfresser. Bei den meisten dieser Wesen, auch bei Tolkien, handelt es sich in der Regel um eine ganz profane Form von Nahrungserwerb, wie ihn z. B. auch die Schimpansen ausüben, wenn sie Artgenossen aus anderen Gruppen erlegen und verspeisen. Davon konnte Tolkien damals nichts wissen, aber als Tolkien seine Geschichten schrieb, kursierten in der westlichen Welt noch zahlreiche Gruselstorys über Kannibalen, die meisten davon gewaltig übertrieben. Bei den Menschen ist die Antropophagie meist religiös, spirituell oder rituell bedingt; es gibt Vermutungen, dass schon die Neandertaler rituell vom Fleisch ihrer Verstorbenen aßen. Solch spiritueller Kannibalismus ist bis in die Neuzeit belegt, etwa in Afrika, Südamerika und Ozeanien, und soll immer noch vorkommen, z. B. in Neuguinea. Hierbei handelt es sich meist um eine Art Bestattungsritus, bei der Kraft, bestimmte Fähigkeiten, Geist oder Seele des Verstorbenen aufgenommen werden soll, manchmal dient dies auch der Pflege bzw. dem Fortbestand der Ahnen, die solange weiterexistieren, wie ihr Fleisch in der Generationenreihe weiterbesteht. Oft wird auch nur die Asche verzehrt. Nicht selten wird das Blut der Verstorbenen getrunken; manchmal wird dabei auch auf dessen Abwehrkraft gegen → Wiedergänger gebaut. Meist sind nur die Verwandten an solchen Riten beteiligt (Endo-Kannibalismus), seltener sind der Exo- Kannibalismus, bei dem fremde bzw. Nichtverwandte verspeist werden, und die »symbolische Anthropophagie«, bei der etwa wie beim Biss ins Herz des Opfers oder beim Verzehr von Stückchen der Kopfhaut das Verzehren vorgetäuscht wird. Bei den Azteken war ritueller Kannibalismus üblich, indem gefangene Feinde in einer luxuriösen Schmauserei von der ganzen Familie verzehrt wurden; dies stand bei ihnen immer in Verbindung mit Menschenopfern. Der sogenannte »profane Kannibalismus«, das Essen anderer Menschen aus Nahrungsgründen, ist nur selten beschrieben worden, kommt aber vor, auch in modernen Gesellschaften. 1972 stürzte in den Anden ein Flugzeug ab mit einem chilenischen Rugby-Team. Die Überlebenden hatten, als man sie nach 72 Tagen fand, nur überlebt, weil sie Teile der Toten verzehrt hatten. Die Gesellschaft, auch Freunde und Verwandte, reagierte mit Abscheu und Verachtung, als wäre es besser gewesen, sie wären gestorben. Die öffentliche Meinung beruhigte sich erst, nachdem die katholische Kirche erklärte, das Überleben in einer solchen Situation sei ein ethisch höherer Wert als der Respekt vor den Toten, und den jungen Männern öffentlich Absolution erteilte. Eine Sonderform des Kannibalismus geht einher mit Nekrophilie bzw. Nekrosadismus und findet sich bei einigen Serienmördern wie etwa Fritz Haarmann oder den sogenannten Lebenden Vampiren – hier kommt nicht selten das Blutsaugen hinzu. Auch heute noch machen kriminelle »Menschenfresser« Schlagzeilen, 1999 etwa Dorángel Vargas Gomez in Venezuela. Größere Menschenjagden zum Zwecke des Verspeisens, wie sie während des Kolonialismus gerne als Rechtfertigung für die Bekämpfung eines Volkes dienten, dürften hingegen ins Reich der Fabel gehören. Allerdings sind solche phantastischen Geschichten alt und spätestens seit der Antike belegt; berühmt als Menschenfresser ist etwa der einäugige Zyklop Polyphem, mit dem Odysseus es zu tun bekommt: »*Er hatte wie alle Zyklopen nur ein einziges funkelndes Auge in der Stirn, Beine wie tausendjährige Eichenstämme und Arme und Hände groß und stark genug, um mit Granitblöcken Ball zu spielen. [...] Auf meine Rede antwortete das Ungeheuer gar nicht, sondern streckte nur seine Riesenhände aus, packte zwei meiner Genossen und schlug sie, wie junge Hunde, zu Boden, dass ihr Blut und Gehirn auf die Erde spritzte. Dann zerhackte er sie Glied für Glied zur Abendkost und fraß sich an ihnen satt, wie ein Löwe in den Bergen. Eingeweide, Fleisch, ja das Mark mitsamt den Knochen verzehrte er.*« Der griechische Held bekommt es auf seiner Odyssee noch ein weiteres Mal mit Menschenfressern zu tun: »*Da stand die Gemahlin des Lästrygonenköniges vor ihnen, so riesengroß wie der Gipfel eines Berges. Denn die Lästrygonen waren Riesen und Menschenfresser. Auch rief die Königin sogleich ihren Gemahl, und dieser griff zum Gruße nach dem einen der Gesandten und befahl sogleich, ihn für sich zum Abendessen zuzurüsten.*« Aber auch in anderen Kulturkreisen findet man solche Geschichten, so etwa in der tatarischen Heldensage »Kan Mirgän, Komdei Mirgän und Kanna Kalas«, die M. A. Castrén 1857 in St. Petersburg vorstellte: »*Djilbegän und*

der Bote haben sich zu Talai-Chan begeben, um bei ihm Hilfe gegen Komdei Mirgän und Kan Mirgän zu finden. Talai-Chan ist ein Menschenfresser, und als Djilbegän mit dem Boten zu ihm kam, tat er sie in einen Kessel, kochte und fraß sie auf.« Und wer erinnert sich nicht an die Märchen der Kinderzeit und das berühmte: »*Es riecht nach Menschenfleisch!*« – so etwa in dem Märchen »Das winzige, winzige Männlein« von Ludwig Bechstein (1801–1860), und ähnlich in seinen Märchen »Der kleine Däumling«, »Seelenlos« und »Der goldne Rehbock« (da hat der Menschenfresser sogar eine Frau). Auch bei den Gebrüdern Grimm tauchen immer wieder Menschenfresser auf, etwa als Räuber im finsteren »Wald, in dem die Menschenfresser hausen«, und sogar in ganz berühmten Märchen wie dem »Gestiefelten Kater«: »*Endlich kam Meister Kater zu einem schönen Schloss, das einem Menschenfresser gehörte*«. Auch moderne Märchenautoren lieben das Thema, so freut sich der → »Mann im Mond« in der berühmten Geschichte »Peterchens Mondfahrt« von Gerdt von Bassewitz (1878–1923) über den Besuch der Kinder: »*Zwei Menschlein kamen zu mir herauf. Mit Haut und Haaren freß' ich sie auf! | Tausend Jahr' hab' ich nichts gegessen! | Tausend Menschen könnte ich fressen! | Schlachten will ich sie, langsam braten | Am Spieß; sie werden mir wohl geraten! | Ich lasse sie backen hundert Stunden; | Dann sollen mir ihre Gliederlein munden!*« – Solche Märchen-Menschenfresser haben mehr Ähnlichkeit mit Tolkiens Trollen oder Orks, denn in der Regel sind sie keine Menschen, sondern werden als nichtmenschliche, wenn auch menschenähnliche Monstren beschrieben. Sie fressen also nicht eigentlich Artgenossen, sondern Wesen einer anderen Art, die ihnen als Nahrung dient, wie viele von uns die Kuh oder das

Schwein. Eigentlich sind die meisten von Tolkiens Menschenfressern also gar keine »richtigen« Kannibalen, auch wenn sie oft als solche bezeichnet werden.

Anti-Entferner
Zauberspruch, mit dem → Artaxerxes den Hund → Roverandom belegt hat.

Anto (Quenya)
»Mund, Maul«, auch Name des Tengwar-Zeichen Nr. 13, ᛰ, das in Quenya für »nt«, in anderen Sprachen oft für »dh« benutzt wurde.

Anu (Sindarin)
»Mann«

Anwar (Sindarin)
»Ehrfurcht, heilige Scheu«, z. B. im Namen → Amon Anwar

apanóna (Quenya)
»nachgeboren«, eine Bezeichnung bei den → Elben für die Menschen

Apanónar (Quenya)
»Die Nachgeborenen«, Substantiv zu »apanóna«, eine Bezeichnung der → Elben für die Menschen

aphad (Sindarin)
»(jemandem oder etwas) folgen«

Aphadon (Sindarin)
»Verfolger«

Aphadrim (Sindarin)
»Die Folgenden, die Nachgeborenen«, eine Bezeichnung der → Elben für die Menschen

Apolausticks, The
Ein Studentenclub, den Tolkien 1911 in → Oxford mit begründete

aqua (Quenya)
»voll, vollständig, ganz«

Aquarelle von Tolkien
→ Bilder

Ar-
Adûnaisch: »König«. Wurde den Namen der späteren Könige von → Númenor vorangestellt, z. B. in → Ar-Pharazôn

ar (Quenya und Sindarin)
»und« zwischen zwei Begriffen, z. B. in → Dor-Cúarthol, dem »Land von Bogen und Helm«

ar, ara (Quenya und Sindarin)
»hoch, edel, königlich«, z. B. in → Aredhel, → Arnor, → Armenelos, auch als »arat«, z. B. in → Arata, → Aráto. Abgeleitet hiervon wird das Präfix Ar der Königsnamen von → Numenor

Ar-Abattârik
Adûnaischer Name von → Tar-Ardamin

arad (Sindarin)
»(ein) Tag«

Aradan (Sinarin)
»Edler Mensch« oder »Des Königs Mensch«: Ehren-Name der → Elben für Malach, Sohn von Marach. Dieser hatte das dritte Menschenvolk über die → Ered Luin nach → Beleriand geführt. Sein Sohn Malach zog nach → Hithlum und trat in den Dienst von König → Fingolfin. Einer seiner Urenkel war Hador, dem Fingolfin die Herrschaft über → Dor-Iómin übertrug.

Arador (Sindarin)
»Königliches Land«: Vierzehnter Stammesführer der → Dúnedain des Nordens (2912–2930), Vater von → Arathorn II. und

**So stellt sich der Illustrator der neuesten russischen Ausgabe des »Herrn der Ringe«
die Krönung von Aragorn vor** (Illustration auf der Umschlagrückseite, Moskau 2001)

Großvater von → Aragorn II. Elessar, dem späteren König. Erschlagen von → Bergtrollen in den Kaltfelsen nördlich von → Imladris.

Ar-Adûnakhôr

»Herr des Westens«: Name des 20. Königs von → Númenor in → Adûnaisch; sein Quenya-Name war Tar-Herunúmen. Geboren 2709 ZZ, gestorben 2962, regierte ab 2899. Erster König, der einen adûnaischen Titel annahm. Speziell dieser Name verärgerte die Getreuen, die → Elendili, für die der Titel »Herr des Westens« nur → Manwe zukam. Er verbot in der Öffentlichkeit den Gebrauch und die Lehre der Elbensprachen. Ab seiner Zeit kamen die Schiffe aus → Tol-Eressea nur noch selten nach Númenor. – An mehreren Stellen wird Ar-Adûnakhôr fälschlicherweise als der 19. König von Númenor beschrieben (z. B. im Silmarillion).

Arafinwe (Quenya)

»Königlicher Finwe«: Der Vatername von → Finarfin

Araglas (Sindarin)

»Königliches Blatt«: Sechster Stammesführer der → Dúnedain des Nordens (2327–2455)

Aragorn

Wenn in diesem Lexikon nur der Name Aragorn gebraucht wird, ist immer → Aragorn II. gemeint.

Aragorn I. (Sindarin)

»Königlicher Baum«: Fünfter Stammesführer der → Dúnedain des Nordens (2319–2327), Sohn von → Aravir und Vater von → Araglas, getötet von Wölfen, die seit jener Zeit immer wieder eine Gefahr darstellten

Aragorn II. (Sindarin)

»Königlicher Baum«: Der sechzehnte und letzte Stammesführer der → Dúnedain des Nordens und erste König der → Vereinten Königreiche von → Gondor und → Arnor, abstammend in direkter Linie von → Elendil und → Isildur (neununddreißigster Erbe Isildurs in direkter Abstammung). Über diese konnte er seine Abstammung zurück-verfolgen bis zu → Elros, dem ersten König von → Númenor, und darüberhinaus bis → Beren und → Luthien, so dass er nicht nur von → Elben abstammte, sondern sogar von einer → Maia – wenn auch über ungefähr 70 Generationen und viele tausend Jahre. Auch war er ein Abkömmling des ersten der → Drei Häuser des Menschen, also von → Beor. Die Figur von Aragorn zeigt sehr schön, wieviel Wert Tolkien auf die → Abstammungslinie legte; eine solche Haltung ist die Grundlage zahlreicher, auch moderner, Fantasy-Geschichten. Aragorn wurde am 1. März 2931 DZ geboren, als Sohn von → Arathorn II. und dessen Gemahlin → Gilraen. Sein Vater wurde 2933 erschlagen, seine Mutter brachte ihn zu seinem (entfernten) Verwandten → Elrond nach → Imladris (Bruchtal). Dort wurde er inkognito unter dem Namen Estel (»Hoffnung«) aufgezogen und verbrachte viel Zeit auf Streifzügen und in → Lórien. Als er zwanzig Jahre alt war, verriet ihm Elrond, wer er war, und übergab ihm → Barahirs Ring und das zerbrochene Schwert → Narsil. Und er sagte ihm große Taten voraus und auch, dass er sehr viel länger leben werde als normale Menschen. Am nächsten Tag traf Aragorn im Wald von Bruchtal bei Sonnenuntergang, während er gerade das → Lied von Beren und Lúthien sang, auf → Arwen Undómiel, die Tochter von Elrond, und er rief sie bei dem Namen, mit dem Beren Lúthien gerufen hatte: Tinúviel! Und an diesem Abend begann ihre Liebe – eine Parallele zu jener ihrer gemeinsamen Vorfahren Beren und Lúthien, die soweit ging, dass am Ende Arwen, wie Lúthien, sterblich wurde. Doch Elrond erklärte ihm, er müsse sich seiner Tochter erst würdig erweisen, war diese doch nicht nur von hohem Rang, sondern auch weise und erfahren, geboren vor 2710 Jahren. Und so begann für Aragorn eine lange Zeit des Kampfes und des Wanderns; er wurde hart und grimmig, und trat auf in vielen Verkleidungen. Mit 25 Jahren, 2956, lernte er → Gandalf kennen und wurde sein Freund – und einer der gefährlichsten Feinde von → Sauron. Er kämpfte mit den → Rohirrim und für → Ecthelion II., den Truchsess von → Gondor, drang 2980 in den Hafen von → Umbar ein und verbrannte die Schiffe der → Korsaren, doch nie offenbarte er seine Identität und seine Herkunft. Als Thorongil, »Adler des Sterns«, wurde er bekannt, denn er trug einen kleinen silbernen Adler am Mantel. Eine seiner weiteren Verkleidungen war Streicher, als den ihn → Frodo und seine Gefährten kennenlernten. Aragorn wurde in dieser Zeit, so Tolkien, der tapferste aller lebenden Menschen. Außerdem kannte er viele der alten Künste und Überlieferungen und wurde weise, denn er lernte viel von Gandalf und seinen Verwandten, den Elben. 2980, in dem Jahr, in dem → Théoden König wurde und Aragorn 49 Jahre alt war, kehrte er bei → Galadriel in Lothlórien ein. Dort traf er Arwen wieder, und sie verlobten sich auf dem → Cerin Amroth. Elron aber, als er davon erfuhr, stellte Aragorn eine Aufgabe wie einst → Thingol Beren: nichts Geringeres, als das Königreich der Menschen neu zu errichten, als → Vereintes Königreich von Gondor und Arnor. Die nächsten Jahrzehnte blieb Arwen in Bruchtal, und Aragorn kämpfte weiter. Nachdem der → Herrscherring gefunden worden war, machte er sich zu Verbünde-

ten der → Hobbits. Es gelang, Narsil neu zu schmieden, und er nannte es → Anduril. Arwen aber machte ihm jenes große königliche Banner, das er 3019 in der Schlacht auf den → Pelennor-Feldern entrollte, nachdem er auf den → Pfaden der Toten gewandelt war. 39 Jahre also musste Aragorn nach seiner Verlobung warten, ehe er, 88 Jahre alt, von Elrond das → Szepter von Annúminas erhielt, am 1. Mai 3019 zum König gekrönt wurde und Arwen heiraten durfte, als dritter Mensch nach Beren und → Tuor. König → Elessar wurde er genannt (»Elbenstein«), so genannt nach dem Stein, den ihm Arwen schenkte und → Galadriel übergab und wie es schon lange von → Olorin geweissagt war. Er nannte sich auch Telcontar (»Streicher« in Quenya), er regierte 122 Jahre und wurde bekannt als großer, gerechter und ruhmreicher König. Und wie die großen Könige von Númenor, die freiwillig ihr Zepter aufgegeben hatten, ehe sie zu schwach wurden, gab er seines weiter an Eldarion, seinen Sohn. Da ihm, als letztem der Númenórer, vergönnt war, nach Belieben sein Leben zu beenden, legte er sich am 1. März 120 VZ (1541 AZ), an dem Tag, an dem er 210 Jahre alt wurde, nieder und entschlief. Arwen aber ging nach Lórien und legte sich im späten Winter dort zum Sterben nieder, 2900 Jahre alt, und ihr Grab fand sie auf dem → Cerin Amroth. – Im → Film von Peter → Jackson wird Aragorn von Viggo → Mortensen dargestellt.

Aragost (Sindarin)
»Königliche Feste«: der achte Stammesführer der → Dúnedain des Nordens (2523–2588 DZ)

Arahad I. (Sindarin)
»Königliche Schleuder«: der siebente Stammesführer der → Dúnedain des Nordens (2455–2523 DZ)

Arahad II. (Sindarin)
»Königliche Schleuder«: der zehnte Stammesführer der → Dúnedain des Nordens (2654–2719 DZ)

Arahael (Sindarin)
zweiter Stammesführer der → Dúnedain des Nordens (2106–2177 DZ)

Arakáno (Quenya)
Der Muttername von → Fingolfin, auch der Name seines vierten Sohnes (Sindarin: Argon)

Araman (Quenya)
»außerhalb von Aman«: Große Öde an der Küste von Aman, wüst und bergig, zwischen den → Pelori-Bergen und dem Meer, nach Norden an die → Helcaraxe stoßend

Aramund (Quenya)
»Königlicher Stier« in einem Brief von Tolkien von 1972. Das Wort ist wohl kein »echtes« Quenya, da kein Wort mit zwei Konsonanten enden darf.

Aran (Quenya)
»König, Herr«, z. B. in → Arantar, → Arandur, → Arandil, → Arandor, → Aranel

aran (Sindarin)
»königlich«: nicht wie in → Númenor Teil einen nachträglich gegebenen Namens, sondern in späterer Zeit bei den Dúnedain des Nordens als Teil des Geburtsnamens. Oft abgekürzt in »Ara« oder »Ar«, Beispiele sind → Arvedui, → Aragorn. Der Plural edain taucht auf in Ereinion (»Spross der Könige«, → Gil-galad), und in Fornost Erain (Feste der Könige).

Aranarth (Sindarin)
»Königliches Reich«: der erste Stammesführer der → Dúnedain des Nordens (1974–

2106 DZ), ältester Sohn des letzten Königs von → Arthedain, → Arvedui

Arandil (Quenya)
»Königsfreund«

Arandor
Das »Königsland« von → Númenor, Bestandteil des Binnenlandes → Mittalmar. In Arandor lebte der größte Teil der Bevölkerung, zu Arandor gehörten die Hauptstadt → Armenelos und der Hafen → Rómenna.

Arandur (Quenya)
»Königsdiener«: eine Bezeichnung für den → Truchsess von Gondor

Aranel (Quenya)
»kleiner König« oder »kleine Königin«: Prinz oder Prinzessin, Name von → Dior und im Beinamen von → Ancalime, Emerwen Aranel (»Prinzessin Hirtin«)

Aranrúth
»Königszorn, Königsgrimm«: Schwert von → Thingol, nach dem Untergang von → Doriath Schwert der Könige von → Númenor

Arantar (Quenya)
»Königlicher Herr«: → Dúnedain, fünfter König von Arnor (339–435 DZ)

Aranuir (Sindarin)
»Königlich und ewig, Königliche Ewigkeit«: dritter Stammesführer der → Dúnedain des Nordens (2177–2247 DZ)

Aranwe
Elb aus Gondolin, der Vater von → Voronwe

Aranwion (Quenya)
»Sohn Aranwes«: Der Vatername von → Voronwe, des Sohnes von Aranwe

aranya (Quenya)

»königlich«, z. B. in »Atar aranya« (königlicher Vater): So spricht → Erendis ihren Schwiegervater → Tar-Meneldur an.

Araphant

Bedeutet evt. »königlicher Wal«, falls der Name aus dem Quenya stammt. → Dúnedain, vierzehnter König von → Arthedain (1891– 1964). Erneuerte den Kontakt zu → Gondor

Araphor (Sindarin)

→ Dúnedain, neunter König von → Arthedain (1409–1589). Vertrieb mit der Hilfe von → Círdan die Streitkräfte aus → Fornost, brachte Arthedain eine Zeit des Friedens.

Aras (Sindarin)

»Hirsch, Rotwild«, z. B. in → Cabed-en-Aras

Arassuil (Sindarin)

»Königlicher Gruß«: elfter Stammesführer der → Dúnedain des Nordens (2719–2784). In seine Zeit fielen zahlreiche Gefechte mit → Orks.

arat (Quenya)

»hoch, edel, königlich«, Erweiterung von → »ar«, z. B. in → »Arata«, → »Aráto«

Arata (Quenya)

»Der/die Erhabene«: eine/einer der acht mächtigsten → Valar (Mehrzahl → Aratar)

Aratan (Quenya)

»Königlicher Mann«: Der zweite Sohn von → Isildur, fiel mit ihm zusammen auf den → Schwertelfeldern

Aratar

»Die Erhabenen«: die acht mächtigsten der → Valar (Einzahl Arata): → Manwe, → Varda, → Ulmo, → Yavanna, → Aule, → Niënna, → Orome und → Mandos. Sie sind allen anderen Valar an Würde und Rang weit überlegen und untereinander gleichgestellt, doch erkennen alle Manwe als ihren König an, der im Namen von → Ilúvatar regiert.

Arathorn I. (Sindarin)

»Der königliche Rastlose (oder Getriebene)«: zwölfter Stammesführer der → Dúnedain des Nordens (2784–2848)

Arathorn II.

»Der königliche Rastlose (oder Getriebene)«: fünfzehnter Stammesführer der → Dúnedain des Nordens (2930–2933). Geboren 2873, heiratete 2929 → Gilraen die Schöne, die eigentlich noch zu jung dafür war. Doch Gilraels Mutter → Ivorwen sah Arathorns frühen Tod voraus, aber auch, dass er der Vater der Hoffnung ihres Volkes werden könne (Hoffnung = Estel, Beiname von Aragorn). Arathorn und Gilraen waren erst ein Jahr verheiratet, als Arathorns Vater → Arador in den Kaltfelsen bei Bruchtal (→ Imladris) von → Bergtrollen erschlagen wurde. Ein Jahr darauf wurde → Aragorn (II.) geboren; dieser war erst zwei Jahre alt, als Arathorn, der mit den Söhnen von → Elrond gegen Orks ausgeritten war, durch einen Orkpfeil getötet wurde, der ihm ins Auge ging. Mit 60 Jahren starb er für einen seiner Familie sehr jung (sein Sohn wurde 210 Jahre alt).

Aráto

»Held, Recke, wichtiger Mann«, z. B. in → Angaráto, → Findaráto, auch als einzelner Name vorkommend. Wahrscheinlich wurden Findaráto (→ Finrod) und Angaráto (→ Angrod) zuerst auch so genannt.

Arauke, Arauko (Quenya)
»Mächtiges schreckliches Wesen, →
Dämon«

Araval (Sindarin)
»mächtiger König«: → Dúnedain, dreizehnter König von → Arthedain (1813–1891)

Aravir
vierter Stammesführer der → Dúnedain des Nordens (2247–2319).

Aravorn (Sindarin)
»fester König«: neunter Stammesführer der → Dúnedain des Nordens (2588–2654)

Araw (Sindarin)
Ein Name von → Orome

Ar-Belzagar
Der → adûnaische Name von → Tar-Calmacil

Archet
Ort im → Breeland, am nördlichen Rand des Chetwaldes

Archie
Einer der drei Bären, die → Herr Glück in seinem neuen Auto mitnehmen muss; deutsch: Alex.

Arciryas (Quenya)
»königliches Schiff«: → Dúnedain, jüngerer Bruder von → Narmacil II. von → Gondor, Vorfahr von → Earnil II.

Arciyas
der Bruder von → Narmacil II.

Ard, ardh (Sindarin)
»Region, Gegend, Landschaft«, z. B. in → Ard-galen

Arda (Quenya)
»Das Reich«: der Name der Erde, gedacht als Königreich von → Manwe. Umfasst zunächst die flache Welt inklusive → Aman, nach der → Umwandlung der Welt den uns bekannten runden Planeten. – Die Entstehung und Gestaltung der Erde kann man nachlesen in der → Ainulindale, über ihre weitere Geschichte geben u. a. das → Ambarkanta, das → Narsilion und die → Akkalabêth Auskunft. Zunächst war die Erde flach und entsprach im Prinzip dem bis ins Mittelalter vorherrschenden → Ptolemäischen Weltbild. Ihre Gestalt ist ein Ergebnis des Bruderkampfes zwischen → Manwe und → Melkor und der ihnen jeweils folgenden → Ainur: den 14 → Valar und ihren → Maiar auf der einen Seite, → Melkor und seinen → Dämonen auf der anderen. Ihren gegensätzlichen Einflüssen verdankt die Welt ihr gemischtes Aussehen, mit Eis und Feuer, Stürmen und sanften Brisen, schroffen Bergen und lieblichen Tälern. Nach den Plänen der Valar sollten Land und Wasser symmetrisch verteilt sein, → Mittelerde, Endóre, sollte sich als gerader breiter Landstreifen von Norden nach Süden erstrecken, etwa in der Mitte von Arda (HIS 4). Da die Valar ihr Land jedoch vor Melkor schützen mussten, verschoben sie Aman ganz in den Westen und Mittelerde in den Osten, dazwischen lag → Belegaer, das trennende Meer. Während der Schlachten mit Melkor wurde dann das Gesicht der Erde immer wieder verändert, neue Küsten geformt und Schluchten aufgerissen. In den ersten beiden Zeitaltern sah Arda so aus: Noch jenseits von Mittelerde im Osten lagen jenseits des schmalen Ostmeeres die Sonnenlande. Über den Sonnenwänden, einem Gebirge, stieg morgens die Sonne auf. Im Norden und Süden lag das ewige Eis. Im Westen lag Aman. Über ganz Arda erstreckte sich eine → Atmosphäre aus drei Schichten. Die

unterste, Vista, auch Aiwenor genannt, »Vogelland«, bestand aus Luft, die man atmen und in der Vögel fliegen konnten; sie reichte bis über die Wolken. Darüber lag Ilmen, eine Substanz, in der nur die Ainur oder von ihnen dazu Befähigte atmen konnten. In Valinor reichte diese Schicht bis auf den Boden, und unter Arda führte sie ganz herum, so dass durch Ilmen → Sonne und → Mond von Westen nach Osten gebracht werden konnten. Über Ilmen bildete Vaitya den Übergang zu den Wassern des → Außenmeeres, diese Schicht bestand aus einem zähen, kalten Stoff, weder Gas noch Flüssigkeit. Arda schwebte in → Ea, dem Weltall (und dieses in der → Äußeren Leere). – Am Ende des → Zweiten Zeitalters, mit dem Untergang von → Númenor, veränderte → Ilúvatar die Gestalt von Arda und von Ea: Aus der flachen Erde wurde die »krumme Welt«, unser Planet und Universum, wie wir sie kennen. Aman und Valinor wurden entrückt, zu einer → Anderswelt, und nur die Elbenschiffe konnten es noch auf dem »geraden Weg« erreichen. – Arda ist auch der Name des → Tengwar-Zeichens Nr. 26, ℥, das in Quenya für »rd«, in Sindarin und Westron später für »rh« stand.

Ardamir

»Juwel des Reiches«: Urenkel von → Vardamir Nólimon und der Muttername von → Earendil

Ard-galen (Sindarin)

»Grüne Landschaft«: Großes flaches Grasland nördlich von → Dorthonion, östlich der → Ered Wethrin und westlich der → Ered Engrin. Hieß nach seiner Verwüstung in der → Dagor Bragollach → Anfauglith und auch → Dor nu-Fauglith, denn danach wuchs auf dieser Ebene nichts mehr, außer auf dem → Haudh-en-Ndengin (Hügel der Erschlagenen).

Ardhon (Sindarin)

»Provinz, Große Region«

Áre (Quenya)

»Sonnenlicht«, z. B. in → Ariën. Ursprünglich auch der Name des → Tengwar-Zeichens Nr. 31, ℥, das als »z« benutzt wurde in jenen Sprachen, die es brauchten, später »esse« genannt und für »ss« benutzt.

Áre nuquerna (Quenya)

»umgekehrtes Áre«: ursprünglich auch Name des → Tengwar-Zeichens 32, ℥, das als Doppel-S »ss« benutzt wurde in jenen Sprachen, die es brauchten

Areandor, Areanor

Frühere Namen für → Eruman, vielleicht auch für → Hisilóme (HIS 1)

Aredhel (Quenya)

»Edle Elbin«: jüngstes Kind und einzige Tochter von → Fingolfin, Schwester von → Fingon und → Turgon, lebte in → Nevrast und → Gondolin. Bei einer Reise zu den → Söhnen Feanors von ihrer Reisegesellschaft getrennt, später in → Nan Elmoth verirrt und dort die Gemahlin von → Eol, dem sie → Maeglin gebar. Starb durch einen vergifteten Speer, den Eol auf seinen Sohn Maeglin warf. Genannt auch Ar-Feiniel, die Weiße Dame der Noldor oder die Weiße Dame von → Gondolin

Arendien (Quenya)

»Mittjahrstag«: Schalttag im Kalender der → Elben

Arfanyaras (Quenya)

»Hoher leuchtendweißer Gipfel«: ein Name des Taniquetil

Ar-Feiniel,

die Weiße Dame der Noldor: → Aredhel

Argeleb I. (Sindarin)
»Königliches Silber, Silberner König«: → Dúnedain, siebenter König von → Arthedain (1349–1356). Erhob Anspruch auf die Herrschaft über ganz → Arnor, fiel in den darauf folgenden Schlachten

Argeleb II. (Sindarin)
»Königliches Silber, Silberner König«: → Dúnedain, zehnter König von → Arthedain (1589–1670). Erlaubte 1600 DZ den → Hobbits Marcho und Blanco, das → Auenland zu besiedeln.

Ar-Gimilzôr
23. König von Númenor, Quenya-Name: Tar-Telemnar. Geboren 2960 ZZ, regierte 75 Jahre von 3102 bis zu seinem Tod in Jahr 3177. Verbot den Gebrauch der Elbensprachen, ließ keine → Eldar ins Land und bestrafte alle, die Kontakt mit → Elben hatten. Seine Regierungszeit war die schlimmste, die es für die → Elendili, die Getreuen, je gab. Besuchte nie das Heiligtum von → Eru auf dem → Meneltarma. Verheiratet mit Inzilbêth, die zwar von → Tar-Calmacil abstammte, aber heimlich eine Getreue war, denn über ihre Mutter Lindórië stammte sie von den Fürsten von → Andúnië ab. Ihr ältester Sohn Inziladûn, der spätere → Tar-Palantir, teilte ihre Auffassung, deshalb hätte Ar-Gimilzôr gerne seinen zweiten Sohn Gimilkhad zum Erben gemacht. Dies gelang ihm nicht, doch dessen Sohn → Ar-Pharazôn riss unrechtmäßig die Macht an sich – und Númenor in den Untergang.

Argon (Sindarin)
Die Sindarin-Form des Namens Arakáno, Muttername von → Fingolfin, auch der Name von dessen viertem Sohn

Argonath (Sindarin)
»Königssteine«: die Säulen der Könige, große Standbilder von → Isildur und → Anárion an der Nordgrenze von → Gondor, von König → Romendacil II. um 1340 DZ zur Markierung der Nordgrenze von Gondor dort errichtet, wo der → Anduin den westlichen Ausläufer der → Emyn Muil durchbricht.

Argonui (Sindarin)
»Königlich und steinig«: dreizehnter Stammesführer der → Dúnedain des Nordens (2848–2912)

Ariën
Die → Maia der Sonne, von den → Valar nach der Zerstörung der → Zwei Bäume auserwählt, das Sonnenschiff Anar zu lenken, in dem sich die letzte Frucht von → Laurelin befand, dem jüngeren der → Zwei Bäume von Valinor. Gehörte zum Gefolge von Vána und hatte ein wahrhaft feuriges Wesen; selbst in ihrer körperlichen Gestalt strahlten ihre Augen so hell, dass die → Eldar nicht hineinblicken konnten. Als sie ihre Gestalt aufgab, um das Sonnenschiff zu lenken, erschien sie als pure Flamme. Wie im → Narsilion, dem Buch von Sonne und Mond, erzählt wird, fuhr Ariën täglich von Westen nach Osten über den Himmel, ruhte nach jeder Fahrt eine Weile am westlichen Rand des Außenmeeres und wurde dann von → Ulmos Dienern unter der Erde nach Osten gebracht. Wie sich dies seit der → Umwandlung der Welt verhält, seit die Erde rund ist und die Sonne im Zentrum unseres Sonnensystems steht, darüber haben die → Eldar nichts mehr geschrieben oder es ist uns zumindest nicht bekannt geworden. – Nach einer anderen Sage der Eldar befuhr Ariën schon den Himmel, bevor es die → Zwei Bäume gab, und wurde von → Melkor vergewaltigt. Deshalb galt die Sonne manchen → Elben als befleckt.

Ar-Inziladûn
Der 24. König von → Númenór: → Tar-Palantir

Arkenstein
Ein riesiger, wunderschöner Edelstein, den Thráin I. (1934–2190 DZ) unter dem Berg → Erebor fand, von den → Zwergen genannt »das Herz des Berges«. Von dem → Drachen → Smaug mit den übrigen Schätzen der Zwerge 2770 erobert, 2941 von → Bilbo aus Smaugs Hort gestohlen. Mit → Thorin Eichenschild begraben.

Arkturus
Ein alter Name des Mondes in der Sprache der → Gnome (HIS 1). Auch als Stern erwähnt, heißt dann Morwinyon (der Arkturus, genannt »Bärenhüter«, ist der hellste Stern im Sternbild des Bootes).

Arlisgion (Quenya)
»Ort des Rieds«: ein Ort oberhalb der Mündungen des Sirion

Armee des Westen
Im → Ringkrieg die Armee von → Gondor und → Rohan unter der Führung von → Aragorn, → Gandalf, → Éomer und → Imrahil, die vor der Niederlage steht, als → Frodo den → Herrscherring und damit → Saurons Macht zerstört. Beim Kampf gegen den → Hexenkönig von Angmar 1975 DZ die Armee aus Gondor unter → Earnur, aus den → Falas unter → Círdan und aus → Imladris unter → Glorfindel (II).

Armenelos (Quenya)
»Hohe Himmelsfeste«, genannt »die Goldene«: größte Stadt und Sitz der Könige in → Númenor. → Elros machte sie 32 ZZ zum Königssitz, in der Nähe lag das Heiligtums von → Eru auf dem → Meneltarma. Im

Königsgarten von Armenelos wuchs → Nimloth, der Weiße Baum, Nachkömmling von → Galathirion aus Valinor. Unter der Herrschaft von → Ar-Pharazôns wurde der Baum auf → Saurons Betreiben gefällt und stattdessen ein Tempel für → Melkor errichtet.

Arminas
Noldor-Elb. Traf mit seinem Gefährten → Gelmir an der → Annon-in-Gelydh auf → Tuor, führte ihn durch die → Pforte der Noldor und brachte später → Ulmos Warnung nach → Nargothrond.

Arms of Valor
Die Firma, die die weltweite Lizenz erworben hat, nachgebaute → Schwerter zu vertreiben nach den Schwertern im → Film von Peter → Jackson

arn (Sindarin)
»königlich«

Arnach-See
→ Lossarnach

Arnanóre (Quenya)
»Königliches Land«: Quenya-Name für → Arnor, gekürzt auch als »Arnanor«

arnediad (Sindarin)
»unzählbar, unüberschaubar, endlos, unendlich«

Arnoediad
Kurzform für die → Nírnaeth Arnoediad (»Schlacht der Ungezählten Tränen«), die letzte der sechs großen → Schlachten von → Beleriand

Arnor (Sindarin)
»Land des Königs« (Quenya: Arnanóre): das Nordreich der Númenórer in → Mittel-

erde, gegründet 3320 ZZ von → Elendil und → Isildur, nachdem sie dem Untergang von Númenor entkommen waren. Die Hauptstadt → Annúminas wurde am Ufer des → Nenuial-Sees erbaut. Dieses → Nördliche Königreich, so genannt, um es von → Gondor als Südlichem Königreich zu unterscheiden, wurde ab 3441 ZZ, nach dem Tode von → Elendil, der zunächst beide Reiche regiert hatte, von → Isildur regiert. Da dieser der ältere Sohn war, erhoben seine Nachfahren manchmal Anspruch auch auf Gondor, doch erfolglos. Auf dem Gipfel seiner Macht beherrschte Arnor den größten Teil von → Eriador zwischen den Flüssen → Grauflut und → Lhûn bis zur Bucht von → Forochel und hatte eine Ausdehnung von etwa 640.000 Quadratkilometern. Damit war Arnor etwa halb so groß wie Gondor, umfasste ein Drittel des → Vereinten Königreiches im → Vierten Zeitalter und war fast doppelt so groß wie das heutige Deutschland. Doch begann sein Niedergang schon im Jahre 2 DZ mit dem Tod von Isildur auf den → Schwertelfeldern. Irgendwann vor 861 wurde die Hauptstadt verödeten Annúminas nach → Fornost verlegt. Nach dem Tod des zehnten Königs → Earendur zerstritten sich dessen Söhne, und es kam 861 DZ zur Spaltung des Reiches in drei Teile: → Arthedain im Nordwesten, → Rhudaur im Nordosten und → Cardolan im Süden. Arthedain war das einzige Teilkönigreich, in dem die Linie Isildurs (und damit über → Elros bis hin zu → Beren und → Lúthien) in direkter Erbfolge erhalten blieb, und konnte sich auch am längsten halten. Doch mit → Arvedui Letztkönig (gestorben 1975) endete das Reich 1974 DZ; das Szepter von Annúminas wurde von nun an von → Elrond in → Imladris aufbewahrt. Die → Abstammungslinie von Isildur konnte aber über die Stammesführer der → Dúnedain des Nor-

dens weitergeführt werden bis zu → Aragorn II. Elessar, während die Königslinie im südlichen Reich, in Gondor, ausstarb. Aragorn ließ das nördliche Königreich als Teil des → Vereinten Königreiches von Arnor und Gondor wieder auferstehen, erhielt zu seiner Krönung von Elrond das Szepter von Annúminas und baute Annúminas wieder auf.

Arod

Ein Pferd aus → Rohan, das → Legolas von → Éomer erhielt, klein, leicht und feurig. Es trug ihn u. a. über die → Pfade der Toten und in der Schlacht auf den → Pelennor-Feldern. Arod heißt in der Sprache der → Rohirrim »schnell, flink«.

arod (Sindarin)

»edel, hochgeboren«

aronoded (Sindarin)

»unzählbar, unüberschaubar, endlos, unendlich«

Aros

Fluss im Süden von → Doriath, bildete dessen Süd- und Ostgrenze. Floss von → Dorthonion herab, mündete oberhalb der → Dämmerseen in den → Sirion. An der Aros-Furt → Arossiach wurde er von der → Zwergenstraße gekreuzt. Im Winkel zwischen dem Aros und seinem Hauptnebenfluss → Celon lag → Arthórien.

Arossiach (Sindarin)

»Aros-Furt«, auch Sarnathrod, steinige Furt, genannt. Hier wird der Fluss → Aros in seinem Oberlauf am nordöstlichen Zipfel von → Doriath von der → Zwergenstraße gekreuzt.

Ar-Pharazôn

»Der Goldene«: der 25. und letzte König

von → Númenor, sein Quenya-Name war Tar-Calion. Geboren 3118 ZZ. Er kam auf rechtswidrige Weise an die Macht; eigentlich hätte → Tar-Miriel (Ar-Zimraphel) als einziges Kind das Szepter von ihrem Vater → Tar-Palantir (Ar-Inziladûn) übernehmen müssen. Doch sie wurde direkt nach dem Tode ihres Vaters 3255 gezwungen, ihren Vetter Pharazôn zu heiraten. Da dieser der Sohn von → Gimilkhâd war, dem Bruder ihres Vaters (und Enkel von Ar-Gimilzôr), war diese Heirat nach númenórischen Recht ungültig, da es sich um einen → Inzest handelte. Dennoch regierte Ar-Pharazôn 64 Jahre bis zum Untergang von Númenor. Er war der größte Tyrann, den → Arda seit → Melkor gesehen hatte. So mächtig war er, dass er 3261 sogar gegen → Sauron in Mittelerde zog – und Sauron unterwarf sich und wurde als Gefangener nach Númenor geführt. Dort schmeichelte er sich bei Ar-Pharazôn ein, veranlasste ihn, den Weiße Baum → Nimloth zu fällen und einen Tempel für → Melkor zu bauen und schließlich sogar, gegen → Aman zu ziehen. 3319 kam so der Untergang über Númenor – und Ar-Pharazôn mitsamt seiner ganzen stolzen Flotte ums Leben.

Arphen (Sindarin)
»Edler, Adliger«

Arquen (Quenya)
»Edler, Adliger«

Ar-Sakalthôr
22. König von Númenor, Quenya-Name Tar-Falassion. Geboren 2876 ZZ, er regierte 69 Jahre von 3033 bis zu seinem Tod 3102. Vater von → Ar-Gimilzôr

arta (Quenya)
»hoch, erhaben, edel«, z. B. in → Artafinde, → Artaher, → Artanis, → Artamir

Artafinde (Quenya)
»Edle Locke«: eine Quenya-Variante des Namens → Finrod

Artaher (Quenya)
»Edler Herr«: Quenya-Name für → Orodreth

Artamir (Quenya)
»Edles Juwel«: → Dúnedain von → Gondor, älterer Sohn von König → Ondoher, gefallen 1944 DZ in der Schlacht mit den → Wagenfahrern

Artanáro (Quenya)
»Edle Flamme«: Quenya-Name für → Orodreth

Artanga (Quenya)
»Edles Eisen« oder »Eisenrecke«: Quenyaform des → Teleri-Namens Angaráto, Beiname von → Angrod

Artanis (Quenya)
»Edle Frau«: der Name, den → Galadriel von ihrem Vater erhielt

Artano (Quenya)
»Hoch-Schmied, Edler Schmied«: ein Name, den sich → Sauron im Zweiten Zeitalter beilegte

Artanor (Quenya)
»Jenseitsland«: das Gebiet, das später → Doriath genannt wurde

Artaresto (Quenya)
Ein Quenya-Name für → Orodreth

Artaxerxes
Der Hexenmeister, der → Roverandom in einen Spielzeughund verwandelt. Über 2000 Jahre alt, stammt aus Persien, hat sich eines Tages verirrt und landete in Pershore

bei Evesham in Worcestershire (wo Tolkiens Bruder Hilary eine Plantage mit Pflaumenbäumen besaß). Artaxerxes ist ein guter Pflaumenpflücker(!) und liebt Apfelwein. Nachdem er Roverandom verwandelt hat, heiratet er eine → Nixe, die zehntälteste Tochter des Meerkönigs, und wird ernannt zum »Pazifischen und Atlantischen Magier« (PAM). Als er die → Seeschlange nicht richtig ruhig stellen kann, wird er wieder an Land geschickt und lebt dort glücklich als Tabak- und Süßwarenladen-Betreiber A. Pam mit seiner Frau, die Schwimmunterricht gibt, Badezelte und -karren vermietet und wegen ihres Schwanzes in einem Rollstuhl sitzt, der von weißen Ponys gezogen wird. – Artaxerxes hießen drei bedeutende persische Könige: Artaxerxes I. regierte 465 bis 424 vor Christus und beendete 448 die Kriege mit Athen, Artaxerxes II. herrschte von 404 bis 359 vor Christus und eroberte 386 Kleinasien zurück, und Artaxerxes Ardaschir war der Stifter des neupersischen Reiches, herrschte 224 bis 241 nach Christus und begründete die Sassaniden-Dynastie.

Arthad
Einer der zwölf letzten Gefährten von → Barahir in → Dorthonion

Arthedain (Sindarin)
»Reich der Edain, Reich der Menschen«: Eines der drei Königreiche, in die → Arnor 861 DZ geteilt wurde; erster König war → Amlaith von Fornost, der Sohn von → Earendur. Nur in Arthedain blieb die Linie von → Isildur (und damit über → Elros bis hin zu → Beren und → Lúthien) in direkter Erbfolge erhalten, und es war auch das Teilreich, das am längsten erhalten blieb. Ab → Argeleb I. erhoben die Könige von Arthedain wieder Anspruch auf ganz Arnor; deshalb begannen ihre Namen

von nun an mit der Silbe »Ar«, edel, königlich. Argeleb II. erlaubte 1600 DZ den → Hobbits Marcho und Blanco, das → Auenland zu besiedeln. Meist reichte das Gebiet von Arthedain vom → Baranduin bis zum → Lhûn und von dem Gebiet nördlich der Großen → Oststraße bis zu den → Wetterbergen. Die → Wetterspitze und der darauf stehende Turm waren vor allem wegen des darin aufbewahrten → Palantirs immer umstritten zwischen Arthedain, → Cardolan und → Rhudaur, gehörten jedoch meist zu Arthedain. 1409 DZ wurde die Wetterspitze durch den → Hexenkönig von → Angmar erobert, Cardolan verwüstet und Rhudaur besetzt. Arthedain konnte sich mit Hilfe der Elben von → Lindon und → Imladris noch einige Jahrhunderte halten. Doch mit → Arvedui Letztkönig endete das Reich 1974 DZ. Das → Szepter von Annúminas wurde von nun an von → Elrond in Imladris aufbewahrt, bis es nach dem → Ringkrieg an → Aragorn II. Elessar überging.
Dies waren die Könige von Arthedain:
→ Amlaith von Fomost († 946)
→ Beleg († 1029)
→ Mallor († 1110)
→ Celepharn († 1191)
→ Celebrindor († 1272)
→ Malvegil († 1349)
→ Argeleb I. († 1356)
→ Arveleg I. 1409)
→ Araphor († 1589)
→ Argeleb II. († 1670)
→ Arvegil († 1743)
→ Arveleg II. († 1813)
→ Araval († 1891)
→ Araphant († 1964)
→ Arvedui Letztkönig († 1975)

Arthórien
Waldgebiet im Winkel zwischen dem Fluss → Aros und dessen größtem Nebenfluss

→ Celon knapp außerhalb vom → Gürtel Melians, gehörte trotzdem zu → Doriath, von → Nandor-Elben bewohnt.

Artus

Der sagenhafte britische König der »Dark Ages« (5./6. Jahrhundert n. Chr.) spielt in Tolkiens Werken immer wieder eine Rolle: indirekt dadurch, dass Tolkiens Geschichte von Mittelerde nicht nur durch die → Sagas, sondern auch durch die alten englischen Sagen, um → Beowulf und eben Artus, inspiriert sind, aber auch direkt. So etwa in → »Roverandom«, wenn erzählt wird, dass der → Weiße Drache, der jetzt auf dem → Mond haust, zu Zeiten von → Merlin und Artus den Roten Drachen der → Kelten besiegt habe. Auch hat Tolkien mit → »Sir Gawain and the Green Knight« einen der wesentlichen Komplexe der Artus-Überlieferung übersetzt und bearbeitet. Schließlich war Artus der berühmteste Gegner jener → Angelsachsen, die bei Tolkien in den → Verschollenen Geschichten eine wichtige Rolle spielen: → Eriol soll in einer frühen Version der Verschollenen Geschichten vom Volk der → Angeln gewesen sein (HIS 1). Der Sage nach war Artus der Sohn von Uther Pendragon, nach manchen Versionen auch der Sohn des Teufels, eines → Dämons oder eines Gottes. Er besiegte die Sachsen und schuf, beraten von → Merlin (Myrddin), die Tafelrunde, zu der u. a. Gawain gehörte. Er soll ganz Britannien vereinigt haben und hat angeblich sogar versucht, Rom zu erobern. Er fiel, wahrscheinlich im Kampf gegen seinen Sohn Mordred, in der Schlacht von Camlann, die Lage dieses Ortes ist nicht mehr feststellbar. Er soll noch heute in → Avalon, der »Insel der Seeligen«, auf seine Wiederkehr warten, jenen Gefilden, die an → Aman und → Valinor denken lassen. *»Falls Arthur gelebt haben sollte, kann man heute mit Sicherheit davon ausgehen, daß er nicht unangefochten über ganz Britannien herrschte. Er war ein Kleinkönig unter vielen, dem es gelungen war, sein Gebiet (möglicherweise das heutige Wales) zu befrieden, und verteidigte erfolgreich seine Grenzen gegen die anstürmenden Sachsen. Daß er so starken Einzug hielt in die Welt der Sagen und Mythen, mag daran liegen, daß er länger als andere Herrscher seiner Zeit den Frieden wahren konnte, daß er zum König ganz Britanniens stilisiert wurde, wohl daran, daß er auf der Insel einen ähnlichen Rang hatte wie der Hochkönig Irlands, dessen Einfluß in den einzelnen Provinzen des Landes jedoch sehr gering war. Nennius führt ihn als ›dux bellorum‹, als Kriegsherren, was hiermit in etwa übereinstimmen würde, während Monmouth und die walisische Tradition Arthur als König im mittelalterlichen Sinn bezeichnen. Gildas erwähnt ihn mit keinem Wort. Arthurs Darstellung als König ist in der weiteren mittelalterlichen Literatur ebenso ambivalent wie seine historische Existenz umstritten. Ist er bei Chrétien schwach und willenlos, so beschreiben ihn Monmouth und Malory als übermächtigen Herrscher. Seine Darstellung bei Blasius zeigt ihn als fähigen Feldherrn und Marionette Myrddins. In der anglo-amerikanischen Literatur-Tradition wird seit dem Mittelalter der aktive und überlegene Arthur bevorzugt (Ausnahme Mark Twain), während die festländische Tradition Europas ihn zu einer Nebenfigur degradiert. Arthur wurde schon in frühester Zeit mit überlieferten Schöpfungsmythen der Kelten verbunden und erhielt gottähnliche Fähigkeiten. Die Verknüpfung Arthurs und des arthurischen Hofes nicht nur mit kriegerischen, sondern auch mit anderen Themen (Liebe, Einigkeit, Religion etc.) und die Fragwürdigkeit seiner Existenz erhielten ihm über die Jahr-*

hunderte hinweg bis zur Gegenwart Aktualität und Bedeutung.« (Thomas Mörschel: »Die Historia vom heiligen Gral«, Saarbrücken 1994)

Arval

Ein früher Name von → Eol (HIS 2)

Arvalin

früher Name für → Eruman

Arvedui (Sindarin)

»Letzter König«: der letzte Herrscher von → Arthedain. Der Name wurde ihm auf den Rat des Sehers → Malbeth gegeben und erwies sich als richtig. Seine Familie hoffte, der Name beziehe sich darauf, dass er zwar der letzte König von Arthedain, aber der erste eines wieder vereinten Königreichs von → Arnor und → Gondor sein werde. Deshalb heiratete Arvedui die Tochter von Gondors König → Ondoher, → Firiel. Nachdem Ondoher und seine Söhne 1944 im Kampf gegen die → Wagenfahrer gefallen waren, erhob er Anspruch auf Gondor. Der Rat der Edlen von Gondor wählte aber → Earnil zum neuen König. Dieser wollte Arvedui im Krieg gegen → Angmar helfen, seine Flotte kam aber zu spät – Arthedain war bereits 1974 erobert worden. Arvedui flüchtete zu den → Lossoth nach → Forochel und überwinterte dort. Im März 1975 versank er mit einem Schiff, das → Círdan zu seiner Rettung ausgeschickt hatte, dabei gingen die → Palantiri von → Annúminas und → Amon Súl verloren. Nur → Barahirs Ring wurde gerettet, weil er ihn den Schneemenschen gegeben hatte, als Pfand für spätere Dankesbeweise. Von seinen Nachkommen wurde der Ring wieder ausgelöst.

Arvegil (Sindarin)

»Königliches Schwert«: → Dúnedain, elfter König von → Arthedain (1670–1743)

Arveleg I.

→ Dúnedain, achter König von → Arthedain (1356–1409). Es gelang ihm, die Streitkräfte von → Angmar und → Rhudaur mit Hilfe von den → Elben von → Lindon und → Imladris für lange Zeit unter Kontrolle zu halten. 1409 kam er in einer Schlacht bei den → Turmbergen ums Leben.

Arveleg II.

→ Dúnedain, zwölfter König von → Arthedain (1743–1813)

Arvernien

Küstengebiet von → Mittelerde westlich der → Sirion-Mündungen. Das Gebiet wird im Lied von → Bilbo → »Earendil hieß ein Schiffer kühn« erwähnt, das er in → Imladris singt. Das Gebiet stand unter dem Schutz von → Ulmo und war im späten Ersten Zeitalter Zufluchtsgebiet der Flüchtlinge aus → Nargothrond, → Doriath und → Gondolin. Von hier aus startete → Earendil seine Fahrt nach → Aman.

Arwen (Sindarin)

»Edle Dame«

Arwen die Schöne

Die Tochter von → Elrond und → Celebrían, genannt Undómiel (Abendstern), von → Aragorn (II.) bei ihrer ersten Begegnung auch → Tinúviel, der Name, mit dem → Beren → Lúthien gerufen hatte. Die Enkelin von → Earendil und → Galadriel wurde 241 DZ geboren und war 2710 Jahre alt, als sie Aragorn kennenlernte, und 2778 Jahre alt, als sie ihn, nun König der → Vereinten Königreiche von → Gondor und → Arnor, 3119 heiratete. Sie war eine → Halbelbin und hatte als solche wie ihre Vorfahrin Lúthien die Wahl, als Elbin zu leben oder als Mensch zu sterben. Sie entschied sich wie Lúthien für das Schicksal ihres

Gemahls. 122 Jahre war sie Königin, ehe sie sich im Winter 1541/1542 AZ, nachdem Aragorn entschlafen war, in Lórien auf dem → Cerin Amroth zur Ruhe legte, 2900 Jahre alt. Ihr Sohn Eldarion war in jeder Hinsicht ein Mensch. – Im → Film von Peter → Jackson wird Arwen von Liv → Tyler dargestellt.

Arya (Quenya)
»Tag, zwölf Stunden«

Arya (Sindarin)
»Schatten«

Aryador (Sindarin)
»Land des Schattens«: Name von → Hithlum bei den Menschen

Ar-Zimraphel
der adûnaische Name von → Tar-Miriel

Ar-Zimrathôn
21. König von Númenor, sein Quena-Name war Tar-Hostamir. Geboren 2798 ZZ, regierte von 2962 bis zu seinem Tod 3033.

Ascar (Sindarin)
»der Wilde«: der nördlichste Nebenfluss des → Gelion in → Ossiriand. An seinem nördlichen Ufer führte die → Zwergenstraße entlang. → Beren warf in diesen Fluss die Schätze von → Doriath, die er bei der Schlacht bei → Sarn Athrad zurückerobert hatte; daraufhin wurde der Fluss Rathlóriel genannt, Goldbett.

Aschengebirge
Die Ered Lithui, die Nordgrenze von → Mordor, staubig und trocken. Im Süden stand der → Barad-dúr.

Ascher, Ulrike
Übersetzerin des Vorwortes von Donald → Swann zum Liederzyklus »The Road Goes Ever On« für die deutsche Ausgabe, die 1993 beim Olaf Hille Verlag in Hamburg erschien.

Asea aranion (Quenya)
»Königskraut«: die Heilpflanze → Athelas

Asfaloth
Das weiße Pferd von → Glorfindel (II), auf dem → Frodo nach → Imladris gebracht wurde

asgar (Sindarin)
»gewalttätig, aufbrausend«

Asgon
Ein früherer Name des Sees von → Mithrim (HIS 1,2)

Asgon
Ein Mann aus Dor-lómin, der Túrin nach dem Tod von → Brodda bei der Flucht half. Asgon heißt auch ein See in → Hisilóme

Ash nazg durbatulûk
Der Beginn der Inschrift in dem Einen Ring, dem → Herrscherring, in der → Schwarzen Sprache, die → Sauron entwickelt hatte. Komplett lautet sie:
>»Ash nazg durbatulûk,
>ash nazg gimbatul,
>ash nazg thrakatulûk,
>agh burzum-ishi krimpatul«
übersetzt:
>»Ein Ring, sie zu knechten,
>sie alle zu finden,
>ins Dunkel zu treiben
>und ewig zu binden.«

Ask, Askr
»Baumklotz«: Der erste Mensch (ein Mann) in der nordischen → Mythologie, z. B. der → Edda, von → Odin und dessen Brüdern

Wili und We aus einer Esche zurechtgehauener Mensch. Seine Frau, die direkt danach geschaffen wurde, hieß Embla.

Ast (Sindarin)
»Staub«

Asta (Quenya)
»Monat«: Üblicherweise hatten die Astar bei den → Númenórern und → Dúnedain 30 Tage, obwohl es je nach → Kalender auch welche mit 31 Tagen gab.

Astaldo (Quenya)
»Der Tapfere«, Beiname des → Vala → Tulkas

Astin, Alexandra
Tochter von Sean → Astin. Sie spielt im → Film von Peter → Jackson Elanor → Gamdschie.

Astin, Sean
Der Darsteller von → Sam Gamdschie im → Film von Peter → Jackson wurde am 25. Februar 1971 in Santa Monica in Kalifornien als Sohn des Schauspielers John Astin geboren. Astin arbeitet auch als Regisseur; für den Kurzfilm »Kangaroo Court«, den er zusammen mit seiner Ehefrau Christine gedreht hatte, wurde er für den Oscar nominiert. Seine Tochter Alexandra spielt Sams Filmtochter Elanor → Gamdschie. Astin spielt in über 20 Filmen mit, u. a. in:
»Die Goonies« (1985)
»Wildwasser Sommer« (1987)
»Wie der Vater, so der Sohn« (1987)
»Der Rosenkrieg« (1990)
»Toy Soldiers« (1991)
»Straßenkinder« (1994)
»Mut zur Wahrheit« (1997)
»Boy Meets Girl« (1998)
»Kimberly« (1999)
»Icebreaker« (1999)

Astron
Vierter Monat im → Kalender des → Auenlandes, grob unserem April entsprechend; in → Bree hieß er Chithing.

at (Quenya)
»zwei, doppelt«, nur als Präfix gebraucht, z. B. in → atta, → Attalya, wahrscheinlich in → Atani

At the Grey Havens
→ Bilbo's Last Song

Atalante, Atalantie (Quenya)
»Fall, Absturz, Niedersturz«, auch »Die Versunkene«, Name für → Númenor

atalantea (Quenya)
»zertrümmert, abgestürzt«

Atan (Quenya)
»Mensch«, Mehrzahl Atani, z. B. in → Atanatar. Atani kommt vielleicht von »at« im Sinne von »Das zweite Volk« (Sindarin Adan, Mehrzahl Edain). Manchmal von → Elben nur für die Menschen aus den drei Häusern der → Elbenfreunde verwandt.

Atanalcar
»Ruhm der Menschen«: ein Sohn von → Elros Tar-Minyatur

Atanamir
→ Tar-Atanamir

Atanatar (Quenya)
»Vater der Menschen«: Bezeichnung für einen der Stammväter der Menschen aus den → drei Häusern, abgeleitet von → Atani

Atanatar I. (Quenya)
»Vater der Menschen«: → Dúnedain, der zehnte König von → Gondor, herrschte 667 bis 748

Atanatar II. Alcarin (Quenya)
»Vater der Menschen«: → Dúnedain, sechzehnter König von → Gondor, herrschte 1149 bis 1226, genannt »Alcarin«, das heißt »der Prächtige«, aber auch »der Ruhmreiche«. In seiner Zeit erreichte Gondor den Höhepunkt seiner Macht. Er liebte Luxus und Prachtentfaltung und vernachlässigte den Erhalt der militärischen Macht und die Wacht über → Mordor. So begann mit ihm zugleich der Niedergang von Gondor, zumal seine Söhne von ähnlicher Gesinnung waren.

Atanatardi (Quenya)
alte Form von → Atanatári (HIS 11)

Atanatári (Quenya)
»Väter der Menschen«, die Stammväter der → drei Häuser der Menschen, abgeleitet von → Atani

Atanatárion (Quenya)
»Von den Vätern der Menschen«: das »Legendarium der Väter der Menschen«, die Geschichte der → Atani (HIS 11)

Atanatarni (Quenya)
alte Form von → Atanatári (HIS 11)

Atandil (Quenya)
»Freund der Menschen«: ein Beiname von → Finrod Felagunds (von → Atani)

Atani (Quenya)
»Menschen«, Einzahl atan. Kommt vielleicht von »at« im Sinne von »Das zweite Volk«. Sindarin Edain, Einzahl Adan. Manchmal von den → Elben nur für die Menschen aus den drei Häusern der → Elbenfreunde verwandt.

Atar, Atár (Quenya)
»Vater«, z. B. in → Atanatar und → Ilúvatar

Atarinke (Quenya)
»Kleiner Vater«: Muttername von → Curufin

Atemlos ohne Atemnot
Beginn eines Rätsels von → Gollum im »Herrn der Ringe«, das er auch schon im »Hobbit« gestellt hat (Lösung: ein Fisch)

Atem, Schwarzer
Der → Schwarze Anhauch der → Nazgûl

Atendea (Quenya)
»mit zwei Mitten«: ein Schaltjahr, in dem es in der Mitte zwei → enderi gab, also Schalt- oder Mitteltage

ath, athra (Sindarin)
»(quer) hinüber, jenseits, gegenüberliegend, auf beiden Seiten«

athan (Sindarin)
»hinüber, jenseits, darüber«

Athar (Quenya)
»Fest, Termin«

Athelas (Sindarin)
»Königskraut«, in Quenya »asea aranion«: eine Heilpflanze, die von den → Númenórern nach Mittelerde gebracht worden war, dann aber in Vergessenheit geriet, da sie ihre volle Wirkung nur in den Händen eines Königs entfaltet. → Aragorn benutzte sie, um → Faramir (II) zu heilen.

Athelas, komm du ins Haus
Titel eines alten Gedichtes im »Herrn der Ringe«, das der Kräutermeister im → Haus der Heilung in → Gondor zitiert

athra (Sindarin)
»(quer) hinüber, jenseits, gegenüberliegend, auf beiden Seiten«, auch »ath«

athrabeth (Sindarin)
»erörtern, beraten, debattieren«

Athrad (Sindarin)
»Furt, Flussübergang«; Mehrzahl: Ethraid

Athrad Angren (Sindarin)
Furt des → Isen (auch in der Mehrzahlform Ethraid Engrin)

athrada (Sindarin)
»überqueren, kreuzen«

Atlanten
→ Karten und Atlanten

Atlantischer Magier
Der → »Pazifische und Atlantische Magier« → Artaxerxes

Atlas von Mittelerde
→ Karten und Atlanten

Atmosphäre
In den ersten zwei Zeitaltern, als → Arda, die Erde, noch flach war, vor der → Umwandlung der Welt, bestand die Atmosphäre aus drei Schichten. Die unterste, Vista, auch Aiwenor genannt, »Vogelland«, oder Vilna, bestand aus Luft, die man atmen und in der Vögel fliegen konnten; sie reichte bis über die Wolken. Darüber lag Ilmen, eine Substanz, in der nur die → Ainur oder von ihnen dazu Befähigte atmen konnten. In → Valinor reichte diese Schicht bis auf den Boden, und unter Arda führte sie ganz herum, so dass durch Ilmen → Sonne und → Mond von Westen nach Osten gebracht werden konnten. Über Ilmen bildete Vaitya den Übergang zu den Wassern des → Außenmeeres, diese Schicht bestand aus einem zähen, kalten Stoff, weder Gas noch Flüssigkeit. Diese Schichtung der Atmosphäre sieht man bereits auf einem → Bild von Tol-

kien von 1928, das den → Taniquetil darstellt. Seit der Umwandlung der Welt besteht die Atmosphäre aus Stickstoff (78 %), Sauerstoff (21 %), Argon (0,9 %), Kohlendioxid (0,03 %), Wasserdampf, Wasserstoff, Ozon, Methan, Kohlenmonoxid, Helium, Neon, Krypton, Xenon und anderen Spurengasen und den Schichten Troposphäre (bis zu 16 Kilometer hoch), Stratosphäre (bis 50 Kilometer), Mesosphäre (bis 80 Kilometer) und Ionosphäre oder Thermosphäre (bis 640 Kilometer). Analog dem Außenmeer bei Tolkien folgt auch hier noch eine äußere Schicht, die Exosphäre, die rund 9600 Kilometer hoch hinaufreicht.

Atta (Quenya)
»Zwei«, abgeleitet von → at

Attalya
»Zweifüßer«: eein alter Ausdruck für die → Kleinzwerge in der Sprache der → Noldor

Atto (Quenya)
»Vater«, im Gegensatz zum distanzierteren »atar« eher die liebevolle Form, etwa »Papa«

au (Quenya)
»weg«, z. B. in → aukiri

Audiobook, Audiobooks
→ Hörbücher

Auenbronn
Kleiner Nebenfluss des → Baranduin, das Gebiet um sein Mündung wird Meite genannt. Erwähnt in dem Gedicht → »Tom geht rudern«.

Auenland
Ländliche Gegend (englisch *Shire*) im Westen von → Eriador, 1601 DZ von den

→ Hobbits besiedelt, nachdem → Argeleb II. den → Hobbits Marcho und Blanco im Jahre 1600 erlaubt hatte, mit ihren Familien in das später Auenland genannte Gebiet zu ziehen. Mit dem Jahre 1601 beginnt deshalb auch die Zeitrechnung der Hobbits (das letzte Jahr des Dritten Zeitalters, 3021, war also das Jahr 1421 AZ). Das Auenland war etwa 55000 Quadratkilometer groß – das ist immerhin eineinhalb mal so groß wie die Niederlande oder Belgien und fast so groß wie Irland. Doch hätte das Auenland etwa 22-mal in → Gondor Platz gefunden und 34-mal im → Vereinten Königreich nach dem → Ringkrieg und war gerade mal so groß wie der Wald von → Fangorn. Durch das Auenland führte die Große → Oststraße. Eingeteilt wurde das Land in ein West-, ein Süd-, ein Ost- und ein Nordviertel, ziemlich in der Mitte des Auenlandes stand der → Dreiviertelstein. Im Südviertel wurden vor allem Wein und Tabak angebaut, das beliebte → Pfeifenkraut der Hobbits, im Nordviertel als der Kornkammer des Auenlandes Hafer und Gerste. Das Westviertel bestand vor allem aus Weideland, das Ostviertel aus Wald und Marschgebiet am → Baranduin, den die Hobbits Brandywein nannten. Im Jahr 2340 DZ (740 AZ) besiedelte die Familie Altbock vom → Bruch aus dem Westviertel den schmalen Streifen Land am Ostufer des Baranduin bis an den Rand des → Alten Waldes, das Bockland. Die Familie nannte sich fortan → Brandybock, und das Amt des → Thain ging von den Altbocks auf die Familie → Tuk über. Hauptort in Bockland war das Dorf Bockenburg, das um das → Brandyschloss errichtet wurde, den Sitz des Herrn von Bockland (von 1432 bis 1541 → Merry, genannt Meraidoc der Prächtige). Im Auenland herrschte Ordnung, es war ein ruhiges, idyllisches Plätzchen, wo man wenig von → Drachen oder → Trollen wusste und Leute mit

Wandertrieb für zumindest leicht verrückt hielt – ein Musterländle der Gemütlichkeit. Deshalb passt der deutsche Name Auenland viel besser als das englische »Shire«, das einfach nur Provinz oder Grafschaft bedeutet. Dieser Meinung war auch Tolkien selbst. In dieser Idylle lebten die Hobbits in Höhlen, den Smials. Ein → Smial wurde meist in den unteren Teil eines Hügels eingegraben. Ursprünglich einfache Höhlen, wurden die Smials im Verlauf der Jahrhunderte zu immer größeren und luxuriösen Wohnungen ausgebaut. Es gab Groß-Smials wie das Brandyschloss, in denen über hundert Personen lebten. Wer sich keinen großen Smial leisten konnte, aber auch nicht in einem einfachen Loch im Boden leben wollte, baute ein Haus, so dass es im Auenland auch Holz- oder Steinhäuser gab. Aber auch diese hatten, wie die Smials, runde Türen und Fenster und nach außen gewölbte Wände und Dächer. Die meisten Hobbits lebten vereinzelt oder in kleinen Dörfern. Als größere Städte galten Hobbingen und Wasserau (das bedeutet, sie hatten mehr als ein → Gasthaus). Es gab keine Hauptstadt, denn es gab auch keine Regierung. Einer solchen am nächsten kam der Auenländische Rat, dessen Vorsitz der Thain innehatte, seit 740 immer ein Tuk, der in → Buckelstadt in → Tukland lebte, ziemlich im Zentrum des Auenlandes. Der Thain war auch Hauptmann der Auenland-Heerschau und der Hobbit-Wehr – zur Zeit des → Ringkrieges war dies Paladin II. → Tuk, der Vater von → Pippin. Er war auch beteiligt an der Befreiung des Auenlandes, nachdem → Saruman über seinen Mittelsmann, den »Oberst« Lotho → Sackheim-Beutlin, versuchte, die Herrschaft im Auenland anzutreten; Paladin Tuk verteidigte das Tukland erfolgreich gegen Sarumans Leute, bis Pippin und Merry die Besetzer bei der → Schlacht von Wasserau am 3. November 1419 AZ vernichtend schlugen. 15 Jahre später, 1434 AZ, wurde Pippin der Thain (bis 1564). Das wichtigste öffentliche Gebäude war die Ratshöhle des → Bürgermeisters von Michelbinge, der die einzige Person mit einem echten Amt war. Dies bestand zwar in der Hauptsache in repräsentativen Pflichten, doch war er auch zugleich → Postmeister und als Erster Landbüttel der oberste Polizist des Landes. Von 1427 bis 1476 hatte dieses Amt → Sam Gamdschie inne. Das Auenland hatte also eine relativ informelle Mischung aus einem Feudalsystem mit vererbbaren Ämtern und Demokratie. König → Aragorn II. Elessar erweiterte nach dem Ringkrieg das Auenland um die → Westmark und erklärte es zu einem freien Land, das »Große Leute« nicht betreten durften – auch er selbst hielt sich daran. Der Herr von Bockland, der Thain und der Bürgermeister von Michelbinge waren per Amt Mitglieder des → Rates von Gondor, Ratsherren des Nördlichen Königreiches.

Auenländer
Die Bewohner des → Auenlandes

Auenland-Heerschau
Militärische Organisation im → Auenland, Hauptmann war immer der → Thain.

Auenländischer Rat
Jene Organisation, die im → Auenland einer Regierung noch am nächsten kann. Vorsitzender war immer der → Thain, der Rat tagte in → Buckelstadt.

Auenland-Kalender
→ Kalender

Auenlandvolk
Die Bewohner des → Auenlandes, die → Hobbits

Auenland-Zeitrechnung (AZ)
Für die → Hobbits im → Auenland war das erste Jahr ihrer Zeitrechnung das Jahr 1601 DZ, als sie den Brandywein überschritten und mit der Besiedelung des Auenlandes begannen. Das letzte Jahr des Dritten Zeitalters, 3021, war also das Jahr 1421 AZ. Die Hobbits hatten auch einen eigenen → Kalender.

Aufbruchslied von Merry und Pippin
Das Lied, das → Merry und → Pippin singen, nachdem → Frodo zugestimmt hat, sie auf seine Reise mitzunehmen, es beginnt »Ach, Haus und Herd, auf Wiedersehn«. Sie hatten es in nachgemachten Zwergenstrophen zur Melodie des Zwergenliedes geschrieben, das die → Zwerge einst bei → Bilbo gesungen hatten (→ »Über die Nebelberge«, im → »Hobbit«).

Auf! Auf! Ihr Reiter Theodéns!
→ Voran, voran, Reiter Théodens

Auferstehung
Tolkien war gläubiger Katholik, und so war der Gedanke an eine Auferstehung der Toten ein fester Bestandteil seines Weltbildes. Dies findet sich auch in seiner → Mythologie wieder: Jene der eigentlich unsterblichen → Elben (in ursprünglichen Entwürfen der Verschollenen Geschichten waren sie sterblich!), die sterben, warten in den → Hallen von Mandos, auch wenn niemand weiß, was am → Weltende mit ihnen geschieht. Den Menschen hingegen, die einen echten → Tod kennen, ist ihre Auferstehung bei der → Zweiten Musik der Ainur prophezeit. Einmal gibt es eine »echte« Auferstehung von den Toten: → Beren, ein sterblicher Mensch, kehrt aus den Hallen von Mandos zurück, wo er auf Geheiß von → Lúthien gewartet hat. Hingegen ist die Wiederkunft von → Gandalf

als »der Weiße«, nachdem er in → Moria vom → Balrog erschlagen worden war, keine echte Auferstehung, ist Gandalf doch Olórin und als → Maia nahezu unsterblich. Er kehrt nur, seiner Gestalt beraubt, nach → Valinor zurück – wo → Manwe ihm gestattet, noch einmal nach Mittelerde zu gehen. (Dass auch Maiar endgültig sterben können, wird allerdings bei → Saruman und → Sauron deutlich.) – Der Glaube an die Auferstehung der Toten und die Vorstellung, dass es nach dem Tod eine erneuerte und evt. bessere Existenz des Menschen geben könnte, gibt es nicht nur bei Christen wie Tolkien. Man findet ihn in vielen und schon den frühesten Mythen, so bei den Ägyptern, Babyloniern, Zarathustra, den → Germanen (→ Walhall) und → Griechen und natürlich auch im Judentum, von dem ihn Christentum und Islam übernommen haben. Verwandt mit dem Glauben an die Auferstehung ist der Glaube an die Unsterblichkeit der Seele und die Vorstellung einer Wiedergeburt. In vielen Mythen gibt es Götter, die wieder auferstehen, etwa Osiris bei den Ägyptern, Marduk bei den Babyloniern oder Dionysos bei den Griechen. Im Alten Testament gibt es mehrfach eine buchstäbliche Auferstehung oder oft auch die Hinwegnahme – Entrückung – durch Gott ohne den Tod, z. B. bei Hennoch: *»Und weil er mit Gott wandelte, nahm ihn Gott hinweg, und er ward nicht mehr gesehen.«* (1. Mose 5, 24) oder die Himmelfahrt von Elia. Die antiken Mysterienreligionen kennen zahlreiche Rituale, um die Unsterblichkeit oder Auferstehung zu erreichen. Im Christentum ist die Auferstehung Jesu ein zentraler Glaubensbestandteil; wie sie zu verstehen ist, ist seit Beginn der christlichen Zeitrechnung bis heute stets Anlaß zu Glaubensstreitigkeiten, die ganze Bibliotheken füllen, zitiert sei hier nur die betreffende Bibelstelle: *»Und siehe, es geschah ein*

großes Erdbeben. Denn der Engel des Herrn kam vom Himmel herab, trat hinzu und wälzte den Stein weg und setzte sich darauf.« (Matthäus 28, 2) Auch im Islam gibt es vergleichbare Vorstellungen: Mohammed wird der Legende nach entrückt, er wird von der heiligen Stute Buraq, die mit einem Menschenhaupt versehen ist, bereits zu Lebzeiten ins Paradies geleitet. – Am Ende der Zeit, zum Jüngsten Gericht – entsprechend der Zweiten Musik der Ainur – wird es nach der Auffassung sowohl der Juden wie der Christen und Muslime eine allgemeine Auferstehung geben: *»Die andern Toten aber wurden nicht wieder lebendig, bis die tausend Jahre vollendet wurden. Dies ist die erste Auferstehung. Selig ist der und heilig, der teilhat an der ersten Auferstehung. Über diese hat der zweite Tod keine Macht; sondern sie werden Priester Gottes und Christi sein und mit ihm regieren tausend Jahre.«* (Apokalypse 20, 5–6) Diese Auferstandenen werden aber zumindest nicht ganz so körperlich sein wie ihr Erdenleib. Nach Origenes ist es der Ätherleib, der aufersteht, und laut dem Neuen Testament sind sie ohne Begierde: *»Denn in der Auferstehung werden sie weder heiraten noch sich heiraten lassen, sondern sie sind wie Engel im Himmel.«* (Matthäus 22, 30), und *»Wenn sie von den Toten auferstehen werden, so werden sie weder heiraten noch sich heiraten lassen, sondern sie sind wie die Engel im Himmel.«* (Markus 12, 25)

Aufgebot des Westens
→ Armee des Westens

Auflagenhöhe
Genaue Zahlen über die Auflagen der Tolkien-Bücher sind schwer zu bekommen. Die Angaben zum Verkauf des »Herrn der Ringe« schwanken, wahrscheinlich ist er

über 100 Millionen Mal verkauft worden, der »Hobbit« über 50 Millionen Mal. Das ist beeindruckens, doch liegt der *Autor* Tolkien damit keineswegs an der Spitze der Auflagen-Millionäre. Dennoch ist der »Herr der Ringe« nach einer Umfrage das *meistgelesene Buch* des Jahrhunderts und laut Klett-Cotta sogar das nach der Bibel meistgelesene Buch der Welt. Mehrere Autoren bringen es auf eine größere Gesamtauflage, so die erfolgreichste Autorin aller Zeiten, die »Queen of Crime« Agatha Christie, deren über 80 Bücher in 45 Sprachen in einer Gesamtauflage von rund 2 Milliarden vorliegen – im Schnitt also 25 Millionen pro Buch. Von Stephen King, dem meistgelesenen Horror-Autor der letzten Jahrzehnte, sind bisher nach unterschiedlichen Angaben 100 bis 200 Millionen Exemplare erschienen, dies allerdings verteilt auf über 40 Bücher. Als die »Peanuts« von Charles M. Schulz im September 2000 fünfzig Jahre alt wurden, wurde die Gesamtauflage der Bücher (ohne Strips in Zeitschriften oder Zeitungen) mit über 300 Millionen angegeben. Der Western-Autor G. F. Unger bringt es mit mehr als 700 Romanen angeblich auf eine Gesamtauflage von 250 Millionen Exemplaren, Karl May kommt mit fast 80 Büchern auf über 150 Millionen. – Obwohl es also Autorinnen und Autoren gibt, die insgesamt mehr Bücher verkauft haben, kommt kein anderes Einzelwerk an den »Herrn der Ringe« heran. Selbst der Star der letzten Jahre, Harry Potter, und seine Autorin Joanne K. Rowling, sind von dieser Dimension noch weit entfernt. Zwar wurde im Mai 2001 weltweit die 100 Millionen-Grenze überschritten, doch gilt dies für 4 Bände. Zum Vergleich müsste man entweder diese Auflage durch vier teilen – wenn man die Harry-Potter-Bücher, wie es sinnvoll wäre, als ein Werk analog dem »Herrn der Ringe« begreift –, oder die Auflagenhöhe von Tolkiens Werk mal drei nehmen ... – Andere Werke von Tolkien kommen an diesen Erfolg nicht heran. Der »Hobbit« mit über 50 Millionen ist natürlich auch ein Weltbestseller, aber bereits das »Silmarillion« als »Geschichtsbuch« fällt erheblich ab. Dennoch ist es allein im Hardcover mehr als eine Million Mal verkauft worden. Die Verkaufszahlen der »Fabelhaften Geschichten« und anderer kleinerer Werke und der beiden Bände des → »Buches des Verschollenen Geschichten« liegen nicht vor, aber die Verkaufszahlen der weiteren Bände der »History of Middle-Earth« (3 bis 12) bewegen sich im Bereich um die 10000. Es ist auch nicht davon auszugehen, dass sich dies durch den → Film wesentlich ändern wird. Anders hingegen beim Hauptwerk und vor allem dem »Herrn der Ringe« – schon im Vorfeld gab es gewaltige Verkaufssteigerungen, auch von Nebenprodukten wie → Brettspielen oder → Hörspiel: Im Juni 2001 war das deutsche Hörspiel zum »Herrn der Ringe« auf Platz 6 der verlagsinternen Rangliste mit über 30.000 verkauften Exemplaren, gefolgt von dem »Hobbit« auf Platz 7 mit über 27.000 Stück (weit vorne auf dem ersten Platz lagen da die verschiedenen Harry-Potter-Bände mit insgesamt fast einer Million – Tolkien-Fans lesen wohl lieber).

Aufzählung der Jahre
Manuskript aus dem → Auenland, Zeittafel der Ereignisse aus dem → Zweiten und → Dritten Zeitalter bis ins → Vierte Zeitalter hinein, in den großen → Smials von → Buckelstadt aufbewahrt. In stark verkürzter Form als Anhang B im »Herrn der Ringe« wiedergegeben.

Auge des Bösen
das → Lidlose Auge

Auge von Barad-dúr
Das → Lidlose Auge

Augustus Bonifacius
König des Mittleren Königreiches in der Geschichte → Bauer Giles von Ham, sein voller Titel lautete: *Augustus Bonifacius Ambrosius Aurelianus Antonius Pius et Magnificus, dux, rex, tyrannus et basileus Mediterranearum Portium.*

aukiri (Quenya)
»wegschneiden«

Aula Draconaria
»Würmlingshausen«: Feste der Draconarii, der Wurmwächter, eines Ritterordens im Kleinen Königreich des → Bauern Giles von Ham

Aule
→ Vala, einer der → Aratar, der viertmächtigste der Valar nach → Manwe, → Varda und → Ulmo, Gemahl von → Yavanna, Herr des Handwerks, der Technik und vor allem der Schmiedekunst. Seine Liebe zum schöpferischen Gestalten verführte ihn dazu, eigene Wesen erschaffen zu wollen, und so schuf er die sieben Väter der → Zwerge, die sich aber nur aus seinem Willen bewegen konnten. Als → Ilúvatar ihn darauf ansprach, wurde er von Reue gepackt und wollte sie zerstören, doch Ilúvatar schenkte ihnen eigenes Leben. Doch mussten sie schlafen, bis Ilúvatars Kinder, die → Elben und Menschen, erwacht waren. Bei den Zwergen wurde Aule Mahal genannt. Neben den Zwergen waren Aules größtes Werk die zwei → Lampen → Illuin und → Ormal. Einige von Aules Schülern ließen sich von → Melkor verführen, die dunklen Seiten von Technologie und Wissenschaft zu nutzen, der bekannteste war → Sauron. Aber auch → Saruman stammte aus seinem

Gefolge. In der → Mythologie der modernen Menschen findet sich manche Parallele, so etwa im griechischen Gott Hephaistos (römisch: Vulkan), aber auch in dem menschenerschaffenden und das Feuer bringenden Prometheus. Von diesem führt ein klarer Weg über den seine eigene Kreatur schaffenden Frankenstein (Originaltitel des Buches: »Frankenstein oder der moderne Prometheus«) bis zu modernen Gentechnikern, als deren entferntesten Vorfahren man Aule benennen könnte. Auch → Paracelsus gehört in diese Reihe.

aule (Quenya)
»rauhhaarig«; unklar, ob es etwas mit dem Vala → Aule zu tun hat (HIS 1)

Aulendil (Quenya)
»Diener von Aule«: ein Name, den sich → Sauron im → Zweiten Zeitalter zulegte; allgemein auch jede Person, die im Dienste von Aule steht. Aulendil hieß auch ein Sohn von → Vardamir Nólimon.

Aulenosse
»Verwandte von → Aule«: Bezeichnung für → Noldor-Elben, die in → Valinor blieben

Auleonna (Quenya)
»Kind von → Aule«: Ein → Zwerg, Mehrzahl Auleonnar

Aur (Sindarin)
»Tag, Sonnenlicht, Morgen«, auch ein früher Name für die → Sonne in der Sprache der → Gnome

Aure (Quenya)
»Tag, Sonnenlicht, Morgen«

Aure entuluva!
»Es soll wieder Tag werden!«: Schlachtruf von → Húrin in der → Nírnaeth Arnoediad

Auredhir
Sohn von → Dior

Auron
Ein Name von → Tulkas als dem → Vala
der Sonne

Auros
→ Fionwe

Aus dem dunklen Dunharg
→ Vom dunklen Dunharg

Aus der Pfanne ins Feuer
Sprichwort, das von Tolkien verglichen
wird mit → Bilbos Spruch → »Den Orks
entkommen, von den Wölfen geschnappt«

ausin (Quenya)
»reich«

Ausir (Quenya)
»Glück, Reichtum, Gedeihen«, auch »der
Reiche«: Beiname von → Dior. Auch Name
eines Knaben in den frühen Geschichten um
→ Eriol (HIS 2)

Außenlande
ein Name für → Mittelerde

Außenmeer
Das Meer, von dem → Arda umgeben war
– in den ersten Zwei Zeitaltern, solange die
Erde noch flach war, vor der → Umwandlung der Welt. An manchen Stellen reichte
Ekkaia, wie es in der Sprache der Elben
hieß, bis an die Erde heran, z. B. im äußersten Westen von → Aman. Im Rest der Welt
lag es über → Vaitya, der obersten Schicht
der → Atmosphäre, die den Übergang zu
seinen Wassern bildete. Wie breit das
Außenmeer war, wussten nur die → Valar;
es reichte bis an die → Mauern der Nacht.
Mit der Umwandlung der Welt in unser

modernes Universum verschwand das
Außenmeer.

Äußere Dunkelheit
Am Anfang waren nur → Ilúvatar und die
Zeitlose Leere, in der die → Unverlöschliche Flamme brannte. Nachdem in der
→ Ainulindale das Universum, → Ea,
geschaffen worden war, brannte diese
Flamme im Zentrum von Ea. Und so wurde
aus der Zeitlosen Leere die Äußere Leere
oder Äußere Dunkelheit, auch Kúma
genannt. In den ersten Zwei Zeitaltern,
solange → Arda, die Erde, noch flach war,
schwebte sie in → Ea, dem Weltall, und dieses in der Äußeren Leere, getrennt davon
durch die → Mauern der Nacht. Und diese
konnten nur durch die Pforten der Nacht und
mit Erlaubnis von → Manwe überwunden
werden. In die Äußere Leere wurde → Melkor nach seiner Niederlage am Ende des
Ersten Zeitalters verstoßen, evt. auch einige
seiner Diener wie die → Balrogs. Ob die
Mauern der Nacht bei der → Umwandlung
der Welt in unser modernes Universum verschwanden und wir nun in diese Leere
geworfen sind oder ob sie uns immer noch
von einer Dunkelheit jenseits unserer Messungen und unseres Verständnisses trennen,
was aus ihnen und aus Melkor geworden ist
– dazu schweigen die Überlieferungen.

Äußere Lande
eine alte Bezeichnung für → Mittelerde,
aber auch benutzt als Bezeichnung für das
»Land der Götter«, → Aman, und für die
Teile von Aman, die außerhalb von → Valinor liegen, und speziell für die → Verwunschenen Inseln (Dämmerinseln, Schatteninseln) (HIS 1,2),

Äußere Leere
ein anderer Name für die → Äußere Dunkelheit

Äußerer Ozean
Ekkaia, das → Außenmeer, von dem die
Erde, → Arda, umgeben ist

Auszug der Befreiung
→ Elben-Marsch

Auth (Sindarin)
»Krieg, Schlacht«

Autor des Jahrhunderts
Mit diesem Ehrentitel belegt (nicht nur)
Tom Shippey → Tolkien, z. B. im Titel sei-
nes Buches »J.R.R. Tolkien – Author of the
Century« (London 2000)

ava (Quenya und Sindarin)
»nicht, nein«, kann alleine stehen, aber auch
in Kombination, wie z. B. in → Avaquétima,
→ Avamanyar

Avallóne (Quenya)
»nahe bei Valinor«: Der Hafen und die Stadt
der → Eldar auf → Tol Eressea; hier wohnten die Elben, die am Ende des Ersten Zeitalters in den Westen gezogen waren. Für
Menschen war das Betreten der Insel verboten, denn die Insel gehörte zu → Aman,
den Verbotenen Landen. Avallóne wurde
gemeinsam mit dem Rest von Aman bei der
→ Umwandlung der Welt entrückt und ist
jetzt nur noch auf dem »Geraden Weg« zu
erreichen – nicht umsonst erinnert der Name
an die → Anderswelt der Kelten, an → Avalon.

Avalon
Dieser legendäre Ort, dessen Name abgeleitet ist aus dem walisischen »Avallach«
(Apfelgarten), entspricht in der → Mythologie der → Kelten dem → Elysium der
→ Griechen, ist allerdings im Gegensatz zu
diesem der Welt der Menschen entzogen
und befindet sich in der → Anderswelt; nur
ganz wenige Menschen erhalten Zutritt.
Spielt vor allem in der Artussage eine Rolle,
in der der tödlich verwundete König
→ Artus nach Avalon entrückt wird, wo er
heute noch auf seine Wiederkehr wartet, um
sein Land zu retten, wenn er einst wieder
gebraucht wird. Die in Avalon wachsenden
Äpfel bringen ewige Jugend und ewiges
Leben. Die Idee von Avalon findet sich bei
Tolkien in den »entrückten« seeligen Gefilden von → Aman wieder, zu denen auch
nur wenige Auserwählte Zutritt haben,
besonders in → Valinor und in der Stadt
→ Avallóne, aber auch in den → Hallen von
Mandos.

Avamanyar (Quenya)
»Die, die nicht nach Aman gingen, weil sie
nicht wollten«: eine andere Bezeichnung für
die → Avari (Einzahl Avamanya)

avanyárima (Quenya)
»was nicht erzählt werden soll«, als Adjek-
tiv zu gebrauchen

avaquétima (Quenya)
»was nicht gesagt werden soll«, als Adjek-
tiv zu gebrauchen

Avari
»Die Widerstrebenden, Ablehnenden«,
Einzahl Avar: Bezeichnung für alle → Elben, die es ablehnten, von → Cuiviénen in
den Westen zu ziehen. Bilden zusammen
mit den → Nandor die → Dunkelelben.

Avarin (Quenya)
»Sprache der Avari«

Avathar (Quenya)
»Schatten«: das öde Land an der Küste von
→ Aman, wo → Melkor → Ungoliant traf,
südlich der Bucht von → Eldamar, zwischen
den → Pelóri und dem Meer

Avestalis
Ein alter Name für den ersten Monat im
→ Kalender der → Elben, entspricht grob
unserem Januar

avorn (Sindarin)
»standhaft, fest«

Awarth (Sindarin)
»Verzicht, Aufgabe«

awartha- (Sindarin)
»aufgeben, verzichten«

Axan (Quenya)
»Gesetz, Gebot, Regel«

Axantur (Quenya)
»Meister des Gesetzes«: Enkel von → Tar-
Amandil

Axo (Quenya)
»Knochen«

Axt von Durin
Legendäre Waffe von → Durin I., Erbstück
der → Zwerge von → Moria, blieb bei der
Vertreibung durch den → Balrog 1980 DZ
zurück, von → Balin 2989 wiedergefunden,
bei der Zerstörung von Balins Zwergenkolonie 2994 endgültig verloren gegangen

Axt von Tuor
→ Dramborleg

Aya
»Ehrfurcht, heilige Scheu«

Ayar
»Meer«; urelbische Stammform

Azaghâl
Fürst der Zwerge von → Belegost, Besitzer
des → Drachenhelms, den später Túrin
benutzte. Freund von → Maedhros. Wurde
vom → Drachen → Glaurung in der → Nírnaeth Arnoediad getötet, verletzte diesen
aber dabei so schwer, dass er vom Schlachtfeld floh.

Azanulbizar (Quenya)
Das → Schattenbachtal

Áze (Quenya)
»Sonnenlicht« (frühe Form). Früheste Version des Namens »Áre« des → Tengwar-
Zeichens Nr. 31, ɛ̓, das als »z« benutzt
wurde in jenen Sprachen, die es brauchten,
später »esse« genannt und für »ss« benutzt.

Áze nuquerna (Quenya)
»umgekehrtes Áze«: Früheste Version des
Namens »Áre nuquerna« des → Tengwar-
Zeichens Nr. 32, ʒ, das als Doppel-S, »ss«
benutzt wurde in jenen Sprachen, die es
brauchten

Azog
Häuptling (oder gar König) der → Orks aus
dem → Nebelgebirge. Tötete in → Moria
2790 DZ den im Exil lebenden König der
→ Zwerge, → Thrór, und brannte seinen
Namen auf dessen abgeschlagenen Kopf
ein, verursachte damit den → Krieg der
Zwerge gegen die Orks (2793–2799), der in
der → Schlacht im Schattenbachtal endete.
Wurde dort von → Dáin Eisenfuß erschlagen. Sein Sohn Bolg war Anführer der Orks
in der → Schlacht der fünf Heere.

B

B. B.
Abkürzung, die → Bilbo Beutlin beim Unterzeichnen von Briefen benutzte

B. S.
→ Barrovian Society

Bablon
So nannten die → Gnome die historische Stadt der Menschen Babylon (HIS 2), Hauptstadt des babylonischen Königreiches, das im zweiten vorchristlichen Jahrtausend die bestimmende politische Macht in Mesopotamien war.

Bach (Sindarin)
»Gegenstand, Erzeugnis, Ware«

Bachor (Sindarin)
»(fliegender) Händler, Hausierer«

Bâd (Sindarin)
»Pfad, Weg«

Bâd Usbran, Bad Uthwen
»Weg der Flucht«: ein geheimer Fluchtweg in der Sprache der → Gnome

Badelied
Ein solches singt → Pippin in → Frodos Haus: »Ein Lob dem Bade, dem warmen Guss«, eines von → Bilbos Lieblingsliedern

Badhor, badhron (Sindarin)
»Richter«

Bag End
Der englische Name für → Beutelsend

Baggins
Englischer Familienname bei den → Hobbits, im Deutschen → Beutlin; bei Mitgliedern dieser Familie siehe immer unter dem deutschen Namen

Baggins, Bilbo
Der englische Name von → Bilbo Beutlin

Baggins, Frodo
Der englische Name von → Bilbo Beutlin

Bain
Der zweite König von → Thal (2977–3007 DZ), folgte seinem Vater → Bard I. 2977 DZ auf den Thron und weitete den Einfluss von Thal nach Süden und Osten aus, Vater von Brand.

bain (Sindarin)
»schön, lieblich«

Bakshi, Ralph
Der Regisseur der → Zeichentrick-Version des »Herrn der Ringe« von 1977, geboren am 29.10.1938 in Brooklyn, New York. Mit dem Zeichentrickfilm »Fritz The Cat« (1971) über einen ständig bekifften Kater feierte er einen riesigen Underground-Erfolg. Über alles macht er sich lustig: Drogen, Sex, → Rassismus... Ebenfalls 1971 drehte Bakshi »Heavy Traffic«. Seine Zeichentrick-Verfilmung von »Der Herr der Ringe« ist bis heute sehr umstritten. Über die Real-Film-Version von Peter → Jackson von 2001 äußerte Bakshi sich im Vorfeld eher skeptisch, u. a. meinte er, Jackson habe wohl zahlreiche seiner Ideen kopiert.

Bal
»böse« in der Sprache der → Gnome

Balan

So hieß → Beor der Alte, bevor er in den Dienst von → Finrod Felagund trat.

Balan (Sindarin)

»Göttliche Macht, Göttlichkeit«, auch benutzt als Synonym für → Vala

Balar

Große Bucht südlich von → Beleriand; hier mündete der → Sirion. Auch Name der Insel in dieser Bucht, der Legende nach der abgebrochene Ostzipfel von → Tol Eressea. Hier lebten → Cîrdan und → Gil-galad nach der → Nírnaeth Arnoediad und der Verwüstung der → Falas, hier regierte Gil-Galad nach dem Fall von → Gondolin als Hoher König, bis zum Ende des → Ersten Zeitalters, als die Insel bei der → Umwandlung der Welt im Meer verschwand und sie nach → Lindon zogen.

balc

»ekelhaft, widerlich« in → Westron, »grausam« in der Sprache der → Gnome

balch (Sindarin)

»grausam«

Balchoth

»Widerliche Horde«: Einer der vielen Stämme der → Ostlinge, verwandt mit den → Wagenfahrern, beheimatet in den → Braunen Landen, setzte 2510 DZ über den → Anduin und verwüstete → Calenardhon. Auf der → Ebene von Celebrant konnte Truchsess → Cirion sie und die mit ihnen verbündeten → Orks besiegen durch die Hilfe der → Éothéod unter → Eorl. Dieses erhielt dafür das Land Calenardhon, aus dem später → Rohan wurde.

Balcmeg

»Herz der Bosheit«: ein → Ork, den → Tuor in → Gondolin tötete

Baldor

Der älteste Sohn von König → Brego von → Rohan. Bei der Einweihungsfeier der Königshalle → Meduseld 2569 DZ schwor er, die → Pfade der Toten zu beschreiten; er kehrte nie zurück. 450 Jahre später fanden → Aragorn und seine Begleiter seine Gebeine hinter dem → Tor der Toten.

Balgfurt an den Brückenfurten, Balgfurt an der Wässer

Ein Ort im Auenland; von hier kommt Fredegar → Bolger

Balin

→ Zwerg aus dem Hause von → Durin (2763– 2994), Sohn von → Fundin und Bruder von → Dwalin, Vetter von → Óin und → Glóin, beteiligt 2799 an der → Schlacht im Schattenbachtal. Folgte → Thráin II. nach → Dunland, in die → Ered Luin und auf der Reise zum → Erebor. Der älteste der zwölf Zwerge, die mit → Thorin Eichenschild und → Bilbo zum → Erebor reisten. In → Beutelsend spielte er auf der Bratsche. 2989 DZ führte er einen Trupp Zwerge nach → Moria, wo er 2994 am → Spiegelsee von einem Ork erschossen wurde.

Ballade von Amroth und Nimrodel, Ballade von Nimrodel

Das → »Lied von Nimrodel«

Ballade von den Alten Zeiten

Ein Lied, das der Autor dieses Lexikons 1987 schrieb für ein → Rollenspiel-Szenario in AD&D (Advanced Dungeons and Dragons). Dieses spielte im → Vierten Zeitalter und hatte die mögliche Wiederkehr von → Melkor und deren Verhinderung zum

Thema. Veröffentlicht wurde die Ballade 1992 und seither mehrfach in Zeitschriften, Zeitungen, Büchern; sie ist als Notenausgabe erhältlich (siehe Literaturverzeichnis).

1. *Am Anfang schuf der eine Gott*
   der Götter Vielzahl mit Musik.
   Die hatten Streit, der Gott Morgoth
   lehnte sich auf, es kam zum Krieg.
   Der Elben und Menschen Geschick
   bestimmt hinfort der Widerstreit
   von Melkor und der Götter Schar
   bis an das End' der ersten Zeit.

2. *Der Elben Größter fängt das Licht*
   der Bäume in den Steinen ein.
   Als die zerstört, Feanor bricht
   den Frieden, mit den Söhnen sei
   schwört er den Eid, bringt Unglück groß
   über der Elben ganzes Volk.
   Auch Feanaro fällt, es hat
   das Böse lange Zeit Erfolg.

3. *Tinúviel tanzt, die Nachtigall,*
   und Berens Herz in Fesseln fällt.
   Des Vaters Zorn die beiden treibt
   zur Tat, die das Geschick der Welt
   verändert bis in uns're Zeit.
   Der zwei Geschlechter besten Geist
   die Liebestat der zwei vereint,
   was vieler Helden Tun beweist.

4. *Und Morgoths Bosheit triumphiert,*
   er fesselt Húrin, läßt ihn schau'n
   der Tochter und des Sohnes Schand,
   erfüllt der Menschen Herz mit Grau'n.
   Bevor der Mut Earendils
   sein Schicksal endet, der Valar
   Heer ihn bezwingt, er lange quält
   den Helden Turin Turambar.

5. *Die Zeit bleibt stehn, es fällt der Stein*
   hinab ins Meer, man hört fortan
   bei hellen Mondes Silberschein
   des Steines wundersamen Klang.
   Er bleibt verschollen, doch man sagt,
   wenn einer aus des Schwarzen Brut
   ihn singen läßt, dann naht der Tag,
   da Melkor wiederkehrt voll Wut.

6. *Der Ringe drei sind noch im Spiel,*
   als Saurons Macht nimmt überhand.
   Es scheint, erreicht hat er sein Ziel,
   das Böse herrscht im ganzen Land.
   Die kleinen Leut', ihm unbekannt,
   nutzt Gandalfs Macht, um zu besteh'n:
   zerstört den Ring, bewahrt das Land –
   doch Elben und Magie vergeh'n.

Balrog (Sindarin)

»Starker Dämon, böser Dämon«: Feuergeist, → Dämon. Im → Ersten Zeitalter waren die Balrogs mächtige und wichtige Gefolgsleute von → Melkor, häufig auch seine Hauptleute in Schlachten. Wahrscheinlich waren sie → Maiar, einige evt. auch niedere Geister, die sich eine feurige Gestalt gaben oder von Melkor eine solche erhielten – wohl nicht nur, um die Angst der meisten Geschöpfe vor Feuer auszunutzen, sondern auch, weil Melkor stets nach der → Unverlöschlichen Flamme strebte und sie in seinen Dienst zu zwingen suchte. Der oberste der → Balrog war ihr Fürst → Gothmog, der u. a. → Feanor und → Fingon erschlug und den Angriff auf → Gondolin befehligte, bei dem er von → Ecthelion erschlagen wurde. Die Balrogs sprachen nicht, sondern wirkten durch ihre Gestalt, die mit Feuer und Schatten spielte. Nur wenige der Balrogs überlebten das Erste Zeitalter. (Sofern Maiar überhaupt erschlagen werden konnten – dies ist bei Tolkien keineswegs eindeutig. Laut frühen Schriften waren sogar die → Valar, ähnlich den Göttern der → Germanen, sterblich, und es wird unter ihnen darüber beraten, Melkor zu töten, in einer Variante wird er sogar erschlagen. (HIS 1,2). Zumindest traten danach kaum noch Balrogs in Erscheinung; wenn sie nicht tot waren, dann doch ihrer Kraft beraubt und in die Verließe in den → Hallen von Mandos geworfen oder evt. wie ihr Herr in die → Äußere Dunkelheit verbannt. Bekannt ist nur der Balrog, der bei den Zwergen auch als Durins Fluch bekannt war. Er hatte den Zwergen schon nach der → Schlacht im Schattenbachtal den Zutritt nach → Moria verwehrt; → Gandalf stürzte ihn von der Spitze des → Celebdil. Ob dieser Balrog ein Diener von → Sauron war, ist nicht eindeutig; wahrscheinlicher ist, dass er seine eigenen Ziele verfolgte. – Es gehört zu den umstrittensten Fragen unter den Tolkien-Fachleuten, ob Balrogs fliegen können und ob sie Flügel haben. In »Morgoth's Ring« (HIS 10) heißt es *Swiftly they arose, and they passed with winged speed over Hithlum, and they came to Lammoth as a tempest of fire*. Tolkien benutzte Flügel und Fliegen ebenso wie das Feuer aber oft als Metaphern für Geschwindigkeit. Auch im »Herrn der Ringe« fliegt der Balrog nicht, er springt über einen Spalt, und die Schatten, die ihn umgeben, *wirken* nur wie Flügel. Wenn der Balrog fliegen könnte, hätte Gandalf ihn wohl kaum vom Gipfel des Celebdil stürzen können. – In Quenya hießen die Balrog Valaraukar, Malkaraukar oder Valkaraukar, in der Sprache der → Gnome Malraugin (Einzahl Malrog). In frühen Schriften und Geschichten sind sie nicht unbedingt göttliche Wesen; so ist Gothmog zunächst ein Sohn von Melko und der → Ogerin Fluithuin. In der neuen Übersetzung des »Herrn der Ringe« heißt es seltsamerweise »das Balrog«.

Bamfurlong
Die Farm von Bauer → Maggot, »Langfurch«

Ban
Abkürzung von → Banazîr

Banakil
Ein Ausdruck im → Westron für → Hobbit

Banazîr
Der Name von → Sam Gamdschie in der Sprache der → Hobbits, bedeutet »Einfaltspinsel«, abgekürzt Ban

Band (Sindarin)
»Verließ, Gefängnis, Kerker, Festung, Zwinger«, z. B. in → Angband

Bang
»Bart« in der Sprache der → Gnome

banga (Sindarin)
»handeln, Geschäfte machen«

Bangen
Ort im → Auenland, in der alten Übersetzung des »Herrn der Ringe«: Schären

Bangener Hügel
Hügellandschaft bei → Bangen, wo Fredegar → Bolger gefangengenommen wurde, in der alten Übersetzung des »Herrn der Ringe«: Schärenhügel

Bann der Valar
Das Verbot der → Valar an die → Númenórer, nach → Tol Eressea oder auch nur außer Sichtweite von → Númenor nach Westen zu segeln. Als → Ar-Pharazôn diesen Bann brach und nach → Aman segelte, kam es zur → Umwandlung der Welt und dem Untergang von Númenor.

Bann-Bewahrer
→ Zauberspruch, mit dem → Artaxerxes den Hund → Roverandom belegt hat

Banngürtel
der → Gürtel Melians um → Doriath

Bansil
»Schönglanz«, ein Name für den silbernen → Baum von → Gondolin

Bar (Quenya und Sindarin)
»Wohnung, Heim, Haus«, z. B. in → Bar-en-Danwedh, manchmal bedeutet es auch »unbewohntes Land«

Bar Erib
Festung in → Dor-Cúarthol, nicht weit südlich vom → Amon Rûdh

bara (Sindarin)
»brennend, glühend, feurig«, auch »eifrig, strebsam«

Bara Dhair Haithin
Hütte des Vergessenen Spiels, → Mar Vanwa Tyaliéva, in der Sprache der → Gnome

Barach
Waldbewohner aus dem Volk von → Haleth, der von seinem Freund → Aghan, einem der → Drúedain, mit Hilfe eines → Wacht-Steins und der eigenen → Magie dieses Volkes beschützt wird. (HIS 1)

barad (Sindarin)
»verdammt«

Barad (Quenya)
»Turm«, z. B. in → Barad-dûr, → Barad Eithel; Mehrzahl Beraid, z. B. in → Emyn Beraid

Barad Eithel
»Turm an der Quelle«: Festung der → Noldor bei → Eithel Sirion unter der Kontrolle von → Fingolfin und → Fingon; hier wurden → Hador und sein Sohn → Galdor erschlagen; in Bezug auf die Quelle auch Eithel Sirion genannt

Barad Nimras
»Turm des Weißen Horns«: in den → Falas auf dem Kap westlich von → Eglarest von → Finrod Felagund als Wachturm gegen Angriffe von See erbaut, 474 EZ durch einen Landangriff zerstört

Barad-dûr
»Der Dunkle Turm«: die große Festung von → Sauron in → Mordor, von ihm erbaut auf einem südlichen Vorsprung der → Ered Lithui mit Hilfe des → Herrscherrings irgendwann zwischen 1000 und 1600 ZZ, die größte Festung in → Mittelerde im → Zweiten und → Dritten Zeitalter, mit Schmieden, Laboren, Kerkern, Zuchtanstalten und Kasernen – ähnlich wie → Angband im Ersten Zeitalter. Am Ende des Zweiten Zeitalters zerstört, doch nicht ganz, da der Herrscherring weiter existierte und Sauron in diesen viel von seiner Kraft gelegt hatte. Sauron baute die Festung 2951 DZ wieder auf – mit einem riesigen Turm mit eiserner drehbarer Kuppel, in der ein Fenster für das → Lidlose Auge angebracht war. 3019 wurde die Festung mit dem Ring und damit auch Sauron endgültig zerstört.

Barad-dûr (Zeichnung)
Zeichnung mit Bleistift, Buntstift, schwarzer und roter Tusche von Tolkien, entstanden zwischen 1939 und 1954, diente als Titelillustration einer amerikanischen Paperback-Ausgabe bei Ballantine Books von → »The Lord of the Rings«.

Baragund
Mensch aus dem ersten der → drei Häuser, Sohn von → Bregolas. Vater von → Morwen, der Gattin von → Húrin, auch ein Neffe von → Barahir und einer seiner zwölf letzten Gefährten in → Dorthonion, erschlagen 460 EZ.

Barahir
»Herr des Turmes«: Der Vater von → Beren, ein Nachfahr von → Beor und der letzte Herr von Beors Volk. Er hatte → Finrod Fe-

lagund in der → Dagor Bragollach das Leben gerettet und bekam dafür von ihm den Ring, der als → Barahirs Ring ein Erbstück von → Isildurs Haus wurde und zuletzt auf → Aragorn II. Elessar kam. Mit zwölf Gefährten und seinem Sohn Beren führte er einen Guerilla-Krieg gegen Melkor in → Dorthonion; am Tarn Aeluin, einem Bergsee im Osten von Dorthonion, lag das Hauptquartier der Bande. Nach einem gefährlichen Kundschaftergang fand Beren 460 EZ hier seinen Vater und dessen 12 Männer erschlagen. – Barahir hieß auch der Enkel des Statthalters → Faramir von → Gondor, der lange nach dem Ringkrieg die »Erzählung von Aragorn und Arwen« schrieb, wahrscheinlich war er ein → Truchsess von Gondor.

Barahir (Truchsess)

→ Dúnedain, achte Herrschender → Truchsess von → Gondor (2395–2412 DZ)

Barahirs Ring

→ Barahir hatte → Finrod Felagund in der → Dagor Bragollach das Leben gerettet und bekam dafür von ihm als Unterpfand der Dankbarkeit einen Ring, der auch als Felagunds Ring bekannt war. Er zeigte das Wappen des Hauses Finarfin, zwei Schlangen unter einer Krone goldener Blumen, stammte aus → Valinor und sollte als Beweis dafür dienen, dass Finrod jedem aus Barahirs Sippe helfen würde. Wegen dieses Rings unterstützte Finrod später → Beren bei dessen Versuch, den → Silmaril aus der Krone von → Morgth zu erobern. Über Beren kam der Ring auf seinen Nachfahren → Elros, von dem die Herren von → Andúnië abstammten, als deren letzter → Elendil den Ring beim Untergang von → Númenor nach Mittelerde brachte. Er wurde dann ein Erbstück von → Isildurs Haus. → Arvedui, der letzte König von → Arthedain, gab

ihn den → Lossoth, den Schneemenschen von → Forochel, als Unterpfand für geleistete Dienste, ehe er starb. Von seinen Nachkommen wurde er wieder ausgelöst. Als Verlobungsring gab → Aragorn den Ring in → Lórien an → Arwen weiter.

Baran

Der älteste Sohn von → Beor dem Alten, wohnte in → Estolad, lebte im 4. Jahrhundert des → Ersten Zeitalters

baran (Sindarin)

»braun« (von hellbraun über goldbraun bis schwarzbraun)

Baranduin

»Brauner Fluss«: Er entsprang im See → Nenuial in Eriador und mündete südlich der Blauen Berge, zwischen Minhiriath und Harlindon, ins Meer. Bildete in seinem oberen Abschnitt die Ostgrenze des → Auenlandes, wo er Brandywein genannt wurde – eigentlich »Branda-Nîn«, Grenzwasser, in der Sprache der → Hobbits, später verballhornt zu »Bralda-Hîm«, starkes Bier. Bei → Bockenburg gab es eine Fähre, die große → Oststraße überquerte den Fluss mit einer Steinbogenbrücke, die noch die Könige von → Arnor erbaut hatten, und an der → Sarnfurt konnte man ihn auch überqueren.

Baranor (Sindarin)

»Sonnen-Turm«: Mann aus → Lossarnach in → Gondor, der Vater von → Beregond

Barazinbar der Grausame

»Rothorn«, Name für den → Caradhras bei den → Zwergen

Bard I.

Bogenschütze aus → Esgaroth, Nachkomme von König → Girion von → Thal, weshalb er die Sprache der Vögel verstand.

Er tötete 2941 DZ den → Drachen → Smaug mit einem Schuss, bei dem er einen besonderen alten schwarzen Pfeil benutzte; von einer alten Drossel hatte er erfahren, dass Smaug eine ungeschützte Stelle an seinem Bauch hatte. Er nahm an der → Schlacht der fünf Heere teil und baute danach das Königreich → Thal wieder auf. Starb 2977 DZ. Genannt auch Bard der Bogenschütze, Bard der Drachentöter. Vater von König Brain.

Bard II.
Vierter König von → Thal, ab 3018 DZ, Sohn von König → Brand. Führte mit → Thorin III. die Armee, die im Ringkrieg am 27. März 3019 die Belagerung von Thal sprengte.

Bardinger
Das Volk von → Thal, so genannt nach seinem ersten König → Bard I.

Bardssohnssohn
Ein Name, mit dem → Gandalf einmal König → Bard II. bezeichnet

Bar-en Danwedh
»Haus der Auslöse«: So nannte der → Kleinzwerg → Mim seine Behausung auf dem → Amon Rúdh, als er sie → Túrin überlassen musste

Bären
Bären aller Art, große und kleine bis hin zu Riesen- und Werbären, versammelt in → »The Hobbit« → Beorn um sein Haus zum Bärentanz. Bären spielen auch mit in der Geschichte von → Herrn Glück.

Bärenfreund
So nennt sich → Bilbo Beutlin im Gespräch mit dem → Drachen → Smaug, um seinen Namen nicht preiszugeben.

Bärenjagd
Eine Bärenjagd mit einem Auto, das von einem Esel gezogen wird, ist ein Höhepunkt der Geschichte von → Herrn Glück.

Bar-en-Nibin-noeg
»Haus der Kleinzwerge«: Die Behausung von → Mim auf dem → Amon Rûdh.

Bärentanz
Bären aller Art, große und kleine bis hin zu Riesenbären, versammelt → Beorn um sein Haus zum Bärentanz.

Barliman Butterbur
Englischer Name von Gerstenmann → Butterblüm

Barnt Green
Nachbarort von → Rednal, hier lebten zeitweise Tolkiens Verwandte, die Familie → Incledon

Barrovian Society (B.S.)
Eine Zeit lang der Name des → T.C.B.S.

Bart
Bei den Menschen in Mittelerde waren Bärte ebenso verbreitet wie glattrasierte Gesichter. Nur selten wird ausdrücklich ein besonders auffälliger Bart erwähnt, etwa bei → Gandalf. Die → Hobbits waren ebenso bartlos wie die → Elben; der einzige Elbe, bei dem ausdrücklich erwähnt wird, dass er einen → Bart trägt (sogar einen langen), ist → Círdan der Schiffsbauer. Bei den → Zwergen galt ein langer Bart als Zeichen für Wohlstand und Lebenskraft, und viele ihrer Höflichkeitsformeln betrafen den Bart. Besonders die Zwerge von → Belegost waren für ihre langen Bärte bekannt, die oft bis auf den Boden reichten und ihnen unter den Elben den Spitznamen → »Langbart« einbrachten, der später für

alle Zwerge verwandt wurde. Zwerge trugen ihre Bärte oft gegabelt oder zu Zöpfen geflochten; im Kampf steckten sie sie unter den Gürtel.

bartha (Sindarin)
»verdammen, verfluchen«

Baruk Khazâd! Khazâd ai-mênu!
»Äxte der Zwerge! Zwerge über euch«: Kampfruf von → Gimli

Basgorn (Sindarin)
»Brotlaib«

Bass, bast (Sindarin)
»Brot«

Die neueste deutsche Ausgabe des »Farmer Giles of Ham«, zweisprachig bei dtv erschienen 1999

Bass, Jules
Zusammen mit Arthur Rankin jr. schuf er die beiden Zeichentrickfilme »The Hobbit« (1977) und »The Return of the King. A Story of Hobbits« (1980). Bass war der Dichter der durchaus gelungenen Liedtexte in diesen Filmen. Beide schufen 1982 auch den Film »Das letzte Einhorn«.

Bassoneth (Sindarin)
»Brotgeber«

batha (Sindarin)
»herum-, niedertrampeln«

Baudh (Sindarin)
»Gericht«

Bauer Giles von Ham
Sehr amüsante Geschichte über einen Bauern aus dem Dörfchen → Ham, der im mittelalterlichen Britannien einen → Riesen vertreibt, mit Hilfe des magischen Schwertes → »Schwanzbeißer« zum Herrn des → Drachen → Chrysophylax und später zum König wird, voller Witz und satirischer Anspielungen. Originaltitel: »*Farmer Giles of Ham: The Rise and Wonderful Adventures of Farmer Giles, Lord of Tame, Count of Worminghall, and King of the Little Kingdom*«. 1936 geschrieben, von Allen & Unwin 1937 abgelehnt, 1938 für eine Lesung vor einem Studenten-Club überarbeitet und in dieser Form vom Verlag angenommen. Durch den Krieg und wegen Unstimmigkeiten bezüglich der Illustrationen wurde die Geschichte aber erst 1949 veröffentlicht, in Amerika bei Houghton Mifflin 1950. Zahlreiche Nachdrucke, u. a. in »The Tolkien Reader« (New York 1966) und bei Reclam 1995. Übersetzt u. a. ins Schwedische (1961), Polnische (1965), Hebräische (1968), Holländische (1971), Italienische (1975) und Japanische (1975).

Eine erste deutsche Ausgabe erschien zweisprachig 1970 unter dem Titel »Die Geschichte von dem Bauern Giles und dem Drachen Chrysophylax« bei Langewiesche-Brandt (Ebenhausen bei München), eine weitere zweisprachige Ausgabe 1975 als »Die Geschichte vom Bauern Giles und dem Drachen« beim Deutschen Taschenbuch Verlag (München), dann erschien die Geschichte 1975 als »Bauer Giles von Ham« in »Fabelhafte Geschichten« bei Klett-Cotta (Stuttgart) und zuletzt 1999 als zweisprachige Neuauflage beim Deutschen Taschenbuch Verlag unter dem Titel »Farmer Giles von Ham«. Ebenfalls 1999 erschien ein Audiobook bei HarperCollins Audio Books in London mit Derek Jacobi als Vorleser.

baug (Sindarin)
»tyrannisch, grausam«

baugla (Sindarin)
»unterdrücken, tyrannisieren«

Bauglir (Sindarin)
Ein Name für → Melkor: »der Bedrücker, der Unterdrücker, der Tyrann«

baul (Sindarin)
»peinigen, foltern, quälen«

Baum
Bäume spielen bei Tolkien eine wichtige Rolle, nicht nur in der → Mythologie von → Mittelerde. In der Geschichte → »Der Schmied von Großholzingen« schützt eine Birke den Schmied im Elbenland vor einem bösartigen Wind, bis sie bittere Tränen weinen muss, und in → Elbland sieht der Schmied den → Baum des → Königs, der bis in den Himmel ragt. In »Blatt von Tüftler« ist der große Baum Symbol für das Leben und zugleich für das zumindest in dieser Welt Unerreichbare, für das Transzendente. In → Aman werden schon sehr früh die → Zwei Bäume von Valinor geschaffen, und diese Bäume und ihre Nachkommen stehen stets für das Wohlergehen des Landes und/oder des Volkes, sei es in → Númenor oder später in → Gondor. Ihr Licht, gefangen in den → Silmaril, bestimmt das Schicksal der Elben und Menschen. → Beren und → Lúthien begegnen sich ebenso unter grünen Bäumen wie später → Aragorn und → Arwen in Lothlórien, jener Gegend, wo es noch manchen → Mallorn und immergrüne Laubbäume gibt, als der Rest der Welt schon in Finsternis zu versinken droht. Und in den → Ents und → Huorns nimmt Tolkiens lebenslange Hochschätzung für Bäume Gestalt an. – Die Bedeutung, die Tolkien den Bäumen zumisst, ist ein Wiederklang ihrer Rolle in den Mythen zahlreicher Völker. In vielen Religionen verbindet ein Baum des Lebens Erde und Himmel oder Unterwelt und Himmel, so in der jüdischen Kabbala und bei den → Germanen mit der Lebensesche → Yggdrasil. Im Alten Testament ist der Lebensbaum zugleich der Baum der Erkenntnis im Garten Eden: *»Und Gott der Herr pflanzte einen Garten in Eden gegen Osten hin und setzte den Menschen hinein, den er gemacht hatte. Und Gott der Herr ließ aufwachsen aus der Erde allerlei Bäume, verlockend anzusehen und gut zu essen, und den Baum des Lebens mitten im Garten und den Baum der Erkenntnis des Guten und Bösen.«* (1. Mose 2,8+9) *»Und er trieb den Menschen hinaus und ließ lagern vor dem Garten Eden die Cherubim mit dem flammenden, blitzenden Schwert, zu bewachen den Weg zu dem Baum des Lebens.«* (1. Mose 3,24). Auch die Funktion des Baumes als Orakel ist alt: Alexander dem Großen wurde sein früher Tod angeblich durch einen Orakelbaum vorher-

gesagt. Und wenn Yggdrasil welkt, bricht Ragnarök an, der Tag der Götterdämmerung.

Baum der Hohen Elben
→ Galathilion

Baum der Sonne
Der jüngere der → Zwei Bäume von Valinor: Laurelin

Baum des Königs
In der Geschichte → »Der Schmied von Großholzingen« ein riesiger immergrüner Baum in → Elbland. Er ragt bis in den Himmel hinauf und trägt zugleich Blätter, Blüten und Früchte, alle unterschiedlich gewachsen und in einem unterschiedlichen Stadium. Der Baum strahlt ein helles Licht aus.

Baum von Amalion
Ein Phantasie-Baum, den Tolkien über die Jahrzehnte immer wieder zeichnete und der bei ihm wohl für den »Baum der Geschichten« stand. Die am stärksten stilisierte Zeichnung stammt von 1928 und ist mit Bleistift und Buntstift ausgeführt.

Baum von Gondor, Weißer
→ Weißer Baum von Gondor

Baum von Númenor
→ Nimloth der Weiße

Baum von Tirion
→ Galathilion

Baum von Tol Eressea
Ein Schössling von → Galathilion, genannt → Celeborn, »Silberbaum«

Baum von Túna
→ Galathilion

Baum von Valinor, Goldener
Der jüngere der → Zwei Bäume von Valinor: Laurelin

Baum von Valinor, Silberner
Der ältere der → Zwei Bäume von Valinor: Telperion

Baum von Valinor, Weißer
Der ältere der → Zwei Bäume von Valinor: Telperion (der silberne Baum)

Baumbart
In der gemeinen Sprache die höchst unzulängliche Kurzform eines Namens für den ältesten und mächtigsten der → Ents, in → Sindarin → Fangorn genannt, wie der Wald, den er behütete. Sein wirklicher Name war sehr lang, denn er enthielt seine Geschichte, die seit dem → Ersten Zeitalter währte. Baumbart war etwa über vier Meter hoch und entfernt menschenähnlich; wenn er sich nicht bewegte, war er leicht mit einem Baumstamm zu verwechseln. Seine Rinde oder Haut war graugrün, er hatte Füße mit je sieben Zehen und einen langen grauen Bart. Den entischen Namen seines Wohnortes übersetzte er den → Hobbits → Merry und → Pippin mit »Quellhall«.

Baumbarts alte Listen
Jene Listen, nach denen der → Ent Baumbart in seiner Jugend gelernt hat, welche Wesen es auf der Welt gibt. → Hobbits kann er darauf nicht finden, nur die → vier »freien Völker«.

Baumbarts Lied
→ »Ich ging durch die Fluren von Tasarinan«

Bäume
→ Baum

Bäume von Gondolin

Die zwei künstlichen Bäume aus Gold und Silber, mit Juwelen verziert, die → Turgon in → Gondolin nach dem Vorbild der → Zwei Bäume von Valinor erschaffen ließ: den goldenen Glingol (spätere Form Glingal) als Abbild von Laurelin, den silbernen Bansil oder Belthil als Abbild von Telperion.

Bäume von Kor

In → Kor, der Stadt der → Elben in ursprünglichen Versionen der Geschichte, standen zwei Bäume, die den Elben als Schösslinge der → Zwei Bäume von Valinor gegeben worden waren.

Bäume von Valinor

Laurelin und Telperion, die → Zwei Bäume von → Valinor

Baumhirten

die → Ents

Baur (Sindarin)

»Bedürfnis, Mangel«

baw (Sindarin)

»Nein! Tu's nicht!«

Bean, Sean

Der Darsteller von → Boromir im → Film von Peter → Jackson wurde geboren am 17. April 1959 in Sheffield, England. Er ist das dritte Mal verheiratet und hat drei Töchter. Er spielte u. a. in folgenden Filmen mit:
»Winter Flight« (1984)
»Caravaggio« (1986)
»Stormy Monday« (1988)
»War Requiem« (1989)
»Tod in Namibia« (1990)
»Bis zum bitteren Ende« (1991)
»Lady Chatterley« (1992)
»Black Beauty« (1994)
»Golden Eye« (1995)
»Immer wieder samstags« (1996)
»Anna Karenina« (1997)
»Ronin« (1998)
»The Canterbury Tales« (1998)
»Airborne« (1998)
»Essex Boys« (1999)

Bedford

Ort in England, in dem Tolkien 1915 eine Spezialausbildung in Nachrichtenübermittlung erhielt

Beifuß

So heißen gleich mehrere → Hobbits, Gäste im Gasthaus von → Bree, als → Frodo und seine Gefährten dort eintreffen (in der neuen Übersetzung des → »Herrn der Ringe«; alte Übersetzung: Labkraut).

Belagerung von Angband

Von den → Elben wurde → Angband, die Festung von → Morgoth, nach der → Dagor Aglareb (60 EZ) fast 400 Jahre eingeschlossen mit einem Ring von Festungen und Wachtposten, der erst durch die → Dagor Bragollach im Jahr 455 EZ gebrochen wurde – Morgoth hatte Zeit genug, sich grausame Diener zu erschaffen wie → Drachen und → Balrogs.

Belaurin

Name von → Yavanna in der Sprache der → Gnome (HIS 1,2)

Belca, Belcha

Alter Name für Melko, den Vorläufer von → Melkor, in der Sprache der → Gnome (HIS 1,2)

Belecthor I. (Sindarin)

»Großer Adler«: → Dúnedain, 15. Herrscher → Truchsess von → Gondor (2628– 2655)

Belecthor II.

»Großer Adler«: → Dúnedain, 21. Herrscher → Truchsess von → Gondor (2811– 2852). zur Zeit seines Todes starb der → Weiße Baum von Gondor ab.

beleg (Quenya und Sindarin)

»groß(artig), mächtig, machtvoll«, z. B. in → Beleg, → Belegaer

Beleg

»Der Mächtige, der Große«: → Dúnedain, zweiter König von → Arthedain (946– 1029)

Beleg, Beleg Cúthalion, Beleg Langbogen

Der größte aller Bogenschützen (Cúthalion heißt »Langbogen«, Beleg »groß, großartig, mächtig«), bekannt auch als Waldläufer, Spurenleser und Jäger. Der → Noldor-Elbe war Oberhaupt der Grenzwachen von Doriath, kämpfte aber auch außerhalb von Doriath gegen → Melkor, z. B. gemeinsam mit den → Haladin. Er und → Mablung waren die einzigen Elben aus Doriath, die in der → Nírnaeth Arnoediad kämpften, gemeinsam jagten sie auch mit → Beren und → Thingol aus Doriath den riesigen Wolf → Carcharoth. Er war Lehrer, Freund und Gefährte von → Túrin und führte mit diesem zeitweise eine Schar von Geächteten, die ihr Quartier auf dem → Amon Rúdh hatte. Das Land, das sie frei von → Orks hielten, wurde Dor-Cúarthol genannt, das Land von Bogen und Helm, auch das Land der Zwei Kapitäne. Beleg wurde von Túrin im Dunkeln aus Versehen erschlagen, als er ihn aus der Gewalt von Orks befreite, mit seinem eigenen Schwert → Anglachel, das Túrin anschließend als → Gurthang führte. Túrin begrub Beren zusammen mit seinem Eibenbogen Belthronding und machte über ihn das Lied »Laer Cú Beleg«, das »Lied vom Großen Bogen«.

Belegaer (Sindarin)

»Großes Meer«: Das Meer, das in den ersten zwei Zeitaltern → Mittelerde und → Aman trennte, oft auch das Westmeer, das Große Wasser, das Scheidemeer oder einfach nur »das Meer« genannt. Nach der Vernichtung der → Zwei Bäume von Valinor wurde durch die → Verwunschenen Inseln (Schatteninseln) der Weg durch dieses Meer nach Aman versperrt. Erst → Earendil fand einen Weg dorthin und wahrscheinlich vor ihm sein Vater → Tuor, und nur von → Voronwe weiß man, dass er einen Versuch überlebte. Andere Inseln im Belegaer waren → Tol Eressea (vor Aman), → Númenor und → Balar. Nach der → Umwandlung der Welt war das Westmeer ein Meer wie jedes andere, nur → Tol Morwen soll die Umwandlung überstanden haben.

Belegorn (Sindarin)

»Großer Baum«: → Dúnedain, vierter Herrscher → Truchsess von → Gondor (2148– 2204)

Belegost (Sindarin)

»Große Festung«: eine der beiden Städte der → Zwerge in den → Ered Luin im → Ersten Zeitalter, Übersetzung des Zwergennamens Gabilgathol. Hier hausten die → »Langbärte«. Sie arbeiteten viel für → Thingol und → Melian und waren an der Erbauung von → Menegroth beteiligt. Zum Lohn erhielten sie Ratschläge von Melian und Perlen von Thingol, darunter die berühmte Perle → Nimphelos. Die ersten Kettenpanzer sollen von ihnen erfunden worden sein. In der Schlacht trugen sie Helme, die den Feinden Angst einflößen sollten; am berühmtesten wurde der Drachenhelm ihres Fürsten → Azaghâl, später bekannt als → Hadors Helm. In der großen Schlacht am Ende des Ersten Zeitalters wurde Belegost zerstört.

Belegund

Sohn von → Bregolas; Vater von → Rian, der Gattin von → Huor; Neffe von → Barahir und einer seiner zwölf Gefährten in → Dorthonion, 460 EZ am → Tarn Aeluin erschlagen

Belegûr (Sindarin)

»Der in Macht ersteht«: Übersetzung des Namens → Melkor ins Sindarin

Belegurth (Sindarin)

»Großer Tod«: Sindarin-Name für → Melkor, ein Wortspiel mit → Belegûr

Beleriand

»Land von Balar«: ursprünglich eine Bezeichnung für das Land um die Mündungen des → Sirion gegenüber der Insel → Balar, später (bis ans Ende des Zweiten Zeitalters) für die ganze Nordwestküste von → Mittelerde südlich des Fjords von → Drengist, alle Länder im Inneren südlich von → Hithlum bis nach Osten zu den Füßen der → Ered Luin. Der Sirion teilte das Land in Ost- und West-Beleriand. In Beleriand erwachten die → Elben am Cuiviénen im Licht der Sterne, ehe es → Sonne oder → Mond gab. Hier siedelten sich die → Sindar an und lagen die Elbenkönigreiche von → Doriath und → Nargothrond; König → Thingol von Doriath sah sich selbst als König von ganz Beleriand. Bei der → Großen Schlacht am Ende des Ersten Zeitalters wurde Beleriand zerstört; nur ein Teil von → Ossiriand blieb als → Lindon erhalten.

Belfalas

Gebiet an der Südküste von → Gondor, um die große → Bucht von Belfalas, zwischen den Mündungen → Morthond und → Gilrain. Größte Stadt und Hafen war → Dol Amroth, die Fürsten von Dol Amroth erhielten das Gebiet als Lehen von Gondor. Der östliche Teil hieß Dor-en-Ernil, »Land des Fürsten«, dies war das ursprüngliche Herrschaftsgebiet der Fürsten gewesen. Im → Ringkrieg kam Fürst → Imrahil von Dol Amroth → Minas Tirith zu Hilfe.

bell (Sindarin)

»kräftig, (körperlich) stark«

Bellas (Sindarin)

»Kraft, (körperliche) Stärke«

Belmarie

Ein erfundener Ort oder ein erfundenes Land in dem Gedicht → »Irrfahrt«

Belthil

»Göttlicher Glanz«: der künstliche silberne Baum, den → Turgon in → Gondolin nach dem Vorbild des älteren der → Zwei Bäume von Valinor, Telperion, erschaffen ließ

Belthronding

Der Langbogen von → Beleg Cúthalion, ein großer schwarzer Bogen aus Eibenholz, er wurde Beleg mit ins Grab gegeben. Eibenholz galt in historischer Zeit als das beste Holz für Holzbögen, unter modernen Holzbogenbauern ist seine Tauglichkeit für den Bogenbau umstritten.

Béma

So nennen die → Rohirrim → Orome.

Benachbarte Lande

Die Lande »außerhalb von Valinor«, alte Bezeichnung für die Teile von → Aman, die außerhalb von → Valinor liegen (HIS 1,2)

Benn (Sindarin)

»Mann«

Bennas (Sindarin)

»Ecke, Winkel«

Bent World

englisch für die → krumme Welt

Beor, Beor der Alte

Der Führer der ersten Menschen, die im vierten Jahrhundert des → Ersten Zeitalters nach → Beleriand kamen. Ursprünglich hieß er Balan. Nachdem er mit 48 Jahren in die Dienste von → Finrod Felagund getreten war, nannte er sich Beor, das hieß in seiner Sprache »Vasall«. Er starb mit 93 Jahren und begründete das Haus Beor, das auch als das Älteste Haus der Menschen bezeichnet wird, das Erste Haus der → Edain und das erste der → Drei Häuser der Menschen. Sein Urenkel Boromir war der erste eine ganzen Reihe von Herrschern über die Menschen von → Dorthonion, das Volk Beors. Dieses passte sich den → Noldor an; dunkelhaarig und grauäugig, wie die meisten waren, sahen sie ihnen sowieso ähnlich, nun übernahmen sie auch deren Sprache, das → Sindarin. Die Herrschaft von Beors Volk in Dorthonion endete mit dem Tod von → Barahir, doch kamen aus diesem Haus viele berühmte Nachfahren, von → Beren über → Earendil und → Elros bis hin zu König → Aragorn II.

Beorn

Ein → Gestaltwandler, ein riesiger Mensch, der sich in einen riesigen schwarzen Bären verwandeln kann. Kein »normales« verfluchtes → Werwesen wie der klassische Werwolf, sondern in der Lage, diese Umwandlung nach Belieben zu steuern. Er ist Vegetarier, züchtet riesige Bienen, lebt hauptsächlich von Milch und Honig, kann mit Tieren reden und beschäftigt sie als Bedienstete. Ab und zu versammelt er Bären zum Bärentanz. Tritt im → Hobbit in Erscheinung als großer, gutmütiger, wenn auch leicht reizbarer Charakter, zunächst sehr skeptisch gegenüber den Fremden. Er

kennt → Radagast, auf den → Gandalf sich beruft, und hilft den Gefährten um → Bilbo und → Thorin Eichenschild nicht nur weiter, sondern entscheidet letztlich die → Schlacht der fünf Heere am Erebor (2941 DZ) und tötet Bolg, den Anführer der Orks. Obwohl ein Einsiedler, ist er Herr eines eigenen Stammes, der → Beorninger. Von seinem Sohn Grimbeorn dem Alten geführt, sorgen diese in den Jahren vor dem Ringkrieg dafür, dass die → Carrock-Furt und der → Hohe Pass über das → Nebelgebirge frei bleiben, dafür kassieren sie Wegegeld. Ein solches findet sich wie viele andere Ideen zu Beorn in der nordischen Mythologie, in der Gestalt des Berserkers (»Bärenhautträger«, »Bärenhemdiger«). Berserker waren in der Sage Männer, die sich in Bären verwandeln konnten, werden aber auch als Gesindel erwähnt, das herumzog und Wegegeld erpresste. In der »realen« nordischen Geschichte wird von ihnen als extrem starken und wagemutigen Kämpfern berichtet, die sich vor der Schlacht mit Fellen herrichteten und mit Drogen und Trance in einen Kampfesrausch versetzten, die »Berserkerwut«. Tolkien hat später selbst eingeräumt, dass er mit dieser Figur viel Potential verschenkt hat; für das, was an Ideen und Möglichkeiten in ihr steckt, spielt sie eine viel zu kleine Rolle. – Beorn hieß in den → Verschollenen Geschichten ursprünglich auch ein Onkel von Ottor Wæfre, einer frühen Variante von → Eriol.

Beorninger

Ein Volksstamm, der am Oberlauf des Anduin lebte. Während der Zeit des → Hobbit war ihr Oberhaupt → Beorn, in der Zeit des Ringkriegs Grimbeorn der Alte, dessen Sohn. Sie sorgten dafür, dass die → Carrock-Furt und der → Hohe Pass über das → Nebelgebirge frei blieben, dafür kassierten sie Wegegeld. Bei der Neuaufteilung des → Düsterwaldes am 6. April 3019 DZ wurde ihnen die Mitte des nun »Eryn Lasgalen« genannten Waldes zugesprochen. – Beorn war sicher nicht typisch für die Beorninger; es wird von keinen anderen → Gestaltwandlern oder → Werwesen unter ihnen berichtet, obwohl es im »Hobbit« heißt, es gäbe darüber Legenden. Sie waren auf jeden Fall alle, wie er, Vegetarier, und berühmt für ihr gutes Verhältnis zu Tieren und ihr gutes Gebäck.

Beorns Halle

An dieser Zeichnung mit Bleistift und schwarzer Tusche von Tolkien für das 7. Kapitel von → »The Hobbit«, entstanden wohl 1937, wird besonders schön deutlich, dass Beorns Halle einer Wikinger-Heimstatt nachempfunden wurde.

Beors Volk

→ Beor

Beowulf

Für Tolkien, Spezialist für die → angelsächsische Sprache (Alt-Englisch) war das Beowulf-Epos, das als *das* stilbildende Werk der englischen Literatur gilt, sowohl Forschungsgegenstand wie auch seit frühester Jugend Inspirationsquelle. Bereits im Juli 1928 malte er zwei → Bilder, beide betitelt »Grendels Weiher« (»Wudu Wyyrtum Fæst«, beide Bleistift und schwarze Tusche), die einen ebenso an die Totensümpfe im »Herrn der Ringe« denken lassen wie an die Behausung der → Muhlipps. 1936 hielt er vor der Britischen Akademie den Vortrag → »Beowulf: The Monsters and The Critics« (veröffentlicht 1937 in den »Proceedings of the British Academy 22, London, Oxford University Press), der die wissenschaftliche Auseinandersetzung mit Beowulf stark beeinflusste, und 1940 schrieb er das Vorwort → »On Translating Beowulf« zu »Beowulf and the Finnesburg Fragment: A Translation into Modern English Prose« von John R. Clark Hall (neu bearbeitet von C. L. Wrenn, London, George Allen & Unwin). Wichtiger als diese wissenschaftliche Auseinandersetzung – Tolkiens Erkenntnisse und Aussagen in diesem Bereich gelten heute zu Recht als überholt – ist der Einfluss, den dieses neben der → Artussage einzige größere mythologische Werk Englands auf Tolkiens Werk hatte. Beowulf – der Titel wurde dem Text erst 1805 nach seiner Hauptfigur gegeben – ist das bedeutendste altenglische Heldenepos, das umfangreichste erhaltene altgermanische Heldenlied und das erste große Versepos, das in einer → germanischen Volkssprache verfasst und überliefert wurde. Es gibt nur ein einziges erhaltenes Manuskript, geschrieben in westsächsischem Dialekt; es wurde leider 1731 bei einem Brand beschädigt. Es befindet sich im Britischen Museum in London und wird auf das 10. Jahrhundert datiert. Es ist umstritten, wann die Geschichte erstmals niedergeschrieben wurde. Sie spielt im mittelschwedischen Gautenreich in der ersten Hälfte des 6. Jahrhunderts, und manche vermuten, dass sie schon kurz danach von einem Geistlichen aufgezeichnet wurde. Wahrscheinlicher aber wurde die Mischung aus skandinavischer Geschichte, antiken Vorbildern, heidnischer Mythologie und christlichen Elementen im 8. oder 9. Jahrhundert von einem gebildeten Mönch niedergeschrieben. – Das Epos besteht aus 3182 Langzeilen, die jeweils aus zwei durch Alliteration verbundenen Kurzzeilen bestehen (Stabreime), und wurde für den mündlichen Vortrag geschrieben; die Sprache ist stark metaphorisch. Durch diesen sehr bildhaften Stil (z. B. *»whale road«*, Straße der Wale, als Metapher für das Meer) unterscheidet sich Beowulf stark von den islän-

»Wigolais erschlägt den Drachen«:
In diesem Holzschnitt von Ludwig Richter (1803-1884) für einen Kalender von 1849
wird die lebendige Tradition der Drachensagen von Beowulf über Siegfried deutlich.

dischen → Sagas. Es weist (nicht nur) hier Ähnlichkeiten mit dem → Nibelungenlied auf. – Das Epos schildert das Leben des schwedischen Prinzen Beowulf, Sohn des Ecgtheow, Vetter von König Hygelac, der nach Dänemark kommt, um Dänenkönig Hrothgar gegen das Seeungeheuer Grendel beizustehen, einen furchtbaren Menschenfresser (→ Anthropophage), der schon mal 30 Recken in einer Nacht verzehrt. Aus »Fairness«, Stolz oder Ehrgefühl verzichtet Beowulf auf Waffen und Rüstung; er bezwingt den → Riesen im Faust- und Ringkampf: Er reißt ihm einen Arm mitsamt der Schulter aus. In der Nacht darauf kommt Grendels Mutter voller Schmerz und Rachsucht in die Halle des Königs und verschleppt einen der dänischen Recken. Beowulf folgt ihr zu ihrer Heimstadt, dem → Nixenmeer, erschießt nebenbei noch kurz einen von mehreren dort hausenden → Drachen, taucht in die Tiefe und tötet dort die Riesin nach stundenlangem Kampf (er kann scheinbar im Wasser atmen). Nach Hause zurückgekehrt, wird er König und herrscht länger als 50 Jahre; seine Regierungszeit wird sehr kurz abgehandelt. Seine Herrschaft endet, als ein feuerspeiender Drache das Land bedroht. Er zieht gegen ihn, wird von allen bis auf einen Getreuen im Stich gelassen und tötet mit dessen Hilfe den Drachen, stirbt aber an seinen Wunden. Mit der Bestattung Beowulfs und dem Klagelied der um ihn Trauernden endet das Vers-Epos. Bei seinem Vortrag über Drachen am 1. Januar 1938 erläuterte Tolkien anhand der Zeichnung → »Drache und Krieger«, dass Beowulfs Frontalangriff gegen den Drachen wohl die falsche Taktik gewesen sei. – In Beowulf findet man viele Teile der Handlung der Siegfried-Sage im → Nibelungenlied vorgeprägt. Ein Sänger trägt ein Lied über einen Helden Sigmund oder Sigemund vor, kurz berichtet er auch von dessen Neffen Fitela (= Siegfried) und deren gemeinsamen Kämpfen gegen Riesen, bevor er sich dem Hauptereignis jenes Liedes zuwendet: Sigmund tötet einen Drachen und erringt den Schatz, den das Untier bewachte. Im Beowulf wird Sigmund als »waelses eafara« (Nachkomme des Welsi) bezeichnet, und damit verweist das Beowulf-Epos auch auf die → Wälsungen-Sage, die erst um 1370 niedergeschrieben wurde. – Das Beowulf-Epos liegt in verschiedenen deutschen Übertragungen vor (siehe Literaturverzeichnis). Die Ausgabe von Klett-Cotta von 2001 beinhaltet eine überarbeitete und gekürzte Fassung der Prosa-Übersetzung von Georg Paysen Petersen von 1901, ergänzt um den Essay »Zur

Beowulf-Ausgabe des Klett-Cotta-Verlages von 2001

Übersetzung des Beowulf« von Tolkien, der sich auch in dem Buch »Die Ungeheuer und ihre Kritiker« (Stuttgart, 1987) findet.

Beowulf and the Finnesburg Fragment
Übersetzung des → Beowulf – Untertitel: *A Translation into Modern English Prose* – von John R. Clark Hall, neu bearbeitet von C. L. Wrenn; hierzu schrieb Tolkien das Vorwort (London, George Allen & Unwin, 1940).

Beowulf: The Monsters and The Critics
Vortrag, den Tolkien 1936 vor der Britischen Akademie hielt, veröffentlicht erstmals in »Proceedings of the British Academy« 22 (1936), S. 245–295, London, Oxford University Press, 1937. Mehrfach nachgedruckt, z.B. von der Oxford University Press 1958, in den in »An Anthology of Beowulf Criticism« (hrsg. von Lewis E. Nicholson, University of Notre Dame Press, 1963) und in »The Beowulf Poet« (hrsg. von Donald K. Fry, New Jersey, Prentice Hall Inc., 1968), außerdem in »The Monsters and the Critics and Other Essays« (herausgegeben und mit einem Vorwort versehen von Christopher Tolkien, London, George Allen & Unwin, 1983), deutsch in der Übersetzung von Wolfgang Krege unter dem Titel »Die Ungeheuer und ihre Kritiker« in »Gute Drachen sind rar« (Stuttgart 1984) und in »Die Ungeheuer und ihre Kritiker« (Stuttgart 1987). Tolkien führte in diesem Vortrag in die wissenschaftliche Diskussion eine literarische Dimension ein. Interessant für die Betrachtung seines eigenen Werkes ist, dass er betont, dass ein glaubwürdiger Held stets auch einen glaubwürdigen Gegner brauche. Nur wenn dieser übermenschlich erscheine und handle, wirke auch der Held übermenschlich. Diese Regel hat Tolkien selbst stets beachtet.

Bereg
Enkel von → Baran, Urenkel von → Beor dem Alten. Zusammen mit → Amlach Wortführer der Unzufriedenen in → Estolad, die nicht gegen → Melkor kämpfen wollten. Ging mit etwa 1000 Anhängern über die Berge zurück nach → Eriador, viele Anhänger von Amlach folgten.

Beregar
Vater von → Erendis, aus dem Hause → Beor, Gatte von Núneth

Beregond
→ Dúnedain, 20. Herrschender → Truchsess von → Gondor (2763–2811), einer der größten Feldherren in der Geschichte von Gondor. – Beregond hieß auch ein Soldat vom dritten Wachbataillon der Zitadelle von → Minas Tirith, der drei Männer erschlug, um → Faramir (II) vom Scheiterhaufen zu retten. Zur Strafe musste er nach dem → Ringkrieg aus der Wache ausscheiden und Minas Tirith verlassen – und zur Belohnung wurde er der Hauptmann von Faramirs Leibwache.

beren (Sindarin)
»kühn, mutig, keck, verwegen«

Beren
Held des größten Liedes der → Elben, des Leithian-Liedes, des Liedes von Beren und → Luthien. Der einzige Mensch, dem eine → Auferstehung von den Toten wiederfuhr, und der einzige, der mit einer Halbgöttin verheiratet war, denn eine solche war Lúthien, als Tochter der → Maia → Melian. Beren wurde 435 EZ geboren als Sohn von → Barahir und → Emeldir (benannt nach deren Vater, der auch Beren hieß) und Erbe aus dem Hause von → Beor und entwickelte sich zu einem geschickten Waldläufer und Jäger und gefürchteten Kämpfer. Ab 460,

nachdem er die Leichen seines Vaters und von dessen Gefährten gefunden hatte, schlug er sich als Einzelkämpfer durch bis nach → Doriath. Dort sah er im Jahre 465 Lúthien tanzen, die er Tinúviel rief, die Nachtigall, und es war um ihn geschehen. Diese Szene ist übrigens die zentrale und eine der ältesten aus dem gesamten Silmarillion, zudem autobiographisch geprägt: Tolkien schrieb sie 1917, mit 25 Jahren, als Widerhall der Waldspaziergänge, bei denen seine Frau Edith für ihn sang und tanzte. Im Frühjahr 466 führte Lúthien Beren vor ihren Vater → Thingol, dieser aber wollte ihn nicht zum Schwiegersohn und erhob eine unmöglich zu erfüllende Forderung: Beren sollte ihm einen Silmaril aus der Krone von → Melkor bringen. Beren bat → Finrod Felagund um Hilfe, hatte er doch → Barahirs Ring, und Finrod legte die Krone von → Nargothrond ab, um ihm helfen zu können. Sie wurden gefangen genommen, und Finrod und alle seine elbischen Begleiter starben in den Kerkern von → Tol-in-Gaurhoth. Beren alleine wurde von → Lúthien gerettet, mit Hilfe des großen Jagdhundes → Huan. Sauron und seine → Werwölfe wurden besiegt, und Lúthien hüllte sich in Fell und Gestalt der → Dämonin in → Fledermausgestalt → Thuringwethil, Beren aber wurde als der Werwolf → Draugluin verkleidet. So schlichen sie sich in die große Halle von Morgoths in → Angband, Lúthien schläferte Melkor ein, und Beren schnitt einen Silmaril aus dessen Krone. Auf der Flucht aber biss ihm der Riesenwolf → Carcharoth die Hand ab, in der er den Silmaril hielt. Als er Thingol den Armstumpf zeigte, willigte dieser in die Hochzeit ein. Man nannte ihn nun Erchamion, »Einhänder«, und Beren selbst nannte sich Camlost, »der mit der leeren Hand«. Carcharoth jedoch verwüstete die Lande, denn der Silmaril brannte in ihm, und so kam es zur größten

aller Wolfsjagden. Beren wurde von Carcharoth getötet, und Carcharoth und Huan brachten sich gegenseitig im Zweikampf um (468 EZ). Lúthien forderte den sterbenden Beren auf, in den → Hallen von Mandos auf sie zu warten, und dies tat er, statt wie andere Menschen nach kurzer Zeit mit unbekanntem Ziel weiterzureisen. Lúthien konnte mit einem Trauerlied → Mandos erweichen, der bei → Manwe für Beren bat; dies erinnert, mit umgekehrten Rollen, an die griechische Sage von Orpheus und Eurydike, in der Orpheus bei Hades mit seinem Gesang für seine geliebte Eurydike die Rückkehr ins Reich der Lebenden erwirkt. Auch → Manwe gab nach und gewährte Beren die Rückkehr zu den Lebenden, aber nur, wenn Lúthien sein Schicksal der Sterblichkeit teilen würde. Gemeinsam lebten sie auf → Tol Galen im → Adurant, und man nannte das Land Dor Firn-i-Guinar, das »Land der Toten, die leben«. Sie traten nur noch selten mit Elben oder Menschen in Kontakt, doch bei der → Schlacht von Sarn Athrad kämpfte Beren noch einen letzten Kampf, nach dem er und Lúthien den Silmaril und das → Nauglamir in Besitz nahmen. 508 oder 509 starben die beiden. Durch ihren Sohn → Dior wurden sie die Vorfahren von → Earendil, → Elrond und → Elros, der Könige von → Númenor und schließlich von → Aragorn II., der als dritter Mensch nach Beren und → Tuor eine Elbin heiratete. – Eine Vertonung des Liedes von Beren und Lúthien, wie es im »Herrn der Ringe steht, findet sich auf der CD → »An Evening in Rivendell« der dänischen Gruppe → »The Tolkien Ensemble«.

Beren (Truchsess)

→ Dúnedain, 19. Herrschender Truchsess von Gondor (2743–2763). Gab → Saruman die Schlüssel zum → Orthanc in der Hoffnung, dieser würde → Rohan beschützen.

Bereth (Sindarin)
»Königin, Gattin«: Schwester von → Baragund und → Belegund, Ahnfrau von → Erendis

Berg, der
in der alten Übersetzung des Hobbit Bezeichnung für den → Bühl

Berg der Ehrfurcht
Amon Anwar, der → Halifirien

Berg der Wacht, Berg der Wachsamkeit
der → Amon Gwareth

Berg der Welt
der → Taniquetil

Berg von Anwar
Amon Anwar, der → Halifirien

Berge der Abwehr
die → Pelóri

Berge der Welt
Eine poetische Bezeichnung für die → Pelóri und den → Taniquetil

Berge des Düsterwaldes
die → Emyn Duir

Berge des Grauens
die → Ered Gorgoroth

Berge des Ostens
die → Orocarni

Berge des Schattens
das Schattengebirge: im Ersten und Zweiten Zeitalter die → Ered Wethrin, im Dritten Zeitalter die → Ephel Dúath

Berge Turgons
→ Echoriath

Berge von Aman
die → Pelóri

Berge von Dor-lómin
→ Dor-lómin.

Berge von Eisen
die → Ered Engrin

Berggeist, Der
Gemälde des deutschen Malers Joseph Madelener (1881–1967), das Tolkien als Karte 1911 bei einer Sommerwanderung in der Schweiz erwarb; viel später schrieb er auf den Umschlag: »Gandalfs Ursprung«

Bergil
Sohn des Soldaten → Beregond aus → Gondor. 3018 DZ 10 Jahre alt, erledigte während der Schlacht auf dem → Pelennor Botengänge für die → Häuser der Heilung; besorgte für → Aragorn Blätter von → Athelas

Bergkönigreich
Das → Königreich unter dem Berg

Bergtrolle
Einc eigens von → Sauron gezüchtete Sorte von → Trollen, in der → Schwarzen Sprache, der einzigen Sprache, derer sie fähig waren, Olog-hai genannt. Sie vertrugen, anders als die Steintrolle, Tageslicht. Die Höhlentrolle in → Moria waren wahrscheinlich eine Variante der Bergtrolle.

beria (Sindarin)
»schützen«

Bert, Berti
Einer der drei → Trolle in → »The Hobbit«; in der alten Übersetzung von Walter Scherf wie im englischen Original Bert, in der → Neu-Übersetzung von Wolfgang Krege Berti

bertha, bertha (Sindarin)
»sich trauen, riskieren, wagen«

Berúthiel
Gattin von → Tarannon Falastur (zwölfter König von → Gondor, herrschte 830 bis 913 DZ), eine sprichwörtliche Katzennärrin, die ihre Katzen zum Spionieren abrichtete. Wurde von ihrem Mann mit ihren Katzen auf einem Schiff ausgesetzt. Ihre Katzen fanden den Weg in ein Sprichwort, das Aragorn erwähnt in → Moria: → Gandalf finde den Weg in dunkler Nacht wie die Katzen der Königin Berúthiel (NAM).

Beryll
Einen solchen blassgrünen Halbedelstein findet → Aragorn, als er mit → Frodo und dessen Gefährten auf dem Weg nach → Imladris ist, auf der Straße; er nennt ihn »Elbenstein«. Dies tut er vielleicht in Erinnerung an den wahren → Elessar, der ebenfalls grün ist, allerdings von klarem, leuchtendem Grün. Wahrscheinlich ist der Elessar ein Smaragd, und dies ist einer der wertvollsten Edelsteine und eine Beryll-Varietät, die durch Chrom grün gefärbt ist. Beryll ist ein Mineral, Aluminiumberylliumsilicat ($Al_2Be_3(Si_6O_{18})$), ein Beryllium-Erz, das verschiedene Edelstein-Varietäten ausbilden kann. Neben dem Smaragd sind das der Aquamarin, ein wertvoller blauer Edelstein, und die weniger wertvollen Goldberyll (zitronen- bis goldgelb), Morganit (rosa) und Goshenit (farblos). Während grüne, undurchsichtige Kristalle bis zu einer Tonne schwer werden können, finden sich größere klare Beryll-Kristalle selten.

Bess (Sindarin)
»junge Frau«

Bessain (Sindarin)
»Brotgeber«

Bessere Smials
Ein Vorschlag, wie man den → Beutelhaldenweg nach dem Wiederaufbau nennen sollte; er hieß dann aber Neuer Weg.

Bethos
ursprünglich Anführer des Waldvolkes, bei dem → Niniël Unterschlupf findet, Vater des lahmen Tamar, der später durch → Brandir ersetzt wurde (HIS 2)

Beutelhaldenweg
Straße in → Hobbingen *(Bagshot Row)* vor dem → Ringkrieg; in Haus Nummer 3 lebten der → Ohm und → Samweis Gamdschie. Nach dem Krieg und der Verwüstung durch → Saruman neu aufgebaut unter dem Namen Neuer Weg.

Beutelsend
Ein luxuriöser Wohnhügel *(Bag End*: Ende des oder eines Beutels) in → Hobbingen im → Auenland, erbaut 2880 DZ von Bungo → Beutlin. Sein Sohn → Bilbo Beutlin lebte hier von seiner Geburt 2890 bis zu seinem Abschied an seinem 111. Geburtstag 3001. Ab jenem Zeitpunkt Wohnung von → Frodo Beutlin. Ab September 3018 lebten hier Lobelia und Lotho → Sackheim-Beutlin, und ein Jahr später, im September 3019, zog → Saruman ein. Ab November 3019 wohnte wieder Frodo hier bis zu seiner Abreise nach → Aman im September 3021; ab dann war es der → Smial von → Samweis und seiner Familie. – Im Mai 1923 bekam Tolkien während einer Lungenentzündung Besuch von seinem Großvater John Suffild, der bei Tolkiens Tante Jane in Nottinghamshire wohnte. Deren Farm hieß »Bag End«: »Beutelsend«.

Beutelsend (Bilder)
In mehreren Bildern von Tolkien taucht Beutelsend auf, z. B. in »Der Bühl: Hob-

bingen jenseits der Wasser« (→ »The Hill: Hobbiton-across-the-Water«) und den dazu angefertigten Skizzen und Vorformen, außerdem ist der Bühl skizziert in → »Eines Morgens früh in der Stille der Welt« und in früher Form in der Zeichnung → »Gandalf«. Das Innere sieht man in → »Die Halle von Beutelsend«.

Beutelsend Unterbühl
Tusche-/Bleistift-Zeichnung von Tolkien, Vorform zu »Der Bühl: Hobbingen jenseits der Wasser« (→ »The Hill: Hobbiton-across-the-Water«)

Beutlin
Geachtete wohlhabende Familie von → Hobbits, verbreitet im ganzen → Auenland, mit den meisten anderen angesehenen Familien verwandt. Zurückzuführen auf Balbo → Beutlin, geboren 1167 AZ. Be-

rühmt wurden besonders die → Ringträger → Bilbo und vor allem → Frodo Beutlin, beide wohnhaft in → Beutelsend. Die englische Fassung des Namens war *Baggins*. – In Deutschland wohnt ein Bilbo Beutlin in Traunstein, zumindest steht er so im Telefonbuch.

Beutlin, Angelika
→ Hobbitfrau aus dem → Auenland, geboren 1381 AZ, Tochter von Ponto Beutlin (II), Gast bei Bilbos Abschiedsparty 1401. Weil sie sehr eitel war, schenkte → Bilbo ihr einen Zerrspiegel.

Beutlin, Balbo
Der erste belegte → Hobbit mit Namen Beutlin, geboren 1167 AZ. Er und seine Frau Berylla Boffin hatten fünf Kinder. Die Ururgroßeltern von → Frodo und die Urgroßeltern von → Bilbo.

Der Eingang zu Bilbos Smial in Beutelsend

Helen Schneidewind

Beutlin, Belba
Geburtsname einer → Hobbitfrau aus dem → Auenland (1256–1356 AZ), zweites Kind von Mungo → Beutlin, verheiratet mit Rudigar Bolger

Beutlin, Belladonna
Belladonna → Tuk

Beutlin, Berylla
Berylla → Boffin

Beutlin, Bilbo
→ Bilbo Beutlin

Beutlin, Bingo
→ Hobbit aus dem → Auenland (1264–1360 AZ), fünftes Kind von Mungo → Beutlin, verheiratet mit Chica Pausbacken

Beutlin, Bungo
→ Hobbit aus dem → Auenland (1246–1326 AZ), erstes Kind von Mungo → Beutlin, verheiratet mit Belladonna → Tuk seit etwa 1280, als er → Beutelsend erbaute. Ihr einziges Kind war → Bilbo.

Beutlin, Camellia
Camellia → Sackheim

Beutlin, Chica
Chica → Pausbacken

Beutlin, Dora
→ Hobbitfrau aus dem → Auenland (1302–1406 AZ), Tochter von Fosco → Beutlin, Schwester von Drogo, Tante von → Frodo. Bei Bilbos Abschiedsparty 1401 war die unverheiratete »alte Jungfer« die älteste lebende Verwandte von → Bilbo und Frodo. Sie erhielt als Abschiedsgeschenk einen Papierkorb – für ihre vielen guten Ratschläge.

Beutlin, Drogo
→ Hobbit aus dem → Auenland (1308–1380 AZ), älterer Sohn von Fosco → Beutlin, wohlbeleibt und verheiratet mit Primula → Brandybock. Beide ertranken beim Bootfahren auf dem → Baranduin. Ihr einziges Kind war → Frodo.

Beutlin, Dudo
→ Hobbit aus dem → Auenland (1311–1409 AZ), der jüngere Sohn von Fosco → Beutlin, Onkel von → Frodo. Es ist nicht bekannt, ob er verheiratet war, er hatte aber mindestens eine Tochter, Margerite → Beutlin.

Beutlin, Fosco
→ Hobbit aus dem → Auenland (1264–1360 AZ), Sohn von Largo → Beutlin, verheiratet mit Rubinia → Bolger. Großvater von → Frodo

Beutlin, Frodo
→ Frodo Beutlin

Beutlin, Largo
→ Hobbit aus dem → Auenland (1220–1312 AZ), viertes Kind von Balbo → Beutlin, verheiratet mit Tanta Hornbläser. Ihr Sohn war Fosco → Beutlin, der Großvater von → Frodo.

Beutlin, Laura
Laura → Gruber

Beutlin, Lily
Geburtsname einer → Hobbitfrau aus dem → Auenland (1222–1312 AZ), fünftes Kind von Balbo → Beutlin, verheiratet mit Togo Gutleib.

Beutlin, Linda
Geburtsname einer → Hobbitfrau aus dem → Auenland (1262–1363 AZ), viertes Kind

von Mungo → Beutlin, verheiratet mit Bodo Stolzfuß

Beutlin, Longo
→ Hobbit aus dem → Auenland (1260–1350 AZ), drittes Kind von Mungo → Beutlin, verheiratet mit Camellia → Sackheim

Beutlin, Margerite
Geburtsname einer → Hobbitfrau *(Daisy Baggins)* aus dem → Auenland, geboren 1356 AZ, Tochter von Dudo → Beutlin, Cousine von → Frodo, verheiratet mit Griffo Boffin

Beutlin, Milmosa
Milmosa → Bunce

Beutlin, Mungo
→ Hobbit aus dem → Auenland (1207–1300 AZ), erstes Kind von Balbo → Beutlin. Er und seine Frau Laura Gruber hatten fünf Kinder. Der Großvater von → Bilbo Beutlin.

Beutlin, Nelke
Nelke → Braunlock

Beutlin, Päonie
Geburtsname einer → Hobbitfrau aus dem → Auenland, geboren 1350 AZ, Tochter von Posco → Beutlin, verheiratet mit Milo → Wühler

Beutlin, Polo
→ Hobbit aus dem → Auenland, Sohn von Ponto → Beutlin. Es ist nicht bekannt, ob er verheiratet war, er hatte aber mindestens zwei Kinder.

Beutlin, Ponto (I)
→ Hobbit aus dem → Auenland (1216–1311 AZ), drittes Kind von Balbo → Beutlin, verheiratet mit Milmosa → Bunce.

Beutlin, Ponto (II)
→ Hobbit aus dem → Auenland, geboren 1346 AZ, Sohn von Posco → Beutlin, Vater von Angelika → Beutlin

Beutlin, Porto
→ Hobbit aus dem → Auenland, geboren 1348 AZ, Sohn von Posco → Beutlin

Beutlin, Posco
→ Hobbit aus dem → Auenland, geboren 1302 AZ, Sohn von Polo → Beutlin, verheiratet mit Nelke Braunlock. Großvater von Angelika → Beutlin

Beutlin, Primula
Primula → Brandybock

Beutlin, Prisca
Geburtsname einer → Hobbitfrau aus dem → Auenland, geboren 1306 AZ, Tochter von Polo → Beutlin, verheiratet mit Wilibald Bolger

Beutlin, Rosa
Geburtsname einer → Hobbitfrau aus dem → Auenland, geboren 1256 AZ, Tochter von Ponto → Beutlin (I), verheiratet mit Hildigrim Tuk

Beutlin, Rubinia
Rubinia → Bolger

Beutlin, Tanta
Tanta → Hornbläser

Beutlin, Viola
Geburtsname einer → Hobbitfrau aus dem → Auenland *(Pansy Baggins)*, geboren 1212 AZ, zweites Kind von Balbo → Beutlin, verheiratet mit Fastolph → Bolger

Bewachte Ebene von Nargothrond
→ Talath Dirnen

Bewachtes Land, Bewachtes Reich

Allgemeine Bezeichnung sowohl für → Aman und → Valinor wie für das Elbenreich → Doriath

Biegungen, nördliche und südliche

Die beiden großen westlichen Schleifen des → Anduin

Bienen

Große Bienen, größer als Hornissen, züchtet → Beorn

Bienenbrand

Gegen diesen »erfundenen« Feind kämpft der Held im Gedicht → »Irrfahrt«.

Bifur

Ein → Zwerg aus einer alten Familie von → Moria, Mitglied der Gemeinschaft um → Bilbo und → Thorin Eichenschild auf der Fahrt zum → Erebor, wo er nach 2941 lebte. In → Beutelsend spielte er auf der Klarinette.

Bilbo Beutlin

→ Hobbit aus dem → Auenland, Hauptfigur im Buch → »The Hobbit«, in → »The Lord of the Rings« eine nicht unwichtige Nebenfigur. Er ist das einzige Kind von Bungo → Beutlin und Belladonna → Tuk, geboren am 22. September 1290 AZ (2890 DZ) in → Beutelsend, wo er fast sein ganzes Leben wohnt. Seine ersten 51 Lebensjahre verbringt er für einen Hobbit normal und ziemlich beschaulich in Wohlstand und Wohlleben. Wovon er in dieser Zeit gelebt hat, ob vom ererbten Vermögen oder von eigener Arbeit, ist nicht bekannt. 2941 DZ besucht ihn Gandalf mit den 13 → Zwergen um → Thorin Eichenschild und überredet ihn, auf eine Reise zum Einsamen Berg, dem → Erebor, zu gehen, um dem → Drachen → Smaug das Gold der Zwerge

zu stehlen. Zunächst noch unsicher und manchmal komisch wirkend, wächst der pfiffige und im Inneren durchaus mutige Hobbit mit seinen Abenteuern und Begegnungen; er überlebt → Trolle, → Wölfe, → Orks, riesige → Spinnen im → Düsterwald, → Waldelben und vor allem die Begegnung mit → Gollum. Hierbei findet er einen Ring, der unsichtbar machen kann – im Hobbit ist noch nichts davon zu spüren, welche Bedeutung dieser Ring später gewinnen sollte, nichts von der Bedeutung und der Macht des → Herrscherrings. Bilbo lernt interessante Wesen kennen, die zum Teil sogar seine Freunde werden, wie die → Elben um → Elrond in Bruchtal (→ Imladris, auch diese hier noch eher niedlich gezeichnet) und den → Gestaltwandler → Beorn. Immer mehr übernimmt er eine Führungsposition, und dem Drachen stellt er sich alleine. Doch wird er nicht zum »Helden« – den Drachen erschießt → Bard, seine Versuche, den Frieden zu bewahren, scheitern, und bei der → Schlacht der fünf Heere ist er Zuschauer. Bilbo ist mehr der Chronist als der treibende Held; am Ende von »The Hobbit« schreibt er seine Memoiren: »Hin und zurück, oder Ein Hobbit auf Reisen«, und im »Herrn der Ringe« begegnet er uns als Dichter und Chronist, der das → Rote Buch anlegt, aus dem die Informationen über die ersten Zeitalter in den »Herrn der Ringe« und teilweise ins »Silmarillion« fließen. Nach seiner Heimkehr vom Eriabor wird er im Auenland skeptisch beäugt, doch das stört ihn nicht; er pflegt seine Kontakte zu den Elben, und an seinem einundelfzigsten (111.) Geburtstag gibt er ein großes Abschiedsfest und verschwindet. Den Ring und Beutelsend vererbt er seinem Neffen → Frodo, der an diesem Tag 33 Jahre alt wird. Die nächsten 20 Jahre verbringt er in Bruchtal als Gast der Elben. Als der Ringkrieg beginnt, trifft

Frodo ihn in 3019 in Bruchtal wieder, den weisesten der Hobbits und, obwohl oft schläfrig, immer noch mutig: Bilbo bietet sich an, den Ring zum Schicksalsberg, dem → Orodruin, zu bringen. Doch diese Bürde übernimmt Frodo, und Bilbo rüstet ihn aus mit dem Kettenhemd aus → Mithril, das er einst von Thorin erhielt, und dem Schwert → Stich. Nachdem Sauron besiegt ist, fahren die beiden am 29. September 3021 gemeinsam mit anderen → Ringträgern von den → Grauen Anfurten nach → Aman. Bilbo ist 131 Jahre und 8 Tage alt, der älteste Hobbit, von dem berichtet wird. – Im → Film von Peter → Jackson wird Bilbo von Sir Ian → Holm dargestellt.

Bilbo Beutlin (Zeichnungen)
Es gibt mehrere Zeichnungen, auf denen Tolkien → Bilbo darstellt, u. a. → »Eines Morgens früh in der Stille der Welt«, ganz versteckt auch in → »Die drei Trolle werden in Stein verwandelt«. Hauptperson ist Bilbo in → »Die Halle von Beutelsend«, → »Bilbo erwachte im Morgensonnenschein«, → »Bilbo kommt zu den Hütten der Floß-Elben« und → »Unterhaltung mit Smaug«. In mehreren anderen Bildern ist Bilbo als Randfigur angedeutet.

Bilbo erwachte im Morgensonnenschein
Gründlich ausgearbeitete farbige Zeichnung von Tolkien mit Bleistift, Wasserfarbe, schwarzer Tusche und Deckweiß, für den Beginn des 7. Kapitels von → »The Hobbit«, entstanden 1937. Seltsamerweise hat → Bilbo hier graue Strümpfe und schwarze Stiefel an...

Bilbo kommt zu den Hütten der Floß-Elben
Gründlich ausgearbeitete farbige Zeichnung von Tolkien mit Bleistift, schwarzer und blauer Tusche und Deckweiß, für das 9. Kapitel von → »The Hobbit«, entstanden

1937. Ein sehr harmonisches Bild, laut Hammond/Scull das Lieblingsbild von Tolkien. Man sieht → Bilbo, auf einem Fass sitzend, den baumumgebenen Fluss hinuntertreiben, begleitet von anderen Fässern. Zu diesem Bild gibt es einige Skizzen und Vorstufen.

Bilbo's Last Song
Unter diesem Titel erschien 1974 zeitgleich bei George Allen & Unwin in London und Houghton Mifflin in Boston das Gedicht »At the Grey Havens« auf einem Poster, in der englischen Ausgabe mit einer Illustration von Pauline Baynes, in der amerikanischen mit einer Fotografie von Robert Strindberg. Das Gedicht war wohl schon einige Jahre vor Tolkiens Tod entstanden; 1974 erhielt es Donald → Swann von Christopher → Tolkien und vertonte es; so kam es als achtes und letztes Lied in die zweite Auflage von → »The Road Goes Ever On«. Deutsch als → Bilbos Abschiedslied.

Bilbos Abschiedslied
Deutsche Fassung von → »Bilbo's Last Song«, das Gedicht »An den Grauen Anfurten«, erschienen 1994 als Plakat bei Klett-Cotta (Stuttgart). Das Gedicht ist enthalten in dem sehr empfehlenswerten Buch »J. R. R. Tolkien – der Mythenschöpfer« von Helmut W. Pesch (Hrsg.; Meitingen 1984) und vertont in → »The Road Goes Ever On«.

Bilbos Wanderlied
→ »Die Straße gleitet fort und fort«

Bilder (Zeichnungen, Aquarelle) von Tolkien
Tolkien hat nicht nur geschrieben, sondern auch gezeichnet und gemalt. Manche gehen so weit, ihm da eine ähnliche Bedeutung zuzusprechen wie als Autor: *»Wir sind seit langem der Ansicht, dass Tolkien als Künst-*

ler ebensoviel Aufmerksamkeit verdient wie als Schriftsteller«, beginnen etwa Wayne G. Hammond und Christina Scull ihr Buch »J. R. R. Tolkien – Der Künstler«. Da kann man allerdings auch durchaus anderer Auffassung sein. Zunächst war Tolkien auch als Schriftsteller ein Künstler; Kunst besteht nicht nur aus *Bildender* Kunst. Als schreibender Künstler, als Autor war Tolkien ein Jahrhundertphänomen und gehört zu einer absoluten Spitzengruppe. Als Zeichner und Maler war er jedoch nicht mehr als ein begabter Dilettant, der durchaus interessante Werke angefertigt hat, aber niemals ein professioneller Zeichner war oder es auch nur sein wollte. Er hat dies selbst so gesehen. Er malte viel mit Blei- und Buntstiften, mit Wasserfarben, schwarzer und farbiger Tusche und Zinkweiß (Deckweiß). Seine Bilder, keines größer als 30 x 30 Zentimeter, entstanden zumindest in der ersten Jahrhunderthälfte in der Regel in den Ferien, teils auch als Auftragsarbeiten als Illustrationen für seine Bücher, besonders → »The Hobbit«, einiges malte er für seine Kinder. Tolkiens Bilder sind in erster Linie interessant, weil sie seine eigenen Vorstellungen vieler Orte oder Wesen aus seiner literarischen Welt verdeutlichen, oft verdeutlichen sie auch frühe Stadien seiner Ideen, etwa in dem Bild »Die Feenküste«, das bereits 1915 auf → Eldamar hinweist. Außerdem lässt sich an ihrer Entwicklung einiges über Tolkiens Arbeitsstil und seine Pedanterie ablesen. Oft benutzte er früher angefertigte Zeichnungen, um im Text etwas genauer beschreiben zu können, manchmal aber gab es auch echte Widersprüche, so trägt → Bilbo auf dem Bild → »Bilbo erwachte im Morgensonnenschein« Strümpfe und Stiefel. Obwohl Tolkien selbst Illustrationen zu einigen seiner Geschichten anfertigte, die z. T. auch gedruckt wurden, war er ein Gegner von naturalistischer Illustration. Schon in seinem Vortrag → »Über Märchen« von 1939 spricht er sich dagegen aus, da sie die Fantasie der Lesenden einschränke. Sicher ist dies mit ein Grund dafür, dass den Hauptanteil seiner zeichnerischen Tätigkeit in den späteren Lebensjahrzehnten nichtgegenständliche Motive bildeten – »Wahrzeichen«, heraldische Muster, Ziermotive – und auch ein Grund dafür, dass Tolkien bei Illustrationen meistens eine Landschaft oder ein Gebäude darstellte, eine »Bühne«, auf der sich die Lesenden ihre eigenen Bilder der Handelnden machen konnten. Seine Stärke war sowieso nicht die Darstellung von Menschen oder menschenähnlichen Wesen; soweit bekannt, hat er nach 1938 keine mehr gezeichnet. Tolkien bewahrte ungemein viel auf, auch Skizzen und später verworfene Vorstufen; vieles ist im → Buch der Ich-Keit festgehalten. Insgesamt liegen von Tolkien fast 1000 Zeichnungen vor, von denen wahrscheinlich über ein Drittel nach seiner Emeritierung 1959 entstand und von denen höchstens 200 Gegenständliches zum Thema haben. Viele dieser Bilder sind in dem nur auf Englisch vorliegenden Buch »Pictures by J.R.R. Tolkien« (1979) enthalten, noch mehr in dem bereits erwähnten 1995 (deutsch 1996) erschienenen Buch von Hammond/Scull, in dem knapp 200 Werke vorgestellt werden. In den deutschen Übersetzungen von Tolkiens Werken werden leider nur selten Illustrationen des Autors eingesetzt; man findet seine Bilder für Kinder in → »Roverandom«, in → »Herr Glück« und in → »Die Briefe vom Weihnachtsmann». Die wichtigsten Bilder von Tolkien sind in diesem Lexikon aufgeführt, auf einige wird etwas genauer eingegangen. Wer sich Tolkiens Bilder anschauen oder sich näher mit seiner bildenden Kunst beschäftigen möchte, sollte sich das Buch von Hammond/Scull zulegen.

Bilin (Sindarin)
»Vogelhüter«

Bill
Im Englischen das Pony → Lutz

Bill Huggins
Einer der drei → Trolle in → »The Hobbit«, Kurzform von William Huggins (Name im Original und in der alten Übersetzung von Walter Scherf, in der → Neu-Übersetzung von Krege heißt er seltsamerweise Hucki).

Bingo
Ursprünglich (bis 1939) geplanter Name für → Frodo Beutlin

Bink, Herr
Der Inhaber von »Binks Motors«, der → Herrn Glück sein gelbes Auto mit roten Rädern verkauft.

Binnenmeer
In frühen Varianten der Geschichte von → Eriol das Mittelmeer, im → Ersten Zeitalter das Meer Helcar, zur Zeit des → Ringkrieges das Binnenmeer von → Rhún

Binsenlicht, Herr
Ein Breeländer, Gast im Gasthaus »Zum Tänzelnden Pony« von → Bree, als → Frodo und seine Gefährten dort eintreffen.

Binsenmoor
Großes Moor südwestlich des Schiefertonwalds, im Westviertel im → Auenland, gebildet durch eine Verbreiterung des Flusses → Wässer

Bior
Ein → Ythling, der → Ælfwine begleitete (HIS 2)

Birke
In der Geschichte → »Der Schmied von Großholzingen« schützt eine Birke den Schmied vor einem bösartigen Wind.

Birkenreis
Eine → Ent-Frau, Übersetzung von → Fimbrethil

Birmingham
Englische Stadt, in der John Ronald Reuel → Tolkien und sein Bruder Hilary → Tolkien ihre Jugend verbrachten, im gleichnamigen Distrikt in der englischen Metropolitan Grafschaft West Midlands. Universitäts- und bedeutende Industriestadt, anglikanischer und katholischer Bischofssitz, heute ca. 1 Million Einwohner (mit Vororten 2,6 Millionen).

Bladorthin
Ein König, wahrscheinlich ein → Elbe, der irgendwann zwischen 1999 und 2770 DZ Speere bei den Zwergen vom → Erebor bestellt hatte, aber starb, bevor sie geliefert werden konnten (HOB).

Blanchett, Cate
Darstellerin von → Galadriel im → Film von Peter → Jackson. Sie wurde am 14. Mai 1969 in Melbourne, Australien, geboren. 1992 schloss sie ihre Schauspielausbildung am Australia's National Institute of Dramatic Art ab. Seit 1997 ist sie mit Andrew Upton verheiratet. Schon während ihrer Theater-Karierre gewann sie zahlreiche australische Preise, 1998 den Oscar für »Elizabeth«. Sie spielte bisher u. a. in folgenden Filmen mit:
»Heartland« (1994)
»Police Rescue – Profis unter Verdacht« (1994)
»Parklands« (1996)
»Paradise Road« (1997)

»Heiraten ist Glückssache« (1997)
»Oscar and Lucinda« (1997)
»Elizabeth« (1998)
»An Ideal Husband« (1999)
»The Talented Mr. Ripley« (1999)
»Dreamtime Alice« (2000)

Blanco

Einer der beiden → Hobbits, denen → Argeleb II. 1600 DZ erlaubte, das → Auenland zu besiedeln; gemeinsam mit seinem Freund Marcho und ihren Familien siedelten sie sich 1601 dort an, im ersten Jahr der Auenland-Zeitrechnung.

Blatt von Tüftler

Eine der interessantesten Geschichten von Tolkien. Wahrscheinlich 1943 geschrieben, veröffentlicht in »The Dublin Review« im Januar 1945 (London, Burns Oates & Washbourne), häufiger nachgedruckt, u. a. in »The Tolkien Reader« (New York 1966) und in »Tree and Leaf« (London 1964, Boston 1965), übersetzt u. a. ins Holländische (1971), Schwedische (1972), Französische (1974), Japanische (1975) und Deutsche (in: Fabelhafte Geschichten, Stuttgart 1975), deutsch auch in »Baum und Blatt« (Berlin 1982) sowie in »Das Tolkien-Lesebuch« (Stuttgart/München 1991). Ein Mann namens Tüftler (englisch *Niggle*) lebt ein durchschnittliches Leben und schafft es wegen dauernder Belästigungen z. B. durch seinen Nachbarn Paris *(Parish)*, und Zeitverlusten durch Bürokratie, aber auch wegen eigener Unfähigkeit zu organisieren, nie, sein großes Bild, einen → Baum in einer Landschaft, fertig zu stellen. Als er schließlich auf eine lange angekündigte, dennoch überraschende Reise muss (eine Metapher für den Tod), kommt er zunächst in die Klinik eines Armenhauses, wo er schwer arbeiten muss, aber auch lernt, sich seine Zeit einzuteilen. Als er »Herr seiner Zeit«

geworden ist, darf er weiterreisen, per Zug in eine Landschaft, in der er seinen Baum findet, den »Großen Baum«, ein Baum in Vollendung. Gemeinsam mit Paris, der später nachkommt und dem das Gärtnern am Herzen liegt, vervollständigt er diese Landschaft zur Perfektion; sie wird nun »Tüftlers Land« oder »Tüftlers Bild« genannt. Nachdem die beiden sich zu den Bergen und darüber hinaus aufgemacht haben, wird die Region von den beiden Stimmen, die jeweils das Vorleben bewerten und über den weiteren Verlauf ihrer Reise entscheiden, genutzt für andere Menschen, als Einführung in die Berge. Genannt wird die Landschaft, die nicht nur Tüftlers Bild, sondern ein wenig auch Paris' Garten ist, nun »Tüftlers Paris«. – Diese zutiefst von Tolkiens Katholizismus geprägte Allegorie um das Sterben und das Leben nach dem Tod, den Aufstieg der Seele durch eine Art Fegefeuer in ein → Paradies, das hier wie eine Art → Elysium oder → Anderswelt angedeutet wird, ist zugleich eine wunderschöne Geschichte über das Verhältnis von Kunst und Künstler, besonders von Tolkien selbst zu seiner Kunst. Es gibt deutliche Parallelen zu Tolkiens Leben: Er sah sich selbst als Tüftler, der zeitlebens an einem riesigen Bild, seiner Mythologie, arbeitete, und doch nie fertig wurde. Wie Tüftler besser Blätter als Bäume zeichnen konnte, brachte Tolkien seine Einzelwerke besser zur Veröffentlichungsreife als sein Gesamtwerk – solche »Blätter« waren etwa → »The Hobbit« oder → »The Adventures of Tom Bombadil«. Sein Gesamtwerk, das »große Bild«, seine Mythologie von der Schöpfung der Welt bis zum → Vierten Zeitalter, bekam er so wenig fertig wie Tüftler, und aus ähnlichen Gründen: Es überstieg möglicherweise seine Fähigkeiten (so sah Tolkien es manchmal selbst), und er hatte immer zu viel anderes zu tun. Vielleicht hat sich Tolkien gewünscht, wie Tüftler sein Werk in einer anderen Welt vollenden zu können ... Wegen solcher Bezüge zu seinem Leben war es besonders passend, dass diese Erzählung einige Wochen nach Tolkiens Tod bei einer Gedenkfeier in Kalifornien vorgelesen wurde. – In einem anderen Zusammenhang ist »Blatt von Tüftler« ebenfalls sehr interessant. Häufig wird darauf hingewiesen, dass es eine Stärke des »Herrn der Ringe« sei, dass er immer wieder auf Geschichten im Hintergrund verweise. Durch die angedeuteten Legenden, Gedichte und Erzählungen geht man beim Lesen unwillkürlich von einem riesigen Fundus unerzählter Geschichten aus. Tolkien selbst hat diese Ansicht in einem Brief 1963 geäußert und auch seine Zweifel, ob das »Silmarillion« ähnlich reizvoll sein könne: *»Der Reiz des H. R. liegt, glaube ich, zum Teil in den kurzen Ansichten von einer weitläufigen Geschichte im Hintergrund: Ein Reiz, wie wenn man von fern eine noch nie betretene Insel oder die schimmernden Türme einer Stadt in einem sonnigen Dunstschleier erblickt. Dort hinfahren, heißt den Zauber zerstören, es sei denn, wiederum täten neue unerreichbare Szenerien sich auf.«* (Brief Nr. 247) – Schon in einem Brief von 1945 hatte sich Tolkien darüber Gedanklen gemacht: *»Am bewegendsten aber sind die unerzählten Geschichten (...) weil man darin plötzlich einen Ausblick auf endlose unerzählte Geschichten erhält: auf Berge, von weitem gesehen, die man nie besteigen wird, und ferne Bäume (wie bei Tüftler), denen man niemals näherkommt – und wenn, dann werden sie eben zu ›nahen Bäumen‹«* (Brief Nr. 96). So sehr die Zweifel von Tolkien ihre Berechtigung gehabt haben mögen – in »Blatt von Tüftler« hatte er ihnen selbst schon widersprochen, denn Tüftler entdeckt einen Wald in der Ferne, der seinen Reiz nicht verliert, wenn er näherkommt oder ihn sogar betritt, so dass sich stets neue Fernen auftun, *»doppelte, dreifache und vierfache Verzauberung«*.

Blaue Berge
→ Ered Luin

Blaue Zauberer
Alatar und Pallando, die beiden → Ithryn Luin

Blauer Ring
einer der drei Elbenringe, → Vilya.

blebi (Sindarin)
»(Flügel) schlagen, flattern«

Blind Guardian
Metal-Band aus Krefeld, die sich bei ihrer CD → »Nightfall In Middle-Earth« vom Silmarillion inspirieren ließ. Vorher hatte das Quartett Hansi Kürsch, André Olbrich, Marcus Siepen und Thomas Stauch unter anderem die CD »Imaginations From The Other Side« veröffentlicht.

Bloemfontein
Geburtsort von John Ronald Reuel → Tolkien sowie seines Bruders Hilary → Tolkien, Hauptstadt der Provinz Oranjefreistaat der Republik Südafrika, gegründet in den 40er-Jahren des 19. Jahrhunderts.

Bloom, Orlando
Darsteller von → Legolas im → Film von Peter → Jackson. In Canterbury geboren; lebt seit seinem 16. Lebensjahr in London, machte dort kürzlich den Abschluss an der Guildhall School of Music and Drama.

Blooting
In → Bree der Name für den elften Monat, grob unserem November entsprechend, Blotmath im Auenland-→ Kalender

Blotmath

Der elfte Monat im Auenland-→ Kalender, grob unserem November entsprechend, gesprochen *Boldmath* oder *Blommath*. In → Bree hieß der Monat Bloothing.

Blutrache

In der Geschichte von → Mittelerde spielen Verwandtschaft und → Abstammung eine zentrale Rolle, und wie in Gesellschaften dieser Art üblich, gibt es auch Sippenkriege bis hin zur Blutrache. Tolkien orientiert sich auch hier an der nordischen → Mythologie und den → Sagas. Ist einmal eine solche Familienfehde entbrannt, muss sie meistens bis zur Vernichtung einer der Familien oder oft auch beider durchgeführt werden, wie z. B. im → Nibelungenlied. Tolkien hat dieses Motiv des Sippenstreites noch erheblich ausgeweitet, zum einen dadurch, dass die Elben sehr viel länger leben als Menschen, so dass Racheaktionen noch nach Jahrhunderten eintreten können, etwa wenn sich die Wut über den → Sippenmord am Schwanenhafen Bahn bricht. Zum zweiten kommen bei Tolkien die → Silmaril und → Feanors Eid hinzu, die dafür sorgen, dass Elben gegeneinander die Waffen erheben, etwa wenn → Curufin und → Celebrimbor gegen → Beren und → Lúthien vorgehen. Vor allem aber das uralte Motiv der Blutrache taucht immer wieder auf, wenn jemand denjenigen erschlägt, der den Vater oder Bruder oder andere Verwandte getötet hat (Beren etwa tötet den Fürsten der Naugrim). Tolkien setzt damit auf das wahrscheinlich älteste Rechtsinstrument der Menschheit; Niklas Lumann nennt die Blutrache das *»zuerst einfallende Rechtsprinzip«* (»Rechtssoziologie«, Reinbek 1972), für Arnold Gehlen ist es eine *»fundamentale Kategorie«* und *»ein wesentlicher Zug des Menschseins«* (»Urmensch und Spätkultur«, Frankfurt am Main/Bonn 1964), genannt auch das Gesetz der Vergeltung, die »Talion«, die genau entsprechende, möglichst sogar spiegelbildliche Bestrafung (»Auge um Auge«), bei vielen Völkern verbreitet: *»Wegen der Talion musste vergossenes Blut wieder mit Blut gesühnt werden. Die Folge war eine Kettenreaktion, dass eine im eigenen Lebenskreis erlittene Tötung eine Gegentötung im Kreis der Täter erforderte. Auf diese Weise konnten sich ganze Sippen ausrotten.«* (Arnold Angenendt: »Geschichte der Religiosität im Mittelalter«, Darmstadt 1997). Die Blutrache ist teilweise heute noch zu finden, so in islamischen Gesellschaften oder in Afrika. Sie muss keineswegs gegenüber dem »Täter«, sondern kann auch gegen dessen Gruppe oder in einer primitiven Form auch gegenüber Tieren und Gegenständen geübt werden. Eine Blutrache lässt sich oft nur schwer überwinden. Schutz bot seit alters her zwar das Asyl an sakralen Stätten, doch beendet es nicht die Blutrache als solche. Anstelle des Blutanspruchs kann manchmal eine Bußzahlung treten (»Wergeld«, »Sühnegeld«). Blutrache ist bei vielen alten Völkern bezeugt, schon in der Antike bei den → Kelten und → Germanen. In Stammesüberlieferungen und frühen Dichtungen, etwa dem Hildebrandslied oder dem Nibelungenlied, sind Blutrache und Sippenfehde das zentrale Thema. Jan de Vries nennt als die höchsten Güter des germanischen Mannes Mut, Treue und Ehre; dazu gehört *»mit dem Schwert in der Faust sein Recht zu behaupten«* und nicht *»mit Schweiß zu verdienen, was man mit Blut erwerben kann«*, Kampf ist *»die höchste Bewährung des Mannes«* – dies gilt auch für so manche der Helden im Silmarillion. Dem ermordeten Verwandten die ihm gebührende Rache zu verweigern, würde *»die eigene Ehre verletzen«*. Ohne die vollständige Erfüllung der Rachepflicht sei »*kein ehrenvolles Dasein*« möglich gewesen. Frauen hätten auf der Vollstreckung der Blutrache am heftigsten bestanden, und die Bauern hätten, wie die Isländer-→ Sagas zeigten, die Rachepflicht besonders ernst genommen; hier erreichte die Blutrache »*einen Gipfel der Grausamkeit und löste den isländischen Staat in eine Unzahl einander scharf befehdender Sippen auf*« (»Die geistige Welt der Germanen«, Darmstadt 1963) – so wie sich die Elben auflösen in sich bekriegende oder zumindest einander misstrauende Gruppen, bis hin zu Tragödien wie denen um → Nimrodel oder → Eol. Nach Angenendt liegt in solchen Erfahrungen und dem daraus folgenden Versuch, »*die Kette der wechselseitigen Tötungen zu unterbrechen*«, etwa indem »*die geschädigte Gruppe auf Gegentötung verzichten und statt dessen einen Schadenersatz annehmen sollte, …der Beginn des öffentlichen Rechts und der staatlichen Gewalt.*« (Angenendt, a.a.O.). Auch bei den Römern und Griechen war die Blutrache verbreitet; in griechischen Tragödien taucht das Motiv der Blutrache immer wieder auf. In der Sage von Herakles (Herkules) heißt es: »*Herakles zeigte sich als gelehriger Knabe; aber Härte konnte er nicht ertragen; der alte Linos war ein grämlicher Lehrer. Als er ihn einst mit ungerechten Schlägen zurechtwies, griff der Knabe nach seinem Zitherspiel und warf es dem Hofmeister an den Kopf, dass dieser tot zu Boden fiel. Herakles, obgleich voll Reue, wurde dieser Mordtat halber vor Gericht gefordert; aber der berühmte gerechte Richter Rhadamanthys sprach ihn frei und stellte das Gesetz auf, dass, wenn ein Totschlag Folge der Selbstverteidigung gewesen, Blutrache nicht stattfinde.*« Für die Juden wird im Alten Testament die Blutrache verordnet direkt nach dem Verbot, Blut zu sich zu nehmen: »*Wer Menschenblut vergießt, dessen Blut soll auch durch Menschen vergossen werden.*« (1. Mose 9,6), obwohl dies dem Gebot »Du sollst nicht töten« (2. Mose 20,13) eigentlich widerspricht. Später wird das AT noch deutlicher: »*Einen Mann erschlug ich für meine Wunde und einen Jüngling für meine Beule*« (1. Mose 4,23f), und auch der Spruch »*Auge um Auge, Zahn um Zahn*«, der immer wieder als Rechtfertigung für Rache herangezogen wird, stammt aus dem Alten Testament: »*Und wer seinen Nächsten verletzt, dem soll man tun, wie er getan hat: Schade um Schade, Auge um Auge, Zahn um Zahn. Wie er hat einen Menschen verletzt, so soll man ihn wieder verletzen.*« (3. Mose 24,19f). Die Talion wurde aber schon in vorchristlicher Zeit graduell abgemildert, indem vom Anderen empfangene »Wohltaten« gegengerechnet wurden; dies gipfelte in der »Goldenen Regel«: »*Füge dem Anderen nichts zu, was du selbst nicht angetan haben willst; verhalte dich zu ihm vielmehr so, wie du es von ihm dir gegenüber erwartest.*« Es gab auch »prinzipielle« Absagen an die Talion, etwa im Platonismus und im Christentum. Platon stellte fest, unrechtes Tun könne nicht dadurch recht werden, dass es zur Vergeltung erlittenen Unrechts geschehe – ein bis heute gültiges Argument gegen die Todesstrafe. Für die Christen hat Jesus im Neuen Testament die Talion außer Kraft gesetzt: »*Ich aber sage euch, dass ihr nicht widerstreben sollt dem Übel, sondern, so dir jemand einen Streich auf die rechte Backe gibt, dem biete auch die andere dar.*« (Matth. 5,39) – Im Islam ist die Blutrache eigentlich nicht vorgesehen, im Koran heißt es nur: »*Und wer einen Gläubigen mit Vorsatz tötet, dessen Lohn ist Dschehannam (die Hölle).*« (4,95) Dennoch ist sie traditionell in vielen islamischen Gesellschaften bis heute verwurzelt. – Trotz der Eindeutigkeit der christlichen Lehre war im frühen Mittelalter das Racherecht von großer Bedeutung, war doch die ganze Gesellschaft vom Selbstverständnis der herrschenden Kriegerkaste geprägt. Im germanischen und mittelalterlichen europäischen Recht hatte der Sippenverband das Recht (und die Pflicht), im Wege der Selbsthilfe das an einem Mitglied verübte Unrecht zu vergelten. Die Blutrache konnte dabei außer dem eigentlichen Täter (oder statt seiner) auch dessen Angehörige treffen (Sippenhaft) und zog natürlich ihrerseits evt. wieder Blutrache nach sich bis hin zu »Sippenkriegen«, die über mehrere Generationen gehen konnten – wie ja auch der → Sippenstreit von → Gondor bei Tolkien über Jahrhunderte die Feindschaft der → Korsaren von Umbar mit → Gondor begründete, bis in die Zeit des → Ringkriegs. Den Sinn eines solchen Sippenrechtes sah man in der Sühne des Unrechts ebenso wie in der Wiederherstellung der Sippenehre, wobei dieser Begriff weniger als Ehre im modernen Sinne zu verstehen ist, sondern mehr mit der »Heilkraft« der Sippe zu tun hat. Der deutsche Schriftsteller Felix (Ludwig Julius) Dahn (auch Ludwig Sophus, 1834–1912) beschreibt 1876 in seinem Roman »Ein Kampf um Rom«, wie ein Gote das Recht der Blutrache einfordert: *»Zwar bin ich nicht versippt mit der Getöteten: allein die Männer ihrer Sippe, Theodahad voran, ihr Vetter und ihr König, erfüllen nicht die Pflicht der Blutrache; ist er doch selbst des Mordes Helfer und Hehler. So klag' ich denn, ein freier, unbescholtener Gote edeln Stammes, ein Freund der unseligen Fürstin, an Mataswinthens, ihrer Tochter, Statt. Ich klag' um Mord! Ich klag' auf Blut!«* Ähnlich schildert es der berühmte Erzähler Wilhelm Hauff (1802–1827) in seinem Märchen »Saids Schicksale« (erschienen 1828): *»Said fand keine Worte, dem Alten zu danken, die Männer aber verließen murrend das Zelt, und als sie den Weibern und Kindern, die draußen versammelt waren und auf Saids Hinrichtung warteten, den Entschluß des alten Selim mitteilten, erhoben sie ein schreckliches Geheul und Geschrei und riefen, sie würden Almansors Tod an seinem Mörder rächen, weil sein eigener Vater die Blutrache nicht üben wolle.«* Durch eine Sühneleistung (Geldbuße, Wergeld, aber auch eine andere Leistung oder etwa eine Heirat) konnte die Blutrache u. U. aufgehoben werden, man beschwor die »Urfehde«, eine Art Friedensvertrag.

Bo Hansson
→ Hansson, Bo

Bob
Bediensteter im Gasthaus → »Zum Tänzelnden Pony«

Bockberg
Der Berg im → Auenland, in dem das → Brandyschloss liegt

Bockenburg
Ort im → Auenland rund um das → Brandyschloss, Hauptort von → Bockland

Bockenburg-Fähre
Die Fähre über den → Baranduin zwischen → Bockenburg und dem → Bruch. Man konnte sie selbst bedienen; sie lag normalerweise an der Ostseite des Flusses, auf der Seite von Bockenburg.

Bockland
Nachbarland des → Auenlandes, das, obwohl auch von Hobbits besiedelt, nicht zum Auenland gehörte. Der schmale Landstreifen zwischen dem Ostufer des → Baranduin und dem → Alten Wald, von

dem er durch den → Hohen Hag, eine dichte Hecke, abgegrenzt wurde, im Norden durch die Brandywein-Brücke und im Süden durch → Hagsend, wurde 2340 DZ (740 AZ) von der Familie → Altbock vom → Bruch unter Führung von Gorhendad Altbock besiedelt, der als erster Herr von Bockland galt. Seither nannte sich die Familie → Brandybock. Die Bockländer galten unter den Hobbits als ziemlich wagemutig, so fuhren sie z. B. in Booten, und manche konnten sogar schwimmen. Hauptort war Bockenburg rund um das → Brandyschloss. → Frodo kaufte im Frühjahr 3018 DZ (1418 AZ) im Bockland ein Häuschen, in Krickloch hinter Bockenburg, um seine Abreise zu tarnen. 1432 AZ wurde Meriadoc Brandybock (→ Merry) genannt »der Prächtige« Herr des Bocklandes.

Bockland-Tor
Ein Tor im → Hohen Hag, durch das die Große → Oststraße ins → Bockland führte, auch Nordtor oder das Hohe Tor genannt.

boda (Sindarin)
»verbieten, bannen«

Bodleian Library
Eine Bibliothek der Universität Oxford; hier werden einige Manuskripte und der größte Teil der → Bilder und Zeichnungen von Tolkien aufbewahrt. 1987 wurden diese in einer mehrmonatigen Ausstellung der Öffentlichkeit präsentiert, 1992 organisierte Judith Priestman hier die Ausstellung »J.R.R. Tolkien: Life and Legend«.

Bodruith
»Rache« (in der Sprache der → Gnome): Fürst von → Belegost

boe (Sindarin)
»brauchen«

Boffin
Eine wahrscheinlich eher wohlhabende → Hobbit-Familie, die über das ganze → Auenland verbreitet war und oft bei den Familien → Tuk und → Beutlin einheiratete. Der Name lautete auf Hobbitisch ursprünglich Bophîn.

Boffin, Berylla
Geburtsname einer → Hobbitfrau, verheiratet mit Balbo → Beutlin, Ururgroßmutter von → Frodo, Urgroßmutter von → Bilbo.

Boffin, Donnamira
Donnamira → Tuk

Boffin, Folko
→ Hobbit aus dem → Auenland, ein guter Freund von → Frodo Beutlin

Boffin, Griffo
→ Hobbit aus dem → Auenland, verheiratet mit Margerite → Beutlin

Boffin, Hugo
→ Hobbit aus dem → Auenland, verheiratet mit Donnamira → Tuk

Boffin, Margerite
Margerite → Beutlin

Boffin, Sergeant
Der Polizist in der Geschichte → »Herr Glück«; deutsch: Buff

Bofur
→ Zwerg aus einer Familie von → Moria, Mitglied der Gemeinschaft um → Bilbo und → Thorin Eichenschild auf der Fahrt zum → Erebor, wo er nach 2941 lebte. In → Beutelsend spielte er auf einer Klarinette.

Bogen
Ein → Beiname von → Beleg Cúthalion. –

Während die Elben im → Ersten Zeitalter mit Holzbögen schossen, vergleichbar den Langbögen der gefürchteten englischen Bogenschützen im Mittelalter, waren im → Zweiten Zeitalter in → Númenor technisch hoch entwickelte → Stahlbögen als Waffe verbreitet. Im → Dritten Zeitalter wurde auf Holzbögen zurückgegriffen; → Waldelben wie → Legolas schossen mit weniger als mannshohen hölzernen Langbögen.

Bogen von Beleg
Der schwarze Eibenbogen → Belthronding von → Beleg Cúthalion

Bogen von Bregor
Der Bogen von → Bregor, Vater von → Barahir und → Bregolas, wurde als Erbstück in → Númenor aufbewahrt und ging bei dessen Untergang verloren.

Bogensehne
Die Bogensehnen der → Elben aus → Lórien werden aus Elbenhaar gefertigt.

Bolg
Häuptling der → Orks aus Gundabad, Sohn von → Azog, wurde in der → Schlacht der fünf Heere von → Beorn getötet.

Bolgar, Viola
Viola → Beutlin

Bolger
Eine altehrwürdige Familie von → Hobbits aus dem → Auenland

Bolger, Adaldrida
Geburtsname einer → Hobbitfrau aus dem → Auenland, verheiratet mit Marmadoc → Brandybock

Bolger, Estella
Geburtsname einer → Hobbitfrau aus dem → Auenland, geboren 1385 AZ, Tochter von Odovacar → Bolger, jüngere Schwester von Fredegar → Bolgar, heiratete dessen guten Freund → Merry Brandybock

Bolger, Fastolph
→ Hobbit aus dem → Auenland, verheiratet mit Viola → Beutlin

Bolger, Filibert
→ Hobbit aus dem → Auenland, verheiratet mit Magsame → Pausbacken-Beutlin

Bolger, Fredegar
→ Hobbit aus dem → Auenland, aus Balgfurt an der Wässer, ein guter Freund von → Frodo Beutlin, genannt Fatty, Dick oder der Dicke, Sohn von Odovacar → Bolger und Rosamunde geborene → Tuk, ein entfernter Verwandter von Frodo und → Merry. Half Frodo beim Umzug nach → Krickloch, blieb dann im Auenland und führte einen Rebellentrupp gegen den → Oberst. Wurde gefangen genommen und in die → Riegellöcher gesteckt, nach der Befreiung des Auenlandes stark abgemagert und geschwächt befreit. Seine Schwester Estrella heiratete später Merry.

Bolger, Gundabald
→ Hobbit aus dem → Auenland, verheiratet mit Salvia → Brandybock

Bolger, Odovacar
→ Hobbit aus dem → Auenland, verheiratet mit Rosamunde → Tuk, der Vater von Fredegar → Bolger und Estella, der Frau von → Merry

Bolger, Prisca
Prisca → Beutlin

Bolger, Rosamunda
Rosamunda → Tuk

Bolger, Rubinia
Geburtsname einer → Hobbitfrau aus dem → Auenland, verheiratet mit Fosco → Beutlin. Großmutter von → Frodo.

Bolger, Rudiger
→ Hobbit aus dem → Auenland, verheiratet mit Belba → Beutlin

Bolger, Salvia
Salvia → Brandybock

Bolger, Wilibald
→ Hobbit aus dem → Auenland, verheiratet mit Prisca → Beutlin

Bombadil, Tom
→ Tom Bombadil

Bombur
→ Zwerg aus einer alten Familie von → Moria, Mitglied der Gruppe um → Bilbo und → Thorin Eichenschild auf der Fahrt zum → Erebor, wo er nach 2941 lebte. Seine Trägheit und Schläfrigkeit verstärkten sich noch, nachdem er in den → Verzauberten Fluss gefallen war. Schon immer der dickste der Gefährten, musste er gegen sein Lebensende getragen werden, dazu waren sechs Zwerge nötig. In → Beutelsend spielte er auf einer Trommel.

Book of Lost Tales
→ Buch der Verschollenen Geschichten

Books of Lore Compendia of Elvish wisdom
→ Buch der Legenden

Bór
Häuptling der → Ostlinge; stand mit seinen drei Söhnen im Dienste von Maedhros und Maglor, starb vor der → Nírnaeth Arnoediad

Bôr (Sindarin)
»vertrauenswürdiger Mann, Vasall«

Borgil (Quenya)
ein heller rötlicher Stern, wahrscheinlich Beteigeuze oder Aldebaran

Borin
→ Zwerg aus dem Hause → Durin (2450–2711 DZ), zweiter Sohn von Náin II., Urgroßvater von → Balin, → Dwalin, → Óin und → Glóin. Lebte bis 2590 in den Grauen Bergen, ging dann mit Thrór zum → Erebor.

Borkenhaut
Ein → Ent, Übersetzung des elbischen Namens → Fladrif

Borlach
Zweiter der drei Söhne von Bór, mit seinen Brüdern in der → Nírnaeth Arnoediad gefallen, nachdem sie die Verräter → Ulfast und → Ulwarth erschlagen hatten.

Borlad
Ältester der drei Söhne von Bór, mit seinen Brüdern in der → Nírnaeth Arnoediad gefallen, nachdem sie die Verräter → Ulfast und → Ulwarth erschlagen hatten.

born (Sindarin)
»heiß, rot«

Boromir
Der älteste Sohn von → Denethor II., der während des → Ringkriegs → Truchsess von → Gondor war, geboren 2978. Ein herrischer und stolzer, oft zu arroganter Mann und ein starker Krieger. Ein Traum führte ihn nach → Imladris, weil er → »Das zerbrochene Schwert« suchte, das er in dem Schwert von → Aragorn, → Anduril, fand. Er schloss sich der → Gemeinschaft um den

Ring an, doch wollte er von Anfang an den → Herrscherring benutzen, um ihn gegen → Sauron einzusetzen. Seine Gier nach dem Ring und dessen Einfluss waren so groß, dass er auf dem → Amon Hen versuchte, ihn → Frodo wegzunehmen; dieser floh. Boromir bereute sofort und versuchte, → Merry und → Pippin vor angreifenden Orks zu beschützen, wurde jedoch von diesen am 26. Februar 3018 erschossen. → Boromirs Horn zerbrach. → Aragorn, → Legolas und → Gimli sangen die → Klage für Boromir und ließen seinen Leichnam in einem Elbenboot die → Rauros-Fälle hinunterfahren. Das Boot überstand den Sturz, und Boromirs Bruder → Faramir (II) sah später den Leichnam an sich vorbeifahren. – Im → Film von Peter → Jackson wird Boromir von Sean → Bean dargestellt.

Boromir (Truchsess)

→ Dúnedain, elfter Herrschender → Truchsess von → Gondor (2477–2489 DZ). Einer der bedeutendsten Heerführer von Gondor, vertrieb 2475 die → Uruk-Hai aus → Ithilien, starb 14 Jahre später an einer Wunde, die er in der Schlacht erhalten hatte.

Boromir von Ladros

Der erste Fürst von → Ladros, Urenkel von → Beor dem Alten, Sohn von Boron, Großvater von → Barahir und Urgroßvater von → Beren

Boromirs Horn

Ein großes Horn mit silbernem Mundstück und mit Silber eingefasst, auch Schlachthorn genannt, angeblich hergestellt aus einem Horn von einem der → Rinder von Orome. Ein Erbstück der → Truchsessen von → Gondor, dass immer der älteste Sohn trug. Zerbrach, nachdem → Boromir damit um Hilfe geblasen hatte, als er von → Orks tödlich verwundet worden war. Sein Ruf in

solcher Not war von seinen Verwandten in ganz Gondor zu hören.

Boromirs Rätsel

Das Gedicht, das → Boromir im Traum hörte und das ihn auf die Suche schickte nach dem Erben der Könige, so dass er nach → Imladris kam, auch Boromirs Rätsel genannt (in der neuen Übersetzung des »Herrn der Ringe« beginnt es »Das zerborstene Schwert«, in der alten »Das geborstne Schwert«).

Boron

Ein Enkel von → Beor dem Alten, Vater von → Boromir von Ladros

Borondir

Auch genannt Udalraph, »der Steigbügellose«: Reiter aus → Minas Tirith, der das Hilfeersuchen von → Cirion zu → Eorl brachte

Borthand

Jüngster der drei Söhne von Bór, mit seinen Brüdern in der → Nírnaeth Arnoediad gefallen, nachdem sie die Verräter → Ulfast und → Ulwarth erschlagen hatten

Böse Wichte

→ Grabunholde

Boss, der

Der → »Oberst« in der neuen Übersetzung des »Herrn der Ringe«

Both (Sindarin)

»Pfütze, Lache«

Botschaft des Adlers

Das Lied → »Singet nun, ihr Menschen«

Bournemouth

Englisches Seebad in der Grafschaft Dorset; hier starb John Ronald Reuel → Tolkien am 2. September 1973. In der Nähe, in Poole, lebten Tolkien und seine Frau von 1968 bis zu Ediths Tod 1972.

Boyd, Billy
Der Darsteller von Peregrin Tuk (→ Pippin) im → Film von Peter → Jackson wurde 1968 in Glasgow, Schottland, geboren. Er tritt häufig als Sänger, Musiker oder Schauspieler im Theater auf, spielte in einigen schottischen Fernseh-Serien mit und 1998 in dem Film »Urban Ghost Story«.

Boyens, Philippa
beteiligt am Drehbuch des → Films von Peter → Jackson

Bracegirdle
Hobbitname: → Straffgürtel

Bráglorin
»Loderndes Schiff« oder »Goldener Karren«, Name der Sonne in der Sprache der → Gnome

bragol (Quenya und Sindarin)
»plötzlich« z. B. in → Dagor Bragollach

Bragollach
Kurzform für die → Dagor Bragollach (»Schlacht des Jähen Feuers«), die vierte der sechs großen → Schlachten von → Beleriand

Brain
Der zweite König von → Thal, Sohn von → Bard dem Bogenschützen und Vater von → Brand, herrschte von 2977 bis 3007 DZ.

Braldagamba
»Bier-Bock«: Übersetzung von → Brandybock in die Sprache der → Hobbits, von Tolkien zum Spaß angefertigt

Bralda-Hîm
»starkes Bier«: verballhornte Form des ursprünglichen Hobbit-Namens des Flusses → Baranduin, der in der → Sprache der → Hobbits eigentlich »Branda-Nîn«, Grenzwasser, hieß

brand (Sindarin)
»edel adlig, großartig«, aber auch »groß von Gestalt«

Brand
Dritter König von → Thal ab 3007 DZ, Sohn von Brain, Enkel von → Bard dem Bogenschützen, gefallen in der Schlacht von Thal 3019. → Gandalf nannte ihn Bardssohnssohn.

Brandagamba
»Grenzland-Bock«: der Familienname → Brandybock in der → Sprache der → Hobbits

Branda-Nîn
»Grenzwasser«: der ursprüngliche Name des → Baranduin in der → Sprache der → Hobbits

Brandir
Sohn von → Handir, Fürst der → Haladin, des Volkes von → Haleth, in → Brethil. Ein friedliebender Mann mit lahmem Bein, der auf dem → Amon Obel die Palisadenfestung → Ephel Brandir erbaute und versuchte, diese vor den Streitkräften → Morgoths zu verbergen. 496 EZ kam → Túrin zu seinem Volk, ein Jahr später dessen Schwester → Niniël (Nienor), in die sich Brandir verliebte. Sie heiratete jedoch – unwissentlich – ihren Bruder. Als Brandir Túrin über diesen → Inzest aufklärte, wurde er von Túrin in seiner Wut erschlagen. Brandir wurde »der Lahme« genannt, von Túrin auch Klumpfuß.

Brandybock (von Bockland)

Eine der wichtigsten Familien der → Hobbits. Ursprünglich nannte sich die Familie, die sich auf → Bucca vom → Bruch zurückführte, → Altbock vom Bruch, lebte im → Auenland und hatte das Amt des → Thain erblich inne. Gorhendad Altbock zog im Jahre 740 AZ aus dem Westviertel nach → Bockland und änderte den Familiennamen zu Brandybock; die Hobbit-Form des Namens war Brandagamba. Von nun an stellte die Familie stets den Herrn von Bockland bis hin zu → Merry (Meriadoc) Brandybock.

Brandybock, Adaldrida

Adaldrida → Bolger

Brandybock, Amaranth

→ Hobbit aus dem → Bockland (1304–1398 AZ), der zweite Sohn von Gorbadoc → Brandybock

Brandybock, Asphodele

Geburtsname einer → Hobbitfrau aus dem → Bockland (1313–1402 AZ), verheiratet mit Rufus Wühler, der Mutter von Milo → Wühler

Brandybock, Berilac

→ Hobbit aus dem → Bockland, geboren 1380 AZ, Sohn von Merimac → Brandybock

Brandybock, Celandine

→ Hobbitfrau aus dem → Bockland, geboren 1391 AZ, Tochter von Seredic → Brandybock

Brandybock, Dinodas

→ Hobbit aus dem → Bockland, geboren 1314 oder 1319 AZ, der fünfte Sohn und das sechste Kind von Gorbadoc → Brandybock

Brandybock, Doderic

→ Hobbit aus dem → Bockland, geboren 1389 AZ, Sohn von Seredic → Brandybock

Brandybock, Dodinas

→ Hobbit aus dem → Bockland, vierter Sohn von Gorbadoc → Brandybock

Brandybock, Esmeralda

Esmeralda → Tuk

Brandybock, Estella

Estella → Bolger

Brandybock, Gorbadoc

→ Hobbit aus dem → Bockland (1260–1363 AZ), der älteste Sohn von Marmadoc → Brandybock, Herr des Bocklandes ab 1310. Verheiratet mit Mirabella Tuk, Vater von 7 Kindern, Großvater von → Frodo Beutlin. Bekannt als »Breitgurt«

Brandybock, Gorbulas

→ Hobbit aus dem → Bockland, geboren 1308 AZ, Sohn von Orgulas Brandybock, Vater von Marmadas Brandybock

Brandybock, Gormadoc

→ Hobbit aus dem → Bockland (1134–1236 AZ), Herr des Bocklandes. Verheiratet mit Malva Starrkopf, mit der er zahlreiche Kinder hatte. Wurde der »Tiefschürfer« genannt, da er das → Brandyschloss erheblich erweiterte.

Brandybock, Hanna

Hanna → Goldwert

Brandybock, Hilda

Hilda → Straffgürtel

Brandybock, Ilberic

→ Hobbit aus dem → Bockland, geboren 1394 AZ, Sohn von Seredic → Brandybock

Brandybock, Madoc
→ Hobbit aus dem → Bockland (1175–1277 AZ), der älteste Sohn von Gormadoc → Brandybock, Herr des Bocklandes ab 1236. Verheiratet mit Hanna Goldwert. Bekannt als »Stolznacken« (in der alten Übersetzung heißt er Stolzhals).

Brandybock, Malva
Malva → Starrkopf

Brandybock, Marmadas
→ Hobbit aus dem → Bockland, geboren 1343 AZ, Sohn von Gorbulas Brandybock

Brandybock, Marmadoc
→ Hobbit aus dem → Bockland (1217–1310 AZ), Sohn von Madok → Brandybock, Herr des Bocklandes ab 1277. Verheiratet mit Aldradida Bolger, sie hatten vier Kinder, von denen nur die Namen der Söhne Gorbadoc und Orgulas überliefert sind, nicht aber die der zwei Töchter. Bekannt als »der Herrische«.

Brandybock, Marroc
→ Hobbit aus dem → Bockland, jüngster Sohn von Gormadoc → Brandybock

Brandybock, Melilot
→ Hobbitfrau aus dem → Bockland, geboren 1385 AZ, jüngere Tochter und jüngstes der drei Kinder von Marmadas Brandybock

Brandybock, Menegilda
Menegilda → Guld

Brandybock, Mentha
Minze → Brandybock

Brandybock, Meriadoc
→ Hobbit aus dem → Auenland, einer der neun Gefährten der → Ringgemeinschaft, genannt → Merry Brandybock

Brandybock, Merimac
→ Hobbit aus dem → Bockland (1342–1430 AZ), jüngerer Sohn von Rorimac → Brandybock, Vater von Berilac Brandybock

Brandybock, Merimas
→ Hobbit aus dem → Bockland, geboren 1381 AZ, einziger Sohn und ältestes von drei Kindern von Marmadas Brandybock

Brandybock, Merry
→ Merry Brandybock

Brandybock, Minze
→ Hobbitfrau aus dem → Bockland, geboren 1383→ , ältere Tochter und zweites Kind von Marmadas Brandybock (englisch: *Mentha*)

Brandybock, Mirabella
Mirabella → Tuk

Brandybock, Orgulas
→ Hobbit aus dem → Bockland, geboren 1268→ , jünger Sohn und jüngstes von vier Kindern von Marmadoc Brandybock, Vater von Gorbulas → Brandybock

Brandybock, Primula
Geburtsname einer → Hobbitfrau aus dem → Auenland (1320–1380 AZ), Kusine von → Bilbo Beutlin, verheiratet mit Drogo → Beutlin. Mit ihrem Mann 1380 AZ ertrunken beim Bootfahren auf dem → Baranduin. Ihr einziges Kind war → Frodo.

Brandybock, Rorig
Kurzform von Rorimac → Brandybock

Brandybock, Rorimac
→ Hobbit aus dem → Bockland (1302–1408 AZ), der älteste Sohn von Gorbadoc → Brandybock, Herr des Bocklandes ab 1363. Verheiratet mit Menegilda Guld.

Bekannt als »Goldvater«. Großvater von Meriadoc (→ Merry).

Brandybock, Sadoc
→ Hobbit aus dem → Bockland, geboren 1179 AZ, der zweite Sohn von Gormadoc → Brandybock

Brandybock, Salvia
Geburtsname einer → Hobbitfrau aus dem → Auenland, geboren 1226 AZ, drittes Kind von Sadoc → Brandybock, verheiratet mit Gundabald → Bolger

Brandybock, Saradas
→ Hobbit aus dem → Bockland (1308–1407 AZ), dritter Sohn von Gorbadoc → Brandybock

Brandybock, Saradoc
→ Hobbit aus dem → Bockland (1340–1432 AZ), Herr des Bocklandes ab 1408, bekannt als »Goldstreuer«. Sohn von Rorimac → Brandybock, verheiratet mit Esmeralda → Tuk, ihr einziges Kind war Meriadoc, genannt → Merry.

Brandybock, Seredic
→ Hobbit aus dem → Bockland, geboren 1348 AZ, Sohn von Saradas → Brandybock, verheiratet mit Hilda → Straffgürtel

Brandybuck
englischer Familienname der → Hobbitfamilie → Brandybock

Brandyschloss
Der große → Smial der → Hobbitfamilie → Brandybock, Zentrum von Bockenburg und Regierungssitz von → Bockland. Mit dem Bau begann Gorhendad → Altbock 740 AZ, um 1200 erweiterte Gormadoc → Brandybock, genannt der »Tiefschürfer«, die Höhlen erheblich. Zur Zeit von → Frodo,

der dort seine Jugend verbrachte, hatte der wohl größte und edelste aller Smials drei Haupt- und viele Nebeneingänge sowie über 100 runde Fenster.

Brandywein
der Fluss → Baranduin

Brandywein-Brücke
Häufig benutzter Name für die Steinbogenbrücke über den → Baranduin

Brandyweintal
Das Tal des → Baranduin

Brannon (Sindarin)
»Hoher Herr, Edler«

Braun, Lily
Geburtsname einer → Hobbitfrau aus dem → Auenland, verheiratet mit Tolman → Kattun (I)

Braune Elben
→ Waldelben

Braune Lande
Das Gebiet zwischen dem → Düsterwald und den → Emyn Muil, in dem im → Ersten Zeitalter die → Entfrauen lebten. Verwüstet während des Krieges zwischen → Sauron und dem → Letzten Bundes am Ende des → Zweiten Zeitalters.

Braunlock, Nelke
Geburtsname *(Gilly Brownlock)* einer → Hobbitfrau aus dem → Auenland, verheiratet mit Posco → Beutlin, Großmutter von Angelika → Beutlin

Bree
Hauptsiedlung des → Breelandes, gegründet vor 3320 ZZ. Im Zweiten Zeitalter ein wichtiger Ort, gelegen an der Kreuzung der

großen → Oststraße mit der → Nordstraße. Das Sprichwort »Wunderlich wie Neuigkeiten aus Bree« zeigt, wie bedeutsam Bree damals als Kreuzungspunkt und Raststation war. Zur Zeit, als → Frodo und seine Gefährten dort im Gasthaus → »Zum Tänzelnden Pony« auf Streicher (→ Aragorn) trafen, umfasste Bree etwa 100 Steinhäuser der Menschen und zahlreiche Hobbithöhlen in den Hängen des Bree-Berges, an den sich das Dorf anlehnte. Auf der anderen Seite wurde der Ort durch eine große Hecke und einen Graben geschützt, es gab nur zwei Tore.

Bree-Berg, Bree-Hügel
Erhöhung im → Breeland, an dem das Dorf → Bree gebaut ist

Breeland
Ein kleines Gebiet mit Äckern, Wiesen und Forsten in der Nähe des → Auenlandes; Hauptort war → Bree. Im → Zweiten Zeitalter ursprünglich Teil von → Arnor, später von → Arthedain, wurde das Gebiet anschließend von den → Dúnedain des Nordens beschützt, obwohl die Breeländer dies nicht merkten und den Waldläufern, wie sie sie nannten, sogar mit großem Misstrauen begegneten. Bree war die einzige Region, in der Menschen und → Hobbits, das Große und das Kleine Volk, friedlich miteinander wohnten; die Hobbits dort waren stolz darauf, die älteste Hobbitsiedlung überhaupt zu sein, älter als das → Auenland. Die Zeitrechnung in Bree begann auch 300 Jahre früher, mit dem Jahr 1300 DZ – das letzte Jahr des Dritten Zeitalters, 3021, war also das Jahr 1720 in Bree. Der → Kalender war der der Hobbits, bis auf einige abweichende Monatsnamen.

brêg (Sindarin)
»wild, grimmig, wütend«

Bregalad (Sindarin)
»Flinkbaum«: ein → Ent im Wald von → Fangorn, für einen Baumhirten außerordentlich »hastig«, beweglich und ungewöhnlich aktiv. Die Ebereschen, die er betreute, waren von den → Orks von → Saruman zerstört worden; er war voller Rachedurst und wollte etwas gegen die Orks unternehmen..

Bregalads Ebereschenlied
Ein Lied, das → Bregalad den → Hobbits Merry und → Pippin vorsang über die Bäume, die er betreut hatte: »O Orofarne, Lassemista, Carnimirie!«

Brego
Sohn von → Eorl dem Jungen, geboren 2512 DZ, zweiter König von → Rohan von 2545 bis zu seinem Tod 2570. Vertrieb die Feinde aus dem Ödland und erbaute die goldene Halle von → Meduseld in → Edoras, starb aus Gram über den Verlust seines Sohnes → Baldor

bregol (Sindarin)
»heftig, gewaltig, stark, plötzlich«

Bregolas (Sindarin)
»Ungestüm«: Fürst des ersten der → Drei Häuser der Menschen, Sohn von → Bregor, Bruder von → Barahir, Vater von → Baragund und → Belegund, bei der → Dagor Bragollach erschlagen

Bregor
Fürst des ersten der → Drei Häuser der Menschen, Vater von → Barahir und → Bregolas. Sein → Bogen wurde als Erbstück in → Númenor aufbewahrt und ging bei dessen Untergang verloren.

Breitgurt
Gorbadoc → Brandybock

Brennil (Sindarin)
»Dame«

Brethil
»Silberbirken(wald)«: Waldgebiet westlich von → Doriath, im Winkel zwischen den Flüssen → Teiglin und → Sirion; Wohnsitz der → Haladin. Lag knapp außerhalb vom → Gürtel Melians, gehörte trotzdem zu Doriath, also dem Reich von → Thingol. Auf dem → Amon Obel, dem höchsten Berg der Region, baute → Brandir seine Palisaden-Festung → Ephel Brandir.

Brethil (Quenya und Sindarin)
»Silberbirke«, z. B. in → Nimbrethil und → Fimbrethil

Brettspiele
Seitdem durch die Ankündigung des → Filmes von Peter → Jackson Tolkien wieder in aller Munde ist, sind Brettspiele zu seinen Geschichten fast automatisch ein Erfolg. Reiner Knizia, renommierter Spielemacher, setzte zusammen mit Illustrator John → Howe den »Herrn der Ringe« in ein faszinierendes Spiel um (Reiner Knizia:

Das Spiel von Reiner Knizia, illustriert von John Howe

»Der Herr der Ringe«, Brettspiel mit Illustrationen von John Howe, Kosmos-Verlag, Stuttgart 2000, ca. 35 Euro). Fünf verschiedene Spielpläne (aneinandergelegt wären das über drei Meter) führen die 2 bis 5 Spielenden (ab 12 Jahre) von Beutelsend über Bruchtal, Moria, Lothlórien, Helms Klamm und Kankras Lauer bis nach Mordor. Man hat immer wieder schwierige Entscheidungen zu treffen, und die 35 Sonderkarten und 23 Ereigniskärtchen sorgen stets für neue Kombinationen. Nie ist ein Spiel wie das andere. Und nur gemeinsam kann man den Dunklen Herrscher besiegen. Ein Spiel, das ganz auf Kooperation setzt (auch wenn man die anderen mit viel Risiko austricksen und alleine gewinnen kann), atmosphärisch sehr dicht und obendrein noch schön gestaltet ist, es erinnert an Konzeption und in der kooperativen Spielanlage an das erste Tolkien-Brettspiel, »Ringgeister« (s. u.). Ein Spiel dauert eine bis zwei Stunden, die, wenn man die richtigen Mitspielenden hat, wie im Flug vergehen. Nicht umsonst erhielt das Spiel beim Wettbewerb um das Spiel des Jahres 2001 den erstmals vergebenen Sonderpreis »Literatur im Spiel«, und es wurde auch für den »Gamers Choice Awards: Multiplayer« nominiert. Im Oktober 2001 gab es eine limitierte Sonderausgabe mit detailgetreuen Figuren von Sam, Frodo und Pippin aus Zinn und einem vergoldeten Ring. Das Spiel, von John Howe signiert und nur in einer Auflage von 250 gefertigt, kostete rund 200 Euro. – Ein weiteres sehr schönes Spiel, ebenfalls illustriert von John Howe und auch im Kosmos-Verlag, hat Peter Neugebauer vorgelegt: »Der Herr der Ringe – Die Suche« (Stuttgart 2001, ca. 15 Euro). Zwei Spielende (ab 10 Jahren) starten als Sam und Frodo im Auenland, um den Ring zum Schicksalsberg zu bringen und ihn dort zu vernichten. Hier spielt man gegeneinander – nur einer der beiden kann gewinnen. Aus 48 Landschaftskärtchen ergibt sich jedesmal eine andere Landschaft mit anderen Wegen, Begegnungen und Kämpfe, Gefährten und Gefahren werden zufällig gezogen. Nicht so schwierig und langwierig wie das Spiel von Knizia, ist das ein hübsches kleines Vergnügen für eine Dreiviertelstunde zwischendurch. – Bei Kosmos gibt es rechtzeitig zum Filmstart Tolkien-Spiele im Mehrfachpack: von Fritz Gruber »Der Herr der Ringe – Das Spiel zum Film«, von Reiner Knizia und John Howe »Der Herr der Ringe – Die Feinde«, und, illustriert von Ted Nasmith, »Der kleine Hobbit«. Bereits 1994 erschienen bei Queen Games zwei Spiele von Jean Vánaise: »Der Hobbit« und »Die großen Abenteuer der kleinen Hobbits«. Als erstes Brettspiel und bis heute eines der besten gilt das bereits 1993 ebenfalls bei Queen Games erschienene »Ringgeister« von Jo Hartwig, bei dem zwei bis vier Spielende ab 10 Jahre eine bis zwei Stunden lang versuchen, den Ring zu vernichten. Wie Knizias »Herr der Ringe« im Spielverlauf kooperativ angelegt, denn ist der Ringe verloren, haben alle verloren. Aber am Ende gibt es dann doch eine Gewinnerin oder einen Gewinner. Alle Mitspielenden führen jeweils zwei Figuren, einen Hobbit und einen der anderen Helden. Der Spielplan wechselt, da er aus verschiedenen kleinen Quadraten besteht, die immer neu zusammengesetzt werden (ähnlich »Die Suche«, s. o.). Auf Wegpunkten wird gesetzt, Windpunkte sorgen für die Bewegung der Gegner, und bei Begegnungen entscheidet die Stärke, die durch die Größe der Figuren festgestellt wird. Nur der Ringträger kann ausweichen, doch wird er von einer gegnerischen Figur gestellt, sind damit der Ring und das Spiel für alle verloren. Wer den Ring trägt, ändert sich während des Spieles immer wieder; nur der

Ringträger kann schließlich den Schicksalsberg betreten und den Ring zerstören – und gewinnt das Spiel. Das ist zum Teil auch Glückssache. Gute Spielregeln und die edle Ausstattung (zum Teil aus Holz) machen das Spiel zum Erlebnis, wenn man mit den richtigen Leuten spielt.

Brief an Milton Waldmann
Milton → Waldmann

Brief über den »Hobbit«
Ein Brief von Tolkien, erschienen im »Observer«, London, am 20. Februar 1938; er war die Antwort auf einen Brief, der in derselben Zeitung am 16. Januar erschienen war.

Brief über die Anfänge der Inklings,
Ein Brief von Tolkien, veröffentlicht in »The Image of Man in C. S. → Lewis« von William Luther White (Nashville und New York, Abingdon Press, 1969, S. 221–222). In England erschien das Buch 1970 bei Hodder & Stoughton in London.

Briefe vom Weihnachtsmann
→ »Die Briefe vom Weihnachtsmann«

Brilthor (Quenya)
»Glitzerndes Sturzwasser«: der vierte Nebenfluss des → Gelion in → Ossiriand

Britannia
Symbolfigur für Britannien, meist dargestellt mit einem Dreizack, bekannt durch das Lied, in dem sie »die Wellen beherrscht«. In der Geschichte → »Roverandom« ist sie laut dem → Mann im Mond eine ehemalige Seezauberin, eine Vorgängerin von → Artaxerxes.

Brith (Quenya und Sindarin)
»Kiesel« z. B. in Brithiach, Brithombar

Brithiach (Sindarin)
»Kiesel-Furt«: Furt über den → Sirion nördlich des Waldes von → Brethil, sie verband Brethil mit → Dimbar

Brithombar (Sindarin)
»Kies-Heim«: der nördlichste der Häfen der → Falas an der Küste von → Beleriand, erbaut im → Ersten Zeitalter, zerstört 497 EZ. Hier floss der → Brithon ins große Meer → Belegaer.

Brithon (Sindarin)
»Kies«: Fluss, der in den → Falas ins große Meer → Belegaer floss; an seiner Mündung lag → Brithombar.

Brockhäuser, Herr
→ Hobbit, Gast im Gasthaus von → Bree, als → Frodo und seine Gefährten dort eintreffen (in der neuen Übersetzung; alte Übersetzung: Dachsbau).

brod
»standfest, beharrlich, beständig« in der Sprache der → Gnome

Brodda
Ein Ostling in → Hithlum, der nach der → Nírnaeth Arnoediad → Aerin heiratete, eine Verwandte von → Húrin; er wurde von → Túrin erschlagen.

Brôg (Sindarin)
»Bär«

brona (Sindarin)
»dauern, währen, überleben«

Bronad (Sindarin)
»Überleben, Andauern, Bestand«

bronadui (Sindarin)
»andauernd, fortwährend«

bronia (Sindarin)
»aushalten, durchhalten«

bronn
»standfest, beharrlich, beständig« in der Sprache der → Gnome

Bronwe (Sindarin)
»Beharrlichkeit, Ausdauer, Beständigkeit, Treue«

Bronweg
»der Beständige, der Getreue«: Der Name von → Voronwe in der Sprache der → Gnome

Bruch
Fruchtbarer schmaler Streifen Land im Westviertel des → Auenlandes, grenzte im Osten an den → Baranduin, Heimat der → Hobbitfamilie → Altbock, ehe diese nach → Bockland zog

Bruchtal
Übersetzung von → Imladris

Bruchtal (Zeichnungen)
Es gibt mehrere Zeichnungen, auf denen Tolkien Bruchtal (Rivendell) darstellt – nicht → Imladris, sondern noch die eher putzige Form, die das »Heimelige Haus« in → »The Hobbit« hat. In der frühesten Darstellung, »Ritt hinab nach Bruchtal« (Bleistift, schwarze Tusche, Buntstift), ist das Tal noch keineswegs verborgen, und die hinabreitende Gestalt könnte wegen des spitzen Hutes zwar Gandalf sein, doch trägt sie einen roten Umhang. Das Bild stammt wohl aus den frühen 1930er-Jahren wie auch die schon etwas eher den Texten entsprechenden Zeichnungen »Bruchtal mit Blick nach Westen« und »Bruchtal mit Blick nach Osten«, beide Bleistift und Buntstift. Aus einer Komposition dieser beiden und einer

bunten Skizze (»Bruchtal«, Bleistift/Buntstift) schuf Tolkien seine endgültige Darstellung »Bruchtal« (»Rivendell«) mit Bleistift, Wasserfarbe und schwarzer Tusche, die nun den Darstellungen auch im »Herrn der Ringe« entspricht.

Brücke von Ham
Ort in der Geschichte → Bauer Giles von Ham, an dem Giles und der → Drache → Chrysophylax den König des Mittleren Königreiches in die Flucht schlagen.

Brücke von Khazad-dúm
→ Durins Brücke

Brücke von Moria
→ Durins Brücke

Brückengau
Gebiet um die Steinbogenbrücke über den → Baranduin

brui (Sindarin)
»laut, geräuschvoll«

Bruinen
»Lautes Wasser, Lautwasser«: Fluss in → Eriador, Nebenfluss des → Gwathló, entsprang im → Nebelgebirge nordöstlich von → Imladris, in dessen Nähe er an der → Bruinenfurt überquert werden konnte. Er floss dann durch die Bruinenschlucht (Lautwasserschlucht), ehe er sich mit dem → Weißquell vereinigte und sie dann gemeinsam in den Gweathló mündeten. Das Gebiet zwischen den beiden Flüssen hieß der → Winkel.

Bruinenfurt
Die Furt des Flusses → Bruinen (Lautwasser), in der Nähe von → Imladris; an dieser Furt wurde → Frodo von den neun Schwarzen Reitern, den → Nazgûl, verfolgt

und bedrängt und vertrieb → Elrond diese mit einer Flutwelle.

Bruinenschlucht
Schlucht des → Bruinen bei → Imladris

Bruithwir
In alten Fassungen der → Verschollenen Geschichten der Vater von → Feanor, zwischendurch auch mal sein Sohn oder Bruder (HIS 1,2)

brûn (Sindarin)
»alt, ehrwürdig, traditionell, lange in Gebrauch«

Brunnenhof
Der Platz in → Minas Tirith, wo einst der → Weiße Baum von Gondor geblüht hatte

Bruno
Einer der drei Bären, die → Herr Glück in seinem neuen Auto mitnehmen muss

Brytta der Beliebte
Elfter König von → Rohan (2798–2842 DZ, geboren 2752). War freigebig und großzügig, wurde deshalb auch »Léofa« genannt, der Beliebte. Musste ständig gegen → Orks aus dem → Nebelgebirge kämpfen.

Bucca vom Bruch
Frühestes belegtes Mitglied der Familie → Altbock vom → Bruch, wurde 1979 DZ (379 AZ) der erste → Thain des → Auenlandes.

Buch der Ich-Keit
Ein Skizzenbuch, das sich → Tolkien im Juli 1913 kaufte, mit 80 Blättern von 278 x 213 mm. Es enthält viele Zeichnungen und → Bilder, die er in den nächsten Jahren anfertigte. Die meisten seiner Blätter werden in der → Bodleian Library aufbewahrt.

Buch der Könige
Eine der Chroniken von → Gondor. → Frodo und → Pippin erhielten laut der ersten Ausgabe des »Herrn der Ringe« einen Einblick in dieses Buch, doch wurde dies in der revidierten Fasssung geändert. Dennoch eine wichtige Grundlage vor allem für die → Verschollenen Geschichten (NAM)

Buch der Legenden.
Kompendium der Elbischen Weisheit
Ein Buch der Legenden in → Imladris, auch die »Lehren der Weisen« genannt, aus dem → Bilbo Beutlin während seiner Jahre in Imladris schöpfte, um seine → »Übersetzungen aus dem Elbischen« anzufertigen

Buch der Truchsessen
Eine der Chroniken von → Gondor, in die → Frodo und → Pippin Einblick erhielten und die so Eingang in das → »Rote Buch der Westmark« fanden – und damit ins → Silmarillion und → »The Lord of the Rings«

Buch der Verschollenen Geschichten, Das
Das erste größere fantastische Werk von Tolkien; er begann mit der Niederschrift mit 25 Jahren Anfang 1917 während eines Genesungsurlaubs in Great Haywood. Die erste Geschichte des »Book of Lost Tales«, war »The Fall of Gondolin«. Die Elbensprachen → Quenya und → Sindarin waren bereits einigermaßen ausgeformt, Tolkien legte für die Geschichte außerdem ein Lexikon der Sprache der → Gnome an, das »Goldogrin«. Alles Wesentliche für die spätere → Mythologie ist bereits angelegt; es gibt die → Valar, die → Kinder Ilúvatars, → Elben und Menschen, die → Zwerge und → Orks, → Valinor und → Mittelerde. Manches heißt noch anders, grundlegende Konzepte werden sich noch ändern – so sind die Elben und sogar die Valar noch sterblich und die Insel der Elben und Valar ist Eng-

land –, doch der Anfang ist gemacht. »Das Silmarillion« taucht erstmals 1926 als »Skizze« auf, als Abriss oder Kurzdarstellung, die die Essenz vieler längerer Werke wiedergibt, die teilweise gar nicht existierten. Irgendwann, wahrscheinlich nach dem Erscheinen von → »The Hobbit« 1937, hat Tolkien die »Verschollenen Geschichten« unvollendet aufgegeben. Das einzige Werk, das er kontinuierlich fortentwickelte, war die Musik der Ainur, die → Ainulindale. Im November 1937 bot Tolkien seinem → Verlag George Allen & Unwin eine Fassung, die er »Quenta Silmarillion« nannte,

»Das Buch der Verschollenen Geschichten«, Teil 1, zugleich der 1. Band der »History of Middle-Earth«, Ausgabe des Klett-Cotta-Verlages von 1986

als mögliche Fortsetzung des Hobbit an, doch diese wurde abgelehnt. Der Titel »Silmarillion« taucht dann erstmals in einem Brief von Tolkien an den Observer vom 20. Februar 1938 auf. In den nächsten 15 Jahren schrieb Tolkien nur untergeordnete Texte, erst kurz vor Veröffentlichung des »Herrn der Ringe« widmete er sich wieder intensiv dem »Silmarillion«, doch blieben die veröffentlichten Teile auf die Anhänge zum »Herrn der Ringe« beschränkt. Erst 1978 gab sein Sohn Christopher Tolkien einen Teil der Geschichten überarbeitet als »Das Silmarillion« heraus, 1983 und 1984 folgte »Das Buch der Verschollenen Geschichten« Band 1 und 2, und später schlossen zehn weitere Bände »Die Geschichte Mittelerdes«, → »The History of Middle-Earth«, ab. Im ersten Band der »Verschollenen Geschichten« finden sich zehn Geschichten, die → Eriol der Seefahrer in der Hütte des vergessenen Spiels, → Mar Vanwa Tyaliéva, auf der Einsamen Insel erzählt bekommt und die sich zum Teil in gekürzter oder anderer Form auch im Silmarillion finden: die Gründung von → Valinor, die Einkerkerung von Melko (der erst später → Melkor heißen wird), die Geschichte von → Sonne und → Mond, die → Verhüllung von Valinor und die Ankunft der Menschen. Im zweiten Band geht es um → Beren und → Lúthien – hier lernt man den später nie wieder auftauchenden Katzenfürsten → Telvido kennen –, → Túrin Turambar, den Fall von → Gondolin, das Nauglafring (später → Nauglamir), Earendel (später → Earendil) und → Ælfwine von England.

Buch von Mazarbul
Eine teilweise zerstörte Chronik der Ereignisse, die sich in → Moria 2889 bis 2894 DZ ereignet hatten, nachdem → Balin mit seinen Leuten nach Moria gekommen war.

→ Frodo und seine Gefährten von der → Ringgemeinschaft fanden dieses Buch in der Mazarbul, das heißt Archiv oder Archivkammer in der Sprache der → Zwerge, von → Moria.

Buchsprache
Bezeichnung für die → Sprache → Quenya

Buchenbein
Ein → Ent, von → Saruman im Kampf um → Isengart mit flüssigem Feuer verbrannt

Bucht von Balar
meist nur → Balar genannt

Bucht von Bel
die → Bucht von → Belfalas

Bucht von Belfalas
große Bucht des Meeres → Belegaer zwischen → Gondor und → Umbar. In der Bucht von → Belfalas landet der → Mann im Mond im Gedicht → »Der Mann im Mond kam viel zu früh«

Bucht von Eldamar
Bucht an der Küste von → Aman, am Nordufer lag der »Schwanenhafen« → Alqualonde, und in der Bucht die Insel → Tol Eressea

Buckelberge
Berge im Gedicht → »Die Muhlipps«

Buckelstadt
Hauptort des → Tuklandes am Südhang der Grünberge, wo seit 740 AZ der → Thain des → Auenlandes lebte, immer das Familienoberhaupt der Familie → Tuk. Hier tagte der Auenländische Rat, dessen Vorsitz der Thain innehatte, Buckelstadt kam also einer Regierungsstadt der → Hobbits relativ nahe. Hier wurde auch die »Gelbhülle«

verwahrt, ein Buch mit alten Aufzeichnungen zur Familiengeschichte der Familie → Tuk.

Buff, Sergeant
Der Polizist in der Geschichte → »Herr Glück (englisch: *Boffin*)

Buff, Tom
Der älteste Sohn von Sergeant Buff in der Geschichte → »Herr Glück *(Tom Boffin)*

Bühl
Eine Anhöhe ein wenig nordwestlich des Ortskerns von → Hobbingen, in der besonders gut ausgestattete → Smials lagen, z. B. → Beutelsend, der Wohnsitz von → Bilbo und → Frodo Beutlin (in der alten Übersetzung von → »The Hobbit« einfach »der Berg« genannt)

Bühl (Bilder)
Zum Bühl gibt es von Tolkien ein farbiges, sehr gründlich ausgearbeitetes Aquarell »Der Bühl: Hobbingen jenseits der Wasser« *(→ »The Hill: Hobbiton-across-the-Water«),* außerdem gibt es mehrere Skizzen und Vorformen, darunter »Beutelsend Unterbühl« und »Der Bühl: Hobbingen«, beides Tusche-/Bleistift-Zeichnungen. Außerdem ist der Bühl skizziert auf dem Bild → »Eines Morgens früh in der Stille der Welt« und in früher Form in der Zeichnung → »Gandalf«. Das Innere sieht man auf dem Bild → »Die Halle von Beutelsend«.

buia (Sindarin)
»dienen, verbündet sein mit«

Bullenrassler
Bandobras → Tuk

Bunce
→ Hobbitfamilie aus dem → Auenland

Bunce, Milmosa

Geburtsname einer → Hobbitfrau aus dem → Auenland, verheiratet mit Ponto → Beutlin (I). Ihre Familie lebte in → Michelbinge. Wahrscheinlich hat → Sam Gamdschie die Figur der Mrs Bounce (Frau → Schnuth) im Gedicht → »Luftikus« einem Mitglied dieser Familie nachempfunden.

Bund (Sindarin)

»Schnauze, Nase«

Bunduschathûr

»Wolkenkopf« in der Sprache der → Zwerge: einer der drei Berge von → Moria

Burárum

Ein Name für die → Orks in der Sprache der → Ents

Bürgermeister von Esgaroth

Ein namenloser reicher Händler (in der alten Übersetzung von → »The Hobbit« nur der »Meister« genannt), der in der Seestadt → Esgaroth gute Geschäfte machte, auch dann, als der → Drache → Smaug noch im → Erebor hauste und seine Stadt bedrohte. Der clevere Geschäftsmann beteiligte sich selbst nicht an der Verteidigung der Stadt, kassierte aber die Entschädigung und brannte mit ihr durch – und verhungerte dann in der Wildnis.

Bürgermeister von Michelbinge

Der einzige → Hobbit, der im → Auenland ein echtes Amt ausübte; sein Amtssitz war → Michelbinge. Das Amt bestand zwar in der Hauptsache aus repräsentativen Pflichten, doch war der Bürgermeister auch zugleich → Postmeister und Erster → Landbüttel, also der oberste Polizist des Landes. Gewählt wurde er alle sieben Jahre am Mittsommertag von allen Hobbits, die Zeit hatten, meist kamen aber nur die männlichen Familienoberhäupter zur Wahl. Zur Zeit des → Ringkrieges war Willi → Weißfuß Bürgermeister, von 1427 bis 1476 hatte das Amt → Sam Gamdschie inne.

Burrows

englischer Name für die → Hobbitfamilie → Wühler (in der alten Übersetzung des »Herrn der Ringe« heißt sie Lochner)

Büttel

→ Landbüttel

Butterblüm, Gerstenmann

Der ehrliche, wenn auch nicht sehr mutige und manchmal vergessliche Wirt des Gasthauses → »Zum Tänzelnden Pony« in → Bree. Er braute ein hervorragendes Bier und war ein guter Freund von → Gandalf, die → Waldläufer hingegen und speziell »Streicher«, also → Aragorn, betrachtete er mit großem Misstrauen. In der alten Übersetzung des »Herrn der Ringe« heißt er Butterblume.

Butterblume, Gerstenmann

Gerstenmann → Butterblüm

Butterbur, Barliman

Gerstenmann → Butterblüm

C

cab (Sindarin)
»springen«

Cabed (Sindarin)
»Sprung«

Cabed Naeramarth (Sindarin)
»Sprung des Entsetzlichen Schicksals«:
Dieser Name wurde der → Cabed-en-Aras
verliehen, nachdem → Niënor sich dort in
den Tod gestürzt hatte.

Cabed-en-Aras (Sindarin)
»Hirschsprung«: Eine tiefe, aber schmale
Schlucht (ein Hirsch war einst in Todes-
angst darüber gesprungen) am südwestlichen Rand von → Brethil, nahe → Dimrost,
durch die der → Teiglin floss. Hier erschlug
→ Túrin → Glaurung und sprang → Niënor in den Tod, danach wurde sie auch
Cabed Naeramarth genannt, »Sprung des
Entsetzlichen Schicksals«. Auf der Anhöhe
über dem Ostrand der Schlucht, über dem
Grab von Túrin, steht der Gedenkstein, den
ihm die Elben errichteten, mit der Inschrift
»Túrin Túrambar Dagnir Glaurunga«
(Túrin, Herr des Schicksals, Glaurungs Verderber). An dessen Westseite begrub → Húrin sein Weib → Morwen, und diese Anhöhe
überstand die → Verwandlung der Welt und
ragte auch noch in späteren Zeitaltern als
die Insel Tol Morwen aus den Wassern des
Meeres, so sagt es zumindest ein Lied des
Sängers und Sehers Glirhuin aus Brethil.

Cabor (Sindarin)
»Frosch«

cadu (Sindarin)
»gestaltet, geformt«

cadwor (Sindarin)
»wohlgeformt, ansehnlich, hübsch«

Cae (Sindarin)
»Erde, Boden«

Caedmon Records
Schallplattenlabel, veröffentlichte 1968
eine Langspielplatte zu Tolkiens Liedzyklus → »The Road Goes Ever On« unter
dem Titel »Poems and Songs of Middle
Earth« (TC 1231), mit William → Elvin als
Sänger und dem Komponisten Donald →
Swann am Klavier; außerdem trägt Tolkien
darauf einige seiner Gedichte vor. 1975
erschienen zwei Langspielplatten der Caedmon Records (TC 1477 und 1478), auf
denen Tolkien aus dem »Hobbit« und dem
»Lord of the Rings« liest. Die Aufnahmen
waren im August 1952 von George Sayer
in Malvern gemacht worden.

Cael (Sindarin)
»Krankheit, Bettlägerigkeit«

caeleb (Sindarin)
»krank, bettlägrig«

Caer (Sindarin)
»Zehn«

Caerdragon
»Schloss der Drachen«: laut der Geschichte
→ »Roverandom« jener legendäre Ort, wo
zu Zeiten von → Merlin und → Artus der
→ Weiße Drache der Briten den Roten Dra-
chen der → Kelten besiegte

Caew (Sindarin)
»Lager, Ruheplatz«

Cai (Sindarin)
»Hecke«

Cail (Sindarin)
»Palisade, Zaun«

Cainen (Sindarin)
»Zehn«

Cair (Sindarin)
»Schiff«

Cair Andros (Sindarin)
»lang schäumendes Schiff«: Eine Insel im → Anduin nördlich von → Minas Tirith mit der Form eines Schiffes. Am hohem »Bug« erzeugte die Strömung des Anduin eine starke Brandung und viel Schaum. Von → Gondor um 2900 DZ befestigt, um den Übergang über den Fluss zu kontrollieren, war die Insel während des → Ringkriegs heftig umkämpft und zeitweise von feindlichen Kräften besetzt.

cait, caita (Quenya)
»liegen«

Cal, Cala (Quenya)
»Licht, Schein«, z.B. in → Calmindon, → Calaquendi, → Calacirya und in → Tar-Anducal

Calacirian, Calaciriande (Quenya)
»Gebiet um den Calacirya«: Die schönste Region von → Eldamar, nahe dem Eingang zum → Calacirya, da hier das Licht der → Zwei Bäume von Valinor am stärksten schien. In diesem Gebiet lag → Tirion.

Calacirya (Quenya)
»Lichtspalt«: Damit auch die → Elben von → Eldamar das Licht der → Zwei Bäume von Valinor sehen konnten, gab es in den → Pelóri einen einzigen Durchgang, den Pass Calacirya (»Lichtspalt«). In ihm erhob sich sich der grüne Hügel von Túna, auf dem → Galathilion stand.

Calad (Sindarin)
»Licht«

Calaquendi (Quenya)
»Elben des Lichts, Lichtelben«: die → Elben, die in → Aman lebten oder einst dort gelebt hatten, also alle, die das Licht der → Zwei Bäume von Valinor gesehen hatten, auch Hochelben oder Amanyar genannt. Einzahl »Calaquende«.

Calar (Sindarin)
»Lampe, Leuchte«

Calardan (Sindarin)
»Lampenbauer«

Calben (Sindarin)
»Lichtelb«: Synonym zu → Calaquende

Calembel
Stadt am Fluss Ciril in → Gondor, durch die → Aragorn mit den → Toten Menschen von Dunharg ritt

calen (Sindarin)
»grün«

Calenardhon
»Die Grüne Provinz«: Name von → Rohan, als es der Nordteil von → Gondor war

Calenhad
»Grüner Platz«: das sechste der sieben → Leuchtfeuer von → Gondor

calima (Quenya)

»hell, leuchtend, scheinend«, z. B. in → Calimmacil.

Calimehtar

»Leuchtender Krieger«: Dreißigster König von → Gondor, herrschte 1856 bis 1936 DZ, Sohn von → Narmacil II. und Vater von → Ondoher, schlug 1899 die → Wagenfahrer in einer glorreichen Schlacht auf der → Dagorlad. Calimehtar hieß auch der jüngere Bruder von → Rómendacil II. und Großvater von → Castamir, er lebte im 14. Jahrhundert DZ.

Calimmacil

»Leuchtendes Schwert«: Neffe von → Narmacil II.

Calina (Quenya)

»Licht«, z. B. in Coacalina: die Seele als »Licht des Hauses«

Caliondo

»Sohn des Lichtes«: ein Enkel von → Tar-Amandil

Callon (Sindarin)

»Held«

Calma (Quenya)

»Lampe, Leuchte«, auch »Kerze«, z. B. in → Herucalmo. Auch Name des → Tengwar-Zeichens Nr. 3, ϲ, das für »c« stand. Calma wurden allgemein auch alle »Velarkonsonanten« genannt (k, g, nk, ng, kh usw.).

Calmacil (Quenya)

»Lichtschwert«: 16. König von → Gondor, gestorben 1304 DZ. Ab 1240 ließ er das Land von seinem Sohn Minalcar verwalten, der 1304 als → Rómendacil II. gekrönt wurde. Auch Kurzform von → Tar-Calmacil.

Calmatéma (Quenya)

Die Reihe der Velarkonsonanten (k, g, nk, ng, kh usw.) in der elbischen Grammatik, sie fanden sich in der 3. und 4. Reihe der → Tengwar, weitere optionale in den Reihen 5 und 6.

Calmindon (Quenya)

»Leuchtturm« auf → Tol Uinen in der Bucht von → Rómenna

Calph (Sindarin)

»Wassergefäß«

Cam (Sindarin)

»Hand«, z. B. in → Camlost

Camlann (Sindarin)

»Handfläche«

Camlost (Sindarin)

»Der mit der leeren Hand«: Name, den sich → Beren zulegte, als er ohne einen → Silmaril zu König → Thingol nach → Doriath zurückkehrte – der Stein lag in seiner rechten abgebissenen Hand im Bauch des Wolfes → Carcharoth

can (Quenya und Sindarin)

»(auf)schreien, rufen«

cana (Quenya)

»stimmgewaltig, gebieterisch«

Canad (Sindarin)

»Vier«

Canath (Sindarin)

»ein Viertel«: Name einer silbernen Münze, die in → Gondor benutzt wurde; vier »Canath« waren ein → »Mirian«.

cand (Sindarin)

»fett, dick«

Cáno, Cánu (Quenya)
»Herrscher, Gebieter, Anführer, Statthalter«, meist als Titel für einen den Vertreter eines Höherrangigen gebraucht. In → Telerin bedeutete »canó« auch »Ausrufer, Herold«.

Cant (Sindarin)
»Umriss, Form«

Canta (Quenya)
»Vier«.

Car (Quenya)
»Helm«, z. B. in → Valacar

Car (Sindarin)
»Haus, Gebäude«

Carab (Sindarin)
»Hut«

Carach (Sindarin)
»Kiefer, Maul«

Carach Angren
»Eisernes Maul«: → Isenmaul

Caradhras (Sindarin)
»Rothorn«: Berg aus dunkelrotem Stein, einer der drei Berge über → Moria, in der Sprache der → Zwerge Barazinbar, der Grausame, genannt. Zwischen ihm und dem → Celebdil, der Silberzinne, führte der → Rothorn-Pass hindurch, unter dem Berg lag die einzige bekannte → Mithril-Ader und hauste der → Balrog, auf den die Zwerge bei ihren Grabungen stießen.

Caradhras, Pass von
der → »Rothorn-Pass«

Carag (Sindarin)
»Felsspitze, Felsnase«

Caragdúr (Sindarin)
»Dunkle Felsspitze«, auch übersetzt als »Dunkler Hauer«: schwarzer Felsvorsprung an der steilen Nordseite des → Amon Gwareth, die Hinrichtungsstätte von → Gondolin, an der die Verurteilten in die Tiefe gestürzt wurden. Hier starben → Eol und → Maeglin.

caran (Sindarin)
»rot«, z. B. in → Carnistir, → Caradhras

Caranthir
Der vierte Sohn von → Feanor, Muttername Carnistir (»Rotgesicht«), genannt »der Dunkle«, von allen Söhnen Feanors der *bitterste und am schnellsten erzürnte«.* Herrscher von → Thargelion, bewachte die westlichen Ausläufer der → Ered Luin. Bei der → Dagor Bragollach besiegt, floh zu seinen Brüdern → Amrod und → Amras. Beim Angriff der → Söhne Feanors auf → Menegroth erschlagen.

Caras (Sindarin)
»Stadt«

Caras Galadhon, Caras Galadon (Sindarin)
»Stadt der Bäume«: der Hauptwohnsitz der → Elben von → Lórien

Carc
Ein Rabe, der auf dem → Erebor hauste und mit den → Zwergen dort befreundet war, Vater von → Roac

Carca (Quenya)
»Zacke, Spitze, Rachen, Zahn, Hauer«

Carcaras
→ Karkaras

Carch (Sindarin)
»Zacke, Spitze, Rachen, Zahn, Hauer«

Carcharoth

»Der rote Rachen«, auch »Anfauglir«, »Maul des Durstes« genannt: Der große Wolf und Torwächter von → Angband, der → Beren die Hand mit dem → Silmaril abbiss, von → Huan in → Doriath getötet (468 EZ). Der größte Wolf aller Zeiten, ein Abkömmling von → Draugluin, dem Vater der → Werwölfe, selbst aber kein Werwolf. Morgoth selbst hatte ihn großgezogen, mit Elben- und mit Menschenfleisch gefüttert und mit Gift und Feuer erfüllt. Musste Beren und → Lúthien nach Angband hineinlassen, da Lúthien ihn einschläferte, doch als sie herauskamen, biss er Beren die Hand mit dem Silmaril ab. Doch der Silmaril brannte in ihm, und so verwüstete er die Lande, wahnsinnig vor Schmerz und Wut. Bei der größten aller Wolfsjagden schlug er seine Giftzähne in Beren, der daran starb, und er und Huan töteten sich gegenseitig. → Mablung schnitt seinen Bauch auf und nahm den Silmaril wieder heraus – ein traditionelles Märchenmotiv, man denke an die Jäger, die die sieben Geißlein oder Rotkäppchen aus den Bäuchen von Wölfen schneiden.

Carchost

»Rachen-Feste, Zahn-Feste«: einer der beiden → »Zahntürme«, der »Zähne von Mordor«

Cardh (Sindarin)

»Heldentat, Großtat«

Cardolan

»Rothügel-Land«: Ein Gebiet im südlichen → Eriador, eines der drei Königreiche, in die → Arnor 861 DZ geteilt wurde, im Westen vom → Baranduin und im Norden von der → Oststraße begrenzt. Um den Besitz der → Wetterspitze, wo die drei Reiche aneinander stießen, stritt sich Cardolan immer mit → Arthedain und → Rhudaur. Gegen → Angmar kämpfte man gemeinsam mit Arthedain, bis Cardolan 1409 erobert wurde. Der Großteil der Überlebenden zog sich in das Hügelland östlich des → Alten Waldes zurück; von ihnen zeugen die Grabhügel auf den → Hügelgräberhöhen. Obwohl nicht mehr als eigenes Reich existent, gab es aber noch Siedlungen in Cardolan, doch durch die Große → Pest von 1636 starben die letzten → Dúnedain dieses Landes.

Carl

→ Hobbit aus dem → Auenland, geboren 1263 AZ, zweiter Sohn von → Katner

Carme (Quenya)

»Erschaffung, Schöpfung«, z. B. in → Essecarme (→ Namensgebung)

Carn Dûm

Festung und Hauptstadt von → Angmar

carne (Quenya)

»rot«, z. B. in → Carnimírië, → Orocarni

Carnen (Sindarin)

»Rotwasser«: etwa 400 Kilometer langer Fluss, der von den → Ered Engrin, den Eisenbergen, herabkam, sich mit dem → Eilend vereinigte und ins Meer von → Rhún mündete.

Carnil

»Rotglanz«: Name eines roten Sterns, der von → Varda an den Himmel gesetzt wurde, um den → Elben beim Erwachen zu leuchten, wahrscheinlich der Planet Mars, der der Sonne viertnächste der 9 Planeten in unserem Sonnensystem und Nachbar der Erde. → Frodo konnte ihn abends sehen, wenn er in → Imladris aus dem Fenster nach Süden blickte.

Carnimírië

»die Rotbeperlte«; wörtlich: »mit roten Juwelen versehen«: der Name einer Eberesche in → Bregalads Ebereschenlied

Carnistir

»Rotgesicht«: der Muttername von → Caranthir

Carpenter, Humphrey

Autor der besten, bekanntesten und einzigen autorisierten Tolkien-Biographie »J.R.R. Tolkien – A biographie« (1977, deutsch 1979 als »J. R. R. Tolkien – eine Biographie«; → Sekundärliteratur)

Carrock

»Felsen« in der Sprache der → Beorninger. Ein großer Felsen, fast ein kleiner Berg, mitten im → Anduin, in der Nähe vom Haus von → Beorn. Hier setzten die Adler → Bilbo, → Gandalf und die → Zwerge um → Thorin Eichenschild ab. Sie konnten über Stufen, die Beorn gehauen hatte, und die → Carrock-Furt ans Ufer gelangen.

Carrock-Furt

Furt aus flachen Steinen über den → Anduin am Felsen → Carrock. Die → Beorninger hielten diese Furt während des Ringkriegs offen, so dass es eine Möglichkeit gab, den Anduin zu überqueren, auch als die Alte Furt weiter südlich von → Orks und Wölfen kontrolliert wurde. Allerdings widerspricht diese Information aus dem »Herrn der Ringe« dem »Hobbit«, in dem → Gandalf ausführlich erläutert, dass man über die Furt nur von Beorns Seite aus zum Carrock komme, aber nicht auf die andere Seite des Flusses.

Carroux, Margaret

Übersetzerin von → »The Lord of The Rings« ins Deutsche in der Ausgabe »Der Herr der Ringe« von 1969/70 inklusive der Anhänge (mit Ausnahme der Gedichte und Lieder, die Ebba-Margareta von Freymann übersetzte), außerdem ist sie die Übersetzerin der Geschichte → »Blatt von Tüftler« (deutsch 1975)

Casarrondo (Quenya)

»Zwergenheim, Zwergengewölbe«: ein Elbenname für → Moria, übersetzt aus dem Zwergennamen → Khazad-dûm

Castamir

»Edelstein, Juwel«: 22. König von → Gondor, genannt »der Thronräuber«, König von 1437 bis 1447 DZ. Der Enkel von Calimehtar, dem jüngeren Bruder von → Rómendacil II., war Führer der Flotte von Gondor und der Führer in der → rassistisch motivierten Rebellion gegen König → Eldacar. Nach dessen Vertreibung wurde er aufgrund seiner Beliebtheit bei der Flotte und den Küstenbewohnern zum König gewählt, doch er entpuppte sich schnell als hochmütig und grausam: Er ließ Ornendil, Eldacars Sohn, töten, und war verantwortlich für zahlreiche Gemetzel und Zerstörungen. Außerdem wollte er den Sitz des Königs nach → Pelargir an die Küste verlegen. Als Eldacar nach zehn Jahren zurückkehrte, unterstützte ihn das Volk, und in einer großen Schlacht in → Lebennin, an den Übergängen des → Erui, erschlug Eldacar Castamir und übernahm wieder die Herrschaft. Die Söhne des Thronräubers und zahlreiche Anhänger Castamirs entkamen allerdings, konnten sich lange in Pelargir halten und ließen sich schließlich in → Umbar nieder. Hier errichteten sie eine von Gondor unabhängige Herrschaft; ihre Nachfahren machten Gondor als → Korsaren von Umbar schwer zu schaffen. Erst → Aragorn II. Elessar konnte Umbar wieder unterwerfen.

Cat
Das Gedicht → »Katz«

Catley, Bob
Rocksänger, Ex-Sänger von Magnum, bekannt für epischen Pomp-Rock, legte am 15. Februar 2001 bei Frontiers Redords mit der CD »Middle-Earth« ein Werk vor, mit dem er in die Welt von Tolkien entführen möchte: *»Come with me on a journey through J.R.R. Tolkien's of Middle-Earth«*, lädt er im Booklet ein. Die Songs schrieb Gary Hughes, der auch als Produzent, Keyboarder und Hintergrundsänger beteiligt ist. Am Schlagzeug mischt Jon Cooksey von Dante Fox mit. Die Titel: »The Wrath Of The Rings« · »The Fields That I Recall (Reprise)« · »City Walls« · »Against The Wind« · »Where You Lead I'll Follow (Reprise)« · »Return Of The Mountain King« · »The End Of Summer (Galadriel's Theme)« · »This Gallant Band Of Manic Strangers« · »The Fellowship«

Caudimordax
Das Schwert → »Schwanzbeißer«, mit dem → Bauer Giles von Ham den → Drachen → Chrysophylax unterwirft

Caul (Sindarin)
»Betrübnis, Kummer, Bürde«

Caun (Sindarin)
»Aufschrei, Lärm, Krawall«, auch »Tapferkeit, Heldenmut« und »Herrscher, Prinz«

Caw (Sindarin)
»Spitze, Gipfel«

Ceber (Sindarin)
»Pfahl, Pfosten, Stange, Dorn«

Cef (Sindarin)
»Erdboden, Krume«

Cover der neuesten CD von Bob Catley

cefn (Sindarin)
»erdig«

celair (Sindarin)
»leuchtend, glänzend«, auch »geistreich«

Celduin
»Rennender Fluss«, übersetzt mit → Eilend

Celeb (Sindarin)
»Silber«, z. B. in → Celeborn, → Celebrant, → Celebrimbor

Celebdil (Sindarin), Celebdil der Weiße
»Silberzinne«: einer der drei Berge über → Moria, Zirak-zigil in der Sprache der → Zwerge. Zwischen ihm und dem → Caradhras führte der → Rothorn-Pass hindurch, auf dem Gipfel stand Durins Turm, der höchste Punkt von Moria, erreichbar über die »Endlose Treppe«, die aus den tiefsten Tiefen von Moria aufstieg. Über diese verfolgte → Gandalf den → Balrog bis in den Turm und stürzte ihn vom Gipfel hinab. Dabei wurden der Turm, die Treppe und Teile der Flanke des Berges zerstört.

Celeborn (Baum; Sindarin)

»Silberbaum«: der → Baum von → Tol Eressea, Abkömmling von → Galathilion

Celeborn (Elbe; Sindarin)

»Silberbaum« oder auch »Silber-Groß«: Elbe aus → Doriath, ein Verwandter von → Thingol, möglicherweise aber auch einer der → Teleri und bereits mit → Galadriel aus → Aman gekommen. Er selbst soll sich als → Linda bezeichnet haben, und darauf deutet auch sein Name in der zweiten Bedeutung hin, da er unter den Elben als großgewachsen galt, eine beeindruckende Erscheinung mit langem, silbern schimmerndem Haar. In einer frühen Version auch als Vater von → Amroth gedacht (NAM). Auch genannt Celeborn der Weise; sein Quenya-Name war Teleporno. Heiratete → Galadriel und blieb nach dem Ende des → Ersten Zeitalters freiwillig mit ihr in Mittelerde. Zunächst wohnten sie in → Menegroth, dann in → Lindon und → Eregion, wo sie sich an der Gründung von Ost-in-Edhil beteiligten (etwa 750 ZZ). Als → Sauron sich bei → Celebrimbor und seinen Kollegen einschmeichelte, zog Galadriel durch → Moria nach → Lórien, Celeborn, der Zwerge nicht ausstehen konnte, blieb zurück. Er beteiligte sich am Kampf gegen Sauron und kam nach dem Sieg über diesen (1701 ZZ) nach → Imladris, wo er Galadriel wiedertraf. In den nächsten Jahrhunderten übernahmen die zwei die Herrschaft über die → Waldelben, obwohl sie nie als König oder Königin auftraten. Nach Amroths Tod 1981 DZ zogen sie nach → Lórien; Celeborn war unumstrittener Herrscher und Kriegsherr. Er blieb nach der Abreise von Galadriel am Ende des Dritten Zeitalters in Lórien, ging später nach Imladris und wahrscheinlich am Ende auch nach Aman. – Im → Film von Peter → Jackson wird er von Marton → Csokas dargestellt.

Celebrant (Sindarin)

»Silber-Fluss«, übersetzt auch als »Silberlauf«: ein Fluss, der einer in einen steinernen Brunnen gefassten Quelle unterhalb des → Spiegelsees entsprang und durch → Lórien in den Anduin floss. Einer seiner Nebenflüsse war der → Nimrodel. Celebrant wurde auch die große Ebene genannt, die zwischen dem Fluss Celebrant und dem → Limklar lag; hier fand 2510 DZ die große Schlacht statt, bei der → Éorl → Gondor gegen die → Balchoth und → Orks zu Hilfe kam.

celebren (Sindarin)

»silbern« von Farbe oder Wert

Celebrían

Tochter von → Celeborn und → Galadriel, heiratete 100 DZ → Elrond. Die Mutter von → Elladan, → Elrohir und → Arwen. 2509 von Orks gefangen und gequält, reiste sie, körperlich geheilt, aber seelisch nicht wieder erholt, nach der Rettung durch ihre Söhne 2510 nach → Aman.

Celebrimbor (Sindarin)

»silberne Faust, Silberhand«: Ein Sohn von → Curufin und Enkel von → Feanor, der größte aller Elbenschmiede im Zweiten Zeitalter. Sagte sich vom → Eid der Söhne Feanors und seinem Vater Curufin los und blieb nach dessen Vertreibung in → Nargothrond. Oberhaupt der Gwaith-i-Mirdain, der Gilde der Elbenschmiede, der Juwelenschmiede von → Eregion. Er schuf den zweiten → Elessar, den Elbenstein, den → Aragorn von → Galadriel erhält. Von → Sauron verführt, der sich als Annatar, Herr der Geschenke, bei den Elben einschmeichelte, schmiedete er zwischen 1500 und 1590 ZZ zahlreiche → Ringe der Macht, gegen 1590 waren die → Drei Ringe der Elben fertiggestellt. Als Sauron um

1600 den Herrscherring schmiedete, durchschaute Celebrimbor seine Absichten. 1693 überzog Sauron die Elben mit Krieg, um an die Ringe zu kommen; Celebrimbor konnte die drei Elbenringe aber vor der Eroberung Eregions durch Sauron 1695 weggeben an Galadriel und → Gil-galad. Er wurde 1697 von Sauron gefangen, gefoltert und getötet. In einer früheren Variante dieser Erzählung war Celebrimbor ein → Noldo aus → Gondolin, kein Nachkomme Feanors, und liebte → Galadriel; durch diese unerfüllte Verehrung wurde er für Saurons Einflüsterungen anfällig. In dieser Variante war er auch der Schöpfer des ersten Elessar und ersetzte in dieser Funktion → Enerdhil (NAM).

celebrin (Sindarin)
»silberfarben, silberglänzend«

Celebrindal (Sindarin)
»Silberfuß«: ein Beiname von → Idril

Celebrindor
→ Dúnedain, fünfter König von → Arthedain (1191–1272)

Celebros
»Silberschaum, Silberregen«: Bach oder Fluss in → Brethil, der bei → Dimrost in den → Teiglin hinabstürzte

celeg (Sindarin)
»hastig, flink, agil«

Celegorm
Der dritte Sohn von → Feanor, genannt »der Helle« (wegen der Haut- und Haarfarbe), ein großer Jäger, der sogar mit Tieren sprechen konnte. Herrschte bis zur → Dagor Bragollach mit seinem Bruder → Curufin über → Himlad, lebte danach in → Nargothrond. Nahm → Lúthien gefangen und wollte sie zur Ehe zwingen und → Beren

töten, doch sein Wolfshund → Huan, ihm einst von → Orome gegeben, lehnte sich gegen ihn auf. Er war der Anstifter des Angriffs der → Söhne Feanors auf → Menegroth und wurde dort von → Dior erschlagen.

Celepharn
→ Dúnedain, vierter König von → Arthedain, herrschte 1110 bis 1191 DZ.

celevon (Sindarin)
»aus Silber«

cell (Sindarin)
»rennend, laufend«, z.B. in → Celduin, dem Fluss → Eilend

Celon (Sindarin)
»Fluss«: Hauptnebenfluss des → Aros, Fluss im Süden von → Doriath, bildet dessen Süd- und Ostgrenze. Fließt vom Berg → Himring in → Dorthonion herab, mündet oberhalb der → Dämmerseen in den → Sirion. An der Aros-Furt → Arossiach wird er von der → Zwergenstraße gekreuzt. Zwischen dem Aros und dem → Celon liegt das Waldgebiet → Arthórien.

Celos (Sindarin)
»schnell Fließender«: Einer der fünf Flüsse von → Lebennin, Nebenfluss des → Sirith, seine Quelle liegt in den → Ered Nimrais, den »Weißen Hörnern«.

Celu (Sindarin)
»Quelle«

Cemendur (Quenya)
»Erden-Freund, der Erde ergeben, Diener des Erdreichs«: → Dúnedain, vierter König von → Gondor, herrschte von 158 bis 238 DZ. Cemendur hieß auch ein Urenkel von → Vardamir Nólimon.

cen (Sindarin)
»sehen«

Cened (Sindarin)
»Sicht«

Cenedril (Sindarin)
»Spiegel«

Cennan (Sindarin)
»Töpfer«

Ceorl
Reiter aus → Rohan, kämpfte unter → Erkenbrand in der zweiten Schlacht an den → Furten des Isen und überbrachte danach → Gandalf und → Théoden die Nachricht von der Niederlage

Cerch (Sindarin)
»Sichel«

Ceredir (Sindarin)
»Macher«

Cerin (Sindarin)
»Erdwall, Damm, Hügel«

Cerin Amroth (Sindarin)
»Amroths Hügel«: Eine Anhöhe im Herzen von → Lórien, auf der → Amroth wohnte, wahrscheinlich in einem → Flett im Wipfel eines → Mallorn. Hier verlobten sich → Aragorn und → Arwen, hier starb Arwen und wurde sie begraben.

Cermië (Quenya)
»Schnitt«: Name des siebten Monats im → Kalender der → Elben und auch der → Númenórer, entspricht grob unserem Juli (Sindarin: Cerveth)

Certa (Quenya)
»geritztes oder geschnittenes Zeichen«: eine → Rune, Mehrzahl Certar. (Sindarin Certh, Mehrzahl → Cirth).

Certh (Sindarin)
»geritztes oder geschnittenes Zeichen«: eine → Rune, Einzahl von → Cirth

Certhas, Certhas Daeron (Sindarin)
Das → Runen-Alphabet von → Daeron, die → Cirth

Cerveth (Sindarin)
Name des siebten Monats im → Kalender der → Númenórer, nur von den → Dúnedain verwendet, entspricht grob unserem Juli (Quenya: Cermië)

Chaucer as a Philologist: The Reeve's Tale
Vortrag, den Tolkien 1932 vor der Philologischen Gesellschaft hielt, veröffentlicht 1934 in »Transactions of the Philological Society«, David Nutt, London

Cheltenham
Ort, in dem Edith → Tolkien im Herbst 1917 lebte, hier wurde am 21. November 1917 das erste Kind der Familie Tolkien, John Francis Reuel, geboren.

Chesterton, Gilbert Keith
Englischer Schriftsteller (1874–1936), geboren und gestorben in London, Vorbild der → Inklings. Zunächst liberal, 1922 zum katholischen Glauben übergetreten und zunehmend konservativ, Befürworter orthodoxer Glaubensrichtungen und besonders des Katholizismus. Verfasste u. a. Balladen und Trinklieder, Gedichtbände, literaturhistorische Schriften, theologische Abhandlungen, sozialkritische Essays und Romane. In dem phantastischen Roman »The Napoleon of Notting Hill« (»Der Held von Notting Hill«, 1904) bringt Chesterton seine ablehnende Haltung gegenüber der

modernen mechanisierten Welt zum Ausdruck und verherrlicht das vorindustrielle Zeitalter – diese Ähnlichkeiten zum »Herrn der Ringe« sind keineswegs zufällig. Am bekanntesten ist Chesterton heute durch seine Pater-Brown-Geschichten, im deutschsprachigen Raum besonders durch die gleichnamige Fernsehserie mit Josef Meinrad und vor allem die Filme, in denen Heinz Rühmann den katholischen Pater spielt, der zugleich ein Meisterdetektiv ist.

Chetwald
Der Wald im → Breeland

Chithing
Der vierte Monat im → Kalender von → Bree, grob unserem April entsprechend, im → Auenland Astron genannt. Der Name wurde auch im Ostviertel des Auenlandes benutzt.

Chrysophylax Dives
Mächtiger alter, feuerspeiender, geflügelter, reicher → Drache von uralter kaiserlicher Abstammung, der eigentlich in Venedotia lebt, sich aber in das Mittlere Königreich der Menschen aufmacht und vom → Bauern Giles von Ham unterworfen wird

Chubb
Hobbitname: → Pausbacken

Cîl (Sindarin)
»Kluft, Schlucht«

Cilme (Quenya)
»Wahl«, z. B. in → Essecilme

Círbann (Sindarin)
»Hafen, Zufluchtsort«

Circa (Quenya)
»Sichel«, z. B. in → Valacirca

Círdan
»Schiffbauer«: Im → Dritten Zeitalter wahrscheinlich der älteste aller noch in → Mittelerde lebenden → Elben, einer der ältesten → Elben überhaupt und einer der ersten, die am Anfang am → Cuiviénen erwachten. Er galt als besonders weise. Anführer jener → Teleri, die auf den Rat von → Osse an den Küsten von Mittelerde blieben, statt nach → Aman zu ziehen, von Osse selbst lernte er die Kunst des Schiffbaus. Herr der → Falas und der Häfen → Brithombar und → Eglarest, floh nach der → Nírnaeth Arnoediad mit → Gil-galad auf die Insel → Balar. Träger des Roten Ringes → Narya, den ihm Gil-galad vor dem → Krieg des Letzten Bündnisses gegeben hatte. Er übergab ihn nach dessen Ankunft → Gandalf, da er einer der wenigen war, die um die Natur der → Istari wussten. Während des Zweiten und Dritten Zeitalters Hüter der → Grauen Anfurten im Golf von → Lhûn. Mitglied des → Weißen Rates. Er wirkt, unüblich für einen Elben, alt, und hat einen langen → Bart – er ist der einzige Elbe, bei dem ausdrücklich erwähnt wird, dass er einen Bart trägt. Ob und wann er selbst in den Alten Westen fuhr, ist nicht bekannt.

Ciriáran (Sindarin)
»Seefahrer-König«: ein Name für → Olwe

Ciril
Fluss in → Lamedon, ein Nebenfluss des → Ringló, auch Kiril genannt

Cirion (Sindarin)
»Seemann«: Zwölfter Herrscher → Truchsess von → Gondor (2489–2567 DZ), rief im Krieg gegen die → Balchoth das Volk von → Eorl zu Hilfe und trat diesem zum Dank an den Sieg auf der → Ebene von Celebrant 2510 das Land Calenardhon ab,

aus dem später → Rohan wurde. Am Grab von → Elendil auf dem → Halifirien schworen die beiden Fürsten den Eid der immerwährenden Freundschaft und Bündnistreue zwischen den zwei Völkern, der sich im → Ringkrieg so gut bewährte.

Cirith (Sindarin)
»Kluft, Spalte, steile Schlucht«

Cirith Dúath
»Schattenspalte«: ein früherer Name von → Cirith Ungol

Cirith Forn en Andrath
»Der Hochaufsteigende Pass des Nordens«: Der → Hohe Pass über das → Nebelgebirge östlich von → Imladris

Cirith Gorgor (Sindarin)
»Geisterspalte«: Großer Pass in Mordor am Zusammentreffen der → Ered Lithui und des → Ephel Dúat, verband → Dagorlad und → Udún und war versperrt durch das Schwarze Tor → Morannon. An beiden Seiten bewacht durch die → »Zahntürme«, die »Zähne von Mordor« → Carchost und → Narchost.

Cirith Ninniach (Sindarin)
»Regenbogenspalte«: So nannte → Tuor die Schlucht in den Ered Lómin, die zum Fjord von → Drengist führte.

Cirith Thoronath
»Adlerspalte«, auch Cristhorn genannt: eine enge und gefährliche Schlucht, durch die ein hoher Pass durch die umzingelnden Berge nördlich von → Gondolin, die Echoriath, führte. Über diesen flohen Tuor und die letzten Überlebenden aus → Gondolin, auf der Passhöhe kämpfte → Glorfindel (I) mit einem → Balrog und stürzte in den Abgrund

Cirith Ungol
»Spinnenspalte«: Pass über den Ephel Dúath oberhalb von → Minas Morgul, steil in den Fels geschlagen, manchmal mit Stufen, am Ende durch unterirdische Stollen. Hier lag → Torech Ungol, das »Spinnennest«, Kankras Lauer. Überwacht wurde der Pass durch den → Turm von Cirith Ungol.

Cirth (Sindarin)
→ Runen (Quenya: Certar). Diese elbische Runen-Schrift wurde von den → Sindar in → Beleriand entwickelt, um Namen und kurze Botschaften in Holz oder Stein einzukerben; daher rührt der für Runen typische eckige Charakter. Diese älteren, einfachen Runen verbreiteten sich schnell und weit; noch im → Dritten Zeitalter benutzten die Menschen von → Thal und die → Rohirrim solche ursprünglichen Runen. Unter dem Einfluss der → Tengwar von → Feanor entwickelten sich die Cirth jedoch weiter bis zu einer wohl gestalteten reichhaltigen Form, dem Alphabet von → Daeron (Certhas Daeron), auch Angerthas Daeron genannt. Angerthas heißt »Lang-Runen«, und → Daeron, der berühmte Sänger aus → Doriath, soll diese Form der Runen entwickelt haben. Lang heißen sie, weil das Alpabet um zahlreiche Zeichen erweitert wurde (ein einzelnes Zeichen heißt »certh«). Obwohl die Runen auch danach noch weiterentwickelt wurden – nur die altertümliche Form von Daeron nennt man Angerthas – verwandten die meisten Elben bald hauptsächlich die Tengwar, viele Elben gaben später das Schreiben mit Runen ganz auf. Die → Zwerge hingegen schrieben ihre eigene Sprache in Angerthas und entwickelten eigenständige Formen, die Zwerge von → Moria ebenso wie die von → Erebor, bekannt als Angerthas Moria oder Langrunen-Reihe von Moria und als Modus von Erebor. Ein Beispiel für diesen

Modus ist das → Buch von Mazarbul, für das Angerthas Moria die Grabinschrift in Moria, beides im »Herrn der Ringe«. Angerthas Daeron und Angerthas Moria sind im Anhang zum »Herrn der Ringe« aufgeführt und gründlich erläutert. Hingegen ist der Modus von Erebor nirgendwo aufgezeichnet; er arbeitet mit einer Art von Verschlüsselung. Umso erstaunlicher ist es, dass → Elrond die in dieser Schrift verfasste Karte von → Thrór (im Hobbit) sofort lesen kann; dies belegt, das Elrond seinen Ruf als Weiser zu Recht trug.

Cirya (Quenya)
»Kluft, Spalte, steile Schlucht«, aber auch »Schiff mit spitzem Bug«, z. B. in → Ciryatur

Ciryaher (Quenya)
»Schiffsherr«: → Dúnedain, der 15. König von → Gondor, genannt → Hyarmendacil, »Südsieger«, herrschte 1015 bis 1148 DZ

Ciryandil (Quenya)
»Schiffliebhaber«: → Dúnedain, 14. König von → Gondor, herrschte 936 bis 1015, der dritte der → Schiffkönige. Starb in → Haradwaith im Kampf mit den → Haradrim.

Ciryatan
»Schiffbauer«: der 12. König von Númenor, → Tar-Ciryatan

Ciryatur
»Schiffsmeister«: Admiral von → Númenor, Befehlshaber der Flotte, die → Tar-Minastir → Gil-galad zur Unterstützung im Kampf gegen → Sauron sandte

Ciryon
»Schiffssohn«: der dritte Sohn → Isildur, mit diesem zusammen im Jahre 2 DZ auf den → Schwertelfeldern gefallen.

Claur (Sindarin)
»Glanz, Pracht«

Clubs und Vereine
Neben zahlreichen Fan- und Rollenspiel-Clubs gibt es in Deutschland drei Vereine, an die sich Tolkien-Interessierte wenden können: die → Deutsche Tolkien-Gesellschaft e. V., der → Erste Deutsche Fantasy Club e. V. und die → Inklings-Gesellschaft für Literatur und Ästhetik e. V.; über diese drei erhält man auch die Adressen ausländischer Vereinigungen.

Coacalina (Quenya)
»Licht des Hauses«: die im Körper wohnende Seele

Coalbiters
Literarischer Leseclub aus Dozenten in → Oxford, den → Tolkien und C. S. → Lewis 1926 gründeten, auch mit dem isländischen Namen »Kolbítar« genannt: die, die so nahe am Feuer sitzen, dass sie die Kohlen anbeißen

cofn (Sindarin)
»leer«

Coimas (Quenya)
»Lebensbrot«: → Lembas

Coire (Quenya)
»Regung«: die 54 Tage lange Jahreszeit des Vorfrühlings im → Kalender der → Elben von → Imladris, entspricht etwa unserem Februar und März, Sindarin »Echuir«

coirea (Quenya)
»lebendig«

Coirear (Quenya)
»Regungstag«: ein Schalttag im → Kalender der Elben von → Imladris

Côl (Sindarin)
»Gold«

Colindo (Quenya)
»Träger«, z. B. in cormacolindo (Ringträger)

Coll (Sindarin)
»Umhang, Mantel, Kleidung«, auch »goldrot« und auch »Höhle, Loch«

Colla (Quenya)
»Umhang, Mantel, Kleidung«

Cormare (Quenya)
der → »Ringtag«

Combe
der englische Name des Ortes → Archet

Comic
1980 erschien bei EHAPA eine Comic-Serie zum »Herrn der Ringe«, 1992 bei Bastei-Lübbe ein Comic-Band mit Bildern aus dem → Zeichentrickfilm von Ralph → Bakhi. Erheblich näher am Original und durchaus gelungen ist der dreibändige Comic zum »Hobbit« von David Wenzel von 1990, den der Alpha-Comic Verlag 1992 und der Carlsen-Verlag 2001 in Deutsch herausbrachten.

Computerspiele
Natürlich gab und gibt es Tolkiens Welt auch im Computer. Ungezählt sind die Fantasy-Spiele, die sich an seine Ideen anhängen, und viele setzen Tolkiens Welt und Figuren um, ohne dies offiziell zuzugeben, manchmal sogar verfremdet, wenn auch wiederzuerkennen, im Science-Fiction-Bereich. Dezidiert auf Tolkien berief sich »Lord of the Rings« von Parker in den späten 70er-Jahren, das beim Zusammenbruch des Videospielmarktes Anfang der 80er-Jahre vom Markt verschwand. 1982 brachte Philip Mitchell bei Melbourne House das sehr gelungene Grafik-Adventure »The Hobbit« heraus. 1986 und 1987 erschienen die Fortsetzungen »Lord of the Rings« und »Shades of Mordor«, die an den Erfolg nicht anknüpfen konnten. Melbourne House legte 1989 mit »War of Middle Earth« nach, wie das 1991 erschienene »Riders of Rohan« ein Strategiespiel; beide stießen auf wenig Gegenliebe bei den Fans. 1990 brachte Interplay mit »Lord of the Rings« wieder ein stark an der Romanhandlung orientiertes Spiel auf den Markt, das in Anlage und Gestaltung an »Ultima« erinnerte und durchaus überdurchschnittlich war; man erhielt es auch als CD, die um Auszüge aus dem → Zeichentrickfilm von Bakshi erweitert war. 1999 wurde ein MUME (Multi Users in Middle Earth) geplant, ein hoch kompliziert angelegtes Internet-Rollenspiel, das in einem MUD (Multi-User-Dungeon) spielen sollte, ähnlich »Ultima online«. Bisher aber heißt es immer nur »Coming Soon!«, also dass es demnächst erscheine. Sierra Studios arbeitet seit 1998 an einem Tolkien-Computerspiel, doch durch Streitigkeiten über das Design und Sparmaßnahmen ist bisher nichts daraus geworden. Für Januar 2002 ist jetzt ein »Lord-of-the-Rings«-Spiel mit Frodo als Hauptheld und auch ein Spiel »The Hobbits« geplant, beides auf den Büchern von Tolkien basierend. Da der → Film von Peter → Jackson eine manchmal leicht abweichende Geschichte erzählt, gibt es für deren Umsetzung in Computerspiele auch eine eigene Lizenz; diese hat Electronic Arts erworben und kündigt ebenfalls für Anfang 2001 ein Spiel zum »Lord of the Rings« an. Experten erwarten ein Kopf-an-Kopf-Rennen.

Conath (Sindarin)
»Chor, Wehklagen«

conui (Sindarin)
»herrschend«

Cópas Alqalunten
»Hafen der Schwanenschiffe«: in einer frühen Variante von Tolkien benutzter Name für → Alqualonde (HIS 1,2)

Cor (Quenya)
»Ring, Runde, Kreis«, z. B. in → Coranar

Coranar (Quenya)
»Sonnenrunde«: das Sonnenjahr im → Kalender der → Elben, astronomisch betrachtet, Mehrzahl Coranári (historisch: → Loa)

Corch (Sindarin)
»Krähe«

Corma (Quenya)
»Ring«, z. B. in Cormacolindo (→ Ringträger)

Cormacolindo (Quenya)
→ »Ringträger«

Cormallen
→ Feld von Cormallen

corn (Sindarin)
»rund, kugelig«

Corollaire (Quenya)
»Die Grüne Anhöhe«: der Hügel, auf dem die → Zwei Bäume von Valinor standen

Coron (Quenya)
»Hügel, Anhöhe«

Coron (Sindarin)
»Kugel, Ball«

Coron Oiolaire (Quenya)
»Hügel Immersommer«: der Hügel, auf

dem die → Zwei Bäume von Valinor standen, auch Corollaire

Corsaren
→ Korsaren von Umbar

coru (Sindarin)
»listig, schlau, verschlagen«

Cost (Sindarin)
»Streit, Zank, Hader«

Coth (Sindarin)
»Feind, Feindschaft«

Cotton
»Baumwolle, Kattun«: englischer Name der → Hobbitfamilie → Kattun (in der neuen Übersetzung des »Herrn der Ringe«) bzw. Hüttinger (in der alten Übersetzung)

Cotton Major
→ Großholzingen

Craban (Sindarin)
»große Krähe, Rabe«, Mehrzahl → Crebain

Cram (Sindarin)
Spezielle, besonders lang haltbare Kekse der Menschen von → Esgaloth und → Thal, sind hart und schmecken nach nichts, ein sehr praktischer Reiseproviant, übertroffen nur von den → Lembas

Cransom-Brot
Eine Brotspezialität, die zu backen Einsiedel-Troll dem jungen → Luftikus beibringt.

Cranthir, Cranthor
Ursprüngliche, später verworfene Namen für einen Sohn von Feanor (HIS 2)

Crebain (Sindarin)
»große Krähen, Raben«, Mehrzahl von

Craban. So wurden die großen Vögel bezeichnet, die in → Fangorn und den umgrenzenden Gebieten für → Saruman spionierten.

Cris Ilbranteloth
»Wasserrinne des Regenbogendaches«: ein ursprünglicher, später verworfener Name für die → Cirith Ninniach

Cris Thorn
→ Cirith Thoronath, die »Adlerspalte« in den Umzingelnden Bergen von Gondolin, in der Sprache der → Gnome

crisc
»scharf« in der Sprache der → Gnome

Criss (Sindarin)
»Spalte, Kluft, Rinne«, auch in der Sprache der → Gnome

Crissaegrim (Sindarin)
Berggipfel südlich von → Gondolin, Teil der → Echoriath, der Umzingelnden Berge; hier befanden sich die Horste von → Thorondor und seinen → Adlern

Crist (Sindarin)
»Messer, Dolch, Schwert«

Cristhorn (Sindarin)
→ Cirith Thoronath, die »Adlerspalte« in den Umzingelnden Bergen, den → Echoriath, von → Gondolin

critha (Sindarin)
»schneiden, mähen«

crom (Sindarin)
»links«

Crum (Sindarin)
»linke Hand«

crumui (Sindarin)
»linkshändig, mit der linken Hand«

Csokas, Marton
Der Darsteller von → Celeborn im → Film von Peter → Jackson wurde am 30. Juni 1966 als Sohn eines Ungarn in Neuseeland geboren. 1989 schloss er die New Zealand Drama School ab; seither trat er in vielen Theaterstücken auf, bekannt wurde er aber vor allem als Borias, Tarlus und Khrafstar in den Fernsehserien »Hercules« und »Xena«. Er wirkte bisher bei drei Kinofilmen mit:
»Jack Brown Genius« (1994)
»Broken English« (1996)
»Hurrah« (1998)

Cû (Sindarin)
»Bogen, Halbmond«, auch der Bogen als Waffe, z. B. in → Cúthalion, → Dor Cúarthol, → Laer Cu Beleg.

Cugu (Sindarin)
»Taube«

cuia (Sindarin)
»leben«

Cuil (Sindarin)
»das Leben«

cuin (Sindarin)
»lebendig«

cuina (Sindarin)
»lebendig sein, am Leben sein«

Cuivie
»Erwachen«, z. B. in Cuiviénen

Cuiviénen (Quenya)
»Wasser des Erwachens«: der See in Mittelerde am Fuß der → Orocarni, wo die

ersten → Elben erwachten und wo → Orome sie später fand. Hammond und Scull sehen in Tolkiens → Bild → Xanadu von 1913 bereits eine frühe Vision von Cuiviénen.

Cuivienyarna (Quenya)
»Legende vom Erwachen der Quendi«: die Geschichte des Erwachens der → Elben am → Cuiviénen

cul
»rotgolden« in der Sprache der → Gnome

Culon, Culu
»Gold« in der Sprache der → Gnome

Culumalda
»goldroter Baum«: Baumart, die auf dem → Feld von Cormallen wuchs und nach dem dieses benannt war, mit dunklen Blättern und scharlachroten Blüten

Culúrien (Quenya)
»der rotgolden Glühende«: der jüngere der → Zwei Bäume von Valinor, Laurelin

Cúm (Sindarin)
»Haufen, Hügel, Erdwall, Damm«, besonders auch Grabhügel

Cúm a Gumlaith
»Grabhügel des Ersten Leides«: Grabhügel von → Bruithwir

Cúm a Thegranaithos
»Grabhügel der Ersten Klage«: Grabhügel von → Bruithwir

Cúm an-Idrisaith:
der → »Grabhügel der Habsucht«

cûn (Sindarin)
»gebogen, bogenförmig, halbrund«

Cund (Sindarin)
»Fürst, Prinz«

Cúron (Sindarin)
»Halbmond, Mondsichel«

Curu (Sindarin)
»Geschicklichkeit, Fertigkeit«, z.B. in → Curufin, → Curufinwe, → Curunir.

Curufin, Kurzform von Curufinwe
»Der Geschickte«: der fünfte Sohn von → Feanor, Vater von → Celebrimbor, der kunstfertigste von Feanors Söhnen und ein hervorragender Pferdekenner und Reiter. Meist zusammen mit seinem Bruder → Celegorm und von beiden der Klügere. Herrschte bis zur → Dagor Bragollach mit Celegorm über → Himlad, lebte danach in → Nargothrond. Mitanführer des Angriffs der → Söhne Feanors auf → Menegroth, wurde dabei erschlagen.

Curufinwe (Sindarin)
»Geschickter Finwe«: der Vatername von → Feanor sowie von dessen fünftem Sohn → Curufin

Curunir (Sindarin)
»Der Mann der schlauen Pläne«, auch einfach für den Begriff → »Zauberer« gebraucht: ein Elben-Name für → Saruman

Curuno
»Der Geschickte«: Der Name von Curunir (→ Saruman) in der Sprache der → Maiar

Cúthalion (Quenya)
»Langbogen« (wörtlich: »Starker Bogen«): Beinamen von → Beleg

Cwedhrin
Bezeichnung für die → Sprache → Quenya in der Sprache der → Gnome

Cwén

Gattin von → Ottor Wæfre (→ Eriol)

Cweneglin

Bezeichnung für die → Sprache → Quenya in der Sprache der → Gnome

Cyll (Sindarin)

»Träger«

Cynewulf

Altenglischer Dichter aus der zweiten Hälfte des 8. bis ersten Hälfte des 9. Jahrhunderts, der vermutlich als Sänger in Northumbria lebte. Wahrscheinlich Mitglied einer gebildeten Schicht, vertraut mit religiösen Schriften, eventuell war er ein Kleriker. Überliefert sind von ihm vier epische Dichtungen in altenglischer Stabreimdichtung, die im Codex Vercellensis (Vercelli Book) der Kapitelbibliothek zu Vercelli (Norditalien) und im Exeter Book in der Kathedralbibliothek zu Exeter überliefert sind: »Fata apostolorum«, eine Aufzählung der Martyrien der 12 Apostel, die beiden Heiligenlegenden »Juliana« und »Elene« und schließlich »Crist« (»Christus«), eine Hymne über Christi Himmelfahrt. Diese hat Tolkien 1913, als er sie kennenlernte, stark beeindruckt: Der → Engel → Earendel, der darin auftaucht, findet später seinen Niederschlag in → Earendil.

D

Dachsbau, Herr
Ein → Hobbit, Gast im Gasthaus → »Zum Tänzelnden Pony« von → Bree, als → Frodo und seine Gefährten dort eintreffen (in der alten Übersetzung des »Herrn der Ringe«; neue Übersetzung: Brockhäuser)

Dachsbauten
Höhlen in den → Bangener Hügeln, wo sich die aufständischen → Hobbits um Fredegar → Bolger versteckten, während im → Auenland der → Oberst herrschte.

Dacil (Quenya)
»Sieger«, z. B. in → Rómendacil, → Hyarmendacil, → Umbardacil

dad (Sindarin)
»unten, hinunter«

dadbenn (Sindarin)
»abschüssig, geneigt, bergabwärts«

Daedelu (Sindarin)
»Baldachin, Schutzdach«

Daen (Sindarin)
»Leichnam«

Daer (Sindarin)
»Bräutigam«

daer (Sindarin)
»groß, großartig«

Daeron
»Schattenmann« oder »großartiger Mann«: größter Sänger des Ersten Zeitalters, Spielmann und Gelehrter in → Menegroth am Hofe von König → Thingol, Erfinder der → Cirth, der → Runen, die später vor allem die → Zwerge verwandten. Er liebte → Lúthien und verriet sie und → Beren zweimal an Thingol. Nachdem Lúthien zu ihrer Fahrt mit Beren aufgebrochen war, verließ er → Doriath und soll noch viele Jahre lang um Lúthien geklagt haben. Wahrscheinlich war er der Dichter des → Leithian-Liedes

Daerons Runen
die → Cirth, insbesondere die → Angerthas

Dâf (Sindarin)
»Erlaubnis«

dag (Sindarin)
»erschlagen, vernichten«, literarisch auch »verderben«

Dagnall, Susan
Mitarbeiterin des → Verlages George Allen & Unwin, die 1936 Tolkien überredete, das Buch → »The Hobbit« fertigzustellen und beim Verlag einzureichen

Dagnir (Sindarin)
»Vernichter, Töter«, literarisch auch »Verderber«: Einer der zwölf Gefährten von → Barahir in → Dorthonion, 460 EZ am → Tarn Aeluin erschlagen

Dagnir Glaurunga
»Glaurungs Verderber«: Teil der Inschrift auf dem Grabstein von → Túrin

Dagor (Sindarin)
»Schlacht«

Dagor Aglareb

»Ruhmreiche Schlacht«: die dritte der sechs großen → Schlachten von → Beleriand, etwa um 60 EZ. → Morgoth vermutete die → Elben unachtsam und schickte eine kleine Streitmacht von → Orks durch den → Sirion-Pass und → Maglors Lücke sowie ein großes Heer gegen → Dorthonion, um die Elben in die Zange zu nehmen. Diese drehten den Spieß jedoch um; → Fingolfin und → Maedhros kreisten mit ihren Heeren die Orks ein und rieben sie restlos auf. Anschließend begannen die Elben mit der Belagerung von → Angband, die bis zur → Dagor Bragollach im Jahr 455 hielt.

Dagor Bragollach

»Schlacht des Jähen Feuers«: die vierte der großen → Schlachten von → Beleriand. Sie begann in einer Winternacht des Jahres 455 EZ: Flammenströme ergossen sich von den → Ered Engrin über → Ard-galen und → Lothlann, und Wachen und Festungen der → Elben verbrannten. Dann kamen → Glaurung, der erste von → Morgoths → Drachen, die → Balrogs und riesige Scharen von → Orks. Morgoth hatte die fast 400 Jahre seit der → Dagor Aglareb, während denen er belagert war und ihn die Elben sicher eingeschlossen wähnten, gut genutzt, um in Angband grausame Diener zu erschaffen. Er überfiel alle Festungen der Elben und Menschen gleichzeitig, und diese konnten nur an den Hängen der → Ered Wethrin und auf dem → Himring ein paar einzelne halten. → Angrod, → Aegnor und → Bregolas wurden erschlagen, → Celegorm und → Curufin vom → Aglon-Pass und → Caranthir vom Berg → Rerir vertrieben. → Finrod kam beinahe ums Leben und wurde von → Barahir gerettet, wofür er ihm seinen Ring (→ »Barahirs Ring«) vermachte. Der Krieg hörte von nun an nicht mehr auf; nach zwei Jahren eroberte → Sau-

ron die von → Orodreth verteidigte Insel → Tol Sirion, die von da an → Tol-in-Gaurhoth genannt wurde. Nach der Schlacht ritt → Fingolfin allein nach Angband und forderte Morgoth zum Zweikampf, bei dem er natürlich unterlag.

Dagorhir (Sindarin)

»Schlachtherr, Schlachtenlord«: So nennt sich eine 1977 von Tolkien-Fans gegründete → Live-Rollenspiel-Organisation in den USA (hauptsächlich in Maryland und Virginia). Seit 1986 veranstaltet Dragorhir in Ohio das jährliche große Rollenspieltreffen »Ragnarok« (www.dagorhir.org).

Dagorlad

»Schlachtfeld, Walstatt«: der Schauplatz der großen Schlacht zwischen → Sauron und dem → Letzten Bund der Elben und Menschen im → Krieg des Letzten Bündnisses ein paar Jahre vor dem Ende des → Zweiten Zeitalters (3434 ZZ), der Schlacht auf der Dagorlad, oft auch Kurzform für diese Schlacht. Eine kahle, steinige Ebene vor dem → Morannon, nördlich der → Ered Lithui, östlich der → Emyn Muil und nahe den → Totensümpfen. Auf der Dagorlad schlug → Calimehtar 1899 DZ die → Wagenfahrer, 1944 DZ unterlagen und starben hier König → Ondoher und seine Söhne.

Dagor-nuin-Giliath

»Schlacht-unter-Sternen«: die zweite der sechs großen → Schlachten von → Beleriand, sie fand zehn Tage vor dem ersten Aufgang des → Mondes statt, im Sternenlicht. Kaum hatte → Melkor erfahren, dass sein größter Feind unter den → Elben, → Feanor, nach Mittelerde gekommen war, schickte er ein Heer aus → Angband los, um ihn und seine Söhne anzugreifen. Dieses zog über die Pässe der → Ered Wethrin und überraschte Feanor und seine Leute in ihrem Lager am Nordufer des Sees von → Mithrim. Doch die Elben, gerade aus → Aman gekommen, waren stark und furchtbar, und obwohl in der Minderheit, schlugen sie die Orks in die Flucht und rieben sie auf, → Celegorm konnte außerdem noch ein Heer von Orks, das → Círdan in den → Falas belagert hatte, auslöschen. Zehn Tage dauerte die Schlacht, und nur wenige von Melkors Leuten kamen nach Angband zurück. Und doch konnte er einen großen Erfolg feiern, denn Feanor kam um, von → Balrogs erschlagen, und bei den Verhandlungen nach der Schlacht konnte Melkor → Maedhros in eine Falle locken und gefangen nehmen.

dagra (Sindarin)
»kämpfen, eine Schlacht schlagen«

Dai
»Himmel« in der Sprache der → Gnome

Daimord
Ein ursprünglicher, später verworfener Name für → Dior

Dáin I.
König der → Zwerge (2440–2589 DZ, König ab 2585) aus dem Volk von → Durin. Wurde mit seinem zweiten Sohn Frór vor den Türen seines Palastes in den → Ered Mithrin von einem großen → Kaltdrachen erschlagen.

Dáin II. Eisenfuß
König der → Zwerge (2767–3019 DZ, König ab 2941) aus dem Volk von → Durin, Sohn von → Náin. Rächte seinen Vater in der Schlacht vom Schattenbachtal 2799 und erschlug auf der Schwelle von → Moria den Orkhäuptling → Azog, war dann aber klug genug, nicht ins Innere von Moria vorzu-

dringen, wo ein → Balrog wartete. Mit erst 30 Jahren Fürst der Zwerge von den → Ered Engrin, herrschte er weise. Nachdem er 2941 dem belagerten → Thorin Eichenschild am → Erebor zu Hilfe gekommen war, kämpfte er mit → Thranduil und → Bard in der → Schlacht der fünf Heere gegen die → Orks, anschließend wurde er als Thorins Erbe König unter dem Berg und märchenhaft reich. Fiel im Kampf gegen → Saurons Schergen, als er die Leiche von König → Brand von Thal verteidigte.

Dairon
Frühe Form des Namens → Daeron, wahrscheinlich »Flötenspieler« in der Sprache der → Gnome. Ursprünglich als Bruder von → Tinúviel angelegt (HIS 2)

Dairuin (Sindarin)
»Rote Flamme«: einer der zwölf Gefährten von → Barahir in → Dorthonion, 460 EZ am → Tarn Aeluin erschlagen

Dam (Sindarin)
»Hammer«

Dämmerinseln
Die → Verwunschenen Inseln, die Schatteninseln im Meer westlich von → Tol Eressea

Dämmerseen
→ Aelin-uial

Dämonen
In der → Mythologie von Tolkien gibt es einige Wesen, die als Dämonen oder dämonisch beschrieben werden: Das altenglische »Orc« z. B. bedeutet »Dämon«, und → Balrog wird mit »böser Dämon« oder »mächtiger Dämon« übersetzt. Interessanterweise kann das angelsächsische Wort »púcel«, das sich in den → »Puckelmännern« wieder-

findet, sowohl Dämon wie auch → Kobold bedeuten. Das Wort Dämon kommt aus dem Griechischen; hier bedeutet »daimon« Verteiler, Zuteiler: »Zuteiler des Schicksals«. Homer verstand darunter noch die griechischen Götter, bei Hesiod wurden daraus Zwischenwesen zwischen Göttern und Menschen, sie entstanden aus dem zweiten *»Menschengeschlecht, das silberne; dieses war schon weit von jenem abgeartet und glich ihm weder an Körpergestaltung noch an Gesinnung. Sondern ganze hundert Jahre wuchs der verzärtelte Knabe noch unmündig an Geist unter der mütterlichen Pflege im Elternhause auf, und wenn einer endlich zum Jünglingsalter herangereift war, so blieb ihm nur noch kurze Frist zum Leben übrig. Unvernünftige Handlungen stürzten diese neuen Menschen in Jammer; denn sie konnten schon ihre Leidenschaften nicht mehr mäßigen und frevelten im Übermute gegeneinander. Auch die Altäre der Götter wollten sie nicht mehr mit den gebührenden Opfern ehren. Deswegen nahm Zeus dieses Geschlecht wieder von der Erde hinweg; denn ihm gefiel nicht, dass sie der Ehrfurcht gegen die Unsterblichen*

ermangelten. Doch waren auch diese noch nicht so entblößt von Vorzügen, dass ihnen nach ihrer Entfernung aus dem Leben nicht einige Ehre zum Anteil geworden wäre, und sie durften als sterbliche Dämonen noch auf der Erde umherwandeln.« Allgemein versteht man heute unter Dämonen übermenschliche, aber nicht göttliche Mächte oder Personifikationen, die dem Menschen nutzen oder (meistens) schaden können. In vielen Naturreligionen spielen Dämonen eine wesentliche Rolle, aber auch im Islam, im Judentum und im Christentum, oft voneinander abgeleitet. Die sumerische und babylonische kindermordende und blutsaugende Sturmdämonin Lilith/Lilitu/Lilu taucht im Alten Testament (Jesaja 34,14) als ruinenbewohnendes »Nachtgespenst« auf und im babylonischen Talmud dann als geflügelte langhaarige Dämonin, die Männer tötet, die allein in einem Haus schlafen. Nach einer bekannten jüdischen Sage war Lilith Adams erste Frau, wie er aus Staub erschaffen, also ihm gleichwertig. Sie verweigerte ihm die Unterordnung (sprich: das Unter-ihm-Liegen) und wurde dadurch zur Dämonin und Kindermörderin. Nach Über-

Dämonen und Teufel auf einem Baptisterium aus dem Florenz des 10./11. Jahrhundert

lieferungen des Talmud sollen sowohl Lilith, Adams erste Frau, wie auch Adam selbst *»nach ihrer Trennung mit ?Teufeln bzw. Teufelinnen Unzucht getrieben haben, Adam übrigens 130 Jahre lang, bis Gott ihm Eva schafft. Aus diesen Aktivitäten entstehen Schreckgeister und Dämonen aller Arten. Und die Schönste der Teufelinnen heißt Naëma, die mit ihrem Bruder Thubal-Cain aus Cains Seele gebildet wurde, und diese Naëma gilt als die eigentliche Mutter aller Buhlteufel.«* (Hans Freimark: »Okkultismus und Sexualität«) Auch das Neue Testament kennt *»dämonistische Deutungen. Als ein Zauberer Simon (Vulgata: ›Simon magus‹) sah, wie Petrus durch Handauflegung den Geist vermittelte, wollte er ihm diese Vollmacht abkaufen, erfuhr aber dessen entrüstete Abweisung (Apg 8,9–24). Hinfort verkörperten Simon Petrus und Simon Magus den rechten und falschen Umgang mit den Überkräften. Die apokryphen Petrus-Akten vom Ende des 2. Jahrhunderts wissen bereits von einem Wunderwettkampf zwischen den beiden, ausgetragen in seinem letzten Akt auf dem Forum zu Rom. [...] Wichtig ist das theologische Konzept, das im Hintergrund steht: Es gibt besondere Kräfte, deren gute im Bunde mit dem allmächtigen Gott vermittelt werden, die bösen aber mit dem Teufel und den Dämonen.«* (Arnold Angenendt: »Geschichte der Religiosität im Mittelalter«, Darmstadt 1997). Im Mittelalter kamen die Dämonen nach einer weitverbreiteten Vorstellung, um die Seele des Verstorbenen zu holen; manchmal mussten sie auch mit Engeln um die Seele streiten. *»Ganz schrecklich freilich muss es solchen zumute werden, welche die pechschwarzen Dämonengeister auf sich eindringen sehen. Ein Mönch, der sich das Klosterfasten durch Nascherei erleichtert hat, gewahrt sogar einen → Drachen: ›Seinen Schweif hat er* *schon um meine Knie und Fälle gewunden, und seinen Kopf steckt er in meinen Mund, um mir die Seele herauszusaugen.‹«* (Angenendt, a.a.O.) Im 9. Jahrhundert beschwört das »Muspilli« die dämonischen Gefahren der Sterbestunde: *»Denn stracks, wenn die Seele in ihre Straße sich aufhebt | und sie den Leichnam liegen lässet, | Da kommt ein Heer von Himmelslichtern | Ein anderes von Peche, die packen sie gleich an. | Sorgen tragen die Seele, bis die Sühne angeht | Zu welchem Heer sie geholet werde. | Denn wenn des Satans Gesind sie gewinnet, das leitet sie stracks hin, wo es ihr leid wird | In Feuer und Finstres, da ist friedloses Richten. Wenn sie aber holen die, die hernieder vom Himmel kommen | Und sie der Engel eigen wird | Die tragen sie stracks auf ins Himmelreich | Da ist Leben ohne Tod, Licht ohne Finstres | Seligsein ohne Sorgen, da ist niemand siech.«* (»Muspilli – die kleineren althochdeutschen Sprachdenkmäler«, übersetzt von Hans Joachim Gernentz, Leipzig 1965) Sehr schön schildert Goethe das auch im Faust. Der Brauch, die Kirchenglocken zu läuten, wenn jemand im Sterben lag, diente der Vertreibung dieser Dämonen. – Die Vorstellung von der Möglichkeit der Paarung und des Vertrages zwischen Dämonen und Menschen, wie sie vor allem von Albertus Magnus (1200–1280) und seinem Schüler Thomas von Aquino (1225 oder 1226 bis 1274) entwickelt wurde, bestimmte stark die Inquisition und die Hexenverbrennungen. *»Zu Beginn des 15. Jahrhunderts diktierte der Abt Richalm ... das ›Buch der Offenbarungen über die Nachstellungen und Verschlagenheiten der Dämonen gegen die Menschen‹. Er sieht die Welt erfüllt von bösen Geistern; einen jeden umströmen sie wie das Wasser den Ertrinkenden oder umschließen ihn wie ein Gewölberaum ohne Ritze. Ihre Menge ist so unzählig wie die*

Lichtpartikel, wie die Mücken und Flöhe. Solange der Mensch lebt, umschwirren sie ihn; man braucht nur die Augen zu schließen und sieht sie so zahlreich wie eine Staubwolke. Sie verursachen überall Übel und Widrigkeiten, sogar Appetitlosigkeit und Blähungen, Zahnweh und Betrunkenheit; sie verekeln Speise und Trank, verwirren die Arbeit und verschrecken den Schlaf. Vielfältig auch bewirken sie Geräusche und Getöse, Gewitter und Sturm, Lachen und Seufzen, Schneuzen und Niesen, Schnarchen und Schlafen.« (Angenendt, a.a.O.) Auch den (oder die) Teufel und die Engel kann man als Dämonen interpretieren. Und nach dem Alten Testament sind die Riesen Abkömmlinge der Dämonen. Eine ausführliche Hierarchie und Beschreibung von über 7 Millionen von ihm erfassten Dämonen lieferte 1565 Johannes Wier. – Auch im Hinduismus spielen Geister und dämonische Wesen eine große Rolle. In den um 1000 v. Chr. verfassten Veden werden eine Vielzahl böser Geschöpfe wie die Asuras und die Panis beschrieben, die den Menschen Schaden zufügen und die Götter bekämpfen. Nach orthodoxer buddhistischer Lehre ist einer der drei Bereiche, in denen die Menschen mit schlechtem Karma wiedergeboren werden, der der andauernd Krieg führenden Dämonen. Diese können auch die Menschen plagen.

Damrod
→ Dúnedain des Südens, Waldläufer aus → Gondor, einer der Gefährten von → Faramir, als dieser → Frodo begegnet. – Den Namen Damrod setzte Tolkien noch dreimal ein als frühe, später verworfene Namen: für → Dior, den Sohn von → Beren und → Tinúviel, für → Amrod, den Sohn von → Feanor, und für → Egnor, eine frühe Variante des Vaters von Feanor (HIS 1,2)

dangen (Sindarin)
»erschlagen«

Dangweth (Sindarin)
»Antwort«

Danian
→ Sprache der → Laiquendi von → Ossiriand im → Ersten Zeitalter

Danigwethil
Der Name des → Taniquetil in der Sprache der → Gnome, eine früher Form ist Danigwiel (HIS 2)

danna (Sindarin)
»fallen, stürzen«

dannen (Sindarin)
»gefallen«

Dant (Sindarin)
»Fall, Sturz«

Danuin
»Tag (24 Stunden)«: Kind von → Aluin, der Zeit, in der Sprache der → Gnome

danwaith (Sindarin)
die → »Nandor«

danwedh (Sindarin)
»Lösegeld, Auslöse, Erlösung«

dar (Sindarin)
»warten, anhalten, ausharren«

Darnley Road No. 2, West Park
Wohnung in → Leeds von John Ronald Reuel → Tolkien und seiner Familie 1924/25

Daro (Sindarin)
»Halt! Stop!«

dartha (Sindarin)
»warten, ausharren, überdauern«

Das alte Jahr verfärbte sich
Beginn des Gedichtes → »Tom geht rudern«

Das Andere Land
→ Anderes Land

Das Buch der Verschollenen Geschichten
→ Buch der Verschollenen Geschichten

Das geborstne Schwert sollt ihr suchen
→ »Das zerbrochene Schwert«

Das Gras war grün
Beginn des Liedes von → Beren und → Lúthien, wie → Aragorn es im »Herrn der Ringe« singt

Das Große Lied
→ Ainulindale

Das kleine Haus des Vergessenen Spiels. Mar Vanwa Tyaliéva
Dritte und endgültige Fassung eines Gedichtes von Tolkien über die Hütte des verlorenen Spiels, → Mar Vanwa Tyaliéva, von 1915

Das letzte Schiff
Das sechzehnte und letzte Gedicht (»The Last Ship«) im Buch → »The Adventures of Tom Bombadil and other verses from The Red Book« (1962) basiert laut dem Vorwort auf alten Überlieferungen aus → Gondor, die im → Auenland verändert wurden. Dafür spricht, dass die Titelheldin nach → Firiel benannt ist, der Tochter von König → Ondoher und Gattin von → Arvedui. In dem Gedicht wird Firiel von drei → Elbinnen auf dem letzten Schiff zu den → Grauen Anfurten (Letzter Westlicher Grauer Port genannt) wegen ihrer Schönheit und Anmut eingeladen mitzukommen, sie traut sich jedoch nicht. Das Gedicht wurde erstmals veröffentlicht 1935 in etwas anderer Fassung unter dem Titel »Firiel« in »The Chronicle of the Convent of the Sacred Heart Roehampton«.

Das Weib des Seefahrers
→ Aldarion und Erendis: Das Weib des Seefahrers

Das zerbrochene Schwert sollt ihr suchen
Beginn des Gedichtes, das → Boromir im Traum hörte und das ihn auf die Suche schickte nach dem Erben der Könige, so dass er nach → Imladris kam, auch Boromirs Rätsel genannt (in der neuen Übersetzung des »Herrn der Ringe«; in der alten heißt es »Das geborstne Schwert«)

Dath (Sindarin)
»Loch, Grube«

Daug (Sindarin)
»Kämpfer, Krieger, Söldner«

Daur (Sindarin)
»Ruhepause, Rast«, das größte → Längenmaß der Dúnedain, eine »lange Meile«, die drei heutigen → Meilen entspricht oder etwa 4,8 Kilometer, auch gebraucht für → »Wegstunde«. Adûnaisch: Lár

Daurin
Ein → Gnom, den → Melko beim Angriff auf die → Zwei Bäume von Valinor tötet, in späteren Fassungen der Geschichte auch Túrin genannt (HIS 1)

Daw (Sindarin)
»Dunkelheit, Finsternis, Nacht«

Day, Mr.
Ein Mann, den → Herr Glück mit seinem

neuen Auto anfährt; deutsch: → Knapp

De Luca, Michael
President of Production der Filmfirma »New Line Cinema« und dort zuständig für den → Film »Der Herr der Ringe« von Peter → Jackson

Déagol
»Geheimnis«: Ein → Hobbit vom Stamm der → Starren. Er lebte in den Tälern des → Anduin, fand beim Fischen 2463 DZ den → Herrscherring. Wurde von seinem Vetter → Sméagol erschlagen, der den Ring an sich nahm und später zu → Gollum wurde. Déagol ist eine Übersetzung von »Nahald«, was in der alten Sprache der Starren »Geheimnis« bedeutete.

Decipher
Spielefirma, hat die Lizenzen für → Rollenspiele, → Kartenspiele und → Sammelkartenspiele zum → »Herrn der Ringe« erworben, hat u. a. bisher das Sammelkartenspiel »Middle Earth Trading Card Game« auf den Markt gebracht und im November 2001 → »The Lord of the Rings Adventure Game«. Im Februar 2002 soll »The Lord of the Rings Roleplaying Game« erscheinen.

degi (Sindarin)
»erschlagen, töten«

Del (Sindarin)
»Furcht, Angst, Grauen, Schrecken« z. B. in → Dor Daedeloth.

Deldúwath
»Schrecken des Nachtschattens«: einer der späteren Namen für → Dorthonion nach seiner Zerstörung bei der → Dagor Bragollach

deleb (Sindarin)
»entsetzlich, unaussprechlich«

delia (Sindarin)
»verbergen, verstecken«

Delos (Sindarin)
»Ekel, Abscheu«

delu (Sindarin)
»tödlich, grausam«

Delwing
→ Michelbinge, als Delwing im Gedicht → »Luftikus« beschrieben

dem (Sindarin)
»niedergeschlagen, depressiv«

Den Orks entkommen, von den Wölfen geschnappt
Äußerung von → Bilbo Beutlin im → Hobbit, später zu einem Sprichwort geworden *(Escaping goblins to be caught by wolfes)*, ähnlich den von Tolkien zitierten Sprichwörtern »Vom Regen in die Traufe« und »Aus der Pfanne ins Feuer« (in der alten Übersetzung: Den Orks entwischt, um von den Wölfen geschnappt zu werden).

Denethor (Sindarin)
»Adler der Nandor«: Sindarin-Elbe, Sohn von → Lenwe, Führer jener → Nandor, die zuletzt über die → Ered Luin kamen und in → Ossiriand wohnten. Von → Orks erschlagen auf dem → Amon Ereb in der → Ersten Schlacht von Beleriand

Denethor I.
→ Dúnedain, zwanzigster Herrschender → Truchsess von → Gondor (2435–2477 DZ). Gegen Ende seiner Herrschaft wurde → Ithilien von → Uruk-Hai überrannt, die sein Sohn → Boromir 2475 wieder vertrieb.

Denethor II.
Der sechsundzwanzigste und letzte Herrschende → Truchsess von → Gondor, geboren 2930 DZ, herrschte von 2984 bis 3019. Heiratete 2976 → Finduilas von → Dol Amroth, eine Schwester von Fürst → Imrahil. Vater von → Boromir, geboren 2978, und → Faramir (II), geboren 2984. Ein sehr starker und kluger Mann, ein geschickter Herrscher, wurde aber nach dem Tod seiner Frau 2988 grimmig und alterte vor der Zeit. Versuchte, → Sauron durch den → Palantir zu bekämpfen, wurde aber von diesem getäuscht und in die Verzweiflung getrieben. Verbrannte sich selbst auf einem Scheiterhaufen und konnte nur durch das Eingreifen von → Beregond daran gehindert werden, seinen schwer verletzten Sohn Faramir mit zu verbrennen. – Im → Film von Peter → Jackson wird Denethor von John → Noble dargestellt.

Denwaith (Sindarin)
die → »Nandor«

Déor
→ Dúnedain (2644–2718 DZ), siebter König von → Rohan (2699–2718). Während seiner Herrschaft wurde Rohan von den → Dunländern angegriffen. – Déor nannte Tolkien in seinen frühen Geschichten auch den Vater von → Ælfwine; er hat den Namen von dem eines Barden aus einem altenglischen Gedicht übernommen.

Déorwine
Oberster der Ritter von → Rohan, starb in der Schlacht auf den → Pelennor-Feldern

Der Alte Mann aus dem Meer
In der Geschichte → »Roverandom« laut dem → Mann im Mond ein ehemaliger Seezauberer, Vorgänger von → Artaxerxes. Stammt aus der fünften Geschichte mit Sindbad dem Seefahrer aus »Tausendundeiner Nacht«, wo er sich als böser Quälgeist auf Sindbads Rücken schwingt und durch die Gegend tragen lässt, bis Sindbad ihn betrunken macht und dann erschlägt.

Der Alte Westen
→ Aman

Der Berggeist
Gemälde des deutschen Malers Joseph Madelener (1881–1967), das Tolkien als Karte 1911 bei einer Sommerwanderung in der Schweiz erwarb; viel später schrieb er auf den Umschlag: »Gandalfs Ursprung«.

Der Bühl: Hobbingen
Tusche-/Bleistift-Zeichnung von Tolkien, Vorform zu »Der Bühl: Hobbingen jenseits der Wasser« (→ *»The Hill: Hobbiton-across-the-Water«*)

Der Bühl: Hobbingen jenseits der Wasser
Farbiges Aquarell von Tolkien zum → Bühl, → *»The Hill: Hobbiton-across-the-Water«*

Der Eine Ring
der → Herrscherring von → Sauron

Der Flammifer von Westernis
Eine poetische Bezeichnung für → Earendil, wenn dieser als Stern am Himmel seine Bahn zieht, in einem Lied, das → Bilbo in → Imladris vorträgt (HdR 1). Die Zeitschrift der → Deutschen Tolkien-Gesellschaft e. V. heißt ebenfalls »Der Flammifer von Westernis«.

Der Gesegnete
Ein Name für → Earendil

Der goldene Drache
ein früher, später verworfener Titel für die Geschichte → »Von Túrin Turambar«

Der Herd ist rot von Feuersglut

In der alten Übersetzung des »Herrn der Ringe« das Lied → »Im Herd das Feuer leuchtet rot«

Der Herr der Ringe

deutscher Titel des Buches → »The Lord of the Rings« in den → Übersetzungen von Margaret → Carroux und Wolfgang → Krege bei Klett-Cotta

Der Hobbit oder Hin und zurück

Deutscher Titel des Buches → »The Hobbit« in der Übersetzung von Wolfgang → Krege, die bei Klett-Cotta 1999 erschienen ist und sich an die letzte von Tolkien autorisierte Fassung hält. Eine insgesamt erheblich bessere Übersetzung als die alte von Walter → Scherf (→ »Der kleine Hobbit«), vor allem bei den Liedern und Gedichten. Allerdings ist Krege hier wie bei der → Neuübersetzung des »Herrn der Ringe« manchmal zu modern im Sprachgebrauch, wobei dies beim Hobbit nicht ganz so viel ausmacht, da er moderner angelegt ist. Und bei manchen Namen hielt sich Scherf erheblich genauer ans Original als Krege.

Deutsche gebundene Ausgabe von 1998 von »The Hobbit«, erschienen bei Klett-Cotta, Neuübersetzung von Walter Krege

Der Hort

Das vierzehnte Gedicht (»The Hoard«) im Buch → »The Adventures of Tom Bombadil and other verses from The Red Book« (1962) geht laut Vorwort auf alte elbische Überlieferungen zurück und wurde im → Auenland in diese Form gebracht. Es erzählt auf melancholische und sehr poetische Weise vom Kreislauf der Zeiten seit dem Beginn der Welt und der fröhlichen Zeit der → Elben und von der unseligen Macht, die die Gier nach Gold und Schätzen über → Zwerge, → Drachen und Menschen gewinnt, eine wunderschöne melancholisch-moralische Ballade. Erstmals 1923 veröffentlicht in anderer Fassung unter dem Titel »Iúmonna Gold Galdre Bewunden« in: »The Gryphon« (New Series, Bd. IV No. 4, Januar 1923, S. 130, Leeds University, Swan Press, Leeds) und 1937 unter dem gleichen Titel in »The Oxford Magazine« (Bd. LV No. 15, 4. März 1937, S. 473, Oxford, The Oxonian Press), 1970 noch einmal unter dem Titel »The Hoard« in »The Hamish Hamilton Book of Dragons« (hrsg. von Roger Lancelyn Green, S. 246–248, Hamish Hamilton, London)

Der Klatsch am Morgen

Zeitschrift für Zauberer in der Geschichte → »Roverandom«

Der kleine Hobbit

Titel der ersten in Deutschland erschienenen Fassung von → »The Hobbit«, übersetzt von Walter Scherf, erschienen 1957 beim Georg Bitter Verlag in Recklinghausen, 1974 in Lizenz beim Deutschen Taschenbuch Verlag (dtv) in München und 2001 neu aufgelegt bei dtv als »Der kleine Hobbit – Buch zum Film«. Eine insgesamt nicht überzeugende Übersetzung, vor allem in den Liedern und Gedichten oft schwach, manche werden sogar einfach weggelassen. Bei manchen Namen allerdings hält sich Scherf erheblich genauer ans Original als Wolfgang → Krege in der → Neuübersetzung → »Der Hobbit oder Hin und zurück«. Dennoch wird diese immer noch weit verbreitete Übersetzung dem Original nur begrenzt gerecht.

Der König unter dem Berge

Beginn eines Liedes, das die Menschen von → Thal singen, als → Bilbo und die Zwerge unter der Führung von → Thorin Eichenschild bei ihnen zu Gast sind (HOB). Eine Vertonung des englischen Originaltextes »The King beneath the mountains« von Marion Zimmer Bradley findet sich unter dem Titel »Children's Song from Dale« auf der CD und im Songbuch → »The Starlit Jewel«, eine weitere auf der CD → »A Night in Rivendell« der dänischen Gruppe → »The Tolkien Ensemble«.

Der Mann im Mond (Zeichnung)

Zeichnung mit Bleistift, Wasserfarbe und Silberfarbe von Tolkien von 1915, schön zu erkennen ist der → Mann im Mond, der an einem Faden zur Erde hinabgleitet.

Der Mann im Mond kam viel zu früh

Das 6. Gedicht in → »The Adventures Of Tom Bombadil«. Eine erste Version schrieb Tolkien nach dem Weihnachtstreffen 1914

der → T.C.B.S. unter dem Titel »The Man in the Moon Came Down Too Soon«, veröffentlicht wurde es erstmals unter dem Titel »Why the Man in the Moon Came Down Too Soon« in »A Northern Venture: verses by members of the Leeds University English School Association« (Swan Press, Leeds). Gedicht über den → Mann im Mond, der sich nach richtigen Farben sehnt, deshalb auf die Erde kommt, dort aber von cleveren Küstenbewohnern über den Tisch gezogen wird. Geht laut dem Vorwort von Tolkien auf eine alte Überlieferung aus → Gondor zurück; dafür spricht auch, dass der Mann im Mond in der Bucht von → Belfalas landet.

Deutsche Taschenbuch-Ausgabe von 1974 von »The Hobbit«, erschienen bei dtv, Übersetzung von Walter Scherf

Der Mann im Mond trank gutes Bier

Das 5. Gedicht in → »The Adventures Of Tom Bombadil«, auch in → »The Lord of the Rings« (beginnt: »Ein alter Krug, ein fröhlicher Krug«), dort von → Frodo gesungen. Nonsensgedicht über den → Mann im Mond, verfasst von → Bilbo: »The Man the Moon stayed up Too Late«. Schon 1923 in etwas anderer Form veröffentlicht unter dem Titel »The Cat and the Fiddle: A Nursery Rhyme Undone and its Scandalous Secret Unlocked« in Yorkshire Poetry (Bd. II No. 19, Okt./Nov. 1923, S. 1–3, Swan Press, Leeds). Eine Vertonung des englischen Originaltextes »There is an inn« von W. Kristoph Klover findet sich unter dem Titel »Merry Old Inn« auf der CD und im Songbuch → »The Starlit Jewel«, eine weitere auf der CD → »An Evening in Rivendell« der dänischen Gruppe → »The Tolkien Ensemble«.

Der Mann im Mond trug Silberschuh

Beginn des Gedichtes → »Der Mann im Mond kam viel zu früh«

Der Schatten des Schatten

Ursprünglicher Titel der Geschichte → »Aldarion und Erendis: Das Weib des Seefahrers«

Der Schmied von Großholzingen

Die letzte Geschichte, die Tolkien schrieb, »Smith of Wootton Major«, erschien 1967 in London bei Allen & Unwin und in Boston bei Houghton Mifflin. Übersetzt wurde diese sehr poetische Geschichte u. a. in Afrikaans (1968), ins Holländische (1968), ins Schwedische (1972), ins Japanische und ins Deutsche (in: »Fabelhafte Geschichten«, Stuttgart 1975). In dem kleinen Dorf Großholzingen gibt es seit Urzeiten einen Küchenmeister. Höhepunkt in der Karriere eines jeden Küchenmeisters ist der »Große Kuchen«, der beim »Fest der Vierundzwanzig« alle 24 Jahre für 24 Kinder gebacken wird. Als Küchenmeister Waller eines Tages ohne Angabe von Gründen das Dorf verlässt, wird der untaugliche Nokes zum Küchenmeister berufen. Die eigentliche Arbeit macht jedoch Alf, ein Junge, den Waller einst als Lehrling mitbrachte. Dieser ist auch maßgeblich am Großen Kuchen beteiligt, in dem er einen Elbenstern versteckt, den der neunjährige Sohn des Schmiedes verschluckt. Der Stern, der auf seiner Stirn sitzt, aber nur manchen sichtbar ist, verleiht dem Träger eine wunderschöne Stimme, tänzerische Anmut sowie künstlerische Fähigkeiten und ermöglicht ihm den Zugang zu Elbland, einer Variante der → Anderswelt. Immer wieder sucht der nun erwachsene Schmied dieses Land auf und begegnet sogar eines Tages im Zentrum des Landes, im Tal von Immermorgen, der Königin. Als er 57 Jahre alt ist, fordert ihn Alf, inzwischen Küchenmeister, auf, den Elbenstern in jene Kiste zurückzulegen, in die ihn schon Waller, der Großvater des Schmiedes, gelegt hatte – auch er dabei begleitet von Alf, der sich als der Elbenkönig zu erkennen gibt. So findet der Stern seinen Weg zu einem anderen Kind – trotz der für den Schmied traurigen Entwicklung ein hoffnungsvolles, in die Zukunft weisendes poetisches Ende.

Der Schwimmende Balken

Gasthaus in → Froschmoorstetten

Der Seefahrer, Der Seefahrer ruhmreichster

Namen für → Earendil

Der Steintroll

Das siebente Gedicht (»The Stone Troll«) im Buch → »The Adventures of Tom Bombadil and other verses from The Red Book« (1962). Laut dem Vorwort stammt das humorvolle Gedicht von → Sam Gamdschie. Erstmals veröffentlicht in etwas anderer Fassung unter dem Titel »The Root of the Boot« in dem Privatdruck »Songs for the Philologists« von 1936, einer Sammlung humoristischer Gedichte von J. R. R. Tolkien und E. V. Gordon und anderen, die ursprünglich maschinengeschrieben an der Universität Leeds verbreitet wurden (Department of English at University College, London, 1936). Ein gewisser Tom begegnet einem → Troll, der an den Gebeinen seines Onkels Tim nagt. Er will diese dem Troll wegnehmen, der will ihn stattdessen fressen. Tom tritt nach dem Troll, doch an dessen steinernem Hinterteil verletzt er sich den Fuß und bleibt auf Dauer lahm. Tom ist mit Sicherheit nicht → Tom Bombadil (wie manche vermutet haben), da er verletzlich ist und einen verstorbenen Onkel hat. Eine Vertonung von W. Kristoph Klover findet sich unter dem Titel »The Troll Song« auf der CD und im Songbuch → »The Starlit Jewel«, eine weitere auf der CD → »An Evening in Rivendell« der dänischen Gruppe → »The Tolkien Ensemble«.

Der Strahlende
Ein Name für → Earendil

Der Sturz des Herrn der Ringe und die Wiederkehr des Königs
Titel, den → Frodo in das → »Rote Buch« eingetragen hatte, das er → Sam übergab (in der alten Übersetzung von → »The Lord of the Rings« heißt es statt Wiederkehr Rückkehr).

Der Weiße Drache verfolgt Roverandom & den Mondhund
Illustration von Tolkien für die Geschichte → »Roverandom«, angefertigt mit Bleistift und schwarzer Tusche, entstanden in den Ferien im September 1927 in Lyme Regis.

Enthalten in der deutschen Ausgabe von »Roverandom«

Der Wind kam vom Gebirge kalt
Beginn eines Liedes, das die Zwerge unter der Führung von → Thorin Eichenschild in → Beorns Haus singen (HOB, nur in der neuen Übersetzung)

deri (Sindarin)
»warten, anhalten, ausharren«

Dernhelm
Der Name, unter dem → Éowyn als Mann in den Krieg zog

Derrilyn
Ein erfundener Fluss in dem Gedicht → »Irrfahrt«

Derufin
Bogenschütze aus → Morthond, Sohn von → Duinhir und Bruder von Duilin. Wie sein Bruder bei der Schlacht auf den → Pelennor-Feldern von den → Kriegselefanten der → Haradrim zertrampelt, als sie sich nahe an diese wagten, um ihnen in die Augen zu schießen.

Dervorin
Sohn des Fürsten aus dem Tal des Ringló, führte 300 Krieger in die Schlacht auf den → Pelennor-Feldern

Dess (Sindarin)
»junge Frau«

Deutsche Tolkien-Gesellschaft e.V.
Die DTG wurde 1998 gegründet, um → Mittelerde und Tolkien in Deutschland (noch) bekannter zu machen und ein Diskussionsforum zu bieten. Sie ist ein gemeinnütziger eingetragener Verein mit Sitz in Köln, der laut Satzung das Zusammenwirken ver-

Der Flammifer von Westernis

Ausgabe 11

DTG Die offizielle Vereinszeitschrift der
Deutschen Tolkien Gesellschaft e.V.

»Der Flammifer von Westernis«:
das offizielle Organ der DTG –
hier die Ausgabe vom Sommer 2001

schiedener wissenschaftlicher Disziplinen
fördert, Vorträge, Symposien und Ausstellungen veranstaltet oder an solchen Veranstaltungen mitwirkt und eine vereinseigene
Zeitschrift herausgibt, den »Flammifer von
Westernis«. Neben einem monatlichen
Stammtisch veranstaltet die DTG jährlich
die Tolkien-Tage und ein Mittelerde-Wochenende, genannt das Tolkien Thing,
alle in Köln. Vorsitzender ist Marcel Buelles. Kontakt: DTG e. V., c/o Andrea
Pálinkás, Oscar-Wilde-Straße 17, 50858
Köln, www.tolkiengesellschaft.de

Dhrauthodavros
»Sohn des öden Waldes«: ein Name, den
sich → Túrin selber gab

Dhuilin
Andere Form des Namens → Duilin

Dî (Sindarin)
»Frau«

Diamantener Ring
→ Nenya

Diamant-Käfer
Nicht näher beschriebene Insekten, die in
der Geschichte → »Roverandom« auf der
dunklen Seite des → Mondes leben

Dick
Fredegar → Bolger

Dickmoppel
Der dickste der → Moppel-Brüder

Dickmotten
Nicht näher beschriebene »schwarzsamtige« Insekten, die in der Geschichte
→ »Roverandom« auf der dunklen Seite des
→ Mondes leben

Dickson, Ngila
Kostümdesignerin im → Film »Der Herr der
Ringe« von Peter → Jackson

Die Abenteuer der fünf Hobbits
Von → Bilbo ursprünglich geplanter und
dann wieder verworfener Titel für das →
»Rote Buch«, das er → Frodo und dieser
später → Sam übergab

Die Abenteuer des Tom Bombadil
Gedicht »The Adventures of Tom Bombadil«, erstmals veröffentlicht 1934 in »The
Oxford Magazine« (Band LII No. 13, 15.
Februar 1934, S. 464–65, The Oxonian
Press, Oxford), später zentraler Teil und
erstes Gedicht des Buches → »The Adventures of Tom Bombadil and other verses

from The Red Book« (1962). Laut dem Vorwort stammt das Gedicht aus → Bockland und wurde von → Hobbits geschrieben, die → Tom Bombadil kannten, ohne allerdings um seine Macht zu wissen. Sie erzählen in diesem langen Gedicht von ein paar harmlosen Abenteuern von Tom und von seiner Werbung um und seiner Hochzeit mit → Goldbeere. Eine Vertonung findet sich auf der CD → »An Evening in Rivendell« der dänischen Gruppe → »The Tolkien Ensemble«.

Die Abenteuer des Tom Bombadil und andere Gedichte aus dem Roten Buch

Deutscher Titel von → »The Adventures of Tom Bombadil and other verses from The Red Book« (1962), in Deutschland veröffentlicht 1984

Die Abenteuer von Rover

Ursprünglich geplanter Titel von → »Roverandom«

Die äußeren Lande

Eine alte Bezeichnung für → Mittelerde, aber auch benutzt als Bezeichnung für das »Land der Götter«, → Aman, und für die Teile von Aman, die außerhalb von → Valinor liegen, und speziell für die → Dämmerinseln (HIS 1,2).

Die Briefe vom Weihnachtsmann

An Weihnachten 1920 schickt Tolkien seinen Kindern zum ersten Mal einen »Brief vom Weihnachtsmann« und beginnt damit eine Tradition, die fast 20 Jahre dauern sollte. John ist zu diesem Zeitpunkt drei Jahre alt. Als der letzte Brief 1939 geschrieben wird, sind die drei Söhne fast erwachsen: John ist 22, Michael 19, Christopher 15. Nur Priscilla, das Nesthäkchen, ist mit ihren 10 Jahren noch ein Kind. – Veröffentlicht werden die Briefe 1976, drei Jahre

»Die Briefe vom Weihnachtsmann«: Ausgabe als Ullstein-Taschenbuch von 1981

nach Tolkiens Tod; sie werden herausgegeben von seiner Schwiegertochter Baillie Tolkien, der Ehefrau von Christopher Tolkien, und erscheinen gleichzeitig in London bei Allen & Unwin und in Boston bei Houghton Mifflin. Ein Jahr später werden sie in Deutschland bei Klett-Cotta veröffentlicht unter dem Titel »Die Briefe vom Weihnachtsmann« (Stuttgart, 1977) und 1981 auch als Ullstein-Taschenbuch. – In dem Buch sind die Briefe ab 1925 wiedergegeben, einige im Faksimile, alle als Übersetzung, sowie zahlreiche der Zeichnungen von Tolkien, bis hin zu selbst gestalteten »Nordpol-Briefmarken« (Wertangabe in »Kisses«, also Küssen) und Umschlägen sowie einem Alphabet der → Kobolde. Erzählt wird aus dem Leben des Weihnachtsmannes, von trivialen Ereignissen über kleine Katastrophen, etwa wenn der Polarbär in die Badewanne steigt und alle

Geschenke überschwemmt, bis zum Krieg mit den Kobolden. Aus einer ziemlich kleinen Mannschaft am Anfang – nur der Weihnachtsmann und der → Nordpolarbär Karhu – wird mit den Jahren eine ganze Truppe mit den Neffen des Polarbären, Schnee-Elfen, grünen Elfen, → roten Elfen und → roten Zwergen, Kobolden und sogar einem Elfen-Sekretär, Ilbereth, der schon mal in »Tengwar« schreibt. Indirekt findet sich in den Briefen natürlich auch die politische und Wirtschaftslage gespiegelt: 1931, als auch Familie Tolkien die Weltwirtschaftskrise zu spüren bekommt, teilt der Weihnachtsmann mit, dass er nicht alles liefern könne, was gewünscht wurde, weil es »auf der ganzen Welt schrecklich viele Menschen gibt, die arm sind und Hunger leiden«. Als 1933 die Nazis die Macht ergreifen, gibt es eine große Schlacht mit den Kobolden, und eine weitere, noch schlimmere, 1939. Diese Briefe sind nicht nur hübsch erzählt, sie zeigen Tolkien auch von einer mal sehr humorvollen, mal sehr nachdenklichen Seite und obendrein als phantasievollen Zeichner.

Die drei Trolle werden in Stein verwandelt
Zeichnung mit Bleistift und schwarzer Tusche von Tolkien für das 2. Kapitel von → »The Hobbit«, entstanden wohl 1937, auf der die ganz in Schwarz dargestellten → Trolle gerade erstarren; im Hintergrund sind auch → Gandalf und → Bilbo zu erkennen.

Die Feenküste
Zeichnung von Tolkien (Bleistift, schwarze Tusche und Wasserfarbe) aus dem Jahr 1915, die in einem Halbrund (ein wenig an eine Schneekugel erinnernd) auf dem einsamen Berg → Kôr die weiße, leuchtende Stadt Kôr zeigt. Eingefasst ist das Bild von den → Zwei Bäumen von Valinor, einer mit

einem Halbmond, der andere mit einer leuchtenden Kugel, einer Art Sonne. Aus späteren Anmerkungen von Tolkien zu dem Gedicht Kôr geht hervor, dass der Stern, der sich in der Mondsichel befindet, → Earendel ist, der »Stern, der mit dem Mond gejagt hat«, der Vorläufer von Earendil.

Die ganze lahme Lümmelei
Beginn eines Liedes, das → Bilbo singt, um die riesigen → Spinnen im → Düsterwald zu sich zu locken (HOB, alte Übersetzung; neu: Wabbelwanst und Krakelbein)

Die Gärten des Palastes des Meerkönigs
Prächtige, gründlich ausgearbeitete Illustration von Tolkien für die Geschichte → »Roverandom«, angefertigt mit Bleistift, Wasserfarbe und schwarzer Tusche, entstanden in den Ferien im September 1927 in Lyme Regis. Enthalten in der deutschen Ausgabe von »Roverandom«

Die Geschichte des Großen Rings
Von → Bilbo ursprünglich geplanter und dann wieder verworfener Titel für das → »Rote Buch«, das er → Frodo und dieser später → Sam übergab in der alten Übersetzung von → »The Lord of the Rings«, in der neuen heißt es »Die Geschichte vom Großen Ring«.

Die Geschichte vom Bauern Giles und dem Drachen
Deutscher Titel der zweisprachigen Veröffentlichung des → Bauern Giles von Ham von 1975 beim Deutschen Taschenbuch Verlag (München)

Die Geschichte vom Großen Ring
Von → Bilbo ursprünglich geplanter und dann wieder verworfener Titel für das → »Rote Buch«, das er → Frodo und dieser später → Sam übergab (in der alten

Übersetzung von → »The Lord of the Rings« heißt es »Die Geschichte des Großen Rings«).

Die Geschichte von dem Bauern Giles und dem Drachen Chrysophylax
Deutscher Titel der ersten deutschen Veröffentlichung des → Bauern Giles von Ham von 1970 in der zweisprachigen Ausgabe bei Langewiesche-Brandt (Ebenhausen bei München)

Die Geschichte von den Kindern Húrins
das → »Narn i Hîn Húrin«, ein Langgedicht aus dem 6. Jahrhundert von → Dírhavel, in dem die Geschichte von → Túrin Turambar, → Niënor und → Morwen erzählt wird.

Die Geschichte von Mittelerde
→ The History of Middle-Earth

Die Große Musik
→ Ainulindale

Die Großen Lande
Eine alte Bezeichnung für → Mittelerde (HIS 1,2)

Die Hügelgräber von Mundburg
Das Lied → »Wir hörten ein Horn« über die Schlacht auf den → Pelenorfeldern, das ein Barde nach dem → Ringkrieg verfasst hat

Die illustrierte Gezeitenwoche
Zeitschrift für Zauberer in der Geschichte → »Roverandom«

Die Kinder Húrins
Titel der Geschichte um Túrin und seine Verwandten im → »Buch der Verschollenen Geschichten«, aus der später die Geschichte »Von → Túrin Turambar« wurde. Zeitweise nannte Tolkien die Geschichte auch »Der goldene Drache«.

Die Muhlipps
Das neunte Gedicht im Buch → »The Adventures of Tom Bombadil and other verses from The Red Book« (1962), wahrscheinlich ein altes Gedicht aus dem → Auenland, mit dem die → Hobbits ihre Kinder vor den bei ihnen so verpönten Abenteuern und Reisen warnten. Erstmals erschienen 1937 unter dem Titel »Knocking at the Door« in »The Oxford Magazine« (Bd. LV No. 13, 18. Februar 1937, S. 403, Oxford, The Oxonian Press). Das Gedicht erschien unter dem Pseudonym »Oxymore«, was verständlich wird, wenn man den Untertitel liest: *»Lines induced by sensations when waiting for an answer at the door of an Exalted Academic Person«* (»geschrieben unter dem Einfluss der Eindrücke während des Wartens vor der Tür einer Person in gehobener akademischen Stellung«). Es geht um eine schwierige Wanderung über die Buckelberge ins Modertal, wo die → Muhlipps hausen – die den Besucher dann verzehren.

Die Muschel
Zeitschrift für Zauberer in der Geschichte → »Roverandom«

Die Rückkehr des Königs
Der Titel des dritten Bandes von → »The Lord of the Rings« in der alten Übersetzung; in der neuen Übersetzung heißt es »Die Wiederkehr des Königs«

Die Straße gleitet fort und fort
Beginn eines Gedichtes und späteren Liedes, das → Bilbo erfindet, als er nach seinen Abenteuern am → Erebor ins → Auenland zurückkehrt (HOB, neue Übersetzung, angepasst an die später im »Herrn der Ringe« zitierte Fassung; in der alten Übersetzung heißt es: »Wege wandern weit und bang«). Unter dem englischen Titel »The

Road goes ever on« vertont im Liederzyklus → »The Road goes ever on«, eine weitere Vertonung von Marion Zimmer Bradley findet sich auf der CD und im Songbuch → »The Starlit Jewel«, noch eine Vertonung findet man auf der CD → »An Evening in Rivendell« der dänischen Gruppe → »The Tolkien Ensemble«.

Die Ungeheuer und ihre Kritiker

Deutscher Titel von → »*Beowulf: The Monsters and The Critics*«

Die Welt war jung, die Berge grün

Beginn des Liedes der → Zwerge von → Moria, das → Gimli in Moria → Sam Gamdschie vorsingt. Eine Vertonung des englischen Originaltextes »The world was young« von W. Kristoph Klover findet sich unter dem Titel »In Durin's Day« auf der CD und im Songbuch → »The Starlit Jewel«, eine weitere Vertonung findet man auf der CD → »A Night in Rivendell« der dänischen Gruppe → »The Tolkien Ensemble«.

Die Wiederkehr des Königs

Der Titel des dritten Bandes von → »The Lord of the Rings« in der neuen Übersetzung; in der alten Übersetzung heißt es »Die Rückkehr des Königs«

dil (Quenya)

Kurzform von → ndil

dim (Sindarin)

»traurig«

Dimbar (Sindarin)

»Trauriges Land«: Unbewohntes Land zwischen den Flüssen → Sirion und → Mindeb, südlich der → Crissaegrim, knapp außerhalb vom → Gürtel Melians gelegen, gehörte trotzdem zu → Doriath.

Dimholt, Dimholtwald

Kleiner düsterer Wald mit schwarzen Bäumen, nahe dem → Dunklen Tor

Dimrost

»Regentreppe«: Die Fälle des → Celebros im Wald von → Brethil, nahe den → Stegen des Teiglin, später → Nen Girith (»Schauderwasser«)

dîn (Sindarin)

»ruhig, still, schweigend«, z. B. in → Amon Dîn

Dínen (Sindarin)

»Stille«, z. B. in → Dor Dinen, → Rath Dinen

Dinge-long, Dinge-ling

Lautspielerische Ausdrücke von → Tom Bombadil

Dinithiel

Früher, später verworfener Name für einen Sohn von → Feanor (HIS 2)

Dinzi (Sindarin)

»Abend, Abenddämmerung, Nacht, Düsternis, Finsternis, Schatten« (ältere Form von dû)

Dior

Der Sohn von → Beren und → Lúthien, geboren 470 EZ, Vater von → Elwing. Genannt auch »der Schöne«, Aranel (»kleiner König«) und Eluchil (»Thingols Erbe«). Nachdem → Thingol erschlagen worden war, kämpfte er mit Beren gegen seine Mörder an der Furt von → Sarn Athrad und herrschte danach in → Doriath. Nach dem Tod von Beren und Lúthien brachte man ihm das → Nauglamir mit dem → Silmaril. Ob er sich wie sein Enkel → Elrond für das Schicksal der Elben oder wie sein Enkel

→ Elros für die Sterblichkeit der Menschen entschieden hatte (oder hätte), ist unbekannt; er wurde wohl vor der Entscheidung bei einem Angriff der → Söhne Feanors im Jahre 509 in → Menegroth erschlagen. Er tötete → Celegorm im Kampf, auch → Curufin und → Caranthir fielen. Doriath aber war vernichtet, Diors Gattin → Nimloth wurde getötet, und seine kleinen Söhne Eluréd und Elurín setzte man im Wald aus; sie wurden nie wieder gefunden. Doch Elwing entkam mit dem Silmaril und einem Teil des Volkes von Doriath und floh zu den Häfen an den → Sirionmündungen, wo sie später → Earendil heiratete.

Dior (Truchsess)
→ Dúnedain, der neunte Herrschende → Truchsess von → Gondor (2412–2435 DZ)

Dîr (Sindarin)
(erwachsener) »Mann«

Dírhael
→ Dúnedain des Nordens, Nachfahre von → Aranarth, Ehemann von → Ivorwen; Vater von → Gilraen und Großvater von → Aragorn II.

Dírhavel
Sänger und Poet aus Dor-lómin, lebte im 6. Jahrhundert EZ an den → Sirionmündungen bei → Earendil und → Elwing, schuf das Langgedicht → »Narn i Hîn Húrin«, »Die Geschichte von den Kindern → Húrins«, in dem er die Geschichte von → Túrin Turamber, → Niënor und → Morwen erzählte. Wurde erschlagen beim Angriff auf die Häfen am Sirion.

Diriel
Früher, später verworfener Name für einen Sohn von → Feanor (HIS 2)

Dírnaith (Sindarin)
»keilförmige Schlachtordnung«

Dîs (Sindarin)
»Braut«

Dís
Die einzige → Zwergenfrau, die namentlich genannt wird, geboren 2760 DZ, Nachfahrin von → Durin, drittes Kind und einzige Tochter von Thráin II, Mutter von → Fili und → Kili

Distelbach
Kleiner Nebenfluss des → Baranduin

Distelwoll, Herr
Ein Breeländer, Gast im Gasthaus »Zum Tänzelnden Pony« in → Bree, als → Frodo und seine Gefährten dort eintreffen (in der neuen Übersetzung des → »Herrn der Ringe«; alte Übersetzung: Distelwolle)

dofn (Sindarin)
»düster, dunkel, traurig, schwermütig«

Dôl (Sindarin)
»Kopf, Haupt, Hügel, Berg«, z. B. in → Dol Guldur, → Mindolluin, → Nardol

Dol Amroth
»Hügel von Amroth«: Stadt, Hafen und Zitadelle in der Bucht von → Belfalas, benannt nach → Amroth, der hier ums Leben kam. Bis 1981 DZ fuhren von hier aus Elbenschiffe nach → Aman. Die Fürsten von Dol Amroth erhielten das Gebiet als Lehen von → Gondor. Man sagte ihnen nach, Elbenblut in den Adern zu haben, sie stammten nach eigener Überlieferung von dem Númenórer Imrazor und der Elbin Mithrellas ab, einer der Begleiterinnen der verschollenen → Nimrodel. Das Banner der Schwanenritter von Dol Amroth war blau

mit einem Schiff und einem silbernen Schwan, ihr Schlachtruf »Amroth«. Im → Ringkrieg kam Fürst → Imrahil von Dol Amroth → Minas Tirith zu Hilfe und wurde später von → Aragorn II. zeitweise als Regent eingesetzt.

Dol Baran (Sindarin)

»Goldbrauner Hügel«: die südlichste Erhebung am Rande des → Nebelgebirges, die runde Kuppe war bedeckt mit Heidekraut; hier schaute → Pippin in den → Palantir des → Orthanc.

Dol Guldur (Sindarin)

»Hügel der Magie«: Festung von → Sauron am Südrand des → Düsterwaldes, als er noch als der »Nekromant« bekannt war. Errichtet etwa um 1050 DZ. Gandalf versuchte zweimal einzudringen, 2060 und 2850. Nach dem ersten Mal zog sich Sauron 2063 zurück, und die Zeit des »Wachsamen Friedens« begann, bis er 2460 DZ mit stärkeren Streitkräften zurückkehrte. Deshalb wurde 2463 der → Weiße Rat gegründet. 2850 gelang es Gandalf, und er traf dort → Thráin II., von dem er die Karte vom und den Schlüssel zum → Erebor erhielt. 2941 wurde Dol Guldur vom Weißen Rat angegriffen, Sauron zog sich nach → Mordor zurück. 2951 besetzten → Khamúl, der zweite der → Nazgúl, und zwei seiner Gefährten den Turm und führte Krieg gegen → Lórien, → Thal und die → Waldelben; dreimal griff er Lórien an und wurde zurückgeschlagen. Ende März 3019, nach der Zerstörung des → Herrscherrings, wurde der Turm von → Galadriel und → Celeborn geschleift und der Düsterwald vom Bösen gereinigt; von nun an hieß er Eryn Lasgalen, Wald der Grünblätter.

dolen (Sindarin)

»versteckt, verborgen, verdeckt«

doll (Sindarin)

»dunkel, finster, obskur«

Dolmed

»Nasser Kopf«: großer Berg in den → Ered Luin, genannt auch »Heimstatt der → Zwerge«, nahe den Zwergenstädten → Nogrod und → Belegost

Dolt (Sindarin)

»Knauf, Beule, Buckel«

Doltha (Sindarin)

»verbergen, verstecken, verdecken«

Dominus de Domito Serpente

»Herr des Zahmen Wurms«: Einer der Titel des → Bauern Giles von Ham

Donaldson, Stephen R.

Amerikanischer Fantasy- und SF-Autor, geboren 1947. Für viele der einzige Fantasy-Autor, der, mit seiner »Thomas-Covenant-Saga«, an Tolkiens »Herrn der Ringe« nahezu herankommt. Sein sechsbändiges Monumentalwerk über »Thomas den Zweifler« ist atmosphärisch, von der Dichte der Sprache, der Poesie, von den angesprochenen menschlichen und ethischen Problemen, vom Gesamtentwurf und der Komplexität her einer der absoluten Höhepunkte der Fantasy-Literatur. In der Geschichte um einen Leprakranken, der in eine Parallelwelt verschlagen wird, verarbeitet Donaldson Jugenderfahrungen; er lebte bis zum 16. Lebensjahr in Indien als Sohn eines medizinischen Missionars, der Leprakranke betreute. Wie Tolkien greift Donaldson stark auf die nordische → Mythologie zurück, wie bei Tolkien ist sie in teilweise verblüffend neuer Form umgesetzt, so beim → »Lebensbaum« oder der → »Weltenschlange«. Auch bei ihm gibt es → Riesen und → Elben: Die Riesen sind ausgesprochen menschliche, ruhige, sensible Wesen; die Elohim hingegen, die Elben, wollen mit dem Rest der Welt wenig zu tun haben, sind mächtig und ohnmächtig zugleich, arrogant und gleichzeitig fragwürdig – und nehmen schließlich nur sehr widerstrebend teil am entscheidenden Kampf um das Schicksal ihrer Welt. Auch den → Ents vergleichbare Wesen und kämpfende Bäume gibt es. Der Grundkonflikt zwischen einem die Welt beherrschenden Bösen (Lord Foul) und den Helden (oder hier besser Antihelden) des Guten nimmt wie bei Tolkien über Jahrtausende hinweg epische Ausmaße an; es gibt auch eine Parallele zu → Ilúvatar, der nicht eingreifen kann oder will, so wenig, wie im → Dritten Zeitalter die → Valar – und im Zentrum steht ein »Ring der Macht« oder »Ring der Kraft«, in dem sich die wilde Magie bündelt und der die Welt erschüttern kann. Der Held schließlich, der Leprakranke Thomas Covenant, ist wie → Frodo kein Held, eher nachdenklich, ein Getriebener, der auf sich nimmt, was er nicht ablehnen kann. Donaldson ist kein Epigone Tolkiens, die Ähnlichkeiten rühren daher, dass er sich teilweise der gleichen Inspirationsquellen bediente. Moderner als Tolkien in der perfekten psychologischen Zeichnung seiner Figuren und ihrer inneren Kämpfe, ist die »Thomas-Covenant-Saga« dem »Herr der Ringe« durchaus ebenbürtig, ihr fehlt nur der Hintergrund der unerzählten Geschichten. – Die Chronik von Thomas Covenant dem Zweifler erschienen beim Heyne Verlag 1980 bis 1985 und in einer zweiten Auflage 1998/99, dabei teilweise mit neuen Titeln. 1. Zyklus: Lord Foul's Bane, 1977 (Lord Fouls Fluch/Der Fluch des Verächters), The Illearth War, 1977 (Die Macht des Steins/Der siebte Kreis des Wissens), The Power that preserves, 1977 (Die letzte Walstatt) – 2. Zyklus: The Wounded Land, 1980 (Das verwundete Land), The One Tree, 1982 (Der einsame Baum), The White Gold Wielder, 1983 (Der Bann des weißen Goldes/Der Ring derKraft)

Dong – long! Dongelong!
Lautspielerische Ausdrücke von → Tom Bombadil, auch Beginn mehrerer Lieder von ihm

donn (Sindarin)
»dunkelhäutig«

Donnerbüchse
Die altmodische Feuerwaffe des → Bauern Giles von Ham, mit der er den namenlosen → Riesen vertreibt

Doppelte Freude
Ein großes Fest in Valinor, genannt → Samirien

Dôr (Sindarin)
»Land, Heimat«, z. B. in → Doriath, → Dorthonion, → Eriador, → Gondor, → Mordor

Dor Athro
»Jenseitsland«: das Gebiet, das später → Doriath genannt wurde, in der Sprache der → Gnome

Dor Caranthir
»Caranthirs Land«: → Thargelion

Dor Daedeloth (Sindarin)
»Land des schrecklichen Schattens«: das Gebiet um → Angband, Land von → Morgoth; der Gegriff war nach der → Dagor Aglareb nicht mehr in Gebrauch

Dor Dínen (Sindarin)
»Das Stille Land«: unbewohnte Region zwischen den Oberläufen des → Esgalduin und des → Aros, südlich von → Dorthonion,

lag nördlich knapp außerhalb vom → Gürtel Melians, gehörte aber trotzdem noch zu → Doriath.

Dor Edloth
Ein früherer Name von → Tol Eressea in der Sprache der → Gnome

Dor Faidwen
»Land der Erlösung«, Name von → Tol Eressea in der Sprache der → Gnome

Dor Firn-i-Guinar (Sindarin)
»Land der Toten, die leben«: Name der Gegend in → Ossiriand um → Tol Galen, wo → Beren und → Lúthien nach ihrer Rückkehr aus den → Hallen von Mandos für den Rest ihrer Tage lebten

Dor Iâth
→ Doriath

Dor Lómin
→ Dor-lómin

Dor nu-Fauglith
»Land unter der erstickenden Asche«: Name der Ebene von → Ard-galen nach ihrer Verwüstung durch die Heere von → Morgoth in der → Dagor Bragollach, auch kurz → Anfauglith genannt, »Erstickender Staub, erstickende Asche«.

Dor Usgwen, Dor Uswen
Frühere Namen von → Tol Eressea in der Sprache der → Gnome

Dor-Cúarthol
»Land von Bogen und Helm«: das Gebiet um den → Amon Rúdh, das → Beleg Cúthalion und → Túrin mit ihrer Bande von Geächteten von ihrem Versteck auf dem Amon Rûdh aus kontrollierten und von → Orks freihielten.

Dor-en-Ernil
»Land des Fürsten«: Teil des Gebietes um → Belfalas, das ursprüngliche Herrschaftsgebiet der Fürsten von → Dol Amroth westlich des Flusses → Gilrain

Dori
→ Zwerg, Bruder von → Ori und → Nori, entfernter Verwandter von → Thorin Eichenschild aus dem Haus von → Durin, Mitglied der Gemeinschaft um → Bilbo und Thorin auf der Fahrt zum → Erebor, wo er nach 2941 blieb. In → Beutelsend spielte er auf einer Flöte.

Doriath
»Land des Zauns« (Dor Iâth): Das Wald-Königreich der → Sindar unter ihrem König → Thingol in → Beleriand, vorher → Eglador genannt, in den Wäldern von → Neldoreth und → Region, die fast das ganze Land bedeckten. Nachdem → Melian nach der ersten der großen → Schlachten von Beleriand ihren Schutz- und Bannwall um das Reich ihres Gatten Thingol gelegt hatte, den → Gürtel Melians, wurde ihr Reich das Verborgene Königreich oder Doriath genannt. Thingol und Melian regierten von → Menegroth aus, gelegen am Südufer des → Esgalduin. Auch Gebiete außerhalb des Banngürtels gehörten zu Doriath: → Arthórien, → Brethil, → Dimbar, → Dor Dínen und → Nan Elmoth. Menschen war das Betreten Doriaths verboten und unmöglich, bis → Beren aufgrund seiner ihm von den → Valar oder einem ungenannten Schicksal auferlegten Bestimmung den Banngürtel überwand und um → Lúthien warb. Doriath hielt sich aus den Kriegen von Beleriand meistens heraus und unterhielt nur wenig Kontakt zu den Elben außerhalb, manchmal zu → Finrod Felagund in → Nargothrond und zu → Círdan in den → Falas; dennoch kamen berühmt gewor-

dene Elben aus Doriath, z. B. → Beleg Cú-thalion und → Daeron. Intensiv waren hingegen die Beziehungen zu den → Zwergen, und diese führten auch zu Doriaths Ende: Im Streit um das → Nauglamir wurde Thingol erschlagen, Melian kehrte nach → Valinor zurück, und nach der kurzen Herrschaft ihres Enkels → Dior wurden das Reich und Menegroth durch die → Söhne Feanors zerstört.

Dorkins

Vier Brüder, die → Herr Glück mit seinem neuen Auto besucht; deutsch: → Moppel

Dorlas

→ Haladin aus → Brethil. Bot sich freiwillig an, → Túrin beim Angriff auf → Glaurung zu begleiten, zog sich aus Angst zurück, wurde daraufhin von → Brandir erschlagen

Dor-lómin

»Land des Schattens«: Region im Süden von → Hithlum, von → Fingon im 5. Jahrhundert EZ dem Hause → Hador zum Lehen gegeben, Heimat von → Húrin und → Morwen, von den → Elben auch → Aksan genannt«.Nach der → Nírnaeth Arnoediad siedelte → Morgoth hier → Ostlinge an. Die Berge von Dor-lómin waren jener Teil der → Ered Wethrin, der die südliche Grenze von Hithlum bildet.

dorn (Sindarin)

»starr, stur, widerstandsfähig, hartnäckig «

Dor-na-Dhaideloth

»Heide vom Himmelsdach«: Name für eine Region in Mittelerde in den »Verschollenen Geschichten« in der Sprache der → Gnome; hier fand die Schlacht auf der Heide vom Himmelsdach statt, eine Vorläuferin der → Großen Schlacht (HIS 2).

Dornbühl

Kleines Dorf der → Hobbits zwischen dem → Baranduin und dem Hohem → Hag. Erwähnt in dem Gedicht → »Tom geht rudern«

Dornhoth (Sindarin)

»Volk der Zwerge«

Doron (Sindarin)

»Eiche«

dortha (Sindarin)

»(be)wohnen«

Dorthin und wieder zurück, Ferienreise eines Hobbits

Die Niederschrift → »Hin und zurück, oder Ein Hobbit auf Reisen« von → Bilbo Beutlin in der neuen Übersetzung von → »The Hobbit«

Dorthonion

»Land der Kiefern«: großes bewaldetes Hochland an den Nordgrenzen von → Beleriand südlich von → Ard-galen, auf allen Seiten von Bergen umgeben. → Baumbart erwähnt es noch in seinem Lied → »Ich ging durch die Fluren von Tasarinan«: *»Zu den Kiefern im Hochland von Dorthonion stieg ich hinauf.«* Von → Finrod Felagund seinen Brüdern → Angrod und → Aegnor unterstellt, diese bewachten das Land gemeinsam mit den Menschen aus dem Volk von → Beor. In der → Dagor Bragollach wurde das Gebiet restlos verwüstet und danach Deldúwath (»Schrecken des Nachtschattens«), Taur-nu-Fuin (»Wald unter dem Nachtschatten«) und Taurfuin (»Wald der Nacht«) genannt. Hier lebten und starben → Barahir und seine 12 Gefährten, die letzten, die → Morgoth hier bekämpften, hier hauste → Sauron eine Zeit lang, erst als Morgoths Heerführer, später als → Vampir.

Dorwinion
Land an den nordwestlichen Ufern des Binnenmeers von → Rhún; hier wurde sehr guter Wein angebaut

Dourif, Brad
Der Darsteller von → Gríma Schlangenzunge im → Film von Peter → Jackson wurde am 18. März 1950 in Huntington (West Virginia, USA) geboren. Er spielte in Serien wie »Akte X«, »Star Trek – Voyager« und »Babylon 5« sowie in bekannten Science-Fiction-Filmen wie »Dune« (Piter der Vries) und »Alien 4« (Gediman), insgesamt in über 50 teilweise sehr erfolgreichen Filmen mit, u. a. in:
»Einer flog über's Kuckucksnest« (1976)
»Gruppenbild mit Dame« (1977)
»Dune – Der Wüstenplanet« (1984)
»Heaven's Gate – Das Tor zum Himmel« (1985)
»Blue Velvet« (1986)
»Fatal Beauty« (1987)
»Sonny Boy« (1990)
»Der Exorzist III« (1991)
»Stephen Kings Nachtschicht« (1991)
»Aura« (1992)
»Phoenix« (1995)
»Black Out« (1996)
»Alien – Die Wiedergeburt« (1997)
»Freeze – Operation Nachtwache« (1998)
»Senseless« (1998)
»Düstere Legenden« (1999)
»The Progeny« (1999)
»Hurdy Gurdy Man, The« (1999)
»Son of Chucky« (2000)
»The Chosen Ones« (2000)

Drache, Drachen
Bei Tolkien spielen Drachen aller Art eine wichtige Rolle, nicht nur in der Mythologie von → Mittelerde. Schon als Kind war Tolkien von Drachen fasziniert, wie er in seinem Essay → »Über Märchen« erzählt.

Dass er sich auch später immer wieder intensiv mit ihnen beschäftigt hat, geht aus seinen frühen → Bildern hervor. Es gibt zahlreiche Zeichnungen von Tolkien mit Drachen, darunter das gut ausgeführte Gemälde → »Glórund bricht auf, um Túrin zu suchen« (1927) und die eher amüsanten Zeichnungen → »Drache und Krieger« (1928) und → »Ringborta Heorte Gefysed« (1929). Später tauchen Drachen z. B. in den Zeichnungen zu → »Roverandom« auf. In dieser Geschichte sind die Drachen auf dem → Mond genauso für Mondfinsternisse zuständig wie in → »Die Briefe vom Weihnachtsmann«, z. B. in dem von 1927. Der → Weiße Drache in »Roverandom« soll angeblich der weiße Drache der → Angelsachsen sein, der zu Zeiten von → Merlin und → Artus mit dem Roten Drachen der → Kelten kämpfte. Hier greift Tolkien, wie auch später immer wieder, auf die alten Sagen und Legenden zurück, die ihn auch sonst stark beeinflussten, z. B. den → »Beowulf« oder das → »Nibelungenlied«. Deren Drachentöter parodiert er in seiner wunderschönen humorvollen Geschichte »Bauer Giles von Ham«, in der der Drache → Chrysophylax eine Hauptrolle spielt. Diese Geschichte schrieb Tolkien 1936, veröffentlicht wurde sie aber erst 1949. Zwischendurch, 1937, erschien das Buch, das ihn bereits berühmt machte, → »The Hobbit«, in dem mit → Smaug ein richtig böser Drache auftritt. Dieser weist aber noch sehr viel mehr Ähnlichkeiten mit Chrysophylax auf als mit den Ungeheuern, die → Morgoth in den ersten Zeitaltern von Mittelerde schuf. Kurz nach dem Erscheinen des Hobbit, am 1. Januar 1938, hielt Tolkien im Naturwissenschaftlichen (!) Museum einen Weihnachtsvortrag für Kinder über Drachen, bei dem er auch einige seiner Zeichnungen zeigte. Was er dort über die verschiedenen Arten von Drachen und

Michael als Drachentöter: So stellte man in Russland im 15. Jahrhundert Erzengel Michael als Drachentöter dar. (Eremitage, St. Petersburg, Foto: Friedhelm Schneidewind)

ihre Entstehung sagte, zeigt, dass seine Vorstellungen noch nicht ausgereift waren. Später entwickelte er eine ausgedehnte in sich schlüssige Entwicklungsgeschichte der Drachen von Mittelerde. Diese wurden von → Melkor in → Angband erschaffen, durch Zucht und Kombination verschiedener Wesen, u. a. gefangener → Adler, und magische Beeinflussung. Sie konnten magisches Feuer speien, wenn auch nur immer eine begrenzte Zeit lang, und wie in vielen Sagen war ihr Blut und waren ihre Ausscheidungen giftig. Sie waren intelligent, eitel, boshaft und konnten sprechen, die mächtigsten verfügten auch über → Magie. → Glaurung etwa konnte → Túrin und → Niënor durch seinen Blick verzaubern. Die ersten Drachen, die Melkor schuf, waren noch ungeflügelt, es waren die Urulóki (»Feuerschlangen«), die aussahen wie riesige Echsen; der mächtigste war ihr Stammvater, der bösartige Glaurung. Andere überlieferte Drachennamen sind Laurundo, Laurunto, Foalóke und Glorundm alles Vorformen von Glaurung. Später züchtete Melkor zwei weitere Drachenarten: Kaltdrachen konnten hervorragend fliegen, aber kein Feuer speien, während die geflügelten → Feuerdrachen sich eher unbeholfen in der Luft bewegten und an riesige Fledermäuse erinnerten. Ihr Feuer war so magisch und stark, dass es in späteren Zeitaltern sogar die → Ringe der Macht zerstören konnte mit Ausnahme des → Herrscherrings. Der mächtigste der feuerspeienden geflügelten Drachen war Ancalagon der Schwarze, der die Drachen in der letzten Schlacht des Ersten Zeitalters anführte. Doch die Drachen wurden von den Adlern Manwes besiegt und Ancalagon von → Earendil getötet. Sein Sturz zerbrach den → Thangorodrim. Doch überlebten einige Drachen die Niederlage Melkors und den Einsturz des Thangorodrim und waren noch im Dritten Zeitalter aktiv. Dáin I., König der Zwerge, wurde 2589 DZ mit seinem zweiten Sohn Frór vor den Türen seines Palastes in den → Ered Mithrin von einem großen Kaltdrachen erschlagen, und Smaug, der letzte der Feuerdrachen, wurde erst 2941 DZ von → Bard I. getötet. Dieser war wie die meisten Drachentöter, die Tolkien beschreibt, ein Mensch, andere waren → Fram von den Rohirrim, der im 21. Jahrhundert des Dritten Zeitalters den Drachen Scatha tötete, und natürlich Túrin, der Glaurung erschlug. Der einzige Elbe, der als Drachentöter bekannt wurde, war Earendil, aber dieser war zu dem Zeitpunkt auch kein normaler Elbe mehr. Sein Kampf mit Ancalagon erinnert eher an die biblische Szene in der Apokalypse des Johannes, wenn der Erzengel Michael den Drachen Satan besiegt: *»Und ich sah einen Engel vom Himmel herabfahren, der hatte den Schlüssel zum*

Drache: Detail einer Illustration von Ulrike Schneidewind, 1988

Abgrund und eine große Kette in seiner Hand. Und er ergriff den Drachen, die alte Schlange, das ist der Teufel und der Satan, und fesselte ihn für tausend Jahre« (Apokalypse 20,1–2). (Hier liegt natürlich auch eine Parallele zur Fesselung von Melkor.) – Mit seinen Drachen hat Tolkien verschiedene Mythologien und Sagen zusammengeführt. Schon seit Jahrtausenden gelten Drachen als mythische, manchmal geflügelte Wesen, die gerne auch mit Schlangen gleichgesetzt werden, oft auch mit dem Antichrist oder → Dämonen, z. B. in der Apokalypse des Johannes: *»Und es wurde hinausgeworfen der große Drache, die alte Schlange, die da heißt: Teufel und Satan, der die ganze Welt verführt«* (Apokalypse 12,9). In den Sagen und Mythen vieler Völker spielen Drachen eine Rolle, teilweise unter unterschiedlichen Namen wie Lindwurm, Tatzelwurm oder Tarasque. Bei den antiken → Griechen wurden die goldenen Äpfel der Hesperiden, die Äpfel der ewigen Jugend, von einem Drachen bewacht. Herakles konnte den Titanen Atlas überreden, sie für ihn zu holen. Kadmos, der König von Theben, erschlug einen Drachen und pflanzte dessen Zähne in den Boden; daraus erwuchsen die fünf Stammväter der thebanischen Adelsgeschlechter. Die → Germanen kannten zusätzlich zu den schon angesprochenen »normalen« Drachen wie im »Beowulf« oder im »Nibelungenlied« den Neid-Drachen Nidhogg, der an den Wurzeln der Weltenesche Yggdrasil nagt, bis diese zu welken beginnt; dann bricht Ragnarök an, der Tag der Götterdämmerung. Nach vielen Vorstellungen sollen Drachen besonders gerne Jungfrauen fressen, die ihnen oft geopfert werden müssen. Friedrich Schiller (1759–1805) lässt die Drachen in seinem Gedicht »Der Taucher« im

Noch heute leben die Drachen als mythologische Wesen im Volksglauben: Geschnitzter Drache an einem neuen Haus in altem Stil in Mandroga (das heißt »Kiefern auf dem Sumpf«), einem Dorf am Swir im heutigen Russland in der Tradition der Wepsen, einer südöstlichen Gruppe der westfinnischen Völker.

(Foto: Friedhelm Schneidewind)

tiefen Abgrund hausen: »*Denn unter mir lag's noch, bergetief, – In purpurner Finsternis da, – Und ob's hier dem Ohre gleich ewig schlief, – Das Auge mit Schaudern hinuntersah, – Wie's von Salamandern und Molchen und Drachen – Sich regt' in dem furchtbaren Höllenrachen.*« Das Blut des Drachen soll laut einigen Mythen unverwundbar machen, man denke an Siegfried in der Nibelungensage. Häufiger aber findet man Sagen, wonach es giftig sein soll, so stirbt Beowulf weniger an der Wunde, die ihm der Drache geschlagen hat, als an dem Gift, das sich darin befindet. Die berühmten Sagen- und Märchensammler Jakob Ludwig Karl Grimm (1785–1863) und Wilhelm Karl Grimm (1786–1859) berichten in der Sage »Winkelried und der Lindwurm«: »*In Unterwalden beim Dorf Wyler hauste in der uralten Zeit ein scheußlicher Lindwurm, welcher alles, was er ankam, Vieh und Menschen, tötete und den ganzen Strich verödete, dergestalt, dass der Ort selbst davon den Namen Ödwyler empfing. Da begab es sich, dass ein Eingeborener, Winkelried geheißen, als er einer schweren Mordtat halben landesflüchtig werden müssen, sich erbot, den Drachen anzugreifen und umzubringen, unter der Bedingung, wenn man ihn nachher wieder in seine Heimat lassen würde. Da wurden die Leute froh und erlaubten ihm wieder in das Land; er wagt' es und überwand das Ungeheuer, indem er ihm einen Bündel Dörner in den aufgesperrten Rachen stieß. Während es nun suchte, diesen auszuspeien, und nicht konnte, versäumte das Tier seine Verteidigung, und der Held nutzte die Blößen. Frohlockend warf er den Arm auf, womit er das bluttriefende Schwert hielt, und zeigte den Einwohnern die Siegestat, da floss das giftige Drachenblut auf den Arm und an die bloße Haut, und er musste alsbald das Leben lassen. Aber das Land* war errettet und ausgesöhnt; noch heutigentags zeigt man des Tieres Wohnung im Felsen und nennt sie die Drachenhöhle.*« – Der gekrümmte, sich selbst in den Schwanz beißende Drache (→ Ouroborus) ist ein wichtiges Symbol der → Alchemie und als das Zeichen des Drachenordens indirekt Namensgeber des bekanntesten aller Blutsauger, des → Vampirs Dracula.

Drache, Drachenschiff

Als Drachenschiff oder einfach auch als Drache oder Schlange wird in alten → Sagas oder Epen, z.B. im → Beowulf, häufig ein Langschiff bezeichnet, da diese meist → Drachen als Bugschmuck trugen. Tolkien hat 1938 in seinem Vortrag über Drachen über ein solches Schiff gesprochen, über das Schiff »Lange Schlange« oder »Langer Wurm« des Königs Olav Trygvasson von Norwegen (995–1000), das in der Heimskringla-→ Saga des → Snorri Sturluson erwähnt wird. Auch die Normannen, die 1066 England eroberten, kamen mit Drachenschiffen, wie man z.B. auf dem berühmten Wandteppich von Bayeux von 1077 sehen kann, der auf 70 Meter Länge (50 cm hoch) die Eroberung Englands durch die Normannen darstellt.

Drache und Krieger

Amüsante kleine Zeichnung, ursprünglich ohne Titel, von Tolkien vom Mai 1928 (Bleistift, Wasserfarbe, schwarze Tusche). Ein feuerspeiender → Drache, der eher einer langen Schlange gleicht, kämpft gegen einen Krieger, der ihn frontal angeht und ihm Schild und Speer entgegenreckt. Tolkien benutzte diese Zeichnung bei seinem Vortrag über Drachen am 1. Januar 1938, um zu demonstrieren, wie ungeschickt sich → Beowulf bei seinem Kampf mit dem Drachen verhalten habe (bei dem er ja auch umkam).

Drachenharm

Gegen diesen »erfundenen« Feind kämpft der Held im Gedicht → »Irrfahrt«.

Drachenhelm von Dor-lómin

Erbstück des Hauses → Hador, → Hadors Helm

Drachenmotten

Große weiße Wesen mit feurigen Augen, die in der Geschichte → »Roverandom« auf dem → Mond leben. Beliebtes Opfer von → Mondspinnen.

Drachenschwanz

In der Geschichte → Bauer Giles von Ham in früheren Zeiten eine Delikatesse am Königshof des Mittleren Königreiches, immer dann, wenn ein Drache erlegt worden war. Zu Zeiten des Bauern Giles längst durch einen falschen Drachenschwanz aus Kuchen mit Mandelcreme und Zuckerguss ersetzt, der an Weihnachten verspeist wurde.

Draconarii

Die Wurmwächter: Ritterorden im Kleinen Königreich des → Bauern Giles von Ham

Dram (Sindarin)

»Schlag, Stoß, Hieb«

Drambor (Sindarin)

»Geballte Faust«, auch »Faustschlag«

Dramborleg (Sindarin)

»Schlag-Schärfe«: Die große schwere Axt von → Tuor, mit der man einen schweren Schlag wie mit einer Keule führen und doch wie mit einem Schwert spalten konnte. Er

Drachenschiffe mit Drachenköpfen: Detail aus dem Wandteppich von Bayeux

ließ sie bei seiner Fahrt nach → Aman in den Häfen an den → Sirionmündungen zurück, und sie wurde während des ganzen → Zweiten Zeitalters als Erbe des Königshauses in → Númenor aufbewahrt. Mit dem Untergang von Númenor ging auch die Axt unter. Quenya: Tarambolaike

Drasil
Dackelgroße Pferdewesen, auf denen früher die → Kobolde am Nordpol geritten sind, wie man in → »Die Briefe vom Weihnachtsmann« nachlesen kann. Laut Weihnachtsmann sind sie im Mittelalter ausgestorben.

Draug (Sindarin)
»Wolf«

Draugluin
»Blauer Wolf«: Der »Urvater« aller → Werwölfe, Vorfahr auch des Riesenwolfes → Carcharoth, geschaffen von → Sauron, von Huan bei → Tol-in-Gaurhoth um 467 EZ getötet. In Draugluins Fell gehüllt und in seiner Gestalt schlich sich → Beren in → Angband ein.

drauth
»müde, erschöpft« in der Sprache der → Gnome

Drauthos
»schwere Arbeit, Mühsal« in der Sprache der → Gnome

drava (Sindarin)
»hauen, hacken«

drega (Sindarin)
»fliehen, entschwinden«

Drei Elbenringe
→ Drei Ringe der Elben

Drei Geschlechter
jene → Elben, die → Orome nach Westen folgten, die → Vanyar, → Noldor und → Teleri (→ Geschlechter)

Drei Häuser der Edain, Drei Häuser der Menschen
Die Nachkommen der drei »Atanatari« (Väter der Menschen), jener drei Fürsten, die als erste über die → Ered Luin nach → Beleriand gekommen waren und sich mit den → Elben verbündet hatten, auch Elbenfreunde genannt. In der Reihenfolge ihres Erscheinens waren dies → Beor, → Haldad und → Marach. Aus dem ersten Haus, dem von Beor, stammten u. a. → Barahir, → Beren, → Tuor, → Túrin, → Earendil, → Elros und → Elrond und letztendlich auch → Aragorn II., aus dem zweiten Haus, auch das Volk von → Haleth genannt, → Húrin und Túrin, aus dem dritten Haus, auch das Haus von Hador genannt, Tuor und Earendil und deren Nachfahren. Es gab viele Verbindungen und Verwandtschaften, und die → Dúnedain und Aragorn, ja sogar → Arwen als Elbin (über ihren Vater → Elrond) stammten letztendlich von jedem der drei Stammväter ab.

Drei Ringe den Elbenkönigen
Beginn des alten Gedichtes, das → Gandalf zitiert, als er → Frodo über den → Herrscherring aufklärt; ursprünglich wohl in der → Schwarzen Sprache verfasst:
»Drei Ringe den Elbenkönigen
hoch im Licht
sieben den Zwergenherrschern
in ihren Hallen aus Stein,
den Sterblichen, ewig
dem Tode verfallen, neun,
einer dem dunklen Herrn
auf dunklem Thron
im Lande Mordor,
wo die Schatten drohn.«

Eine sehr schöne Vertonung findet sich auf der CD → »An Evening in Rivendell« der dänischen Gruppe → »The Tolkien Ensemble«, eine weitere auf der Platte »Songs of the Quendi« von Sally Oldfield.

Drei Ringe der Elben
Drei der → Ringe der Macht, aufgeladen mit positiver Magie, die → Celebrimbor, der größte aller Schmiede von → Eregion, im 16. Jahrhundert des → Zweiten Zeitalters schuf, von → Sauron verführt. Als er Sauron durchschaute, konnte er diese drei Ringe in Sicherheit bringen. Sie hatten die Macht des Bewahrens und Erhaltens und halfen, die Bürde der Zeit und die Müdigkeit der Welt zu ertragen. → Vilya, den Ring der Luft, trug erst → Gil-galad, dann → Elrond. → Nenya, den Ring des Wassers, bewahrte → Galadriel auf. → Narya, den Ring des Feuers, gab → Gil-galad, der erste Träger, an → Círdan und dieser später an → Gandalf weiter.

Drei Zeitalter
Die drei → Zeitalter bis zum Ende des → Ringkriegs, anschließend beginnt das bis heute andauernde vierte Zeitalter.

Drei-Bären-Wald
Wald, in dem räuberische Bären leben, mit denen → Herr Glück Ärger bekommt.

Dreiviertelstein
Stein ziemlich in der Mitte des → Auenlandes, nahe → Wasserau, an dem drei der Viertel des Auenlandes zusammenstießen, das Süd-, das Ost- und das Westviertel

Drengist
Langer Fjord, der die Ered Lómin an der Westgrenze von → Hithlum, zwischen → Lammoth und → Nevrast, durchschnitt. Hier landeten → Feanor und seine Söhne

mit ihrem Gefolge, aus → Aman vertrieben, in → Mittelerde.

Dring (Sindarin)
»Hammer«

dringa (Sindarin)
»schlagen«

Dritte Schlacht
die → Dagor Aglareb

Drittes Geschlecht
Die → Teleri-Elben als das dritte der → Geschlechter der → Elben

Drittes Zeitalter
Das dritte der vier → Zeitalter, jene Zeit, in der die Ereignisse spielen, die in → »The Hobbit« und in → »The Lord of the Rings« beschrieben werden. Beginnt mit dem Jahr 3441 des → Zweiten Zeitalters mit dem Sieg über → Sauron am Ende des → Krieges des Letzten Bündnisses, endet nach verbreiteter Auffassung am 29. September 3021 DZ mit der Abfahrt von → Gandalf, → Frodo, → Bilbo, → Galadriel, → Elrond und → Círdan in den Westen. In den Aufzeichnungen von → Gondor beginnt es allerdings mit dem 25. März 3019 DZ (siehe Zeittafeln im Anhang).

drû (Sindarin)
»wild«, auch »Wilder Mensch, Waldmensch«, am Anfang benutzt für einen Menschen vom Volk der → Druédain

Drúadan (Sindarin)
»Wilder Mensch, Waldmensch«, Mehrzahl → Drúedain

Drúadan-Wald
Wald in → Anórien am östlichen Rand der → Ered Nimrais, wo auch zur Zeit des Ring-

kriegs noch einige → Drúedain unter ihrem Häuptling → Ghân-buri-Ghân lebten. Durch den Wald führte das → Steinkarrental, durch das Ghân-buri-Ghân die → Rohirrim bis dicht an die → Pelennor-Felder führte. Nach dem Ringkrieg erhielten die Drúedain den Wald wieder als Eigentum zurück, das kein Mensch ohne ihre Erlaubnis betreten durfte.

Drúath (Sindarin)

»Volk der Drú«, früher Name der → Drúedain

Drúedain (Sindarin)

»Wilde Menschen, Waldmenschen«: ein Volk von kleingewachsenen Menschen, das sich selbst »Drughu« nannte. Etwa 1,20 Meter groß (nicht mit den → Hobbits verwandt!), kräftig und schwer gebaut, mit klobigen Gesichtszügen, die den meisten anderen Menschen hässlich erschienen, mit dünnem glattem Haar, tiefschwarzen Augen, Zumindest einige von ihnen verfügten über eine eigene Art von → Magie, wie in der Geschichte »Der getreue Stein« deutlich wird, in der der Drúadan → Aghan einen Wacht-Stein einsetzt. Die Drúedain kamen im Ersten Zeitalter zusammen mit den → Haladin aus → Ered Lindon nach → Ossiriand und lebten unter diesem Volk als Jäger und unübertroffene Spurensucher mit einem Geruchssinn fast wie der von Hunde; die Haladin nannten sie Drûg. Sie waren nie sehr zahlreich, nur wenige Hundert, und sehr kurzlebig. Bei den Elben waren sie sehr beliebt, nicht zuletzt wegen ihres kräftigen Lachens. Die Elben nannten sie zuerst »Drû« (Sindarin) bzw. Rû (Quenya), Mehrzahl Drúath/Drúin/Rúin. Bald aber gaben sie ihnen den Ehrentitel adan/edain (Mensch/Menschen) und nannten sie Drúedain bzw. Rúedain. Die Drûg lebten zu beiden Seiten der → Ered Nim-

rais bis ins Dritte Zeitalter, einige von ihnen im Zweiten Zeitalter auch in → Númenor. Sie wurden immer wieder von den »Großen Menschen« verfolgt und gequält und seit Beginn des Dritten → Zeitalters zunehmend in die Wälder getrieben. Zur Zeit des Ringkrieges lebten noch Drúedain im → Drúadan-Wald, in → Drúwaith laur und in den südwestlichen Ausläufern von → Andrast. Die Drúedain waren meisterliche Holzschnitzer und Steinbildhauer und schufen gerne lebensgroße Abbilder ihrer selbst oder von besiegten »Gorgûn«, Orks, die sie mehr als alle anderen Wesen hassten und bekämpften. Orks waren auch die einzigen Zweibeiner, auf die das Schießen mit vergifteten Pfeilen erlaubt war; die Menschen von → Gondor und → Rohan unterstellten dies den »Waldmenschen« und »Wilden Menschen« aber prinzipiell. Sie wussten wenig über sie; die → Rohirrim erkannten nicht einmal die Ähnlichkeit der »Rógin«, der »Wilden«, wie sie sie nannten (im »Herrn der Ringe« einmal übersetzt mit → »Wasa«) mit den → »Puckelmännern«, den Standbildern der Drúedain an der Straße nach → Dunharg. Ohne die Hilfe dieser »Wilden« und ihres Häuptlings → Ghânburi-Ghân wäre aber der Ringkrieg verloren gegangen und zum Dank gab ihnen Aragorn II. danach den Drúadan-Wald wieder als ihr Eigentum, das kein Mensch ohne ihre Erlaubnis betreten durfte. – An den Küsten von → Enedwaith gab es »Wilde Menschen«, Fischer und Vogelfänger, die mit den Drúedain verwandt waren.

Drûg

Name für die → Drúedain in der Sprache der → Haladin

Drughu

Bezeichnung für die → Drúedain in ihrer eigenen Sprache

Drúin (Sindarin)
»Wilde Menschen, Waldmenschen«: früher Name für die → Drúedain

Drunós (Sindarin)
»Familie von Drúedain«

Drúwaith (Sindarin)
»Wildmenschen-Wildnis«, Wildnis der Drúedain

Drúwaith Iaur (Sindarin)
»Alte Wildmenschen-Wildnis«: Land zwischen den → Ered Nimrais und den Flüssen → Isen und → Lefnui vor dem Kap von → Andrast. Von → Gondor nie beansprucht. Hier lebten noch Reste der → Drúedain. Genannt auch »Alte Puckel-Wildnis« und »Altes Puckel-Land«.

DTG
→ Deutsche Tolkien-Gesellschaft e. V.

Dû (Sindarin)
»Abend, Abenddämmerung, Nacht, Düsternis, Finsternis, Schatten«, z. B. in → Ephel Dúath

Du und Ich und die Hütte des Vergessenen Spiels
Erste Fassung eines Gedichtes von Tolkien über die Hütte des verlorenen Spiels, → Mar Vanwa Tyaliéva, von 1915

Dúath (Sindarin)
»Dunkelheit, Schatten, Bedrohung«

Duchess Road
Straße in → Birmingham, in der John Ronald Reuel → Tolkien 1908/09 in der Pension von Mrs. Faulkner lebte

Dudelsack
Ein solches Instrument spielt → Tom Bombadil in dem Gedicht → »Tom geht rudern«. Dudelsäcke sind wie z. B. Flöten »Aerophone«, also Instrumente, bei denen Luft in Schwingung versetzt wird, um Töne zu erzeugen. Im Gegensatz zu anderen Blasinstrumenten wird das Instrument aber nicht direkt angeblasen, sondern indirekt, indem erst Luft in einen Sack geblasen wird, von dem aus sie in die Tonpfeife(n) strömt. Bereits für das erste Jahrtausend vor Christus hat man Dudelsäcke in Asien nachgewiesen, und auf einer römischen Münze ist Kaiser Nero zu sehen, wie er Dudelsack spielt. Der wesentliche Bestandteil eines jeden Dudelsackes ist ein Windsack, ursprünglich aus Tierfell, oder ein Blasebalg, mit einer oder mehreren Pfeifen, davon meist eine, manchmal auch zwei Spielpfeifen, der Rest Bordunpfeifen. Die »Mundstücke« sind mit Rohrblättern versehen, mit denen die Lippen des Spielers jedoch nicht in Berührung kommen. Durch diese Technik kann ein dauernder Luftstrom aufrechterhalten werden, bei Verwendung eines Blasebalgs kann der Spieler sogar dazu singen. Es gibt noch heute traditionelle Dudelsäcke, z. B. in Arabien oder Tunesien, die ohne Bordun auskommen und bei denen einfache Spaltrohrflöten als Spielpfeifen Verwendung finden.

Duilin (Sindarin)
»Schwalbe«: Bogenschütze aus → Morthond, Sohn von → Duinhir und Bruder von Derufin. Wie sein Bruder bei der Schlacht bei der Schlacht auf dem → Pelennor von den → Kriegselefanten der → Haradrim zertrampelt, als sie sich nahe an diese wagten, um ihnen in die Augen zu schießen. – In den »Verschollenen Geschichten« der Herr des Hauses der Gondothlim und der sicherste Bogenschütze aller Elben; zeitweise hat Tolkien den Namen auch benutzt für den Vater von → Flinding.

Duilwen

Einer der sieben Flüsse von → Ossiriand, fünfter Nebenfluss des → Gelion

Duin (Sindarin)

(langer, großer) »Strom, Fluss«, z. B. in → Anduin, → Baranduin, → Esgalduin

Duinhir (Sindarin)

»Fluss-Lord«: Anführer der Bogenschützen aus → Morthond, Vater von Derufin und Duilin. Sie kämpften in der Schlacht auf dem → Pelennor, wo beide Söhne von den → Kriegselefanten der → Haradrim zertrampelt wurden, als sie sich nahe an diese wagten, um ihnen in die Augen zu schießen.

Dúlin, Dúlinn (Sindarin)

»Nachtigall«

Dún (Sindarin)

»Westen«, z. B. in → Dúnedain

Dúnadan

Einzahl von → Dúnedain, oft auch gebraucht für → Aragorn II.

Dúnedain

»Edain aus dem Westen, Westmenschen:« ursprünglich ein Name für die Menschen aus Númenor, später für ihre Abkömmlinge. Im Dritten Zeitalter aufgeteilt in die Dúnedain des Nordens, zu denen die Menschen von → Arnor und später die Waldläufer unter → Aragorn und seinen Vorfahren zählten, und die Dúnedain des Südens, die Menschen von → Gondor.

Dúnedhel (Sindarin)

»Elbe aus dem Westen«: Elbe von → Beleriand

Dungortheb

Kurzform für → Nan Dungortheb

Dunharg

Festung in → Rohan, einige Kilometer südwestlich von → Edoras auf dem Firienfeld, am oberen Ende des → Hargtals, wo der → Schneeborn entsprang, zwischen → Starkhorn, → Irensaga und → Dwimorberg. Einziger Zugang war eine steile, schmale Serpentinenstraße. Diese hatten im → Zweiten Zeitalter die → Drúedain geschlagen und mit ihren Standbildern versehen, die die → Rohirrim → »Puckelmänner« nannten. Über das Firienfeld führte die Straße weiter nach Osten bis an das → Tor der Toten unter dem → Dwimorberg, den Eingang zu den → Pfaden der Toten. Bei Kriegsgefahr konnten sich die Bewohner von Edoras in das nahegelegene Dunharg zurückziehen.

Dúnhere

Reiter aus → Rohan, der Herr von Hargtal; kämpfte im → Ringkrieg an den → Furten des Isen und auf den → Pelennor-Feldern, wo er fiel

Dunkelelb

→ Eol

Dunkelelben

Auf Quenya Moriquendi: alle → Elben, die niemals → Belegaer, das Große Meer, überquert und das Licht der → Zwei Bäume von Valinor gesehen hatten. Genau genommen umfasste dies nicht nur die → Avari, die sich geweigert hatten, am Zug nach → Aman teilzunehmen, und die → Nandor, die unterwegs abgebogen waren, sondern auch die → Sindar und alle → Noldor, die erst nach der Rückkehr aus Aman in → Mittelerde geboren wurden. Manchmal wurde der Ausdruck auch von jenen gebraucht, die in Aman gewesen waren, um sich von allen anderen abzugrenzen. Häufiger aber wurde er als Schimpfwort gebraucht für die Nandor und Avari oder als Beleidigung. Auch als Umanyar bekannt (»die, die nicht aus Aman kommen«).

Dunkelmenschen

Auch Wilde Menschen: So bezeichnet man in → Gondor die Menschen, die nicht von den → Númenórern abstammen und die mit → Sauron oder den dunklen Kräften verbündet sind, z. B. die → Ostlinge; dies erklärt → Faramir → Frodo im → »Herrn der Ringe«

Dunkle, der

Beiname von → Caranthir

Dunkle Jahre

Die Zeit im → Zweiten Zeitalter, in der → Sauron einen großen Teil von → Mittelerde beherrschte, je nach Interpretation ab etwa 1000 DZ bis zu seiner Niederlage 3441.

Dunkle Lande

Bezeichnung für → Mittelerde in → Númenor

Dunkle Macht

Bezeichnung für → Morgoth und auch für → Sauron

Dunkle Pest

die große → Pest

Dunkle Tage

Die Zeit im → Zweiten Zeitalter, in der → Sauron einen großen Teil von → Mittelerde beherrschte, je nach Interpretation ab etwa 1000 DZ bis zu seiner Niederlage 3441.

Dunkler Herr, Dunkler Herrscher

Bezeichnung für → Morgoth und auch für → Sauron

Dunkler Turm

→ Barad-dûr

Dunkler Wald

Ein anderer Name für den → Düsterwald

Dunkles Tor

das → Tor der Toten

Dunland

»Hügelland« (altenglisch): Land südwestlich des südlichen Randes des → Nebelgebirges, nördlich von → Isengart, im Westen von der Nord-Süd-Straße begrenzt, im Süden von → Glanduin, ohne feste staatliche Struktur. Um 1150 DZ von → Starren besiedelt, die aber gegen 1630 ins → Auenland weiterzogen. Ab etwa 2500 lebten hier die → Dunländer, die von den → Rohirrim aus ihrer alten Heimat vertrieben worden waren. Von etwa 2770 bis 2800 hielten sich in Dunland auch die → Zwerge unter → Thrór auf.

Dunländer

So nannten die → Rohirrim die Bewohner von → Dunland; es war eigentlich ein Schimpfwort, da die Rohirrim sie aus ihrer Heimat im Westteil von → Calenardhon vertrieben und nach Dunland gejagt hatten, als sie das Land 2510 DZ von → Gondor erhielten. Bis gegen Ende des 27. Jahrhunderts waren alle Mitglieder dieses Jäger- und Hirtenvolk in → Rohan ausgerottet oder vertrieben. Die Dunländer waren daher von unbändigem Hass auf Rohan erfüllt und nutzten jede Gelegenheit für einen Versuch, ihr ehemaliges Land wiederzuerobern. Deshalb waren sie im → Ringkrieg mit → Sauron und den → Orks verbündet. Ihren größten Erfolg hatten sie 2758, als sie Rohans König → Helm Hammerhand in der → Hornburg einschließen und → Edoras erobern konnten; ihr Anführer → Wulf rief sich zum König aus. Ein Jahr später jedoch wurde er von Helms Neffen → Fréaláf erschlagen. Tolkien beschreibt die Dunländer als eigene → »Rasse«, gelb- oder fahlhäutig und dunkelhaarig. Die Menschen von → Bree waren mit ihnen verwandt, die → Toten Menschen von Dunharg stammten auch aus diesem Volk.

dur (Quenya)
→ ndur

dûr (Sindarin)
»dunkel, finster«, z. B. in → Barad-dûr, → Dol Guldur, → Durthang

Durch Rohan über Moor und Feld
Beginn der → Klage über → Boromir in der alten Übersetzung des »Herrn der Ringe«

Durin der Unsterbliche
→ Durin I.

Durin I.
Der erste aller → Zwerge, der älteste der Sieben Väter der Zwerge, die → Aule noch vor dem Aufgang von Sonne und Mond geschaffen hatte, lebte so lange, dass er auch »Durin der Unsterbliche« genannt wurde. Nach manchen Sagen der Zwerge wird Durin ab und zu wiedergeboren, und sechs seiner Nachfahren trugen seinen Namen und sollen seine Wiedergeburt sein, zuletzt → Durin VII. (und letzte). Durin kam in den frühen Jahren des → Ersten Zeitalters ins → Schattenbachtal, das die Zwerge → Azanulbizar nennen, und schuf sich einen Wohnsitz in den Höhlen über dem → Spiegelsee (Kheled-zâram), daraus entstand im Lauf der Jahrhunderte die Minenstadt Khazad-dúm (→ Moria); nach manchen Legenden der Zwerge erwachte Durin sogar in diesen Höhlen. Aus den sieben Sternen des Sternbildes → »Großer Bär«, das Durin an

der Stelle, von wo aus er zum ersten Mal einen Blick in die Höhlen von Moria geworfen hatte, in der Wasseroberfläche des Spiegelsees rund um seinen Kopf erblickte, schuf er sein Wahrzeichen, eine Krone mit sieben Sternen, genannt »Durins Krone«. Ein Gedenkstein am Ufer des Sees, genannt → »Durins Stein«, erinnert daran. Durins Nachkommen nannte man Durins Volk, später wurde der Name für alle Zwerge von Moria verwandt und nach 1980 DZ, nach der Vertreibung aus Moria durch den → Balrog, auch für die Zwerge vom → Erebor und die von den Eisenbergen (→ Ered Engrin).

Durin II.
Nachfahr von → Durin I., König der → Zwerge von Khazad-dúm (→ Moria) im 8. Jahrhundert ZZ. Während seiner Herrschaft wurde wahrscheinlich das Westtor von Moria erbaut.

Durin III.
Nachfahr von → Durin I., König der → Zwerge von Khazad-dúm (→ Moria) im 16. Jahrhundert ZZ, während der Zeit, in der die → Ringe der Macht geschmiedet wurden. Er erhielt den ersten der → Sieben Ringe der Zwerge von → Celebrimbor.

Durin VI.
Nachfahr von → Durin I., König der → Zwerge von Khazad-dúm (→ Moria) 1731 bis 1980 DZ. Unter seiner Herrschaft stießen die Zwerge auf der Suche nach → Mithril unter dem → Caradhras auf einen → Balrog. Durin wurde von diesem erschlagen, im Jahr darauf auch sein Sohn → Náin I.; die Zwerge verließen Moria aus Angst vor »Durins Fluch«.

Durin VII. (der letzte)
Nachfahr von → Durin I., letzter König der → Zwerge irgendwann im Vierten Zeitalter

Durins Axt

Legendäre Waffe von → Durin I., Erbstück der → Zwerge von → Moria, blieb dort bei Vertreibung durch den → Balrog 1980 DZ, von → Balin 2989 wiedergefunden, seit der Zerstörung von Balins Zwergenkolonie 2994 endgültig verloren

Durins Brücke

Brücke am Ostende der zweiten Halle der Ersten Tiefe von Khazad-dûm (→ Moria), die in einem einzigen Bogen von knapp 20 Metern den tiefen Abgrund von Moria überspannte, in den → Gandalf und der → Balrog stürzten, nachdem Gandalf die Brücke hatte zusammenbrechen lassen.

Durins Fluch

Eine Bezeichnung der → Zwerge für den → Balrog in → Moria, der 1980 DZ → Durin VI. erschlug

Durins Kinder

Ein anderer Name für → Durins Volk

Durins Krone

Name bei den → Zwergen für das Sternbild → »Großer Bär«, angeblich Funken aus der Schmiede von → Aule. Auch das Wahrzeichen von → Durin I. und seinen Nachkommen: Die sieben Sterne des Sternbildes, gespiegelt in der Wasseroberfläche des → Spiegelsees rund um seinen Kopf, ergaben eine Krone mit sieben Sternen.

Durins Stein

Gedenkstein am Ufer des → Spiegelsees, eine Steinsäule, die daran erinnerte, von wo aus → Durin I. zum ersten Mal einen Blick in die Höhlen von → Moria geworfen und wo er zum ersten Mal sein Wahrzeichen, → Durins Krone, im Wasser des Sees gespiegelt gesehen hatte. 2994 DT wurde → Balin an dieser Stelle erschlagen.

Durins Tage

Die Zeit der Herrschaft von Durin I. im Ersten Zeitalter

Durins Turm

Der höchste Punkt von → Moria, gelegen auf dem Gipfel des → Celebdil, der »Silberzinne« (Zirak-zigil in der Sprache der → Zwerge). Hier hinauf führte die »Endlose Treppe«, über die → Gandalf den → Balrog verfolgte. Als er ihn vom Gipfel stürzte, wurden der Turm und die Treppe zerstört.

Durins Volk

Die Nachkommen von Durin I., später wurde der Name auch für alle Zwerge von → Moria verwandt; nach 1980 DZ, dem Jahr der Vertreibung aus Moria durch den → Balrog, wurden auch die Zwerge vom → Erebor und die von den Eisenbergen (→ Ered Engrin) so genannt.

Durins Wahrzeichen

→ Durins Krone

Durinstag

Im → Kalender der → Zwerge begann das neue Jahr am ersten Tag des letzten Herbstneumondes. Als Durinstag wurde der Neujahrstag bezeichnet, wenn an diesem Tag Sonne und Mond zeitweise gleichzeitig am Himmel standen. → Bilbo und die Zwerge um → Thorin Eichenschild konnten das Schlüsselloch an der Geheimtür am → Erebor nur an einem solchen Tag finden, nur am Durinstag war es sichtbar.

Durithel

Früher, später verworfener Name für einen Sohn von → Feanor (HIS 2)

Dürre Heide

Hochebene in den → Ered Mithrin, in der

→ Drachen und andere Untiere hausten. In den Verschollenen Geschichten Heide in der Nähe von → Tavrobel auf → Tol Eressea, so genannt nach der Schlacht auf der Heide vom Himmelsdach, einer Vorläuferin der → Großen Schlacht (HIS 2).

Durthang (Sindarin)
»Dunkle Unterdückung«: Burg in → Mordor, erbaut von → Gondor im Westen des Tals von → Udûn, um 1640 DZ aufgegeben, später eine Festung der → Orks

Duruchalm
Ursprünglicher, später verworfener Name für → Turuhalme (HIS 1)

Düsterwald
Das größte zusammenhängende Waldgebiet von Mittelerde im → Dritten Zeitalter, östlich des oberen Anduin und südlich der → Ered Mithrin, des Grauen Gebirges. An der breitesten Stelle, an der die → Waldstraße hindurchführte, maß er etwa 300 Kilometer, in der Nord-Süd-Richtung erstreckte er sich über rund 700 km, er bedeckte insgesamt ein Gebiet von rund 175.000 Quadratkilometer und war damit etwa dreimal so groß wie das → Auenland oder → Fangorn und etwa so groß wie Syrien, Kambodscha oder Tunesien. Der Eryn Galen, der »große Grünwald«, wie der Düsterwald bis ins 11. Jahrhundert des → Dritten Zeitalters hieß, war die Heimat der → Waldelben des Grünwaldes, der → Tawarwaith. Diese waren etwa um 1000 ZZ unter ihrem König → Oropher aus der Region von → Lórien hierher gezogen. Beim → Krieg des Letzten Bündnisses starb Oropher auf 3434 ZZ auf der → Dagorlad, unter seinem Sohn → Thranduil zogen sich die Tawarwaith in den Nordosten des Waldes zurück und ließen den Kontakt zu anderen Elbenvölkern oft abreißen. Um 1050

erbaute Sauron → Dol Guldur, und die Menschen begannen, den Wald »Düsterwald« zu nennen, bei den Elben hieß er Taur-nu-Fuin (»Wald unter dem Nachtschatten«) oder Taur-e-Ndaedelos (»Wald der großen Furcht«). Zunehmend ließen sich gefährliche Wesen im Wald nieder: riesige → Spinnen und → Fledermäuse und schwarze Eichhörnchen, immer weniger Menschen lebten im Wald, sie überlebten als Waldläufer unter beschwerlichen Bedingungen. Die → Alte Waldstraße verfiel. Nördlich von ihr verlief der Elbenpfad, den → Bilbo und seine Gefährten nahmen und der den → Verzauberten Fluss kreuzte. Dieser entsprang den mit dunklen Tannen bewaldeten Düsterwald-Bergen im Nordosten des Waldes, zwischen der → Alten Waldstraße und dem Elbenpfad gelegen, auch Emyn-nu-Fuin (»Nachtschattenberge«) oder Emyn Duir (»Dunkle Berge«) genannt, und mündete kurz vor Thranduils Hallen in den Waldfluss. Während des Ringkriegs wurden die Tawarwaith von Saurons Kräften angegriffen, konnte sich jedoch halten. Nach der Zerstörung des Dol Guldur durch → Celeborn und → Galadriel trafen sich Celeborn und Thranduil am Neujahrstag der Elben, dem 6. April 3019 DZ, in der Mitte des Waldes und gaben ihm einen neuen Namen: Eryn Lasgalen, »Wald der grünen Blätter«. Der Nordteil blieb das Reich der Tawarwaith, der Süden wurde unter die Herrschaft von Lórien gestellt und die Mitte den → Beorningern und Waldmenschen zugesprochen.

Düsterwald-Berge
Berge im nordöstlichen Teil des → Düsterwaldes, bestanden mit dunklen Tannenwäldern, zwischen der → Alten Waldstraße im Süden und dem nördlich davon verlaufenden Elbenpfad gelegen, der zu den Hallen der → Waldelben führte. In diesen Bergen

entsprang der → Verzauberte Fluss. Auch »Emyn-nu-Fuin« (»Nachtschattenberge«) und »Emyn Duir« (»Dunkle Berge«) genannt.

dúven (Sindarin)
»südlich«

Dwalin
→ Zwerg (2772 DZ bis 92 VZ) aus dem Haus von → Durin, Sohn von → Fundin und jüngerer Bruder von → Balin, Vetter von → Óin und → Glóin, Mitglied der Gemeinschaft, die mit → Thorin Eichenschild und → Bilbo zum → Erebor reiste, wo er sich danach niederließ. In → Beu-telsend spielte er auf der Bratsche. Der Name stammt aus dem Zwergenkatalog der → Edda.

Dwaling
Ort im Norden des Ostviertels im → Auenland, nahe am → Baranduin

Dwimorberg
»Geisterberg, Spukberg, Hexenberg«: Berg in den → Ered Nimrais hinter → Dunharg; hier lag das → Tor der Toten

Dwimordene
»Geister-Tal, Spuktal, Hexenwald«: Name für → Lothlórien bei den → Rohirrim

E

Ea (Quenya)
»Es sei!« Schöpfungswort, mit dem → Ilúvatar die in der → Ainulindale entworfene Welt schuf, zugleich der Name dieser Welt: »Die Welt, die ist.« Die → Elben bezeichneten damit das gesamte Universum, in dem ihre Welt, → Arda, angesiedelt ist – zunächst in einem flachen Universum, später, nach der → Umwandlung der Welt, als Planet, wie wir ihn kennen. Zentrum von Ea ist die → Unverlöschliche Flamme, umgeben wird es von der Zeitlosen Leere, der → Äußeren Dunkelheit, in der → Melkor gefangen ist. – Im Sinne von Tolkiens → Zweitschöpfung kann man das Erschaffen der Realität aus Ideen vergleichen mit dem, was geschieht bei einer wirklich guten Geschichte: Der Leser oder die Leserin ist in ihr gefangen, merkt nicht, dass es eine Geschichte auf einer anderen Ebene ist, sondern geht in sie ein und in ihr auf, wie es die → Ainur in Ilúvatars Schöpfung taten.

Ea (frühes Quenya, Protoelbisch)
»Adler«

Éadgifu
Ein altenglischer Name, die Gemahlin von → Ælfwine, eine Elbin aus → Tol Eressea, auch → Naimi genannt. In einer anderen Fassung der Geschichte die Gemahlin von → Déor, dem Vater von Ælfwine (HIS 2)

Eadig
»der Glückliche«: Beiname von → Éomer

Eala (Quenya)
»Geist, Wesen«

Eambar (Quenya)
»Meer-Wohnung«: Schiff von → Tar-Aldarion, von ihm als Wohnsitz erbaut, zugleich das Hauptquartier der → Gilde der Wagemutigen

Ear (Quenya)
»Meer«, z. B. in → Eambar, → Earráme, → Earwen

Earáme
»Adlerschwinge«: eines der Schiffe von → Earendel

Eare (Quenya)
»offene See«

Earen (Quenya)
»großes Meer, Ozean«, z. B. in → Earendil, → Earendur, → Earenya; in einer früheren Variante auch »Adlerhorst«

Earendel
Eine der zentralen Gestalten in der Mythologie von → Mittelerde ist → Earendil. Unter dem Namen Earendel hat Tolkien diese Figur schon 1913 beschrieben und in den Grundzügen festgelegt. Seit 1911 beschäftigte er sich am Exeter College im Rahmen seiner Studien mit dem Angelsächsischen und den germanischen Sprachen. 1913 stieß er auf das Langgedicht »Crist« (»Christus«), eine Hymne über Christi Himmelfahrt des altenglischen Dichters → Cynewulf. Besonders zwei Zeilen dieses Gedichtes beeindruckten ihn:
»Eala Earendel engla beorhtast
Ofer middangeard monnum sended«.
Das bedeutet: »Heil, Earendel, strahlendster Engel, über der mittleren Erde den Menschen gesandt« (die mittlere Erde, → Mit-

telerde, meint hier die Welt der Menschen zwischen Himmel und Hölle). Hier zeigt sich, was Earendel zunächst ist: ein rettender → Engel! 1914 entsteht als einer der ersten Ausdruck von Tolkiens späterer Mythologie das Gedicht »The Voyage of Earendil the Evening Star«. Hier taucht erstmals der Name Earendil auf. Meistens aber verwendet Tolkien in den nächsten Jahrzehnten noch den Namen Earendel. Weitere Nachweise für die intensive Beschäftigung mit dieser Figur in jener frühen Zeit sind das Gedicht → »Kôr« von 1915 und das → Bild → »Die Feenküste« aus demselben Jahr, auf dem Earendel dargestellt ist als der »Stern, der mit dem Mond gejagt hat«. Zum Namen hat Tolkien sich gleich mehrfach geäußert; er scheint sich aber selber nicht immer ganz klar gewesen zu sein, wie er ihn erklären und in sein Sprachsystem einbauen wollte. Mal leitete er ihn von »ea«, Adler, und »earen«, Adlerhorst, ab, dann wieder von »earen«, großes Meer, oder erklärte, es gäbe unter den Elben und Menschen viele Deutungen des Namens, vielleicht sei es ein Wort aus einer geheimen Sprache (HIS 2). Schließlich kam es zur endgültigen Form, »Earendil« als »Freund des Meeres«. Später hat Tolkien an diesem Namen aufgezeigt, wie sehr die Sprache seine Mythologie geprägt hat: Erst gefiel ihm den Name Earendel bzw. dessen angelsächsische Form »iarendel« (er spricht von dessen »großer Schönheit«), dann kam er noch 1913 zum Schluss, dass es sich um den Namen eines Sternes oder Sternbildes gehandelt haben, und schließlich, dass es der Morgenstern, also die → Venus, gewesen sein müsse. So blieb ihm »nur« noch, diesen Stern in seine Mythologie und in die elbischen Sprachen einzubauen. Dafür entstanden die elbischen Wörter bzw. Wortelemente »Earen« (großes Meer) und »(n)dil« (treu, ergeben, liebend).

Earendil

»Freund des Meeres; der die See liebt«, genannt auch der → »Halbelb«, »Der Gesegnete«, »Der Strahlende«, »Der Seefahrer«, der → »Flammifer von Westernis«, der »Abendstern« und der »Morgenstern«. Eine der zentralen Figuren in der Mythologie von → Mittelerde, die Tolkien bereits sehr früh entwarf und unter dem Namen → Earendel schon 1913 beschrieb und in den Grundzügen festlegte. Der Name Earendil taucht erstmals 1914 in dem Gedicht »The Voyage of Earendil the Evening Star« auf. Earendil, wie er dann im → »Silmarillion« und dem »Herrn der Ringe« in Erscheinung tritt, war dann im wahrsten Sinne der strahlende Höhepunkt der Entwicklung. Geboren 503 EZ in → Gondolin als Enkel des Königs, Sohn von → Tuor und → Idril Celebrindal, floh er mit seinen Eltern bei der Zerstörung Gondolins 510 EZ zu den → Sirionmündungen. Er freundete sich mit → Círdan an und lernte von ihm den Schiffbau. Er heiratete → Elwing, die Tochter von → Dior und Enkelin von → Lúthien und → Beren. Nachdem Tuor und Idril in den Westen gefahren waren, machte auch er sich auf, um → Aman zu suchen und die → Valar um Hilfe im Kampf zu bitten, auf seinem Schiff Vingilot (»Schaumblüte«), begleitet von seinen Gefährten → Aerandir, → Erellont und → Falathar. Ohne Erfolg kehrte er um, von Angst um die Daheimgebliebenen geplagt, und begegnete Elwing, die von → Ulmo in einen Vogel verwandelt worden war, um sie vor den → Söhnen Feanors zu retten. Gemeinsam suchten sie nun → Valinor, und er lenkte Vingilot, den Silmaril an die Stirn gebunden, durch das Schattenmeer und zwischen den Verwunschenen Inseln hindurch bis nach Aman. Hier erbat er die Hilfe der → Valar für Mittelerde. Er selbst kehrte nie zurück; ihm und Elwing wurde gewährt, zwischen dem Schicksal der Elben und dem der Menschen zu wählen, und er beugte sich Elwings Wunsch und wurde zu den Elben gezählt. Die Valar weihten sein Schiff, und es leuchtet von göttlichem Licht. Den Silmaril auf der Stirn, fährt Earendil immer wieder hinaus in die sternlose Leere, und oft ist er bei seiner Rückkehr zu sehen als Abendstern oder Morgenstern, der Stern, den wir heute → Venus nennen. Als ihn die Elben in Mittelerde zum ersten Mal erblickten, nannten sie ihn »Gil-Estel«, Stern der Hoffnung. Und nur noch einmal griff er ein in die Geschehnisse in Mittelerde; gemeinsam mit den → Adlern Manwes schlug er die → Drachen in der letzten → Großen Schlacht.

Earendil (Gondor)
→ Dúnedain, fünfter König von → Gondor, herrschte von 238 bis 324 DZ

Earendil hieß ein Schiffer kühn
Beginn des Gedichtes → »Irrfahrt«

Earendils Stein
der (erste) → Elessar, den wahrscheinlich auch → Aragorn trägt

Earendilyon
»Sohn Earendels«: in einer frühen Version von Tolkiens Quenya-Lexikon Bezeichnung für einen Seefahrer (HIS 2)

Earendur (Quenya)
»Diener, Freund des Meeres«: professioneller Seefahrer. Name auch (I) des jüngeren Bruders von → Tar-Elendil, (geboren 361 ZZ); (II) des 15. Herrn von → Andúnië und Bruders von Lindorië, der Großmutter von → Tar-Palantir, Großvater von → Númendil; (III) des zehnten und letzten Königs von → Arnor (777–861), nach dessen Tod Arnor aufgeteilt wurde

Earenya (Quenya)
»(Tag des) Meeres«, Name des sechsten Tages in der siebentägigen Woche → im Kalender der → Númenórer, auch Oraearon (Sindarin)

Earnhama (Altenglisch)
»Adlerkleid«

Earnil I. (Quenya)
»Freund des Meeres; der die See liebt« (eine Kurzform von Earendil): → Dúnedain, dreizehnter König von → Gondor, regierte 913 bis 1936 DT. Der zweite der Schiffskönige, Neffe seines Vorgängers → Tarannon Falastur. Eroberte 933 → Umbar, 936 in einem großen Sturm vor Umbar untergegangen.

Earnil II. (Quenya)
»Freund des Meeres; der die See liebt« (eine Kurzform von Earendil): → Dúnedain, 32. König von → Gondor, 1945 bis 2043 DZ. Nachfahre von → Telemehtar Umbardacil: Sohn von Siriondil, des Sohnes von Calimmacil, des Sohnes von Arciyas, des Bruders von → Narmacil II. Nachdem → Ondoher und seine beiden Söhne 1944 im Kampf gefallen waren, errang er als Befehlshaber des Südheeres von Gondor einen großen Sieg über das Heer von → Harad und vertrieb anschließend die → Wagenfahrer aus Ithilien. Nachdem → Arvedui von Arthedain die Krone beansprucht hatte, wurde sie vom Rat der Edlen von Gondor Earnil angetragen. Dieser wollte Arvedui im Krieg gegen → Angmar helfen, die Flotte, die er 1974 unter seinem Sohn → Earnur schickte, kam aber zu spät – Arthedain war bereits 1974 erobert worden. Earnil II. regiert als kluger und weiser König.

Earnur (Quenya)
»Diener des Meeres«: → Dúnedain, 33. und letzter König von → Gondor (2043–2050

DZ), gestorben wahrscheinlich 2050 DZ, Sohn von → Earnil II., mit dem die Linie von Anárion erlosch. Wurde von seinem Vater 1974 DZ mit einer großen Flotte nach → Arthedain geschickt. Er kam zu spät, um König → Arvedui und sein Reich zu retten, aber gemeinsam mit den Elben aus → Lindon unter → Círdan und aus → Imladris unter → Glorfindel (II) konnte er den → Hexenkönig von → Angmar in der Schlacht bei → Fornost (1975) besiegen und vertreiben. Dieser ging nach → Mordor und eroberte 2002 → Minas Ithil, das von da an → Minas Morgul hieß. 2043 wurde Earnur König. Er war ein berühmter Krieger, der beste menschliche Kämpfer seiner Zeit, dem nur Kampf und Kriegsspiel zählten, er heiratete auch nicht. Doch war er stolz und nicht der Klügste, und er konnte nie verwinden, dass er 1975 vor dem Hexenkönig hatte fliehen müssen, weil sein Pferd diesem nicht standhielt. Als er König wurde, forderte ihn der Hexenkönig zum Zweikampf, doch sein weiser → Truchsess → Mardil konnte ihn zurückhalten. Als der Hexenkönig die Forderung 2050 wiederholte, ritt er mit wenigen Begleitern aus → Minas Tirith, wie seine Stadt nun genannt wurde, nach Minas Morgul und ward nie wieder gesehen. Da er keine Nachkommen hatte und sich niemand fand, der unangefochten war, übernahmen die Herrschenden Truchsesse die Regierung für fast 1000 Jahre, bis → Aragorn II. Elessar kam.

Earráme (Quenya)
»Meeresschwinge«: Name des Schiffes, mit dem → Tuor in den Westen fuhr

Earwen (Quenya)
»Dame des Meeres, Meermädchen«: → Teleri-Elben, die »Schwanenjungfrau von → Alqualonde«, Tochter von → Olwe von Alqualonde, Gattin von → Finarfin, Mutter von → Finrod, → Orodreth, → Angrod, → Aegnor und → Galadriel. Diese waren über Earwen mit den Teleri verwandt (sie war ja die Nichte von → Thingol) und durften deshalb → Doriath betreten.

Ebene von Celebrant
Die große grasbewachsene Ebene, die zwischen den Flüssen → Celebrant und dem → Limklar lag; hier fand 2510 DZ die Schlacht statt, bei der → Éorl → Gondor zu Hilfe kam und bei der sie gemeinsam die → Balchoth besiegten

Ech (Sindarin)
»Speer«

Echad (Sindarin)
»Lager«

Echad i Sedryn (Sindarin)
»Lager der Getreuen«: Name des Lagers von → Túrin und → Beleg auf dem → Amon Rûdh

echedi (Sindarin)
»erzeugen, schaffen, machen«

Echoberge, Echogebirge
die → Ered Lómin

Echor (Sindarin)
»Umfassung, Umzingelung, Außenkreis«, z. B. in → Echoriath und → Rammas Echor

Echoriath (Sindarin)
»Umzingelnde Berge«: Berge um → Tumladen, die Ebene von → Gondolin, zwischen dem Tal des → Sirion und den → Ered Gorgoroth. Ihr südlicher Teil waren die Crissaegrim, in denen → Thorondor und seine → Adler hausten. Im Südwesten lag das versteckte Außentor, durch das man nach Gondolin kam. Nur wenige Pässe führten über

die Berge, einer war → Cirith Thoronath im Nordwesten.

Echuir (Sindarin)

»Regung«: die 54 Tage lange Jahreszeit des Vorfrühlings im → Kalender der Elben von → Imladris, entspricht etwa unserem Februar und März, Quenya »Coire«

Ecthel (Sindarin)

»Speerspitze«

Ecthel

»Quelle« in der Sprache der → Gnome

Ecthelion (von der Quelle)

Fürst der → Elben von → Gondolin, der bei der Vernichtung der Stadt von → Gothmog, dem Obersten der → Balrog, erschlagen wurde und diesen dabei ebenfalls erschlug, genannt auch »Herr der Quellen« und »Hüter des Großen Tores«

Ecthelion I.

→ Dúnedain, 17. Herrschender → Truchsess von → Gondor (2685–2698 DZ)

Ecthelion II.

→ Dúnedain, 25. Herrschender → Truchsess von Gondor (2953–2984 DZ), der Vater von → Denethor II., Großvater von → Boromir und → Faramir (II). Während seiner Regierungszeit kämpfte → Aragorn für Gondor und drang 2980 in den Hafen von → Umbar ein, doch ohne seine Identität zu offenbaren; man kannte ihn als Thorongil, »Adler des Sterns«, denn er trug einen kleinen silbernen Adler am Mantel.

Ecthelions Turm

der → Weiße Turm von → Gondor

Edain (Sidarin)

»Das zweite Volk«: die Menschen, Einzahl Adan (Quenya Atani, Einzahl Atan). Manchmal von den → Elben nur für die Menschen aus den drei Häusern der → Elbenfreunde verwandt.

Edda

Die beiden wohl berühmtesten Werke der frühen isländischen Literatur sind die beiden Eddas. Aus ihnen hat Tolkien (und viele andere Autorinnen und Autoren, z. B. → Eddisson und → Donaldson) viele Ideen und auch Namen übernommen; so hat er sich, wie später Poul Anderson, des Zwergenkatalogs der Älteren Edda bedient. Die Einflüsse, die bei der → Mythologie der → Germanen diskutiert werden, etwa die Ähnlichkeiten von → Allvater mit → Ilúvatar oder von → Manwe mit → Odin, sind natürlich alle in den Eddas wiederzufinden, sind diese doch die Grundlage von dem, was wir über nordische Mythologie wissen. – Was das Wort Edda bedeutet, ist umstritten. Es kann sich aus dem altnordischen Wort »edda« herleiten, das Urgroßmutter heißt, kommt aber wohl eher vom Ort Oddi, der im Mittelalter kulturelles Zentrum des Südens von → Island war. Hier wuchs → Snorri Sturluson auf, der Autor der Snorra-Edda. – Die ältere Edda oder »Lieder-Edda« ist eine Sammlung von mehr als 30 Liedern aus dem 9. bis 12. Jahrhundert, die sich mit nordischen und germanischen → Göttern und Helden beschäftigen. Nicht alle dieser Lieder sind wohl in Island entstanden, sie wurden aber dort im 12. Jahrhundert erstmals niedergeschrieben und sind nur in einer einzigen Handschrift (Codex Regius) erhalten. – Die jüngere, die Prosa- oder Snorra-Edda, vollendete Snorri Sturluson um 1222 oder 1223. Sie stellt in Geschichten und Rätseln die Mythologie der Nordleute, der Skandinavier und der Germanen dar und gilt als wichtigste Quelle zu deren Erforschung. Zugleich ist sie ein metrisches Lehrbuch. Auf keinen Fall ist sie religiöse Dichtung, sowenig wie die »Lieder-Edda«. Der Kultpoesie stehen alle Edda-Gedichte fern: *»Von dem, was den eigentlichen Kern aller Religionen bildet: dem Verhältnis der Götter zu den Menschen, finden wir in den Edda-Liedern nichts... So ist die Edda alles andere als ein Glaubensbuch«,* konstatiert etwa das RGG (»Die Religion in Geschichte und Gegenwart«, Tübingen 1960). Auch bei der »prosaischen« oder »Snorra-Edda« handelt es sich nicht um religiöse Dichtung, sondern um eine Mythologie. Snorri wollte den jungen → Skalden das für ihre Kunst notwendige Rüstzeug vermitteln. Er selbst war Christ und nahm an den Mythen einerseits ein nationales, andererseits ein wissenschaftliches, auf keinen Fall jedoch ein religiöses Interesse, so dass in dieser Hinsicht mit dem RGG der Schluss zu ziehen ist, dass *»uns auch die Snorra-Edda keinen Einblick in die eigentliche Religion der Nordleute«* erlaubt.

Eddisson, E. R. (Eric Rucker)

»Der größte und überzeugendste Schöpfer erfundener Welten, den ich je gelesen habe« – so euphorisch äußerte sich J. R. R. Tolkien über seinen zehn Jahre älteren britischen Schriftstellerkollegen Erik Rucker Eddisson (1882–1945). Das Lob bezog sich vor allem auf Eddissons Hauptwerk und E. R. Eddisson »The Worm Ouroboros. A Romance« (»Der Wurm Ouroboros«, 1922). Es gilt in der Fachwelt neben dem »Herrn der Ringe« als genrebildendes und bedeutendes Werk der Fantasy, auch wenn es nicht so bekannt ist (es erschien auf Deutsch 1981 bei Heyne und 1993 bei Bastei-Lübbe). Eddisson verbrachte sein Leben zum großen Teil im Büro; in seiner Fantasie jedoch erlebte er zahlreiche Abenteuer mit den Helden der → Edda und der isländischen → Sagas, denen er sich wie Tolkien stark widmete. 1930 legte er sogar eine wegweisende Übersetzung der isländischen »Egil's Saga« vor. Eddissons Werk ist nicht umfangreich; es umfasst außer dem »Wurm Ouroboros« noch den Saga-ähnlichen Wikinger-Roman »Styrbiorn the Strong« (»Styrbjörn der Starke«, 1926) und die Fantasy-Trilogie »Zimviamvia«. Sein Hauptwerk ist nach dem sich selbst in den Schwanz beißenden → Ourooros benannt (obwohl in dem ganzen Buch kein → Drache vorkommt), weil die Struktur der Geschichte eine zyklische ist: Sie endet mit dem Anfang. Auf dem Mars leben zwei verfeindete Völker, die Dämonen (die mit unseren → Dämonenvorstellungen außer klei-

»Der Wurm Ouroboros«: Der berühmteste Roman von E. R. Eddisson, hier in der Ausgabe des Heyne-Verlages von 1981

nen Hörnern gar nichts zu tun haben, sondern eher Tolkiens → Elben entsprechen) und die Hexen, die ebensowenig unserer Vorstellung entsprechen, genauso edel wie die Dämonen aussehen, aber böse sind. Gorice, der König der Hexen, wird jedes Mal, wenn er getötet wurde, mächtiger wiedergeboren. Zu Beginn des Romans entführt er einen der Dämonenfürsten, und es beginnt ein apokalyptisch anmutender Krieg, bei dem das Reich der Dämonen fast zerstört wird, sie aber am Ende siegen und Gorice endgültig vernichten. Doch nun tritt die große Langeweile ein – es gibt nichts mehr zu tun, nicht mehr zu kämpfen. Zum Glück für die Dämonen gibt es eine mächtige Fürstin/Göttin/Fee, die die Welt wieder in Ordnung bringt; Gorice und das Hexenland erstehen wieder, es geht wieder los! Noch weitaus stärker als bei Tolkien definieren sich die Figuren darüber, was sie tun, nicht darüber, wie sie sind. Es gibt keinerlei psychologische Charakterzeichnungen, und Eddisson verweigert sich diesen auch ausdrücklich. Sein Ziel ist, den sachlichen und präzisen Prosa-Stil der Sagas zu kopieren, ihre direkte Erzählweise, die ganz ohne lyrische Erhabenheit oder gar Gedanken über die Motive der Handelnden auskommt. Nicht nur hierin unterscheidet sich Eddisson dann doch stark von Tolkien, der zwar durchaus auch oft einen solchen Stil pflegt, meist aber mehr in seine Texte hineinlegt bis hin zu zwar trocken berichteten, aber doch sehr gefühlvollen Szenen. Und aus noch anderen Gründen kann man den »Wurm Ouroboros« nicht mit dem »Herrn der Ringe« vergleichen: Eddissons Werk weist viele fragwürdige und unlogische Elemente auf, während Tolkiens Geschichte sehr durchdacht ist. Eddisson hat eine selbst von seinen Fans kritisierte Rahmenhandlung aus der Sicht eines exzentrischen Engländers geschaffen, die eher stört. Und

vor allem bleibt es eine kalte Welt, in der nur Kampf und Streit zählen. Dies ist bei Tolkien durchaus anders, auch wenn bei ihm (wie in den Sagas) Kampf und Ehre eine wichtige Rolle spielen. Immer wieder werden die in großen Kämpfen Gefallenen besungen, und → Manwe spricht (nach dem Eid von → Feanor) von teuer bezahlten Liedern über die Heldentaten, die aber doch wohlfeil seien. In einer der verschollenen Geschichten lässt Tolkien sogar einen → Valar sagen, man müsse → Melkor stark halten, damit es nicht ewigen Frieden gäbe, denn ohne Kampf wäre die Welt zu langweilig. Doch ist dies bei Tolkien nur *ein* Aspekt, bei Eddisson hingegen die Grundlage seiner ganzen Geschichte. »Der Wurm Ouroboros« ist ein Standardwerk der Fantasy, gewiss, doch ein Buch, das eine gewisse Ratlosigkeit zurücklässt.

Edelstein von Elendil
der → Elendilmir

eden (Sindarin)
»neu, erneut begonnen«

EDFC
→ Erster Deutscher Fantasy Club e. V.

Edgbaston
Stadtteil von → Birmingham, in dem John Ronald Reuel → Tolkien von 1902 bis 1908 lebte.

Edhel (Sindarin)
»Elbe«, z. B. in → Aredhel, → Glóredhel, → Peredhil; Mehrzahl »Edhelrim« oder »Edhil«

Edhelharn (Sindarin)
»Elbenstein«, der → Elessar

edhellen (Sindarin)
»elbisch«

Edhellond (Sindarin)
»Elbenhafen«: Hafen in → Belfalas, an der Mündung des Flusses → Morthond in das große Meer → belegaer, von dem aus → Amroth in See stach und nie wiederkehrte

Edhellos (Sindarin)
»Elbenblume«: Beiname der Ehefrau von → Angrod

Edhelrim, Edhil (Sindarin)
»Elben«, Singular »Edhel«

Edhofon
der Name für → Eruman in der Sprache der → Gnome

Edinor (Sindarin)
»Geburtstag«

Edle Sprache
→ Sindarin

edledhia (Sindarin)
»ins Exil gehen, auswandern«

Edledhron (Sindarin)
»Exilant, Emigrant, Auswanderer«

edlenn (Sindarin)
»ausgewandert, im Exil«

edlothia (Sindarin)
»blühen, erblühen«

edlothiad (Sindarin)
»blühend«

edonna (Sindarin)
»zeugen, erzeugen«

Edoras
Hauptstadt von → Rohan, gelegen auf einem Hügel am Südrand der → Ered Nimrais. Im Zentrum stand → Meduseld, die Halle des Königs, wegen ihres goldglänzenden Dachs schon von weitem zu erblicken. Es gab eine Stadtmauer, aber dennoch war Edoras keine Festung; im Krieg zog man sich nach → Dunharg zurück. Auf dem Gräberfeld vor der Stadt waren die Könige von Rohan begraben, am Ende des → Dritten Zeitalters gab es neun Gräber an der Westseite für die Könige der → ersten Linie und acht auf der Ostseite für die der → zweiten Linie (inklusive → Théoden). »Edoras« ist altenglisch und bedeutet »Häuser, Höfe«, dasselbe soll es auch in der Sprache von Rohan bedeuten.

edra (Sindarin)
»öffnen«

Edrahil
Elbe aus → Nargothrond, Anführer des Trupps, der → Beren und → Finrod Felagund begleitete auf der Suche nach dem → Silmaril; starb in den Kerkern von → Tol-in-Gaurhoth

Edrain (Sindarin)
»Rand«

edro (Sindarin)
»Öffne!«

Efeubusch
Kleines Gasthaus an der Straße zwischen → Hobbingen und → Wasserau

êg (Sindarin)
»Dorn«

Egalmoth
→ Dúnedain, 18. Herrschender → Truch-

sess von → Gondor (2698–2743 DZ). Egalmoth heißt in den Verschollenen Geschichten auch der Herr des »Hauses vom Himmelsbogen« in → Gondolin, einer der reichsten und mächtigsten Elbenfamilien, und ein großer Krieger (HIS 2)

Egladhrim (Sindarin)
»Die Verlassenen, das Verlassene Volk«: Name, den sich die Gefolgsleute von Elwe (→ Thingol) gaben, die → Teleri, die in → Beleriand blieben, um ihn zu suchen, als er verschollen war; auch Eglath.

Egladil
Das zentrale Gebiet von → Lórien zwischen → Celebrant und → Anduin, in Westron »Winkel« genannt, das »Dreieck« oder der »Zwickel« von Lórien

Eglador
»Land des verlassenen Volkes«: der Name, den die → Egladhrim ihrem Land gaben, das nach der ersten der großen → Schlachten von Beleriand, nachdem es vom → Gürtel Melians umgeben war, → Doriath hieß

Eglamar
Ein Name für → Eldamar, »Elbenheim«

eglan (Sindarin)
»vergessen«

Eglarest
Der südlichste der Häfen der → Falas an der Küste von → Beleriand, erbaut im Ersten Zeitalter, zerstört 497 EZ. Hier floss der → Nenning ins Meer → Belegaer.

Eglath (Sindarin)
ein anderes Wort für → Egladhrim

Eglavain
ein Name für → Eldamar, »Elbenheim«

egleria (Sindarin)
»loben, (lob)preisen, verherrlichen«

Eglobar
»Elbenheim«: der Name für → Eldamar in der Sprache der → Gnome

Egnor
In einer ursprünglichen Variante der Verschollenen Geschichten der Name des Vaters von → Beren, genannt auch »der Waldläufer«, »der Jäger der Elben«, der »Jäger der Gnome«, der »Elb aus dem Grünwald«. Sohn von → Rimion (HIS 1)

egor (Sindarin)
»oder«

Eh Erz ward gefunden und Baum gefällt
Beginn eines Rätselgedichtes von → Gandalf über die → Ents im »Herrn der Ringe«

Ehe
→ Frauen, Frauenbild

Ehtele (Quenya)
»Quelle, Brunnen«

Eichholz
Ein Nachbardorf von Ham in der Geschichte → Bauer Giles von Ham, »Quercetum« auf Latein, wo der → Drache → Chrysophylax den Pfarrer verspeist

Eichhörnchen
Spielzeuggroße Eichhörnchen leben in der Geschichte → »Roverandom« auf dem → Mond, schwarze Eichhörnchen in → »The Hobbit« im »Düsterwald«.

Eichler, der alte
Ein alter Hobbit, mit dem sich Ohm → Gamdschie im Gasthaus → Efeubusch unterhält

Eid von Feanor
→ Feanors Eid

Eilenach
Das zweite der sieben → Leuchtfeuer von → Gondor in den → Ered Nimrais, der höchste Gipfel des → Drúadan-Waldes

Eilenaer
Ein Name des Amon Anwar, des → Halifirien, im → Ersten Zeitalter

Eilend
Fluss, der am → Erebor entsprang, durch den → Langen See floss, sich dann mit dem → Carnen (Rotwasser) vereinigte und ins Meer von → Rhún mündete. Auch »Eiliges Wasser« genannt und »Rennender Fluss«, auf Sindarin »Celduin«. Mit etwa 1350 Kilometer Länge der zweitlängste Fluss nach dem → Anduin und etwas länger als der Rhein.

Eiliant (Sindarin)
»Regenbogen«

Eiliges Wasser
der → Eilend

Eilinel
Gemahlin von → Gorlim dem Unglücklichen, erschlagen in → Dorthonion um 455 EZ

Ein alter Krug, ein fröhlicher Krug
Beginn des Gedichtes → »Der Mann im Mond trank gutes Bier«

Ein heimliches Laster
Essay von Tolkien, Originaltitel → »A Secret Vice«

Ein Hoch! dem Bade
Beginn des Liedes → »Ein Lob dem Bade«

in der alten Übersetzung des »Herrn der Ringe«

Ein Lob dem Bade
Eines von → Bilbos Lieblings-Badeliedern; → Pippin singt es in → Frodos Haus im »Herrn der Ringe«: »Ein Lob dem Bade, dem warmen Guss« (in der alten Übersetzung: »Ein Hoch! dem Bade, dem edlen Genuss«). Eine Vertonung des englischen Originaltextes »Sing hey! for the bath« von W. Kristoph Klover findet sich unter dem Titel »The Bath Song« auf der CD und im Songbuch → »The Starlit Jewel«.

Ein Ring, sie zu knechten
Der Beginn der Inschrift in dem Einen Ring, dem → Herrscherring. Komplett lautet die Übersetzung: »Ein Ring, sie zu knechten, sie alle zu finden, ins Dunkel zu treiben und ewig zu binden.« Im Ring steht sie folgendermaßen: »*Ash nazg durbatulûk, ash nazg gimbatul, ash nazg thrakatulûk, agh burzum-ishi krimpatul.*«

Einbalsamierung
Ab der Zeit von → Tar-Atanamir entwickelten die → Númenórer die Technik der Einbalsamierung bis zur Vollendung; wenn sie schon nicht unsterblich werden konnten, wollten sie wenigstens den Leib erhalten. In historischer Zeit ist die Technik, einen Leichnam zu konservieren, seit mindestens 4000 v. Chr. in Ägypten belegt, dort geübt als rituelle Form der Bestattung: Der Körper sollte unversehrt bleiben, damit die Seele ins Totenreich gelangen konnte. Höhepunkt dieser Technik war die Mumifizierung: Man entnahm der Leiche Gehirn und Eingeweide und füllte die Körperhöhlen mit verschiedenen speziellen Substanzen. In die Blutgefäße spritzte man konservierende Flüssigkeiten und wickelte den Körper in Stoffbahnen, die mit ähnlichen

Flüssigkeiten getränkt waren. Der Brauch war in der Antike weit verbreitet: Die Assyrer benutzten Honig zum Einbalsamieren, die Perser Wachs und die Juden Gewürze und Heilpflanzen. Man vermutet, dass die Kunst des Mumifizierens – noch heute haben manche Mumien elastische Hautpartien – um 700 n. Chr. ausgestorben ist. Einbalsamiert wurde jedoch noch später und auch in Europa. Vom 5. Jahrhundert bis in die frühe Neuzeit nahm man auch hier die Eingeweide heraus, legte den Leichnam in Alkohol, steckte in das Fleisch konservierende Kräuter und bewahrte den Körper in wachsgetränkten Tüchern auf. Mehrere englische Könige wurden so einbalsamiert; die Leiche von Wilhelm dem Eroberer fand man im 16. Jahrhundert nach ca. 300 Jahren noch gut erhalten in Frankreich.

Eine Ring, Der
der → Herrscherring von → Sauron

Eines Morgens früh in der Stille der Welt
Flüchtige Zeichnung mit Bleistift und Buntstift von Tolkien für das 1. Kapitel von → »The Hobbit«, entstanden wohl 1937, schnell hingeworfen, mit den kaum näher zu erkennenden → Gandalf und → Bilbo vor dem Eingang von Bilbos Höhle.

Einhänder
→ Beren Erchamion

Einhörnchen
Nicht näher beschriebene Wesen mit Stacheln wie Speere, die in der Geschichte → »Roverandom« auf dem → Mond leben

einior (Sindarin)
»älter«

Einsame Insel
→ Tol Eressea

Einsamer Berg
der → Erebor

Einsiedel-Troll saß auf einem Stein
Beginn des Gedichtes → »Luftikus«

Einst lebte eine Elbenmaid
Beginn vom → Lied von Nimrodel

Einundelfzigster Geburtstag
der 111. Geburtstag von → Bilbo Beutlin, an dem er ein großes Abschiedsfest feiert, seinen Ring, den → Herrscherring, an → Frodo weitergibt und aus dem → Auenland nach → Imladris zieht.

Eisbezirke
Gebiete am Rand der → Helcaraxe

Eisenberge
die → Ered Engrin

Eisenhöllen
→ Angband

Eisenkrone, Eiserne Krone
Die Krone von → Melkor, in der er die → Silmaril trug

Eisklaue
die → Helcaraxe

Eismeere
Meere in der Nähe der → Hallen von Mandos

Eisrachen
die → Helcaraxe

Eithad (Sindarin)
»Beleidigung«

Eithel (Sindarin)
»Quelle, Brunnen«

Eithel Ivrin

»Quelle von Ivrin«, auch »Weiher von Ivrin«, »Fälle von Ivrin« und »Ivrin-Brunnen«: die Quelle des Flusses → Narog unterhalb der → Ered Wethrin. Von → Ulmo gesegnet, doch von → Glaurung entweiht, als er Nargothrond zerstörte

Eithel Sirion

»Quelle des Sirion«, auch »Sirion-Brunnen«: gelegen an den Osthängen der Ered Wethrin, wo → Barad Eithel, die große Festung von → Fingolfin und → Fingon, stand

Eket

Bezeichnung für ein kurzes Schwert mit breitem Blatt

Ekkaia

Das → Außenmeer, von dem Arda umgeben ist

Ektele (Quenya)

»Quelle, Brunnen«

êl (Quenya)

»Stern«, meist nur poetisch gebraucht, Plural éli; z. B. in → Elmo, → Elatan, → Menel

ela! (Quenya)

»Schau! Sieh!«

Elanor

»Sternblume«: kleine, pimpernellenartige, goldfarbene, sternförmige Winterblume, die in → Tol Eressea und in → Lórien, dort auf dem Grabhügel von → Cerin Amroth, wuchs. → Tar-Aldarion und → Erendis erhielten von den Elben 871 ZZ zu ihrer Hochzeit eine ganze Schiffsladung als Festschmuck.

Elanor die Schöne

Älteste Tochter von → Sam Gamdschie, blond und schön, auf Vorschlag von Frodo → Beutlin nach der Blume → Elanor benannt. Geboren am 25. März 1421 AZ. 1436 Ehrenjungfrau von Königin → Arwen. Heiratete 1451 Fastred aus Grünholm, 1454 wurde ihr Sohn Elstan Schönkind geboren. 1455 wird Fastred Verwalter der → Westmark, er und Elanor ziehen nach Untertürmen auf den Turmbergen. 1482 erhält sie von ihrem Vater das → Rote Buch, das ihre Nachkommen, die Schönkinds, viele Generationen aufbewahren. – Im → Film von Peter → Jackson wird Elanor von Alexandra → Astin dargestellt.

Elatan von Andúnië

»Sternenmensch«: → Númenórer, Gemahl von → Silmariën, Vater von → Valandil, dem ersten Fürsten von Andúnië

Elben

Die Elben in der Mythologie von → Mittelerde sind eine Abwandlung der altbekannten Feen und → Elfen, die es auch in einigen Geschichten von Tolkien gibt, weitaus stärker jedoch sind sie geprägt von der nordischen Mythologie, z. B. der Mythologie der → Germanen. Ähnlich wie bei den → Zwergen stellt Tolkien seine Neuschöpfung von Elben auch sprachlich dar: Das deutsche »Elf, Elfe« heißt auch im Englischen »elf«, damit können aber auch Feen, → Kobolde oder Zwerge gemeint sein; in der Regel sind es putzige Märchenfiguren. Der Plural dieses Wortes ist normalerweise »elfs«, es gibt aber als altmodische Fassung auch schon lange die Form »Elves«, auf die Tolkien nun zurückgreift. Im Deutschen wurde dafür der Begriff »Elbe« geschaffen, um Tolkiens Elben von den Elfen der Sagen und Märchen abzugrenzen. In der Mythologie der Elben von Mittelerde, wie sie u. a. im »Cuivienyarna« niedergelegt ist, der »Legende vom Erwachen der Quendi«, und die man im → »Silmarillion« und anderen Büchern Tolkiens nachlesen kann, sind die Elben die »erstgeborenen Kinder« von → Ilúvatar, das ältere der → Zwei Geschlechter, erwacht im → Ersten Zeitalter unter den Sternen in → Cuiviénen. Sie waren edel, klug, stark und im Prinzip unsterblich, sie konnten allerdings erschlagen werden oder an Weltmüdigkeit zugrunde gehen. Wenn dies geschah, verließ ihr Geist den Körper und ging in die → Hallen von Mandos. Nach manchen Legenden konnte es eine → Wiedergeburt in einem anderen Körper geben. Was am Ende der Zeit mit ihnen geschieht, wenn die Menschen bei der → Zweiten Musik der Ainur mitspielen werden, ist nicht bekannt. Im Prinzip sind die Elben »verbesserte Menschen«, bei denen alles ins Gewaltige gesteigert ist: Kampfeskraft und Kampfesmut, künstlerische und erfinderische Begabung – dies konnten sie natürlich auch über lange Zeiträume trainieren –, Klugheit und Weisheit, aber auch Arroganz, Eitelkeit und Hochmut, Wut, Eifer und Rücksichtslosigkeit. Es ist die Maßlosigkeit von → Feanor, der sich mit den »Göttern«, den → Valar, vergleicht und messen will, der das Ende der Elben einläutet. Jene, die diesem → »Sündenfall« aus dem → »Paradies« von → Aman vertrieben wurden, beginnen zu »schwinden«, der Welt müde zu werden, an Kraft nachzulassen. Sie werden wehmütig, der Vergangenheit zugeneigt und ihr nachtrauernd. Mit dem Beginn des → Vierten Zeitalters verlassen die letzten Elben Mittelerde. Sich selbst nannten die Elben Quendi, das heißt »die, die mit Stimmen reden« (damals kannten die Elben keine anderen sprechenden Wesen) oder auch → Eldar, das »Volk der Sterne«. Erst später begegneten sie den Valar (als erstem → Orome), die sie nach → Aman einluden. Doch nicht alle nahmen das Angebot an.

Manche verweigerten sich ganz; dies waren die Avari, die »Widerstrebenden«, die »Ablehnenden«. Andere bogen noch vor dem → Nebelgebirge ab, diese werden als → Nandor bezeichnet, »die sich abwenden«. Beide Gruppen gemeinsam bilden die Dunkelelben, die Moriquendi, auch als Umanyar bezeichnet (»die, die nicht aus Aman kommen«). Von denen, die nach Aman gingen, waren die ersten die → Vanyar (»die Blonden«), es folgten die → Noldor (»die Gelehrten«) und als letzte die → Teleri (»die Letzten«). Die Vanyar und Noldor wurden von → Ulmo auf einer schwimmenden Insel nach Aman gebracht. Bei einer zweiten Fahrt holte er die Teleri, doch nicht alle kamen mit. Und die, die mitkamen, baten Ulmo, die Insel noch vor der Küste zu verankern, und sie lebten von nun an auf dieser Insel, → Tol Eressea. Alle die, die in Aman waren, als noch das Licht der → Zwei Bäume von Valinor erstrahlte, nannte man später die Calaquendi, die Lichtelben oder Hochelben: die Vanyar, die Noldor und die in Aman wohnenden Teleri; man zählte aber oft auch jene dazu, die als deren Nachfahren später in Mittelerde geboren wurden. Die Teleri, die in Mittelerde geblieben waren, wurden auch zu den → Dunkelelben gezählt, oft aber von ihnen getrennt und auch → Sindar oder Grauelben genannt. Nur ihr Fürst Elwe Singollo (→ Thingol), der das Licht der Bäume gesehen hatte, galt als Hochelbe. Die ursprüngliche → Sprache der Elben, das → Quenya, das die Noldor aus Aman wieder nach Mittelerde brachten, wurde als Hochelbisch zur Gelehrten- und Zeremonialsprache. Als Verkehrssprache der Elben und später auch der mit ihnen befreundeten Menschen setzte sich das Sindarin durch, die Sprache der in Mittelerde gebliebenen Grauelben. Es gab auch zahlreiche Dialekte und Sonderentwicklungen. Die Elben waren zwar eigens geschaffen und an sich nicht mit den Menschen verwandt, dennoch waren → Vereinigungen zwischen den Geschlechtern fruchtbar, und die meisten daraus entstandenen → Halbelben erhielten von den Valar das Recht, zwischen dem Schicksal der Elben und dem der Menschen zu wählen. – Die Elben, wie sie im »Silmarillion« und im »Herrn der Ringe beschrieben werden, sind Ergebnis einer langen Entwicklung. Tolkien legte viele ihrer Eigenschaften erst spät fest. Zeitweise waren sie bei ihm kleine, eher den Feen ähnliche Wesen; er sprach auch manchmal von Feen. Dann wieder »schwanden« sie in der Welt im wahrsten Sinne des Wortes, wurden kleiner und schwanden dahin. Lange sprach Tolkien von → »Gnomen«, wenn er die Noldor meinte, und in seinern Vorstellungen dieser schöpferischen geschickten Elben war er auch stark von den Gnomen-Ideen z. B. von → Paracelsus beeinflusst. Lange Zeit waren die Elben sterblich, dann gab es das Konzept der Wiedergeburt, ein andermal waren sie sogar Vorfahren der Engländer und England aus Tol Eressea entstanden! Was den Elben recht ist, ist den Menschen billig: → Beren z. B. war in manchen Geschichten ein Elbe bzw. Gnom. In diesem Lexikon erfolgte eine Beschränkung auf die späte Version, die des »Silmarillion« und des »Herrn der Ringe«, doch einige wichtige Varianten finden Erwähnung. – Auch in anderer Hinsicht sind Tolkiens Elben Ergebnis einer langen Entwicklung. Ihre Abstammung aus der nordischen Mythologie ist allgemein bekannt: Elfen seien »*in d. german. Mythologie hilfreiche oder bösartige kl. Geister, in christl. Zeit Name für böse Zaubergeister; erst seit Wieland liebl. weibl. Geisterwesen*«, informiert »Das neue Duden-Lexikon« (1984). Poul Anderson hat diese Entwicklung und seine Haltung zu den Elben schön beschrieben: »›Opfern

wollen sie am Abend den Elfen, die Heiden.‹ (...) *Wir lernen daraus, was die Elfen in alter Zeit waren: Götter. Als die Männer im Norden damit anfingen, Bücher zu schreiben, waren die Elfen natürlich schon zu harmlosen Naturgeistern ... abgewertet worden. Die Eddas siedeln einige von ihnen in Asgard als Diener der Asen an ... Später entstandene Sagen verkleinerten die Elfen noch mehr, ließen ihre Gestalten zur Winzigkeit schrumpfen und vergaßen völlig ihre Verwandtschaft mit den immer noch mächtigen Zwergen. Nichtsdestotrotz finden wir einen Abglanz von Alfheim noch im Mittelalter und der Renaissance – das Feenreich, dessen Bewohner von menschlicher Gestalt, aber von unirdischer Schönheit und mit Zauberkräften begabt waren. In unserer Zeit hat J. R. R. Tolkien den Elfen in seinem faszinierenden ›Herrn der Ringe‹ etwas von ihrer früheren Größe zurückgegeben. Er hat sie jedoch nicht nur schön und klug, sondern auch weise, ernst, ehrenhaft und freundlich gemacht – Verkörperungen des guten Willens gegen alles, was lebt... Selbstverständlich ist nichts dagegen einzuwenden. Es war auch für Professor Tolkiens Zwecke notwendig. Aber vor zwanzig Jahren ging ein junger Bursche, der den gleichen Namen wie ich trug, weiter zurück, bis ins neunte Jahrhundert, und entdeckte Elfen und Götter von ganz anderer Art. Es war, wenigstens in Europa, eine rohe Zeit. Ungehindert herrschten Grausamkeit, Raubgier und Zügellosigkeit. Die Schrecken, die die Wikinger über Britannien und Frankreich brachten, waren nicht geringer als die Greueltaten, die Karl der Große bei den Sachsen oder die Ritter des Ersten Kreuzzuges in Jerusalem begingen... Da die Menschen dazu neigen, ihre Götter und Halbgötter nach ihrem eigenen Bild zu schaffen, stellte der Verfasser Elfen und Asen als amoralisch dar – sogar als böse, wenn man ihre Pläne durchkreuzte. Das stimmt zu dem, was wir über sie in der Edda und den Sagas lesen können.«* (Poul Anderson 1971 im Vorwort zur Neuauflage seines Buchs »Das geborstene Schwert«) – Anderson hat recht, was das Verhältnis von Tolkiens Elben zu den Gestalten der Mythologie betrifft; seine Elfen sind den Ursprüngen sehr viel näher. Eben darin aber liegt auch eine der großen Leistungen Tolkiens: dass er es geschafft hat, Gedanken, Muster und Topoi vieler Mythen, Religionen und Sagen zu einem neuen, eigenständigen Gesamtwerk zu verbinden, was in einer solchen Form vorher nie gewagt und später nie wieder erreicht worden ist.

Elben der Falas
Die → Falathrim

Elben des Lichts
Die → Calaquendi

Elben des Zwielichts
Die → Sindar

Elbenbrot
→ Lembas

Elbenfreund
Bilbo erhielt den Ehrentitel »Elbenfreund« vom König der → Waldelben, → Thranduil. In früheren Geschichten auch der Name für → Déor, den Vater von → Ælfwine, und für → Úrin.

Elbenfreunde
Bezeichnung für die Menschen aus den → Drei Häusern der Menschen, später in → Númenor und in der → Akallabêth auch für die Númenórer, die auch in späteren Zeiten mit den Elben befreundet blieben, genannt auch die → Elendili oder »Die Getreuen«. Im → Dritten Zeitalter werden als Elbenfreunde manchmal auch die → Dúnedain bezeichnet.

Elbenheim
In der Geschichte → »Roverandom« ein Ort jenseits der Verwunschenen Inseln, ein Teil des → »anderen Landes«. In der Mythologie von Mittelerde jener Bereich von → Aman, den die → Teleri bewohnten, genannt → Eldamar, das heißt Elbenheim. Auch → Doriath und später → Imladris wurden manchmal so genannt. In den Verschollenen Geschichten schließlich in der altenglischen Form Ælfhâm ein anderer Name für → Eldaros oder → Luthanien.

Elbenil
Elbischer Name für → Winzigherz (später Elwenil)

Elbeninsel
→ Tol Eressea

Elbenkönig
In der Geschichte → »Der Schmied von Großholzingen« verbringt der König von → Elbland unter dem Namen Alf über 60 Jahre in Großholzingen, zunächst als Küchenjunge (Spitzname »Stift«), später als Küchenmeister; als solcher backt er zweimal einen Großen Kuchen für das Fest der Vierundzwanzig.

Elbenland
In der Geschichte → »Roverandom« ein Ort jenseits der Verwunschenen Inseln, ein Teil des → »anderen Landes«. In der → Mythologie von Mittelerde ein Teil der Küste von → Aman, genannt Elende, das bedeutet Elbenland. Hier war das Licht der Bäume so schwach, dass man die Sterne sehen konnte. In der Geschichte → »Der Schmied von Großholzingen« gibt es ein → »Elbland«.

Elbenlatein

So nannte Tolkien manchmal die → Sprache → Quenya

Elbenlegenden

→ Buch der Legenden

Elbenmäntel

Mäntel, die → Frodo und seine Gefährten in → Lórien als Geschenk erhalten, von → Galadriel und ihren Mägden gewoben: leicht, warm in der Kälte, kühlend in der Hitze. Sie nehmen die Farbe der Umgebung an und können als → Tarnmäntel dienen.

Elben-Marsch

In den Verschollenen Geschichten ein wichtiges Ereignis: Der Auszug der → Elben von Kôr zur Rettung der → Gnome in Mittelerde, ein entfernter Vorläufer des Zugs der → Valar zur → Großen Schlacht am Ende des → Ersten Zeitalters. Am Ende bleibt → Tol Eressea in den Gefilden der Menschen liegen, die es betreten, die Elben »schwinden« dahin, und aus Tol Eressea wird → England (HIS 1,2).

Elbenpfad

Ein Pfad nördlich von der → Alten Waldstraße im → Düsterwald, den → Bilbo und seine Gefährten nahmen und der den → Verzauberten Fluss kreuzte.

Elbenringe

die → Drei Ringe der Elben

Elbenrunen

→ Cirth, manchmal auch für die → Tengwar benutzt

Elbenschmiede

die Gwaith-i-Mirdain, die Gilde der Juwelenschmiede von → Eregion, deren Oberhaupt → Celebrimbor war

Elbenseile

Seile, die → Frodo und seine Gefährten in → Lórien als Geschenk erhalten, gefertigt aus → Hithlain (»Nebelfaden«), grau, seidig weich, dünn, leicht, reißfest. Ein damit geknüpfter Knoten löste sich auf Zuruf.

Elbenschrift

die → Tengwar

Elbensprachen

→ Elben, → Sprachen

Elbenstein

Der (oder die) → Elessar. Elbenstein nennt → Aragorn auch einen blassgrünen → Beryll, den er auf der Straße findet, vielleicht in Erinnerung an den wahren Elessar, der ebenfalls grün ist. Und Elbenstein wird auch Aragorn selbst genannt.

Elbenstern

Ein silberner Stern aus → Elbland in der Geschichte → »Der Schmied von Großholzingen«; verleiht dem Kind, das ihn beim → Fest der Vierundzwanzig im Großen Kuchen findet, eine wunderschöne Stimme, tänzerische Anmut sowie künstlerische Fähigkeiten und ermöglicht den Zugang zu → Elbland.

Elbenstraße

Eine Straße in → Eregion (Hulsten), die am Westtor von → Moria endete.

Elbenzauber

→ Magie

Elbereth (Sindarin)

»Sternenkönigin«: der verbreitetste Name für → Varda

Elbisch

Die Sprache der → Elben, der Eldar;

gemeint ist damit in der Regel das → Sindarin oder das »Hochelbisch« → Quenya

Elbisches Neujahr
Der Neujahrstag im → Kalender der → Elben war der 6. April.

Elbland
Das Land der Elben in der Geschichte → »Der Schmied von Großholzingen« ist eine wunderschön beschriebene klassische → Anderswelt. Es kann nur betreten werden, wenn der Zugang gewährt wird, z. B. durch den → Elbenstern. Zentrum ist das Tal von Immermorgen. Das Land erinnert an jenen Teil der Küste von → Aman, der Elende (→ Elbenland), genannt wurde.

Elblandstern
So nennt → Nokes in der Geschichte → »Der Schmied von Großholzingen« den Elbenstern.

Elda (Quenya)
»Wesen der Sterne, Elbe/Elbin«: Einzahl von → Eldar

elda (Quenya)
»zu den Sternen gehörig«

Eldacar (von Arnor)
»Elbenhelm«: → Dúndedain, vierter König von → Arnor (249–339 DZ), Enkel von → Isildur

Eldacar (von Gondor)
»Elbenhelm«: → Dúndedain, der 21. König von Gondor (1432–1437 und 1447–1490), Sohn von → Valacar und Vidumavi, Tochter von Vidugavia, des Königs der Nordmenschen von → Rhovanion. Eldacar wurde in Rhovanion geboren und hieß in seiner Jugend Vinitharya. Seine Gegner schürten die Furcht im Volk, durch die Hei-rat würde die Königsfamilie ähnlich kurzlebig wie die Nordmenschen. 1437 konnte ihn → Castamir, genannt »der Thronräuber«, nach Rhovanion vertreiben und 22. König von Gondor werden. Doch wurde dieser aufgrund seines Hochmuts und seiner Grausamkeit (er ließ Ornendil, Eldacars Sohn, töten, und war verantwortlich für zahlreiche Gemetzel und Zerstörungen) zunehmend unbeliebt, und als Eldacar nach zehn Jahren mit einem Heer der Nordmenschen zurückkehrte, fand er die Unterstützung des Volkes. In einer großen Schlacht in → Lebennin an den Übergängen des → Erui erschlug Eldacar Castamir und übernahm wieder die Herrschaft. Castamirs Söhne und zahlreiche seiner Anhänger allerdings entkamen, hielten sich lange in Pelargir, ließen sich schließlich in → Umbar nieder und errichteten eine von Gondor unabhängige Herrschaft. Erst → Aragorn II. Elessar konnte Umbar wieder unterwerfen. Eldacar wurde bekannt als guter und gerechter Herrscher und starb 1490 DZ, über zweihundert Jahre alt.

Eldacar (Waldläufer)
Ehrenname für Arathorn II.

Eldalie (Quenya)
»Die Gesamtheit aller Eldar, das Elbenvolk«, oft gleichbedeutend mit → Eldar, manchmal meint der Begriff alle → Elben.

Eldalonde
»Hafen der Eldar«: Hafen in Númenor, auch genannt »der Grüne Hafen«, in der Bucht von → Eldanna an der Mündung des → Nunduine. Später auch benutzt für → Edhellond in → Belfalas.

Eldalóte (Quenya)
»Elbenblume«: Beiname der Frau von → Angrod

Eldamar

»Elbenheim«: das Gebiet in → Aman, wo die → Elben wohnten, auch die große Bucht davor, in der → Tol Eressea lag. Die Hauptstadt war → Tirion, andere Städte waren → Alqualonde und → Avallóne auf → Tol Eressea, als schönste Region galt → Calacirian. In frühen Geschichten von Tolkien war Eldamar eine felsige Küste im westlichen → Feenland, auf der → Kôr erbaut war.

Eldameldo (Quenya)

»Elbenfreund«

Eldamir (Quenya)

»Elbenjuwel«: Ehrenname für Aragorn II.

Eldandil (Quenya)

»Elbenfreund«

Eldanna

»den Eldar zugewandt«: große Bucht im Westen von Númenor. Hier lag → Eldalonde, der »Hafen der Elben«, und mündete der → Nunduine ins Große Meer, das → Belegaer. Bekannt für die aromatischen Bäume, die hier wuchsen: → Lairelosse, → Nessamelda, → Oiolaire, → Taniquelasse, → Vardarianna und → Yavannamire.

Eldanor (Quenya)

»Land der Eldar«: eine frühe, später verworfene Bezeichnung für → Eldamar

Eldar

»Volk der Sterne«: So nannte → Orome die → Elben, als er sie unter den Sternen zum ersten Mal traf. Später wurde der Name meist nur für jene Elben gebraucht, die Orome nach Westen folgten, die → Vanyar, → Noldor und → Teleri, also alle Elben außer den Avari, manchmal auch die »Drei → Geschlechter« genannt. Manchmal aber meint Eldar nur die → Hochelben, öfter auch einfach alle Elben. – In den frühen Geschichten von Tolkien waren die Eldar ursprünglich die → Meer-Elben.

Eldarin

»Zu den Eldar gehörig«: gebraucht in Bezug auf die → Sprachen der Eldar. Oft ist damit nur das Hoch-Elbische gemeint, das → Quenya (manchmal auch Hoch-Eldarin genannt), häufig aber alle Sprachen.

Eldarion (Quenya)

»Nachkomme der Eldar«: → Dúnedain, Zweiter König des → Vereinten Königreichs von → Gondor und → Arnor, einziger Sohn von → Aragorn II. und → Arwen, geboren im 1. Jahrhundert des → Vierten Zeitalters, herrschte ab 120 VZ.

Eldarissa

Früher Ausdruck für die → Sprache der → Eldar

Eldaros

»Elbenheim«: Name für → Ælfhâm oder → Luthanien

Eldo

früher Ausdruck für → »Elbe«

ele! (Quenya)

»Sieh da!« – der erste Ausruf der → Elben beim Anblick der Sterne

Eledh (Sindarin)

»Elbe«, Mehrzahl »Eledhrim«

Eledhrim (Sindarin)

»Elben«, Singular »Eledh«

Eledhwen

»Elbenglanz«: ein Beiname von → Morwen

Elefanten

»Riesige« (für den Mond heißt das eselsgroße) weiße Elefanten leben in der Geschichte → »Roverandom« auf dem → Mond. Anspielung auf Sir Paul Neale, der im 17. Jahrhundert behauptete, einen Elefanten auf dem Mond gesehen zu haben – es war aber eine Maus, die in sein Fernrohr gekrochen war. Er hatte aus einer Maus einen Elefanten gemacht ... – In → Mittelerde gibt es → Kriegselefanten.

Elementargeister

In seiner frühen → Mythologie erfindet Tolkien eigene Elementargeister, so die Falmarini, die »Geister der Gischt«, und die → Wingildi, die »Geister der Brandung«, als Elementargeister des Wassers, und die Mánir und Súruli als Elementargeister der Luft. Viele Wesen, die auch in der späteren Mythologie von → Mittelerde auftauchen, aber auch in anderen Geschichten von Tolkien, in → »Roverandom« oder in → »Die Briefe vom Weihnachtsmann«, z.B. die → Gnome, → Kobolde, → Zwerge und → Nixen, galten in der mittelalterlichen Mythologie als Elementargeister. Darunter verstand man schon in der → Alchemie und bei den antiken Magiern, besonders aber im Volksglauben des Mittelalters lebende, aber unbeseelte Wesen, die in den vier → Elementen ihren Wohnort haben und zu Menschen Verbindung aufnehmen können. Verbreitet sind in Sagen und Legenden als Wassergeister Nymphen, Nixen, Undinen, Melosinen und Wassermenschen, als Geister der Erde die Gnome, Kobolde, Leprechans, Zwerge, Pygmäen, Incubi und Veela, als Geister der Luft die Sylphen, auch Silvani oder Waldleute genannt, und als Geister des Feuers die Salamander. Auch → Paracelsus, der sich wie niemand vor und nach ihm mit den Elementargeistern beschäftigte, unterschied diese vier Gattungen und hat ihnen sein, wie viele meinen, schönstes Buch gewidmet: »De nymphis, sylphis, pygmaeis et salamandribus«. Während die Elementargeister von manchen Autoren als Dämonen betrachtet wurden, entstammen sie nach Paracelsus dem Chaos und wurden jeweils nur aus einem der vier Elemente geformt. Er sieht sie als von Gott bestellte Hüter der Naturbereiche, als die »Blüte der Elemente«. Wie die Menschen sind sie sterblich, und, da sie keine Seele haben, »vergehen wie das Vieh«. Elementargeistern schadet weder Wasser noch Feuer, sie können, wie Geister, nicht ausgesperrt werden. Jede Gattung lebt in ihrem Element wie wir in der Luft und kann in dem Element einer anderen Gattung nicht leben. Elementargeister können, wie die Menschen, krank werden. Sie haben eine tierische Intelligenz, gerade hoch genug, um Menschen im ersten Moment täuschen zu können. Die Wassergeister sehen den Menschen gleich, die Geister der Luft sind Riesen, die der Erde Zwerge und die des Feuers lang und dürr. Die Geister der Luft und des Wassers sind dem Menschen freundlich gesonnen, die des Feuers neutral, und die der Erde bösartig. Alle Elementargeister scheuen »Gelehrte, Trunkene, Fresser, grobes, streitsüchtiges Volk, sind gerne bei der Einfalt und wo Kindheit ist, und je weniger Hinterlist, je mehr offenbaren sie sich; sonst sind sie scheu wie die wilden Tiere«. Da sie keine Seele haben, wollen sie durch eine erotische Beziehung zu Menschen an deren Beziehung zu Gott teilhaben. Deshalb gehen sie manchmal auch mit den Menschen eine Ehe ein und erhoffen sich davon eine Seele. Besonders gilt das für die Geister des sinnlichsten Elementes, des Wassers; die Geschichten von Nixen, die menschliche Männer betören, sind zahlreich, am berühmtesten ist wahrscheinlich das Märchen »Die kleine Seejungfer« des dänischen Dichters Hans Christian Andersen (1805–1875). – Nach der Lehre einiger Anhänger der Kabbala sind die Elementargeister die Seelen Verstorbener, die während der Seelenwanderung aufgrund ihres niederen Wesens auf eine subhumane Stufen herabgesunken sind. In der Anthroposophie verbinden sich nach den Lehren ihres Begründers Rudolf Steiner (1861– 1925) Seelenwanderung, Astral- und Ätherleiber, Karma, Weltzeitalter und Elementargeister zu einem undurchschaubaren Sammelsurium: in der Literatur tauchen die Elementargeister immer wieder auf. In der Studierzimmerszene des »Faust« von Johann Wolfgang von Goethe (1749–1832) ruft Faust die Elemente in einer Beschwörung ganz in der Tradition an: »*Salamander soll glühen, – Undene sich winden, – Sylphe verschwinden, – Kobold sich mühen. – Wer sie nicht kennte – Die Elemente, – Ihre Kraft –*

Und Eigenschaft, – Wäre kein Meister – Über die Geister. – Verschwind in Flammen, – Salamander! – Rauschend fließe zusammen, – Undene! Leucht in Meteoren- Schöne, – Sylphe! – Bring häusliche Hülfe, – Incubus! Incubus!« (Ein Incubus ist ein Dämon, Geist oder Erd-Elementargeist, der Frauen im Schlaf oder Traum als Liebhaber erscheint und mit ihnen geschlechtlich verkehrt, ein Buhlteufel.) – In der neueren esoterischen Literatur wird meist von »Elementalen« gesprochen, analog dem englischen *elementals*, das sind niedere Naturgeister.

Elemente
Seit alters her stellt man sich in der abendländischen → Magie und → Alchemie die Welt aus vier Elementen zusammengesetzt vor: Erde, Wasser, Feuer und Luft, die von → Elementargeistern besiedelt sein können

Die vier Elemente, in ihrem Mittelpunkt der Mensch.
Nach einem Holzschnitt von H. Weidlitz
in der Historia Naturalis von C. Plinius Secundus, Ausgabe Frankfurt 1582

oder in ihnen ihre Entsprechung finden. Manche Alchemisten dachten sich noch ein fünftes oder sechstes Element hinzu, und auch in manchen Kulturen kennt man fünf oder sechs Elemente. Die klassische Vorstellung der vier Elemente prägt bis heute viele Vorstellungen der Esoteriker, aber auch anderer Menschen, selbst in christliche Darstellungen hat sie Eingang gefunden, wie ein alter dreistimmiger Weihnachtschoral aus dem Straßburger Gesangbuch von 1697 belegt: »Erfreue dich, Himmel, erfreue dich, Erden, erfreue sich alles, was fröhlich kann werden. Auf Erden hier unten, im Himmel dort oben, das Kind in der Krippe wollen wir loben. – Erd, Wasser, Luft, Feuer und himmlische Flammen, ihr Menschen und Engel, stimmt alle zusammen!«

Elemmakil (Quenya)

»Sternen-Schwert«: in den Verschollenen Geschichten ein → Elbe aus → Gondolin, Hauptmann der Wache des Äußeren Tores

Elemmíre (Quenya)

»Sternenjuwel«: ein → Vanya, Dichter des → Aldudénië

Elemmíre (Stern; Quenya)

»Sternenjuwel«: einer der Sterne, die von → Varda für das Erwachen der → Elben an den Himmel gesetzt wurden. Wahrscheinlich der Merkur, der der Sonne nächste und mit einem Äquatordurchmesser von 4.878 km zweitkleinste der 9 Planeten in unserem Sonnensystem, der von der Sonne im Schnitt 60 und von der Erde zwischen 75 und 225 Millionen Kilometer entfernt ist.

elen (Quenya und Sindarin)

»Stern«

Elen sîla Lúmenn' omentielvo (Quenya)

»Ein Stern scheint auf die Stunde unserer Begegnung«: Ein Gruß in hochelbischer → Sprache

Elenarda

»Sternen-Königreich«: ein anderer Name für → Ilmen, die mittlere Luftschicht der → Atmosphäre

Elende (Quenya)

»Land des Sterns«: ein anderer Name für → Eldamar

Elendil (Quenya)

»Sternenfreund« oder auch »Elbenfreund«: → Dúnedain, erster König von → Gondor und → Arnor, genannt der Lange (er soll 2,40 Meter groß gewesen sein) und der Getreue. Sohn von → Amandil, des letzten Herrn von → Andúnië in → Númenor und Führers der → Elbenfreunde, der Getreuen, die sich gegen die Politik von → Ar-Pharazôn auflehnten. Nachfahre von → Earendil und → Elwing und damit auch von → Beren und → Lúthien und → Melian der Maia, entstammte einer Nebenlinie der Könige von Númenor: Er war Nachkomme der ältesten Tochter von → Tar-Elendil, → Silmariën; von ihr erhielt er den → Elendilmir vererbt, später das Zeichen der Könige von Arnor. Entkam mit seinen Söhnen → Isildur und → Anárion dem Untergang von Númenor und landete mit vier Schiffen in → Lindon, wo er die berühmten Worte sprach: »Et Earello Endorenna utúlien. Sinome maruvan ar Hildinyar tenn Ambar-metta!« (»Aus dem Großen Meer bin ich nach Mittelerde gekommen. Hier werden ich und meine Erben bleiben bis an der Welt Ende.« Diesen Spruch zitierte → Aragorn II. bei seiner Krönung.) Sie gründeten die númenórischen Reiche von Mittelerde, die Königreiche der Dúnedain

Arnor und Gondor. Elendil war der erste König; sein Banner zeigte einen Weißen Baum unter sieben Sternen in einem schwarzen Feld. Er herrschte in Arnor, in Gondor ließ er seine Söhne Isildur und Anarion regieren, sie standen in Verbindung durch die → Palantiri. Er war ein großer Krieger und ein noch größerer Gelehrter; er soll zum großen Teil die Akallabêth geschrieben haben. Führte mit → Gil-galad am Ende des Zweiten Zeitalters den → Letzten Bund zwischen → Elben und Menschen und den Krieg gegen → Sauron (3431–3441 ZZ). Nach siebenjähriger Belagerung von Barad-dûr kam es zur letzten Schlacht auf der → Dagorlad, bei der Elendil und Gil-galad von Sauron erschlagen wurden; sein Schwert → Narsil zerbrach und wurde erst für seinen Erben → Aragorn wieder geschmiedet. Er wurde auf dem → Halifirien begraben, später wurden seine Gebeine von → Cirion nach → Minas Tirith gebracht. Alle folgenden Könige von Arnor und Gondor bezeichneten sich als Elendils Erben.

Elendil, Tar-
→ Tar-Elendil

Elendili (Quenya)
»Elbenfreunde«: Bezeichnung für die → Númenórer, die auch in späteren Zeiten mit den Elben befreundet blieben, genannt auch »Die Getreuen«. Sie begannen sich um 2300 ZZ zu sammeln und gründeten 2350 → Pelargir als Haupthafen in → Mittelerde. Während → Sauron in → Númenor lebte, wurden mehrere der Elendili → Melkor zu Ehren lebendig verbrannt. Ein paar hundert der Getreuen überlebten den Untergang von Númenor und gründeten unter → Elendil, → Isildur und → Anárion die Königreiche → Arnor und → Gondor in Mittelerde. – Im → Dritten Zeitalter wurden als Elendili manchmal auch die → Dúnedain bezeichnet.

Elendilmir (Quenya)
»Juwel von Elendil«: ein weißer Edelstein in einem Stirnreif aus → Mithril, den es in zwei verschiedenen Ausfertigungen gab. → Elendil hatte den ersten Elendilmir von seiner Vorfahrin → Silmariën geerbt, und sein Sohn → Isildur trug ihn als Zeichen der Königswürde von → Arnor. Dies ging auf eine alte Überlieferung aus → Númenor zurück, auf die Geschichte von → Erendis. Sie trug einen Diamanten in einem Stirnreif und den Beinamen Tar-Elestirne, »Herrin mit der Sternenstirn« (ihr Stein hatte aber nicht mit dem Elendilmir zu tun). Elendils Stein ging mit Isildur verloren, doch wurde für → Valandil ein neuer gefertigt, den alle Könige von Arnor trugen, und es war jener, den → Aragorn II. Elessar bei seiner Krönung trug. Doch fand er den ersten Elendilmir, den man verloren glaubte, als man den Turm von → Saruman aufbrach; Saruman musste die Leiche von Isildur oder dessen Besitz an sich gebracht haben. Normalerweise trug Aragorn weiterhin den Stein von Valandil, und nur zu besonderen Anlässen setzte er sich Silmariëns Elendilmir auf. In der »Aufzählung der Jahre« in Anhang B zum »Herrn der Ringe« heißt es, König Elessar habe 1436 AZ den »Stern der Dúnedain« an → Sam Gamdschie gegeben. Falls mit dem »Stern der Dúnedain« der Elendilmir gemeint sein sollte, war dies sicher der zweite, der von Valandil. Doch könnte es sich bei dem »Stern der Dúnedain« auch um ein ganz anderes Schmuckstück gehandelt haben; er wird sonst nirgendwo erwähnt.

Elendils Erben, Elendils Geschlecht
So bezeichneten sich die Erben von → Elendil, die ihm folgenden Könige von → Arnor und → Gondor und deren Nachfahren.

Elendils Schwert
→ Narsil

Elendils Stern
der erste → Elendilmir

Elendils Wahrzeichen
Das Zeichen von → Elendil war ein weißer Baum unter sieben Sternen in einem schwarzen Feld.

Elendil-Stein
der → Palantir von → Emyn Beraid

Elendur (Quenya)
»Sternenfreund«: → Dúnedain, ältester Sohn von → Isildur, mit ihm im Jahre 2 DZ auf den → Schwertelfeldern gefallen

Elendur von Arnor (Quenya)
→ Dúnedain, der 9. König von → Arnor (652–777 DZ)

Elenna (Quenya)
»sternenwärts, in Richtung des Sterns«: Name für → Númenor, da die → Dúnedain auf ihrer ersten Fahrt nach Númenor von → Earendil geleitet wurden. Der vollständige Name war »Elenna-nóre«: »das Land, das in Richtung des Sternes liegt«.

Elentári (Quenya)
»Sternenkönigin«: ein Name für → Varda als Schöpferin der Sterne, z. B. in Galadriels Klagelied → Namarië

Elentir (Quenya)
ein Bruder von → Amandil

Elentirmo (Quenya)
»Sternenwächter«: ein Turm, den → Tar-Meneldur erbaute, um von ihm aus die Sterne zu beobachten; auch ein Beiname von Tar-Meneldur

Elenwe
Gemahlin von → Turgon, die Mutter von → Idril Celebrindal. Sie kam bei dem Übergang über die → Helcaraxe ums Leben.

Elenya (Quenya)
»(Tag der) Sterne«, Name des ersten Tages in der sechstägigen Woche im → Kalender der → Eldar und in der siebentägigen Woche der → Númenórer

Elerosse (Quenya)
»Stern(beschienene) Gischt«: die Quenya-Form des Namens → Elros

Elerrína (Quenya)
»Der Sterngekrönte«: ein Name für den → Taniquetil

Elessar
»Elbenstein«: Es gab zwei Steine dieses Namens, die wahrscheinlich doch nur einer waren. Den ersten schuf → Enerdhil von Gondolin für → Idril Cerebrindal, einen großen Edelstein mit großer Heilkraft, in dem das reine Licht der Sonne eingefangen war, der aber grün leuchtete. Ihn nahm Idril mit zu den → Sirionmündungen und übergab ihn später → Earendil. Dieser nahm ihn mit nach → Aman, und so ist der Stein aus Mittelerde verschwunden. Den zweiten Elessar schuf → Celebrimbor für → Galadriel in Erinnerung an den ersten Elessar, und er war nicht ganz so groß und mächtig. Er fasste ihn in eine silberne Spange in der Form eines fliegenden Adlers. Diesen Stein schenkte Galadriel ihrer Tochter → Celebrían und diese ihrer Tochter → Arwen. Am 15. Februar 3018 DZ übergab ihn Galadriel als Geschenk Arwens an → Aragorn und übermittelte ihm zugleich die Weissagung, er solle den Namen Elessar tragen. – Laut einer Variante dieser Geschichte in den → »Nachrichten aus Mittelerde« war

Celebrimbor auch der Schöpfer des ersten Elessar und ersetzte damit Enerdhil (NAM). Und es gibt auch die Geschichte, dass Galadriels Elessar jener von Earendil sei. Danach brachte → Olorin (→ Gandalf) ihn ihr aus → Aman mit als Geschenk von → Yavanna, um → Lórien besser zu behüten, und er sagte ihr das Kommen von Elessar, dem König, voraus. Da Galadriel in Lórien zu Aragorn sagt, ihm sei der Name Elessar geweissagt, ist dies wohl die wahrscheinlichste Variante. Dann trüge Aragorn den Stein von Earendil. Was aus dem Stein später wurde, ist nicht überliefert. – Wahrscheinlich war der Elessar ein Smaragd, eine besondere Abart des → Beryll. Dies würde dazu passen, dass Aragorn einen Beryll, den er auf der Straße findet, Elbenstein nennt. Sindarin: Edhelharn.

Elessar (Aragorn)
»Elbenstein«: Sein »Königsname« wurde → Aragorn II. von → Galadriel am 15. Februar 3018 DZ gegeben, als sie ihm den Stein → Elessar übergab. Das Volk von → Gondor nannte ihn bald auch so wegen des Steines, den er trug, und am 1. Mai 3019 wurde er unter diesem Namen zum König gekrönt.

Elestirne
→ Tar-Elestirne

Elfen
Es gibt nicht nur → Elben bei Tolkien, sondern auch Elfen – und zwar am Nordpol, wie man in → »Die Briefe vom Weihnachtsmann« nachlesen kann. Dort helfen sie dem → Weihnachtsmann. Es gibt → Schnee-Elfen, → Grüne Elfen und auch → Rote Elfen. Diese entsprechen sehr viel mehr als die Elben den »guten« braven Elfen der Sagen und der Mythologie. Schon die → Germanen kannten solche Lichtgestalten: In Lichtalfenheim, einem der Neun Reiche der Welt und der drei himmlichen Reiche, hausten die Lichtalfen oder Lichtzwerge, schöne und fröhliche Wesen. Auch in der → Anderswelt der → Kelten gibt es solche Vorfahren der lieblichen Elfen in zahlreichen Märchen und Geschichten, bis hin zum liebenswerten Blumenelf in Waldemar Bonsels »Biene Maja« (1912).

Elfhelm
Reiter aus → Rohan, Marschall von König → Théoden, mit → Grimbold Anführer der → Rohirrim in der Zweiten Schlacht an den → Furten des Isen, kommandierte die Eored, mit der → Éowyn und → Merry in die Schlacht auf den → Pelennor ritten, und die Rohirrim, die → Anórien verteidigten, während → Aragorn → Mordor angriff.

Elfhild
Gemahlin von König → Théoden von → Rohan, Mutter von Théodred, starb im 2978 DZ im Kindbett

Elfriniel, Elfrith
Zeitweise elbische Namen für → Winzigherz, Elfrith ersetzte Elfriniel

Elfstan
→ Hobbit aus der → Westmark des → Auenlandes, geboren 1454 AZ als Sohn von Elanor → Gamdschie und → Fastred aus Grünholm

Elfwein der Schöne
19. König von → Rohan ab 63 VZ (1484 AZ), Sohn von König → Éomer und → Lothiriel, der Tochter von → Imrahil von → Dol Amroth

Elixier des Lebens, Elixier vitae
Auch Alkahest genannt. Eine Universalmedizin, die mit Hilfe des Steins der Wei-

sen geschaffen werden kann und ewiges Leben, also → Unsterblichkeit, zumindest aber Langlebigkeit schenkt. → Paracelsus nennt das Elixier »Tinctura physica«. Laut dem Alchemisten, Arzt und Philosophen Johannes Baptista van Helmont (1579–1644), der als bedeutendster Nachfolger des Paracelsus gilt, kann das Alkahest auch die Gabe der → Unsichtbarkeit verleihen. – In der → Alchemie sind auch Wege bekannt, ohne den Stein der Weisen an das Elixier zu gelangen. Roger Bacon, der bekannte Naturforscher (1214–1292), glaubte, das Lebenselixier sei in Königswasser (Mischung aus ¾ konzentrierter Salzsäure und ¼ Salpetersäure) gelöstes Gold. Einen anderen Weg schildert E. T. A. Hoffmann (1776–1822) in seiner Erzählung »Ignaz Denner« (1817): *»Nun weißt du schon, Andres, daß eines der größten Kunststücke meines Vaters die Bereitung jenes köstlichen wundersamen Liquors war, wozu das Hauptingredienz das Herzblut von Kindern ist, die neun Wochen, neun Monate, oder neun Jahre alt und von den Eltern dem Laboranten freiwillig anvertraut sein müssen. Je näher die Kinder mit dem Laboranten in Beziehung stehen, desto wirkungsvoller entsteht aus ihrem Herzblut Lebenskraft, stete Verjüngung, ja selbst die Bereitung des künstlichen Goldes.«*

Elladan (Sindarin)
»Elben-Mensch«: der ältere Sohn von → Elrond und → Celebrían, geboren 139 DZ, Zwillingsbruder von Elrohir. Nachdem sie ihre Mutter 2509 aus der Gefangenschaft der → Orks befreit hatten, diese aber dann in den Westen gegangen waren, kämpften sie auf jede erdenkliche Weise gegen die Orks und waren gute Verbündete der → Dúnedain und von → Aragorn. Als Halbelben hatten sie die Wahl zwischen dem Schicksal der Elben und dem der Menschen, und

es ist nicht bekannt, welches sie gewählt haben, doch da sie zu Beginn des → Vierten Zeitalters in → Imladris blieben, entschieden sie sich wohl, wie ihre Schwester, für die Sterblichkeit.

Ellaire (Quenya)
»Erster Sommer«: Der sechste Monats im → Kalender der → Elben und der → Númenórer, entspricht grob unserem Juni

Elle
Die alte englische Maßeinheit, die Tolkien manchmal verwendet, entspricht 111,4 cm; sie passt in das klassische englische System der → Längenmaße eigentlich nicht hinein. In den Fällen, in denen die Elle im Deutschen als Übersetzung für → Ranga benutzt wird, ist sie ca. 96,5 cm lang.

Elleth (Sindarin)
»Elbenmädchen«

Ellon (Sindarin)
»Elbe«

Ellu
Ein früher Name für → Olwe; vorher Tinwelint oder Tinwe Linto, der Herr der → Solosimpi

Elmavoite
»Einhänder«: ein Name für → Beren

Elmir
In einer frühen Variante bei Tolkien einer der ersten beiden Menschen, die aufgeweckt werden; der andere ist Ermon.

Elmo
Elbe aus → Doriath, ein jüngerer Bruder von Elwe Singollo (→ Thingol) und → Olwe; Vater von → Galadhon, eventuell der Großvater von → Celeborn

Elo! (Sindarin)

Ausruf der Freude, des Erstaunens, des Ent-
zückens

Elostirion

»Sternen-Wacht«: der höchste der drei
Türme auf den → Emyn Beraid; hier wurde
der einzige der sieben → Palantíre aufbewahrt, der nicht mit den anderen in Verbindung stand. Man konnte mit ihm nur nach
Westen aufs Meer hinaus schauen; → Elendil soll ihn oft benutzt haben.

Elrohir

»Herr der Elben-Pferde«: Zwillingsbruder
von → Elladan

Elrond (Sindarin)

»Sternendach«: Der Herr von → Imladris
(Bruchtal), Sohn von → Earendil und von
→ Elwing, Bruder von → Elros Tar-Minyatur und Vater von → Arwen Undómiel,
gegen Ende des → Dritten Zeitalters neben
→ Círdan und → Galadriel der bedeutendste der in Mittelerde verbliebenen Elben,
Träger von → Vilya, dem Ring der Luft,
genannt auch Meister Elrond oder Elrond
der Halbelb. Weitaus jünger als diese, wurde
er als Bruder von Elros im 6. Jahrhundert
des → Ersten Zeitalters, etwa 60 Jahre vor
Beginn des → Zweiten Zeitalters, an den
→ Sirionmündungen geboren (es ist unklar,
welcher der ältere Bruder war). Bei der
Schlacht an den Sirion-Mündungen wurden
sie von → Maglor vor dem Tod bewahrt. In
beiden waren wie in ihrem Vater Earendil
und ihrem Großvater → Dior das Erbe von
Elben und Menschen und auch der → Maiar
vertreten, deshalb wurden sie auch → Halbelben genannt. Als Erwachsene durften sie
sich, wie ihre Eltern, entscheiden, ob sie
Elben oder Menschen sein wollten; Elrond
entschied sich für das Schicksal der Elben.
Er wurde der Herold von → Gil-galad und
führte im Krieg gegen → Sauron ab 1695
dessen Heer. 1697 ZZ, nach dem Verlust
von → Eregion und dem Tod von → Celebrimbor, gründete er als Zuflucht und
Festung Imladris. Nachdem Sauron 1701
aus → Eriador vertrieben worden war, blieb
er dort und wurde von Gil-galad zum Vize-
Regenten von Eriador ernannt, außerdem
erhielt er den blauen Ring Vilya. Auch im
→ Krieg des Letzten Bündnisses (3430–
3441 ZZ) stand Elrond als der Herold Gil-
galads in vorderster Front und war am
Kampf gegen Sauron beteiligt. Er riet,
genau wie Círdan, → Isildur, den → Herrscherring im Feuer des → Orodruin zu zerstören, doch Isildur hörte nicht. Im Dritten
Zeitalter wurde Elrond bekannt als Weiser,
Gelehrter, Wahrsager, Heiler und Förderer
der Musik; er spielte auf einer silbernen
Harfe, und sein Haus war ein Hort der
Geschichten und der Musik. 109 DZ heiratete er → Celebrían, Tochter von Galadriel,
die 2509 von Orks gefangengenommen und
gequält wurde. 2510 reiste sie, körperlich
geheilt, aber seelisch nicht wieder erholt,
nach der Rettung durch ihre Söhne → Elladan und Elrohir nach → Aman. So weise er
war, war auch Elrond der Halbelb von dem
Hochmut der Elben beseelt: Seine Tochter
Arwen durfte → Aragorn erst heiraten, als
dieser das Vereinte Königreich beherrschte.
Er selbst fuhr nach dem → Ringkrieg in den
Alten Westen, in Imladris herrschten ab dieser Zeit seine Söhne Elladan und Elrohir. –
Tolkien hat über Elrond geschrieben, er
repräsentiere das alte Wissen und die Weisheit, das Nachdenken vor dem übereilten
Handeln; er ist aber wie → Círdan oft auch
die Stimme der Vernunft, auf die nicht
gehört wird. Im → Film von Peter → Jackson wird Elrond von Hugo → Weaving dargestellt. – In Bremen gibt es den Familiennamen Elrond und einen Förderkreis zur
Selbsthilfe ehemals Drogenabhängiger e.V.

namens Elrond, in Osnabrück nennt sich ein Selbsthilfe-, Wohn- und Arbeitsprojekt ehemals Drogenabhängiger e. V. Elrond. Auch eine Weinhandlung Elrond soll es geben.

Elronds Haus, Elronds Heim
→ Imladris

Elros Tar-Minyatur (Sindarin)
»Sternenschaum«: Der erste König von → Númenor (32–442 ZZ), Sohn von → Earendil und von → Elwing, Bruder von → Elrond, geboren im 6. Jahrhundert des → Ersten Zeitalters, 58 Jahre vor Beginn des → Zweiten Zeitalters, an den → Sirionmündungen (es ist unklar, welcher der ältere Bruder war). Bei der Schlacht an den Sirion-Mündungen wurden Elrond und Elros von → Maglor vor dem Tod bewahrt. In beiden waren wie in ihrem Vater Earendil und ihrem Großvater → Dior das Erbe von Elben und Menschen und auch der → Maiar vertreten, deshalb wurden sie auch → Halbelben genannt. Als Erwachsene durften sie sich, wie ihre Eltern, entscheiden, ob sie Elben oder Menschen sein wollten; Elros entschied sich für das Dasein als Mensch; ihm wurde aber eine erheblich längere Lebensdauer als allen anderen Menschen gewährt, eine große Widerstandsfähigkeit gegen Krankheiten sowie das Privileg, nach Belieben aus der Welt scheiden zu dürfen. Diese Fähigkeit vererbte er weiter, doch wurde sie von seinen Nachfolgern ab → Tar-Atanamir nicht mehr genutzt, erst → Aragorn II. machte fast 3000 Jahre später davon wieder Gebrauch. In Númenor erbaute Elros den Turm und die Zitadelle von → Armenelos als Königssitz in der Nähe des → Meneltarma, wo er ein Heiligtum zu Ehren von → Eru errichtete. Elros schied 442 aus dem Leben, nachdem er 500 Jahre gelebt und 410 Jahre regiert hatte.

Eltas
In den Verschollenen Geschichten der Erzähler der »Geschichte von Turambar«, der Geschichte von → Túrin Turamber

elu (Sindarin)
»hellblau«

Elu (Sindarin)
Sindarin-Form des Namens von Elwe (→ Thingol), in frühen Versionen ein Anführer der → Solosimpi

Eluchil
»Erbe von Elu«: ein Name für → Dior, den Sohn von → Beren und → Lúthien und Enkel von Elwe (→ Thingol)

Eluréd
»Erbe von Elu«: der ältere Sohn von → Dior und → Nimloth, wurde nach der Zerstörung von → Menegroth durch die → Söhne Feanors im Jahre 509 EZ mit seinem Bruder Elurín im Wald ausgesetzt und nie wieder gefunden.

Elurín
»Erinnerung an Elu«: der jüngere Sohn von → Dior und → Nimloth, wurde nach der Zerstörung von → Menegroth durch die → Söhne Feanors im Jahre 509 EZ mit seinem Bruder Eluréd im Wald ausgesetzt und nie wieder gefunden.

elvea (Quenya)
»sternengleich«

Elvellon, Elvellyn (Sindarin)
»Elbenfreund«

Elvenesse
»Land der Elben«: ein Name für → Eldamar, in späteren Zeiten aber oft auch für → Nargothrond gebraucht und für alle von

→ Elben in → Mittelerde beherrschten Gebiete

Elvin, William
Bassbariton, Sänger auf der Langspielplatte → »Poems and Songs of Middle Earth« (TC 1231) von Caedmon Records, später Sänger am Covent Garden Opera House

Elvish Lullabye
Titel des Liedes → »Singet nun alle, zusammen vor Freude!«

Elwe (Quenya)
»Sternen-Wesen«: Der ursprüngliche Name von → Thingol

Elwen (Quenya)
»Herz«

Elwenil
Zeitweise elbischer Name für → Winzigherz, ersetzte Elbenil

Elwenildo
Ein früher Name von → Winzigherz, ersetzt später durch Ilverin

Elwing (Quenya)
»Sternen-Gischt« oder »See-Gischt«: Prinzessin von → Doriath, Tochter von → Dior, Enkelin von → Lúthien und → Beren; sie erhielt ihren Namen, weil sie am Wasserfall von → Lanthir Lamath geboren wurde, als die Sterne in der Gischt des Wasserfalls glitzerten. Nach der Zerstörung von → Menegroth durch die → Söhne Feanors im Jahre 509 EZ floh sie mit dem Rest des Volkes von Doriath zu den Häfen an den → Sirionmündungen, wo sie → Earendil heiratete und → Elrond und → Elros gebar. Beim Angriff auf die Häfen durch die Söhne Feanors stürzte sie sich ins Meer und wurde von → Ulmo in einen großen weißen Vogel verwandelt; den → Simaril auf der Brust, flog sie Earendil entgegen und stürzte auf sein Schiff → Vingilot. Gemeinsam suchten sie nun → Valinor, und dort wurde ihnen gewährt, zwischen dem Schicksal der Elben und dem der Menschen zu wählen. Elwing wählte für sie beide, zu den Elben gezählt zu werden. Sie begleitete Earendil auf seinen Reisen nicht, sondern lebte in → Alqualonde bei den → Teleri, wo man für sie einen weißen Turm im Norden der Bucht von → Eldamar erbaute. Hier soll sie, die selbst einst ein Vogel war, die Sprachen der Seevögel erlernt haben.

elye (Quenya)
»du«

Elysium, elysische Gefilde
Dem »Gesegneten Land«, dem »Land, frei von Unheil« und dem »Unsterblichen Land« in der → Mythologie von Tolkien, → Aman, entsprach bei den → Griechen der Antike das Elysium, praktisch ihr → Paradies. Laut Homer ist das Elysium im äußersten Westen der Erde gelegen (wie Aman). Es ist die Wohnstatt der größten Helden, die nicht in den Olymp aufgestiegen sind, aber Unsterblichkeit erlangt haben; Herrscher ist Rhadamanthys. In späteren Vorstellungen erweitert es sich zum Wohnort aller Seligen, wo die Helden, Philosophen, Dichter usw. in vollkommener Glückseligkeit leben, umgeben von sanftem Wind und rosarotem ewigem Licht. An seinem Rand fließt die Lethe, der Fluss des Vergessens. In der Mythologie der Römer war das Elysium der Teil der Unterwelt, der den Tugendhaften nach deren Tod vorbehalten war. Bei den → Kelten entspricht dem Elysium → Avalon, dieses ist allerdings im Gegensatz zum Elysium der Welt der Menschen entrückt und befindet sich in der → Anderswelt, ähnlich wie in der

Mythologie von Tolkien Aman und die → Hallen von Mandos. – In der Poesie wird das Elysium gerne zur Umschreibung himmlischer Zustände und übermächtiger Freude benutzt, die laut Schiller (und Beethoven) auch von dorther stammt: »*Freude, schöner Götterfunken, Tochter aus Elysium, wir betreten feuertrunken, Himmlische, dein Heiligtum.*« (Friedrich Schiller, 1759–1805, »Ode an die Freude«, vertont als Schlusschor von Ludwig v. Beethoven, 1770–1827, in der 9. Symphonie d-moll).

Embla
Die erste Frau in der nordischen → Mythologie, z. B. der → Edda, direkt nach dem ersten Mann → Ask von → Odin und dessen Brüdern Wili und We aus einem Baum zurechtgehauen

Emeldir
Gattin von → Barahir, Mutter von → Beren (auch ihr Vater hieß Beren), Nachfahrin von → Beor, genannt die »Mannherzige« und die »Mannesmutige«. Sie wollte nach der → Dagor Bragollach in → Dorthonion bleiben und kämpfen, doch dann führte sie die Frauen in Sicherheit.

Emer (Quenya)
»Schaf«

Emerië (Quenya)
Schafzuchtgebiet im Inland (Mittalmar) von → Númenor, hier zog → Erendis ihre Tochter → Tar-Ancalime auf.

Emerwen (Quenya)
»Hirtin«: Name, den man → Tar-Ancalime in ihrer Jugend gab (→ »Emerwen Aranel«)

Emerwen Aranel (Quenya)
»Prinzessin Hirtin«: Name, den man → Tar-Ancalime in ihrer Jugend gab

Emnon
Früher Name des Propheten → Amnon

Emyn Arnen
Hügel im südlichen → Ithilien, von hier kam → Húrin von Emyn Arnen, der Ahnherr der → Truchsesse von → Gondor. Nach dem Ringkrieg Wohngebiet des Prinzen → Faramir (II) von lthilien

Emyn Beraid
»Hügel der Türme«: die → Turmberge

Emyn Duir (Sindarin)
»Dunkle Berge«: die → Düsterwald-Berge, auch Emyn-nu-Fuin genannt. In ihrer Nähe lag die Stadt der → Waldelben, wo die → Zwerge um → Thorin Eichenschild gefangen gehalten wurden und → Bilbo sie befreite (HOB).

Emyn Muil
»Öde Berge«: Felsige zerklüftete Gegend mit tiefen Schluchten um → Nen Hithoel, den See über den → Rauros-Fällen, die bis nach → Rohan hineinreichte

Emyn Uial (Sindarin)
die → Abendrot-Berge

Emyn-nu-Fuin (Sindarin)
»Nachtschattenberge«: die → Düsterwald-Berge

En
In der Sprache der → Gnome ein Name für → Ilúvatar

Ende (Quenya)
»Mitte, Zentrum«, z. B. in → Endor, → Endere, → Loende, → Atendea

Ende der Welt
→ Weltende

Ende der Welt (Zeichnung)
Zeichnung von Tolkien von etwa 1913 (Bleistift und Buntstift), auf der ein Strichmännchen tapfer oder unbekümmert über den Rand der Welt schreitet, unter ihm Sterne und der → Mond – ein Hinweis darauf, wie früh sich Tolkien mit der Vorstellung einer → Flachen Welt beschäftigte, wie sie sich später in → Arda und in → »Roverandom« manifestiert.

Ende der Zeiten
→ Weltende

Enderi (Quenya)
»Mitteltage«: drei nicht in die »Jahreszeiten« eingefügte Tage im → Kalender der → Elben von → Imladris, zwischen → Yávie und → Quelle (etwa Ende September), Einzahl Endere. In Schaltjahren konnten zusätzliche Enderi hinzukommen, z. B. im → Truchsessen-Kalender. Enderi gab es auch im erneuerten Kalender des → Vierten Zeitalters, dann am 23., 24. und 25. September.

Endien (Quenya)
»Mittjahr«: der Herbst, die Zeit um die → Enderi (etwa Ende September)

Endjahrestag
Mettare, → Jultage (1. Jul)

Endlose Treppe
Treppe, die in → Moria von den tiefsten Tiefen bis in → Durins Turm führte, der auf dem Gipfel des → Celebdil stand. Über diese Treppe verfolgte → Gandalf den → Balrog bis in den Turm. Als er ihn vom Gipfel stürzte, wurden der Turm und die Treppe zerstört.

Endor, Endóre (Quenya)
»Mittelland«: → Mittelerde

endya (Quenya)
»mittig, im Zentrum«

Eneadur
In der frühen → Mythologie von Tolkien die Insel der → Ythlinge

Eneathrim
Die → Ythlinge

Ened (Quenya)
»Mitte, Zentrum«

Enedh (Sindarin)
»Mitte, Zentrum«

Enedwaith, Enedhwaith (Sindarin)
»Mittleres Volk, mittleres Land«: Land westlich des → Nebelgebirges, im Westen durch den → Gwathló und im Norden durch den → Glanduin begrenzt, im Süden durch den → Isen. Im Ersten Zeitalter fruchtbar und dicht bewaldet, im Zweiten Zeitalter von den → Númenórern zum großen Teil kahlgeschlagen, um Schiffe zu bauen – ihr Holzhafen → Lond Daer lag an der Mündung des Gwathló. Die Menschen, die sie dabei vertrieben, waren die Vorfahren der Menschen von → Bree und der → Dunländer, die damals schon eine Vertreibung erlebten, ehe sie nach 2500 DZ noch einmal von den → Rohirrim nach → Dunland vertrieben wurden. Nach einer großen Überschwemmung 2912 DZ war Enedwaith praktiisch entvölkert. Nur an den Küsten lebten noch »Wilde Menschen«, Fischer und Vogelfänger, die mit den → Drúedain verwandt waren. Offiziell gehörte Enedwaith zu → Gondor, faktisch war es ein unbeachtetes und von niemandem beanspruchtes Niemandsland.

Eneg (Quenya und Sindarin)
»Sechs«

Enel

»Drei«: So hieß der Legende nach der dritte → Elbe, der am → Cuiviénen erwachte.

Enelye

»die Dritte«: So hieß der Legende nach die dritte → Elbin, die am → Cuiviénen erwachte.

Enerdhil

Nach manchen älteren Versionen in den Verschollenen Geschicten der größte aller Edelsteinschmiede nach → Feanor, noch größer als → Celebrimbor, lebte in → Gondolin und schuf für → Idril Cerebrindal den ersten → Elessar. In den späteren Versionen durch Celebrimbor ersetzt.

Engel

Seit Tolkien 1913 auf das Langgedicht »Crist« (»Christus«) des altenglischen Dichters → Cynewulf gestoßen war, beschäftigte ihn die Figur des → Earendel (später → Earendil), der in diesem Gedicht angerufen wird als »strahlendster Engel«, und in seiner frühen Mythologie war Earendel genau dies: ein rettender → Engel! Für Tolkien als streng religiösen und zutiefst katholischen Menschen war die Existenz von Engeln unbestreitbarer Bestandteil seines Glaubens, und so finden sie sich auch später in der Mythologie von Mittelerde. Man kann die → Valar als mächtige Engel sehen und → Melkor als gefallenen Engel (→ Luzifer). Nachdem Tolkien sie zu Beginn als eine Art → Götter geplant hatte, dürfte dies seiner späteren Vorstellung näher kommen: Ilúvatar betont in der → Ainulindale, dass alles aus seinem Willen heraus geschehe und die → Ainur nur seine Werkzeuge seien. Auch die → Maiar entsprechen Engeln – in den »Nachrichten aus Mittelerde« werden sie sogar als das »engelsgleiche Volk« bezeichnet – und ganz besonders die → Istari erfüllen engelsgleiche Funktion: Sie sind Boten, wie → Olorin/Gandalf (z. B. wenn er → Galadriel das Kommen des → Elessar weissagt), und sie sind Erfüller und Vollender eines höheren Willens; sie können, wie → Saruman, aber auch der Versuchung erliegen. Das mittelalterlich-christliche Engel-Konzept durchzieht Tolkiens ganze Mythologie. Dabei sind Engel (von griechisch *Angelos*, Bote) keine christliche Erfindung; in vielen Religionen kommen sie vor als Wesen, die als Mittler zwischen einer Gottheit und den

Diese Darstellung der Hebe, der Gattin des Herakles und griechischen Göttin der ewigen Jugend, die hier auf »Engelsflügeln« Nektar und Ambrosia serviert, zeigt die lange Tradition engelsgleicher Wesen bis in die Antike

Ausschnitt einer griechischen Vase

Menschen stehen, als überirdische Boten. Sie sind u. a. bekannt in der Mythologie der → Griechen, im Judentum, im Christentum und im Islam. Im Alten Testament erscheinen sie u. a. als Boten Gottes bei Abraham: *»Da rief ihn der Engel des Herrn vom Himmel und sprach: Abraham! Abraham! Er antwortete: Hier bin ich.«* (1.Mose 22,11), oder als Führer: *»Der Herr, der Gott des Himmels, der mich von meines Vaters Hause genommen hat und von meiner Heimat, der mir zugesagt und mir auch geschworen hat: Dies Land will ich deinen Nachkommen geben –, der wird seinen Engel vor dir her senden, dass du meinem Sohn dort eine Frau nehmest.«* (1.Mose 24,7). Auch bei Mose tauchen sie mehrfach auf: *»Und der Engel des Herrn erschien ihm in einer feurigen Flamme aus dem Dornbusch. Und er sah, dass der Busch im Feuer brannte und doch nicht.«* (2. Mose 3,2; hier wird meist Michael vermutet). Auch die Feuersäule kann als Engel betrachtet werden: *»Da erhob sich der Engel Gottes, der vor dem Heer Israels herzog, und stellte sich hinter sie. Und die Wolkensäule vor ihnen erhob sich und trat hinter sie.«* (2. Mose 14, 19). Hat nicht auch → Orome die → Elben nach → Valinor geführt (SIL)? Die Wanderung der Elben erinnert sehr an den jahrelangen Zug der Israelis durch die Wüste, geführt vom Engel des Herrn... Engel sind aber auch die Vollstrecker großer Strafen: *»Und in dieser Nacht fuhr aus der Engel des Herrn und schlug im Lager von Assyrien hundertfünfundachtzigtausend Mann. Und als man sich früh am Morgen aufmachte, siehe, da lag alles voller Leichen.«* (2. Könige 19,35; auch hier vermutet man Michael am Werk) – hier kann man doch an die Valar in ihrer Macht denken, wenn sie Melkors Truppen vernichten. Noch im Mittelalter sah man in Mittelalter den Streiter Gottes, und häufig wird er dargestellt, wie er einen → Drachen

niederstreckt, häufig als Allegorie für den → Satan. Allgemein gelten Engel als Vermittler des göttlichen Willens, wie bei Hiob – *»Kommt dann zu ihm ein Engel, ein Mittler, einer aus tausend, kundzutun dem Menschen, was für ihn recht ist«* (Hiob 33,23) – oder der Verkündigung an Maria durch den Erzengel Gabriel, die zunächst skeptisch ist: *»Da sprach Maria zu dem Engel: Wie soll das zugehen, da ich doch von keinem Mann weiß? Der Engel antwortete und sprach zu ihr: Der heilige Geist wird über dich kommen, und die Kraft des Höchsten wird dich überschatten; darum wird auch das Heilige, das geboren wird, Gottes Sohn genannt werden.«* (Lukas 1,35). Auch → Galadriel war zunächst skeptisch, als → Olorin ihr den Elessar überreichte und das Kommen eines Königs in ferner Zukunft vorhersagte ... Im Neuen Testament sind Engel überaus häufig: Da erfahren Zacharias und Elisabeth vor der Geburt von ihrem Sohn Johannes (dem Täufer, Lukas 1, 11–38), Josef sagt ein Engel voraus, wer sein Sohn sein wird (Matthäus 1,20–24), da werden Josef und Maria von Engeln vor Herodes gewarnt, nach Ägypten geschickt und wieder zurückgeholt (Matthäus 2), während Jesu Versuchung in der Wüste dienen ihm die Engel (Matthäus 4,11 und Markus 1,13), und den mit sich ringenden Jesus im Ölberg trösten sie: *»Es erschien ihm aber ein Engel vom Himmel und stärkte ihn.«* (Lukas 22,43). Die Verheißung der Söhne an Elisabeth und Maria finden sich übrigens ähnlich im heiligen Buch des Islam, im Koran (3,38–47), in dem auch sonst die Bedeutung der Engel betont wird: *»Wer auch immer ein Feind Allahs ist und seiner Engel und seiner Gesandten und Gabriels und Michaels, dessen Feind ist Allah, denn siehe, Allah ist ein Feind aller Ungläubigen.«* (2,98) – Auch die Hierarchie der → Valar und → Maiar findet sich in den

Vorbildern der Engel wieder: Nach der im Judentum entstandenen Engellehre (Angelologie) sind die Engel hierarchisch gegliedert, und nach der für Katholiken beim 4. Laterankonzil 1215 verpflichtend festgelegten christlichen Engelslehre haben die himmlischen Wesen einen unsichtbaren unirdischen »Astralleib« oder »Feuerleib« und sind in 9 Ordnungen aufgeteilt: Seraphim, Cherubim, Throne; Mächte, Herrschaften, Gewalten; Fürsten, Erzengel, Engel. Diese Einordnung hat Dionysius Areopagita um 500 n. Chr, genannt Pseudo-Dionysius, in seinem Traktat »Über die himmlische Hierarchie« niedergelegt. Die Reformation hat nicht den Glauben an Engel abgelehnt, sondern nur deren Anbetung und kultische Verehrung (Angelolatrie): *»Also beten wir die Engel nicht an, trauen ihnen auch nicht…, sondern danken und loben Gott, dass er sie uns zugute geschaffen hat.«* (Martin Luther, 1483–1546) Auch das Judentum lehnt die Angelolatrie in weiten Teilen ab. In der katholischen Kirche werden sie jedoch in letzter Zeit zunehmend wichtiger. In der Volksfrömmigkeit sind vor allem die Erzengel Michael, Gabriel, Raphael, Uriel und zahlreiche Schutzengel bekannt.

Engelsgleiches Volk
die → Maiar

Englaland
→ England

England
England ist der südliche Teil von Großbritannien, umfasst etwa 57 % der Landmasse dieses Staates und schließt u. a. die Hauptstadt London ein. Der lateinische Name für England ist Anglia (»anglikanische Kirche«). Noch heute bedeutet das englische *anglian* »englisch«. Tolkien hat in seiner frühen → Mythologie England in verschiedener Weise einbezogen: So wird → Ælfwine als Vorläufer von → Eriol zeitweise als Mann aus England dargestellt (oder Englaland oder → Angol). → Luthanien wurde zwischendurch mit England gleichgesetzt, Alalminóre, ein früher Vorläufer von → Valinor, wurde in Warwickshire angesiedelt. Eine Zeit lang verfolgte Tolkien das Konzept, England sei die gestrandete Insel → Tol Eressea, auf der die → Elben geschwunden und durch die einfallenden → Angeln ersetzt worden seien, dann wieder waren die → Angelsachsen Nachfahren der Elben. Später behielt Tolkien zwar die Idee bei, dass → Mittelerde unsere Welt in früheren Zeitaltern sei, England aber wurde nicht mehr explizit erwähnt.

Engle
Altenglischer Ausdruck für das englische Volk (HIS 1)

English and Welsh (Englisch und Walisisch)
Vortrag von Tolkien über den Zusammenhang der walisischen und der englischen Sprache, gehalten am 21. Oktober 1955 als Auftakt zu einer Vorlesungsreihe verschiedener Professoren in Oxford, Edinburgh und Wales über verbliebene Elemente der altenglischen und → keltischen Sprache im modernen Englisch. Veröffentlicht 1963 in dem Sammelband »Angles and Britons: O'Donnell Lectures« (University of Wales Press, Cardiff) und 1983 in »The Monsters and the Critics and Other Essays«, deutsch in »Die Ungeheuer und ihre Kritiker« (1987).

Engwar (Quenya)
»die Kränklichen«: abwertende Bezeichnung der → Elben für die Menschen

Enigmata Saxonica Nuper Inventa Duo

Gedicht von Tolkien, veröffentlicht 1923 in
»A Northern Venture: verses by members
of the Leeds University English School
Association« (Swan Press, Leeds, 1923, S.
15–20)

ennas (Sindarin)

»hier«

Ennor (Sindarin)

»Mittelland«: → Mittelerde

Ennorath

»Mittellande«, ein poetisches Wort für →
Mittelerde, z. B. in dem Lied → »A Elbereth Gilthoniel«

Enque (Quenya)

»Sechs«

Enquië

»Sechse«: die sechs Tage umfassende Woche im → Kalender der → Elben (Mehrzahl
Enquier).

Ent

»Riese« im Altenglischen und in der Sprache von → Rohan: die Hirten der Bäume.
Sie waren so alt wie die ältesten Elben und
somit wohl die ältesten Lebewesen im
→ Dritten Zeitalter in Mittelerde, sieht man
von → Tom Bombadil und den → Maiar ab
(zu denen auch → Sauron und die → Istari
zählten). Noch ehe die → Elben erwachten,
hatte → Yavanna → Manwe gebeten, den
Olvar, den unbeweglichen, an einen Ort
gefesselten Pflanzen, eine Schutzmacht zur
Seite zu stellen gegen die beweglichen Kelvar, die Tiere. Und für die, die ihr am liebsten waren, die langsam wachsenden, doch
schnell gefällten Bäume, wurde ihr dies
gewährt: Mit dem Erwachen der Elben
kamen die Baumhirten, von den Elben
Onodrim (Quenya) oder Enyd (Sindarin)
genannt, von den → Rohirrim Ents. Sie
waren nicht unsterblich, doch mächtig, und
sie lebten lange und langsam. Entsprechend
war ihre Sprache: langatmig und klangvoll,
voller Wiederholungen, mit vielen abge-
stuften Vokalfarben, Ton- und Längenun-
terschieden, für Elben- oder Menschenoh-
ren eher an Gesang erinnernd. Ein Entwort
konnte so lang sein wie eine Elben-Ballade;
selbst die gelehrtesten Elben lernten niemals, diese Sprache zu sprechen oder nie-
derzuschreiben. Die Ents hingegen lernten
schnell alle anderen Sprachen, und sie vergaßen so gut wie nichts. In ihrer Jugend lernten sie die alten Listen ihres Volkes auswendig, in denen in Stabreimen alle
Lebewesen auf → Arda aufgezählt wurden.
Was davon und von ihrer Dicht- und San-
geskunst überliefert ist, kennen wir jedoch
nur in Elbisch bzw. den entsprechenden
Übersetzungen, etwa Fangorn (»Baumbart«) oder → Fimbrethil (»Birkenreis«).
Alle Ents waren unterschiedlich gebaut, je
nach der Baumart, zu der sie gehörten.
Größe und Farbe schwankten, sie hatten
zwischen drei und neun Fingern und Zehen.
Aber sie alle waren enorm stark, ihre Haut
sehr dick und fest, wenn auch gegen Äxte
und Feuer empfindlich, und sie hatten laute
Stimmen. Ihre Nahrung war ein spezieller
→ Ent-Trank. Zu gemeinsamen Beschlüs-
sen kamen sie in ausführlichen Beratungen
beim Ent-Thing. Im Ersten Zeitalter gab es
sehr viele Ents, und sie griffen einmal auch
in die Kämpfe der Zweibeiner ein, als sie
→ Beren halfen, an der → Sarn Athrad das
Heer der → Zwerge zu vernichten. Später
kam es zu Problemen mit der Fortpflanzung:
Die Ent-Frauen kümmerten sich lieber um
niedere Pflanzen und zogen in das Gebiet
zwischen dem Großen Grünwald (dem
späteren → Düsterwald) und den → Emyn
Muil, das während des Krieges zwischen

Sauron und dem → Letzten Bündnis am Ende des → Zweiten Zeitalters verwüstet wurde und danach die Braunen Lande hieß. Als die Ent-Männer später nach ihnen suchten, fanden sie keine Spur mehr von ihnen. So starben die Ents langsam aus, und viele wurden langsam »baumisch« und hörten auf, sich zu bewegen und zu sprechen. Ob die → Huorns baumisch gewordene Ents sind oder eine eigene Art beweglicher Bäume, ist unklar.

Entare
»Neujahrstag«: ein Schalttag

Enteignete
Die → Söhne Feanors und ihre Verwandten, das Haus Feanor, enteignet im doppelten Sinn: Sie verloren die → Silmaril, und sie verloren die Oberherrschaft über die → Noldor.

Entfaltet Frühling Blatt um Blatt
Ein Lied über die Ent-Frauen, das wahrscheinlich von → Elben stammt und das der → Ent → Baumbart den → Hobbits → Merry und → Pippin vorsang. Eine Vertonung des englischen Originaltextes »When Spring unfold the beechen leaf« von Margaret Davis findet sich auf der CD und im Songbuch → »The Starlit Jewel«, eine weitere auf der CD → »An Evening in Rivendell« der dänischen Gruppe → »The Tolkien Ensemble«.

Entfurt
Furt über den Fluss → Entwasser nordöstlich von → Edoras

Entinge
junge → Ents

Entisch
die Sprache der → Ents

Ent-Thing, Entthing
Formelle Versammlung der → Ents, die sehr lange dauern konnte. Das Ent-Thing, auf dem 3019 DZ beschlossen wurde, → Isengard anzugreifen, war mit drei Tagen ungewöhnlich kurz.

Ent-Trank, Enttrank
Die Nahrung der Ents, die es in mindestens zwei Varianten gab: eine vor allem erfrischende und eine besonders nahrhafte. Auf die → Hobbits → Merry und → Pippin wirkte der Ent-Trank stark wachstumsfördernd.

Entulesse
»Wiederkehr«: das Schiff, mit dem → Veantur um das Jahr 600 ZZ die erste Überfahrt von → Númenor nach → Mittelerde gelang

Entwald
→ Fangorn

Entwasser
Fluss, der vom Methedras herab durch den südlichen Teil von → Fangorn floss und dann durch → Rohan; vor der Mündung in den → Anduin bildete er gegenüber dem → Nindalf ein breites, sumpfiges Delta. Auf Sindarin hieß der Fluss Onodló.

Enu
Eine frühe Fassung des Namens → Eru für → Ilúvatar

envinyanta (Quenya)
»geheilt, erneuert«

Envinyatar (Quenya)
»Der Erneuerer«: ein Name für Aragorn

enwina (Quenya)
»alt«

enya (Quenya)

»mittig, im Zentrum«

Enyd (Sindarin)

die → Ents

Eoh

der Vater von Ottor Wæfre (ursprünglicher Name von → Eriol)

Eohere

»Reiterheer« im Altenglischen: das gesamte berittene Aufgebot des Heeres von → Rohan

Eol

→ Teleri-Elbe, genannt der Dunkelelb; er liebte das Licht der Sterne und gab den → Noldor die Schuld an der Rückkehr → Morgoths nach → Mittelerde. Ein Freund der → Zwerge und ein großartiger Schmied, lebte in → Nan Elmoth und heiratete → Aredhel, die Schwester von → Turgon. Er schmiedete aus → Meteoreisen die Schwerter → Anglachel (→ Gurthang) und Anguirel. Vater von → Maeglin, tötete in → Gondolin aus Versehen sein Weib, als er seinen Sohn mit einem vergifteten Wurfspieß töten wollte, wurde deshalb vom → Caragdúr in den Tod gestürzt.

Éomer

18. König von → Rohan (3019 DZ – 63 VZ), geboren 2991 DZ als Sohn von → Éomund und → Théodwyn, der Schwester von König → Théoden. In den Jahren vor dem Ringkrieg wenig gelitten am Hof, da Théoden den Einflüsterungen von → Gríma Schlangenzunge glaubte, doch nach → Gandalfs Eingreifen am 2. März 3019 als dritter Marschall von Rohan faktisch Oberbefehlshaber der → Rohirrim in der Schlacht bei der → Hornburg und auf dem → Pelennor. Heiratete nach dem Ring-

krieg 3020 Lothiriel, die Tochter des Fürsten → Imrahil von Dol Amroth. Herrschte als achtzehnter König der Mark und erster in der dritten → Linie des Hauses Éorl, genannt Éomer Eadig (altenglisch: »der Glückliche«), und führte sein Schwert Gúthwine (altenglisch: »Freund in der Schlacht«) noch in manche siegreiche Schlacht. Vater von → Elfwein dem Schönen. Im → Film von Peter → Jackson wird Éomer von Karl → Urban dargestellt.

Éomund

Marschall von der → Ostfold, Ehemann von → Théodwyn, der Schwester von König → Théoden von → Rohan, und Vater von → Éomer und → Éowyn. Fiel 3002 im Kampf gegen → Orks.

Eonwe

Der Herold von → Manwe, der mächtigste der → Maiar, oft Manwes Bote. Der Waffenkundigste in → Valinor, führte das Heer der → Valar am Ende des → Ersten Zeitalters beim Angriff auf → Morgoth; in vieler Hinsicht dem Erzengel Michael vergleichbar (→ Engel).

Éored

»Reiterei« im Altenglischen: Eine Einheit der Kavallerie von → Rohan, zwischen 100 und 120 Mann stark.

Éorl (der Junge)

Mann aus Éothéod (2485–2545 DZ), Sohn von → Léod. Der erste König von → Rohan (2510–2545). Wurde mit erst 16 Jahren Herr der Menschen von → Éothéod, genannt »Éorl der Junge«. Führte sein Volk mit 25 Jahren 2510 in die Schlacht auf der Ebene des → Celebrant und kam so dem bedrängten → Gondor zu Hilfe, das von den → Balchoth aus dem Nordosten wie auch von Orks aus dem Nebelgebirge überrannt zu werden drohte. Truchsess Cirion von Gondor trat den Éothéod zum Dank das Land Calenardhon ab, zwischen dem → Anduin und dem → Isen. Am Grab von → Elendil auf dem → Halifirien schworen die beiden Fürsten immerwährende Freundschaft und Bündnistreue zwischen beiden Völkern. Die Éothéod gaben ihrem Land einen neuen Namen, Mark der Reiter, und sich selbst nannten sie die Éorlingas, die »Söhne Éorls«, doch in Gondor nannte man ihr Land Rohan und sein Volk die → Rohirrim, die Pferdeherren. Denn die Éothéod waren phantastische Reiter. Ihr Wappen zeigte ein galoppierendes Pferd, weiß im grünen Feld. Denn Éorl, der erste König der Mark, ritt → Felaróf, den weißen Hengst, der seinen Vater getötet hatte und ihm nun freiwillig diente, das erste der → Mearas. Diese Pferde waren so langlebig wie die Menschen, und Éorl und Felaróf fielen gemeinsam 2545 in einer Schlacht im Ödland. Ihr gemeinsamer Grabhügel war das erste der Königsgräber von → Edoras.

Éorlingas
»Éorlssöhne«: die → Rohirrim

Éothain
Ein Mitglied der → Éored von → Éomer

Éothéod
»Pferd-Volk« im Altenglischen: der Name für das Land und das Volk der → Rohirrim, ehe sie → Calenardhon besiedelten. Die Éothéod lebten im Quellgebiet des → Anduin, seitdem sie unter → Frumgar 1977 DZ dort eingewandert waren. Sie stammten von Nordmenschen aus → Rhovanion ab, deren Könige über → Eldacar mit den Königen von → Gondor verwandt waren. Unter → Éorl dem Jungen erhielten die Éothéod von Gondor das Land, das man später Mark der Reiter und → Rohan nannte.

Éowyn
»Freude an Pferden« im Altenglischen: die »Jungfrau von Rohan«, »Schildmagd von Rohan«, »Weiße Dame von Rohan«, die 2995 DZ geborene Schwester von Éomer, Tochter von → Éomund und → Théodwyn, der Schwester von König → Théoden von → Rohan. In den Jahren vor dem → Ringkrieg Krankenpflegerin für den König, der von → Gríma Schlangenzunge in Passivität und Senilität getrieben wurde. Nach der Heilung von Théoden und dessen Abreise in den Krieg sollte sie das Land hüten, schlich sich jedoch verkleidet als Soldat Dernhelm mit in die Schlacht und tötete den → Schwarzen Heermeister. Unglücklich verliebt in → Aragorn, fand sie in → Faramir (II) Ersatz, heiratete ihn und wurde Fürstin von → Ithilien. Im → Film von Peter → Jackson wird Éowyn von Miranda → Otto dargestellt.

Epesse
»Nachname«: zusätzlicher → Name, den die → Elben neben oder statt ihrem Geburtsnamen annahmen, z. B. → Gil-galad statt Ereinion (→ Namensgebung).

Ephel (Sindarin)
»Zaun, Umzäunung«

Ephel Brandir
»Brandirs Zaun«: die Palisadenfestung von → Brandir und seinem Volk auf den → Ered Gorgoroth

Ephel Dúath
»Umzäunung aus dunklem Schatten«: das Schattengebirge, die Gebirgskette zwischen → Gondor und → Mordor, bildete die West- und Südgrenze von Mordor. Im Norden bildete das Schattengebirge mit den → Ered Lithui eine fast rechtwinklige Ecke, in der → Udûn lag und das → Isenmaul.

Epigonen, Einfluss und Hommage

Tolkiens Einfluss auf die phantastische Literatur im Allgemeinen und die Fantasy-Literatur im Besonderen ist enorm. Seit dem »Herrn der Ringe« schreibt man als phantastischer Autor oder Autorin entweder »wie Tolkien« oder eben »anders als Tolkien«. Es wäre unsinnig, auch nur eine Liste der wichtigsten Autorinnen und Autoren liefern zu wollen, die direkt oder indirekt beeinflusst wurden. Ganz wichtig sind Tolkiens Ideen von der → Zweitschöpfung, die in dem Meisterwerk »Die unendliche Geschichte« von Michael Ende zu einem Höhepunkt der Fantasy-Literatur umgesetzt werden. Zu denen, die zugeben, von Tol-

»Das Vermächtnis des Rings«:
Das neueste Buch mit
Geschichten zu Ehren von Tolkien,
eine gelungene Hommage, erschienen
bei Bastei-Lübbe 2001

kien inspiriert worden zu sein, gehören z. B. Terry Pratchet (»Scheibenwelt«), Stephen R. → Donaldson (»Thomas-Covenant-Saga«) und Marion Zimmer Bradley (»Darkover«, »Nebel von Avalon«); Bradley hat sogar Tolkien-Lieder vertont und gesungen (→ »The Starlit Jewel«). Auch Wolfgang E. Hohlbein, der bekannteste und erfolgreichste Fantasy-Autor Deutschlands, ist Tolkien-Fan; mit »Die Jäger« legte er bereits 1983 eine Hommage an Tolkien vor, eine wunderschöne Geschichte, in der moderne Menschen erfahren müssen, dass das Reich der Elfen, Trolle und Einhörner in unserer Zeit noch so präsent ist wie früher. Doch nur wenige finden den Weg – und falls sie in böser Absicht kommen, werden sie von Elfen auf prächtigen Pferden gejagt. Immer wieder gibt es solche Geschichten, die als Hommage oder zur Erinnerung an Tolkien geschrieben wurden; eine gute Auswahl bieten die Sammelbände »Die Erben des Rings« (Hrsg. Martin H. Greenberg, 1994) und »Das Vermächtnis des Rings« (Hrsg. Stefan Bauer, 2001). Manche Autoren treten als echte Epigonen auf, als bewusste Nachahmer; nicht selten kommen dabei zweitklassige Geschichten heraus. Besonders misslungen ist die Parodie »Der Herr der Augenringe« von H. N. Beard und D. C. Kenney (Bored of the Rings, 1969), die sie unter dem »Pseudonym« Dschey Ar Tollkühn veröffentlichten. Sie ist nicht mal gute Comedy und wimmelt von penälerhaften Witzeleien über Fäkal- und Sexthemen. Im Gegensatz dazu gibt es auch wirklich gute Bücher, die sich Tolkiens Ideen oder Welt bedienen und dann oft auch bewusst als Hommage gemeint sind. Besonders hervorzuheben sind zwei Werke deutscher Autoren. Horst Neißer, Direktor der Stadtbücherei Köln, legte nach mehreren Bänden mit Kurzgeschichten 1996/97 mit »Centratur – Übersetzungen aus dem Blauen Buch« ein umfangreiches Werk vor, das in zwei Bänden (»Kampf um Hispoltai« und »Die Macht der Zeitenwanderer«) eine Fortsetzung der Geschichte des Ringkrieges im Vierten Zeitalter darstellt – allerdings verklausuliert und so stark verändert, dass man durchaus den (beabsichtigten) Eindruck bekommen kann, die Überlieferungen im »Herrn der Ringe« erzählten eine ganz andere Geschichte; es ist eben nicht das → Rote Buch, sondern ein Blaues Buch, auf das sich Neißer bezieht. Dem bekennenden Tolkien-Fan ist damit das Kunststück gelungen, auf rund 1500 Seiten die Atmosphäre von Tolkiens Werk aufzugreifen, eine Quasi-Fortsetzung und doch etwas ganz anderes und eigenes zu schaffen. – Helmut W. Pesch, ein ausgewiesener und bekannter Tolkien-Experte, veröffentlichte nach mehreren Sachbüchern zu Tolkien 1998 gemeinsam mit Horst von Allwörden den Roman »Die Ringe der Macht«, im Jahr 2000 dann alleine die Fortsetzung »Die Herren der Zeit« – eine Fantasy-Geschichte, die viele der Ideen von Tolkien aufgreift und sie hübsch zu einem neuen Bild gestaltet. Beide Autoren arbeiten übrigens (ganz unterschiedlich) das Thema der Zeitreise heraus und greifen damit auf eine Idee zurück, die Tolkien 1936 in »The Lost Road« entwickelt hatte, einer unvollendeten Zeitreisegeschichte über → Númenor (veröffentlicht 1987).

eque (Quenya)
»Er/sie sagt/sagte«: Einführung zu wörtlicher Rede

eques (Quenya)
»sagte er/sie, sagte jemand«: Abschluss eines Ausspruches, Zitates, Sprichwortes

er (Quenya)
»eins, einzeln, einsam, allein«, z. B. in

→ Tol Eressea, → Eru, → Erde, → ereb, → Erchamion

Er, den wir nicht nennen wollen
Ein Beiname von → Sauron in → Gondor

Eradan
→ Dúnedain, der 2. Herrschende → Truchsess von → Gondor (2080–2116 DZ)

erain (Sindarin)
»königlich«, Plural von → aran, z. B. in → Ereinion

Erbe Earendils
Titel, den sich → Ar-Pharazôn beilegte

Erbe Isildurs
Titel für → Aragorn II.

Erben von Anárion
Die Könige von → Gondor, → Anárions Erben

Erben von Isildur
Die → Dúnedain des Nordens, → Isildurs Erben

Erch (Sindarin)
»Stich, Stachel«

ercha (Sindarin)
»stechen«

Erchamion (Sindarin)
»der Einhändige«: Beiname von → Beren

Ercoire (Quenya)
»Erstes Erwachen«: zweiter Monat im → Kalender der → Elben und der → Númenórer, entspricht grob unserem Februar

Erde (Quenya)
»Einzigartigkeit«

Erd-Herrin, Erd-Königin
→ Yavanna

ereb (Sindarin)
»einzeln, einsam, isoliert«

Erebor (Sindarin)
»Einsamer Berg«: Berg östlich des → Düsterwaldes, nördlich des → Langen Sees und der Stadt → Esgaroth. In den Höhlen unter dem Berg entsprang der Fluss → Eilend. 1999 DZ siedelte sich hier → Thrain der Alte an nach der Flucht vor dem → Balrog aus → Moria; als Thrain I. gründete er das »Königreich unter dem Berg«. Ab 2210 gab es hier nur noch eine kleine Zwergenkolonie, da → Thorin I. sein Volk zu den → Ered Mithrin führte, bis 2590 → Thrór auf der Flucht vor den → Drachen aus den Ered Mithrin zurückkam. Sein Reich wurde immer wohlhabender, bis 2770 der Drache → Smaug kam und die Zwergenfestung eroberte. Die Menschenstadt → Thal, die unmittelbar zu Füßen des Berges lag, wurde ebenfalls unbewohnbar. Ab und zu zeigte sich der Erebor in Aufruhr. In den Jahren, bevor → Bilbo Beutlin zum Erebor kam, gab es häufiger Erdbeben, und als Smaug den ersten Diebstahl durch Bilbo entdeckte, brachte er den Berg fast zum Wanken und verursachte Erdstöße und Steinschläge.

Erebor (Zeichnungen)
Es gibt mehrere Zeichnungen, auf denen Tolkien den Einsamen Berg, den → Erebor darstellt: »Der Einsame Berg und die Karte des Langen Sees« (Bleistift, rote und schwarze Tusche, Buntstift), »Der Einsame Berg« (Bleistift, schwarze Tusche; Smaug fliegt klein darum), »Die Vordertür« (mehrfach gezeichnet, Bleistift/schwarze Tusche), »Die Hintertür« (Bleistift), »Blick

Der Einsame Berg in Aufruhr   (Helen Schneidewind)

von der Hintertür« (Bleistift, schwarze Tusche), und »Smaug umfliegt den Einsamen Berg« (Bleistift, schwarze Tusche). Das Innere ist zu sehen in → »Unterhaltung mit Smaug«.

Erech

Ein Hügel in → Lamedon, an der Ostseite des Tals von → Morthond, auf dem der → »Stein von Erech« stand, Isildurs Stein. Hier traf → Aragorn mit den → Toten Menschen von Dunharg zusammen.

Ered en Echoriath (Sindarin)

»Umzingelnde Berge«: die → Echoriath

Ered Engrin (DZ; Sindarin)

»Berge aus Eisen«: die Eisenberge, eine kleine Bergkette, die sich im Osten des → Düsterwaldes in West-Ost-Richtung erstreckte, wahrscheinlich ein Überrest der → Ered Engrin aus dem Ersten Zeitalter. Hier entsprang der Fluss Carnen und gab es eine Zwergenkolonie unter → Dáin Eisenfuß, der, nachdem → Thorin Eichenschild gefallen war, König unter dem Berg wurde.

Ered Engrin (EZ; Sindarin)

»Berge aus Eisen«: die Eisenberge, eine riesige Bergkette, die → Melkor in der Frühzeit von → Arda durch den ganzen Norden von Mittelerde als Schutzwall gegen die → Valar aufgerichtet hatte, mehrmals zerstört und wieder aufgebaut. Nach einer ersten Zerstörung schuf → Aule aus den Resten die Gebirge von → Hithlum und → Dorthonion. Nach der Zerstörung am Ende des Ersten Zeitalters blieben nur einige kleinere Bergketten übrig wie die → Ered Mithrin und die kleinen → Ered Engrin (DZ).

Ered Gorgoroth (Sindarin)

»Berge des Grauens«: schroffes Gebirge an der südlichen Kante von Dorthonion mit tiefen Schluchten und Klüften. Der einzige, der sie jemals lebend durchquerte, war → Beren; hier hausten riesige → Spinnen aus der Brut von → Ungoliant, im → Ersten → Zeitalter lebte auch → Kankra in den Gorgoroth.

Ered Lindon (Sindarin)

»Die Berge von Lindon«: die Blauen Berge, die → Ered Luin

Ered Lithui (Sindarin)

»Aschengebirge«: die Nordgrenze von → Mordor, staubig und trocken. Im Süden stand der → Barad-dúr.

Ered Lómin (Sindarin)

»Echoberge«: Gebirgskette an der Westgrenze von → Hithlum, geteilt durch den Fjord von → Drengist

Ered Luin (Sindarin)

»Blaue Berge«: lange, von Norden nach Süden verlaufende Gebirgskette, die im Ersten Zeitalter → Eriador von → Beleriand trennte und fast durch ganz → Mittelerde verlief, in ihr lagen die Zwergenstädte → Nogrod und → Belegost. Nach der Zerstörung am Ende des → Ersten Zeitalters bildeten die Ered Luin das nordwestliche Küstengebirge von Mittelerde und die Westgrenze von Eriador. Westlich davon lag → Lindon, wo → Círdan an den → Grauen Anfurten lebte, deshalb wurde das Gebirge von den Elben auch → Ered Lindon genannt, »Berge von Lindon«.

Ered Mithrin (Sindarin)

»Graue Berge«: Eine Bergkette nördlich des → Düsterwaldes, Heimat von → Drachen und anderen Untieren, die hier besonders in der Hochebene namens Dürre Heide, auch Verdorrte Heide genannt, lebten. 2210 DZ siedelten sich hier → Zwerge vom → Erebor an unter → Thorin I., doch nachdem Dáin I. und sein zweiter Sohn Frór vor den Türen ihres Palastes 2589 von einem großen → Kaltdrachen erschlagen worden war, kehrte ihr Volk unter dem neuen König → Thrór zum Erebor zurück. Anschließend hausten hier außer den Drachen vor allem → Orks.

Ered Nimrais (Sindarin)
»Weiße Hörner«: das Weiße Gebirge, große Bergkette von Westen nach Osten im Süden des → Nebelgebirges zwischen → Gondor und → Rohan

Ered Wethrin
»Berge des Schattens«: das Schattengebirge, eine große gebogene Bergkette im → Ersten Zeitalter, die in ihrem West-Ost-Verlauf → Hithlum von → West-Beleriand trennte, in ihrem Süd-Nord-Verlauf Hithlum von → Ard-galen, dessen westliche Grenze sie bildete. Ein Bestandteil der Bergkette, die von → Fingolfin stark befestigt wurde, war Dor-lómin.

Eredain
Name der Schweizer Tolkien-Gesellschaft

Eredh (Sindarin)
»Saat, Samen«

Ereg (Quenya)
»Dorn, Stachel«

Eregdos (Sindarin)
»Stechpalme« (Hulstbaum)

Eregion
»Land der Hulstbäume, der Stechpalmen«: Region westlich des Nebelgebirges, um 750 ZZ durch die Elben um → Celebrimbor besiedelt, Hauptstadt war Ost-in-Edhil. In Eregion wurden die → Ringe der Macht geschmiedet, im Krieg um diese zerstörte → Sauron das Reich 1697 ZZ. Von den Menschen Hulsten genannt, wegen der vielen Hulstbäume (Stechpalmen)

Ereinion
»Spross der Könige«: der Geburtsname von → Gil-galad

Erelas (Sindarin)
Das vierte der sieben → Leuchtfeuer von → Gondor in den → Ered Nimrais, ein grüner, baumloser Berg

Erellont
Einer der drei Seeleute, die → Earendil auf allen seinen Reisen begleiteten, selbst auf seiner letzten Reise nach → Aman, das sie aber nicht betreten durften. Was danach aus ihnen wurde, ist nicht bekannt.

Erendis
Gattin von → Tar-Aldarion, Tochter von Núneth und von Beregar, einem → Dúnedain aus dem Hause → Beor, Nachfahre von Bereth, einer Schwester von → Baragund und → Belegund und Großtante von → Túrin und → Tuor,. Erendis und Aldarion lernten sich 806 ZZ kennen, als Aldarion 106 Jahre alt und bereits seit 6 Jahren Thronerbe war. Er verliebte sich 816 in die »Herrin des Westlandes« und schenkte ihr 820 den Diamanten, den sie später in ein Stirnband fassen ließ und der ihr den Beinamen Tar-Elestirne, »Herrin mit der Sternenstirn«, einbrachte. (Darauf basierte später die Tradition der Könige von → Arnor, statt einer Krone den → Elendilmir zu tragen, einen Stirnreif mit einem Edelstein.) Schon von Beginn an und auch während der ungewöhnlich langen Verlobungszeit sah sich Erendis als unterlegene Rivalin der wahren Geliebten ihres Mannes, des Meeres. Als

850 → Valandil von Andúnië, ein Vetter von Aldarion, sie Uinéniel nannte, »Tochter → Uinens«, also »Herrin der See«, entgegnete sie ärgerlich, sie sei nicht Uinens Tochter, eher ihre Feindin. 858 schließlich wurde Verlobung gefeiert, aber erst 871 geheiratet. 873 kam → Tar-Ancalime zur Welt, und bis 877 blieb Aldarion in Númenor. Dann aber reiste er wieder nach Mittelerde und kam erst 882 zurück. Erendis wies ihn zurück und zog ihre Tochter alleine groß in ihrem weißen Haus Emerië, wo diese kaum Männer sah. 985 kam Eremis bei einem ihrer wengen Besuche im Hafen → Rómenna im Meer um (Geschichte → »Aldarion und Erendis: Das Weib des Seefahrers«, NAM).

Erenoi (Quenya)
»Eisenklippen, Eisenküste«: → Lionesse

Eresse
»Einsamkeit«

Eressea
»Die Einsame«: → Tol Eressea

Erestor
Der oberste der → Elben im Rat von → Elron in → Imladris

eria (Sindarin)
»sich erheben, aufsteigen, aufstehen«

Eriador
»Aufsteigendes Land«: das Land zwischen → Nebelgebirge und den → Ered Luin, den Blauen Bergen; im Süden begrenzt durch den Gwathló und den Glanduin, im Norden bis ans Meer und die Eiswüsten der → Forodwaith reichend. In den Geschichten des Ersten Zeitalter spielte Eriador keine Rolle, es war die unbekannte Wildnis im Osten, aus der manchmal Menschen nach → Bele-

riand einwanderten. Nach dem Untergang Belerian ds am Ende des Ersten Zeitalters war es plötzlich der Hauptsiedlungsraum der noch in Mittelerde gebliebenen Elben, hier wurde das Königreich → Arnor gegründet und lag auch das → Auenland.

Erinnerungslied von Bilbo
Das Lied von → Bilbo, das er in → Imladris beim Abschied von → Frodo singt: »Am Feuer sitze ich und denk ...«

Erinti
Eine nur in einem einzigen frühen Eintrag von Tolkien erscheinende → Vala, Tochter von Manwe und Varda, die Vala der Liebe, Musik und Schönheit, auch Lotesse und Akairis (»Braut«) genannt, Schwester von → Noldorin und → Amillo; nur diese drei Valar verließen → Valinor und lebten auf → Tol Eressea.

Erintion
In alten Schriften die zweite Hälfte des Monats Januar

Eriol
»Einer, der für sich träumt«: die zentrale Person in den → Verschollenen Geschichten; er ist der, dem in der Hütte des Vergessenen Spiels, → Mar Vanwa Tyaliéva, die ganzen Geschichten erzählt werden. Hatte früher zahlreiche andere Namen, z. B. → Ælfwine, und ganz unterschiedliche Erlebnisse, Geschichten und Herkunftsorte. Zeitweise war er als Mann aus → England gedacht, z. B. aus dem Wessex des 11. Jahrhunderts. – Eriol wird manchmal auch die Heimat Eriols genannt, dann soll es »Eisenklippen« bedeuten (HIS 1,2).

Eriollo (Quenya)
»zwischen den Meeren«: die Heimat von → Eriol

Erkenbrand
Reiter aus Rohan, Herr der → Westfold und der → Hornburg, führte das Heer der → Rohirrim bei der zweiten Schlacht an den → Furten des Isen, unter König → Éomer später Marschall der Westmark.

Ermabwed
»Einhänder« in der Sprache der → Gnome: → Beren

Ermon
In einer frühen Variante bei Tolkien einer der ersten beiden Menschen, die aufgeweckt werden; der andere ist Elmir.

Ernil (Sindarin)
»Prinz, Fürst«

Ernil i Periannath
»Fürst der Halblinge, Prinz der Halblinge«: So wird der Halbling, also → Hobbit, → Pippin in → Minas Tirith und später in ganz → Gondor genannt; ein zunächst aus den Legenden stammender Ehrentitel, der ihm nach seinen Taten im → Ringkrieg erhalten blieb.

Erntemath
Im → Kalender von → Bree der neunte Monat, grob unserem September entsprechend, im → Auenland Halimath genannt.

Erquelle (Quenya)
»Erster Herbst«: Name des neunten Monats im → Kalender der → Elben und auch der → Númenórer, entspricht grob unserem September.

Errantry
englischer Titel des Liedes → »Irrfahrt«

Erríve (Quenya)
»Erster Winter«: Name des elften Monats

im → Kalender der → Elben und auch der → Númenórer, entspricht grob unserem November.

Ersehnter jenseits allen Hoffens
Name für → Earendil, mit dem ihn → Eonwe, der Herold der → Valar, begrüßte

Erste Bereitschaft Ostviertel
Eine Einheit der → Landbüttel des → Auenviertels, als dieses von → Saruman beherrscht wird, aufgestockt mit zahlreichen teils unwilligen → Hobbits.

Erste Linie der Könige
Die Könige der Mark, die Könige von → Rohan, wurden in Linien eingeteilt, die jeweils aus einer direkten Nachfolge bestanden. Die erste Linie umfasste:
→ Éorl der junge (2485–2545)
→ Brego (2570–2659)
→ Aldor der Alte (2544–2645)
→ Fréa (2570–2659)
→ Fréawine (2594–2680)
→ Goldwine (2619–2699)
→ Déor (2644–2718)
→ Gram (2668–2741)
→ Helm Hammerhand (2691–2759)

Erste Schlacht
Die namenlose erste der → Schlachten von Beleriand

Erste Stimme
Eines der beiden Wesen, die jeweils das Vorleben der Menschen bewerten und über den weiteren Verlauf ihres »Lebens nach dem Tode« entscheiden in der Geschichte → »Blatt von Tüftler«.

Erster Deutscher Fantasy Club e. V.
Der EDFC wurde am 20. Mai 1978 gegründet und gibt drei Zeitschriften heraus, »Fantasia«, »Quarber Merkur« und »Magira«,

sowie die sekundärliterarische Reihe »Tolkiana«, in der u. a. die beiden Bücher von Randel → Helms zu Tolkien erschienen sind (»Tolkien und die Silmarille«, 1986, und »Tolkiens Welt«, 1995) sowie von Helmut W. Pesch »Das Licht von Mittelerde« (1985) und von Gudrun Zahnweh »Heldenfiguren bei Tolkien« (1995).

Kontakt: EDFC e. V., Postfach 13 71, 94001 Passau, www.edfc.de

Erster Landbüttel
Der → Bürgermeister von Michelbinge

Erstes Geschlecht
Entweder die → Elben, wenn man von einer Einteilung in zwei → Geschlechter redet, oder die → Vanyar-Elben als das erste der drei Geschlechter der Elben.

Erstes Haus der Edain
Die Nachfahren von → Beor

Erstes Zeitalter
Das erste der vier → Zeitalter, die Zeit von der Erschaffung von → Arda bis zur letzten, der sechsten der → Schlachten von Beleriand, der → Großen Schlacht, bei der → Melkor endgültig besiegt und eingekerkert wurde (siehe Zeittafeln im Anhang). Wie lange es dauerte, ist unmöglich zu sagen – wie lange ist eines der drei »Alter«, die → Melkor eingekerkert war? Allein der → Schlaf von → Yavanna kann Tausende von Jahren gedauert haben. Daher ist auch das Alter jener Elben nicht anzugeben, die dieses Zeitalter von Anfang an erlebten, z. B. von → Círdan. Er kann am Ende des Dritten Zeitalters 7.500 Jahre alt sein, aber auch 20.000 Jahre zählen ...

Erstgeborene
Die älteren → Kinder von Ilúvatar, die → Elben

ertha (Sindarin)
»vereinigen«

Erthad (Sindarin)
»Union, Einheit, Vereinigung, Bündnis«

Ertuile (Quenya)
»Erster Frühling«: Name des vierten Monats im → Kalender der → Elben und auch der → Númenórer, entspricht grob unserem April.

Eru
»Der Eine«, auch »Er, welcher einzig ist«: der → Himmelsgott → Ilúvatar. In Númenor wurde er verehrt; sein Heiligtum stand auf dem → Meneltarma. Der Name kommt z. B. vor in → Eruhantale, → Eruhíni, → Erukyerme, → Erulaitale.

Eruhantale (Quenya)
»Danksagung an Eru«: das Herbstfest in → Númenor

Eruhin (Quenya)
»Kind von Eru«: ein Kind von → Ilúvatar, ein → Elbe oder ein Mensch, Mehrzahl Eruhini

Erui
Kleiner Fluss in → Gondor, mündete in den → Anduin und bildete die Südgrenze von → Ithilien.

erui (Sindarin)
»zuerst«

Erukyerme (Quenya)
»Gebet an Eru«: das Frühlingsfest in → Númenor

Erulaitale (Quenya)
»Lob Erus«: das Mittsommerfest in → Númenor

Eruman

In der frühen → Mythologie von Tolkien ein dunkles Land in → Aman außerhalb von → Valinor, im Süden der → Feenbucht, östlich der Berge von Valinor und südlich des → Taniquetil

Erumdni

Ein anderer Name für → Eruman

Erusén (Quenya)

»Kinder von Eru«: Kinder von → Ilúvatar, → Elben und Menschen

Eryn (Sindarin)

»Wald«

Eryn Galen (Sindarin)

»Großer Grünwald«: So hieß der → Düsterwald bis ins 11. Jahrhundert des → Dritten Zeitalters, ehe → Sauron 1050 DZ → Dol Guldur erbaute.

Eryn Lasgalen

»Wald der grünen Blätter«: der neue Name des → Düsterwaldes nach dem Ringkrieg

Eryn Vorn (Sindarin)

»Dunkler Wald«: der Wald auf dem großem Kap in → Eriador an der Küste von → Minhiriath südlich der Mündung des → Baranduin

Erzählung von Aragorn und Arwen

Ein Werk, das in Teilen im → Roten Buch und deshalb auch im Anhang zum »Herrn der Ringe« enthalten ist; vollständig wurde es geschrieben von Barahir, Enkel des Statthalters → Faramir (II) von → Gondor und wahrscheinlich selber auch → Truchsess von Gondor.

Es lebte einmal ein Mann allein

Beginn des Gedichtes → »Schattenbraut«

Es war einmal ein Fahrensmann

Beginn des Gedichtes → »Irrfahrt«

Esgal (Quenya)

»Schirm, Versteck«, z. B. in → Esgalduin

Esgalduin

»Fluss unter dem Schleier«: Der Fluss, der durch → Doriath floss und die Wälder von → Neldoreth und → Region trennte, mündete in den → Sirion. Von → Melian mit einem entgiftenden Zauber belegt.

Esgalduin-Brücke

→ Iant Iaur

Esgaroth

Die Seestadt der Menschen im → Langen See, auf Pfählen erbaut und mit dem südwestlichen Ufer durch eine große Holzbrücke verbunden, 2941 DZ durch den → Drachen → Smaug zerstört, etwas weiter nördlich und näher wieder aufgebaut. Regiert von einem gewählten → Bürgermeister, der sich zu der Zeit, als die Stadt gegen Smaug kämpfen musste, als egoistische Krämerseele entpuppte.

Esse (Quenya)

»Name«, auch Name des → Tengwar-Zeichens Nummer 31, $\mathcal{E}$, das für »z« stand.

Esse nuquerna (Quenya)

»umgekehrtes esse«, Name des → Tengwar-Zeichens Nummer 32, $\mathcal{Z}$, das für »ss« stand.

Essecarme (Quenya)

»Namensmachung«: die Verleihung eines → Namens durch den Vater des Kindes bei den → Elben (→ Namensgebung)

Essecilme (Quenya)

»Namenwahl«: die Verleihung eines zweiten → Namens durch die Mutter des Kindes bei den → Elben (→ Namensgebung)

esta (Sindarin)
»benennen«

Este (Quenya)
»Ruhe, Rast«: eine der → Valier, Gemahlin von → Lórien, Vala des Heilens und der Ruhe, die von Müdigkeit und Unrast befreit. Stets grau gekleidet, schläft am Tag.

Estel (Sindarin)
»Hoffnung«: Diesen Namen gab → Elrond → Aragorn, nachdem er ihn als Pflegesohn aufgenommen hatte.

Estelmo
Knappe von → Elendur. Er überlebte das Verhängnis auf den → Schwertelfeldern.

estent (Sindarin)
»kurz«

Estolad (Sindarin)
»Lager«: Gebiet südlich von → Nan Elmoth in Ost-→ Beleriand. Hier ließen sich → Beor und → Marach mit ihren Stämmen nieder, nachdem sie über die → Ered Luin gekommen waren.

Et Earello Endorenna
Spruch, mit dem → Elendil seine Ankunft in → Mittelerde begrüßte nach dem Untergang von → Númenor:
> *Et Earello Endorenna utúlien.*
> *Sinome maruvan ar Hildinyar*
> *tenn Ambar-metta!«*

Das bedeutet: »Aus dem Großen Meer bin ich nach Mittelerde gekommen. Hier werden ich und meine Erben bleiben bis an der Welt Ende.« Diese Worte zitierte → Aragorn II. Elessar bei seiner Krönung nach der Niederlage von → Sauron.

Ethik
→ Moral

Ethir (Sindarin)
»Flussmündung, Delta«

Ethir Anduin
Die Mündungen des → Anduin, das Delta unterhalb von → Pelargir

Ethraid (Sindarin)
»Furten, Flussübergang«; Einzahl: athrad

Ethraid Engrin (Sindarin)
Die → Furten des Isen (auch in der Einzahlform Athrad Angren)

Ethuil (Sindarin)
»Frühling«: 54 Tage lange Jahreszeit im Kalender der → Elben von → Imladris, entspricht etwa unserem April und Mai, Quenya Tuile

Ettenöden, Ettentäler
Land der → Trolle und → Orks um den Oberlauf des → Mitheitel, steinig, felsig und karg; hier lag die Quelle des Mitheitel und lebten die Hügelmenschen

Evadrien
»Eisenküste«: → Lionesse

Evair (Sindarin)
ein → Avari-Elbe

Evendim
Abenddämmerung, vor allem von → Hobbits gebraucht

Evendim-Berge (Westron)
die → Abendrot-Berge

Evendim-See
Auch »Abendrot-See« genannt oder »See

des Zwielichts«, der See → Nenuial nördlich des → Auenlandes

Evranin
Die Kinderfrau von → Elwing

Evromord
Türhüter von → Mar Vanwa Tyaliéva, später ersetzt durch → Rúmil

Exeter College
Das College in → Oxford, an dem Tolkien studierte und später lehrte

Expresskutsche
Unterwasserfahrzeug des Zauberers → Artaxerxes in der Geschichte → »Roverandom«: eine riesige Muschelschale, gezogen von sieben Haifischen

ezel (Quenya)
»grün«: Lehnwort aus der Sprache der → Valar, nur von den Vanyar gebraucht

Ezellohar
→ Corollaire

F

Fabelhafte Geschichten
Ein Sammelband, den → Klett-Cotta 1975
herausgab; er enthält die Geschichten
→ »Blatt von Tüftler« (Leaf by Niggle,
1945), → »Bauer Giles von Ham« (Farmer
Giles of Ham, 1949) und → »Der Schmied
von Großholzingen« (Smith of Wootton
Major, 1967).

Fabricius Cunctator
»Hersteller und Zauderer«: in der
Geschichte → »Bauer Giles von Ham« der
richtige Name des stets Übles voraussa-
genden Hufschmiedes; bekannt im Dorf als
»Sonniger Sam«.

Faden
Die alte englische Maßeinheit, die Tolkien
verwendet (*fathom*, im Deutschen auch als
Klafter übersetzt), misst 6 → Fuß, das sind
2 → *yards* oder 1,83 Meter. In diesem Lexikon wurden alle → Längenmaße auf das
metrische System umgerechnet.

faeg (Sindarin)
»arm«

fael (Sindarin)
»großzügig, freigiebig, gerecht«

Fael (Sindarin)
»Strahlen, Glänzen« im Sonnenschein

Faelivrin (Sindarin)
»Glanz auf Ivrin«: Name, den → Gwindor
→ Finduilas gab, zur Erinnerung an den
Sonnenschein, der auf → Eithel Ivrin
glänzte

faen (Sindarin)
»strahlend-weiß«

Faer (Sindarin)
»Geist, Phantom, Gespenst«: leicht sichtbare, blasse Erscheinung

Fahlhäute
Ein anderer Name für die → Falbhäute

Faidwen
»Freiheit« in der Sprache der → Gnome

Faigli (Quenya)
»(langes) Haar«

Faiglindra (Quenya)
»Die Langhaarige«: Name für → Airin

faiglion, faiglim (Quenya)
»langhaarig«

fail (Quenya)
»fahl, matt«

faila (Quenya)
»großzügig, freigebig, gerecht«

Failin (Quenya)
ein Name des → Mondes

Failivrin
Name einer → Gnomin, die → Turumart
liebte, in einer frühen Version der Geschichte von → Túrin

Failthi (Quenya)
»Blässe«

fain (Sindarin)
»weiß«

fair
»frei« in der Sprache der → Gnome

fair (Sindarin)
»rechts, rechtshändig«

faire (Quenya)
»frei«

Faire (Quenya)
»Geist, Phantom, Gespenst«: leicht sichtbare, blasse Erscheinung. Faire bedeutet auch »Strahlung«.

Fairie (Quenya)
»Freiheit«

Fala (Quenya)
»Schaum, Gischt, Welle«

Falas (Sindarin)
»Küste, Ufer, Strand, Brandungsstreifen«, z. B. in → Belfalas oder → Falathrim. Auch Name der Westküste von → Beleriand südlich von → Nevrast und nördlich von → Arvernien; häufig auch nur für das Gebiet zwischen den Mündungen der Flüsse Brithon und Nenning, an denen die beiden Häfen → Brithombar und → Eglarest lagen, das Herrschaftsgebiet von → Círdan, Herr der Falathrim, bis das Gebiet im Jahr nach der → Nírnaeth Arnoediad von → Morgoths Herr verwüstet wurde und die Falathrim nach → Balar flüchteten.

Falas-a-Gwilb
»Strand des Friedens«: in einer frühen Version der Geschichte von → Tuor in den Verschollenen Geschichten dessen erste Heimstatt in einer geschützten Bucht am → Belegaer, dem Großen Meer

Falasquil (Quenya)
»Strand des Friedens«: in einer frühen Version der Geschichte von → Tuor in den Verschollenen Geschichten dessen erste Heimstatt in einer geschützten Bucht am → Belegaer, dem Großen Meer

Falasse (Quenya)
»Küste, Ufer, Strand, Brandungsstreifen«

Falasse Númea (Quenya)
»Westliche Brandung«

falasta (Quenya)
»schäumen«

Falastur (Quenya)
»Herr der Küsten«: Beiname von → Tarannon, zwölfter König von → Gondor

Falathar
»Jenseits der Küsten«: einer der drei Seeleute, die → Earendil auf allen seinen Reisen begleiteten, selbst auf seiner letzten Reise nach → Aman, das sie aber nicht betreten durften. Was danach aus ihnen wurde, ist nicht bekannt.

Falathren (Sindarin)
»Küstensprache«: die Sprache der → Falathrim, manchmal auch benutzt für die Gemeinsame Sprache, das → Westron

Falathrim (Sindarin)
»Küstenvolk«: Die → Teleri-Elben, die im → Ersten Zeitalter bis nach der → Nírnaeth Arnoediad in den → Falas lebten, ihr Herr war → Círdan. Sie sprachen einen eigenen Dialekt des → Sindarin, das → Falathren

Falbhäute
Der kleinste der drei Stämme, in die die → Hobbits unterteilt waren, stammte aus dem Tal des → Anduin und zog um das Jahr 1150 DZ nach Westen, überschritt das

→ Nebelgebirge nördlich von → Imladris und wanderte den → Mitheitel entlang bis ins Gebiet der → Wetterberge. Falbhäute waren etwas größer, schlanker und hellhäutiger als andere Hobbits, gute Jäger und für Hobbits ziemlich abenteuerlustig. Die Führer der Hobbits bei der Besiedelung des → Auenlandes, → Marcho und → Blanco, waren ebenso Falbhäute wie die Familien → Tuk, → Brandybock und → Bolger.

Falc

»Spalte, Schnitt«, aber auch »Spalte, Schlucht, Klippen« in der Sprache der → Gnome

falch (Sindarin)

»Tiefe Schlucht, Kluft«

Falcon

Bidenhänder, ein großes zweihändiges Schwert, aber auch eine zweischneidige Streitaxt in der → Sprache der → Gnome

falf (Sindarin)

»Brandung, Gischt«

Fall von Gondolin

»The Fall of → Gondolin« ist die erste Geschichte des → »Buches der Verschollenen Geschichten«, die Tolkien im Rahmen seiner → Mythologie niederschrieb, 1917 während eines Genesungsurlaubs.

Fälle des Sirion

Hier stürzte der → Sirion beim Wall von → Andram unter die Erde und verschwand in der »Höhle der stürmischen Winde«, ehe er 15 Kilometer später bei den »Pforten des Sirion« wieder zum Vorschein kam.

Fälle von Ivrin

→ Eithel Ivrin

Falma (Quenya)

»(schaumgekrönte) Welle«

Falmar (Quenya)

»Eine/r von den Wellen«: See-Elb, Meer-Elb, ein/e → Teleri, der oder die aus → Mittelerde in den Westen zogen; Mehrzahl Falmari

Falmarini

Geister der Gischt: → Elementargeister in der frühen Mythologie von Tolkien

Falmar-Osse

Ein alter Name für → Osse

Falqa (Quenya)

»Spalte, Pass, Schlucht«

Falqan (Quenya)

»großes Schwert«

Falsche Feen

Die → Kaukareldar

Famfir

»Herr der Winde«: eine frühe Variante von → Manwe in der Sprache der → Gnome

Familienfehde

→ Blutrache

Fân (Sindarin)

»Nebel, Dunst, Wolke, Schleier«

fána (Quenya)

»weiß«

Fang

Einer der Wolfshunde von Bauer → Maggot

Fang (Sindarin)

»Bart«

Fangli
ein früher Name für einen der Diener von → Melko

Fangluin
»Blaubart«: ein → Zwerg aus → Nogrod

Fangorn (Sindarin)
Die höchst unzulängliche Kurzform eines Namens für den ältesten der → Ents, → Baumbart. Fangorn wurde auch der Wald genannt, den er behütete. Dieser lag am südöstlichen Ende des → Nebelgebirges zwischen den Oberläufen der Flüsse → Entwasser und → Limklar und war etwa so groß wie das → Auenland. Außer Baumbart lebten hier am Ende des → Dritten Zeitalters noch zahlreiche andere Ents.

Fangorns alte Listen
Jene alten Listen, nach denen der → Ent → Baumbart (Fangorn) in seiner Jugend gelernt hatte, welche Wesen es auf der Welt gibt – die → Hobbits konnte er darauf nicht finden, nur die → vier »freien Völker«.

Faniel (Quenya)
»Weißes Mädchen«: Tochter von → Finwe und → Indis

Fankil
Ein früher Name für einen der Diener von → Melko, später Fankil

Fantur
Die Valar → Mandos und → Lórien, frühe Form von → Feanturi

fanui (Sindarin)
»wolkig«

Fanuidhol (Sindarin)
»Wolkenkopf«: einer der Berge von → Moria, Bunduschathûr bei den → Zwergen

Fanuilos (Sindarin)
»Immer-Weiß«: ein Name für → Varda

Fanuin
»Jahr«: ein Kind von → Aluin, der Zeit

Fanyamar (Quenya)
»Wolkenheim«: die obere Region der inneren Luftschicht Vista oder → Aiwenor

far (Sindarin)
»ausreichend, genug«

fara (Sindarin)
»jagen«

Faradrim (Sindarin)
»Jäger« (Mehrzahl von Faron)

Faramir (I) (Quenya)
»Juwel der Jagd«: → Dúnedain von → Gondor, jüngerer Sohn von König → Ondoher, gefallen 1944 DZ in der Schlacht mit den → Wagenfahrern

Faramir (II) (Quenya)
»Juwel der Jagd«: → Dúnedain von → Gondor (2983 DZ – 82 VZ), der jüngere Sohn von → Denethor II., des Herrschenden → Truchsesses von Gondor, und von → Finduilas von → Dol Amroth, Bruder von → Boromir, durch seine Mutter hat er etwas Elbenblut. Hauptmann der Grenzwachen, traf → Frodo und → Sam am 8. März 3019 in → Ithilien, ließ sie ziehen, um ihren Auftrag zu erfüllen. Wurde am nächsten Tag bei der Verteidigung der Übergänge des → Anduin bei → Osgiliath und → Cair Andros verwundet und geriet unter den → Schwarzen Atem der Nazgûl. Denethor wollte ihn mit sich verbrennen, doch → Beregond rettete ihn, und → Aragorn heilte ihn mithilfe von → Athelas. Er heiratete → Éowyn von Rohan, wurde von

Aragorn als Truchsess bestätigt und zusätzlich Fürst von Ithilien; sein Sitz wurde → Emyn Arnen. Im → Film von Peter → Jackson wird Faramir von David → Wenham dargestellt.

Faramir I.
→ Hobbit aus dem → Auenland, Faramir → Tuk

Farin
→ Zwerg (2560–2803 DZ) aus dem Volk von → Durin, der Sohn von Borin und der Vater von → Fundin und → Gróin, Großvater von → Balin, → Dwalin, → Óin und → Glóin

Farmer Cotton
→ Kattun, Tolman

Farmer Giles of Ham
Originaltitel der Geschichte → Bauer Giles von Ham; kompletter Titel: »*Farmer Giles of Ham: The Rise and Wonderful Adventures of Farmer Giles, Lord of Tame, Count of Worminghall, and King of the Little Kingdom*«

Farmer Giles von Ham
Deutscher Titel der Geschichte → Bauer Giles von Ham in der zweisprachigen Neuausgabe beim Deutschen Taschenbuch Verlag 1999 (München)

farn (Sindarin)
»genug«

farne (Quenya)
»bewohnend«, z. B. in → orofarne (»im Gebirge wohnend«)

Farning, Herr
→ Farnrich in der alten Übersetzung des »Herrn der Ringe«

Farning, Lutz
Lutz → Farnrich in der alten Übersetzung des »Herrn der Ringe«

Farnrich, Herr
Ein Breeländer, Gast im Gasthaus → »Zum Tänzelnden Pony« in → Bree, als → Frodo und seine Gefährten dort eintreffen (in der neuen Übersetzung des → »Herrn der Ringe«; alte Übersetzung: Farning). Unklar, ob es Lutz → Farnrich ist.

Farnrich, Lutz
Dunkelhäutiger → Breeländer, der sich mit → Saruman und → Gríma Schlangenzunge verbündete, um das → Auenland zu beherrschen; führte für den → Oberst die Aufsicht über die Wachen an der Brandywein-Brücke, von → Merry verjagt (in der alten Übersetzung: Lutz Farning)

Faron (Sindarin)
»Jäger« (Einzahl von Faradrim)

Faroth (Quenya)
»Jagd, Verfolgung«

Fassreiter
So nennt sich → Bilbo Beutlin im Gespräch mit dem → Drachen → Smaug, um seinen Namen nicht preiszugeben.

Fastitocalon
Ein riesiger »Schildkrötenwalfisch«, der letzte seiner Art, im elften Gedicht im Buch → »The Adventures Of Tom Bombadil«. Dieses alte Gedicht »Fastitocalon« aus dem → Auenland erinnert an Geschichten aus Tausendundeiner Nacht, in denen ebenfalls Seeleute auf einer Insel Rast machen, die sich als riesiger Fisch entpuppt. Das Gedicht erschien in einer ersten Fassung 1927 unter dem Titel »Adventures in Unnatural History and Medieval Metres: being The Freaks of

Fisiologus (i): Fastitocalon« in »The Stapeldon Magazine« 7 (No. 40, Oxford).

Fastred (Rohan)
Prinz von → Rohan (2858–2885), Sohn von König → Folcwine, Zwillingsbruder von → Folcred. Beide Prinzen wurden bei der Schlacht an den → Furten des Poros erschlagen.

Fastred aus Grünholm
→ Hobbit aus dem → Auenland, heiratete 1451 AZ (31 AZ) → Elanor Gamdschie, 1454 wurde ihr Sohn Elstan Schönkind geboren. 1455 wird Fastred Verwalter der → Westmark, er und Elanor ziehen nach → Untertürmen auf den Turmbergen.

Fathom
→ Faden

Fatty
Fredegar → Bolger

faug (Sindarin)
»durstig«

Faulkner, Mrs.
Inhaberin einer Pension in der Duchess Road 37 in → Birmingham, in der John Ronald Reuel → Tolkien 1908/09 lebte; dort lernte er seine spätere Frau Edith kennen.

faun (Sindarin)
»Wolke«

Fauri
Ein früherer Name von → Fôs'Almir

Fayanáro
Ältere Form des Namens → Féanaro

Fea (Quenya)
»Geist, Seele«: Plural Fear, z. B. in → Feanor, → Feanturi. Der Geist oder die Seele, der oder die im Körper zu Hause ist, aber diesen auch verlassen kann: Wenn die → Elben »die Welt leid« waren oder getötet wurden, verloren sie nur den Körper (Hroa), während ihr Fea in die → Hallen von → Mandos einging und nach einer frühen Konzeption von Tolkien sogar wiedergeboren werden konnte (→ Wiedergeburt).

Feanáro (Quenya)
»Feuergeist«: der Name, den → Miriel Serinde ihrem einzigen Sohn gab, der unter der Sindarin-Form → Feanor bekannt wurde

Feanor (Sindarin)
»Feuergeist«: Sindarin Form des Namens »Feanáro«, den → Miriel Serinde vorausschauend ihrem einzigen Sohn gab, sein Vater war → Finwe, der König der → Noldor in → Aman, der ihm den Geburtsnamen »Curufinwe« gab (»Geschickter Finwe«). → Fingolfin und → Finarfin waren seine Halbbrüder. Oft der »größte« der Elben genannt, wie auch immer dies zu bewerten ist – der weiseste war er sicher nicht, und oft handelte er übereilt, was ihm auch einen frühen Tod brachte: Er starb im ersten Sonnenjahr des Ersten Zeitalters. Doch war er der geschickteste aller → Elben und ein großer Gelehrter und Krieger, der größte aller Juwelenschmiede, der Schöpfer der → Silmaril und der → Palantiri, und er verbesserte die → Tengwar von → Rúmil so sehr, dass man danach von der feanorischen Schrift sprach. Vor allem aber war er der Anführer der Rebellion gegen die → Valar, und so unklug er sich dabei auch verhielt, so tat er dies doch mit einer solchen Überzeugungskraft (man kann auch sagen Arroganz und übertriebenem Stolz), dass ihm selbst die Valar Respekt zollten. – Die Sil-

maril hatte er geschaffen, bevor → Melkor die → Zwei Bäume von Valinor vernichtete. Er war bei Mahtan in die Lehre gegangen, einem Noldo, der bei → Aule gelernt hatte, und hatte Mahtans Tochter Nerdanel geheiratet, mit der er sieben Söhne hatte: → Maedhros, → Maglor, → Celegorm, → Caranthir, → Curufin, → Amrod und → Amras. Mit seinen Halbbrüdern Fingolfin und Finarfin verband ihn keine Liebe, er sah sie als Rivalen an und zeigte hier wie viele besonders fähige Menschen erstaunlich wenig Souveränität. Er bedrohte sogar Fingolfin mit der Waffe und wurde dafür für zwölf Jahre aus → Tirion verbannt. Er baute sich eine Festung im Norden von → Valinor, Formenos, in der er die Silmaril aufbewahrte; von seiner Tür verwies er sogar → Melkor voller Stolz. Nach der Zerstörung der Zwei Bäume wollte er die Silmaril nicht herausgeben, obwohl → Yavanna mit ihrer Hilfe vielleicht die Bäume hätte retten können. Während noch darüber gestritten wurde, stahl Melkor die Silmaril aus Formenos und erschlug Finwe. Daraufhin nahm das Unheil seinen Lauf: Feanor und seine Söhne schworen den unseligen Eid, die Silmaril um jeden Preis zurück zu erobern, bekannt geworden als → Feanors Eid. Er stachelte die Noldor dazu auf, mit ihm nach → Mittelerde zu gehen, um eigene Reiche zu gründen und Melkor zu bekämpfen, dem er den Namen → Morgoth gab. Den → Teleri in → Alqualonde raubte er mit Gewalt ihre Schiffe. Wegen dieses Sippenmordes wurden er und seine Leute von Mandos mit einem Fluch belegt und aus Aman verbannt – man kann dies als den → Sündenfall der Elben interpretieren. Was mit Mord begonnen hatte, setzte sich fort mit verbrecherischen und dummen Handlungen: Nach der Landung bei Losgar am Fjord von → Drengist ließ Feanor die Schiffe verbrennen, statt sie wie verspro-

chen zu Fingolfin und dessen Leuten zurückzuschicken; diese mussten deshalb eine mühselige und gefährliche Überquerung der → Helcaraxe unternehmen. In der → Dagor-nuin-Giliath ließ er sich so von seinem Hass auf Melkor und seinem Stolz hinreißen, dass er alleine zwischen mehrere → Balrogs geriet, die ihn zu Tode verwundeten. Er wurde von seinen Söhnen gerettet, doch starb er kurz darauf. Sein Geist war so feurig, dass seine Leiche, wie von seiner Mutter vielleicht vorausgesehen, zu Asche zerfiel, als der geist den Körper verließ. So etwas wird nur noch ein weiteres Mal beschrieben, bei → Saruman. Dieser aber war ein → Maia, und hierin wird die Kraft von Feanors Geist besonders deutlich. Doch ob man ihn als den größten aller Elben einschätzt, ist eine Frage der Bewertung. Sicher war Feanor klug, tapfer, geschickt sowie ein charismatischer Führer, doch war er auch selbstverliebt, eitel und stolz, oft voreilig und ziemlich skrupellos, ja sogar verbrecherisch. Er erinnert in seiner Maß- und Skrupellosigkeit an manche Götter der → Germanen und einige Helden der nordischen → Sagas, in seiner Voreiligkeit und Unbeherrschtheit an den größten Helden der → Griechen, Herakles (Herkules). – Das Zeichen von Feanor war ein silberner Stern mit acht Zacken.

Feanorische Lampen
Ein Name für die → Silmaril

Feanorische Schrift
die → Tengwar

Feanors Eid
Der Eid, den → Feanor und seine Söhne schworen, nachdem → Melkor die → Silmaril gestohlen hatte: jeden zu bekämpfen, der sich zwischen sie und die Silmaril stellen würde. Er sorgte für viel Unfrieden zwi-

schen den Elben und zahlreiche Kriege und Morde, z. B. die Überfälle der → Söhne Feanors auf → Menegrond und die Häfen an den → Sirionmündungen. Der Eid war unauflöslich, denn er war nicht nur unter Anrufung der → Valar erfolgt, die ihn ja hätten auflösen können, sondern auch von → Ilúvatar.

Feanors Söhne

Die Söhne von → Feanor waren → Maedhros, → Maglor, → Celegorm, → Caranthir, → Curufin, → Amrod und → Amras.

Feanors Steine

Ein Name für die → Silmaril und auch für die → Palantiri

Feanturi (Quenya)

»Herren der Geister«: die Valar Námo (→ Mandos) und Irmo (→ Lórien)

Fee

Tolkien benutzt den Begriff »Feen« in seiner frühen Mythologie gleichbedeutend mit → Elben.

Feenbucht

In der frühen → Mythologie von Tolkien die Bucht vor → Eldamar, im Norden von → Eruman

Feenfarn

Pflanze, die in der Geschichte → »Roverandom« auf dem Mond wächst und Musik macht

Feenglöckchen

Blumen, die in der Geschichte → »Roverandom« auf dem Mond wachsen und Musik machen

Feenland

Inwináre: in der frühen Mythologie von Tol-

kien ein Name für das spätere → Eldamar; Eldamar hieß zunächst nur die felsige Küste im westlichen Feenland, auf der → Kôr erbaut war.

Feind (dunkler)

Bezeichnung für → Morgoth und später auch → Sauron

Feiste Katz auf Schlummerplatz

Beginn des Gedichtes → »Katz«

Fela (Sindarin)

»Höhle, Grotte«

Felagund

Beiname von → Finrod, nachdem er → Nargothrond hatte erbauen lassen, aus der → Sprache der → Zwerge: »Höhlengräber, Höhlenschürfer«, häufig jedoch auch mit »Herr der Grotten« übersetzt

Felagunds Ring

→ Barahirs Ring

Felak

»Höhle, Grotte« in der Sprache der Zwerge

Felaróf

»Der sehr Starke« in der Sprache der → Rohirrim: das Pferd von → Éorl. → Léod, der Vater von Éorl und Herr der Menschen von → Éothéod, fing einst ein weißes wildes Hengstfohlen ein. Als er den herangewachsenen Hengst 2501 DZ reiten wollte, warf dieser ihn ab; Léod prallte mit dem Kopf auf und starb. Sein Sohn Éorl verlangte als Wergeld ewigen Dienst von dem Tier, das die Sprache der Menschen verstand. Felaróf sollte von Nahar, dem Hengst von → Orome, abstammen, und war der Vorfahr aller → Mearas, die so langlebig wie Menschen waren. Éorl und Felaróf fielen gemeinsam 2545 in einer Schlacht im Ödland.

Ihr gemeinsamer Grabhügel war das erste der Königsgräber von → Edoras.

Feld von Celebrant
Die große Ebene, die zwischen dem Fluss → Celebrant und dem → Limklar lag; hier fand 2510 DZ die Schlacht statt, bei der → Éorl → Gondor zu Hilfe kam und in deren Folge sein Volk Calenardhon erhielt und → Rohan gründete.

Feld von Cormallen (Quenya)
»Goldener Kreis«: Feld in Nord-→ Ithilien, benannt nach den → Culumalda-Bäumen, die dort wuchsen. Hier fand die große Siegesfeier statt am Ende des Ringkrieges.

Felder von Gondor
die → Pelennor-Felder

Feldhüter, Hugo
In der alten Übersetzung des »Herrn der Ringe« der Name von Hob → Heuwart

Fellowship of the Ring
Die → »Gemeinschaft des Ringes«, auch der Titel des 1954 erschienenen ersten Bandes von → »The Lord of the Rings«: *»The Fellowship of the Ring: being the first part of The Lord of the Rings«*

Felsmulde
Ort am Rande der → Grünberge im Südviertel des → Auenlandes

Fen (Sindarin)
»Tür, Tor«

Fen Hollen (Sindarin)
»Verschlossene Tür«: Tor auf der Westseite des sechsten Geschosses von → Minas Tirith, nur geöffnet als Durchlass bei Begräbnissen. Auch genannt das Tor der → Truchsessen.

Fengel
Der 15. König von → Rohan (2870–2953 DZ, regierte ab 2903). Dritter Sohn von → Folcwine; seine Brüder → Fastred und Folcred waren 2885 waren im Krieg gefallen. Fengel war gierig, verfressen und streitlustig; sein Sohn → Thengel verließ früh das Land und kehrte erst nach Fengels Tod zurück.

Fenmark, auch Fennmark
Gebiet in → Rohan entlang des → Mering

Fenn von Serech
(»Blutsumpf«): Sumpf um die Mündung des → Rivil in den → Sirion, am nördlichen Ende des Sirion-Passes; daher ein wichtiger strategischer Punkt und in allen Schlachten in → Ard-galen heiß umkämpft. Hier wurde → Finrod Felagund in der → Dagor Bragollach von → Barahir gerettet, hier starben in der → Nírnaeth Arnoediad die Männer von → Dor-Iómin, die den Rückzug von → Turgon nach → Gondolin deckten.

Fennas (Sindarin)
»Torweg«

Fennfeld
→ Nindalf

Fennmark, auch Fenmark
Gebiet in → Rohan entlang des → Mering

Fenriswolf
In der → Mythologie der → Germanen der Sohn des Loki und der Angrboda, Bruder der → Midgardschlange Jörmungand und der → Hel. Von Tyr mit einer magischen Fessel gebunden. Bei der Götterdämmerung, dem Ragnarök, kommt er frei, verschlingt Sonne und Mond und schließlich → Odin, ehe er von Widar, einem Sohn

Odins, getötet wird. Da Motiv der Fesselung des stärksten bösen Wesens findet sich in der Fesselung von → Melkor wieder.

Fent (Quenya)
»Schlange«

Fenume (Quenya)
»Drache«

Feredir (Sindarin)
»Jäger«

Ferguson, Mark
Der Darsteller von → Gil-galad im → Film von Peter → Jackson ist in Neuseeland ein bekannter Seriendarsteller, er spielte u. a. in »Hercules«. In zwei Kinofilmen wirkte er bisher mit: »The Rainbow Warrior« (1992) und »Freeze Over« (1998).

Fern (Sindarin)
Der Tod, das Sterben von sterblichen Wesen

Ferne Höhen
Grenzhöhen zwischen → Westmark und → Auenland, zwischen den → Weißen Höhen und den → Emyn Beraid, auch Fuchshöhen und Weite Höhen genannt

Ferner Westen
→ Aman

Fern-Harad
Der südliche Teil von → Harad

Fernster Westen
→ Aman oder auch → Valinor

Fest der doppelten Freude
→ Samirien

Fest der Vierundzwanzig
Großes Fest, das in Großholzingen in der Geschichte → »Der Schmied von Großholzingen« alle 24 Jahre gefeiert wird; Höhepunkt ist der »Große Kuchen«

Fest der Wiedervereinigung
Das Fest der Versöhnung: → Mereth Aderthad

Fest von St. Hilarius und Felix
14. Januar: Termin, zu dem der → Drache → Chrysophylax den Menschen von Ham sein Lösegeld abliefern wollte, nachdem er vom → Bauern Giles von Ham besiegt worden war. Der Drache kam natürlich nicht.

Feste
→ Treffen

Festung des Norden
→ Utumno

Feuer der Geschichten
Auch Scheitfeuer genannt: in den → Verschollenen Geschichten ein magisches Feuer, das das ganze Jahr über im Raum des Scheitfeuers in → Mar Vanwa Tyaliéva, der Hütte des Vergessenen Spiels, brennt und beim Erzählen hilft

Feuerberg
Der Schicksalsberg, der → Orodruin

Feuerfuß
Das Pferd von → Éomer

Feuergeist
→ Feanor

Feuerkammern
Die »Sammath Naur« unter dem Schicksalsberg, dem → Orodruin. Sie reichten im Vulkankegel unterhalb des Kraters bis zum Schlot, in dem die Flammen aus den Schicksalsklüften emporzüngelten, in denen der

→ Herrscherring geschmiedet worden war und auch vernichtet wurde.

Feuerschein in Beorns Halle
Zeichnung mit Bleistift, schwarzer und roter Tusche von Tolkien für das 7. Kapitel von → »The Hobbit«, entstanden wohl 1936

Feuerwerk
→ Gandalf war Spezialist für Feuerwerke aller Art. Dasselbe gilt für den → Weihnachtsmann, der sowohl für das Morgenrot-Feuerwerk wie für das → Nordlicht verantwortlich ist, wie man in → »Die Briefe vom Weihnachtsmann« nachlesen kann.

Feuriger Berg
Der → Orodruin

Feuriger Ring
→ Narya

Fiedergräser
Pflanzen, die in der Geschichte → »Roverandom« auf dem Mond wachsen und Musik machen

Fileg (Sindarin)
»kleiner Vogel«

Filey
Ort, in dem Familie Tolkien mehrfach die Sommerferien verbringt; hier entsteht 1925 die Kindergeschichte → »Roverandom«

Fili
Ein → Zwerg (2859–2941 DZ), Bruder von → Kili, Neffe von → Thorin Eichenschild, Sohn von → Dis, Mitglied der Gemeinschaft um → Bilbo und Thorin auf der Fahrt zum → Erebor, wo er 2941 bei der → Schlacht der Fünf Heere erschlagen wurde. In → Beutelsend spielte er auf einer Geige.

Filigod (Sindarin)
»Kleiner Vogel«

Film
Die ersten Verfilmungen von Tolkiens Werken waren die → Zeichentrickfilme »The Lord of the Rings«, (1977, von Ralph → Bakshi) sowie »The Hobbit« (1977) und »The Return of the King«(1978, beide von Arthur Rankin jr. und Jules Bass). Lange Zeit galt der »Herr der Ringe« als Realfilm als unverfilmbar. Trotzdem gab es starke Einflüsse von Tolkiens Werk auf Hollywood, und zwar nicht nur auf die gesamte Entwicklung der Fantasy-Filme: George Lucas gibt offen zu, dass seine »Star Wars«-Trilogie eine moderne Adaption des »Herrn der Ringe« sei. Die Film- und Bühnenrechte am »Herrn der Ringe« liegen seit 1976 bei Saul Zaentz (dreifacher Oskargewinner; u. a. »Der englische Patient«, »Amadeus«). Er vergab 1977 die Lizenzen für die bereits erwähnten Zeichentrickfilme. Seit 1998 versuchte Peter Jackson, seine Vorstellung einer Verfilmung unterzubringen, zunächst bei »Miramax Films«. Diese wollten jedoch nur einen Film machen, und es war Jackson klar, dass der »Herr der Ringe« in einem solchen Rahmen nicht verfilmbar sei. Außerdem hatte Tolkien testamentarisch verboten, dass Disney irgendeinen Einfluss auf seine Werke bekäme, und Miramax ist eine Tochterfirma von Disney. So wurde Jackson im Sommer 1978 mit New Line Cinema einig, einer Tochterfirma von AOL-Time Warner, die bisher eher Filme mit kleinerem Budget produziert hatte (»Dark City«, »Nightmare on Elmstreet«); ihr bis zum »Herrn der Ringe« teuerster Film war »Lost in Space« mit einem Budget von 85 Millionen Dollar; alleine die Rechte bei Miramax zu kaufen kostete 10 Millionen Dollar! Der »Herr der Ringe« kostet nach verschiedenen Angaben zwischen den ur-

sprünglich geplanten 180 Millionen und 400 Millionen US-Dollar (je nach Kurs zwischen 200 und 450 Millionen Euro). Dies ist ein enormes Risiko, kommen doch die drei Filme in drei aufeinander folgenden Jahren ins Kino, jeweils zu Weihnachten 2001, 2002 und 2003, sind aber schon komplett abgedreht, lassen sich also bei einem Flop kaum noch korrigieren. Jeder Teil wird über 120 Minuten dauern, insgesamt ist die Trilogie zwischen 7 und 8 Stunden lang. Gedreht wurde zwischen dem 11. Oktober 1999 und dem 22. Dezember 2000 sowie im Frühjahr 2001 (für Ergänzungs- und Nach-Dreharbeiten) an insgesamt 274 Drehtagen an mehr als 100 Drehorten. Die Crew umfasste ohne Statisten rund 2500 Leute. Die kompletten Dreharbeiten fanden in Neuseeland statt. Dessen abwechslungsreiche Landschaft bot alles, was für die Außenaufnahmen gebraucht wurde: Grasebenen, Wälder, Flüsse, Seen, Gebirge, Vulkane – außerdem lebt Peter Jackson hier und auch zahlreiche Darstellerinnen und Darsteller aus Fantasy-Serien (etwa aus Herkules und Xeny), auf die zurückgegriffen werden konnte, das neuseeländische Militär half mit Statisten aus (es gibt in diesem Film über 15000!), und insgesamt ist dort alles billiger als in den USA. Das riesige Budget erlaubt es Jackson, mit modernster Tricktechnik und Computeranimationen zu arbeiten – → Gollum etwa ist komplett animiert, → Kankra, der → Balrog und → Sauron kommen zum größten Teil aus dem Computer. Bei den → Ents kommen sowohl Computer-Animationen wie auch »Roboter«, sogenannte Animatronics, zum Einsatz. Die → Nazgûl werden von Schauspielern dargestellt, deren Gesichter man im Computer nachbearbeitet hat, die → Orks und die → Toten Menschen von Dunharg von Schauspielern mit Maske. Die → Hobbits spielen normalgroße Schauspieler, die

dann mit optischen oder Computer-Tricks geschrumpft werden. Manchmal werden auch kleinwüchsige Doubles oder Dummys verwandt, und einige Male wurden die »großen Leute« mittels Prothesen vergrößert. Man brauchte auch sonst viel Material, alleine 40 goldene Ringe und 900 Rüstungen. – Es wird inhaltliche Änderungen gegenüber dem Buch geben; so wurde die Rolle von → Arwen ausgebaut (was kein Schaden sein muss, sie ist eine der schwachen Figuren bei Tolkien), und → Tom Bombadil wird fehlen. Selbstverständlich gibt es weitere Kürzungen, so werden nicht alle Gedichte und Lieder von Tolkien enthalten sein. Um den »Herrn der Ringe« ungekürzt zu verfilmen, bräuchte man mindestens die doppelte Filmlänge. Tolkien selbst hat erklärt, dass ihm durchaus bewusst sei, dass eine Verfilmung Änderungen an der Geschichte mit sich bringe, auch war er selber der letzte, der sich weigerte, seine Geschichten neuen Ideen oder Entwicklungen anzupassen – man denke nur an sein → »Buch der Verschollenen Geschichten«, und selbst in veröffentlichten Bücher wurden von ihm in revidierten Ausgaben noch Charaktere verändert. Als Beckmesser an die Verfilmung heranzugehen, wäre also wohl nicht in Tolkiens Sinn; wenn der Film die Geschichte gut erzählt und die Atmosphäre einfängt und rüberbringt, dann wäre dies eine großartige Leistung. Jackson hat viel dafür getan, dass es gelingt; so hat er die beiden bekannten Tolkien-Illustratoren Alan → Lee und John → Howe als »conceptual designer« gewonnen. Die Musik stammt von Howard Shore (»Das Schweigen der Lämmer«), für die Spezialeffekte ist die Firma → Weta Fax zuständig, die das Spezialeffekte-Verfahren → »Massive« einsetzt. »President of Production« ist Michael De Luca, das Drehbuch schrieben »Peter Jackson, Frances

Walsh, Stephen Sinclair und Philippa Boyens. Stunt Coordinator Greg Powell arbeitete z. B. bei »Die Mumie« mit, Swordsmaster Bob Anderson war auch schon bei »Star Wars« und »Highlander« für »art action« zuständig. Hier wichtige Darstellerinnen und Darsteller in alphabetischer Reihenfolge der Figuren:
→ Aragorn: Viggo → Mortensen
→ Arwen: Liv → Tyler
→ Bilbo Beutlin: Sir Ian → Holm
→ Boromir: Sean → Bean
→ Celeborn: Marton → Csokas
→ Denethor: John → Noble
→ Elrond: Hugo → Weaving
→ Éomer: Karl → Urban
→ Éowyn: Miranda → Otto
→ Faramir (II): David → Wenham
→ Frodo Beutlin: Elijah → Wood
→ Galadriel: Cate → Blanchett
→ Gandalf: Sir Ian → McKellen
→ Gil-galad: Mark → Ferguson
→ Gimli: John → Rhys-Davies
→ Gollum/Sméagol: Andy → Serkis
    (Stimme in der Originalfassung)
→ Gorbag: Stephen → Ure
→ Gríma Schlangenzunge: Brad → Dourif
→ Haldir: Craig → Parker
→ Isildur: Harry → Sinclair
→ Legolas: Orlando → Bloom
→ Mauhúr: Robbie → Magasiva
→ Merry (Meriadoc Brandybock):
    Dominic → MonaGhan
→ Morwen: Robyn → Malcolm
→ Pippin (Peregrin Tuk): Billy → Boyd
→ Sam Gamdschie: Sean → Astin
→ Saruman: Christopher → Lee
→ Saurons Mund: Bruce → Spencer
→ Uglùk: Nathaniel → Lees
→ Théoden: Bernhard → Hill
Rosie → Kattun (Hüttinger):
    Sarah → McLeod
Timm → Sandigmann: Brian → Sergent
Uruk-hai-Anführer: Jay → Lagaáia

fim (Sindarin)
»schlank, schmächtig, schwach«

Fimbrethil
»schlanke Birke«: eine → Ent-Frau, die ehemalige Frau des Ents → Baumbart, im Text mit »Birkenreis« übersetzt

Fin, Fîn (Quenya)
»Haar, Haarflechte«, z. B. in → Finduilas, → Fingon, → Finrod, → Glorfindel

Finarfin (Quenya)
»Königliches Haar«: der dritte Sohn von → Finwe und der zweite von dessen zweiter Gemahlin → Indis, der jüngere der beiden Halbbrüder von → Feanor, der einzige → Noldor mit blondem Haar, das nur er und seine Nachkommen hatten. Deshalb lautete sein Muttername »Ingalaure« (»Gold der Ingar«, die Ingar waren die Nachkommen von Ingwe). Seine Kinder waren → Finrod, → Orodreth, → Angrod, → Aegnor und → Galadriel. Der weiseste von Finwes Söhnen kehrte nach dem → Sippenmord von Alqualonde nach → Aman um, wo ihm die → Valar vergaben. Er wurde der König der → Noldor von → Tirion und führte diese in die → Große Schlacht. Sein Vatername war Arafinwe (»Königlicher Finwe«).

finda (Quenya)
»behaart, haarig«

Findaráto (Quenya)
»Behaarter Recke«: Quenya-Form des Namens → Finrod

Finde (Quenya)
»Haar, Haupthaar, Locke«, z. B. in → Findaráto, → Artafinde

Findegil
Ein Schreiber des Königs von → Gondor,

der im Jahre 172 VZ (1592 AZ) eine Abschrift des → Roten Buches der Westmark anfertigte

Findekáno
»Behaarter Gebieter«: Quenyaform des Namens → Fingon

Findesse
»Haartracht«: das komplette Haupt- und evt. Barthaar einer Person

Findis
Nach älteren Entwürfen eine Tochter von → Finwe und → Indis

Finduilas
Eine Prinzessin der → Noldor, Tochter von → Orodreth. Von → Gwindor, der sie liebte, auch Faelivrin genannt, »Glanz auf Ivrin«, zur Erinnerung an den Sonnenschein, der auf → Eithel Ivrin glänzte. Sie jedoch liebte → Turin, ohne wiedergeliebt zu werden. Bei der Eroberung von → Nargothrond 496 EZ von → Orks gefangen genommen und an den → Teiglin-Stegen getötet. Ihr Grabhügel heißt → Haudh-en-Elleth.

Finduilas von Dol Amroth
Tochter von → Adrahil, Fürst von → Dol Amroth. Heiratete 2976 DZ Denethor von → Gondor, der ab 2978 als Denethor II. Herrschender → Truchsess war. Mutter von → Boromir, geboren 2978, und → Faramir (II), geboren 2984. Sie starb 2988. Durch ihre Abstammung von Imrazór und → Mithrellas war sie zu einem ganz kleinen Teil Elbin, was sie an ihre Söhne weitergab.

fine (Quenya)
»ein Haar«

Finglas
»Lockenblatt«: einer der drei ältesten

→ Ents im Wald von → Fangorn, zur Zeit des Ringkriegs nahezu baumisch geworden

Fingolfin
»Königliches Haar«: der zweite Sohn von → Finwe und der erste von dessen zweiter Gemahlin → Indis, der ältere der beiden Halbbrüder von → Feanor, Vater von → Fingon, → Turgon und → Aredhel. Sein Muttername war Arakáno. Obwohl von Feanor verletzt, vergab er ihm und beteiligte sich an der Auflehnung der → Noldor gegen die → Valar, seinen Söhnen zuliebe und weil er sein Volk nicht verlassen wollte. Weil er die Situation falsch verstand, beteiligte sich der stärkste der Söhne Finwes auch an dem → Sippenmord in Alqualonde. Nach dem Verrat Feanors, der die gestohlenen Schiffe der → Teleri nicht zurückschickte, überquerte er mit seinem Volk die → Helcaraxe. Mit seinem Aufzug in Mittelerde ging die Sonne auf, und als er sein blausilbernes Banner entrollte, wuchsen Blumen zu seinen Füßen. Nach dem Tod von Feanor wurde er noch im Jahre 1 EZ → Hoher König der Noldor in → Beleriand, wo er in → Hithlum seine Festung erbaute. 455 EZ forderte er → Morgoth nach der Niederlage in der → Dagor Bragollach zum Zweikampf heraus. Mit seinem Schwert Ringil brachte er Morgoth sieben Wunden bei, wurde aber dann von diesem mit dem Unterwelthammer → Grond erschlagen. → Thorondor barg seine Leiche, die Turgon auf einem Gipfel der → Crissaegrim begrub.

Fingolma
Ein früher Name von → Finwe

Fingon
»Behaarter Gebieter« (Quenyaform Findekáno): → Hoher König der → Noldor von 455 bis 473 EZ, der älteste Sohn von → Fin-

golfin, Vater von → Gil-galad, genannt auch »der Kühne«, nachdem er → Maedhros vom → Thangorodrim losgeschnitten hatte. In der → Nírnaeth Arnoediad von → Gothmog erschlagen.

Finnland

Republik in Nordeuropa, finnischer Name »Suomi«, grenzt im Norden an Norwegen (Finnmark), im Nordwesten an Schweden und im Osten an Russland, im Süden an den Finnischen Meerbusen, im Südwesten an die Ostsee und im Westen an den Bottnischen Meerbusen. Fast ein Drittel der knapp 340.000 Quadratkilometer liegt nördlich des Polarkreises. Hauptstadt und größte Stadt ist Helsinki. Rund 93 % der etwa 5,1 Millionen Einwohner sind finnischer Abstammung, rund 6 % schwedischer, den Rest machen Lappen und andere Minderheiten aus. Seit 1863 – etwa 30 Jahre nach dem ersten Erscheinen der → Kalevala – sind die offiziellen Landessprachen Schwedisch und Finnisch. – Die ältesten Spuren einer menschlichen Besiedlung Finnlands stammen aus dem 9. Jahrtausend vor Christus. Im 2. vorchristlichen Jahrtausend kam wahrscheinlich ein Stamm der → Germanen nach Finnland, der den Ackerbau mitbrachte und mit den einheimischen Bewohnern verschmolz. Weitere Einwanderungswellen in den nächsten 2000 Jahren vom Osten und aus dem Baltikum führten zu ständig neuer Verschmelzung, Übernahme und Weiterentwicklung der finnougrischen Sprache. Von den Raubzügen der Wikinger ab dem 6. Jahrhundert nach Christus profitierten die Finnen, indem sie ihre Ländereien als Ausgangsbasis und Handelsstationen zur Verfügung stellten. In den folgenden Jahrhunderten siedelten sich zunehmend Kaufleute aus Schweden und Gotland in Finnland an, umgekehrt dehnten sich die Finnen bis zum Ende des 11. Jahrhunderts immer weiter aus, ohne dass die verschiedenen Stämme der Finnen und der ihnen verwandten Tavasten und Karelier zu einer einheitlichen Staatsform gefunden hätten. Ab dem 11. Jahrhundert setzte die Christianisierung der finnischen Stämme ein, sowohl durch die orthodoxen Ostkirche wie auch vom römisch-katholischen Schweden aus. Mit der im 12. Jahrhundert einsetzenden Unterwerfung durch Schweden begann der bis heute dominierende Einfluss der schwedischen Kultur (Nur Ostfinnland, Karelien, gehörte lange Zeit zur russisch-byzantinischen Welt.) Schwedisch wurde Umgangssprache und mit wenigen Ausnahmen auch die Literatursprache Finnlands. Wie in Schweden setzte sich auch in Finnland ab dem 16. Jahrhundert die Reformation durch, zugleich war Finnland Schauplatz ständiger Kriege zwischen Schweden und Russland. Die Reformation brachte einen Aufschwung der finnischsprachigen Kultur mit sich. Der finnische Reformator und Schöpfer der finnischen Schriftsprache, Mikael Agricola, Bischof von Turku (1510–1557), übersetzte 1548 das Neue Testament in das Finnische. 1581 wurde Finnland zum schwedischen Großfürstentum erhoben, was in erster Linie bedeutete, dass die Steuern der finnischen Bevölkerung Schwedens Wirtschaft und Kriege mitfinanzierten. Die Jahrhundertwende zum 18. Jahrhundert brachte großen Schrecken: Bei einer Hungersnot 1695 bis 1697 starb ein Viertel der Bevölkerung, im Großen Nordischen Krieg (1700–1721) wurde Finnland von den Russen besetzt. Das 18. Jahrhundert war von mehreren Kriegen bestimmt, in denen immer mehr Land an Russland abgetreten wurde; es bildeten sich erste nationale Bewegungen, die für eine Unabhängigkeit Finnlands eintraten. 1807 wurde Finnland von russischen Truppen besetzt, und 1809

wurde es autonomes Großfürstentum innerhalb des Russischen Zarenreiches, 1812
wurde Helsinki dessen Hauptstadt. Damit
gab es zum ersten Mal einen finnischen
Staat, auch wenn er nicht autonom war. An
dem sich ab 1820 immer stärker artikulie-
renden finnischen Nationalbewusstsein
hatte die Sprache einen wesentlichen
Anteil; 1822 erschien die Liedersammlung
von Topelius,1835 dann das → Kalevala.
1863 konstituierte sich der Landtag nach 54
Jahren neu, und die finnische Sprache
erhielt den gleichen Status wie die schwedische. Rückschläge brachte die Russifi-
zierung, die ab 1894 mit Macht betrieben
wurde und 1912 ihren Höhepunkt erreichte
in einem Gleichberechtigungsgesetz, das
Russen die gleichen Rechte einräumte wie
der Landesbevölkerung. 1917, während der
Russischen Revolution, erklärte sich Finnland zur unabhängigen Republik, die es bis
heute geblieben ist.

Finrod

»Behaarter Recke« (Quenya-Form Findaráto): der älteste Sohn von → Finarfin.
Ging mit seinen Geschwistern nach der
Revolte der → Noldor gegen die → Valar
nach → Mittelerde; seine Geliebte Amárië
blieb in → Aman. Das Oberhaupt des Hauses Finarfin in → Beleriand herrschte weise,
galt als edel und der schönste aller → Elben.
Er war der erste Elbe, der im vierten Jahrhundert EZ den Menschen begegnete, nahm
→ Beor in seinen Dienst und wurde von
→ Barahir in der → Dagor Bragollach gerettet, dem er dafür → Barahirs Ring vermachte. Er erbaute → Tol Sirion, das spätere
→ Tol-in-Gaurhoth, und gründete später
→ Nargothrond, weshalb er den Beinamen
Felagund erhielt (»Höhlen-Gräber«). Gegenüber → Beren löste er seine Schuld ein
und begleitete ihn auf der Suche nach den
→ Silmaril; in Tol-in-Gaurhoth starb er im

Kampf mit einem → Werwolf, den er dabei
mit bloßen Händen tötete.

Finsterer Herr, Finsterer Herrscher

Bezeichnung für → Morgoth und auch für
→ Sauron

Finsterer Turm

→ Barad-dûr

Finvain

Nach älteren Entwürfen eine Tochter von
→ Finwe und → Indis

Finwe (Quenya)

»Person mit Haar«: erster König der → Noldor-Elben, einer der vier Elben, die mit
→ Orome nach → Valinor gegangen waren,
um sich das Land → Aman anzuschauen,
später Herr von → Tirion, trug auch den
Beinamen »Nóleme«, Weisheit. Verheiratet
mit → Miriel Serinde, die ihm → Feanor
gebar, und nach deren Tod mit → Indis, der
Mutter von → Fingolfin, → Finarfin und
nach älteren Entwürfen auch noch einige
Töchter, die Finvain, Findis, Írien und Írime
hießen. Über diese Ehe gab es Streit unter
den → Valar (→ Frauen). Finwe wurde
in → Formenos bei der Verteidigung der
→ Silmaril von → Melkor erschlagen.

Finweg

»Handwerker, geschickter Mann« in der
Sprache der → Gnome

Finwion (Quenya)

»Sohn von → Finwes«: ein Beiname für →
Feanor

Fionor

→ Fionwe

Fionwe, Fionwe-Úrion

In der frühen Mythologie von Tolkien ein

→ Vala, Sohn von → Manwe und → Varda, andere Namen sind Kalmo, Galmir, Auros, Fionor und Feanor (nicht mit dem Elben gleichen Namens zu verwechseln).

fíreb (Sindarin)
»sterblich«

Firen (Sindarin)
»Mensch«

Firiath (Sindarin)
»Sterbliche Wesen«

Fíriel (Gedicht)
Ursprünglicher Titel des Gedichtes → »Das letzte Schiff«

Fíriel (Quenya)
»sterbliche Frau«: Tochter des Königs → Ondoher von → Gondor, heiratete 1940 DZ → Arvedui von → Arthedain. Fíriel wurde nach ihrem Tod auch → Miriel Serinde genannt. Elanor → Gamdschie nannte eine ihrer Töchter Firiel.

Fírien (Quenya)
»Winter«

Firienfeld
Das Feld vor der Festung von → Dunharg

Firienholt
der → Halifirienwald

Firiental
Spalte im → Halifirienwald, in der der Fluss → Mering entsprang

Firienwald
der → Halifirienwald

Firilanda
»die Langhaarige«, Name für → Airin

In einer flachen Welt gibt es, dem Ptolemäischen Weltbild entsprechend, eine Grenze, die man durchbricht, wenn man ans Ende der Welt kommt. Kolorierter Holzschnitt von 1888

fírima (Quenya)
»sterblich«

Fírimar (Quenya)
»Sterbliche«: ein Name der → Elben für die Menschen

Firion (Sindarin)
»sterblicher Mensch«

Firith (Sindarin)
»Vergehen«: die 54 Tage lange Jahreszeit des Spätherbstes im Kalender der → Elben von → Imladris, entspricht etwa unserem Oktober und November, in Quenya Quelle (»Vergehen«) genannt oder »Lasselante« (»Laubfall«), in Sindarin auch »Narbeleth« (»Sonnenschwund«)

firya (Quenya)
»sterblich«

Fjord der Meerjungfrau
Ein Ort in der frühen → Mythologie von Tolkien, an dem → Earendel Schiffbruch erleidet

Fjord von Drengist
→ Drengist

Flache Welt
Zunächst war die Erde, → Arda, flach gestaltet; erst nach der → Umwandlung der Welt entstand daraus der runde Planet, den wir kennen. Das Universum der ersten Zwei → Zeitalter entsprach also im Prinzip dem bis ins Mittelalter vorherrschenden → Ptolemäischen Weltbild, auch wenn es Abweichungen im Detail gab, etwa was die Struktur der → Atmosphäre betraf und die »Mechanik«, mit alles funktionierte. Dass sich Tolkien mit der Vorstellung einer flachen Erde schon früh beschäftigte, zeigt die Zeichnung → »Ende der Welt«

flâd (Sindarin)
»Haut«

Fladrif
»Borkenhaut«: einer der drei ältesten → Ents zur Zeit des Ringkriegs, ursprünglich westlich von → Isengard beheimatet. Von den → Orks von → Saruman schwer verwundet, zog er sich in die höheren Hänge von → Fangorn zurück und weigerte sich, wieder herauszukommen

Flamme Arnors
Als deren Hüter bezeichnet sich → Gandalf im Kampf gegen den → Balrog von → Moria. Er meint damit das Feuer der Sonne, damit bezieht er letztendlich auf das Licht der → Zwei Bäume von Valinor, denn die Sonne beinhaltet nach der → Mythologie der Elben ja eine Frucht von → Laurelin.

Flamme von Udún
So bezeichnet → Gandalf den → Balrog von → Moria. Udún war im → Ersten Zeitalter die Sindarinform von → Utumno, und in dieser ersten Festung von → Melkor war der Baltog einst beheimatet.

Flammenberg
der Schicksalsberg, der → Orodruin

Flammifer von Westernis
Eine poetische Bezeichnung für → Earendil, wenn dieser als Stern am Himmel seine Bahn zieht, in einem Lied, das → Bilbo in → Imladris vorträgt (HdR 1). Die Zeitschrift der → Deutschen Tolkien-Gesellschaft e. V. ist danach benannt.

Flatsch! Klatsch! Knuff und kniff!
Beginn eines Lieds der → Orks im »Hobbit« (neue Übersetzung; in der alten heißt es: Klapp! Schnapp! Ins Finstre hinab!)

Fledermaus

Seit alters her gilt die Fledermaus, das »Wesen zwischen Nacht und Tag«, bei vielen Völkern als Tier des Teufels, oft wird sie mit → Vampiren und anderen Blutsaugern in Verbindung gebracht. Dieser Tradition folgt Tolkien. Die → Dämonin → Thuringwethil, Dienerin von → Sauron, erscheint als große Fledermaus, in ihrer Gestalt dringt Lúthien in → Angband ein. Sauron selbst entfloh als riesige Vampirfledermaus von → Tol-in-Gaurhoth. Riesenfledermäuse dienen als Reittiere der → Nazgûl, und schwarze Fledermäuse, so groß wie Zylinderhüte, plagen → Bilbo und seine Gefährten im → Düsterwald (HOB). Bei der → Schlacht der fünf Heere wird das Heer der → Orks von einer riesigen Fledermauswolke begleitet. Auch in der Geschichte → »Roverandom« tauchen Fledermäuse auf: Die Schattenfledermäuse leben auf dem → Mond und sind ein beliebtes Opfer von → Mondspinnen. – In unserer Welt sind Fledermäuse harmlos. Sie bilden die Ordnung der Fledermäuse (*Chiroptera*), die aus 18 Familien in zwei Unterordnungen besteht: den *Microchiroptera* (Fledermäuse) mit 782 Arten und Körpergewichten von 5 bis 100 g und den *Megachiroptera* (Flughunde) mit 175 Arten (100 bis 1.000 g). Unter allen haben die Vampire (drei Arten der Fledermaus-Unterfamilie der *Desmodontinae*) das am höchsten entwickelte Sozialverhalten und sind am »liebevollsten«. Der »Gemeine Vampir« (*Desmodus rotundus*) ernährt sich vom Blut von Säugetieren – nur davon –, indem er ein Stück Haut abbeißt oder aber eine Ader punktiert und dann saugt. Nach ca. 60 Stunden ohne Nahrungsaufnahme stirbt er; hungrige Tiere werden deshalb von ihren Artgenossen mit Blut gefüttert. Gefährlich wird der Vampir nur als Krankheitsüberträger, und hier besondere durch die Tollwut.

Fledermaus-Kobolde

Fliegende → Kobolde, beteiligt am Krieg mit den Leuten des → Weihnachtsmanns

Flett, Flet

Baumbehausung der → Waldelben: eine hölzerne Plattform zwischen den Ästen eines Baumes, zu erreichen über eine Strickleiter durch ein Loch in der Mitte. Caras Galadhon, der Hauptwohnsitz der Elben von → Lórien, wird beschrieben als ganze Stadt in den Bäumen. Der Flett von → Celeborn lag auf dem höchsten → Mallorn-Baum des Waldes und ähnelte einem kleinen Palast. Auch in → Doriath waren Fletts bekannt; → Lúthien wurde von ihrem Vater → Thingol zeitweise auf einem eingesperrt. Das altenglische Wort »flet« bedeutet »Boden«, in Sindarin hieß ein Flett »Talan«, Mehrzahl Telain.

Flinding

In der frühen Mythologie von Tolkien ein → Gnom und Begleiter von → Túrin, ersetzt durch → Gwindor

Flinkbaum

Der → Ent → Bregalad

Flói

Ein → Zwerg, der mit → Balin 2989 DZ nach → Moria kam, wurde im gleichen Jahr am → Spiegelsee erschossen, nachdem er einen größeren Gegner erschlagen hatte, und dort beerdigt.

Flötenspieler des Küstenlandes

Die → Solosimpi

Fluch von Mandos

Nach dem → Sippenmord in → Alqualonde wurden die → Noldor und vor allem das Haus von → Feanor von → Mandos verflucht, und er sagte ihnen voraus, dass Verrat und Blutvergießen ihr Schicksal sei und sie der Erde leid und des Lebens müde werden würden, dem Hause Feanor aber, dass sie bis ans Ende um die → Silmaril betrogen blieben, als → Enteignete.

Flügelkrone
Bezeichnung für die → Krone von → Gondor

Flügelrosse
Eigentlich falsche Bezeichnung für die → Flügeltiere der → Nazgûl

Flügeltiere
Die geflügelten Reittiere der → Nazgûl, auch als Luftrosse oder Flügelrosse bezeichnet, waren eine Art Riesen-Fledermäuse, menschenfressende Ungeheuer, gezüchtet von → Sauron.

Fluithuin
In der frühen → Mythologie von Tolkien ein → Ogerweib, die Mutter von → Kosomot (später → Gothmog), dort der Sohn von → Melko.

Fluss des Schattens
der → Gwathló

Fluss von Bruchtal
Name für den → Bruinen

Fluss von Imladris
Name für den → Bruinen

Flusstochter
→ Goldbeere

Flüsterwald
der → Halifirienwald

Foa (Quenya)
»Hort, Schatz«

Foalóke
»Drachen, der einen Schatz hütet«: früher Name für → Glaurung, benutzt in den frühen Geschichten um → Túrin Turambar.

foho (Quenya)
»verbergen, horten, speichern«

Folca
Der dreizehnte König von → Rohan (2804–2864 DZ, herrschte ab 2851). Ein großer Jäger, legte ein Gelübde ab, keine wilden Tiere zu jagen, solange noch ein Ork in Rohan sei. Nachdem er die letzte Orkfestung zerstört hatte, jagte er den großen Eber von Everholt im → Halifirienwald. Er tötete ihn, starb aber an den Verletzungen, die ihm der Eber zufügte.

Folcred (Rohan)
Prinz von → Rohan (2858–2885), Sohn von König → Folcwine, Zwillingsbruder von → Fastred. Beide Prinzen wurden bei der Schlacht an den → Furten des Poros erschlagen.

Folcwine
Der vierzehnte König von → Rohan (2830–2903 DZ, herrschte ab 2864), vertrieb die → Dunländer aus dem Gebiet zwischen → Adorn und → Isen. Schickte 2885 seine Söhne → Fastred und → Folcred mit einem Heer nach → Gondor, um dort im Kampf gegen die → Haradrim zu helfen. Beide fielen in der Schlacht an den → Furten des Poros.

Fold, Folde
Gebiet in → Rohan um → Edoras, das Heimatland der Königsfamilie

For (Sindarin)
»Nord, Norden, rechts«, auch Forn, Forod, Forwen

Förde von Lhûn
→ Lhûn

forgam (Sindarin)
»rechtshändig«

Forgoil
»Strohköpfe«: Schimpfwort für die → Rohirrim in der Sprache der → Dunländer

Forlindon (Sindarin)
»Nord-Lindon«: der Teil von → Lindon zwischen dem Golf von → Lhûn; hier lebte im → Zweiten Zeitalter → Gil-galad

Forlond (Sindarin)
»Nord-Hafen«: Hafen an der Nordseite des Golfes von → Lhûn, ein Teil der → Grauen Anfurten

Forlong der Dicke
Herr von → Lossarnach, kam mit zweihundert Mann, um → Gondor im Ringkrieg zu helfen, ein alter dunkelhäutiger Recke, fiel im Kampf mit → Ostlingen in der Schlacht auf dem → Pelennor

Formen (Quenya)
»Nord, Norden, rechts«, auch Name des → Tengwar-Zeichen Nummer 10, ᚻ, das für »f« stand; in Mittelerde in fast allen Sprachen das Kurzzeichen für die → Himmelsrichtung Norden.

Formenos (Quenya)
»Nördliche Festung, Nordburg«: die Feste von → Feanor, die er während seiner Verbannung im Norden von → Valinor erbaute. Hier bewahrte er die → Silmaril auf, die → Melkor von hier stahl, wobei er → Finwe erschlug.

Formwandler
→ Gestaltwandler

Forn
So nannten die → Zwerge → Tom Bombadil.

Forn (Sindarin)
»Nord, Norden, rechts«, auch For, Forod, Forwen

Fornost, Fornost Erain
»Nördliche Festung, Nördliche Burg der Könige«: nach dem Verfall von → Annúminas die Hauptstadt des Königreiches → Arnor und später von → Arthedain. 1974 DZ vom → Hexenkönig von Angmar erobert und zerstört, nie wieder aufgebaut.

Forochel
Kalte Gegend im äußersten Norden von → Eriador, besonders um die Bucht von Forochel; kälter war es nur noch in → Forodwaith. In dieser unwirtlichen Region wohnten Menschen, die als Schneemenschen oder → Lossoth bekannt waren. Zu ihnen floh König → Arvedui Letztkönig von → Arthedain 1974 DZ; von hier aus startete er 1975 zu der Schifffahrt, bei der er den Tod fand.

Forod (Sindarin)
»Nord, Norden, rechts«, auch For, Forn, Forwen

forodren (Sindarin)
»nördlich«

Forodrim (Sindarin)
»Nordmenschen«: die Menschen, die die kalten Regionen von → Mittelerde bewohnten, im → Dritten Zeitalter die → Lossach, im ersten Zeitalter auch → Forodwaith genannt, später auch Menschen des Nordens, Menschen des Meeres und »Geflügelte Helme« (in Anlehnung an die Wikinger).

Forodwaith (Sindarin)

»Land des Nordens«, auch »Volk des Nordens«: nördliche und kälteste Region von → Mittelerde, noch hinter den → Ered Mithrin, in der → Melkor im Ersten Zeitalter eine Region des ewigen Eises geschaffen hatte. Forodwaith war im ersten Zeitalter auch ein anderer Name für die → Forodrim.

Forostar (Quenya)

»Nordland«: das nördliche Vorgebirge von → Númenor, wie die anderen Vorgebirge als selbstständige Region angesehen

Forthwini

Führer der → Éothéod in der Zeit von König → Ondoher von → Gondor, Sohn von → Marhwini

Forwaith

Frühere Form von → Forodwaith

Forweg

Ein Geächteter aus → Dor-lómin, Anführer der Geächteten-Bande, der → Túrin sich anschloss, von Túrin erschlagen

Forwen (Sindarin)

»Nord, Norden, rechts«, auch For, Forn, Forod

Fôs na Ngalmir

»Bad der Sonne«: das westliche Meer, in dem die Sonne untergeht

Fôs'Almir

»Bad der Flamme«: das westliche Meer, in dem die Sonne untergeht

Fram

Anführer der → Éothéod im 21. Jahrhundert DZ, Sohn von → Frumgar, unter den → Rohirrim als legendärer Drachentöter bekannt: Er erschlug den → Drachen Scatha, der aus den → Ered Mithrin gekommen war. Im Streit um den Hort des Drachen, der einst den → Zwergen geraubt worden war, wurde Fram von Zwergen erschlagen. Ein kleines silbernes, reich graviertes Horn aus diesem Hort mit magischer Kraft schenkte → Éowyn als Zeichen der Dankbarkeit und Freundschaft → Merry Brandybock (→ Horn der Mark).

Framsburg

Festung am Zusammenfluss von → Langquell und → Grauquell

Frár

Ein → Zwerg, der mit → Balin 2989 DZ nach → Moria kam, fiel 2994 bei der Verteidigung von → Durins Brücke

Frauen, Frauenbild

Das Frauenbild, das Tolkien in seinen Geschichten um → Mittelerde darstellt, ist kein einheitliches. Keineswegs kann man ihm vorwerfen, es gäbe keine starken Frauen, man denke nur an → Galadriel oder → Éowyn, aber auch an → Lúthien. Dennoch spielen Frauen eine zweitrangige Rolle, und meistens ist die Rolle der Frau eine sehr traditionelle, die der Hüterin von Haus und Hof, Familie und Eigentum, die der Ehefrau und Mutter. Besonders treten Frauen in Erscheinung als Liebende oder Geliebte, wie etwa Lúthien und → Arwen. Man kann natürlich argumentieren, dass Tolkien eine mittelalterliche Welt darstellt, in der auch entsprechende gesellschaftliche Regeln gelten. Dennoch ist wahrscheinlich der Gedanke nicht abwegig, dass sich hier auch das konservative Gesellschaftsverständnis des Autors widerspiegelt. In manchen Situationen entstehen dabei fast absurde Situationen, z. B. dass Arwen nicht heiraten kann ohne die Zustimmung ihres Vaters, obwohl sie fast dreitausend Jahre alt ist. Die monogame hereosexuelle Ehe ist das übliche Verhaltensmuster in Tolkiens Welt; er berichtet weder über Seitensprünge noch Homosexualität. Selbst die → Valar kennen Ehepaare, hier hält sich Tolkien ganz an die Vorbilder in den → Mythologien der → Germanen und → Griechen (wo die → Götter allerdings menschlich genug sind fremdzugehen). Die Valar geben somit die Regeln des Zusammenlebens vor; als → Finwe ein zweites Mal heiratete, gab es unter ihnen heiße Diskussionen darüber, ob dies erlaubt war. Nach Auffassung mancher sollte der (im Prinzip unsterbliche) Elbe den Rest seines Lebens um seine Gattin trauern ... Die Ehen der Elben waren oft sehr lockere Bündnisse, bei denen man Jahrhunderte auseinander leben konnte, wie bei → Celeborn und → Galadriel; beide gingen ihren eigenen Geschäften nach. Es ist wohl nicht zu viel gewagt, wenn man annimmt, dass sich hier teilweise Tolkiens Ehe widerspiegelt, denn er fühlte sich oft am wohlsten in seinen literarischen und Kollegen-Kreisen; wie Carpenter in seiner Biographie erläutert, lebten die Tolkiens viele Teile ihres Lebens nebeneinander – was nicht heißen soll, dass die Ehe nicht glücklich gewesen sei, dem widerspricht schon die Liebeserklärung, die die Geschichte von Beren und → Lúthien darstellt. – Das Gegenbild von glücklichen Ehen in ganz traditionellen ländlichen Familien zeichnet Tolkien bei den → Hobbits.

Frauenbaum
der → Hirilorn in → Doriath

Fréa
Vierter König von → Rohan (2570–2659 DZ, herrschte ab 2645). Der erste Sohn (aber das vierte Kind) von → Aldor dem Alten, selber schon alt, als er seine Herrschaft antrat.

Fréaláf, Fréaláf Hildeson
Zehnter König von → Rohan (2726–2798 DZ, herrschte ab 2759), der erste König der Zweiten Linie, Sohn von Hild, der Schwester von König → Helm Hammerhand. Verschanzte sich in → Dunharg, als die → Dunländer unter → Wulf 2758 das Land eroberten, und konnte im Frühjahr 2759 die Dunländer besiegen, → Meduseld erobern und Wulf erschlagen. Kurz nach seiner Krönung machte → Saruman den → Orthanc zu seinem Wohnsitz und half dem angeschlagenen Land und seiner Bevölkerung.

Fréawine
Fünfter König von → Rohan (2594–2680 DZ, herrschte ab 2659)

Freca
Reicher und mächtiger Mann aus → Rohan, der vorgab, ein Nachkömmling von König → Fréawine von Rohan zu sein, zugleich aber auch von → Dunländern abstammte. Er bat für seinen Sohn → Wulf um die Hand der Tochter von König → Helm Hammerhand. Helm aber erschlug ihn mit der Faust (2754 DZ) und erklärte seine Familie zu Feinden des Reiches. Vier Jahre später eroberte Wulf mit Unterstützung der Dunländer Rohan und rief sich zum König aus.

Freie Menschen des Nordens
die → Nordmenschen.

Freie Völker
Die Völker, die zum Beginn des → Ringkrieges noch → Sauron widerstanden und die nach Auffassung des Rates von → Elrond die → Gemeinschaft des Rings repräsentieren sollte: die → Hobbits; die Menschen, die → Elben und die → Zwerge. Die Istari wie → Gandalf vergaß man dabei ebenso wie die → Ents. Laut deren »Alten Listen« sind die → Vier freien Völker die

Elben, Zwerge, Ents und Menschen. Die Hobbits werden dort nicht erwähnt – es gab sie ja auch noch nicht, als → Baumbart seine Listen auswendig lernte..

Freies Volk

Verbreitete Bezeichnung für die → Elben

Frerin

→ Zwerg (2751–2799 DZ) aus der Linie von → Durin. Zweiter Sohn von Thráin II. und jüngerer Bruder von → Thorin II., floh 2770 vom → Erebor, als → Smaug das Zwergenreich dort eroberte. Er starb in der → Schlacht im Schattenbachtal.

Frery

Im → Kalender von → Bree der erste Monat, grob unserem Januar entsprechend, im → Auenland Nachjul genannt. Auch im Ostviertel des Auenlandes benutzt.

Freund der Menschen

→ Finrod Felagund

Freund der Noldor

Ein Ehrenname des → Vala → Aule

Freya

In der → Mythologie der → Germanen die Gattin von → Odin (auch Frigg/Frigga/Frija/Fricka), die Tochter des Meeresgottes → Niord und Schwester des Freyr. Alle drei waren Wanen, Mitglieder des älteren Göttergeschlechtes, das zunächst die Asen um Odin bekämpfte. Nach dem Friedensschluss gingen sie nach Asgard, wo sie als Gäste der Asen lebten. Freyas größter Schatz war das Brisingamen, die Halskette der Brisinger, die es erlaubte, die Gestalt zu wechseln. Sie erkaufte sich dieses, indem sie in vier aufeinanderfolgenden Nächten mit den Zwergen Alfrigg, Dvalin, Berling und Grer schlief. Anschließend sorgte das Halsband für einen großen Krieg, da Odin sie danach beschuldigte, ihre Göttlichkeit beschmutzt zu haben. Zur Strafe musste sie in Midgard, der Welt der Menschen, einen Krieg anzetteln.

Freymann, Ebba-Margareta von

Übersetzerin der Gedichte und Lieder in der ersten Ausgabe des »Herrn der Ringe« ins Deutsche von 1969/70 (diese wurden in späteren Ausgaben überarbeitet von Roswitha Krege-Mayer und in der → Neu-Übersetzung von Wolfgang Krege teilweise überarbeitet, teilweise komplett neu übersetzt.) Außerdem übersetzte sie »Die Abenteuer des Tom Bombadil und andere Gedichte aus dem Roten Buch« (→ »The Adventures of Tom Bombadil and other verses from The Red Book«), erschienen bei Klett-Cotta 1984.

Friede von Arda

Die drei Zeitalter, in denen Melkor unschädlich gemacht war, beginnend mit seiner Niederlage in der → Schlacht der Mächte und endend mit der Zerstörung der → Zwei Bäume von Valinor.

Frodo Beutlin

Der Ringträger: → Hobbit aus dem → Auenland, geboren 1368 AZ als Sohn von Drogo → Beutlin und Primula → Brandybock, die 1380 ertranken. Wuchs als Erbe und Adoptivsohn seines Onkels → Bilbo Beutlin auf, mit dem er jeden 22. September, an einem Merstag, Geburtstag feierte. Als er sein 33. Lebensjahr vollendete (1401 AZ = 3001 DZ), verabschiedete sich Bilbo und hinterließ Frodo u. a. den → Herrscherring. Als Gandalf ihn Jahre später über dessen wahre Natur aufklärte und Frodo in sein großes Abenteuer zog (3018 DZ), war er 50 Jahre alt. Weniger klar gezeichnet als Bilbo, ist Frodo eine fast moderne Romanfigur: kein Held, eher nachdenklich, ein Getriebener, der auf sich nimmt, was er nicht ablehnen kann. Und am Ende ist er nicht der glorreiche Sieger, aber doch ein klarer Gewinner: Aus einem ziemlich durchschnittlichen Hobbit, wenn auch mit mehr Wagemut, Klugheit und Bildung (er spricht sogar etwas Elbisch) als die meisten Hobbits, wird ein Weiser, der in tiefe Abgründe geschaut hat, sowohl die eigenen wie die des → Orodruin. Und nun steht er der Welt und ihren Problemen, Freuden und Siegen distanziert gegenüber; die Wunde, die ihm das Messer des Hexenkönigs zugefügt hat, schmerzt an jedem Jahrestag, und er fühlt sich in der Welt nicht mehr zu Hause. Nachdem er das → Rote Buch der Westmark um die Geschehnisse des Ringkrieges ergänzt hat, fährt er deshalb zusammen mit den Trägern der drei → Ringe der Elben 3021 DZ nach → Aman. Genannt auch der Ringträger, Neunfinger-Frodo und Frodo mit den neun Fingern. – Im erneuerten → Kalender des → Vierten Zeitalters wurde Frodos Geburtstag, der 30. Yavannië, zum Feiertag erklärt. In Schaltjahren, alle vier Jahre, wurde dieser Tag verdoppelt, und es kam der zusätzliche Schalttag »Cormarë« hinzu, der Ringtag. – Im → Film von Peter → Jackson wird Frodo von Elijah → Wood dargestellt. Als Name taucht Frodo in Deutschland nur in einem Zusammenhang auf: In Hannover gibt es ein Geschäft namens »Frodo-Optik«.

Frodos Traum
Anmerkung im → »Roten Buch« zu dem Gedicht → »Muschelklang«

Frór
→ Zwerg aus dem Volk von → Durin (2552–2589 DZ), der zweite Sohn von → Dáin I. Wurde mit seinem Vater vor den Türen ihres Palastes in den → Ered Mithrin von einem großen → Kaltdrachen erschlagen.

Froschmoorstetten
Ein Dorf im → Ostviertel des → Auenlandes, an der Großen Oststraße auf halbem Wege zwischen der Brandywein-Brücke und → Wasserau. Es hatte ein Gasthaus, »Der Schwimmende Balken«.

Frostiger Golf
»Qerkaringa«: der eiskalte Golf zwischen der → Helcaraxe und → Mittelerde

Frucht des Mittags
In der frühen → Mythologie von Tolkien die letzte Frucht von Laurelin, eines der → Zwei Bäume von Valinor, aus der → Aule die Sonne schmiedet

Frühling
→ Tuile

Frühling von Arda
Die Periode im → Ersten Zeitalter, als die → Valar in → Almaren lebten und die → Lampen der Valar brannten.

Frühlingstag
→ Tuilére

Frumgar
Der Anführer der Nordmenschen, die 1977 DZ aus den Tälern des → Anduin nach Norden in das Land Éothéod wanderten und sich anschließend nach diesem Land nannten. Vater des Drachentöters → Fram.

Fû
»Luft«: Die unterste Schicht der → Atmosphäre in der → Sprache der → Gnome

Fuchshöhen
Grenzhöhen zwischen → Westmark und

→ Auenland, zwischen den → Weißen Höhen und den → Emyn Beraid, auch Weite Höhen oder Ferne Höhen genannt

Fui
Ein früherer Name der → Vala → Niënna, als sie noch als eine »Todesgöttin« gedacht war

Fuin (Sindarin)
»Dunkel, Finsternis«, z. B. in → Taur-nu-Fuin

Fuinor
Mächtiger Anführer der → Haradrim um 3300 ZZ, ein abtrünniger → Númenórer

Fuithlug
»Drachen, der einen Schatz hütet«: Form des Namens »Foalóke« in der Sprache der Gnome, ein früher Name für → Glaurung, benutzt in den frühen Geschichten um → Túrin Turambar.

Fúkil
Ein früher Name für einen der Diener von → Melko, später Fankil

Füllfederhalter-Stab, Magischer
Zauberstab des Zauberers → Artaxerxes in der Geschichte → »Roverandom«

Fúmella (Quenya)
»Mohnblume«

Fumellar (Quenya)
»Blumen des Schlafs« im Garten von → Lórien, wahrscheinlich Mohnblumen

Fummler
Eine Bezeichnung für Tüftler, ausgesprochen von dem eingebildeten Stadtrat Schulze in der Geschichte → »Blatt von Tüftler«

Fumu (Quenya)
»Schlaf«

Fún
»Schatz« in der Sprache der → Gnome

Fundin
→ Zwerg (2662–2799 DZ) aus der Linie von → Durin, Sohn von → Farin und Vater von → Balin und → Dwalin. Er starb in der → Schlacht im Schattenbachtal.

Fünfte Schlacht
Die → Nírnaeth Arnoediad

Fünfzehn Vögel in fünf hohen Föhren
Beginn eines Lieds der → Orks im »Hobbit«, als sie → Gandalf, → Bilbo und deren Gefährten auf die Bäume getrieben hatten (alte Übersetzung; neu: Zwei, zwei, eins, sechs und noch vier)

Furlong
→ Achtel-Meile

Fürst der Nazgûl, Fürst der Ringgeister
Der oberste der neun → Nazgûl, der → Hexenkönig von Angmar

Fürst der Schafe
→ Hallatan

Fürst Húrin
→ Húrin der Lange

Fürst von Dol Amroth
→ Imrahil

Fürst von Ithilien
→ Faramir (II)

Fürst von Morgul
der Herr der → Nazgûl, der → Hexenkönig von Angmar

Furt der Steine
→ Sarn Athrad

Furt des Teiglin
die → Stege des Teiglin

Furt von Brithiach
→ Brithiach

Furt von Bruchsal
→ Bruinenfurt

Furt von Bruinen
→ Bruinenfurt

Furt von Carrock
→ Carrock-Furt

Furt von Imladris
→ Bruinenfurt

Furt von Rivendell
→ Bruinenfurt

Furt von Tharbad
→ Tharbad

Furten des Isen
Die Überquerung des Flusses → Isen durch die große Straße, die → Gondor und → Arnor verband, direkt hinter der → Pforte von Rohan, fand an einer Stelle statt, wo der Fluss breit und flach wurde. Um diesen Übergang zu sichern, hatten bereits → Isildur und → Anárion die Festungen → Agla-rond (später → Helms Klamm) und Angre-nost (später → Isengard) erbaut. In Sinda-rin wurde die Furt Athrad Angren (Einzahl) oder Ethraid Engrin (Mehrzahl) genannt; da sich der Fluss hier teilte und um eine kleine Insel floss, konnte man auch von mehreren Furten sprechen. Diese waren im dritten Jahrtausend des → Dritten Zeitalters häufig zwischen den → Dunländern und den → Rohirrim umkämpft. 2758 DZ fand hier eine große Schlacht statt, bei der → Helm Hammerland von → Wulf geschlagen wurde. Im Ringkrieg gab es hier zwei Schlachten, am 25. Februar und am 2. März 3019, bei denen das Heer aus Isengard den Übergang erzwingen konnte. Bei der ersten fiel → Théodred, der Sohn von König → Théoden.

Furten des Poros
Eine Möglichkeit, den Fluss → Poros auf der Harad-Straße zu überqueren. Hier fand 2885 DZ eine große Schlacht zwischen den → Haradrim und → Gondor statt, bei der die beiden Prinzen → Fastred und → Folc-red von → Rohan, die ein Herr der → Ro-hirrim zur Unterstützung von Gondor führ-ten, erschlagen wurden.

Fuß
Die alte englische Maßeinheit, die Tolkien verwendet, entspricht 30,48 cm, das sind 12 → Zoll. In diesem Lexikon wurden alle → Längenmaße auf das metrische System umgerechnet.

G

Gabe Ilúvatars
der → Tod der Menschen

Gabilgathol
»Große Festung« in der → Sprache der
→ Zwerge: die Zwergenstadt → Belegost

gad (Sindarin)
»fangen«

Gador (Sindarin)
»Gefängnis, Verlies«

Gae (Sindarin)
»Furcht, Angst, Grauen, Schrecken«

Gaear (Sindarin)
»Meer, See«

Gaearon (Sindarin)
»großes Meer, Ozean«

gael (Sindarin)
»schimmernd«

gaer (Sindarin)
»furchteinflößend, schrecklich, grauenerre-
gend«

gaer (Sindarin)
»rot, kupferfarben, rotbraun«

Gaer (Sindarin)
»Meer, See«, z. B. in → Belegaer

Gaeruil (Sindarin)
»Seetang, Algen«

Gaerys (Sindarin)
ein Name für → Osse

Gaffer Gamdschie
Hamfast → Gamdschie (I), zur Entstehung
des Namens: → Gamgee

Gáia (Sindarin)
»Scheu, Furcht«

gáialá (Sindarin)
»furchteinflößend, schrecklich, grauenerre-
gend«

Gaiar (Sindarin)
»großes Meer, Ozean«

Gail (Sindarin)
»strahlendes Licht«

Gal (Sindarin)
»Licht«

gala (Sindarin)
»wachsen«

Galabas
Der Name → Gamwich in der Sprache der
→ Hobbits, auch ein Dorfname

Galad (Sindarin)
»Glanz, Strahlung, Reflexion« von Wasser,
Metall oder Edelsteinen

Galadh (Sindarin)
»Baum«

Galadhon
Elbe aus → Doriath, Sohn von → Elmo,
Neffe von → Thingol, in einzelnen Fas-
sungen der Vater von → Celeborn

Galadhriel (Sindarin)

»Baum-Dame«: eine Variante des Namens → Galadriel

Galadhrim (Sindarin)

»Baumvolk«: die → Elben von → Lórien

Galador

Der erste Fürst von → Dol Amroth, nach der Überlieferung seines Volkes Sohn des Númenórers Imrazor und der Elbin Mithrellas, einer Begleiterin der verschollenen → Nimrodel. Dies wird von → Legolas praktisch bestätigt, als er ihrem Nachfahren → Imrahil Elbenblut bescheinigt.

Galadriel

»Mädchen, mit einem Strahlenkranz gekrönt«: Die Tochter von → Finarfin und → Earwen, Schwester von → Finrod Felagund und Großmutter von → Arwen spielt im »Herrn der Ringe« eine nur untergeordnete Rolle, ähnlich wie ihr Schwiegersohn → Elrond, ist aber, wie dieser, eine der bedeutendsten und mächtigsten Personen unter den → Elben des → Dritten Zeitalters. Sie trat früh als starke Persönlichkeit in Erscheinung; bei der Rebellion der → Noldor gegen die → Valar war sie eine der treibenden Kräfte. Am Ende des → Ersten Zeitalters blieb sie, anders als viele ihrer Verwandten, in → Mittelerde – ob freiwillig oder unter einem Bann der Valar, ist unklar, da sich Tolkiens Erklärungen hierzu widersprechen. Für diese stolze und hochmütige Frau, die nach dem Tod von → Gil-galad der Erbfolge entsprechend Hohe Königin gewesen wäre und von vielen auch als solche betrachtet wurde (→ Hoher König der Noldor), war → Lórien, über das sie am Ende des Dritten Zeitalters mit ihrem Gemahl → Celeborn herrschte, ein unbedeutendes, kleines Reich; doch war sie im Laufe der Zeit weise geworden. Ihre größte Prüfung bestand sie, als sie den → Herrscherring zurückwies, den → Frodo ihr anbot. – Galadriel hatte viel erlebt und an fast allen bedeutenden Ereignissen des Zweiten und Dritten Zeitalters Anteil gehabt. Über ihre Mutter war sie mit → Thingol verwandt und durfte deshalb → Doriath betreten, wo sie sich mit → Melian anfreundete und von ihr viel Weisheit und → Magie lernte, wie man später an → Galadriels Spiegel und → Galadriels Phiole sieht. Entweder heiratete sie hier in → Menegroth Celeborn, oder er war schon mit ihr über die → Helcaraxe gekommen; hier sind die Quellen nicht eindeutig. Auf jeden Fall blieb er nach dem Ende des Ersten Zeitalters freiwillig mit ihr in Mittelerde. Nach der Zerstörung von Menegroth wohnten sie in → Lindon und → Eregion, wo sie sich an der Gründung von Ost-in-Edhil beteiligten (etwa 750 ZZ). Als → Sauron sich bei → Celebrimbor und seinen Kollegen einschmeichelte, wollte Galdriel damit nichts zu tun haben und zog durch → Moria nach → Lórien und später nach → Imladris, Celeborn, der Zwerge nicht ausstehen konnte, blieb zurück. Er beteiligte sich am Kampf gegen → Sauron und kam nach dem Sieg 1701 ZZ nach Imladris, wo Galadriel ihn wiedertraf. Nach → Amroths Tod 1981 DZ zogen sie nach Lórien und übernahmen dort die Herrschaft. Sie konnten Lórien gegen alle Angriffe verteidigen und bewahren; hierbei halfen Galadriel die bei Melian gelernte Magie und der Ring des Wassers, → Nenya, den sie ebenso von → Celebrimbor erhalten hatte wie vielleicht auch den → Elessar, den sie ihrer Tochter → Celebrían schenkte und diese ihrer Tochter → Arwen. Eventuell aber bewahrte sie auch den wahren Elessar von → Earendil in Lórien, den ihr nach einer anderen Geschichte → Olorin aus → Aman gebracht haben sollte, als Geschenk von → Yavanna, um Lórien besser zu behüten. Auf jeden Fall kannte sie → Gandalf gut und schätzte ihn, gemeinsam mit ihm drängte sie nach der von ihr veranlassten Gründung des Weißen Rates 2463 DZ auf ein entschiedenes Vorgehen gegen Sauron. Nach dem Ringkrieg ging Galadriel mit Gandalf und den anderen Ringträgern in den Westen, nach Aman.

Galadries Vatername war Artanis (Quenya: »Edle Frau«), ihre Mutter gab ihr den Namen Nerwen (»Mannmädchen«), ihr Gatte nannte sie wegen ihres einzigartigen gold- und silberblonden Haares Alatáriel (Quenya: »Mädchen, mit einem Strahlenkranz gekrönt«), die Sindarin-Form dieses Namens war Galadriel.

Galadriels Spiegel und das lidlose Auge

Ulrike Schneidewind

Galadriels Klage, *Galadriel's Lament*
Das Lied → »*Namarië*«

Galadriels Phiole
Kristallphiole, die → Galadriel → Frodo zum Abschied schenkte. In ihr befand sich Wasser aus → Galadriels Spiegel, in dem sich der Stern → Earendil gespiegelt hatte. In dieser Phiole hatte Galadriel soviel → Magie eingebunden, dass die Phiole strahlendes Licht verbreitete, wenn es gebraucht wurde. Dieses half gegen → Kankra ebenso wie gegen die → Steinernen Wächter von → Cirith Ungol. Nur in den Schicksalsklüften unter dem → Schicksalsberg versagte Galadriels Magie.

Galadriels Spiegel
Ein silbernes Becken, das → Galadriel mit Quellwasser füllt und das dann das Wahrsagen ermöglicht, in die Ferne oder in die Zukunft, eine spezielle Form der → Magie

Galas (Sindarin)
»Wachstum«

Galathea
Eine Kuh des → Bauern Giles von Ham, zertrampelt von dem namenlosen → Riesen

Galathil
Ein Bruder von → Celeborn und Vater von → Nimloth, der Mutter von → Elwing; über ihn war → Aragorn auch mit Celeborn verwandt.

Galathilion
Der weiße Baum von → Tirion; ihn schuf → Yavanna dort auf dem Gipfel des → Túna als Abbild des älteren der → Zwei Bäume von Valinor, Telperion, nur dass er nicht aus eigener Kraft leuchtete. Genannt auch der Weiße Baum, der Silberne Baum oder Silberbaum, der Baum der Hohen Elben, der Baum von → Túna und der Baum von Tirion. Laut dem »Silmarillion« wurde dieser Baum neu geschaffen von Yavanna; → Gandalf deutet im »Herrn der Ringe« an, er sei aus einer Frucht von Telperion entstanden und der → Weiße Baum von → Gondor sei als Abkömmling von → Nimloth und → Celeborn auf Telperion zurückzuführen. Dies scheint jedoch unwahrscheinlich, da an vielen Stellen Galathilion ausdrücklich als *Abbild* von Telperion bezeichnet wird.

Galbasi
Der Name → Gamdschie (englisch *Gamgee*) in der Sprache der → Hobbits

Galdor
Elbe von den → Grauen Anfurten, Abgesandter von Círdan und dessen Stellvertreter im Rat von → Elrond 3018 DZ

Galdor der Lange
Sohn von → Hador Goldscheitel und nach dessen Tod 455 DZ Herr von → Dor-lómin. Heiratete um 440 Hareth, die ihm → Húrin und → Huor gebar, starb 462 durch einen Pfeil bei einer Belagerung von → Eithel Sirion durch die Truppen von → Morgoth

Galdor vom Baum
In der frühen Mythologie von Tolkien der Herr des »Hauses des Baumes« in → Gondolin

Galenas (Sindarin)
→ Pfeifenkraut

Galion
Waldelbe aus dem → Düsterwald, Kellermeister von König → Thranduil

Galmir
»Die Goldglänzende«: ein Name der Sonne

in der Sprache der → Gnome; auch ein Name von → Fionwe

Gálmód
Ein Bewohner von → Rohan, der Vater von → Gríma Schlangenzunge

Galpsi
verkürzte Form des Hobbitnamen → Galbasi

Galvorn
»Schwarzer Glanz«: Eine Metall-Legierung mit Beimischung von → Meteoreisen, die → Eol erfand und aus der die Schwerter → Anglachel (→ Gurthang) und Anguirel schmiedete.

Galweg
In einer frühen Version der Geschichte von → Túrin ein → Gnom, der Vater von → Failivrin

Gamdschie
→ Hobbit-Familie aus dem → Auenland (englisch: *Gamgee*), eher der Unterschicht bzw. der Arbeiterklasse zuzuordnen, bis → Sam Gamdschie, Begleiter von → Frodo im → Ringkrieg, zum Helden und sieben Mal hintereinander zum → Bürgermeister gewählt wird. Seine Kinder begründen die Familien → Schönkind und → Gärtner. – Der Name der Familie Gamdschie leitete sich von dem Ort her, wo einer ihrer Vorfahren wohnte, → Hamfast von Gamwich. Über Zwischenformen wie Gammidge (→ Gamwich) and Gammidgy (→ Gammidsch) entstand schließlich Gamgee bzw. Gamdschie. Die Hobbit-Form von Gamdschie war Galbasi oder verkürzt Galpsi, abgeleitet vom Ort → Galabas (Gamwich).

Gamdschie, Bell
Bell → Gutkind

Gamdschie, Bilbo
→ Hobbit aus dem → Auenland, geboren 1436 AZ, zehntes Kind und fünfter Sohn von → Sam Gamdschie

Gamdschie, Calendula
→ Hobbitfrau aus dem → Auenland, geboren 1383 AZ, sechstes und jüngstes Kind sowie dritte Tochter von Hamfast → Gamdschie (in der alten Übersetzung »Goldblume« Gamdschie, im Englischen *Marigold*«), die Schwester von → Sam Gamdschie, heiratete Tolman → Kattun (II).

Gamdschie, Elanor
→ Elanor die Schöne

Gamdschie, Frodo
Frodo → Gärtner

Gamdschie, Gaffer
Hamfast → Gamdschie (I)

Gamdschie, Goldblume
Calendula → Gamdschie

Gamdschie, Goldfranse
→ Hobbitfrau aus dem → Auenland, geboren 1431 AZ, sechstes Kind und dritte Tochter von → Sam Gamdschie, verheiratet mit Faramir → Tuk

Gamdschie, Goldlöckchen
Goldfranse → Gamdschie

Gamdschie, Halfast (Hal)
→ Hobbit aus dem → Auenland, geboren 1372 AZ, Sohn von Halfred → Gamdschie, auch Hal genannt. Lebte in Oberbühl und arbeitete für ein Mitglied der Familie → Boffin. Bei der Jagd in den → Nordmooren wollte er einmal einen → Ent gesehen haben.

Gamdschie, Halfred

→ Hobbit aus dem → Auenland, geboren 1369 AZ, zweiter Sohn von Halfast → Gamdschie, Bruder von → Sam Gamdschie. Lebte im Nordviertel.

Gamdschie, Halfred vom Oberbühl

→ Hobbit aus dem → Auenland, geboren 1332 AZ, viertes Kind und dritter Sohn von Hobsen → Gamdschie, Bruder von Hamfast → Gamdschie (I) und Vater von Halfast → Gamdschie

Gamdschie, Hamfast (I)

→ Hobbit aus dem → Auenland (1326–1428), zweites Kind und zweiter Sohn von Hobsen → Gamdschie. Verheiratet mit Bell → Gutkind, sie hatten sechs Kinder, darunter → Sam Gamdschie; sie wohnten Beutelhaldenweg 3. Genannt auch Ham, »Der Ohm«, »Ohm Gamdschie« und »Gaffer Gamdschie«. Ging beim »Alten Höhlenmann« Holman → Grünhand als Gärtner in die Lehre, war ab etwa 1360 der Gärtner von → Bilbo Beutlin, wobei ihm in den letzten Jahren vor Bilbos Abschiedsfest (1401 AZ) sein Sohn Sam half. War bekannt für seine Pflanzenkenntnis und besonders seine Begabung im Umgang mit Kartoffeln. Hamfast war eine Übersetzung des eigentlichen Hobbitnamens »Ranugad« (kurz Ran), der in der Sprache der Hobbits »Bleibt zu Hause« bedeutet, also soviel wie »heimatverbunden« – und genau das bedeutet »Hamfast« auf angelsächsisch.

Gamdschie, Hamfast (II)

→ Hobbit aus dem → Auenland, geboren 1432 AZ, siebentes Kind und vierter Sohn von → Sam Gamdschie

Gamdschie, Hamsen (Hamson)

→ Hobbit aus dem → Auenland, geboren 1365 AZ, ältester Sohn von Halfast → Gamdschie, Bruder von → Sam Gamdschie. Arbeitete bei seinem Onkel → Andweis dem Seiler.

Gamdschie, Hobsen

→ Hobbit aus dem → Auenland (1285–1384 AZ), Sohn von Hob → Gamwich. Hatte vier Kinder, darunter »den Ohm« Hamfast → Gamdschie (II).

Gamdschie, Margerite *(Daisy I)*

→ Hobbitfrau aus dem → Auenland, geboren 1372 AZ, drittes Kind und älteste Tochter von Hamfast → Gamdschie, Schwester von → Sam Gamdschie

Gamdschie, Margerite *(Daisy II)*

→ Hobbitfrau aus dem → Auenland, geboren 1433 AZ, achtes Kind und vierte Tochter von Sam Gamdschie

Gamdschie, Meie *(May I)*

→ Hobbitfrau aus dem → Auenland, geboren 1328 AZ, drittes Kind und einzige Tochter von Hobsen → Gamdschie

Gamdschie, Meie *(May II)*

→ Hobbitfrau aus dem → Auenland, geboren 1376 AZ, viertes Kind und zweite Tochter von Hamfast → Gamdschie, Schwester von → Sam Gamdschie

Gamdschie, Merry

→ Hobbit aus dem → Auenland, geboren 1427 AZ, viertes Kind und zweiter Sohn von → Sam Gamdschie

Gamdschie, Ohm

Hamfast → Gamdschie (I)

Gamdschie, Pippin

→ Hobbit aus dem → Auenland, geboren 1429 AZ, fünftes Kind und dritter Sohn von → Sam Gamdschie

Gamdschie, Primula *(Primrose)*
→ Hobbitfrau aus dem → Auenland, geboren 1435 AZ, neuntes Kind und fünfte Tochter von → Sam Gamdschie

Gamdschie, Robin
→ Hobbit aus dem → Auenland, geboren 1440 AZ, zwölftes Kind und sechster Sohn von → Sam Gamdschie

Gamdschie, Rose
→ Hobbitfrau aus dem → Auenland, geboren 1425 AZ, drittes Kind und zweite Tochter von → Sam Gamdschie

Gamdschie, Rubinie *(Ruby)*
→ Hobbitfrau aus dem → Auenland, geboren 1438 AZ, elftes Kind und sechste Tochter von → Sam Gamdschie

Gamdschie, Sam (auch: Samweis)
→ Sam Gamdschie

Gamdschie, Tolman
→ Hobbit aus dem → Auenland, geboren 1442 AZ, dreizehntes und jüngstes Kind und siebenter Sohn von → Sam Gamdschie, genannt auch Tom

Gamgee
Englischer Hobbit-Familienname, im Deutschen → Gamdschie; bei Mitgliedern dieser Familie siehe immer unter dem deutschen Namen

Gamgee, Gaffer
Fast tauber, alter Mann in der Geschichte → »Herr Glück«; deutsch: Veit Valentin. In den Ferien in Lamorna Cove in Cornwall lernte Tolkien 1932 einen alten skurrilen Man kennen, den er als »Gaffer Gamgee« bezeichnete. Diesen Namen übernahm er für die Geschichte »Herr Glück«, und den Nachnamen behielt er dann bei für die

Gamgees im »Herrn der Ringe«, Hamfast → Gamdschie heißt sogar genau so.

Gamil Zirak
Ein Zwergenschmied, genannt der Alte, Lehrmeister von → Telchar aus → Nogrod

Gamling
Ein zur Zeit des Ringkrieges bereits alter Soldat aus → Rohan, der die Wache der → Hornburg anführte

Gammidsch, Hob
→ Hobbit aus dem → Auenland, geboren 1246 AZ, lebte in Repfeld, Sohn von Weismann → Gamwich, verheiratet mit Rowan → Grünhand, Vater von Hobsen → Gamdschi. Genannt der Seiler und auch »Alter Gammidschie«

Gammweiler
Ort im Nordwesten des Westviertels im → Auenland (englisch Gamwich), daher rührt der Name der Hobbitfamilie Gamwich.

Gamp (Sindarin)
»Haken, Klaue«

Gamwich, Weisman
→ Hobbit aus dem → Auenland, geboren 1200 AZ, Sohn von → Hamfast von Gamwich, zog nach Reepfeld, Vater von Hob → Gammidsch

Gandalf
Der bedeutendste → Zauberer in Tolkiens Werken und vielleicht die bekannteste seiner Figuren: Schon in den Sechziger-Jahren gingen Studenten in den USA auf die Straße mit dem Button »Gandalf for President«, es gibt Zeitschriften, die nach ihm benannt sind, den Musiker → Gandalf, in Köln die »Gandalf Airlines«, in Paunzhau-

sen »Gandalf Computersysteme« und in Kirchhain »Gandalf Regelsysteme«. Im Kinderbuch → »The Hobbit« ist er noch ein eher kauziger pfeiferauchender alter Mann, ein Zauberer, der bunte Rauchringe in der Luft tanzen lässt und ganz dem guten Magier des Märchens entspricht, mit langem Bart, grauer Robe, spitzem Hut und Stab. Und oft erweist er sich als eher machtlos, etwa wenn er mit seinen Gefährten, → Bilbo Beutlin und den → Zwergen um → Thorin Eichenschild, auf den Bäumen sitzt, auf die die → Wargs sie gejagt haben. Doch wird auch in diesem Buch schon deutlich, dass er erheblich mehr ist als ein Zauberkünstler und Spezialist für Feuerwerke. Er scheint nicht zu altern; Bilbo hat ihn schon als Kind gesehen. Er ist an wichtigen Ereignissen im Hintergrund beteiligt, und er scheint bei vielen bekannt zu sein und viele zu kennen. Erstaunlich ist höchstens, dass er → Beorn noch nicht begegnet war. Gegenüber Bilbo übernimmt Gandalf die Rolle eines Mentors, der ihm immer wieder die Anstöße zu seiner Entwicklung gibt und das Beste aus ihm herauslockt (der Hobbit ist auch ein Entwicklungsroman). Welche Motive ihn dabei leiten, da er doch noch nichts von → Gollum und dem → Herrscherring weiß, scheint er selbst nicht genau zu wissen, Vielleicht war es seine besondere Natur, die ihn dabei führte. Denn in Wirklichkeit ist Gandalf viel mehr, als im »Hobbit« sichtbar, und sogar mehr, als im »Herrn der Ringe« verraten wird. Erscheint er hier als weiser Planer im Hintergund, weitgereister mächtiger Kämpfer gegen → Sauron, ja sogar als → Ringträger (er trug den Roten Ring → Narya), war er in Wirklichkeit noch viel mehr: einer der → Maiar, der niedrigeren Ainur aus → Valinor, denen oft die Funktion von → Engeln zukam. Mindestens fünf von ihnen waren um das Jahr 1000 DZ nach Mittelerde

gesandt worden, und sie bildeten den Orden der → Istari, den Heren Istarion. Gandalf war in Valinor → Olórin gewesen, der Maia der Träume, zu Hause in → Lóriens Gärten, befreundet mit → Niënna. Er ging nach Mittelerde auf ausdrücklichen Wunsch von → Manwe, und mit erheblichem Widerwillen, denn er fühlte sich zu schwach und hatte Furcht vor Sauron. Nach → Saruman war Gandalf zunächst der zweit- oder drittmächtigste des Ordens, doch sagte → Varda ihm voraus, dass er der erste sein werde. Zeitlich jedoch kam er als letzter nach Mittelerde, und als der unscheinbarste, alt und gebückt erscheinend, gewandet in Grau – dies zeigt seine Selbsteinschätzung, denn ihre leibliche Verkörperung wählten die Istari selbst. Círdan der Weise erkannte in ihm dennoch den bedeutendsten der Istari und übergab ihm den Roten Ring, und wenn die Geschichte des → Elessar stimmt, den Olórin aus Valinor mitbrachte, wusste auch → Galadriel um Gandalfs wahre Natur. Für alle anderen blieb er zweitausend Jahre lang ein alter umherwandernder Mann, unscheinbar und unauffällig und doch im Hintergrund stets aktiv. Er plädierte von Anfang an mit Galadriel im → Weißen Rat für Aktionen gegen Sauron, er entdeckte die Bedeutung der → Hobbits und sorgte für ihren Schutz, er leitete zunächst die → Gemeinschaft des Rings. Er war der einzige der fünf Istari, der seinem Auftrag bis zuletzt treu blieb, und anders als Saruman hielt er des Versuchung durch den → Herrscherring stand; ja er lehnte ihn sogar, wie → Galadriel, ab, als er ihm von → Frodo angeboten wurde. Als sein Körper im Kampf mit dem → Balrog von → Moria starb, kehrte sein Geist nach Valinor zurück, und zu Gandalfs eigener Überraschung wurde er wieder nach Mittelerde geschickt. Die → Valar griffen noch ein letztes Mal in die Geschicke der Welt ein, sie schickten

»Gandalf den Weißen«, praktisch unverwundbar und so, wie Saruman hätte sein sollen. Nun trat er offen und mit aller Macht gegen Sauron auf, beriet und beeinflusste die Herrschenden und kämpfte als »Weißer Reiter« in den folgenden Schlachten; nach Saurons Niederlage war er das mächtigste Wesen in Mittelerde. Seine → Wiedergeburt, die Gandalf eine Art Christus-Status verleiht, hat Tolkien selbst später als Fehler bezeichnet. Nach dem Ringkrieg kehrt Gandalf mit anderen Ringträgern von den → Grauen Anfurten aus nach → Aman zurück. – Gandalf war unter vielen Namen bekannt: Mithrandir (Grauer Pilger, Grauer Bote) hieß er bei den → Elben, Tharkún (Stabmann) bei den → Zwergen, Incánus im Süden von Mittelerde (»Nordspion« oder »Geisterherrscher«). Man nannte ihn auch Grauer Pilger, Graumantel, Graurock, Stabträger, Sturmkrähe und nach seiner Wiederkehr Weißer Reiter. – Der Name Gandalf findet sich in der älteren → Edda und bedeutet »Elbe des Stabes«. – Im → Film von Peter → Jackson wird Gandalf von Sir Ian → McKellen dargestellt.

Gandalf (Bilder)

Es gibt mehrere Zeichnungen, auf denen Tolkien → Gandalf darstellt, es gibt sogar eine nicht ganz ausgeführte Zeichnung, die »Gandalf« betitelt ist: Angefertigt mit Bleistift und Buntstift zeigt sie Gandalf vor dem Eingang von → Beutelsend, das, gelegen unter den Wurzeln eines riesigen Baumes, eher noch an einen Kaninchenbau erinnert als an den späteren komfortablen Smial. Gandalf ist auch zu sehen auf → »Eines Morgens früh in der Stille der Welt«, ganz versteckt auch in → »Die drei Trolle werden in Stein verwandelt« und vielleicht auf dem Bild »Ritt hinab nach → Bruchtal«.

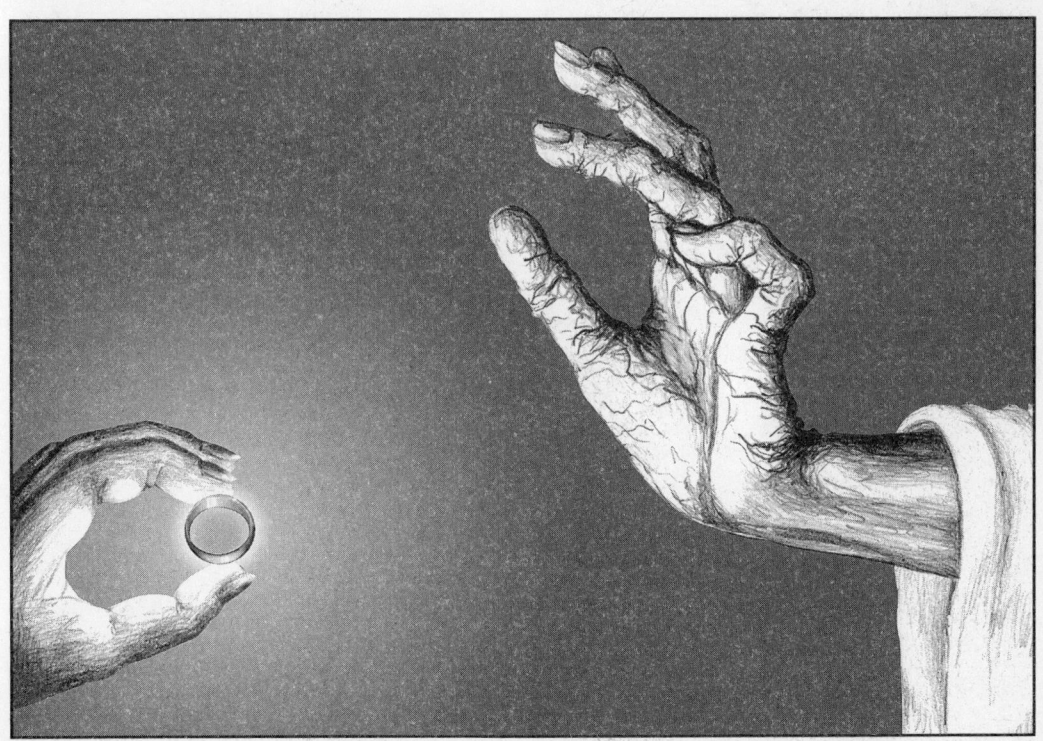

Die Versuchung: Frodo bietet Gandalf den Herrscherring an.

Ulrike Schneidewind

Gandalf (Musiker)

Gandalf nennt sich ein österreichischer Musiker, der vor 20 Jahren sein erstes Album vorlegte, »Journey To An Imaginary Land«, inspiriert durch den »Herrn der Ringe«. Mit seinem ruhigen, meditativen Musikstil, einer Art spiritueller Space-Musik, feierte er in vielen Ländern Erfolge mit inzwischen über 20 Alben; man nennt ihn Klangzauberer, Magier der Klänge und Maler musikalischer Landschaften. Nach zwei Jahrzehnten wandte sich der Komponist und Musiker noch einmal seinem Ausgangspunkt zu und vertonte den »Herrn der Ringe« in seiner typischen Manier. Zwei CDs umfasst das Album »VISIONS 2001«, eine davon ein Rückblick auf 20 Jahre Gandalf.

Der Inhalt von CD 1:
1. The magician's return · 2. A long-expected birthday-party · 3. Anduin – The great river · 4. Weathertop – Flight to the ford · 5. In safety at Elrond's house · 6. Galadriel's mirror · 7. The fellowship of the ring · 8. Moria – A journey in the dark · 9. Lothlórien – The golden wood · 10. Just go on believing · 11. Out of doubt, out of darkness · 12. Creeping shades of Mordor · 13. At the crossroads to the land of shadow ·

Cover der neuesten CD von Gandalf

14. A long and uncertain road · 15. Orodruin – Mountain of fire · 16. The battle's over – Many partings · 17. Just go on believing.

Der Inhalt von CD 2:
1. Mirages upon a desert of sand (Part 4) · 2. The peaceful village · 3. The power of nature · 4. Mysterious creatures · 5. Just for you · 6. Spiritual dawn · 7. Colours of te earth · 8. The river of realization (Part 1) · 9. The shining · 10. Titaptawa · 11. Dreamscapes (Part 1) · 12. Invisible power · 13. The ancient secret path · 14. Maintheme from »Labyrinth« · 15. Face in the mirror · 16. The lonesome wanderer · 17. Aquarius (Vocal Version) · 18. Cosmic Circle Dance · 19. Echoes from ancient dreams (Part 1) · 20. Samsara

Gandalf's Garden

Psychedelisch-esoterische Zeitschrift in den US aus den 60er-Jahren, in der → Gandalf als mythischer Held eines neuen Zeitalters gefeiert wurde

ganna (Sindarin)

»Harfe spielen«

Gannel (Sindarin)

»Harfe«

Gar

»Ort, Gegend« in der Sprache der → Gnome

Gar Ainion

In der frühen Mythologie von Tolkien »Der Platz der Götter« in → Gondolin

Gar Eglos

Ein früherer Name von → Tol Eressea in der Sprache der → Gnome

Gar Lossion

»Fleck der Blumen«: Alalminóre in der Sprache der → Gnome

Gar Thurion
»Der Verborgene Ort«: einer der sieben Namen von → Gondolin in der Sprache der → Gnome

gara (Sindarin)
»haben, besitzen«

Garaf (Sindarin)
»Wolf«

Gardner
Der englische Name der → Hobbitfamilie → Gärtner

Garioth
Ein Name für → Hisilóme

Garlisgion
»Ort des Rieds«: ein Ort oberhalb der Mündungen des → Sirion, in der Sprache der → Gnome

Garm
der Hund des → Bauern Giles von Ham, benannt nach dem Höllenhund in der → Mythologie der → Germanen. Dieser bewacht den Eingang zur → Hel; er wird während der Götterdämmerung vom Kriegsgott Tyr getötet, während er diesem die Kehle zerreißt.

Garnelen
Können in Tolkiens Kindergeschichten manchmal sogar reden – in → »Roverandom« beschweren sie sich darüber, gekocht worden zu sein, und sind deshalb ganz rot vor Wut

Garsecg
Das Große Meer im Altenglischen

Garth (Sindarin)
»Burg, Festung«

Gärtner, Frodo (Frodo Gamdschie)
→ Hobbit aus dem → Auenland, geboren 1323 AZ, zweites Kind und ältester Sohn von → Sam Gamdschie. Gründete eine neue Familie, die Familie Gärtner (*Gardner*), die wahrscheinlich in → Beutelsend lebte. Vater von Holfast → Gärtner.

Gärtner, Harding vom Bühl
→ Hobbit aus dem → Auenland, geboren 1501 AZ, Sohn von Holfast → Gärtner, Urenkel von → Sam Gamdschie

Gärtner, Holfast
→ Hobbit aus dem → Auenland, geboren 1462 AZ, Sohn von Frodo → Gärtner, Enkel von → Sam Gamdschie, Vater von Harding vom Bühl

Gárulf
Mitglied der → Éored von → Éomer, starb im Kampf mit den → Orks von → Uglúk

Gas (Sindarin)
»Loch, Lücke, Spalt«

Gasthaus Der Schwimmende Balken
Gasthaus in → Froschmoorstetten

Gasthaus Efeubusch
Kleines Gasthaus an der Straße zwischen → Hobbingen und → Wasserau

Gasthaus Goldener Barsch
Gasthaus in → Stock im → Ostviertel des → Auenlandes, in dem es laut → Sam Gamdschie das beste Bier im Auenland geben soll

Gasthaus Grüner Drachen
Gasthaus in Wasserau, auf der Seite nach → Hobbingen gelegen, von Leuten aus beiden Dörfern gerne besucht, Stammlokal der Familie → Gamdschie

Gasthaus Zum tänzelnden Pony
Gasthaus → Zum tänzelndenden Pony in → Bree

Gasthaus Zur Brücke
Gasthaus im → Auenland an der Brandy-wein-Brücke, abgerissen von den Dienern → Sarumans

Gasthaus Zur Kreuzung
Gasthaus in der Geschichte → »Herr Glück«

Gath, Gathrod (Sindarin)
»Keller, Gewölbe«

Gauch
→ Gräbergauch

Gaud (Sindarin)
»Gerät, Apparat, Maschine«

Gaul (Sindarin)
»Wolfsgeheul«

Gaur (Sindarin)
→ »Werwolf«

Gaurhoth (Sindarin)
»Wolfsrudel«, speziell ein Rudel von → Werwölfen

Gaurwaith (Sindarin)
»Wolfsmenschen«: So nannte sich die Bande von Geächteten an den Westgrenzen von → Doriath, deren Anführer → Túrin wurde und die er später gemeinsam mit → Beleg führte.

Gaw (Sindarin)
»Stimme«

gawa (Sindarin)
«heulen«

Gawad (Sindarin)
»Geheul«

Gawain
Einer der Ritter aus der Tafelrunde des Königs → Artus, Hauptfigur des von Tolkien übersetzten Versepos → »Sir Gawain and the Green Knight«

Gay (Quenya)
»Scheu, Furcht«

gaya (Quenya)
»erstaunen, erschrecken«

Gaya (Sindarin)
»Scheu, Furcht«

Gebirge der Nacht
Vorläufer von → Dorthonion, Berge, auf denen sich der → Taurfuin erhob

Geburtstagsgeschenke
Im → Auenland war es Sitte, dass das »Geburtstagskind« den anderen → Hobbits etwas schenkte. Es bekam in der Regel allerdings auch etwas geschenkt. Diese Sitte beschränktc sich auf nähere Verwandte (maximal Vettern und Kusinen zweiten Grades), die näher als zwölf Meilen wohnten (ca. 20 Kilometer). Diesem Brauch folgte → Bilbo bei seiner Abschiedsparty. Er war auch Grundlage des Anspruchs, den → Gollum auf den Herrscherring zu haben glaubte, da er am Tag des Fundes Geburtstag hatte.

gedi (Sindarin)
»fangen«

Gefährten
Die → Gemeinschaft des Rings

Geflügelte Helme
Die → Forodrim oder → Forodwaith

Geflügelte Rosse, Pferde

Eigentlich falsche Bezeichnung für die → Flügeltiere der → Nazgûl

Geflügelte Schatten, geflügelte Geister

Sowohl die → Flügeltiere der → Nazgûl wie auch die Nazgûl selbst, wenn sie auf diesen unterwegs sind

Geflügelter Hund

→ Rover

Gefolgsleute (des Königs)

In Númenor in den späteren Jahren Bezeichnung für alle, die den Königen in ihrer Ablehnung gegen die → Elben folgten und den → Elendili feindlich gesonnen waren

Geheimes Feuer

Als dessen Diener bezeichnet sich → Gandalf vor dem Kampf mit dem → Balrog von → Moria; er bezieht sich damit auf die → Unverlöschliche Flamme, die er als → Maia natürlich kennt und der er dient, während → Melkor und seine Genossen stets (vergeblich) versuchten, sie sich dienstbar zu machen.

Geißblatt, Heinrich

Einer der → Breeländer, ehemaliger Torwächter, die sich mit → Saruman und → Gríma Schlangenzunge verbünden, um das → Auenland zu beherrschen.

Geißblatt, Herr

Ein → Breeländer, Gast im Gasthaus von → Bree, als → Frodo und seine Gefährten dort eintreffen.

Geist

Wenn die → Elben »die Welt leid« waren oder getötet wurden, verloren sie nur den Körper (Hroa), während ihr »Fea«, der Geist oder die Seele, in die → Hallen von → Mandos einging und nach einer frühen Konzeption von Tolkien sogar wiedergeboren werden konnte.

Geist, Geister

Immer wieder werden bei Tolkien Geister erwähnt. In seiner frühen → Mythologie beschreibt Tolkien die Mánir als → Elementargeister der Luft und die → Falmarini als Geister des Wassers; Wassergeister tauchen auch in der Geschichte → »Roverandom« auf. Eher als »normale« Geister treten die Nazgûl auf unter ihrem Herrn, dem → Geisterkönig; sie werden auch »Ringgeister« genannt. Sie sind das, was man sich unter den klassischen Geistern vorstellt: Tote, die nicht sterben können oder deren Geist umgeht, wie es bei den zu Schatten geschrumpften Nazgûl der Fall ist. Typische Geister sind auch die → Grabunholde und die → Toten Menschen von Dunharg sowie der Geist von → Helm Hammerhand, der noch zu Zeiten des Ringkriegs in Helms Klamm umgehen sollte. → Tom Bombadil bezeichnet sich selbst als »Meister«, der »Macht über Geister« habe. – Tolkien greift hier wieder einmal verbreitete mythologische und theologische Vorstellungen auf und überhöht sie teilweise ins Gigantische. Meist unterscheidet man zwei große Gruppen: die Geister Verstorbener, wie die der Toten Menschen von Dunharg, und eigenständige Geist-Wesen. Besonders bei Menschen, die an ein Leben nach dem Tod glauben und/oder die Unsterblichkeit der Seele, an Seelenwanderung oder Reinkarnation, ist der Glaube weitverbreitet, dass ein Mensch eine Zeit lang oder auf Dauer als Geist an diese Erde gefesselt sein kann, ehe er endgültig erlöst wird, z. B. in das buddhistische Nirvana, in den christlichen, jüdischen oder muslimischen Himmel (oder die Hölle), oder ehe er in das nächste Stadium der Seelenwanderung, also einen neuen

Körper, eintreten kann. Die Gründe dafür sind meist ähnlich denen, die einen Menschen zum → Wiedergänger werden lassen: Plötzliche Eingriffe, etwa Unfall, Mord, Selbstmord, unterbrechen den »natürlichen Ablauf«; die Seele findet im Grab keine Ruhe. Auch Menschen, die sich extrem Böses haben zuschulden kommen lassen und/oder mit dem Teufel im Bunde standen, oder Menschen, die noch eine Rache zu vollziehen oder etwas zu erledigen haben, können zum Geist werden oder zum Wiedergänger. Dies ist bei den Toten Menschen von Dunharg der Fall, die noch ihren Eid erfüllen müssen. Schließlich gibt es auch die Vorstellung einer unverschuldeten »Verdammung«, zum Beispiel durch fehlerhafte Rituale oder mangelnde Trauer der Hinterbliebenen oder durch die falsche Todesart. – Die originären Geistwesen wie die → Elementargeister oder der orientalische Dschinn gehören nach dem Glauben der meisten Religionen einem Zwischenreich an zwischen Göttern und Menschen, ähnlich → Dämonen und → Engeln. Nach mittelalterlichen Vorstellungen stammten die Geister entweder wie die Dämonen von Lilith ab, Adams erster Frau, oder wie die → Riesen von gefallenen Engeln. Meist stellt man sich Geister immateriell oder nur teilmateriell vor. Sie können an bestimmte Orte gebunden sein oder an Tiere, sie können aber auch als Toten- oder Ahnengeister in Erscheinung treten. Geisterglauben findet sich zu fast allen Zeiten in fast allen Kulturen: bei den → Germanen und → Kelten, den → Griechen und Römern, den Indern (Hinduismus) und natürlich im christlichen Mittelalter: »*Zu Beginn des 15. Jahrhunderts diktierte der Abt Richalm ... das ›Buch der Offenbarungen über die Nachstellungen und Verschlagenheiten der Dämonen gegen die Menschen‹. Er sieht die Welt erfüllt von bösen Geistern; einen jeden umströmen sie wie das Wasser den Ertrinkenden oder umschließen ihn wie ein Gewölberaum ohne Ritze. Ihre Menge ist so unzählig wie die Lichtpartikel, wie die Mücken und Flöhe. Solange der Mensch lebt, umschwirren sie ihn; man braucht nur die Augen zu schließen und sieht sie so zahlreich wie eine Staubwolke. Sie verursachen überall Übel und Widrigkeiten, sogar Appetitlosigkeit und Blähungen, Zahnweh und Betrunkenheit; sie verekeln Speise und Trank, verwirren die Arbeit und verschrecken den Schlaf. Vielfältig auch bewirken sie Geräusche und Getöse, Gewitter und Sturm, Lachen und Seufzen, Schneuzen und Niesen, Schnarchen und Schlafen*« (Arnold Angenendt: »Geschichte der Religiosität im Mittelalter«, Darmstadt 1997). Wenn ein Geist Besitz ergreift von einem Menschen, kann diese Besessenheit nach Auffassung mancher Theologen und Mythologen und auch einiger Naturreligionen oft nur durch einen Exorzismus geheilt werden.

Geisterberg
der → Dwimorberg

Geisterkönig
Der oberste der → Nazgûl, der → Hexenkönig von Angmar

Geisterspalte, Geisterpass
→ Cirith Gorgor

Geister-Tal
»Dwimordene«: Name für →Lórien bei den → Rohirrim

Gelbhülle
ein Buch mit alten Aufzeichnungen zur Familiengeschichte der → Hobbitfamilie → Tuk, genannt auch das Jahrbuch von → Buckelstadt.

Gelimer
Früherer Name von → Ælfheah

Gelion
Der große Strom von Ost-Beleriand entsprang als Kleiner Gelion am → Himring und als Großer Gelion am Berg → Rerir; beide Quellflüsse flossen dann zusammen und als Gelion parallel zu den → Ered Luin von Norden nach Süden; hierbei bildete der Gelion die Grenze zwischen Ost-Beleriand und → Thargelion bzw.→ Ossiriand. Der Strom nahm folgende Nebenflüsse auf (von Nord nach Süd), die alle aus den Ered Luin kamen: → Ascar, → Thalos, → Legolin, → Brilthor, → Duilwen und → Adurant. Von seinen Quellen im hohen Norden bis zu seiner Mündung ins große Meer → Belegaer war der Gelion etwa 1250 Kilometer lang, das ist etwas länger als die Elbe oder fast so lang wie der Rhein, doppelt so lang wie der → Sirion, aber ·kürzer als der → Eilend und nur gut halb so lang wie der → Anduin.

Gelir (Sindarin)
»Glückliche Person«

Gell (Sindarin)
»Freude, Triumph«

Gellam (Sindarin)
»Jubilieren, Freuen, Beifall«

Gelmir (I)
Elbe aus → Nargothrond, Bruder von → Gwindor, in der → Dagor Bragollach 455 EZ gefangen genommen und geblendet. 473 wurden ihm vor den Augen der Verteidiger von → Eithel Sirion Beine, Arme und schließlich der Kopf abgeschlagen, um die Verteidiger zu einem vorzeitigen Angriff zu verführen; Ergebnis war die vernichtende Niederlage in der Nírnaeth Arnoediad.

Gelmir (II)
Noldor-Elbe. Traf mit seinem Gefährten → Arminas an der → Annon-in-Gelydh auf → Tuor, führte ihn durch die → Pforte der Noldor und brachte später → Ulmos Warnung nach → Nargothrond.

Gelydh (Sindarin)
»Noldor-Elben«: Mehrzahl zu → Golodh (eigentlich → Gnome)

Gemälde von Tolkien
→ Bilder

Gemein-Elbisch
Die Urform der → Sprache der → Elben

Gemeinsame Sprache
das → Westron

Gemeinschaft des Rings
Die neun Gefährten, die aufbrachen, um den → Herrscherring in den Schicksalsklüften des → Orodruin zu vernichten: → Frodo Beutlin, → Sam Gamdschie, Peregrin (→ Pippin) Tuk und Meriadoc (→ Merry) Brandybock, vier Hobbits; → Aragorn II. und → Boromir, zwei Menschen; → Legolas, ein → Elbe, → Gimli, ein → Zwerg, und → Gandalf, scheinbar ein Mensch, doch in Wahrheit ein → Maia.

Gemeinsprache, Gemeinschaftssprache
das → Westron

genedia (Sindarin)
»rechnen«

Genediad (Sindarin)
»Rechnung, Berechnung«, auch »Kalender«

George Allen & Unwin
→ Verlage

Gerader Weg

Am Ende des → Zweiten Zeitalters, mit dem Untergang von → Númenor, veränderte → Ilúvatar selbst die Gestalt von → Arda und von → Ea: Aus der flachen Erde wird die »krumme Welt«, unser Planet und Universum, wie wir sie kennen. → Aman und → Valinor wurden entrückt, zu einer → Anderswelt, und nur die Elbenschiffe konnten es auf dem »geraden Weg« erreichen, durch die hohen Lüfte des → Ilmen. Dies war keineswegs nur von den → Grauen Anfurten aus möglich; prinzipiell war jeder Elbe in der Lage, den Weg zu finden. → Legolas baute selbst ein Schiff, mit dem er und → Gimli nach Aman fuhren.

Gereth

Ein → Gnom, der → Elwing bei ihrer Flucht aus → Artanor half

Germanen

Bei Tolkien finden sich viele Einflüsse aus Tradition und Vorstellungswelten antiker Völker, auch die Germanen gehören dazu. → Ilúvatar ist ganz ähnlich gestaltet wie Allvater. → Manwe weist viele Ähnlichkeiten mit → Odin auf, und in frühen Versionen von Tolkiens → Mythologie führt → Eriol einmal seine Abstammung auf ihn zurück. → Melkor wird wie der → Fenriswolf von seinen Götterkollegen gefesselt und schwingt mit → Grond einen riesigen Hammer wie der Donnergott Thor. Das Halsband → Nauglamir ist stark dem Brisingamen, dem Halsband der → Freya, nachempfunden, → Mittelerde erinnert an Midgard, und Tolkien selbst hat → Valinor in frühen Schriften mit Asgard gleichgesetzt. In den oft unvernünftigen Handlungen von Valar wie Elben findet sich etwas wieder vom blinden Furor und der Rücksichtslosigkeit der alten Götter um Thor und Odin, von ihrem unbedingten Willen zum Kampf, der sie und mit ihnen ihre ganze Weltenordnung in den Untergang reißt, von ihrer Rücksichtslosigkeit gegenüber anderen und sich selbst. Und in vielen der kosmologischen Vorstellungen, z. B. zur Schöpfung und zur Natur von → Sonne und → Mond, und in zahlreichen Geschichten gibt es Parallelen zur Sagenwelt der Germanen, so taucht etwa die → Midgardschlange ebenso in → »Roverandom« auf wie der Meeresgott → Niord, der Hund in »Bauer Giles von Ham« heißt Garm, wie der Höllenhund der Germanen, und das → Windstoßhorn des → Weihnachtsmannes erinnert an das Himmelshorn von Heimdall. Die → Sagas und ganz besonders die → Eddas sind zugleich ganz wesentliche Quellen von Tolkiens Vorstellungswelt und ebenso jene Quellen, aus denen wir unsere Hauptkenntnisse über die Mythologie der Germanen schöpfen. Schließlich waren die → Angeln, zu denen ursprünglich z. B. → Eriol gehört, ein westgermanischer Stamm. – Der Begriff Germanen bezeichnet nicht ein klar umrissenes Volk oder einen Stamm; er ist ein Sammelname für verschiedene Völker und Stämme in Mitteleuropa und im südlichen Skandinavien, die zur indogermanischen Sprachgruppe gehören und sich von dieser durch die sogenannte erste germanische Lautverschiebung abheben. Entstehung und Ausbreitung gelten als ungeklärt bzw. weitgehend umstritten; die Römer und Gallier (Kelten) bezeichneten als Germani ursprünglich sämtliche rechtsrheinischen Völker. Manche Wissenschaftler vermuten, dass der entscheidende Impuls und das gemeinsame verbindende Element für die Herausbildung gemeinsamer kultureller Eigenschaften die Abgrenzung zur La-Tène-Kultur der → Kelten war. Wie dem auch sei, spätestens ab dem 4. Jahrhundert n. Chr. kann man die Germanen in vier Großstämme einordnen:

die Alemannen, Franken, Goten und Sachsen. Über die Riten und Mythen der Germanen ist wenig bekannt; der Streit, inwieweit die uns bekannten Mythen der Germanen eine Religion beschreiben oder wie eine solche ausgesehen haben könnte, beschäftigt die Wissenschaft seit Jahren und muss als unentschieden gelten. Unser Wissen beziehen wir aus verschiedenen Quellen: römischen Texten, überlieferten Zaubersprüchen aus Deutschland und England, kirchlicher Literatur und den vom 9. bis 13. Jahrhundert verfassten nordischen Texten. Viele dieser Quellen entstammen entweder dem nichtskandinavischen Europa und sind somit durch die Sicht des fremden Beobachters gefärbt, der evt. sogar den Germanen feindlich gesonnen war, oder sie wurden zu einer Zeit niedergeschrieben, als Skandinavien bereits christianisiert war. Es ist zwar anzunehmen, daß gerade die nordischen Quellen den heidnischen Ursprüngen noch sehr verbunden sind, trotzdem muss man auch hier mit großen Einschränkungen in Bezug auf ihre Treue zu den germanischen Ursprüngen rechnen. Schließlich entstammen Schriften wie die Edda dem Mittelalter, also einer Zeit, in der die Stammes- und Sippenstrukturen, die die Gesellschaft der Germanen ursprünglich ausmachten, im Absterben begriffen waren. Der Stammes- und Sippenverband wurde zugunsten größerer Zusammenschlüsse aufgegeben, die Gründung von »Nationalstaaten« stand kurz bevor. Eine solche Veränderung der Gesellschaftsform musste sich auch auf die Religion und die Mythologie auswirken, führte möglicherweise zur Akzeptanz der christlichen Religion in den herrschenden Sippen. Zudem schildern die Quellen nur einen kurzen Zeitraum. Die germanische Religion war zum Zeitpunkt ihres Untergangs im 11./12. Jahrhundert jedoch schon mehr als zweitausend Jahre alt. Es muss in dieser großen Zeitspanne große Veränderungen gegeben haben. Vielleicht hat die Düsternis der germanischen Mythologie ihre Ursache in den erschreckend kargen Lebensumständen der Wikinger oder im Niedergang ihrer Religion, vielleicht spiegelt Ragnarök, die Götterdämmerung, auch die Konfrontation mit Römern, Hunnen und später mit dem Christentum wieder. Möglicherweise gab es in der früheren germanischen Mythologie auch Helles, Schönes und Frohes ... Die Quellen sind also, wie im Artikel über Mythen erläutert, keine gesicherte Erkenntnis, sondern Momentaufnahmen, Querschnitte zu einem willkürlichen Zeitpunkt. Außerdem sind sie, wie die gerne zitierten eddischen und skaldischen Lieder oder die Sagas, oft genug auch noch künstlerisch bearbeitet oder verfremdet: künstlerische Produkte, keine wissenschaftlichen Beschreibungen. Bei den beiden Eddas, die den meisten populären Darstellungen nordischer Mythologie als Grundlage dienen, handelt sich auf jeden Fall nicht um eine religiöse Dichtung: Alle Versuche, in der »Lieder-Edda« kultische Bräuche nachzuweisen, gelten als missglückt. Der Kultpoesie stehen alle Edda-Gedichte fern: *»Von dem, was den eigentlichen Kern aller Religionen bildet: dem Verhältnis der Götter zu den Menschen, finden wir in den Edda-Liedern nichts... So ist die Edda alles andere als ein Glaubensbuch«*, konstatiert etwa das RGG (»Die Religion in Geschichte und Gegenwart«, Tübingen 1960). Auch bei der »Prosa-« oder »Snorra-Edda«, handelt es sich nicht um religiöse Dichtung, sondern eine Mythologie. → Snorri wollte den jungen → Skalden das für ihre Kunst notwendige Rüstzeug vermitteln. Er selbst war Christ und nahm an den Mythen einerseits ein nationales, andererseits ein wissenschaftliches, auf keinen Fall jedoch ein religiöses Interesse, so dass in dieser Hinsicht mit dem RGG der Schluss zu ziehen ist, dass *»uns auch die Snorra-Edda keinen Einblick in die eigentliche Religion der Nordleute«* erlaubt. Die Voluspá, eine der wichtigsten Quellen zum Ragnarök, entstammt wahrscheinlich ebenfalls aus einer Zeit, in der das nordische Heidentum durch die Christianisierung verdrängt wurde. Aber selbst wenn man die Situation anders bewerten sollte, bleibt das Problem, dass diese Schriften nur aussagekräftig sind für den Raum und die Zeit, in der sie entstanden, also für → Island und Skandinavien zu einer Zeit, in der diese christianisiert waren, dass also alle Mythen entsprechend verändert dargestellt wurden, etwa die Schöpfungsgeschichte; der Brockhaus spricht in diesem Zusammenhang von einer »Unfestigkeit der religiösen Vorstellungen«. – In der Schöpfungsgeschichte der Germanen steht am Anfang → Ginnungagap, das gähnende, lautlose Nichts – nicht unähnlich der Zeitlosen Leere oder der → Äußeren Dunkelheit bei Tolkien. Daraus schafft Allvaters Geist das Sein – auch hier wieder starke Ähnlichkeiten zu Ilúvatar. Allvater schafft im Süden Muspelheim, das Land der Glut und des Feuers, im Norden Niflheim, das Land der Kälte und Finsternis. Funken aus Muspelheim bringen das Eis zum Schmelzen. Der Riese Ymir taut daraus hervor und danach Audhumbla, eine riesige Kuh, von deren Milch er sich nährt. Eines Tages, als Ymir schläft, entwachsen seinen Achselhöhlen zwei Riesenwesen, Mann und Frau, denen die Frost- und Reif-→ Riesen entstammen. Audhumbla leckt aus dem Eis einen Mann namens Buri, der aus eigener Kraft seinen Sohn Börs erschafft. Aus dessen Ehe mit der Riesin Bestla entstehen die ersten Asen → Odin, Wili und We. Diese erschlagen Ymir, und in dessen Blut ertrinken alle Riesen bis auf Bergelmir und dessen Frau, die Ahnen aller späterer Riesen.

Aus dem Leib Ymirs schaffen die Asen die Erde: aus dem Blut die Wasser, aus dem Fleisch die Erde, aus Knochen und Zähnen Berge und Felsen, aus dem Schädel die Wölbung des Himmels, aus seinem Hirn die Wolken, aus den Haaren die Bäume, aus den Augenbrauen den Wall Midgard, eines der neun Reiche der Welt, die Welt der Menschen. Aus Funken aus Muspelheim schaffen die Asen die Sterne – nicht umsonst nehmen die Zwerge bei Tolkien an, die Sterne seien Funken aus der Schmiede von → Aule. Aus einer Esche hauen die Asen den ersten Menschen, einen Mann, aus einer Ulme dann ein Weib. Odin haucht ihnen Leben und Geist ein, Wili gibt ihnen Verstand und Gefühl und We Gesicht, Gehör und die Sprache. Allvater spielte bei den Germanen in der alltäglichen Religion so wenig eine Rolle wie Ilúvatar bei den Elben. Der höchste ihrer Götter war → Odin, Manwe in vielerlei Hinsicht ähnlich. → Valinor entspricht Asgard, dem heiligen Land der Asen, die dort in zwölf Schlössern wohnen; Odin lebt in Walhall, wo er die glorreich Gefallenen empfängt, die ihm die Walküren zuführen. Der Regenbogen, die Brücke Bifröst, verbindet Himmel und Erde, bewacht von Heimdall. Odins Gattin ist Frigga oder → Freya, die Beschützerin der Ehe, sein bekanntester Sohn der Donnergott Thor. Der Sonnengott ist Baldur, der durch eine List von Odins Bruder Loki, dem Gott des Feuers, getötet wird. (Später wurde Loki oft mit dem Teufel gleichgesetzt.) Lokis Sprößling, der → Fenriswolf, wurde von den Göttern mit Hilfe einer List gefesselt; hierbei verliert Odins Sohn Thyr seine Hand. Am Ende der Zeit, bei der Götterdämmerung, der Ragnarök, wird der Wolf sich losreißen und gemeinsam mit seiner Schwester, der → Midgardschlange, die auf dem Grunde des Meeres ruht und die ganze Erde mit ihrem Leib umschlingt, und anderen Verbündeten, z. B. dem Höllenhund → Garm, die Götter bekämpfen. In der Mitte von Asgard steht → Yggdrasil, die immergrüne Weltesche (→ Baum), in deren Wurzeln das Totenreich → Hel liegt, in das die nicht im Kampf Gefallenen kommen. Am Urdbrunnen, an dem die Esche steht, wohnen die Nornen Urd, Verdandi und Skuld, die die Zukunft kennen und bestimmen. Nach der Götterdämmerung wird eine neue Welt entstehen, die wiederum ähnlich aufgebaut ist. – Die Himmels- und Höllenvorstellung der nordischen Völker war sehr martialisch; die im Kampf Gefallenen erlebten in → Walhall schöne Tage, andere, die den »Strohtod« gestorben waren, litten in der Hel; manche kamen als → Wiedergänger zurück. Wie bei Tolkien gab es von moralischer Differenzierung keine Spur; das war eher reines Barbarentum. Dazu passt, dass zumindest bei einigen germanischen Stämmen Menschenopfer als belegt gelten. In der Tragödie »Herzog Theodor von Gothland« (1822) von Christian Dietrich Grabbe (1801–1836) findet dies seinen Niederschlag auf der Bühne: *»Wir wollen meine Tochter jetzt begraben, Doch erst muss sie ein Menschenopfer haben!«*

Gesandte der Elben
Die → Elben zögerten zunächst, der Aufforderung der → Valar, nach → Aman zu kommen, zu folgen. Sie schickten vier Sendboten vor, die sich Aman und → Valinor ansehen sollten: → Ingwe, → Finwe, → Olwe und Elwe (→ Thingol), die ihnen dann berichteten.

Gesang der Ainur
→ Ainulindale

Geschenk der Menschen
die Sterblichkeit, der → Tod

Geschichte der Kinder Húrins
Diese Geschichte um → Túrin und → Niënor war die zweite Geschichte des → »Buches der Verschollenen Geschichten«, die Tolkien im Rahmen seiner Mythologie niederschrieb, im Spätsommer 1917; die erste war »The Fall of → Gondolin«.

Geschichte von Mittelerde
Diese beschrieb Christopher Tolkien zwischen 1983 und 1996 in der zwölfbändige Reihe → »The History of Middle-Earth«, in denen er Texte seines Vaters sammelte und kommentierte.

Geschlechter
So werden häufig die verschiedenen Arten von menschenähnlichen Wesen genannt, wie → Elben, → Menschen, → Zwerge, → Trolle, → Orks, sogar die → Valar (im → Silmarillion heißt es: »→ *Melian war eine → Maia, vom Geschlecht der Valar.*«) Manchmal spricht man auch von »Zwei Geschlechtern« und meint damit die Elben und die Menschen als die älteren und die jüngeren → Kinder Ilúvatars. Diese verschiedenen Wesen sind bei Tolkien als getrennt Geschaffene keine → Rassen im modernen Sinn, aber auch keine eigenen Arten, sonst wären sie nicht kreuzbar (→ Vereinigung der Geschlechter). Es gibt in der modernen Biologie keine Parallele, da diese von *einem* Ursprung oder Ursprungsfeld aller Lebewesen ausgeht. Wenn der Begriff »Drei Geschlechter« fällt, sind damit die → Vanyar, → Noldor und → Teleri gemeint. Dabei handelt es sich um ein ganz anderes Konzept, denn dies waren alles Elben der gleichen Art, sie trennten sich ja erst durch ihre Entscheidung, ob und wann sie nach → Aman reisten.

Gesegnete Lande, Gesegnetes Land
→ Aman

Gesegneter, der Gesegnete
Ehrenname für → Earendil

Gestaltwandler, Gestaltwechsler
Wesen, das seine Gestalt wechseln kann.
Dazu gehören → Vampire und → Werwesen
wie z. B. → Beorn, aber auch → Lúthien,
die sich in der Gestalt von → Thuringwethil
in → Angband einschlich, und → Beren,
der sich allerdings nicht selbst verwandeln
konnte, sondern dem Luthien die Gestalt
von → Draugluin gab.

Gethron
Ein Mann aus dem Haushalt von → Húrin,
der Túrin nach → Doriath begleitete und
später nach → Dor-lómin zurückkehrte

Getreue
Im → Zweiten Zeitalter die → Elendili; im
→ Dritten Zeitalter wurden als Getreue
manchmal auch die → Dúnedain bezeichnet.

Ghân-buri-Ghân
Der Häuptling der → Drúedain im → Drúadan-Wald, ein fast unbekleideter Wilder mit
einem Lendenschurz aus Gras, spricht aber
→ Westron, kann zählen und rechnen (mit
einem Zwanzigersystem, wie die Mayas)
und plant taktisch und strategisch geschickt.
Führt mit seinen Leuten die → Rohirrim auf
der Alten Wagenstraße durch das → Steinkarrental an den Fallen und Wachen der
→ Orks vorbei bis dicht an die → Pelennor-Felder.

Gîl (Sindarin)
»Stern, starker Funken«

Gilde der Elbenschmiede,
Gilde der Juwelenschmiede
Die Gwaith-i-Mirdain von → Eregion,
deren Oberhaupt → Celebrimbor war

Gilde der Wagemutigen
Die »Uinendili« (Geliebte → Uinens), Vereinigung wagemutiger junger Kapitäne in
→ Númenor, gegründet von → Tar-Aldarion

Gildin (Sindarin)
»Silberfunke«

Gildor
Einer der zwölf Gefährten von → Barahir
in → Dorthonion, 460 EZ am → Tarn Aeluin
erschlagen

Gildor Inglorion
Elbe aus dem Hause → Finrod, lebte in der
Zeit des Ringkriegs in → Imladris.

Giles, Giles von Ham
der → Bauer Giles von Ham

Gil-Estel (Sindarin)
»Stern der Hoffnung«: der Abend- und Morgenstern, die → Venus, in der Mythologie
der → Elben → Earendil, der als Stern in
seinem Schiff → Vingilot am Himmel seine
Bahn zieht. Der Name wurde ihm bei seinem ersten Aufgang gegen Endc. der ersten
Zeitalters gegeben

Gilfanon, Gilfanon a-Davrobel,
Gilfanon von Tavrobel
Ein → Gnom, Gast im → Haus der
Geschichten

Gil-galad
»Strahlender Stern«: Unter diesem Namen
wurde Ereinion, Sohn von → Fingon,
bekannt und nach dem Tod von → Turgon
der letzte → Hohe König der → Noldor in
→ Mittelerde. Floh nach der → Nírnaeth
Arnoediad mit → Círdan auf die Insel
→ Balar. Blieb nach dem Ende des → Ersten
Zeitalters in → Lindon; bekämpfte → Sau-

ron gemeinsam mit den → Númenorern. Träger des Roten Ringes → Narya, den er → Círdan, und des Weißen Ringes → Vilya, den er → Elrond übergab. Führte mit → Elendil am Ende des Zweiten Zeitalters den → Letzten Bund zwischen → Elben und Menschen und den Krieg gegen Sauron (3431–3441 ZZ). Nach siebenjähriger Belagerung von Barad-dûr kam es zur letzten Schlacht auf der → Dagorlad, bei der Elendil und Gil-galad von Sauron erschlagen wurden. Gil-galad war im Kampf weithin sichtbar, wegen seiner mit Silber überzogenen und mit weißen Sternen bemalten Rüstung, und er kämpfte mit dem Speer Aeglos. – Im → Film von Peter → Jackson wird Gil-galad von Mark → Ferguson dargestellt.

Gil-galad hieß ...
Anfang des Elben-Liedes »Gilgalads Ende«, wie es → Bilbo Beutlin nachdichtete und → Sam Gamdschie zitierte

Gil-galads Ende
Ein Elben-Lied, das → Bilbo Beutlin nachdichtete und → Sam Gamdschie zitierte

Gilim
Ein → Riese in der Sagenwelt der → Elben, vielleicht steht er für den langen Winter (HIS 2).

Gilmith
Schwester von → Galador, dem ersten Fürsten von → Dol Amroth

Gilraen
»Wandernder Stern«: Tochter von → Dírhael und → Ivorwen (2907–3007). Genannt die Schöne, Gattin von → Arathorn II. (Heirat 2929; sie war 22, er 56), Mutter von Aragorn II. (geboren 2931). Ihr Vater war gegen die Ehe, doch ihre Mutter sah voraus, dass

daraus Gutes erwachsen würde, Hoffnung für ihr Volk (Hoffnung = Estel, Beiname von Aragorn). Arathorn und Gilraen waren erst ein Jahr verheiratet, als Arathorns Vater → Arador in den Kaltfelsen bei → Imladris von → Bergtrollen erschlagen wurde. Ein Jahr darauf wurde → Aragorn (II.) geboren; dieser war erst zwei Jahre alt, als Arathorn, der mit den Söhnen von → Elrond gegen Orks ausgeritten war, durch einen Orkpfeil getötet wurde. Gilraen zog mit Aragorn nach Imladris, wo Aragorn erzogen wurde, 2854 ging sie in ihre Heimat zurück. Nur selten sah sie ihren Sohn wieder, beim letzten Mal veranschiedete sie sich von ihm mit den Worten: »Onen i-Estel Edain, ú-chebin estel anim« – »Ich gab dem Dúnedain Hoffnung, ich behielt keine Hoffnung für mich.«

Gilrain
Fluss in Gondor, floss von den → Ered Nimrais bis zum Meer, wo er westlich des → Ethir Anduin nahe → Belfalas in den → Serni mündete

Gilson, Robert Quilter
Schulfreund von Tolkien, zwei Jahre jünger als Tolkien, Sohn des Schuldirektors, Mitglied des T.C.B.S., gefallen am 1. Juli 1916 bei La Boisselle

Gilthoniel (Sindarin)
»Die Entzünderin, die Entfacherin«: ein Name für → Varda als Schöpferin der Sterne. Steht immer nur als Beiname, nie allein.

Gim-Githil
Name für → Inwe in der Sprache der → Gnome

Gimilkhâd
→ Dúnedain von → Númenor (3044–3243

ZZ), jüngerer Sohn von → Ar-Gimilzôr und dessen Gattin Inzilbêth, wie sein Vater ein Gegner der → Elben. Dieser konnte ihn zwar nicht zum König machen, doch nach der Thronbesteigung seines Bruders → Tar-Palantir 3177 bekämpfte er dessen Politik auf allen Ebenen. Er starb mit 198 Jahren, jung für einen seines Geschlechts. Sein Sohn → Ar-Pharazôn vollendete seine elbenfeindlichen Bestrebungen auf tragische Weise.

Gimilzagar

→ Dúnedain von → Númenor, geboren 2630 ZZ., der zweite Sohn von → Tar-Calmacil

Gimilzôr, Ar-

→ Ar-Gimilzôr

Gimli

→ Zwerg aus dem Hause von → Durin, Sohn von → Glóin; einer der neun Gefährten aus der → Gemeinschaft des Rings. Kam mit seinem Vater als Abgesandter von → Dáin Eisenfuß nach → Imladris, wurde als Repräsentant der Zwerge für die Fahrt zur Vernichtung des → Herrscherrings ausgewählt. Zunächst zwergentypisch skeptisch bis feindlich gegen → Elben eingestellt, nach der Begegnung mit → Galadriel änderte sich dies, und er wurde ein guter Freund von → Legolas. Nach dem Ringkrieg ließ er sich mit anderen Zwergen in → Aglarond nieder und wurde der »Herr der glitzernden Grotten«. 120 VZ fuhr er mit seinem Freund Legolas in den fernen Westen, nach → Aman, als einziger Zwerg, dem dies je gewährt wurde. – Im → Film von Peter → Jackson wird Gimli von John → Rhys-Davies dargestellt.

Gimli (Gnom)

»Gehör« in der Sprache der → Gnome; in den frühen Geschichten von Tolkien ein Gnom, der im Schloss von → Tevildo gefangen war, das Wesen mit dem schärfsten Gehör der Welt

Ginglith

Kleiner Fluss in West-→ Beleriand, der oberhalb von → Nargothrond in den → Narog floss; er bildete die westliche Grenze von → Tumhalad

Ginnungagap

»gähnende Leere: In der → Mythologie der → Germanen die ursprüngliche leere Welt, ähnlich der Äußeren Leere oder später der → Äußeren Dunkelheit bei Tolkien. In ihr schuf → Allvater die Reiche des Feuers und der Kälte, und dort, wo das Eis zu schmelzen begann, entstanden aus den Tropfen der Reifriese Ymir und die Ur-Kuh Audhumla.

Girabbit

→ Giraffinchen

Giraffinchen

Das blinde Haustier von → Herrn Glück, das bei ihm im Garten in einer tiefen Höhle in der Erde lebt; eine Mischung aus Giraffe (deshalb der lange Hals) und Kaninchen (deshalb der Bau). Als Herr Glück es einmal zu füttern vergisst, knabbert es sich von unten nach oben durch sämtliche Zimmerdecken bis zum Schornstein hinaus und verzehrt die Teppiche (Englisch: *Girabbit*). Vielleicht hat Tolkien das Giraffinchen in Erinnerung an die Giraffen-Klaviere erfunden, die die Familienfirma → Tolkien im 18. Jahrhundert hergestellt hatte.

Girion

Der letzte König von → Thal, bevor der → Drache → Smaug die Stadt 2770 DZ zerstörte und ihn dabei tötete. Seine Frau und seine Kinder konnten nach → Esgaroth flie-

hen. Der Drachentöter → Bard war sein
Nachkomme und Erbe.

Girith (Sindarin)
»Schrecken, Schauder, Horror«

Girithron (Sindarin)
Name des zwölften Monats im → Kalender
der → Númenórer, nur von den → Dúnedain verwendet, entspricht grob unserem
Dezember, Quenya: Ringare

Gischtreiter
In der frühen Mythologie von Tolkien die
→ Meerelben, die »Elben des Meeres-
saums«

Glad (Sindarin)
»Holz«

Gladden Fields
die → Schwertelfelder

gladha (Sindarin)
»lachen«

Glæmscrafu
»Glitzernde Grotte«: → Aglarond in der
Sprache der → Rohrirrim

Glaer (Sindarin)
Langes Lied, Epos

Glaew (Sindarin)
»Salbe«

Glám
Erbitterter »Hass, Abscheu« in der Sprache
der → Gnome

Glam (Sindarin)
»Sprache, Krawall, Krach, Lärm, Getöse«,
davon abgeleitet auch benutzt für → Orks
oder allgemein unzivilisierte Feinde

Glamdring (Sindarin)
»Feindhammer«: das Schwert von → Gandalf, das er auf der Reise zum → Erebor mit
→ Bilbo und den → Zwergen um → Thorin Eichenschild in einer → Trollhöhle fand,
in der auch → Orkrist und → Stich lagen.
Gandalf entnahm den Runen auf der Klinge,
das Schwert habe einst einem König von
→ Gondolin gehört, da es nur einen solchen
König gab, muss es das Schwert von → Turgon gewesen sein. Auf jeden Fall leuchtete
es blau, wenn → Orks in der Nähe waren.

Glamhoth (Sindarin)
»Lärmende Horde«: die → Orks. Nach dem
Lexikon der → Gnomensprache bedeutet
das Wort »Volk des furchtbaren Hasses«.

glamog
»abscheulich« in der Sprache der → Gnome

Glamog (Sindarin)
»Ork«

Glamor (Sindarin)
»Echo«

Glamri
»erbitterte Fehde« in der Sprache der
→ Gnome

Glan (Sindarin)
»Rand, Grenze«

glân (Sindarin)
»weiß«

Glanduin (Sindarin)
»Grenz-Fluss«: Fluss, der aus dem → Ne-
belgebirge nach Westen floss, bis er bei
→ Tharbad in den → Mitheithel mündete;
kurz vorher durchquerte er die → Nin-in-
Eilph. Der Glanduin bildete im → Zweiten
Zeitalter die Südgrenze von → Eregion und

im Dritten Zeitalter einen Teil der Südgrenze von → Arnor

Glanhir
»Grenz-Fluss«: der → Mering

Glaskäfer
Nicht näher beschriebene Insekten mit Zan-
gen, die in der Geschichte → »Roverandom« auf dem → Mond leben

Glass (Sindarin)
»Freude«

Glaur (Sindarin)
»Goldenes Licht«, speziell das von → Laurelin

Glaurung (Sindarin)
»Der Goldene«: Der erste der von → Morgoth geschaffenen → Drachen, genannt
auch der Vater der Drachen, der erste der
→ Urulóki, erschien zum ersten Mal 260
EZ in der Ebene von → Ard-galen, noch
jung und nicht ganz gepanzert und wohl
gegen den Willen von Morgoth. Er wurde
von → Fingon und seinen Bogenschützen
vertrieben. Bei der Dagor Bragollach 455
EZ war er ausgewachsen und trug mit seinem Feuer und dem Gift, das er um sich
verbreitete, entscheidend zur Niederlage
der Elben bei, 18 Jahre später (473), bei der
→ Nírnaeth Arnoediad, führte er eine ganze
Schar seiner Nachkommen an. Obwohl er
nicht fliegen konnte, verbreitete Glaurung
Schrecken im ganzen Land. Er war hoch-
intelligent und besaß eine eigene starke
Magie; so konnte er → Túrin ebenso behe-
xen und ihm Lügen als Wahrheit suggerie-
ren wie → Niënor das Gedächtnis rauben.
Nachdem er 496 → Nargothrond zerstört
hatte, verhielt er sich, wie das unter Drachen üblich ist: Er scharrte alle Schätze
zusammen und legte sich auf diesen Hort.

501 tötet Túrin ihn an der → Cabed-en-
Aras.

Glaurungs Verderber
»Dagnir Glaurunga«: Teil der Inschrift auf
dem Grabstein von → Túrin

glavra (Sindarin)
»plappern, schwätzen«

Glavrol (Sindarin)
»Geschwätz«

Glaw (Sindarin)
»Strahlung«

Glawar (Sindarin)
»Sonnenlicht, Sonnenstrahlung«, auch die
Strahlung von → Laurelin

Glend
In der frühen → Mythologie von Tolkien
das Schwert des → Riesen Nan

Gléowine
Barde von König → Théoden von → Rohan, schrieb für die Beerdigung des Königs
das Lied »Zweifelnd und zagend«; danach
komponierte er nie wieder.

Glî (Sindarin)
»Honig«

Glîn (Sindarin)
»Schimmer, Glanz, Leuchten«, besonders
das Strahlen der Augen, z. B. in → Maeglin

gling (Sindarin)
»hängen, herabhängen«

Glingal
»Hängende Flamme« oder auch »Glühen-
des Licht«: der spätere Name des künstlichen goldenen Baumes, den → Turgon in

→ Gondolin nach dem Vorbild des jüngeren der → Zwei Bäume von Valinor, Laurelin, erschaffen ließ

Glingol

»Singendes Gold«: Name in der Sprache der → Gnome für den jüngeren der → Zwei Bäume von Valinor, Laurelin; so wurde ursprünglich auch der künstliche goldene Baum genannt, den → Turgon in → Gondolin nach dem Vorbild von Laurelin erschaffen ließ (später → Glingal)

Glinnel (Sindarin)

»Elbe« speziell für die → Teleri

Glîr (Sindarin)

»Lied, Gedicht, Epos«

Glirhuin

Sänger und Seher aus → Brethil im 6. Jahrhundert EZ, schuf ein Lied über → Túrin, → Niënor und → Morwen und sagte voraus, dass → Tol Morwen nie untergehen werde.

gliri (Sindarin)

»singen, rezitieren, vortragen«

Glithui

Fluss, der von den → Ered Wethrin herabfloss und in den → Teiglin mündete

Glitzernde Grotten

→ Aglarond

Glóin

→ Zwerg aus dem Haus von → Durin (2783 DZ – 15 VZ), Sohn von → Gróin und jüngerer Bruder von → Óin, Vetter von → Balin und → Dwalin. Einer der zwölf Zwerge, die mit → Thorin Eichenschild und → Bilbo zum → Erebor reisten, wo er sich anschließend niederließ und sehr reich wurde.

Vater von → Gimli, 3018 als Abgesandter von König → Dain II. Mitglied im Rat von → Elrond.

Glóin, König

König der → Zwerge in den → Ered Mithrin, geboren 2136 DZ, herrschte 2283 bis zu seinem Tod 2385, Vater von König Óin

Glór

»Gold« in der Sprache der → Gnome

Glóredhel

»Goldene Elbin«: Tochter von → Hador Goldscheitel, Schwester von → Galdor, heiratete → Haldir von Brethil, Mutter von → Handir (wurde so genannt, obwohl sie keine Elbin war!)

Glorfalc

»Goldene Spalte«: eine große Schlucht, die aus → Hisilóme herausführte, früher Name für die → Cirith Ninniach

Glorfindel (I)

»Goldhaar, Goldsträhne, der Goldhaarige«: → Elbe aus → Gondolin, einer der Hauptleute von → Turgon, Herr des Hauses von der Goldenen Blume. Starb 511 EZ, als er auf der Flucht aus dem zerstörten Gondolin mit einem → Balrog kämpfte; sie stürzten gemeinsam vom → Cirith Thoronath. Da er blond war, stammte er wahrscheinlich von → Finarfin ab.

Glorfindel (II)

»Goldhaar, Goldsträhne, der Goldhaarige«: → Elbe aus Imladris, wahrscheinlich der zweitmächtigste Elbe dort nach → Elrond. Da er blond war, stammte er möglicherweise von → Finarfin ab, ob er mit Glorfindel (I) aus Gondolin verwandt war, ist unklar. Er führte die Streitkräfte der Elben an, als 1975 DZ der → Hexenkönig von

Angmar geschlagen wurde, und prophezeite diesem, er werde von keinem Mann erschlagen. 3018 rettete er → Frodo und dessen Gefährten an der → Bruinenfurt vor den → Nazgûl. Er ritt ein großes weißes Pferd namens Asfaloth. Im → Film von Peter → Jackson wird Glorfindels Rolle zum großen Teil von → Arwen übernommen.

glórin, glóriol
»golden« in der Sprache der → Gnome

Glornan
Ein Name für → Lórien

Glórund
Früher Name für → Glaurung, benutzt in den frühen Geschichten um → Túrin Turambar

Glórund bricht auf, um Túrin zu suchen
Sauber ausgeführte, aber perspektivisch ungeschickte Zeichnung von Tolkien vom September 1927 (Bleistift, Wasserfarbe, schwarze Tusche) zur Geschichte von → Túrin Turambar. Glórund, der Vorläufer von → Glaurung, erinnert ein wenig an einen flügellosen chinesischen goldenen → Drachen mit einer afrikanischen Zeremonienmaske vor dem Gesicht. Seine Höhle in den Bergen im Hintergrund, kauert er, den Fluss im Vordergrund gerade überquerend, sprungbereit wie ein wütender Kampfhund.

Glorvent
»Schiff aus Gold«: ein Name der Sonne in der Sprache der → Gnome

gloss (Sindarin)
»blendendweiß, schneeweiß«

Glücksbringer
So nennt sich → Bilbo Beutlin im Gespräch mit dem → Drachen → Smaug, um seinen Namen nicht preiszugeben.

Glûdh (Sindarin)
»Seife«

Glühwürmchen
Nicht näher beschriebene Insekten, die in der Geschichte → »Roverandom« auf der dunklen Seite des → Mondes leben

Gnom, Gnome
In der frühen → Mythologie von Tolkien, vor allem im → »Buch der Verschollenen Geschichten« wird die Bezeichnung »Gnome« gebraucht für eine bestimmte Sorte der Elben, jene, die in den Verschollenen Geschichten später Noldoli und in den anderen Werken → Noldor genannt werden. Tolkien begründete dies damit, dass der Begriff Gnom, wie → Paracelsus ihn eingeführt habe, auf Wissen hindeute, so wie »Noldor« übersetzt »jene, die wissen«, bedeute. Später ersetzte er die Gnome überall durch Noldoli und noch später durch Noldor, wohl um keine Assoziationen mit den Gnomen der Volkssage aufkommen zu lassen, die durch Paracelsus geprägt sind, kleine, eher unsympathische Wesen; Paracelsus gebrauchte den Begriff auch als Synonym für Pygmäen. Nach seiner Vorstellung waren die Gnome Erdgeister oder → Elementargeister der Erde. Er wollte mit dem Namen, einer Abwandlung des griechischen Wortes *gnosis*, Erkenntnis, andeuten, dass diese Berg- und Erdgeister über große Kenntnisse der Edelmetalle und der Schätze der Erde verfügten. – In manchen älteren englischen Ausgaben von → »The Hobbit« wird das Wort Gnome noch für die Elben gebraucht. Wenn in diesem Lexikon von der → »Sprache der Gnomen« die Rede ist, wird Bezug genommen auf das Lexikon der Gnomensprache, das Tolkien bereits

ziemlich früh anfertigte. Häufig entsprechen die gnomischen Begriffe dem späteren → Sindarin, doch gibt es auch deutliche Abweichungen.

Gnomisch
die → Sprache der → Gnome

Gobennas (Sindarin)
»Geschichte, Historie«

Goblin Feet
Nach dem Weihnachtstreffen 1914 der → T.C.B.S. schrieb Tolkien viele Gedichte, darunter »Goblin Feet«. Hier tauchen bei ihm zum ersten Mal → Kobolde auf. Das Gedicht wurde 1915 veröffentlicht in »Oxford Poetry«, herausgegeben von G. D. H. Cole und T. W. Earp (Oxford, B. H. Blackwell, 1915, S. 64–65), und mehrfach nachgedruckt, u. a. in »Oxford Poetry, 1914–1916« (Oxford, B. H. Blackwell, 1917, S. 120–121), in »The Book of Fairy Poetry«, herausgegeben von Dora Owen (London, Longmans, Green & Co., S. 177–178) und in »Fifty New Poems for Children« (Oxford, Basil Blackwell, 1922, S. 26–27).

Goblins
→ Kobolde, → Orcs

Goe (Sindarin)
»Schrecken, Grauen, Terror«

goeol (Sindarin)
»schrecklich, grauenvoll«

Golasgil (Sindarin)
»Blätterstern«: Fürst von Anfalas

Goldbeere
Eine wunderschöne → Nixe oder Quellnymphe, die Frau von → Tom Bombadil, blond und meist in silbergrün gekleidet. Ihre Hochzeit wird im Gedicht → »Die Abenteuer des Tom Bombadil« beschrieben.

Goldbett
Name für den Fluss → Ascar, nachdem → Beren die Schätze von → Doriath hineingeworfen hatte

Goldene Halle
→ Meduseld

Goldene Spalte
→ Glorfalc

Goldener Barsch
Gasthaus in → Stock im → Ostviertel des → Auenlandes, in dem es laut → Sam Gamdschie das beste Bier im Auenland geben soll

Goldener Baum von Valinor
Der jüngere der → Zwei Bäume von Valinor: Laurelin

Goldener Wald
Name für → Lothlórien bei den → Rohirrim

Goldener Wurm
→ Glaurung

Goldenes Lied
Der jüngere der → Zwei Bäume von Valinor: Laurelin

Goldkopf
Beiname von → Hador

Goldodh (Sindarin)
Ein Noldor-Elbe, Mehrzahl Goldodhrim

Goldogrin
Die → Sprache der → Gnome, auch Name

eines Lexikon der Sprache der → Gnome, das Tolkien 1917 beginnt, in dem Jahr, in der er → »*The Fall of Gondolin*« schrieb.

Goldolambe, Goldórin
Bezeichnungen für → Quenya in der Sprache der → Teleri

Goldothrim (Sindarin)
»Volk der Golodh«: die → Noldor-Elben, ursprünglich eigentlich die → Gnomen

Goldriel
Früherer Name von Golthadriel

Goldscheitel
Beiname von → Hador

Goldsträhne
Beiname von → Glorfindel (I)

Goldstreuer
Beiname von Saradoc → Brandybock

Goldvater
Beiname von Rorimac → Brandybock

Goldwert, Hanna
Geburtsname einer → Hobbitfrau, verheiratet mit Madoc → Brandybock

Goldwine
Sechster König von → Rohan (2619–2699 DZ, herrschte ab 2680)

Golf von Lhûn
→ Lhûn

Golfimbul
Ein Ork, von den → Hobbits »König der Orks« genannt, stammte aus den → Nebelbergen. 2747 DZ griff er mit einer Bande Orks das → Auenland an und wurde von Bandobras → Tuk und seinen Leuten bei Grünfeld im Nordviertel besiegt. Bandobras schlug dabei dem Orkhäuptling mit einer Keule den Kopf vom Rumpf; so entstand laut Tolkien das Golfspiel, dessen Name sich von dem Orknamen Golfimbul ableitet.

Golfinweg
Name von → Finwe bei den → Gnomen

Golfspiel
Eine Erfindung der → Hobbits: → Golfimbul

goll (Sindarin)
»weise«

Gollor (Sindarin)
»Zauberer«

Gollum
Eine der wenigen Figuren, die sowohl in → »The Hobbit« wie auch in → »The Lord of the Rings« eine zentrale Rolle spielen, ist das kleine, schmierige, gierige Wesen, dessen Ring → Bilbo 2941 DZ in den Höhlen unter den Nebelbergen im »Hobbit« findet, ein Höhlenbewohner mit schimmernden Stielaugen und großen nackten Füßen, vermutlich mit Schwimmhäuten zwischen den Zehen, ein Fischfänger, der auch nicht vor dem Fleisch anderer Zweibeiner zurückschreckt (→ Anthopophage). Erst im »Herrn der Ringe« stellt sich heraus, dass dies der → Herrscherring ist. Gollum (2430–3019) war wohl schon zu der Zeit, als er noch der → Hobbit Sméagol war, ziemlich skrupellos und nicht sehr beliebt; darauf deutet sein Name in der Sprache der → Starren hin, zu denen er gehörte: »Trahald«, das heißt »Schleicher, Kriecher, Gräber« (in → Westron Sméagol). Im Jahr 2463 fischte er mit seinem Vetter → Déagol im → Anduin nahe den → Schwertelfeldern,

dabei fand Déagol den Einen Ring. Sméagol beanspruchte ihn als → Geburtstagsgeschenk – er wurde an diesem Tag mit 33 Jahren volljährig, genau wie → Frodo, als er den Ring erhielt –, hatte aber schon ein Geschenk von Déagol bekommen. Im Streit um den Ring erschlug er seinen Verwandten. Unter dem Einfluss des Ringes veränderte er sich immer mehr zum Negativen, bis ihn sein Stamm ausstieß; da nannte man ihn schon Gollum, nach dem Schmatzlaut, den er oft von sich gab. Die nächsten Jahrhunderte verbrachte er, vor dem Altern durch den Ring geschützt, unter den → Nebelbergen. Dabei litt sein Sprachschatz merklich, und wenn er von seinem »Schatz« sprach, meinte er ebenso den Ring wie sich selbst. Nachdem Bilbo ihm den Ring abgenommen hatte, machte er sich auf die Suche nach beiden, die ihn bis an die Grenzen von → Mordor führte. Etwa zehn Jahre vor dem Ringkrieg, um 3010, wurde er von den Schergen von → Sauron erwischt und verriet diesem alles, was er über den Ring wusste. So hatte Sauron Kenntnis von dessen Wiederauftauchen und auch von der Existenz des → Auenlandes, wusste aber nicht, wo dieses lag. 3017 ließ Sauron Gollum frei, der kurz darauf von → Aragorn gefangen und an → Gandalf übergeben wurde. Dieser ließ ihn von den → Waldelben im → Düsterwald gefangen halten, doch konnte Gollum 3018 fliehen und traf in → Moria zufällig auf die → Gemeinschaft des Rings. Er verfolgte Frodo und → Sam bis zu den → Emyn Muil, wurde dort von ihnen gefangen genommen und schwor, Frodo zu dienen und zu verhindern, dass Sauron den Ring bekomme. Er führte die Hobbits nach → Cirith Ungol, als Beute für → Kankra. Trotz dieses Verrats ließ Frodo ihn leben, und diese Großzügigkeit wendete alles zum Guten: Gollum, der erste → Ringträger, der kein Elbe war, wurde auch der letzte Ringträger, denn unter dem → Orodruin biss er Frodo den Finger mitsamt dem Ring ab und stürzte mit ihm in die Flammen. – Gollum ist eher bemitleidenswert als böse, denn auch wenn er durch einen Mord an den Ring kam, ist doch dieser Ring zum großen Teil an seinem Schicksal und seiner Entwicklung schuld. Gier und Hunger, dies sind die treibenden Motive, auf die seine armselige Existenz reduziert ist, und für den Mord an Déagol hat er in den Jahrhunderten unter den Bergen wahrlich genug gebüßt. Dass er am Ende, wenn auch unabsichtlich, zum Retter der »Guten« wird, dass der Großmut seiner Gegner, die ihn immer wieder am Leben ließen – Bilbo, Gandalf, Aragorn, Frodo – (die eben nicht selber zu Mördern werden wollten) sich auf diese Art auszahlt: Dies zeigt, dass die so gerne geäußerte Behauptung, Tolkiens Werke sei Schwarz-Weiß-Malerei, beschreibe nur platt den Kampf Gut gegen Böse (→ Moral), so nicht stimmt. – Im → Film von Peter → Jackson wird Gollum als animierte Figur dargestellt.

Golodh (Sindarin)
»Noldor-Elbe« (ursprünglich eigentlich → Gnom), Mehrzahl Gelydh

Golodhrim (Sindarin)
»Volk der Golodh«: die → Noldor-Elben, ursprünglich eigentlich die → Gnomen

Golosbrindi
»Königin des Waldes«: ein früherer Name von → Hírilorn in der Sprache der → Gnome

Goloth
»Wald, Forst« in der Sprache der → Gnome

Golthadriel
Name von → Salmar in der Sprache der → Gnome

Golug
die → Noldor in der Sprache der → Orks

golwen (Sindarin)
»weise, kenntnisreich«

Gon Indor
»Abkömmling von Indor«: Name für →
Earendel als Urenkel von → Indor

gonathra (Sindarin)
»umgarnen, verwirren«

Gonathras (Sindarin)
»Verwicklung, Verwirrung, Verlegenheit«

Gond (Sindarin)
»Fels, (großer) Stein«, z. B. in → Gondolin, → Gondor, → Argonath

Gondobar (Sindarin)
»Stadt aus Stein«: einer der sieben Namen von → Gondolin

Gondolin & Das Tal von Tumladen
Bleistiftzeichnung von Tolkien vom September 1958

Gondolin (Sindarin)
»Singender Stein« (der Quenya-Name war → Ondolinde), später auch als »Verborgener Felsen« verstanden (aus »Gonddolen«): die verborgene Stadt in den → Echoriath, den Umzingelnden Bergen, die König → Turgon erbaute, auch das Verborgene Königreich oder das Verborgene Reich genannt. Turgon, der zweite Sohn von → Fingolfin, lebte mit seinem Volk zunächst im → Nevrast. → Ulmo empfahl ihm, sich einen geheimen Platz zu suchen, und zeigte ihm das Tal von → Tumladen. Hier, auf dem → Amon Gwareth, ließ Turgon seine neue Stadt erbauen und verschwand im Jahre 104 EZ mit einem Drittel der → Noldor spurlos. Über 350 Jahre blieb Gondolin geheim, nicht zuletzt dank der → Adler, die in den → Crissaegrim hausten. Erst in der Nírnaeth Arnoediad 473 gab Turgon seine Heimlichkeit auf und griff mit zehntausend Kämpfern ein. Gondolin galt als die schönste aller Elbenstädte außerhalb von → Aman und soll sieben Namen gehabt haben. Sie war ganz nach dem Muster von → Tirion erbaut, vor dem Palast des Königs standen → Belthil und → Glingal, Abbilder der → Zwei Bäume von Valinor. Seine Bewohner wurden Gondolindrim genannt und auch das Verborgene Volk. Nur ein einziger unterirdischer, geheimer Weg führte in die Stadt, durch ein bestens getarntes und streng bewachtes Tor. Hinter diesem Tunnel lag die tiefe Schlucht Orfalch Echor, die mit sieben Toren gesichert war, von denen jedes schöner und edler war als das vorherige, das letzte war das Große Tor, dessen Hüter → Ecthelion war. Nur vier Fremden wurde vor → Tuor der Zutritt gestattet: → Eól, → Maeglin, → Húrin und → Huor. Maeglin verriet, nachdem er → Morgoth in die Hände gefallen war, die Lage von und die Wege nach Gondolin. 511 EZ wurde Gondolin von einem Heer aus → Balrogs, → Drachen und → Orks erobert und zerstört. Turgon starb in den Trümmern seines Palastes, Ecthelion im Kampf mit → Gothmog, dem Fürsten der Balrog, den er dabei erschlug, → Glorfindel (I) stürzte im Kampf mit einem Balrog vom → Cirith Thoronath. Tuor konnte mit einigen Flüchtlingen, darunter sein Sohn → Earendil, entkommen und sich zu den → Sirion-Mündungen durchschlagen. – Der Fall von Gondolin, »The Fall of Gondolin«, ist die erste Geschichte des → »Buches der Verschollenen Geschichten«, die Tolkien 1917 während eines Genesungsurlaubs niederschrieb; es folgte im Sommer die → Geschichte der Kinder Húrins.

Gondolindrim

»Volk von Gondolin«: Die Bewohnerinnen und Bewohner von → Gondolin, auch das Verborgene Volk genannt.

Gondor (Sindain)

»Land aus Stein«: das Südreich der Númenórer in → Mittelerde, gegründet 3320 ZZ von → Elendil, → Isildur und → Anárion, nachdem sie dem Untergang von → Númenor entkommen waren, später von Anárions Erben regiert. Das Zeichen Gondors war der → Weiße Baum und sieben Sterne auf einem schwarzen Feld. Zu den Zeiten seiner größten Macht hatte Gondor eine Ausdehnung von etwa 1.200.000 Quadratkilometern und war damit etwa doppelt so groß wie → Arnor, das entspricht der Größe von Angola oder vier Mal der von Deutschland. Die Kerngebiete des Reiches waren → Ithilien, → Anórien und das Land südlich der → Ered Nimrais, die größten Städte waren → Osgiliath, der Hafen → Pelargir, → Minas Ithil, das spätere → Minas Morgul, und → Minas Anor, das als Minas → Tirith zur Zeit des Ringkrieges die Hauptstadt war. Gondor konnte sich erheblich länger als starkes Reich halten als Arnor und erreichte den Höhepunkt seiner Macht im 11. Jahrhundert DZ unter → Hyarmendacil I. – Die ersten Könige konnten kontinuierlich den Machtbereich ausdehnen. Unter → Ostoher, dem siebenten König, wurde Gondor erstmals aus dem Osten angegriffen. Für die nächsten Jahrhunderte gab es stets Krieg. Mit den Schiffskönigen ab Falastur im 9./10. Jahrhundert konnte Gondor seine Herrschaft auf die Küsten westlich und südlich der Mündungen des → Anduin ausdehnen. Eamil I. setzte den Hafen → Pelargir wieder instand und eroberte → Umbar. Er kam aber wie sein Sohn Ciryandil im Krieg um, ohne dass das Hinterland von Umbar und → Harad erobert

worden wäre. Erst Ciryaher konnte 1050 die → Haradrim entscheidend schlagen und nannte sich deshalb Hyarmendacil I., »Südsieger«. Er herrschte noch fast 100 Jahre, und Gondor war zu dieser Zeit auf dem Höhepunkt seiner Macht, Harad war tributpflichtig, und → Mordor war noch verlassen; wurde aber bewacht. Die folgenden Könige lebten in großer Pracht, ließen aber das Regieren schleifen und wurden unachtsam. Erst Minalcar, den sein Onkel 1240 zum Verweser des Reiches einsetzte und ebenso später sein Vater, griff wieder durch und schlug 1248 ein großes Heer der Ostlinge; danach nannte er sich Rómendacil, Ostsieger. Er baute die Säulen von → Argonath und nahm viele der → Nordmenschen an seinem Hof und im Heer auf. Diese Freundschaft sollte unglückliche Früchte tragen, da sein Sohn Valacar eine Prinzessin der Nordmenschen heiratete und dessen Sohn deshalb später, im 15. Jahrhundert, im → Sippenstreit einen Bürgerkrieg ausfechten musste. Von da an ging es mit Gondor abwärts. Mit Umbar hatten sie sich einen gefährlichen Gegener herangezüchtet, und durch die große → Pest von 1636 wurde das Recih entscheidend geschwächt. Die Bewachung von Mordor wurde aufgegeben, gerade als → Sauron und seine Schergen sich wieder zu rühren begannen, und die Hauptstadtr wurde nach Minas Anor verlegt. Nach einer kurzen Erholungsphase unter → Telumehtar Umbardacil brachten die Eroberungszüge der → Wagenfahrer neues Unheil über Gondor; fast 100 Jahre dauerten die Kriege, bis die Wagenfahrer 1944 von → Earnil II. in der → Schlacht des Lagers vernichtend geschlagen werden konnten, der daraufhin König wurde. Sein Sohn → Earnur war maßgeblich beteiligt an dem Sieg über den → Hexenmeister von Angmar 1975, doch 2002 ging → Minas Ithil an die Nazgûl verloren und wurde zu

→ Minas Morgul. 2050 ließ sich Earnur zu einem Kampf mit dem Hexenmeister nach Minas Morgul locken und blieb verschollen; ab diesem Zeitpunkt wurde das Reich von den Herrschenden → Truchsessen regiert, deren Amt schon vorher erblich geworden war. In den folgenden Jahrhunderten verlor Gondor zunehmend an Boden; 2510 konnte der zwölfte Truchsess → Cirion die → Balchoth nur vertreiben, weil ihm → Eorl zu Hilfe kam; dafür trat er an dessen Volk → Calenardhon ab, aus dem später → Rohan wurde. Nur die Festung → Isengard blieb unter der Hoheit von Gondor und wurde 2759 als Lehen an → Saruman gegeben. Unter → Denethor II. war Gondor so schwach geworden, dass es → Sauron sicher bald unterlegen wäre. Für die Entscheidungsschlacht konnten nicht mal dreitausend Mann an Hilfstruppen aufgestellt werden. Durch die Hilfe von → Gandalf, → Aragorn und der → Rohirrim wurde die Niederlage zumindest solange hinausgeschoben, dass der → Herrscherring und Sauron vernichtet werden konnten. Als Bestandteil des → Vereinten Königreiches unter Aragorn II. blühte Gondor wieder auf. – Insgesamt gab es 33 Könige in Gondor, wenn man Isildur nicht mitrechnet, der gemeinsam mit Anárion und Elendil herrschte, bis die → Truchsesse die Herrschaft übernahmen:

→ Elendil († 3440 ZZ)
→ Anárion († 3440 ZZ)
→ Meneldil († 158 DZ)
→ Cemendur († 238)
→ Earendil († 324)
→ Anardil († 411)
→ Ostoher († 492)
→ Rómendacil I. (Tarostar) († 541)
→ Turambar († 667)
→ Atanatar I. († 748)

Schatten über Gondor

Ulrike Schneidewind

→ Siriondil († 830)
→ Tarannon Falastur († 913)
→ Earnil I. († 936)
→ Ciryandil († 1015)
→ Hyarmendacil I. (Ciryaher) († 1149)
→ Atanatar II. Alcarin »der Prächtige«
   († 1226)
→ Narmacil I. († 1294)
→ Calmacil († 1304)
→ Minalcar, Verweser 1240–1304, als
   Rómendacil II. gekrönt 1304 († 1366)
→ Valacar († 1432)
→ Eldacar, König bis 1437,
   dann von 1447–1490 († 1490)
→ Castamir der Thronräuber († 1447)
→ Aldamir († 1540)
→ Hyarmendacil II. (Vinyarion) († 1621)
→ Minardil († 1634)
→ Telemnar († 1636)
→ Tarondor († 1798)
→ Telumehtar Umbardacil († 1850)
→ Narmacil II. († 1856)
→ Calimehtar († 1936)
→ Ondoher(† 1944)
→ Earnil II. († 2043)
→ Earnur(† 2050)

Gondor! Gondor!
Beginn eines Lobliedes auf → Gondor, das
→ Aragorn zitiert

Gondothlim
»Bewohner der Steine«: das Volk von
→ Gondolin

Gondothlimbar (Sindarin)
»Stadt der Bewohner der Steine«: einer der
sieben Namen von → Gondolin

gondrafn, gondram (Sindarin)
»behauener Stein«

Gong
»Ork, Kobold« in der Sprache der → Gno-

me, zeitweise aber auch für die → Kaukareldar benutzt

Gong der Kinder
Der Gong, der in → »Mar Vanwa Tyaliéva«,
der Hütte des Vergessenen Spiels, zu
bestimmten Zeiten und Anlässen erklingt,
wird von → Winzigherz gehütet und
bedient.

Gonlath
Ein großer Felsen auf dem → Taniquetil

Gonnhirrim (Sindarin)
»Volk der Meister des Steins«: die Zwerge

gonod (Sindarin)
»zählen«

Gonthobar
»Stadt aus Stein«: einer der sieben Namen
von → Gondolin.

Goodbody
Englischer Familienname der → Hobbitfamilie → Gutleib

Goodchild
Englischer Familienname der → Hobbitfamilie → Gutkind

Gor
»Grauen, Entsetzen«, z.B. in → Gorthaur,
verdoppelt in → Gorgor

Gorbag
Anführer einer → Ork-Streife aus → Minas
Morgul, die auf dem Pass von → Cirith
Ungol den bewusstlosen Frodo fand; seine
Leute trugen als Abzeichen einen Toten-
kopfmond. Gorbag wollte lieber seinen
Spaß mit Frodo haben, als ihn den → Naz-
gûl auszuliefern, er wurde im Streit um Fro-
dos → Mithril-Kettenhemd von → Schagrat

erschlagen. Im → Film von Peter → Jackson wird Gorbag von Ure → Stephen dargestellt.

Gordon, Eric Valentine
Kanadier, Lektor und später Dozent in Leeds ab 1922, gründete mit → Tolkien 1922 den Studentenclub »Wikinger-Club« und gab 1925 gemeinsam mit Tolkien → »Sir Gawain and the Green Knight« heraus, starb 1938 mit 42 Jahren an einer Lebererkrankung.

Gorf (Sindarin)
»Anstoß, Triebkraft, Energie«

Gorfalon, Gorfalong
Alter Name für → Anfauglith, den Platz, an dem die → Nírnaeth Anoediad stattfand

Gorgor (Sindarin)
Maßloser, riesiger »Schrecken, Terror« (verdoppeltes → Gor), z. B. in → Ered Gorgoroth.

Gorgoroth
Die Berge des Grauens, die → Ered Gorgoroth

Gorgumoth
In den Verschollenen Geschichten haben die → Valar sogar noch Haustiere. Der Wächter der → Hallen von Mandos ist Gorgumoth, der Hund von → Mandos.

Gorgûn
»Orks« in der Sprache der → Drúedain

Gorlim (der Unglückliche)
Einer der zwölf letzten Gefährten von → Barahir in → Dorthonion. Seine Frau Eilinel war um 455 EZ gestorben, doch → Sauron betörte 460 EZ Gorlim mit einem Trugbild von ihr und brachte ihn dazu, das Versteck von Barahirs Bande zu verraten. Sauron tötete ihn; in der Nacht vor dem Überfall erschien er → Beren im Traum, um ihn zu warnen, aber da war es zu spät.

Gorog, Goroth, Gorth (Sindarin)
»Schrecken, Grauen«

Gorthad (Sindarin)
»Hügelgrab«

Gorthaur (Sindarin)
»Der Grausame«: Name, den die → Elben von → Beleriand → Sauron gaben

gortheb (Sindarin)
»schrecklich«

Gorthol
»Schreckenshelm«: Name, den sich → Túrin gab als einer der Zwei Kapitäne im Lande → Dor-Cúarthol

Gost (Sindarin)
»Furcht, Angst«

gosta (Sindarin)
»sich fürchten, Angst haben«

Goth (Sindarin)
»Krieg, Streit«

Gothfeng (Sindarin)
»Kriegspfeil«

Gothmog (Balrog)
»Krieg-Hass«: Der oberste der → Balrog im → Ersten Zeitalter, Feldherr von → Morgoth. Erschlug → Feanor und → Fingon und nahm → Húrin gefangen, starb 511 EZ im Kampf mit → Ecthelion, den er dabei tötete. Zeitweise der oberste Führer unter → Melkor in Angband. In der frühen Mythologie Sohn von → Melko und einer → Ogerin.

Gothmog (Minas Morgul)

»Krieg-Hass«: Während des Ringkrieges der Statthalter von → Minas Morgul, wahrscheinlich einer der → Nazgûl. Er übernahm nach dem Ende des → Schwarzen Heermeisters das Kommando über die Heere von → Sauron auf den → Pelennor-Feldern.

gothriol (Sindarin)

»kriegerisch«

Gothweg (Sindarin)

»Krieger«

Gothwen (Sindarin)

»Schlacht«

Gothwilm (Sindarin)

»Waffenstillstand«

Gothwin (Sindarin) ·

»Kriegerin, Amazone«

Gott

→ Ilúvatar

Götter, Gottheiten

In Tolkiens Kosmogonie und → Mythologie gibt es einen obersten → Himmelsgott: → Ilúvatar. Er hat, nach der → Ainulindale, die Welt, → Ea, geschaffen. Er jedoch greift nur selten in die Geschicke der Welt ein, dies erledigen für ihn in den ersten beiden Zeitaltern die → Valar, jene seiner → Ainur, die in die Welt hinabgestiegen sind und hier wie Götter agieren, teilweise auch als solche verehrt und von Tolkien in frühen Schriften auch mehrfach ausdrücklich so genannt werden. Während die → Elben die Valar teilweise selber kennen gelernt hatten und Ilúvatar eher aus der Ferne, theoretisch, verehrten, waren für die Menschen des Zweiten Zeitalters alle Götter gleich ent-

fernt. Sie kannten weder Valar noch Maiar persönlich, zumindest nicht als solche (auch wenn sich → Sauron unter sie mischte), und verehrten in → Númenor als obersten Gott Ilúvatar; dort beteten sie allerdings kurz vor dem Untergang von Númenor Sauron direkt als Gott an. Mit der → Umgestaltung der Welt zogen sich alle »Götter« aus ihr zurück. Aus der Sicht der Kosmologie und Mythologie von Tolkien, für den ja Mittelerde »unsere Welt« war und wir in einer Zeit lange nach jenen Ereignissen leben, könnte man alle modernen Religionen und Mythologien als Wiedererfindung seiner Götterwelt interpretieren – vom Pantheismus, nach dem das Göttliche in allen Dingen der Welt existiert oder mit der Welt identisch ist (→ Unverlöschliche Flamme!) über den Polytheismus mit vielen Gottheiten, etwa bei den → Kelten, → Germanen und → Griechen, bis zum Monotheismus wie beim Judentum, Christentum oder Islam. Parallelen zu allen diesen Konzepten lassen sich finden, vor allem zu den Mythologien der Kelten und Germanen, aber auch zu Islam und Christentum: Man denke nur an die → Engel (→ Ainur) und den → Satan → Melkor, aber auch an die bei den Griechen so beliebten Halbgötter: Lúthien als Tochter von → Thingol und → Melian ist eine Halbgöttin. Und in frühen Entwürfen von Tolkien gibt es auch andere Kinder der Valar, so soll → Ilmare, eine Maia, eine Tochter der Valar → Manwe und → Varda sein, ebenso eine Vala, → Erinti, und → Gothmog, der Herr der Balrogs, ein Sohn von → Melko. – Laut frühen Schriften waren die Valar und Maiar, ähnlich den Göttern der Germanen, sterblich. Sie beraten sogar darüber, Melkor zu töten. In manchen Varianten heißt es, es sei verboten, die »großen Götter« zu töten, mal heißt es, alle niederen Götter dürften getötet werden, aber nur von einem Vala. In einer

Geschichte wird Melko sogar von einem Elben erschlagen (HIS 1,2). Auf jeden Fall waren die Ainur zunächst sterblich gedacht. Dass Maiar auch im späteren Konzept endgültig sterben können, wird bei → Saruman und → Sauron deutlich. – Da Ilúvatar in der → Ainulindale betont, dass alles aus seinem Willen heraus geschehe und die Ainur nur seine Werkzeuge seien (dies gilt auch für Melkor!), entsprechen sie in der späteren Mythologie Tolkiens eher → Engeln als Göttern.

govad (Sindarin)
»begegnen, treffen«

govannen (Sindarin)
»begegnet, getroffen«

Gowest (Sindarin)
»Vertrag, Pakt«

Gräberfeld
Vor → Edoras der Stadt waren die Könige von → Rohan begraben. Das Gräberfeld umfasste am Ende des → Dritten Zeitalters neun Gräber an der Westseite für die Könige der → ersten Linie und acht auf der Ostseite für die der → zweiten Linie (inklusive → Théoden).

Gräbergauch
Ein Unhold, ein → Wiedergänger, der → Tom Bombadil belästigt in dem Gedicht → »Die Abenteuer des Tom Bombadil«. Gauch ist ein Mundart-Ausdruck für »armer Tropf«

Grabgewölbe von Gondor
Die Grabgewölbe der Toten Könige von → Gondor, auch »Häuser der Toten« oder »Weihestätten« genannt; hier verbrannte sich »Denethor II. und versuchte er, auch seinen Sohn »Faramir (II) zu verbrennen.

Grabhügel der Ersten Klage
Cúm a Thegranaithos: der Grabhügel von → Bruithwir

Grabhügel der Habsucht
»Cúm an-Idrisaith«: in einer frühen Geschichte von Tolkien ein Grabhügel, aufgerichtet über zahlreichen erschlagenen Elben und Menschen, die sich um das → Nauglafring stritten

Grabhügel des Elbenmädchens
→ Haudh-en-Elleth

Grabhügel des Ersten Leides
Cúm a Gumlaith: der Grabhügel von → Bruithwir

Grabunholde, Grabwichte
Ein Grabunhold oder Grabwicht (*Barrow-wight*) ist ein echter → Geist, also ein Toter, der nicht von der Welt weicht. Frodo und seine Gefährten werden von Grabunholden gefangen genommen, Geistern aus dem Gefolge des → Hexenkönigs von Angmar, die in den Hügelgräbern auf den → Hügelgräberhöhen lauerten. → Tom Bombadil als »Meister« mit »Macht über Geister« rettet die → Hobbits.

Graf von Würmlingshausen
der → Bauer Giles von Ham

Gral
Was die → Silmaril in der → Mythologie von Tolkien sind, ist der Gral in der Mythologie nicht nur des christlichen Abendlandes. Oft auch »heiliger Gral« genannt, ist er ein uraltes Symbol für das Unerreichbare, das Geheiligte, aber auch für etwas, das sowohl Segen wie Unheil bringen kann, je nachdem, von wem und mit welcher Absicht er berührt wird – so wie der Silmaril → Carcharoth verbrennen, aber → Tol

Galen ergrünen ließ. In der abendländischen Mythologie wird der Gral häufig mit dem Abendmahlskelch gleichgesetzt, dem Gefäß, das Jesus benutzt haben soll beim letzten Abendmahl, häufig auch mit dem Kelch, mit dem Joseph von Arimathia Christi Blut aufgefangen haben soll. Dieser Joseph war nach mittelalterlicher Auffassung der erste Gralshüter. Als Dank für seine Liebe zu Christus und seine tugendhafte Haltung erhielt er den Gral, um ihn nach Frankreich zu bringen. Er selbst erreichte Britannien jedoch nicht, statt dessen übertrug er seinem Schwager Hebron

Galahad, Parzival und Bors verehren den Gral. Buch-Illustration, 14. Jahrhundert

(Bron) kurz vor seinem Tod die Herrschaft über das Gralsvolk. Dieser jedoch sündigte und wurde mit einer unheilbaren Wunde bestraft, die ihn impotent machte. Diese Wunde des Grals- oder Fischerkönigs kann nur ein »reiner Tor« heilen, womit die Gralssuche eingeführt wird. Als Symbol wie als Gefäß mit → magischen Kräften ist der Gral jedoch viel älter. Die Bedeutung des Kessels wird von vielen mit weiblichen Gottheiten, etwa der großen Muttergöttin, in Verbindung gebracht: Er machte es möglich, dass zwei Elemente, Feuer und Wasser, zusammenkamen, ohne dass das Wasser das Feuer löschte; man gab etwas Totes hinein, etwa ein Stück Fleisch, und erhielt ein Nahrungsmittel, etwa einen Braten. Die Verwendung eines Kessels ist ein kultureller Akt, der auf einer ganz profanen Ebene stattfindet. Die Entwicklung von Gefäßen aus Kupfer oder Bronze war ein so großer Fortschritt gegenüber Tontöpfen, dass man mit diesem alltäglichen Gegenstand bald einen ganzen Kult verband. Bei den → Kelten etwa stand der Kessel für das Heim, die Geborgenheit und für eine gesicherte Ernährung, zum Kochen der Speisen wie zum Brauen von Bier, war Sinnbild für Gastfreundschaft, Reichtum und Fülle. Bereits in den frühen Sagen gibt es Kessel wie den des irischen Königs Conchobar, die nie leer wurden. Die Bedeutung des Kessels in der Antike wird durch archäologische Funde wie den Kessel von Gundestrup belegt und durch Grabbeilagen: Man gab den Toten große Kessel mit ins Grab, damit sie an den Feiern im Jenseits gebührend teilnehmen konnten. Man braute in den Kesseln magische Tränke, und nach Lukan wurden in großen Kesseln Menschen geopfert, indem man diese darin ertränkte. In das mittelalterliche christliche Gralsbild flossen dann orientalische Elemente mit ein, und Wolfram von Eschenbach schließlich stellt den Gral als Stein dar. Hier ist die Beziehung zum Schwarzen Stein der Kaaba in Mekka deutlich, und die Darstellung der Silmaril greift auch auf dieses Bild zurück. Meist jedoch wird der Gral als Kelch dargestellt und hat als solcher die positiven Funktionen des Kessels übernommen, die heilende Funktion wie die Füllhornfunktion. Nach mittelalterlicher Auffassung ist er aber auch fähig, zu bestrafen, etwa wenn man sich ihm schuldig und unversöhnt nähert, denn hier stand die Reinheit des Grals im Zentrum – auch hier sind die Silmaril vergleichbar. Wesentliche Mythen und Sagen, aber auch Literatur, Theater und Oper haben sich des Motivs des Grals und vor allem auch der Gralssuche angenommen, hierzu gehören die Sagenkreise um → Artus und Parzival. In der Oper »Lohengrin« (1848) von Richard Wagner (1813–1883) singt der Titelheld: *»In fernem Land, unnahbar euren Schritten, – liegt eine Burg, die Montsalvat genannt; – ein lichter Tempel stehet dort inmitten, – so kostbar, als auf Erden nichts bekannt; – drin ein Gefäß von wundertät'gem Segen – wird dort als höchstes Heiligtum bewacht: – Es ward, daß sein der Menschen reinste pflegen, – herab von einer Engelschar gebracht; – alljährlich naht vom Himmel eine Taube, – um neu zu stärken seine Wunderkraft: – Es heißt der Gral, und selig reinster Glaube – erteilt durch ihn sich seiner Ritterschaft. – Wer nun dem Gral zu dienen ist erkoren, – den rüstet er mit überird'scher Macht; – an dem ist jedes Bösen Trug verloren, – wenn ihn er sieht, weicht dem des Todes Nacht. – Selbst wer von ihm in ferne Land' entsendet, – zum Streiter für der Tugend Recht ernannt, – dem wird nicht seine heil'ge Kraft entwendet, – bleibt als sein Ritter dort er unerkannt. – So hehrer Art doch ist des Grales Segen, – enthüllt – muss er des Laien Auge fliehn; – des Ritters drum sollt Zweifel ihr nicht* *hegen, – erkennt ihr ihn – dann muss er von euch ziehn. – Nun hört, wie ich verbotner Frage lohne! – Vom Gral ward ich zu euch daher gesandt: – Mein Vater Parzival trägt seine Krone, – sein Ritter ich – bin Lohengrin genannt.«* Manche Mediävisten sehen auch in → Gawain einen Gralssucher. Heute, in Zeiten zunehmender Sinnsuche, von Esoterik und New Age, dient die Gralssuche vielen als Symbol der Suche wie als allgemeines, weit über die christliche Interpretation hinausreichendes Ideal oder gar als Symbol für ein transzendentes, überirdisches Reich, sowohl für den Himmel auf Erden wie ein Paradies im Jenseits, aber auch für die keltische → Anderswelt. Für Rudolf Steiner und die Anthroposophen steht der Gral für das Bild des stets geistig Strebenden. Der Gral gehört zumindest in der westlichen Kultur auch heute noch zu den allgemein verbreiteten Symbolen, auch wenn nur wenige sich explizit mit seinem Mythos auseinander setzen und sich seine Geschichte oft in Trivialmythen und billigen Filmen wiederfindet. Und durch die weite Verbreitung erschließt sich die grundlegende Bedeutung auch in abgeleiteten Symbolen wie den Silmaril.

Gram
Achter König von → Rohan (2668–2741 DZ, herrschte ab 2718)

Grasland
Ein Name für→ Rohan

Grathmer, Ingahild
Pseudonym von Königin Margarethe von Dänemark, unter dem sie 1977 eine Jubiläumsausgabe von »The Lord of the Rings« der Londoner Folio-Society illustrierte. Ihre Bilder zieren inzwischen die Cover der CDs der dänischen Truppe → »The Tolkien Ensemble«.

Grau wie die Maus
Beginn des Gedichtes → »Oliphant«

Graue Anfurten
Elbenhafen am Golf von → Lhûn, gegründet zu Beginn des → Zweiten Zeitalters von Círdan; er nannte ihn Mithlond, »grauer Hafen«. Da sich der Hafen über einen großen Teil der Bucht erstreckte und zahlreiche Anlegestellen umfasste, die man zum »Nordhafen« (Forlond) auf dem nördlichen und zum »Südhafen« (Harlond) auf dem südlichen Ufer zusammenfasste, sprach man auch von »den Häfen« oder »den Anfurten«, meistens von den »Grauen Anfurten«. Die weißen Schiffe, die den → Geraden Weg nach → Aman nahmen, lagen im Südhafen an der Mündung des Lhûn.

Graue Berge
die → Ered Mithrin

Graue Schar
das Heer der → Toten von Dunharg

Graue Schiffe
allgemeine Bezeichnung für Elbenschiffe, insbesondere für jene an den → Grauen Anfurten

Grauelben
die → Sindar

Grauelben-Sprache, Grauelbisch
→ Sindarin

Grauer Pilger
→ Gandalf

Grauer Wald
der → Drúadan-Wald

Grauer Wanderer
→ Gandalf

Graues Gebirge
die → Ered Mithrin

Graues Heer
Das Heer der → Toten von Dunharg

Grauflut
So nannte man in Westron den → Gwathló.

Graug
→ »Dämon« in der Sprache der → Gnome

Graumantel, Graurock
Name für → Gandalf in → Rohan; Graumantel ist auch die Bedeutung des Namens Singollo bzw. → Thingol

Grauquell
Ein kleiner Fluss, der von den → Ered Mithrin herabfloss und sich in der Nähe der Quelle des → Anduin mit diesem vereinigte.

Grausame Reiter
So nannte man die → Nazgûl in → Gondor

Grausamer Winter (EZ)
Der extrem harte Winter 495/496 EZ: Nach dem Fall von → Nargothrond gab es früh Schnee und einen sehr spät einsetzenden Frühling.

Grausamer Winter (DZ)
Der extrem harte Winter 2758/59 DZ, so genannt in den Chroniken des → Auenlandes, als die meisten Flüsse in → Eriador zugefroren waren, auch der → Baranduin. Viele Gebiete, auch das Auenland, wurden von weißen Wölfen heimgesucht. In diesem Winter kam in → Rohan → Helm Hammerhand ums Leben.

Great Haywood
Ort in Staffordshire, in dem Edith → Tol-

kien von 1916 bis 1917 lebte. 1917 schrieb Tolkien hier während seines Genesungsurlaubs die erste Geschichte des → »Buches der Verschollenen Geschichten«, des späteren → »Silmarillion«: »The Fall of → Gondolin«.

Greenhand
Englischer Name der → Hobbitfamilie → Grünhand

Greif
Name eines Hundes, der vor dem Freunde suchenden Einsiedel-Troll im Gedicht → »Luftikus« wegläuft (englisch: *Grip*). Greif heißt auch einer der Wolfshunde von Bauer → Maggot

Grendels Weiher
»Wudu Wyyrtum Fæst«: zwei → Bilder von Tolkien zum → Beowulf von 1928

Grenzgürtel
Der → Gürtel Melians um → Doriath

Grenzwachen
Öffentliche Bedienstete im → Auenland, die dafür sorgen sollten, dass niemand unerwünscht eindrang

Grey Havens
die → Grauen Anfurten

Griechen
Die Einflüsse der griechischen → Mythologie auf Tolkiens Werk sind zwar nicht so stark wie etwa die der der → Kelten oder → Germanen, aber immer wieder gibt es deutliche Bezüge. So sind die → Valar und → Maiar wie die griechischen Götter unsterblich, aber verwundbar. Und anders als bei den Germanen oder Kelten gibt es Verbindungen zwischen Göttern und Menschen, denen Halbgötter entspringen, wie

bei Tolkien etwa → Lúthien aus der Ehe von → Melian und → Thingol. → Manwe, der auf dem → Taniquetil thront, erinnert an Zeus auf dem Olymp, → Feanor in seiner bis zum Mord gehenden Unbeherrschtheit an den Heros → Herakles (Herkules), und Lúthien kann mit ihrem Lied für → Beren die Rückkehr ins Leben erreichen wie einst Orpheus für Eurydike. – Die griechische Mythologie umfasst eine Vielzahl von Göttern, um die sich zahlreiche Legenden ranken, die etwa um 700 vor Christus in den drei klassischen Mythensammlungen – der »Theogonie« des Dichters Hesiod sowie der »Ilias« und der »Odyssee« des Dichters Homer – niedergelegt waren. Die griechischen Götter waren sehr menschlich und verzichteten auf Offenbarungen oder spirituelle Lehren. Sie weisen viele Eigenschaften der vorgriechischen Gottheiten und Naturkräfte auf, denen sie entstammen, und finden sich später wieder in den Göttern der Römer. Christoph Martin Wieland (1733–1813) gibt 1789 in seiner Übersetzung der »Lügengeschichten und Dialoge« des Lukian von Samosata (120–189 n. Chr.) ein »Kurzes Schema der Verwandtschaft der Griechischen Götter« und erläutert: »*Das erste Götterpaar, war Uranos und Ge, d. i. Himmel und Erde, denen man den Äther und die Hemera, so wie diesen Chaos und die Finsterniß (Achle) zu Eltern gab. Weiter wollte sich der Stammbaum der Götter nicht hinaufführen lassen. – Vom Himmel und Erde stammt die Familie der Titanen ab, die in ihren verschiedenen Zweigen, beynahe alle griechischen Götter in sich begreift. – Die bekanntesten unter den Titanen sind: Oceanus, Cöus, Hyperion, Iapetus und Kronos, oder wie ihn die Lateiner nennen, Saturnus: die vornehmsten Titaniden: Tethys, Rhea, Themis, Phöbe, Mnemosyne, Dione und Theia. Diese Titanen und Titaniden sind insgesammt Kinder des Himmels und der Erde, und also Brüder und Schwestern. Ausserdem hatten Uranos und Ge (wie es scheint) noch eine Schwester Thalassa (das Meer) genannt; auch hatte Ge von dem Äther einen Sohn, Nahmens Pontus. Dieser zeugte mit Thalassa den Nereus, den Vater der unter dem allgemeinen Nahmen der Nereiden bekannten Meergöttinnen. – Oceanus zeugte mit seiner Schwester Tethys eine unzählige Menge von Töchtern, unter welchen hier nur Amphitrite, Doris, und Metis, zu bemerken sind. Die erste vermählte sich mit Neptun, die zweyte mit Nereus, und die dritte war Jupiters erste Gemahlin, und gewissermaßen die Mutter der Minerva. – Der Titan Cöus zeugte mit seiner Schwester Phöbe die Latona, welche Jupitern zum Vater von Apollo und Dianen (Artemis) machte; – Hyperion mit seiner Schwester Theia den Helios (Sol), die Selene (Luna) und die Aurora. – Iapetus wurde durch Clymene, eine Tochter des Oceanus, Vater von Prometheus, dem Menschenschöpfer, und von Atlas, mit dessen Tochter Maja Jupiter in der Folge den Merkurius (Hermes) zeugte. – Kronos, oder Saturnus, wiewohl der jüngste unter den Titanen, fand Mittel, mit Hülfe seiner Brüder sich des Thrones zu bemächtigen. Er vermählte sich mit seiner Schwester Rhea, und Jupiter (Zeus), Neptun (Poseidon) und Pluto, nebst Juno (Here), Ceres (Demeter) und Vesta (Hestia) waren die Früchte dieser Ehe. – Alle zuvor benannten Kinder, Enkel und Urenkel des Uranos machten den Hof des Saturnus oder den alten Götterhof aus, und die verschiedenen Departements der Weltregierung waren unter einige derselben vertheilt. – Aber Jupiter spielte mit seinem Vater Kronos die nehmliche Tragödie, welche dieser mit dem seinigen gespielt hatte; er stieß ihn vom Throne, bemächtigte sich der Regierung, machte große Veränderungen in derselben, und besetzte die*

Haupt-Departements theils mit seinen Brüdern, theils in der Folge mit seinen Söhnen und Töchtern, so daß nach und nach die alten Götter von ihren Ämtern verdrängt wurden, und z. B. Neptun an die Stelle des Pontus, Apollo an den Platz des Helios, Diana an die Stelle der Selene kam, die alten Titanen aber, die mit diesen Neuerungen nicht zufrieden waren, in den Tartarus verstoßen wurden. – Jupiter zeugte (ausser seinen schon benannten Kindern) mit seiner Schwester und Gemahlin Juno, den Mars (Ares) und Vulcan (Hephästos), mit der Ceres die Proserpina (Persephone), mit Dione die Venus, mit Mnemosyne die Musen, mit Themis die Horen, u. s. w. und mit einer Menge anderer Nymphen und Sterblichen eine unendliche Menge Halbgötter und Heroen, wovon einige, als Bacchus und Herkules in der Folge den Göttern vom ersten Range beygefügt wurden. – Die zahllose Familie der Nymphen, deren hier noch erwähnt werden muss, theilte sich in zwey Hauptclassen: die Oreaden, Napäen, Dryaden und Hamadryaden, und die Nereiden und Najaden. Alle diese Göttinnen vom zweyten Range waren theils Töchter des Nereus und der Doris, theils andern, bekannten oder unbekannten, Ursprungs. Ihnen correspondirten die Meer- Fluß- und Waldgötter und die Götter der Winde, welche, wie leicht zu erachten, es nach dem Beyspiel ihrer Obern nicht an sich fehlen ließen, das Göttergeschlecht mit sterblichen und unsterblichen Schönen ins Unendliche zu vermehren. – Unter den alten Göttern, welche Lukian in seinen Gesprächen aufführt, ist einer, der ohne jemals Tempel oder Altäre gehabt zu haben, es, was den Adel seiner Geburt betrifft, mit Jupitern selbst aufnehmen konnte. Dieß ist Momus, ein Sohn der Nacht (sein Vater ist ungewiss) und also, da diese für eine Schwester des Äthers, oder (was wenigstens

schicklicher wäre) der Hemera des Tages ausgegeben wird, Geschwisterkind mit Uranus; welche hohe Abstammung vermuthlich auch die Ursache ist, warum die übrigen Götter und Jupiter selbst sich bey Gelegenheit die derbsten Wahrheiten und bittersten Sarkasmen mit der größten Geduld von ihm sagen lassen. – Ausser diesem sind noch einige alte Götter zu bemerken, die nicht vom Titanischen Geschlechte, sondern Kinder der Nacht oder Finsterniß, und also gleichsam gebohrne Bewohner des Hades oder Todtenreichs sind, worin ihnen die vulgare Theologie der Griechen verschiedene Ämter und Verrichtungen angewiesen hat. Die vornehmsten derselben sind die Parzen, oder Schicksalsgöttinnen, Erinnyen oder Furien, per euphemiam Eumeniden genannt, Hekate, eine sehr geheimnisvolle Gottheit, über deren Abstammung und Natur ihre Verehrer selbst ungewiss waren, und Charon, der Fährmann der Todten über den Stygischen See. Über sie alle scheint Erebus, ein Sohn des Chaos (nach dem Hesiodus) geherrscht zu haben, bis nach der Entthronung Saturnus und bey der Theilung der Welt zwischen Jupitern und seinen Brüdern, der jüngste derselben, Pluto, die Regierung der unterirdischen Welt zu seinem Antheil empfing. Wie aber Tartarus, eine andere ebenfalls aus dem Chaos entstandene Höllengottheit, vom Erebus verschieden sey, oder ob sie nicht beyde, als bloße Personificationen des zunächst ans Nichtseyn angrenzenden Zustandes der Todten oder ihres Aufenthalts, im Grunde für ein und eben dieselbe allegorische Person zu achten seyen, ist schwerlich auszumachen; wenigstens ist hier nicht der Ort zu solchen Untersuchungen.« – Die Griechen kannten ursprünglich nicht die Vorstellung einer moralischen Unterscheidung der Toten; alle kamen über den Styx in die Schattenwelt, den Hades, der beherrscht wurde vom gleichnamigen Gott und seiner Gemahlin Persephone (oder von Hekate), die von zahlreichen Dienern unterstützt wurden, etwa den Totenrichtern Rhadamantys und Minos. Diese Vorstellung weist wie das Walhall der Germanen gewisse Ähnlichkeiten mit den → Hallen von Mandos auf. Später kamen allerdings bei den Griechen als besonders schlimme, tiefe Hölle für besonders schwere Sünden der Tartaros hinzu und als Land der Seligen das → Elysium, das dann von Rhadamantys beherrscht wurde.

Griffiths, Elaine
Eine graduierte Studentin, die für Tolkien tätig war und 1936 Susan Dagnall vom Verlag George Allen & Unwin auf den »Hobbit« aufmerksam machte

Grim (Sindarin)
»Schar«

Gríma Schlangenzunge
Berater von König Théoden von → Rohan, in Wirklichkeit aber ein Spion und Bediensteter von → Saruman. Er stammt aus Rohan, sein Vater hieß Gálmód. Er redete dem König ein, krank und schwach zu sein, bis dieser seinen Palast nicht mehr verließ und alle Anweisungen durch Gríma erteilen ließ. Als er sich an → Éowyn heranmachte, wurde er von deren Bruder → Éomer bedroht und sorgte dafür, dass Éomer beim König in Ungnade fiel. → Gandalf enttarnte und verjagte ihn. Nach der Niederlage Sarumans zog er mit diesem ins → Auenland. Er wurde von Saruman behandelt wie ein Hund und sank wohl noch tiefer herab; er soll sogar Menschenfleisch gegessen haben (→ Anthropophage). Als sie aus dem Auenland vertrieben wurden, schnitt Gríma Saruman die Kehle durch und wurde von den → Hobbits erschossen. – Im → Film von Peter Jackson wird Gríma Schlangenzunge von Brad → Dourif dargestellt.

Grimbeorn der Alte
Sohn von → Beorn, möglicherweise wie dieser ein → Gestaltwandler und → Werwesen. Herr der → Beorninger, sorgte in den Jahren vor dem → Ringkrieg dafür, dass die → Carrock-Furt und der → Hohe Pass über das → Nebelgebirge frei blieben, dafür kassierte er Wegegeld.

Grimbold
Reiter aus → Rohan, aus Grimslade in der → Westfold. Kommandierte mit → Elfhelm die → Rohirrim in der Zweiten Schlacht an den → Furten des Isen, bei der Schlacht auf den → Pelennor-Feldern erschlagen

Grimslade
Ort der → Westfold von → Rohan, Heimat von → Grimbold

Grindwall
Ort im Südteil von → Bockland, auch eine Anlegestelle am Nordufer der → Weidenwinde, erwähnt in dem Gedicht → »Tom geht rudern«

Grischnách, Grishnákh
Anführer der → Orks von → Sauron, die → Boromir erschlugen und → Merry und → Pippin gefangen nahmen. Während die meisten seiner Orks aus → Moria stammten, kam er aus Lugbúrz, wie die Orks den → Barad-dûr nannten. Versuchte, die gefangenen → Hobbits zu entführen, starb jedoch beim Versuch während des Angriff der → Rohirrim auf das Orklager.

Grithnir
Ein Mann aus dem Haushalt von → Húrin, der → Túrin nach → Doriath brachte. Hier blieb er, bis er starb.

groga (Sindarin)

(panische) »Angst haben«

Gróin

→ Zwerg (2671–2923 DZ) aus der Linie
von → Durin, zweiter Sohn von → Farin
und Vater von → Óin und → Glóin

Grond (Sindarin)

»Keule«: Der »Unterwelthammer«, der
große Streitkolben oder Hammer, mit dem
→ Morgoth kämpfte und → Fingolfin
erschlug. Nach dieser Keule wurde die
große Ramme benannt, die im Ringkrieg
gegen das Tor von → Minas Tirith eingesetzt wurde. Sie war etwa 30 Meter lang;
die Spitze aus schwarzem Stahl hatte die
Form einer Wolfsschnauze und war mit
mauerbrechenden Zauberformeln beschrif-
tet. – In der → Mythologie der → Germanen war Grond der große magische Hammer des Gottes Thor.

Grór

→ Zwerg (2563–2805 DZ) aus der Linie
von → Durin, der dritte und jüngste Sohn
von → Dáin I., Vater von → Náin. Er gründete die Zwergenkolonie in den → Ered
Engrin

Große Dunkelheit

Die → Dunklen Jahre

Große Ebenen

Vorläufer der → Talath Dirnen

Große Hecke

→ Hoher Hag

Große Insel

Eine Bezeichnung für → Númenor

Große Juwelen

Die → Silmaril

Große Lande

Eine alte Bezeichnung für → Mittelerde
(HIS 1,2)

Große Leute

So nennen die → Hobbits im → Auenland
die Menschen.

Große Musik

Die → Ainulindale

Große Oststraße

→ Oststraße

Große Pest

Die »dunkle → Pest«, die sich 1636 DZ von
→ Rhovanion nach → Gondor und nach
→ Eriador ausbreitete

Große Reise

Der → Große Auszug

Große Schlacht

Die letzte der sechs großen → Schlachten
von → Beleriand, mit der das → Erste Zeitalter endete, genannt auch der Krieg des
Zorns und die Schlacht der → Valar. Das
Heer der Valar kämpfte gegen → Morgoth
und seine Diener, die → Balrogs, → Trolle,
→ Orks und andere Monster. → Earendil
besiegte gemeinsam mit den → Adlern von
→ Manwe die → Drachen. Der → Thangorodrim wurde zerstört und → Angband
bloßgelegt. → Morgoth wurde gefesselt und
auf Dauer in die → Äußere Dunkelheit verbannt. → Beleriand wurde zerstört; nur ein
Teil von → Ossiriand blieb als → Lindon
erhalten.

Große See

→ Belegaer

Große Straße

→ Nordstraße

Große Wanderung
Der → Große Auszug

Große Weiße Höhlen
Höhlen im Meer, beschrieben in der Geschichte → »Roverandom«, in denen sich alle im Meer verloren gegangenen Edelsteine finden, außerdem noch viele andere und auch zahlreiche Perlen. (Ob man hier auch den → Silmaril finden könnte, den → Maeglin ins Meer warf?)

Großer Auszug
Der Marsch der Elben von → Cuiviénen nach Aman, genannt auch Großer Marsch, Große Wanderung und Große Reise. Zunächst zögerten die Elben, der Aufforderung der → Valar nachzukommen und nach Aman zu marschieren. Sie schickten vier Sendboten vor, die sich Aman und Valinor ansehen sollten: → Ingwe, → Finwe, → Olwe und Elwe (→ Thingol). Doch auch nachdem diese berichtet hatten, nahmen nicht alle das Angebot an. Manche verweigerten sich ganz; dies waren die Avari, die »Widerstrebenden«, die »Ablehnenden«. Andere bogen noch vor dem → Nebelgebirge ab, diese werden als → Nandor bezeichnet, »die sich abwenden«. Beide Gruppen gemeinsam bilden die Dunkelelben, die Moriquendi, auch als Umanyar bezeichnet (»die, die nicht aus Aman kommen«). Von denen, die nach Aman gingen, waren die ersten die → Vanyar (»die Blonden«), es folgten die → Noldor (»die Gelehrten«) und als letzte die → Teleri (»die Letzten«). Die Vanyar und Noldor wurden von → Ulmo auf einer schwimmenden Insel nach Aman gebracht. Bei einer zweiten Fahrt holte er die Teleri, doch nicht alle kamen mit. Die, die mitkamen, baten Ulmo, die Insel noch vor der Küste zu verankern, da sie eine große Liebe zum Meer gefasst hatten, und sie lebten von nun an auf dieser Insel, → Tol Eressea. Die Teleri, die in Mittelerde blieben, wurden → Sindar oder Grauelben genannt.

Großer Bär
Sternbild im Norden, bereits seit der Antike als Großer Bär bekannt und benannt. Wie man in → »Die Briefe vom Weihnachtsmann« nachlesen kann, ist der → Nordpolarbär sein Vetter. In der → Mythologie von → Mittelerde gibt es zwei Legenden zur Entstehung dieses Sternbildes: Nach der bei → Elben verbreiteten Legende wurden die sieben hell leuchtenden Sterne von → Varda vor dem Erwachen der Elben als Drohung für → Melkor an den Himmel gehängt; sie nannten das Sternbild »Valacirca«, »Die Sichel der Valar«, auch »Zeichen des Schicksals«. Nach einer eher bei den → Zwergen verbreiteten Legende wurden die sieben Sterne nicht von Varda an den Himmel gestellt, sondern entstanden aus Funken aus der Schmiede von → Aule; die Zwerge nannten das Sternbild (und ihr daraus enwickeltes Wahrzeichen) → »Durins Krone«. Die → Hobbits nannten den Großen Bären »Sichel und Wagen«, andere Namen für das Strernzeichen waren »Sieben Sterne«, »Sieben Lampen«, »Sieben Schmetterlinge«, »Silberner Bär« und »Silberwagen«

Großer Baum
Der perfekte Baum, den Tüftler immer malen wollte und den er erst im Verlauf seiner großen Reise vollenden konnte – eine Allegorie auf ein künstlerisches Lebenswerk. (→ »Blatt von Tüftler«)

Großer Fluss (von Wilderland)
Der → Anduin

Großer Gebieter
Ein Name für → Sauron

Großer Gelion
Einer der beiden Quellflüsse des → Gelion, entspringt am Berg → Rerir

Großer Grabhügel
der → Haudh-en-Ndengin

Großer Grünwald
So hieß der → Düsterwald bis ins 11. Jahrhundert des Dritten Zeitalters, ehe → Sauron 1050 DZ → Dol Guldur erbaute.

Großer Hafen
→ Lond Daer

Großer Hund von Valinor
→ Huan

Großer Kapitän
Ein Name für → Tar-Aldarion

Großer Kuchen
Höhepunkt des Festes der Vierundzwanzig, das in Großholzingen in der Geschichte → »Der Schmied von Großholzingen« alle 24 Jahre gefeiert wird. In der Regel ein Meisterwerk des Küchenmeisters

Großer Marsch
Der → Große Auszug

Großer Mittlerer Hafen
→ Lond Daer

Großer Ork
Der Anführer der → Orks, der → Bilbo und die → Zwerge um → Thorin Eichenschild 2841 DZ gefangen nahm, wahrscheinlich der Anführer aller Orks vom → Nebelgebirge. Er wurde von → Gandalf erschlagen.

Großer Ring
Bezeichnung sowohl für den → Herrscherring wie auch für den Ring → Narya

Großer Strom
Der → Anduin

Großer Turm
So wurde der Dunkle Turm, → Barad-dûr, von den Anhängern → Saurons genannt.

Großer Wurm
→ Glaurung

Großes Horn
→ Boromirs Horn

Großes Lied
→ Ainulindale

Großes Meer
→ Belegaer

Großes Tor von Gondolin
Das letzte der sieben Tore auf dem Weg nach → Gondolin; sein Hüter war → Ecthelion

Großes Tor von Minas Tirith
Das große Stadttor von → Minas Tirith Richtung Süden

Großes Tor von Moria
Das Tor, das aus → Moria ins → Schattenbachtal führt; das Osttor von Moria, durch das die Gefährten der → Ringgemeinschaft flohen, nachdem → Gandalf gefallen wa.

Großes Volk
So nennen die → Hobbits im → Auenland die Menschen.

Großes Volk des Westens
So wurden in den frühen Geschichten die → Valar bei den → Ilkorin genannt, die sie als → Götter betrachteten.

Großes Wasser
→ Belegaer

Großholzingen
Ort in der Geschichte → »Der Schmied von Großholzingen«; hier wohnt der Schmied, der als Junge den → Elbenstern erhält (englisch: *Wootton Major*)

Groß-Smials
Der Hauptwohnsitz der → Hobbit-Familie → Tuk in → Buckelstadt im → Tukland, eine für Hobbit-Verhältnisse riesige Höhlen- und Tunnelanlage, mit deren Ausbau Isengrimm II. → Tuk 2683 DZ begann.

Größte der Valier
→ Varda

Größter der Valar
→ Manwe

Groth
»Grabung, Höhle, unterirdischer Bau«, z. B. in → Menegroth, → Nogrod

Grove, Jenny
Cousine von Edith → Tolkien, mit der diese zeitweise zusammenlebt, z. B. 1913

Grubb
Der englische Name der → Hobbitfamilie → Gruber

Gruber, Laura
Geburtsname einer → Hobbitfrau aus dem → Auenland (*Laura Grubb*), verheiratet mit Mungo → Beutlin, Großmutter von → Bilbo

Gruir
Fluss in Tol → Eressea, floss an der Brücke von → Tavrobel mit dem → Afros zusammen

Grünberge, Grünhügelland
Niedriger, bewaldeter Höhenzug im → Auenland, der sich vom → Tukland im Westen bis zum → Bruch im Osten zog. Von → Buckelstadt nach → Waldhof und → Stock führte die Stockstraße durch die Höhen.

Grüne Berge
→ Pinnath Gelin

Grünelben, Grüne Elben
Im → Ersten Zeitalter sind die → Laiquendi von → Ossiriand gemeint und die → Nandor, sie sprachen eine eigene Sprache, das → Nandorin, im → Dritten Zeitalter die → Waldelben.

Grüner Bruder
Der Bruder des → Weihnachtsmannes, der die Kinder versorgt, bei denen an Weihnachten Sommer ist; beide heißen Nikolaus, wie man in → »Die Briefe vom Weihnachtsmann« nachlesen kann.

Grüner Drachen
Gasthaus in Wasserau, auf der Seite nach → Hobbingen gelegen, von Leuten aus beiden Dörfern gerne besucht, Stammlokal der Familie → Gamdschie

Grünfeld
Ort im Norden des Nordviertels im → Auenland; hier fand die Schlacht statt, bei der → Golfimbull enthauptet wurde

Grünhand, Erling
→ Hobbit aus dem → Auenland, das dritte Kind und der zweite Sohn von → Höhlenmann dem Grünhändigen, geboren 1254 AZ

Grünhand, Halfred
→ Hobbit aus dem → Auenland, das zweite Kind und der erste Sohn von → Höhlenmann dem Grünhändigen, geboren 1251 AZ, Vater von Holman → Grünhand

Grünhand, Hending

→ Hobbit aus dem → Auenland, das vierte Kind und der dritte Sohn von → Höhlenmann dem Grünhändigen, geboren 1259 AZ

Grünhand, Holman

→ Hobbit aus dem → Auenland, das einzige Kind von Halfred → Grünhand, geboren 1292 AZ. War lange Gärtner bei → Bilbo Beutlin, bis ihn um 1260 Hamfast → Gamdschie ablöste. Genannt auch der »Alte Höhlenmann«.

Grünhand, Rose

Geburtsname einer → Hobbitfrau aus dem → Auenland, geboren 1262, jüngstes Kind von → Höhlenmann dem Grünhändigen, heiratete → Katuner (1384–1482 AZ), Vorfahrin der Familie → Kattun

Grünhand, Rowan

→ Hobbitfrau aus dem → Auenland (geboren 1249 DZ), ältestes Kind von → Höhlenmann dem Grünhändigen. Sie heiratete Hob → Gammidsch, sie hatten einen Sohn, Hobson → Gamdschie

Grünwald der Große

So hieß der → Düsterwald bis ins 11. Jahrhundert des → Dritten Zeitalters, ehe → Sauron 1050 DZ → Dol Guldur erbaute.

Grünweg

Name in → Bree für die Nord-Süd-Straße, die kaum noch benutzt wurde. Sie kreuzte in Bree die → Oststraße.

Guiðlin

In einer frühen Version der Geschichte von → Eriol ein Volk, das die → Gnome von → Tol Eressea angreift

Guilin

Vater von → Gelmir und → Gwindor

Gûl (Sindarin)

»Magie, Hexenwissen, Hexerei, schwarze Kunst«

Guld, Menegilda

Geburtsname einer → Hobbitfrau, verheiratet mit Rorimac → Brandybock, die Großmutter von Meriadoc, genannt → Merry

Gumlaith

»Kummer, seelische Erschöpfung«

Gumlin

Ein Mann aus dem Haushalt von → Húrin, der Túrin nach → Doriath brachte

Gumniow

Ein früherer, später verworfener Name für → Umuiyan

Gundabad

Berg im nördlichen Nebelgebirge, zugleich die unterirdisch angelegte Hauptfestung der Orks vom Gebirge. Wurde im Rachekrieg der Zwerge 2793–2799 gebrandschatzt, zur Zeit des »Hobbit« wieder dicht besiedelt. Treffpunkt der Orks vor der → Schlacht der fünf Heere.

Gundor

Jüngerer Sohn von → Hador Goldscheitel, Herr von → Dor-lómin; zusammen mit seinem Vater 455 EZ in der → Dagor Bragollach bei → Eithel Sirion gefallen

Gungliont

Ein früherer Name von → Ungoliant

Gûr (Sindarin)

»Tod«

Gürtel Melians

Ein Schutzwall, den → Melian die Maia

nach der ersten der großen → Schlachten von Belerand um das Reich ihres Gatten → Thingol, → Doriath, legte. Er umfasste Doriath selbst und einige kleinere angrenzende Gebiete. Wer ohne Melians Erlaubnis hineingeriet, fand nicht wieder heraus. Nur zweimal wurde der Gürtel durchbrochen: → Beren fand einen Weg hindurch, und → Carcharoth durchbrach ihn mit purer Gewalt. Nach dem Tod ihres Gatten ging Melian nach → Aman, und der Schutzgürtel löste sich auf.

gurth (Sindarin)
»tot«

Gurthang
»Todeseisen«: So nannte → Túrin das sprechende Schwert → Anglachel, nachdem es für ihn in → Nargothrond neu geschmiedet worden war.

Gurtholfin
»Stab des Todes«: ursprünglich ein Name für → Túrins Schwert → Gurthang

Guruth (Sindarin)
»Tod«

Guruthos (Sindarin)
»Todesangst, Schatten des Todes«

Gut und Böse
→ Moral

Gutes Volk
die → Elben

Guthláf
»Schlachten-Überleber«: Der Bannerträger von König → Théoden von → Rohan, in der Schlacht auf den → Pelennor-Feldern gefallen. Sein Horn hatte der König vorher so kräftig geblasen, dass es zerborsten war.

Gúthwine
»Schlachtenfreund«: Das Schwert von → Éomer

Gutkind, Bell
→ Hobbitfrau aus dem → Auenland, heiratete Hamfast → Gamdschie. Mutter von sechs Kindern, darunter → Sam Gamdschie.

Gutleib, Lily
Lily → Beutlin

Gutleib, Togo
→ Hobbit aus dem → Auenland, verheiratet mit Lily → Beutlin

Gwachaedir (Sindarin)
»Sehender Stein«: ein → Palantir

Gwador (Sindarin)
»Bruder« im Sinne von Gefährte

Gwaedh (Sindarin)
»Eid, Schwur«

gwaen (Sindarin)
»schmutzig, verdreckt«

Gwaeron (Sindarin)
Name des dritten Monats im → Kalender der → Númenórer, nur von den → Dúnedain verwendet, entspricht grob unserem März, Quenya: Súlime.

Gwaew (Sindarin)
»Wind«

Gwaihir (Sindarin)
»Herr der Winde«: der Fürst der → Adler aus dem Nebelgebirge, Freund von → Gandalf, rettet ihn und seine Gefährten vor den → Orks, die sie auf Bäume getrieben hatten, und greift 2941 EZ mit seinen

Adlern in die Schlacht der fünf Heere ein. 3019 ist er auch bei der Schlacht vor dem → Morannon dabei, er holt Gandalf von dem Gipfel des → Celebdil, der »Silberzinne«, als dieser nach dem Kampf mit dem → Balrog wiederkehrt, und gemeinsam mit seinem Bruder Landroval rettet er → Frodo und → Sam von dem zusammenstürzenden → Orodruin, nachdem diese den → Herrscherring zerstört haben. Obwohl erheblich kleiner als ihr Vorfahr → Thorondor, waren diese Adler groß und stark genug, jeder einen ausgewachsenen Mann zu tragen, und sie konnten sprechen.

gwain (Sindarin)
»neu«

Gwaith (Sindarin)
»Land, Volk«

Gwaith-i-Mirdain
»Volk der Juwelenschmiede«: die Gilde der Meisterschmiede von → Eregion im → Zweiten Zeitalter, deren Führer und Größter → Celebrimbor war

Gwaloth (Sindarin)
»Blüte, Blumenstrauß«

Gwanath (Sindarin)
»der Tod, das Sterben«

gwann (Sindarin)
»tot«

gwanna (Sindarin)
»sterben«

Gwanod (Sindarin)
»Erzählung, Bericht«

Gwanûn (Sindarin)
»Zwillingspärchen«

Gwanunig (Sindarin)
»Zwilling«: einer von den beiden

Gwanur (Sindarin)
»Angehörige(r), Blutsverwandte(r)«

Gwarestrin
»Berg der Wacht, Turm der Wacht«: einer der sieben Namen von → Gondolin

Gwarth (Sindarin)
»Verräter«

Gwasgonin
»Geflügelte Helme«: ursprünglicher, später verworfener Name für die → Forodwaith

Gwass (Sindarin)
»Schmutz, Dreck«

Gwastar (Sindarin)
»Erdhügel«

Gwath (Sindarin)
»Schatten, trübes Licht«

Gwathir
»Schattenfluss«: ein früherer Name des → Gwathló

Gwathló
»Schattenfluss«: Ein großer Strom, der durch die Vereinigung von → Mitheitel und → Glanduin bei der Hafenstadt → Tharbad gebildet wurde, die Grenze zwischen → Minhiriath und → Enedwaith. Die → Númenórer nannten ihn im → Zweiten Zeitalter den »Fluss des Schattens«, Gwathir auf Sindarin oder Agathurusch auf → Adûnaisch. An der Mündung des Gwathló ins Große Meer → Belegaer erbauten sie ihren Holzhafen Lond Daer. Die Menschen im → Dritten Zeitalter gaben dem Strom den Namen »Grauflut«.

gwathren, gwathui (Sindarin)
»schattig«

Gwathuirim (Sindarin)
»Schattenleute«: die → Dunländer

Gwaun (Sindarin)
»Gans«

gwaur (Sindarin)
»schmutzig, dreckig«

Gwedh (Sindarin)
»Fessel, Kette«

Gwedheling, Gwedhiling
In einer frühen Fassung der Geschichte von
→ Túrin die Königin von → Artanor, Vor-
läuferin von → Melian

gwedhi (Sindarin)
»binden«

Gweg
»Mann« in der Sprache der → Gnome
(Mehrzahl Gwaith)

Gwelu (Sindarin)
»Luft«

Gwelwen (Sindarin)
»Luft«:ein Wort für die unterste Schicht der
→ Atmosphäre

Gwend (Sindarin)
»Mädchen«

Gwendelin, Gwendeling
In frühen Fassungen der Geschichte von
→ Túrin die Königin von → Artanor, Vor-
läuferin von → Melian

Gweneth (Sindarin)
»Jungfräulichkeit«

Gwenethlin, Gwenniel
In frühen Fassungen der Geschichte von
→ Túrin die Königin von → Artanor, Vor-
läuferin von → Melian

Gwenyn (Sindarin)
»Zwillinge«

gweria (Sindarin)
»verraten, betrügen«

Gwerlum
»Weberin der Düsternis«: Name der großen
→ Spinne in der Sprache der → Gnome,
eine Vorläuferin von → Ungoliant

Gwest (Sindarin)
»Schwur, Eid«

gwesta (Sindarin)
»schwören«

Gweth (Sindarin)
»Mannschaft, Trupp, Regiment«

Gwî (Sindarin)
»Netz«

gwil
»segeln, fließen, fliegen« in der Sprache der
→ Gnome

Gwil
Ein früher Name für die → Hallen von →
Mandos

Gwilb (Sindarin)
»voller Frieden«

Gwilbrin
»Schmetterling«, Sprache der → Gnome

Gwilfa
»Luft«: ein Wort für die unterste Schicht

der → Atmosphäre in der Sprache der → Gnome

Gwilith
»Brise, Windhauch« in der Sprache der → Gnome

Gwilm (Quenya)
»voller Frieden«

Gwilwileth (Sindarin)
»Schmetterling«

Gwindor
Elbenfürst aus → Nargothrond, Bruder von → Gelmir. Ließ sich durch die Misshandlung seines Bruders zum Angriff verlocken und führte so das Elbenheer in die Niederlage bei der → Nírnaeth Arnoediad. Gwindor kämpfte sich mit seinen Männern bis auf die Treppen von → Angband vor und wurde dort gefangen genommen. Nach 14 Jahren Sklavenarbeit in den Bergwerken von → Morgoth gelang ihm die Flucht. In → Taur-nu-Fuin begegnete er → Beleg und → Túrin, und mit Túrin kam er zurück nach Nargothrond. → Finduilas, die Tochter von König → Orodreth, die er liebte, wandte sich von ihm ab und Túrin zu. Er verriet ihr, wer Túrin sei, doch nützten seine Warnungen nichts; Finduilas wurde von → Orks gefangen und getötet. Gwindor fiel in der Schlacht von → Tumhalad.

Gwing (Sindarin)
»Gischt, Schaum«

Gwírith (Sindarin)
Name des vierten Monats im → Kalender der → Númenórer, nur von den → Dúnedain verwendet, entspricht grob unserem April, Quenya: Viresse

Gwynfa
Ein Platz »nicht weit vom Rand der Welt«; an diesem nicht identifizierbaren Ort soll zeitweise der → Weiße Drache gehaust haben, ehe er zum → Mond zurückkehrte (→ »Roverandom«)

Gyrth (Sindarin)
»Der Tod«

Habbanan
Ein früher Name für → Eruman

had (Sindarin)
»werfen, schleudern«

Hadhod (Sindarin)
»Zwerg«

Hadhodrim (Sindarin)
»Volk der Zwerge«

Hadhodrond (Sindarin)
»Zwergenheim, Zwergengewölbe«: ein Elbenname für → Moria, übersetzt aus dem Zwergennamen → Khazad-dûm

Hadlath (Sindarin)
»Schleuder«

Hador
→ Dúnedain, siebenter Herrschender → Truchsess von → Gondor (2278–2395 DZ). 2360 nahm er eine Anpassung des → Kalenders von Gondor vor.

Hador (Sindarin)
»Werfer« von Speeren oder Wurfpfeilen

Hador Goldscheitel
Urenkel von → Malach, Führer des Dritten → Hauses der Menschen, als Vasall von → Fingolfin der Herr von → Dor-lómin (389–455 EZ), Vater von → Galdor, Großvater von → Húrin, genannt »Lórindol« (Goldscheitel). 455 bei der → Dagor Bragollach bei → Eithel Sirion von einem Pfeil ins Auge getroffen, als er den schützenden Drachenhelm von Dor-lómin (→ Hadors Helm) gerade abgelegt hatte. Hadors Nachfahren wurden auch Hadors Volk oder das Haus von Hador genannt und bildeten das dritte Haus der → Drei Häuser der Edain.

Hadors Helm
Der »Drachenhelm von Dor-lómin« war aus grauem Stahl geschmiedet und reich mit Gold verziert; der Kamm war ein vergoldetes Spottbild eines → Drachenkopfes. Das Visier stellte eine der schreckenerregenden Masken dar, wie sie bei den → Zwergen des → Ersten Zeitalters beliebt waren. Magische Runen bewahrten den Träger vor Schwertern und Pfeilen. → Telchar, der berühmte Zwergenschmied aus → Nogrod, hatte den Helm für → Azaghâl von Belegost geschmiedet, dieser schenkte ihn → Maedhros, dieser gab ihn weiter an → Fingon und der schenkte ihn dem Vasallen seines Sohnes → Fingolfin, → Hador. Dieser war der erste, der den Helm tragen konnte, weil der für normale Nackenmuskeln einfach zu schwer war. Doch bei der Dagor Bragollach bei Eithel Sirion legte er ihn kurz ab und wurde von einem Pfeil ins Auge getroffen. Auch sein Sohn → Galdor starb, als er den Helm nicht trug, durch einen Pfeil. Anschließend wurde der Helm in den Rüstkammern von → Thingol in → Doriath aufbewahrt; → Túrin trug ihn als Hauptmann von → Doriath.

Hadors Volk
Das dritte Haus der → Drei Häuser der Edain in der Abstammung von → Hador Goldscheitel

Hadron (Sindarin)
»Werfer« von Speeren oder Wurfpfeilen

haeron (Sindarin)
»weit, entfernt«

hae (Sindarin)
»weit, entfernt«

Haew (Sindarin)
»Brauch, Sitte, Gewohnheit«

Haegwudu
Ein anderer Name von → Heorrenda

Häfen am Sirion
→ Sirion-Mündungen

Haerast
»Ferne Küste«: Die Küsten von → Aman

Hafen der Eldar
→ Avallóne

Haered (Sindarin)
»Entfernung«

Hafen der Schwanenschiffe, der Schwäne
→ Alqualonde

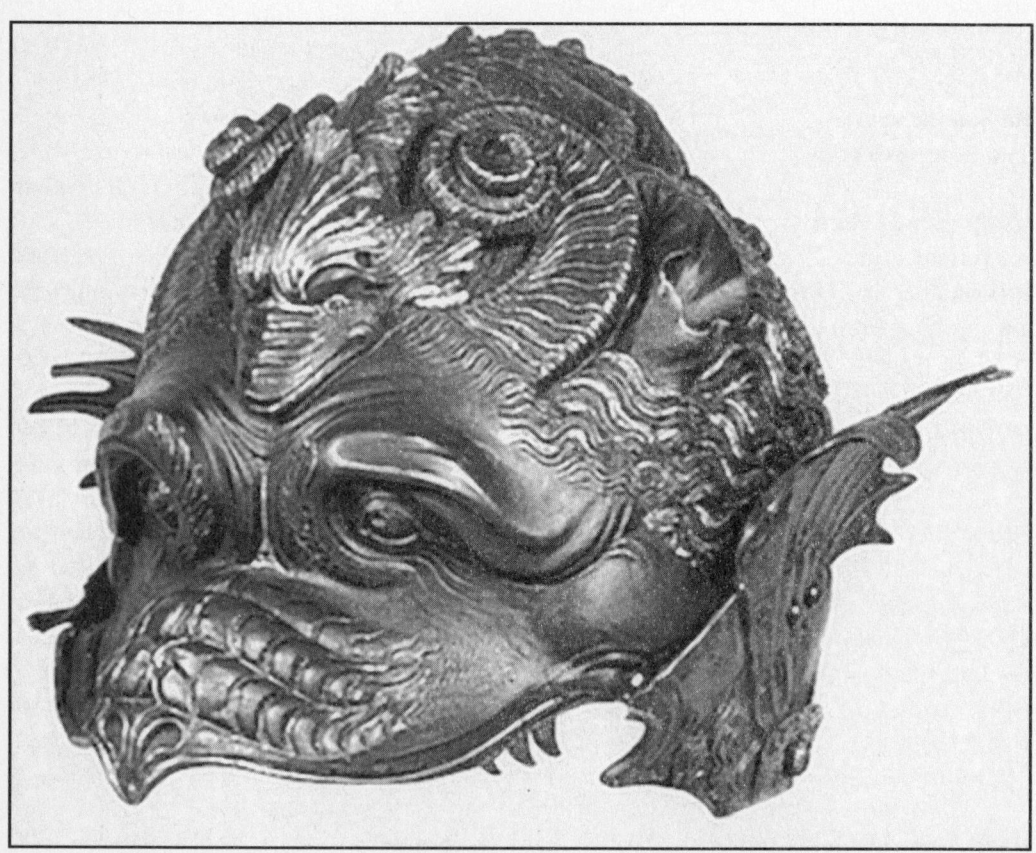

**Er wird nicht genauso ausgesehen haben, Hadors Helm, der Drachenhelm von Dor-lómin,
doch könnten Helme wie dieser aus Italien (ca. 1530-1550) Tolkien inspiriert haben.**

(Ermitage, St. Petersburg, Foto: Friedhelm Schneidewind)

Hafen der Sonne

In der frühen → Mythologie von Tolkien ein Hafen am Rand der → Äußeren Dunkelheit, den → Aule baut und wo die → Sonne des Nachts ruht

Hafen der Vielfarbenen Lichter

Ein früher Name des Hafens von → Tol Eressea

Hafen des Mondes

In der frühen → Mythologie von Tolkien ein Hafen am Rand der → Äußeren Dunkelheit, eingelagert in den → Hafen der Sonne, den → Aule baute und wo der → Mond des Tages ruht

Häfen, Graue

→ Graue Anfurten

Hafenlose Inseln

Ein früher Name für die → Verwunschenen Inseln

Hafergut

Ort im Nordviertel im → Auenland

Haffner

In der Geschichte → »Der Schmied von Großholzingen« der → Küchenmeister nach dem Weggang von → Alf

Hag

→ Hoher Hag

Hagsend

Der schmale Landstreifen im → Bockland zwischen dem Ostufer des → Baranduin und dem → Alten Wald, von dem er durch den → Hohen Hag, eine dichte Hecke, abgegrenzt wurde, im Norden durch die Brandywein-Brücke und im Süden durch → Hagsend begrenzt. Wird auch erwähnt in dem Gedicht → »Tom geht rudern«.

hair (Sindarin)

»links, linkshändig«

Haladin

Das zweite Volk der → Drei Häuser der Menschen, das nach → Beleriand kam, auch das Volk von → Haleth genannt; es lebte im → Ersten Zeitalter zunächst gemeinsam mit den → Drúedain in → Thargelion. Die Haladin waren in mehr als einer Hinsicht ungewöhnlich. Sie waren dunkelhaarig und kleiner als andere Menschen, ihre Sprache war mit anderen nicht verwandt. Sie waren das einzige Volk in Mittelerde, bei dem eine demokratische Wahl der Fühung überliefert ist. Außerdem waren bei ihnen weibliche Kämpferinnen die Regel; → Haleth hatte eine rein weibliche Leibgarde. Die Haladin waren immer ein kleines Volk und lebten in vereinzelten Gehöften und ohne feste Führung; in Zeiten der Bedrohung wählten sie eine. → Haldad war ein gewählter Führer, und nach ihm seine Tochter Haleth. Unter ihrer Führung wanderten die Haladin nach → Estolad und später weiter nach Westen bis in den Wald von → Brethil und bewachten für → Turgon die Übergänge über den → Teiglin, wurden daher auch das Volk oder die Menschen von Brethil genannt. In Kämpfen mit → Orks und anderen Dienern → Morgoths wurden die Haladin immer mehr dezimiert und zurückgedrängt, bis es zur Zeit von → Brandir nur noch wenige waren.

Halbarad

→ Dúnedain aus dem Norden, Vetter von → Aragorn II., brachte ihm während des Ringkriegs dreißig Mann zur Unterstützung, sein Pferd Roheryn und das Banner, das Arwen gestickt hatte. Als Bannerträger folgte er Aragorn auf den → Pfaden der Toten und in die Schlacht auf den → Pelennor-Feldern, wo er fiel.

Halbelben

Eigentlich alle Wesen, bei denen ein Elternteil ein → Elbe oder eine Elbin war, dies beträfe auch (nicht überlieferte) Verbindungen z. B. zwischen Elben und → Zwergen oder Elben und → Hobbits. Wenn in den Werken von Tolkien von Halbelben, den Peredhil oder Pereldar, die Rede ist, sind damit nur jene gemeint, die aus einer der beiden bekannten → Vereinigungen der Geschlechter im → Ersten Zeitalter hervorgegangen sind. → Dior der Schöne, → Earendil, → Elwing, → Elros und → Elrond sowie dessen Kinder → Elladan, → Elrohir und → Arwen. Sie alle durften wählen, ob sie lieber zu den sterblichen Menschen oder den unsterblichen Elben gezählt werden wollten; nur Elros und später Arwen entschieden sich für die Sterblichkeit, wie es ihre Vorfahrin → Lúthien einst getan hatte.

Halbgöttin

Wenn man die → Valar und → Maiar als → Götter ansieht, dann gab es im → Ersten Zeitalter auch eine Halbgöttin: → Lúthien, die Tochter von → Thingol und → Melian. Und in frühen Entwürfen von Tolkien gibt es auch andere Kinder der Valar, so soll → Ilmare, eine Maia, eine Tochter der Valar → Manwe und → Varda sein, und → Gothmog, der Herr der Balrogs, ein Sohn von → Melko.

Halblinge

Übersetzung von »Periannath« (Sindarin): die → Hobbits

Halborks

Diener von → Sauron, als Kämpfer und vor allem als Spione eingesetzt. Es ist unklar, ob damit tatsächlich Kinder aus Mensch-Ork-Beziehungen gemeint sind (dann wahrscheinlich Ergebnisse von Vergewalti-gungen) oder nur besonders hässliche Menschen.

Halbtrolle

Als solche werden die → Haradrim aus dem Süden von Harad beschrieben, doch ist unklar, ob damit tatsächlich Kinder aus Mensch-Troll-Beziehungen gemeint sind (dann wahrscheinlich Ergebnisse von Vergewaltigungen) oder nur besonders hässliche und brutale Gegner in den Reihen der gegnerischen Kämpfer.

Haldad

Gewählter Führer der → Haladin im 4 Jahrhundert des → Ersten Zeitalters, baute eine Palisadenfestung zwischen → Ascar und → Gelion, fiel bei der Abwehr von → Orks. Vater von → Haleth und → Haldar

Haldan

Sohn von → Haldar, gewählter Führer der → Haladin nach dem Tode seiner Tante → Haleth, lebte wahrscheinlich schon in → Brethil, Vater von → Halmir

Haldar

Sohn von → Haldad, Vater von → Haldan, fiel gemeinsam mit seinem Vater beim Angriff der → Orks auf → Thargelion.

Haldir

Sohn von → Halmir von Brethil, Führer der → Haladin; heiratete → Glóredhel, die Tochter von → Hador aus Dor-lómin, Vater von → Handir. Fiel in der → Nírnaeth Arnoediad 473 EZ.

Haldir (Elbe)

Elbe aus → Lothlórien, einer von drei Brüdern, die die Gefährten aus der → Ringgemeinschaft zu → Celeborn und → Galadriel führten. Im → Film von Peter → Jackson wird Haldir von Craig → Parker dargestellt.

Haleth (Rohan)

Der älteste Sohn von König → Helm, wurde 2758 DZ von → Wulf bei der Verteidigung von → Meduseld erschlagen

Haleth, Frau

Tochter von → Haldar, gewählte Führerin der → Haladin nach dem Tode ihres Vaters → Haldad und ihres Bruders → Haldar im vierten Jahrhundert EZ, genannt Frau Haleth. Kämpfte in der Schlacht, hatte eine Wache nur aus Frauen und führte das Volk, das nach ihr benannt wurde, nach Westen bis in den Wald von → Brethil. Über ihrem Grab in Brethil wurde der Hügel → Haudhen-Arwen errichtet.

Halethrim

Das Volk von → Haleth, die → Haladin

Haleths Volk

die → Haladin

Half (Sindarin)

»Muschel«

Halifirien, Halifirienberg

»Heiliger Berg« in der Sprache der → Rohirrim, auf Quenya »Amon Anwar« (»Berg der Ehrfurcht«), das siebente und letzte, am weitesten westlich gelegene der sieben → Leuchtfeuer von → Gondor in den → Ered Nimrais. Auf dem Gipfel lag die Grabstätte von → Elendil; hier war ursprünglich der Mittelpunkt von Gondor. Hier beschworen → Cirion und → Éorl die ewige Freundschaft der beiden Völker von Gondor und → Rohan, anschließend ließ Cirion Elendils Gebeine nach → Minas Tirith bringen, da nach der Abtretung von Calenardhon an die → Rohirrim der Berg nicht mehr in der Mitte des Reiches lag. Nach dem → Ringkrieg erneuerten → Aragorn und → Éomer Pakt und Schwur.

Halifirienwald

Wald am Fluss → Mering und auf den Hängen des → Halifirien, auch Firienholt genannt, Firienwald und Flüsterwald. Der Wald lag an der Grenze zwischen → Gondor und → Rohan und galt als gemeinsames Heiligtum beider Völker; bewacht wurde er von den Rohirrim.

Halimath

Im → Kalender des → Auenlandes der neunte Monat, grob unserem September entsprechend, in → Bree Erntemath genannt

halkin (Quenya)

»gefroren«

hall (Sindarin)

»erhaben, hoch, groß, erhöht«, aber auch »verschleiert, verborgen, versteckt«

halla (Quenya)

»groß«

Hallacar

»Großer Helm«: Sohn von → Hallatan von Hyarastorni, Gatte von Tar-Ancalime, der ersten Regierenden Königin von → Númenor. Er hatte sie umworben hatte, indem er sich als Hirte ausgab; sie heirateten 1000 ZZ, von ihrer Seite eine Vernunftehe, um den Thon zu behalten; sie waren meist zerstritten.

Hallas

»Großes Blatt«: → Dúnedain, 13. Herrschender → Truchsess von → Gondor (2567–2605 DZ), Sohn von Cirion. Er erfand die Namen → Rohan und → Rohirrim

Hallatan

»Großer Schmied«: im 10. Jahrhundert ZZ der Herr von → Hyarastorni in → Númenór,

Neffe von → Tar-Aldarion, Vater von → Hallacar. Genannt Fürst der Schafe

Halle aus Eisen, Hallen aus Eisen
→ Angamando, → Angband

Halle des Feuers
Große Halle in → Imladris ,die nur an besonderen Tagen benutzt wurde, doch das Feuer brannte immer. Sie erinnert an das → Feuer der Geschichten in → Mar Vanwa Tyaliéva, der Hütte des Vergessenen Spiels.

Halle des Wiedergefundenen Spiels
Eine Halle in → Mar Vanwa Tyaliéva, der Hütte des Vergessenen Spiels

Halle von Himmel und Hölle
die → Hallen von → Mandos

Hallen der Erwartung
die → Hallen von → Mandos

Hallen des Elbenkönigs
Die unterirdische Wohnstätte der → Waldelben im → Düsterwald, eine große unterirdische Eingangshalle mit zahlreichen kleineren Höhlen, gewundenen Gängen und weiteren Hallen, Herr war → Thranduil.

Hallen Manwes auf den Bergen der Welt über dem Feenland
Titel eines → Bildes von Tolkien vom Juli 1928, besser bekannt unter dem Titel → »Taniquetil«.

Hallen von Mandos
Der Wohnsitz des → Vala → Mandos, zugleich das Gebiet in → Aman, in dem sich die Seelen der toten Elben versammelten, gelegen im Westen von → Valinor, an den Ufern des → Außenmeeres. In diesen Hallen versammeln sich die Seelen (»Fea«) der verstorbenen Elben und warten auf das Ende der Welt, wenn die → Zweite Musik der Ainur erklingt; nach einigen Texten von Tolkien könnte auch eine → Wiedergeburt möglich sein. Die Menschen hingegen und alle anderen sterblichen Wesen verlassen bei ihrem Tod tatsächlich die Welt; nur ein einziger, → Beren, wartete in den Hallen von Mandos, wie → Lúthien es ihn geheißen hatte. Und wie einst in den Sagen der → Griechen Orpheus mit Musik den Todesgott dazu bewog, Eurydike freizugeben, konnte Lúthien mit ihrem Lied den gestrengen Mandos erweichen, und auf sein Bitten gewährte → Manwe Beren die Rückkehr nach → Mittelerde. Die einzigen Elben, die jemals den Tod der Sterblichen erlitten und nicht in die Hallen Manwes kamen, waren Lúthien und → Arwen.

Halmadhurwion
Ein anderer Name für → Turuhalme

Halmir
Gewählter Führer der Haladin, Sohn von → Haldan und Vater von Haldir und → Hareth, besiegte mit → Beleg Cúthalion die → Orks, die nach der → Dagor Bragollach über den → Sirion-Pass kamen; starb 473 EZ

Haloisi Velike
Ein früher Name für das große Meer, → Belegaer

Haloisie (Quenya)
»stürmisches Meer«

haloite (Quenya)
»springend«

Halsband der Zwerge
Das → Nauglamir, in den Verschollenen Geschichten auch ein Name für das → Nauglafring

halta (Quenya)
»springen«

haltha (Sindarin)
»schützen, beschirmen«

Ham
Ortschaft im Herzen des mittelalterlichen Britannien, Heimat des → Bauern Giles von Ham, zunächst Teil des Mittleren Königreiches, dann Hauptstadt des Kleinen Königreiches. Aus Ham soll laut dieser Geschichte durch eine Vermischung mit »Tame« in »Tame Worm« (zahmer Wurm) der Name »Thames«, also Themse, entstanden sein. Ham, so wird behauptet, sei die Keimzelle oder der Vorläufer von London.

Háma
Prinz von → Rohan, der jüngere Sohn von → Helm Hammerhand. Ging im langen Winter 2759 DZ während der Belagerung der → Hornburg hinaus und kehrte nie wieder. – Háma hieß auch der Torwächter und Hauptmann der Garde von König → Théoden von Rohan, er wurde 3019 DZ erschlagen bei der Verteidigung des Tores der Hornburg.

Hamfast von Gamwich
→ Hobbit aus dem → Auenland, geboren 1160 AZ, erster bekannter Vorfahr der Familie → Gamdschie, lebte im Ort → Gammweiler (Gamwich), Vater von Weissmann → Gamwich. Zur Bedeutung des Namens Hamfast siehe auch Hamfast → Gamdschie.

hamma (Sindarin)
»kleiden, anziehen«

Hammad (Sindarin)
»Kleidung«

Hamp (Sindarin)
»Kleidungsstück, Gewand«

hand (Sindarin)
»klug, intelligent«

Handir
gewählter Führer der → Haladin, Sohn von → Haldir und → Glóredhel, Vater von → Brandir dem Lahmen. Führte sein Volk ab dem Tod seines Vaters in der → Nírnaeth Arnoediad 473 EZ, starb 496 im Kampf gegen Orks.

Hang, Herr
Ein → Hobbit, Gast im Gasthaus → »Zum tänzelnden Pony« in → Bree, als → Frodo und seine Gefährten dort eintreffen (in der alten Übersetzung des → »Herrn der Ringe«; neue Übersetzung: Steilhang)

Hang, Heiderose
Hagebutte → Tuk

Hang, Willi
Einer der → Hobbits, die bei dem Handgemenge Anfang 1419 AZ (3019 DZ) in → Bree ums Leben gekommen sind (in der neuen Übersetzung: Willi Steilhang)

Hannas (Sindarin)
»Klugheit, Intelligenz«

Hansson, Bo
1970 erschien von dem Musiker Bo Hansson bei Silence Record eine LP mit psychedelischer Musik zum »Herrn der Ringe«, die es inzwischen auch wieder auf CD gibt: »(Music inspired by) Lord of the Rings« (Edsel, 1996). Die Stücke: 1. Leaving Auenland · 2. The Old Forest & Tom Bombadil · 3. Fog On The Barrow-Downs · 4. The Black Riders & Flight To The Ford · 5. At The House Of Elrond & The Ring Goes

Cover der CD von Bo Hansson

South · 6. A Journey In The Dark · 7. Loth-
lórien · 8. Shadowfax · 9. The Horns Of
Rohan & The Battle Of The Pelennor Fields
· 10. Dreams In The House Of Healing · 11.
Homeward Bound & The Scouring Of The
Auenland · 12. The Grey Havens

Hanstovánen
Der Landeplatz des Schiffes → Mornie

hanta (Quenya)
»danken«

Hantale (Quenya)
»Danksagung«, z. B. in → Eruhantale

Har, Harn (Sindarin)
»Süden«

hára (Quenya)
»sitzen«

Harad (Sindarin)
»Süden, Südland«, im → Dritten Zeitalter
eine unbestimmte Bezeichnung für die Länder südlich von → Gondor und → Mordor,
zur Zeit des→ Ringkriegs für alle Gebiete
südlich des Flusses → Harnen. Harad war
nicht ein Reich, sondern bestand aus vielen
sich oft untereinander bekriegenden Klein-
reichen. Das mächtigste und für Gondor
über Jahrhunderte gefährlichste war
→ Umbar.

haradren (Sindarin)
»südlich«

Haradrim (Sindarin)
»Volk des Südens«, die Südlinge: die Menschen aus → Harad. Solange → Gondor den
Hafen von → Umbar beherrschte, bis 1448
DZ, kontrollierte es auch Harad. Später
waren die Haradrim gefährliche Gegner, die
sich oft mit den → Wagenfahrern verbünden. Im Ringkrieg war Harad auf der Seite
von → Sauron mit einer großen Kriegsflotte
aus Umbar und einem gewaltigen Landheer
beteiligt. Die Haradrim waren groß und
dunkelhäutig, die aus Nah-Hadad, dem
nördlichen Teil, setzten die gefürchteten
→ Kriegselefanten ein. Die aus dem fernen
Süd-Harad werden als schwarze Gestalten
mit weißen Augen und manchmal auch als
Halbtrolle beschrieben, doch ist unklar, ob
damit tatsächlich Kinder aus Mensch-
→ Troll-Beziehungen gemeint sind (dann
wären es wahrscheinlich Ergebnisse von
Vergewaltigungen) oder nur besonders
hässliche und brutale Gegner in den Reihen
der gegnerischen Kämpfer. – Haradrim
nennt sich die Südafrikanische Tolkien-
Gesellschaft.

Harad-Straße
Straße, die wahrscheinlich im frühen →
Dritten Zeitalter von → Gondor gebaut
wurde, führte von → Ithilien ins Landesin-
nere von → Harad

Haradwaith (Sindarin)
»Volk des Südens«, die Südlinge: ein anderer Name für die → Haradrim

Haranye (Quenya)
Das letzte Jahr eines Jahrhunderts im → Kalender von → Númenor, in einem solchen Jahr gab es keine Schalttage

Harding
Mann aus → Rohan, starb in der Schlacht auf den → Pelennor-Feldern

Harding vom Bühl
Harding → Gärtner

Hareth (Quenya)
»Hohe Dame, Edle Dame«: Tochter von → Halmir aus → Brethil, heiratete um 440 EZ → Galdor aus → Dor-lómin, Mutter von → Húrin und → Huor

Harfüße
Der älteste und größte der drei Stämme, in die die → Hobbits unterteilt waren, wanderte um 1050 DZ von den Osthängen des → Nebelgebirges nach → Eriador ein. Harfüße waren dunkelhäutiger, kleiner und rundlicher als andere Hobbits, waren gute Handwerker und neigten zur Sesshaftigkeit.

hargam (Sindarin)
»linkshändig«

Hargtal
Tal, in dem der → Schneeborn entsprang, am oberen Ende lag → Dunharg

Harlindon
»südliches → Lindon«, südlich des Golfes von → Lhûn. Hier lebten → Celeborn und → Galadriel zu Beginn des → Zweiten Zeitalters.

Harlond (Sindarin)
»Süd-Hafen«: Hafen an der Südseite des Golfes von → Lhûn, ein Teil der → Grauen Anfurten

Harma (Quenya)
»Schatz«, auch der frühere Name des → Tengwar-Zeichens Nr. 11, ᴄ, solange es noch für »ch« stand (später → »aha«)

Harmalin
Früherer Name des Gebietes → Eruman

harn (Sindarin)
»verwundet, verletzt«

harna (Sindarin)
»verwunden, verletzen«

Harnen (Sindarin)
»Südwasser«: Fluss, der von den südlichen Ephel Dúath nach Westen floss bis in die Bucht von → Belfalas, bis ins 15. Jahrhundert ZZ die Grenze zwischen → Gondor und → Harad.

Harondor (Sindarin)
»Süd-Gondor«: das Gebiet zwischen → Poros und → Harnen, bis ins 15. Jahrhundert ZZ Teil vom Gondor, danach ein mit → Harad stets umstrittenes Niemandsland

Harper, Clay
Der Tolkien-Projektleiter beim amerikanischen → Verlag Houghton Mifflin

HarperCollins Publishers
→ Verlage

Harry
Verkäufer in dem Spielzeugladen, in dem der scheinbare Spielzeughund → Rover zum Verkauf ausgestellt wird (→ »Roverandom«)

Hartbuddel
Ort im → Auenland, in dem einige Mitglieder der Hobbitfamilie → Straffgürtel leben; hierhin zieht Lobelia → Sackheim-

Beutlin nach der Befreiung des → Auenlandes. In der alten Übersetzung des »Herrn der Ringe« und in den Atlanten Steinbüttel.

Harter Winter

Der extrem harte Winter 2911/12 DZ, in den Chroniken des → Auenlandes meist »Grausamer Winter« genannt, als die meisten Flüsse in → Eriador zugefroren waren, auch der → Baranduin. Viele Gebiete, auch das Auenland, wurden von weißen Wölfen heimgesucht.

hartha (Sindarin)

»hoffen«

Harthad (Sindarin)

»Hoffnung«

Haru (Sindarin)

»Wunde«

Harvalien

Frühe Form von Arvalin; daraus wurde später → Eruman

Harvestmath

Achter Monat im → Kalender von → Bree, ungefähr unserem August entsprechend, im → Auenland Wedmath genannt

Harwalin

Variante von Arvalin, ein früher Name für → Eruman

Hast (Sindarin)

»Axtschlag«

hasta (Sindarin)

»hacken, durchhacken«

Hasufel

Großes graues Pferd, das → Éomer → Aragorn ausleiht

Hathaldir

Genannt »der Jüngling«; einer der zwölf letzten Gefährten von → Barahir in → Dorthonion

Hathol

Fürst aus dem dritten der → Drei Häuser der Edain, Sohn von → Magor, Vater von → Hador

Hathol (Sindarin)

»Axt, Axtklinge, Breitschwert«

Hatholdir

Ein Freund von → Tar-Meneldur, der Vater von → Orchaldor

Haudh (Quenya und Sindarin)

»Grabhügel, Grab, Gruft«

Haudh-en-Arwen

»Hügel der edlen Dame«: der Grabhügel von → Haleth im Wald von → Brethil, in der Sprache der Haladin »Túr Haretha« (»Grab der Frau«).

Haudh-en-Elleth

»Hügel des Elbenmädchens«: der Grabhügel von → Finduilas in der Nähe der → Teiglin-Stege, dessen Umgebung → Túrin stets von → Orks frei hielt; hier traf er seine Schwester Niënor, ohne sie zu erkennen.

Haudh-en-Gwanûn (Sindarin)

»Hügel der Zwillinge«: der Grabhügel von → Fastred und → Folcred von → Rohan nahe den → Furten des Poros

Haudh-en-Ndengin

»Hügel der Erschlagenen«: der riesige Haufen, auf den die Orks in der Öde von Anfauglith der → Nírnaeth Arnoediad die gefallenen Elben und Menschen warfen.

Haudh-en-Nírnaeth
»Hügel der Tränen«: ein anderer Name für den → Haudh-en-Ndengin

Hauptmann der Ringgeister
der → Hexenkönig

Haus der Hundert Kamine
Das Haus von → Gilfanon in → Tavrobel

Haus vom Himmelsbogen
In den Verschollenen Geschichten eine der reichsten und mächtigsten Elbenfamilien in → Gondolin.

Haus von Beor
das erste Haus der → Drei Häuser der Edain in der Abstammung von → Beor

Haus von der Goldenen Blume
Elbengeschlecht in → Gondolin in den Verschollenen Geschichten, Herr des Hauses war → Glorfindel (I)

Haus von Elendil
So bezeichneten sich die Erben von → Elendil, die auf ihn folgenden Könige von → Arnor und → Gondor und deren Nachfahren.

Haus von Feanor
→ Feanors Söhne und deren Nachfahren

Haus von Hador
Das dritte Haus der → Drei Häuser der Edain in der Abstammung von → Hador Goldscheitel, auch Haus von → Marach genannt

Haus von Halad
Das zweite Haus der → Drei Häuser der Edain in der Abstammung von → Halad, die → Haladin, auch → Volk von Haleth genannt

Haus von Húrin
Die → Truchsesse von → Gondor, leitet sich her von → Húrin von Emyn Arnen

Haus von Marach
Das dritte Haus der → Drei Häuser der Edain in der Abstammung von → Marach, auch Haus von → Hador genannt

Haus, wo »Rover« seine Abenteuer als »Spielzeug« begann
Gründlich ausgearbeitete Illustration von Tolkien für die Geschichte → »Roverandom«, angefertigt mit Bleistift, Wasserfarbe und schwarzer Tusche, entstanden in den Ferien im September 1927 in Lyme Regis, gewidmet Christopher Tolkien. Enthalten in der deutschen Ausgabe von → »Roverandom«

Häuser der Heilung
Das Hospital von → Minas Tirith, geleitet vom → Kräutermeister

Häuser der Menschen
Die → Drei Häuser der Edain

Häuser der Toten
Die → Hallen von → Mandos, auch die → Grabgewölbe der toten Könige von → Gondor

Hausmanuskript
So nannte Tolkien seine maschinengeschriebene Fassung von → »The Hobbit«, aus der er vorlas und die er Freunde und Kollegen auslieh, ehe das Buch 1937 veröffentlicht wurde. Es enthielt eine unbekannte Anzahl von Illustrationen; 10 dieser → Bilder wurden in der ersten Auflage mitgedruckt.

Haust (Sindarin)
»Bett«

Hautwechsler

So bezeichnet → Gandalf in der neuen Übersetzung des → Hobbit den → Gestaltwandler → Beorn (englisch: *skin-changer*).

He! He! Hei An die Buddel geh ...

Beginn eines Liedes, das → Merry und → Pippin singen

Headington

Vorort von → Oxford, von 1953 bis 1968 Wohnort von Tolkien

heb (Sindarin)

»halten, fest-, zurückhalten«

Heborodin

»Die Umzingelnden Berge«: die → Echoriath in der Sprache der → Gnome

Hecke

→ Hoher Hag

hedi (Sindarin)

»schleudern, werfen«

Heer der Toten

Die → Toten Menschen von Dunharg, als → Aragorn sie anführte

Heer des Westens

Die Truppen der Verbündeten, die 3019 DZ im → Ringkrieg zum letzten Gefecht gegen → Sauron ausziehen: die Armeen aus → Gondor, → Rohan und die → Dúnedain des Nordens; auch das Heer, das 1975 DZ gegen den → Hexenkönig von Angmar ausgezogen war, bestehend aus Truppen aus Gondor, den → Falas und → Imladris

Heerführer des Westens

Die Führer des → Heeres des Westens im → Dritten Zeitalter, im → Ringkrieg 3019 DZ an führender Stelle → Aragorn, → Gandalf, → Éomer und → Imrahil, beim Kampf gegen den → Hexenkönig von Angmar 1975 DZ → Earnur aus → Gondor, → Círdan aus den → Falas und → Glorfindel (II) aus → Imladris.

Hegemann, Anja

Übersetzerin von → »Die Briefe vom Weihnachtsmann« ins Deutsche (→ Klett-Cotta 1977 und Ullstein 1981), und von → »Herr Glück« (Klett-Cotta 1983).

Heide vom Himmelsdach

die → Dürre Heide

Heidezeh, Herr

Ein Breeländer, Gast im Gasthaus von → Bree, als → Frodo und seine Gefährten dort eintreffen (in der neuen Übersetzung des → »Herrn der Ringe«; alte Übersetzung: Heidezehen)

Heidezeh, Matz

Einer der Leute, die bei dem Handgemenge Anfang 1419 AZ (3019 DZ) in → Bree ums Leben gekommen sind (in der alten Übersetzung: Malte Heidezehen)

Heidezehen, Malte

Matz → Heidezeh

Heilende Hände

Solche sagt man seit alters her dem König von → Gondor nach. → Aragorn stellt sie unter Beweis, als er → Faramir heilt; dies trägt zu seiner unbestrittenen Anerkennung als König bei.

Heilige Insel

→ Tol Eressea

Heiliger Berg

Bei den Númenórern der → Meneltarma, auch gebraucht für den → Taniquetil

Heiligtum von Eru

Der einzige Tempel in → Númenor vor der Ankunft von → Sauron befand sich auf dem → Meneltarma; es war ein Schrein, der Eru gewidmet war, → Ilúvatar

Heilkraft

Die → Heilenden Hände

Heilwart

Der Herr der → Häuser der Heilung von → Gondor, der → Kräutermeister

Heimeliges Haus

Bezeichnung für → Imladris in → »The Hobbit«

Heimstatt der Zwerge

Ein Name für den Berg → Dolmed

Hekel (Quenya)

»Verlassener«, Mehrzahl Hekeldi: Name für die → Elben, die nicht nach → Aman gezogen, sofern in → Beleriand geblieben waren.

Hekeldamar, Hekelmar (Quenya)

»Heim der Verlassenen«: → Beleriand, nur in → Aman gebraucht

Hel

In der → Mythologie der → Germanen die Todesgöttin, die Herrscherin der Schattenwelt. Der Name bedeutet wohl die »Zudeckende« oder die »Verbergende«. Die Tochter von Loki und der → Riesin Angrboda, Schwester des → Fenris-Wolfes und der → Midgardschlange, war zur Hälfte weiß und schwarz, nach anderen Vorstellungen zur Hälfte gesund und Gerippe, und wohnte unter einer der drei Wurzeln der Weltesche → Yggdrasil. Sie wurde von Odin dorthin verbannt, der ihr Niflheim, das Reich der Kälte und Dunkelheit, unterstellte, das daraufhin ebenfalls als Hel bekannt wurde. Während die heldenhaft im Kampf Verschiedenen von den Walküren nach → Walhall gebracht werden, kommt in die Hel, wer an Altersschwäche, Entbehrung oder Krankheit gestorben ist. Die Germanen hatten also keine Unterscheidung des Lebens nach dem Tode nach moralischen Kategorien, sondern nach der Art des Sterbens – eine sehr kriegerische Haltung und obendrein sexistisch, da Frauen in der Regel in der Hel endeten und nur Männer nach Walhall kamen. Ein Krieger, der den schmählichen »Strohtod« starb, konnte u. U. als Wiedergänger umgehen. Manchmal allerdings wurde es doch moralisch: In Niflhel, dem tiefsten Abgrund, sollen Verbrecher und Meineidige ihre Strafe erleiden. Was allerdings passiert, wenn diese einen ehrenvollen Tod auf dem Schlachtfeld erleiden, bleibt offen ... – Zur Hel führt der »Helweg«, durch die gähnenden Höhlen in den Wurzelstöcken von Yggdrasil und über eine goldgepflasterte Bücke, die über den Fluss Gjöll führt und an der eine Dienerin der Hel, die Wächterjungfrau Modgud, Wache steht. Das Tor der Hel wird bewacht vom Höllenhund → Garm. In der Hel herrscht andauerndes Wehklagen, die Göttin selbst soll dort in ihrem Palast »Eiseskälte« von einem Teller namens »Hunger« mit dem Besteck »Hungersnot« essen, bedient von ihrem Sklaven »Senilität« und dem Dienstmädchen »Altersschwäche«. Hel schläft auf dem Bett »Siechenlager« mit Vorhängen namens »Totenbleich«. – Von der »Hel« leitet sich wahrscheinlich das Wort Hölle ab.

Helcar

Binnenmeer im Nordosten von → Mittelerde. Hier stand die nördliche der → Lampen der → Valar, → Illuin (in früheren Fassungen die südliche Lampe, → Helkar). Das

Meer entstand, nachdem → Melkor den Berg umgestoßen hatte. → Cuiviénen war wahrscheinlich eine Bucht dieses Meeres.

Helcaraxe (Quenya)
»Eisklaue, Eiszahn, Eisrachen«: Meerenge zwischen → Araman und → Mittelerde, auch das Malm-Eis genannt; hier flossen → Ekkaia und → Belegaer zusammen. Da diese Wasserstraße voller Treibeis und Eisbergen war, konnte → Fingolfin sie mit seinen Leuten zu Fuß überqueren, nachdem → Feanor die den → Teleri gestohlenen Schiffe verbrannt hatte, statt sie zurückzuschicken. Diese Überquerung der Helcaraxe gilt als eine der größten Leistungen der elbischen Geschichte.

helch (Sindarin)
»eiskalt«

Helchor
In der Sprache der → Gnome der Name für → Helkar

Heledh (Sindarin)
»Glas, Spiegel«

Heledir (Sindarin)
»Eisvogel«

Heleg (Sindarin)
»Eis«

Heleth (Sindarin)
»Fell, Pelz«, auch Fellmantel, Pelzkleidung

Helevorn
»Schwarzer Spiegel«: dunkler tiefer See im Norden von → Thargelion, südlich des Berges → Rerir, an dem → Caranthir wohnte

Helf (Sindarin)
»Fell, Pelz«

Helgor
Früherer Name von → Ælfheah

helka (Quenya)
»vereist, eiskalt«

Helkar (Quenya)
»Eiseskälte, tiefster Frost«: In frühen Fassungen die südliche der → Lampen der → Valar, später → Ormal. Helkar stand dort, wo in späteren Varianten die Nordleute → Illuin stand, an der Stelle, wo das Meer → Helcar entstand.

Helkaraxe, Helkarakse
→ Helcaraxe

Helke (Quenya)
»Eis«

hell (Sindarin)
»nackt«

Helluin (Sindarin)
»Der Eisblaue«: ein bläulich strahlender Stern, wahrscheinlich der Sirius

Helm
Ein Name, den man Túrin gab, als er → Hadors Helm trug.

Helm Hadors
Der Drachenhelm von Dor-lómin, → Hadors Helm

Helm Hammerhand
Der neunte König von → Rohan (2691–2759 DZ, regierte ab 2741), Sohn von → Gram und letzter König der → Ersten Linie von Rohan. Er machte seinem Beinamen alle Ehre, als er 2754 den reichen → Freca mit der Faust erschlug; doch sonst war diese Tat weder ehrenvoll noch klug; vier Jahre später eroberte Frecas Sohn

→ Wulf mit Unterstützung der → Dunländer Rohan und rief sich zum König aus. Helm konnte sich in der → Hornburg verschanzen; die Schlucht dahinter nannte man später Helms Klamm. Es kam der »Lange Winter« 2758/59, die Belagerten litten unter Hunger und Kälte, und Helm ging oft hinaus und erschlug feindliche Krieger mit bloßen Händen; laut den Geschichten der Dunländer soll er dabei auch zum Menschenfresser (→ Anthropophage) geworden sein. Wenn sein Horn erklang und sein Kommen ankündigte, erzitterten seine Feinde vor Angst. Eines Nachts erfror er im Stehen, sein → Geist sollte noch zu Zeiten des Ringkriegs in Helms Klamm umgehen. Nachfolger als König der → Rohirrim wurde Helms Neffe → Fréaláf Hildeson, der die Dunländer wieder vertrieb.

Helm von Hador
der Drachenhelm von Dor-lómin, → Hadors Helm

Helmingas
»Helms Söhne«: Mit dieser Bezeichnung und dem Kampfruf → »Helm« ruft Gamling, Anführer der Wache der → Hornburg, seine Männer zum Kampf, als die → Orks in → Helms Klamm eindringen.

Helms Damm
Graben und Erdwall, aufgeschüttet zur Verteidigung ein paar hundert Meter vor → Helms Tor, auch Klammwall genannt

Helms Horn
Das Horn der Könige von → Rohan

Helms Klamm
Die Schlucht hinter der → Hornburg in den nördlichen Ausläufern der → Ered Nimrais, benannt nach → Helm Hammerhand, manchmal wird auch die ganze Festung so

genannt. Im hinteren Teil der Schlucht befand sich der befestigte Eingang zu den Grotten von → Aglarond.

Helms, Randel
Tolkien-Fachmann, der zwei grundlegende und wegbereitende Arbeiten zu Tolkien und seinem Werk veröffentlicht hat: »Tolkiens Welt« (»Tolkien's World«, 1974) und »Tolkien und die Silmarille« (»Tolkien and the Silmarils«, 1991). Geboren 1942 in Montgomery, Alabama, Bakkalaureus in Philosophie, Dr. phil., Professor.

heltha (Sindarin)
»(Kleidung) ausziehen«

Hen (Sindarin)
»Auge«

Hên (Sindarin)
»Kind«

Henderch
→ Dúnedain aus dem Westland von → Númenor, ein Matrose von → Tar-Aldarion

Hendor
Ein Diener von → Idril, der → Earendil bei der Flucht aus → Gondolin trug

hendumaika (Quenya)
»scharfsichtig«

heneb (Sindarin)
»sehend, das Auge betreffend«

Hengest
In den frühen Geschichten der Sohn von Ottor Wæfre (→ Eriol), mit seinem Bruder Horsa Eroberer von → Tol Eressea; erinnert an den historischen Sachsenführer Hengist, der um 449 mit seinem Bruder Horsa

die → Angeln, Sachsen und Jüten nach England führte.

henia (Sindarin)
»verstehen«

Henneth (Sindarin)
»Fenster«

Henneth Annún (Sindarin)
»Westliches Fenster, Fenster des Sonnenuntergangs«: Grotte hinter einem Wasserfall in → Ithilien, die die Waldläufer unter → Faramir als Versteck benutzten. Die letzte noch bestehende einer ganzen Reihe von Festungen, die der Herrschende → Truchsess → Túrin II. um 2900 DZ hatte einrichten lassen; sie lag etwa 120 Kilometer nordöstlich von → Minas Tirith und rund 75 Kilometer nördlich des → Morgul-Tales.

Henstag, Hevenstag
Zur Zeit des → Ringkrieges der Name des fünften Tages in der Woche im → Kalender der → Hobbits, entspricht unserem Mittwoch

Heorrenda
Ein Sohn von → Eriol, geboren in → Tol Eressea

Herbst
→ Yávië

Herbsttag
→ Yáviére

Herdir (Sindarin)
»Meister, Herr«

Herefara
Krieger aus → Rohan, bei der Schlacht auf den → Pelennor-Feldern erschlagen

Heren (Quenya)
»Orden, Gemeinschaft«

Heren Istarion
»Orden der Zauberer«: Gemeinschaft der → Istari, der → Zauberer, die aus → Aman nach → Mittelerde gekommen waren, die bekanntesten Mitgklieder waren → Gandalf und → Saruman.

Hérinke
»kleine Herrin«: So nennt → Zamín zärtlich → Ancalime.

Herion
→ Dúnedain, der dritte Herrschender → Truchsess von → Gondor (2116–2148 DZ)

Herr der Balrogs
→ Gothmog, der Fürst der → Balrogs; auch → Melkor wurde so genannt.

Herr der Drachen
→ Glaurung, der Vater der → Drachen; auch → Melkor wurde so genannt.

Herr der glitzernden Grotten
→ Gimli

Herr der Grotten
→ Finrod Felagund

Herr der Mark
Der König von → Rohan, während des → Ringkriegs → Theoden

Herr der Nazgûl
Der → Hexenkönig

Herr der Neun (Reiter)
Der oberste und Herr der → Nazgûl, der → Hexenmeister von Angmar; manchmal wurde auch → Sauron so genannt.

Herr der Quellen
Der Elbenfürst → Ecthelion (von der Quelle)

Herr der Ringe, Der
Deutscher Titel des Buches (oder auch der gesamten drei Bücher) → »The Lord of the Rings« in den → Übersetzungen von Margaret → Carroux und Wolfgang → Krege bei → Klett-Cotta

Herr der Schlüssel
→ Húrin der Lange

Herr der Toten
→ König der Toten

Herr der Wälder
→ Orome

Herr der Wasser
→ Ulmo

Herr der Welt
Ein Titel von → Manwe, doch nannte auch → Melkor sich so, nachdem er die → Silmaril erobert hatte

Herr der Werwölfe
→ Draugluin, auch → Sauron wurde manchmal so genannt.

Herr der Wölfe
Der Zauberer → Thû

Herr des Zahmen Wurms
Einer der Titel des → Bauern Giles von Ham: Dominus de Domito Serpente

Herr des Zwielichts
Der Zauberer → Tû

Herr Glück
Geschichte, die Tolkien zu seinem Vergnü-

»Herr Glück«: Die Ausgabe des Klett-Cotta-Verlages von 1983

gen und dem seiner Kinder 1932 schrieb und zeichnete und in der er sein Ungeschick beim Fahren verarbeitete – er hatte gerade sein erstes Auto gekauft. Das reich und farbig illustrierte Büchlein (Originaltitel »Mr. Bliss«) erinnert ein wenig an die Nonsens-Gedichte in → »The Adventures of Tom Bombadil«, da der Text in die Bilder integriert ist, ein wenig auch an einen Comic. Der exzentrische Herr Glück, bekannt für seine hohen Hüte und sein Haustier → Giraffinchen, kauft ein Auto, verursacht mehrere Unfälle, muss die Betreffenden mitnehmen sowie drei Bären, die ihn dazu zwingen, und bekommt wegen deren Verfressenheit viel Ärger mit seinen Bekannten, den → Moppels. Schließlich gibt es noch eine Bärenjagd, die allerdings in einem riesigen Festessen und letztendlich sogar in einer Hochzeit endet. Also wird alles gut – nur die Rechnung, die muss Herr Glück zahlen. – Veröffentlicht wurde die Geschichte erst 50 Jahre nach ihrer Entstehung. Das Manuskript hatte Tolkien 1957 der katholischen Marquette University (USA) verkauft. 1982 gaben Christopher Tolkien und Frank Richard Williamson das Buch bei George Allen & Unwin in London heraus, 1983 erschien es bei Klett-Cotta unter dem Titel »Herr Glück«. Lobenswerterweise hat dieser Verlag in die deutsche Ausgabe die komplette englische gezeichnete Fassung als Faksimile integriert, hier finden sich also auch alle → Bilder von Tolkien.

Herr Sattelsack
So nennt Elfhelm (die verkleidete → Éowyn) spöttisch → Merry.

Herr von Arda
Ein Titel von → Manwe

Herr von Dor-lómin
→ Húrin, später auch → Túrin

Herr von Morgul
Der Herr der → Nazgûl, der → Hexenkönig von Angmar

Herren des Westens
die → Valar

Herren von Andúnië
Eine Nebenlinie der königlichen Familie von Númenór, entstanden im 6. Jahrhundert ZZ aus → Silmariën, der ältesten Tochter von → Tar-Elendil. Aus den letzten Herren von Andúnië, → Amandil und → Elendil, ging die Linie der Könige von → Gondor und → Arnor bis hin zu → Aragorn II. Elessar hervor.

Herrin aus dem Goldenen Wald
→ Galadriel

Herrin der Noldor
→ Galadriel

Herrin der Sterne
→ Varda

Herrin der Valar
→ Varda

Herrin der Valier
→ Varda

Herrin des Erdreichs
→ Yavanna

Herrin des Goldenen Waldes
→ Galadriel

Herrin des Westlands
→ Erendis

Herrin vom Goldenen Wald
→ Galadriel

Herrin vom Wald
→ Galadriel

Herrin von Dor-lómin
→ Morwen

Herrische, der
Marmadoc → Brandybock

Herrschender Truchsess
Bezeichnung für jene → Truchsesse von → Gondor, die regierten, nachdem mit → Earnur 2050 DZ der letzte König gestorben war. In der → Neu-Übersetzung des »Herrn der Ringe« »Regierende Statthalter« genannt.

Herrscher der Mark
Der König von → Rohan, während des → Ringkriegs → Theoden

Herrscherring
Der »Eine Ring«, jener magische Ring, den → Sauron im 16. Jahrhundert im Feuer des → Orodruin schmiedete. Mit seiner Hilfe konnte er alle anderen → Ringe der Macht, die → Celebrimbor geschmiedet hatte, beherrschen. So mächtig war der Ring, dass nichts ihn zerstören konnte außer dem Feuer, in dem er geschmiedet war, selbst → Drachenfeuer konnte ihm nichts anhaben. Deshalb war die gefahrvolle Reise der

Gefährten der → Gemeinschaft des Rings um → Frodo nötig, die im »Herrn der Ringe« beschrieben wird. Seine eigentliche Macht bezog der Ring daraus, dass Sauron einen Teil seiner eigenen → Magie hineingelegt hatte – und deshalb ging Sauron, als der Ring vernichtet wurde, zu Grunde. Dass er seinen Träger unsichtbar machte, war die geringste seiner Fähigkeiten. Fünf Träger hatte der Ring nach Sauron: → Isildur verriet der Ring und glitt ihm vom Finger, so dass er erschossen wurde. → Gollum trug den Ring so lange, dass er stark unter seinen Einfluss geriet; aber auch ihn verriet der Ring schließlich. Die Hobbits zeigten sich erstaunlich wenig beeinflussbar durch die bösen Einflüsterungen des Rings; → Bilbo war der erste, der ihn (wenn auch unter Mühen) freiwillig hergab. → Sam tat dies auch, er hatte nur kurzfristig unter dem Einfluss des Ringes gestanden. Frodo aber konnte den Ring nicht mehr hergeben, und ohne das Eingreifen des letzten der Ring-

träger, Gollum, wäre der Ring nie vernichtet worden. Seine ungeheure Macht war so wenig offensichtlich wie sein Wert; der Ring wirkte unscheinbar, glatt, schmal, war scheinbar aus Gold. Nur wenn man ihn erhitzte, wurde eine Inschrift in der → Schwarzen Sprache sichtbar: → »Ash nazg durbatulûk ...« – Teil eines alten Gedichtes, das wohl ursprünglich komplett in der schwarzen Sprache gehalten war und in der Übersetzung lautete:

»Drei Ringe den Elbenkönigen
hoch im Licht
sieben den Zwergenherrschern
in ihren Hallen aus Stein,
den Sterblichen, ewig
dem Tode verfallen, neun,
einer dem dunklen Herrn
auf dunklem Thron
im Lande Mordor,
wo die Schatten drohn.
Ein Ring, sie zu knechten, sie alle zu finden,
ins Dunkel zu treiben und ewig zu binden.«

Der eine Ring, der Herrscherring   Ulrike Schneidewind

Der Herrscherring wurde u.a. auch »Der Eine Ring« genannt, »Saurons Ring«, »Der Eine«, »Der Große« und »Isildurs Fluch«.

Herth (Sindarin)
»Haushalt, Hausgemeinschaft«

Heru (Quenya)
»Herr«

Herubrand
Mann aus → Rohan, starb in der Schlacht auf den → Pelennor Feldern

Herucalmo (Quenya)
»Lichtherr«: Gemahl von → Tar-Vanimelde, der dritten Regierenden → Königin von Númenor. Er bestieg nach ihrem Tod widerrechtlich den Thron und nahm den Namen → Tar-Anucal an. Geboren 2286 ZZ, König 2637 bis 2657.

Herugrim
Das Schwert von König Thóden

Herumor (Quenya)
»Dunkler Herr«: Um 3300 ZZ ein mächtiger Anführer der → Haradrim, ein abtrünniger → Númenórer, einer der → schwarzen Númenórer

Herunúmen, Tar-
Quenya-Name des 20. Königs von → Númenor, → Ar-Adûnakhôr

Hervenn (Sindarin)
»Gatte, Ehemann«

Hervess (Sindarin)
»Gattin, Ehefrau«

Heryn (Sindarin)
»Edle, Hohe Dame«

Hese (Quenya)
»Winter«

Heskil (Quenya)
»Die, die den Winter bringt«: ein Name für Niënna

hessa (Sindarin)
»tot, verdorrt«

hestad (Sindarin)
»heilen«

Heterosexualität
→ Frauen, Frauenbild

hethu (Sindarin)
»trübe, verschwommen, vage«

Heutor
Eines der Tore ins → Auenland

Heuwart, Hob
→ Hobbit aus dem Auenland, Wächter am neuen Tor an der → Brandywein-Brücke, das nach der Machtübernahme durch → Saruman errichtet wurde. Früher Wächter am Heutor. In der alten Übersetzung des »Herrn der Ringe« Hugo Feldhüter.

Hevenesdei
Archaische Form des Namens für den fünften Tag der Woche im → Kalender des → Auenlandes, entspricht unserem Mittwoch

Hevenstag
Zur Zeit des → Ringkrieges Name des fünften Tages in der Woche im → Kalender des → Auenlandes, entspricht unserem Mittwoch, auch Henstag

Hewer (Sindarin)
»Gräber, Schürfer«

Hexe vom goldenen Wald

Schimpfname für → Galadriel bei den → Rohirrim

Hexenberg

der → Dwimorberg

Hexenkönig von Angmar

Der oberste der neun → Nazgûl, der Fürst der Ringgeister, der oberste aller Heerführer von → Sauron im → Dritten Zeitalter. Wie die anderen acht Ringgeister einst ein Mächtiger unter den Menschen des → Zweiten Zeitalters, wahrscheinlich ein König, denn er trug eine Krone. Nachdem Sauron gegen Ende des ersten Jahrtausends wieder an Macht gewonnen hatte, schuf sich sein oberster Diener um 1300 DZ eine Machtbasis in → Angmar und errichtete seine Festung → Carn Dûm. 1409 eroberte er → Cardolan und die → Wetterspitze, 1974 → Arthedain. Ein Jahr später, 1975, wurde er von einem gemeinsamen Heer des Westens unter Führung von → Earnur aus → Gondor, → Círdan aus den → Falas und → Glorfindel (II) aus → Imladris aus Angmar vertrieben und zog sich nach → Mordor zurück. In der Schlacht bei → Fornost musste Earnur vor dem Hexenkönig weichen, weil sein Pferd nicht standhielt. Glorfindel hielt ihn von einer Verfolgung ab und prophezeite, der Hexenkönig werde nicht von der Hand eines Mannes fallen. 2002 eroberten er → Minas Ithil, das danach in → Minas Morgul umbenannt wurde, mitsamt dem → Palantír. Erst im → Ringkrieg wurde die Stadt 3019 zurückerobert. 2043 forderte der Hexenkönig Earnur, als dieser König wurde, vergeblich zum Zweikampf, 2050 aber konnte er ihn dazu bringen und ihn gefangen nehmen; damit gelang es ihm, die Linie der Könige von Gondor zu beenden. Er galt als unschlagbar, bis ihn → Éowyn auf dem → Pelennor mit der Unter-stützung von von → Merry erschlagen konnte. – Der Hexenkönig war größer als die acht anderen Ringgeister, weniger wasserscheu und weniger tagblind. Er wurde auch der Schwarze Heermeister genannt, der Schwarze Hexenmeister, der Fürst der Nazgûl und der Fürst von Morgul. Sein Name ist nicht bekannt.

Hexenmeister

Häufig, z.B. in → »Roverandom«, als Synonym für einen (mächtigen) → Zauberer gebraucht, in → Mittelerde auch Bezeichnung für den Herrn der → Nazgûl, den → Hexenkönig von Angmar.

Hexenmeister von Angmar

Der Herr der → Nazgûl, der → Hexenkönig von Angmar

Hexental, Hexenwald

»Dwimordene«: Name für → Lórien bei den → Rohirrim

Hîl (Sindarin)

»Nachfolger, Nachkomme, Erbe«

Hild

Schwester von König → Helm Hammerhand von → Rohan, Mutter von → Fréaláf

Hilde (Quenya)

»Nachfolger, Nachkomme, Erbe«, Mehrzahl Hildi: von den → Elben für die Menschen als die Jüngeren → Kinder von Ilúvatar gebraucht

Hildo (Quenya)

»Nachzügler«, Mehrzahl Hildor: von den → Elben für die Menschen als die Jüngeren → Kinder von Ilúvatar gebraucht

Hildórien

»Land der Hildor«: Region im Osten von

→ Mittelerde, wo die ersten Menschen erwachten

Hill

englisch »Hügel«, wenn es alleine steht, ist im → Auenland der → Bühl gemeint

Hill, Bernhard

Der Darsteller von König → Théoden im → Film von Peter → Jackson wurde am 17. Dezember 1944 in Manchester, England, geboren. Er ist ein beliebter und erfahrener Theaterschauspieler und hat in rund 30 Filmen mitgespielt, u. a. in:
»Selbstjustiz« (1976)
»Gandhi« (1982)
»The Bounty« (1984)
»Robin Hoods tollkühne Erben« (1985)
»Land der schwarzen Sonne« (1990)
»Der Geist und die Dunkelheit« (1996)
»Der Wind in den Weiden« (1996)
»Titanic« (1997)
»The Titanic Chronicles« (1999)
»Ein Sommernachtstraum« (1999)

Hill, Joy

Lange Zeit die Sekretärin von Tolkien

him (Sindarin)

»kalt, kühl«

Himlad

»Kühle Ebene, kalte Ebene«: Region in Ost-→ Beleriand südlich des → Himring, zwischen den Flüssen → Aros und → Celon, im → Ersten Zeitalter während der → Belagerung von Angband unter der Herrschaft von → Celegorm und → Curufin, nach der Dagor Bragollach 455 EZ zeitweise von → Orks besetzt

Himmelsgott, Himmelsherr

Die auch in → Ilúvatar verkörperte Idee eines höchsten, über den Menschen und evt. anderen Göttern stehenden, im Himmel angesiedelten Wesens findet sich in zahlreichen Religionen, Kulturen und → Mythologien, z. B. bei den Babyloniern in Marduk, bei den → Germanen in → Allvater, bei den → Griechen mit Zeus und den Römern mit Jupiter, als Jahwe/Elohim bei den Juden, als Herrgott im Christentum und im Islam als Allah.

Himmelskönig

So wird manchmal → Manwe genannt, der oberste der → Valar. Eigentlich gebührt dieser Name aber nur → Ilúvatar als dem obersten → Himmelsgott.

Himmelskönigin, Himmelsherrin

So wird → Varda, die oberste der → Valier, manchmal genannt. Eigentlich gebührt ihr dieser Name aber nicht, da über ihr noch → Ilúvatar als der oberste → Himmelsgott stand, dennoch ist es in zahlreichen → Mythologien und Religionen üblich, die oberste Göttin so zu nennen, auch wenn ihr meistens männliche Götter übergeordnet sind. Bekannte Beispiele sind Aschtoreth/Astarte, die babylonische Göttin der Fruchtbarkeit, über die im Alten Testament der Prophet Jeremia klagt: *»Die Kinder lesen Holz, die Väter zünden das Feuer an, und die Frauen kneten den Teig, dass sie der Himmelskönigin Kuchen backen, und fremden Göttern spenden sie Trankopfer mir zum Verdruß.«* (Jeremia 7,18) Auch Isis und Ischtar/Inanna wurden als Himmelskönigin bezeichnet, im Hinduismus Kali, in Ägypten auch Hathor und Nut, in den Mysterien u. a. Kybele, bei den Griechen Hera, bei den Römern zunächst Diana und später Juno, die dann im Christentum und Islam abgelöst wurden von Maria, der Mutter Jesu: *»Auch dich erkenn ich, stolze Juno! Trotz all deiner eifersüchtigen Angst, Hat doch eine andre das Zepter gewonnen,*

Und du bist nicht mehr die Himmelskönigin.« (Heinrich Heine, 1797–1856, »Die Götter Griechenlands«) Als einzige echte Himmelsherrin, die die oberste Position in einem polytheistischen Pantheon in einer lebenden Religion einnimmt, gilt Amaterasu (japanisch: »die am Himmel Leuchtende«), die japanische Göttin der Sonne und des Himmels und höchste Göttin des Shintoismus, auf die sich bis heute die kaiserliche Familie Japans als Ahnherrin beruft; häufig wird sie verehrt unter dem Namen »Omikami« (»große erhabene Gottheit«).

Himmelsrichtungen

In → Mittelerde kannte man die gleichen vier Himmelsrichtungen wie in den meisten modernen Gesellschaften: → Formen (Norden), → Rómen (Osten), → Hyarmen (Süden) und → Númen (Westen). Als Kürzel dienten fast überall in Mittelerde die Anfangsbuchstaben des Namens in → Tengwar, auch bei Vökern, die weder → Sindarin sprachen noch diese Schrift normalerweise benutzten: Formen ᚺ, Rómen ᚣ, Hyarmen ᚥ, Númen ᛗ. Wie im 20. Jahrhundert unserer Zeit lange während des Kalten Krieges, dienten die Himmelsrichtungen auch der politischen und moralischen Orientierung: Im Westen saßen die → Valar, der Ferne Westen war das → Paradies, im Osten hingegen hausten → Melkor und später → Sauron, von dort kam das Böse. Mit der Unterteilung in Okzident und Orient findet sich diese Einteilung ja schon viel früher, so dass Tolkien hier durchaus auf alte Vorurteile zurückgegriffen hat, die leider heute, im vielbeschworenen Kampf gegen den Terrorismus, wieder aktuell zu werden drohen. Wie in unserer Welt sind der Norden und der Süden eher indifferent, im Süden mit deutlichen Tendenzen zur »Barbarei« oder »primitiven« Kulturen, wie in → Harad, wo vor allem dunkelhäutige Menschen und seltsame Tiere wie etwa die → Kriegselefanten lebten.

Himring

»Der Ewig-Kalte«: der größte Berg in → Maedhros' Mark, dem Hügelland zwischen → Dorthonion und den → Ered Luin, südlich von → Lothlann, nördlich von → Himlad. Auf diesem breiten baumlosen Berg stand die Burg von → Maedhros, die wichtigste Festung der → Elben im Nordosten.

Hin (Quenya)

»Kind«, Mehrzahl Hini, z. B. in → Eruhini

Hin und wieder zurück

Von → Bilbo ursprünglich geplanter und dann später wieder verworfener Titel für das → »Rote Buch der Westmark«, das er → Frodo und dieser später dann → Sam übergab

Hin und zurück, oder Ein Hobbit auf Reisen

Die Niederschrift seiner Erlebnisse, die → Bilbo Beutlin nach seiner Heimkehr von der Reise zum → Erebor anfertigt, am Ende der Geschehnisse, die in → »The Hobbit« erzählt werden. Bildete später die erste Grundlage für das → »Rote Buch der Westmark« (in der alten Übersetzung: »Dorthin und wieder zurück, Ferienreise eines Hobbits«).

Hína (Quenya)

»kleines Kind«

Híni Ilúvataro (Quenya)

Die → »Kinder Ilúvatars«, die → Elben und Menschen

Hinnenlande

Ein Name für → Mittelerde

Hintertür
Das → Ork-Tor in den → Nebelbergen

Hinya (Quenya)
»mein Kind«, als Anrede gebraucht

Hîr (Quenya und Sindarin)
»Meister, Herr«

hir (Quenya)
»finden«

Hirgon
»Steinherr«: Reiter aus → Gondor, Bote von
→ Denethor II., der König → Théoden von
→ Rohan den Roten Pfeil, den → Kriegs-
pfeil, überbrachte als Aufforderung zum
Beistand im Kampf um → Minas Tirith.
Wurde auf der Rückreise von → Orks
erschlagen.

Hiri
Fluss in → Valinor

Hiril (Sindarin)
»Edle, Hohe Dame«

Hirilonde
»Hafenfinder«: ein großes Schiff, das
→ Tar-Aldarion bauen ließ

Hirilorn (Sindarin)
»Frauenbaum«, ursprünglich auch als
»Königin der Bäume« übersetzt: eine große
dreistämmige Buche in → Doriath, auf der
→ Lúthien in einem → Fleet gefangen
gehalten wurde

Hirluin (Sindarin)
»Blauer Herr«: Herr von → Pinnath Gelin,
kam im → Ringkrieg → Gondor mit 300
Kriegern zu Hilfe, wurde auf den → Pelennor-Feldern erschlagen. Bekannt als Hirluin
der Schöne.

Hirschsprung
→ Cabed-en-Aras

Hirschzunge
Pflanze, die in der Geschichte → »Rove-
random« auf dem → Mond wächst und
Musik macht

Hirten der Bäume
die → Ents

hise (Quenya)
»dämmrig«

Hisie (Quenya)
»Nebel«

Hisildi
»Volk des Zwielichts«: in den frühen
Geschichten von Tolkien ein Name für die
→ Dunkelelben, beherrscht von dem Zau-
berer → Tû (HIS 1)

Hisilóme (Quenya)
»Nebelland«, manchmal auch als »Däm-
mernebel« und »Schattige Dämmerungen«
übersetzt: der Quenya-Name für → Hithlum

hísima (Quenya)
»neblig«

Hísime (Quenya)
»der Neblige«: Name des elften Monats
im → Kalender der → Elben und auch der
→ Númenórer, entspricht grob unserem
November

Hisinan
»Land des Zwielichtes«: ein früher Name
für → Hithlum

histe (Quenya)
»dämmrig«

History of Middle-Earth
→ The History of Middle-Earth

Hîth (Sindarin)
»Nebel, Dunst«

Hithaeglir (Sindarin)
»Kette des ewigen Nebels«: das Nebelgebirge, die → Nebelberge

Hithaiglin
Eine andere Schreibweise für → Hithaeglir (wahrscheinlich ein Schreibfehler)

Hithlain (Sindarin)
»Nebelfaden«: ein grauer, seidiger, leichter Stoff, der selbst, wenn er sehr dünn verarbeitet wird, reißfest ist. Die Seile, die → Frodo und seine Gefährten in → Lórien als Geschenk erhalten, sind daraus gefertigt. Man kann den Stoff auch mit → Magie belegen; der Knoten solcher Seile z. B. löst sich auf Zuruf.

Hithlum (Sindarin)
»Schatten-Nebel«, übersetzt auch als »Nebelland« (Quenya: Hisilóme). Gebiet nördlich von West-→ Beleriand, im Osten und Süden von den → Ered Wethrin begrenzt, im Westen von den → Ered Lómin. Der Name wurde dem Land von den → Elben gegeben, weil sie es beim ersten Mal ganz unter Wolken gesehen hatten, die Morgoth dorthin getrieben hatte. Normalerweise war das Klima zwar kühl und windig, aber klar. Hithlum war das Gebiet von → Fingolfin und → Fingon, hierzu gehörten auch → Dor-lómin und → Mithrim im Südosten. Nach der → Nírnaeth Arnoediad übergab → Morgoth das Land den → Ostlingen.

Hithu (Sindarin)
»Nebel«

Hithui (Sindarin)
»neblig, dunstig«: Name des elften Monats im → Kalender der → Númenórer, nur von diesen gebraucht (Quenya: Hísime), entspricht grob unserem November

hlapu (Quenya)
»fliegen«

hlar (Quenya)
»hören«

Hlon (Quenya)
»Ton, Geräusch«

Hlothram
Ein Vorname in der Sprache der → Hobbits, übersetzt mit »Stallmensch«, ein Vorfahr der Familie → Kattun (→ Katuner)

Hlothran
in der Sprache der → Hobbits zunächst der Name für eine Siedlung, bedeutet wahrscheinlich »Ansammlung von mehreren zweiräumigen → Smials«, evt. wurde → Wasserau so genannt. Auch als Nachname benutzt, etwa bei der Familie → Kattun.

Hobas (Sindarin)
»Hafen, Schutz, Unterkunft«

Hobbingen
Dorf im Westviertel des → Auenlandes, gelegen nördlich der Großen → Oststraße an der → Wässer, nahe bei → Wasserau; an der Hobbinger Straße zwischen Wasserau und Hobbingen lag das Gasthaus »Efeubusch«. Ein wenig nordwestlich des Ortskerns befanden sich die komfortabelsten → Smials, in → Beutelsend auf dem Bühl; hier wohnten → Bilbo und → Frodo Beutlin. An der Wässer lag die Mühle von Müller Sandigmann, unter der Herrschaft von → Saruman auf Dampfbetrieb umgestellt.

Hobbinger Straße

Straße zwischen Wasserau und Hobbingen, an ihr lag das Gasthaus »Efeubusch«

Hobbit, Der

Das Buch → »The Hobbit«

Hobbithöhlen

→ Smials

Hobbitisch

Die → Sprache der → Hobbits. Normalerweise sprachen die Hobbits während der Zeit des → Ringkrieges die gemeinsame Sprache, das → Westron. Doch hatten sie ursprünglich eine eigene Sprache, von der sich noch Reste in alten Namen finden, z. B. in »Ranugad« (Hamfast), in dem Namen, den sie sich selbst gaben, »Kuduk«, und in Wörtern wie → Oliphant. Ob das Hobbitisch wirklich eine eigene Sprache war, ist umstritten; wahrscheinlicher ist, dass es jeweils eine Abart der Sprachen der umliegenden Völker war, manche sehen es auch als Dialekt des Westron.

Hobbit-Presse

Ein Imprint von → Klett-Cotta, in dem Werke von Tolkien und anderer fantastischer Autoren veröffentlicht werden.

Hobbits

Ein Volk von kleinen Menschen, eine → Rasse, die sich irgendwann im → Zweiten oder frühen → Dritten Zeitalter gebildet haben muss. Zur Zeit des → Ringkriegs waren die Hobbits zwischen 90 und 120 Zentimeter groß (drei bis vier → Fuß), niemals kleiner, selten größer. Diese Körpergröße hat sich über lange Zeit entwickelt; ihre Vorfahren waren normal große Menschen gewesen. Tolkien führt das Abnehmen der Größe der Hobbits auf ihre Lebensweise zurück (NAM), sie seien ein

flüchtiges und verschwiegenes Volk gewesen, dass sich immer verstecken musste und immer weiter vertrieben wurde. Dies erklärt auch die besondere Fähigkeit des verstohlenen und lautlosen Schleichens, die für → Bilbo in → »The Hobbit« besonders wichtig ist; vielleicht hatte sich deshalb auch die Behaarung an ihren Füßen entwickelt. Im ersten Jahrtausend des Dritten Zeitalters lebten die Hobbits am Oberlauf des → Anduin, zwischen dem → Nebelgebirge und dem → Großen Grünwald, es gab drei Stämme, die → Harfüße, die → Falbhäute und die → Starren. Als die → Dúnedain um 1050 DZ erstmals den Harfüßen begegneten, nannten sie sie Halblinge (Periannath auf Sindarin, Einzahl Perian), denn damals waren die Dúnedain noch größer als später. Nach den Harfüßen kamen später auch die Falbhäute und die Starren in das Gebiet von → Arnor. 1600 erlaubte ihnen → Argeleb II., König von → Arthedain, in das Gebiet des späteren → Auenlandes zu ziehen; unter Führung der Falbhäute Marcho und Blanco siedelten sich die Hobbits dort 1601 an und blieben dort bis ins Vierte Zeitalter; mit dem Jahr 1601 DZ beginnt auch ihre eigene Zeitrechnung, die Auenland-Zeitrechnung (AZ). Abgesehen von der Großen → Pest von 1636 (35 AZ) und den »Tagen der Not« 2758 bis 2760 (1158–1160 AZ) ging es den Hobbits im Auenland immer besser, beschützt und abgeschirmt von Rest der Welt von → Gandalf und den Dúnedain des Nordens, ohne es zu wissen. Zweimal weiteten sie ihr Wohngebiet aus; 740 AZ siedelte sich die Familie → Altbock im → Bockland an, und 1452 (32 VZ) schenkt König → Aragorn II. ihnen die → Westmark. Zur Zeit des Ringkriegs waren die Hobbits ein gemütliches kleines Völkchen, das es sich gut gehen ließ, die drei Stämme waren zu einem Volk zusammengewachsen, das in Wohnhöhlen, den

→ Smials, lebte. Die Hobbits sprachen einen ländlichen Dialekt des → Westron. Ihre alte Sprache, das → Hobbitisch, fand sich nur noch in einzelnen Wörtern wie etwa »Kuduk«, dem Namen, den sie sich selber gaben; der Name Hobbit war die Verballhornung des Namens, den ihnen die → Rohirrim gegeben hatten, »Holbytla« (»Höhlenbauer«). Als Schrift benutzten die Hobbits die → Cirth, ihr → Kalender war eine Abwandlung des Kalenders von Gondor. Die Gesellschaft des Auenlandes war statisch, ruhig, konservativ; die meisten Hobbits waren gutbürgerlich und alles andere als abenteuerlustig. Ausnahmen bildeten die Familie → Tuk und natürlich → Bilbo und → Frodo Beutlin. Fraglich bleibt bei vielen Hobbits übrigens, wovon sie lebten; zumindest Bilbo und Frodo scheinen keiner geregelten Arbeit nachzugehen. Das Leben wurde ansonsten hauptsächlich durch Verwandtschaftsbeziehungen und gesellschaftliche Regeln bestimmt; es gab keine Regierung. Einer solchen am nächsten kam der Auenländische Rat, dessen Vorsitz der → Thain innehatte, seit 740 immer ein Tuk, der in → Buckelstadt in → Tukland lebte. Dieser war auch »Kriegshauptmann«. Der einzige Hobbit mit einem echten Amt war der → Bürgermeister von Michelbinge. Die beliebteste Wissenschaft war die Ahnenkunde, die beliebteste Freizeitbeschäftigung neben dem Getratsche in Gasthäusern das Pfeiferauchen. Das → Pfeifenkraut der Hobbits fand nach dem Ringkrieg in ganz Mittelerde Verbreitung. In → Gondor waren bis zum Ringkrieg niemals Halblinge gewesen, doch kannte man sie aus Geschichten (oder besser Sagen), so dass → Boromir in → Imladris sofort wusste, womit er es zu tun hatte. Was aus den Hobbits nach dem Ringkrieg wurde, ist nirgendwo niedergeschrieben, doch ist zu vermuten, dass die durch den Mangel und die Not früher eingetretene Verkleinerung sich wieder langsam zurückentwickelte. Schon zu Bilbos Zeit wurde davon gesprochen, dass die jungen Hobbits größer seien als die alten. Möglicherweise hat der → Ent-Trank, der → Merry und → Pippin wachsen ließ, diesen Prozess beschleunigt. Wahrscheinlich sind die Hobbits einfach in den anderen Völkern aufgegangen.

Hobbit-Wehr

Das Ergebnis einer allgemeinen Mobilmachung im → Auenland. Nur in Notzeiten veranlasst, Hauptmann war immer der → Thain.

Hobgoblins

Eine Abart der → Orks, die → Gandalf einmal erwähnt, um → Bilbo zu ängstigen (nur in der englischen Ausgabe von »The Hobbit«; Orks sind im Englischen *Goblins*)

Hochborn

Ein Dorf in → Rohan

Hochdei

Archaische Form des Names des letzten und siebenten Tages in der Woche im → Kalender der → Hobbits, entspricht unserem Freitag; der Festtag in der Woche

Hochelben

Die Calaquendi, die »Elben des Lichts«, alle → Elben, die in → Aman lebten oder einst dort gelebt hatten, also alle, die das Licht der → Zwei Bäume von Valinor gesehen hatten, auch Amanyar oder Tareldar genannt oder auch Hohes Volk des Westens, manchmal synonym mit → Eldar gebraucht. Jene Elben, die die Zwei Bäume von Valinor gesehen hatten, sollte man nach Aussagen mancher Erzähler an einem ganz besonderen Leuchten in den Augen erkennen können.

Hochelbisch

Die → Sprache → Quenya, manchmal auch Hoch-Eldarin genannt

Hoch-Eldarin

Die → Sprache → Quenya

Hoch-Faroth

→ Taur-en-Faroth

Hochmoore

Nördlichste Landschaft im Nordviertel des → Auenlandes

Hochsprache

Die → Sprache → Quenya, manchmal auch Hoch-Eldarin genannt

Hochtag

Zur Zeit des → Ringkrieges Name des letzten und siebenten Tages in der Woche im → Kalender des → Auenlandes, entspricht unserem Freitag, ist aber anders als bei uns der Festtag in der Woche, so gesehen eher der Sonntag.

Hogg

Name eines alten Bauern, der vor dem Freunde suchenden Einsiedel-Troll im Gedicht → »Luftikus« wegläuft

Hohe Königin der Noldor

Von manchen Elben wurde → Galadriel im → Dritten Zeitalter als die Hohe Königin der → Noldor betrachtet (→ Hoher König der Noldor).

Hohe Schiffe, hohe Herrscher

Beginn eines Liedes, das → Gandalf singt, als er mit → Pippin unterwegs ist; es geht um die Ankunft der → Dúnedain in → Mittelerde, um → Elendil, → Isildur und → Anárion, die mit neun Schiffen kamen und die sieben → Palantíri mitbrachten.

Hohe See

Eine Bezeichnung für das Große Meer → Belegaer

Hohe Sprache

Die → Sprache → Quenya

Hohe Stadt

Bezeichnung für die Zitadelle von → Minas Tirith

Hohe Völker

Auch Völker des Westens: So bezeichnet man in → Gondor die → Númenórer und alle Völker, die von ihnen abstammen, dies erklärt → Faramir (II) einmal → Frodo im → »Herrn der Ringe«.

Hoher Hag

Eine hohe dichte Hecke, die → Bockland vom → Alten Wald abgrenzt, etwa 30 Kilometer lang, von der Familie → Brandybock als Abwehr gegen den Wald gepflanzt; wo die Große → Oststraße hindurchführte, stand das Bockland-Tor

Hoher König aller Elben

→ Ingwe

Hoher König der Menschen

Nur → Elendil trug diesen Titel, da er der einzige König war, der beide Königreiche der → Dúnedain beherrschte, → Arnor und → Gondor, er wurde auch Hoher König von Arnor und Hoher König von Gondor genannt. Es gab später Könige von Gondor, die sich »Hoher König« nannten, doch war dies eine Anmaßung. Erst → Aragorn II. Elessar und seine Nachfolger konnten diesen Titel wieder mit Recht führen.

Hoher König der Noldor

Titel des Oberhauptes des → Noldor in → Mittelerde nach der Rückkehr aus

→ Aman, nicht zu verwechseln mit dem Königtum über alle Elben. Dies hatte nach allgemeinem Verständnis immer → Ingwe inne; für die Elben in → Berleriand nahm dies auch → Thingol für sich in Anspruch, ohne jedoch allgemein anerkannt zu sein. König der Noldor in Mittelerde war vom → Abstammungsrecht her zunächst → Feanor, doch nahm er diesen Titel nie in Anspruch. Vom Jahre 1 EZ bis 455 war → Fingolfin hoher König, nach seinem Tod bis 473 → Fingon. Ihm folgte → Turgon (bis 511), nach dessen Tod Fingons Sohn → Gil-galad, der diesen Titel am längsten trug, über 3500 Jahre, bis zu seinem Tod 3441 ZZ. Danach blieb kein Nachkomme von Feanor oder Fingolfin in Mittelerde, deshalb wurde → Galadriel von vielen Elben als die Hohe Königin aller Noldor in Mittelerde im → Dritten Zeitalter angesehen.

Hoher König von Arnor
→ Hoher König der Menschen

Hoher König von Gondor
→ Hoher König der Menschen

Hoher Nazgûl
So wurde der Herr der → Nazgûl, der schwarze → Hexenkönig, von seinen Untergebenen genannt.

Hoher Pass
Pass über das → Nebelgebirge östlich von → Imladris, in → Sindarin »Cirith Forn en Andrath«, genannt auch »der hochaufsteigende Pass des Nordens«

Hohes Tor
das → Bockland-Tor

Hohes Volk des Westens
die → Hochelben

Hohlbau
Übersetzung von »Novrod«, dem ursprünglichen Namen der Zwergenfestung → Nogrod

Hohlburg
Übersetzung von »Nogrod«, dem Namen einer Zwergenfestung

Höhle der stürmischen Winde
Die Stelle, an der der → Sirion beim Wall von → Andram unter der Erde verschwand

Höhlen der Vergessenen
Verließe in Aman, in denen angeblich Ar-Pharazôn und seine Soldaten eingekerkert sein sollen bis zum → Tag des Schicksals (sie wurden unter Bergen begraben)

Höhlenbär
Am Nordpol lebt der älteste Bär dieser angeblich ausgestorbenen Art, und er ist viele Jahrhunderte alt, wie man in → »Die Briefe vom Weihnachtsmann« nachlesen kann.

Höhlenfüchse
Verwandte des → Höhlenbären, der am Nordpol lebt, besuchen diesen hin und wieder, wie man in → »Die Briefe vom Weihnachtsmann« nachlesen kann.

Höhlenmann der Grünhändige, Höhlenmann Grünhand
→ Hobbit aus → Hobbingen im → Auenland, geboren 1210 AZ, Gründer der Familie → Grünhand

Höhlenmann Hüttinger
Höhlenmann → Kattun

Höhlenmann der Alte
So nannte man in → Hobbingen den alten Holman → Grünhand.

Höhlentrolle
Eine Variante der → Bergtrolle

hókiri (Quenya)
»(etwas) abschneiden«

Holbytla
»Höhlenbauer« in der Sprache der → Rohirrim: die → Hobbits

Holdwine der Mark
Ehrentitel, den → Éowyn und → Éomer dem → Hobbit → Merry beim Abschied geben, bedeutet etwa »Beschützer«

hollen (Sindarin)
»geschlossen«

Hollin
→ Eregion

Holm, Sir Ian
Der Darsteller von → Bilbo Beutlin im → Film von Peter → Jackson wurde am 12. September 1931 in Goodmayes in England geboren. In der BBC-Hörspielfassung des »Herrn der Ringe« von 1981 sprach er den Frodo. 1998 wurde cr von der Queen zum Ritter geschlagen, er ist in vierter Ehe verheiratet mit Penelope Wilton. Holm spielte in rund 50 Filmen, u. a. in:
»A Midsummer Night's Dream« (1968)
»Nikolaus und Alexandra« (1971)
»Maria Stuart, Königin von Schottland« (1972)
»The Homecoming« (1973)
»Robin und Marian« (1976)
»Alien« (Das unheimliche Wesen aus einer fremden Welt) (1979)
»Time Bandits« (1981)
»Die Stunde des Siegers« (1981)
»Greystoke – Die Legende von Tarzan, Herr der Affen« (1984)
»Das wahre Leben der Alice im Wunderland« (1985)
»Wetherby« (1985)
»Heinrich V.« (1989)
»Hamlet« (1990)
»Kafka« (1991)
»Pesthauch des Bösen« (1993)
»Mary Shelley's Frankenstein« (1994)
»Das Fünfte Element« (1997)
»Das süße Jenseits« (1998)
»Lebe lieber ungewöhnlich« (1998)
»Animal Farm« (1999)
»eXistenZ« (1999)

Holman
englischer Vorname bei den → Hobbits: Höhlenmann

Holman the greenhanded
→ Höhlenmann der Grünhändige

Holywell Street No. 99
Wohnung in → Oxford von John Ronald Reuel → Tolkien, Edith und Priscilla von 1950 bis 1953, ein stilvolles Haus des Merton College

Hommage an Tolkien
→ Epigonen

Homosexualität
→ Frauen, Frauenbild

Hopplahopp
Beginn eines Liedes von → Tom Bombadil

Hörbücher, Hörspiele, HörVerlag
Es gibt natürlich Hörspielfassungen von Tolkien beiden verbreiteten Werken → »The Hobbit« und → »The Lord of the Rings«. Eine erste Hörspiel-Dramatisierung des »Herr der Ringe« gab es bereits 1955, das nicht erhältlich ist. 1968 produzierte die BBC ein sehr schönes Hörspiel »The Hobbit«, 1981 folgte das legendäre

Hörspiel »The Lord of the Rings«, dem die deutsche Produktion »Der Herr der Ringe« (Südwestfunk/Westdeutscher Rundfunk 1991/92) nicht nachsteht (weitere Angaben zu allen hier erwähnten Werken im Literaturverzeichnis). Hörerlebnisse besonderer Art bieten die »J.R.R. Tolkien Audio Collection«, auf der sowohl Lieder von Donald → Swann zu hören sind wie auch von Tolkien selbst gelesene Ausschnitte aus »The Lord of the Rings« und »The Hobbit«, und die »Poems and Songs of Middle Earth« mit William Elvin als Sänger und Komponist Donald Swann am Klavier sowie Tolkien als Rezitator einiger seiner Gedichte. Schließlich gibt es zahlreiche »einfache« Hörbücher oder Audiobooks, bei denen der Text der Werke gelesen wird. Auf Englisch liegen neben »The Hobbit« und »The Lord of the Rings«, jeweils in mehreren Fassungen, das »Silmarillion« vor, »Farmer Giles of Ham and Other Stories«, »Letters From Father Christmas«. Im Deutschen gibt es als gelesene Fassung nur »Der kleine Hobbit« (die Übersetzung von Walter → Scherf). Die deutschen Ausgaben wie auch einige der englischen sind in Deutschland im HörVer-

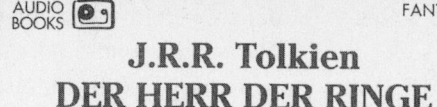

Das deutsche Hörspiel zum »Herrn der Ringe« von 1991/92, Cassettenausgabe des HörVerlages von 1994

Das englische Hörspiel zum »Herrn der Ringe« von 1981, CD-Ausgabe des HörVerlages von 1999

lag erschienen. Dieser entstand 1993 als Kooperationsprojekt von acht Verlagen, darunter Schott, Suhrkamp, Hanser, Suhrkamp, Kiepenheuer & Witsch und → Klett-Cotta, um Literatur, Sachthemen und Kinderprogramme auf Tonträgern (MC und CD) unter dem Begriff »Audio-Book« zu vermarkten. Im Mai 1995 startete man mit 40 Titeln, darunter »Sofies Welt« nach Jostein Gaarder, das bis Ende 1995 bereits 25 000 Mal verkauft war. Im Dezember 2000 waren bereits über 400 Titel lieferbar, darunter die englischen und deutschen Hörspiele nach Tolkiens »Herr der Ringe«. Im Juni 2001 stand »Der Herr der Ringe« auf Platz 6 der Verkaufsliste, »Der Hobbit« auf Platz 7, beide mit rund 30 000 Exemplaren. Es bleibt abzuwarten, ob Tolkien sich hier durch den Hype um den Film weit nach vorne bewegen wird; bis zum dritten Platz gibt es kaum große Unterschiede in den Verkaufszahlen, auf dem zweiten Platz aber bringt es »Sofies Welt« auf rund 110 000 Exemplare, und ungeschlagen führt natürlich Joanne K. Rowling mit Harry Potter und insgesamt über 920 000 Exemplaren (Band 1 ca. 265 000 Exemplare, Band 2 ca. 245 000, Band 3 ca. 260 000 Exemplare, Band 4 ca. 150 000).

Horn
Name eines Reiters aus → Rohan, gefallen auf den → Pelennor-Feldern

horn (Sindarin)
»getrieben, unter Druck«

Horn aus dem Drachenhort
das → Horn der Mark

Horn der Mark
Ein kleines silbernes, reich graviertes Horn mit eigener → Magie: Wenn man es bläst, bekommen die Feinde Angst, und Freunde werden herbeigerufen. Es stammt aus dem Hort des → Drachen → Scatha, den einst → Fram erschlagen hatte. → Éowyn schenkte es nach dem → Ringkrieg zum

So ähnlich könnte das Horn der Mark ausgesehen habe. Ulrike Schneidewind

Abschied → Merry Brandybock als Zeichen der Dankbarkeit und Freundschaft. Es wurde danach in Bockland an jedem 2. November bei Sonnenuntergang geblasen, und danach gab es eine große Feier.

Horn der Zwerge
das → Horn der Mark

Horn des Drachen
das → Horn der Mark

Horn von Gondor
Traditionell stets an den ältesten Sohn der Herrscher von → Gondor vererbtes Horn, deshalb während des Ringkriegs → Boromirs Horn

Horn von Rohan
das → Horn der Mark

Hornbläser, Tanta
Geburtsname einer → Hobbitfrau aus dem → Auenland *(Tanta Hornblower)*, verheiratet mit Largo → Beutlin, Urgroßmutter von → Frodo

Hornburg
Alte Festung und Fluchtburg im westlichen → Rohan, in den nördlichen Ausläufern der → Ered Nimrais, am Eingang zu → Helms Klamm, erbaut auf dem Hornfelsen von → Gondor zu Beginn des Dritten Zeitalters. Hieß bei den → Rohirrim zunächst Sûthburg (»Südburg«), ab der Zeit von → Helm Hammerhand Hornburg, da in Helms Klamm häufig Helms Horn erklang.

Hornfelsen
Felsen, auf dem die → Hornburg erbaut ist

Hornruf von Bockland
Alarmzeichen in → Bockland, nur in Zeichen der Not eingesetzt

Hornsea
Ort, in dem Edith → Tolkien im Frühjahr und Sommer 1917 lebte

Hörspiel
→ Hörbücher

Hort, der
Das Gedicht → »Der Hort«

hortha (Sindarin)
»anspornen, antreiben«

host (Sindarin)
»roh, grob«

hosta (Quenya)
»sammeln, anhäufen«

Hoth (Quenya und Sindarin)
»Horde, Meute«, im eher negativen Sinn auch »Volk«

hótuli (Quenya)
»fortkommen, entkommen«

Howe, John
Einer der bekanntesten Tolkien-Illustratoren, ein Kanadier, der mit seiner Familie in der Schweiz lebt. Einer breiteren Öffentlichkeit wird er sicher auch bald bekannt werden, da er für die konzeptionelle Gestaltung und das Design des → Films von Peter → Jackson zuständig ist. Howe ist hervorragend bei Landschafts- und atmosphärischen Bildern, lebende Wesen und vor allem Handlungsszenen gehören nicht zu seinen Stärken. Hier eine Auswahl der Werke, an denen Howe beteiligt war: zahlreiche Tolkien-Kalender und ähnliche Werke, zuletzt für 2001 »Calendar With Poster: The Lord of the Rings« und »The Tolkien Diary 2001« (beide HarperCollins), → Brettspiele wie »Der Herr der Ringe« (2000) und »Der Herr

der Ringe – Die Feinde« (2001) von Reiner Knizia sowie »Der Herr der Ringe – Die Suche« von Peter Neugebauer (2001, alle drei im Kosmos-Verlag, Stuttgart), das 3-D-Buch »The Hobbit 3D: a Three-dimensional Picture Book« (London 1999), neu gezeichnete Karten wie »Die Karte von Mittelerde« (1994), »Die Karte von Wilderland« (1995) und »Die Karte von Beleriand und den Ländern des Nordens« (2001, alle drei mit Brian Sibley), und natürlich viele Illustrationen zu Tolkien-Ausgaben.

hravan (Quenya)
»wild«

Hráve (Quenya)
»Fleisch«

Hresta (Quenya)
»Ufer, Küste«

Hríve (Quenya)
»Winter«: Name der letzten, 72 Tage langen Jahreszeit im → Kalender der Elben von → Imladris, entspricht bei uns etwa der Zeit von Mitte November bis Ende Januar. Auch allgemeine Bezeichnung für den Winter.

Hroa (Quenya)
»Körper, Materie«: Wenn die → Elben »die Welt leid« waren oder getötet wurden, verloren sie nur den Körper »Hroa«, während ihr »Fea«, der Geist oder die Seele, in die → Hallen von → Mandos einging und nach einer frühen Konzeption von Tolkien sogar wiedergeboren werden konnte.

Hróta (Quenya)
»(künstliche) Höhle, (gehauene) Halle, unterirdische Wohnung«

Hû (Sindarin)
»Hund«

Huan (Sindarin)

»großer Hund«: der größte aller Hunde, die jemals in → Mittelerde lebten, ein riesiger, nicht alternder und nie schlafender Wolfshund aus → Valinor, den → Orome einst → Celegorm geschenkt hatte, genannt auch der »Hund von Valinor und der »Führer der Hunde von Hisilóme«. Da er seinem Herrn bei der Revolte der → Noldor gegen die → Valar treu blieb, wurde er vom → Fluch von Mandos mitbetroffen. Er wurde verurteilt, nur dreimal sprechen zu dürfen – er verstand alles –, und schließlich beim Kampf mit dem größten aller Wölfe zu sterben. Um → Beren und → Lúthien zu helfen, sagte er sich von Celegorm los. → Sauron verwandelte sich in einen riesigen Wolf, um ihn zu töten, doch war Huan stärker, unempfindlich gegen Gift und Zauberei. Sauron wurde von ihm bezwungen und musste → Tol-in-Gaurhoth aufgeben. Bei der großen → Wolfsjagd auf → Carcharoth 468 EZ aber erfüllte sich Huans Schicksal; er und der riesige Wolf töteten sich gegenseitig.

Hûb (Sindarin)

»(kleiner) Hafen«

Hucki

Einer der drei → Trolle in → »The Hobbit« (Name in der → Neu-Übersetzung von Wolfgang Krege, in der alten Übersetzung von Walter Scherf heißt er wie im Original Bill Huggins, Kurzform von William)

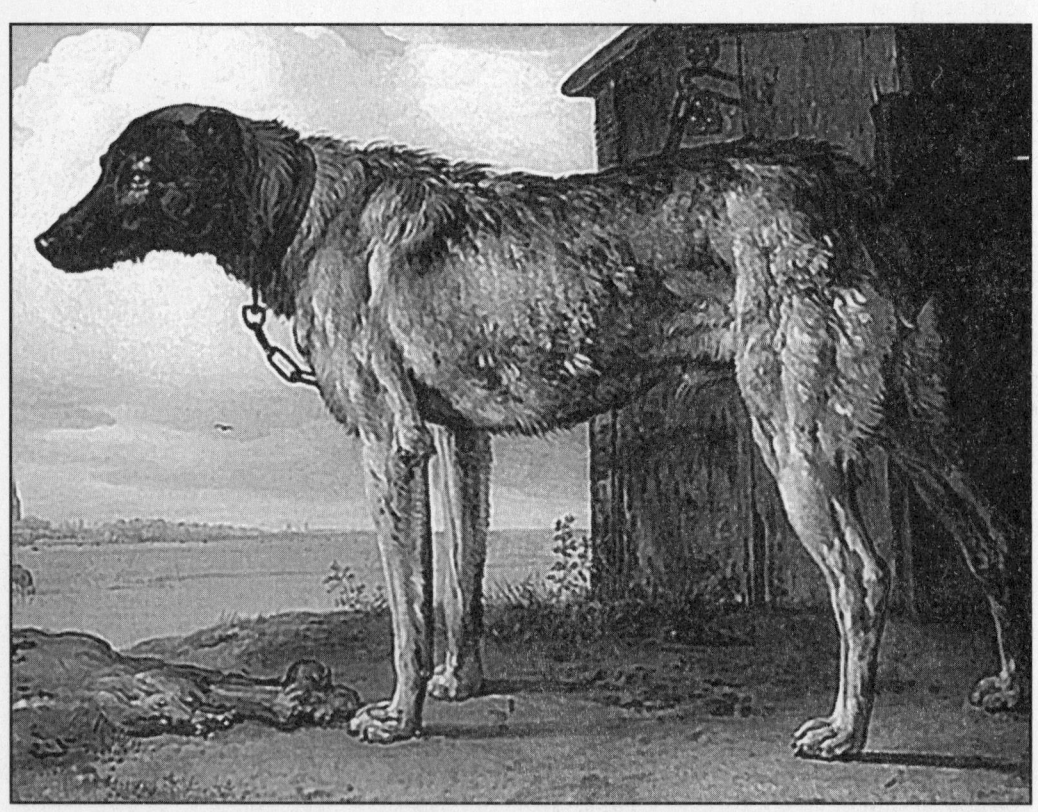

Ein solcher irischer Wolfshund mag Tolkien als Vorbild für Huan vor Augen gestanden haben – vielleicht kannte er das Gemälde des englischen Malers Paulus Potter (ca. 1650-1652). (Eremitage, St. Petersburg, Foto: Friedhelm Schneidewind)

Hûd (Sindarin)
»Versammlung, Gesellschaft«

Hügel der edlen Dame
→ Haudh-en-Arwen

Hügel der Erschlagenen
→ Haudh-en-Ndengin

Hügel der Späher
→ Amon Ethir

Hügel der Tränen
Der Haudh-en-Nírnaeth, ein anderer Name
für den → Haudh-en-Ndengin

Hügel der Trolle
Zeichnung mit Bleistift, schwarzer und
roter Tusche von Tolkien für das 2. Kapitel
von → »The Hobbit«, entstanden wohl 1936
oder ziemlich früh 1937: Blick auf den
Wald, aus dem das Lagerfeuer der → Trolle
hervorleuchtet

Hügel des Elbenmädchens
→ Haudh-en-Elleth

Hügel des Todes
Der Grabhügel von → Finwe Nóleme

Hügelgräber-Geister
Die → Grabunholde, die in den Gräbern auf
den → Hügelgräberhöhen lauern

Hügelgräberhöhen
Höhen südlich des → Alten Waldes, auf
denen sich die Grabhügel der letzten
→ Dúnedain von → Cardolan befanden, die
sich nach der Eroberung ihres Landes durch
den → Hexenmeister von Angmar hierher
geflüchtet hatten. Es gab hier auch menschliche Gräber aus dem → Ersten Zeitalter,
gekennzeichnet durch Steinkreise oder
große Steinblöcke; es ist unklar, ob diese

von Vorfahren der Menschen stammten, die
nach → Beleriand wanderten, oder von solchen, die in → Eriador blieben. In den Gräbern siedelten sich um 1636, nach der
Großen → Pest, → Grabunholde an, mit
denen es später → Frodo und seine Gefährten zu tun bekamen.

Hügelland
Ein Name für → Eregion

Hügelmenschen
Ein Menschen-Volk, das in den → Ettenöden lebte, verbündet mit → Angmar

Huggins, Bill
Einer der drei → Trolle in → »The Hobbit«, → Bill Huggins

Hui (Quenya)
»Nebel, Düsterheit«

Huine (Quenya)
»Dunkel, Finsternis«

Hûl (Sindarin)
»Kriegsschrei«

Hull
Ort, in dem John Ronald Reuel → Tolkien
1918 zeitweise als Leutnant stationiert war,
während Edith in Roos lebte. Aus den
gemeinsamen Waldspaziergängen, bei denen Edith für Ronald sang und tanzte, entstand hier das zentrale Thema des Silmarillion: die Geschichte von → Beren und
→ Lúthien.

Hulstbaum
→ Stechpalme

Hulsten
»Land der Hulstbäume, der Stechpalmen«:
→ Eregion

Hulstentor

das Westtor von → Moria, von dem aus eine direkte Straße nach → Eregion (Hulsten) führte

Humarni

In den frühen Geschichten von Tolkien ein Name für die → Dunkelelben (HIS 1)

Hummerhorn

Gegen diesen »erfundenen« Feind kämpft der Held im Gedicht → »Irrfahrt«.

Humpel

Eines der Ponys von → Frodo und seinen Gefährten, die in den → Hügelgräberhöhen verloren gehen und die → Tom Bombadil wiederfindet; dabei gibt er ihm diesen Namen

Humpty Dumpty

In der Geschichte → »Roverandom« kurz erwähnte Fantasie-Figur aus einem englischen Kinderreim: Humpty Dumpty, ein rieseiges lebendes Ei, fällt von einer Mauer und zerbricht. Berühmt geworden durch »Alice hinter den Spiegeln« von Lewis Carroll (1832–1898), 1941 wieder aufgegriffen von James Joyce in »Finnegans Wake«.

Hûn (Sindarin)

»Herz« (das Körperorgan)

Hund, Hunde

Obwohl Tolkien nie selber einen Hund hatte, kommen immer wieder Hunde in seinen Werken vor. In → Mittelerde wird → Huan zum Retter in der Geschichte von → Beren und → Lúthien, in der Geschichte → Bauer Giles von Ham spielt → Garm eine wichtige Rolle, und in → »Roverandom« ist die Hauptfigur ein Hund; dort gibt es auch eine → Insel der Hunde, einen geflügelten Mondhund und einen Meerhund.

Hund von Valinor

→ Huan

Hunthor

Mann aus → Brethil, begleitete → Túrin 501 EZ beim Angriff auf → Glaurung, von einem herabfallenden Stein in der → Cabed-en-Aras erschlagen

Huor

Sohn von → Galdor von Dor-lómin, Bruder von → Húrin, Gemahl von → Rian und Vater von → Tuor. Geboren 444 EZ. Kam mit seinem Bruder in seiner Jugend nach → Gondolin. Fiel 473 in der → Nírnaeth Arnoediad, als er den Rückzug von → Turgon deckte, prophezeite vorher noch das Kommen der Hoffnung der Elben, seines Enkels → Earendil.

Huorn (Sindarin)

»belebter Baum, Baum mit Geisteskraft«: ein → Baum, in dem noch die den → Olvar einst von → Yavanna verliehene Fähigkeit lebte, sich zu bewegen und zu wehren, z. B. der → Alte Weidenmann. Möglicherweise waren einige von ihnen auch »baumisch« gewordene → Ents. Die Huorns aus dem → Fangorn-Wald marschierten während des Ringkrieges unter der Führung der Ents gegen → Isengard. Tolkien schrieb diese Szene, weil er enttäuscht war, wie Shakespeare in Macbeth den Wandernden Wald einsetzte; er wollte Bäume wirklich kämpfen lassen. In den Ents und Huorns nimmt Tolkiens lebenslange Hochschätzung für Bäume Gestalt an.

Hûr (Sindarin)

»Geisteskraft, Vitalität, Energie«

Húrin

Sohn von → Galdor von Dor-lómin, Bruder von → Huor, Gemahl von → Morwen und Vater von → Túrin und → Niënor. Herr von Dor-lómin, genannt Thalion, »der Standhafte«. Geboren 440 EZ. Kam mit seinem Bruder in seiner Jugend nach → Gondolin. In der → Nírnaeth Arnoediad 473 nach heldenhaftem Kampf gefangen genommen; sein Schlachtruf »Aure entuluva!« (Es soll wieder Tag werden!) wurde legendär. → Morgoth hielt ihn fast 30 Jahre lang auf → Thangorodrim gefangen, und Húrin musste von dort aus das unglückliche Schicksal seiner Kinder anschauen. Nach seiner Freilassung 502, ein Jahr nach dem Tod von Túrin, erschlug er → Mîm in → Nargothrond und brachte → Thingol das → Nauglamir. → Melian gelang es, ihn vom Banne Morgoths zu erlösen und ihm die Wahrheit über die Geschehnisse um Túrin und Niënor zu zeigen. Er traf seine Frau an der → Cabed-en-Aras und begrub sie dort; im Jahre 503 soll er sich ins Große Meer → Belegaer gestürzt haben. Húrin ist neben Túrin die tragischste Gestalt bei Tolkien; er schrieb die »Geschichte der Kinder Húrins« als zweite Geschichte des → »Buches der Verschollenen Geschichten« bereits im Spätsommer 1917.

Húrin der Lange

→ Dúnedain, Fürst aus → Gondor, Schlüsselbewahrer von → Minas Tirith, kämpfte in der Schlacht auf den → Pelennor-Feldern, hatte den Befehl über → Minas Tirith, während die → Armee des Westens → Morannon angriff. Genannt auch Húrin von den Schlüsseln, Herr der Schlüssel

Húrin I.

→ Dúnedain, 5. Herrschender → Truchsess von → Gondor (2204–2244 DZ)

Húrin II.

→ Dúnedain, 14. Herrschender → Truchsess von → Gondor (2605–2628 DZ)

Húrin von den Schlüsseln

→ Húrin der Lange

Húrin von Emyn Arnen

Truchsess (1621–1634 DZ) von König → Minardil von → Gondor; von ihm leitete sich das Haus der → Truchsesse von Gondor her

Hüter des Großen Tores

der Elbenfürst → Ecthelion (von der Quelle)

Hütte des verlorenen Spiels

→ Mar Vanwa Tyaliéva

Hütter

→ Katner

Hüttinger

→ Hobbitfamilie aus dem → Auenland, englisch *Cotton*, in der neuen Übersetzung des »Herrn der Ringe« wurde daraus → Kattun; unter diesem Namen sind alle Mitglieder zu finden

Hüttner

→ Katuner

Hvendi

In frühen Entwürfen von Tolkien eine → Sprache der Menschen im → Ersten Zeitalter, die dem Altnordischen ähnelt

Hwand (Sindarin)

»Pilz«

Hwest (Sindarin)

»Hauch, Windstoß, Brise, Atem«

Hwesta (Quenya)

»Hauch, Windstoß, Brise, Atem«, auch Name des → Tengwar-Zeichens Nr. 12, ᴞ, das ursprünglich für ein stimmloses w stand, in Sindarin für chw.

Hwesta sindarinwa (Quenya)
»Grauelben-Hwesta«: Name des → Tengwar-Zeichens Nr. 34, ⅃, das nur im → Sindarin für ein stimmloses w benutzt wurde

Hwîn (Sindarin)
»Schwäche, Schwindel«

Hwind (Sindarin)
»Wirbel, Quirl, Strudel«

hwinia (Sindarin)
»wirbeln, quirlen«

Hyanda (Quenya)
»Klinge, Pflugschar«

Hyando (Quenya)
»Spalter, Schwert«

Hyar
»Süden« in Wortzusammensetzungen, z. B.
in → Hyarnustar

Hyarastorni
Region in → Númenor, im 10. Jahrhundert
ZZ Herrschaftsgebiet von → Hallatan

Hyarmen (Quenya)
»Süd, Süden, links«, auch der Name des
→ Tengwar-Zeichens Nummer 33, λ, das
ursprünglich für »hy«, später für »h« stand;
in → Mittelerde in fast allen Sprachen das
Kurzzeichen für die → Himmelsrichtung
Süden

Hyarmendacil I.
»Südsieger«: → Dúnedain, 15. König von
→ Gondor (1015–1148 DZ) und der letzte
der → »Schiffskönige«, trat seine Herr-
schaft an unter dem Namen Ciryaher
(»Schiffsherr«), nannte sich nach einem
großartigen Sieg über die → Haradrim, die
seine Oberherrschaft anerkennen mussten,
Südsieger. Unter seiner Herrschaft war
Gondor auf dem Höhepunkt seiner Macht
und reichte im Norden bis nach → Cele-
brant und an den → Düsterwald, nach
Westen bis zum → Gwathló, nach Osten bis
zum Binnenmeer von → Rhûn und nach
Süden bis zum Fluss → Harnen und nach
→ Umbar.

Hyarmendacil II.
»Südsieger«: → Dúnedain, 24. König von
→ Gondor (1540–1621 DZ), trat seine Herr-
schaft an unter dem Namen Vinyarion an,
nannte sich nach einem Sieg über die
→ Haradrim 1551 Südsieger.

Hyarmentir (Quenya)
»Südwacht, Südsicht«: ein Berg der → Pelori, der höchste Berg südlich von → Valinor

Hyarnustar (Quenya)
»Südwestland«: das südwestliche Vorgebirge von Númenor, wie die anderen Vorgebirge als selbstständige Region angesehen

Hyarrostar (Quenya)
»Südostland«: das südöstliche Vorgebirge
von Númenor, wie die anderen Vorgebirge
als selbstständige Region angesehen

Hyóla (Quenya)
»Trompete, Trompetenstoß«

i (Quenya)
»der, die, das«: bestimmter Artikel und auch dasRelativpronomen

I Cuilwarthon, I Guilwarthon
»Die Toten, die wieder leben«: ein Name für → Beren und → Lúthien, als sie nach Berens → Auferstehung im Land → Dor Firn-i-Guinar lebten

I sang of leaves
Englischer Beginn des Liedes → »*Nama-rië*«

I Sit beside the Fire
Englischer Titel des Liedes → »Am Feuer sitze ich und denk«

Ia (Quenya)
»Leere, Schlucht, Abgrund«, z. B. in → Moria

Iâ (Sindarin)
»Golf, Bucht«, aber auch (wie in Quenya): »Leere, Schlucht, Abgrund«

Iadh (Quenya)
»Baum«

Iaeth (Sindarin)
»Hals, Nacken, Genick«

Iaew (Sindarin)
»Spott, Hohn, Verachtung«

Iant (Quenya und Sindarin)
»Brücke«

Iant laur (Sindarin)
»Alte Brücke«: Brücke über den → Esgalduin an den Nordgrenzen von → Doriath, wahrscheinlich von → Zwergen gebaut

Iâr (Sindarin)
»Blut«

Iarwain (Sindarin)
»der, die Älteste«

Iarwain Ben-adar (Sindarin)
»Der Älteste, ohne Vater«: Name von → Tom Bombadil bei den → Elben

Iath (Quenya und Sindarin)
»Zaun«, z. B. in → Doriath

Iathrim (Sindarin)
»Volk des Zauns«: die → Elben von → Doriath

Iau (Sindarin)
»Spalte, Kluft, Bucht, Golf«

Iaun (Sindarin)
»Heiligtum, Heiliger Platz, Sanktuarium«

iaur (Quenya und Sindarin)
»alt, ursprünglich«, auch »älter, früher«

Iavas (Sindarin)
»Herbst«: 54 Tage lange Jahreszeit im Kalender der → Elben von → Imladris, entspricht etwa unserem August/September, Quenya Yávië

Íbal
Ein Junge aus → Emerië in → Númenor, Sohn von Ulbar, einem Matrosen von → Tar-Aldarion

Ibun

Einer der Söhne des Kleinzwerges → Mim

Ich ging durch die Fluren von Tasarinan

Ein Lied, das der → Ent → Baumbart den → Hobbits → Merry und → Pippin singt, über das Land → Tasarinan, das Land der Weidenbäume. Eine Vertonung von Donald → Swann findet sich im Liederzyklus → »The Road goes ever on« und auf der LP → »Poems and Songs of Middle Earth«.

Ich sang von Laub ...

Beginn des Liedes → »Namarië«

Ich weiß ein paar Reiter

Beginn eines Liedes, das die Elben von → Bruchtal singen bei → Bilbos erstem Besuch (HOB, alte Übersetzung; neu: Was sehen wir da denn)

Idh (Sindarin)

»Ruhe, Rast«

Idhor (Sindarin)

»Nachdenklichkeit«

idhren (Sindarin)

»weise«

Idhril (Quenya)

»sterbliches Mädchen«

Idhrinn (Sindarin)

»Jahr«

idra (Quenya)

»teuer, kostbar«

Idri (Quenya)

»Schatz, Juwel«

Idril (Quenya)

»Liebling, Geliebte(r)«

Idril Celebrindal

»Liebling Silberfuß«: Tochter und einziges Kind des Königs → Turgon von → Gondolin, Gemahlin von → Tuor, Mutter von → Earendil, Muttername → Itarilde. Sie muss noch in Aman geboren sein, denn ihre Mutter kam beim Übergang über die → Helcaraxe ums Leben. Sie heiratete 502 EZ als zweite Elbin nach → Lúthien einen Menschen, Tuor. 503 wurde Earendil geboren. Sie hatte prophetische Fähigkeiten und ließ deshalb einen Fluchttunnel aus Gondolin bauen, 510 floh sie mit Mann und Kind nach der Zerstörung Gondolins zu den → Sirionmündungen. Als Tuor alt wurde, fuhren sie gemeinsam nach → Aman.

Iell (Sindarin)

»Tochter, Mädchen«

Iest (Sindarin)

»Wunsch«

Ilathon

In den mystischen Sprüchen der → Gnome ein Name für → Ilúvatar

Ilbereth

Zu seiner Unterstützung lässt der → Weihnachtsmann im besonders kalten Winter 1935 rote → Elfen kommen, die ihm beim Wiederaufbau helfen sollen. Einer von ihnen ist Ilbereth, der 1936 zum Sekretär des Weihnachtsmannes befördert wird und von da an viele der Briefe des Weihnachtsmannes schreibt, wie man in → »Die Briefe vom Weihnachtsmann« sieht.

Ilbrant

»Brücke des Himmels«: »Regenbogen« in der Sprache der → Gnome

Ilbranteloth

→ Cris Ilbranteloth

Ilfiniol, Ilfrin, Ilfrith
Namen für → Winzigherz

Ilinsor
Einer der → Súruli, der Steuermann des → Mondes

ilka (Quenya)
»gänzend weiß«

Ilkorin
In einer frühen Konzeption von Tolkien die → Sprache der → Ilkorindi. Aus Ilkorin und Noldorin entwickelte sich nach dieser Konzeption erst Sindarin.

Ilkorindi
»Die, die nicht von Kôr sind«: In einer frühen Konzeption von Tolkien jene → Elben, die in → Mittelerde geblieben waren, also nicht in → Kôr in → Valinor lebten, die → Dunkelelben

Illuin
Eine der von Aule geschaffenen → Lampen der Valar, sie stand im nördlichen Teil von → Mittelerde, an der Stelle, wo später das Binnenmeer → Helcar entstand

Illustrationen von Tolkien
→ Bilder

Ilmandur (Quenya)
»Freund, Diener der Hohen Luft«: in einer frühen Konzeption von Tolkien ein Sohn von → Elendil

Ilmare
→ Maia aus → Valinor, die »Zofe« von → Varda, in einer frühen Konzeption die Tochter von → Manwe und Varda

Ilmarin (Quenya)
»Palast der Hohen Lüfte«: der Wohnsitz von → Manwe und → Varda auf dem → Taniquetil.

Ilmen
Die mittlere der drei Schichten der → Atmosphäre aus drei Luftschichten, die Luft, in der sich Sterne, → Sonne und → Mond befinden. Eine Substanz, in der nur die → Ainur oder von ihnen dazu Befähigte atmen können (→ Ilu). In → Valinor reicht diese Schicht bis auf den Boden, und unter → Arda führt sie ganz herum, so dass durch Ilmen Sonne und Mond von Westen nach Osten gebracht werden können. Auch Elenarda genannt, »Sternen-Königreich«, und »Tinwe-malle«, die Sternenstraße. Durch Ilmen reisten die Elbenschiffe, wenn sie den → Geraden weg nach → Aman nahmen.

Ilon
In der Sprache der → Gnome ein Name für → Ilúvatar

Ilsalunte
»Silberschiff«: ein früher Name des Mondes

Ilterendi
Die Fußfesseln, die → Melko angelegt wurden

Ilu
Eine Kurzform für → Ilúvatar

Ilu (Quenya)
»Äther«, die »dünne Luft zwischen den Sternen«, dann identisch mit → Ilmen, aber auch allgemein der »Himmel« (HIS 1). – Tolkien bezieht sich mit dem Begriff Äther auf die Philosophie und → Mythologie der alten Griechen; dort war der Äther die hellstrahlende obere Himmelsluft: »*Zeus kehrte in den Olymp zurück, hielt mit den Göttern Rat und gedachte das ruchlose Menschen-*

geschlecht zu vertilgen. Schon wollte er auf
alle Länder die Blitze verstreuen; aber die
Furcht, der Äther möchte in Flammen gera-
ten und die Achse des Weltalls verlodern,
hielt ihn ab.« Noch der Astronom Tycho
Brahe (1546–1601) sah im Äther die oberste feine Himmelsluft, die er auch »Aurora«
nannte.

Iluqinga (Quenya)
»Bogen des Himmels«: der Regenbogen

Ilurambar (Quenya)
Die Mauern der Welt, eine frühe Version der
→ »Mauern der Nacht«

Ilúvatar
Der oberste, der → Himmelsgott und
Schöpfergott in Tolkiens → Mythologie,
verehrt u. a. von den → Elben und den Menschen von → Númenor, Schöpfer der
→ Ainur und, nach der → Ainulindale, der
Welt, → Ea. Ilúvatar bedeutet »Himmels-
vater«, wird aber auch als → »Allvater«
übersetzt; dem Allvater der → Germanen
ist er auch sehr ähnlich. Genannt auch
→ Eru, → Enu, → Ad Ilon, → Ilon und
→ Ilathon. Wie Allvater oder der Himmelsgott der Juden, Christen oder Muslime
greift Ilúvatar selten in die Geschehnisse
der Welt ein (Ausnahme: die → Umgestaltung der Welt und Versenkung von Númenor). Er lässt seine »Mächte« walten, die →
Valar und → Maiar, also jene Ainur, die sich
in die Welt begeben haben und hier praktisch als → Götter in Erscheinung treten,
auch wenn sie eher → Engel sind, seine
Werkzeuge (dazu und zu den theologischen
Problemen in diesem Zusammenhang
→ Ainur). Er alleine verfügt über die
→ »Unverlöschliche Flamme«, die seit der
Schöpfung das Zentrum von Ea bildet.
(Ganz oder teilweise? Auch hier ließe sich
wieder eine hübsche theologische Diskussion entfachen: Ist Gott in der Schöpfung,
vielleicht sogar identisch mit ihr, wie im
Pantheismus? Oder existiert er neben ihr?
Oder ist sie Teil von ihm? ...) – Ilúvatar
scheint das Schaffen an sich wie auch das
Geschaffene zu lieben – so kann man wohl
seine Großzügigkeit gegenüber → Aule bei
dessen Erschaffung der → Zwerge bewerten. Und er mag scheinbar Überraschungen:
Selbst die höchsten der Valar kennen nicht
alle seine Pläne. – Die → Elben verehrten
Ilúvatar zwar, ihnen standen die Valar
jedoch näher, die viele sogar selber kennen
gelernt hatten. Die Menschen von Númenor bauten Ilúvatar ein Heiligtum auf dem
→ Meneltarma.

Ilúve (Quenya)
»das Ganze, das All«

Ilúve-metta (Quenya)
»Weltende, Weltuntergang«

Ilverin (Quenya)
Name von → Winzigherz, ersetzte Elwe-
nildo

Ilwe (Quenya)
»Himmel«, aber auch die »blaue Luft zwi-
schen den Sternen«, dann identisch mit →
Ilmen (HIS 1, → Ilu)

Ilweran (Quenya)
»Brücke des Himmels«: der Regenbogen

Ilwint
»Gesicht Gottes«: der Himmel in der Sprache der → Gnomen

ilya (Quenya)
»alle«

im (Sindarin)
»zwischen, innerhalb«

Im hellen Westen blüht es schon

Das Lied »*In Western Lands*«, das → Sam zu einer alten Melodie, aber mit eigenen Worten singt, als er im Turm von → Cirith Ungol nach → Frodo sucht – vor allem, um sich Mut zu machen: »*Solang der Tag noch nicht vertan, geb ich den Sieg nicht auf!*« Und tatsächlich findet er dadurch Frodo. Diese Szene erinnert an den Troubadour Blondel de Nesle, der der Sage nach durch Deutschland zog und vor den Türmen der Burgen sang, um den gefangenen König Richard Löwenherz zu finden. Eine Vertonung von Sams Lied findet sich im Liederzyklus → »The Road goes ever on« von Donald → Swann und auf der LP → »Poems and Songs of Middle Earth«, eine weitere Vertonung von Marion Zimmer Bradley auf der CD und im Songbuch → »The Starlit Jewel«, eine weitere auf der CD → »An Evening in Rivendell« der dänischen Gruppe → »The Tolkien Ensemble«.

Im Herd das Feuer leuchtet rot

Ein Wanderlied (*Upon the Hearth the Fire is Red*), das → Bilbo zu einer alten Melodie geschrieben und → Frodo beigebracht hatte (in der alten Übersetzung des »Herrn der Ringe«: Der Herd ist rot von Feuersglut). Eine Vertonung von Donald → Swann findet sich im Liederzyklus → »The Road goes ever on« und auf der LP → »Poems and Songs of Middle Earth«.

Imbar (Quenya)

»Wohnung, Heim«: nur gebraucht für die Erde als Zentrum von → Arda

imbe (Quenya)

»zwischen, innerhalb«

Imin (Quenya)

»Eins«: So hieß der Legende nach der erste → Elbe, der am → Cuiviénen erwachte.

Iminye (Quenya)

»die Erste«: So hieß der Legende nach die erste → Elbin, die am → Cuiviénen erwachte.

Imlach

Sohn von → Marach und Vater von → Amlach

Imlad (Sindarin)

»Spalte, tiefes schmales Tal, schroffe Schlucht«

Imlad Morgul (Sindarin)

»Tal der Hexerei«: das → Morgultal

Imladris

»tiefes Tal der Spalte«: Bruchtal (englisch Rivendell), auch Elbenheim genannt: die Festung von → Elrond in einem verborgenen Tal des → Nebelgebirges. »Das Letzte heimelige Haus östlich des Meeres«, das → Bilbo in → »The Hobbit« kennen lernt und wo er später seinen Lebensabend verbringt, mag nicht wie eine Festung wirken, und doch war es zur Zeit des Ringkriegs eine der sichersten Stätten von → Mittelerde – nicht zuletzt, weil → Elrond den blauen Ring → Vilya trug. Er hatte Imladris 1697 ZZ, nach dem Eroberung von → Eregion durch → Sauron und dem Tod von → Celebrimbor, als Zuflucht und Festung gegründet; als → Frodo dort 3018 DZ eintraf, hatte seine Festung also bereits 4762 Jahre standgehalten. Im Hobbit wirkte es wirklich noch heimelig, und Tolkien hatte es wohl zunächst auch so gedacht. Es gibt keine Zeichnungen von ihm zu Imladris in der späteren Form, aber mehrere zu → Bruchtal, wo er noch die eher putzige Form, die das Elbenheim im Hobbit hat, illustriert. Imladris wird nirgends näher beschrieben, aber da Elrond sich dort im → Zweiten Zeitalter mit einem ganzen Heer verschanzt und einer jahrelangen Belagerung standgehalten hatte, muss es eine ganze Siedlung gewesen sein. Im → Dritten Zeitalter war es eine Zuflucht für Elben und die → Dúnedain, die hier ihre Kinder großziehen lassen konnten (wie → Aragorn) und wertvollen Besitz in Sicherheit wussten, wie → Barahirs Ring, die Bruchstücke des Schwertes → Narsil und das → Szepter von Annúminas. Imladris war eine Keimzelle des Widerstandes gegen Sauron, hier trafen sich Abgesandte aller Völker, wie bei dem Rat von Elrond deutlich wurde, der die Vernichtung des → Herrscherrings beschloss. Nachdem Elrond nach dem → Ringkrieg nach → Aman gegangen war, herrschten in Imladris auf unbestimmte Zeit seine Söhne → Elladan und Elrohir; → Celeborn, der Gatte von → Galadriel, leistete ihnen Gesellschaft. – Tolkien hat einmal erklärt, Imladris stehe für den Hort der Geschichten (es ist so ein Nachfolger der Hütte des verlorenen Spiels, → Mar Vanwa Tyaliéva), für die Bewahrung aller Traditionen des Guten, Weisen und Schönen, eher für das Nachdenken und Überlegen als für das blinde Dreinschlagen. Deshalb müsen alle seine »Helden« auf ihren Pfaden irgendwann diesen Hort der Geschichten und der Musik aufsuchen.

Imloth (Sindarin)
»Tal«

Imloth Melui
Tal in → Gondor, bekannt für seine Rosen

Immertreu
die Blume → Simbelmyne

Immerweiße
Ehrentitel für → Varda

Immerweißer Berg
der → Taniquetil

Imrahil der Schöne
Der Fürst von → Dol Amroth zur Zeit des Ringkrieges, Bruder von → Finduilas und somit Schwager von → Denethor II. von Gondor, nach dessen Tod vorläufiger Regent von → Minas Tirith.

Imram
Gedicht von Tolkien, veröffentlicht in »Time & Tide«, London, am 3. Dezember 1955. Ursprünglicher Titel »The Death of St. Brendan«

Imrath (Sindarin)
»langes, enges Tal«: nur benutzt, wenn eine Straße oder ein Gewässee der Länge nach hindurchführt

Imrath Gondraich (Sindarin)
Das → Steinkarrental

Imrazór
Nach der Überlieferung von → Dol Amroth ein → Númenórer, der die → Elbin Mithrellas geheiratet haben soll, eine Begleiterin der verschollenen → Nimrodel. Von ihrem Sohn Galador stammten alle Fürsten von Dol Amroth ab. Dies wird von → Legolas praktisch bestätigt, als er ihrem Nachfahren → Imrahil Elbenblut bescheinigt.

In (Sindarin)
»Jahr«

In the Willow-meads of Tasarinan
Englischer Titel des Liedes → »Ich ging durch die Fluren von Tasarinan«

In Western Lands
Englischer Titel des Liedes → »Im hellen Westen blüht es schon«

Inc (Sindarin)
»Idee, Einfall, Gedanke«

Incánus
Name von → Gandalf in den südlichen Regionen von Mittelerde, bedeutet entweder »Nordspion« oder »Geisterherrscher«

Inch
→ Zoll

Incledon
Verwandte von Tolkien. May Incledon geborene Suffield war die Schwester von Tolkiens Mutter Mabel → Tolkien, verheiratet mit dem Kaufmann Walter Incledon aus Birmingham. Mit den beiden Töchtern Mary und Marjorie spielte Tolkien während seiner Kindheit, er sprach mit ihnen ihre Sprache → Animalisch und entwickelte mit der jüngeren Schwester Mary die Sprache → Nevbosh.

Ind (Sindarin)
»Meinung, Auffassung«

Indil
»Lilie«

Indis (Quenya)
»Gattin, Ehefrau«: → Vanyar-Elbin, nahe Verwandte von → Ingwe, zweite Ehefrau von → Finwe, Mutter von → Fingolfin, → Finarfin und nach älteren Entwürfen auch noch einiger Töchter, die Finvain, Findis, Írien und Írime hießen. Genannt Indis die Schöne.

Indis i-Kiryamo: Das Weib des Seefahrers
Fragmente zur Geschichte → »Aldarion und Erendis: Das Weib des Seefahrers«

Indor
In früheren Entwürfen der Vater von Peleg, dem Vater von → Tuor, also als Großvater von Eaendel/→ Earendil gedacht, zeitweise auch als Vater von → Aerin angelegt.

Indorildo, Indorion
Ein Beiname von Earendel/→ Earendil als Urenkel von → Indor

indra
»lang« (auch zeitlich) in der Sprache der → Gnome

Indrafang, Indravang
»Langbart« in der Sprache der → Gnome: zunächst Bezeichnung für einen → Zwerg von → Belegost, später für alle Zwerge; Mehrzahl »Indrafangrim«, »Indravangrim«

indraluin
»vor langer Zeit« in der Sprache der → Gnome

Indyo (Quenya)
»Enkel«

Ing
Ein früherer Name von → Inwe

Inga (Quenya)
Einer aus dem Hause von → Ingwe, Mehrzahl Ingar

Ingalaure (Quenya)
»Gold der Ingar«: Muttername von → Finarfin, der das goldene Haar seiner Mutter geerbt hatte

Ingaran (Quenya)
»Hoch-König«

ingem (Sindarin)
»alt, verfallen«

Ingil
Ein Sohn von → Inwe

Ingilmo
Früher, verworfener Name von → Ingil

Inglor

Früher, verworfener Name von → Finrod Felagund

Ingold

Wächter am Nordtor von → Rammas Echor, als → Gandalf nach → Minars Tirith kommt

Ingoldo (Quenya)

»Wichtiger Noldo«: Muttername von → Finrod Felagund

Ingole (Quenya)

»Wissen, Lehre, Wissenschaft«

Ingólemo

»Jemand mit ungeheuer tiefem Wissen«: archaisches Wort, nur gebraucht für große → Zauberer oder Weise

Ingolmo (Quenya)

»Gelehrter«

Ingor (Quenya)

»Gipfel, Bergspitze«

Ingwaiwar

»Volk von Ingwe«: in Tolkiens frühen Entwürfen die Nachfahren der → lben, die → Angelsachsen

Ingwe

Der Fürst der → Vanyar, Hoher König aller → Elben in Aman. Kam als einer der vier → Gesandten der Elben nach Aman, führte sein Volk als erstes dorthin, hauste zunächst in → Tirion, später auf dem → Taniquetil in der Nähe von → Manwe als unumstrittener König aller Elben. Taucht in den Geschichten daher kaum auf.

Ingwi

Ein früher Name für die → Hallen von → Mandos

Inklings

Eigentlich »The Inklings« (»Tintenkleckser«): literarischer Kreis, den Tangye Lean 1931 in → Oxford gründete und zu dem → Tolkien und C. S. → Lewis bald hinzustießen. Zusammenschluss ohne feste Mitgliedschaft, im Zentrum stand Lewis, auch Tolkien nahm fast immer an den Zusammenkünften teil. Weitere bekannte Mitglieder waren Owen Barfield, Charles → Williams, Hugo Dyson und Warren Lewis, ab 1945 auch Christopher Tolkien. Als literarische Vorbilder galten den Mitgliedern u. a. George → MacDonald und K. G. → Chesterton. Bis zum Tod von Charles Williams 1945 fanden jeden Donnerstagabend regelmäßige Treffen statt bei Tee, Bier und Pfeifentabak. 1957 lösten sich die Inklings auf. Ihr Werk wird bis heute wissenschaftlich und literarisch untersucht und gepflegt, z. B. von der → Mythopoeic Society in den USA und der → Inklings-Gesellschaft für Literatur und Ästhetik e. V. in Deutschland. Alle Werke der Mitglieder findet man in der → Inklings-Bibliothek in Aachen, auch solche, die sonst nirgendwo mehr erhältlich sind. – Es gibt auch eine Schriftart und die dazugehörigen Computerzeichensätze namens Inkling.

Inklings-Bibliothek

Zahlreiche Werke der Mitglieder der → Inklings sind auf dem Buchmarkt nicht mehr oder nur noch in Antiquariaten aufzutreiben, manche kann man auch in keiner Bibliothek finden – mit einer Ausnahme: In der Inklings-Bibliothek in Aachen finden sich als einziger Bibliothek in Europa alle Werke aller Inklings-Mitglieder. Wer Mitglied der → Inklings-Gesellschaft für Literatur und Ästhetik e. V. ist, hat kostenlosen Zugang.
Anschrift: Inklings-Bibliothek, Erster-Roter-Haag-Weg, 52076 Aachen

**Inklings-Gesellschaft
für Literatur und Ästhetik e. V.**
Wissenschaftlich und christlich orientierte Vereinigung, die sich mit den Werken der Mitglieder der → Inklings befasst. Mitglied haben kostenlosen Zugang zur → Inklings-Bibliothek.
Kontakt: Irene Oberdörfer,
Wilhelm-Tell-Straße 3, 40219 Düsseldorf

Inrafang
»Langbart« in der Sprache der → Gnome: zunächst Bezeichnung für einen → Zwerg von → Belegost, später für alle Zwerge; Mehrzahl »Inrafangrim«

Insel Balar
→ Balar

Insel der Elben
→ Tol Eressea

Insel der Hunde
→ Insel der verlorenen Hunde

Insel der Könige
→ Númenor

Insel der Seevögel
Eine Insel, auf der → Earendil in früheren Versionen seiner Geschichte landet

Insel der verlorenen Hunde
Auf dieser Insel, an der → Roverandom mit der Möwe vorbeifliegt, sammeln sich alle Hunde, die verschwinden und es verdient haben; eine Art Schlaraffenland für Hunde mit Knochenbäumen. Tolkien verweist vielleicht auf die Insel der Hunde nahe London, eine Landzunge an der Themse, auf der früher königliche Hunde gehalten wurden.

Insel der Werwölfe
→ Tol-in-Gaurhoth

Insel des Westens
→ Númenor

Insel von Balar
→ Balar

Insel Zinnenfels
→ Tol Brandir

Inselelben
Die Elben, die auf Tol Eressea leben

Internet
Im Internet finden sich Tausende von Seiten rund um Tolkiens Werk, vieles davon auf einfachem Fan-Level, aber auch manches auf sehr hohem, manchmal wissenschaftlichem Niveau (Auswahl siehe Literaturverzeichnis). Seit es den Hype um den → Film von Peter → Jackson gibt, ist das Interesse enorm gestiegen. Als New Line Cinema Anfang April 2001 den Trailer ins Netz stelle, luden in sich innerhalb von 24 Stunden fast 1,7 Millionen Menschen herunter. Die offizielle Herr-der-Ringe-Website (www.lordoftherings.net) hatte in den ersten drei Monaten rund 350 Millionen Hits. Anders als bei »Harry Potter« sind die Rechte-Inhaber auch bei inoffiziellen Seiten großzügig, solange damit niemand den schnellen Reibach machen will. Es ist also davon auszugehen, dass sich die Fans noch lange an Seiten wie www.herr-der-ringe-film.de, www.tolkiens-welt.de, www.tolkiengesellschaft.de und www.elbenwald.de erfreuen dürfen.

Inu (Sindarin)
»Frau«

Inwe
In den frühen Entwürfen der Verschollenen Geschichten von Tolkien der König der → Elben von → Kôr, damals noch → Teleri

genannt, später durch → Ingwe abgelöst, den Fürsten der → Vanyar

Inwináre
»Feenland«: ein alter Name für → Eldamar

Inwir
Das königliche Haus, die Sippe von → Inwe, bei den → Teleri, als diese noch die Rolle der → Vanyar innehatten

Inwithiel
Name von → Inwe in der Sprache der → Gnome

inya (Quenya)
→ nya

Inya (Quenya)
»Jahr«

Inye (Quenya)
»ich«

Inzest
Zentrales Thema der Geschichte um → Túrin – und das, was ihn und seine Schwester → Niënor letztendlich in den Tod treibt –, ist ihr Inzest. Ein Geschlechtsverkehr zwischen nahen Verwandten, sowohl auf- und absteigender Linie, wie auch zwischen Geschwistern, Vettern etc., scheint bei den Elben und Menschen in → Mittelerde mit einem starken Tabu versehen zu sein. Auch die erzwungene Hochzeit zwischen → Tar-Míriel und → Ar-Pharazôn gilt deshalb als rechtswidrig, da es sich um eine Verbindung zwischen nahen Verwandten (Vetter und Cousine) handelte – das númenórische Recht verbot Heiraten zwischen Personen, die näher als Vettern zweiten Grades miteinander verwandt waren (über nichtehelichen Geschlechtsverkehr wird nie gesprochen). In historischer Zeit wird und wurde der Umgang mit solchen Verbindungen in unterschiedlichen Kulturen ganz verschieden gehandhabt. Im alten Indien etwa war die Heirat zwischen Verwandten bis zur sechsten Generation untersagt, in Alt-Ägypten hingegen waren Verwandtenehen in der Herrscherfamilie nicht selten, so heiratete Pharao Thutmosis II. (16. Jhdt. v. Chr.) seine Halbschwester Hatschepsut, und Echnaton, Gatte der Nofretete, im 14. vorchristlichen Jahrhundert mindestens 3 seiner eigenen Töchter, mit denen er wiederum Kinder zeugte. Tolkien bewegt sich wohl eher in der jüdisch-christlichen Tradition. Im Alten Testament ist Inzest verboten: *»Keiner unter euch soll sich irgendwelchen Blutsverwandten nahen, um mit ihnen geschlechtlichen Umgang zu haben.«* (3. Mose 18,6) Inzest wird mit dem Tode bestraft: *»Wenn jemand seine Halbschwester nimmt, seines Vaters Tochter oder seiner Mutter Tochter, und sie miteinander Umgang haben, so ist dies Blutschande; sie sollen ausgerottet werden vor den Leuten ihres Volkes.«* (3. Mose 20,17) Dies gilt für den Umgang mit Vater und Mutter, dann aber nur noch für weibliche Verwandte, auch angeheiratete (Homosexualität war sowieso ein todeswürdiges Verbrechen): für Schwiegermutter und -tochter, Schwägerin, Nichte, Tante (3. Mose 18,7–18 und 3. Mose 20,19f). Im Islam gelten ähnliche Regeln (Koran 4,26f), Vetternehen hingegen (zwischen Cousine und Cousin) gelten in traditionsbewussten islamischen Familien als bevorzugt. Dass Inzest, auch Blutschande genannt, bei den frühen Christen als Sünde galt, ist sicher und wird auch in der erzählenden Literatur behandelt. Der deutsche Schriftsteller Felix (Ludwig Julius) Dahn (auch Ludwig Sophus, 1834–1912) schreibt 1876 in seinem Roman »Ein Kampf um Rom«: *»Kaum war ich geboren, da verklagte ein Elender, ein feiger Schurke,*

meine Eltern wegen Blutschande beim Bischof von Florentia. Sie waren katholisch – nicht Arianer – und Geschwisterkinder; ihre Ehe war nichtig nach dem Recht der Kirche und die Kirche gebot ihnen, sich zu trennen.« Ob bei den → Germanen in vorchristlicher Zeit und den ersten nachchristlichen Jahrhunderten Inzest verboten war, ist umstritten; unter dem Einfluß des Christentums wurde der Inzest auf jeden Fall langsam in die Volksrechte aufgenommen, erstmals unter Childebert II. im Jahre 596. In den weltlichen Gesetzen des Mittelalters aber findet Inzest kaum eine Erwähnung. Erst im 15. Jahrhundert gingen die Gerichte dagegen vor, und sowohl die »Bambergische Halsgerichtsordnung« von 1507 wie die »Constitutio Criminalis Carolina« (»Carolina«, »Peinliche Gerichtsordnung«, unter Karl V. zum Reichsgesetz erhoben), das erste allgemeine Strafgesetzbuch, bestätigten diese Praxis. Bis ins 17. Jahrhundert war die Todesstrafe für Inzest üblich, und das Mittelalter weitete das Inzestverbot teilweise bis zum 7. Verwandtschaftsgrad aus. Dies ist erklärbar dadurch, dass das Ziel der Ehe nach mittelalterlichem Verständnis war, *»das Blut fortzupflanzen, ohne daß sich seine Qualität veränderte, ohne daß es, wie man damals sagte, ›degenerierte‹, seine genetische Kraft verlöre«.* (Georges Duby: »Ritter, Frau und Priester«, Frankfurt am Main 1988) Eine »Verschmutzung« des Blutes, seine »Befleckung« konnte die Essenz des Blutes zerstören oder beschädigen, was sich dann fortpflanzen könne – eine Vorstellung, die auch noch heute hinter »modernen« → rassistischen Thesen und Begriffen steht wie dem der »Rassenschande«. – Es gibt durchaus biologische Gründe für das Verbot der Fortpflanzung nah verwandter Menschen. Da in den meisten Völkern und Religionen ein Inzest-Verbot gilt, ist es in der menschlichen Population zu einem hohen Grad von Heterozygotie gekommen: Wir alle tragen in uns eine ganze Anzahl rezessiv nachteiliger Mutationen (»genetische Bürde«), die bei Ehen unter nahen Verwandten mit hoher Wahrscheinlichkeit zu homozygot-rezessivem, das heißt erbkrankem Nachwuchs führen würden; eine solche Folge von Inzucht erlebt man etwa in bayrischen Bergdörfern bei der Häufung des Kropfes. – In Deutschland wird Inzest heute mit Freiheitsstrafe bis zu drei Jahren oder Geldstrafe geahndet (StGB § 173), und zwar nur in der Form des vollzogenen Geschlechtsverkehrs (»Beischlaf zwischen Verwandten«) zwischen »Verwandten aufsteigender Linie« und »Abkömmlingen« sowie zwischen Geschwistern. Auch der Inzest zwischen Großeltern und Enkeln ist danach strafbewehrt. Vettern und Cousinen sind nicht betroffen, inwieweit Halbgeschwister gemeint sind, ist nicht eindeutig. Abkömmlinge und Geschwister werden übrigens nicht bestraft, wenn sie zur Zeit der Tat noch nicht 18 Jahre alt waren. In der DDR galten ähnliche Bestimmungen, und auch in Österreich und der Schweiz ist die Rechtslage ähnlich (§ 211 des österreichischen und Artikel 213 des schweizerischen Strafgesetzbuches).

Wegen unterschiedlicher Lehrmeinungen in Medizin, Psychologie und Biologie über die Schädlichkeit wie auch wegen unterschiedlicher moralischer Auffassungen ist die Strafbarkeit des Inzestes rechtspolitisch allerdings umstritten. Auch in der jüngeren Geschichte herrschen da unterschiedliche Auffassungen und Traditionen.

So beschreibt Johann Gottfried Seume (1763 –1810) in seinem Bericht »Spaziergang nach Syrakus im Jahre 1802« die dortigen Verhältnisse so: *»Wenn man diesen Mann von der Regierung und der Kirchendisziplin sprechen hörte; man hätte Feuer* *vom Himmel zur Vertilgung der Schande flehen mögen. Alles bestätigte seine Erzählung, und bösartige Unzufriedenheit und Murrsinn schien nicht in dem Charakter des Mannes zu liegen. Vorzüglich war die Unzucht der römischen Kirche, nach seiner Aussage, ein Greuel, wie man ihn in dem weggeworfensten Heidentum nicht schlimmer finden konnte. Blutschande aller Art ist in der Gegend gar nichts Ungewöhnliches und wird mit einem kleinen Ablaßgelde nicht allein abgebüßt, sondern auch ungestraft fortgesetzt. Der Beichtstuhl ist ein Kuppelplatz, wo sich der Klerus für eine gemessene, oft kleine Belohnung sehr leicht zum Unterhändler hergibt, wenn er nicht selbst Teilnehmer ist.«* Hingegen spricht Heinrich Heine von *»den abscheulichsten Verbrechen, gleich Vatermord und Blutschande.«* Die Strafbarkeit von Inzest muss übrigens ganz deutlich unterschieden werden von der von Kindesmissbrauch oder des Missbrauchs von Abhängigen! – In vielen → Mythen und Epen spielt Inzest eine Rolle, so etwa in der → Wälsungen-Saga, ebenso in Literatur und Musik. In der Oper »Die Walküre« (1856) von Richard Wagner (1813–1883) schimpft Fricka: *»Achtest du rühmlich der Ehe Bruch, so prahle nun weiter und preis es heilig, daß Blutschande entblüht dem Bund eines Zwillingspaars!«* Auch in der modernen Literatur wird das Thema behandelt, so geht etwa die ganze Geschichte »Wälsungenblut« (1921) von Thomas Mann (1875–1955) um die Beziehung von Schwester und Bruder. Und in einer sehr schönen Fantasy-Trilogie von Tanith Lee besteht das Happy-End darin, dass sich der (unsterbliche) Sohn und die (unsterbliche) Mutter nach Jahren der Suche als Liebespaar finden.

Inziladûn, Ar
→ Tar-Palantir

Inzilbêth
Númenórerin, verheiratet mit → Ar-Gimilzôr, einem Elbenfeind. Nachfahrin von → Tar-Calmacil, war aber heimlich eine Getreue (→ Elendili), denn über ihre Mutter Lindórië stammte sie von den Fürsten von → Andúnië ab. Mutter von Inziladûn, dem späteren → Tar-Palantir, und → Gimilkhad. Bekannt für ihre Schönheit.

io (Sindarin)
»früher, vorher«

Ion (Quenya und Sindarin)
»Sohn von«, z. B. in → Eldarion, → Anárion

Ionnath (Sindarin)
»Alle Söhne«: die männlichen Nachkommen

Ior
»Adler« in der Sprache der → Gnome

Ioreth
Oberste und älteste Pflegerin in den → Häusern der Heilung von → Gondor, stammte aus → Lossarnach, redete gerne und prophezeite viel, von dem manches sogar stimmte

iphant (Sindarin)
»alt« ohne Zeichen von Schwäche

Irensaga
Berg in den → Ered Nimrais, im Norden von → Dunharg

Íreth (Sindarin)
Der Sindarin-Name von → Aredhel

Írien
Nach älteren Entwürfen eine Tochter von → Finwe und → Indis

Irilde

Frühere Form des Namens von → Idril, auch Name der Schwester von → Hallatan von Hyarastorni

Írime (Quenya)

»Die Schöne«: nach älteren Entwürfen eine Tochter von → Finwe und → Indis

Írimon (Quenya)

»Der Gewünschte«: der Geburtsname von → Tar-Meneldur

Írisse (Quenya)

Der Quenya-Name von → Aredhel

Irland

In seinen frühen Entwürfen sprach Tolkien ähnlich wie England auch Irland eine elbische Vergangenheit zu, danach war es einst Iverin, eine Insel vor der Westküste von → Tol Eressea.

Irmo

»Wünscher, Herr der Wünsche, Meister der Wünsche«: der eigentliche Name des → Vala → Lórien

Irrfahrt

Gedicht »Errantry«, erstmals veröffentlicht 1933 in »The Oxford Magazine« (Bd. LII No. 5, 9. November 1933, S. 180, The Oxonian Press, Oxford); Nachdruck als 3. Gedicht in → »The Adventures of Tom Bombadil«, sehr stark verändert als → »Earendil hieß ein Schiffer kühn« im »Herrn der Ringe«. Ein zyklisches Gedicht, das wieder zu seinem Anfang zurückführt, eine Form, die bei den → Hobbits sehr beliebt war. Angeblich von → Bilbo verfasst kurz nach seiner Rückkehr von der Reise, die in → »The Hobbit« beschrieben wird. Die Namen in dem Gedicht klingen zwar elbisch (und sollen dies auch), sind aber alle erfunden. Eine Vertonung von Donald → Swann findet sich im Liederzyklus → »The Road goes ever on« und auf der LP → »Poems and Songs of Middle Earth«.

Isen

»Eisen«: Übersetzung aus Sindarin »Angren« in die Sprache von → Rohan (Altenglisch): Fluss, der vom → Nebelgebirge durch → Nan Curunir, das Tal des Zauberers, und bei den → Furten des Isen durch die → Pforte von Rohan floss. Grenzfluss zwischen Rohan und → Dunland.

Isenfurten

die → Furten des Isen

Isengard (Isengart)

»Eiserne Festung«, Übersetzung aus Sindarin »Angrenost« in die Sprache von → Rohan (Altenglisch): Festung in dem Tal, das zur Zeit des Ringkrieges Tal des Zauberers genannt wurde, → Nan Curunir, am Südrand des → Nebelgebirges. Eine große kreisrunde Mauer von etwa 1500 Metern Durchmesser sicherte den schwarzen Steinturm → Orthanc in der Mitte, das einzige Tor lag an der Südseite; von hier aus führte eine Straße zu den → Furten des Isen. Als die Festung zur Zeit von → Isildur und → Anárion erbaut wurde, war die Ebene bewachsen, es gab Bäche und einen kleinen See. Nach der Übergabe von → Calenardhon an die → Rohirrim blieb die Festung im Besitz von → Gondor, war aber unbesetzt, der → Palantir im Orthanc blieb unbewacht. Ab etwa 2700 war Isengard in der Hand der → Dunländer, bis → Fréaláf sie 2759 vertrieb. Im gleichen Jahr erhielt → Saruman die Erlaubnis, dort zu wohnen. 2963 erklärte er Isengard zu seinem Eigentum und zerstörte alles Leben darum; die Ebene wurde mit Steinplatten gepflastert, er richtete Labors und Werkstätten ein. Nachdem ihn die → Ents im Ringkrieg bezwungen hatten und er vertrieben war, fand → Aragorn im Orthanc den → Elendilmir von → Isildur.

Isenmaul, Isenmünde

Übersetzung von »Carach Angren«, eigentlich »Eiserner Rachen«: Stark befestigter Pass in → Mordor zwischen → Gorgoroth und → Udún, wo die → Ered Lithui und die → Ephel Dúath aufeinandertrafen.

Isfin

In früheren Entwürfen die Schwester von → Turgon und Mutter von → Maeglin, später → Aredhel

Isil (Quenya)

»Silber-Schein«: der → Mond

Isildur (Quenya)

»Diener des Mondes«: der ältere Sohn von → Elendil (geboren 3209 ZZ), mit ihm und → Anárion dem Untergang von Númenor entgangen, gründete mit ihnen gemeinsam 3320 ZZ die Reiche → Arnor und → Gondor. Zunächst gemeinsam mit Anárion König von Gondor, Herr von → Minas Ithil, wo er den → »Weißen Baum von Gondor« pflanzte: Er hatte in seiner Jugend unter Lebensgefahr in Númenor aus den Königsgärten in → Armenelos eine Frucht von → Nimloth gestohlen, dem Weißen Baum von Númenor, ehe → Sauron den Baum vernichten ließ. 3429 eroberte Sauron Minas Ithil; Isildur floh und rettete einen Schössling des Weißen Baums. Er holte Elendil zu Hilfe, während Anárion → Osgiliath und → Minas Anor verteidigte. In der letzten Schlacht beim → Krieg des letzten Bündnisses 3441 war Isildur dabei, als → Gilgalad und Elendil im Kampf mit → Sauron fielen, und er schnitt den → Herrscherring

von Saurons Hand. Gegen den Rat von → Círdan und → Elrond behielt er ihn, statt ihn in den Feuern des → Orodruin, wo er geschmiedet worden war, zu vernichten. Er war nun König von Gondor, doch blieb er noch zwei Jahre in Andor, um seinen Neffen → Meneldil, Anárions Sohn, zu unterweisen. Auf der Rückreise nach Gondor im Jahre 2 DZ wurde er von einem → Orktrupp angegriffen, bei der Flucht verriet ihn der Ring und glitt von seinem Finger, als er unsichtbar durch den → Anduin schwamm. Isildur wurde von Orkpfeilen durchbohrt, seine Leiche nie gefunden, außer vielleicht 1000 Jahre später von → Saruman, denn nach dem Ringkrieg fand → Aragorn im → Orthanc den → Elendilmir und die goldene Kapsel, in der Isildur den Ring aufbewahrt hatte. Der Ring lag Jahrhunderte im Anduin, bis ihn → Déagol 2463 DZ fand, Sméagol ihn raubte und zu → Gollum wurde. Die Rüstung von Isildur hingegen, die er abgelegt hatte, fand man; die Bruchstücke von Elendils Schwert → Narsil brachte Ohtar, einer von Isildurs Knappen, nach → Imladris, wo daraus → Andúril geschmiedet wurde. – Isildur erhob Anspruch auf beide Königreiche, ein Anspruch, den einige seiner Erben einzulösen versuchten, doch erst Aragorn II. gelang es, die beiden Reiche zu vereinen. Isildur war ein ungeduldiger, herrischer Mensch, der selten auf Ratschläge anderer hörte; die Möglichkeit, Sauron mitsamt dem Ring zu vernichten, schlug er in den Elend, und so war er an all dem Übel, das in den nächsten 3000 Jahren über → Mittelerde hereinbrach, zu einem großen Teil mit schuld. – Im → Film von Peter → Jackson wird Isildur von Harry → Sinclair dargestellt.

Isildurs Erben

Die Könige von → Arnor nach → Isildur, dann die von → Arthedain und schließlich

die Anführer der → Dúnedain des Nordens,
bis hin zu → Aragorn.

Die Könige von Arnor:
Valandil († 249)
Eldacar († 339)
Arantar († 435)
Tarcil († 515)
Tarondor († 602)
Valandur († 652)
Elendur († 777)
Earendur († 861)

Die Könige von Arthedain:
Amlaith von Fomost († 946)
Beleg († 1029)
Mallor († 1110)
Celepharn († 1191)
Celebrindor († 1272)
Malvegil († 1349)
Argeleb I. († 1356)
Arveleg I. 1409)
Araphor († 1589)
Argeleb II. († 1670)
Arvegil († 1743)
Arveleg II. († 1813)
Araval († 1891)
Araphant († 1964)
Arvedui Letztkönig († 1975)

Die Stammesführer der Dúnedain:
Aranarth († 2106)
Arahael († 2177)
Aranuir († 2247)
Aravir († 2319)
Aragorn I. († 2327)
Araglas († 2455)
Arahad I. († 2523)
Aragost († 2588)
Aravorn († 2654)
Arahad II. († 2719)
Arassuil († 2784)
Arathorn I. († 2848)
Argonui († 2912)
Arador († 2930)
Arathorn II. († 2933)
Aragorn II. († 120 VZ)

Isildurs Fluch
Ein Name für den → Herrscherring

Isildurs Stein
→ Stein von Erech

Isilme (Quenya)
»Mondschein«, Tochter von → Tar-Elendil,
Schwester von → Silmariën

Isilmo (Quenya)
»Mondschein«, Sohn von → Tar-Súrion,
Vater von Tar-→ Minastir

Isilya (Quenya)
»(Tag des) Mondes«, Name des dritten
Tages in der sechstägigen Woche im
→ Kalender der → Eldar

Island
Die isländischen → Sagas sind eine wesentliche Inspirationsquelle für die Werke und
→ Mythologie von Tolkien. Island ist eine
Nordmeerinsel unmittelbar südlich des
Polarkreises und seit 1944 unabhängige
Republik. Auf der Insel aus jungvulkani-
schen Gesteinen gibt es mehrere aktive
sowie zahlreiche heiße Quellen und Gey-
sire. Von den ca. 103.000 km² ist nur das
Küstengebiet von ca. 44.000 km² bewohn-
bar. Rund 100.000 der etwa 300.000 Islän-
der leben heute in der Hauptstadt Reykjavik,
ca. 93 % sind Lutheraner, 1 % Katholiken.
Besiedelt wurde die Insel seit 870 von Norwegen, Irland und Schottland aus. Um 1000
setzte die Christianisierung ein – die Sagas
sind also zum größten Teil schon zu christlicher Zeit entstanden, dies gilt ganz besonders für die → Edda. 1264 wurde Island norwegisch, 1380 dänisch. Seit 1874 hat es eine
eigene Verfassung, von 1918 bis 1941 war
es Königreich in Personalunion mit Dänemark, seit 1944 ist Island selbstständige
Republik. – In Island entstanden die be-

rühmtesten Sagas, hier spielt auch ein Teil des → Nibelungenliedes.

Ist (Quenya und Sindarin)
»Wissen, Kenntnis«

Ist der Drache verröchelt
Beginn eines Liedes, das die → Elben von Bruchtal (→ Imladris) singen bei → Bilbos zweitem Besuch, nach der Schlacht am → Erebor (HOB, nur in der neuen Übersetzung)

ista (Quenya und Sindarin)
»wissen, kundig sein, kenntnisreich sein, gelehrt sein«

Istar (Quenya)
»Jemand mit weitgehenden Kenntnisses«: → Zauberer, speziell für die → Istari gebraucht, die von → Aman nach → Mittelerde geschickt wurden (Sindarin Ithron).

Istari
»Zauberer« (Mehrzahl von → Istar, Sindarin Ithryn): die → Maiar, die um 1000 DZ von → Aman ausgesandt wurden, um beim Widerstand gegen → Sauron zu helfen, in → Mittelerde meist → Zauberer genannt. Mindestens fünf waren es. denn diese werden genannt, doch heißt es auch, sie seien die Obersten ihres Ordens gewesen (des »Heren Istarion«), so dass es möglicherweise erheblich mehr waren. Als Erster und Oberster wurde → Saruman der Weiße gesandt, der seinen Auftrag verriet. Der zweite oder dritte war → Olórin, der als → Gandalf bekannt wurde. Er ging auf ausdrücklichen Wunsch von → Manwe und mit erheblichem Widerwillen, denn er fühlte sich zu schwach und hatte Furcht vor Sauron. Doch war er der Einzige, der seinem Auftrag treu blieb, und am Ende als Gandalf der Weiße der Oberste der Istari und nach Saurons Niederlage der Mächtigste in Mittelerde. → Radagast der Braune glänzte meist durch Nichtstun und ließ dem Unheil seinen Lauf, und von den beiden Ithryn Luin (»Blaue Zauberer«) Alatar und Pallando ist nicht mehr bekannt, als dass sie in den Osten von Mittelerde gingen und niemals zurückkehrten; wahrscheinlich wurden sie Opfer von Sauron. Dass die Maiar und also auch die Istari durchaus endgültig vernichtet werden konnten, wird ja am Beispiel von Saruman und Sauron deutlich, zumindest scheinen deren Geister endgültig ausgelöscht worden zu sein. – An den Istari wird die Funktion der Maiar als dienende und helfende Wesen besonders deutlich; sie entsprechen bei Tolkien sehr stark den → Engeln. Außerdem zeigen sie, dass die → Valar Mittelerde auch nach dem → Zweiten Zeitalter keineswegs aufgegeben hatten, obwohl sie nicht mehr direkt eingriffen; besonders Manwe muss das Schicksal Mittelerdes sehr am Herzen gelegen haben, denn sonst hätte er Gandalf kaum ein zweites Mal geschickt.

istui (Quenya und Sindarin)
»kundig, kenntnisreich, gelehrt«

Istyar (Quenya)
»Gelehrter«

Ita (Quenya)
»Blitz«

ita (Quenya)
»funkeln, blitzen«, besonders von Augen

Itarilde (Quenya)
»Funkelnder Schimmer«: Muttername von → Idril Cerebrindal

Ithil (Sindarin)
→ »Mond«, literarisch auch für »Schein«

Ithilbor
Nandor-Elbe, Vater von → Saeros

Ithildin (Sindarin)
»Sternenmond«: eine → Mithril-Legierung, die nur sichtbar war, wenn ein
bestimmtes Mond-, Sternen- oder Sonnenlicht darauf fiel; daraus waren z. B. manche
Tore gefertigt, etwa das → Westtor von
Moria, aber auch die »Mondbuchstaben«
auf der Karte vom Erebor, die → Gandalf
→ Thorin übergab.

Ithilien
»Mondland«: Gebiet in → Gondor östlich
des → Anduin und westlich der → Ephel
Dúath, ursprünglich Hausland von → Isildur, von → Minas Ithil aus regiert, ein sanftes fruchtbares Hügelland, das oft Angriffen von → Mordor ausgesetzt war, weshalb
man versteckte Festungen wie → »Henneth
Annún« errichtete. 2901 von → Orks überrannt, danach führten die »Waldläufer von
Ithilien« eine Art Guerillakrieg; ihr Führer
zur Zeit des → Ringkrieges war → Faramir
(II). Dieser wurde nach dem Ringkrieg zum
Fürsten von Ithilien ernannt; er errichtete
seinen Wohnsitz bei → Emyn Arnen.

Ithil-Stein
Der → Palantir von → Minas Ithil

Ithron (Sindarin)
»Zauberer«

Ithryn Luin (Sindarin)
»Blaue Zauberer«: Die zwei → Istari Alatar und Pallando; von ihnen ist nicht mehr
bekannt, als dass sie in den Osten von →
Mittelerde gingen und niemals zurückkehrten; wahrscheinlich wurden sie Opfer von
→ Sauron.

Itila (Quenya)
»Glitzern, Funkeln«

Iuith (Sindarin)
»Gebrauch«

iuitha (Sindarin)
»nutzen, gebrauchen«

lûl (Sindarin)
»Asche«

lúmonna Gold Galdre Bewunden
Frühe Fassung des Gedichtes → »Der Hort«

Ivanneth (Sindarin)
Name des neunten Monats im → Kalender
der → Númenórer, nur von den → Dúnedain verwendet, entspricht grob unserem
September, Quenya: Yavannië

Iváre
»Flötenspieler des Meeres«, übersetzt auch
»der am Ufer des Meeres spielt«: in den
frühen Entwürfen ein berühmter Sänger der
→ Elben

Iverin
In den frühen Entwürfen von Tolkien eine
Insel vor der Westküste von → Tol Eressea,
zeitweise mit Irland gleichgesetzt

Ivorwen
→ Dúnedain des Nordens, Frau von → Dírhael, Mutter von → Gilraen und Großmutter von → Aragorn. Sie sah voraus, dass aus
der Ehe ihres Sohnes → Arathorn II. mit
Gilraen Hoffnung für ihr Volk erwachsen
werde und ermöglichte deshalb diese Ehe.

Ivrin, Ivrin-Brunnen
→ Eithel Ivrin

J.R.R.T.
Kürzel, mit dem Tolkien ab seiner späteren
Studentenzeit von Bekannten, Kollegen und
Freunden genannt wurde; er selbst unter-
zeichnete das Vorwort zur Gedichtsamm-
lung »A Spring Harvest« von Geoffrey
Bache → Smith mit »J.R.R.T.«.

Ja, nun wird zurückgeschwommen
Beginn eines Liedes, das die → Waldelben
singen, als sie die Fässer mit den Zwergen
um → Thorin Eichenschild ins Wasser
stoßen (HOB, → Neuübersetzung; alt:
Rasch den schnellen Strom und weit)

Jackson, Peter
Der Regisseur des neuen → Films zum
»Herrn der Ringe« und die treibende Kraft
hinter diesem Projekt, ein Tolkien-Ver-
rückter im besten Sinne, er ist auch am
Drehbuch beteiligt. Der Neuseeländer
wurde am 31.10.1961 geboren, an Halloween. Schon mit 8 Jahren begann er, mit
seiner ersten Super–8-Kamera zu drehen,
mit 12 Jahren führte er in der Schule seinen
ersten eigenen Film vor, eine Monty-
Python-Parodie, die ihm soviel einbrachte,
wie sie gekostet hatte: 12 Dollar. 1983
begann er mit einem ersten eigenen Film,
in dem er, wie er sagte, »Aliens im
Fleischwolf« zeigen wollte. 1988 konnte er
ihn in Cannes vorstellen: das Low-Budget-
Projekt (die Kosten betrugen nach unterschiedlichen Angaben 5000 bis 17000

Dollar) »Bad Taste«, ein Science-Fiction-
Splatter-Horror-Movie, dessen Name Programm war. Es folgte 1998 »Meet the Feebles«, eine Art Muppet-Show-Parodie
(manche nennen sie auch »Muppets auf
Drogen«), ein wüster Klamauk. 1992 fand
Jackson erstmals weltweite Aufmerksamkeit mit dem Zombie-Film »Braindead«: ein
blutiger böser Splatter-Film vom Feinsten,
bei dem eine ganze Kleinstadt zombifiziert
wird, bis dem Ganzen mit einem Rasen-
mäher ein Ende bereitet wird (daher der
deutsche Untertitel »Der Zombie-Rasen-
mähermann«). Und doch hat der Film viel
Humor, und für die → Wiedergänger in Tolkiens Werk ist Jackson bestens gerüstet. Mit
seinem nächsten Film wechselte Jackson
das Genre; »Heavenly Creatures« (1994),
ein feinfühliges Melodram über zwei her-
anwachsende Mädchen und ihre Traum-
welt, wurde in Venedig mit dem Silbernen
Bären ausgezeichnet; Jacksons Drehbuch
wurde für den Oscar nominiert. Nach einer
wahren Begebenheit beschreibt er, wie es
dazu kommt, dass 1954 in Neuseeland zwei
hübsche junge Mädchen die Mutter der
einen töten. Jacksons nächster Film und
Hollywood-Debüt, »The Frighteners«
(1996), war hingegen im Kino nicht sehr
erfolgreich. Es ist ein Film um einen Betrü-
ger, der echte Geister sehen kann, statt sie
auszutreiben jedoch mit ihnen gemeinsame
Sache macht – bis er auf einen Geist trifft,
der ein Serienkiller ist. Kritiker bezeichnen
den Film als chaotisches Splatter-Movie,
übernatürlichen Thriller und zugleich
schwarze Komödie. Hier eine Liste der
kommerziellen Filme von Jackson:
Bad Taste (1987)
Meet the Feebles (1989)
Braindead (1992)
Heavenly Creatures (1994)
The Frighteners (1996)
Forgotten Silver (1996)

Jäger der Elben, Jäger der Gnome
→ Egnor

Jägermond
So nennen die → Hobbits im → Auenland den Vollmond im November.

Jahr des Jammers
Das Jahr der → Nírnaeth Arnoediad, 473 EZ

Jahrbuch von Buckelstadt
Ein Buch mit alten Aufzeichnungen zur Familiengeschichte der → Hobbitfamilie → Tuk, genannt auch die Gelbhülle

Jahreszählung
Ein Werk, verfasst von Meriadoc (→ Merry) Brandybock, in dem er die → Kalender der verschiedenen Landesteile und Völker behandelt, zusammengefasst dargestellt in den Anhängen zum »Herrn der Ringe«

Jahreszeiten
→ Kalender

Jenseitslande
Übersetzung von »Artanor«, das Land, das später → Doriath wurde

Jessup
Rechtsanwaltsfamilie, bei der Edith → Tolkien von 1909 bis 1913 lebte (bevor sie verheiratet war)

Jolly
Spitzname von Wilkomm → Kattun (II)

Jörmungand
→ Midgardschlange

Jul
Der Vater des → Weihnachtsmannes und von dessen »Grünem Bruder«, wie man in

→ »Die Briefe vom Weihnachtsmann« nachlesen kann.

Julfest
Im → Auenland das Fest der → Jultage, in unserer Zeit ein noch selten gebrauchter Name für das Fest der Wintersonnenwende, manchmal auch für das Weihnachtsfest gebraucht

Julmath
Im → Kalender von → Bree der zwölfte Monat, grob unserem Dezember entsprechend, im → Auenland Vorjul genannt. Auch im → Ostviertel des Auenlandes benutzt.

Jul-Tage
Im → Kalender der → Hobbits zwei Feiertage um die Wintersonnenwende, der 1. Jul war der letzte Tag des alten Jahres (entspricht Silvester), der 2. Jul der erste Tag des neuen Jahres, also der Neujahrstag

Jüngere Tage
Im → Dritten Zeitalter wurde so das Dritte Zeitalter selbst bezeichnet, im Unterschied zu den »Älteren Tagen«, die das → Erste und → Zweite Zeitalter umfassten.

Jungfrau von Rohan
→ Éowyn

Jung-Tom
Tolman → Kattun (II)

Jupiter (Planet)
Der Planet, den die Elben → Alcarinque nannten

Jupp
Spitzname von Wilkomm → Kattun (II) in der alten Übersetzung des »Herrn der Ringe«

Juwel in der Abendsonne
Ein Name für → Earendil

Juwel von Elendil
Der erste → Elendilmir

Juwel von Silmariën
Der erste → Elendilmir

Juwel von Valandil
Der zweite → Elendilmir

Juwelenschmiede
Die Gwaith-i-Mirdain, die Gilde der Elben-
schmiede von → Eregion, deren Oberhaupt
→ Celebrimbor war.

kakainen (Quenya)
»lagern«

Kal (Quenya)
»Schein«

kal (Quenya)
»scheinen«

Kalainis
Ein anderer Name für → Erinti

Kalakiriande
»Calacirya-Land«: das Gebiet in und um → Calacirya

Kalavente, Kalavéne (Quenya)
»Schiff des Lichts«: ein Name der → Sonne

Kále (Quenya)
»Licht«

Kalender (Merchandising)
Den ersten Kalender zu Tolkiens Werk brachte 1973 Ballantine Books heraus, er enthielt eine Anzahl von → Bildern von Tolkien selbst. Dieselben Illustrationen werden 1974 von Allen & Unwin und Ballantine in anderen Kalendern benutzt. 1975, 1976 und 1977 geben Allen & Unwin Kalender mit weiteren Zeichnungen von Tolkien heraus. Seit 1974 gibt es auch Kalender mit Illustratoren anderer Künstler, der erste war von Tom Kirk, es folgten drei der Gebrüder

Hildebrandt und zahlreiche von Alan → Lee, John → Howe und anderen Illustratoren. Jedes Jahr gibt es inzwischen mehrere Tolkien-Kalender, das reicht vom Taschenkalender bis zum großen Wandkalender mit Poster. Es ist davon auszugehen, dass sich das Angebot in Reaktion auf den Film vervielfachen wird.

Kalender der Könige
Der → Kalender der → Númenórer, wie er bis 2060 DZ auch in → Arnor und → Gondor benutzt wurde

Kalender von Mittelerde, Zeitrechnung
Meriadoc (→ Merry) Brandybock hat in seinem Werk »Jahreszählung« die Kalender der verschiedenen Landesteile und Völker von Mittelerde behandelt; in gekürzter Form liegt uns dieses in den Anhängen zum »Herrn der Ringe« vor. Im → Ersten Zeitalter gab es zunächst gar keinen Kalender oder eine Zeitrechnung in unserem Sinne, bis → Sonne und → Mond installiert wurden. Erst ab da begannen die → Elben die Jahre zu zählen, und von da an dauerte das Erste Zeitalter noch etwa 600 Sonnenjahre. Das Sohnenjahr war aber nicht die grundlegende Einheit bei den Elben, denn diese hatten sehr viel mehr Zeit zur Verfügung als andere Völker und rechneten in längeren Zeiträumen. Da ihr Zahlensystem auf der 12 (und sekundär der 6) basierte, legten sie ein Jahr fest, das sie in Quenya »Yén« nannten und das 144 Sonnenjahre umfasste. Dies waren 52.596 Tage – ein »Ré«, ein Tag, dauerte von Sonnenuntergang bis Sonnenuntergang – und 8766 Wochen à sechs Tagen, »Enquier« genannt. Das Sonnenjahr nannten die Eldar »Coranar« (»Sonnenrunde«), wenn sie es astronomisch betrachteten, und »Loa« (»Wachstum«), wenn es um eine historische Betrachtung ging. Dieses Sonnenjahr wiederum war in sechs Perioden

unterteilt, kurze Jahreszeiten. Bekannt sind nur deren Einteilung und Namen in → Imladris im → Dritten Zeitalter. Die erste Jahreszeit war Quenya »Tuile«, Sindarin »Ethuil« (»Frühling«, 54 Tage, entspricht bei uns etwa April/Mai), die zweite »Laire/Laer« (»Sommer«, 72 Tage, Juni/Juli/August), die dritte »Yávië/Iavas« (»Herbst«, 54 Tage, August/September), die vierte »Quelle/Firith« (»Vergehen«, 54 Tage, auch »Lasselante« genannt, »Laubfall«, und in Sindarin »Narbeleth«, »Sonnenschwund«, Oktober/November), die fünfte »Hrive/Rhîw« (»Winter«, 72 Tage, November/Dezember/Januar) und die letzte »Coire/Echuir« (»Regung«, Vorfrühling, 52 Tage, etwa unser Februar/März). Dies ergab zusammen 360 Tage, es fehlten also 5 Extratage, um das kalendarische Jahr mit dem astronomischen in Einklang zu bringen. Das Jahr der Elben begann mit einem eingefügten Extratag vor den Tuile, dem »Yestare«. Manche vermuten, dass dieser Neujahrstag auf den 25. oder 29. März fiel, wahrscheinlicher war es aber der 6. April. Das Jahr endete mit einem weiteren Extratag direkt nach Coire, dem Mettare (wahrscheinlich der 24. März). Zwischen Yávie und Quelle (etwa Ende September) wurden drei weitere Extratage eingefügt, die »Enderi« oder »Mitteltage«, so dass das Jahr 365 Tage hatte. Es verbleibt jedoch eine Ungenauigkeit gegenüber dem astronomischen Jahr. Dieses dauert heute 365 Tage 6 Stunden 9 Minuten 9,65 Sekunden (365,256 Tage) und dürfte im Dritten Zeitalter wegen der Verlangsamung der Erdrotation etwas kürzer gewesen sein, aber rund 6 Stunden Differenz pro Jahr waren es sicher. Um dies auszugleichen, bauten die Elben in jedem elften Jahr drei zusätzliche Enderi ein, es gab dann also sechs. Wie die immer noch verbleibenden Ungenauigkeiten ausgeglichen wurden – Tolkien vermerkt, dass das

Yén mehr als einen Tag zu lang gewesen wäre, wenn das Jahr damals so lang war wie jetzt –, ist nicht bekannt, doch heißt es im → »Roten Buch«, dass in Imladris das letzte Jahr eines jedes dritten Yén um drei Tage gekürzt wurde. – Die sechs Tage einer Enquië waren den Sternen, der Sonne, dem Mond, den → Zwei Bäumen von Valinor, dem Himmel und den → Valar gewidmet und hießen entsprechend in Quenya:

→ Elenya
→ Anarya
→ Isilya
→ Aldúya
→ Menelya
→ Valanya (oder Tárion).

In Sindarin hießen die Tage:

→ Orgilion
→ Oranor
→ Orithil
→ Orgaladhad
→ Orrnenel
→ Orbelain (oder Rodyn).

Die Númenórer passten den Kalender ihren Bedürfnissen und ihrer kürzeren Lebenszeit an; ihre längste Einheit war das Sonnenjahr. Dies unterteilten sie in kürzere Perioden von gleichmäßigerer Länge, und wie ihre Vorfahren ließen sie das Jahr im Winter beginnen. Später verwendeten sie eine siebentägige Woche und ließen den Tag beim Aufgang der Sonne beginnen. Sie fügten nach dem Himmels-Tag einen Meeres-Tag ein, »Earenya« (Sindarin »Oraearon«), und den vierten Tag benannten sie um in »Aldea« (»Orgaladh«), so dass er sich nur noch auf einen Baum bezog, den Weißen Baum → Nimloth. Die Tage in Númenor und später auch in → Gondor und → Arnor hießen also:

→ Orgilion
→ Oranor
→ Orithil
→ Orgaladh

→ Orrnenel

→ Oraearon

→ Orbelain (oder Rodyn).

Der komplette Kalender, wie er dann auch in Arnor und Gondor benutzt wurde, ähnelt schon sehr unserer modernen Zeitrechnung, man nannte ihn den Königs-Kalender oder die Königs-Zeitrechnung. Das Jahr war eingeteilt in 12 Astar (Monate), von denen zehn 30 Tage hatten, die beiden mittleren, die etwa unserem Juni und Juli entsprachen, hatten jeweils 31 Tage. Die auch hier fehlenden 3 Tage wurde als Extra-Tage eingefügt, die zu keinem Monat gehörten: Der erste Tag des Jahres war wie bei den Elben der Yestare, der nun allerdings auf den Tag nach der Wintersonnenwende fiel, also den 22. Dezember, und der letzte der Mettare, entsprechend dem 21. Dezember. Hinzu kam ein Mittjahrstag, genannt Loënde, der 183. Tag des Jahres, zwischen den beiden 31 Tage langen Monaten, entsprechend unserem 22. Juni. Wie bei uns heute gab es in jedem 4. Jahr ein Schaltjahr, in dem der Loënde durch zwei Enderi, »Mitteltage«, ersetzt wurde, und wie bei uns fiel dieses Schaltjahr im letzten Jahr eines Jahrhunderts aus, dieses Jahr wurde »Haranye« genannt. Die dann noch verbleibende Unregelmäßigkeit wurde immer im letzten Jahr eines Jahrtausend ausgeglichen (zum Vergleich: bei uns findet alle 400 Jahre ein Schaltjahr statt, wenn es normalerweise ausfallen sollte, zuletzt 2000, das nächste Mal 2400). Bei den Númenórern fanden solche Anpassungen 1000, 2000 und 3000 ZZ statt. Da das Jahr 3442 DZ das erste des Dritten Zeitalters war, fanden die nächsten Anpassungen 1000 DZ und 2000 DZ eigentlich zu spät statt. → Truchsess → Mardil von → Gondor korrigierte die bis dahin aufgelaufenen Abweichungen, indem er dem Jahr 2059 DZ (5500 ZZ) zwei Tage hinzufügte; ab 2060 galt dann überall sein revidierter Truchsessen-Kalender (in der neuen Übersetzung des »Herrn der Ringe« Statthalter-Zeitrechnung). Mardil änderte die Dauer der Monate – nun hatten alle 30 Tage – und führte zum Ausgleich zwei weitere Feiertage ein, den Frühlingstag Tuilére zwischen dem 3. und 4. Monat und den Herbsttag Yáviére zwischen dem 9. und 10. Monat. Die Monatsnamen aus jener Zeit sind überliefert, in Quenya lauten sie:

Narvinye (»Sonnenerneuerung«)

Nénime (»der Nasse «)

Súlime (»der Windige«)

Víresse (»der Klare«)

Lótesse (»Blüte«)

Nárië (»Der Sonnige«)

Cermië (»Schnitt«)

Urime (»der Heiße«)

Yavannië (»Zeit von Yavanna«)

Narquelië (»Sonnenverblassen«)

Hísime (»der Neblige«)

Ringare (»der Kalte«).

Die Sindarinformen benutzten nur die Dúnedain des Nordens; sie lauten:

Narwaín

Nínui

Gwaeron

Gwírith

Lothron

Nórui

Cerveth

Uruí

Ivanneth

Narbeleth

Hithuí

Girithron.

In diesem Lexikon werden wie bei Tolkien bei Datumsangaben die modernen Monatsnamen benutzt; man muss sich stets dessen bewusst sein, dass sich diese auf einen anderen Jahresbeginn beziehen, also Daten stets etwa 10 Tage vorher anzusetzen sind, der 25. März z. B. also um unseren 15. März herum liegt, da man aber noch die Feiertage einrechnen muss, wäre es der 17. März. Noch schwieriger wird es mit dem Beginn des → Vierten Zeitalters. Dieses beginnt nach der Zeitrechnung von Gondor mit dem 25. März 3019 DZ, dem Tag des Einsturzes von → Barad-dûr. → Aragorn ordnete an, mit diesem Tag wieder das Jahr beginnen zu lassen, wie es wohl auch bei den Elben üblich war. Das erste Jahr des Vierten Zeitalters begann also mit einem Yestare, es folgte der (nun erste) Monat Viresse. Alle Monate begannen im Schnitt fünf Tage früher als bisher. Alle Monate hatten weiterhin 30 Tage, doch gab es nun drei Mittelteltage, Enderi, von denen der mittlere wie bisher Loënde hieß; sie lagen zwischen Yavannië und Narquelië, das entspricht unserem 23., 24. und 25. September. Zusätzlich wurde der 30. Yavannië, der 22. September, der Geburtstag von → Frodo, zum landesweiten Feiertag erklärt. In Schaltjahren, alle vier Jahre, wurde dieser Tag verdoppelt. Der zusätzliche Schalttag wurde »Cormarë« genannt, Ringtag.

Die → Hobbits im → Auenland verweigerten sich dieser Neuordnung, sie hielten an ihrer alten Zeitrechnung fest, die mit dem Jahre 1601 DZ begonnen hatte. Sie benutzen die Königs-Zeitrechnung mit einigen Abweichungen. Das Jahr hatte wie in Gondor zwölf Monate zu je dreißig Tagen, hinzu kamen die fünf Feiertage außerhalb der Monate (in Schaltjahren alle vier Jahre sechs, ein Schaltjahr war z. B. 1420 AZ). Den ersten und letzten Tag des Jahres nannte man die Jultage (1. und 2. Jul), sie lagen um die Wintersonnenwende, zwischen dem 6. und 7. Monat gab es die drei (oder vier) Mittjahrstage, die im Auenland Lithe-Tage hießen (1. Lithe, Mittjahrstag, 2. Lithe), der Schalttag wurde Überlithe genannt. Ab der »Auenland-Reform« um 1100 AZ zählten die Hobbits den Mittjahrstag und den Überlithe nicht mehr als Wochentag mit, so dass

das Jahr genau 52 Wochen hatte und ein bestimmtes Datum immer auf denselben Wochentag fiel. Das Jahr begann immer mit einem Stertag und endete mit einem Hochtag, dem freien Tag der Woche, Bilbos und Frodos Geburtstag fiel immer auf einen Merstag. Die Woche begann mit dem Samstag und endete mit dem Freitag/Hochtag, der der freie und Feiertag war, man kann also die Woche nur bedingt auf unsere Verhältnisse übertragen. Die Wochentage um Auenland hießen:

Stertag (Samstag)
Sonntag
Montag
Trewstag (Dienstag)
Hevenstag/Henstag (Mittwoch)
Merstag (Donnerstag)
Hochtag (Freitag)

Manchmal begegnete man noch alten Formen, erwähnt werden in den Aufzeichnungen Sterrendei, Sunnendei, Monendei, Trewesdei, Hevenesdei, Meresdei und Hochdei. Auch die Monatsnamen übersetzten die Hobbits in ihre Sprache, sie lauteten:

Nachjul
Solmath
Rethe
Astron
Thrimidge
Vorlithe
Nachlithe
Wedmath
Halimath
Winterfilth
Blothmath
Vorjul.

In → Bree wurden teilweise andere Namen benutzt:

Frery
Solmath
Rethe
Chithing

Thrimidge
Lithe
Mede
Wedmath
Erntemath
Wintring
Blooting
Julmath.

Einige davon wurden auch im Ostviertel des Auenlandes benutzt. Die Lithe-Tage hießen in Bree Sommertage. Ansonsten galt in Bree der Kalender der Hobbits, doch begannen die Breeländer ihre Zeitrechnung mit dem Jahr 1300 DZ; das letzte Jahr des Dritten Zeitalters, 3019, war also das Jahr 1720 in Bree. – Über den Kalender der Zwerge weiß man nicht viel, nur dass bei ihnen das neue Jahr am ersten Tag des letzten Herbstneumondes begann. Wenn an diesem Tag Sonne und Mond zeitweise gleichzeitig am Himmel standen, wurde der Tag als Durinstag bezeichnet.

Kalevala

Bereits in seiner Jugend lernte Tolkien das Kalevala kennen, das finnische Nationalepos, und 1912 lernte er sogar etwas Finnisch, um es im Original lesen zu können. Er bedauerte sehr, dass in England eine solche umfassende → Mythologie fehle, für die die → Artussage ein nur mangelhafter Ersatz sei: »*Diese mythologischen Balladen sind voll von jenem höchst ursprünglichen Unterholz, das in der europäischen Literatur insgesamt über viele Jahrhunderte hin immer mehr beschnitten und verdrängt wurde, in den einzelnen Völkern jeweils früher oder später und mehr oder weniger vollständig. (...) Ich wünschte, wir hätten noch mehr davon – etwas von der gleichen Art, das uns Engländern angehörte.*« (Tolkien 1912 in einem Vortrag über das »Kalevala«, zitiert nach der »Biographie« von Carpenter). Kalevala ist eine poetische

Bezeichnung für → Finnland und bedeutet »Land des Kaleva«. Das so genannte Gedicht, das in der Ausgabe von 1849 rund 23000 Verse in 50 Gesängen umfasst, ist in achtsilbigen vierfüßigen Trochäen verfasst und schildert die Abenteuer der drei sagenhaften finnischen Helden Väinämöinen, Ilmarinen und Lemminkäinen. In seiner heutigen Form entstand dieses Werk erst im 19. Jahrhundert als Sammlung alter Lieder epischen, lyrischen und beschwörenden Inhalts, die zwischen dem 7. und dem 19. Jahrhundert entstanden und mündlich überliefert worden waren. Zahlreiche solcher Lieder wurden von dem schwedisch-finnischen Schriftsteller Zakarias Topelius dem Älteren zusammengestellt und 1822 veröffentlicht. 1835 gab der finnische Gelehrte Elias Lönnrot (1802–1884) eine erste Fassung des Kalevala mit etwa 12000 von ihm überarbeiteten Zeilen heraus, 1849 die erweiterte endgültige Fassung mit fast 23 000 Zeilen, die schnell als das »finnische Nationalepos« verstanden und in mehrere Sprachen übersetzt wurde, u. a. ins Englische, Deutsche, Französische und Schwedische. Das Kalevala bedeutete einen Wendepunkt in der Entwicklung der finnischen Sprache und Kultur: Es begründete ein neues Selbstbewusstsein der Finnen und ein anderes Verständnis ihrer Geschichte und Kultur, und Finnland wurde weit über seine Grenzen hinaus als eigenständige Kultureinheit bekannt. Häufig wird seitdem dieses künstlich zusammengefügte Werk in eine Reihe gestellt mit anderen großen Epen Europas wie dem → Nibelungenlied oder der → Edda. Es gibt zahlreiche musikalische Umsetzungen; als besonders gelungen gilt die Lemminkäinen-Suite (1895) des finnischen Komponisten Jean Sibelius (1865 –1957). Auch wenn Lönnrot das Epos aus alten Liedern, Liedfragmenten und aus Sprüchen zusammenstellte, die er in jahrelanger Forschungsarbeit und auf zahlreichen Reisen z. B. in Karelien und Estland zusammengetragen hatte, muss das Gesamtwerk als seine Schöpfung gelten: Er vereinte die heterogenen Elemente zu einem einheitlichen Werk über die mythische Frühzeit Finnlands, das man gerne als »Groß-Fresko« bezeichnet. Etwas Ähnliches muss Tolkien bereits früh für seine eigene Mythologie vorgeschwebt haben, beklagte er sich doch darüber, dass England ein solches sinn- und geschichtsstiftendes großes Epos fehle. – Das Kalevala beginnt mit der Schöpfung der Erde, schildert das Leben der »Urfinnen« und ihre Beziehungen zu ihren Naturgöttern und endet mit der Geburt des zukünftigen Königs von Karelien, dessen Mutter die Jungfrau Marjatta ist. Neben dieser Erklärung von Entstehung und Ordnung der Welt, Moral, Sitte und Ethik findet man auch zahlreiche praktische Ratschläge, z. B. zur Herstellung von Eisen oder zum Brauen von Bier. Hauptfiguren sind die Helden Väinämöinen, Ilmarinen und Lemminkäinen, die sich vor allem durch ihre Zauberfähigkeiten auszeichnen. Der wichtigste Handlungsstrang handelt von Väinämöinens Versuchen, sich mit der Tochter von Louhi, einer Heldin aus dem nördlichen Pohjola, zu vermählen. In einem anderen bedeutenden Erzählstrang geht es um die Versuche der Helden, Sampo, eine Zaubermühle, in ihren Besitz zu bringen, die unaufhörlich Salz, Mehl und Gold produziert. In ihrer Bedeutung für den Fortgang der Geschichte ist Sampo durchaus mit den → Silmaril zu vergleichen. Das Kalevala hat Tolkien nie ganz losgelassen, und es gibt durchaus Parallelen zu manchen seiner Geschichten. In der Schöpfungsgeschichte in den ersten Gesängen des Kalevala entsteigt Ilmatar, die Jungfrau der Luft, den Wassern – ob die Namensähnlichkeit mit Ilúvatar so ganz zufällig ist? Im 47. und 48. Gesang wird ausführlich beschrieben, wie Sonne und Mond verdunkelt und ein neuer Mond und eine neue Sonne vom Obergott Ukko entzündet werden, wie Sonne und Mond gefangen gehalten und wieder befreit werden – manche Passagen erinnern durchaus an Tolkiens Erzählungen von der Verdunkelung von → Valinor und die Erschaffung von → Sonne und → Mond. Und das → Quenya oder »Hochelbische« der späteren Jahre ist stark an das Finnische angelehnt.

Kali, Kalimac
Name von → Merry in der Sprache der → Hobbits, Kali als Abkürzung von Kalimac, was »fröhlich, freundlich« bedeutet

Kaliondi
»Volk ohne Licht«: in den frühen Geschichten von Tolkien ein Name für die → Dunkelelben (HIS 1)

Kalmo
→ Fionwe

Kalorme (Quenya)
»Berg, über dem die Sonne aufgeht«: in früheren Geschichten ein hoher Berg im äußersten Osten

Kalt sei Hand, Herz und Gebein
Beginn des Banngesangs der → Grabunholde, mit dem sie → Frodo und seine Gefährten gefangen nehmen

Kaltdrachen
Eine der beiden Arten von → Drachen, die → Melkor in → Angband züchtete. Sie konnten hervorragend fliegen, aber kein Feuer speien. Im → Dritten Zeitalter hausten noch einige in den → Ered Mithrin; 2589 wurden → Dáin I. und sein Sohn Frór von einem großen Kaltdrachen erschlagen.

Kalte Hügel, Kaltfelsen
Gebiet nördlich von → Imladris, wo → Arador von → Bergtrollen erschlagen wurde

Kalte Wichte
→ Grabunholde

Kaminhalle
Große Halle in → Imladris, die nur an besonderen Tagen benutzt wurde, doch das Feuer brannte immer. Sie erinnert an das → Feuer der Geschichten in → Mar Vanwa Tyaliéva, der Hütte des Vergessenen Spiels.

Kanafinwe (Quenya)
»Gebieterischer Finwe«: der Vatername von → Maglor

káne (Quenya)
»Tapferkeit«

Kanibale
→ Anthropophage

Kaninchen, weiße kleine
Leben in der Geschichte → »Roverandom« auf dem → Mond

Kankra (die Große)
Eine pferdegroße → Spinne, die am Pass von → Cirith Ungol hauste, eine Nachfahrin von → Ungoliant und wie diese eine »Lichtfresserin«, die auch den Geist ihrer Opfer betäuben konnte. Gegenüber ihrer Vorfahrin schon erheblich kleiner, ist sie doch die letzte wirklich mächtige Nachfahrin von Ungoliant und im → Dritten Zeitalter die Oberste aller Spinnen. Schon Jahrtausende zuvor hatte sie mit → Beren auf dessen Flucht aus → Dorthonion gekämpft, und wie ihre Verwandten konnte sie die Sprachen der Menschen verstehen, zumindest → Sindarin oder → Westron. Nur mit Hilfe von → Galadriels Phiole konnte

→ Sam ihr entkommen. Was später aus ihr wurde, ist unbekannt. – Der Name Kankra ist eine Erfindung der deutschen Übersetzerin für das englische »Shelob«; »she« und »lob« heißt »Sie Spinne«.

Kankras Lauer
→ Torech Ungol

Kannibalismus
→ Anthropophagie

Káno (Quenya)
»Herr, Gebieter«

Kanta (Quenya)
»Form, Gestalt«, z. B. in → Ambarkanta

Kanwa (Quenya)
»Ankündigung, Befehl«

Kap von Andrast
→ Andrast

Kap von Forochel
→ Forochel

Kapalen
Vorläufer von → Daeron, ursprünglich als Bruder von Tinúviel angelegt, als diese noch nicht → Lúthien hieß.

Kapalinda
»Wasserquelle«: Quelle des Flusses Kelusindi in → Valinor

Kapitän
Bezeichnung der Geächteten auf dem → Amon Rúdh für ihre Anführer → Beleg Cúthalion und → Túrin

Kapitän von Sauron
Der Herr der → Nazgûl, der schwarze → Hexenkönig von Angmar

377

Karhu

Der Helfer des → Weihnachtsmannes, ein → Nordpolarbär und eine Hauptfigur in → »Die Briefe vom Weihnachtsmann«. Seine Neffen sind die Polarfüchse → Paksu und → Valkotukka.

Karkaras (Quenya)

»Messerrachen«: Quenya-Form des Namens von → Carcharoth

Karningul

Ein anderer Name für → Imladris

Karten und Atlanten

Es gibt viele Möglichkeiten, sich ein Bild von → Mittelerde in den verschiedenen Zeitaltern zu machen. Die einfachste ist sicher, sich der Karten zu bedienen, die in den Büchern mitgeliefert werden. Nicht in allen Ausgaben sind diese vorhanden, z. B. beinhaltet die dtv-Ausgabe des »Hobbit« nur eine ziemlich kleine Karte. Doch meistens sind Karten eingebunden, die auf die von Tolkien selbst gefertigten zurückgehen, häufig von Christopher Tolkien ausgefertigt. Für den Anfang ist man damit wirklich gut bedient, besonders die Karten im → »Silmarillion« und im → »Herrn der

Einer der beiden Atlanten zu Mittelerde, hier in der Ausgabe des Klett-Cotta-Verlages von 1982

Ringe« bieten einen guten Überblick. Wer richtig schöne Karten benutzen will, kann zu den von John → Howe neu gezeichneten und »Die Karte von Mittelerde« (1994), »Die Karte von Wilderland« (1995) und »Die Karte von Beleriand und den Ländern des Nordens« (2001) greifen. Diese Karten zeichnen sich allerdings eher durch schöne Gestaltung aus als durch tiefergehende Informationen. Wer es genauer wissen will, sollte zu einem der beiden Atlanten greifen. Barbara Strachey legte 1981 eine Kartensammlung vor unter dem Titel »Frodos Reisen. Der Atlas zu Tolkiens Herr der Ringe« (Journeys of Frodo: An Atlas of J.R.R. Tolkien's The Lord of the Rings), die 1982 auch bei Klett-Cotta erschien und einem einen schönen Überblick ermöglicht, wenn man während des Lesens des »Herrn der Ringe« die Handlung auf Karten verfolgen möchte. Weitaus mehr Informationen aber bietet Karen Wynn Fonstad in ihrer 1981 erstmals erschienenen und 1991 im Licht der »History of Middle-Earth« komplett überarbeiteten Fleißarbeit »Historischer Atlas von Mittelerde« (The Atlas of Middle-Earth), bei Klett-Cotta 1994 erschienen. Dieser Atlas bietet Karten aus allen Zeitaltern Mittelerdes, Querschnitte und Grundrisse z. B. von Höhlen und Festungen und zahlreiche Zusatzinformationen, er ist sowohl für das schnelle Nachschauen beim Lesen wie für die intensive Beschäftigung mit Tolkiens Welt ausgesprochn nützlich. Wer sich intensiver mit Tolkiens Werk beschäftigen möchte, sollte sich dieses Buch zulegen.

Kartenspiel

Es gibt natürlich auch Kartenspiele zu Tolkiens Werk, mit dem → Merchandising zum → Film verstärkt sich der Trend. So gibt es seit 1997 ein »The Lord of the Rings Tarot Card Game«, illustriert von Peter Pracownik, und es gibt mehrere neue → Sammelkartenspiele.

Kasallie (Sindarin)
»Zwergenvolk«

Kasar (Sindarin)
»Zwerg«

Katner
→ Hobbit aus dem → Auenland, geboren 1220 AZ, der erste belegte Vorfahr der Familie → Kattun, Vater von → Katuner und → Carl (alte Übersetzung des »Herrn der Ringe«: Hütter)

Kattun
Eine → Hobbit-Familie aus dem → Auenland, die meisten ihrer Mitglieder waren wahrscheinlich Bauern und lebten in → Wasserau, zur Zeit des Ringkrieges in derSüdgasse. Der Name in Hobbitisch war Hlothran, entweder abgeleitet vom Ort Wasserau, der auf Hobbitisch so hieß, oder von ihrem Vorfahren → Katuner, einem Kleinbauern, der im Hobbitischen Hlothram hieß, das heißt Stallmensch.

Kattun, Bauer
Tolman → Kattun

Kattun, Bogenmann
→ Hobbit aus dem → Auenland, geboren 1386 AZ, zweitjüngstes Kind und dritter Sohn von Tolman → Cattun (I), genannt Nick, in der alten Übersetzung des »Herrn der Ringe« Klaus

Kattun, Calendula
Calendula → Gamdschie

Kattun, Carl
→ Hobbit aus dem → Auenland, geboren 1389 AZ, jüngstes Kind und vierter Sohn

von Tolman → Cattun (I), genannt Nibs, in der alten Übersetzung auch Sepp

Kattun, Goldblume
Calendula → Gamdschie

Kattun, Höhlenmann
→ Hobbit aus dem → Auenland, geboren 1302 AZ, Sohn von → Katuner und Rose Grünhand, lebte in → Wasserau und war bekannt als »Langer Horn«

Kattun, Jolly
Spitzname von Wilkomm → Kattun (II)

Kattun, Jupp
Spitzname von Wilkomm → Kattun (II) in der alten Übersetzung des »Herrn der Ringe«

Kattun, Nibs
Spitzname von Carl → Kattun

Kattun, Nick
Spitzname von Bogenmann → Kattun

Kattun, Rose (auch Rosie)
→ Hobbitfrau aus dem → Auenland (1384–1482 AZ), zweites Kind und einzige Tochter von Tolman → Cattun (I), Zwillingsschwester von Willkomm → Kattun (II). Genannt auch Rosie. Heiratete 1420 → Sam Gamdschie und gebar ihm 13 Kinder. Im → Film von Peter → Jackson wird Rosie von Sarah → McLeod dargestellt.

Kattun, Tolman (I)
→ Hobbit aus dem → Auenland (1341–1440 AZ), auch Tom genannt, ein Anführer der → Hobbits in der Schlacht von → Wasserau, verheiratet mit Lily geborene Braun, Vater von Tolman, Rose, Wilkomm (Jolly), Bogenmann (Nick) und Carl (Nibs), Schwiegervater von → Sam Gamdschie

Kattun, Tolman (II)

→ Hobbit aus dem → Auenland, geboren 1380 AZ, ältestes Kind von Tolman → Kattun (I), war 1422 für ein Jahr stellvertretender Bürgermeister von → Michelbinge, während → Sam Gamdschie in → Gondor weilte. Zur Zeit des Ringkrieges auch bekannt als Tom der Jüngere oder Jung-Tom. Verheiratet mit Calendula → Gamdschie.

Kattun, Tom (Bauer)

Tolman → Kattun (I)

Kattun, Tom der Jüngere

Tolman → Kattun (II)

Kattun, Wilkomm (I)

→ Hobbit aus dem → Auenland, geboren 1346 AZ, zweiter Sohn von Höhlenmann → Kattun, genannt Will

Kattun, Wilkomm (II)

→ Hobbit aus dem → Auenland, geboren 1384 AZ, drittes Kind und zweitältester Sohn von Tolman → Kattun (I), Zwillingsbruder von Rose → Kattun, genannt auch Jolly, in der alten Übersetzung der »Herrn der Ringe« Jupp

Katuner

→ Hobbit aus dem → Auenland, geboren 1260 AZ, Sohn von → Katner, hieß auf → Hobbitisch Hlothram und gab diesen Namen an seine Nachfahren, die Familie → Kattun, weiter, verheiratet mit Rose → Grünhand (in der alten Übersetzung des »Herrn der Ringe«: Hüttner)

Katz

Dieses zwölfte Gedicht (Originaltitel »Cat«) im Buch → »The Adventures Of Tom Bombadil« schrieb Tolkien 1955. Das Gedicht von → Sam Gamdschie, wahrscheinlich eine Bearbeitung eines älteren Textes aus dem → Auenland, beschreibt die Träume einer Katze, die darin zum gefährlichen Raubtier wird.

Katzen der Königin Berúthiel

Sprichwörtlich dafür, den Weg auch in dunkler Nacht zu finden, von → Aragorn in → Moria erwähnt (→ Berúthiel)

Kaukareldar

»Falsche Feen« in der → Sprache der → Gnome: In einer frühen Variante von Tolkien unechte → Elben, die Melkor schafft, um die Menschen zu täuschen, wahrscheinlich mit → Magie verkleidete → Orks, denn sie werden auch »Gong« genannnt, und dies bedeutete → Kobold oder Ork.

kay (Quenya)

»sich hinlegen«

Kay, Guy Gavriel

Kanadischer Autor, geboren in Toronto 1954, assistierte Christopher → Tolkien 1974/75 bei der Herausgabe des → »Silmarillion«. Sein Roman »Tigana« (1990, bei Heyne 1995 in zwei Bänden als »Der Fluch« und »Der Hofnarr« erschienen), ist ein eher müder Tolkien-Abklatsch. In der Trilogie »Die Herren von Fionavar« (»The Fionavar Tapestry«) geraten fünf Studenten aus dem modernen Toronto in das phantastische Land Fionavar; trotz ausgefeilter Charaktere und epischer Breite ein Durchschnittswerk (»The Summer Tree«, 1985, »The Wandering Fire«, 1986, »The Darkest Road«, 1986; alle drei bei Goldmann als »Silbermantel«, 1996, »Das wandernde Feuer«, 1996, »Das Kind des Schattens«). In »Ein Lied für Arbonne« (»A Song for Arbonne«, 1992, deutsch 1996 bei Heyne) vermischt Kay auf gelungene Art provencalische Troubadour-Kultur mit Phantastik nach Tolkien-Manier

kel (Quenya)
»fortgehen, davonfließen«

Kelten

Bei Tolkien finden sich viele Einflüsse aus der alten Tradition und Vorstellungswelt der Kelten, jenes Volkes, das Britannien beherrschte, bis die → Angeln und Sachsen das Land eroberten. So gibt es immer wieder sprachliche Anklänge an die keltischen Sprachen, etwa das Walisische, und auch die Reinkarnationsauffassung, die Vorstellung einer → Wiedergeburt, die sich in den → Verschollenen Geschichten für die → Elben findet, entspricht etwa der der Kelten. Schließlich erinnern → Aman und die → Hallen von Mandos stark an → Avalon und die → Anderswelt. – Unter dem Begriff Kelten (griechisch Keltoi, lateinisch Celtae) verbirgt sich nicht ein Volk oder Volkstum, sondern es ist Sammelname für viele verschiedene, oft rivalisierende Stämme, die sich über viele Länder ausbreiteten. Erstmals tritt das Keltentum auf im 8. Jahrhundert v. Chr. an Oberrhein und Oberdonau als Erbe der illyrischen Hallstattkultur. Als Träger der La-Tène-Kultur verbreiteten sich die Kelten ab dem 7. vorchristlichen Jahrhundert über Gallien, die Iberische Halbinsel, England und Schottland (5. Jahrhundert), Oberitalien (387 v. Chr. zerstörte ihr Führer Brennus Rom und prägte dabei den berühmten Ausspruch »Vae victis!«, »Wehe den Besiegten!«), Griechenland (279 v. Chr. plünderten sie das Orakel von Delphi, wurden aber wieder vertrieben) bis nach Kleinasien, wo sie als Galater im 3. Jahrhundert v. Chr., zur Zeit der größten keltischen Expansion, den äußersten Vorposten bildeten. Da die jeweils herrschende kleine keltische Oberschicht immer ziemlich schnell mit den Beherrschten verschmolz, ist es schwer, eigenständige keltische kulturelle Elemente nachzuweisen. Noch schwieriger ist dies in Bezug auf Religion und Mythologie. Es ist darüber auch nicht allzuviel bekannt, selbst wenn verschiedene Stämme Götter gleichen Namens anbeteten, ist damit nicht unbedingt eine gleichartige mythologische Vorstellung verbunden. Hinzu kommt, dass die geheimen Lehren ihrer Priester, der Druiden, mündlich überliefert wurden. Niemand kann sich heute ernsthaft auf ursprünglich keltische oder Druidenlehren berufen, zumindest muss klar sein, dass dies alles viel später, teilweise auch von Feinden, aufgezeichnet wurde. Die meisten Aufzeichnungen entstammen Klöstern in Wales und Irland und wurden also aus christlicher Sicht erstellt; dort gab es bis ins 8. Jahrhundert eine keltische christliche Kirche mit einer von Rom völlig unabhängigen Tradition. Im Zusammenhang mit ähnlichen Problemen bei der religiösen Überlieferung der Germanen konstatiert der Brockhaus eine »Unfestigkeit der religiösen Vorstellungen«. Im Mittelpunkt der keltischen Religion stand wohl zumindest zeitweise eine Reinkarnationslehre; es war aber auch die Auffassung verbreitet, dass sich das Leben der Toten in einem jenseitigen → Paradies oder Totenreich (→ Avalon) fortsetze, das sich teilweise in der → Anderswelt wiederfindet. Keltische Hauptgötter waren Lug (Hermes/Merkur), Grannus, Belenus (Apollon), Esus, Teutates (Mars) und der Donnergott Taranis (Jupiter/Zeus). In den Mythen und Legenden um den → Gral hat die keltische Mythologie bis heute einen wesentlichen Einfluss. Heute gibt es keltisch sprechende Volksgruppen in Irland, Schottland, Wales und der Bretagne. Der bekannteste aller Kelten ist allerdings vielsprachig und in fast allen Ländern zu finden: der kleine pfiffige Asterix.

Kelume (Quenya)

»Fließendes, Strömung«, auch für die her-
einströmende Flut gebraucht

Kelusindi

Fluss in → Valinor in den frühen Geschichten

Kelva

»Tier«: eigentlich jedes lebende Wesen, das
sich von Ort zu Ort bewegen kann, im
Gegensatz zu den → Olvar, den Pflanzen.
Ob auch die Elben, Menschen, Orks usw.
einbezogen sind, ist unklar. Wenn nicht, war
wahrscheinlich → Thorondor als der höchste der → Adler von → Manwe das höchst-
stehende der Kelvar. Die → Ents zählen,
obwohl sie sich bewegen können, zu den
Olvar, zu deren Schutz sie eigens geschaffen wurden.

Kemen (Quenya)

»Erde, Boden«

Kementári

»Königin des Erdreichs«, ein Titel von
→ Yavanna

Kémi (Quenya)

»Erde, Ackerkrume, Land«, auch ein Name
von → Yavanna

Ken (Quenya)

»Sicht«, z. B. in Terken (Einsicht) und Apa-
cen (Voraussicht)

ken (Quenya)

»sehen«

Kerzen der Toten

→ Totensümpfe

khalla (Sindarin)

»edel, erhaben«

Khamúl

Der zweithöchste der → Nazgûl, er wohnte
ab 2951 DZ in → Dol Guldur. Er hatte einen
phänomenalen Geruchssinn. Genannt auch
der schwarze Ostling oder der Schatten aus
dem Osten

Khand

Ein Land südöstlich von → Mordor, über
das wenig bekannt war. Manchmal kämpften Leute von dort auf der Seite von → Sauron, im Ringkrieg z. B. → Variags.

Khazád

Der Name, den → Aule den → Zwergen
gab, so bezeichnen sie sich selbst auch in
ihrer eigenen → Sprache, → Khuzdûl

Khazad-dûm

»Zwergenheim«: Der Name von → Moria
in der Sprache der → Zwerge

Kheled-zâram

Der → Spiegelsee in der Sprache der →
Zwerge

Khelek (Sindarin)

»Eis«

kher (Quenya)

»regieren«

Khim

Einer der Söhne des Kleinzwerges → Mim,
486 EZ von → Andróg erschlagen

Khuzdûl

Die geheime → Sprache der → Zwerge war
außer der Sprache der → Valar die einzige,
die nicht vom → Proto-Elbisch abstammte,
denn die Zwerge hatten sie von → Aule
gelernt. Außerhalb der Zwergengemein-
schaft ist nur von drei Personen in → Mittelerde bekannt, dass sie die Sprache der

Zwerge sprachen: → Gandalf, → Elrond und → Galadriel. Im → Dritten Zeitalter wurde Khuzdûl selbst unter den Zwergen langsam zu einer Gelehrtensprache, ähnlich der Elbensprache → Quenya bei den → Hochelben. Die meisten Zwerge sprachen nun auch untereinander → Westron, die Gemeinsprache.

Kibil-nála
»Silber-Fluss« in der Sprache der → Zwerge, der → Celebrant, aber auch seine Quelle unterhalb des → Spiegelsees

Kili
Ein → Zwerg (2864–2941), Bruder von → Fili, Neffe von → Thorin Eichenschild, Sohn von → Dis, Mitglied der Gemeinschaft um → Bilbo und Thorin auf der Fahrt zum → Erebor, wo er 2941 bei der → Schlacht der Fünf Heere erschlagen wurde. In → Beutelsend spielte er auf einer Geige.

Kilmesse (Quenya)
»Wahlname«: ein zusätzlicher selbst gewählter Name (Beiname) bei den → Elben (→ Namensgebung)

Kinder Aules
Die → Zwerge

Kinder der Erde
Die → Kinder llúvatars, die → Elben und Menschen

Kinder der Götter, Kinder der Valar
In den → Verschollenen Geschichten« ein Name für die nicht zu Beginn nach → Arda gekommenen, sondern später geborenen → Maiar und → Valar

Kinder der Welt
Die → Kinder llúvatars

Kinder Erus
Die → Kinder llúvatars

Kinder Húrins
→ Túrin und → Niënor

Kinder llúvatars
Die → Elben und die Menschen, so genannt, weil sie von → Ilúvatar alleine erdacht wurden, im dritten Thema der → Ainulindale, ohne Mitwirkung der → Ainur. Daher sind sie den → Valar zwar nicht gleich an Macht, aber ihnen prinzipiell als jüngere Geschwister ebenbürtig. Die Elben wurden die Erstgeborenen genannt oder die Älteren Kinder, auch die »Kinder des Sternenlichts«, weil sie die Welt vor dem Aufgang von → Sonne und → Mond erblickten. Die Menschen die Nachkömmlinge oder die Jüngeren Kinder, die »Kinder der Sonne«. Tolkien hat damit eine ganz eigene Variante der Verwandtschaft geschaffen, die in unserer modernen Welt keine Parallele findet. Die zwei → Geschlechter sind als getrennt Geschaffene keine → Rassen im modernen Sinn, aber auch keine Arten, sonst wären sie nicht kreuzbar; es kommt aber mehrfach zu einer → Vereinigung von Elben und Menschen.

King Edward's School
Schule im Zentrum von Birmingham, die Tolkien von 1900 bis 1902 und dann wieder von 1903 bis 1911 besuchte

kir (Quenya)
»schneiden, spalten«

Kiril
Fluss in → Lamedon, ein Nebenfluss des → Ringló, meistens Ciril genannt

Kirinke, Kirinki
ein kleiner Vogel in → Númenor mit scharlachrotem Gefieder

Kiryamo (Quenya)
»Seefahrer«

Kiryaquen (Quenya)
»Schiffer, Seemann«

Kiss
»Kuss«: Die Wertangabe auf den → Nordpol-Briefmarken. Ein Brief vom Nordpol nach England kostete zwischen 1920 und 1930 meist 2 Kisses, wie man in → »Die Briefe vom Weihnachtsmann« sieht.

Klafter
In manchen deutschen Übersetzungen für → Faden gebraucht. Die Länge dieser alten Maßeinheit war regional unterschiedlich, von 1,70 bis 3 Meter. Der englische Faden hatte genau 1,83 Meter. In diesem Lexikon wurden alle → Längenmaße auf das metrische System umgerechnet.

Klage über Boromir
Lied, das → Aragorn und → Legolas singen, nachdem → Boromir erschlagen wurde. »Über Ferne und Fluren« beginnt es in der neuen Übersetzung des »Herrn der Ringe«, »Durch Rohan über Moor und Feld« in der alten, die dem Original erheblich besser entspricht: »Through Rohan over fen and field«. Eine Vertonung von Marion Zimmer Bradley findet sich unter dem Titel »Lament for Boromir« auf der CD und im Songbuch → »The Starlit Jewel«, eine weitere auf der CD → »A Night in Rivendell« der dänischen Gruppe → »The Tolkien Ensemble«.

Klagelied um die Zwei Bäume
Das → Aldudénië

Klammbach
Bach in Klemms Tal, floss unter der Mauer vor der → Hornburg hindurch

Klamm-Straße
Straße, die vom → Klammtal nach Norden verlief und östlich von den → Furten des Isen auf die Große Straße traf

Klammtal
Tal, das zu → Helms Klamm hinaufführte

Klammwall
Graben und Erdwall, aufgeschüttet zur Verteidigung ein paar hundert Meter vor → Helms Tor, auch Helms Damm genannt.

Klapp! Schnapp! Ins Finstre hinab!
Beginn eines Liedes der → Orks im »Hobbit« (alte Übersetzung; neu: Flatsch! Klatsch! Knuff und kniff!)

Klaus
Spitzname von Bogenmann → Kattun in der alten Übersetzung des »Herrn der Ringe«

Kleinbau, Rudi
Robin → Kleinlöchner

Kleine Leute
Die → Hobbits

Kleiner Gelion
Siner der beiden Quellflüsse des → Gelion, entspringt am Berg → Hirmring

Kleiner Schelm
Eines der Ponys von → Frodo und seinen Gefährten, die in den → Hügelgräberhöhen verloren gehen und die → Tom Bombadil wiederfindet; dabei gibt er ihm diesen Namen.

Kleines Königreich
Das Reich des → Bauern Giles von Ham

Kleines Volk
Die → Hobbits

Kleinholzingen

Nachbarort von Großholzingen in der Geschichte → »Der Schmied von Großholzingen«; hier wohnt die Tochter des Schmiedes von Großholzingen

Kleinlöchner, Robin

Ein Hobbit aus dem → Auenland, → Landbüttel, mit dem Sam sich nach der Rückkehr aus dem Ringkrieg unterhält (in der alten Übersetzung des »Herrn der Ringe« Rudi Kleinbau)

Kleinzwerge

Eine Zwergenrasse, die im → Ersten Zeitalter in → Beleriand lebte, der Name ist übersetzt aus Noegyth Nibin. Sie waren die ersten → Zwerge, die nach Beleriand kamen, und wurden dort zunächst von den → Elben gejagt, die sie für Tiere hielten, deshalb wurden sie immer kleiner und lebten sehr heimlich. Die einzigen überlebenden Kleinzwerge im 5. Jahrhundert EZ waren → Mim und seine beiden Söhne, auf die → Túrin traf.

Klett-Cotta

Der deutsche Verlag, in dem die meisten Werke von Tolkien erscheinen, ist keineswegs nur ein Fantasy-Verlag. Die Verlagsgemeinschaft Ernst Klett – J. G. Cotta'sche Buchhandlung Nachf. GmbH, kurz Klett-Cotta, entstand 1977 durch Verschmelzung der Verlagsgemeinschaft Ernst Klett und der J. G. Cotta'sche Buchhandlung Nachf. GmbH. Klett, mit dem wahrscheinlich viele Schulbücher verbinden, war dabei der größere, Cotta der weitaus ältere Partner. Die J.G. Cotta'sche Buchhandlung in Tübingen wurde bereits 1659 gegründet und arbeitete sowohl als Buchhandlung wie als Verlag. Im Vordergrund des stark wissenschaftlichen Programms standen Jurisprudenz und Theologie, gepflegt wurden auch Geschichte, Geographie, Genealogie und Philosophie. 1722 kam eine Druckerei hinzu. Von 1795 bis 1797 erscheint bei Cotta die Zeitschrift »Die Horen« von Schiller, ab 1800 bringt Cotta fast alle Dramen von Schiller heraus, 1806 die erste Gesamtausgabe von Goethes Werken. Bis 1867 ist der Verlag der einzige, der Goethe und Schiller verlegt. 1810 siedelt der Verlag nach Stuttgart über, er wird zunehmend auch auf dem Gebiet Zeitungen und Zeitschriften tätig. 1839 wird der Greif als Verlagszeichen eingeführt, das bis heute Bestand hat. 1889 übernehmen die Brüder Adolf und Paul Kröner den Verlag und führen ihn unter der Firmenbezeichnung J. G. Cotta'sche Buchhandlung Nachfolger. 1943 wird das Verlagsgebäude durch Bomben zerstört. 1952 –54 geht das Verlagsarchiv in das Schiller-Nationalmuseum in Marbach über, 1956 geht der Verlag als J. G. Cotta'sche Buchhandlung Nachf. GmbH an Wilhelm Schlösser über, der das Verlagsprogramm auf Klassiker-Ausgaben, Belletristik, Geschichte, Zeitgeschichte, Kulturgeschichte, Philosophie und Schallplatten ausrichtet. 1977 übernimmt die Firma Ernst Klett von Wilhelm Schlösser alle Anteile, der wissenschaftlich-belletristische Verlag von Ernst Klett wird umbenannt in Verlagsgemeinschaft Ernst Klett – J. G. Cotta'sche Buchhandlung Nachf. GmbH, abgekürzt Klett-Cotta. – Ernst Klett hatte 1945 als Verleger nach dem Krieg begonnen mit zwei Schwerpunkten: Als Schulbuchverlag und mit einem Wissenschafts- und Literaturprogramm, in dem er als erster deutscher Verlag nach dem Krieg Psychoanalyse ins Programm nahm. Zu den Highlights der Verlagsgeschihhte gehören die drei Bände von Dantes »Göttliche Komödie« in der Übersetzung von Hermann Gmelin (1949–51), »Kinder sind anders« von Maria Montessori (1952), die »Gesammelten Werke«

von Rudolf Borchardt (1955–90), »Das Wörterbuch der Mythologie« (hrsg. von H. Haussig und E. Schmalzriedt) und zahlreiche Werke von Ernst Jünger, Mircea Eliade, Hartmut von Hentig und Jean Améry. 1969 nimmt der Verlag auf Betreiben von Ernst Kletts Sohn Michael Tolkiens »Herrn der Ringe« ins Programm, dieser wird allerdings erst mit Erscheinen der grünen Paperback-Kassette 1972 zum Bestseller. Damit ist der Grundstein für das neue Programmsegment Fantasy-Literatur gelegt. Die Hobbit-Presse wird als Verlagsimprint gegründet, 1975 erscheint »Das letzte Einhorn« (Peter S. Beagle), 1976 »Der König von Camelot« (T. H. White). In diesem Jahr übernimmt Michael Klett, Ernst Kletts ältester Sohn, seit 1969 Mitglied der Geschäftsleitung, die Verantwortung für den Verlag. 1977 übernimmt die Firma Ernst Klett alle Anteile an der J. G. Cotta´schen Buchhandlung Nachf. GmbH, hieraus entsteht der neu gegründete Verlag Klett-Cotta. Inzwischen kamen weitere Verlagsübernahmen hinzu, am → HörVerlag ist Klett-Cotta als Gründungsgesellschafter beteiligt. Bei Klett-Cotta erscheinen mehrere wissenschaftliche und kulturelle Zeitschriften, der Verlag verleiht den Jean Améry Preis. Zu den Autoren des Verlages gehören Gottfried Benn (Gesamtwerk), Anthony Burgess, Angela Carter, Erwin Chargaff, Jean Cocteau, Stefan George (Gesamtwerk), Seamus Heaney, Martin Heidegger, Helmut Heißenbüttel, Douglas R. Hofstadter (»Gödel, Escher, Bach«), Karl Kerényi, Ernst Jünger (Gesamtwerk), Brigitte Kronauer, Doris Lessing, Marvin Minsky, Georg Picht, Tad Williams – und natürlich nach wie vor und durch den → Film noch verstärkt John R. R. Tolkien und Christopher Tolkien.

Klewer, Karl A.
Der Übersetzer der Geschichte → »Der

Schmied von Großholzingen« ins Deutsche, erschienen in »Fabelhafte Geschichten« bei Klett-Cotta 1975

Klingelglöckchen
Blumen, die in der Geschichte → »Roverandom« auf dem Mond wachsen und Musik machen

Klumpfuß
→ Brandir

Knackfarn
Pflanze, die in der Geschichte → »Roverandom« auf dem → Mond wächst und Musik macht

Knallkammer
Raum im Keller des → Weihnachtsmannes, in dem Tausende von Knallbonbons aufbewahrt werden, wie man in → »Die Briefe vom Weihnachtsmann« nachlesen kann.

Knapp, Herr
Ein Mann, den → Herr Glück mit seinem neuen Auto anfährt (englisch: Day), heiratet am Ende der Geschichte Frau → Ritter und eröffnet mit ihr die Obst- und Gemüsehandlung »Ritter & Knapp« (im Original *»Day and Knight's«*, womit Tolkien eine allseits bekannte Kaffeewerbung parodiert, da sich *Knight* spricht wie *Night*, also »Tag und Nacht«).

Knight, Mrs.
Eine Frau, die → Herr Glück mit seinem neuen Auto anfährt; deutsch: → Ritter.

Knocking at the Door
Ursprünglicher Titel des Gedichtes → »Die Muhlipps«

Koa (Quenya)
»Haus«

Kobolde

Das englische *Goblins* wird im Deutschen meist mit → Orks (im »Hobbit« und im »Herrn der Ringe«), manchmal aber auch als Kobold übersetzt. Die frühesten »echten« Kobolde, die von Tolkien bekannt sind, tauchen in dem Gedicht → »Goblin Feet« auf, das er 1914 schrieb und 1915 veröffentlichte. Hier dürften durchaus klassische Kobolde gemeint sein. Diese werden auch in → »Die Briefe vom Weihnachtsmann« beschrieben – laut dem Brief von 1932 sind sie wie Ratten, die in Höhlen hausen, nur viel schlimmer. Am Nordpol hatten sie seit der großen Koboldschlacht 1453 keinen Ärger mehr gemacht. 1932 tauchen sie aber wieder auf, und es kommt ab 1933 zum Krieg zwischen ihnen und den Leuten des → Weihnachtsmanns. Dabei gibt es dann verschiedene Varianten, sogar fliegende Fledermaus-Kobolde. – In der Geschichte → »Roverandom« gibt es → See-Kobolde und → Mond-Kobolde. – Kobolde sind bei vielen Völkern bekannt; meist treten sie als Hausgeister oder Poltergeister in Erscheinung. Der deutsche Begriff wird abgeleitet vom alten Wort »Koben«, das bedeutet Holzverschlag und wird heute noch gebraucht in der Zusammensetzung Schweinekoben. Frei übersetzt bedeutet Kobold »Der im Holzgemach Waltende«. Im Volksglauben gelten die Kobolde als → Elementargeister und werden meist als klein, hässlich und rot gekleidet beschrieben. Im »Großen vollständigen Universal-Lexikon aller Wissenschaften und Künste« von J. H. Zedler heißt es 1737, dass der »Kobolt« am Tag in Häusern oder Ställen *»entweder nützliche Dienste thue, oder allerley Schabernack und Verdruß darinnen anrichte, je nachdem ihm von denen Einwohnern, Knechten und Mägden gut oder schlimm begegnet werde. Ja es ist unter dem Gesinde ein bekanntes Sprichwort: den Kobolt haben, welches von Mägden gesaget wird, die so hurtig und geschwinde sich in ihrer Arbeit bezeigen, daß man solches ohne Beihülffe eines Geistes sich nicht einbilden kann«.* Kobolde sollen auch als Vertrauter (Familiar) von Hexen und Zauberern in Erscheinung treten. – Das Metall Kobalt hat seinen Namen von den Kobolden, weil man im Mittelalter annahm, dass diese das Metall anstatt des gesuchten Silbers in die Bergwerke schafften, um die Menschen zu necken.

Koboldsfüße

das Gedicht → »Goblin Feet«

Kolbítar

»Die, die so nahe am Feuer sitzen, dass sie die Kohlen anbeißen«: Literarischer Leseclub aus Dozenten, den → Tolkien und C. S. → Lewis 1926 in → Oxford gründeten (The Coalbiters)

Kommt erst der Winter

Beginn eines kleinen Gedichtes über das schwere Wandern im Winter, das → Bilbo → Frodo in → Imladirs vorträgt.

König der Berge

Ein König in → Mittelerde, der vor 3430 DZ mit → Isildur einen Bund geschlossen hatte, doch im → Krieg des letzten Bündnisses seinen Eid brach und seine Hilfe verweigerte. Dafür wurde er verflucht und zum → König der Toten.

König der Elben

Meist ist damit → Gil-galad gemeint, der → Hohe König der → Noldor im → Zweiten Zeitalter, manchmal aber auch → Ingwe als König aller → Elben.

König der Menschen

Traditioneller Titel der größten → Dúnedain, den im → Dritten Zeitalter niemand mit Recht beanspruchen konnte, erst → Aragorn wieder im → Vierten Zeitalter. Als Sauron sich im → Zweiten Zweitalter so nannte, überzog ihn → Ar-Pharazôn mit Krieg und unterwarf ihn.

König der Nazgûl
der → Hexenkönig von Angmar

König der Neun (Reiter)
der Herr der → Nazgûl, der → Hexenmeister von Angmar

König der Orks
→ Golfimbul

König der Toten
Der ehemalige → König der Berge, mit seinem ganzen Volk über drei Jahrtausende verflucht, als die Toten Menschen von Dunharg unter den → Ered Nimrais zu hausen, bis sie ihren Eid der Hilfe für → Gondor gegen → Sauron einlösen würden. Dies taten sie im Ringkrieg, danach waren der König der Toten und seine Leute erlöst.

König der Orks
→ Golfimbul

König der Valar
Ein Titel von → Manwe

König der Welt
Ein Titel von → Manwe, doch nannte auch → Melkor sich so, nachdem er die → Silmaril erobert hatte

König des Graslandes
So nennt → Baumgart den König von → Rohan

König des Himmels
Ein Titel von → Manwe

König des Meeres
Ein Titel von → Ulmo

König des Wassers
Ein Titel von → Ulmo

König Graumantel
→ Thingol

König im Kleinen Königreich
der → Bauer Giles von Ham

König unter dem Berg
Der Herrscher über das → Königreich unter dem Berg, das Reich der → Zwerge vom → Erebor

König von Arda
Ein Titel von → Manwe

König von Nargothrond
→ Finrod Felagund, nach dessen Tod → Orodreth

Könige der Mark
die Könige von → Rohan, während des → Ringkriegs → Theoden

Könige der Valar
Die sieben höchsten männlichen → Valar: → Manwe, → Ulmo, → Aule, → Orome, → Mandos, → Lórien und → Tulkas. Der König der Valar war Manwe.

Könige in Gondor
→ Anárions Erben

Könige und Königinnen von Númenor
Der erste König von → Númenor war → Elros, der → Halbelbe, der am längsten von allen Menschen lebte und herrschte. Er nahm den Königsnamen Tar-Minyatur an, und es blieb Brauch der Könige, ihre Titel in → Quenya, der Hoch-Elbensprache,

anzunehmen, bis zu Ar-Adûnakhár, als die Númenórer sich von den → Elben abwandten. Schon vorher hatte → Tar-Atanamir der Große mit dem Brauch gebrochen, der seit dem zweiten König galt, nämlich sein Szepter vor Beendigung des Lebens abzugeben, weshalb er auch »der Unwillige« genannt wurde. Nach ihm regierten alle Könige und Königinnen bis an ihr Lebensende. Nach dem Untergang von Númenor herrschten die Könige der Menschen in → Mittelerde; eine neue Linie begann mit → Elendil, dem Nachfahren der Fürsten von → Andúnië.

1. → Elros Tar-Minyatur, geboren 58 Jahre vor dem Ende des Ersten Zeitalters, regierte 32 ZZ bis zu seinem Tod 442 ZZ.

2. → Vardamir Nólimon, geboren 61 ZZ, König nur dem Namen nach, gab 442 direkt das Szepter an seinen Sohn weiter, wird aber in den Chroniken geführt, als habe er ein Jahr regiert. Starb 471.

3. → Tar-Amandil, geboren 192, regierte 442–590, starb 603

4. → Tar-Elendil genannt Parmaite, geb. 350, regierte 590–740, Todesjahr unbekannt. Durch seine Tochter → Silmariën Vorfahr der Fürsten von → Andúnië, von → Elendil und → Aragorn.

5. → Tar-Meneldur (Írimon), geboren 543, regierte 740–883, Todesjahr nach 885.

6. → Tar-Aldarion (Anardil), geboren 700, regierte 883–1075, starb 1098.

7. → Tar-Ancalime, erste Königin von Númenor, geboren 873, regierte 1075–1280, starb 1285.

8. → Tar-Anárion, geboren 1003, regierte 1280–1394, starb 1404.

9. → Tar-Súrion, geboren 1174, regierte 1394–1556, starb 1574.

10. → Tar-Telperien, zweite Königin von Númenor, geboren 1320, regierte 1556–1731, starb kurz nach der Amtsniederlegung 1731.

11. → Tar-Minastir, geboren 1474, regierte 1731–1869, starb 1873.

12. → Tar-Ciryatan, geboren 1634, regierte 1869–2029, starb 2035.

13. → Tar-Atanamir der Große, genannt der Unwillige, geboren 1800, regierte 2029–2221, wie alle Folgenden regierte es bis zu seinem Tod.

14. → Tar-Ancalimon, geboren 1986, regierte 2221–2386.

15. → Tar-Telemmaite, geboren 2136, regierte 2386–2526.

16. → Tar-Vanimelde, dritte Königin von Númenor, geboren 2277, regierte 2526–2637.

ungezählt

→ Tar-Anducal, der Gatte von Tar-Vanimelde, eigentlich Herucalmo, geboren 2286, herrschte 2637–2657, in den offiziellen Chroniken nicht als König geführt.

17. → Tar-Alcarin, geboren 2406, regierte 2657–2737, rechtmäßiger König 2637–2737.

18. → Tar-Calmacil (Ar-Belzagar), geboren 2516, regierte 2737–2825.

19. → Tar-Ardamin (Ar-Abattârik), geboren 2618, regierte 2825- 2899.

20. → Ar-Adûnakhôr (Tar-Herunúmen), geboren 2709, regierte 2899–2962.

21. → Ar-Zimrathôn (Tar-Hostamir), geboren 2798, regierte 2962–3033.

22. → Ar-Sakalthôr (Tar-Falassion), geboren 2876, regierte 3033–3102.

23 → Ar-Gimilzôr (Tar-Telemnar), geboren 2960, regierte 3102–3177.

24. → Tar-Palantir (Ar-Inziladûn), geboren 3053, regierte 3177–3243.

25. → Ar-Pharazôn (Tar-Calion), geboren 3118, regierte unrechtmäßig von 3243 bis 3319 DZ, dem Jahr des Untergangs von Númenor.

König-Edwards-Schule
Schule im Zentrum von Birmingham, die Tolkien von 1900 bis 1902 und dann wieder von 1903 bis 1911 besuchte

Königin der Bäume
Der → Hirilorn in → Doriath

Königin der Elben
Ehrentitel für → Galadriel

Königin der Sterne
→ Varda

Königin der Valar
→ Varda

Königin der Valier
→ Varda

Königin des Erdreichs
Ein Titel von → Yavanna

Königin des Himmels
→ Varda

Königin Margarethe von Dänemark
Sie illustrierte 1977 unter dem Pseudonym Ingahild Grathmer eine Jubiläumsausgabe von »The Lord of the Rings« der Londoner Folio-Society. Ihre Bilder zieren inzwischen die Cover der CDs der dänischen Truppe → »The Tolkien Ensemble«.

Königinnen des Himmels
Die sieben höchsten weiblichen → Valar, auch als → Valier bezeichnet: → Varda, → Yavanna, → Niënna, → Este, → Vaire,

→ Vána und → Nessa. Als Königin der Valar galt Varda.

Königliche Straße
→ Nordstraße

Königreich des Nordens
→ Arnor

Königreich des Südens
→ Gondor

Königreich unter dem Berg
Das Königreich der → Zwerge unter dem → Erebor, gegründet 1999 DZ von Thrain I., doch ab 2210 gab es hier nur noch eine kleine Zwergenkolonie, da → Thorin I. sein Volk zu den → Ered Mithrin führte. 2590 kam → Thrór auf der Flucht vor den → Drachen aus den Ered Mithrin zurück. Sein Reich wurde immer wohlhabender, bis 2770 der Drache → Smaug die Zwergenfestung einnahm und die Zwerge vertieb. Nach Smaugs Tod 2941 wurde das Königreich wieder besiedelt und unter Köng → Dáin II. Eisenfuß sehr wohlhabend.

Königreich von Arda
Das Reich von → Manwe, die ganze Erde, → Arda

Königreiche der Dúnedain
→ Arnor und → Gondor

Königshaus
Der königliche Palast in → Gondor

Königshof
Hof im königlichen Palast von → Armenelos in → Númenor, in dem → Nimloth wuchs

Königs-Kalender
Der → Kalender der → Númenórer, wie er

bis 2060 DZ auch in → Arnor und → Gondor benutzt wurde, genannt auch die Königs-Zeitrechnung.

Königskraut
Die Heilpflanze → Athelas

Königsnorburg
Name von → Fornost bei den → Hobbits

Königsschwert von Númenor
→ Aranrúth

Königssteine
Die → Argonath

Königstor
Die → Argonath

Königs-Zeitrechnung
Der → Kalender der → Númenórer, wie er bis 2060 DZ auch in → Arnor und → Gondor benutzt wurde

Kópas Alqalunte
»Hafen der Schwanenschiffe«: Alqualonde

Kôr
In der frühen → Mythologie von Tolkien die Stadt der → Elben in → Eldamar wie auch der Berg, auf dem sie erbaut wurde (HIS 1,2). Kôr taucht erstmals in einem Gedicht von 1915 auf und auch in einer Zeichnung aus demselben Jahr, einem → Bild, das Tolkien → »Die Feenküste« betitelt hat. Wahrscheinlich wird sie auch dargestellt in der Zeichnung → Tanaqui, dort als leuchtende weiße Stadt auf einem einsamen Berg. Jene Elben, die dort wohnten, waren die Koreldar, jene, die in → Mittelerde geblieben waren, die → Ilkorindi.

kor (Quenya)
»rund«

Koreldar
Die → Elben von → Kôr

Korin
Eine Einfriedung aus Ulmen, in der in Tolkiens frühen Geschichten → Meril-i-Túrinqi wohnte

Kormas
Ein früher Name für → Kortirion

Koromas
Ein früher Name für → Kortirion

Körpergröße
In der Geschichte von → Mittelerde gibt es mehrfach eine langsame Veränderung der Körpergröße. Die → Dúnedain werden nach dem Untergang von → Númenor immer kleiner, bis sie normale Menschengröße erreicht haben (→ Elendil maß 2,40 Meter!). Tolkien führt das auf die Entfernung von → Aman zurück, den »Unsterblichen Landen«. Hingegen wird der ebenfalls über Jahrhunderte währende Schrumpfungsprozess der → Hobbits und der → Kleinzwerge mit ihrer Lebensweise erklärt, der Heimlichkeit, dem sich Versteckenmüssen. Wegen der veränderten Umstände haben sich die Hobbits nach dem → Ringkrieg wohl so langsam dem »Großen Volk« angepasst.

Korsaren von Umbar
Allgemeine Bezeichnung für die Gegner → Gondors aus → Umbar, die meist starke Schiffsstreitkräfte hatten oder als Piraten auftraten. Die ersten Korsaren waren → Schwarze Númenórer, die Gondor bis ins 10. Jahrhundert des → Dritten Zeitalters angriffen, bis Earnil I. 933 Umbar eroberte. 1450 setzten sich die Männer von → Castamir in Umbar fest, das eine Bedrohung für Gondor blieb, bis 1810 → Telumehtar

Umbardacil Umbar eroberte und die Korsaren vertrieb. Doch bald ging Umbar wieder verloren, die → Haradrim eroberten es und wurden bald ebenfalls gute Seefahrer und Korsaren, wie noch im Ringkrieg festzustellen war, als sie auf Seiten von → Sauron kämpften.

Kortirion

In der frühen → Mythologie von Tolkien die Hauptstadt der → Elben (der »Feen«) nach ihrem Rückzug aus der feindlichen Welt nach → Tol Eressea (zeitweise als → England gedacht), so genannt wegen der Erinnerung an Kôr und wegen des großen Turmes (→ Tirion)

Kosmoko

Ein früher Name von → Gothmog

koso (Quenya)

»streiten«

Kosomot

Ein früher Name von → Gothmog, hier der Sohn von → Melko

Kräuterkunde des Auenlandes

Ein Werk, verfasst von Meriadoc (→ Merry) Brandybock

Kräutermeister

Der Leiter der → Häuser der Heilung in → Gondor, ein kompetenter und gelehrter Mann, der nicht viel von alten Legenden und Altweibersprüchen hält und deshalb so besonderen Erscheinungen wie dem → Schwarzen Anhauch der → Nazgûl oder den → Heilenden Händen von → Aragorn hilflos gegenüber steht.

Krege, Wolfgang

Gerne als »Hauptübersetzer« von Tolkiens Werken bei → Klett-Cotta bezeichnet, hat inzwischen fast alle im Deutschen veröffentlichten Bücher Tolkiens übersetzt, die die → Mythologie von → Mittelerde betreffen, und gilt mit Recht als einer der besten Kenner von Tolkiens Werk. Nur die → »Nachrichten aus Mittelerde« und das → »Buch der Verschollenen Geschichten« (2 Bände) hat nicht er übersetzt, sondern Hans J. → Schütz, der allerdings viele andere Tolkien betreffende Bücher übersetzt hat und eine Art zweiter »Hauptübersetzer« ist. Von → »The Hobbit« und → »The Lord of The Rings« sind zwar noch die alten Übersetzungen von Walter Scherf (dtv) und Margaret Carroux auf dem Markt, doch werden Kreges → Neu-Übersetzungen von Klett-Cotta erheblich stärker beworben. Bekannt ist Krege als Übersetzer und Kenner von Tolkiens Werken seit seiner hervorragenden Übersetzungen des → »Silmarillion« (deutsch 1978) und der Biographie von Humphrey Carpenter (deutsch 1979). Es folgten Übersetzungen von Aufsätzen Tolkiens: → »Über Märchen« (erstmals in »Baum und Blatt«, 1982), »Die Ungeheuer und ihre Kritiker« (→ *»Beowulf: The Monsters and The Critics)* und »Ein heimliches Laster« (→ *»A Secret Vice«*), erschienen 1984 in »Gute Drachen sind rar«, und später der anderen Aufsätze aus »Die Ungeheuer und ihre Kritiker« (deutsch 1987). 1991 erschien Kreges Übersetzung der »Briefe« von Tolkien, ehe er 1996 sein Wissen um die Mythologie und Geschichten zusammenfasste in dem Nachschlagewerk »Handbuch der Weisen von Mittelerde«. Leider übernimmt er dabei manchmal zu kritik- und distanzlos manche Darstellungen der Charaktere Tolkiens z. B. zu → Abstammung und → Rasse. 1998 kam dann Kreges erfolgreiche Neu-Übersetzung »Der Hobbit oder Hin und zurück« auf den Markt und 2000 schließlich die umstrittene → Neu-Übersetzung des »Herrn der Ringe«, bei der er auch einige der Lieder und Gedichte neu übertragen hat.

Kreis von Isengard
Die große, kreisrunde Mauer von etwa 1500 Metern Durchmesser, die → Isengard umgab und in deren Mitte der → Orthanc stand

Kreise der Welt
Bezeichnung für → Ea, das ganze Universum, im Gegensatz zur → Äußeren Dunkelheit, manchmal aber auch für → Arda gebraucht, die den Menschen zugängliche Welt im Gegensatz zu → Aman

Krickloch
Kleiner Ort in → Bockland, etwa auf halbem Weg zwischen → Bockenburg und dem → Hohen Hag, wo → Frodo ein kleines Gehöft erwirbt, um vorzugeben, er würde das → Auenland nicht verlassen

Krieg der Steine
So werden die zahlreichen kleinen und größeren Kriege im → Ersten Zeitalter genannt, die die → Noldor in → Beleriand führten, um die → Silmaril zurückzugewinnen.

Krieg der Zwerge und der Orks
2790 DZ tötete Azog, Häuptling (oder gar König) der → Orks aus dem → Nebelgebirge, den Zwergenkönig → Thrór und brannte seinen Namen auf dessen abgeschlagenen Kopf ein. Die Zwerge riefen wutentbrannt zu einer Strafaktion auf, und so kam es zum Krieg (2793–2799), der in der → Schlacht im → Schattenbachtal endete. Azog tötete → Náin und wurde von dessen Sohn → Dáin (II.) Eisenfuß erschlagen. Das Schattenbachtal blieb danach kahl, denn die Zwerge hatten alle Bäume gefällt, um die Toten zu verbrennen. → Moria betraten sie allerdings damals nicht, denn sie hatten zuviel Respekt vor dem → Balrog.

Krieg des Letzten Bundes
→ Krieg des Letzten Bündnisses

Krieg des Letzten Bündnisses
3441 ZZ endet das → Zweite Zeitalter mit dem Sieg über → Sauron, der nur möglich war, weil sich → Elben und Menschen zum → Letzten Bündnis zusammengefunden hatten. Dieses Bündnis schlossen → Gil-galad und → Elendil im Jahre 3430 ZZ, nachdem Sauron 3429 → Minas Ithil erobert und → Isildur von dort vertrieben hatte. Als Beginn des Krieges wird 3431 angesetzt. 3434 wurde Sauron auf der → Dagorlad geschlagen und anschließend sieben Jahre in Barad-dúr belagert. Der Krieg endete mit dem Kampf von Sauron gegen Gil-galad und Elendil, bei dem alle drei umkamen. Da Isildur sich gegen den Rat von → Círdan und → Elrond weigerte, den → Herrscherring in den Feuern des → Orodruin, wo er geschmiedet worden war, zu vernichten, konnte Sauron sich später wurde erholen. Auf Sieten der Verbündeten hingegen waren unwiederbringliche Verluste zu beklagen, neben Gil-galad und Elendil auch → Anárion von → Arnor, → Oropher, König der → Tawarwaith, und → Amdir, Fürst von → Lórien.

Krieg des Zorns
Der Krieg der → Valar gegen → Melkor, zu dem sie auszogen, nachdem → Earendil sie um Hilfe gebeten hatte; er endete mit der → Großen Schlacht, der letzten der sechs großen → Schlachten von → Beleriand, mit der das → Erste Zeitalter endete.

Krieg um den Ring
der → Ringkrieg

Kriegselefanten

Riesige Tiere, viel größer als unsere heutigen Elefanten, wurden von den → Haradrim geritten und trugen teilweise Schlachttürme auf ihren Rücken, z. B. in der Schlacht auf den → Pelennor-Feldern. Sie waren kaum zu töten, nur durch einen Schuss ins Auge, und versetzten die Pferde der → Rohirrim in Furcht. In → Gondor nannte man sie Mûmakil, ein Lehnwort aus der Sprache von → Harad, die Einzahl war Mûmak, in der Sprache der → Hobbits hießen sie → »Oliphant«, und so hieß auch ein volkstümliches Gedicht im → Auenland über diese Tiere.

Kriegspfeil von Gondor

Der Rote Pfeil, ein Zeichen zwischen → Gondor und → Rohan, mit dem der Partner zum Beistand im Kampf aufgerufen wird. Im → Ringkrieg wurde der Pfeil mit rotbemalter Spitze von → Hirgon im Auftrag von → Denethor II. nach Rohan gebracht und König → Théoden übergeben.

Krone Durins

Name bei den → Zwergen für das Sternbild → »Großer Bär«, angeblich Funken aus der Schmiede von → Aule. Auch das Wahrzeichen von → Durin I. und seinen Nachkommen: Die sieben Sterne des Sternbildes, gespiegelt in der Wasseroberfläche des → Spiegelsees rund um seinen Kopf, ergeben eine Krone mit sieben Sternen.

Krone von Gondor

Die Flügelkrone von → Gondor war einem Kriegshelm aus → Númenor nachgebildet. Der Legende nach war sie am Anfang tatsächlich ein einfacher Helm, nämlich jener, den → Isildur in der Schlacht von → Dagorlad trug; der Helm des Königs von Gondor, von → Anárion, war von dem Stein zertrümmert worden, der ihn tötete. Ab der Herrschaftszeit von → Atanatar Alcarin gaben sich die Könige mit dieser einfachen Krone nicht mehr zufrieden, ab dem 13. Jahrhundert DZ war die Krone jener edelsteinbesetzte Helm, mit dem 3019 → Aragorn gekrönt wurde.

Krumme Welt

Am Ende des → Zweiten Zeitalters, mit dem Untergang von → Númenor, veränderte → Ilúvatar selbst die Gestalt der Welt: Aus der flachen Erde wurde die »krumme Welt«, unser Planet Erde und das Universum, wie wir sie kennen. → Aman und → Valinor wurden entrückt, zu einer → Anderswelt, und nur die → Elbenschiffe konnten es auf dem → »geraden Weg« erreichen.

Krummsäbel

Eine Waffe, die sehr häufig von → Orks benutzt wird, auch Scimitar oder Skimitar genannt, im europäischen Mittelalter als Türkensäbel bekannt.

Küchenmeister

Wichtige Position in Großholzingen in der Geschichte → »Der Schmied von Großholzingen«. Höhepunkt einer Küchenmeisterlaufbahn ist der Große Kuchen beim Fest der Vierundzwanzig, das in Großholzingen alle 24 Jahre gefeiert wird.

Kûd-dûkan

»Höhlenbewohner«: Bezeichnung für die → Hobbits in der Sprache der → Rohirrim

Kuduk

So nannten sich die → Hobbits in ihrer eigenen Sprache, wahrscheinlich verkürzt aus → Kûd-dûkan

Küfer, Harry

Kind in der Geschichte → »Der Schmied von Großholzingen«

kui (Quenya)
»leben«

Kulu
»Gold« in altem Quenya

Kúma
Die Äußere Leere, die → Äußere Dunkelheit

kúna (Quenya)
»krumm, gebogen«

Kurúki
Ein böser Zauberer in einem Entwurf zur Geschichte von → Túrin

Kurwe (Quenya)
»Geschicklichkeit«

Kurz sei die Klage
Klagegedicht, das → Éowyn noch auf dem Schlachtfeld über dem toten König → Théoden spricht (in der alten Übersetzung, die dem Original sehr viel eher entspricht: »Nicht der Klage zu viel«) und mit dem er zugleich zum Weiterkämpfen aufruft.

Küsten-Elben, Küstenvolk
die → Solosimpi

Kyerme (Quenya)
»Gebet«, z. B. in → Erukyerme

Iaba (Sindarin)
»hüpfen«

Labadal
»Hüpf-Fuß«: So nannte → Túrin in seiner Kindheit → Sador

Labkraut
So heißen gleich mehrere → Hobbits, Gäste im Gasthaus »Zum tänzelnden Pony« in → Bree, als → Frodo und seine Gefährten dort eintreffen (in der alten Übersetzung des → »Herrn der Ringe«; neue Übersetzung: Beifuß).

Lach (Sindarin)
»Flamme«

Iacha (Sindarin)
»in Flammen aufgehen, verbrennen«

Lachenn (Sindarin)
»Tief-Elf«: Ein → Noldor

Iacho (Sindarin)
»Brenne!«

Lad (Sindarin)
»Ebene, Tal«

Ladros
Land im Nordosten von → Dorthonion, dem Hause → Beor übergeben

Ladwen-na-Dhaideloth
»Heide vom Himmelsdach«: die → Dürre Heide

Lady von Lórien
→ Galadriel

Iaeb (Sindarin)
»frisch«

Iaeg (Sindarin)
»scharf«

Laegel (Sindarin)
→ »Grünelbe«

Laegrim (Sindarin)
»Volk der → Grünelben«

Laer (Sindarin)
»Lied, Musik«

Laer (Sindarin)
»Sommer«: 72 Tage lange Jahreszeit im Kalender der → Elben von → Imladris, entspricht bei uns etwa Juni bis Mitte August, Quenya Laire

Laer Cú Beleg
»Lied vom Großen Bogen«, das Lied, das → Túrin über → Beleg Cúthalion machte, nachdem er ihn erschlagen hatte

Lagaáia, Jay Lavea
Der Darsteller eines → Uruk-hai-Anführers im → Film von Peter → Jackson wurde am 10. September 1963 in Neuseeland geboren und tritt vor allem in Fernsehserien auf, z. B. in »Herkules« und »Xena«.

Lagduf, Lagduff
Orc von → Cirith Ungol, im Kampf um → Frodos Mithril-Rüstung getötet

Iagor (Sindarin)
»schnell, flink«

Iaica (Quenya)
»grün«

Iaika (Quenya)
»scharf, durchdringend«, z. B. in Tarambolaike

Iain (Sindarin)
»frei, befreit«

Laiqalasse (Quenya)
»Grünblatt«: Quenya für → Legolas

Laiquende (Quenya)
»Grünelb«, Plural Laiquendi: Die Grünelben von → Ossiriand im → Ersten Zeitalter, versprengte Stämme der → Nandor. Sie
standen unter dem Schutz von → Ulme,
waren hervorragende Jäger und Bogenschützen und beteiligten sich nur einmal an
einer Schlacht, als sie → Beren und → Dior
bei der Schlacht um → Sarn Athrad unterstützen. Sie sind die Vorfahren der → Waldelben des → Dritten Zeitalters.

Laire (Quenya)
»Sommer«: 72 Tage lange Jahreszeit im
Kalender der → Elben von → Imladris, ent-
spricht bei uns etwa Juni bis Mitte August,
Sindarin Laer

Lairelosse
»Sommer-Schneeweiß«: ein duftender,
immergrüner Baum, den die → Elben von
→ Tol Eressea nach → Númenor brachten

Iaitale (Quenya)
»Lob, Lobpreis«, z. B. in → Erulaitale

Lakeside Road 19
Wohnung von John R. R. → Tolkien und
seiner Frau in Poole bei → Bournemouth,
von 1968 bis zu Ediths Tod 1972

Iala (Quenya)
»lachen«

Lalaith (Sindarin)
»Lachen, Gelächter«: Die ältere Tochter
von → Húrin und → Morwen, Schwester
von → Túrin und → Niënor, starb mit drei
Jahren an der → Pest; eigentlich hieß sie
Urwen.

Lalf, Lalorn, Lalven, Lalwen (Sindarin)
»Ulme«

Lam (Sindarin)
»Sprache, Sprechen«

Laman (Quenya)
»vierfüßiges Tier«

Lamath (Sindarin)
»Echo«

Lamba, Lambe (Quenya)
»Zunge, Sprache«, auch Name der → Tengwar-Zeichens Nummer 27, ᴛ, »L«

Lambe Valarinwa (Quenya)
die → Sprache der → Valar

Lambengolmo (Quenya)
»Sprachgelehrter«

Lambengolmor (Quenya)
»die Sprachgelehrten«: eine linguistische
Schule, die → Feanor ins Leben rief; er war
ja selbst ein großer Schriftgelehrter und
entwickelte die → Tengwar weiter

Lamedon
Gebiet in → Gondor um die Quellen des
Flusses → Ciril und den Oberlauf des Flus-

ses → Ringló an den Südhängen der → Ered Nimrais, hier ritt → Aragorn mit dem → Heer der Toten durch, Fürst von Lamedon war zur Zeit des → Ringkrieges → Angbor

Lammoth
»Großes Echo«: Gebiet nördlich des Fjords von → Drengist, so genannt, weil die Schreie von → Morgoth beim Kampf mit → Ungoliant die Erde erschütterten und die Echo-Eigenschaft der → Ered Lómin verursachte.

Lamorna Cove
Ort in Cornwall, wo Familie → Tolkien 1932 ihre Ferien verbringt. Tolkien bezeichnet einen alten skurrilen Mann als »Gaffer Gamgee«, dieser Name kommt auch in → »Herr Glück« vor und liefert den Namen der Hobbit-Familie → Gamdschie.

Lampen der Valar
Zwei große leuchtende Kugeln, von → Aule geschaffen und auf großen steinernen Pfeilern in → Mittelerde aufgestellt, von → Varda gefüllt und von → Manwe gesegnet, als die → Valar noch in → Almaren lebten. Die nördliche Leuchte Illuin stand im nördlichen Teil von Mittelerde, an der Stelle, wo später das Binnenmeer → Helcar entstand, die südliche Leuchte, Ormal, im Süden von Mittelerde. Sie beleuchteten den Frühling von → Arda, der endete, als Melkor die Leuchten zerstörte.

Lampenmacher-Straße
→ Rath Celerdain

Lán (Quenya)
»der Weiße«: Beiname von → Saruman

Lanc (Sindarin)
»Kehle, Gurgel«

lanc (Sindarin)
»nackt«

Lancashire Fusiliers
Regiment, bei dem → Tolkien im Ersten Weltkrieg diente

land (Sindarin)
»breit, weit«

Land (Sindarin)
»Offener Raum, Ebene«

Land der Gabe
→ Númenor

Land der Götter
→ Aman

Land der Lebenden Toten
→ Dor Firn-i-Guinar

Land der Schatten
→ Dor-Lómin, → Hisilóme

Land der Toten, die leben
→ Dor Firn-i-Guinar

Land der Ulmen
→ Alalminóre

Land der Weiden, Land der Weidenbäume
→ Tasarinan

Land der Zwei Kapitäne
»Land von Bogen und Helm«, das Gebiet um den → Amon Rúdh, das → Beleg und → Túrin mit ihrer Bande kontrollierten

Land des Geschenks
→ Númenor

Land des Nebels
→ Hithlum

Land des Schattens
→ Mordor

Land des Schreckens
→ Mordor

Land des Sterns
→ Númenor

Land, frei von Unheil
→ Aman

Landbüttel
Ordnungsmacht im → Auenland, eine Art Polizei, in Friedenszeiten 12 Leute, die dem → Bürgermeister von Michelbinge unterstanden, drei in jedem Viertel, Rangzeichen war die Anzahl der Federn an der Mütze.

Landräuber aus dem Norden
Schimpfwort für die → Rohirrim bei den → Dunländern

Landroval
Der größte aller → Adler des → Dritten Zeitalters→, Bruder von → Gwaihir,

Lang (Sindarin)
»Klinge, Schwert«

Langbart
Spöttische Bezeichnung für → Zwerge, zunächst die von → Belegost, die stets einen besonders langen →Bart hatten, der oft bis zum Boden reichte, später auch alle anderen Zwerge. Im Elbischen gab es zahlreiche Wörter für Langbart: »Anfang«, Mehrzahl »Anfangrim«, »Inrafang/Inrafangrim«, »Indrafang/Indrafangrim«, »Indravang/Indravangrim«, »Súrfang/Súrfangrim«.

Langbogen
Übersetzung von »Cúthalion«, Beiname von → Beleg

Langcleeve
Ort im Nordviertel im → Auenland nahe den Nordmooren

Langcleeve, Juweline oder Dietmute
Juweline → Tuk

Lange Schlange
Ein Schiff von → Ar-Pharazôn (»Andalóke«, HIS 9). »Lange Schlange« oder »Langer Wurm« hieß auch das berühmte Schiff des Königs Olav Trygvasson von Norwegen (995–1000), das in der Heimskringla-→ Saga des → Snorri Sturluson erwähnt wird. Tolkien hat dieses Schiff 1938 in seinem Vortrag über → Drachen erwähnt.

Längenmaße
Tolkien verwendet in seinen Werken das alte Englische System, das auf einer duodezimalen Umrechnung beruht – und dies, obwohl in → Númenor mit einem dezimalen System gerechnet wurde. Die Umrechnung dieser beiden Systeme ist nicht immer ganz eindeutig. In diesem Lexikon wurden alle Maßangaben auf das metrische System umgerechnet. Es werden hier aber die Maßeinheiten angegeben, damit alles nachvollziehbar ist:

1 Lang-Meile (Sindarin »daur«, Adûnaisch »Lár«)
    = 3 Meilen = 4,8 Kilometer

1 Meile   8 Achtel-Meilen
    = 880 Faden = 1760 *yards*
    = 1,61 Kilometer

1 Achtel-Meile (*furlong*)
    = 110 Faden = 220 *yards* =
    201,168 Meter

1 Faden/Klafter (*fathom*)
    = 2 *yards* = 6 Fuß
    = 1,83 Meter

1 *Yard*   = 3 Fuß = 91,44 cm

1 Fuß (*foot*) = 12 Zoll (*inch*) = 30,48 cm

1 Zoll *(inch)* = 2,54 cm
1 Elle = 111,4 cm
Diese Maßeinheit fällt aus dem System heraus; in den Fällen, in denen die Elle im Deutschen als Übersetzung für → Ranga benutzt wird, ist sie ca. 96,5 cm lang.

1 Wegstunde ist laut Fonstad (»Historischer Atlas von Mittelerde«) je nach Gelände und Fortbewegungsart mit 2,9 bis 17,5 Meilen anzusetzen (ca. 4,6 bis 28 Kilometer); Fonstad hält für Längenberechnungen einen Wert von etwa 3 Meilen (rund 5 Kilometer) für sinnvoll, dies entspricht dann dem »Lár« der Dúnedain oder dem »daur« in Sindarin. Da dies sehr schlüssig erscheint, wurden in diesem Lexikon bei Berechnungen mit diesem Maß stets 4,8 Kilometer angesetzt.

Langer Horn
→ Kattun, Höhlenmann

Langer See
See östlich vom → Düsterwald und südlich vom → Erebor, gespeist durch den → Eilend und den → Waldfluss. Am südwestlichen Ufer stand im See die auf Pfählen erbaute Stadt → Esgaroth.

Langer Winter
Der → Grausame Winter

Langes Leben den Halblingen
Beginn eines Lobliedes auf → Frodo und → Sam, als sie nach der Zerstörung des → Herrscherrings nach → Gondor zurückkehren

Langflut
Name des → Anduin bei den → Rohirrim

Langfurch
Die Farm von Bauer → Maggot (englisch *Bamfurlong*)

Langgrund
Ort im Südviertel des → Auenlandes

Langgrundblatt
Eine der drei besten Sorten an → Pfeifenkraut, also Tabak, bei den → Hobbits

Langhöhl, Herr
Ein → Hobbit, Gast im Gasthaus »Zum Tänzelnden Pony« in → Bree, als → Frodo und seine Gefährten dort eintreffen (in der neuen Übersetzung des → »Herrn der Ringe«; alte Übersetzung: Langhöhlen).

Langlebigkeit
Die frühen Menschen lebten weitaus länger als ihre späteren Nachfahren. Am längsten von allen Menschen lebte → Elros, anschließend nahm die Lebensdauer der → Dúnedain kontinuierlich ab. Sie war jedoch auch zur Zeit des Ringkrieges noch erheblich höher als die anderer Menschen, und dies führte z. B. beim → Sippenkrieg von Gondor durchaus auch zu Schwierigkeiten. Wie lang die Lebenszeit der Númenórer am Anfang war, ist unklar; an manchen Stellen wird von dreifach längerer, an anderer von fünfmal längerer Lebenszeit im Vergleich zu anderen Menschen gesprochen, was nach den Daten der → Könige von Númenor wahrscheinlicher ist. Das Heranwachsen und das Verfall im Alter gingen so schnell vor sich wie bei allen anderen Menschen, aber die Zeit des aktiven Lebens als Erwachsene war erheblich länger. Wahrscheinlich war die Abnahme der Lebensdauer wie die der → Körpergröße durch die Entfernung von → Aman bedingt, den »Unsterblichen Landen«. Vielleicht was an der Vermutung der Númenórer etwas daran: Wenn sie nach Aman gingen, könnten sie ihr Leben verlängern, vielleicht sogar bis zur → Unsterblichkeit. Dann könnten die Sterblichen, die nach dem → Ringkrieg nach Aman fuhren,

→ Bilbo, → Frodo, → Sam und → Gimli, geheilt worden sein und ewig leben.

Langmeile, Lange Meile
Alte englische Maßeinheit, die Tolkien verwendet (Sindarin: »daur«, númenórisch: »Lár«), entspricht 3 → Meilen, das sind etwa 4,8 Kilometer. In diesem Lexikon wurden alle → Längenmaße auf das metrische System umgerechnet.

Langon
Ein Knecht von → Melko

Langquell
Die Quelle des → Anduin, ein kleiner Fluss, der von den → Ered Mithrin herabfloss und sich später mit der → Grauflut zum Anduin vereinigte

Lang-Runen
→ Angerthas

Langstrand
→ Anfalas

Lanta, Lante (Quenya)
»Fall, Sturz«, z. B. in → Lasselanta (Laubfall) und → Noldolante

Lanthir (Sindarin)
»Wasserfall«

Lanthir Lamath
»Wasserfall des Echos, der widerhallenden Stimmen«: Ort in → Ossiriand, an dem das Haus von → Dior stand und nach dessen Strahlen und Glanz seine Tochter → Elwing benannt wurde.

Lár
»Pause« in Adûnaisch, der Sprache von → Númenor, das größte → Längenmaß der Dúnedain, eine »lange Meile«, die drei heutigen → Meilen entspricht oder etwa 4,8 Kilometer, auch gebraucht für »Ruhepause, Rast« und für »Wegstunde«. Sindarin: daur.

Larnach
Waldmenschen in den Ländern südlich des → Teiglin

LARP
Abkürzung für »*live action role-playing*«, → Live-Rollenspiel

Lasbelin (Sindarin)
»Herbst«

Lass (Sindarin)
»Blatt, Laub«

Lasselanta (Quenya)
»Laubfall«: die 54 Tage lange Jahreszeit des Spätherbstes im → Kalender der → Elben von → Imladris, entspricht etwa unserem Oktober und November, in Quenya auch »Quelle« (»Vergehen«) genannt, in Sindarin »Firith« (»Vergehen«) oder »Narbeleth« (»Sonnenschwund«), auch allgemein für den Herbst verwandt.

Lassemista (Quenya)
»Laubgrau«: der Name einer Eberesche in → Bregalads Ebereschenlied

lasta (Sindarin)
»hören«

lasto (Sindarin)
»Höre!«

lathra, lathrada (Sindarin)
»lauschen, horchen«

Lathron (Sindarin)
»Lauscher«

Láthspell
»schlechte Nachricht«: So nennt → Gríma Schlangenzunge → Gandalf.

laug (Sindarin)
»warm«

laur (Sindarin)
»alt«

laure (Quenya)
»golden«, z. B. in → Laurelin (die Farbe, nicht das Metall)

laurea (Quenya)
»goldfarbig«

Laurelin (Quenya)
»Goldenes Lied«: der jüngere der → Zwei Bäume von Valinor

Laurelindórenan, Laurelindórinan (Quenya)
»Tal, in dem Bäume in einem goldenen Licht singen«: ein alter Name für → Lórien

Laurenande (Quenya)
»Tal des Goldes«, ein Name für → Lórien

laurina (Quenya)
»golden«

Laurinque
»Der Goldene«: Ein gelb blühender Baum, der im Südostland von → Númenor wuchs

Laurundo, Laurunto
eine Quenya-Form des Names → Glorund, einer früheren Form von → Glaurung

Lautwasser
der Fluss → Bruinen

Lautwasserschlucht
Schlucht des → Bruinen bei → Imladris

Lavan (Sindarin)
»Vierfüßiges Tier«

Laws (Sindarin)
»Haarlocke«

Lea
Name einer → Vala in den frühen Geschichten von Tolkien, dort Frau von → Tulkas

Leaf by Niggle
englischer Originaltitel von Tolkiens Geschichte → »Blatt von Tüftler«

Lean, Tangye
Gründer des literarischen Kreises → »Inklings«, zu dem Tolkien und C. S. → Lewis hinzustießen.

Lebed (Sindarin)
»Finger«

Leben (Sindarin)
»Fünf«

Lebende Blume
Eine niemals welkende, stets leuchtende Blume, die der Schmied in der Geschichte → »Der Schmied von Großholzingen« von der Königin von → Elbland geschenkt bekommt

Lebende Tote
Bezeichnung für → Beren und → Lúthien, nachdem Beren von den Toten → auferstanden war, sie lebten im → Dor Firn-i-Guinar, dem Land der Lebenden Toten.

Lebennin (Sindarin)
»Fünf Flüsse«: Region in → Gondor, zwischen den → Ered Nimrais und dem → Ethir Anduin, durch die die fünf Flüsse → Erui, → Sirith, → Celos, → Serni und → Gilrain flossen.

Lebensbaum

Bei Tolkien spielen Bäume oft eine wichtige Rolle, oftmals überhöht als Symbol oder ganz real als magischer oder Lebensbaum. In vielen → Mythologien spielt ein → Baum ein solche Rolle. Oft symbolisiert er mit Wurzel, Stamm und Krone verschiedene Welten wie etwa Hölle, Erde, Himmel, bei den → Germanen ist die immergrünende Weltesche → Yggdrasil der Baum, der alle Welten verbindet. Häufig symbolisiert ein Baum das direkte Wohlergehen von Land oder Volk, dies hat Tolkien mit dem → Weißen Baum von Gondor ebenfalls umgesetzt. Noch stärker als Bäume des Lebens wirken die → Zwei Bäume von Valinor. Ähnliche Funktion haben der → Baum des Königs in der Geschichte »Der Schmied von Großholzingen« und der Große Baum in »Blatt von Tüftler«.

Lebensspanne

→ Lebenserwartung

Lebethron

Baum und Holz in → Gondor, beliebt bei den Holzschnitzern. Zumindest eine Sorte hatte schwarzes Holz, aus dem die Wanderstäbe geschnitzt waren, die → Faramir (II) → Frodo und → Sam schenkte.

Lee, Alan

Bekannter Tolkien-Illustrator, der schon mehrere Tolkien-Kalender gestaltet hat. Arbeitet am → Film von Peter → Jackson als konzeptioneller Gestalter mit, er hat z. B. die → Ents entworfen.

Lee, Christopher Frank Caradini

Der Darsteller von → Saruman im → Film von Peter → Jackson wurde am 27. Mai 1922 in London als Sohn einer italienischen Gräfin und eines britischen Berufsoffiziers geboren und ist bekennender Tolkien-Fan.

Seit 1961 ist Lee mit Birgit Kroencke verheiratet. Sein erster Leinwanderfolg war das Ungeheuer in »Frankensteins Fluch« (»The Curse of Frankenstein«, 1957), doch legendär wurde er als »Dracula«; kein anderer Darsteller hat die populäre Vorstellung von → Vampiren so geprägt wie er. Inzwischen hat er sich von seinen zahlreichen Dracula-Filmen ironisch distanziert, doch blieben ihm erklärtermaßen zwei Lebensträume: Dracula einmal so zu spielen, wie Bram Stoker ihn schrieb (und wie ihn noch niemand verfilmt hat) und in einer Verfilmung des »Herrn der Ringe« mitzuwirken. Den letzteren Traum hat er nun mit fast 80 Jahren verwirklicht – und interessanterweise ist dies fast wie eine Rückkehr zu seinen Wurzeln, stirbt doch Saruman (zumindest im Buch) ähnlich wie Dracula in so vielen Filmen: Er löst sich in Rauch auf. 1977 veröffentlichte Lee in London seine Autobiographie »Tall, Dark and Gruesome«, und im »Guinness-Buch-der-Rekorde« steht er als der Schauspieler mit den meisten Leinwandauftritten, es sind weit über 150, darunter viele bekannte und erfolgreiche Filme, hier eine kleine Auswahl:

»Scott of the Antarctic« (1948)
»Hamlet« (1948)
»Saraband for Dead Lovers« (1948)
»Des Königs Admiral« (1951)
»Top Secret« (1952)
»Moulin Rouge« (1952)
»Der Rote Korsar« (1952)
»Paul Temple Returns« (1952)
»Der Schwarze Prinz« (1955)
»Frankensteins Fluch« (1957)
»Dracula« (1958)
»Der Hund von Baskerville« (1959)
»Die Rache der Pharaonen« (1959)
»Stadt der Toten« (1960)
»The two Faces of Dr. Jekyll« (1960)
»Vampire gegen Herakles« (1961)
»The Hands of Orlac« (1961)

»Sherlock Holmes und das Halsband des Todes« (1962)
»La Maldición de los Karnstein« (1963)
»Die Teufelspiraten« (1964)
»Ich, Dr. Fu Man Chu« (1965)
»Blut für Dracula« (1966)
»Rasputin: The Mad Monk« (1966)
»Die dreizehn Sklavinnen des Dr. Fu Man Chu« (1966)
»Die Schlangengrube und das Pendel« (1967)
»Die Hexe des Grafen Dracula« (1968)
»Die Rache des Dr. Fu Man Chu« (1968)
»Draculas Rückkehr« (1968)
»Der Todeskuss des Dr. Fu Manchu« (1968)
»Die Braut des Teufels« (1968)
»Die lebenden Leichen des Dr. Mabuse« (1969)
»Die Folterkammer des Dr. Fu Man Chu« (1969)
»Julius Caesar« (1970)
»Vampir-Cuadecuc« (1970)
»Wie schmeckt das Blut von Dracula?« (1970)
»Nachts, wenn Dracula erwacht« (1970)
»Totentanz der Vampire« (1970)
»Dracula – Nächte des Entsetzens« (1970)
»Das Privatleben des Sherlock Holmes« (1970)
»Vampir« (1971)
»Dracula jagt Mini-Mädchen« (1972)
»Die drei Musketiere« (1973)
»Die vier Halunken der Königin« (1974)
»James Bond 007 – Der Mann mit dem goldenen Colt« (1974)
»Dracula braucht frisches Blut« (1974)
»The Legend of Dracula« (1975)
»Der Flüsternde Tod« (1976)
»Dracula père et fils« (1977)
»Airport '77 – Verschollen im Bermuda-Dreieck« (1977)
»Das Ende der Welt« (1977)
»Im Banne des Kalifen« (1979)
»Das Letzte Einhorn« (1983)

»Return of Captain Invincible oder Wer fürchtet sich vor Amerika?« (1984)
»Mio, mein Mio« (1987)
»Die Rückkehr der Musketiere« (1989)
»Gremlins II – Die Rückkehr der kleinen Monster« (1990)
»Sherlock Holmes: Incident at Victoria Falls« (1991)
»Tale of the Mummy« (1998)
»Sleepy Hollow« (1999)

Leeds
Englische Stadt in West-Yorkshire, an deren Universität John Ronald Reuel → Tolkien von 1920 bis 1925 Dozent für englische Sprachwissenschaft war. Zentrum der englischen Bekleidungsindustrie und den Maschinenbaus, die Stadt hat heute etwa 700 000 Einwohner.

Lees, Nathaniel
Der Darsteller von → Uglúk im → Film von Peter → Jackson stammt von Maoris aus Neuseeland ab und ist ein bekannter Seriendarsteller, u. a. in »Xena« und »Herkules«. Bei fünf Kinofilmen wirkte er mit:
»Other Halves« (1984)
»Death Warmed Up« (1985)
»Shaker Run« (1985)
»Rapa Nui« (1994)
»Bonjour Timothy« (1995)

Lefnui
»Der Fünfte«: der fünfte der Flüsse, die in den → Anduin oder in die Bucht von → Belfalas mündeten, floss vom Westrand der → Ered Nimrais zum Meer.

leg (Sindarin)
»scharf, durchdringend«, z. B. in → Dramborleg

Legendarium der Väter der Menschen
Das → Atanatárion

Legolas (Quenya)

»Grünblatt«: Sohn von König → Thranduil, des Königs der → Waldelben von → Düsterwald, einer der neun Gefährten der → Gemeinschaft des Rings. Wieso ausgerechnet er die → Elben vertrat und nicht einer der viel mächtigeren Elben aus → Imladris wie etwa → Glorfindel (II), bleibt schleierhaft. Legolas war ein guter Bogenschütze und leidlicher Jäger, doch kein guter Kämpfer. Nach dem → Ringkrieg lebte er in → Ithilien. Er freundete sich während des Krieges mit → Gimli an, und als er 120 VZ als letzter aus der Gemeinschaft des Ringes auf einem selbstgebauten Schiff nach → Aman fuhr, nahm er Gimli mit. – Unter Fachleuten gibt es seit Jahren einen unentschiedenen Streit über die Haarfarbe von Legolas. In »The Hobbit« heißt es, der Waldelbenkönig habe goldenes Haar, deshalb nehmen viele an, auch Legolas sei blond gewesen (was nicht sein muss, falls seine Mutter dunkelhaarig war). Außerdem sind die meisten im »Herrn der Ringe« beschriebenen Elben blond. Jedoch hat Tolkien ausführlich erläutert, dass außer den Vanyar (die in Aman blieben) nur die Nachfahren von Finarfin blond waren. Doch wieso ist dann Thranduil blond, als Nachfahre der → Nandor? Am wahrscheinlichsten ist hier ein Flüchtigkeitsfehler von Tolkien im Hobbit, so dass Legolas dunkelhaarig wäre, doch wird diese Frage wohl nie eindeutig geklärt werden. – Im → Film von Peter → Jackson wird Legolas von Orlando → Bloom dargestellt.

Legolast (Quenya)

»Scharfsichtiger«

Legolin

Dritter Nebenfluss des → Gelion in → Ossiriand, floss von den Ered Luin nach Westen in den → Gelion

Lehren der Weisen

Ein weiterer Titel für das → »Buch der Legenden«

Leisegang, Frau

Eine Passantin in der Geschichte → »Herr Glück«

leithia (Sindarin)

»befreien, erlösen«

Leithian (Sindarin)

»Befreiung, Erlösung«, poetisch »Erlösung aus den Banden«

Leithian-Lied

Das lange Epos über die Geschichte von → Beren und → Lúthien, das berühmteste und zweitlängste unter allen Heldengedichten des → Ersten Zeitalters, der Name soll »Erlösung aus den Banden« bedeuten (das längste Lied ist das → »Narn i Hîm Húrin«). Es existiert ein Fragment von Tolkien, »The Gest of Beren and Lúthien«, das aus 4222 Versen in 14 Gesängen besteht und mit der Flucht aus → Angband abbricht, Inhalt und Wortlaut ähneln der Prosafassung im → Silmarillion. Es gab zahlreiche Versionen und Kurzfassungen, eine davon sang → Aragorn den → Hobbits vor (»Das Gras war grün«). Eine frühe Fassung dieses Liedes, → »*Light as Leaf on Lindentree*«, veröffentlichte Tolkien bereits 1925.

Lelusse (Quenya)

»Wasserschwall«: Wasser, das rasch aus einer felsigen Quelle hervorströmt

lelya (Quenya)

»gehen, reisen, wandern«

Lembas (Sindarin)

»Reisebrot«, gebildet aus »Lenn-Mbas«, Quenya Coimas. Wegzehrung der Elben, nur gebacken von Königinnen und besonders kundigen Frauen. Lembas zu erhalten war eine besondere Auszeichnung. Diese widerfuhr z. B. → Túrin, dem → Beleg Lembas von → Melian mitbrachte, und im Ringkrieg → Frodo und seinen Gefährten. Lembas werden beschrieben als schmackhafte Kekse oder kleine Kuchen aus weißem Mehl mit hellbrauner Kruste, sehr nahrhaft (einer reichte für einen Tag) und lange haltbar, solange sie in ihren Hüllen aus → Mallorn-Blättern eingewickelt blieben.

Lembi
Ein nicht näher beschriebener Stamm der → Dunkelelben

Lemin
»Fünf«

Leminkainen
»Dreiundzwanzig«

Lempe
»Zehn«

lend (Sindarin)
»süß«

lene (Quenya)
»lang«

lenka (Quenya)
»langsam«

Lenn (Sindarin)
»Reise«

Lenulal-See
Auf manchen Karten vorkommende falsche Schreibweise des Sees → Nenuial.

Lenwe
Führer jener → Teleri-Elben, die sich weigerten, auf dem Zug nach → Aman das → Nebelgebirge zu überschreiten, später → Nandor genannt, deren erster Fürst. Vater von → Denethor.

Léod
Lord der → Éothéod, Vater von Éorl, ein großer Pferdekenner und -zähmer (2459–2501 DZ). Starb, als er versuchte, → Felaróf zu reiten.

Léofa
»der Beliebte«: König → Brytta von Rohan

Lerne die Namen
Beginn der → »Alten Listen« von → Baumbart

Lest (Sindarin)
»Gürtel«

Lestanóre
»Land des Gürtels«: → Doriath

Letters From Father Christmas
Titel des englischen Hörbuchs zu → »Die Briefe vom Weihnachtsmann« mit Derek Jacobi u. a. als Erzähler (Houghton Mifflin, Boston, 2000)

Letzte Allianz
→ Letzter Bund

Letzte Brücke
Die letzte Brücke vor → Imladris führt über den → Mitheitel, von dort kommt man direkt zur → Bruinenfurt

Letzte Schlacht
Die → Große Schlacht, mit der das → Erste Zeitalter endete. Die → Valar zogen gegen → Melkor und nahmen ihn gefangen, → Earendil schlug mit Hilfe der → Adler

von Manwe die → Drachen, und am Ende zogen die meisten → Elben nach → Valinor, und das Erste Zeitalter war zu Ende. Manchmal wird mit dem Begriff auch auf das Ende aller Zeiten verwiesen, wenn die → Zweite Musik der Ainur erklingen wird.

Letzter Bund

Das Bündnis zwischen den → Elben unter → Gil-galad und den Menschen unter → Elendil am Ende des → Zweiten Zeitalters gegen → Sauron, das den → Krieg des Letzten Bündnisses führte (3431–3441 ZZ). Auch → Zwerge kämpften auf Seiten der Verbündeten mit. Genannt »der letzte Bund«, »die letzte Allianz« oder »das letzte Bündnis«, da es danach nie wieder eine vereinte, geschlossene Front von Elben und Menschen gegen den Dunklen Herrscher gab, auch wenn sich im → Ringkrieg ein großer Teil der noch in → Mittelerde verblieben Elben am Kampf gegen Sauron beteiligten. 3441 endete das Zweite Zeitalter mit dem Sieg über Sauron, bei dem Gilgalad und Elendil umkamen.

Letzter Westlicher Grauer Port

Name für die → Grauen Anfurten im Gedicht → »Das letzte Schiff«

Letztes Bündnis

→ Letzter Bund

Letztes gastliches Haus, Heim

→ Imladris

Leuca (Quenya)

»Schlange«

Leuchte der Vána

Ein Name für die → Sonne

Leuchte Feanors

Ein Name für einen der → Silmaril

Leuchten der Valar

Die zwei → Lampen der Valar

Leuchtende Inseln

Ein früher Name für die Wohnsitze der → Valar und → Eldar in → Valinor, wie sie sich die → Ilkorin vorstellten

Leuchtfeuer von Gondor, Leuchtfeuerberge

Sieben Berge an der Straße von → Minas Tirith nach → Rohan, auf denen in Kriegszeiten Feuer entzündet wurden, zum Zeichen, dass eine der beiden Seiten Hilfe brauchte, von Ost nach West: → Amon Dîn, → Eilenach, → Nardoi, → Erelas, Min-Rimmon, → Calenhad und → Halifirien. Siee waren jeweils in Sichtweite des anderen und ständig bemannt, so dass man in wenigen Minuten Signale über die rund 220 Kilometer senden konnte.

Lewis, Clive Staples

Einer der Kollegen sowohl im wissenschaftlichen wie im literarischen Bereich, die Tolkien mit am stärksten beeinflussten. Er wurde 1898 in Belfast geboren und starb 1963 in Oxford. Die beiden lernten sich 1926 kennen und schätzen; als Lewis 1954 zum Professor für englische Literatur des Mittelalters und der Renaissance in Cambridge wurde, war ihre Freundschaft ziemlich am Ende. Am bekanntesten ist Lewis bis heute mit seiner auch für das Fernsehen verfilmten Kinderbuchserie »Chronicles of Narnia«, die in England immer noch zu den meistverkauften Kinderbüchern zählen und die Tolkien den letzten Anstoß gaben, mit Lewis zu brechen; er mochte diese Bücher gar nicht, obwohl oder auch gerade weil sie sehr christlich waren, aber es war ein anderes, weniger inniges, stärker nach außen drängendes Christentum als das von Tolkien (dieser hätte Lewis gerne zum Katholizismus bekehrt). Wie Marcel Feige in seinem »Fantasy-Lexikon« beschreibt, sind es Geschichten *»über Opferbereitschaft, Vertrauen, Mut und die Verführung zum Bösen, die wir als bildhafte Vergleiche über innere Wahrheiten, über Tugenden und Laster verstehen«*. Auf ganz unterschiedlichen Wegen gelangen ganz unterschiedliche Kinder in das geheimnisvolle Land Narnia, mal durch einen Wandschrank, mal durch ein Bild oder andere Gegenstände, und erleben in dieser → Anderswelt phantastische Abenteuer. Im ursprünglich ersten Band, »The Lion, the Witch and the Wardrobe« (»Der König von Narnia«, 1950), herrscht im Lande ewiger Winter, denn die Hexe Jadis hat den König von Narnia, den Löwen Aslan, verbannt. Die vier Kinder Peter, Sue, Edmund und Lucy können ihm wieder zur Macht und dem Land zum Frühling verhelfen. Das heute als erster Band verkaufte Buch »The Magician's Nephew« (»Das Wunder von Narnia«) entstand erst 1955; die anderen Bände sind in der heute üblichen Bandzählung: »The Horse and his Boy« (»Der Ritt nach Narnia«, Band 3, 1954), »Prince Caspian: The Return to Narnia« (»Prinz Kaspian von Narnia«, Band 4, 1951), »The Voyage of the Dawn Treader« (»Die Reise auf der Morgenröte«, Band 5, 1952), »The Silver Chair« (»Der silberne Sessel«, Band 6, 1953) und »The Last Battle« (»Der letzte Kampf«, 7. Band, 1956). – Neben zahlreichen wissenschaftlichen Werken, Essays und Büchern mit Gedichten verfasste Lewis die Perelandra-Romantrilogie (auch Ransom-Trilogie), in der auf bis dahin einzigartige Weise Science-Fiction, Fantasy, christliche Vorstellungen und Allegorien verschmelzen. In den drei Büchern »Out of the Silent Planet« (»Jenseits des schweigenden Sterns«, auch »Der verstummte Planet«, 1938), »Perelandra« (»Perelandra«, 1943) und »That Hideous Strength« (»Die böse Macht«, 1945) kämpfen → Engel, Marsbewohner, → Zauberer (u. a. der wiedererwachte → Merlin) und der letzte Erbe von König → Artus gegen den Teufel, → Dämonen und fiese Geschäftemacher. Lewis' Satire »The Screwtape Letters« (»Dienstanweisungen für einen Unterteufel«, auch »Dämonen im Angriff«, 1942), ursprünglich als Serie für die Wochenzeitschrift »The Guardian« geschrieben, wird bis heute gerne gelesen und hat inzwischen eine Welt-Auflage von über 2 Millionen erreicht. In 31 Briefen schildert Lewis den vergeblichen Versuch des Unterteufels Wormwood, Mister Spike dem »Feind« Gott abspenstig zu machen, angeleitet per Brief vom höllischen Unterstaatssekretär Screwtape. Wormwood endet schließlich selbst als Opfer der Hölle.

Lhach (Sindarin)
»Stichflamme«

lhaew (Sindarin)
»krank, schwach«

lhain (Sindarin)
»dünn, mager, schwach«

Lhammas
»Beschreibung der Sprachen«, eine Schrift von Tolkien aus den 30er-Jahren, angeblich verfasst von Pengolod aus Gondolin

Lhaw (Sindarin)
»Ohren« (die beiden Ohren eines Wesens)

Lhê (Sindarin)
»Faden, Spinnfaden«

Lhewig (Sindarin)
»Ohr«

lhind (Sindarin)
»fein, dünn, schmal«

Lhing (Sindarin)
»Spinnennetz«

Lhingril (Sindarin)
»Spinne«

Lhîw (Sindarin)
»Krankheit«

Lhoss (Sindarin)
»Rascheln, Wispern«

Lhûg (Sindarin)
»Schlange«

Lhûn
Fluss in → Eriador westlich von → Arnor, bildete die Grenze zu → Lindon, floss nach Süden und mündete in den Golf von Lhûn im → Belegaer. In diesem Golf herrschte → Círdan über die → Grauen Anfurten, und von hier aus machten sich → Elendil und seine Söhne auf, in → Mittelerde ihre Königreiche zu errichten.

lhûn (Sindarin)
»blau«

Licht der Erdenkinder
Ein Name für → Earendil

Lichtelben
die → Calaquendi

Lichtfresserin
→ Kankra

Lidloses Auge
Nach seiner Niederlage am Ende des → Zweiten Zeitalters war → Sauron nicht mehr in der Lage, eine körperliche Form anzunehmen. So erschien er im → Dritten Zeitalter als glasiges, gelbes Auge ohne Lid, das an ein Katzenauge erinnerte, mit einer schlitzförmigen Pupille und von Feuer umrandet. So sah ihn → Frodo in → Galadriels Spiegel, so sahen ihn wahrscheinlich auch → Saruman und → Denethor II. in den → Palantiri. Dieses Zeichen wurde von Saurons Anhängern gerne irgendwo aufgemalt oder eingebrannt.

Lied der Macht
Ein Lied, mit dem → Magie ausgeübt wird, eine Art gesungener → Zauberspruch. das bekannteste dieser Lieder ist das Lied der Macht von → Yavanna bei der Erschaffung der → Zwei Bäume von → Valinor, aber auch die Lieder, mit denen → Lúthien → Carcharoth und → Melkor in Schlaf versenkt und einige andere ihrer Zauberlieder sind Lieder der Macht.

Lied des Adlers
Das Lied → »Singet nun, ihr Menschen«

Lied über die Hügelgräber von Mundburg
Das Lied → »Wir hörten ein Horn« über die Schlacht auf den → Pelennorfeldern, das ein Barde Jahre nach dem Ringkrieg verfasst hat

Lied vom Großen Bogen
»Laer Cú Beleg«: das Lied, das → Túrin über → Beleg Cúthalion machte, nachdem er ihn erschlagen hatte

Lied von Earendil
Das ursprüngliche Epos über die Reisen und vor allem die letzte Fahrt von → Earendil, von dem das Lied, das → Bilbo sang, nur ein müder Abklatsch war

Lied von Lúthien
So wurde vielleicht das Lied genannt, das → Aragorn den → Hobbits vorsang, vielleicht war es aber auch ein Name für das → Leithian-Lied.

Lied von Moria

→ »Die Welt war jung, die Berge grün«

Lied von Nimrodel

Das Lied, das → Legolas seinen Gefährten am Wasserfall Nimrodel vorsang, die traurige Ballade von → Amroth und → Nimrodel: »Einst lebte eine Elbenmaid ...«. Eine Vertonung des englischen Originaltextes »An Elvinmaid there was of old« von Margaret Davis findet sich unter dem Titel »Lay of Nimrodel« auf der CD und im Songbuch → »The Starlit Jewel«.

Lieder, Liedzyklus

→ The Road Goes Ever On

Lieder-Edda

die ältere → Edda

Light as Leaf on Lindentree

Gedicht von Tolkien, 1925 erschienen in »The Gryphon« (New Series, Bd. VI No. 6, Juni 1925, S. 217, Leeds University), eine frühe Fassung des Liedes von → Beren und → Lúthien in der Fassung, die → Aragorn den → Hobbits vorsingt (»Das Gras war grün ...«).

lillassea (Quenya)

»vielblättrig«

lilómea (Quenya)

»vielschattig«

Lim (Sindarin)

»Fisch«

lim (Sindarin)

»klar, hell, glänzend«

Limbas

In der frühen → Mythologie von Tolkien ein Trank, der heilt, jung und fröhlich hält, eine Universalmedizin der → Elben, die vielleicht sogar Sterbliche länger am Leben hält, eine Art → Elixier des Lebens

Limklar

»Silber-Fluss«, übersetzt als »Silberlauf«: ein Fluss, der einer in einen steinernen Brunnen gefassten Quelle unterhalb des → Spiegelsees entsprang und durch → Lórien in den → Anduin floss. Einer seiner Nebenflüsse war der → Nimrodel.

Limlug (Sindarin)

»Seeschlange, Wasserdrache«

limp (Sindarin)

»nass«

Limpe

»Getränk der Feen«: In der frühen → Mythologie von Tolkien ein Trank, der heilt, jung und fröhlich hält, eine Universalmedizin der → Elben, eine Art → Elixier des Lebens

Lîn (Sindarin)

»Teich, Tümpel«

Linaewen

»Vogelsee«: ein großes flaches Gewässer in → Nevrast

Lind (Quenya und Sindarin)

»Melodie, Weise«

lind (Quenya und Sindarin)

»singen«

Linda (Quenya und Sindarin)

»Sänger«, Mehrzahl → Lindar

Lindalambe

das → Telerin, der Name der Sprache der → Teleri in der Sprache der → Teleri

Lindale (Quenya und Sindarin)
»Lied, Musik, Gesang«, z. B. in → Ainulindale

Lindar
»Die Sänger«: in früheren Versionen von Tolkiens → Mythologie die Bezeichnung für die → Vanyar, später nannten sich die → Teleri so

Lindárin
Die Sprache der → Teleri, das → Telerin

Linde (Quenya und Sindarin)
»Singen, Lied«, z. B. in → Ainulindale, → Laurelin

Lindelaure, Lindelokse, Lindelokte
Frühe Namen des → Laurelin

Lindelorendor (Quenya)
»Land des goldenen Liedes«: → Lórien

Lindelos
Früherer Name von → Laurelin

Lindir
Ein → Elbe aus → Imladris

Lindisse (Quenya)
»Lied-Frau«: die Urenkelin von → Vardamir Nólimon

Lindo
In den frühen Geschichten ein → Elbe aus → Tol Eressea, der Herr von → Mar Vanwa Tyaliéva, der Hütte des Vergessenen Spiels.

Lindon
»Land der Musik«: Im → Ersten Zeitalter ein Name für → Ossiriand, danach für jene Gebiete westlich der → Ered Luin, die noch erhalten waren, ein schmaler Streifen Land zwischen den Blauen Bergen und dem Meer.

Reich von → Gil-galad, später unter der Herrschaft von → Círdan. Der Golf von → Lhûn trennte einen nördlichen Teil (Forlindon) von einem südlichen (Harlindon), in ihm lag seit dem Zweiten Zeitalter der Hafen → Mithlond, die → Grauen Anfurten.

Lindórië
Mutter von → Inzilbêth, Schwester von → Earendur, aus dem Hause der Fürsten von → Andúnië

Lindórinand
»Tal des Landes der Sänger«: ein früher Name für Lothlórien

Linhir
Stadt in → Lebennin, bei der 3019 DZ eine Schlacht zwischen dem Heer von → Lamedon und den → Korsaren von Umbar stattfand; beide Heere flohen, als → Aragorn an der Spitze der → Toten Menschen von Dunharg kam.

Liniath (Sindarin)
»Teiche«

Linie von Anárion
→ Anárions Erben

Linie von Isildur
→ Isildurs Erben

Linien der Könige der Mark, des Hauses Éorl
Die Könige der Mark, die Könige von → Rohan, wurden in Linien eingeteilt, die jeweils aus einer direkten Nachfolge bestanden. Die → erste Linie begann mit → Éorl und endete mit → Helm Hammerhand, die → zweite Linie begann mit → Frealáf und endete mit → Théoden und dessen Sohn → Théodred. Es folgte die dritte Linie mit → Éomer.

linna (Sindarin)
»singen«

Linnod (Sindarin)
»Vers«: Elbische Versform aus zwei Teilen, gebraucht für Wortspiele und Aphorismen, bestehend aus zwei Teilen, jedes Teil bestehend aus einem Daktyklus und zwei Trochäen.

linnon (Sindarin)
»ich singe«

Linqil
Ein Name von → Ulmo

linta (Quenya)
»schnell, rasch«

Linwe Tinto
früherer Name von → Tinwe Linto

Lionesse
Eine sagenhafte Insel, die zwischen Cornwall und den Scilly-Inseln im Meer versunken sein soll, von Tolkien zeitweise in seiner frühen → Mythologie mit → Númenor in Verbindung gebracht, in frühen Versionen Evadrien genannt

Lipil (Quenya)
»kleines Glas«

Lipte (Quenya)
»kleiner Tropfen«

lipte (Quenya)
»tröpfeln«

Lîr (Sindarin)
»Reihe, Abstand«

Líre
»Gesang«

Lirillo
Ein früherer Name von → Salmar

Lírulin (Quenya)
»Lerche«

Lisgardh (Quenya)
»Land des Schilfs«: Riedlandschaft an den Mündungen des → Sirion

lisse (Quenya)
»süß«

Lissuin (Quenya)
Süß duftende Blume auf → Tol Eressea

Lith (Sindarin)
»Staub, Sand, Asche«

Lithe
Im → Kalender von → Bree der sechste Monat, grob unserem Juni entsprechend, im → Auenland Vorlithe genannt.

Lithe-Tage
Im → Kalender des → Auenlandes drei (in Schaltjahren vier) Tage zwischen dem sechsten und siebenten Monats: der 1. Lithe, der Mittjahrstag, der 2. Lithe, in Schaltjahren alle vier Jahre kam der Überlithe hinzu. Der Mittjahrstag und der Überlithe wurden nicht als Wochentage gezählt.

Lithlad (Sindarin)
»Aschenebene«: große Ebene in → Mordor

lithui (Sindarin)
»staubig, voll Asche«

Little Delwing
→ Michelbinge

live action role-playing
→ Live-Rollenspiel

Live-Rollenspiel

Bei einem LARP, wie ein »live action role-playing« abgekürzt heißt, stellen die Spielerinnen und Spieler anders als bei einem normalen → Rollenspiel wirklich die Charaktere dar, die sie spielen. Es ist also nicht möglich, als kleiner dicker Mann → Galadriel darzustellen, da hängt man sich besser einen Bart um und versucht sich als → Gimli. Kämpfe werden meist nach bestimmten Regeln ausgefochten, z.B. mit Polsterwaffen aus Latex, Magie häufig mit Ritualen simuliert. Häufig ist ein Szenario, eine Ausgangssituation, vorgegeben, manchmal auch ein grober Spielverlauf oder eine Aufgabe. Nicht selten wird dies durch NSCs beeinflusst (Non-Player-Character), Leute, die keine »richtigen« eigenständigen Spieler sind, sondern im Auftrag der Spielleitung agieren, oft, ohne dass die anderen das wissen. Es gibt zahlreiche Varianten und viele Möglichkeiten, so etwas einmal auszuprobieren, z.B. auf einem Treffen der → Deutschen Tolkiengesellschaft, dann dauert es vielleicht nur ein paar Stunden. Ein voll ausgespieltes LARP geht aber meist über mehrere Tage. Der Autor hat eines in Tschechien erlebt, bei dem 9 Tage lang Tag und Nacht durchgespielt wurde, nur das private Zelt war (wenn gewünscht) vom Spiel ausgenommen. Bei einem LARP kommt es sehr viel mehr als bei einem »normalen« Rollenspiel darauf an, fair zu spielen sowie auf die Qualität der Spielerinnen und Spieler sowie ein wenig auch der Spielleitung. (→ Dagorhir)

Lô (Sindarin)

»Marschland«

Loa (Quenya)

»Wachstum«: das Jahr im → Kalender der → Elben, historisch betrachtet (astronomisch: coranar)

Loch (Sindarin)

»Ringlein«, auch Haarlocke

Lochner

Name einer → Hobbitfamilie in der alten Übersetzung des »Herrn der Ringe«, in der neuen heißt sie → Wühler (englisch *Burrows*)

Lockenblatt

Ein → Ent, Übersetzung des elbischen Namens → Finglas

Lockenträger

Ein Titel für → Gimli, weil er die Haarflechte von → Galadriel aufbewahrte

Loeg (Sindarin)

»Teich, See«

Loeg Ningloron (Sindarin)

»Teiche der goldnen Wasserblumen«: die → Schwertelfelder

Loënde

Der Mittjahrstag im → Kalender von → Númenor und auch in der späteren → Truchsessen-Zeitrechnung ab 2060 DZ, der 183. Tag des Jahres, entsprechend unserem 22. Juni, in Schaltjahren durch zwei → Enderi ersetzt, in der erneuerten Zeitrechnung des → Vierten Zeitalters der mittlere der Mitteltage, der Enderi, am 24. September.

Löffelohr

Eines der Ponys von → Frodo und seinen Gefährten, die in den → Hügelgräberhöhen verloren gehen und die → Tom Bombadil wiederfindet; dabei gibt er ihm diesen Namen

Lóke (Quenya)

»Schlange«, auch für die → Drachen von → Melkor benutzt

Lokte (Quenya)
»Blüte«

Lóme (Quenya)
»Abend, Abenddämmerung, Nacht, Düsternis, Finsternis, Schatten«

Lome Danar
→ Lomendánar

lómea (Quenya)
»schattig, dunkel«

Lómeanor (Quenya)
»Schattenland, Düsterland«, Name für → Dor-Lómin und → Hisilóme

Lómearni (Quenya)
»Kinder der Düsternis«: in den frühen Geschichten von Tolkien ein Name für die → Dunkelelben (HIS 1)

Lómelinde (Quenya)
»Abendsänger«: die Nachtigall; → Melian war stets von singenden Nachtigallen umgeben.

Lomendánar (Quenya)
»Tage des Zwielichts«: die Zeit nach der Erschaffung der Erde, noch bevor die → Leuchten der Valar geschaffen wurden

Lómin (Quenya)
»Schatten«

Lómínóre (Quenya)
»Land der Dämmerung«: → Dor-lómin

Lómion (Quenya)
»Sohn der Dämmerung«: der Muttername von → Maeglin

Lond (Sindarin)
»Hafen«, auch: »gerade Straße«

Lond Daer (Sindarin)
»Großer Hafen«: Hafen und Werft der Númenórer in → Eriador an der Mündung des → Gwathló, gegründet von → Tar-Aldarion. Der ursprüngliche Name war → Vinyalonde. Auch »Lond Daer Enedh«, »Großer Mittlerer Hafen«, genannt. Im → Dritten Zeitalter zum unbedeutenden Seehafen geworden für → Tharbad, nach der Großen → Pest 1636 DZ verfallen.

Londe (Quenya)
»Hafen«

Lonely Troll
Der Einsame Troll im Gedicht → »Luftikus«

long (Sindarin)
»schwer«

Lóni
Zwerg aus dem Reich unter dem → Erebor, ging 2898 DZ mit → Balin nach → Moria, 2994 bei der Verteidigung von → Durins Brücke von Orks erschlagen

Lonnath (Sindarin)
»Häfen«

Looney
Gedicht, das Tolkien 1934 im »The Oxford Magazine« veröffentlichte (Bd. LII, No. 9, 18. Januar 1934, S. 340; Oxford, The Oxonian Press). Später komplett überarbeitet in → »The Adventures of Tom Bombadil« unter dem Titel »The Sea-bell«, deutsch → »Muschelklang«

Lor (Quenya)
»Traum«

lóralya (Quenya)
»schlafend«

Lord of the Rings
→ The Lord of the Rings

Lórellin
Baumbeschatteter heilender See in → Lórien in → Valinor, wo → Este tagsüber schläft

Lorgan
Ein Ostling, Oberhaupt jener Sippe in → Hithlum nach der → Nírnaeth Arnoediad, von der → Tuor als Sklave gehalten wurde.

Lórien (Mittelerde)
»Traumland«: Im → Dritten Zeitalter das Land von → Celeborn und → Galadriel zwischen den Flüssen → Celebrant und → Anduin, häufiger → »Lothlórien« genannt. Celeborn und Galadriel hatten die Herrschaft über die → Waldelben in diesem schönsten aller Wälder → Mittelerdes im → Zweiten Zeitalter übernommen und gaben ihm den Namen in Erinnerung an → Valinor; vorher hieß der Wald Lórinand oder auch Laurelindórenan (»Tal, in dem Bäume in einem goldenen Licht singen«). Alle Namen bezogen sich auf die → Mallornbäume, die nur hier wuchsen, die nach manchen Legenden allerdings erst Galadriel gepflanzt habe. Vor Celeborn herrschte hier → Amroth, nach dem der → Cerin Amroth benannt wurde. Die Haupt-»Stadt« der Waldelben war Caras Galadhon, die nicht aus Häusern, sondern aus → Fletts auf den Bäumen bestand. Allerdings gab es eine Mauer mit einem Schutzgraben. Galadriel beschirmte Lórien mithilfe ihres Ringes → Nenya, schottete es aber auch von der Außenwelt ab, so dass es bei den Menschen zur Sage wurde mit teilweise schlechtem Ruf, zum »Goldenen Wald«, aber auch zum »Geistertal« (Dwimordene) bei den → Rohirrim.

Lórien (Valinor)
»Traumland«: Lórien heißen die Gärten und der Wohnsitz des → Vala Irmo, der danach selbst auch meist Lórien genannt wird. Hier lebt er mit seiner Gattin → Este, die tagsüber am See Lórellin schläft; hier erquickt er die Unsterblichen, wenn sie Ruhe und Erholung brauchen. Lórien ist der Bruder von Námo, der besser als → Mandos bekannt ist; gemeinsam nannte man sie auch die Feanturi, die »Herren der Geister«. Lórien ist der »Herr der Gesichte und Träume«, zu seinem Gefolge gehörte als einer der weisesten der → Maia → Olorin, der in → Mittelerde als → Gandalf bekannt wurde. In einer frühen Konzeption durften ausgewählte Menschen in ihren Träumen → Lórien über den Pfad der Träume besuchen; dies erinnert an die Rückseite des Mondes in → Roverandom, wo manche Kinder der Menschen in ihren Träumen hinkommen.

Lórinand
Der ursprüngliche Name von → Lórien in → Mittelerde

Lórindol
»Goldscheitel«: Beiname von → Hador

Lósengriol
Ein früher Name für → Gondolin, später ersetzt durch → Lothengriol

Losgar
Platz am Fjord von → Frengist, an dem → Feanor die gestohlenen Schiffe der → Teleri verbrannte

Loss (Sindarin)
»Schnee«

Lossarnach
Gebiet von → Gondor südlich der → Ered Nimrais, in den Tälern am Südhang des

→ Mindolluin, bei den Quellen des → Erui. Auch kurz Arnach genannt. Fürst → Forlong kam im → Ringkrieg Gondor mit 200 Mann zu Hilfe.

Losse (Quenya)
»gefallener Schnee«

losse (Quenya)
»schneeweiß«

Lossoth (Sindarin)
Die »Schneemenschen« von → Forochel im → Dritten Zeitalter, ein Rest der → Forodwaith aus dem → Ersten Zeitalter. Sie beherrschten das Schifahren (auf Knochen), hatten Schlitten und bauten Iglus.

lost (Sindarin)
»leer«

Lóte
»Blüte, Blume«

Lotesse
Ein anderer Name für → Erinti

Lótesse (Quenya)
»Blüte«: der Name des fünften Monats im → Kalender der → Elben und auch der → Númenórer, entspricht grob unserem Mai.

Loth (Sindarin)
»Blume«, auch einer der sieben Namen von → Gondolin

Lothengriol
»Blume der Ebene«: einer der sieben Namen von → Gondolin

Lothiriel
Tochter von → Imrahil von → Dol Amroth, heiratete 3020 DZ König → Éomer von → Rohan, Mutter von Elfwein dem Schönen

Lothlann
»Die Weite und Leere«: große Ebene östlich von → Ard-galen, nördlich von → Maedhros' Mark und südlich der → Ered Engrin, bewacht von den → Söhnen Feanors, die in der → Dagor Bragollach von → Glaurung und → Orks vertrieben wurden, danach galt Lothlan als Teil von → Anfauglith

Lothlim
»Volk der Blume«: So nannten sich die Überlebenden von → Gondolin an den Mündungen des → Sirion

Lothlórien (Sindarin)
»Blumen-Traumland« oder »Lórien in Blüte«: Der häufig gebrauchte Name für → Lórien entstand durch das Voranstellen des Sindarin-Wortes »Loth« (Blume).

Lothron (Sindarin)
Name des fünften Monats im → Kalender der → Númenórer, nur von den → Dúnedain verwendet, entspricht grob unserem Mai, Quenya: Lotesse

Lû (Sindarin)
»Gelegenheit«

Luch
Sumpfgebiet im → Auenland

Luftikus
Das achte Gedicht im Buch → »The Adventures of Tom Bombadil and other verses from The Red Book« (1962, Originaltitel: *Perry-the-Winkle*). Laut dem Vorwort stammt das humorvolle Gedicht von → Sam Gamdschie; es erzählt in humorvoll-melancholischem Ton die Geschichte eines Einsiedel-Trolls, der im Gegensatz zu anderen

→ Trollen ein gutmütiger vegetarischer Riese ist, vor dem aber alle Menschen weglaufen. In Michelbinge, im Gedicht auch im Deutschen mit dem englischen Namen *Delwing* genannt, findet schließlich einen Freund in dem jungen Luftikus (Perry-the-Winkle), dem er das Backen von Cransom-Brot beibringt. Luftikus wird daraufhin ein berühmter Bäcker. Angeblich hat Sam Gamdschie diese Figur einem echten Hobbit nachempfunden.

Luftrosse
Eigentlich falsche Bezeichnung für die → Flügeltiere der → Nazgûl

Lúg
→ »Drache« in der Sprache der → Gnome

Lug
→ Ork, den → Tuor in → Gondolin tötete

Lugbúrz
Der Dunkle Turm, → Barad-dûr, in der Sprache der → Orks

Lugdusch, Lugdush
Ein → Uruk-hai von → Isengard aus der Truppe von → Uglúk, erschlagen von den Leuten von → Éomer

Luhn
Andere Schreibweise von → Lhûn

luine (Quenya)
»blau«

Luinil
Ein blau leuchtender Stern, einer der Sterne, die → Varda vor dem Erwachen der → Elben an den Himmel setzte

Lumbar
Einer der Sterne, die → Varda vor dem Erwachen der → Elben an den Himmel setzte, wahrscheinlich der Saturn, der der Sonne sechstnächste, zweitgrößte der neun Planeten in unserem Sonnensystem.

Lumbi
In den frühen Geschichten ein Ort, an dem → Melko nach seiner Niederwerfung hauste

Lumbo (Quenya)
»dunkle Wolke«

Lumbule (Quenya)
»tiefer Schatten«

Lúme (Quenya)
»Stunde«

Lúmin
In einem Entwurf von Tolkien der älteste aller → Ainur, die Zeit (später durch Aluin ersetzt), der/die stets bei → Ilúvatar ist.

Lune
Andere Schreibweise von → Lhûn

Lunt (Sindarin)
»Boot«

Lúsion
Andere Schreibweise von → Lúthien

Lustig, Frau
Eine Passantin in der Geschichte → »Herr Glück«

Lûth (Sindarin)
»Zauber, Zauberspruch«

lútha (Sindarin)
»zaubern, verzaubern«

Luthanien
In den Verschollenen Geschichten ein Name

»Im Walde«: So stellte man sich in der Romantik im 19. Jahrhundert eine weibliche Naturschönheit im Wald vor, ähnlich auch Elfen und Naturgeister wie Lúthien.

Holzschnitt (Ausschnitt, 1859) von Ludwig Richter (1803-1884)

für die Insel, die bei Tolkien zeitweise dem späteren → England entsprach

Lúthien Tinúviël

Die schönste aller → Elbenfrauen, was nicht verwundert, war sie doch eine → Halbgöttin: Tochter von König → Thingol von → Doriath und → Melian der → Maia. Ihre Geschichte erzählt das → Leithian-Lied, und in diesem Buch ist sie zu finden bei → Beren, dem sterblichen Mann, den sie heiratete. Dunkelhaarig war Lúthien, graue Augen hatte sie und eine wunderschöne Stimme, weshalb Beren sie »Tinúviël« nannte, die Nachtigall. Wie Jahrtausende später → Arwen und → Aragorn begegneten sie sich unter Bäumen im wald, und wie Arwen teilte sie das Schicksal ihre Mannes und wurde sterblich. Anders aber als Arwen, die kaum aktiv wird, war sie eine tatkräftige und sehr mächtige Frau. Wie Rapunzel setzte sie ihr Haar zur Flucht ein, nachdem ihr Vater sie auf einem → Flett auf einem Baum gefangen setzte, um zu entfliehen. Ihre → Magie und ihr Zauber waren derart mächtig, das sie mit ihren → Liedern der Macht nicht nur → Carcharoth und sogar → Melkor einschläfern konnte, sie war mächtig genug, den Turm von → Tol-in-Gaurhoth niederzureißen und → Saurons Banne zu zerstören. Und schließlich bewegte sie mit ihrem Gesang sogar → Mandos und konnte ihren Geliebten von Tide zurückholen. Lúthien ist ein Höhepunkt in Tolkiens Geschichten, und dies wundert nicht, wenn man weiß, dass er die Geschichte in den Grundzügen 1917 nach gemeinsamen Waldspaziergängen mit seiner Frau schrieb, die für ihn tanzte und sang; diese Geschichte ist eine der schönsten Liebeserklärungen der Weltliteratur. Und auf dem Grabstein des Ehepaares Tolkien steht zu lesen: Edith Mary Tolkien – Lúthien; John Ronald Reuel Tolkien – Beren.

Lúthien (frühe Geschichten)

Der Name Lúthien wird mehrfach verwendet. So steht Lúthien für → Luthanien (→ England), aber auch für den »Mann aus Luthanien«, → Eriol bzw. → Ælfwine.

Lutz

Pony, das → Frodo in → Bree von Bill → Farning kaufte. Vor → Moria freigelassen, fand es den Weg zurück nach Bree.

Lützelbinge

Ort auf den Weißen Höhen im Westviertel im → Auenland

Lúva (Quenya)

»Bogen«: Bestandteil der → Tengwar-Zeichen, offen oder geschlossen, auch doppelt oder umgedreht

Luzifer

Das Motiv des gefallenen → Engels, wie Tolkien es ausführlich mit → Melkor ausführt, hat in der abendländischen Literatur eine lange Tradition. Meist wird es mit dem Teufel oder → Satan verbunden, häufiger noch mit dem Namen Luzifer. Lucifer ist lateinisch und heißt »Lichtbringer« (griechisch Phosphoros); in der Antike war dies ein Name für den Morgenstern, den Planeten Venus – den Tolkien interessanterweise gerade als bedeutenden Gegenspieler eingeführt, denn bei ihm ist der Morgenstern → Earendil. Schon im Alten Testament kann man lesen: *»Wie bist du vom Himmel gefallen, du schöner Morgenstern!«* (Jesaja 14,12) Diesen Höllensturz der Engel – denn wie Melkor folgen auch Luzifer seine Anhänger – hat John Milton (1608–1674) zu dem umfangreichen religiös-allegorische Epos »Das verlorene Paradies« verarbeitet, das man durchaus als Vorgänger von Tolkiens → Mythologie ansehen kann und das Tolkien sicher kannte, gilt das 10 565

Blankverse umfassende Versepos doch als eines der größten Werke der englischen Literatur. Milton deutet darin die Auflehnung gegen den göttlichen Schöpfungsplan in weltgeschichtlichen Dimensionen und plädiert für den freien Willen. Sicher könnte sich → Feanor (auch dieser ein gefallener Engel, der aus dem Paradies verbannt wird) Satans berühmter Aussage anschließen »Lieber in der Hölle Herr als im Himmel Knecht!« (»*Better to reign in hell, than serve in heaven.*«) Wie Tolkien schrieb auch Milton trotz seiner »bösen« Figuren nicht gegen die christliche Moral, sondern wollte sie damit befördern und den letzlich sicheren Sieg des Guten propagieren, die Vergeblichkeit der Auflehnung gegen den Schöpfergott zeigen – eine Tradition, die der Moralist Tolkien aufs Beste fortgeführt hat.

M

Má (Quenya)
»Hand«, Plural Manar

Mablad, Mablod
»Handfläche« in der Sprache der → Gnome

mablios
»schlau« in der Sprache der → Gnome

Mablon
Ein früherer Name von → Mablung

Mablung (Sindarin)
»Der von der schweren Hand«: → Elbe aus → Doriath, Heerführer von → Thingol, Freund von → Túrin, beteiligt an der großen → Wolfsjagd auf → Carcharoth, genannt auch »der Jäger«. Fiel beim Angriff der → Zwerge auf → Menegroth 505 EZ. Mit Mablung hat Tolkien ein uraltes Motiv der Sagen und Märchenwelt aufgegriffen, nämlich den Jäger, der dem Ungetüm die Beute aus dem Bauch herausschneidet, die dann in der Regel sogar unversehrt ist. Ein schönes Beispiel bietet das bekannte »Rotkäppchen« der Brüder Grimm, bei dem der Wolf zudem auch noch, wie indirekt ja auch Carcharoth, an Steinen zugrundegeht: *»Nun wollte er seine Büchse anlegen, da fiel ihm ein, der Wolf könnte die Großmutter gefressen haben und sie wäre noch zu retten: schoß nicht, sondern nahm eine Schere und fing an, dem schlafenden Wolf den Bauch aufzuschneiden. Wie er ein paar Schnitte getan hatte, da sah er das rote Käppchen leuchten, und noch ein paar Schnitte, da sprang das Mädchen heraus und rief: ›Ach, wie war ich erschrocken, wie war's so dunkel in dem Wolf seinem Leib!‹ Und dann kam die alte Großmutter auch noch lebendig heraus und konnte kaum atmen. Rotkäppchen aber holte geschwind große Steine, damit füllten sie dem Wolf den Leib, und wie er aufwachte, wollte er fortspringen, aber die Steine waren so schwer, daß er gleich niedersank und sich totfiel.«*

Mablung (Gondor)
→ Dúnedain des Südens, Waldläufer aus → Gondor, einer der Gefährten von → Faramir (II), als dieser → Frodo begegnet

mabol
»geschickt« in der Sprache der → Gnome

Mabrin
»Handgelenk« in der Sprache der → Gnome

Macar (Quenya)
»Schwertträger, Streiter«, z. B. in → Menelmacar

MacDonald, George
schottischer Schriftsteller (1824–1905), Vorbild der → Inklings. Studierte Theologie, Philosophie und Naturwissenschaften, arbeitete als Geistlicher bis zur Absetzung wegen ketzerischer Äußerungen, später als Professor an der Universität London. Aus Geldmangel – er hatte Frau und 11 Kinder – schrieb er über 30 realistische Romane, die in Schottland spielen und heute fast vergessen sind. Hingegen sind seine fantastischen Märchenromane nicht nur in England immer noch Kinderbuchklassiker, dazu zählen »At the Back of the North Wind« (1861, »Hinter dem Nordwind«, Stuttgart 1998), »The Princess and the Goblin«

(1872, »Die Prinzessin und der Kobold«, Stuttgart 1997) und die Fortsetzung »The Princess and Curdie« (1883, »Die Prinzessin und Curdie«, Stuttgart 1997). Die phantastischen Romane »Phantastes« (1858, München 1982) und »Lilith« (1895) fanden erst im 20. Jahrhundert Anerkennung, u. a. durch die Bemühungen der Inklings. In diesen Märchen für Erwachsene taucht zum ersten Mal die → Anderswelt als mythische Gegenwelt in der Literatur auf; MacDonald gilt auch als der Begründer des Begriffes und Erfinder der → Mythopoetik.

Mächte, Die
die → Valar

Macil (Quenya)
»Schwert«, z. B. in → Tar-Calmacil, → Narmacil

mad (Sindarin)
»essen«

Madelener, Joseph
Deutscher Maler (1881–1967), dessen Gemälde »Der Berggeist« Tolkien 1911 bei einer Sommerwanderung in der Schweiz als Karte erwarb; viel später schrieb er auf den Umschlag: »Gandalfs Ursprung«

mae (Sindarin)
»gut«

maecheneb (Sindarin)
»scharfäugig«

maed (Sindarin)
»handlich«

Maedhros
Ältester Sohn von → Feanor, genannt der Lange, Oberhaupt der → Söhne Feanors und der ganzen Sippe. Nach der Schlacht unter den Sternen von → Melkor mit der rechten Hand an einen Felsen der → Thangorodrim gehängt und gequält (dies erinnert an Prometheus), → Fingon suchte ihn in der Dunkelheit auf den Bergen und fand ihn, indem er zur Harfe ein Lied sang – so wie im Ringkrieg → Sam → Frodo fand; eine beliebte Geschichte aus der englischen Sage, nach der der Troubadour Blondel de Nesle durch Deutschland zog und vor den Türmen der Burgen sang, um den gefangenen König Richard Löwenherz zu finden. – Fingon konnte Maedhros mit der Hilfe von → Thorondor befreien, musste ihm aber die Hand abschneiden. Zum Dank trat Maedhros die Oberherrschaft über die Noldor an → Fingolfin ab; außerdem versuchte er, ein Bündnis der → Elben gegen Melkor zu schmieden, das bis zur → Nírnaeth Arnoediad hielt. Er verteilte seine Brüder über → Beleriand; er selbst lebte am → Himdring. Trotz gelegentlicher Skrupel war er am Überfall auf → Dior ebenso beteiligt wie an dem Gemetzel an den → Sirion-Mündungen. Nach der Niederwerfung von Melkor durch das Heer der → Valar brach er mit seinem letzten lebenden Bruder → Maglor in das Heerlager der Valar ein und stahl die → Silmaril. Doch diese versengten ihnen die Hände, und Maedhros mitsamt dem Stein stürzte sich in einen glühenden Vulkan. Maedhros hatte rötliches Haar.

Maedhros' Bund
Ein Bündnis, das → Maedhros mit → Fingon und anderen → Elbenfürsten gegen → Melkor geschlossen hatte, um → Angband anzugreifen. Nach der Niederlage bei der → Nírnaeth Arnoediad zerfallen

Maedhros' Mark
Gebiet von → Maedhros und seinen Brüdern nördlich → Himring und der Quellflüsse des → Gelion, auch Ostmark genannt

maeg (Sindarin)
»scharf, durchdringend«

Maeglin
»scharfer Blick«: Elbenfürst von → Gondolin, Sohn von → Eol und → Aredhel Ar-Feiniel. Geboren im dunklen Wald von Nan Elmoth, ging seine Mutter mit ihm in seiner Kindheit nach Gondolin, gegen den Willen des Vaters. Vergeblich in → Idril verliebt, deshalb auf → Tuor nicht gut zu sprechen. Spröde und verschlossen, dennoch einer der geachtetsten Elben in Gondolin, ein Meister der Schmiedekunst und des Bergbaus. Bei einer Minenerkundung gefangen genommen, verriet er → Morgoth die Lage Gondolins und wurde wieder freigelassen. Bei der Eroberung Gondolins 511 EZ versuchte er Idril zu entführen und wurde von Tuor vom selben Felsen gestürzt, von dem sein Vater fiel.

maen (Sindarin)
»fähig, begabt, geschickt«

Maenas (Sindarin)
»Fähigkeit«

maer (Sindarin)
»nützlich, gut«

Maeth (Sindarin)
»Zweikampf«

maetha (Sindarin)
»kämpfen«

Maethor (Sindarin)
»Kämpfer, Krieger«

Magasiva, Robbie
Der Darsteller von → Mauhúr im → Film von Peter → Jackson stammt aus Neuseeland und spielte bisher fast nur in Fernsehserien mit sowie dem Film »Stickmen« (2000).

Maggot
Angesehener Bauer im → Bruchland nahe der Bockenburg-Fähre, weltaufgeschlossen, Bekannter von → Tom Bombadil, der ihn in dem Gedicht → »Tom geht rudern« freundlich »Alter Ackerkloß« nennt. Ist aber vorsichtig und hält scharfe Hunde. Bekannt für seine Pilzzucht.

Magie
Die bekanntesten → Zauberer in → Mittelerde waren natürlich die → Istari, doch waren sie nicht die einzigen. Bei den → Elben war Magie etwas Alltägliches, das sie ohne großen Aufwand einsetzten und in Gegenstände einwoben wie in → Elbenseile oder → Elbenmäntel. Dass ihre Magie mehr war als bloße Spielerei, wird deutlich, wenn → Lúthien mit ihrem Zauber → Carcharoth einschläfert und sogar → Melkor und wenn sie den Turm von → Tol-in-Gaurhoth niederreißt. Auch die Wachtumsmagie von → Galadriel ist enorm. Meist aber kommt die Magie bei Tolkien sehr unauffällig daher, vergleicht man es mit modernen Fantasy-Romanen. Selbst die Istari wirken wenig Spektakuläres. Bei Tolkien ist Magie meist nichts Besonderes, und viele wirken sie, manchmal ohne es zu wissen. Manche Menschen hatten magische Fähigkeiten, wie die → Heilenden Hände des Königs oder die Pferdezähmung bei den → Rohirrim, die → Drúedain kannten ihre → Wacht-Steine, die → Beorninger waren → Gestaltwandler und → Werwesen, und selbst die → Hobbits hatten ihre Magie des lautlosen Schleichens. Doch hätten manche gerne mehr Fähigkeiten; → Sam Gamdschie wünscht sich schon mal, zaubern zu können. Wie sehr die Welt im → Ersten Zeitalter von Magie durchdrungen war, kann

man sich kaum vorstellen, es hatte jedoch zur Folge, dass es zunächst kein Wort dafür gab. Und auch die später dafür verwendeten Begriffe stehen zunächst nur für »kundig« und »wissend«, für nicht mehr: »Istar« und »Nólimon«. Und so wie es keinen klaren Unterschied zwischen Magie und Wissen(schaft) gab, so auch nicht zwischen weißer und schwarzer Magie; das Ziel, der Zweck war entscheidend, nicht die Technik. Mit diesem Konzept war Tolkien sehr modern und zugleich basierte es ganz auf Traditionen in der Mythologie und Magie unserer Welt. – Heutzutage werden wie bei Tolkien die Begriffe Magie, Zauberei und Hexerei in der Regel gleichgesetzt. In den Religionswissenschaften und in der Ethnologie wird der Begriff → Zauberei meist verwandt zur Bezeichnung magischer Verfahren, in der Regel mit negativer Wertung. Dabei handelt es sich immer um eine bewusste Aktivität, die mit bestimmten Ritualen und/oder Worten bzw. Anrufungen und/oder Substanzen verbunden ist. Hexerei hingegen wird bei den meisten Völkern als angeborene oder ererbte Fähigkeit angesehen, durch übernatürliche Kräfte anderen Personen Schaden oder Nutzen zufügen zu können, wobei diese Fähigkeit auch unbewusst eingesetzt werden kann. In vielen Regionen Afrikas etwa unterscheidet man Hexen, denen ihre Fähigkeiten angeboren sind, von Zauberern, die sie durch oft blutige oder schamanistische Initiationen erwerben müssen. Als Magie im weitesten Sinne werden allgemein alle Praktiken bezeichnet, die dazu dienen, den Verlauf von Ereignissen auf übernatürliche Weise zu beeinflussen. Ob etwas als Magie bezeichnet wird, kommt also darauf an, wieweit man die Mechanismen und Zusammenhänge der Welt als natürlich oder nicht (aner)kennt. *»Das Produkt jeder hochentwickelten Wissenschaft kann für die, die sie*

nicht erklären können, wie Magie wirken«, sagt Isaac Asimov und drückt damit auch die Haltung von Tolkien aus. Bei den Mayas wird dies besonders deutlich, wo die Herrschenden ihr naturwissenschaftliches »Herrschaft-Wissen« der »gewöhnlichen Bevölkerung« vorenthielten: *»Die Manipulation der Mayas war besonders raffiniert, weil sie nicht auf faulem Zauber oder persönlichem Charisma oder dem Appell an niedrige Instinkte beruhte, sondern auf wissenschaftlichen Erkenntnissen. Die Mayas waren ja glänzende Mathematiker und Astronomen. Und wenn du dich am Himmel auskennst, dann weißt du alles über die Jahreszeiten und das Wetter, dann kannst du den Regen voraussagen oder, was unangenehmer wäre, eine Dürreperiode – kurz, von deinen Voraussagen hängt die landwirtschaftliche Produktion und damit der Lebensstandard deines Volkes ab. Aber: Du enthältst deinen Untertanen wohlweislich die wissenschaftliche Erklärung vor und bietest ihnen statt dessen eine magische Erklärung dafür! Nicht weil du an deinem Hof die Elite der Astronomen beschäftigst, weißt du das alles – sondern weil du ein Sohn der Götter bist. Wer diese Manipulation durchschaute, war ein Störfaktor, der entweder beseitigt oder in die High-Society integriert werden musste. Auf diese Weise bildete sich mit der Zeit ein Hof aus Intellektuellen, Künstlern und Handwerkern, die unablässig damit beschäftigt waren, den Abstand zwischen dem unwissenden Volk auf der einen und den Göttersöhnen auf der anderen Seite zu vergrößern«* (Leo Linder, »Unter der Jaguarsonne – Begegnungen mit der Geschichte der Mayas«, Düsseldorf 1995). – Oft gilt das, was gestern noch als anerkanntes Wissen galt, heute als Aberglaube oder Magie, wie etwa Alchemie, Okkultismus oder Spiritismus, oder wird als Metaphysik abgetan. Und manche magischen Praktiken sind bis heute verbreitet, wie Astrologie, Nummerologie oder Weissagung. – Meist unterscheidet man zwei Hauptformen der Magie: die weiße (oder gute) Magie und die schwarze (oder böse) Magie. Die weiße Magie, die »gute«, ethisch nicht fragwürdige Magie will den Menschen nutzen, sie dient auch dazu, die Wirkungen der schwarzen Magie zu beheben und ihr entgegenzuwirken. Die schwarze, egoistische, machtorientierte Magie wird meist dazu verwendet, Lebewesen Schaden zuzufügen, zumindest aber dazu, ohne Rücksicht auf andere eigene Interessen durchzusetzen. Schon im Altertum findet man diese Unterscheidung, nachzulesen z. B. im Neuen Testament: *»Als ein Zauberer Simon (Vulgata: ›Simon magus‹) sah, wie Petrus durch Handauflegung den Geist vermittelte, wollte er ihm diese Vollmacht abkaufen, erfuhr aber dessen entrüstete Abweisung (Apg 8,9–24). Hinfort verkörperten Simon Petrus und Simon Magus den rechten und falschen Umgang mit den Überkräften. Die apokryphen Petrus-Akten vom Ende des 2. Jahrhunderts wissen bereits von einem Wunderwettkampf zwischen den beiden, ausgetragen in seinem letzten Akt auf dem Forum zu Rom. [...] Wichtig ist das theologische Konzept, das im Hintergrund steht: Es gibt besondere Kräfte, deren gute im Bunde mit dem allmächtigen Gott vermittelt werden, die bösen aber mit dem Teufel und den Dämonen«* (Arnold Angenendt: »Geschichte der Religiosität im Mittelalter«, Darmstadt 1997). In Antike und Mittelalter umfasste die schwarze Magie also vor allem die Anrufung von Dämonen und anderen bösen Mächten, allgemein als Zauberei und Hexerei bezeichnet, die weiße Magie beschäftigte sich eher mit Alchemie, Astrologie und Kräuterkunde. Die Verfolgung der vermeintlichen schwarzen Magie fand einen traurigen Niederschlag in den Hexenverfolgungen. – Man kann magische Praktiken in vier Bereiche einteilen. Die Sympathieoder sympathetische Magie basiert auf symbolischer Darstellung und Wunscherfüllung. Gewünschte Wirkungen werden durch Imitation oder durch die Verwendung von Gegenständen erzielt, die mit einer Person oder einer Absicht in Verbindung gebracht werden. In vielen Gebieten und Religionen glaubt man, einen Menschen verletzen zu können, wenn man eine Abbildung von ihm, etwa eine Wachspuppe, »verletzt«. Manche rituelle Formen der → Anthropophagie (Menschenverzehr, auch Kannibalismus genannt) beruhen auf dem Glauben, dass man durch den Verzehr von Fleisch und/oder Blut Eigenschaften übernehmen kann. – Als zweite wichtige Form der Magie gilt die Weissagung, die Divination, über diese Form verfügten vor allem die Elbenfrauen, aber auch Gandalf und einige der → Dúnedain. – Die dritte Form ist das »Wunderwirken«, die Thaumaturgie. Hierzu zählen u. a. Alchemie und die allgemeinen Formen von Zauberei, auch das Brauen von Zaubertränken und die → Telepathie. Die vierte Form der Magie ist die Anrufung, die Advocatio oder Incantation, oder Beschwörung: In Zaubersprüchen oder Formeln werden meist die Wirkungen benannt, die erreicht, oder die Namen jener Personen, Gegenstände oder übernatürlicher Wesen genannt, die betroffen sein oder gerufen werden sollen. Dieser Art der Magie bedienen sich → Sam, als er → Galadriels Phiole einsetzt, und Lúthien bei ihrem → Liedern der Macht. – Es gibt noch viele andere Arten, magische Praktiken zu unterteilen. Der anhaltische Leibarzt Julius Sperber etwa unterschied im 17. Jahrhundert eine göttliche Magie, die Magia divina oder Magia coelestis, *»das ist die himmlische oder göttliche Weißheit«*, eine menschliche

Magie, »welche mit ... Ceremonien und allerhand mißbräuchen dermassen vermischet, und dadurch verdunckelt worden, dass sie billich den vorigen Namen verlohren« und eine abergläubische oder teuflische Magie. Manche Wissenschaftler setzen magische Praktiken mit religiösen gleich, schließlich werde auch dort mit bestimmten Ritualen versucht, Einfluss auf die Realität zu nehmen, etwa bei einem Fürbitten-Gebet. Diese Gleichsetzung wird allerdings von der überwiegenden Mehrheit abgelehnt, da die Haltung des Magiers zur Übernatur aktiver und autonomer sei als in der Religion üblich. Es gelte nicht »Dein Wille geschehe«, sondern »Mein Wille geschehe«. Immer wieder wird die Magie auch mit der Naturwissenschaft verglichen: Beide dienten dazu, die Umwelt zu beherrschen und zu »manipulieren«. Verschieden seien jedoch die Methoden: Der Magier folge einem Ritual, der Forscher beobachte und variiere die äußeren Umstände seiner rational zielgerichteten Handlungen systematisch. Allerdings ist dies in keinem der beiden Bereiche immer so eindeutig; es gibt auch fließende Übergänge und Zwischenstufcn. Und zahlreiche moderne Wissenschaften stammen aus Vorformen, die heute als magisch abqualifiziert werden, etwa die Physik und Chemie aus der Alchemie und die Astronomie aus der Astrologie, die Metaphysik wird heute noch von vielen als »unwissenschaftlich« und/oder magisch betrachtet.

Magische Runen
Gibt es auf dem Drachenhelm von → Dorlómin, → Hadors Helm, auf → Schwertern, anderen Waffen und auf Rüstungen.

Magischer Füllfederhalter-Stab
Zauberstab des Zauberers → Artaxerxes in der Geschichte → »Roverandom«

Maglor
Der zweite Sohn von → Feanor, ein großer Sänger und Spielmann, nach → Daeron wohl der größte. Sein größtes Werk war das Noldolante, ein Heldenlied über die Taten und Untaten der → Noldor. Während der Belagerung von → Angband bewachte er → Lothlann und die Ebene zwischen dem → Himring und den → Ered Luin, wo es keinen natürlichen Schutz gab, Maglors Lücke genannt. Sie wurde zweimal überrannt, in der → Dagor Aglareb 60 EZ und in der → Dagor Bragollach 455 EZ, danach blieb Maglor bei seinem Bruder → Maedhros auf dem → Himdring. Der skrupelvollste unter → Feanors Söhnen war trotzdem am Überfall auf → Menegroth ebenso beteiligt wie an dem Gemetzel an den → Sirion-Mündungen, hier rettete er allerdings → Elros und → Elrond. Nach der Niederwerfung von → Melkor durch das Heer der → Valar ließ er sich von seinem letzten lebenden Bruder Maedhros überreden, in das Heerlager der Valar einzubrechen, und sie stahlen die → Silmaril. Doch diese versengten ihnen die Hände, und Maglos warf seinen Stein ins Meer. Was danach aus ihm wurde, ist unbekannt.

Maglors Lücke
Das offene Gebiet zwischen → Himring und den → Ered Luin, das kaum zu verteidigen war und das → Maglor nach der → Dagor Bragollach 455 EZ aufgeben musste.

Magol (Sindarin)
»Schwert«

Magor
»Schwertkämpfer«: Sohn von → Aradan, Vater von → Hathol

Mahal
Der Name von → Aule bei den → Zwergen

Mahalma (Quenya)
»Thron«

Máhan
In frühen Versionen einer der acht großen → Valar

Máhanaxar
»Thronring«: Der »Schicksalsring«, das Thing der → Valar vor den Toren von → Valinor, wo ihre Throne standen und sie Rat hielten

Mahtan
→ Noldor-Elbe, Vater von → Nerdanel, der Gemahlin von → Feanor, ein großer Schmied, Schüler von → Aule, Lehrmeister von Feanor. Blieb in → Aman

Maiar
»die Schönen« (Einzahl Maia): → Ainur geringeren Ranges als die → Valar, das »engelsgleiche Volk«, Diener und Boten, eben wie die → Engel. Zu den Maiar gehörten → Eonwe, → Melian, → Sauron und die → Istari, die → Zauberer, die im → Dritten Zeitalter nach → Mittelerde kamen (also u. a. → Saruman und → Gandalf). Ob die → Balrog Maiar waren, ist ungeklärt.

maidh (Sindarin)
»bleich, blass«

Maidros
In früheren Versionen der Vater von → Bruithwir, dem Vater von → Feanor, aber auch früher Name für → Maedhros

maika (Quenya)
»scharf, durchdringend«

Mailweg
früherer, später verworfener Name für einen Sohn von → Feanor (HIS 2)

Mainlos
Frühere Form von Minethlos, einem Namen des → Mondes

Mairen
Tochter von → Tar-Amandil

maite (Quenya)
»-händig«, z. B. in → Telemmaite, → Parmaite

Maitimo (Quenya)
»Wohlgeformter«: der Muttername von → Maedhros

Maiwe (Quenya)
»Möwe«

Major, Grant
Designer beim → Film von Peter → Jackson

Makalaure (Quenya)
»Goldschmied«: der Muttername von → Maglor

Makar
In einer frühen Version besonders kriegerischer → Vala, auch als »Gott der Schlacht« bezeichnet

mala (Quenya)
»zerschmettern, verletzen, zerstören«

Malach
Sohn von → Marach, von den → Elben → Aradan genannt

Malantur
»Herr des Goldes«: ein → Númenórer, Abkömmling von → Tar-Elendil

Malbeth der Seher
Ein Seher und königlicher Ratgeber von → Arthedain, der König → Arvedui Letzt-

könig sein Schicksal vorhersagte und von dem auch die Voraussage stammt, dass Isildurs Erbe (→ Aragorn) die Pfade der Toten beschreiten werde.

Malcolm, Robyn

Darstellerin von → Morwen im → Film von Peter → Jackson, neuseeländische Schauspielerin, wirkte mit im Fernsehfilm »Shortland Street« (1992) und dem Kinofilm »Absent Without Leave« (1992).

Malduin

»goldener Fluss, gelber Fluss«: Nebenfluss des → Teiglin in Nord-→ Beleriand

malen (Sindarin)

»gelb«

Malgalad

Legendärer König von → Lórien, gefallen in der → Dagorlad, wahrscheinlich ein Beiname von → Amdir

malina (Quenya)

»gelb, golden«

Malinalda (Quenya)

»Goldbaum«: »der jüngere der → Zwei Bäume von Valinor: Laurelin

Malinorne (Quenya)

»gelber Baum, goldener Baum«: Quenya-Name für den → Mallorn

Malkane (Quenya)

»Qual, Pein«

Malkarauke (Quenya)

Ein → Balrog, die Mehrzahl lautete Malkaraukar.

Mall (Sindarin)

»Gold« (das Metall)

Malle (Quenya)

»Straße«

mallen (Sindarin)

»golden, aus Gold«

Mallor

→ Dúnedain, dritter König von → Arthedain (1029–1110 DZ)

Mallorn (Sindarin)

»goldener Baum«, Mehrzahl Mellyrn: große Bäume mit goldfarbenen Blüten, ursprünglich auf → Tol Eressea beheimatet. Wurden von den → Elben nach → Eldalonde in → Númenor gebracht, später von → Galadriel in → Lórien angepflanzt, die die Samen von → Gil-galad erhalten hatte, dieser hatte sie einst von → Tar-Aldarion bekommen. Die Mellyrn stammten angeblich von → Laurelin ab, doch ist das nicht möglich, da dieser Baum keine Nachkömmlinge hatte. Die Mellyrn blühten im Frühling und den ganzen Sommer, sie hatten eine glatte silbergraue Rinde, die Blätter waren auf der Oberseite mattgrün, von unten silbrig. Im Herbst wurden sie mattgolden und fielen im Frühjahr ab, wenn die neuen Blüten kamen. Nur in Lórien wuchs diese Baumart; sie war einer der Gründe, warum der Wald von den Elben so verehrt wurde. Galadriel schenkte → Sam Gamdschie eine Nuss; so wuchs nach dem Ringkrieg im → Auenland ein Mallorn, auf der Festwiese von → Hobbingen. – Mallorn heißt auch das Jahrbuch der britischen Tolkiengesellschaft → »The Tolkien Society«.

Mallos (Sindarin)

»Gold-Schnee«: gelbe Blume, die in → Lebennin wuchs

Malm-Eis

→ Helcaraxe

Malrog

Ein Name für einen → Balrog in der Sprache der → Gnome, die Mehrzahl lautete Malraugin.

Malta (Quenya)

»Gold«, auch der Name des 18. Tengwar-Zeichens ɯ, das für m stand.

malthen (Sindarin)

»golden, aus Gold«

malu (Sindarin)

»blass, bleich«

Malvegil

→ Dúnedain, sechster König von → Arthedain (1272–1349 DZ)

Máma

»Schaf«

Mámandil

»Schaffreund«: So nannte sich → Hallacar, als er sich als Hirte an → Tar-Ancalime heranmachte

Mamil (Quenya)

»Mama«

mána (Quenya)

»gesegnet«

Manadh (Sindarin)

»Schicksal, Ende, Verdammung«

Mando

»Gewahrsam, Kerker, Zwinger, Hölle«

Mandos

»Kerkerfestung, Festung des Gewahrsams«: Sowohl der Name eines → Vala wie auch seines Wohnsitzes in → Aman. Sein eigentlicher Name war Námo (»Verkünder, Richter«), doch war er bei den → Elben vor allem unter dem Namen seines Wohnsitzes bekannt, Mandos war einer der → Aratar. und einer der beiden → Feanturi, sein Weib war → Vaire, die Weberin. In den → Hallen von Mandos versammeln sich die Seelen der Verstorbenen. Mandos wusste mehr über die Zukunft als alle anderen Valar, doch verkündete er seine Kenntnisse und Urteile nur auf die Bitte von → Manwe. Und über das Schicksal der Menschen nach ihrem → Tod wusste auch er nicht viel.

Mánir

Geister der Luft: → Elementargeister in der frühen → Mythologie von Tolkien im Dienst von → Manwe und → Varda

Mann im Mond

Dieser spielt immer wieder eine Rolle bei Tolkien, so schon in seinem frühen Gedicht »The Man in the Moon Came Down Too Soon« (→ »Der Mann im Mond kam viel zu früh«, 1914), in seiner Zeichnung → »Der Mann im Mond« von 1915 und auch im 1923 geschriebenen Gedicht → »Der Mann im Mond trank gutes Bier«. In dem Brief vom → Weihnachtsmann von 1926 wird erzählt, dass er, weil der → Mond durch ein Feuerwerk, das der → Nordpolarbär veranstaltet hat, in vier Teile zerbrochen ist, in den Küchengarten des Weihnachtsmanns gefallen sei. In dem Brief von 1927 besucht er den Weihnachtsmann am Nordpol, trinkt und isst zuviel, schläft ein, und die → Drachen auf dem Mond trauen sich hervor und verursachen durch zuviel Rauch eine Mondfinsternis. In dem posthum veröffentlichten Büchlein → »Roverandom« ist der Mann im Mond eine Hauptfigur: ein alter Mann mit langem, silbernem Bart, der in einem hohen weißen Turm am Rand einer weißen Klippe auf dem Mond lebt. Im Dunkeln leuchtet er aus eigener Kraft ganz schwach. Er spielt auf der dunklen Seite des Mondes mit Kindern in deren Träumen, kann zaubern und verjagt hin und wieder den großen → Weißen Drachen, der sonst eine Mondfinsternis verursacht. Er hat einen Hund, → Rover, dem er Flügel angezaubert hat, ebenso wie er es bei Roverandom macht. Die Vorstellung, der Mann im Mond habe einen Hund, ist sehr alt; Shakespeare lässt dieses Bild im »Sommernachtstraum« sogar die Schauspieler benutzen, um den Mond zu charakterisieren: *»Der Mann da mit Latern und Hund und Busch von Dorn – den Mondschein präsentiert«* (Übersetzung: August Wilhelm von Schlegel). In der »Geschichte von Sonne und Mond« (HIS 1) erzählt Tolkien, in das Mondschiff, das die → Valar an den Himmel setzten, sei ein alter → Elbe geschlüpft, der sich dort ein Türmchen gebaut habe (wie in »Roverandom«), von dem aus er die Erde betrachte; er werde auch der Mann im Mond genannt. Tolkien greift damit auf uralte Vorstellungen vom Mann (oder auch der Frau) im Mond zurück. In vielen Kulturen wird im Mond ein Gesicht oder eine Figur gesehen, in der Regel ein Mondmann, eine Mondfrau oder eine Mond-Göttin, die evt. auch auf die Erde herabkommen kann. Ludwig Bechstein (1801–1860) erzählt im »Märchen vom Mann im Monde«: *»Vor uralten Zeiten ging einmal ein Mann am lieben Sonntagmorgen in den Wald, haute sich Holz ab, eine großmächtige Welle, band sie, steckte einen Staffelstock hinein, huckte die Welle auf und trug sie nach Hause zu. Da begegnete ihm unterwegs ein hübscher Mann in Sonntagskleidern, der wollte wohl in die Kirche gehen, blieb stehen redete den Wellenträger an und sagte: ›Weißt du nicht, dass auf Erden Sonntag ist, an welchem Tage der liebe Gott ruhte, als er die Welt und alle Tiere und Menschen geschaffen? Weißt du*

nicht, dass geschrieben steht im dritten Gebot, du sollst den Feiertag heiligen?‹ Der Fragende aber war der liebe Gott selbst; jener Holzhauer jedoch war ganz verstockt und antwortete: ›Sonntag auf Erden oder Mondtag im Himmel, was geht das mich an, und was geht es dich an?‹ ›So sollst du deine Reisigwelle tragen ewiglich!‹ sprach der liebe Gott, ›und weil der Sonntag auf Erden dir so gar unwert ist, so sollst du fürder ewigen Mondtag haben und im Mond stehen, ein Warnungsbild für die, welche den Sonntag mit Arbeit schänden!‹ Von der Zeit an steht im Mond immer noch der Mann mit dem Holzbündel, und er wird wohl auch so stehen bleiben bis in alle Ewigkeit.« Eine ganz ähnliche Vorstellung liegt der berühmten Geschichte »Peterchens Mondfahrt« von Gerdt von Bassewitz (1878–1923), vor dort ist der Mondmann allerdings ein grausamer Menschenfresser (→ Anthropophage) und freut sich: *»Zwei Menschlein kamen zu mir herauf. Mit Haut und Haaren freß' ich sie auf! | Tausend Jahr' hab' ich nichts gegessen! | Tausend Menschen könnte ich fressen! | Schlachten will ich sie, langsam braten | Am Spieß; sie werden mir wohl geraten! | Ich lasse sie backen hundert Stunden; | Dann sollen mir ihre Gliederlein munden!«*

Mann vom Meer
Eine frühe Bezeichnung für Ulmo

Mannesmutige, Mannherzige
→ Emeldir

Manwe (Quenya)
»der Gute, der Gesegnete«: der höchste der → Valar und der → Aratar, Bruder von → Melkor, vertritt → Ilúvatar auf Erden, dessen Absichten er am besten versteht. Sein Sitz ist der Oiolosse, der höchste Gipfel des → Taniquetil, den er gemeinsam mit

**Natürlich stellt diese antike Statue Zeus und nicht Manwe dar, aber sie zeigt die
Ähnlichkeit von Tolkiens Entwurf mit den Göttern antiker Mythologien, bis hin zum
Adler an der Seite des Gottes.** (Ermitage, St. Petersburg, Foto: Friedhelm Schneidewind)

seiner Gattin → Varda bewohnt. Manwe ist vergleichbar dem Zeus der → Griechen und dem → Odin der → Germanen, wie bei diesen sind es Vögel, die ihm dienen und ihn informieren, Manwes → Adler. Doch ist er viel ruhiger als diese beiden, nicht so cholerisch oder gar fremdgehend. Manwe ist geradezu langweilig gut und skandal-los, ein Musterbild von einem Gott. Er greift selten direkt ein, sondern er lässt tun oder verkünden, durch → Eonwe, seinen Herold, oder durch → Mandos oder im Dritten → Zeitalter durch die → Istari. Und als es wirklich mal hart auf hart kommt, beim Angriff der → Númenórer auf → Valinor, legt er die Macht nieder und läst Ilúvatar machen. Er ist der Harmonieverwalter, der für die absolute Gleichförmigkeit steht; eine nur von ihm gestaltete Welt wäre wahrscheinlich todlangweilig. Man nennt ihn auch Súlimo (der Atmer), Herr der Lüfte, der Winde und Wolken, Herr der Vögel, den »Ältesten König« und den König von Varda, Valahiru, Valatúru und Valwe.

Manweg
»Herr der Winde«: eine frühe Variante von → Manwe in der Sprache der → Gnome

Manwendil (Quenya)
»Freund von Manwe: Sohn von → Elros Tar-Minyatur

maquet (Quenya)
»fragen«

Mar (Quenya)
»Wohnung, Heim, Haus, Halle«, z. B. in → Eldamar, → Mardil

Mar Vanwa Tyaliéva
In der frühen → Mythologie von Tolkien, im »Buch der Verschollenen Geschichten« eine ganz zentrale Einrichtung, Tolkien

selbst bezeichnete die Geschichte darüber als »Beginn vom Buch der Verschollenen Geschichten«. Es gibt mehrere frühe Gedichte darüber, sie heißen in der Reihenfolge ihres Entstehens »Du und Ich und die Hütte des Vergessenen Spiels«, »Mar Vanwa Tyaliéva. Die Hütte des Vergessenen Spiels« und »Das kleine Haus des Vergessenen Spiels. Mar Vanwa Tyaliéva« (alle 1915), die letzte war die endgültige Fassung. In diesen Gedichten und den Geschichten dazu gelangt der Mensch → Eriol auf die Einsame Insel, → Tol Eressea, die auch noch andere Namen hat, die Insel der → Elben (oder → Gnome), in manchen Fassungen auch als Vorläufer des modernen → England gedacht. Er betritt ein winziges Haus, in dem erstaunlich viel Raum ist und Hunderte von Leuten Platz haben: die Hütte des Vergessenen Spiels, auch Mar Vanwa Tyaliéva genannt. Hier wird ihm im Laufe der Zeit am Feuer der Geschichten, im Raum des Scheitfeuers, die Geschichte von → Mittelerde erzählt; die ursprünglichen verschollenen Geschichten sind alle in diese Rahmenhandlung eingebunden. Ein schwacher Nachklang dieser Idee findet sich in der Bedeutung von → Imladris als Hort der Musik und der Geschichten. Hier werden die Legenden der Elben niedergeschrieben, und auch hier gibt es eine Kaminhalle, in der das Feuer nie ausgeht.

Mar Vanwa Tyaliéva.
Die Hütte des Vergessenen Spiels.
Zweite Fassung eines Gedichtes von Tolkien über die Hütte des verlorenen Spiels von 1915

Marach
Führer des dritten der → Drei Häuser der Edain, kam mit seinen Leuten um 310 EZ nach → Beleriand und siedelte sich in → Estolad an.

Marcho

Einer der beiden → Hobbits, denen → Arge-leb II. 1600 DZ erlaubte, das → Auenland zu besiedeln; gemeinsam mit seinem Freund Blanko und ihren Familien siedelte er sich 1601 dort an, im ersten Jahr der Auenland-Zeitrechnung.

Mardil

»Dem Hause ergeben«: Ab 2029 DZ Truch-sess von → Gondor zur Zeit von → Earnil II. und ab 2043 unter → Earnur, nach dessen Tod erster Herrschender → Truchsess von Gondor bis zu seinem Tod 2080. Genannt Voronwe (der Getreue, der Standhafte). Mardil führte 2060 den → Truchsessenkalender ein.

Margarethe von Dänemark, Königin

Sie illustrierte 1977 unter dem Pseudonym Ingahild Grathmer eine Jubiläumsausgabe von »The Lord of the Rings« der Londoner Folio-Society. Ihre Bilder zieren inzwischen die Cover der CDs der dänischen Truppe → »The Tolkien Ensemble«.

Marhari

Anführer der Nordmenschen, der späteren → Éothéod, zur Zeit von König → Narmacil II. von → Gondor, gefallen in einem Gefecht gegen die → Wagenfahrer. Vater von → Marhwini

Marhwini

»Pferdefreund«: Anführer der Nordmenschen, der späteren → Éothéod, zur Zeit von König → Calimehtar von → Gondor, mit ihm siegreich in der Schlacht auf der → Dagorlad 1899 DZ. Vater von → Forthwini

Mark

Der Name der → Rohirrim für ihr eigenes Land, → Rohan

Mar-nu-Falmar (Quenya)

»Das Land unter den Wellen«: ein Name für → Númenor nach dessen Untergang

Marquette University

Katholische Universität in Milwaukee, Wisconsin. 1957 nahm Tolkien deren Angebot an, für 1.250 Pfund die Manuskripte von → »The Hobbit«, des → »Herrn der Ringe«, des → »Farmer Giles of Ham« und des »Mr. Bliss« zu erwerben. Im Department of Special Collections and University Archives werden neben diesen Manuskripten auch → Bilder und Zeichnungen von Tolkien aufbewahrt. 1983 gab es hier eine Ausstellung mit den Manuskripten Tolkiens, 1997 eine weitere Ausstellung, bei der auch Zeichnungen und Aquarelle gezeigt wurden, die z. T. aus der → Bodleian Library Oxford stammen.

Marsch der Befreiung, Marsch der Elben

Der → Große Auszug

Marwin

Früherer Name für → Morwen

Mas (Quenya)

»Brot«, z. B. in → Coimas

Massánie (Quenya)

»Brotgeberin, Herrin«

Massive

Spezielles Trickverfahren der neuseeländischen Firma Weta Fax, das im → Film von Peter → Jackson eingesetzt wird: Man nimmt die vorderen Schlachtreihen mit Statisten auf, die hinteren werden im Computer ergänzt.

Mathom

In der Sprache der → Hobbits allgemeine Bezeichnung für Dinge, die man nicht mehr gebrauchen konnte, aber auch nicht weg-werfen wollte. Manche davon wurden ins Museum von → Michelbinge gegeben, das Mathom-Haus.

Mathom-Haus
Das Museum von → Michelbinge

Mathusdor
»Land der Dämmerung«: ein Name für → Hithlum in der Sprache der → Gnomen

Mauern der Nacht
In den ersten zwei → Zeitaltern, solange → Arda, die Erde, noch flach war, schwebte sie in → Ea, dem Weltall, und dieses in der → Äußeren Leere, getrennt davon durch die Mauern der Nacht. Diese konnten nur durch die Pforten der Nacht und mit Erlaubnis von → Manwe überwunden werden. In die Äußere Leere wurde → Melkor nach seiner Niederlage am Ende des → Ersten Zeital-ters verstoßen. Ob die Mauern der Nacht bei der → Umwandlung der Welt in unser modernes Universum verschwanden und nun wir in diese Leere geworfen sind oder ob sie uns immer noch von einer Dunkel-heit jenseits unserer Messungen und unseres Verständnisses trennen, vielleicht von ande-ren Universen, was aus den Mauern und was aus Melkor geworden ist – dazu schweigen die Überlieferungen. – In einer früheren Version gab es die dunkelblauen Mauern der Welt, und deren Pforten waren das Tor der Nacht und das Tor des Morgens.

Mauern der Welt
Eine frühere Version der → »Mauern der Nacht«

Mauhúr
→ Ork von → Isengard. Im → Film von Peter → Jackson wird Mauhúr von Robbie → Magasiva dargestellt.

Mäuse, weiße kleine
Leben in der Geschichte → »Roverandom« auf dem → Mond

Mazarbul
»Archiv, Archivkammer« in der Sprache der → Zwerge. In der Mazarbul von → Moria fanden → Frodo und seine Gefähr-ten das → Buch von Mazarbul. Sie war Zen-trum der Zwergenkolonie von → Balin, hier standen sein Thron und sein Grab. Die Kam-mer lag auf der siebenten Ebene.

Mbar (Quenya)
»Wohnung, Heim, Haus«, z. B. in → Brithombar, → Dimbar

Mbas (Sindarin)
»Brot«

McKellen, Sir Ian
Der Darsteller von → Gandalf im → Film von Peter → Jackson wurde am 25. Mai 1939 in Burnley in England geboren, langjährige Theaterlaufbahn, 1989 von der Queen zum Ritter geschlagen. Über 25 Filme, u. a.:
»Alfred der Große – Bezwinger der Wikinger« (1969)
»Die unheimliche Macht« (1983)
»Im Schatten der Götter« (1988)
»Last Action Hero« (1993)
»Shadow und der Fluch des Khan« (1994)
»Richard III« (1995)
»Restoration – Zeit der Sinnlichkeit« (1997)
»Bent« (1997)
»David Copperfield« (1999)
»X-Men« (2000)

McLeod, Sarah
Die Darstellerin der Rose Hüttinger bzw. Rose → Kattun im → Film von Peter → Jackson ist Neuseeländerin und arbeitet als Darstellerin in Fernsehserien.

Mearas

»Pferde, Rösser« in Altenglisch (Einzahl mearh): die größten, schnellsten, stärksten, klügsten und edelsten Pferde, die je auf Erden lebten, die Pferde von → Rohan. Sie waren weiß oder grau, sprachen die Sprache der Menschen, wurde etwa 80 Jahre alt und stammten ab von → Felaróf und damit von Nahar, dem Pferd von → Orome. Sie ließen nur die Könige der Mark, also von Rohan, und deren Kinder aufsitzen, und das nur ohne Sattel und Zaumzeug; die einzige Ausnahme war → Gandalf, den → Schattenfell als Reiter akzeptierte. Schneemähne, der Hengst von König → Théoden, war kein reinblütiger Mearh, denn er duldete einen Sattel.

Mearh

Einzahl von → Mearas

Meásse

»Blutige Hand«: in den frühen Versionen eine kriegerische → Vala, als Kriegsgöttin bezeichnet

Mede

Im → Kalender von → Bree der siebente Monat, grob unserem Juli entsprechend, im → Auenland Nachlithe genannt

medi (Sindarin)

»essen«

Medli (Sindarin)

»Bär«

Meduseld

»Methalle« (Altenglisch): Die Halle des Königs von → Rohan in → Edoras, die wegen ihres goldglänzenden Dachs weithin zu sehen war, erbaut von König → Brego. Bei der Einweihungsfeier 2569 DZ schwor Bregos älterer Sohn Baldor, die → Pfade der Toten zu betreten; er kehrte nie zurück. 450 Jahre später fanden → Aragorn und seine Begleiter seine Gebeine hinter dem → Tor der Toten.

Medved

Ein später verworfener Name für → Beorn in einer frühen unveröffentlichten Fassung von → »The Hobbit«

Meer (Großes)

→ Belegaer

Meer von Rhûn

→ Rhûn

Meerelben

Ein früher Namen für die → Elben, die am Meer lebten, die → Solosimpe und späteren → Teleri, die → See-Elben

Meeres-Feen

So werden in der Geschichte → »Roverandom« manchmal die → Nixen genannt

Meer-Feen

Kleine zierliche Wesen, die in der Geschichte → »Roverandom« im Meer leben

Meerhund

→ Rover

Meerjungfrauen

→ Nixen

Meerkönig, Meer-König

Der König der Meer-Menschen, der → Sirenen und → Nixen, in der Geschichte → »Roverandom« Vater jener Nixe, die der Zauberer → Artaxerxes heiratet. Lebt in einem wunderbaren Palast, den Tolkien in der Zeichnung → »Die Gärten des Palastes des Meerkönigs« dargestellt hat.

Megil (Sindarin)
»Schwert«

Meglin
frühe Form von → Maeglin

megor (Sindarin)
»spitz«

Mehlkloß
Spitzname des Bürgermeisters von → Michelbinge zur Zeit des → Ringkrieges, Willi → Weißfuß

Mehr vom Meer
Zeitschrift für Zauberer in der Geschichte → »Roverandom«

Meier
Ein Bürger in der Geschichte → »Blatt von Tüftler«.

Meile
Die alte englische Maßeinheit, die Tolkien verwendet, entspricht 1,61 Kilometern, das sind 880 → Faden oder 1760 → *yards*. In diesem Lexikon wurden alle → Längenmaße auf das metrische System umgerechnet.

Mein Tagebuch
Von → Bilbo ursprünglich geplanter und dann wieder verworfener Titel für das → »Rote Buch«, das er → Frodo und dieser später → Sam übergab

Meine unerwartete Fahrt
Von → Bilbo ursprünglich geplanter und dann wieder verworfener Titel für das → »Rote Buch«, das er → Frodo und dieser später → Sam übergab in der alten Übersetzung von → »The Lord of the Rings«, in der neuen heißt es »Meine unvorhergesehene Reise«

Meine unvorhergesehene Reise
Von → Bilbo ursprünglich geplanter und dann wieder verworfener Titel für das → »Rote Buch«, das er → Frodo und dieser später → Sam übergab (in der alten Übersetzung von → »The Lord of the Rings« heißt es »Meine unerwartete Fahrt«)

Meister der Lügen
So wurde → Melkor von → Amlach genannt.

Meister des Schicksals
→ Turambar.

Meister Elrond
→ Elrond

Meister von Esgaroth
→ Bürgermeister von Esgaroth

Meisterdieb
Als solchen gibt → Gandalf → Bilbo aus, um zu erreichen, dass die → Zwerge um → Thorin Eichenschild den → Hobbit mitnahmen. Nachdem Bilbo den → Herrscherring hatte, der unsichtbar machte, war er auch durchaus ein solcher.

Meister-Hobbit
Diese Zusammensetzung aus → Meisterdieb und → Hobbit entsteht, als → Bilbo im »Hobbit« versucht, den drei → Trollen zu verheimlichen, wer und was er eigentlich ist (in der alten Übersetzung von Walter Scherf). Im Original heißt es »burrahobbit«, aus »burglar« (Einbrecher, Dieb) und Hobbit.

Meisterstein
Der Hauptstein der sieben → Palantíri

Meite
Die Mündung des → Auenbronn in den

→ Baranduin, erwähnt in dem Gedicht
→ »Tom geht rudern«

mel (Quenya)
»lieben« (als Freundin oder Freund)

melda (Quenya)
»geliebt, wert, teuer«, z. B. in Nessamelda
(geliebt von → Nessa)

Meldir, Meldis (Sindarin)
»Freund«

Meldo (Quenya)
»Freund, Liebender«

Melemno
Ein früherer Name bei Tolkien für → Olwe;
vorher Tinwelint oder Tinwe Linto, der Herr
der → Solosimpi

Meleth (Sindarin)
»Liebe«

Melethril (Sindarin)
»Liebhaberin, Geliebte«

Melethron (Sindarin)
»Liebhaber, Geliebter«

Melian
Nur ein einziges Mal kam es zu einer Vereinigung einer → Ainur mit einem sterblichen Wesen (denn auch die → Elben sind
sterblich): → Melian, eine → Maia und Verwandte von → Yavanna, heiratete Elwe, der
als König → Thingol ein großer unter den
Elben wurde, und durch ihre Tochter
→ Lúthien kam auch ein wenig vom Erbe
der → Valar unter die Menschen. Wo immer
Melian sich aufhielt, sangen Nachtigallen
um sie herum, und sie war so schön, dass
Elwe, als er sie zum ersten Mal sah und
hörte, in Liebestrance fiel; dieser Liebes-
rausch beider dauerte eine lange, aber unbestimmte Zeit, dann ließen die beiden sich
als Königspaar der → Sindar nieder, gründeten → Doriath und → Menegroth. Nach
der ersten der großen → Schlachten von
Beleriand schützte sie Doriath mit einem
Banngürtel, dem → Gürtel Melians. Melian
sah zwar vieles voraus, doch konnte sie
wenig Einfluss nehmen, da Thingol meistens nicht auf sie hörte. Nach seinem Tod
kehrte sie nach → Valinor zurück.

Melians Gürtel
Der → Gürtel Melians um → Doriath

Melinir
Ein Name, den → Eriol → Veanne gab

Melinon
Ein Name, den → Veanne → Eriol gab

Melko
In den »Verschollenen Geschichten« der
ursprüngliche Name von → Melkor, der im
Prinzip schon dem späteren Melkor sehr
ähnlich ist

Melkor
»Er, der in Macht ersteht«: der »böse«
Gegenspieler der »guten« → Götter um
→ Manwe, zugleich dessen Bruder,
ursprünglich der mächtigste der → Ainur,
von → Feanur → Morgoth getauft (»Dunkler Feind der Welt«). In der → Ainulindale
lehnte er sich gegen die Musik von
→ Ilúvatar auf und damit auch gegen dessen Pläne. Er war stets auf der Suche nach
der → »Unverlöschlichen Flamme« und
war ein eigenständiger schöpferischer
Geist, der sich nicht zufrieden geben wollte
mit dem Ausführen fertiger Pläne, man kann
ihn mit → Luzifer oder auch → Satan vergleichen. Er gilt den → Elben als Urgrund
allen Bösen, doch hat Ilúvatar ausdrücklich

betont, dass auch das Böse, das Melkor schafft, aus ihm kommt: *»Kein Thema kann gespielt werden, das nicht in mir seinen tiefsten Grund hätte, noch kann das Lied einer ändern, mir zum Trotz. Denn wer dies unternimmt, nur als mein Werkzeug wird er sich erweisen, um Herrlicheres zu schaffen, von dem er nichts ahnt.«* (SIL) Als die Ainur auf → Arda herabstiegen, kam er als der Herrlichste und Schrecklichste und zerstörte, was die anderen schufen, doch entstanden aus diesen Gegensätzen und dieser Spannung auch viel Interessantes und Neues. Er zerstörte die → Lampen der Valar Illuin und Ormal und zwang die Valar dazu, sich im fernsten Wesetn, in → Aman, zu verschanzen. Als die → Elben erwacht waren und teilweise unter den Einfluss von Melkor gerieten, zogen die Valar gegen Melkor in den Krieg. Er wurde besiegt, mit der Kette → Angainor gefesselt und für drei Alter oder Zeitalter in die Festung von → Mandos gesperrt. Dann durfte er sich in Valinor frei bewegen. Er stahl die → Silmaril, zerstörte mit der Hilfe von → Ungoliant die → Zwei Bäume von Valinor und floh in den Norden von → Mittelerde, wo cr → Angband errichtete und sich als König der Welt bezeichnete. Umso mehr Ungeheuer Melkor schuf, z. B. die → Drachen, und umso mehr Kraft er an seine Diener abgab, desto schwächer wurde er selbst; es ging ihm ähnlich wie später → Sauron. In der → Letzten Schlacht wurde er gefangen genommen, man schlug ihm die Beine ab, fesselte ihn mit der Kette Angainor und verbannte ihn in die → Äußere Leere jenseits der → Mauern der Welt. Was aus ihm am → Weltende wird, ist nicht bekannt, doch mag es durchaus sein, dass Ilúvatar ihn wieder in Gnaden aufnimmt, denn letztendlich war er sein Werkzeug. – In Deutschland gibt es Melkor als Familienname: Ein Viktor Melkor wohnt in Paderborn.

Melkors Tempel
→ Armenelos

Mellon (Sindarin)
»Freund« (→ Moria)

Mellyrn (Sindarin)
Mehrzahl von → Mallorn

melya
»geliebt, lieb, teuer«

Melyanna
»Liebes Geschenk, Teure Gabe«: Ursprünglicher Name von → Melian

Men (Quenya)
»Weg, Richtung, Gegend«

Meneg (Sindarin)
»Tausend«

Menegroth (Sindarin)
»Die Tausend Grotten«: die »Hauptstadt« von → Doriath, die verborgenen Hallen von → Thingol und → Melian am Fluss → Esgalduin, gebaut mit Hilfe der → Zwerge von → Belegost nach dem Vorbild ihrer eigenen Höhlenstadt. Menegroth wurde zweimal erobert, durch die Zwerge von → Nogrod 505 EZ, als Thingol starb, und von den → Söhnen Feanors 509 EZ, als diese → Dior erschlugen. Danach war Menegroth verlassen.

Menel (Quenya)
»Gebiet der Sterne, Himmel«

Meneldil
»Der den Himmel liebt«: sritter König von → Gondor (2–158 DZ), Sohn von Anárion

Meneldor
Einer der → Adler von den → Nebelber-

gen, die → Frodo und → Sam nach dem Fall des → Orodruin retteten, genannt »der schnelle Meneldor«

Meneldur, Tar
→ Tar-Meneldur

Menelmacar, Menelmakil (Quenya)
»Schwertträger, Schwertkämpfer des Himmels«: das Sternbild Orion, von → Varda zum Erwachen der → Elben aus alten Sternen neu zusammengesetzt

Meneltarma (Quenya)
»Himmelspfeiler«: der höchste Berg von → Númenor in der Mitte der Insel. Auf dem Gipfel lag eine Hochebene, auf der sich die Menschen Númenors zu Ehren von → Ilúvatar versammelten, er galt als Heiligtum von Eru. Der Meneltarma war etwa 4300 Meter hoch, das sind etwa 200 Meter weniger, als sie das Matterhorn aufweist.

Menelvagor (Sindarin)
»Schwertkämpfer«: → Menelmacar

Menelya (Quenya)
»(Tag des) Himmels«, Name des fünften Tages in der sechstägigen Woche im → Kalender der → Elben und der siebentägigen Woche der → Númenórer

Men-i-Naugrim
»Pfad der Zwerge, Zwergenstraße«: die → Alte Waldstraße

Menschen
Die Zweiten Kinder → Ilúvatars, erwacht im Osten von → Mittelerde, in → Eriador, von wo im Ersten → Zeitalter die → Drei Häuser der → Edain nach → Beleriand einwanderten. Diese Elbenfreunde erhielten nach der → Letzten Schlacht am Ende des Ersten Zeitalters die Insel → Númenor zur Wohnstätte; in Mittelerde gab es aber die ganze Zeit über auch andere Menschenvölker. Während des → Ringkriegs gab es neben den Nachfahren der Númenórer, den → Dúnedain, zahlreiche andere Völker, die zum Teil nur in einem Nebensatz erwähnt werden. Viele von ihnen sprachen die sogenannte Gemeinsprache, das → Westron, die sich aus dem → Adûnaisch entwickelt hatte. Von den → Elben wurden die Menschen Atani genannt oder Edain, aber auch Hildor (Nachkömmlinge), Engwar (Kränkliche), Diriath oder Firimar (Sterbliche), die Kinder der Sonne, die Fremden, die Gäste, die Ursupatoren, die Unbegreiflichen, die Selbst-Verfluchten, die Tölpel oder Tolpatsche und die Nachtfürchtigen. Obwohl ihnen in vieler Hinsicht überlegen, hatten die Elben auch Angst vor den Menschen, denn sie verstanden nicht, was sie die »Gabe Ilúvatars« nannten, den → Tod. Denn die Menschen verlassen bei ihrem Tod tatsächlich die Welt, während die Elben in den → Hallen von Mandos warten auf das Ende der Zeit. Natürlich sahen die Menschen das mit der Gabe ganz anders und strebten nach der → Unsterblichkeit, was ihren Angriff auf → Aman und den Untergang von Númenor auslöste. Was mit den Menschen am Ende der Zeit geschieht, ist nicht klar, doch heißt es, sie würden bei der → Zweiten Musik der → Ainur mitspielen.

Menschen des Meeres
Die → Forodrim oder → Forodwaith, aber auch manchmal die → Númenórer

Menschen des Nordens
Die → Forodrim oder → Forodwaith, als Nordmenschen auch die Vorfahren der → Éothéod

Menschen des Westens
Auch »Hohe Völker«: So bezeichnet man

in → Gondor die → Númenórer und alle Völker, die von ihnen abstammen, dies erklärt → Faramir (II) einmal → Frodo im → »Herrn der Ringe«

Menschen des Zwielichtes

Auch »mittlere Völker«: So bezeichnet man in → Gondor die Menschen, die nicht von den → Númenórern abstammen, aber nicht mit → Sauron verbündet sind, wie die → Rohirrim; dies erklärt → Faramir (II) → Frodo im → »Herrn der Ringe«

Menschen vom Meer

Die → Númenórer

Menschenfresser

→ Antropophagen

Menschenopfer

Während → Sauron in → Númenor lebte, wurden mehrere der → Elendili → Melkor zu Ehren lebendig verbrannt. Wahrscheinlich hat sich Tolkien dabei weniger von den antiken Menschenopfern oder denen bei den → Germanen oder anderen nordischen Völkern beeinflussen lassen als von den Vorstellungen, die schon zu seiner Zeit über vor allem die Azteken verbreitet waren. Menschenopfer als besonders »extreme« Form des Opfers, findet man in vielen Kulturen: im Zusammenhang mit rituellem Kannibalismus (→ Anthrophagen), als Ritus, um das Opfer durch die Weihe an eine Gottheit zu erhöhen, wie etwa in den antiken → Mysterienreligionen, als Opfer, um das Volk zu retten, wie in vielen antiken Sagen, oder als praktische Variante der »Entsorgung« von nicht gesellschaftlich Unerwünschten, wie bei der in Indien immer noch verbreiteten Witwenverbrennung. Die Menschenopfer, wie Sauron sie veranlasst, gehören jedoch in eine andere Kategorie, vergleichbar den Opfern zu Ehren der blutigen Kali

in Indien oder den gerne beschriebenen Riten der Azteken. Bei diesen, Vorfahren der Mexikaner, wurden Menschenopfer im 14. Jahrhundert eingeführt und mit der Erweiterung ihres Reiches immer häufiger, bis schließlich im 16. Jahrhundert fast jedes Fest mit einem solchen endete. Wissenschaftler schätzen, dass in Anahuac, der von den Azteken bewohnten historischen Tallandschaft im heutigen Mexiko, pro Jahr zwischen 20.000 und 250.000 Menschen geopfert wurden – einen solchen Umfang erreichten die Menschenopfer in keiner anderen Kultur, aber etwas Ähnliches dürfte Sauron sicher vorgeschwebt haben. Für besondere Opfer mussten die Geopferten bei den Azteken der Gottheit entsprechen, so wurde dem Schöpfergott Tezcatlepoca, der »Seele der Welt«, ein schöner junger Mann geopfert. Dieser wurde gründlich ausgebildet, hatte ein königliches Gefolge und wurde sehr geachtet; vier Mädchen, die den vier Hauptgöttinnen entsprachen, standen ihm zur Verfügung. Am Tag des Opfers wurde er auf dem Altar ausgestreckt, fünf Priester hielten ihn, ein sechster öffnete ihm mit einem Messer aus Itztli, einem harten Lavastein, die Brust, entnahm das Herz und hielt das noch klopfende Organ gegen die Sonne, um ihr dieses zu weihen, dann warf er es auf den Boden. So sahen die meisten Opferzeremonien aus, manchmal kam es vorher noch zu rituellen Folterungen, seltener wurden Frauen geopfert. Meistens aber waren die Geopferten feindliche Gefangene, die nicht selten anschließend in einem feierlichen Schmaus von der Familie des siegreichen Kriegers gemeinsam verspeist wurden (→ Anthropophagie). Die Schädel der Geopferten hob man in speziellen Beinhäusern auf; die Männer von Cortez zählten 136.000 in einem dieser Gebäude. Bei der Einweihung des großen Tempels des Krieg- und Sonnengottes Huitzilopochtli (das heißt »Kolibri zur Linken«) in Tenochtitlán im Jahre 1486 wurden die einige Jahre zu diesem Zweck aufbewahrten Gefangenen aus dem ganzen Lande versammelt und während der Feierlichkeiten, die sich über mehrere Tage erstreckten, geopfert. Ihre mehrfachen Reihen sollen sich über drei Kilometer erstreckt haben; es sollen über 70.000 Gefangene am Altar des Gottes geopfert worden sein. Nach Aussagen des letzten aztekischen Herrschers Moctezuma führten die Azteken ihre Kriege genauso zum Erlangen von Gefangenen für ihre Opfer wie für die Ausdehnung des Reiches. Und als er gefragt wurde, warum man dem benachbarten Freistaat Tlascala seine Unabhängigkeit gelassen habe, antwortete er: »Damit er Schlachtopfer für die Götter lieferte«. Da Tolkien mehrfach beschreibt, dass die Númenórer in → Mittelerde Kriegsgefangene und Sklaven fingen und zu späteren Zeiten zu diesem Zwecke sogar Expeditionen nach Mittelerde ausrichteten und Kriege führten, kann man sich ausmalen, wohin sich Númenor unter Sauron vielleicht entwickeln hätte können.

Meoi
»Katze« in der Sprache der → Gnome

Meoita
ein anderer Name von → Tevildo

Merchandising
Seit der → Film von Peter → Jackson angekündigt ist, hat das Merchandising um Tolkien-Artikel erheblich zugenommen; im Jahr 2001 nahm es enorme Ausmaße an. So wird Riot Entertainment Spiele für »mobile Endgeräte« produzieren und will bis Sommer 2002 rund 300 Millionen Handybesitzer erreichen. JVC hat einen Dreijahresvertrag zur Vermarktung abgeschlossen, der etwa 40 Millionen Dollar für Werbung und Promotion umfasste. Es gibt → Brettspiele, → Rollenspiele und → Sammelkartenspiele, man kann die Nachbauten der → Schwerter genauso bekommen wie den → Herrscherring in Gold oder Silber, Rucksäcke, Taschen, Geldbörsen und vieles mehr, das meiste mit dem Logo des Films (www.elbenwald.de). Dazu gibt es viele verschiedene Figuren aus der Welt Tolkiens als Zinnfiguren oder 30 Zentimeter hohe Statuen, Büsten der Helden und Tassen mit ihren Bildern, Latex-Masken, damit man z. B. beim → Live-Rollen-Spiel in ihre Rolle schlüpfen kann, und natürlich Kalender, Hefte, T-Shirts und vieles mehr.

meren (Sindarin)
»festlich, fröhlich«

Meresdei
Archaische Form des Namens des sechsten Tages in der Woche im → Kalender der → Hobbits, entspricht unserem Donnerstag

Mereth (Sindarin)
»Fest, Feier«

Mereth Aderthad (Sindarin)
»Fest der Versöhnung«: Fest, das → Fingolfin im Jahre 20 EZ, zwanzig Jahre nach der Rückkehr der → Noldor nach → Beleriand, bei → Eithel Ivrin gab, um alle → Elben miteinander zu versöhnen. Aus → Doriath kamen allerdings nur → Mablung und → Daeron. Es gab einen Sängerwettstreit zwischen Daeron und → Maglor, dessen Ergebnis nicht überliefert ist.

Merethrond (Sindarin)
»Festhalle«: die große Halle in → Minas Tirith

Meril (Sindarin)
»Rose«

Merilin (Sindarin)
»Nachtigall«

Meril-i-Túrinqi
In den »Verschollenen Geschichten« die Herrin von → Tol Eressea, in mancher Hinsicht eine Vorläuferin von → Melian

Mering, Mering-Strom
Fluss, der von den → Ered Nimrais herab durch den → Halfirien-Wald in die → Entwasser floss; er bildete die Grenze zwischen → Rohan und → Gondor. Auf Sindarin Glanhir genannt.

Merkur (Planet)
Der Planet, den die → Elben → Elemmíre nannten

Merlin
Dieser berühmteste aller → Zauberer spielt in Tolkiens Werken immer wieder eine Rolle: indirekt dadurch, dass mehrere der Gestalten in Tolkiens Werken durch diese Figur geprägt sind, besonders → Gandalf, aber er wird auch direkt erwähnt. So etwa in → »Roverandom«, wenn erzählt wird, dass der → Weiße Drache, der jetzt auf dem → Mond haust, zu Zeiten von Merlin und → Artus den Roten Drachen der → Kelten besiegt habe. Merlin gilt allgemein als der größte aller Zauberer. In der Sprache der → Kelten hieß er Myrrdin; dies war sowohl ein Name wie auch eine Anrede oder ein Titel, wahrscheinlich für einen hohen Druiden. Die Literaturgeschichte kennt mehrere Wurzeln für diese Figur: einen bei Nennius genannten Seher Ambrosius, die Lailokentradition und einen Barden Myrddin, dem mehrere Gedichte und Prophezeiungen zugeschrieben werden, von denen jedoch nur einige aus der Zeit stammen können, in der er gelebt haben soll. Geoffrey of Monmouth hat wohl als erster diese Vorlagen literarisch zusammengeführt. Merlin war nach der Sage Sohn eines → Dämons oder des Teufels oder eines Gottes, evt. auch eines Königs; er war Weiser, Narr, Magier und Prophet und beteiligt an der Zeugung und Berater von König → Artus. Er wird immer wieder mit dem → Gral in Verbindung gebracht. Er soll nicht gestorben sein, sondern von einer Fee oder → Nixe entweder in die → Anderswelt entrückt oder in tiefen Schlaf versenkt worden sein. Eines Tages soll er wiederkehren. Bis heute berufen sich Menschen, die sich in keltischer und/oder druidischer Tradition sehen, auf Merlin, und sein Einfluss – oder besser der der Geschichten um ihn – war im Mittelalter so groß, dass man Jeanne d'Arc (Johanna von Orleans) in ihrem Prozess die Frage stellte, ob sie an seine Prophezeiungen glaube, und das Konzil von Trient 1563 die Prophetien Merlins verbot, weil man in ihnen eine Gefahr für die Vormachtstellung der Kirche sah. In der Literatur beschäftigten sich mit Merlin u. a. Christoph Martin Wieland, Friedrich von Schlegel, Ludwig Tieck, Johann Wolfgang von Goethe, Heinrich Heine, Guillaume Apollinaire, Louis Aragon und Tankred Dorst.

MERP
→ MERS

Merry (Meriadoc) Brandybock
Ein → Hobbit aus dem → Auenland (2982 DZ bis nach 65 VZ = 1382 bis nach 1485 AZ), Sohn von Saradoc → Brandybock und Esmeralda Brandybock (geborene Tuk), Herr des → Bucklandes 1432 bis 1484 AZ, genannt »der Prächtige«. Jugendfreund von → Frodo, ging mit diesem auf die Fahrt zur Vernichtung des → Herrscherrings. Mit seinem Vetter → Pippin von Orks aus → Isengard gefangengenommen, sie konnten sich bei → Fangorn befreien und freundeten sich

mit → Baumbart an. Von ihm erhielten sie einen → Ent-Trank, der sie später wachsen ließ. Merry wurde Knappe von König → Théoden von → Rohan und überwand mit → Éowyn in der Schlacht auf dem → Pelennor den Schwarzen → Hexenmeister, den obersten der Nazgûl. Dafür wurde er zum Ritter von Rohan geschlagen und bekam von Éowyn das → Horn der Mark geschenkt. Einer der Anführer bei der Befreiung des Auenlandes, ab 1432 Herr von Bockland und ab 1434 Ratsherr des Nördlichen Königreichs. 1484 AZ (64 VZ) legte er sein Amt nieder, reiste mit Pippin nach Rohan und nach dem Tod von → Éomer nach Gondor, wo beide einige Jahre später starben und in der Königsgruft beigesetzt wurden. Er hinterließ einige gelehrte Schriften: eine »Kräuterkunde des Auenlandes«, eine → »Jahreszählung« und das Werk → »Alte Wörter und Namen im Auenland«. Im → Film von Peter → Jackson wird Merry von Dominic → MonaGhan dargestellt.

Merry Old Inn
Titel des Liedes → »Der Mann im Mond trank gutes Bier«

Merrys und Pippins Aufbruchslied
Das Lied, dass → Merry und → Pippin singen, nachdem → Frodo zugestimmt hat, sie auf seine Reise mitzunehmen, es beginnt »Ach, Haus und Herd, auf Wiedersehn«. Sie hatten es in Zwergenstrophen zur Melodie des Zwergenliedes geschrieben, das die Zwerge im → Hobbit bei Bilbo gesungen hatten (→ »Über die Nebelberge«).

MERS
Das Mittelerde-Rollenspiel, ein → Rollenspiel, das bei Iron Crown Enterprises erschien und in Deutschland bei Queen Games (früher bei Laurin bzw. Citadel).

Inzwischen sind die Lizenzen an → Tolkien Enterprises zurückgefallen und an → Decipher weitergewandert. Zwar wird MERS nich gespielt, und einige der Abenteuer sind noch in manchen Läden erhältlich (Liste der deutschen Module siehe Literaturverzeichnis), doch offiziell ist MERS tot. Die englische Abkürzung war *MERP (Middle Earth Role-Playing Game)*. – MERS ist ein W100-System, man würfelt mit einem Prozentwürfel, der Zahlen von 1 und 100 zeigt, um z. B. Kämpfe auszufechten. Man kann sechs verschiedene Berufe spielen – Kämpfer/in, Kundschafter/in (Dieb/in), Waldläufer/in, Barde/in, Magier/in und Animist/in (Druide/in) – sowie vier Rassen: Elben, Halblinge, Menschen und Zwerge sowie viele Varianten davon. Unter Tolkien-Fans war MERS immer umstritten. Die Regeln sind schlecht erklärt und zum Teil zu primitiv, das Magie-System ziemlich untauglich, und vor allem entspricht der Inhalt häufig nicht den Büchern von Tolkien. Andere Rollenspiele eignen sich weitaus besser, um der Atmosphäre von Tolkiens Werken und der Komplexität seiner Welt gerecht zu werden, z. B. AD&D (Advanced Dungeons and Dragons).

Merstag
Zur Zeit des → Ringkrieges Name des sechsten Tages in der Woche der → Hobbits, entspricht unserem Donnerstag

Merton Street 21
Wohnung von John Ronald Reuel → Tolkien in → Oxford nach dem Tod seiner Frau ab März 1972 bis zu seinem Tod 1973

Merton-Professor
für englische Sprache und Literatur
Professur in → Oxford, die John Ronald Reuel → Tolkien von 1945 bis zu seiner Pensionierung innehatte

Metelaire (Quenya)
Frühe Form von → Mettelaire

Meteor-Eisen
Aus solchem hat → Eol seine beiden schwarzen Schwerter geschmiedet, manchmal wird auch behauptet, → Mithril sei Meteor-Material. Ein Meteor ist ein kleinerer Himmelskörper (Asteroid, Planetoid oder Metoroid), der auf die Erde trifft und, während er in der Atmosphäre verglüht, am Nachthimmel als Lichtstreifen erscheint. Umgangssprachlich nennt man ihn auch »Sternschuppe« oder »Feuererscheinung«. Falls Bruchstücke des Meteors die Erde erreichen, nennt man diese Meteoriten, also müsste Eols Material eigentlich Meteoriten-Eisen heißen. Dennoch nennt man dieses Material auch in der Wissenschaft Meteoreisen, auch meteoritisches Eisen oder siderisches Eisen. Eisenmeteore und Eisen-Stein-Meteore bestehen meistens zum großen Teil aus Nickeleisen; dabei unterscheidet man das Kamazit (Balkeneisen), eine kubisch raumzentrierte Eisen-Nickel-Verbindung mit höchstens 7,5 % Nickelanteil, das den Hauptteil bildet, vom Taenit (Bandeisen), einer kubisch flächenzentrierten Eisen-Nickel-Verbindung mit 20–50 % Nickelanteil. Ein Gemisch aus beiden nennt man Plessit (Fülleisen). Das Meteoreisen, das Eol verwendete, dürfte am ehesten Kamazit gewesen sein.

Meterríve (Quenya)
frühe Form von Metterríve

Meth, Methed, Methen (Sindarin)
»Ende«

Methed-en-Glad
»Wald-Ende«: eine Festung in → Dor-Cúarthol am Rand des Waldes südlich des → Teiglin

Methedras
»End-Spitze, Letzter Gipfel«: der südlichste Gipfel des → Nebelgebirges, nördlich von → Isengard, im Osten lag → Fangorn

Metta (Quenya)
»Ende«, z. B. in Ambarmetta (Weltende, Weltuntergang)

Mettare
Letzter Tag des Jahres im → Kalender der → Elben von → Imladris, wahrscheinlich der 24. oder 28. März oder der 5. April. Im Kalender von → Númenor und in der späteren → Truchsessen-Zeitrechnung ab 2060 DZ der Tag vor der Wintersonnenwende, entsprechend unserem 22. Dezember.

Mettelaire (Quenya)
»Dritter Sommer«: ein anderer Name für den Monat → Urime, den achten Monat im → Kalender der → Elben und auch der → Númenórer, der grob unserem August entspricht

Metterríve (Quenya)
»Dritter Winter«: ein anderer Name für den Monat → Narvinye, den ersten Monat im → Kalender der → Elben und auch der → Númenórer, der grob unserem Januar entspricht

Mewlips
Der englische Name der → Muhlipps

Miaugion, Miaule
Andere Namen für → Tevildo

Michel Delving
Englischer Name von Michelbinge

Michelbinge
Der bedeutendste Ort des → Auenlandes,

gelegen auf den → Weißen Höhen im Westviertel. Amtssitz des → Bürgermeisters,
Standort des → Mathom-Hauses und der
→ Riegellöcher. Taucht auch (als Delwing)
im Gedicht → »Luftikus« auf.

Middle Earth
→ Mittelerde

Middle Earth Role-Playing Game
→ MERS

Middle Earth Trading Card Game
→ Sammelkartenspiel von Decipher zum
»Herrn der Ringe«

Middle Earth, CD
Eine CD von Bob → Catley

Midgard
Die Welt der Menschen in der → Mythologie der → Germanen

Midgardschlange
In der → Mythologie der → Germanen die
riesige Schlange Jörmungand, Tochter von
Loki und der Angrboda, Schwester der
→ Hel und des → Fenriswolfes. Ruht auf
dem Grunde des Meeres und umschlingt als
eine Art → Ouroboros die ganze Erde mit
ihrem Leib. Bei der Götterdämmerung
Ragnarök wird sie auf die Erde kommen
und von Thor erschlagen werden. Die große
→ Seeschlange in der Geschichte → »Roverandom« ist ihr nachempfunden.

Mîdh (Sindarin)
»Tau«

Mîl (Sindarin)
»Liebe, Zuneigung«

milui (Sindarin)
»freundlich, nett, liebenswürdig«

Mim
Einer der drei letzten → Kleinzwerge, die
es im 5. Jahrhundert des Ersten Zeitalters
noch gab, Vater von Khim und Ibun,
genannt »der Vaterlose«. 486 EZ wurde
Khim von → Andróg, einem Mitglied von
→ Túrins Bande, auf dem → Amon Rúdh
erschlagen, als Lösegeld stellte Mim der
Bande seine Höhle zur Verfügung, die er
Bar-en Danwedh nannte, »Haus der Auslöse«. Mim verriet die Band an die → Orks;
er wurde 502 EZ in → Nargothrond von
→ Húrin erschlagen.

Min (Sindarin)
»Eins«

minai (Sindarin)
»einzeln, einzelnstehend, einzigartig«

Minalcar (Quenya)
»Turm des Ruhm«: → Dúnedain, 19. König
von → Gondor, nannte sich als König
→ Rómendacil II.

Minardil (Quenya)
»Liebhaber der Türme«: → Dúnedain, der
25. König von → Gondor, erschlagen 1634
DZ in einer Schlacht gegen die → Korsaren von Umbar

Minas (Sindarin)
»Turm«

Minas Anor
»Turm der Sonne«: die Stadt von → Anárion, die er 3320 ZZ auf einem Felsvorsprung unterhalb des Berges → Mindolluin
erbaute, oft auch einfach Anor genannt. Im
→ Krieg des Letzten Bündnisses zerstört,
von → Ostoher um 420 DZ wieder aufgebaut, ab dann Sommersitz der Könige. Ab
1640 Hauptstadt von → Gondor, nach dem
Fall von → Minas Ithil 2002 in → Minas

Tirith umbenannt. Erbaut in sieben Stufen, jede davon mit einer starken Mauer aus hellem Gestein umgeben. Das große Außentor und das Tor der obersten Stufe gingen nach Osten, die Tore dazwischen waren versetzt, so dass der Weg im Zickzack hinaufführte. Die siebente Stufe, die Zitadelle, lag etwa zweihundert Meter über der Ebene des → Pelennor.

Minas Ithil

»Turm des Mondes«: die Stadt von → Isildur, die er 3320 ZZ auf einem Vorsprung des → Ephel Dúath erbaute. → Sauron eroberte sie 3429 und leitete damit den → Krieg des Letzten Bündnisses ein. Zurückerobert zu Beginn des → Dritten Zeitalters, ab 2000 DZ von den → Nazgûl belagert und 2002 vom Schwarzen → Hexenmeister erobert, danach in → Minas Morgul umbenannt. Nach dem Ringkrieg hieß die Stadt wieder Minas Ithil, blieb aber unbewohnt. Auch genannt der »Turm des aufgehenden Mondes« oder »Turm des Mondes«.

Minas Morgul

»Turm der Magie«: der Name für → Minas Ithil nach dessen Eroberung durch die → Nazgûl 2002 DZ, auch einfach Morgul genannt. Bis → Sauron 2950 DZ nach → Barad-dúr zurückkehrte, sein wichtigster Stützpunkt. Herr von Minas Morgul war der Schwarze → Hexenmeister, der oberste der Nazgûl, sein Zeichen war der Totenkopfmond. Die Wände der Festung strahlten ein schwaches Licht aus, und das Oberteil des Turmes rotierte langsam. Auch genannt der Turm der Zauberei oder der Hexerei und die Tote Stadt.

Minas Tirith

»Wachturm, Turm der Wacht«: So nannte man das frühere → Minas Anor nach der Eroberung von → Minas Ithil durch die → Nazgûl 2002 DZ; bei den → Rohirrim hieß die Stadt Mundburg. Seit 1620 die Hauptstadt von → Gondor. Um 1900 erbaute König → Calimehtar in der Zitadelle, auf der siebenten Stufe der Stadt, den knapp 100 Meter hohen Weißen Turm von Gondor. Nachdem → Truchsess Ecthelion I. ihn 2698 neu erbauen ließ, wurde er auch Ecthelions Turm genannt. Der untere Teil des Turmes war der Palast, im obersten Geschoss wurde der → Palantir von Minas Anor aufbewahrt. Minas Tirith wurde umgeben von den → Pelennor-Feldern und der Mauer von Rammas Echor. – Minas Tirith nannte auch → Finrod Felagund seine Festung, die er auf → Tol Sirion erbaute, nach der Eroberung durch → Sauron 457 EZ hieß sie → Tol-in-Gaurhoth, bis → Lúthien Sauron wieder vertrieb.

Minastan (Quenya)

»Turmbauer«: → Dúnedain, zweiter Sohn von König → Minardil von → Gondor, Vater von König → Tarondor

Minastir, Tar-

→ Tar-Minastir

Mindeb

Fluss in Ost-→ Beleriand, Nebenfluss des → Sirion, die Grenze zwischen → Dimbar und dem Wald von → Neldoreth

Mindolluin

»Herausragender Blaugipfel«: der östlichste Berggipfel der → Ered Nimrais; auf einem Felsvorsprung unter dem Berg war → Minas Anor erbaut, das spätere → Minas Tirith

Mindon (Sindarin)

»Turm, Turmberg«, auch kurz für → Mindon Eldaliéva

Mindon Eldaliéva (Quenya)
»Hoher Turm der Eldalie«: der Turm von → Ingwe in → Tirion, seine Residenz, ehe er auf den → Taniquetil übersiedelte; hier brannte immer eine silberne Lampe, die weit aufs Meer hinaus leuchtete. Unterhalb des Turms stand das Haus von → Finwe.

Mindon Gwar
Name für → Kortirion in der Sprache der → Gnome

Minen von Khazad-Dûm, Minen von Moria
→ Moria

Minethlos
Ein Name des → Mondes in der Sprache der → Gnome

Minhiriath (Sindarin)
»Zwischen den Flüssen«: Gebiet in Eriador zwischen → Baranduin und → Gwathló, besonders stark von der Großen → Pest 1636 DZ betroffen, danach fast entvölkert. 2912 gab es große Überschwemmungen.

Miniel (Sindarin)
»Vanyar-Elbe«

minnóna (Quenya)
»erstgeboren«

Minohtar (Quenya)
»Erster Knappe«: Ein Neffe von König → Ondoher von → Gondor, 1944 DZ in der Schlacht gegen die → Wagenfahrer gefallen

Minque (Quenya)
»Elf«

Min-Rimmon
»Bergspitze des Rimmon«: eine Gruppe von Klippen, das fünfte der sieben → Leuchtfeuer von → Gondor in den → Ered Nimrais

Minuial (Sindarin)
Morgendämmerung

Minya (Quenya)
»Erster«

Minyatur, Tar- (Quenya)
»Hoher Erster König«: Königsname von → Elros als erster → König von → Númenor

Minyon (Quenya)
»Erst-Empfangener«: ein Name von → Feanor

Mîr (Sindarin)
»Juwel, Edelstein, Geschmeide, Schatz«

Mirdain
»Juwelenschmied«: → Gwaith-i-Mirdain

Mirian
eine Münze, die in → Gondor benutzt wurde; vier »Canath« waren ein »Mirian«.

Miriel (Quenya)
»Strahlend wie ein Juwel, Juwelenfrau«: Die erste Gemahlin von → Finwe, Mutter von → Feanor, starb kurz nach dessen Geburt, weil sie ihre ganze Kraft ihrem Sohn geschenkt hatte. Genannt Serinde, »die Stickerin«

Miriel, Tar-
Tar-Miriel

Mirkwood
der → Düsterwald

Miruvor
Heil- und Stärkungsmittel der → Elben,

eine Art → Elixier des Lebens, genannt nach dem Vorbild → Miruvóre

Miruvóre
»Nektar, Getränk der Valar«: ein Getränk, das die → Valar bei ihren Festen ausschenkten, aus Blüten aus → Yavannas Garten angefertigt, eine Art → Elixier des Lebens

mista (Quenya)
»grau«, z. B. in → Lassemista

Mit Trommelschlag
Beginn eines Marschgesangs der → Ents

mith (Sindarin)
»grau«

Mith (Sindarin)
»weißer Nebel, Dunst«

Mitheitel
»Graue Quelle«: ein Fluss in → Eriador, auch Weißquell genannt, der von den → Ettenöden herabfloss und sich bei Tharbad mit dem → Glanduin vereinigte zum → Gwathló. Sein wichtigster Nebenfluss war der → Bruinen.

Mithlond (Sindarin)
»Grauer Hafen«: die → Grauen Anfurten

Mithrandir (Sindarin)
»Grauer Pilger, grauer Bote, grauer Wanderer«: der Name von → Gandalf bei den → Elben

Mithrellas
Nach der Überlieferung von → Dol Amroth eine → Elbin und Begleiterin der verschollenen → Nimrodel, die den → Númenórer → Imrazór geheiratet haben soll; von ihrem Sohn → Galador stammten alle Fürsten von → Dol Amroth ab. Dies wird von → Legolas praktisch bestätigt, als er ihrem Nachfahren → Imrahil Elbenblut bescheinigt.

mithren (Sindarin)
»grau«

Mithril (Sindarin)
»Grauer Schimmer«: Ein einzigartiges Metall, das nur die → Zwerge in → Moria fanden, auch Moria-Silber oder Wahrsilber genannt. Sehr leicht und leicht zu bearbeiten, aber härter als Stahl und nach langer Zeit immer noch ungetrübtem Glanz. Bekannt seit dem → Ersten Zeitalter und auch von den Elbenschmieden geschätzt. Manchmal wurde auch behauptet, Mithril sei mit einem → Meteor vom Himmel gefallen.

Mithril-Kettenhemd, Mithril-Panzerhemd
Die Rüstung, die → Bilbo unter dem → Erebor von → Thorin Eichenschild geschenkt bekommt und an → Frodo weitergibt, laut → Gandalf mehr wert als das ganze → Auenland

Mithrim
»graues Volk«: Gebiet im Südosten von → Hithlum, durch die Berge von Mithrim von → Dor-Iómin getrennt. Name für das Land, die Berge, den großen See und das Volk. In Mithrim schlug → Feanor sein erstes befestigtes Lager in → Beleriand auf, hier wurde die → Dagor-nuin-Giliath, die »Schlacht-unter-Sternen«, geschlagen, hier lebte später der größte Teil von → Fingolfins Volk.

Mittalmar (Quenya)
»Inland, Binnenland«: das Gebiet in der Mitte von → Númenor

Mittelerde
Alle Länder in → Arda östlich des Großen

Meeres, des → Belegaer, genannt die Hinnenlande, die Außenlande, die Großen Lande, Ambarendya, Ambarenya, Endor, Endóre, Ennor, Welt der → Elben, Menschen, → Zwerge, → Hobbits und anderer Wesen. Angeregt wurde Tolkien für den Begriff Mittelerde zum einen durch die → Mythologie der → Germanen, in der Midgard, die Welt der Menschen, eines der neun Reiche der Welt ist und zwischen den Reichen der Götter, der Asen, und der Unterwelt, der → Hel, liegt. Beeinflusst wurde er auch durch das Gedicht »Crist« des Dichter → Cynewulf, das er 1913 las. In diesem heißt es: *»Hail Earendel brightest of angels, sent to men over Middle Earth«* – »Heil Earendel, strahlendster Engel, über der mittleren Erde den Menschen gesandt«. Mit »Middle Earth« oder der »mittleren Erde« ist in diesem Gedicht unsere Welt zwischen dem Himmel über uns und der Hölle unter uns gemeint. – Tolkien hat mehrfach betont, dass Mittelerde ein frühes Stadium unseres Planeten darstellt: *»Mittelerde ist unsere Welt. Ich habe (natürlich) die Handlung in eine imaginäre (wenn auch nicht ganz unmögliche) Periode des Altertums gerückt, in der die Kontinente eine andere Form hatten.«* (zitiert nach Carpenter) Natürlich hat er nie behauptet, es habe sich alles so abgespielt. Aber alles, was er beschreibt, könnte sich so tatsächlich in grauer Vorzeit ereignet haben – von der Erschaffung der Welt durch Musik über die der zunächst flachen Erde, die Umwandlung des Planeten in eine Kugel, die Verschiebung der Kontinente, den Untergang von »Atlantis« bis hin zum Verschwinden der Elben und Zwerge und der → Magie. Übrig bleibt unsere graue, Magie-lose und poesie-arme Welt ... Unwahrscheinlicher als die Erschaffung der Welt in sieben Tagen ist das jedenfalls nicht. Wenn man sich auf diesen Grundgedanken einlässt und ihn wei-terspinnt, scheint vieles möglich und auch so viele Sagen leicht erklärbar, nicht nur als Überbleibsel aus den ersten drei Zeitaltern (etwa → Númenor in Atlantis): Schließlich blieben auch nach dem Ringkrieg noch Zwerge, → Drúadan, Hobbits, → Ents, →Drachen und sogar ein paar Elben in Mittelerde, die erst langsam ausstarben oder verschwanden. Wer weiß, ob nicht immer noch ein paar heimlich irgendwo leben ... Tolkien-Fachleute untersuchen, welchen Bereichen der heutigen Welt die aus den Karten bekannten Bereichen von Mittelerde entsprechen könnten, einige kommen zum Schluss, es handele sich um Europa, andere sehen Eurasien darin; ich halte solche Spekulationen wegen der Kontinentalverschiebungen für schwierig. – Natürlich hat die Konzeption von Mittelerde andere Fantasy-Autoren stark beeinflusst, und dass Wolfgang Hohlbein eine ganze Fantasy-Saga in einer Welt namens Enwor spielen lässt, scheint mir kein Zufall zu sein.

Mittelerde-Fest
Das wohl bisher größte europäische Fest zu Ehren von Tolkien fand vom 11. bis 14 Oktober 2001 im Ort Leuk-Stadt im Schweizer Kanton Wallis statt.

Mittelerde-Rollenspiel
→ MERS

Mittelerde-Wochenende
Jährliche Veranstaltung der → Deutschen Tolkien-Gesellschaft

Mitteltage
→ Endere, → Lithe-Tage

Mittjahrstag
Im → Kalender der → Hobbits der mittlere der → Lithe-Tage, bei den → Númenórern und Dúnedain der → Loënde

Mittlere Lande, Mittlere Welt
→ Mittelerde

Mittlere Völker
Auch Völker oder Menschen des Zwielichtes: So bezeichnet man in → Gondor die Menschen, die nicht von den → Númenórern abstammen, aber nicht mit → Sauron verbündet sind, wie die → Rohirrim; dies erklärt → Faramir (II) einmal → Frodo im → »Herrn der Ringe«.

Mittleres Königreich
Das Reich des → Augustus Bonifacius in der Geschichte → Bauer Giles von Ham

Mobolde
Kurzform für »Weiße → Mond-Kobolde« in der Geschichte → »Roverandom«

Modertal
Die Heimat der → Muhlipps

Modus von Beleriand
Ein System der → Tengwar, bei dem die Vokale durch volle Buchstaben dargestellt wurden; ein Beispiel ist die Inschrift am Westtor von → Moria.

Modus von Erebor
→ Runenschrift der Zwerge von → Erebor, eine eigenständige Weiterentwicklung der → Cirth

Modus von Feanor
Das verbreitetste System der → Tengwar, entwickelt von → Feanor.

moe (Sindarin)
»weich«

Mog
»Abscheu, Hass« in der Sprache der → Gnome

Moko (Quenya)
»Abscheu, Hass«

MonaGhan, Dominic
Der Darsteller von → Merry (Meriadoc) Brandybock im → Film von Peter → Jackson wurde 1977 in England geboren, begann mit 18 Jahren nach dem Schulabschluss als Schauspieler bei einem Jugendtheater in Manchester, wurde dort von einem Agenten entdeckt und spielte dann vier Jahre lang in englischen Fernsehserien.

Monate, Monatsnamen
→ Kalender

Mond
Der Mond ist immer wieder eines der zentralen Motive bei Tolkien; auf einem seiner frühen Bilder etwa ist → Earendel zu sehen, wie er vom Mondschiffer gejagt wird. Tolkien hat mehrere Varianten entwickelt, wie es zur Entstehung von Sonne und Mond kam; meistens ist er ein Schiff, in dem ein → Maia sitzt. In der letzten Version, die im → Silmarillion veröffentlicht ist, wird das Mondschiff von → Tilion gelenkt, einem Jäger aus dem Gefolge von → Orome, und ist die ältere der beiden Lampen, die die → Valar an den Himmel setzten. Das Licht des Mondes ist die letzte Blüte von → Telperion, von → Aule in eine Schale gesetzt. Der Mond wird in Quenya »Isil« genannt, der »Schein«, in Sindarin Ithil, aber auch Rána, der »Bummler«, und die Silberblume. Was aus Tilion seit der → Umwandlung der Welt geworden ist, seit die Erde rund ist und die Sonne im Zentrum unseres Sonnensystems steht, darüber haben die → Eldar nichts mehr geschrieben oder es ist uns zumindest nicht bekannt geworden; wahrscheinlich leuchtete im → Dritten Zeitalter schon der Mond, die wir kennen. – In dem Brief vom → Weihnachtsmann von 1926

wird erzählt, dass der Mond durch ein Feuerwerk, das der → Nordpolarbär veranstaltet hat, in vier Teile zerbrochen ist, so dass der → Mann im Mond in den Küchengarten des Weihnachtsmanns gefallen ist. Auf dem Erdenmond im 20. Jahrhundert lässt Tolkien zum Teil seine Geschichte »Roverandom« spielen; hier ist der Mond eine schöne weiße Welt, mit weiten schimmernden Flächen in Blau und Grün und hohen spitzen Bergen. Der Mann im Mond lebt hier in einem hohen weißen Turm mit seinem geflügelten → Hund → Rover. Im Gegensatz zur Erde, die als flache Scheibe dargestellt wird, ist der Mond wie in Wirklichkeit rund; auf der stets dunklen Rückseite spielen Kinder, die im → Traum hierher kommen. – In unserer naturwissenschaftlich bestimmten Welt des 21. Jahrhunderts ist der Mond der Erde ein natürlicher Satellit des Planeten Erde. Er hat einen Durchmesser von rund 3.480 Kilometern, das ist etwa ein Viertel des Erddurchmessers. Sein Volumen beträgt ungefähr zwei Prozent des Erdvolumens, seine Masse etwa 1,2 Prozent der Erdmasse, und seine mittlere Dichte nur etwa 60 Prozent der mittleren Erddichte. Der Mond umrundet die Erde in einem mittleren Abstand von 384.403 Kilometern mit einer Durchschnittsgeschwindigkeit von 3.700 Kilometern pro Stunde auf einer elliptischen Umlaufbahn, die er in 27 Tagen 7 Stunden 43 Minuten und 11,5 Sekunden zurücklegt. Er dreht sich in dieser Zeit einmal um seine eigene Achse und kehrt daher der Erde immer dieselbe Seite zu. Sein Reflexionsvermögen (Albedo) ist so gering wie das von Kohlenstaub, er reflektiert nur etwa sieben Prozent des auftreffenden Sonnenlichtes. Dabei sieht man von der Erde aus während eines Umlaufs verschiedene Mondphasen, zwei gleiche Phasen erscheinen in einem zeitlichen Abstand von jeweils 29 Tagen 12 Stunden 44 Minuten und 2,8 Sekunden. – Die Oberflächenbeschleunigung auf der Mondoberfläche ist ungefähr sechsmal kleiner als auf der Erdoberfläche, man käme sich dort also etwa ein Sechstel so leicht vor.

Es gibt auf dem Mond kein Oberflächenwasser und keine Atmosphäre, also auch kein Wetter. (Im Innern bzw. in tiefen Kratern vermutet man gefrorenes Wasser.) Die Temperaturen auf der Mondoberfläche schwanken zwischen 127 °C bei voller Sonneneinstrahlung und −173 °C auf der Nachtseite. Durch die dunklen Flächen auf dem Mond, in denen man Figuren oder ein Gesicht sehen kann, entstanden zahlreiche Geschichten um den Mann im Mond. Lange hat man sie auch für Meere gehalten, daher heißen sie meistens Maria (Mehrzahl von Mare, lateinisch für Meer) und die helleren Gebiete Terrae (Mehrzahl von terra, lateinisch für Land). Heute kennt man zahlreiche Krater, Gebirgszüge, Ebenen bzw. Maria, Rillen, Verwerfungen, Ringgebirge, Dome, Vulkankegel und Strahlensysteme. Der größte Krater ist der Bailly-Krater mit 295 Kilometern Durchmesser und einer Tiefe von 3.960 Meter, die höchsten Gebirge sind etwa 6.100 Meter hoch. Fast alle Mondkrater dürften durch Einschläge von Meteoriten oder Asteroiden entstanden sein. Ob der Mond entstanden ist als Abspaltung von der Erde, durch gemeinsame Bildung mit der Erde oder fern von der Erde, die ihn später einfing, war bis nach der ersten Mondlandung 1969 unklar. Heute favorisiert man nach der Untersuchung des Mondgesteins und zahlreicher Nahaufnahmen der Mondoberfläche die Bildung durch einen Planetoidenaufprall, also eine Abspaltung, vor mehr als vier Milliarden Jahren. – Nicht nur bei Tolkien, auch bei zahlreichen anderen Autorinnen und Autoren und in vielen Märchen und Sagen spielt der Mond eine Rolle. Nach dem Märchen

»Der Mond« der Brüder Grimm (Jakob Ludwig Karl Grimm, 1785–1863, und Wilhelm Karl Grimm, 1786–1859), in dem es manche Ähnlichkeit mit Tolkiens Ideen gibt, entstanden u. a. die Oper »Der Mond« von Carl Orff (1895–1982, Uraufführung 1939 in München) und der Film »Das Märchen vom Mond« von Renate Schmal (1997). In diesem Märchen entdecken vier Brüder, die aus einem Land kommen, »*wo die Nacht immer dunkel und der Himmel wie ein schwarzes Tuch darüber gebreitet*« ist, auf ihren Reisen »*auf einem Eichbaum eine leuchtende Kugel ..., die weit und breit ein sanftes Licht ausgoss*«. Man erklärt ihnen: »*Das ist der Mond, unser Schultheiß hat ihn für drei Taler gekauft und an dem Eichbaum befestigt. Er muss täglich Öl aufgießen und ihn rein halten, damit er immer hell brennt.*« Die Brüder stehlen den Mond, hängen ihn in ihrem Land auf, und nicht nur alle Menschen sind glücklich: »*Die Zwerge kamen aus den Felsenhöhlen hervor, und die kleinen Wichtelmänner tanzten in ihren roten Röckchen auf den Wiesen den Ringeltanz.*« Als die Brüder sterben, gibt es allerdings Probleme: Jeder bekommt sein Viertel des Mondes mit ins Grab, Auf der Erde herrscht wieder Dunkelheit in der Nacht, in der Unterwelt hingegen Aufruhr, und die Toten werden munter und hauen auf den Putz. Deshalb reitet Petrus, der Wächter des Himmelstores, »*durch das Himmelstor hinab in die Unterwelt. Da brachte er die Toten zur Ruhe, hieß sie sich wieder in ihre Gräber legen und nahm den Mond mit fort, den er oben am Himmel aufhing.*« – In der → Mythologie werden dem Mond seit alters her besondere Kräfte zugeschrieben, wie sie sich in den Gezeiten oder in der Empfindlichkeit mancher Menschen auf Vollmond widerspiegeln, wie ja auch die Mondphasen im Zyklus der Frau wiederzufinden zu sein scheinen. »*Die Menschen glaubten schon seit ihren frühesten Kulturen, daß die geheimnisvolle Magie der Schöpfung dem Blut innewohne, das Frauen in offensichtlicher Harmonie mit dem Mond von sich gaben und das manchmal im Mutterleib verblieb, um zu einem Kind zu ›gerinnen‹. Männer betrachteten dies Blut mit heiliger Furcht; sie sahen es als Essenz des Lebens, die unerklärlicherweise ohne Schmerzen vergossen wurde und männlicher Erfahrung ganz fremd war*«, stellt Barbara G. Walker in ihrem Lexikon »Das geheime Wissen der Frauen« fest und erwähnt damit einen Grund dafür, dass der Mond bzw. die Mondgöttin in vielen Religionen weiblich war. Allerdings gab es auch Ausnahmen, etwa Thoth, den Mondgott der Ägypter, Nanna, den der Sumerer, Sin, den der Babylonier, oder Meness, den der Balten. Oft war der Mond auch gar nicht personifiziert, so sahen die Babylonier im Mond »die Frucht, die von sich selbst erzeugt wird«, und auch bei den → Germanen ist der Mond nur ein Licht, das bei der Götterdämmerung vom → Fenriswolf verschlungen wird. Häufiger aber sah man im Mond entweder Gestalten (wic den → Mann im Mond) oder gar eine Gottheit; personifiziert wird er gar bis in die christliche Mystik hinein, wenn etwa Franciscus von Assisi die Himmelsmächte als Schöpfung Gottes besingt: »*Gelobt seist du, Herr, wegen Schwester Mond und der Sterne, im Himmel hast du sie klar, köstlich und schön formiert.*« Viele Aspekte der Magie funktionieren angeblich nur oder besonders gut bei bestimmten Mondphasen, besonders bei Vollmond. In einem argentinischen Märchen gelangt eine junge Frau durch einen Spiegel in einer Vollmondnacht ins Totenreich zu ihrem Mann, wird von ihm schwanger, kehrt zurück und gebärt in unserer Welt ein Kind. Sehr früh begann aber auch schon eine Entmythologisierung des Mondes: Im fünften vorchristlichen Jahrhundert lehrte der Philosoph Prodikos von Kos, dass die Götter personifizierte Naturerscheinungen wie Sonne, Mond, Wind und Wasser seien.

Mondbuchstaben
Buchstaben, die nur sichtbar werden, wenn der Mond in einer ganz bestimmten Stellung darauf scheint

Mondfinsternis
Laut der Geschichte → »Roverandom« wird eine solche verursacht durch den → Weißen Drachen, der den → Mond mit seinem Rauch verfinstert. In dem → »Brief vom Weihnachtsmann« von 1927 besucht der → Mann im Mond den → Weihnachtsmann am Nordpol, trinkt und isst zuviel, schläft ein, und die → Drachen auf dem Mond trauen sich hervor und verursachen durch zuviel Rauch eine Mondfinsternis.

Mondhund
→ Rover

Mond-Kobolde
Auch kurz Mobolde genannt, wohnen in der Geschichte → »Roverandom« auf dem → Mond im Tal der Mond-Kobolde. Weiße Wesen, die auf Mond-Kaninchen reiten, aus Schneeflocken Pfannkuchen machen und kleine goldene Apfelbäume züchten, nicht größer als Butterblumen.

Mondlandschaft
Illustration von Tolkien für die Geschichte → »Roverandom«, angefertigt mit Bleistift, Buntstift und bunter Tusche, datiert auf 1925, das Jahr, in dem die Geschichte erstmals erzählt wurde. Enthalten in der deutschen Ausgabe von »Roverandom«.

Mondmann
→ Mann im Mond

Mondschnee
Ist in der Regel warm und trocken und verfliegt bald wieder; zumindest in der Geschichte → »Roverandom«

Mondspinnen
Riesige → Spinnen, die in der Geschichte → »Roverandom« auf dem → Mond hausen. Sie leben von Drachenmotten und Schattenfledermäusen und jagen gegen den Willen des → Mannes im Mond auch dessen → Mondstrahlen.

Mondstrahlen
In der Geschichte → »Roverandom« dargestellt als lebende Wesen: Sie haben Flügel, können gejagt und getötet werden.

Mondturm
Ein hoher weißer Turm am Rand einer weißen Klippe auf dem Mond, in dem der → Mann im Mond mit seinem geflügelten Hund lebt (→ »Roverandom«). Mondturm wurde auch → Minas Ithil genannt.

Monendei
Archaische Form des Namens des dritten Tages in der Woche im → Kalender der → Hobbits, entspricht unserem Montag.

Monogamie
→ Frauen, Frauenbild

Montag
Zur Zeit des → Ringkrieges der Name des dritten Tages in der Woche im → Kalender des → Auenlandes, entspricht unserem Montag

Moppel
Vier Brüder, die → Herr Glück mit seinem neuen Auto besucht (englisch: Dorkins). Die Familie besteht aus Dickie, genannt Dickmoppel, Albert, Herbert und Egbert.

Môr (Sindarin)
»Dunkelheit, Finsternis, Nacht«

mor (Quenya)
»dunkel«

Moral

In vielen von Tolkiens Geschichten steckt eine mehr oder weniger offenkundige moralische Aussage, etwa in → Roverandom, in → »Der Schmied von Großholzingen« und ganz besonders in → »Blatt von Tüftler«. Anders ist es hingegen beim Hauptwerk, also bei »Hobbit«, »Silmarillion« und »Herr der Ringe«. Man kann hieraus zwar viele Lehren ziehen, etwa über die Kraft der Gemeinschaft, den Wert des Einzelnen oder auch des Schwachen usw., aber eine klare Aussage ist nicht zu extrahieren – das Werk ist, wie viele der alten → Sagas, eine Geschichte, ein Epos, keine moralische Lehrparabel. Die Tolkien oft vorgeworfene Schwarz-Weiß-Malerei von Gut und Böse lässt sich nicht finden. → Feanor als »Größter aller Elben« ist ganz sicher nicht immer klug, weise und gut; man denke nur an den → Sippenmord in → Alqualonde. Wie → Curufin und → Celegorm sich → Beren und → Lúthien gegenüber verhalten, ist alles andere als »gut« – die Beispiel ließen sich seitenweise fortführen. Und auch im »Herrn der Ringe« gibt es gebrochene Figuren, etwa → Boromir. Und bei den »Bösen« kann man sich sogar fragen, inwieweit sie wirklich böse sind, zumindest, wenn sie keine andere Wahl haben. Ein → Ork-Soldat, der tötet und vielleicht sogar Menschen isst, also ein → Anthropophage, handelt gemäß seiner Natur und seiner Erziehung. Noch mehr gilt dies für → Trolle oder Warge. Die wenigsten »Bösen« haben eine Wahl (und die meisten »Guten« auch nicht). Ohne Wahl, ohne Alternative, vor allem ohne freie Entscheidung ist »gutes«, richtiges Verhalten nichts besonders Lobenswertes, und »böses« Tun nur bedingt zu verurteilen. Man kann noch weiter gehen und fragen, wieweit eigentlich → Melkor für sein »böses« Tun verantwortlich ist. Denn er ist, wie alle anderen → Ainur, letztendlich nur → Ilúvatars Werkzeug, wie in der → Ainulindale beschrieben: *»Kein Thema kann gespielt werden, das nicht in mir seinen tiefsten Grund hätte, noch kann das Lied einer ändern, mir zum Trotz. Denn wird dies unternimmt, nur als mein Werkzeug wird er sich erweisen, um Herrlicheres zu schaffen, von dem er nichts ahnt.«* (SIL) Wie bei → Satan/→ Luzifer oder Judas in der christlichen Überlieferung stellt sich die Frage nach der Verantwortlichkeit. Und wenn schon Melkor keine Wahl hatte, Ilúvatars Werkzeug war, wie ist es dann mit den von ihm verführten, teilweise sogar erst geschaffenen oder pervertierten Kreaturen wie den Orks? Diese Fragen können hier nicht beantwortet werden; sie sollen deutlich machen, dass es bei Tolkien keineswegs das immer wieder beschriebene und oft kritisierte einfache Gut-Böse-Schema gibt. Auch hier ist Tolkien weitaus tiefgründiger und komplexer, als man auf den ersten Blick vermuten würde.

Morannon (Sindarin)

»Schwarzes Tor«: Eingang nach → Mordor an der nordwestlichen Ecke des Landes am Beginn der »Geisterspalte« → Cirith Gorgor. Das eiserne Tor mit drei riesigen eisernen Flügeln war zu Beginn des → Dritten Zeitalters von → Gondor erbaut worden, um Mordor zu bewachen.

Morchant (Sindarin)

»Schatten«

Mordor

»Schwarzes Land«: das Reich von → Sauron östlich der → Ephel Dúath, auch das Land des Schattens oder das Land des Schreckens genannt. Das Kerngebiet der Macht, das in der Nordwestecke von Mordor lag, war die Ebene von Gorgoroth, hier standen der → Orodruin und der → Barad-dúr. Sauron herrschte hier ab etwa 1000 ZZ, bis er 3262 von → Ar-Pharazôn unterworfen wurde. Nach dem Fall von → Númenor 3319 kehrte er nach Mordor zurück, 3429 griff er → Gondor an und wurde 3441 im → Krieg des letzten Bundes besiegt; Mordor wurde befreit. Gondor errichtete Festungen wie etwa → Cirith Ungol, doch nach der Großen → Pest von 1636 DZ wurde Mordor von Gondor aufgegeben. So konnten die → Nazgûl das Land und die Festungen in Besitz nehmen. 2942 kehrte Sauron zurück, ab 2951 baute er den Barad-dûr wieder auf und schuf zahlreich Werkstätten, Laboratorien und Heereslager; die Luft schmeckte so bitter, dass sie andauernd durstig machte. – Mordor nennt sich auch der Server eines Vereins zur Förderung von Fantasy & Science Fiction im Netz.

Morgai
»Schwarzer Zaun«: der innere der Bergrücken von → Mordor, niedriger als → Ephel Dúath und von ihm durch einen tiefen Graben getrennt

Morgan, Pater Francis Xavier
Katholischer Priester des Birmingham Oratoriums, halb Waliser, halb Anglo-Spanier, geboren um 1859/60. Ab November 1904 Vormund über die beiden Brüder John Ronald Reuel → Tolkien und Hilary → Tolkien. War indirekt dafür verantwortlich, dass Tolkien seine spätere Frau Edith kennenlernte, da er ihn und seinen Bruder in die Pension schickte, wo Edith wohnte. Legte dieser Beziehung dann viele Steine in den Weg, beförderte sie dadurch aber

indirekt und verlieh ihr eine besondere Bedeutung, die Tolkien literarisch verarbeitete, am vollkommensten in der Geschichte von → Beren und → Lúthien.

Morgendim
»Morgendämmerung«: vor allem von den → Hobbits gebraucht

Morgenrot-Feuerwerk
Für das Morgenrot ist der → Weihnachtsmann zuständig, zumindest behauptet er dies 1926 in → »Die Briefe vom Weihnachtsmann«.

Morgenstern
Die → Venus, in der → Mythologie der → Elben → Earendil, der als Stern in seinem Schiff → Vingilot am Himmel seine Bahn zieht

Morgoth (Sindarin)
»Schwarzer Feind«: Diesen Namen verlieh → Feanor seinem Erzfeind → Melkor nach dem Raub der → Silmaril; Melkor hasste den Namen.

Morgoth's Ring
Der zehnte Band von »The History of Middle-Earth«: »Morgoth's Ring. The Later Silmarillion, Part One. The Legends of Aman«, herausgegeben von Christopher Tolkien, HarperCollinsPublishers, London, 1993

Morgul
Kurzform für → Minas Morgul

Morgul (Sindarin)
»Schwarze Kunst, Hexerei, Schwarze Magie«

Morgul-Abzeichen
Der Totenkopfmond, das Zeichen des Herrn

von → Minas Morgul, des obersten der → Nazgûl, des früheren → Hexenkönigs von Angmar

Morgulbach
→ Morgulduin

Morgulduin (Sindarin)
»schwarzmagischer Fluss«: Fluss, der vom → Morgul-Tal bis zum → Anduin floss, er glomm in einem schwachen Schimmer

Morgulfürst
Der Herr der → Nazgûl, der → Hexenkönig von Angmar

Morgul-Messer
Eine typische Waffe der Nazgûl war das lange, schmale Messer, mit dem der → Hexenkönig am 6. Oktober 3018 an der Wetterspitze → Frodo an der linken Schulter verletzte. Auch nachdem Frodo geheilt war, kehrte der Schmerz jedes Jahr wieder. Ein Treffer ins Herz hätte ihn schwinden lassen, er wäre zu einem dienstbaren Geist geworden. Im Sonnenlicht löste sich die Klinge des Messers in Rauch auf.

Morgul-Pass
Der Pass, der von → Minas Morgul über die → Ephel Dúath nach → Mordor führte, auch der Namenlose Pass genannt.

Morgul-Stadt
→ Minas Morgul

Morgultal
»Tal der Schwarzen Magie«, auch Imlad Morgul genannt: Tal im Westen der → Ephel Dúath, durch das der → Morgulduin floss, am oberen Ende lag → Minas Morgul. Auch genannt das Tal der Lebenden Toten.

Mori (Quenya)
»Nacht«

Moria (Sindarin)
»Abgrund, schwarze Kluft«: Der meistgebrauchte Name für Moria, das in Sindarin eigentlich Hadhodrond hieß, eine Übersetzung aus dem Zwergennamen Khazad- dûm (»Zwergenheim, Zwergengewölbe«); der Quenya-Name war Casarrondo, in Westron wurde die Stadt auch Phurunargian genannt. Die große Stadt der → Zwerge unter dem

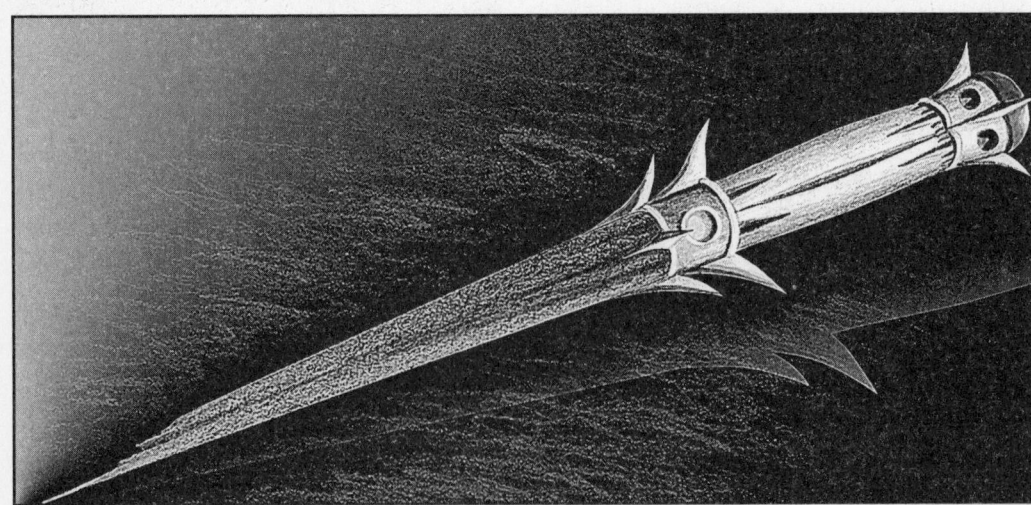

Schattendolch: Das Morgul-Messer, mit dem der Herr der Nazgûl Frodo verletzte

Ulrike Schneidewind

458

→ Nebelgebirge, oberhalb des Azanulbizar (→ Schattenbachtal) und des Kheled-zâram (→ Spiegelsee), hatte → Durin I. gegründet, der Urahn der Zwerge. Im → Zweiten Zeitalter die mächtigste aller Zwergenstädte, nachdem viele Zwerge aus den zerstörten Städten → Nogrod und → Belegost dorthin zogen, außerdem der einzige Ort, an dem sich → Mithril fand. Es gab einen regen Kontakt und Handel mit den Elbenschmieden von → Eregion unter → Celebrimbor; deshalb wurde das Westtor gebaut, durch das die → Gemeinschaft des Rings eintrat. Es war aus der Mithril-Legierung → Ithildin gefertigt und so nur für bestimmte Leute unter bestimmten Bedingungen sichtbar, gebaut von dem Zwergenschmied Narvi, die Inschrift stammte von Celebrimbor. Dort stand in → Tengwar die Aufforderung »Pedo Mellon a Mino«, die → Gandalf zunächst übersetzte mit »Sprich, Freund, und tritt ein«, die aber eigentlich bedeutet: »Sage Freund und tritt ein«: Das Losungswort zum Öffnen des Tores lautet Mellon (Freund). Um 1980 DZ stießen die Zwerge auf der Suche nach Mithril auf einen → Balrog, der 1981 Durin Vl. und seinen Sohn Náin I. erschlug und die Zwerge vertrieb. Bald wurde Khazad-dúm ein Hort der Diener von → Sauron. 2790 drang → Thrór, nur von → Nár begleitet, ein und wurde von → Azog erschlagen, es kam zum → Krieg der Zwerge und Orks (2793–2799), der mit der Schlacht im Schattenbachtal endete. Die Zwerge waren zwar siegreich, doch trauten sie sich nicht in die Stadt aus Furcht vor dem Balrog. 2899 DZ gründete → Balin eine Kolonie in Moria, die 2994 vernichtet wurde. 3019 wurde der Balrog von Gandalf vernichtet. Nach dem → Ringkrieg wurde Moria wieder von Zwergen besiedelt.

Moria (Zeichnungen)

Zu Moria gibt es mehrere Skizzen und Zeichnungen von Tolkien, u. a. das »Luftbild« → »Schattenbachtal und die Berge von Moria« und ein Bild vom → »Tor von Moria«

Moria-Silber

→ Mithril

Morifinwe (Quenya)

»Dunkler Finwe«: Vatername von Caranthir

morimaite (Quenya)

»schwarzhändig«: So bezeichnet → Baumbarts die → Orks

Morinehtar (Quenya)

»Finsternis-Töter«: Beiname eines der beiden Blauen Zauberer, der → Ithryn Luin

Moringotho

»Schwarzer Feind«: Quenya-Form des Namens → Morgoth

Moriquendi

»Elben der Dunkelheit«: die → Dunkelelben

Moritarnon

→ »Tor der Nacht«

Mork

In frühen Entwürfen von Tolkien eine → Sprache der Menschen im → Ersten Zeitalter, die dem Altenglischen ähnelt

Mormagli, Mormakil

»Schwarzes Schwert«: Name von → Mormegil in der Sprache der → Gnome

Mormegil (Sindarin)

»Schwarzes Schwert«: Name, den man → Túrin gab, als er Hauptmann des Heeres von → Nargothrond war, er bezog sich auf sein Schwert → Gurthang.

morn, morna (Sindarin)
»schwarz, dunkel«

Morne (Sindarin)
»Dunkelheit, Nacht«

Mornedhel (Sindarin)
→ »Dunkel-Elbe«

Mornie (Quenya)
»Dunkelheit, Nacht«, auch der Name des schwarzen Schiffes, das die Toten in die → Hallen von Mandos bringt

Morniento
Früherer Name des Landeplatzes des Schiffes → Mornie

Mortensen, Viggo
Der Darsteller von → Aragorn II. (Elessar) im → Film von Peter → Jackson wurde am 20. Oktober 1958 in Manhattan geboren, lebte von seinem zweiten bis zu seinem elften Lebensjahr in Südamerika, war mit der Punksängerin Exene Cervenka verheiratet und hat einen Sohn namens Henry. Er spricht fließend englisch, spanisch und dänisch. Er spielte u. a. in den Filmen
»My Brother's Gun« (1997)
»Der Einzige Zeuge« (1985)
»Vasallen des Satans« (1987)
»Zärtliche Liebe« (1988)
»Blaze of Glory – Flammender Ruhm« (1990)
»Leatherface: Texas Chainsaw Massacre III« (1990)
»The Indian Runner« (1991)
»Die Bombe tickt« (1994)
»Haltlos« (1994)
»Bloodbrother II – Champ gegen Champ« (1994)
»Crimson Tide – In tiefster Gefahr« (1995)
»God's Army – Die letzte Schlacht« (1995)
»Die Akte Jane« (1998)
»Psycho« (1998)
»A Walk on the Moon« (1999)
»28 Days« (2000).

Morthond (Sindarin)
»Schwarzgrund«: Fluss, der erst in einem dunklen Tal südlich von → Edoras floss, dann zwischen zwei hohen Berge hindurch und bei → Dol Amroth ins Meer. Der Weg durch das Morthondtal führte zum → Stein von Erech.

Móru
»Urzeitliche Nacht«, personifiziert in der großen Spinne → Ungoliant bzw. deren Vorläufern

Morwe
Führer einer Sippe der → Avari

Morwen (Sindarin)
»Dunkle Dame«: Tochter von → Baragund (dem Neffe von → Barahir, dem Vater von → Beren), Schwester von → Rian, Gemahlin von → Húrin, Mutter von → Túrin. → Lalaith und → Niënor, auch Eledhwen genannt (Elbenglanz) und die Dame von → Dor-lómin. Blieb nach der → Nírnaeth Arnoediad in Dor-lómin, schickte Túrin aber nach → Doriath, sie folgte mit Niënor 20 Jahre später, als er schon weg war. Nach dem Fall von → Nargothrond 496 DZ suchte sie Túrin und irrte sechs Jahre umher, ehe sie 502 an der → Cabed-en-Aras auf → Húrin traf, nach einigen Stunden in seinem Beisein starb und von ihm bestattet wurde; ihr Grabmal war → Tol Morwen.

Morwen von Lossarnach
»Dunkle Dame«: Königin von Gondor, geboren 2922 DZ in → Lossarnach, verwandt mit → Imrahil, ab 2943 Gemahlin von König → Thengel von → Rohan, Mutter von fünf Kindern, darunter → Théoden

und → Théodwyn. Im → Film von Peter → Jackson wird Morwen von Robyn → Malcolm dargestellt.

Morwinthi
→ Morwinyon in der Sprache der → Gnome

Morwinyon (Quenya)
»Schimmer bei Einbruch der Dunkelheit«: ein alter Name des → Mondes, aber auch für den Stern Arkturus gebraucht (der »Bärenhüter«, der hellste Stern im Sternbild des Bootes)

Moryo
Kurzform des Namens → Morifinwe

Moseley
Stadtteil von → Birmingham, in dem John Ronald Reuel → Tolkien, sein Bruder und seine Mutter 1900/01 wohnten.

Moth (Quenya)
»Dämmerung«

Möwe
Eine sprechende Möwe bringt → Roverandom über den Mondpfad zum → Mann im Mond; sie ist der Postbote des Sandzauberers → Psamathos Psamathides.

Mr. Bliss
Originaltitel der Geschichte → »Herr Glück«

Mückenwassermoore
Sumpfgebiet in → Bree östlich des Chet-Waldes

muda (Sindarin)
»arbeiten, schuften«

Mudas (Sindarin)
»Arbeit, Schufterei, Plagen«

Muhlipps
Im Gedicht → »Die Muhlipps« eine Familie von → Anthropophagen, also Menschenfressern, wohnhaft im Modertal jenseits der Buckelberge. Ob es sich hierbei nur um eine Familie oder Sippe handelt, an deren Tür der unglückliche Besucher klopft, oder ob damit eine eigene → Rasse oder Art gemeint ist, bleibt unklar. Die Muhlipps können eine eigenständige, ansonsten unbekannte Art sein, aber auch → Orks, → Trolle oder andere menschenfressende Zeitgenossen, vielleicht sogar Menschen. Die Beschreibung ihrer Wohnstätte erinnert stark an die Moore, in denen das Ungeheuer Grendel und seine Mutter im → »Beowulf« hausen und die Tolkien in den Zeichnungen »Grendels Weiher« von 1928 dargestellt hatte.

Muindor (Sindarin)
»Bruder«

Muinthel (Sindarin)
»Schwester«

Mûl (Sindarin)
»Sklave«

Müller, Schulmeister
Ein Bürger in der Geschichte → »Blatt von Tüftler«.

Müllers Molly
Kind in der Geschichte → »Der Schmied von Großholzingen«

Mûmak
→ Kriegselefant, so genannt in → Gondor, auch in Sindarin, ein Lehnwort aus der Sprache von → Harad, die Mehrzahl war Mûmakil. Bei den → Hobbits bekannt als → Oliphant oder Olifant; bei ihnen gab es sogar ein Gedicht darüber.

Mûmakil

Mehrzahl von → Mûmak

Mumie, Mumifizierung

→ Einbalsamierung

Mund des Großen Gebieters

→ Saurons Mund

Mund, Mundo (Sindarin)

»Stier, Bulle«

Mundburg

»Hüter-Festung«: Name von → Minas Tirith bei den → Rohirrim

Murmenalda (Quenya)

»Tal des Schlafes«: sas Tal, in dem die Menschen erwachten

Murmuran (Quenya)

Ein Name für den Wohnsitz von → Lórien in → Valinor

Muschelklang

Das fünfzehnte Gedicht im Buch → »The Adventures of Tom Bombadil and other verses from The Red Book« (1962), Originaltitel »The Sea-Bell«. Laut dem Vorwort hat jemand im → »Roten Buch« »Frodos Traum« darübergekritzelt; wahrscheinlich entstammt das traurig-melancholische Gedicht als einziges der Sammlung aus dem → Vierten Zeitalter. Dass es allerdings von → Frodo selbst stammt oder gar die schlechten Träume wiedergibt, die ihn nach dem → Ringkrieg immer im März und Oktober plagten, ist unwahrscheinlich.

Musical

Sogar ein Musical »Der Herr der Ringe« gab es schon: In einem eigens aufgebauten Fantasy-Zelt an der Oranienburger Straße in Berlin versuchte Bernd Stromberger in den Neunziger-Jahren vom Tolkien-Boom zu profitieren, er schrieb Drehbuch und Musik und führte Regie. Doch da das ganze eher der »Hobbit« mit ein bisschen »Herr der Ringe« war und auch nicht gut gemacht, verschwand die Produktion bald wieder in der Versenkung.

Musik

Es gibt neben den → Soundtracks zu den Tolkien-→ Filmen und den → Hörbüchern und Hörspielen mindestens 60 Platten, CDs und MCs mit Musik zu Tolkiens Werken oder die davon inspiriert sind. Ein paar ausgewählte werden in diesem Lexikon vorgestellt, Musik von → »The Tolkien Ensemble«, → »Starlit Jewel«, → Gandalf, → »Palantir«, → »Blind Guardian«, → Bo Hansson, → »Bob Catley, → »Za Frûmi« – und es gibt sogar eine → Symphonie.

Musik der Ainur

→ Ainulindale

Mutmachlied von Sam

→ »Im hellen Westen blüht es schon«

Mutzgasch, Muzgash

Ein → Ork von → Cirith Ungol, starb im Streit um → Frodos Mithril-Hemd

Mythlore

Magazin der → Mythopoeic Society

Mythologie

Tolkiens Werk hebt sich von dem anderer phantastischer Autoren u. a. dadurch ab, dass er eine ausgefeilte → Mythologie entwickelt hat. (Man sollte sich stets dessen bewusst sein, dass alles, was im Silmarillion erzählt ist, die Mythologie aus Sicht der Elben ist!) Diese schwebt allerdings nicht im leeren Raum; es gibt viele Bezüge zu den Mythologien der → Kelten und → Germanen und auch der der → Griechen. Unter Mythologie versteht man zweierlei: In dem bisher gebrauchten Sinn ist sie eine Gesamtheit von zusammengehörenden Mythen; Mythologie nennt man aber auch die Lehre vom Mythos und/oder einzelnen Mythen. Häufig bezeichnet man als Mythen nur jene Texte, die sich auf → Götter oder phantastische Wesen oder Geschehnisse beziehen; viele jedoch verstehen darunter jede volkstümlich tradierte Geschichte, so dass auch Schauspieler oder Werbefiguren zu modernen Mythen werden können. Die Definition, was ein Mythos ist, ist nicht eindeutig, doch eines steht fest: Mythen gehören zu den geistigen Grundlagen des menschlichen Seins und beeinflussen die Kultur und die Handlungen von Menschen oft viel mehr, als einzelnen bewusst sein mag. Es scheint unbestreitbar, dass Mythen einerseits Konstanten des menschlichen Lebens, der menschlichen Gesellschaften sind und andererseits solche Konstanten wiedergeben, sie darstellen. Dass es Mythen sehr unterschiedlicher »Qualität« gibt – man vergleiche etwa den Prometheus-Mythos, der sich in immer neuen Gestalten bis hin zu Frankensteins Monster und dem »mad scientist« der Science Fiction findet, oder den → Vampir-Mythos mit modernen Mythen, die manchmal nur für Jahrzehnte diesen Status haben –, spielt für das einzelne Individuum kaum eine Rolle. Jeder Mensch ist von den Mythen seiner Gesellschaft und (Sub-)Kultur betroffen; er kann sich deren u. U. fatalen Wirkungen umso eher entziehen, je mehr er sich ihrer bewusst ist – und er kann umgekehrt umso leichter auch darin eine Heimstatt finden. – Ob Mythen eine der modernen wissenschaftlichen Vernunft unerreichbare, tiefere Weisheit in sich bergen oder eher Ausdruck kindlich-primitiven, magisch-mystischen Denkens sind, das vom aufgeklärten Bewusstsein schließlich

überwunden wird, ist eine zentrale Frage in der Mythenforschung. Seit der griechischen Antike, die den »Mythos« im Sinne einer »unwahren Erzählung« dem »Logos« entgegengestellt hat, ist die Diskussion um das Verhältnis von Mythos und Vernunft bzw. Logik nicht erloschen, wird um die »Wahrheit« des Mythos und sein Verhältnis zu Philosophie und Wissenschaft gestritten. Und dies oft ohne wirklich gesicherte Kenntnis, verfügen wir doch bei den alten Mythen meist nur über Momentaufnahmen, Querschnitte zu einem willkürlichen Zeitpunkt, wie etwa bei den → Eddas oft genug auch noch künstlerisch bearbeitet oder verfremdet. Aus solchen »Scheiben gefrorener Zeit« die wahre Natur dieser Mythen, vielleicht sogar die Religion oder den Glauben der damals lebenden Menschen zu erschließen, ist, wenn nicht unmöglich, so zumindest problematisch – und stets fragwürdig. Aus den vorhandenen literarischen Zeugnissen auf die Gestalt eines religiösen Ritus schließen zu wollen, ist ohne die Hinzunahme archäologischer Artefakte kaum möglich und birgt auch dann noch große Schwierigkeiten. Von vielen der in der Kunst und im Handwerk dargestellten Figuren wissen wir heute weder Namen noch Funktion. Welche Stellung die überlieferten Mythen innerhalb einer bestimmten Religion einnahmen, versucht man oft mit Hilfe des Vergleichs mit anderen Völkern zu klären. Doch ist hierbei größte Vorsicht angeraten, denn durch scheinbar offensichtliche Parallelen zwischen den religiösen Vorstellungen verschiedener »urtümlich« lebender Völker ist der Lösung des Problems nicht gedient. Der Vergleich zwischen kulturell und in der Entwicklung verschiedenen Völkern ist eine der schwierigsten und gefährlichsten Formen der kulturellen Forschung, liegt doch gerade in den scheinbar offensichtlichen Parallelen oft auch der größte Unterschied verborgen. – Dass man sich auf die Mythen und literarische Zeugnisse nicht verlassen sollte, ist übrigens eine sehr alte Erkenntnis, auch wenn sie immer wieder in Vergessenheit gerät. So stellt etwa der griechische Chorlyriker Pindar (Pindaros, 522 oder 518 bis ca. 446 v. Chr.) bereits 476 v. Chr. in seiner »ersten Olympischen Ode« fest: *»Führwahr, es gibt der Wunderdinge viel; – Doch täuschen oft auch Fabeln – Mit Lügen ausgeschmückt – Der Menschen Seelen über Wahrheit selbst. – Die Charis, die den Sterblichen anmutig alles macht, – Gibt jenen Sagen wert und macht Unglaubliches – Glaublich gar oft«* (übersetzt von Goethe). – Die Frage, ob Mythos Fiktion oder eine Wahrheit voller tieferer Weisheit sei, ob er als »das stets mögliche Andere des Logos« dessen tatsächliche oder angebliche Herrschaft zu untergraben droht oder ein notwendiges Korrektiv, vielleicht sogar eine bessere Alternative ist, kann letztlich keine Wissenschaft und keine Kunst, muss jeder für sich selbst entscheiden. Unabhängig von ihrer Beantwortung muss man sich mit den alten Mythen auf »moderne« Art auseinander setzen, sie zeitgemäß interpretieren – und ihnen doch ihre Würde, ihre Bedeutung lassen, sie in unsere Zeit auf eine Weise transportieren, dass die zeitlos gültigen Aussagen dieser Geschichten auch dem Menschen von heute erkennbar werden und ihn ansprechen, ohne für reaktionäre Zwecke missbraucht zu werden – denn wer die Mythen beherrscht, beherrscht das Denken! Und oft wurden die »Stoffe der Alten« politischen Zielen angepaßt. So wurde aus der Treue Gunthers zu Hagen im Nibelungenlied zuerst die Treue des Deutschen Reiches zu Österreich-Ungarn und als letzte Konsequenz die Treue der Deutschen zu ihrem Führer. Man unterwarf den Mythos seinen Zielen, schmiedete aus der Treue des Königs zu seinem Volk ein Blut- und Bodenideal, das dem ursprünglichen Stoff in keiner Weise gerecht wird. Aber auch im positiven Sinne wurden Mythen in den letzten Jahrhunderten von zahlreichen Autorinnen und Autoren adaptiert – gelungene Beispiele dafür sind die Werke von Tolkien und in neuerer Zeit auch die Harry-Potter-Bücher.

Mythopoeic Award

Preis der → Mythopoeic Society, verliehen seit 1971, seit 1992 gesplittet für das beste Fantasy-Erwachsenen- und das beste Fantasy-Kinderbuch. Die ersten beiden Preise gingen an Mary Stewart für »Flammender Kristall« (1971, noch einmal 1973 für »Merlins Abschied«) und an Joy Chant für »Roter Mond und Schwarzer Berg« (1972, noch einmal 1984 für »Wenn Voiha erwacht«). Christopher → Tolkien erhielt den Preis 1981 für → »Nachrichten aus Mittelerde«. Weitere Preisträgerinnen und Preisträger waren u. a. Evangeline Walton (1973), Poul Anderson (1974), John Crowley (1982), Orson Scott Card (1988), Michael Bishop (1989), Salman Rushdie (1992), Suzy McKee Charnas (1994), Diana Wynne Jones (1996) und Jane Yolen (1998, auch schon 1985).

Mythopoeic Society

Gegründet 1967 von Glen H. Goodknight (Verfasser zahlreicher Artikel auch über → Tolkien und mit Patricia Reynolds Herausgeber des Werkes »Proceedings of the J.R.R. Tolkien Centenary Conference«). Die Vereinigung beschäftigt sich mit den Werken der Mitglieder der → Inklings, insbesondere von → Tolkien, C. S. → Lewis und Charles → Williams. Seit 1969 gibt sie das Magazin »Mythlore« heraus und verleiht seit 1971 den → Mythopoeic Award, außerdem einen Scholarship Award

(Schülerpreis) für Inkling-Studien und einen für Fantasy-Studien.

Mythopoetik

Eine literarische Richtung, die alte → Mythen in moderne literarische Formen einbindet oder sich auf solche beruft oder aber neue Werke schafft, die wie alte Mythen wirken (sollen). Als Schöpfer dieser Richtung gilt George → MacDonald, einer ihrer bekanntesten Vertreter ist John Ronald Reuel → Tolkien.

N

Nachahmer
→ Epigonen

Nachjul
Im → Kalender des → Auenlandes der erste Monat, ungefähr unserem Januar entsprechend, in → Bree Frery genannt

Nachkömmlinge
Die jüngeren Kinder von → Ilúvatar, die Menschen (Queny: Hildor)

Nachlithe
Im → Kalender des → Auenlandes der siebente Monat, ungefähr unserem Juli entsprechend, in → Bree Mede genannt

Nachrichten aus Mittelerde
Das erste Werk, das Christopher Tolkien nach dem → »Silmarillon« herausbrachte (»Unfinished Tales of Númenor and Middle-earth«, 1980, deutsch 1982); eine Sammlung von Texten in unterschiedlicher Form, Ausführung und Entstehungszeit, die in → Númenor und → Mittelerde spielen, Ergänzungen zum Silmarillion und oft Varianten einer schon bekannten Geschichte. Christopher Tolkien ist überzeugt, *»dass formale Mängel dieser Geschichten bei weitem aufgewogen, werden durch die Stimme Gandalfs (die man hier zum letzten Mal hört), als er beim Treffen des Weißen Rates im Jahre 2851 den hochmütigen Saruman hänselt, oder wie es sich zutrug, dass er*
nach dem Ende des Krieges um den Ring die Zwerge von Minas Tirith zum berühmten Treffen nach Beutelsend sandte; durch das Auftauchen Ulmos, des Herrn der Wasser, aus dem Meer bei Vinyamar; durch Mablung aus Doriath, der sich ›wie eine Wühlmaus‹ unter den Trümmern der Brücke bei Nargothrond verbarg; oder durch den Tod isildurs, als er sich mühsam aus dem Schlamm des Anduin befreite« (aus dem Vorwort). Wahrscheinlich werden ihm da alle Fans zustimmen, die auch das → Silmarillion kennen und lieben. Von denen, die nur den »Herrn der Ringe« kennen, dürfte, so noch einmal Christopher Tolkien, *»einiges in diesem Buch ... als vielleicht kaum lesenswert empfunden werden wird. Sie begreifen die geschichtliche Struktur Mittelerdes nur als Hilfsmittel, nicht als Endzweck und verlieren über der Erzählung die ihr zugrundeliegende Absicht aus dem Auge. Sie spüren wenig Verlangen nach weiteren Untersuchungen um ihrer selbst willen. Sie wollen nicht wissen, wie die Reiter der Mark von Rohan organisiert waren, und belassen die Wilden Menschen aus dem Drúadan-Wald ruhig dort, wo sie sie gefunden haben. Sicherlich hätte mein Vater nicht behauptet, diese hätten unrecht.«* Ganz sicher, denn auch Tolkiens Geschichten »nur« zur Unterhaltung zu lesen, wird ihnen gerecht. Doch wer sich vertiefen möchte in Tolkiens Welt, wer z. B. genauer wissen will, wie → Olorin ausgewählt wurde, als → Gandalf nach Mittelerde zu gehen, wer die Mythologie besser verstehen möchte, der sollte die »Nachrichten aus Mittelerde« lesen. Das Buch erhielt 1981 den → Mythopoeic Award der → Mythopoetic Society.

Nachtfalter
Handgroße Nachtfalter belästigen → Bilbo und seine Gefährten im → Düsterwald (HOB).

Nachschöpfung
→ Zweitschöpfung

Nachtwald
Ein anderer Name für den → Düsterwald

Nachzügler
Die jüngeren → Kinder von → Ilúvatar, die Menschen, so von den → Elben genannt (Quenya: Hildor)

Nad (Sindarin)
»Ding«

Nadhor, Nadhras (Sindarin)
»Weide, Grasland«

Naeg (Sindarin)
»Schmerz, Qual, Pein«

naegra (Sindarin)
»peinigen, foltern, quälen«

naer (Sindarin)
»schlecht, beklagenswert«

Naergon (Sindarin)
»Klagelied, Lamento«

Naew (Sindarin)
»Kiefer«

Naffarin
Eine Fantasie-Sprache, die Tolkien in seiner Jugend entwickelte und die die → Sprache → Nevbosh ablöste

nag (Sindarin)
»beißen«

Nahald
»Geheimnis« in der Sprache der → Starren, der eigentliche Name des → Hobbits → Déagol

Nahar
Das weiße Pferd des → Vala → Orome, angeblich Vorfahre der → Mearas

Nah-Harad
Der nördliche Teil von → Harad

Naimi
Gemahlin von → Æfwine, Elbenfrau aus → Tol Eressea

Náin I.
König der → Zwerge von → Moria (1832–1981 DZ) aus dem Hause von → Durin, erschlagen durch den → Balrog von Moria

Náin II.
König der → Zwerge in den → Ered Mithrin (2338–2585 DZ) aus dem Hause von → Durin

Náin
Prinz der → Zwerge aus den → Eisenbergen (2665–2799 DZ), Zwerg aus dem Hause von → Durin, Sohn von → Grór, bei der → Schlacht im Schattenbachtal im Zweikampf von → Azog erschlagen

Nainie (Quenya)
»Klagelied, Lamento«

Naira (Quenya)
»Herz der Flamme«: ein Name der Sonne

Naith (Quenya)
Das zentrale Gebiet von → Lórien zwischen → Celebrant und → Anduin, in Westron »Winkel« genannt, das »Dreieck« oder der »Zwickel« von Lórien, Sindarin »Egladil«

Náli
→ Zwerg vom → Erebor, ging mit → Balin nach → Moria, erschlagen 2994 DZ bei der Verteidigung von → Durins Brücke

nalla (Sindarin)
»rufen, schreien«

Namarië
Titel des Liedes → »Ich sang von (vom) Laub, von goldenem Laub«, das → Galadriel in → Lothlórien singt, als → Frodo und seine Gefährten dort sind, bekannt auch als »Galadriels Klage« oder »Galadriels Klagelied«, ein Lied über → Varda und → Valinor: »Ai! Laurië lantar lassi súrinen ...« (Ah, wie Gold fallen die Blätter im Winde). Das Wort bedeutet: Lebewohl! Eine Vertonung findet sich im Liederzyklus → »The Road goes ever on« und auf der LP → »Poems and Songs of Middle Earth«. Donald → Swann erzählt im Vorwort, dass das Thema zu diesem Lied von Tolkien selbst stamme, er selbst habe nur die Einführung, das Zwischenspiel und die Coda komponiert. Eine weitere Vertonung von Marion Zimmer Bradley findet sich unter dem Titel »Galadriel's Lament« auf der CD und im Songbuch → »The Starlit Jewel«, weitere auf den CD → »An Evening in Rivendell« und → »A Night in Rivendell« der dänischen Gruppe → »The Tolkien Ensemble«.

Namenlose, der
eine Beiname für → Sauron

Namenloser-Pass
→ Morgul-Pass

Namenloses Land
→ Mordor

Name, wahrer
Die Macht oder → Magie des wahren Namens: → Zauberspruch

Namensgebung der Elben
Die → Elben erhielten immer mindestens zwei Namen (Essi) verliehen. Den ersten, den Vaternamen, erhielten sie nach der Geburt vom Vater, meistens ähnelte er dem des Vaters oder eines anderen Mitgliedes der Familie, manchmal war es sogar derselbe oder hatte nur eine Vorsilbe, so hieß → Feanor, der Sohn von → Finwe, → Curufinwe (geschickter Finwe), noch fantasieloser war Finwe bei seinem dritten Sohn → Maedhros, er nannte ihn »Nelyafinwe« (dritter Finwe). Den zweiten Namen gab irgendwann später die Mutter, und dieser war oft prophetisch, da die Elbinnen nicht selten eine gewisse Voraussicht hatten; diesen Mutternamen nannten die Elben Amilesse. Zusätzlich nahmen viele Elben einen oder mehrere Beinamen an (Nachname, Epesse). Wenn sie ihn sich selbst verliehen, hieß er Kilmesse (Wahlname), wurde er ihnen von anderen gegeben, Anesse (gegebener Name). Diese Art Spitznamen war oft der bekanntere Name: Ereinion etwa war unter seinem Epesse → Gil-galad bekannt.

Namna
»Gesetz, Regel«

Námo (Quenya)
»Verkünder, Richter«: der eigentliche Name von → Mandos

Nan
Die Tochter des Schmiedes in der Geschichte → »Der Schmied von Großholzingen«, lebt mit Mann und Kind in Kleinholzingen. Nan heißt in der frühen → Mythologie von Tolkien auch ein → Riese.

Nan (Sindarin)
»Grasebene«, aber auch »Tal«

Nan Curunír (Sindarin)
»Tal des Zauberers«: das Tal von → Isengard

Nan Dungortheb (Sindarin)

»Tal des abscheulichen Todes«: Tal zwischen den Hängen der → Ered Gorgoroth und dem → Gürtel Melians, hier hausten urzeitliche Ungeheuer wie die Nachfahren von → Ungoliant, das Wasser der Quellen war giftig und konnte wahnsinnig machen. Zwar führte der Nordzweig der → Zwergenstraße durch, doch blieb die Durchquerung gefährlich. Alleine schaffte dies nur → Beren.

Nan Elmoth (Sindarin)

»Sternendämmertal«: Wald östlich des Flusses → Celon, hier trafen sich → Melian und Elwe (→ Thingol), später die Heimat von → Eol. Der Wald lag nördlich knapp außerhalb vom → Gürtel Melians, gehörte trotzdem zu → Doriath.

Nan Laur (Sindarin)

»Altes Tal«: ein Name für → Lórien

Nana (Sindarin)

»Mutter, Mama«

Nande (Quenya)

»Tal«

Nandini

»Feen der Täler«: ein früherer Name für die → Waldelben

Nandor

»die sich abwenden«: jene → Elben aus der Sippe der → Teleri, die auf dem Marsch nach → Aman zurückblieben oder vor dem → Nebelgebirge abbogen. Unter der Führung von Lenwe wanderten sie in das Tal des → Anduin, manche bis nach → Eriador. Ein Teil ließ sich unter der Führung von Denethor, Lenwes Sohn, in → Ossiriand nieder. In der → Ersten Schlacht von Beleriand griffen sei ein, erlitten aber wegen ihrer leichten Bewaffnung und Rüstung schwere Verluste, Denethor fiel. Danach zogen sie sich in die Heimlichkeit der Wälder zurück und wurden wegen ihrer grünen Kleidung Grünelben genannt, Laiquendi. Von ihnen stammten die → Waldelben des → Zweiten und → Dritten Zeitalters ab.

Nandorin, Nandorisch

Die → Sprache jener → Elben, die auf dem Marsch nach → Aman zurückblieben oder abbogen, der → Nandor im → Zweiten Zeitalter, auch bekannt als Grünelbisch, Waldelbisch oder Waldsprache.

Nanduhirion, Nandhuhirion (Sindarin)

»Tal der dunklen Ströme«: das → Schattenbachtal

Naneth (Sindarin)

»Mutter«

Nantasarion, Nantathren (Sindarin)

»Weidental, Land der Weidenbäume«: → Tasarinan

Napfschnecke

So wird in der Geschichte → »Roverandom« in der Sprache der → Meermenschen ein nutzloser Beamter genannt.

Nár

Zwerg aus dem Hause von → Durin, der einzige Begleiter von → Thrór auf dem Gang nach → Moria. Brachte die Nachricht von Thrórs Tod zurück, was den → Krieg der Zwerge gegen die Orks auslöste.

Nar (Quenya)

»Feuer, Sonne«

Narbeleth (Sindarin)

»Sonnenschwund«: die 54 Tage lange Jahreszeit des Spätherbstes im → Kalender der

→ Elben von → Imladris, entspricht etwa unserem Oktober und November, in Quenya Quelle (»Vergehen«) genannt oder »Lasselante« (»Laubfall«), in Sindarin auch »Firith« (»Vergehen«). Bei den → Dúnedain der Name des zehnten Monats im Kalender der → Númenórer, als Monatsname nur von den Dúnedain verwendet, entspricht dann grob unserem Oktober. Quenya: Narquelië

Narchost
»Feuer-Feste: einer der beiden → »Zahntürme«, der »Zähne von Mordor«

Nardh (Sindarin)
»Knoten«

Nardol
»Feuriger Berg«: das dritte der sieben → Leuchtfeuer von → Gondor in den → Ered Nimrais

Nargothrond (Sindarin)
»Große unterirdische Festung am Fluss Narog«: die Stadt von → Finrod Felagund auf der Westseite der Narog-Schlucht, südlich der Einmündung des Ringwil. Gebaut mithilfe der → Zwerge von → Belegost und → Nogrod. Die vorher hier wohnenden → Kleinzwerge, die die Höhlen Nulukkizdin nannten, wurden vertrieben. Zugleich der Name von Finrods Reich, das vom → Sirion und → Teiglin im Osten bis zum → Nenning im Westen reichte, das mächtigste Königreich der → Noldor in → Mittelerde, bis → Sauron 457 EZ → Tol Sirion eroberte. 496 wurde die Festung Nargothrond durch ein großes Heer unter → Glaurung vernichtet, der sich dort für einige Jahre niederließ. Nach seinem Tod 501 ließ sich der Kleinzwerg → Mim in Nargothrond nieder, der 502 durch → Húrin erschlagen wurde. Danach bleb Nargothrond verlassen.

Nárië (Quenya)
»Der Sonnige«: Name des sechsten Monats im → Kalender der → Elben und auch der → Númenórer, entspricht grob unserem Juni.

Narmacil I.
»Feuerschwert«: → Dúnedain, 17. König von → Gondor (1226–1294 DZ), lustlos und kinderlos, ließ ab 1240 seinen Neffen → Minalcar als Reichsverweser herrschen, sein Nachfolger wurde sein Bruder → Calmacil, ehe dessen Sohn Minalcar 1304 als → Romendacil II. der 19. König wurde.

Narmacil II.
»Feuerschwert«: → Dúnedain, 29. König von → Gondor ab 1850 DZ, gefallen 1856 in der → Schlacht auf den Ebenen gegen die → Wagenfahrer

Narn
Ein Langgedicht, eine Erzählung oder ein Epos in Versen, das gesprochen vorzutragen ist, nicht zu singen

Narn i Hîm Húrin
Das »Lied der Kinder von → Húrin«, geschaffen im 6. Jahrhundert des → Ersten Zeitalters von → Dírhavel aus → Dorlómin. Das längste aller Gedichte aus jenen Zeiten, vorzutragen, nicht zu singen, in dem die Geschichte von → Túrin Turamber, → Niënor und → Morwen erzählt wird.

Narog
Der größte Fluss in West-→ Beleriand; entsprang bei → Eithel Ivrin unterhalb der → Ered Wethrin und floss bei Nantathren (→ Tasarinan) in den → Sirion.

Narquelië (Quenya)
»Sonnenverblassen«: Name des zehnten Monats im → Kalender der → Elben und

auch der → Númenórer, entspricht grob unserem Oktober.

Narsil

»Sonne-und-Mond«: Das → Schwert von → Elendil, von dem Zwergenschmied → Telchar von → Nogrod geschmiedet. Auf der Klinge war die → Valacirca eingraviert, zwischen einer Mondsichel und einer Sonne, den Zeichen von → Isildur und → Anárion. Es zerbrach, als Elendil von → Sauron erschlagen wurde. Das Schwert wurde in → Imladris für → Aragorn neu geschmiedet, das war eine heikle Angelegenheit, da die Klinge mit magischen Runen versehen war (das Schwert hatte keine eigene → Magie, aber es schützte den Träger vor Magie). Aragorn nannte das Schwert → Andúril, und es leuchtete wieder wie zuvor als Narsil. Die Auswahl des Königserben durch ein Schwert erinnert an König → Artus und sein Schwert Excalibur.

Narsilion

»Von Sonne und Mond«: das Lied über die Erschaffung der beiden Gestirne, in Prosa nacherzählt in HIS 1 und in Kurzfassung im »Silmarillion«. Danach sind → Sonne und → Mond nur ein eher dürftiger Ersatz, nachdem → Melkor die → Zwei Bäume von Valinor vernichtet hatte; sie sind Reste des Lichtes der Bäume und obendrein auch noch durch Melkor und → Ungoliant besudelt.

Narthseg

in den frühen Geschichten ein → Elbe, der Artanor (das spätere → Doriath) an die → Zwerge verriet

naru (Sindarin)

»rot«

Narvi

der Zwergenschmied, der das Westtor von → Moria fertigte, wahrscheinlich ein Freund von → Celebrimbor

Narvinye (Quenya)

»Sonnenerneuerung«: Name des ersten Monats im → Kalender der → Elben und auch der → Númenórer, entspricht grob unserem Januar.

Narwaín (Sindarin)

Name des ersten Monats im → Kalender der → Númenórer, nur von den → Dúnedain verwendet, entspricht grob unserem Januar, Quenya: Narvinye.

Narya (der Große)

Der dritte der → Drei Ringe der Elben, die → Celebrimbor geschmiedet hatte, der »Ring des Feuers«, genannt auch der »Feurige Ring«, der »Große Ring«, der »Rote Ring« oder der »Ring des Rubins«, gefertigt aus einem unbekannten Metall und besetzt mit einem stark leuchtenden Rubin (eine Variante der Edelsteinart Korund; die blau gefärbte ist der Rubin, wie er den »Ring des Wassers« → Vilya schmückte). Dieser Ring besaß die Macht, Herzen zu entflammen und Entschlossenheit zu stärken. Der erste Träger des Ringes war → Gil-galad (er trug auch Vilya), der ihn von Celebrimbor erhalten hatte. Er gab ihn vor dem → Krieg des Letzten Bündnisses an → Círdan weiter, und dieser übergab ihn nach dessen Ankunft → Gandalf, da er einer der wenigen war, die um die Natur der → Istari wussten.

Narya (Quenya)

»Feuer«

nasar

»rot«: nur in Versen und Liedern und nur von den → Vanyar gebrauchtes Wort aus der Sprache der → Valar

Nass (Sindarin)
»Punkt, Spitze«, aber auch »Ecke, Winkel«

Nath (Sindarin)
»Netz«

Nathron (Sindarin)
»Weber«

naug (Sindarin)
»zwergenhaft, verkümmert, kurzgewachsen«

Naugladur
Herr der → Zwerge von → Nogrod

Nauglafring
In den frühen Geschichten der Vorläufer für das → Nauglamir

Nauglamir (Sindarin)
»Halsband der Zwerge«: von den → Zwergen von → Nogrod für → Finrod Felagund gefertigt während des Ausbaus der Höhlen von → Nargothrond, aus Gold und mit vielen wertvollen Juwelen besetzt, die Finrod noch aus → Valinor mitgebracht hatte. Von → Mîm verflucht, als dieser ausNargothrond vertrieben wurde. → Húrin fand das Halsband nach der Zerstörung von Nargothrond in dem Drachenhort von → Glaurung und brachte es → Thingol. Dieser ließ von Zwergen aus Nogrod den → Silmaril darin einfassen, beim Streit um die Entlohnung wurde er erschlagen. Nach der Schlacht bei → Sarn Athrad trug → Lúthien das Nauglamir; was später daraus wurde, ist unbekannt; → Earendil trug den Silmaril auf der Stirn. – Bei der Geschichte um das Nauglamir hat Tolkien auf die Sage der → Germanen um das Halsband der Brisinger zurückgegriffen, das Brisingamen. Dieses wollte → Freya haben, und deshalb schlief sie in vier aufeinander folgenden Nächten mit den Zwergen Alfrigg, Dvalin, Berling und Grer. Odin beschuldigte sie, ihre Göttlichkeit beschmutzt zu haben, zur Strafe musste sie in Midgard – der Welt der Menschen – einen Krieg anzetteln.

Nauglath (Sindarin)
»Zwerge«: die → Zwerge von → Nogrod

Naugol (Sindarin)
»Kurzgewachsener«: → Zwerg

Naugrim (Sindarin)
»Die Kurzgewachsenen«: die → Zwerge

nauka (Quenya)
»verkümmert, missgestaltet«

Naukalie (Quenya)
»Volk der → Zwerge«

Nauko (Quenya)
»Zwerg«

Naur (Quenya und Sindarin)
»Flamme, Feuer«

Naur an edraith ammen! Naur dan i ngaurhoth!
→ Zauberspruch, mit dem → Gandalf die → Werwölfe vertreibt, die die → Ringgemeinschaft angreifen. Leider nicht übersetzbar, da uns nur einige Wörter bekannt sind, etwa Naur (Feuer) und Ngaurhoth, (Werwolf-Rudel). Vielleicht stammen die anderen Wörter aus dem → Proto-Elbischen oder aus der Sprache der → Valar, vielleicht auch aus einer weiteren, uns unbekannten Sprache.

Nauth (Sindarin)
»Gedanke, Idee«

Návarot (Quenya)
Quenya-Form von → Nogrod

Návatar (Quenya)
»Vater der Zwerge«: → Aule

Naw (Sindarin)
»Gedanke, Idee«

Nawag (Sindarin)
»Zwerg«

Nazgûl
»Ring-Geister«: die neun Diener der neun → Ringe der Menschen, einst hoch stehende Führer der Menschen, die von → Sauron mit den Ringen verführt wurden und dann zu → Geistern in seinem Dienst wurden, die obersten Herrscher seiner Untertanen. Es waren Könige darunter, wie der oberste der Nazgûl, der Schwarze → Hexenmeister (der zweite war Khamúl), Magier und Fürsten, drei sollen → Dúnedain gewesen sein. Ihre Stadt war ab 2002 DZ → Minas Morgul. Mit Sauron vergingen auch sie. Sie waren fast unverwundbar, außer durch magische Klingen, → Magie, Feuer oder Wasser, sie verbreiteten Furcht und den → Schwarzen Anhauch und verwendeten magische Waffen wie das → Morgul-Messer. Sie flogen auf geflügelten Schatten, ähnlich riesigen → Fledermäusen. Auch die Schwarzen Reiter genannt, die Neun Reiter, die Schwarzen Flügel, die Neun und die Schatten.

ndil (Quenya)
(nach -n, -r und –l *dil*): »treu, ergeben, (uneigennützig) liebend«, z. B. in den Männernamen → Earendil, → Aiwendil, → Amandil, → Elendil

ndis (Quenya)
»Frau«, verstärkte Form von → nis, z. B. in → Erendis

ndu (Quenya)
»von hoch oben herab«

ndur (Quenya)
(nach -n, -r und –l *dur*): »treu, ergeben, dienend«, z. B. in den Männernamen → Arandur, → Elendur, → Isildur

Neave, Edwin
Ehemann von Tolkiens Tante Jane → Neave

Neave, Jane
Schwester von Tolkiens Mutter Mabel → Tolkien, geborene Suffield, verheiratet mit Edwin Neave, einem Versicherungsangestellten, bei ihnen lebte Tolkien 1904 ein paar Monate, während seine Mutter krank war. Lebte in den 20er-Jahren auf einem Bauernhof in Nottinghamshire namens »Bag End«: → »Beutelsend«. Geboren um 1872, gestorben 1962, kurz nach Erscheinen des auf ihre Bitten hin zusammengestellten Gedichtbandes → »The Adventures of Tom Bombadil«

Nebelberge, Nebelgebirge
Großer Gebirgszug, auf Sindarin Hithaeglir, der von Norden nach Süden durch → Mittelerde verlief und es im → Dritten Zeitalter grob in eine westliche und eine östliche Hälfte teilte, die östliche Grenze von → Eriador und die westliche von → Rhovanion. Die höchsten Gipfel lagen über → Moria: der → Caradhras, der → Celebdil und der → Fanuidhol. Laut den Sagen der → Elben war das Nebelgebirge im → Ersten Zeitalter noch weitaus gewaltiger; Melkor hatte es damals angeblich aufgetürmt, um → Orome an seinen Jagdritten zu hindern. Bei der → Großen Schlacht war es dann auch teilweise zerstört worden.

Nebelland
→ Hithlum

Neben-Schöpfung
→ Zweitschöpfung

Ned Schmiedsohn
Der Sohn des Schmiedes in der Geschichte
→ »Der Schmied von Großholzingen«

Neder (Sindarin)
»Neun«

nedia (Sindarin)
»zählen, rechnen«

Nehta, Nehte (Quenya)
»Spitze, Keil, Speer«, z. B. in → Nernehta

neitha (Sindarin)
»rauben, entziehen«

Neithan
»der Beraubte«, auch übersetzt mit »der Gekränkte«: Name, den sich → Túrin unter den Geächteten zulegte

neithan (Sindarin)
»beraubt«

néka (Quenya)
»unbestimmt, undeutlich«

Nekromant
Totenbeschwörer, Beiname von → Sauron

Nêl (Sindarin)
»Zahn«

Nel, Neled (Sindarin)
»Drei«

Nelchaenen (Sindarin)
»Dreißigster«

Nelde (Quenya)
»Drei«

Neldor (Sindarin)
»Buche«, auch ein Name für → Hírilorn

Neldoreth
»Buche mit drei Stämmen«: eigentlich der Name von → Hírilorn, der großen Buche, übertragen auf den großen Buchenwald, der den Nordteil von → Doriath bildete

Neled (Sindarin)
»Drei«

neledhia (Sindarin)
»betreten«

Nell
Die Frau des Schmiedes in der Geschichte
→ »Der Schmied von Großholzingen«

Nell (Sindarin)
»Glocke«

nella (Sindarin)
»(Glocke) läuten«

Nelladel (Sindarin)
»Glockengeläut«

Nellas
Elbenmädchen aus → Doriath, das für → Túrin schwärmte und ihn heimlich beobachtete, sagte nach dem Tod von → Saeros für ihn aus, obwohl sie sich eigentlich nicht in die Höhlenstadt → Menegroth traute.

Nelthil (Sindarin)
»Dreieck«

Nelya (Quenya)
»Dritter«

Nelyafinwe (Quenya)
»Dritter Finwe«: der Vatername von → Maedhros

Nelyo
Kurzform von → Nelyafinwe

Nem (Sindarin)
»Nase«

Nen Echui (Sindarin)
»Wasser des Erwachens«: der See in → Mittelerde am Fuß der → Orocarni, wo die ersten → Elben erwachten und → Orome sie später fand

Nen Girith (Sindarin)
»Schauderwasser«: die Fälle des → Celebros im Wald von → Brethil (→ Dimrost), so genannt, weil → Niënor von einem prophetischen Schauder überfallen wurde, als sie hinabschaute

Nen Hithoel (Sindarin)
»Nebliges Wasser«: Langer See, eine Erweiterung des → Anduin in den → Emyn Muil. Am südlichen Ende stand → Tol Brandir, der Zinnenfels, und stürzten die → Rauros-Fälle in die Tiefe, am nördlichen Ende standen die → Argonath.

Nen Lalaith (Sindarin)
»Wasser des Lachens«: Bach, der unter dem → Amon Darthir in den → Ered Wethrin entsprang und am Haus von → Húrin in → Dor-lómin vorbeifloss

Nen (Quenya)
»Wasser, Gewässer«

Nénar
Name eines der Sterne, die → Varda für das Erwachen der → Elben an den Himmel setzte

nend (Sindarin)
»nass, wässrig«

Nendesse (Sindarin)
»der Nasse«: Name in → Gondor für den Nénime, den zweiten Monat im → Kalender der → Elben und auch der → Númenórer, entspricht grob unserem Februar.

Nendil
»Freund des Wassers«, Plural Nendili: ein anderer Name für die → Lindar

nénima
»nass, wässrig«

Nénime (Quenya)
»der Nasse«: Name des zweiten Monats im → Kalender der → Elben und auch der → Númenórer, entspricht grob unserem Februar.

Nenning
Fluss in West-→ Beleriand, der beim Hafen von → Eglarest ins Meer → Belegaer floss

Nenuial, See
Der »See des Zwielichts«, auf Westron »Evendim-See«, auch »Abendrot-See« genannt. Großer See nordwestlich des → Auenlandes, zwischen den Ausläufern der → Abendrot-Berge und dem Auenland gelegen. Hier entspringt der Fluss → Baranduin. An Südufer des Sees finden sich die Ruinen von → Annúminas, der alten Hauptstadt von → Arnor. Zu → Elendils Zeiten war das Gebiet um den See besiedelt, seit der Vernichtung der nördlichen Königreiche aber verödet.

Nenya (Quenya)
»Wasser«

Nenya
Der zweite der → Drei Ringe der Elben, die → Celebrimbor geschmiedet hatte, der »Ring des Wassers«, der »Wässrige Ring«, der »Weiße Ring«, genannt auch der »Ring von Adamant« oder der »Diamantene Ring«, gefertigt aus → Mithril und mit

einem einzigen weißen Diamanten besetzt, der ein schwaches Licht ausstrahlte, das die Trägerin zu einem unerträglich starken gleißenden Licht steigern konnte. Diesen Ring übergab Celebrimbor direkt → Galadriel, die er besonders schätzte; sie setzte ihn ein, um → Lórien zu schützen, denn bei Nenya war die positive Magie des Bewahrens, Erhaltens und Schützens besonders stark ausgeprägt. Laut den »Nachrichten aus Mittelerde« war Nenya der mächtigste der drei Ringe, laut dem »Herrn der Ringe« war dies → Vilya.

Neorth (Quenya)

»Herr der Wasser«: Ulmo, angelehnt an den nordischen Meergott → Niord

Neptun

In der Geschichte → »Roverandom« laut dem → Mann im Mond ein ehemaliger Seezauberer, Vorgänger von → Artaxerxes. In der römischen → Mythologie der oberste Gott des Meeres, der Erderschütterer mit dem Dreizack, Bruder des Hauptgottes Jupiter, bei den → Griechen als Poseidon bekannt. – Im Charakter und den Attributen gibt gewisse Ähnlichkeiten mit → Ulmo.

Ner (Quenya)

»Mann«

Nerdanel

Tochter von → Mahtan, Frau von → Feanor, gebar ihm sieben Söhne, blieb beim Aufstand der → Noldor in → Aman

Nermir

»Feen der Auen«: ein früherer Name für die → Waldelben

Nernehta (Sindarin)

»Mann-Speerspitze«: Schlachtformation

Nerte (Sindarin)

»Neun«

Nerwen (Quenya)

»Mannmädchen«: der Name, den → Galadriel von ihrer Mutter erhielt

Nesbit, Edith (E.)

Bekannte englische Schriftstellerin; auf eine ihrer Figuren in den Geschichten »Five Children and It« (1902) und »The Story of the Amulet« (1906) gehen die → Psamathisten, die Sandzauberer, in → »Roverandom« zurück; sie hießen bei Tolkien ursprünglich wie bei Nesbit »psammead«. Nesbit wurde 1858 in London geboren und starb 1924 in New Romney. Sie war Tochter des Naturwissenschaftlers, der das erste landwirtschaftliche College gründete, studierte in Brighton, Frankreich und Deutschland, und schrieb, um Geld zu verdienen. Mit ihrem ersten Ehemann, dem Schriftsteller Hubert Bland, und George Bernard Shaw war sie Gründungsmitglied der Fabian Society, der u. a. auch H. G. Wells angehörte. Ihre phantastischen und humorvollen Kinderbücher gelten bis heute als Klassiker und wurden teilweise verfilmt. Zu ihren bekanntesten Werken gehören »The Story of the Treasure-Seekers« (Die Schatzsucher), »The Phoenix and the Carpet« (Der Phönix und der Teppich), »The Story of the Amulett« (Die Geschichte des Amuletts), »The Railway Children« (Die Eisenbahnkinder), »The Enchanted Castle« (Das verzauberte Schloss), »The Dream of Arden« (Der Traum von Arden) und »The Children of Arden« (Die Kinder von Arden). Ihre unter den Pseudonymen Fabian Bland und E. Bland verfassten Bücher für Erwachsene sind heute in Vergessenheit geraten.

Nessa

Eine der → Valier, Schwester von → Orome

und Gemahlin von → Tulkas, liebt Jagen und Tanzen

Nessamelda (Quenya)
»Geliebt von Nessa«: duftender immergrüner Baum, den die → Elben von → Tol Eressea als Geschenk nach → Númenor brachten

Nessanie (Quenya)
»Träne von Nessa«: Tochter von → Hallatan von Hyarastorni

nesta (Sindarin)
»heilen«

nestadren (Sindarin)
»heilend«

nestag, nestegi (Sindarin)
»einfügen, einstechen«

neth (Sindarin)
»jung«

Netzzerhauer
So nennt sich → Bilbo Beutlin im Gespräch mit dem → Drachen → Smaug, um seinen → Namen nicht preiszugeben.

Neuburg
Ort am → Hohen Hag in → Bockland

neue Übersetzung
→ Neu-Übersetzung

Neuer Weg
Name des ehemaligen → Beutelhaldenweges, nachdem er nach dem → Ringkrieg der Verwüstung durch → Saruman neu aufgebaut worden war

Neues Zeitalter
das → Vierte Zeitalter

Neugeschmiedetes Schwert
→ Andúril

Neujahr der Zwerge
Im → Kalender der → Zwerge begann das neue Jahr am ersten Tag des letzten Herbstneumondes. Als Durinstag wurde dieser Neujahrstag bezeichnet, wenn an diesem Tag Sonne und Mond zeitweise gleichzeitig am Himmel standen.

Neujahrstag
→ Yestare, → Durinstag, → Jultage (2. Jul)

Neun Gefährten
Die → Gemeinschaft des Rings

Neun Reiter
→ Nazgûl

Neun Ringe
Die neun → Ringe der Macht, die für die Menschen geschaffen wurden. Die Träger gerieten unter die Macht des → Herrscherrings und wurden zu Ringgeistern, den → Nazgûl.

Neun Ringgeister
→ Nazgûl

Neun Wanderer
Die → Gemeinschaft des Rings

Neun, Die
Die → Nazgûl.

Neunfinger-Frodo
→ Frodo Beutlin

Neu-Übersetzung
1988 legte Wolfgang → Krege bei → Klett-Cotta eine neue → Übersetzung von → »The Hobbit« vor, 2000 folgte → »The Lord of The Rings«. Vor allem die letztere

ist umstritten, aber auch über die des Hobbit kann man streiten. Insgesamt ist sie sehr viel besser als die von Walter → Scherf, besonders die Gedichte und Lieder sind endlich gut (und alle) übersetzt. Sie basiert auf der autorisierten Fassung letzter Hand und entspricht so auch Tolkiens Intentionen. Aber warum aus der »grimmigen Stimme« von → Bard eine »knarrende Stimme« wird, warum die Namen der → Trolle so kindlich verändert werden müssen, bleibt das Geheimnis des Übersetzers. Dass auch hier schon aus dem »Ihr« ein »Sie« wird wie später im »Herrn der Ringe«, lässt sich beim »Hobbit« noch verschmerzen, da dieser insgesamt sehr modern ist, doch um ihn an die Stimmung des »Herrn der Ringe« anzupassen, wäre es auch hier viel besser, beim altertümelnden »Ihr« zu bleiben. – Dies ist übrigens auch einer der Hauptkritikpunkte an der neuen Übersetzung des »Herrn der Ringe«. Insgesamt weißt die neue Übersetzung manche Vorteile auf, auch wenn Krege nicht ganz recht hat, wenn er erläutert, die alte Fassung sei *nachvollziehend; sie bildet den fremden Text in der eigenen Sprache getreu ab, wobei als unvermeidlich in Kauf genommen wird, dass der Ausdruck ein wenig blasser, das Tempo langsamer, der Stil gleichförmiger wird.«* (Vorwort zum »Herrn der Ringe«) In vielen Punkten hat Krege tatsächlich sein Ziel erreicht, mehr *»Farbe, Tempo, Kontraste«* hineinzubringen, doch in manchen Passagen ist die alte Übersetzung gelungener. Insgesamt kann man in diesem Punkt wohl ein Unentschieden konstatieren. Unverständlich bleibt, warum Krege einige Namen, an die man sich gewöhnt hat und die gut gelungen waren, ändert. Warum muss aus Herr Butterblume Butterblüm werden, aus Kunz Nob, aus Hinz Bob? Wieso heißt Herr Dachsbau nun Brockhäuser, die Familie Gruber Spachtler,

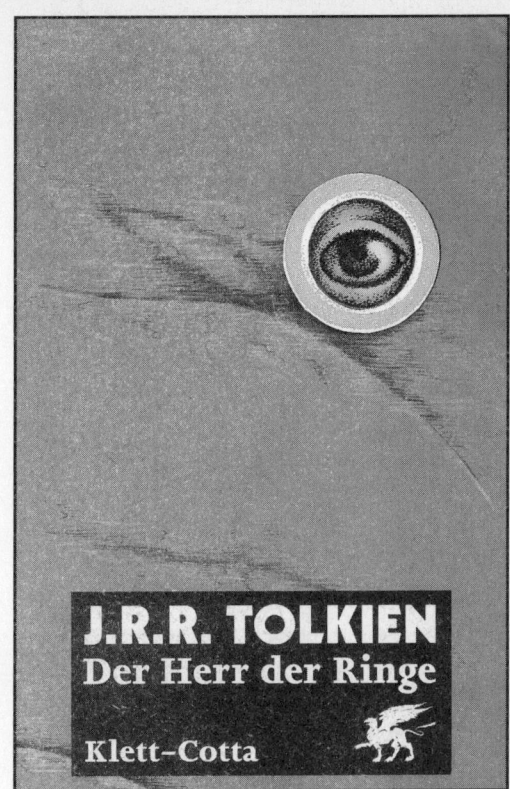

Die neue Übersetzung des Klett-Cotta-Verlages von 2000, hier die gebundene Ausgabe (Grundfarbe rot, Ring gold)

und vor allem Rosie Hüttinger (und ihre Verwandten) nun Kattun? Dies verändert die bekannten Stammbäume, wer die alten Anhänge benutzen will, ist dumm dran. Und auch die schönen alten → Karten und Atlanten taugen nichts mehr, wenn plötzlich aus Steinbüttel der Ort Hartbuddel wird, und das »Handbuch der Weisen von Mittelerde« von Krege selbst verliert dadurch an Wert. Was soll das? Außerdem sind manche der Neuübersetzungen der Lieder und Gedichte viel weiter weg vom Original, als es bei der alten Übersetzung der Fall war, das Klagelied über Gandalfs Tod etwa (→ »Spät abends kam er auf den Bühl«) ist in der neuen Übersetzung weniger poetisch und weicht viel mehr ab. – Der Hauptkritikpunkt ist aber die moderne Sprache, und die lässt die neue Übersetzung trotz vieler positiver Seiten letztendlich als misslungen erscheinen. Das »Siezen« ist nur ein Beispiel, da tauchen Begriffe auf wie »Dalli, dalli«, »futsch« und andere Trendausdrücke, die bald wieder überholt sein werden. → Frodo wird zum »Chef«. Und warum müssen aus den → Truchsessen unbedingt Statthalter werden? Diese Modernisierung widerspricht komplett Tolkiens eigenem Ansatz, der mehrfach, u. a. in seiner berühmten Vorlesung über → Beowulf vor der Britischen Akademie 1936, begründete, warum eine altertümliche dichterische Vorgehenswei-

Die alte Übersetzung, hier der dritte Band der kartonierten »grünen« Ausgabe im Schuber von 1979

sen sinnvoll und notwendig sei. Es bleibt zu hoffen, dass Klett-Cotta sich vielleicht noch mal besinnt und das Beste aus beiden Welten macht. Eine revidierte Übersetzung von Krege, bei der er seinen Stil etwas korrigiert, wäre ein echter Gewinn. Und wenn der Verlag dann noch die zahlreichen Fehler in den Stammbäumen korrigieren würde, wäre das Buch wirklich wieder empfehlenswert. Zumindest in der mir vorliegenden (ansonsten schön gemachten) gebundenen Ausgabe gibt es mehrere Fehler: Daten und Namen stimmen nicht, Orgulas und Gorbulas werden verwechselt, es fehlen Einträge (z. B. Berilac) und Linien, bei dem Stammbaum der Tiks gibt es gar keine Verbindungslinien, und was der Schlampereien mehr sind. Das ist schade, wenn dieses Buch Menschen in die Hände fällt, die Tolkien damit kennen lernen wollen, und der Verlag tut sich damit keinen gefallen. Solange diese Ausgabe so bleibt, sollte man Neuleserinnen und -lesern besser die wieder lieferbare alte Übersetzung empfehlen.

Nevbosh

Auch New Nonsense genannte erfundene Fantasie-Sprache, die Tolkien in seiner Kindheit gemeinsam mit seiner Cousine Mary → Incledon entwickelte, die erste seiner selbsterfundenen Sprachen

Nevrast (Sindarin)

»Hinnenküste«: Tiefland westlich von → Dor-lómin, jenseits der → Ered Lómin, Reich von → Turgon, bevor er nach → Gondolin zog. Ursprünglich wurde so die ganze Nordwestküste von → Mittelerde genannt, im Gegensatz zur »Fernen Küste« Haerast, der Küste von → Aman

New Age

Englischer Ausdruck für das → Vierte Zeitalter

New Line Cinema

Filmfirma, die den → Film von Peter → Jackson produziert, Tochterfirma von AOL-Time-Warner

New Nonsense

Ein anderer Name für die von Tolkien erfundene Sprache → Nevbosh

Ngaur (Sindarin)

→ »Werwolf«

Ngaurhoth (Sindarin)

»Wolfsrudel«, speziell ein Rudel von → Werwölfen

Ngoldo (Quenya)

Ältere Form von → Noldo

Nibelungenlied

Dieses Epos, von einem unbekannten Dichter am Ende des 12. Jahrhunderts niedergeschrieben, hat für den deutschen Sprachraum eine ähnlich stilbildende Wirkung wie das → Beowulf-Epos in Britannien; der Siegfried-Teil des Nibelungenliedes ist im Beowulf übrigens bereits angedeutet. Tolkien greift mehrfach auf Motive aus dem Nibelungenlied zurück, z. B. die → Tarnmäntel (analog der Tarnkappe). Natürlich sind die mündlich überlieferten Wurzeln des von vielen als »Lied der Deutschen« bezeichneten Epos sehr viel älter als die uns bekannte Fassung. Mit Sicherheit ist außerdem eine ältere schriftliche Version der Geschichte anzunehmen, über deren genaue Gestalt und Form man jedoch nur spekulieren kann. Bis heute beeinflusst das Nibelungenlied die Literatur und sogar die moderne Fantasy, und die Opern-Tetralogie »Der Ring des Nibelungen« von Richard Wagner ist ein Höhepunkt der Umsetzung im musikalischen Bereich. Damit ist eine weitere Verbindung zu Tol-

kien zu ziehen: Bereits 1947 ärgerte Rayner Unwin, Sohn von Tolkiens Verleger und damals Student in Oxford, Tolkien damit, dass er die fertigen Teile des »Herrn der Ringe« mit dem »Ring der Nibelungen« von Wagner verglich. Auch für Donald → Swann ist Tolkiens Motiv der Ringe an Großartigkeit nur vergleichbar mit Wagners Ring, wie er im Vorwort zum Songzyklus »The Road Goes Ever On« schreibt. – Das Nibelungenlied ist in zwei große Abschnitte unterteilt: die Geschichte um Siegfried und den Untergang der Burgunder. Wahrscheinlich war die Verbindung zwischen diesen beiden auch in der früheren schriftlichen Fassung schon vollzogen. – Die Geschichte ist schnell erzählt: Siegfried, Königssohn von Niederland, hört von der Schönheit Kriemhilds und reist deshalb nach Worms an den Hof der Burgunder zu deren Brüdern, den Königen Gunther, Gernot und Giselher. Doch der vielgerühmte Held, der gegen Riesen und den Zwerg Alberich kämpfte, den Hort des Königs Nibelung, das Schwert Balmung und die Tarnkappe sein Eigen nennt und durch ein Bad im Blut des → Drachen Fafnir, den er erschlug, unverwundbar wurde, darf Kriemhild nicht einmal sehen. Erst nach einer Schlacht der Burgunder gegen die Dänen, die durch Siegfrieds Hilfe gewonnen wird, treffen die beiden aufeinander und verlieben sich. Bevor sie jedoch heiraten dürfen, soll Siegfried Gunther helfen, Brunhild, die Königin von → Island, zu heiraten. Diese besitzt übermenschliche Kräfte und will nur den Mann an ihrer Seite dulden, der sie im Wettkampf schlägt. Siegfried gibt sich als Vasall Gunthers aus und hilft diesem, Brunhild zu besiegen. Nach der Doppelhochzeit verweigert sich Brunhild Gunther, fesselt ihn und hängt ihn an einen Nagel in der Wand. Wieder muss Siegfried unter dem Schutz der Tarnkappe eingreifen und Brunhild niederringen. Nach der vierzehntägigen Hochzeitsfeier zieht Siegfried mit seiner neuen Gattin nach Xanten, seiner Heimatstadt, wo ihm sein Vater die Königswürde überträgt. Brunhild, zornig, dass Kriemhild einen scheinbaren Vasall geheiratet hat, lässt Siegfried und Krimhild einladen und provoziert den berühmten Streit der Königinnen; dabei erklärt Kriemhild beim Kirchgang vor dem Wormser Dom öffentlich, dass es Siegfried war, der als erster mit Brunhild geschlafen habe. Als Beweis präsentiert sie Brunhild deren Ring und den Gürtel, die Siegfried ihr in jener Nacht genommen hat. Zwar wird der Streit offiziell beigelegt, doch Hagen von Tronje, Berater Gunthers, überzeugt diesen, dass man sich Siegfrieds entledigen müsse. Hagen erfährt durch eine List von Kriemhild, dass Siegfried auf seinem Rücken zwischen den Schulterblättern eine verwundbare Stelle hat, auf die beim Bad im Blut des Drachen ein Lindenblatt gefallen war. Bei einer Jagd ermordet Hagen den ahnungslosen Helden hinterrücks. Als er später an die Bahre des Toten tritt, öffnen sich dessen Wunden und entlarven ihn so als den Täter. Kriemhild will Rache und heuert mit dem Gold aus dem ihr von Siegfried hinterlassenen Hort der Nibelungen Krieger an. Um dies zu verhindern, raubt Hagen ihr den Schatz und versenkt ihn im Rhein. Damit ist der erste Teil des Liedes beendet. Dreizehn Jahre später wird die Geschichte im zweiten Teil fortgesetzt: der Untergang der Burgunder. Die Gemahlin von König Etzel (= Attila) ist gestorben, und auf der Suche nach einer neuen Königin verfällt der Hunne auf Kriemhild. Graf Rüdiger von Bechelaren wird nach Worms gesandt, um für seinen König um die Witwe zu werben. Hagen lehnt eine solche Verbindung ab, die Königsbrüder stimmen jedoch zu und so kommt Kriemhild an den Hof Etzels. Sie gebiert diesem einen Sohn, Ortlieb, und es vergehen weitere sieben Jahre. Kriemhild bittet Etzel, ihre Wormser Verwandten an den Hof zu laden, und wiederum gegen Hagens Rat reisen die Burgunder, jetzt die Nibelungen genannt, zu den Hunnen. Hagen erfährt von zwei Meerweibern, dass niemand außer dem Kaplan von dieser Reise zurückkehren solle. Er versucht diese Prophezeiung zu widerlegen und wirft den Priester auf der Donau ins Wasser, um ihn zu ertränken, doch der Mann gelangt ans Ufer, und Hagen erkennt, dass es keinen Ausweg mehr gibt. Trotz vieler Warnungen ziehen die Burgunder weiter. Auch am Hof Etzels werden sie gewarnt. Dietrich von Bern, der gewaltigste der mittelalterlichen Helden, rät ihnen zur Vorsicht, doch vergeblich. Etzels Bruder Bloedelin, aufgestachelt von Kriemhild, ermordet während eines Gastmahls die Knappen der Burgunder, und als diese davon hören, sind sie nicht mehr aufzuhalten. Hagen tötet Kriemhilds Kind, und die Nibelungen richten unter den Hunnen ein furchtbares Blutbad an. Allein Dietrich von Bern erlangt freien Abzug für sich, seine Leute und das Königspaar. Kriemhild hetzt nun jeden Mann am Hofe gegen die Burgunder, doch sie alle unterliegen. Selbst Rüdiger, der Freund Gunthers, ist gezwungen, gegen die Nibelungen anzutreten und im Kampf zu sterben. Nun sendet Hildebrand die Krieger des abwesenden Dietrichs von Bern in den Kampf, in dem alle außer Hildebrand, Gunther und Hagen fallen. Nach seiner Rückkehr überwältigt Dietrich von Bern Gunter und Hagen und führt sie vor Kriemhild. Sie verlangt von Hagen den Hort, doch dieser verweigert ihn ihr, solange auch nur einer seiner Herren noch lebe. Ohne zu zögern, lässt sie ihren Bruder enthaupten und verhilft Hagen so zu seinem letzten Triumph: Er ist nun der Einzige, der das Versteck kennt, und dieses Wissen nimmt er mit sich ins Grab: Kriemhild entreißt ihm Siegfrieds Schwert und enthauptet ihn. Hildebrand, voller Zorn über diese Mordtat, erschlägt Kriemhild. Mit dem Schmerz der Hinterbliebenen endet die Geschichte. – Die Entstehung der Hauptfiguren reicht weit zurück (beim dritten Wormser Nibelungenlied-Symposium 2001 wurde an der Drachentöter-Figur sogar der Übergang von der Stein- in die Eisenzeit festgemacht), zumindest bis in die Zeit der Völkerwanderung, einer Epoche des Umbruchs für die Stämme der → Germanen. Die Konfrontation mit Rom erreichte ihren Höhepunkt, und die Germanen wurden zu Begründern sich langsam festigen-

der Reiche. Nicht mehr der Stamm oder die Sippe, sondern der große Volksverband wurde zur Leitlinie ihres Denkens. Die Verpflichtung für das eigene Ich und damit das Wohlergehen und den Erfolg der Sippe wurde überhöht hin zur Verpflichtung gegenüber dem Volk und dem Reich. Deshalb gerät Siegfried, dessen Lebensziel die Verwirklichung der eigenen Ziele und Bedürfnisse ist, ins Zwielicht. Hagen hingegen wird im zweiten Teil des Nibelungenliedes zum eigentlichen Helden, denn ihm ist die Treue zu seinem Volk und Reich das höchste Gut. Moralisch agieren beide aus heutiger Sicht fragwürdig und doch aus ihrer eigenen Sicht konsequent. Beide teilen den gleichen totalitären Anspruch: Was

»Siegfried tötet den Drachen«:
In diesem Holzschnitt von Ludwig Richter (1803-1884) von 1838
wird die lebendige Tradition der Nibelungensage und der Drachensagen deutlich.

bei Siegfried auf das Ego bezogen ist, wird in Hagen auf die Gemeinschaft und den Erhalt des burgundischen Volkes übertragen, für dieses Ziel nimmt er sogar den Untergang Gunthers und der Krieger in Kauf. – Eine solche Kompromisslosigkeit bis hin zum Untergang der eigenen Familie, des eigenen Stammes, findet sich auch bei einigen Figuren Tolkiens; man denke nur an → Feanor und die Folgen, die sein Eid hat. – Siegfried als Figur, wenn auch unter anderem Namen, taucht bereits viel früher in anderen Epen auf. Im → Beowulf trägt ein Sänger ein Lied über einen Helden Sigmund vor, kurz berichtet er auch von dessen Neffen Fitela (= Siegfried) und deren gemeinsamen Kämpfen gegen Riesen, bevor er sich dem Hauptereignis jenes Liedes zuwendet: Sigmund tötet einen Drachen und erringt den Schatz, den das Untier bewachte. Im Beowulf wird Sigmund als »waelses eafara« (Nachkomme des Welsi) bezeichnet, und damit verweist das Beowulf-Epos auch auf die → Wälsungen-Sage, die erst um 1370 niedergeschrieben wurde.

niben (Sindarin)
»klein, niedlich«

Nibin-noeg
→ Kleinzwerg, Mehrzahl Nibin-nogrim

Nibs
Spitzname von Carl → Kattun

Nicht der Klage zu viel
→ Kurz sei die Klage

Nicht jeder Verirrte verliert sich
Beginn eines Gedichtes über → Aragorn, das → Gandalf zitiert

Nick
Spitzname von Bogenmann → Kattun

Nieliqui
In der frühen → Mythologie eine Tochter von → Orome

Nielluin (Quenya)
»Blaue Biene, Biene im Blau«: der Stern Sirius (HIS 2)

Nielthi
Zofe von → Gwendelin

Niënna
»Tränenreiche«: Eine der → Valier und der → Aratar, Schwester von → Mandos und → Lórien, Herrin des Mitleids und der Trauer, die alles Leid der Welt beweinte, um es dadurch zu überwinden. Ihre Hallen lagen im äußersten Westen, an den → Mauern der Welt. → Olorin war mit ihr befreundet und lernte viel von ihr.

Niënor (Sindarin)
»Trauer«: Tochter von → Húrin und → Morwen, Schwester von → Túrin, geboren 474 EZ. Lernte ihren Bruder nicht kennen, da er vor ihrer Geburt nach → Doriath geschickt worden war. Nach dem Fall von → Nargothrond 496 DZ suchte sie Túrin und wurde von → Glaurung ihres Gedächtnisses beraubt. Túrin fand sie, gab ihr den Namen Niniël, »Tränenmädchen«, und heiratete sie später in → Brethil. Bereits schwanger, verriet ihr der sterbende Glaurung die Wahrheit über ihren → Inzest; sie stürzte sich vor Verzweiflung in die → Cabed-en-Aras. Ihr Leichnam wurde nie gefunden.

Nieriltasinwa
Ein früher Name für die → Nírnaeth Arnoediad

Nîf (Sindarin)
»Vorderseite, Gesicht«

Nightfall In Middle-Earth

Dieses Metal-Album von → »Blind Guardian«, inspiriert durch das → »Silmarillion« und Tolkien gewidmet, erschien am 27. April 1998 bei Virgin. Es enthält die Titel »War Of Wrath« · »Into The Storm« · »Lammoth« · »Nightfall« · »The Minstrel« · »The Curse Of Feanor« · »Captured« · »Blood Tears« · »Mirror, Mirror« · »Face The Truth« · »Noldor (Dead Winter Reigns)« · »Battle Of Sudden Flames« · »Time Stands Still (At The Iron Hill)« · »The Dark Elf« · »Thorn« · »The Eldar« · »Nom The Wise« · »When Sorrow Sang« · »Out On The Water« · »The Steadfast« · »A Dark Passage« · »Final Chapter: Thus Ends«

Nikolaus

So heißen sowohl der → Weihnachtsmann wie sein »Grüner Bruder«, der die Kinder versorgt, bei denen an Weihnachten Sommer ist – wie man in → »Die Briefe vom Weihnachtsmann« nachlesen kann.

niku (Quenya)

»kalt sein, frostig sein«

Nille (Quenya)

»silberner Glanz«

nim (Quenya)

»weiß«

Nimbrethil

Birkenwälder in → Arvernien im Süden von → Beleriand, hier schlug → Earendil das Holz für sein Schiff, wie es im Lied »Earendil hieß ein Schiffer kühn« heißt.

Nimloth (Sindarin)

»Weiße Blüte«: → Elbin aus → Doriath, Nichte von → Celeborn, Gattin von → Dior, Mutter von Elwing, in → Menegroth 509

Cover der neuesten CD
von »Blind Guardian«

EZ beim Angriff der → Söhne Feanors getötet

Nimloth der Weiße, Nimloth der Schöne (Sindarin)

»Weiße Blüte«: Meistens ist damit der Weiße Baum von → Númenor gemeint. Dieser entsprang einem Schössling von → Galathilion, den die Elben aus → Tol Eressea nach Númenor mitgebracht hatten. Er ging unter der Herrschaft von → Ar-Pharazôn ein und wurde von → Sauron verbrannt, doch → Isildur hatte unter Lebensgefahr eine Frucht geraubt, aus der man einen neuen Baum züchtete, den er mit nach → Mittelerde brachte und in → Minas Ithil vor seinem Haus einpflanzte und nach der Niederlage von Sauron in der Zitadelle von Anor, dem späteren → Minas Tirith. Einen Schössling dieses Baumes fand → Gandalf, und daraus erwuchs ein neuer → Weißer Baum von → Gondor. Manchmal wird auch Telperion, der ältere der → Zwei Bäume von Valinor, Nimloth genannt.

nimmida (Sindarin)

»weiß einfärben«

nimp (Sindarin)
»blass, weiß«

Nimphelos (Sindarin)
»weißer Stern«: eine taubeneigroße Perle, ein Teil der Bezahlung, die → Thingol dem Zwergenfürsten von → Belegost für die Hilfe beim Bau von → Menegroth leistete.

Nimriyê
Bezeichnung für die → Sprache → Quenya in → Adûnaisch

Nimrodel (Sindarin)
»Herrin der Weißen Grotte«: Einer der Nebenflüsse des → Celebrant, benannt nach der Waldelbin → Nimrodel, die mit den → Sindar und → Noldor nichts zu tun haben wollte, weil sie ihnen an den Kriegen in → Mittelerde Schuld gab. Geliebte von → Amroth, König von → Lórien; ihre Geschichte wird bei Amroth erzählt.

Nîn (Sindarin)
»Träne«

nind (Sindarin)
»schmal, schmächtig«

Nindalf
»Fennfeld«: Marschen östlich des → Anduin und südlich der → Emyn Muil am Delta der → Entwasser.

Nindamos
Fischersiedlung an der Südküste von → Númenor

Ninglor
Der Fluss → Schwertel

Niniël (Sindarin)
»Tränenmädchen«: der Name, den → Túrin

seiner Schwester → Niënor gab, als er sie fand, ohne zu wissen, wer sie war

Nin-in-Eilph (Sindarin)
»Wasserland der Schwäne«, »Schwanfleet«: große Sümpfe um den Unterlauf des → Glanduin

Ninin-Udathriol
Früherer Name der → Nírnaeth Arnoediad

Ninniach (Sindarin)
»Regenbogen«

ninque
»frostig, farblos, weiß«

Ninquelóte (Quenya)
»Weiße Blüte«: der ältere der → Zwei Bäume von Valinor: Telperion

Nínui (Sindarin)
»Der Nasse«: Name des zweiten Monats im → Kalender der → Númenórer, nur von den → Dúnedain verwendet, entspricht grob unserem Februar, Quenya: Nénime

nínui (Sindarin)
»wässrig, nass«

Niord
In der Geschichte → »Roverandom« laut dem → Mann im Mond ein ehemaliger Seezauberer, Vorgänger von → Artaxerxes. In der → Mythologie der → Germanen ein Meergott (auch Njörd) aus dem älteren Göttergeschlecht der Wanen, der bei den Asen wohnte, Vater von Freyr und → Freya. In zweiter Ehe heiratete Niord die Reif-Riesin Skadi: Als Buße dafür, dass Thor ihren Vater getötet hatten, durfte sie sich einen der Götter auswählen, bekam aber nur die Füße zu sehen. Sie glaubte, dass die schönsten Füße Baldur gehörten, musste dann aber Niord

heiraten. Da sich die beiden nicht einigen konnten, wo sie leben sollten, trennten sie sich nach 9 Tagen wieder.

Niphred (Sindarin)
»Blässe«

Niphredil
Kleine weiße Blume, die in → Doriath blühte und später auch auf dem → Cerin Amroth in → Lórien

Niquis (Quenya)
»Eisblume«

Nîr (Sindarin)
»Träne«

Nírnaeth (Sindarin)
»Klage«

Nírnaeth Arnoediad
»Schlacht der Ungezählten Tränen«: die fünfte der sechs großen → Schlachten von → Beleriand, 473 EZ. → Maedhros hatte einen Bund geschmiedet mit den meisten Elbenfürsten, um → Angband anzugreifen. Sogar → Turgon beteiligte sich mit zehntausend Mann aus → Gondolin. → Morgoth aber war durch Spione gewarnt. Durch die Misshandlung von → Gelmir konnte er → Gwindor zum vorzeitigen Angriff verlocken und so das Heer von → Fingon in die Falle locken. Maedhros wurde zwei Tage später von den Söhnen von → Ulfang verraten und hinterrücks angegriffen. Als dann noch → Glaurung mit seinen Söhnen kam, war die Schlacht verloren. → Azaghâl, der Fürst der → Zwerge von → Belegost fiel im Kampf mit Glaurung, Fingon und → Haldir kamen um, und → Húrin wurde gefangen genommen, als er Turgons Rückzug deckte. Morgoth ließ alle Toten auf einen Haufen werfen, den man später Haudh-en-Ndengin nannte, Hügel der Erschlagenen.

Nis (Quenya)
»Frau«, z. B. in → Artanis

Nísimalda (Quenya)
»Duftender Baum«: Landstrich beim Hafen → Eldalonde in → Númenor

Nísinen (Quenya)
»Duftendes Gewässer«: See am Fluss Nunduine in West-→ Númenor

Nîth (Sindarin)
»Jugend«

Nivrim (Sindarin)
»Westmark«: Teil von → Doriath, der auf dem Westufer des → Sirion lag, mit Eichen bewaldet

Nixen
Bei Tolkien in der Geschichte → »Roverandom« die goldhaarige Variante von Meermenschen (die dunkelhaarigen Meerfrauen werden bei Tolkien → Sirenen genannt). Eine von ihnen heiratet den Zauberer → Artaxerxes und wird fortan Prinzessin Pam genannt. Auch in der → Mythologie von → Mittelerde haben diese Wasserwesen ihren Platz: → Tom Bombadil ist verheiratet mit einer Nixe (ohne Fischschwanz), → Goldbeere, die auch mal → Nymphe genannt wird oder »Tochter einer Wasserfrau«, und in der frühen Mythologie von Tolkien gibt es die Oarni, Meeresgeister, die teilweise mit Meerjungfrauen gleichgesetzt werden. Nixen finden sich auch in den → Sagas und Epen, die für Tolkien teilweise Vorbild waren, z. B. im → »Beowulf«, und sie sind in zahlreichen Mythologien zu finden, mal mit, mal ohne Fischschwanz, manchmal sogar mit zwei

Schwänzen. In der Mythologie der antiken → Griechen hießen sie Nymphen und waren Halbgötter oder Geisterwesen, bei den → Germanen gab es sie auch männlich, als Nix, und im Mittelalter wurden sie vor allem als gefährliche → Elementargeister gefürchtet, die, da sie keine Seele haben, durch eine erotische Beziehung zu Menschen an deren Beziehung zu Gott teilhaben wollen. Deshalb gehen sie manchmal auch mit den Menschen eine Ehe ein und erhoffen sich davon eine Seele. Die Geschichten von Nixen, die menschliche Männer betören, sind zahlreich, am berühmtesten ist wahrscheinlich das Märchen »Die kleine Seejungfer« des dänischen Dichters Hans Christian Andersen (1805–1875): »›Wenn die Menschen nicht ertrinken‹, fragte die kleine Seejungfer, ›können sie dann ewig leben? Sterben sie nicht, wie wir hier unten im Meere?‹ – ›Ja‹, sagte die Alte, ›sie müssen auch sterben,

Mittelalterliche Nixe: Deckengemälde der Kirche St. Martin (12. Jahrhundert) in Zillis-Reischen, Graubünden (Foto: Friedhelm Schneidewind)

und ihre Lebenszeit ist sogar noch kürzer als die unsere. Wir können dreihundert Jahre alt werden, aber wenn wir dann aufgehört haben zu sein, so werden wir in Schaum auf dem Wasser verwandelt und haben nicht einmal ein Grab hier unten zwischen unseren Lieben. Wir haben keine unsterbliche Seele; wir erhalten nie wieder Leben. Wir sind gleich dem grünen Schilfe, ist es einmal abgeschnitten, so kann es nie wieder grünen. Die Menschen dagegen haben eine Seele, die ewig lebt, die lebt, auch wenn der Körper zu Erde zerfallen ist. Sie steigt auf in der klaren Luft und zu all den schimmernden Sternen empor! Gerade wie wir aus dem Meere auftauchen und die Länder der Menschen sehen, so tauchen sie zu unbekannten, herrlichen Orten empor, die wir niemals erblicken werden.‹ – ›Warum bekamen wir keine unsterbliche Seele?‹ sagte die kleine Seejungfer betrübt, ›ich wollte alle meine hundert Jahre, die ich zu leben habe, dafür hingeben, einen Tag ein Mensch zu sein und Teil zu haben an der himmlischen Welt!‹ – ›So etwas musst du nicht denken!‹ sagte die Alte, ›wir sind viel glücklicher und besser daran, als die Menschen dort oben!‹ – ›Ich muss also sterben und als Schaum auf dem Meere treiben, und darf nicht mehr der Wellen Musik hören, die herrlichen Blumen und die rote Sonne sehen. Kann ich denn gar nichts tun, um eine unsterbliche Seele zu gewinnen?‹ – ›Nein‹, sagte die Alte. ›Nur wenn ein Mensch dich so lieb gewinnt, dass du für ihn mehr wirst als Vater und Mutter, wenn er mit allen seinen Gedanken und seiner Liebe an dir hinge und den Priester deine rechte Hand in seine legen ließe mit dem Gelübde der Treue hier und für alle Ewigkeit, dann würde seine Seele in deinen Körper überfließen und du bekämest auch Teil an dem Glücke der Menschen. Er gäbe dir eine Seele und behielte doch die eigene.‹«

Njörd
→ Niord

Nob
Bediensteter im Gasthaus → »Zum Tänzelnden Pony«

Noble, John
Der Darsteller von → Denethor im → Film von Peter → Jackson, Sprach- und Schauspiellehrer, von 1977 bis 1987 Regisseur einer Bühnengruppe in Süd-Australien und seit 1997 Direktor der Brent St. School of Arts in Sydney. Er hat bei über 80 Theaterproduktionen Regie geführt, darunter 1986 »Sons of Cain« am Londoner West End. Ab und zu tritt er auch in Fernsehserien in Erscheinung und in bisher fünf Kinofilmen:
»Call Me Mr. Brown« (1986)
»The Dreaming« (1988)
»A Sting in the Tail« (1989)
»The Nostradamus Kid« (1993)
»Virtual Nightmare« (2000)

Nócoire (Quenya)
»Zweite Belebung«: ein anderer Name für »Súlime«, den dritten Monat im → Kalender der → Elben und auch der → Númenórer, entspricht grob unserem März.

nod (Sindarin)
»binden, fesseln«

Noegyth Nibin
→ Kleinzwerge

Nogoth (Sindarin)
»Zwerg«

Nogotheg (Sindarin)
→ »Kleinzwerge«

Nogothrim (Sindarin)
»Volk der Zwerge«

Nogrod (Sindarin)

»Hohlburg«: die südlichere der beiden Zwergenstädte in den → Ered Luin, Übersetzung aus dem Zwergennamen »Tumunzahar«, am Ende des → Ersten Zeitalters zerstört und vom Meer überflutet

Noire (Quenya)

»Grabstätte«

Noirinan (Quenya)

»Tal der Grabstätten«: Tal am südlichen Fuß des → Meneltarma, an dessen Ende sich die Grabstätten der Könige von → Númenor befanden

Nokes

In der Geschichte → »Der Schmied von Großholzingen« der → Küchenmeister nach dem → Waller und vor → Alf, eine ziemlich schlechte Wahl

Nokes von Townsend, Tim

Der Urenkel des Küchenmeisters → Nokes in der Geschichte → »Der Schmied von Großholzingen«. Tim erhält beim zweiten → Fest der Vierundzwanzig, für das → Alf den Großen Kuchen backt, den → Elbenstern, den der Schmied zurückgegeben hat.

Nólaire (Quenya)

»Zweiter Sommer«: Anderer Name für »Cermië«, den siebten Monat im → Kalender der → Elben und auch der → Númenórer, entspricht grob unserem Juli.

Noldo (Quenya)

»Weiser, Wissender, Gelehrter«: einer der → Noldor, auch späterer Name des → Tengwar-Zeichens 19, ꞇ, das zunächst für »ng«, später auch für »n« stand.

Noldolante

»Der Sturz der Noldor«: ein Klagelied und Heldenlied von → Maglor über die Taten und Untaten der → Noldor.

Noldoli

frühe Form von → Noldor, die → Gnomen

Noldor

»Die Wissenden, Gelehrten«: Die zweite Gruppe der → Elben, die nach → Aman wanderten, angeführt von → Finwe, auch Tiefelben genannt, manchmal auch Hochelben oder die Verbannten. Schüler von → Aule, Techniker und Wissenschaftler, Bergleute und Baumeister, Metall- und Juwelenschmiede, Erfinder und Entdecker. Ihr größter Erfinder und Künstler war → Feanor, sein größtes Werk die → Silmaril. Mit der von ihm angeführten Revolte gegen die → Valar begann der »Sturz der Noldor«, die bei der Rückkehr nach → Mittelerde mit dem → Sippenmord von → Alqualonde so viel Schuld auf sich luden, dass sie von Aman verbannt wurden – der → »Sündenfall« der Elben. Erst am Ende des → Ersten Zeitalters wurde ihnen gestattet, wieder nach Aman zurückzukehren. Ihre Könige galten als die Hochkönige der Elben in Mittelerde, der letzte war → Gilgalad. Einige Noldor blieben aber in Aman, ihr König war → Finarfin.

Noldóran (Quenya)

»König der Noldor«: Titel von → Finwe

Noldórien (Quenya)

»Land der Noldor«: → Beleriand

Noldorin, Noldorisch

Dialekt der Elbensprache → Quenya, von den → Noldor aus → Aman nach → Mittelerde gebracht und dort außer in → Gondolin nur noch als zeremonielle Hochsprache, als Sprache der Gelehrten und Dichter, als Buchsprache gebraucht. – Noldorin heißt in der frühen → Mythologie von Tolkien auch ein → Vala, Sohn von → Manwe und → Varda, lebte auf → Tol Eressea (später wurde daraus → Salmar).

Noldorissa
Früherer Ausdruck für die Sprache der → Noldor

Nóle (Quenya)
»Kunde, Wissen, langes Studium«

Nóleme (Quenya)
»Weisheit, tiefe Kenntnis«, auch Beiname von → Finwe

nólima (Quenya)
»kundig«

Nólimon (Quenya)
»Der Kundige«: Beiname für → Vardamir, Sohn von → Elros und der zweite König der → Númenórer; in einer frühen Version auch der Vater von → Turgon (→ Purpurherz)

Nolme (Quenya)
»Kunde, Wissen, Wissensgebiet«

Nolmo (Quenya)
»Weiser«

Nolofinwe (Quenya)
»wissender Finwe«: Vatername von → Fingolfin

Nolondil (Quenya)
»dem Wissen ergeben«: ein Sohn von → Vardamir Nólimon

Nóm
»Weisheit«: So nannten die Menschen aus → Beors Volk → Finrod Felagund in ihrer eigenen Sprache.

Nómin
»der oder die Weise«: So nannten die Menschen aus → Beors Volk die → Elben in ihrer eigenen Sprache.

nóna (Quenya)
»geboren«, z. B. in der elbischen Bezeichnung für Menschen → apanóna

Nóquelle
»Zweiter Herbst«: ein anderer Name für den Narquelië, den zehnten Monat im → Kalender der → Elben und auch der → Númenórer, entspricht grob unserem Oktober.

Nór (Quenya)
»Land, Erde«

Norburg, Nordburg
Name von → Fornost bei den → Hobbits

Nordh (Sindarin)
»Seil, Strick«

Nord-Harad
Der nördliche Teil von → Harad

Nordhöhen
Hügelkette in → Eriador nördlich des → Auenlandes, auf der → Fornost erbaut war

Nordische Mythologie
→ Germanen

Nordkap
Spitze von → Forostar in → Númenor

Nordkönigreich
→ Arnor

Nordland von Númenor
→ Forostar

Nordleuchte
→ Illuin

Nördliche Armee
Eine der beiden Armeen von → Gondor

Nördliche Höhen
Hügelkette in → Eriador nördlich des → Auenlandes, auf der → Fornost erbaut war

Nördliche Linie
die → Erben Isildurs

Nördliche Öde
→ Forodwaith

Nördliches Hügelland
Hügelkette in → Eriador nördlich des → Auenlandes, auf der → Fornost erbaut war

Nördliches Königreich
→ Arnor

Nördliches Reich
→ Arnor

Nordlicht
In → »Die Briefe vom Weihnachtsmann« wird beschrieben, wie der → Nordpolarbär Karhu, der Helfer des → Weihnachtsmanns, 1926 auf einmal sämtliche Nordlichter für die nächsten zwei Jahre loslässt. Dadurch bricht ein Riesen-Feuerwerk los, der → Mond zerbricht in vier Teile, und der → Mann im Mond fällt in den Küchengarten des Weihnachtsmanns. – Nordlichter sind Polarlichter und werden auch »aurora borealis« genannt (die im Süden heißen »aurora australis«). Es sind Leuchterscheinungen in großen Höhen der Atmosphäre (100 bis 1.000 Kilometer) in den Polargebieten, in der Regel nördlich von 60 Grad nördlicher Breite (Nordlichter) oder südlich von 60 Grad südlicher Breite (Südlichter). Ihre Intensität steigt und fällt mit dem Sonnenfleckenzyklus. Polarlichter entstehen, wenn elektrisch geladene Teilchen mit Gasmolekülen der Atmosphäre zusammenstoßen und diese energetisch anregen, so dass Licht ausgestrahlt wird. Es gibt Polarlichterscheinungen in verschiedenen Farben und zahlreichen sich verändernden Formen wie Bogen, Bänder, Fäden, Vorhänge, Fahnen, Flammen, Wolken oder als Korona. Polarlichter können Radio-, Telefon- und Telegraphenübertragungen stören.

Nord-Lindon
»Forlindon«: Der Teil von → Lindon nördlich des Golfes von → Lhûn; hier lebte im → Zweiten Zeitalter → Gil-galad

Nordmenschen
Volk von → Rhovanion, treue Verbündete von → Gondor, ursprünglich mit den → Edain verwandt, Vorfahren der → Éothéod

Nordmoore
Wenig besiedeltes Gebiet im nordwestlichen → Auenland, am Fuß der → Abendrotberge

Nordpolarbär
Der Helfer des → Weihnachtsmannes namens Karhu, eine Hauptfigur in → »Die Briefe vom Weihnachtsmann«. Seine Neffen sind die Polarfüchse → Paksu und → Valkotukka. Karhu macht immer ziemlichen Unsinn, 1926 etwa lässt er ein Riesen-Feuerwerk los, indem er die → Nordlichter für zwei Jahre gleichzeitig startet. Der → Mond zerbricht dadurch in vier Teile, und der → Mann im Mond fällt in den Küchengarten des Weihnachtsmanns. Außerdem bleibt es dadurch zwei Jahre lang

im Winter am Nordpol dunkel, obwohl Karhu seinen Vetter, den → Großen Bären, dazu überredet, besonders hell zu scheinen. Karhu ist aber auch ein magisches Wesen, praktisch unverletzlich, und in den Schlachten mit den → Kobolden ein großer Kämpfer.

Nordpolarlicht
→ Nordlicht

Nordpol-Briefmarken
Zu sehen in dem Buch → »Die Briefe vom Weihnachtsmann«, Wertangabe in »Kisses«, also Küssen. Ein Brief vom Nordpol nach England kostete zwischen 1920 und 1930 im Schnitt 2 Kisses, wie man in »Die Briefe vom Weihnachtsmann« nachlesen kann.

Nordpolturm
Wie man in → »Die Briefe vom Weihnachtsmann« nachlesen kann, steht der am Nordpol und kann auch schon mal abbrechen, etwa wenn der → Nordpolarbär im Übermut bis zur Spitze hinaufklettert; 1925 hat er dabei das Haus des → Weihnachtsmannes zerstört, so dass dieser umziehen musste.

Nordstraße, Nord-Südstraße
Straße aus dem → Zweiten Zeitalter, von → Fornost über → Tharbad zur → Pforte von Rohan und nach → Gondor, im → Auenland und in → Bree → Grünweg genannt, da sie seit dem Fall von → Arnor kaum benutzt und langsam überwuchert wurde. Sie überquerte den → Baranduin bei der → Sarnfurt und kreuzte in Bree die → Oststraße. Auch Königliche Straße, Große Straße und Pferdestraße genannt.

Nordtor
das → Bockland-Tor

Nordviertel
Eines der Viertel im → Auenland, kaum besiedelt, beliebtes Jagdgebiet

Nóre (Quenya)
»Land«, ursprünglich »Volk«

Nori
→ Zwerg, Bruder von → Ori und → Dori, entfernter Verwandter von → Thorin Eichenschild aus dem Haus von → Durin, Mitglied der Gemeinschaft um → Bilbo und Thorin auf der Fahrt zum → Erebor, wo er nach 2941 blieb. In → Beutelsend spielte er auf einer Flöte.

norna (Quenya)
»steif, hart, zäh«

Norno (Quenya)
»Zwerg«

Nornore
»Herold der → Götter«: früherer Name für → Eonwe

Norríve (Quenya)
»Zweiter Winter«: ein anderer Name für Ringare, den zwölften Monat im → Kalender der → Elben und auch der → Númenórer, entspricht grob unserem Dezember.

Northmoor Road No. 20
Wohnung in → Oxford von John Ronald Reuel → Tolkien und seiner Familie 1929 bis 1950

Northmoor Road No. 22
Wohnung in → Oxford von John Ronald Reuel → Tolkien und seiner Familie 1926 bis 1929

nórui (Sindarin)
»sonnig, feurig«

Nórui (Sindarin)
Name des sechsten Monats im → Kalender der → Númenórer, nur von den → Dúnedain verwendet, entspricht grob unserem Juni, Quenya: Nárië

Nos Galdon
»Volk von Galdor«: ein Name in frühen Geschichten

Nos nan Alwen
»Volk des Baumes«: ein Name in frühen Geschichten

Noss (Sindarin)
»Familie, Sippe, Clan, Volk«

Nosse (Quenya)
»Familie, Sippe, Clan, Volk«

Nost
»Geburt, Geburtstag« in der Sprache der → Gnome

nosta
»geboren werden« in der Sprache der → Gnome

Nost-na-Lothion
»Geburt der Blumen«: Frühlingsfest der → Gnome in → Gondolin

Nót (Quenya)
»Zahl«

nótima (Quenya)
»zählbar«

Nótuile
»Zweiter Frühling«: ein anderer Name für Lótesse, den fünften Monat im → Kalender der → Elben und auch der → Númenórer, entspricht grob unserem Mai.

Novrod (Sindarin)
»Hohler Bau«: ursprünglicher Name von → Nogrod

nu (Sindarin)
»unter«

Nú (Quenya)
»Westen« in Wortzusammensetzungen

Núath
Region am Oberlauf des → Narog

Nuin
In der frühen Mythologie ein → Dunkelelbe, der als erster den Menschen begegnete, genannt »Vater der Sprache«

nuitha (Sindarin)
»anhalten, jemanden stoppen«

Nulukkizdin
Name der → Kleinzwerge, der ursprünglichen Bewohner, für → Nargothrond

Núme (Quenya)
»Untergang, Westen«, z. B. in Númenóre

Númellóte (Quenya)
»Blume des Westens«, die Quenya-Form Inziladûn (→ Tar-Palantir)

Númen (Quenya)
»Westen, Sonnenuntergang«, auch Name des → Tengwar-Zeichens Nummer 17, ௲, das für »n« stand; in Mittelerde in fast allen Sprachen das Kurzzeichen für die → Himmelsrichtung Westen. Oft auch als Synonym benutzt für die Länder des fernen Westens, für → Aman und → Valinor

Númendil (Quenya)
»Freund des Westens«: der 17. Herr von → Andúnië

Númendor (Quenya)

»West-Land«: ein früherer Name für → Númenor

Númendrisch

Die Sprache von → Númenor, auch als Adûnaisch bekannt. Entstanden aus der alten Sprache des Hauses → Hador, stark beeinflusst durch verschiedene Elbensprachen, besonders das → Sindarin. Aus Adûnaisch entstand später das → Westron.

Númenor (Quenya)

»West-Land, Westernis«: die große Insel im → Belegaer, das westlichste aller »sterblichen Lande«, das die → Valar den → Edain am Ende des → Ersten Zeitalters gaben, die sich von da an → Dúnedain nannten. Land der Gabe genannt, aber auch Atalante oder Atalantie (Quenya) und → Akallabêth (Sindarin), beides bedeutet »Die Versunkene«; Númenor ist das Atlantis in der → Mythologie von Tolkien, der damit seiner Auffassung, → Mittelerde sei unsere Welt in einer früheren Zeit, Nachdruck verleiht. Die Insel umfasste etwa 440.000 Quadratkilometer, das ist immerhin etwa zwei Mal so groß wie Großbritannien, Irland würde 5 Mal und Kuba 4 Mal hineinpassen; Númenor war also eher ein kleiner Kontinent als eine Insel. Númenor hatte den Umriss eines fünfzackigen Sterns; fünf Vorgebirge umrahmten einen Zentralteil, entsprechend wurde Númenor in sechs Regionen eingeteilt, die fünf Vorgebirge, die nach den Himmelsrichtungen benannt waren – Forostar (Nordland), Andustar (Westland), Hyarnustar (Südwestland), Hyarrostar (Südostland) und Orrostar (Ostland) – und das Binnenland Mittalmar, zu dem das Königsland Arandor gehörte mit der Hauptstadt Armenelos, dem Hafen Rómenna und der heilige Berg → Meneltarma. Hier lebte der größte Teil der Bevölkerung und herrschten

ab 32 ZZ → Elros und seine Nachfahren (→ Könige und Königinnen von Númenor). Die Númenórer wurden bald hervorragende Schifsfahrer; sie bauten Segelschiffe, die später auch Ruder hatten und mit Kriegsgefangenen und Sklaven bemannt wurden. Etwa ab 600 ZZ fuhren die Númenórer wieder nach Mittelerde, das erste Schiff führte → Veantur, der Großvater von → Tar-Aldarion, der später als König stark die Seefahrt förderte. Er ließ in Mittelerde die Häfen Vinyalonde bauen (Lond Daer), → Umbar und → Pelargir, und ab 1700 griff Númenor auch in die Kriege von Mittelerde ein; → Tar-Minastir schickte Gil-galad eine starke Flotte zu Hilfe gegen → Sauron, unter seinem Nachfolger → Tar-Ciryatan entwickelte sich Mittelerde ab dem 19. Jahrhundert zur Kolonialmacht und forderte Tribute ein. Diese Entwicklung von Machtbewusstsein ging einher mit einer immer stärker werdenden Unzufriedenheit; die Númenórer sehnten sich nach der → Unsterblichkeit und wollten deshalb auch nach → Aman fahren, denn sie vermuteten, dass es das Land der Unsterblichen sei, dass die Unsterblichkeit verleihe. Sie entwickelten einen Totenkult ähnlich dem der Ägypter viel später, bis hin zu riesigen Königsgräbern und kunstvoller → Einbalsamierung. Es breitete sich eine immer größere Elbenfeindlichkeit aus, bis zum Verbot der Elbensprachen; schließlich wurde den Elben sogar verboten, Númenor zu betreten (32. Jahrhundert). Die Númenórer spalteten sich in eine Königspartei und die »Getreuen«, die Elbenfreunde (→ Elendili). Ar-Pharazôn, der letzte König, nahm den Thron unrechtmäßig in Besitz und war so mächtig, dass er 3261 Sauron unterwarf und ihn als Gefangenen nach Númenor brachte. Doch Sauron wurde bald zu seinem Ratgeber, baute → Melkor einen Tempel, führte → Menschenopfer ein und überredete den König, Aman anzugreifen. 3319 ZZ landete eine riesige Kriegsflotte in Aman, und → Manwe legte für kurze Zeit seine Herrschaft ab. → Ilúvatar ließ Númenor vom Meer verschlingen und änderte die Gestalt der Welt zu jener Gestalt, die wir heute kennen. Es überlebten nur die Númenórer, die in Mittelerde waren, darunter viele »Schwarze Númenórer«, Anhänger von Sauron, und die Königstreuen unter → Elendil, die mit neun Schiffen nach Mittelerde entkamen. Hier gründeten Elendil und seine Söhne → Isildur und → Anárion die Königreiche → Arnor und → Gondor.

Númenóre (Quenya)
»Volk des Westens«, im späteren Quenya »Land des Westens«, Númenor

Númenórer
Die Menschen von Númenor, auch die → Dúnedain genannt

Númerrámar
»Flügel des Westens«: das Schiff, mit dem → Veantur um 600 ZZ seine erste Reise nach → Mittelerde unternahm

Numessir
Fluss in → Valinor in frühen Geschichten

Nummer eins
Der oberste der → Nazgûl, der Schwarze → Hexenmeister

Núnatan (Quenya)
»Westmensch«: Name für die → Dúnedain

Nunduine
Fluss im Westen von → Númenor

Núneth
Mutter von → Erendis, Frau von → Beregar

nuquerna
»umgekehrt, gewendet«: Bezeichnung von auf dem Kopf stehenden → Tengwar-Zeichen

nûr (Sindarin)
»deep«

Núri
Ein Name von → Nienna

Nur-menel
Ein künstlicher Himmel, den → Varda über → Valinor spannte

Nurn
Gebiet im südwestlichen → Mordor

Núrnen (Quenya)
»Trauerwasser«: ein Binnenmeer im Süden von → Mordor mit schmutzigem, bitterem Wasser

nurru (Quenya)
»murmeln, brummeln«

nurta (Quenya)
»verhüllen«

Nurtale Valinóreva (Quenya)
→ »Verhüllung von Valinor«

Nurtale (Quenya)
»Verhüllung«

Nuru (Quenya)
»Trauer«

Nurufantur
»Trauer-Feantur«: früherer Name von → Mandos

Nuruhuine (Quenya)
»Todesschatten«

Nurwe
Führer einer Sippe der → Avari

Nwalme (Quenya)
»Folter«, auch Name des → Tengwar-Zeichens Nr. 20, »ᴄ«, das für »nw« stand.

nya (Quenya)
auch in der Form *inya*: steht für »mein«, eingebunden in ein Wort zwischen Stamm und Endung. So bedeuten sowohl tata*nya* wie auch atar*inya* »mein Vater«

nyar (Quenya)
»erzählen«

Nyarna (Quenya)
»Legende«, z. B. in → Cuivienyarna

Nyelle (Quenya)
»Glocke«

Nymphe
Im Gedicht → »Die Abenteuer des Tom Bombadil« wird dessen Frau → Goldbeere Nymphe genannt, an anderer Stelle Wasserfrau. Die Nymphen (griechisch: »junge Frau, Braut«) entsprechen in der → Mythologie der antiken → Griechen und Römer den → Nixen der → Germanen oder des Mittelalters. Sie waren niedere Gottheiten, Halbgöttinnen oder Naturgeister, die in Gehölzen, Brunnen, Wäldern, Wiesen, Flüssen und im Meer wohnen, meist dargestellt als junge und schöne Mädchen, die Musik und Tanz lieben. Es gab die Okeaniden oder Töchter des Okeanos (des Ozeans, der die Erde umgibt), die Nereiden oder Töchter des Meergottes Nereus (Nymphen des Mittelmeeres), die Potameiden (Flussnymphen), die Najaden (Nymphen der Quellen und Süßgewässer), die Oreaden (Berg- und Höhlennymphen) und die Dryaden (Wald- oder Baumnymphen). Die letzteren beiden Gruppen hausten nicht im Wasser. Anders als die Nixen hatten die Nymphen keinen Fischschwanz.

O

O Dwimordene, o Lórien
Beginn eines Gedichtes über → Lórien, das → Gandalf in → Edoras zitiert, bevor er → Gríma Schlangenzunge vertreibt

O Königin, schneeweiß und fern
Beginn eines Liedes, das → Frodo und seine Gefährten im → Auenland hören, eine → Anrufung von Elbereth, gesungen von vorbeireisenden → Elben, in der alten Übersetzung des »Herrn der Ringe« heißt es treffender: »Schneeweiß! Schneeweiß! O Herrin hold«. Eine Vertonung des englischen Originaltextes »Snow-white! Snow-white, O Lady clear!« von Marion Zimmer Bradley findet sich auf der CD und im Songbuch → »The Starlit Jewel«, weitere auf den CDs → »An Evening in Rivendell« und → »A Night in Rivendell« der dänischen Gruppe → »The Tolkien Ensemble«.

O Orofarne, Lassemista, Carnmirie!
Beginn von → Bregalads Ebereschenlied

O schlank wie der Weidenzweig
Beginn eines Lobverses, den → Frodo auf → Goldbeere macht

O Wanderer im Schattenland
Ein Mutmachlied, das → Frodo im → Alten Wald singt

Oarel (Quenya)
»einer, der hinwegzieht«, Mehrzahl

Oareldi: die → Elben, die aus → Mittelerde nach → Aman gingen

Oarni
In der frühen → Mythologie von Tolkien Meeresgeister, manchmal auch mit »Meerjungfrauen«, also → Nixen, gleichgesetzt

Oazel
Ältere Form von → Oarel

Oberbronn-Marschen
Marschen am → Baranduin

Oberbühl 62
Ort im → Auenland nahe → Hobbingen

Oberst
»Titel« von Lotho → Sackheim-Beutlin, als er der »Boss« des → Auenlandes ist

Ódhel (Sindarin)
»Gnom«, später »Noldor-Elbe«, Mehrzahl Ódhellim

Odhril (Sindarin)
»Mutter«

Odhron (Sindarin)
»Vater«

Odin
Unter den Göttern der Germanen (→ Allvater ausgeklammert) der höchste Gott, bekannt auch als Wodan, Wóden, Wotan oder Wuotan. Fälschlicherweise manchmal mit Allvater verwechselt. In den frühen Versionen von Tolkiens → Mythologie wird er manchmal mit → Manwe gleichgesetzt, und einmal führt → Eriol seine Abstammung auf Wóden zurück. Herrscher der anderen Götter, Kriegsgott und Herr in → Walhall; Schlachtenlenker, der aber selbst nicht an den Kämpfen teilnimmt. Mit seinem mäch-

tigen Speer Gungnir bezeichnet er die Männer, denen er den Tod bestimmt hat, diese werden von den Walküren nach Walhall gebracht. Gott der Weisheit, der Dichtkunst und der → Magie: Um aus Mimir, der Quelle der Weisheit, trinken zu dürfen, opferte er ein Auge. Seine Gemahlin ist Frigg oder → Freya, sein ältester Sohn der Donnergott Thor. Auf seinen Schultern sitzen die zwei schwarzen Raben Hugin, der Gedanke, und Munin, das Gedächtnis, die ihm alles Wichtige zutragen (wie bei Manwe die Adler). In heiligen Nächten jagt Odin auf seinem weißen achtfüßigen Ross Sleipnir mit seinem Gefolge in wilder Jagd durch die Lüfte, immer dabei sein Speer Gungnir und sein Ring Draupnir. Oft steigt er in menschlicher Gestalt mit breitkrempigem Hut auf die Erde zu den Menschen. Odin ist wie die anderen Asen sterblich; er wird bei der Götterdämmerung vom → Fenriswolf verschlungen.

Ödland
Ein Gebiet in → Rohan im Norden von → Ost Emnet

Odo, Odog (Sindarin)
»Sieben«

Odothui (Sindarin)
»Siebenter, Siebente«

Oger
Ein riesiger menschenähnlicher Barbar, kein echter → Riese, aber nur wenig darunter. In der frühen → Mythologie von Tolkien ist die Mutter von → Gothmog ein Ogerweib (der Vater ist → Melko), und es gibt die »Sarqindi«, übersetzt mit »Kannibalen-Oger«. In romanischen Märchen, vor allem in französischen Geschichten, tauchen Oger oft als Menschenfresser auf (→ Anthropophagen).

Oghor-hai
Bezeichnung für die → Drúedain in der → Schwarzen Sprache der → Orks

Ohm Gamdschie
Hamfast → Gamdschie (I)

Ohnbüttel
Ort westlich vom → Binsenmoor im Westviertel im → Auenland

Ohtar
»Soldat, Krieger«: Schildknappe von → Isildur, brachte → Narsil nach → Imladris. Ein Ohtar ist ein voll ausgebildeter Soldat, der noch keinen Offiziersrang bekleidet.

oiale (Quenya)
»ewig, immerwährend«

Oienkarme (Quenya)
»Fortwährende Schöpfung«: die Welt als Ergebnis der Schöpfung von → Ilúvatar

Oikeroi
Eine Katze im Gefolge von → Tevildo, von → Huan getötet

Óin
→ Zwerg aus dem Haus von → Durin (2774–2994), Sohn von → Gróin und älterer Bruder von → Glóin, Vetter von → Balin und → Dwalin. Einer der zwölf Zwerge, die mit → Thorin Eichenschild und → Bilbo zum → Erebor reisten. Folgte 2989 DZ → Balin nach → Moria, wo er 2994 am See vor dem Westtor vom → Wächter im Wasser getötet wurde.

Óin, König
König der → Zwerge in den → Ered Mithrin, geboren 2238 DZ, herrschte 2385 bis zu seinem Tod 2488.

Oinen

→ Uinen

oio (Quenya)

»ewig, immerwährend«

Oiolaire (Quenya)

»Immersommer«: eine Baumart, wahrscheinlich ein Nadelbaum, die die → Elben von → Tol Eressea nach → Númenor brachten. Einen Zweig dieses Baumes steckte man traditionell in → Númenor an den Bug eines auslaufenden Schiffes, als »Zweig der Wiederkehr«.

Oiolosse (Quenya)

»Der stets Schneeweiße«: der → Taniquetil

Oiomúre

Ein Nebelgebiet in der Nähe der Helcaraxe

Ól (Sindarin)

»Traum«

óla (Quenya)

»träumen«

Olaf

Ein norwegischer Holzfäller, mit dem der → Nordpolarbär 1929 im November einen Urlaub verbracht hat, wie man in → »Die Briefe vom Weihnachtsmann« nachlesen kann.

Olassie (Quenya)

»Laub, Blattwerk«

Olba (Quenya)

»Zweig«

Oldbuck, Oldbuck of the Marish

Der englische Name der Familie → Altbock vom Bruch; bei Mitgliedern dieser Familie siehe immer unter dem deutschen Namen

olfin (Sindarin)

»Zweig, Stab, Stock«

Olifant

Großer → Kriegselefant in der Sprache der → Hobbits, beschrieben in dem im → Auenland volkstümlichen Gedicht »Olifant«, das sowohl im »Herrn der Ringe« zu finden ist wie auch als zehntes Gedicht im Buch → »The Adventures of Tom Bombadil and other verses from The Red Book« (1962). Das Gedicht »Olpihaunt« erschien in einer ersten Fassung 1927 unter dem Titel »Adventures in Unnatural History and Medieval Metres: being The Freaks of Fisiologus (ii): Iumbo, or, Ye Kind of Ye Oliphaunt« in »The Stapeldon Magazine« 7 (No. 40, Oxford).

Oliphaunt

Das Gedicht → »Olifant«, auch das gleichnamige Tier

Oliver Road

Straße im Stadtteil Edgbaston in → Birmingham, in der John Ronald Reuel → Tolkien von 1902 bis 1905 lebte

Olofantur

»Fantur der Träume«: ein früherer Name für den → Vala → Lórien

Olog-hai

→ »Bergtroll« in der → Schwarzen Sprache

Olor (Quenya)

»Traum, Vision«: nicht der Traum im Schlaf, ehe Visionen, Wachträume

Olóre Malle (Quenya)

Der → Pfad der Träume

olóre (Quenya)

»schlafen, schlummern«

Olorin

»Wesen der Träume«: Der weiseste aller → Maiar, einer der → Istari (Zauberer), der in → Mittelerde als → Gandalf bekannt wurde. In → Valinor lebte er in den Gärten von → Lórien und war befreundet mit → Niënna.

Olos (Quenya)

»Traum, Gesicht, Vision, Phantasieren«

olosta (Quenya)

»träumerisch«

oltha (Sindarin)

»träumen«

Olva

»Was wächst und feststeht, Pflanze«: eigentlich jedes lebende Wesen, das sich nicht von Ort zu Ort bewegen kann, im Gegensatz zu den → Kelvar, den Tieren. Da → Yavanna die Olvar leid taten, denen von den Kelvar nur Übles widerfahren würde, ohne dass sie sich wehren könnten, bat sie → Manwe, ihnen eine Schutzmacht zur Seite zu stellen. Und für die Olvar, die ihr am liebsten waren, die langsam wachsenden, doch schnell gefällten Bäume, wurde ihr dies gewährt: Mit dem Erwachen der Elben kamen die Baumhirten, von den → Elben Onodrim (Quenya) oder Enyd (Sindarin) genannt, von den → Rohirrim → Ents. Vielleicht ist auch → Tom Bombadil ein solcher Schutzgeist.

Olwe

Fürst der → Teleri, führte sie gemeinsam mit seinem Bruder Elwe (→ Thingol) aus Cuiviénen nach Westen, nach dessen Verschwinden (er war mit → Melian zusammen) brachte er sie alleine nach → Aman und wurde dort ihr König in → Alqualonde. Vater von → Earwen, Großvater von → Fin-rod, → Orodreth, → Angrod, → Aegnor und → Galadriel.

Olwen (Quenya)

»Zweig, Stab, Stock«

Oma (Quenya)

»Stimme«, gebraucht auch für »Vokal«

Ómar

In einer frühen Fassung der → Valaquenta der jüngste der großen → Valar, auch Amillo genannt (HIS 1,2)

Ómataina (Quenya)

Fachwort für die Erweiterung einer Wortwurzel durch die Anfügung eines Vokals, der mit dem Wurzelvokal identisch ist

Ómatehta (Quenya)

»Vokalzeichen« bei den → Tengwar

Omentie (Quenya)

»Begegnung, Treffen«

On Fairy Stories

Ein grundlegender Vortrag, den Tolkien 1938 nach der Veröffentlichung von → »The Hobbit« hielt und in dem er seine Theorie über die literarische Form des Märchens darlegte. Unter anderem erklärte er, dass Märchen keinesfalls für Kinder allein geschrieben werden sollten, warum seine → Elben wenig mit den kleinen, durchsichtigen und geflügelte Feen gemein hätten, wie sie damals (und bei manchen heute noch) deren Bild bestimmen, sondern dass von den alten Alben der → Germanen abstammen, und dass er ein Gegner von naturalistischer Illustration von Geschichten sei, da sie die Fantasie der Lesenden einschränke. Veröffentlicht in »Essays Presented to Charles Williams«, hrsg. von C. S. → Lewis (Oxford University Press, London, 1947, Seite 38–89.), mehrfach nachgedruckt und übersetzt, in Deutsch unter dem Titel »Über Märchen« in Baum und Blatt (Berlin, 1982), in »Gute Drachen sind rar« (Stuttgart, 1984/2000) und »Die Ungeheuer und ihre Kritiker« (Stuttgart, 1987).

On Translating Beowulf

Vorwort von Tolkien zu »Beowulf and the Finnesburg Fragment: A Translation into Modern English Prose« von John R. Clark Hall (neu bearbeitet von C. L. Wrenn, London, George Allen & Unwin, 1940). Veröffentlicht außerdem in »The Monsters and the Critics and Other Essays« (herausgegeben und mit einem Vorwort versehen von Christopher Tolkien, London, George Allen & Unwin, 1983), deutsch in der Übersetzung von Wolfgang Krege unter dem Titel »Zur Übersetzung des Beowulf« in »Die Ungeheuer und ihre Kritiker« (Stuttgart 1987) und in der Ausgabe des »Beowulf« bei Klett-Cotta 2001.

Ondo (Quenya)

»Fels, (großer) Stein«, z. B. in → Ondolinde

Ondoher

»Steinherr«: → Dúnedain, 31. König von → Gondor ab 1936 DZ, gefallen 1944 in der Schlacht mit den → Wagenfahrern

Ondolinde (Quenya)

»Steinlied, oder Singender Stein«: Quenya-Name von → Gondolin, auch übersetzt mit »Felsen der Wassermusik«, wegen der süß klingenden Quellen

Ondosto

Ort in → Forostar (Nordland) von → Númenor, wahrscheinlich gab es hier Steinbrüche

Ónen

In den frühen Geschichten eine → Vala des Meeres, auch »Königin der Meerjungfrauen« genannt, später → Uinen

Onen i-Estel Edain, ú-chebin estel anim

Mit diesem Spruch verabschiedete sich → Gilraen von ihrem Sohn → Aragorn, dem späteren König Elessar, als sie ihn zum letzten Mal sah: »Ich gab dem Dúnedain Hoffnung, ich behielt keine Hoffnung für mich.«

Oneth (Sindarin)

»Geber, Schenker«

Onkel Andi

→ Andweis, Seiler von Reepfeld

Onna (Sindarin)

»Kind«

onnen (Sindarin)

»geboren«

Onod (Sindarin)

Ein → »Ent«

Onodló (Sindarin)

Der Fluss → Entwasser

Onodrim (Quenya)

Die → Ents, Einzahl Onod

Onóna (Quenya)

»Zwilling«, Mehrzahl Ononi

onót (Quenya)

»summieren, aufrechnen«

Onótie (Quenya)

»Summe, Aufrechnung«

Onótimo

»Zusammenzähler«: ein Beiname von → Quennar

Onya
»Mein Kind«: Kosewort

or (Sindarin)
»über«

Or, Ore (Quenya)
»Berg, Höhe« (Mehrzahl Óri), z. B. in
→ Pelóri

Oraearon (Sindarin)
»(Tag des) Meeres«, Name des sechsten
Tages in der siebentägigen Woche im
→ Kalender der → Númenórer, auch
Earenya (Quenya)

Orald
Name für → Tom Bombadil bei den Menschen, bedeutet »sehr alt« im Altenglischen
(»uralt«)

Oranor (Sindarin)
»(Tag der) Sonne«, Name des zweiten Tages
in der sechstägigen Woche im → Kalender
der → Elben und in der siebentägigen
Woche bei den → Númenórern

Orc
»Kobold« in der Sprache der → Gnome,
Mehrzahl Orcin und Orchoth; in der frühen
→ Mythologie von Tolkien entsprechen die
→ Orks noch eher den klassischen
→ Kobolden

Orch (Sindarin)
→ »Ork«

orchal (Sindarin)
»bedeutend, groß«

Orchaldor
Númenórer, Gemahl von Ailinels, der älteren Schwester von → Tar-Aldarion, Vater
von → Soronto

Orchoth (Sindarin)
→ »Orks«

Orcobal
Der beste Kämpfer der → Orks beim
Angriff auf → Gondolin, von → Ecthelion
(I) erschlagen

Orcrist
→ Orkrist

Orden der Zauberer
»Heren Istarion«, der Orden der → Istari

Óre (Quenya)
»Herz, Gemüt«; auch Name des → Tengwar-Zeichens Nr 21, ᴕ, das für r stand.

Orfalch Echor
Große Schlucht in den → Echoriath, durch
die man durch sieben Tore nach → Gondolin kam

Orghalad (Sindarin)
»(Tag des) Baums«, Name des vierten Tages
in der siebentägigen Woche im → Kalen-
der der → Númenórer, gewidmet dem
Weißen Baum, dessen Abkömmling
→ Nimloth war, auch Aldea (Quenya)

Orghaladad (Sindarin)
»(Tag der) Bäume«, Name des vierten Tages
in der sechstägigen Woche im → Kalender
der → Elben, den → Zwei Bäumen von Valinor gewidmet

Orgilion (Sindarin)
»(Tag der) Sterne«, Name des ersten Tages
in der sechstägigen Woche im → Kalender
der → Elben und in der siebentägigen
Woche bei den → Númenórern

Orgof
→ Elbe aus → Artanor, von → Túrin getötet

Ori

Ein → Zwerg (gestorben 2994), Bruder von → Dori und → Nori, entfernter Verwandter von → Thorin Eichenschild aus dem Haus von → Durin, Mitglied der Gemeinschaft um → Bilbo und Thorin auf der Fahrt zum → Erebor. Begleitete 2989 → Balin nach Moria, wo er in der Kammer von → Mazarbul von → Orks erschlagen wurde. Er schrieb den größten Teil des → Buches von Mazarbul. In → Beutelsend spielte er auf einer Flöte.

Orion

der Stern → Telimektar

Orithil (Sindarin)

»(Tag des) Mondes«, Name des dritten Tages in der sechstägigen Woche im → Kalender der → Elben und in der siebentägigen Woche bei den → Númenórern

Ork (Quenya)

»Ungeheuer, Dämon« (→ Orks)

Orko (Quenya)

→ »Ork«, Mehrzahl Orkor und Orqui (→ Orks)

Orkrist (Sindarin)

»Orkspalter«: das Schwert von → Thorin Eichenschild, das er auf der Reise zum → Erebor mit → Bilbo in einer → Trollhöhle fand, eine Schwesterwaffe zu → Glamdring. Zusammen mit Thorin begraben.

Orks

In der Sprache der → Rohirrim werden so die Wesen bezeichnet, die bei Tolkien als die hauptsächlichen Soldaten des Bösen dienen. Auch in → Quenya gab es das Wort, dort bedeutete es »Ungeheuer« oder → »Dämon«, in → Sindarin sagte man Orch. Die Orks selbst nannten ihre Kämpfer in der → Schwarzen Sprache → »Uruk«, Mitglieder der älteren weniger starken Ork-Rasse wurden → »Snaga«, »Sklave«, genannt. Die → Hobbits nannten die Orks »Goblins«, das englische Wort für → Kobolde, und im »Hobbit« gibt es auch (mit einer Ausnahme) nur solche »Kobolde«. Sinnvollerweise wird in der deutschen Übersetzung durchgehend von Orks gesprochen. In den frühen Geschichten von Tolkien ist die Unterscheidung nicht immer ganz klar, erst später wurden die Orks klar ausgestaltet. – Wahrscheinlich wurden die Orks von → Melkor aus → Elben gezüchtet, obwohl diese das nie gerne hörten, möglicherweise wurden auch Menschen eingekreuzt. Sie hatten keine eigene Sprache, sondern sprachen die von → Sauron entwickelte Schwarze Sprache und zahlreiche verschiedene Dialekte der diversen Menschensprachen. Die Orks galten allen »zivilisierten« Völkern als Erzfeinde und nicht mehr wert als Tiere, die es zu erschlagen galt; mit einigen Völkern im Osten von → Mittelerde kam es jedoch zu Kontakten, die bis zur Zeugung von → Halborks führen konnten. Orks stießen die Elben und meisten Menschen schon durch ihr Aussehen ab: dunkelhäutig, mit Schlitzaugen, platten Schnüffelnasen, Reißzähnen, krummen Beinen und langen Armen, meist kleiner als Menschen. Sie mochten die Sonne nicht, waren ziemlich unzivilisiert, Menschenfresser (→ Anthropophagen) und auch untereinander stark verfeindet; nur der Stärkere hatte das Sagen. Dennoch kann man überlegen, inwieweit die einzelnen Orks für ihre Taten verantwortlich waren, da sie zu ihren Taten verführt (ja sogar dafür gezüchtet!) waren und gar keine Wahl hatten. Zu solchen Überlegungen reichte jedoch die Güte von König → Aragorn nicht aus; er begnadigte zwar die Menschen, die im Ringkrieg für Sauron gekämpft hatten, die Orks jedoch wurden ausgerottet, Frauen und Kinder eingeschlossen.

Orktor
»Hintertür« zu den Orkhöhlen an der Ostseite der → Nebelberge, Flucht- und Ausfalltor, durch das → Bilbo entkam

Orkturm
Der Turm von → Cirith Ungol

Orleg
Ein Geächteter aus der Bande von → Túrin, von → Orks auf der Straße nach → Nargothrond erschlagen

Orlin
Mann aus → Hisilóme, ein Untertan von → Brodda, von → Túrin erschlagen

Orm
Schiffskapitän der → Forodwaith; er erschlug Déor, den Vater von → Ælfwine

Orma, Ormaldor
Namen für den → Vala → Orome in der Sprache der → Gnome, bedeuten wohl »Herr der Bäume«, »Herr des Holzes«

Ormal
Eine der von → Aule geschaffenen → Lampen der Valar, sie stand im südlichen Teil von → Mittelerde

Ormenel (Sindarin)
»(Tag des) Himmels«, Name des fünften Tages in der sechstägigen Woche im → Kalender der → Elben und in der siebentägigen Woche bei den → Númenórern

Orn (Sindarin)
»großer Baum«

Ornelie (Sindarin)
»Baumvolk«: ein Name für die → Elben von → Lórien

ornemalin (Quenya)
»baumgelb«

Ornendil
»Baumfreund«: → Dúnedain, Sohn von König → Eldacar von → Gondor, vom Thronräuber → Castamir 1437 DZ ermordet

Ornóme, Ornóma (Quenya)
»Sprechender Baum«: eine Bezeichnung für die → Ents

Oro (Quenya)
»Berg, Höhe«, z. B. in → Orocarni

Orocarni
»Die Roten Berge«, die Berge im Osten von → Mittelerde im → Ersten Zeitalter, gelegen im Osten von → Helcar

Orod (Sindarin)
»Berg«

Orodben (Sindarin)
»Bergbewohner«

Orod-na-Thôn (Sindarin)
»Berg der Kiefern«: → Dorthonion

Orodreth
Zweiter Sohn von → Finarlin, der einzige der Enkel von → Feanor, der gegen die Rebellion gegen die → Valar sprach, doch ging er mit, um seine Verwandten nicht im Stich zu lassen. Herr von → Minas Tirith, bis → Sauron dieses 457 EZ eroberte. Nach dem Tod seines Vaters (467) König von → Nargothrond, von → Túrin zu aggresiver Kriegsführung überredet, dadurch

wurde Nargothrond bloßgelegt. Vater von → Finduilas, gestorben 496 in der → Schlacht bei Tumhalad.

Orodreth (Truchsess)
→ Dúnedain, 16. Herrschender → Truchsess von → Gondor (2655–2685 DZ)

Orodrim (Sindarin)
»Bergkette«

Orodruin (Sindarin)
»Berg des lodernden Feuers, rotflammender Berg«: Berg in → Mordor, auch Amon Amarth genannt, der »Schicksalsberg«. Ein knapp 1500 Meter hoher aktiver Vulkan auf der Ebene von → Gorgoroth westlich des → Barad-dúr. In seinen Feuern, in den Schicksalsklüften, hatte → Sauron um 1600 ZZ den → Herrscherring geschmiedet, und nur in diesen Feuern konnte er wieder zerstört werden. Der Schicksalsberg war nur etwa 1500 Meter hoch (ein Drittel der Höhe des Matterhorns), doch erschien er größer, da er auf einer Ebene stand. In etwa 1000 Metern Höhe gab es eine Stufe, über die → Saurons Straße führte.

Orofarne (Quenya)
»Gebirgsbewohnend«: der Name einer Eberesche in → Bregalads Ebereschenlied

Oromar (Quenya)
»hohe Halle«

Orome
»Hörnerschall, Hornblasen«: Einer der → Valar und der → Aratar, der große Jäger unter den → Ainur. Auf seinem weißen Pferd → Nahar ritt er durch ganz → Mittelerde und blies sein großes Jagdhorn Valaroma (»Hörnerschall«). Er entdeckte als erster der Valar die → Elben am See von → Cuiviénen und führte sie nach → Aman.

Oromes Gattin ist → Vána die Ewigjunge. Er wird auch Aldaron und Tauron genannt, »Herr der Wälder«, und der »Große Jäger«. In der frühen → Mythologie als Sohn von → Aule gedacht.

Oromendil (Quenya)
»Freund von Orome«: Enkel von → Tar-Amandil

Oromet (Quenya)
»Letzter Berg«: Berg am Hafen von → Andúnië im Westen von → Númenor; hier baute → Tar-Minastir seinen großen Turm

Oron Oiolosse
»Immerweißer Berg«: ein Name für den → Taniquetil

Oron (Quenya)
»Berg«

Orondil (Quenya)
»Liebhaber der Berge«: ein Name von Vorondil

Oropher
König der → Waldelben im Großen → Grünwald, Vater von → Thranduil. Gefallen 3441 bei der letzten Schlacht im → Krieg des letzten Bundes.

Orophin
→ Waldelbe aus → Lórien, Bruder von → Haldir

Orossi
»Feen der Berge«: alter Name in den früheren Geschichten

Orrostar (Quenya)
»Ostland«: das östliche Vorgebirge von → Númenor, wie die anderen Vorgebirge als selbstständige Region angesehen.

Auch wenn das Pferd nicht weiß ist: Diese traditionelle russische Holzmalerei lässt an die erste Begegnung von Orome mit den Elben denken. (Foto: Friedhelm Schneidewind)

ort (Quenya)
»heben«

ortha (Sindarin)
»aufgehen, aufsteigen«

orthad (Sindarin)
»aufgehend«

Orthanc (Sindarin)
»Gabelhöhe«: der 150 Meter hohe Turm im Ring von → Isengard. Der Name bezog sich auf seine vier in spitze Zacken auslaufenden Pfeiler, er bedeutete zugleich in der Sprache der → Rohirrim »geschickter Aufbau«. Der Turm war aus sehr hartem Fels gefertigt und praktisch uneinnehmbar.

Orthanc-Feuer
Eine Geheimwaffe von → Saruman, wahrscheinlich eine Art Sprengstoff

Orthanc-Stein
Der → Palantir, der im → Orthanc aufbewahrt wurde

ortheri (Sindarin)
»beherrschen, erobern«

Os (Quenya)
»Festung, Burg«

Ósanwe-kenta
»Gedankenkommunikation«

Osborne, Barrie
Zweiter Produzent beim → Film von Peter → Jackson

osgar (Sindarin)
»abschneiden, amputieren«

Osgiliath (Sindarin)
»Festung der Sterne«: die größte Stadt des alten Reiches → Gondor und die erste Hauptstadt, zu beiden Seiten des → Anduin gelegen zwischen → Minas Anor und → Minas Idil. Während des → Sippenstreits von Gondor 1437 DZ zum Teil zerstört, nach der Großen → Pest 1636 verlassen, die Hauptstadt von Gondor war ab 1640 Minas Anor. 2475 von → Orks aus → Mordor eingenommen, von → Truchsess → Boromir befreit, doch wurde nur eine kleine Wachmannschaft postiert. Im Sommer 3018 von den Orks erobert.

Osp (Sindarin)
»Rauch«

Oss (Sindarin)
»äußere Mauer, Stadtmauer«

Ossa (Quenya)
»Mauer und Graben«

Osse
Ein → Maia im Dienste von → Ulmo, der Herr der Stürme (die er sehr liebte) und der Küstengewässer von → Belegaer. Freund der → Teleri, lehrte die → Falathrim den Schiffbau. Seine Gattin war → Uinen, die ihn davon abhielt, zu → Melkor überzulaufen, doch blieb Osse sehr eigensinnig und handelte oft gegen den Willen der → Valar.

Ossiriand
»Land der sieben Flüsse«: des → Gelion, welcher die Westgrenze bildete, und seiner sechs von den → Ered Luin herabströmenden Nebenflüsse → Ascar, → Thalos, → Legolin, → Brilthor, → Duilwen und → Adurant. Von den Noldor auch → Lindon genannt.

Ost (Quenya)
»Haus, Hütte«, aber auch »Festung, Burg«

Ost (Sindarin)
»Hof, Stadt, Festung«

Osta (Quenya)
»Heimstatt«

osta (Sindarin)
»mit Mauern umgeben, befestigt«

Ostar (Quenya)
»Gemeinde, Gebiet«,

Ost-Beleriand
Der östliche Teil von → Beleriand, östlich des → Sirion, hier lagen u. a. → Doriath, → Dorthonion, → Estolad und → Maedhros' Mark.

Ost-Bucht
Große Einbuchtung auf der Ostseite des → Düsterwaldes

Ost-Elben
Die → Waldelben

Ost-Emnet
Der nordöstliche Teil von → Rohan

Ostfold
Gebiet von → Rohan an den nördlichen Hängen der → Ered Nimrais, östlich von → Edoras

Ost-in-Edhil
»Festung der Eldar«: Stadt der → Elben in → Eregion, hier wurden von → Celebrimbor die → Ringe der Macht geschmiedet, 1697 ZZ von → Sauron zerstört

Ostland von Númenór
→ Orrostar

Ostlinge
Jene Menschen, die in der Zeit nach der → Dagor Bragollach nach → Beleriand kamen, auch Dunkelmenschen genannt, einmal, weil viele von ihnen auf Seiten von → Morgoth kämpften, aber vor allem, weil sie dunkle oder gelbliche Haut und dunkle Haare hatten. Im → Dritten Zeitalter wurden in → Gondor alle Menschen als »Ostlinge« bezeichnet, die aus den geographisch unbekannten Gebieten östlich des Flusses → Carnen und des Binnenmeers von → Rhún kamen, dazu gehörten die → Wagenfahrer und die → Balchoth.

Ostmark
Militärisch betrachtet die östliche Hälfte von → Rohan, von der Westmark durch den → Schneeborn und die → Entwasser abgegrenzt. Im → Ersten Zeitalter ein Name für → Maedhros' Mark.

Osto (Quenya)
»Festung«

Ostoher
»Festungsherr«: → Dúnedain, siebenter König von → Gondor von 411 bis 492 DZ, baute um 420 → Minas Anor wieder auf, das von → Sauron zerstört worden war, und nutzte es als Sommersitz

Ostor (Sindarin)
»Einfriedung, Mauerring«

Oststraße
Im → Ersten Zeitalter Straße vom Berg → Taras über den → Sirion bei der → Brithiach-Furt, den → Aros bei → Arossiach und weiter bis zum → Himring. Zu Beginn des → Dritten Zeitalters die wichtigste Ost-West-Verbindung, führte von den → Grauen Anfurten durch → Eriador über die → Baranduin-Brücke durch → Bree, wo sie die → Nordstraße kreuzte, an der → Wetterspitze und → Imladris vorbei durch das

→ Nebelgebirge über den → Hohen Pass zur → Alten Furt über den → Anduin und mündete dann in die → Alte Waldstraße durch den → Düsterwald nach → Esgaroth, → Thal und zum → Erebor. Zur Zeit des → Ringkrieges verfallen und ziemlich unsicher.

Osttor
Das Große Haupttor von → Moria

Ostviertel
eines der vier Viertel des → Auenlandes an der Grenze zum → Bockland

Ost-West-Straße
→ Oststraße

Othrad (Sindarin)
»Straße«

Othrod
Ein Fürst der → Orks, bei der Zerstörung von → Gondolin von → Tuor getötet

Othronn (Sindarin)
»Unterirdische Festung«

Otso
»Sieben«

Ottilie
Name einer Dachsdame in dem Gedicht → »Die Abenteuer des Tom Bombadil«

Otto, Miranda
Die Darstellerin von → Éowyn im → Film von Peter → Jackson ist die Tochter des australischen Schauspielers Barry Otto und spielte bisher in fast 20 Filmen, u. a. in:
»Emmas Krieg« (1986)
»Initiation« (1987)
»Wege der Liebe« (1992)
»The Nostradamus Kid« (1993)
»Sex Is a Four Letter Word« (1995)
»True Love and Chaos« (1997)
»In the Winter Dark« (1998)
»Der Schmale Grat« (1998)
»Kin« (1999)
»What Lies Beneath« (2000)

Ottor Wæfre
Ein früherer Name von → Eriol

Ouroboros
Als gekrümmter, sich selbst in den Schwanz beißender → Drache (oder auch Schlange) ein wichtiges Symbol in der → Alchemie, steht u. a. für den ewigen Kreislauf allen Seins, für die Verwandlung der Materie (Transmutation) und damit auch den Stein der Weisen wie auch das daraus gewonnene → Elixier des Lebens. Erinnert auch an die → Midgardschlange oder andere mythologische Weltschlangen, die die ganze Welt umschließen. Der Ouroboros war auch Zeichen des mittelalterlichen Drachenordens und damit Namensgeber des berühmtesten aller → Vampire, Dracula.

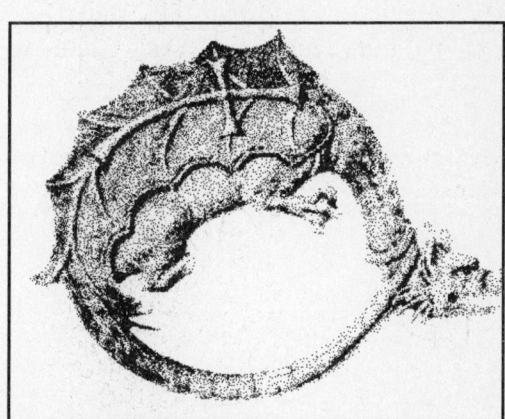

Ouroboros: Wappen des mittelalterlichen Drachenordens, stellt den gekrümmten, sich selbst in den Schwanz beißenden Drachen dar; als Zeichen eines christlichen Ordens trägt er auf dem Rücken ein Kreuz

ovor (Sindarin)
»im Überfluss vorhanden«

ovra (Sindarin)
»Überfluss haben«

Ovras (Sindarin)
»Menge, Meute«

Ówen
Frühester Name von → Uinen

Oxenford
Stadt in der Geschichte → »Bauer Giles von Ham«, in der vier weise Gelehrte hausen, die sich z. B. Gedanken über die → Donnerbüchse des Bauern machen; Parodie auf → Oxford

Oxford
Hauptstadt der englischen Grafschaft Oxfordshire, gelegen an der Themse. Berühmte Universität, gegründet 1214, mit zahlreichen Instituten, 2 Sternwarten, einer Druckerei (Clarendon Press), der Bodleyan- und der Radcliffe-Bibliothek. Heute ca. 115 000 Einwohner. → Tolkien studierte hier von 1911 bis 1916 und lebte und arbeitet hier von 1918 bis 1920 und von 1925 bis 1968, außerdem verbrachte er hier sein letztes Lebensjahr.

Oxonmoot
Die jährliche Herbstveranstaltung der Tolkiengesellschaft → »The Tolkien Society«

Ozean von Almain
Die Nordsee

Ozean
Meist ist das große Meer → Belegaer gemeint.

Ozeane des Himmels
Scheinbar ein anderer Name für die → Äußere Dunkelheit, da → Earendil durch die → Tore der Nacht muss, um am Himmel fahren zu können (SIL). Doch bleibt dies widersprüchlich, da die Sterne eigentlich noch innerhalb dieser Tore liegen.

Ozeanischer Kram
Zeitschrift für Zauberer in der Geschichte → »Roverandom«

P

Pâd (Sindarin)
»Weg«

pada (Sindarin)
»gehen, wandern«

Paich (Sindarin)
»Saft«

Paksu
Ein Polarfuchs, Neffe des → Nordpolarbären Karhu. Der Name bedeutet »fett«.

palan (Quenya)
»weit und breit«

Palantir (Quenya)
»Der weithin Sehende, der von weitem sieht«, Mehrzahl Palantiri: die sieben Sehenden Steine, die → Feanor geschaffen hatte. Sie wurden → Amandil, dem Vater von → Elendil, von → Elben aus → Tol Eressea geschenkt und von → Elendil und seinen Söhnen mit nach → Mittelerde gebracht. Sie waren vollkommen glatte Kugeln aus einem schwarzen, sehr schweren und unzerbrechlichen Kristall zwischen etwa 30 und 150 Zentimeter Durchmesser. Sie zeigten Bilder in der Blickrichtung des Betrachters, der damit durch Gegenstände über weite Entfernungen schauen konnte. Sie zu kontrollieren, setzte jedoch viel Übung, Willensstärke und Konzentration voraus. Mit zwei Palantiri konnte man miteinander kommunizieren, über Bilder und Gedankenaustausch. Dies bot die Gefahr des Missbrauchs; so konnte → Sauron sowohl → Saruman wie → Denethor II. täuschen und ihnen teilweise sogar seinen Willen aufzwingen. Die Palantiri wurden in Mittelerde auf verschiedenen Türmen in den beiden Königreichen aufbewahrt: in → Annúminas, auf den → Emyn Beraid, auf der → Wetterspitze, in → Minas Ithil, → Osgiliath, → Minas Anor und im → Orthanc. Der Stein auf den Emyn Beraid war der einzige, der mit den anderen nicht in Verbindung stand; er blickte aufs Meer hinaus. Círdan bewachte ihn, bis die → Ringträger nach → Aman fuhren und ihn mitnahmen. Die Steine von Annúminas und der Wetterspitze gingen mit → Arvedui Letztkönig unter. Der Stein von → Osgiliath ging beim → Sippenstreit 1437 verloren, der von → Minas Ithil fiel bei der Eroberung 2002 den → Nazgûl und somit Sauron in die Hände. Die Steine in Minas Tirith und Orthanc wurden lange nicht mehr benutzt, bis Denethor und Saruman sie einsetzten.

Palantir (Musik)
Eine Band, die, durch → »The Lord of the Rings« inspiriert, romantisch melancholischen elektronischen Sound liefert. Die erste CD »Refuge in Fantasy« (1998) umfasst: 1. The Gardens · 2. Orange Dream · 3. The Waters of Life · 4. Ocean · 5. The Old Forest · 6. Gil-galad (Starlight) · 7. Fountains · 8. The Flight · 9. Falling Down · 10. World in my Head (part 1+2) · 11. Time Loop · 12. Elapsed Time. Die zweite CD »Empire of Illusions« (2000) beinhaltet 1. Fantasy & Reason · 2. Under the Silverwheel · 3. The Empire of Illusions · 4. Qi – Energy of Life · 5. Tranceamazônica · 6. Fatal Charm · 7. Exhibit A · 8. Searching for Words · 9. The Threshold of Perception · 10. Spinback – Backspin – Ascendant

Palantir, Tar-
→ Tar-Palantir

Palarran (Quenya)
»Fern-Wanderer«: ein großes Schiff von
→ Tar-Aldarion

Palath (Sindarin)
»Oberfläche«

Palisor
Ein alter Name für → Yavanna; in den
frühen Geschichten auch eine Bezeichnung
für das Gebiet um → Cuiviénen

Pallando
Einer der → Istari, einer der Blauen Zauberer (→ Ithryn Luin) (NAM)

Palúrien
Ein Beiname von → Yavanna

Paracelsus: Porträt aus einem Buch
von 1567. Sein Motto »Alterius non sit
qui suus esse potest« übersetzte er
selbst mit: »Wer sein eigner Herr sein
kann, soll keinem andern hangen an.«

PAM
→ Pazifischer und Atlantischer Magier. Als
Mister und Mistress A. Pam leben der ehe-
malige Zauberer → Artaxerxes und seine
Frau, die → Nixe, glücklich als Tabak- und
Süßwarenladen-Betreiber und Schwimm-
lehrerin (→ »Roverandom«)

pân (Sindarin)
»alles, gesamt«

Panas (Sindarin)
»Boden«

Pand (Sindarin)
»Hof« eines Gebäudes

pann (Sindarin)
»weit«

panna (Sindarin)
»füllen«

Pannatéma
Die zweite Reihe der → Tengwar, die
Sekundärbuchstaben

pant (Sindarin)
»voll«

Paracelsus
Ein frühneuzeitlicher Wissenschaftler, dessen Werke Tolkien nicht nur beeinflusst
haben, sondern die er auch ausdrücklich in
dieser Hinsicht erwähnt hat (→ Gnome).
Philippus Aureolus Theophrastus Bomba-
stus von Hohenheim, 1493–1541, genannt
Paracelsus, wurde in Einsiedeln (heute
Schweiz) geboren. Der Arzt und Chemiker
gilt als einer der Erfinder der modernen
Medizin, denn er behauptete, Krankheiten
würden durch körperfremde Substanzen
verursacht und ließen sich durch chemische
Substanzen bekämpfen. Er erkannte, dass

es unmöglich sei, das → Elixier des Lebens oder den berühmten Stein der Weisen zu entdecken, und forderte deshalb seine Kollegen auf, die sinnlose Suche nach dem Allheilmittel aufzugeben und sich statt mit der → Alchemie lieber mit der Entwicklung von Arzneimitteln zu beschäftigen. Er entwickelte mineralische Heilmittel und setzte z. B. Schwefel und Quecksilber ein, um Krankheiten zu bekämpfen, wobei vieles davon auf eher magischen Vorstellungen beruhte: Das Prinzip des Flüchtigen (Mercurius) etwa repräsentierte den Geist, das Prinzip des Brennbaren (Sulfur) die Seele und das Prinzip des Rückstandes (Sal) den Körper des Menschen. Da viele seiner Heilmittel auf der Annahme basierten, Gleiches könne durch Gleiches geheilt werden, ist Paracelsus nicht nur ein Vorläufer der modernen Arzneikunde, sondern zugleich der Homöopathie. Obwohl er mit Elementen der → Magie und → Alchemie wie der Astrologie arbeitete und auch Hexenverfolgungen unterstützte, schuf sein Auflehnen gegen alte medizinische Glaubenssätze Grundlagen für den wissenschaftlicheren Fortschritt in der Medizin. Sein, wie viele meinen, schönstes Buch ist den → Elementargeistern gewidmet: »De nymphis, sylphis, pygmaeis et salamandribus«, hierin finden sich die von Tolkien angeführten Ausführungen über Gnome. – Seine Zeitgenossen entsetzte Paracelsus mit der Behauptung, man könne einen Menschen künstlich erschaffen: *»Man nehme einen luftdichten Behälter mit menschlichem Sperma, vergrabe es 40 Tage lang im Pferdemist, magnetisiere es und füttere es anschließend weitere vierzig Tage mit Menschen-Blut.«* Alle Versuche, diesen »Homunculus« zu erschaffen, scheiterten, doch Paracelsus wurde der Ketzerei angeklagt. – Laut einer verbreiteten Sage soll er nach seinem Tode beinahe zum → Wieder-

gänger geworden sein: Er soll mit dem Teufel ausgehandelt haben, ihn nach 365 Tagen als jungen Mann wieder auferstehen zu lassen, wenn seine Leiche in Stücke geschnitten und diese mit Pferdemist vermischt vergraben werde. Leider grub ein allzu neugieriger Diener die Leiche nach 363 Tagen aus; diese soll zwar zusammengesetzt und verjüngt gewesen sein, doch hatte der Kopf noch keine Zeit zum Anwachsen gehabt.

Paradies

Dem »Gesegneten Land«, dem »Land, frei von Unheil«, den »Unsterblichen Landen« in der → Mythologie von Tolkien, → Aman, entspricht bei den monotheistischen Religionen Judentum, Christentum und Islam das Paradies. Das Wort Paradies kommt aus dem Persischen und bedeutet »Lustgarten«, im Griechischen heißt *paradeisos* Garten oder Obsthain. Paradiesvorstellungen begegnen uns in fast allen Religionen, die das Leben nach dem Tode nach moralischen Kategorien einteilen, und auch in einigen anderen. Schon syrische und ägyptische Texte kennen im Totenreich paradiesische Regionen, bei den Griechen gab es das → Elysium, bei den → Germanen (zumindest für die Männer) → Walhall. Im Judentum ist es zunächst der Garten Eden, der nach dem jüngsten Gericht wiederkommen wird, und bis dahin der dritte Himmel, »Abrahams Schoß«, in dem die Gläubigen bis zu diesem Zeitpunkt verweilen. Das Christentum übernahm spätjüdische Vorstellungen: *»Und Jesus sprach zu ihm: Wahrlich, ich sage dir: Heute wirst du mit mir im Paradies sein.«* (Lukas 23, 42) Im Islam sind die Paradiesvorstellungen ähnlich denen im Christentum: *»Jeder soll den Tod kosten. Doch ihr sollt euren Lohn erst am Tag der Auferstehung empfangen. Und wer da vom Feuer ferngehalten und ins*

Paradies geführt wird, der soll glücklich sein. Denn das irdische Leben ist nur ein trügerischer Nießbrauch.« (3,185) Wie die Hölle wird auch das Paradies von modernen Theologen eher allegorisch verstanden, als Ausdruck für die Gottesnähe.

parch (Sindarin)
»trocken«

Parf (Sindarin)
»Buch«

Paris
Der Nachbar von Tüftler in der Geschichte → »Blatt von Tüftler«

Parish
Der englische Name von Paris, des Nachbarn von Tüftler in der Geschichte → »Blatt von Tüftler«

Parker, Craig
Der Darsteller des → Elben → Haldir im → Film von Peter → Jackson wurde am 17. Juni 1973 in Rochester (USA) geboren. Hatte Gastauftritte in Fernsehserien und spielte in »Stephen Kings Tommyknockers« (1993).

Parma Kuluinen (Quenya)
»Goldenes Buch«

Parma (Quenya)
»Buch«, auch Name des Tengwar-Zeichens Nr. 12, ꝺ, das meistens für »p« stand.

Parmaite (Quenya)
»Buchhändig«: ein Beiname von → Tar-Elendil

Parmalambe (Quenya)
»Buchsprache«: eine Bezeichnung für die → Sprache → Quenya

Parmatéma (Quenya)
»p-Reihe«: die Reihe der Labialkonsonanten bei den → Tengwar

Parth (Sindarin)
»Feld, Grasland«

Parth Celebrant
»Grasland des Silberlaufs«: die → Ebene von Celebrant

Parth Galen
»grünes Grasland«: eine Wiese an den nördlichen Hängen des → Amon Hen

Pass der Geister
→ Cirith Gorgor

Pass des Lichtes
der → Calacirya

Pass von Bruchtal
Der Hohe Pass: Pass über das → Nebelgebirge östlich von → Imladris

Pass von Caradhras
der → »Rothorn-Pass«

Pass von Imladris
Der Hohe Pass (Cirith Forn en Andrath): Pass über das → Nebelgebirge östlich von → Imladris

Pater Francis
→ Morgan, Pater Francis Xavier

pathra (Sindarin)
»füllen«

Pathred (Sindarin)
»Fülle«

paur (Sindarin)
»Faust«, oft auch für »Hand« gebraucht

Pausbacken, Adamanta
→ Hobbitfrau aus dem → Auenland. verheiratet mit Gerontius → Tuk, Großmutter von → Bilbo Beutlin

Pausbacken, Chica
→ Hobbitfrau aus dem → Auenland *(Chica Chubb)*, verheiratet mit Bingo → Beutlin

Pausbacken-Beutlin, Falco
→ Hobbit aus dem → Auenland *(Falco Chubb-Baggins)*, 1303–1399 AZ, Sohn von Bingo → Beutlin. Es ist nicht bekannt, ob er verheiratet war, er hatte aber eine Tochter, Magsame → Pausbacken-Beutlin.

Pausbacken-Beutlin, Magsame
→ Hobbitfrau aus dem → Auenland *(Poppy Chubb-Baggins)*, geboren 1344 AZ, Tochter von Falco → Pausbacken-Beutlin, verheiratet mit Filibert → Bolger

Paw (Sindarin)
»Krankheit«

Pazifischer und Atlantischer Magier (PAM)
Titel von → Artaxerxes nach seiner Hochzeit mit der Tochter des Meerkönigs in der Geschichte → »Roverandom«. Die Abkürzung PAM ist eine Anspielung auf den Spitznamen des britischen Premierministers Lord Palmerston (1784–1865).

Pearl
Epos eines unbekannten Autors aus dem 14. Jahrhundert; Tolkiens Übersetzung von 1926 erschien 1975 in »Sir Gawain and the Green Knight, Pearl, and Sir Orfeo« (George Allen & Unwin, London, 1975; Houghton Mifflin, Boston, 1975). Pearl ist eine Elegie über den Tod eines Kindes.

ped (Sindarin)
»sprechen, sagen«

pedo (Sindarin)
»Sprich! Sage!«

Pedo Mellon a Mino (Sindarin)
Die Aufforderung am Westtor von → Moria übersetzt → Gandalf zunächst mit »Sprich, Freund, und tritt ein«, sie bedeutet aber eigentlich: »Sage Freund und tritt ein«: Das Losungswort zum Öffnen des Tores lautet Mellon (Freund).

Peg (Sindarin)
»Punkt«

Pel (Sindarin)
»Umzäuntes Feld«

pel (Quenya)
»ringsum«

Pelargir
»Hof der Königsschiffe«: Hafen, den die elbentreuen → Númenórer 2350 ZZ oberhalb des → Anduin-Deltas anlegten, im Dritten Zeitalter der wichtigste Hafen des Königreichs → Gondor. Hier kaperten im → Ringkrieg → Aragorn und das → Heer der Toten die Flotte der → Korsaren von Umbar.

Peleg
In den frühen Geschichten der Vater von → Tuor

Pelendur
→ Dúnedain, Truchsess von → Gondor von 1944 bis 1998 DZ, war beteiligt an der Auswahl von → Earnil als neuer König

Pelennor, Pelennor-Felder
»Umzäuntes Land«: das Umland von → Minas Tirith, rund 100 Quadratkilometer groß und von der etwa 40 Kilometer langen Mauer von → Rammas Echor umgeben,

hier fand die größte Schlacht des → Ringkriegs statt.

peleth, pelin (Sindarin)
»schwindend, vergehend«

Pelmar
»Eingeschlossene Wohnstatt«: ein früherer Name für → Mittelerde

Pelóri
»Einschließende Berge, umfriedende Höhen«, auch Berge der Abwehr genannt: von den → Valar nach der Zerstörung von → Almaren nahe der Ostküste von → Aman von Norden nach Süden aufgetürmte Bergkette

Pelzwechsler
So nennt → Gandalf in der alten Übersetzung von → »The Hobbit« den → Gestaltwandler → Beorn (englisch: *skin-changer*).

Pendrath (Sindarin)
»Treppe, Rampe«

Peng (Sindarin)
»Bogen« (Waffe)

Pengolod aus Gondolin
Autor der → Lhammas

Penkridge
Ort, in dem John Ronald Reuel → Tolkien 1918 zeitweise als Leutnant stationiert war, während Edith in Roos lebte

Penlod
Genannt »der Große«; in den frühen Geschichten Anführer eines Aufruhrs in → Gondolin

Pennas (Sindarin)
»Geschichte, Historie«

Penninor (Sindarin)
»Letzter Tag des Jahres«

Pent (Sindarin)
»Geschichte, Erzählung«

Peregrin Tuk
→ Pippin

Periain (Sindarin)
»Halblinge«: die → Hobbits, andere Form Periannath, Einzahl Perian

Periannath (Sindarin)
»Halblinge«: die → Hobbits, andere Form Periain, Einzahl Perian

perin (Sindarin)
»halb«

Perry-the-Winkle
Originaltitel des Gedichtes → »Luftikus«, zugleich dessen Hauptfigur

Pesseg (Sindarin)
»Pfeiler«

Pest
Es ist nicht sicher, dass die »große Pest« oder »dunkle Pest«, die um 1636 DZ große Teile der Bevölkerung von → Gondor und → Arnor dahinraffte, jene Krankheit war, die wir darunter verstehen, aber doch sehr wahrscheinlich. Auch König → Telemnar von Gondor und alle seine Kinder kamen um, → Minhiriath und → Cardolan wurden entvölkert, auch das → Auenland war betroffen, ebenso mit → Sauron verbündete Völker. – Auch in historischer Zeit, bis ins 17. Jahrhundert, hat die Pest in Europa ganze Landstriche entvölkert (»Schwarzer Tod«). Die große Pestepidemie von 1347 bis 1352 raffte ein Drittel und mancherorts sogar die Hälfte der Bevölkerung hinweg.

Diese Pestepidemie hatte einen Einfluss weit über den wirtschaftlichen und weltlichen Bereich hinaus, und sicher war dies in Gondor nicht anders. Sie beförderte den Aberglauben, z. B. an → Wiedergänger (Nachzehrer) und Blutsauger, und änderte das Weltverständnis der abendländischen Kultur. Zunächst galt die religiöse Deutung: die Pest als Gottesstrafe für die Sünden der Menschen, der mit religiösen Mitteln entgegenzuwirken war, mit Gebet, Buße und Fürbitte. Die Pest wurde als ungeheurer Schock empfunden, als Strafe Gottes, als Ausdruck des Gotteszorns, und wie meist in Verbindung mit diesem Gefühl kam es auch damals zur Vernichtung jener Gruppe(n), denen die Hauptschuld an diesem Zorn zugesprochen wurde; bei der Pestwelle von 1348/50 kam es zum schrecklichsten Judenpogrom des ganzen Mittelalters. Manche wähnten die Gestirne im Spiel, wodurch die Astrologie neuen Auftrieb erhielt. Daneben gab es aber zunehmend medizinische Erklärungen: Der Pestbefall sollte weniger auf sündhafter als vielmehr auf ungesunder Lebensweise beruhen, auf ungezügeltem Essen und Trinken oder auf zu starkem Fasten, sogar auf übermäßiger Unkeuschheit. Der Erreger der Pest, das Bakterium *Yersinis pestis*, das durch den Ratten-Floh übertragen wird, war damals natürlich noch nicht bekannt.

Peth (Sindarin)
»Wort«

Pethron (Sindarin)
»Erzähler«

Pfad der Träume
»Olóre Malle«: ein magischer Pfad in → Lórien in → Valinor, den nach einer frühen Konzeption ausgewählte Menschen in ihren Träumen besuchten durften; dies erinnert an die Rückseite des Mondes in → Roverandom, wo manche Kinder der Menschen in ihren Träumen hinkommen

Pfade der Toten
Ein Tunnel von → Dunharg unter dem → Dwimorberg hindurch ins → Morthond, bewacht von den → Toten Menschen von Dunharg. Wer nicht das Recht hatte, ihn zu betreten, starb; → Aragorn fand hinter dem → Tor der Toten das Gerippe vom → Baldor, der es einst gewagt hatte, diesen Weg zu beschreiten. Aragorn hingegen durfte den Pfad benutzen, denn als Erbe → Isildurs hatte er das Recht, von den Toten die Einlösung ihres Eides zu verlangen.

Pfeifenkraut
Wenn es etwas gibt, was die → Hobbits allen anderen Völkern voraushatten und sie nach dem → Ringkrieg zur Kultur von → Mittelerde beitrugen, war es ihr Pfeifenkraut – vulgär gesagt, Tabak. Die Hobbits waren begeisterte Pfeifenraucher, und durch sie lernten es auch → Gandalf und → Saruman. Auch → Aragorn rauchte gerne mal ein Pfeifchen, und manche Zwerge waren davon angetan, nur die Elben scheinen davon nichts gehalten zu haben. Das Pfeifenkraut war gegen Ende des → Zweiten Zeitalters von den → Númenórern nach Mittelerde gebracht worden und hatte sich in → Gondor wild verbreitet; man nannte es dort »süßes Galenas«; es war beliebt wegen der duftenden Blüten. Die Hobbits von → Bree entwickelten als erste die Kunst des Rauchens, und nachdem Tobold Hornbläser im 11. Jahrhundert AZ im Südviertel die drei Hauptsorten gezüchtet hatte, wurde das Pfeifenkraut ein beliebter Exportartikel. Diese drei Sorten waren das helle und süße »Langgrundblatt«, der würzige dunkelrote »Alte Tobi« und der billigere »Südstern«, eine Tabakmischung. Tol-

kien konnte sich ein gutes Leben ohne Pfeife wohl nicht vorstellen, und so brachte Gandalf, der unübertroffen in der Kunst des Rauchringblasens war, das Pfeifenkraut sogar nach → Aman.

Pfeiler von Númenor
Der → Meneltarma

Pferde der Riddermark
Die → Mearas

Pferdeherren, Pferdemenschen
Die → Rohirrim

Pferdestraße
Die → Nordstraße

Pforte der Noldor
→ Annon-in-Gelydh

Pforte von Calenardhon
Die → Pforte von Rohan

Pforte von Rohan
Eine etwa 30 Kilometer breite Öffnung zwischen dem letzten Ausläufer des → Nebelgebirges und dem nördlichen Vorsprung der → Ered Nimrais, durch die der → Isen floss.

Pforten der Nacht
In den ersten → Zwei Zeitaltern, solange → Arda, die Erde, noch flach war, schwebte sie in → Ea, dem Weltall, und dieses in der → Äußeren Leere, getrennt davon durch die → Mauern der Nacht. Hinaus führten die Pforten der Nacht, die nur mit Erlaubnis von → Manwe durchquert werden durften. In einer früheren Version gibt es ein Tor der Nacht und ein Tor des Morgens.

Pforten des Sirion
Die Stelle, an der der → Sirion östlich der

→ Andram wieder zum Vorschein kam, nachdem er für rund 15 Kilometer unter der Erde verschwunden war

Pforten des Sommers
Ein großes Fest in → Gondolin. Am Vorabend des Festes im Jahr 511 EZ wurde Gondolin vom Heer von → Morgoth überfallen.

Pfund Troy-Gewicht
Maßeinheit des Englischen Systems für das Wiegen von Edelmetallen oder Edelsteinen, mit der in der Geschichte → »Bauer Giles von Ham« angegeben wird, wieviel Gold und Silber der → Drache → Chrysophylax aus seiner Höhle schleppt. 1 Pfund Troy-Gewicht sind 373,242 Gramm.

Phanto (Quenya)
»Wal«, z. B. in → Araphant, → Turuphanto

Pharazôn, Ar-
→ Ar-Pharazon

Phaw (Sindarin)
»Fleisch, Körper«

Phiole von Galadriel
→ Galadrieks Phiole

Phonieminze
Blume, die in der Geschichte → »Roverandom« auf dem Mond wächst und Musik macht.

Phurunargian
Ein → Westron-Name für → Moria

Pickel
Spitzname von Lotho → Sackheim-Beutlin

Piekedorn, Tom
Einer der Leute, die bei dem Handgemenge

Anfang 1419 AZ (3019 DZ) in → Bree ums Leben gekommen sind (in der alten Übersetzung: Tom Stechdorn)

pigen (Sindarin)
»klein, niedlich«

píka (Quenya)
»abnehmen, schwinden«

Pikinauko (Quenya)
→ »Kleinzwerg«

Pilinehta (Quenya)
»Pfeilspitze«

Pinnath (Sindarin)
»Hänge«

Pinnath Gelin (Sindarin)
»Grüne Hänge«: Hügelkette im Südwesten von → Gondor, Heimat von → Hirluin

Pippin
→ Hobbit aus den → Auenland, eigentlich Peregrin Tuk, Sohn des → Thain Paladin II. → Tuk, geboren 1390 AZ, ging mit seinem Vetter → Merry und seinem Freund → Frodo auf die Fahrt zur Vernichtung des → Herrscherrings. Mit seinem Vetter Merry von Orks aus → Isengard gefangengenommen, sie konnten sich bei → Fangorn befreien und freundeten sich mit → Baumbart an. Von ihm erhielten sie einen → Ent-Trank, der sie später wachsen ließ. Aus Neugier sah er in einen → Palantir und geriet in den Bann des Lidlosen Auges von → Sauron. Um ihn zu schützen, nahm → Gandalf ihn mit nach → Minas Tirith, dort trat er in den Dienst von Truchsess → Denethor II.; er rettete → Faramir (II) das Leben, indem er → Beregond und → Gandalf von Denethors Wahnsinn erzählte. Nach der Schlacht vor dem → Morannon wurde er zum Ritter von Gondor und Boten des Königs ernannt. Bei der Befreiung des Auenlandes war er tatkräftig beteiligt und organisierte die Hilfe durch seine Verwandten aus Buckelstadt. 1434 AZ wurde er der 32. Thain des Auenlandes und Ratsherr des Nördlichen Königreichs. 1464 AZ (64 VZ) legte er sein Amt nieder, reiste mit Merry nach → Rohan und nach dem Tod von → Éomer nach Gondor, wo beide einige Jahre später starben und in der Königsgruft beigesetzt wurden. In Gondor bekannt als »Ernil i Periannath«, »Prinz der Halblinge«. – Im → Film von Peter → Jackson wird Pippin von Billy → Boyd dargestellt.

Pippins und Merrys Aufbruchslied
Das Lied, das → Merry und → Pippin singen, nachdem → Frodo zugestimmt hat, sie auf seine Reise mitzunehmen, es beginnt »Ach, Haus und Herd, auf Wiedersehn«. Sie hatten es in Zwergenstrophen zur Melodie des Zwergenliedes geschrieben, das die Zwerge im → »Hobbit« bei → Bilbo gesungen hatten (→ »Über die Nebelberge«).

pitya (Quenya)
»klein«

Pityafinwe (Quenya)
»Kleiner Finwe«: Vatername von → Amrod

Pitya-nauko (Quenya)
→ »Kleinzwerg«

Pityo
Kurzform von → Pityafinwe

Platschfuß
→ Hobbitfamilie aus dem → Auenland, Nachbarn von Bauer → Maggot

Plumpel
Das Pony von → Tom Bombadil

Plumpsackmann

So nennt → Luftikus im gleichnamigen Gedicht den weinenden Einsiedel-Troll

Pôd (Sindarin)

»Pfote, Tatze«

Poems and Songs of Middle Earth

Langspielplatte (TC 1231), 1968 von Caedmon Records veröffentlicht zu Tolkiens Liedzyklus → »The Road Goes Ever On«, mit William Elvin als Sänger und dem Komponisten Donald → Swann am Klavier; außerdem trägt Tolkien darauf einige seiner Gedichte vor.

Poht

Name des Bürgermeisters von Delwing, der vor dem Freunde suchenden Einsiedel-Troll im Gedicht → »Luftikus« wegläuft (englisch: *Pott*)

Polarbär

Der Helfer des → Weihnachtsmannes namens Karhu, ein → Nordpolarbär und eine Hauptfigur in → »Die Briefe vom Weihnachtsmann«. Seinc Neffen sind die Polarfüchse → Paksu und → Valkotukka.

Polarkeuchhusten

Eine Krankheit, an der der Helfer des → Weihnachtsmannes, der → Nordpolarbär Karhu, 1930 leidet, wie man in → »Die Briefe vom Weihnachtsmann« nachlesen kann.

Polarlicht

→ Nordlicht

Poldórea (Quenya)

ein Name für → Tulkas

Polyminze

Blume, die in der Geschichte → »Roveran-dom« auf dem Mond wächst und Musik macht.

Pony

Übliche Kurzbezeichnung für das Gasthaus → »Zum Tänzelnden Pony« in → Bree

Poole

Ort bei → Bournemouth, wo John Ronald Reuel → Tolkien und seine Frau von 1968 bis zu Edith Tolkiens Tod 1972 lebten

Poros

Nebenfluss des → Anduin, floss von den → Ephel Dúath herab oberhalb des Mündungsgebietes in den Anduin, bildete die südliche Grenze von → lthilien. Die → Furten des Poros waren oft umkämpft.

Poseidon

In der Geschichte → »Roverandom« laut dem → Mann im Mond ein ehemaliger Seezauberer, Vorgänger von → Artaxerxes. In der → Mythologie der → Griechen der oberste Gott des Meeres, der Erderschütterer mit dem Dreizack, Bruder des Hauptgottes Zeus, bei den Römern als Neptun bekannt. – Im Charakter und den Attributen gibt es gewisse Ähnlichkeiten mit → Ulmo.

Post (Sindarin)

»Pause, Rast«

Poster, Postkarten

Natürlich gibt es jetzt rund um den → Film von → Peter Jackson jede Menge Poster mit Tolkien-Motiven. Doch ist dies nichts Neues: 1974 erschien das Gedicht »Bilbo's Last Song« als Poster mit Dekorationen von Pauline Baynes in London bei George Allen & Unwin, als Poster mit fotografischem Hintergrund im gleichen Jahr in Boston bei Houghton Mifflin. Zum → Zeichentrickfilm von Ralph → Bakshi gab es auch ein

Poster. Außerdem gibt es seit den ersten → Kalendern seit 1973 immer wieder auch Auszüge daraus als Poster und Postkarten.

Postmeister
Dieses Amt hatte der → Bürgermeister von Michelbinge inne. Im → Auenland war die Post eine ganz wichtige Einrichtung, da sich die GriechenHobbits sehr gerne und oft Briefe, Karten, Einladungen und Geschenke schickten. Daher war das Amt des Postmeisters für den Bürgermeister wahrscheinlich wichtiger als seine Funktion als oberster → Landbüttel.

Powell, Greg
Stunt Coordinator beim → Film von Peter → Jackson

Prächtige, der
→ Merry (Meriadoc) Brandybock

Pratt, Edith Mary
Der Geburtsname von Edith → Tolkien

presta (Sindarin)
»stören«

Primärbuchstaben, Primär-Tengwar
Die ersten 24 → Tengwar-Zeichen

Primitives Quendisch
Die Urform der → Sprache der → Elben

Prince of Fantasists
Mit diesem Ehrentitel belegte Richard Adams (»Watership Down«) Tolkien, den er für den größten Fantasy-Autor hält.

Princess Mee
Das Gedicht → »Prinzessin Ich-Mi«

Prinz der Halblinge
→ Pippin

Prinzessin Ich-Mi
Gedicht »Princess Mee« in → »The Adventures Of Tom Bombadil«; ursprünglich 1925 veröffentlicht als »The Princess Ni« in »A Northern Venture: verses by members of the Leeds University English School Association« (Swan Press, Leeds); für die endgültige Fassung stark überarbeitet. Nonsens-Gedicht, angeblich von einem unbekannten GriechenHobbit verfasst. Die holde Elbenprinzessin Ich-Mi begegnet ihrem unerreichbaren Ebenbild Sie-Si, ihrem Spiegelbild.

Prinzessin Pam
So wird die zehntälteste Tochter des Meereskönigs, jene → Nixe, die in der Geschichte → »Roverandom« den Zauberer → Artaxerxes heiratet, nach ihrer Heirat genannt.

Prophezeiung des Nordens
Der → Fluch von Mandos

Prophezeiungen von Amnor
→ Amnor

Prosa-Edda
Die jüngere → Edda des → Snorri Sturluson

Proteus
In der Geschichte → »Roverandom« laut dem → Mann im Mond ein ehemaliger Seezauberer, Vorgänger von → Artaxerxes. In der → Mythologie der → Griechen ein Meergott, der jede Gestalt annehmen konnte.

Proto-Elbisch, Proto-Eldarin
Die Urform der → Sprache der → Elben; von dieser Sprache stammten alle anderen Sprachen außer der der → Valar und der der → Zwerge ab, auch Gemein-Elbisch und Primitives Quendisch genannt.

Proudfoot
Hobbitname: → Stolzfuß

Psamathist
Ein Sandzauberer, eine spezielle Art von Zauberern, die Tolkien in → »Roverandom« beschreibt. Einer von ihnen ist → Psamathos Psamathides. Die Sandzauberer hießen bei Tolkien ursprünglich »psammead« und gehen direkt auf die gleichnamige Figur in den Geschichten »Five Children and It« (1902) und »The Story of the Amulet« (1906) von Edith → Nesbit zurück.

Psamathos Psamathides
Der oberste der → Psamathisten, der Sandzauberer, in → »Roverandom«: ein wunderlicher alter Mann, humorvoll und klug, kurzgewachsen und dick, hässlich und mit langen Ohren, der nichts lieber tut, als tage-

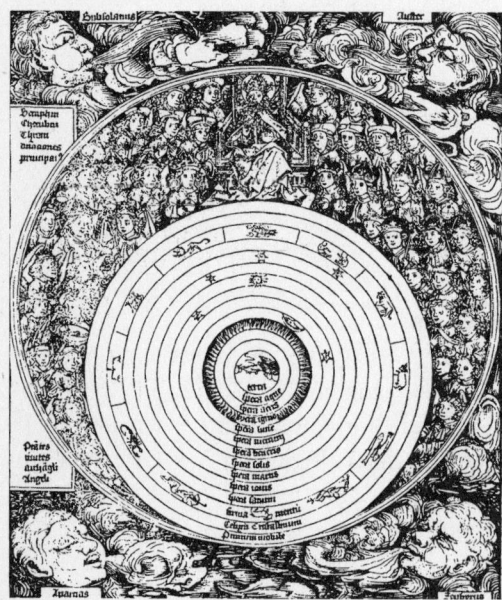

Die Sphären des Himmels nach dem System des Ptolemäus: Die Erde in der Mitte, umgeben von der Schalen der Planeten und darüber der »Himmel über den Himmeln« Schedelsche Weltchronik, 1493

lang im warmen Sand vergraben zu liegen, und viel Wert auf die richtige Aussprache seines Namens legt, vor allem auf das »P«. Nur der → Mann im Mond wagt es, ihn »Sammathos« zu nennen. Psamathos hilft Roverandom mehrmals, schickt ihn mit seinem »Postboten«, einer Möwe, auf den → Mond und unterstützt ihn dabei, am Ende seine Größe wieder zu erlangen. In seinem Namen und auch im Wort Psamathisten steckt das griechische »psammos«, »Sand«. Psamathos bedeutet so etwas wie »Sandmann«, Psamathides »Sohn des Sandmanns«, und die Psamathisten sind »Sand-Fachleute«. Man kann in Psamathos durchaus einen frühen Vorlaufer von → Gandalf sehen.

Ptolemäisches Weltbild
Die Welt von → Mittelerde, → Arda, war vor der → Umgestaltung der Welt eine flache Scheibe. Mit der ursprünglich flachen Erde von Arda, die später zur Kugel wird, hat Tolkien die Geschichte der wissenschaftlichen Vorstellungen zur Gestalt der Erde aufgegriffen. Denn bis ins Mittelalter galt als unangefochtene Theorie das Ptolemäische System, das der Astronomen Claudius Ptolemäus (um 85 bis etwa 165 nach Christus) entwickelt hatte, der im »Almagest« das gesamte Wissen seiner Zeit zu den Sternen zusammenfasste; er führte damals bereits 1.025 Sterne und 48 Sternbilder auf. Nach der Auffassung von Ptolemäus ist die Erde das Zentrum des Universums, das aus einzelnen konzentrischen Kugeln oder Sphären besteht, auf denen sich die Himmelskörper bewegen. Jeder Planet hat seine eigene Sphäre, in der Reihenfolge (von innen nach außen) Mond, Merkur, Venus, Sonne, Mars, Jupiter, Saturn, dann kommt die Sphäre der Fixsterne. Eine später hinzugefügte neunte Sphäre sollte das Vorrücken der Tagundnachtgleichen auf der

Ekliptik erklären, eine zehnte Sphäre, die »Haupttriebkraft« (lateinisch *primum mobile*) alles in Bewegung halten und steuern. Darüber lag der »Himmel über den Himmeln« – ein wenig vergleichbar der → Äußeren Dunkelheit bei Tolkien. Das System wurde im Verlauf der Jahrhunderte immer komplizierter, konnte aber nie zufrieden stellend alle Planetenbewegungen erklären und wurde im 16. Jahrhundert durch das Kopernikanische Weltbild abgelöst, nach dem die Sonne im Zentrum stand und die Erde eine Kugel war, wie Arda nach der → Umwandlung der Welt. – Was übrigens geschieht, wenn man vom Rand der Scheibe fällt, wird in der → Mythologie von Mittelerde nirgendwo erwähnt, nur in → »Roverandom«, einer Kindergeschichte von Tolkien, kommt so etwas vor; da fällt der Mondhund → Rover vom Rand der Welt und landet auf dem → Mond. Dass sich Tolkien mit der Vorstellung einer → Flachen Welt aber schon früh beschäftigte, zeigt seine Zeichnung → »Ende der Welt«.

Puckelmänner

In → Rohan der Name für die Standbilder an der Straße nach → Dunharg, geschaffen von den → Drúedain; die Ähnlichkeit mit diesen fiel den → Rohirrim nicht auf. Andere Völker nannten wahrscheinlich auch die Drúedain Puckelmänner, sonst würde → »Drúwaith Iaur« nicht »Alte Puckel-Wildnis« genannt werden. Der Name ist abgeleitet vom angelsächsischen »púcel«, was → Kobold, aber auch → Dämon bedeuten kann.

puia (Sindarin)
»spucken, speien«

puig (Sindarin)
»sauber«

Punor

Altenglischer Name des germanischen Gottes Porr, von → Eriol mit → Tulkas gleichgesetzt

púrea (Quenya)
»verwischt, entfärbt«

Purpurherz

In einer frühen Geschichte wird Nóleme, der Vater von → Turgon, von → Orks getötet und sein Herz von ihnen herausgeschnitten. Turgon erobert es zurück und lässt es in ein goldenes Kästchen setzen. Dieses Purpurherz wird Zeichen des Volks von → Gondolin.

Q

qala (Quenya)
»sterben«

qalin (Quenya)
»tot«

Qalme (Quenya)
»Tod«

Qalme-Tári (Quenya)
»Gebieterin des Todes«: ein früher Name von → Niënna

Qalvanda (Quenya)
»Straße des Todes«: der direkte Weg von → Arda in die → Hallen von Mandos, den die Seelen der Toten beschreiten

Qendya, Qenya
→ Quenya

Qerkaringa
der → Frostige Golf

Qinga (Quenya)
»Bogen, Rundung«, z. B. in → Iluqinga

qorin (Quenya)
»ertrunken, erstickt«

Qorinómi (Quenya)
»die im Meer Ertrunkene«: ein früher Name der Sonne

qoro (Quenya)
»ersticken, erdrosseln, ertrinken«

Quáko
»Krähe«

quant (Quenya)
»füllen«

Quantarie (Quenya)
»Tag der Vollendung, Altjahrstag«: der letzte Tag eines Jahres

Quantien (Quenya)
»Volles Jahr«

Quár, Quaré (Quenya)
»Faust«, oft auch für »Hand« gebraucht

quel (Quenya)
»vergehen, schwinden«

Quelie (Quenya)
»Verschwinden, Vergehen«, z. B. in → Narquelie

Quelle (Quenya)
»Vergehen«: die 54 Tage lange Jahreszeit des Spätherbstes im Kalender der → Elben von → Imladris, entspricht etwa unserem Oktober und November, in Quenya auch »Lasselante« (»Laubfall«) genannt, in Sindarin »Firith« (»Vergehen«) oder »Narbeleth« (»Sonnenschwund«)

Quelle des Sirion
→ Eithel Sirion

Quelle von Ivrin
→ Eithel Ivrin

Quellhall
Der Wohnort von → Baumbart

Quende

»Person, die mit einer Stimme redet«: ein → Elbe oder eine Elbin, Plural Quendi, alle Elben eingeschlossen, auch die → Avari

Quendemir (Quenya)

»Elbenstein«: früher Name für den → Elessar

Quendendil (Quenya)

»Elbenfreund«

Quenderin

»Elbisch«: Bezeichnung der → Sprache der → Elben im Allgemeinen

Quendi

Mehrzahl von → Quende: die → Elben

Quendil (Quenya)

»Elbenfreund«

Quendisch

Bezeichnung für die → Sprache → Quenya

Quendya

→ Quenya

Quennar

In einer frühen Geschichte ein elbischer Gelehrter

Quenta (Quenya)

»Erzählung, Geschichte«

Quenta Eldalien (Quenya)

»Die Geschichte von den Elben«

Quenta Silmarillion (Quenya)

»Die Geschichte von den Silmaril«, eine lange Geschichte beginnend mit der Schöpfung der → Lampen der Valar bis zum Ende des Ersten Zeitalters, über eine Übersetzung aus dem Elbischen durch → Bilbo Beutlin

ins → Rote Buch und von dort ins → »Silmarillion« gelangt.

Quentasse (Quenya)

»Erzählung, Geschichte«

Quenya

»Hochsprache« der → Elben, eine → Sprache, die die Elben in → Aman entwickelten. Von den → Noldor nach → Mittelerde gebracht und dort außer in → Gondolin nur noch als zeremonielle Hochsprache gebraucht, als Sprache der Gelehrten und Dichter und als Buchsprache, besonders, nachdem → Turgon ihren Gebrauch verboten hatte. Quenya umfasste die Dialekte → Vanyarin, → Telerin und → Noldorin, von denen die ersten beiden nur in Aman gesprochen wurden. Quenya wurde auch → Eldarin genannt, obwohl dieser Begriff eigentlich alle Elbensprachen meinte, außerdem Qenya, Qendya, Quendya, Quendisch, Parmalambe (Buchsprache), Tarquesta (Hochsprache) und Valinorisch. In Adûnaisch hieß Quenya Nimriyê, in Telerin Goldórin und Goldolambe, in der Sprache der → Gnome Cweneglin und Cwedhrin. Tolkien selbst nannte Quenya manchmal »Elbenlatein«, und erklärte, es sei auf einer lateinischen Basis komponiert, mit Einflüssen aus dem Griechischen und dem Finnischen. Besonders das Quenya der späteren Jahre ist stark an das Finnische angelehnt.

Quercetum

Ein Nachbardorf von Ham in der Geschichte → »Bauer Giles von Ham«, »Eichholz« in der Umgangssprache genannt, wo der → Drache → Chrysophylax den Pfarrer verspeist

Querkaringa

der → Frostige Golf

Quesse (Quenya)

»Feder«, auch der Name des Tengwar-Zeichens Nr. 4, ꝗ, das für q, k und ursprünglich auch kw stand.

Quessetéma (Quenya)

»quesse-Reihe«: Reihe der → Tengwar mit Labiovelarzeichen, ursprünglich kw, gw, khw u. a ., später kw, ngw, gw und nw

Questa (Quenya)

»Sprache«

quet (Quenya)

»sprechen, sagen«

Quetta (Quenya)

»Wort«

Quil (Quenya)

»Frieden«

R

Rabenberg
Anhöhe nahe dem → Erebor, wo die mit den → Zwergen befreundeten Raben hausten, u. a. → Carc und sein Sohn → Roac.

Rachekrieg der Zwerge
der → Krieg der Zwerge und der → Orks

Rachenrotz
Gegen diesen »erfundenen« Feind kämpft der Held im Gedicht → »Irrfahrt«.

Râd (Sindarin)
»Pfad, Spur«

rada (Sindarin)
»Weg, Pfad finden«

Radagast
Einer der → Istari, genannt Radagast der Braune. Der Maia Aiwendil (»Liebhaber der Vögel«) ging nach → Mittelerde auf Wunsch von → Yavanna, er verriet seinen Auftrag, weil er sich nur um die Vögel kümmerte. Von → Saruman missbraucht, um → Gandalf gefangen zu nehmen, half er Gandalf später, indem er die → Adler schickte. Er hauste in → Rhosgobel, zwischen der → Carrock-Furt und dem → Düsterwald. Was nach dem → Ringkrieg aus ihm wurde, ist nicht bekannt.

Radbug
→ Ork im Turm von → Cirith Ungol, dem

→ Schagrat die Augen ausdrückt, weil er nicht gehorcht

Radhruin
Einer der zwölf Gefährten von → Barahir in → Dorthonion, 460 EZ am → Tarn Aeluin erschlagen

Raew (Sindarin)
»Faden«

Ragnir
Ein blinder Diener im Haus von Húrin in → Dor-lómin

Ragnor
Einer der zwölf Gefährten von → Barahir in → Dorthonion, 460 EZ am → Tarn Aeluin erschlagen

Rain (Sindarin)
»Rand, Grenze«

rak (Quenya)
»zerbrechen«

Rakete
Mit einer solchen schießt der → Mann im Mond einige seiner → Zauber los, z. B. gegen den → Weißen Drachen (→ »Roverandom«)

Raketen sah man hell verglühn
Beginn einer Strophe des Trauerliedes über → Gandalf, nachdem er gefallen war

Ram (Sindarin)
»Wand, Mauer, Wall«

Ráma (Quenya)
»Schwinge, Flügel«

Ramandor
»Rufer«: der ursprüngliche Name des

Königs der → Adler im Fall von Gondolin
(→ Thorondor)

Ramba (Quenya)
»Wand, Mauer, Wall«

Ramdal (Gebirge)
Das östliche Ende des Scheidegebirges
→ Andram

Ramdal
Einer der zwölf Gefährten von → Barahir
in → Dorthonion, 460 EZ am → Tarn Aeluin
erschlagen

Rammas (Sindarin)
»Großer Wall, große Mauer«

Rammas Echor
»Große runde Mauer«: Mauer um den
→ Pelennor, etwa 40 Kilometer lang, erbaut
von Truchsess → Ecthelion II. 2954 DZ.

Ran
Kurzform zu → Ranugad

ran (Quenya)
»wandern, schweifen«

Rána (Quenya)
»Wanderer«: ein Name des → Mondes bei
den → Noldor, auch als »Bummler« in der
Sprache der → Valar übersetzt

Ranc (Sindarin)
»Arm«

Randir (Sindarin)
»Wanderer, Pilger«

Ranga
→ Längenmaß der → Númenórer, ein
»Schritt«, etwa 96,5 cm. 5000 Ranga waren
ein → Lár.

Ranger
→ Waldläufer

Rankin jr., Arthur
Zusammen mit Jules Bass schuf er die beiden Zeichentrickfilme »The Hobbit« (1977)
und »The Return of the King. A Story of
Hobbits« (1980). Beide schufen 1982 auch
den Film »Das letzte Einhorn«.

Rant (Quenya)
»Flusslauf, Flussbett«

Rantha (Quenya)
»Bogen, Brücke«

Ranugad
»Bleibt zu Hause«: in der Sprache der
→ Hobbits der Vorname von Hamfast
→ Gamdschie

Ranuin
»Monat«: in einer frühen Geschichte ein
Kind von → Aluin, der Zeit

Raph (Sindarin)
»Seil«

Ras (Sindarin)
»Horn«

Ras Morthil (Sindarin)
Ein Name für → Andrast

Rasch den schnellen Strom und weit
Beginn eines Liedes, das die → Waldelben
singen, als sie die Fässer mit den Zwergen
um → Thorin Eichenschild ins Wasser
stoßen (HOB, alte Übersetzung; neu: Ja,
nun wird zurückgeschwommen)

Rasse, Rassismus
Immer wieder spielt bei Tolkien der Ras-
senbegriff eine Rolle. Obwohl wir es bei

Menschen und → Elben gar nicht mit zwei Rassen im biologischen Sinn zu tun haben (bei → Geschlechter ausgeführt), greifen da Mechanismen, wie wir sie aus dem Rassismus in historischer Zeit finden. Es gibt Kritiker, die Tolkien Rassismus unterstellen; eine solche persönliche Haltung lässt sich jedoch aus seinen Werken nicht heraus lesen. Er schildert eine mittelalterliche Welt, und da wäre es höchst erstaunlich, wenn es dort keinen Rassismus gäbe. Ein paar Beispiele: Der → Sippenstreit in → Gondor entzündet sich an der Frage der »Vermischung königlichen Blutes« mit dem »geringerer« Menschen. (Tolkien selbst hat betont, dass der Verlust von Lebenserwartung und anderer Fähigkeiten mit der Entfernung von → Aman zusammenhing; er beschrieb rassistische Auffassungen, er teilte sie nicht!) In Gondor teilt man auch noch im → Ringkrieg die Menschen nach ihrer Abstammung ein: in hohe Völker oder Menschen des Westens, in mittlere Völker oder Menschen des Zwielichts, und in wilde oder Dunkelmenschen. Immer wieder werden (auch von sich selbst) die → Dúnedain als edelste Menschenart betrachtet. Die → Abstammungslinien der großen Helden und Heldinnen spielen eine große Rolle, etwa wenn mehrfach betont wird, dass in → Elrond und → Elros und durch diesen auch in → Aragorn (II.) sowohl das Blut der Menschen wie der Elben, ja sogar der → Maiar, fließe. Als → Beren vor → Thingol steht, sind dessen Gedanken hauptsächlich vom Gefühl der Andersartigkeit und Minderwertigkeit der Menschen bestimmt: *»Unselige Menschen, Kinder von kleinen Fürsten und kurzlebigen Königen!«* Und → Saeros aus → Doriath, der mit → Túrin aneinandergerät ist, wie Krege es in seinem »Handbuch der Weisen« formuliert, ein *»elbischer Rassist«*. Auch Christopher Tolkien weist immer wieder auf Abstammung

und Rasse hin, z. B. seien die → Dunländer »Überbleibsel einer alten Menschenrasse« (NAM). Und Krege schreibt, dass die Angehörigen der »edleren Rassen« auf sie herabsahen. – Der Begriff Rassismus greift hier, wie erläutert, manchmal nur im übertragenen Sinne, doch kann man Analogien zur modernen biologischen Betrachtungsweise ziehen. Von Rassen (Subspecies) spricht die Biologie, wenn innerhalb einer Art (Species) eindeutig abgrenzbare morphologische oder physiologische Unterschiede auszumachen sind (taxonomische Einheiten). Zumindest im Tierreich beinhaltet die biologische Definition einer Spezies, dass zwei Tiere, die miteinander fruchtbar kreuzbar sind und Nachkommen haben können, zu einer Art gehören; Rassen sind also genetisch offene Systeme, zwischen denen Genfluss möglich ist. Es müssen dabei nicht unbedingt alle Mitglieder einer Art miteinander fruchtbar kreuzbar sein; dieser Umkehrschluss wäre falsch. Bei der Möwe etwa gibt es einen Rassenkreis: Die nebeneinander lebenden Rassen können jeweils miteinander Nachkommen haben, die genetisch am weitesten auseinander liegenden Rassen treffen sich geographisch wieder (deshalb Kreis), sind aber so unterschiedlich, dass eine Kreuzung keinen Erfolg hat. Dennoch gehören sie zu einer Art, da sie jeweils über kreuzbare Formen verbunden sind. – Da alle rezenten (derzeit lebenden) Menschen miteinander Kinder haben können (Unfruchtbarkeit ausgenommen), gehören alle Menschen einer Art, der des Homo sapiens, an. Hier muss man bei Tolkien den Artbegriff einfach weiter fassen: Auch die Elben und Menschen gehören in diesem Sinne zu einer Art, auch wenn sie eine unterschiedliche Herkunft haben. Biologisch bzw. anthropologisch unterscheidet man beim Menschen drei Großrassen: die europide oder kaukasische, die negroide und die mongolide Großrasse, wobei die letztere wieder aufgeteilt werden kann in einen asiatischen, amerikanischen und australischen Zweig (die dunkelhäutigen Aborigines zeigen, dass die Hautfarbe kein eindeutiges Merkmal ist!). Diese Großrassen haben sich vor 100 000 bis 30 000 Jahren voneinander abgespalten. In modernen Nationen und den meisten Ländern gibt es praktisch keine »reinrassigen« Menschen. Außerdem gilt als Stand der Wissenschaft, dass es keinerlei intellektuelle, emotionale oder psychische Überlegenheit einer Rasse über eine andere gibt und eigentlich auch gar nicht geben kann, da diese Eigenschaften einer polygenen Vererbung unterliegen. Die UNESCO hat zwei bedeutende Erklärungen zur Rassenfrage und zum Rassismus veröffentlicht, die jeweils von einem internationalen Gelehrtenteam verfasst wurden. Folgende Zitate stammen aus der zweiten, 1962 veröffentlichten Erklärung: »*1. Die Wissenschaftler sind sich allgemein darüber einig, dass alle heute lebenden Menschen zu einer einzigen Spezies, der des Homo sapiens, gehören und aus einem gemeinsamen Stamm hervorgegangen sind ... 2. Ein Teil der körperlichen Verschiedenheiten zwischen menschlichen Gruppen rührt von Unterschieden in ihrer erblichen Beschaffenheit her, ein anderer von den Unterschieden in der Umwelt, in der die jeweiligen Gruppen sich entwickelten. In den meisten Fällen sind beide Faktoren wirksam gewesen. 3. Nationale, religiöse, geographische, sprachliche und kulturelle Gruppen decken sich nicht notwendig mit rassischen Gruppen; die kulturellen Kennzeichen solcher Gruppen zeigen keine erwiesene Abhängigkeit von rassischen Merkmalen ... Die Anwendung des Begriffs ›Rasse‹ auf solche Gruppen ist ein ernster Fehler, der nichtsdestotrotz gewohnheitsmäßig immer wieder begangen*

wird. 4. Die menschlichen Rassen sind von den einzelnen Anthropologen von jeher unterschiedlich klassifiziert worden. Die meisten Wissenschaftler sind sich darin einig, dass der größere Teil der lebenden Menschheit in mindestens drei große Einheiten aufgeteilt werden kann ... Die Verschiedenheit des Körperbaus dieser Einheiten, soweit sie bisher überhaupt analysiert werden konnten, berechtigen nicht zu den landläufigen Vorstellungen von der ›Überlegenheit‹ oder ›Minderwertigkeit‹ der einen oder anderen Gruppe ... 5. Die meisten Anthropologen verzichten bei ihrer Klassifizierung der menschlichen Rassen auf geistige Merkmale ... Es geschieht manchmal, dass eine nationale Gruppe durch besondere psychologische Eigenschaften charakterisiert zu sein scheint. Die oberflächliche Betrachtung hält dies für rassisch begründet. Aber die Wissenschaft hat erkannt, dass eine allgemeine psychologische Besonderheit der einzelnen Gruppe eher auf dem gemeinsamen geschichtlichen oder sozialen Hintergrund beruht. Derartige einzelnen Gruppen zugeschriebene Eigenschaften verschleiern oft die Tatsache, dass man innerhalb der einzelnen Bevölkerungen, die sich aus vielen menschlichen Typen zusammensetzen, jeweils annähernd dieselben Abstufungen von Temperament und Intelligenz antreffen kann. 6. Die wissenschaftlichen Untersuchungsergebnisse, die wir heute besitzen, lassen nicht darauf schließen, dass angeborene genetische Unterschiede am Zustandekommen der Kultur und der kulturellen Leistungen verschiedener Menschen und Gruppen maßgeblich beteiligt sind ... 7. Es gibt keinen Nachweis für die Existenz sogenannter ›reiner‹ Rassen ... Das Verbot von Ehen zwischen Angehörigen verschiedener Rassen lässt sich biologisch nicht rechtfertigen. 8. Wir betonen, dass die Gleichheit der Chance und die Gleichheit vor dem Gesetz, als ethische Prinzipien, in keiner Weise von der Behauptung abhängig sind, alle Menschen seien in der Tat gleich an Begabung. 9. Wir glauben, dass es sich lohnt, das, was gegenwärtig hinsichtlich der Verschiedenheit von Individuen und Gruppen als wissenschaftlich anerkannt gelten kann, eindeutig festzuhalten: a) Körperliche Merkmale sind das einzige brauchbare Kriterium für die Klassifizierung der Menschheit nach Rassen. b) Es gibt keine Grundlage für die Annahme, dass die einzelnen Gruppen der Menschheit hinsichtlich ihrer intellektuellen und emotionellen Entwicklungsfähigkeit angeborene Unterschiede aufweisen. c) Zwischen menschlichen Individuen, die derselben Rasse angehören, kann es biologische Unterschiede geben, die ebenso groß oder größer sind als die entsprechenden biologischen Unterschiede zwischen den Rassen. d) Es gibt keinen Beweis dafür, dass eine Rassenmischung vom biologischen Standpunkt aus ungünstige Resultate hervorbringt. Die sozialen Folgen der Rassenmischung lassen sich – ob günstig oder ungünstig – im allgemeinen auf gesellschaftliche Faktoren zurückführen« (zitiert nach Erich Steitz, »Die Evolution des Menschen«, Stuttgart 1993). – Dieses moderne Verständnis können wir natürlich nicht auf die Gesellschaft von → Mittelerde übertragen. Hier haben wir es eher mit einem mittelalterlichen Verständnis zu tun, wonach es die Aufgabe des Menschen (und der Sinn der Ehe) sei, *»das Blut fortzupflanzen, ohne dass sich seine Qualität veränderte, ohne dass es, wie man damals sagte, ›degenerierte‹, seine genetische Kraft verlöre«* (Georges Duby: »Ritter, Frau und Priester«, Frankfurt am Main 1988). Eine »Verschmutzung« des Blutes, seine »Befleckung«, konnte die Essenz des Blutes zerstören oder beschädigen, und das

könne sich dann fortpflanzen. Das ist genau die Auffassung, die zum Sippenstreit von Gondor führte! Diese Vorstellung von der Schädlichkeit der »Blutmischung« läßt sich über die Jahrhunderte verfolgen bis zu modernen rassistischen Theorien. Arthur Gobineau (1816–1882) betonte in seinem »Essai sur l'Inégalité des Races humaines« die Bedeutung der nordischen Rasse im Leben und dass sich durch Vermischung dieser mit anderen Rassen der Untergang des Abendlandes vorbereite. Diese Vorstellung fand ihren schrecklichen Höhepunkt im Dritten Reich. Das Blut und seine Reinheit waren von enormer Bedeutung; so schreibt Hans F. K. Günther, nach 1933 als »Meister der Rassenkunde der heutigen Zeit« geehrt, in seiner »Rassenkunde des deutschen Volkes«: *»Entartung (d. h. eine stärkere Mehrung mindertüchtiger Erbanlagen) und Entnordung (d. h. Gegenauslese des nordischen Volksbestandteils) haben jedes Volk indogermanischer Sprache zum ›Untergang‹ geführt – Mehrung der tüchtigen, gesunden Erbanlagen und Mehrung des nordischen Blutes müssen demnach einen neuen Aufstieg bringen. [...] Eine folgerichtige, reine und werterzeugende Entfaltung deutschen Lebens ist nur möglich aus dem Blut und Geist der Nordrasse heraus«* (zitiert nach Georg Glowatzki, »Die Rassen des Menschen«, Stuttgart 1976). Träger der sogenannten »Aufnordung« sollte die SS sein unter ihrem Reichsführer Heinrich Himmler; hierzu kursierte der Witz: »Die nordische Rasse muss sein: blond wie Hitler, schlank wie Göring und groß wie Goebbels.« Rassismus ist und war natürlich nicht auf Deutschland beschränkt; in den USA etwa ist er bis heute ein Problem. 1919 schrieb Lothrop Stodard in seinem Buch »The Rising Time of Color against White World-Supremacy«: *»Die Vereinigten Staaten müssen durch die Dro-*

hung der Schwarzen Gefahr zu zielbewus-stem rassischem Streben nach nordischer Rassereinheit gelangen« (zitiert nach Glowatzki, a.a.O.). Auch in dieser Hinsicht hat Tolkien (in diesem Falle leider) recht: Mittelerde ist unsere Welt.

Rasta (Quenya)
»Zwölf«

Rat der Weisen
Der → Weiße Rat

Rat von Elrond
Der Rat, der in → Imladris vor dem Aufbruch der → Ringgemeinschaft abgehalten wurde

Rat von Gondor
Ein Versammlung berufener Berater, zur Zeit des → Ringkriegs vom → Truchsess einberufen, danach vom König. Mitglieder waren nach dem Ringkrieg u. a. → Merry, → Pippin und → Sam.

Rath (Sindarin)
»Flusslauf, Straße«

Rath Celerdain (Sindarin)
»Lampenmacher-Straße«: breite Straße auf der untersten Stufe von → Minas Tirith, führte zum → Großen Tor.

Rath Dinen
»Stille Straße«: Hauptstraße von → Minas Tirith, führte zum Haus der → Truchsessen

Rathlóriel (Sindarin)
»Goldbett«: Name für den Fluss → Ascar, nachdem → Beren die Schätze von → Doriath hineingeworfen hatte

Rätsellöser
So nennt sich → Bilbo Beutlin im Gespräch

mit dem → Drachen → Smaug, um seinen → Namen nicht preiszugeben.

Ratshöhle von Michelbinge
Sitz des → Bürgermeisters von Michelbinge

Rauchringtanz
Ein Hobby von → Gandalf: aus seiner Pfeife Rauchringe in verschiedenen Farben zu blasen, die umeinander und durch sich hindurch tanzten

Raud (Sindarin)
»Metall«, meistens für Kupfer gebraucht

Raudh (Sindarin)
»Höhle«

Raug (Sindarin)
»Dämon«

Rauhe Berge
Die → Ered Engrin

Rauko (Quenya)
»Dämon«

Raum des Scheitfeuers
→ Feuer der Geschichten

Raumo (Quenya)
»Sturm, Sturmlärm«

Rauros
»Tosender Schaum«: die großen Wasserfälle des → Anduin am südlichen Ende des Sees → Nen Hithoel

Rauros & der Zinnenfels
Blei- und Buntstiftzeichnung, ein »Luftbild« von Tolkien von 1941 oder 1942

Raus aus der Bratpfanne, rein ins Feuer
Sprichwort (in der alten Übersetzung von

→ »The Hobbit«), das verglichen wird mit → Bilbos Spruch → »Den Orks entkommen, von den Wölfen geschnappt«

Rawlinson- und Bosworth-Professur
Professur für Angelsächsisch in → Oxford, die John Ronald Reuel → Tolkien von 1925 bis 1945 innehatte

Ré (Quenya)
Sonnentag (von Sonnenuntergang bis Sonnenuntergang)

Rechnen
Die → Elben rechneten mit einem → Zahlensystem auf der Basis 12.

Rechte
Die Weltrechte an den Werken von Tolkien liegen seit 1976 bei → Tolkien Enterprises, einer Abteilung der Saul Zaentz Company, inklusive der Filmrechte. Wer sich für einen Rechteerwerb interessiert, wende sich an: Laurie Battle, Director of Licensing, 2600 Tenth Street, Berkeley, California 94710.

Rednal
Dorf in Worcestershire, hier lebte Mabel → Tolkien mit ihren Söhnen im Sommer und Herbst 1904; sie starb hier am 14. November 1904.

Reepfeld
Ort im Westviertel im → Auenland

Regenbogenspalte
→ Cirith Ninniach

Regenschirm
Einen solchen benutzt Lobelia → Sackheim-Beutlin gegen die Strolche von → Saruman bei der Besetzung des → Auenlandes; dafür wird sie in die → Riegellöcher gesperrt.

Regierende Statthalter
In der → Neu-Übersetzung des »Herrn der Ringe« Bezeichnung für die Herrschenden → Truchsesse von → Gondor, die regierten, nachdem mit → Earnur 2050 DZ der letzte König gestorben war

Region
Der dichte Wald, der den Südteil von → Doriath bildete

Regung
Die 54 Tage lange Jahreszeit des Vorfrühlings im → Kalender der Elben von → Imladris, entspricht etwa unserem Februar und März; Quenya »Coire«, Sindarin »Echuir«

Rein (Sindarin)
»Spur, Pfad, Fußspur«

Reinkarnation
→ Wiedergeburt

Religion
Souverän spielt Tolkien immer wieder mit den Mustern seines katholischen Glaubens. Er schuf keineswegs eine Gegenreligion – dazu war er viel zu gläubig –, aber er schuf eine → Mythologie, in der sich viele der Muster existierender Religionen wiederfinden, ob das → Engel sind oder → Götter, → Satan oder → Luzifer, eine Schöpfungsgeschichte wie die → Ainulindale oder die Idee vom → Weltende oder die Geschichte vom → Sündenfall. Die meisten dieser Vorstellungen sind in allen drei monotheistischen Religionen, Judentum, Christentum und Islam, vorhanden und haben unsere Kultur geprägt. Auch wer nicht die direkte Verbindung sieht, reagiert wohl auf die Muster.

rem (Sindarin)
»häufig, zahlreich«

Rembe (Quenya)
»Netz«

Remm (Sindarin)
»Netz«

Remmirath (Sindarin)
»Siebengestirn«: das Sternbild der Plejaden

rend (Sindarin)
»rund, kreisförmig«

Rennender Fluss
der → Eilend

Rerir
Nach Westen vorspringender Berg im Norden der → Ered Luin und des → Helevorn-Sees, hier entsprang der → Große Gelion

rest (Sindarin)
»schneiden«

Rethe
Im → Kalender des → Auenlandes und von → Bree der dritte Monat, grob unserem März entsprechend

Reuse
Die einzige Höhle in allen Meeren, in die die alte → Seeschlange in der Geschichte → »Roverandom« hineinpasst

revia (Sindarin)
»fliegen, segeln«

Rhach (Sindarin)
»Fluch«

Rhavan (Sindarin)
»Wilder Mensch«

Rhaw (Sindarin)
»Wildnis«

Rhîw (Sindarin)
»Winter«: 72 Tage lange Jahreszeit im Kalender der → Elben von → Imladris, entspricht bei uns etwa Mitte November bis Januar, Quenya Hrive

Rhosgobel
der Wohnsitz von → Radagast, zwischen der → Carrock-Furt und dem → Düsterwald

Rhoss (Sindarin)
»Flüstern, Rascheln«

rhovan (Sindarin)
»wild«

Rhovanion
»Wildes Land, Wilderland«: das Land östlich des → Nebelgebirges bis zum → Eilend und südlich von → Mordor.

Rhudaur
Das nordöstliche der drei Königreiche, in die Arnor im Jahre 861 DZ zerfiel, westlich des → Nebelgebirges und östlich der → Wetterberge. Dünn besiedelt, geriet es schnell unter den Einfluss von → Angmar, ab 1350 war es offiziell dessen Verbündeter. Nach dem Fall von Angmar 1975 war das Land öde und kaum besiedelt.

Rhûn (Sindarin)
»Osten«: in → Gondor allgemein gebraucht für alle Länder östlich des Flusses → Carnen und des Binnenmeers von → Rhún, die Bewohner wurden Ostlinge genannt. Früher allerdings herrschte Gondor auch in diesem Gebiet, → Boromirs Horn stammt von einem der → Rinder Oromes, das Truchsess → Vorondil um 2000 DZ in Rhún erlegt hatte.

rhúnen (Sindarin)
»östlich«

Rhuven (Sindarin)
»Osten«

Rhys-Davies, John
Der Darsteller von → Gimli im → Film von Peter → Jackson wurde am 5. Mai 1944 in Salisbury, England geboren. Spielte als Nebendarsteller in Fernsehserien wie »Sliders« und »Star Trek – Voyager« und über 50 Filmen mit, u. a. in:
»Shogun« (1981)
»Indiana Jones, Jäger des verlorenen Schatzes« (1981)
»Der Fluch der Sphinx« (1981)
»Camelot – Der Fluch des goldenen Schwertes« (1982)
»Victor/Victoria« (1982)
»Quatermain – Auf der Suche nach dem Schatz der Könige« (1986)
»James Bond 007 – Der Hauch des Todes« (1987)
»Reise zurück in die Zeit« (1988)
»Indiana Jones und der letzte Kreuzzug« (1989)
»Die Verlorene Welt« (1992)
»Rückkehr in die verlorene Welt« (1992)
»Canvas – Ein fast perfekter Deal« (1992)
»Der Dämon erwacht« (1993)
»A Flintstones Christmas Carol« (1994)
»High Crusade – Frikassee im Weltraum« (1994)
»Marquis de Sade« (1996)
»The Protector« (1997)
»Secret of the Andes« (1998)
»The Gold Cross« (1999)

Rî (Sindarin)
»Krone, Kranz, Girlande«

Ría (Quenya)
»Krone, Kranz, Girlande«

Rian
Tochter von → Belegund (dem Neffen von → Barahir, dem Vater von → Beren), Schwester von → Morwen, heiratete im Frühjahr 473 EZ → Huor, der im Sommer bei der → Nírnaeth Arnoediad starb. Nach der Geburt ihres Sohnes → Tuor Begab sie sich zum → Haudh-en-Ndengin und starb dort an gebrochenem Herzen.

Riddermark
Ein Name für → Rohan

Riegellöcher
Das Gefängnis des → Auenlandes in → Michelbinge

Riesen
Riesige Wesen gibt es viele bei Tolkien, ausdrücklich Riesen genannt sind es weniger, z. B. jener namenlose Riese, der in der Geschichte → »Bauer Giles von Ham« durch seine Erzählungen den → Drachen → Chrysophylax veranlasst, die Menschenreiche aufzusuchen, und die Riesen, die → Gandalf mehrmals im »Hobbit« erwähnt. Diese Riesen sind nicht unbedingt böse – Gandalf will sogar einen darum bitten, den Eingang zur Orkhöhle zuzuschütten. In der Mythologie der → Germanen, von der Tolkiens Werke beeinflusst sind, waren die Riesen eigenständige sehr mächtige Wesen, je nach Lesart zu interpretieren als frühe(re) Götter oder Nebengötter. Und in den → Sagas und Epen, an denen sich Tolkien orientiert, kommen auch häufig Riesen vor, z. B. das menschenfressende Meerungeheuer Grendel und seine Mutter im → »Beowulf«. Nach mittelalterlicher kirchlicher Vorstellung sind die Riesen Nachkommen von Göttersöhnen und Menschenfrauen, man bezieht sich dabei auf das Alte Testament: *»Als aber die Menschen sich zu mehren begannen auf Erden und ihnen Töchter geboren wurden, da sahen die Gottessöhne, wie schön die Töchter der*

Menschen waren, und nahmen sich zu Frauen, welche sie wollten. [...] Zu der Zeit und auch später noch, als die Gottessöhne zu den Töchtern der Menschen eingingen und sie ihnen Kinder gebaren, wurden daraus die Riesen auf Erden«. (1. Mose 1,1f; 4) Wie dieser Text zu deuten ist, ist umstritten; im Mittelalter galt er als eindeutiger Beleg für die von Albertus Magnus (1200–1280) und seinem Schüler Thomas von Aquino (1225 oder 1226 bis 1274) umfassend ausgearbeitete Theorie von der Möglichkeit des Verkehrs zwischen → Dämon und Mensch; er konnte so zur Begründung der Hexenverfolgungen herangezogen werden. Hierzu wurde gerne auch auf die Vorstellung zurückgegriffen, mit den Göttersöhnen seien die Kinder Liliths, die Dämonen, gemeint. Im späten Judentum und frühen Christentum galten die Göttersöhne jedoch als gefallene → Engel, deren Söhne, die Riesen, das Böse in die Welt brachten: *»Warum verließet ihr den hohen, heiligen und ewigen Himmel, schliefet bei den Frauen, verunreinigt euch mit den Menschentöchtern... tatet wie die Erdenkinder und zeuget Riesensöhne...?«* (Henoch 16,2). Bei den Griechen und Römern gab es zahllose Riesen, etwa die Giganten, die Titanen und die Hekantocheiren.

Riesenfledermäuse
Die → Flügeltiere der → Nazgûl

Riesenspinnen
→ Spinnen

Ril, Rilde (Quenya)
»Flamme, Funken, funkelndes Licht, Schimmer«, z. B. in → Itarilde und → Andúril

Rim (Sindarin)
»große Zahl, Schar, Menge, Meute«

Rimbe (Quenya)
»große Zahl, Schar, Menge, Meute«

Rimion
In einer ursprünglichen Variante der Geschichten Name des Großvaters von → Beren, Vater von → Egnor (HIS 1)

Rimmon
Kurzform von → Min-Rimmon

rîn (Sindarin)
»gekrönt«

rína (Quenya)
»gekrönt«

Rind (Sindarin)
»Kreis«

Rinder von Orome
Im → Ersten Zeitalter jagte → Orome gerne in den Regionen östlich des Binnenmeeres von → Rhún. Dort züchtete oder jagte er riesige weiße Rinder, die man Oromes Rinder oder Araws Rinder nannte (Araw hieß er in Sindarin); man jagte sie noch im → Dritten Zeitalter. Von einem, das → Vorondil von Gondor um 2000 DZ erlegte, stammte → Boromirs Horn.

Ring aus dem Film
Den »offiziellen Filmring« stellt das Haus Schmuck-Uhren-Nöll her; er ist bei www.elbenwald.de erhältlich in verschiedenen Ausführungen von Silber bis feinstes Gold für einen Preis zwischen knapp 100 und 400 Euro.

Ring der Luft
→ Vilya

Ring der Macht
der → Herrscherring

Ring der Sterne
→ Vilya

Ring des Adamanten, Ring des Diamanten
→ Nenya

Ring des Feuers
→ Narya

Ring des Firmaments
→ Vilya

Ring des Himmels
→ Vilya

Ring des Rubins
→ Narya

Ring des Saphirs
→ Vilya

Ring des Schicksals
Ein alter Name für das Halsband der → Zwerge, das → Nauglamir, später ein Name für den → Máhanaxar, den Schicksalsring der → Valar

Ring des Wassers
→ Nenya

Ring von Adamant
→ Nenya

Ring von Barahir
→ Barahirs Ring

ringa (Quenya)
»kalt, frostig«

Ringare (Quenya)
»der Kalte«: Name des zwölften Monats im → Kalender der → Elben und auch der → Númenórer, entspricht grob unserem Dezember.

Ringborta Heorte Gefysed
»Sich windendes Untier«, zitiert nach dem Versepos → Beowulf, Titel einer amüsanten kleinen Zeichnung von Tolkien vom September 1928 (Bleistift, Wasserfarbe, schwarze Tusche). Der mit winzigen Flügeln versehene → Drache, der eher einer langen Schlange gleicht, die sich um sich selber windet, mit einem Kopf, der dem eines Seepferdchens ähnelt, sieht nicht im Geringsten gefährlich aus. Bei seinem Vortrag über Drachen am 1. Januar 1938 stellte Tolkien diesen Drachen vor als gerade ausgebrüteten »Kleindrachen«, der noch hübsch und ungefährlich sei.

Ringe der Elben
Die → Drei Ringe der Elben

Ringe der Macht
Der → Herrscherring und die → Drei Ringe der Elben, die sieben der → Zwerge und die neun der Menschen, der → Nazgûl – sie alle werden Ringe der Macht genannt. → Celebrimbor von Eregion schmiedete sie im 17. Jahrhundert des → Zweiten Zeitalters, verführt von → Sauron, alle außer dem Herrscherring. Diesen schuf Sauron selbst im Feuer des → Orodruin, doch als er ihn aufsetzte, merkte Celebrimbor, was er vorhatte, nämlich alle anderen Ringe zu beherrschen. Sauron überzog Eregion mit Krieg und tötete 1697 Celebrimbor, nachdem er alle Ringe außer den drei Elbenringen bekommen hatte. Er gab → sieben Ringe an Zwergenfürsten, doch diese sturen Wesen hielten ihm Stand, sie wurden nur noch goldgieriger. Andere Wesen wurden in der Regel durch die Ringe böse und langlebiger. Die neun Menschenfürsten, denen er Ringe gab, wurden zu seinen Untertanen und Schatten, zu Ringgeistern, den → Nazgûl. Die drei Elbenringe aber, → Narya, → Nenya und → Vilya, blieben vor ihm

541

bewahrt. Die Ringe der Macht waren unzerstörbar, außer durch Drachenfeuer, doch selbst dieses konnte dem Herrscherring nichts anhaben.

Ringelrosen

Blumen, die in der Geschichte → »Roverandom« auf dem Mond wachsen und Musik machen

Ringfinder

So nennt sich → Bilbo Beutlin im Gespräch mit dem → Drachen → Smaug, um seinen Namen nicht preiszugeben. Den Titel trägt er später bei den → Elben von → Imladris.

Ringgeister

Die Träger der neun → Ringe der Macht, die für die Menschen geschaffen wurden, nachdem sie zu → Geistern geworden waren: die → Nazgûl

Ringgemeinschaft

Die neun Gefährten, die aufbrachen, um den → Herrscherring in den Schicksalsklüften des → Orodruin zu vernichten: → Frodo Beutlin, → Sam Gamdschie, Peregrin (→ Pippin) Tuk und Meriadoc (→ Merry) Brandybock, vier → Hobbits; → Aragorn II. und → Boromir, zwei Menschen; → Legolas, ein → Elbe, → Gimli, ein → Zwerg, und → Gandalf, scheinbar ein Mensch, doch in Wahrheit ein → Maia.

Ringil (Quenya)

»Kalter Stern«: das Schwert von → Fingolfin, auch ein früher Name für die Säule der nördlichen → Lampe der Valar

Ring-Inschrift

Die Inschrift im → Herrscherring

Ringkrieg

Der große Krieg am Ende des → Dritten Zeitalters 3019 DZ brach aus, weil → Sauron den → Herrscherring wollte, und die Verbündeten der → Ringgemeinschaft ließen sich darauf bereitwillig ein, um ihn davon abzulenken, dass → Frodo und seine Gefährten unterwegs waren, um den Ring zu zerstören. Nach nur zwei Wochen offenem Krieg im März 3019 war Sauron vernichtet und der → Barad-dûr zerstört. Der Krieg fand an sechs Fronten statt: Im → Düsterwald wehrte → Thranduil einen Angriff aus → Dol Guldur ab (»Schlacht unter den Bäumen«, 15. März). Auf → Lórien wurden drei Angriffe unternommen (11., 15. und 22. März), die alle zurückgeschlagen wurden. Nach Saurons Niederlage eroberten die → Elben Dol Guldur, → Galadriel zerstörte die Festung. Auch die Menschen und → Zwerge am → Erebor wurden angegriffen. Zwar fielen König → Brand und → Dáin Eisenfuß beim Angriff der Ostlinge aus → Rhûn in der Schlacht von Thal (15.–17. März), doch konnte sich die Festung unter dem Erebor halten, bis der Krieg vorüber war. Die → Korsaren von Umbar und Harad griffen gleichzeitig → Pelargir und → Lebennin an, sie wurden vertrieben von → Aragorn und dem → Heer der Toten, die die feindliche Flotte eroberten (11.–13. März). Dadurch wurde auch die erste Schlacht an der fünften, der Hauptfront, entschieden, denn Aragorn brachte die notwendige Entlastung für die Schlacht auf dem → Pelennor, wo → Gondor und → Rohan gegen zwei große Heere aus → Udûn und → Minas Morgul kämpften. Diese Front verlagerte sich dann auf die → Schlacht vor dem Morannon (25. März). Doch alle diese Siege hätten nichts genützt, wenn nicht an der sechsten Front die zwei → Hobbits → Frodo und → Sam siegreich gewesen und den Ring im → Orodruin vernichtet hätten (25. März). Die letzte Schlacht des Ringkrieges, die

→ Schlacht von Wasserau, fand am 3. November 3019 im → Auenland statt.

Ringló (Sindarin)

»Kaltfluss«: Fluss in → Gondor, kam aus einem hochgelegenen Schneefeld, durchfloss dann → Lamedon und mündete nordöstlich von → Dol Amroth in dem → Morthond.

Ringtag

Im erneuerten → Kalender des → Vierten Zeitalters ein Schalttag alle vier Jahre, eine Verdoppelung des Feiertages zum Geburtstag von → Frodo, eingefügt zwischen dem 30. Yavannië und dem ersten der Enderi. Dieser Tag hieß »Cormarë«, Ringtag.

Ringträger

Alle, die einen der → Ringe der Macht tragen oder auch nur einmal getragen haben, im engeren Sinne nur → Bilbo und vor allem → Frodo Beutlin.

Ringwil

Bach, der bei → Nargothrond in den → Narog floss

Rîs (Sindarin)

»Königin«

ris (Quenya)

»spalten«

rista (Sindarin)

»schneiden«

Ritter der Mark

Ehrentitel in → Rohan; → Merry wird nach dem → Ringkrieg zum Ritter der Mark geschlagen

Ritter der Nacht

Die → Nazgûl

Ritter von Gondor

Ehrentitel in → Gondor; → Pippin wird nach dem Ringkrieg zum Ritter von Gondor geschlagen

Ritter, Frau

Eine Frau, die → Herr Glück mit seinem neuen Auto anfährt (englisch: Knight). Heiratet am Ende der Geschichte Herrn → Knapp und eröffnet mit ihm die Obst- und Gemüsehandlung »Ritter & Knapp« (im Original *»Day and Knight's«*, womit Tolkien eine allseits bekannte Kaffeewerbung parodiert, da sich *Knight* spricht wie *Night*, also »Tag und Nacht«).

Rivendell

Der englische Name von → Bruchtal

Rivil (Sindarin)

Bach, der aus dem Norden von → Dorthonions herabfloss und im → Fenn von Serech in den → Sirion mündete

Rîw (Sindarin)

»Kante, Grenze, Rand«

Roac

Als → Bilbo und die → Zwerge um → Thorin Eichenschild 2941 DZ am → Erebor lagerten, trafen sie den ältesten der Raben vom Rabenberg: 153 Jahre alt, kahlköpfig, fast blind und der Sprache der Menschen mächtig. Er half ihnen und gab ihnen viele nützliche Informationen.

Rocco (Quenya)

»Pferd«

Roch (Sindarin)

»Pferd«

Rochallor

Das Pferd von → Fingolfin

Rochben (Sindarin)
»Reiter«

Rochir (Sindarin)
»Pferde-Herr«

Rochirrim (Sindarin)
»Volk der Pferde-Herren«: die Bewohner von → Rohan

Rochon (Sindarin)
»Reiter«

Rochon Methestel
»Reiter der Letzten Hoffnung«: Titel eines Liedes über → Borondir Udalraph

Rodon (Sindarin)
»Vala«

Rodothlim
Flüchtige → Noldor in einer frühen Version der Geschichte um → »Die Kinder Húrins«, aus der später die Geschichte »Von → Túrin Turambar« wurde

Rodwen (Sindarin)
»Hohe Frau, Edle Dame«

Rodyn (Sindarin)
»(Tag der) Mächte oder Valar«, auch Orbelain, Name des sechsten Tag in der sechstägigen Woche bei den → Elben, der wichtigste Tag, und des siebenten Tages in der siebentägigen Woche bei den → Númenórern

Rog
Name in den frühen Versionen der Verschollenen Geschichten, einmal für einen → Elben, den Anführer des »Volks vom Hammer des Zorns«, in → Gondolin, außerdem bei den → Orks der Name für Egnor, den Vater von → Beren

Rógin
Die Bezeichnung für die → Drúedain in der Sprache der → Rohirrim, Einzahl Róg

Rohan (Sindarin)
»Pferdeland«: Königreich der Rohirrim, der »Pferdemenschen«, das ehemalige Calenardhon, das Éorl 2510 DZ von → Gondor übereignet bekam als Dank für die Hilfe bei der Schlacht auf der Ebene des → Celebrant. Die Namen »Rohan« und »Rohirrim« prägte Truchsess → Hallas von Gondor um 2500. Bei den Rohirrim hieß das Land »Mark der Reiter«, sich selbst nannten sie die Éorlingas, die »Söhne Éorls«. Ihre → Sprache war im Prinzip Altenglisch. Ihr König war der König der Mark, sein Wappen ein weißes Pferd in grünem Feld. Es zeigte den wichtigsten Schatz des Landes, die Pferde, und insbesondere die → Mearas. Rohan wurde im Norden von → Fangorn und im Osten vom → Anduin begrenzt, im Westen von der → Pforte von Rohan und im Süden von den → Ered Nimrais. Hauptstadt war → Edoras, Königssitz die Goldene Halle → Meduseld. Das Land umfasste rund 140.000 Quadratkilometer, das ist etwa so groß wie Tunesien und entspricht etwa 11 % von Gondor bei dessen größter Ausdehnung. Regiert wurde das Land von einem König, der zugleich Oberbefehlshaber des Heeres war, der Erste Marschall. Zur militärischen Organisation war das Land eingeteilt in eine Ost- und eine Westmark, getrennt durch den → Schneeborn und die → Entwasser mit jeweils einem Marschall an der Spitze. Die Könige der Mark wurden in Linien eingeteilt, die jeweils aus einer direkten Nachfolge bestanden. Die erste Linie begann mit Éorl und endete mit → Helm Hammerhand, die zweite Linie begann mit → Frealáf und endete mit → Théoden und seinem Sohn → Théodred. Es folgte die dritte Linie mit → Éomer. Dies

sind die Könige der Mark (mit Lebensdaten)

Erste Linie:
→ Éorl der junge (2485–2545)
→ Brego (2570–2659)
→ Aldor der Alte (2544–2645)
→ Fréa (2570–2659)
→ Fréawine (2594–2680)
→ Goldwine (2619–2699)
→ Déor (2644–2718)
→ Gram (2668–2741)
→ Helm Hammerhand (2691–2759)

Zweite Linie:
→ Fréaláf (2726–2798)
→ Brytta (2752–2842)
→ Walda (2780–2851)
→ Folca (204–2864)
→ Folcwine (2830–2903)
→ Fengel (2870–2953)
→ Thengel (2905–2980)
→ Théoden (2948–3019)

Dritte Linie:
→ Éomer Éadig (2991–63 VZ)

Roheryn (Sindarin)
»Pferd der Dame«: das Pferd von → Aragorn II., ein Geschenk von → Arwen

Rohirrim (Sindarin)
»Pferde-Herren«: die Menschen von → Rohan

Rohrholm
Dorf der → Hobbits zwischen → Baranduin und dem → Diestelbach. Erwähnt in dem Gedicht → »Tom geht rudern«

Rokko (Quenya)
»Pferd«

Roll, roll, roll und roll
Beginn eines Liedes, das die → Waldelben singen, als sie die Fässer mit den Zwergen um → Thorin Eichenschild ins Wasser stoßen (HOB, alte Übersetzung; neu: Rollen, rollen, rollen)

Rollen, rollen, rollen
Beginn eines Liedes, das die → Waldelben singen, als sie die Fässer mit den Zwergen um → Thorin Eichenschild ins Wasser stoßen (HOB, neue Übersetzung; alt: Roll, roll, roll und roll)

Rollenspiel
Bei einem Rollenspiel übernimmt man die Rolle eines Charakters, den man spielen möchte, und agiert in einer Welt, die von einer Spielleiterin oder einem Spielleiter (»Master«) vorgegeben wird; meistens sind es fertige Welten. Fähigkeiten und bestimmte Ereignisse werden ausgewürfelt, die Aktionen bestimmt man im Rahmen der Regeln selbst. Im Gegensatz zum → Live-Rollenspiel passiert alles in der Phantasie bzw. auf dem Tisch, wobei Gespräche und dergleichen natürlich ausgespielt werden (sollten), das macht einen erheblichen Reiz eines solchen Spieles aus. (Es gibt allerdings auch Computer-Rollenspiele, bei denen dies dann wegfällt.) Für → Mittelerde gab es schon lange ein Rollenspiel, → MERS, doch dies wird nicht mehr produziert. Man braucht auch kein eigenes System; mit AD&D etwa (Advanced Dungeons and Dragons) kann man alles ausspielen, was gebraucht wird. Allerdings setzt es beim Master erheblichen Aufwand voraus, da man ja das Szenario, die Nichtspieler-Charaktere und alles anderes selber entwickeln muss. Für diejenigen, die lieber zum fertigen Set greifen, bietet demnächst die Firma Decipher entsprechende Spiele an. Im November 2001 kommt »The Lord of the Rings Adventure Game« auf den Markt, ein einfaches Rollenspiel, gedacht als Einführung und Vorstufe zum »The Lord of the Rings Roleplaying Game«. Es bietet

nur 9 vorgegebene Charaktere, als Unterlagen »Welcome To Middle-earth«, ein Einführungsheft mit 24 Seiten, und »Through The Mines Of Moria«, ein erstes Abenteuerbuch mit 32 Seiten. Für Februar 2001 ist das »richtige« Rollenspiel angekündigt, und dies soll zahlreiche Spielmöglichkeiten und -varianten bieten. Wichtiger als die Regeln wird wahrscheinlich die Qualität des gelieferten Hintergrundmaterials sein, und da kann man nur hoffen, dass man sich bei Decipher mehr an Tolkien hält als dies bei MERS der Fall war.

Rom (Sindarin)
»Horn, Trompete«

Róma (Quenya)
»Horn, Hörnerklang«

Romba (Quenya)
»Horn, Trompete«

Rombaras
Ein anderer Name für Valaroma, das Horn von → Orome

Rómen (Quenya)
»Aufgang der Sonne, Osten«, auch Name des → Tengwar-Zeichen Nr. 25, γ, das für »r« stand; in → Mittelerde in fast allen Sprachen das Kurzzeichen für die → Himmelsrichtung Osten.

Rómendacil I.
»Ostsieger«: eigentlich Tarostar, → Dúnedain, achter König von → Gondor (492–541 DZ), nannte sich »Ostsieger« nach mehreren Siegen über die → Ostlinge, wurde aber im Kampf mit ihnen erschlagen

Rómendacil II.
»Ostsieger«: eigentlich Minalcar, → Dúnedain, 19. König von → Gondor (1304–1366

DZ). War bereits ab 1240 Verweser der Reiches, erst unter seinem Onkel → Narmacil, dann unter seinem Vater → Calmacil. 1248 schlug er die → Ostlinge in einer großen Schlacht und erweiterte das Herrschaftsgebiet von Gondor bis zum Binnenmeer von → Rhûn, danach nannte er sich »Ostsieger«. Er befestigte das westliche Ufer des → Anduin und baute die → Argonath.

Rómenna (Quenya)
»Ostwärts«: der größte Hafen von → Númenor, an der Ostküste gelegen, ab 3100 DZ Hauptstandort der → Elendili und der Herren von → Andúnië.

Rómestámo (Quenya)
»Osthelfer«: Beiname eines der Blauen Zauberer, der → Ithryn Luin

Romru (Sindarin)
»Hörnerklang«

Rond (Sindarin)
»Höhle, Keller«

Rond (Quenya)
»Kuppel, Gebäude mit Kuppeldach«

Roos
Ort, in dem Edith → Tolkien von Winter 1917 bis 1918 lebte, während Ronald als Leutnant in Hull und Penkridge stationiert war. Aus den gemeinsamen Waldspaziergängen, bei denen Edith für Ronald sang und tanzte, entstand hier das zentrale Thema des → Silmarillion: die Geschichte von → Beren und → Lúthien.

Roquen (Quenya)
»Reiter, Ritter«

Rorig der Alte
Rorimac → Brandybock

Rós

In den frühen Geschichten sowohl ein Name für → Tol Eressea wie für dessen Hauptstadt

Ros (Quenya)

»Schaum, Gischt, Sprühregen«

Rose von Silpion

Eine Blüte, von → Lórien gepflegt, aus der in einer frühen Version der → Mond gemacht wird.

Ross (Sindarin)

»Regen, Regentropfen, Gischt«

Rosse (Quenya)

»Regen, Regentropfen, Gischt«

Rote Elfen

Zu seiner Unterstützung lässt der → Weihnachtsmann im besonders kalten Winter 1935 rote → Elfen kommen, die ihm beim Wiederaufbau helfen. Allerdings beklagt er sich, dass sie aus allem ein Spiel machen – selbst aus dem Schneeschaufeln. Dennoch bleiben einige auf Dauer da, und der Elfe Ilbereth wird 1936 sogar sein Sekretär, wie man in → »Die Briefe vom Weihnachtsmann« nachlesen kann.

Rote Zwerge

Die lässt der → Weihnachtsmann 1932 extra aus Norwegen kommen, um die → Kobolde zu verjagen, wie man in → »Die Briefe vom Weihnachtsmann« nachlesen kann. In Norwegen soll es noch einige alte Zwergenfamilien geben.

Roter Pfeil

Der → Kriegspfeil

Roter Ring

→ Narya

Roter Wurm

Das Schiff eines Wikingers, von dem der Meerhund → Rover in der Geschichte → »Roverandom« vor vielen Jahrhunderten ins Meer gefallen war, der Beschreibung nach ein → Drachenschiff. Wahrscheinlich so genannt in Anlehnung an das berühmte Schiff »Lange Schlange« oder »Langer Wurm« des Königs Olav Trygvasson von Norwegen (995–1000), das in der Heimskringla-→ Saga des → Snorri Sturluson erwähnt wird. Tolkien hat dieses Schiff 1938 in seinem Vortrag über → Drachen erwähnt. König Olav hatte übrigens einen Hund, Vige, der vor Kummer starb, nachdem sein Herr nach der Versenkung seines Schiffes verschollen blieb.

Rotes Buch der Westmark

Ein großes, in rotes Leder gebundenes Buch, das → Bilbo vor seiner Abreise in den Westen 3019 DZ → Frodo gab. Es enthielt die Niederschrift seiner Erlebnisse auf der Reise zum → Erebor – Titel: »Hin und zurück, oder Ein Hobbit auf Reisen« – und über das, was ihm Frodo vom → Ringkrieg erzählt hatte, außerdem gab er ihm drei Bände → »Übersetzungen aus dem Elbischen von B.B.«. Frodo ergänzte das Rote Buch und gab es später an → Sam Gamdschie weiter, der die Geschichte fertig erzählte. Durch Sams Tochter Elanor kamen die Bücher in den Besitz der Familie → Schönkind von den Türmen, der Verweser der → Westmark. Sie wurden in → Untertürmen aufbewahrt und mehrfach abgeschrieben, außerdem wurde ein fünfter Band mit Erläuterungen, Stammbäumen und anderen Informationen angelegt. Als Pippin 64 VZ nach → Gondor kam, brachte er eine Abschrift mit, bekannt als das »Buch des Thains«. Von dieser wiederum fertigte 172 VZ der Hofschreiber Findegil von → Minas Tirith eine Abschrift, versehen mit

Anmerkungen und Berichtigungen; diese Abschrift bildet die angebliche Grundlage der Schriften von Tolkien.

Rothinzil

»Schaumblüte«: der adûnaische Name von → »Vingilot«

Rothorn

→ Caradhras

Rothornpass

Ein Pass zwischen dem → Caradhras und dem → Celebdil, der ins → Schattenbachtal führte

Rothorn-Tor

Eingang in den → »Rothorn-Pass«

Rothwarin

Früherer Name der → Rodothlim

Rotto (Quenya)

»kleine Grotte, Tunnel«

Roval (Sindarin)

»Großer Flügel«

Rover

»Wanderer, Streuner«: der Name von drei Hunden in der Geschichte → »Roverandom«. Der erste ist ein junger kleiner Hund, der in einen kleinen Spielzeughund verwandelt wird, nachdem er den Zauberer → Artaxerxes beleidigt hat. Auf dem → Mond begegnet er dem geflügelten Mondhund Rover, der nach eigenen Angaben vor Jahrtausenden vom Rand der Welt auf den Mond gefallen war (die war wohl damals auch noch flach, wie → Ptolemäus es sich gedacht hatte). In Wirklichkeit war das aber frühestens im 18. Jahrhundert und muss dann also doch irgendwie anders passiert sein. Um nicht verwechselt zu werden, wird der kleine Hund nun Roverandom genannt (»random« heißt Zufall, zufällig, blindlings). Im → Schloss des Meerkönigs trifft er einen weiteren Rover, einen Meerhund, der vor Jahrhunderten von dem Schiff → »Roter Wurm« eines Wikingers gefallen und von den → Nixen gerettet worden war.

Roverandom

Kindergeschichte, die Tolkien 1925 erzählte, um seinen Sohn Michael zu trösten, der seinen schwarz-weißen Spielzeughund aus Blei in den Sommerferien in Filey am Strand verloren hatte. Aufgeschrieben spätestens 1927; im September 1927 erstellte Tolkien drei der fünf Illustrationen zu dem Buch. Ursprünglicher Titel »Die Abenteuer von Rover«, spätestens 1936 aber geändert in »Roverandom« und so George Allen & Unwin angeboten. Der Verlag lehnte die Veröffentlichung ab. Das Buch erschien erst 1998 bei HarperCollinsPublishers und Houghton Mifflin, herausgegeben und mit einem Nachwort versehen von Christina → Scull und Wayne G. → Hammond, in Deutschland kam es 1999 heraus. Zum Inhalt: Der kleine junge Hund → Rover, weiß mit schwarzen Ohren, beleidigt den Zauberer → Artaxerxes und wird deshalb von ihm in einen Spielzeughund verwandelt. Er wird von dem Jungen, für den er gekauft wurde, am Strand vergessen, und von dem Sandzauberer → Psamathos Psamathides mit der Fähigkeit, sich zu bewegen, versehen. Eine Möwe bringt ihn zum → Mann im Mond, der ihm Flügel verleiht und ihn, um ihn nicht mit seinem geflügeltem Mondhund, der ebenfalls Rover heißt, zu verwechseln, in Roverandom umbenennt. Die beiden Hunde spielen auf dem → Mond, tollen um den Mondturm herum und jagen → Mondstrahlen. Dabei wecken sie den Weißen → Drachen auf. Roverandom lernt die dunkle Seite des

Mondes kennen, zu der manche Kinder im → Traum kommen; dies erinnert an den → Pfad der Träume → Lórien. Zurück auf der Erde kann Psamathos ihn nicht zurückverwandeln und schickt ihn mit dem ältesten aller → Walfische (ähnlich wie Pinocchio reist) zum Schloss des Meerkönigs tief auf dem Boden des Ozeans, wo Artaxerxes inzwischen als dessen Schwiegersohn lebt. Zusammen mit dem Meerhund Rover erlebt Roverandom unter den → Nixen und → Sirenen noch einiges an Abenteuern, ehe Artaxerxes ihn zurückverwandelt. Unter anderem begegnet er der uralten → Seeschlange, durchquert die → Schattenmeere und besucht das → Elbenland jenseits der → Verwunschenen Inseln – hier trifft sich die im 20. Jahrhundert spielende Geschichte mit der → Mythologie von → Mittelerde. Roverandom ist eine wunderschöne kleine Erzählung, die Kindern viel Spaß machen kann, die aber auch Erwachsene sehr genießen können, da sie viele versteckte Witze und satirische Elemente enthält. Einige davon sind ohne Erklärung für Menschen von heute nicht direkt einleuchtend, dem helfen jedoch der umfangreiche Anmerkungsapparat und das ausführliche Nachwort der Herausgeber ab. In dem Buch finden sich alle fünf → Bilder, die Tolkien dafür anfertigte: → »Haus, wo ›Rover‹ seine Abenteuer als ›Spielzeug‹ begann«, → »Rovers Ankunft auf dem Mond«, → Mondlandschaft«, → »Der Weiße Drache verfolgt Roverandom & den Mondhund« und → »Die Gärten des Palastes des Meerkönigs«.

Rovers Ankunft auf dem Mond

Illustration von Tolkien für die Geschichte → »Roverandom«, zunächst ohne Titel, angefertigt mit Bleistift und schwarzer Tusche, datiert auf 1927/28, das Jahr, in dem die Geschichte von Roverandum niederge-

»Roverandom« in der deutschen Ausgabe von Klett-Cotta von 1999

schrieben wurde. Enthalten in der deutschen Ausgabe von »Roverandom«

rû (Quenya)

»wild«, auch »Wilder Mensch, Waldmensch«, am Anfang benutzt für einen Menschen vom Volk der → Drúedain

Rúadan (Quenya)

»Wilder Mensch, Waldmensch« (Mehrzahl Rúedain), einer der → Drúedain

Rubinmotten

Nicht näher beschriebene Insekten, die in der Geschichte → »Roverandom« auf der dunklen Seite des → Mondes leben

Rudigar, Belba

Belba → Beutlin

Rúedain (Quenya)

»Wilde Menschen, Waldmenschen«: die → Drúedain

Ruhmreiche Schlacht

Die dritte der sechs großen Schlachten in den Kriegen von → Beleriand, die → Dagor Aglareb

Rui (Sindarin)

»Jagd«

Rúin (Quenya)

»Wilde Menschen, Waldmenschen«: früherer Name für die → Drúedain

Ruin (Quenya)

»rote Flamme«

rúkima (Quenya)

»fürchterlich, schrecklich«

Rúmil

Ein gelehrter → Elbe aus → Tirion, ein → Noldor, der erste Erfinder der → Tengwar; er soll auch die → Ainulindale geschrieben haben. In den frühen Geschichten ist Rúmil auch der weise und sprachbegabte Türhüter von → Mar Vanwa Tyaliéva.

Rúmil (Lórien)

Ein → Waldelbe aus → Lórien, Bruder von → Haldir

Rúmils Alphabet

die → Tengwar

Runen

Runen sind ursprünglich in Stein, Metall oder Holz geritzte Schriftzeichen, die des- halb sehr eckig gestaltet sind. Sie können natürlich auch wie eine »normale« Schrift Verwendung finden. In → Mittelerde gab es zwei Runenalphabete: das von → Daeron in seine endgültige Form gebrachte Certhas Daeron, die → Cirth, und die daraus entwickelten Lang-Runen, die → Angerthas. Beide Systeme orientieren sich stark an der Runenschrift der germanischen Völker, und auch die Tatsache, dass es verschiedene Systeme und Entwicklungen gibt, hat in unserer Welt ihre Entsprechung. Das früh-urnordische Runenalphabet, nach den ersten sechs Buchstaben Futhark genannt, hatte ursprünglich 24 Buchstaben. Auch das Spät-Urnordische und das Südgermanische verwendeten diese 24 Zeichen. Im Anglofriesischen erfolgte eine Erweiterung auf 28, mitunter auch 33 Buchstaben. In Skandinavien verwendete man während der Wikingerzeit nur 16 Zeichen (jüngeres Futhark). Im nord- und mitteleuropäischen Raum waren Runen vom 4. bis 12. Jahrhundert verbreitet. Da sie nicht nur einen Lautwert besitzen, sondern auch einen Begriff repräsentieren, der meist mit dem Runennamen identisch ist, kann man Runenschrift als Laut- und als Begriffsschrift verwenden. Benutzt wurden Runen vor allem für Gedenk-, Weihe- oder Besitzerinschriften sowie als Symbole magischen Charakters und auch zur Weissagung. Während Runen bei Esoterikern, zur Weissagung und als Amulette bis heute benutzt werden, wurden sie als Gebrauchsschrift selbst in den entlegensten Gegenden Schwedens höchstens bis zum 17. Jahrhundert verwendet. Einzelne Zeichen sind allerdings noch heute in manchen Alphabeten als Sonderzeichen in Gebrauch. Das englische Wort »spell« für Zauberspruch kommt übrigens vom angelsächsischen »speld« (Span, Splitter), das auch das Runentäfelchen bezeichnete.

runya (Quenya)
»feurig rot«

Rúnya (Quenya)
»rote Flamme«

Rusc (Sindarin)
»Fuchs«

Rusco (Quenya)
»Fuchs«; auch ein früherer Beiname von → Mahtan

Rúsitaurion
»Sohn des öden Waldes«: ein Name, den sich → Túrin in frühen Versionen der Geschichte zulegte

russa (Quenya)
»rot, rostbraun, kupferrot«

Russandol (Quenya)
»Kupferkopf«: Beiname für → Maedhros, der rötliche Haare hatte

Rust (Sindarin)
»Kupfer«

rustui (Sindarin)
»aus Kupfer«

Rúth (Quenya und Sindarin)
»Zorn«

S

Sackheim
Ort im Süden des Südviertels des → Auenlandes

Sackheim, Camellia
→ Hobbitfrau aus dem → Auenland *(Camellia Sackville)*, verheiratet mit Longo → Beutlin, Mutter von Otho → Sackheim-Beutlin, Schwiegermutter von Lobelia → Sackheim-Beutlin

Sackheim-Beutlin
Familie von → Hobbits aus dem → Auenland, gegründet von Otho → Sackheim-Beutlin, ausgestorben nach nur zwei Generationen (das letzte Glied war Lotho → Sackheim-Beutlin). Da die Familie → Pfeifenkraut-Pflanzungen besaß, kam es zu Handelsbeziehungen mit → Saruman.

Sackheim-Beutlin, Lobelia
→ Hobbitfrau aus dem → Auenland, geboren vor 1320 AZ in Hartbuddel, gestorben 1420 AZ, Ehefrau von Otho → Sackheim-Beutlin, geborene Straffgürtel *(Brace-girdle)*. Mutter von Lotho → Sackheim-Beutlin. Unsympathisch und diebisch, stahl z. B. silberne Löffel aus → Beutelsend anlässlich der Versteigerung 1342, als Bilbo unerwartet von seiner Abenteuerreise zum → Erebor zurückkam. Ihr Hauptziel war, Beutelsend »einzusacken«; im September 1418 verkaufte → Frodo es ihr, als er auf die Reise zur Vernichtung des → Herr-scherrings ging. Sie geriet 1419 mit einigen der Strolche von → Saruman aneinander und ging mit ihrem Regenschirm auf sie los, dafür wurde sie in die Riegellöcher gesteckt. Als man sie nach der Befreiung des Auenlandes heraus ließ, war sie dünn und tatterig (immerhin über 100 Jahre alt) und so beliebt wie nie. Durch den Tod ihres Sohnes schwer getroffen, gab sie Beutelsend an Frodo zurück und zog nach Hartbuddel zu ihren Verwandten, wo sie 1420 starb. Ihr Vermögen hinterließ sie Frodo, um eine Stiftung für die Geschädigten der Auenland-Bestzung einzurichten.

Sackheim-Beutlin, Lotho (der »Oberst«)
→ Hobbit aus dem → Auenland (1364–1419 DZ), Sohn von Otho und Lobe-lia → Sackheim-Beutlin, wahrscheinlich unverheiratet, auf jeden Fall starb mit ihm die Familie Sackheim-Beutlin. Unbeliebt (Spitzname »Pickel«), wenn auch wohlhabend, da die Familie über → Pfeifenkraut-Pflanzungen verfügte. Zog im September 3018 mit seiner Mutter nach Beutelsend, machte viele Geschäfte mit → Saruman und setzte dessen Geld ein, um sich zum »Boss« des Auenlandes aufzuschwingen. Er ließ sich »Oberst« (Chief Sheriff) nennen, ließ viel von den alten heimeligen Gebäuden abreißen und neue, »moderne« bauen, z. B. eine Dampfmühle, das Ganze abgesichert durch eine Bande von gekauften menschlichen Strolchen und Schlägern. Viele Hobbits kamen in die → Riegellöcher, u. a. der Bürgermeister Willi → Weißfuß und Lothos Mutter. Die für → Saruman interessanten Waren wurden alle nach → Isengard geschafft, vor allem Bier und Pfeifenkraut. Lothos Herrschaft endete, als Saruman selbst ins Auenland kam; im September 3019 ließ er Lotho von → Gríma Schlangenzunge umbringen, der ihn wahrscheinlich verspeiste.

Sackheim-Beutlin, Otho

→ Hobbit aus dem → Auenland (*Otho Sackville-Baggins*, 1320–1412 AZ), Sohn von Longo → Beutlin und Camellia Sackheim, verheiratet mit Lobelia → Sackheim-Beutlin geborene Straffgürtel, Vater von → Lotho Sackheim-Beutlin. Gründete die Familie Sackheim-Beutlin, da er auf diesem Weg Oberhaupt einer eigenen Familie werden konnte; bei den Beutlins war er nur einer unter vielen. Hätte gerne → Beutelsend »eingesackt«, doch Bilbo kam unerwartet von seiner Abenteuerreise zum → Erebor zurück; danach gab es zwischen ihm und Familie Sackheim-Beutlin ein sehr angespanntes Verhältnis.

Sackheim-Beutlin, Pickel

Spitzname von Lotho → Sackheim-Beutlin

Sackville

Der englische Name der → Hobbitfamilie → Sackheim

Sackville-Baggins

Englische für → Sackheim-Beutlin

Sad (Sindarin)

»Platz«

Sador (Sindarin)

»Getreuer, Ehrlicher«: Diener von → Húrin in Dor-lómin und Freund von → Túrin, an einem Bein lahm, deshalb von Túrin Labadal genannt, »Hüpffuß«

Sadron (Sindarin)

»Getreuer, Ehrlicher«

sael (Sindarin)

»weise«

saer (Sindarin)

»bitter«

Saeros

Nandor-Elbe aus → Doriath, einer der wichtigsten Ratgeber von → Thingol und stark von → rassistischen Vorstellungen geprägt, er hielt nichts von Menschen und missbilligte, dass sie nach Doriath kamen. Er beleidigte → Turin immer wieder; eines Morgens griff er ihn an. Túrin besiegte ihn und jagte ihn nackt durch den Wald, da Saeros immer wieder behauptet hatte, die Frauen der Menschen liefen nackt durch die Wälder. Saeros stürzte in einer Schlucht zu Tode, Túrin floh. Beobachtet wurde das Ganze von → Nellas.

Saew (Sindarin)

»Gift«

Saga

Das Wort stammt aus dem → Isländischen und bedeutet Bericht oder Erzählung; Saga war auch ein Name der Göttin → Freya. Ursprünglich wurden so die oft auf historisch belegbare Stoffe zurückgehenden Erzählungen, genealogischen Berichte, Biographien, Chroniken und Heldenlieder der altisländischen Literatur bezeichnet, die man einteilen kann in Königs-Sagas, Isländer-Sagas, Lügen-Sagas, Bischofs-Sagas, Vorzeit-Sagas und Ritter-Sagas, heute wird der Begriff inflationär auch auf moderne Literatur angewandt. Das Spezifische am sogenannten Saga-Stil ist seine sachliche und präzise Prosa-Form; berichtet wird ganz realistisch-direkt, ohne lyrische Erhabenheit. Diese Art zu berichten entwickelte sich wohl zwischen dem 12. und 14. Jahrhundert, als die Erzählungen über Norwegerkönige und männliche oder weibliche Heldengestalten aus Island und Skandinavien zunächst mündlich weitergegeben wurden. Wie so etwas ausgesehen haben kann und warum sich dabei ein solch karger Stil entwickelt haben dürfte, erläutert schön Thomas Mörschel in der Einleitung zu seinem Buch »Siegfried & Co. – Die Modernität des germanischen Mythos«: *»Es ist kalt. Der Atem Odins lastet schwer über meinem Land, dieser endlosen Weite aus Eis und Schnee. Selbst die Mächtigsten der Bäume müssen sich unter der Gewalt des Eises beugen. Der Himmel? Geronnen zu einer grauen Masse, schwerfällig, unverrückbar, von unendlicher Tiefe, das Ende der Welt. Er lastet auf meinen Schultern, droht, mir den Atem zu nehmen, mir alle Kraft zu rauben. Ich bin froh, ins Haus zurückkehren zu dürfen, mich am Feuer aufwärmen zu können. Die Ponys im hinteren Teil des Hauses sind still, nur das Rind wälzt sich noch im raschelnden Stroh von einer Seite auf die andere. Der alte Snorri hat es sich am Herdfeuer bequem gemacht. Seine Linke hält fest umschlungen das große Trinkhorn, mit der anderen Hand streicht er über den Kopf meines Sohnes. Wie ihn der Knabe ansieht, ihn bewundert! Nun, Snorri ist ein weitgereister Mann, des Schreibens mächtig, und mir scheint, sein Wissen lastet schwerer auf seinen Schultern als Eis und Schnee auf den Bäumen. Und jetzt sitzt dieser Mann da und erwartet mich an meinem eigenen Herd, und die Familie, meine Sippe hat sich um ihn versammelt. Auch wenn ich es nicht wahrhaben möchte, in dieser Nacht ist er der Herr meines Fleckens, denn er ist der Erzähler, der Wortkundige, der Skalde, und er hat versprochen, uns eine Geschichte zu erzählen, wie sie niemand von uns zuvor vernahm. Eine Geschichte, die in der Weite, der winterlichen Düsternis unseres Landes geboren ist, doch erst dort im Süden, wo es vier Zeiten des Jahres gibt – welch verschwenderischer Reichtum! –, erst dort keimte sie auf und wurde zu einem Baum, einer mächtigen Esche, die alles unter sich bedecken möchte. Denn dort im Süden, dort ist soviel an Wärme, soviel an Wein und Gesängen, daß sie ihre eigenen Grenzen überschreitet, sich ausdehnt, um alles niederzuschmettern, was um sie her lebt. Snorri sieht mich an, seine alten Augen starren mir bis tief ins Herz hinein. Er lächelt. Ja, bei Gott, er weiß um seine Macht. Und dann beginnt er das Lied mit den Worten: ›Von vielen Wundern künden mir die Zungen alter Zeiten, von lobreichen Helden und wildem Kampf und Streiten.‹ –* So oder ähnlich mag es gewesen sein, wenn sich im 12. Jahrhundert hoch im Norden die Menschen in der langen Winternacht ums Feuer versammelten und Geschichten erzählten, die damals schon älter waren als die Erinnerungen der ältesten Männer und Frauen, die so weit abseits vom Treiben der Welt lebten. Heute würden die meisten ein solches Dasein als provinziell bezeichnen. Andere würden es idealisieren, es als das ›wahre‹ oder das ›naturverbundene‹ Leben darzustellen versuchen, das sie sich in zentralbeheizten Einfamilienhäusern ersehnen. Aber das Leben dort, wo der Winter zu einer einzigen Nacht gerinnt und die wärmenden Strahlen der Sonne in Vergessenheit geraten, es war so ganz anders, als man es sich heute vorzustellen geneigt ist. Dieses Leben wurde durch den Winter bestimmt, und es war kalt und bedrückend, ein ständiges Ringen gegen die Natur, um ihr ein karges Auskommen, ein wenig Nahrung abzuringen. Romantische Vorstellungen waren nicht geeignet, diese Welt zu beherrschen, für sie gab es keinen Platz zwischen der Sorge ums Vieh und der Furcht, der Sommer werde zu trocken oder zu feucht, um das Getreide wachsen zu lassen. In dieser Zeit genossen Erzähler hohes Ansehen, denn in ihren Worten fanden die Zuhörer ihr Leben, ihre Ängste, ihre Träume, ihre Ideale und vor allem: ihre Wünsche. In einer Sprache so voller Bilder und Metaphern, daß unser heutiges

Idiom keinerlei Möglichkeit besitzt, es auch nur annähernd nachzuahmen, erzählten diese Männer Geschichten einer noch älteren Zeit, an die es sonst kaum mehr Erinnerungen gab. Natürlich hat es auch bei anderen Völkern Zeiten wie diese gegeben, Zeiten, in denen die Menschen unter primitiven Umständen lebten, die Deutung heiliger Schriften und Erzählungen nicht einer religösen Logik in unserem modernen Sinn, sondern einem unwandelbaren Ritus folgte und das Tun und Treiben der Menschen in ein magisch-mystisches System eingebunden war, das dem Individuum die Welt zwar nicht gänzlich erklärte, ihm aber einen gesicherten Platz in der Undurchschaubarkeit seiner Existenz zuwies. Die Kunst all jener Phasen ist durch ihre Zweckgebundenheit gekennzeichnet. Eine Literatur der bloßen Unterhaltung gewidmet oder um der Ästhetik willen, wie wir sie heute kennen, ist für Menschen solcher kultureller Entwicklungsstufen undenkbar.« Wann genau man diese Erzählungen schriftlich fixierte, ist nicht bekannt; von den Originalmanuskripten ist keines überliefert. Abschriften und Sammlungen in zum Teil überarbeiteten und ausgeschmückten Fassungen finden sich ab dem 13. Jahrhundert. Viele der Autoren sind unbekannt; unter denen, deren Namen überliefert sind, ragt → Snorri Sturluson heraus, der Verfasser der Heimskringla-Saga, die als typische Königs-Saga die norwegischen Herrscher bis ins Jahr 1177 beschreibt, und der »jüngeren« → Edda, die eine → Mythologie schildert. Eine andere Königs-Saga ist die Knutlinga-Saga, die die Geschichte der Dänenkönige von Gorm dem Alten bis Knut IV. schildert. Berühmte Beispiele der Isländer-Sagas, die in der Regel mehr oder weniger erfundene Berichte über die so genannte Sagazeit zwischen 900 und 1050 wiedergeben, sind die Egil-Saga über das Leben des Dichters und Kriegers Egil Skallagrímsson (die vielleicht auch von Snorri stammt und die u. a. E. R. Eddisson ins Englische übersetzt hat), die Laxdaela-Saga (eine Dreiecks-Liebesgeschichte), die Gísla-Saga, Geschichte eines tapferen Geächteten, und die Njáls-Saga, ein komplexes Werk, das von vielen als künstlerischer Höhepunkt der Saga-Literatur eingeschätzt wird. In manchen Sagas wird auch Zeitgenössisches berichtet. So werden in der Sturlunga-Saga realistisch und detailgetreu die Vernichtungskriege der isländischen Familien geschildert, die zum Ende des isländischen Freistaates führten. Andere Beispiele für die Umsetzung von Geschichte in Saga-Stoffe sind die Íslendinga-Saga von Sturla Thórdarson, Neffe von Snorri Sturluson, das Íslendingabók (Buch von den Isländern) von Ari Thorgilsson und das Landnámabók (Landnahmebuch, wohl auch zum Teil von Thorgilsson). – Da das Altnordische und das Altisländische nahezu identische Sprachen sind, bezeichnet man die mittelalterliche isländische Literatur manchmal auch als altnordische Literatur. – Nicht nur Tolkien wurde durch die isländischen Sagas beeinflusst, sondern auch zahlreiche andere Autoren wie etwa E. R. → Eddison und Poul Anderson.

Sahnehörnchen
Blumen, die in der Geschichte → »Roverandom« auf dem Mond wachsen und Musik machen

sain (Sindarin)
»neu«

Sakalthôr, Ar-
→ Ar-Sakalthôr

Salab (Sindarin)
»Kraut, Gewächs«

Salgant

In den frühen Geschichten der Herr des »Volkes der Harfe« in → Gondolin

Salmar

Ein → Maia, Untertan und Begleiter von → Ulmo, schliff dessen große Hörner, die Ulumúri. In frühen Versionen auch Noldorin, Lirillo und Golthadriel (gnomisch) genannt, dann zum Teil auch als → Vala betrachtet und einmal sogar als Sohn von → Manwe und → Varda

Salph (Sindarin)

»Suppe, Soße«

Sam

abgekürzte Version des → Hobbit-Namens Samba

Sam (Sindarin)

»Zimmer, Kammer«

Sam Gamdschie

Ein → Hobbit aus dem → Auenland, geboren 1380 AZ, vielleicht am 6. April, als Samweis Gamdschie. Sohn von Hamfast → Gamdschie, Gärtner bei → Bilbo und später → Frodo Beutlin. Begleitete Frodo auf seiner Fahrt zur Vernichtung des → Herrscherrings bis zum → Orodruin, ließ sich nicht abschütteln, auch wenn Frodo es versuchte, und befreite ihn aus der Gefangenschaft von → Cirith Ungol und erwies sich als ausgesprochen treuer Helfer, zeitweise war er auch → Ringträger. Nach der Rückkehr aus dem → Ringkrieg heiratete er Rosie → Kattun (alte Übersetzung Hüttinger) und bekam von ihr dreizehn Kinder. Er war am Wiederaufbau des Auenlandes sehr stark beteiligt, denn → Galadriel hatte ihm Dünger aus → Lórien mitgegeben, der das Wachstum aller Gewächse enorm beschleunigte, und vor allen eine Nuss des → Mal-lorn, aus dem der neue Festbaum des Auenlandes wurde. 1427 AZ wurde Sam zum ersten Mal zum Bürgermeister gewählt, insgesamt sieben Mal, ehe er 1476 nicht mehr wollte. Ab 1434 war er Ratsherr des Nördlichen Königreichs, er führte das → Rote Buch der Westmark. 1482, nach dem Tod seiner Frau, fuhr er auf einem Elbenschiff als letzter der Ringträger nach → Aman. – Nach Auffassung von Tolkien ist Sam der am genauesten gezeichnete Charakter im »Herrn der Ringe«, er sieht ihn als Nachfolger Bilbos aus dem »Hobbit«, als den »echten Hobbit«. Sam vergisst nie, dass er ein Abenteuer erlebt, das vielleicht die Welt verändert, aber für ihn ist es vor allem eine der sagenhaften Elbengeschichten, nach denen er sich immer gesehnt hat: »Ich möchte mal wissen, in was für einer Art Geschichte wir sind.« Und er ist in mancher Hinsicht das *Alter Ego* des Autors. Tolkien sah sich selbst gerne als Hobbit: erd- und heimatverbunden, nicht sehr abenteuerlustig, dem technischen Fortschritt eher skeptisch gegenüber stehend, Liebhaber von Gemütlichkeit bei Bier, Pfeifenkraut und Kaminfeuer, und wenn auch kein Gärtner wie Sam, so mochte er doch → Bäume mehr als alles andere. Und da Sam das Rote Buch fortschreibt, auf das sich Tolkien angeblich bezieht, ist er, wie Tolkien, nach Bilbo der zweite Autor und wie dieser »Mitautor« der Geschichte von Mittelerde, als deren »Ghostwriter« sich Tolkien gerne sah. – Im → Film von Peter → Jackson wird Sam von Sean → Astin dargestellt.

Samathos

So nennt der → Mann im Mond den Sandzauberer → Psamathos Psamathides in der Geschichte → »Roverandom«.

Samirien (Quenya)

»Doppelte Freude«: Das Fest der Doppelten Freude, ein großes Fest in → Valinor. Während dieses Festes überfiel → Melkor Valinor und zerstörte die → Zwei Bäume von Valinor. Vielleicht war es auch das Fest, während dem → Earendil nach Valinor kam.

Sammath (Sindarin)
»Räume, Kammern«

Sammath Naur (Sindarin)
»Kammern des Feuers«: die → Feuerkammern im → Orodruin

Sammelkartenspiel
Natürlich gibt es im Umfeld des → Films von Peter → Jackson auch neue Sammelkartenspiele zum »Herrn der Ringe«. Die Firma → Decipher hat die Lizenzen dazu erworben und das »Middle Earth Trading Card Game« angekündigt. Ein Sammelkartenspiel basiert ursprünglich auf den bekannten Sammelbildchen, die man kaufen und in ein Album kleben kann. Beim Sammelkartenspiel werden die Bilder durch stabile Karten ersetzt und nicht mehr eingeklebt, sondern es wird damit gespielt. Man stellt sich eine Auswahl von Karten zusammen, mit denen man spielen möchte, ein »Deck«, und tritt damit gegen einen oder mehrere Gegner an. Je nach Art des Spieles gibt es unterschiedliche Regeln, → Magie wird natürlich anders ausgespielt als ein Science-Fiction-Abenteuer. Nur durch Kaufen, Tauschen und Sammeln kommt man schließlich an alle Karten, die man gerne für den eigenen Spielstil und gute Ergebnisse braucht. Zu kaufen bekommt man meistens Starter-Packs mit Spielregel und eine Basis-Auswahl an 50 bis 70 Karten und Booster-Packs mit selteneren und »mächtigeren« Karten; die Karten werden unterteilt in *common* (gewöhnlich, häufig), *rare* (selten) und *ultra rare* (sehr selten). In manchen Bereichen gibt es Tausch- und Sammelbörsen und nationale und internationale Meisterschaften, in den USA sogar eine Profi-Liga.

Samweis Gamdschie
→ Sam Gamdschie

Sana (Quenya)
»Tag« (24 Stunden)

Sanda (Quenya)
»Schild« (Rüstungsteil)

Sandastan (Quenya)
»Schildsperre«: eine Gefechtsformation

Sandfield Road No. 76
Wohnung von John Ronald Reuel → Tolkien und seiner Frau Edith in Headington, einem Vorort von → Oxford, von 1953 bis 1968

Sandhäufler, Herr
Ein → Hobbit, Gast im Gasthaus von → Bree, als → Frodo und seine Gefährten dort eintreffen (in der neuen Übersetzung des → »Herrn der Ringe«; alte Übersetzung: Sandheber).

Sandheber, Herr
Ein Hobbit, → Sandhäufler

Sandigmann, Timm
→ Hobbit aus dem → Auenland, der Müller von → Hobbingen, ein bei vielen unbeliebter Besserwisser. – Im → Film von Peter → Jackson wird Timm Sandigmann von Brian → Sergent dargestellt.

Sandzauberer
→ Psamathist

sanga (Quenya)
»drücken, drängen«

Sanga (Quenya)
»Gedränge«

Sangahyando (Quenya)
»Gedränge-Spalter«: Führer der → Korsaren von Umbar, Urenkel von → Castamir, mit seinem Bruder Angamaitë Führer der Korsaren bei der Schlacht am → Pelargir, bei der → Minardil von → Gondor 1634 DZ erschlagen wurde. – Auch früherer Name für → Túrins Schwert → Gurthang.

Sar (Quenya)
»Stein«, z. B. in → Elessar

Sarati
»Buchstaben, Zeichen«, Einzahl Sarat: die Schrift von → Rúmil, im Unterschied zu den späteren → Tengwar von → Feanor.

Sarch (Sindarin)
»Grab«

Sarch nia Hîm Húrin
»Grab der Kinder Húrins« bei der → Cabed-en-Aras

Sarehole
Ortschaft nahe → Birmingham, in der John Ronald Reuel → Tolkien, sein Bruder und seine Mutter von 1896 bis 1900 lebten

Sári
»Feuer«: Ein Name der → Sonne bei den → Valar

Sarn (Sindarin)
»kleiner Stein«, auch Stein als Material

Sarn Athrad (Sindarin)
»Furt der Steine«: Überquerung des → Gelion durch die → Zwergenstraße; hier fand die → Schlacht von Sarn Athrad statt. Im → Dritten Zeitalter die → Sarnfurt

Sarn Gebir (Sindarin)
»Steinspitzen«: für Boote unpassierbare Stromschnellen im → Anduin ein paar Kilometer oberhalb der → Rauros-Fälle, zu umgehen auf einem knapp zwei Kilometer langen Trage-Pfad

Sarnas (Sindarin)
»Steinhaufen, Klippen«

Sarnathrod
»steinige Furt«: die → Arossiach-Furt

Sarnfurt
Überquerung des → Baranduin durch die → Nordstraße, die nach Westen ins → Auenland führte. Verballhornung von Sindarin »Sarn Athrad«, »Furt der Steine«.

Sarnie (Quenya)
»Sandbank«

Sarnthrod
Name für → Sarn Athrad in der Sprache der → Gnome

Sarqindi
»Kannibalen-Oger«: Ungeheuer, die bei Tolkien in einigen frühen Anmerkungen auftauchen (→ Anthropophagen, → Oger)

Saruman
»Der Geschickte«: Der Name der Menschen für den → Zauberer, den die → Elben Curunir, den »Mann der schlauen Pläne«, nannten, den obersten der → Istari, in Wirklichkeit war er der → Maia Curumo. Unter diesem Namen, »der Geschickte«, war er auch bei manchen Elben bekannt. Er kam um das 1000 DZ nach → Mittelerde, schwarzhaarig, groß und ausgesprochen schön mit einer herrlichen Stimme von magischer Qualität, die fast jeden in Bann schlagen konnte. Er war stets ganz in Weiß

gekleidet, deshalb trug er auch den Beinamen »der Weiße« (in Quenya »Lán«). Diese Erscheinung zeigt schon, dass er sehr von sich eingenommen war, denn die Istari wählten ihre Verkörperlichung selbst. Er war von → Aule ausgewählt worden und wie dieser von dem Drang nach Wissen und der Macht, selbst zu schaffen, besessen. Zunächst versuchte er mit seinen Kenntnissen → Sauron zu bekämpfen und forschte viel in den Archiven von → Gondor; nachdem er den Menschen viel und oft geholfen hatte, überließ ihm → Truchsess → Beren 2759 DZ den → Orthanc und → Isengard. 2463 wurde er Oberhaupt des → »Weißen Rates«, sein Zeichen war eine weiße Hand auf schwarzem Grund. Doch dann überkamen ihn Stolz und Hochmut und das Verlangen, selbst den → Herrscherring zu besitzen und die Welt zu beherrschen, so dass er unwillentlich zum besten Helfer von Sauron wurde, er geriet sogar unter dessen Einfluss, als er ab etwa 3000 den → Palantir des Orthand benutzte; es gab wohl auch eine gewisse Wesensverwandtschaft, denn sie waren beide Maiar von Aule. Er wurde ihm immer ähnlicher in den Methoden, schuf sich eine Armee von → Orks und → Dunländern und ein Netz von Spionen, von denen → Gríma Schlangenzunge der erfolgreichste war. Er nahm → Gandalf gefangen und versuchte, → Rohan zu erobern. Nachdem die → Ents seine Armee geschlagen hatten, schloss Gandalf ihn aus dem Orden der Istari aus, nahm ihm seine Farbe und zerbrach seinen → Zauberstab. Auch aus dem → Auenland, wohin er floh, wurde er vertrieben, dabei wurde er 3019 DZ von Gríma getötet. Sein Körper löste sich in Rauch auf, sein Geist mag nach → Valinor zurückgekehrt sein, doch wahrscheinlicher ist, dass er endgültig dahinschied. – Im → Film von Peter → Jackson wird Saruman von Christopher → Lee dargestellt.

Satan

Der Teufel oder Satan ist das Wesen, das in den monotheistischen Religionen Judentum, Christentum und Islam am ehesten → Melkor entspricht. Das Wort Satan heißt hebräisch »Widersacher« und meint zunächst Gottes Gegner allgemein, den Ankläger und schließlich auch den Ankläger vor dem göttlichen Gericht. Später wird er zum Versucher und Gegenspieler Gottes: *»Und der Satan stellte sich gegen Israel und reizte David, daß er Israel zählen ließe.«* (1. Chronik 21,1) Groß ist seine Rolle als Versucher von Hiob – hier ist er zugleich Diener und Werkzeug Gottes: *»Es begab sich aber eines Tages, da die Gottessöhne kamen und vor den Herrn traten, kam auch der Satan unter ihnen. Der Herr aber sprach zu dem Satan: Wo kommst du her? Der Satan antwortete dem Herrn und sprach: Ich habe die Erde hin und her durchzogen. Der Herr sprach zum Satan: Hast du achtgehabt auf meinen Knecht Hiob? Denn es ist seinesgleichen nicht auf Erden, fromm und rechtschaffen, gottesfürchtig und meidet das Böse. Der Satan antwortete dem Herrn und sprach: Meinst du, daß Hiob Gott umsonst fürchtet?«* (Hiob 1,6–9) Ähnliches gilt ja auch für Melkor: Er ist, wie alle anderen → Ainur, letztendlich nur → Ilúvatars Werkzeug, wie in der → Ainulindale beschrieben: *»Kein Thema kann gespielt werden, das nicht in mir seinen tiefsten Grund hätte, noch kann das Lied einer ändern, mir zum Trotz. Denn wird dies unternimmt, nur als mein Werkzeug wird er sich erweisen, um Herrlicheres zu schaffen, von dem er nichts ahnt.«* (SIL) – Als großen Bösewicht formt John Milton meisterlich den Satan in »Das verlorene Paradies«, das den Fall von → Luzifer schildert und ganz sicher Tolkien beeinflusste. Hier ist Satan wie schon im frühen Christentum die Verkörperung des Bösen, eine Inkarnation des Teufel, hier werden ihm dann auch die → Dämonen als Untergebene zugeschrieben. In der Apokalypse des Johannes wird Satan schließlich besiegt: »*Und es wurde hinausgeworfen der große Drache, die alte Schlange, die da heißt: Teufel und Satan, der die ganze Welt verführt, und er wurde auf die Erde geworfen, und seine Engel wurden mit ihm dahin geworfen.*« (Apokalypse 12,9) – Im Islam ist sich Satan seiner Unterordnung unter Gott bewusst und dient ihm bewusst als Versucher: »*Und wenn das Urteil gefällt ist, wird Satan sprechen: ›Seht, Allah gab euch ein wahres Versprechen. Ich versprach auch auch (manches), aber hinterging euch. Doch Gewalt hatte ich über euch nicht, sondern rief euch nur, und ihr habt auf ich gehört. Tadelt mich deshalb nicht, sondern tadelt euch selber. Ich kann euch keine Hilfe bringen, und ihr könnt mir nicht helfen. Siehe, ich hatte stets geleugnet, Allah gleich zu sein, dem ihr mich beigesellt hattet.‹ Siehe, die, welche Unrecht begehen, trifft schmerzliche Strafe.*« (Koran 14.22) – In der intellektuellen Form des Satanismus gilt Satan seit Lord Byron eher als Symbol der menschlichen Eigenständigkeit.

Sattelsack

So nennt → Elfhelm spöttisch → Merry.

Saturn

Der Planet, den die → Elben → Lumbar nannten

Sauron

Ein → Maia, im → Ersten Zeitalter der oberste und mächtigste Diener von → Melkor, nach dessen Fall die größte Macht des Bösen in → Mittelerde. Von den Elben auch Gorthaur genannt, »der Grausame«, andere Namen waren Dunkler Herrscher, der Namenlose, der Nekromant (Totenbeschwörer). Anders als Melkor, der einst wegen seine Herrlichkeit gerühmt wurde und mit seinem Widerstand gegen → Ilúvatar und die anderen → Valar wie → Luzifer neben Angst und Schrecken zumindest am Anfang auch noch Ehrfurcht verbreitete, war Sauron zunächst nur Diener und erreichte nie die Großartigkeit seines Meisters. Zunächst war er ein Maia von → Aule (→ wie Saruman!), lief aber bald zu Melkor über. Im Ersten Zeitalter war er zeitweise Oberbefehlshaber in → Dorthonion, herrschte in → Tol-in-Gaurhoth und züchtete → Werwölfe und trat auch selber als solcher in Erscheinung. Nach seiner Niederlage gegen → Huan und → Lúthien trieb er sich einige Zeit als → Vampir in → Taur-nu-Fuin herum. Nach dem Fall von Angband versteckte er sich in Mittelerde und kam im → Zweiten Zeitalter langsam wieder zu Kräften; sein Reich war → Mordor, seine Festung der → Barad-dúr. Im 17. Jahrhundert schmeichelte er sich als Annatar, »Herr der Geschenke«, bei den Elben von → Eregion ein und verführte die Elbenschmiede um Celebrimbor, die → Ringe der Macht zu schmieden. Damals war er noch in der Lage, jede Gestalt anzunehmen und konnte Elben und Menschen mit herrlicher Erscheinung betören. Als er den → Herrscherring, den er selbst geschmiedet hatte, aufsetzte, merkte Celebrimbor, was er vorhatte, und brachte die → Drei Ringe der Elben in Sicherheit. Sauron überzog Eregion mit Krieg und tötete 1697 Celebrimbor, nachdem er alle Ringe außer den drei Elbenringen bekommen hatte. Mithilfe der Diener der Ringe wurde er immer mächtiger, doch zugleich verlor er persönlich an Macht, den er hatte einen erheblichen Teil seiner Macht in den Ring gebannt. Vielleicht auch deshalb unterlag er im Krieg gegen → Gil-galad und die → Númenórer (1693–1701 ZZ) und musste sich → Ar-Pharazôn ergeben, der ihn 3262 als Gefangenen nach → Númenor führte. Dort wurde er noch einmal mächtig und sogar als → Gott verehrt, doch als Númenor 3019 unterging, verlor er seine schöne Gestalt und hatte nicht mehr genug Macht, sie wieder aufzubauen. Im → Krieg des letzten Bündnisses unterlag er noch einmal, auch wenn er Gil-galad und → Elendil töten konnte; der Herrscherring war verloren, und eine sichtbare Gestalt konnte er wohl auch nicht mehr annehmen, er trat von nun an als das → Lidlose Auge in Erscheinung. Sauron ging es hier ähnlich wie im Ersten Zeitalter Melkor. Nur langsam konnte er sich wieder erholen, um 1000 DZ begann er, → Dol Guldur aufzubauen; er wurde als der Nekromant bekannt. Sein wichtigster Helfer war der → Hexenkönig von Angmar, der die drei nördlichen Königreiche der → Dúnedain vernichtete. 2941 (als → Bilbo den Herrscherring fand) wurde er vom → Weißen Rat aus Dol Guldur vertrieben und ging nach → Mordor zurück, wo er 2951 Barad-dûr wieder aufbaute und wieder offen in Erscheinung trat. Nach dem → Ringkrieg war er wahrscheinlich endgültig vernichtet, da der Eine Ring zerstört war. – In Deutschland gibt es Sauron als Familienname: Ein Patrick Sauron wohnt in Neunkirchen im Saarland.

Saurons Mund

Ein → schwarzer Númenórer, Befehlshaber von → Barad-dûr und ein mächtiger Zauberer, der durch die → Magie, die er von → Sauron gelernt hat, Jahrtausende überlebt hatte. Zur Zeit des → Ringkriegs hatte er seinen ursprünglichen Namen vergessen. – Im → Film von Peter → Jackson wird Saurons Mund von Bruce → Spence dargestellt.

Saurons Straße

Straße von → Barad-dûr zu den → Feuerkammern im → Orodruin

Saw (Sindarin)

»Saft«

Scatha

→ Drache aus den → Ered Mithrin, erschlagen im 21. Jahrhundert DZ von → Fram

Scathas Horn

das → Horn der Mark

Schachspiel

Für rund 200 Euro gibt es ein Schachspiel zum »Herrn der Ringe« zu kaufen (z. B. über www.elbenwald.de). Die weißen Figuren sind Aragorn (König), Galadriel (Dame), Baumbart und Gandalf (Springer), Bilbo und Frodo (Läufer), Beutelsend und Bruchtal (Türme) und Hobbits als Bauern. Die schwarzen Figuren sind Sauron (König), Kankra (Dame), Saruman und Gollum (Springer), zwei Nazgûl (Springer), Barad-dûr und Moria (Türme) und Orks als Bauern.

Schafe, weiße. spielzeuggroß

Leben in der Geschichte → »Roverandom« auf dem → Mond

Schagrat, Shagrat

Hauptmann der → Orks im Turm von → Cirith Ungol ein → Uruk-hai. Brachte → Frodos → Elbenmantel und das → Mithril-Kettenhemd nach → Barad-dûr.

Schalttage

→ Loënde, → Enderi, → Lithe-Tage, → Kalender

Schar der Toten

Die → Toten Menschen von Dunharg

Scharbhund

Bei den → Kleinzwergen der Name für den → Amon Rûdh

Schären

Ort im → Auenland, in der neuen Übersetzung des »Herrn der Ringe«: Bangen

Schärenhügel

Hügellandschaft bei → Schären, wo Fredegar → Bolger gefangen genommen wurde, in der neuen Übersetzung des »Herrn der Ringe«: Bangener Hügel

Scharker

Unter diesem Pseudonym war → Saruman im → Auenland bekannt, in der alten Übersetzung Scharrer.

Scharkersend

Ein Vorschlag, wie man den → Beutelhaldenweg nach dem Wiederaufbau nennen sollte (neue Übersetzung); er hieß dann aber Neuer Weg.

Scharrer

→ Scharker

Scharrers Ende

Ein Vorschlag, wie man den → Beutelhaldenweg nach dem Wiederaufbau nennen sollte (alte Übersetzung); er hieß dann aber Neuer Weg.

Schatten aus dem Osten

→ Khamúl, der zweithöchste der → Nazgûl

Schatten

→ Nazgûl

Schattenbachsteig

Der Weg, der vom → Schattenbachtal zum → Rothorn-Pass hinaufführte

Schattenbachtal

In Quenya Azanulbizar genannt, in Sindarin Nanduhirion, verlief vom Osttor von → Moria nach Norden bis zum Schattenbachsteig, der zum → Rothorn-Pass hinaufführte. Im südöstlichen Teil lagen der → Spiegelsee (Kheled-zâram) und die in einen steinernen Brunnen gefasste Quelle des Flusses Silberlauf. 2799 DZ fand hier die große → Schlacht im Schattenbachtal statt, danach blieb das Tal kahl, denn die → Zwerge hatten alle Bäume gefällt, um die Toten zu verbrennen. Ins Schattenbachtal gelangten die Gefährten der → Ringgemeinschaft, nachdem → Gandalf gefallen und sie aus Moria geflohen waren.

Schattenbachtal und die Berge von Moria

Zeichnung mit Bleistift und Buntstift, »Luftbild« von Tolkien, entstanden um 1940

Schattenbraut

Das zwölfte Gedicht im Buch → »The Adventures Of Tom Bombadil«: Ein alter Mann ohne Schatten stiehlt einer jungen Frau deren Schatten.

Schattenfell

Zur Zeit des Ringkrieges das edelste aller → Mearas, der Königspferde von → Rohan, ein silbergrauer Hengst, den → Gandalf überzeugen konnte, ihn reiten zu lassen, obwohl er nicht aus dem Königshaus von Rohan war. Sie konnten sich über weite Strecken telepathisch verständigen. Gandalf nahm Schattenfell mit nach → Aman.

Schattenfledermäuse

Nicht näher beschriebene Wesen, die in der Geschichte → »Roverandom« auf dem → Mond leben. Beliebtes Opfer von → Mondspinnen.

Schattenfluss

»Gwathir«: ein früherer Name des → Gwathló

Schattengebirge
→ Ered Wethrin (EZ, ZZ) und → Ephel Dúath (DZ)

Schattenheer
Das Heer der → Toten von Dunharg

Schatteninseln
Die → Verwunschenen Inseln im Meer östlich von → Tol Eressea

Schattenland
→ Mordor

Schattenmeer
In der Geschichte → »Roverandom« Meere, die die → »anderen Lande« und → Elbenheim von der übrigen Welt trennen. In → Mittelerde ein Teil des großen Meeres östlich von → Tol Eressea, das bis auf → Tuor und → Earendil bis zum Ende des → Ersten Zeitalters niemand durchquerte.

Schattenspalte
Cirith Dúath: ein früherer Name von → Cirith Ungol

Schattenvolk
in der frühen → Mythologie Feen unbekannter Herkunft

Schattenvolk von Hisilóme
in der frühen → Mythologie die → Elben von → Hisilóme

Schatûr
Abküzung für den → Bunduschatûr

Schatz
So nennt → Gollum sowohl sich selbst wie den → Herrscherring.

Schauderwasser
→ Nen Girith

Scheidegebirge
→ Amdran

Scheidemeer
das Große Meer → Belegaer

Scheitfeuer
das → Feuer der Geschichten

Scherf, Walter
Übersetzer der ersten deutschen Ausgabe von → »The Hobbit«, erschienen unter dem Titel »Der kleine Hobbit« beim Georg Bitter Verlag (Recklinghausen 1957), dann bei dtv (Deutscher Taschenbuch Verlag, München 1974) und noch einmal bei dtv 2001 als »Der kleine Hobbit – Buch zum Film«.

Schicksalsberg
Amon Amarth: Name, der in → Gondor dem → Orodruin verliehen wurde, als dessen Feuer 2954 DZ nach → Saurons Rückkehr aus → Dol Guldur wieder entfacht und allen offenbar wurde, dass Sauron wieder da war.

Schicksalsklüfte
Die Klüfte des → Orodruin, über die der Zugang zum Feuer der Vulkans möglich war. In ihnen wurde der → Herrscherring geschmiedet und wieder zerstört

Schicksalsrichter
→ Mandos

Schicksalsring
Der → Máhanaxar

Schiefertonwald
Die Berge im Nord-Viertel des → Auenlandes, die man vom → Bühl aus sehen kann

Schiff aus Gold
→ Sonne

Schiff der Erde

Eine frühe Zeichnnug von Tolkien, auf der er die Gestalt von → Arda in Form eines Wikingerschiffs darstellt. → Valinor und → Tol Eressea liegen im Bug, → Mittelerde unter dem Mast, → Sonne und → Mond auf dem Segel.

Schiff der Himmel
→ Sonne

Schiff des Mondes
→ Mond

Schiff des Morgens
→ Sonne

Schiff mit dem silbernen Schwan
das Banner von → Dol Amroth

Schiffer des Westens
die → Ythlinge

Schiffskönige

So werden vier Könige von → Gondor genannt, die Flotten aufbauten und Gondors Herrschaft auf die Küsten erweiterten: Tarannon Falastur († 913), → Earnil I. († 936), → Ciryandil († 1015) und → Hyarmendacil I. (Ciryaher) († 1149)

Schildkrötenwalfisch
der → Fastitocalon

Schildmagd von Rohan
→ Éowyn

Schillerfalter
→ Schmetterlinge

Schlacht am Gwathló

Die Niederlage von → Sauron gegen die Streitmacht von → Tar-Minastir von → Númenor im Jahre 1700 ZZ.

Schlacht an den Furten des Isen
→ Furten des Isen

Schlacht an den Furten des Poros
→ Furten des Poros

Schlacht von Tumhalad

Schlacht im Tal → Tumhalad, bei der das Heer von → Nargothrond unter der Leitung von → Túrin im Herbst 496 EZ von einem Orkheer unter → Glaurung vernichtend geschlagen wurde, es gab kaum Überlebende. Anschließend wurde Nargothrond erobert und zerstört.

Schlacht auf den Ebenen

Die Niederlage von → Narmacil II. von → Gondor gegen die → Wagenfahrer 1856 DZ, die Schlacht fand auf den Ebenen südlich des → Düsterwaldes statt

Schlacht auf den Pelennor-Feldern

Die größte Schlacht des → Ringkriegs, bei der am 15. März 3019 auf dem → Pelennor zunächst das Heer von → Gondor, unterstützt durch zahlreiche Verbündete, gegen ein riesiges Heer unter dem Befehl des Schwarzen → Hexenmeisters kämpfte. Der Herr der → Nazgûl durchbrach das Haupttor von Gondor, wo sich ihm → Gandalf entgegenstellte. Bevor es zum Zweikampf kam, kamen die Reiter von → Rohan. Der Hexenmeister tötete König → Théoden und wurde danach von → Éowyn und → Merry erschlagen. Trotzdem wäre die Schlacht für Gondor verloren gegangen, wenn nicht → Aragorn mit den Schiffen gekommen wäre, die er mit Hilfe der → Toten Menschen von → Dunharg den → Korsaren von Umbar abgenommen hatte. Gemeinsam konnten sie → Saurons Heer besiegen, am abend waren alle Feinde tot oder über die Mauern von → Rammas Echor zurückgetrieben.

Schlacht auf der Brücke von Ham

In der Geschichte → »Bauer Giles von Ham« der vergebliche Versuch des Königs des Mittleren Königreiches, das Schwert → Schwanzbeißer zurück- und den Schatz des → Drachen → Chrysophylax überhaupt zu bekommen. Der Drache und Giles jagen den König am Matthias-Tag in die Flucht; kurz darauf wird Giles zum Grafen und später zum König des Kleinen Königreiches.

Schlacht auf der Ebene von Celebrant

Die große Schlacht 2510 DZ, bei der → Éorl → Gondor gegen die → Balchoth und → Orks zu Hilfe kam

Schlacht auf der Heide vom Himmelsdach

Schlacht in den Verschollenen Geschichten, eine Vorläuferin der → Großen Schlacht

Schlacht bei Grünfeld

Schlacht im → Auenland 1147 AZ (2747 DZ); eine Bande → Orks unter ihrem Häuptling → Golfimbul griff das → Auenland an und wurde von Bandobras → Tuk besiegt, nebenbei wurde das Golfspiel erfunden.

Schlacht der fünf Heere

Nachdem der → Drache → Smaug 2941 von → Bard erschossen worden war, kam es zum Streit zwischen den → Zwergen unter → Thorin Eichenschild auf der einen und den Menschen von → Thal und → Esgaroth auf der anderen Seite. Thorin rief die Zwerge der → Ered Engrin unter → Dáin Eisenfuß zu Hilfe. Ehe es zu einer Schlacht der drei Heere kommen konnte, griffen (zum Glück) die → Orks unter → Bolg an. Auf der Seite der Menschen und Zwerge kämpften nun auch die → Waldelben von → Düsterwald mit, dennoch konnten diese vier vereinten Heere gegen die Orks nur gewinnen mit Hilfe der → Adler unter → Gwaihir und vor allem von → Beorn.

Schlacht der Hornburg

Die Schlacht um die → Hornburg 3019 DZ, bei der → Sarumans Heer gegen → Rohan kämpfte

Schlacht der Mächte

Die → Große Schlacht

Schlacht der Ungezählten Tränen

Die → Nírnaeth Arnoediad, die fünfte der sechs großen → Schlachten von → Beleriand

Schlacht der Valar

Die → Große Schlacht

Schlacht des Jähen Feuers

Die vierte der großen Schlachten in den Kriegen von → Beleriand, die → Dagor Bragollach

Schlacht des Lagers

Der Sieg von → Earnil II. von → Gondor über die → Wagenfahrer in → Ithilien 1944 DZ, als er die Gegner in ihrem Lager überraschte

Schlacht im Schattenbachtal

Die letzte Schlacht im Krieg der → Zwerge gegen die → Orks, mit dem sie den Tod ihres Königs → Thrór (2790 DZ) rächen wollten. Dieser Krieg begann 2793 und fand sein Ende 2799 im Schattenbachtal vor den Toren von → Moria. Unter großen Verlusten konnten die Zwerge die Orks vernichtend schlagen, u. a. starb → Náin von den Eisenbergen. Sein Sohn → Dáin Eisenfuß rächte ihn und erschlug → Azog, den Anführer der Orks. Moria (→ Khazad-dúm) blieb den Zwergen jedoch verschlossen, denn dort herrschte ein → Balrog.

Schlacht unter den Bäumen

Schlacht im → Ringkrieg am 15. März 3019

DZ im → Düsterwald; → Thranduil und seine → Waldelben währten einen Angriff aus → Dol Guldur ab.

Schlacht unter Sternen, Schlacht unter den Sternen
→ Dagor-nuin-Giliath

Schlacht vom Schattenbachtal
→ Schlacht im Schattenbachtal

Schlacht von Azanulbizar
die → Schlacht im Schattenbachtal

Schlacht von Fornost
Die Schlacht 1975 DZ, bei der → Earnur von → Gondor gemeinsam mit den → Elben aus → Lindon unter → Círdan und aus → Imladris unter → Glorfindel (II) den → Hexenkönig von Angmar besiegte.

Schlacht von Nanduhirion
→ Schlacht im Schattenbachtal

Schlacht von Sarn Athrad
Nach der Zerstörung von → Doriath 505 EZ wurden die → Zwerge von → Nogrod mit ihrer Beute an der Furt von → Sarn Athrad von den → Elben unter der Führung von → Beren und → Dior gestellt; Beren tötete den Fürsten von Nogrod und nahm ihm das → Nauglamir mit dem → Silmaril ab. Die überlebenden Zwerge wurden von den → Ents in den Wäldern getötet.

Schlacht von Thal
Schlacht im → Ringkrieg vom 15. bis 17. März 3019 DZ zwischen den Menschen von → Thal und → Esgaroth und den → Zwergen vom → Erebor gegen → Ostlinge aus → Rhún, die mit → Sauron verbündet waren. Zwar fielen König → Brand und → Dáin Eisenfuß, doch konnte sich die Festung unter dem Erebor halten, bis der Krieg vorüber war; am 27. März vertrieben → Bard II. und → Thorin III. den Feind.

Schlacht von Wasserau
Die letzte Schlacht im → Ringkrieg, bei der die → Hobbits die Männer von → Saruman schlugen, fand am 3. November 3019 bei → Wasserau statt, die Hobbits wurden von → Merry und → Pippin geführt. Fast 70 Menschen und 19 Hobbits kamen ums Leben.

Schlachten im Ersten Zeitalter
Die sechs großen → Schlachten von Beleriand

Schlachten von Beleriand
Im → Ersten Zeitalter fanden in → Beleriand sechs große Schlachten statt. In der Ersten Schlacht, die keinen anderen Namen trägt, überfiel → Melkor direkt nach dem Wiederaufbau von → Angband die → Elben von Beleriand und trieb → Círdan bis ans Meer. Er wurde unter großen Verlusten geschlagen, und → Melian schuf danach → Melians Gürtel, um → Menegroth und → Doriath zu schützen. Die zweite Schlacht war die → Dagor-nuin-Giliath, die »Schlacht-unter-Sternen«, die dritte → Dagor Aglareb (»Ruhmreiche Schlacht«), die vierte → Dagor Bragollach (»Schlacht des Jähen Feuers«), die fünfte die → Nírnaeth Arnoediad (»Schlacht der Ungezählten Tränen«), und die sechste die → Große Schlacht im Krieg des Zorns, mit dem das Erste Zeitalter endete.

Schlachtfeld
Übersetzung von → »Dagorlad«

Schlachtgarten
Ein Vorschlag, wie man den → Beutelhaldenweg nach dem Wiederaufbau nennen sollte; er hieß dann aber Neuer Weg.

Schlachtgrube

So hieß im → Auenland nach der → Schlacht von Wasserau die Sandgrube, in der man die Leichen der gefallenen Menschen verscharrte

Schlachthorn

→ Boromirs Horn

Schlaf von Yavanna

Eine Zeit im → Ersten Zeitalter, in der Yavanna die Vegetation von → Mittelerde ruhen ließ und in der außer im Herrschaftsgebiet von → Melkor nichts wuchs, zwischen der Zerstörung der → Lampen der Valar und dem Aufgang von → Sonne und → Mond. Wie lange diese Periode währte, ist unbekannt, es kann sich um Jahrzehntausende gehandelt haben.

Schlafzauber

Ein Beschwörungszauber, den besonders → Lúthien gut beherrschte: Sie schläferte nicht nur → Carcharoth ein, ihre → Magie, die sie in ein → Lied der Macht kleidete, war stark genug, selbst → Melkor und seinen Hofstaat in den Schlaf zu versenken.

Schlangenwürmer

→ Drachen

Schlangenzunge

→ Gríma Schlangenzunge

Schlucht des Teiglin

Die → Cabed-en-Aras

Schmeißt mit Tellern

Beginn eines Liedes, das die Zwerge unter der Führung von → Thorin Eichenschild in → Bilbos Haus singen, um ihn zu foppen (HOB, alte Übersetzung; neu: Werft die Gläser an die Wand)

Schmetterlinge

Zahlreiche Schmetterlinge fliegen über den Wipfeln des → Düsterwaldes, wie → Bilbo feststellt, als er nach oben klettert: Schillerfalter mit samtigen tiefschwarzen Flügeln

Schmied von Großholzingen

Hauptperson in der Geschichte → »Der Schmied von Großholzingen«; er bekommt mit 9 Jahren den → Elbenstein, besucht regelmäßig → Elbland, lernt die Königin und den König kennen und gibt den Stern mit 57 Jahren weiter

Schmiedsohn

So nennt man zunächst den späteren

Hobbit Presse / Klett-Cotta

J.R.R. TOLKIEN
FABELHAFTE GESCHICHTEN

»Der Schmied von Großholzingen« ist eine der drei Geschichten in diesem schön gemachten Band des Klett-Cotta-Verlages von 1979

Schmied, dann seinen Sohn Ned in in der Geschichte → »Der Schmied von Großholzingen«.

Schneeborn
Fluss, der im → Hargtal unterhalb von → Dunharg entsprang und dann an → Edoras vorbeifloss und in die → Entwasser mündete

Schnee-Elfen
Wie man in → »Die Briefe vom Weihnachtsmann« nachlesen kann, leben diese weißen → Elfen immer am Nordpol. Sie unterstützen den → Weihnachtsmann, z. B. auch bei seinem Kampf gegen die → Kobolde.

Schneemähne
Hengst von König → Théoden, zwar ein Königspferd von → Rohan, aber kein reinblütiger → Mearh, denn er duldete einen Sattel. Er tötete unabsichtlich seinen Herrn, als er auf ihn fiel, von einem Pfeil getroffen. Auf seinem Grab stellte man einen Stein mit der Inschrift: *»Schneemähne, Diener in größter Bedrängnis, Schnellen Hufs, seines Herrn Verhängnis.«*

Schneemann
Ein alter Schneemann ist der Gärtner des → Weihnachtsmannes; Schneemänner sind natürlich nicht aus Schnee, wie man in → »Die Briefe vom Weihnachtsmann« nachlesen kann. Junge Schneemänner nennt man Schneemännlein.

Schneemenschen
die → Lossoth

Schneeweiß! Schneeweiß! O Herrin hold
Liedbeginn in der alten Übersetzung des »Herrn der Ringe« des Liedes → »O Königin, schneeweiß und fern«

Schnösel Alfred
Ein Passant in der Geschichte → »Herr Glück« (englisch: *Gaffer Gamdschie*)

Schnüffelschnauz
Eines der Ponys von → Frodo und seinen Gefährten, die in den → Hügelgräberhöhen verloren gehen und die → Tom Bombadil wiederfindet; dabei gibt er ihm diesen Namen.

Schnüffler-Jack
Name eines Mannes im Gedicht → »Luftikus« (englisch: *Peeping Jack*). Eventuell von → Sam Gamdschie einem echten Bewohner von → Michelbinge nachempfunden.

Schnuth
Name einer Frau, die vor dem Freunde suchenden Einsiedel-Troll im Gedicht → »Luftikus« wegläuft (englisch: *Mrs Bunce*). Wahrscheinlich von → Sam Gamdschie einem echten Mitglied der Familie → Bunce nachempfunden.

Schönes Volk
Die → Elben

Schönkind
→ Hobbitfamilie aus dem → Auenland, gegründet von Elfstan → Schönkind, hielten das Erbamt der Verwalter der → Westmark, lebten in → Untertürmen und waren bekannt für ihre »elbische« Schönheit

Schönkind, Elfstan
→ Hobbit aus dem → Auenland, Sohn von → Fastred aus Grünholm und Elanor → Gamdschie, geboren 1454 AZ, Begründer der Familie Schönkind

Schöpferin der Gestirne
→ Varda

Schöpfung

→ Ainulindale, → Ea

Schrift

Die → Elben kannten im Wesentlichen zwei Schiftsysteme: Die → Runen → Cirth und die → Tengwar. Die älteren Tengwar wurden entwickelt für das Schreiben mit Pinsel oder Feder, die jüngeren eckigen Cirth für eingeritzte oder eingeschnittene Inschriften. In den späteren Versionen verschwanden diese Unterschiede allerdings.

Schulze, Stadtrat

Ein eingebildeter Bürger in der Geschichte → »Blatt von Tüftler«.

Schurkenkönig

So nennt → Tom Bombadil den → Hexenkönig von Angmar in der neuen Übersetzung des »Herrn der Ringe«.

Schütz, Hans J.

Neben Wolfgang Krege der »Hauptübersetzer« ins Deutsche von Werken Tolkiens und solcher, die ihn betreffen, bei → Klett-Cotta. Übersetzte von Tolkien die → »Nachrichten aus Mittelerde« (1982) und das → »Buch der Verschollenen Geschichten« (2 Bände, 1986/87) sowie → »Roverandom« (1999). Außerdem ist er der Übersetzer der drei Karten, die John → Howe illustriert hat (1995 bis 2001), des »Historischen Atlas von Mittelerde« von Fonstad (1985/1994), des Buches »J. R. R. Tolkien. Der Künstler« von Hammond und Scull (1996) und der Filmbücher von Fisher und Sibley (2001)

Schutzgürtel, Schutzwall

→ Gürtel Melians

Schwanenboot

Boot von → Galadriel

Schwanenfleet

→ Nin-in-Eilph

Schwanenhafen

→ Alqualonde

Schwanenjungfrau von Alqualonde

→ Earwen

Schwanenritter von Dol Amroth

Elitetruppe aus → Dol Amroth, ihr Banner war blau mit einem Schiff und einem silbernen Schwan, ihr Schlachtruf lautete »Amroth«

Schwanenschwinge

Ein Name des Schiffs von → Tuor, »Alquaráme«

Schwanfleet

→ Nin-in-Eilph

Schwanzbeißer

Das Schwert, mit dem → Bauer Giles von Ham den → Drachen → Chrysophylax unterwirft, eigentlicher Name »Caudimordax«. Gehörte einst dem größten aller Drachentöter, Bellomarius. Die Klinge ist mit → Runen und epigraphischen Zeichen versehen, und das Schwert lässt sich nicht in der Scheide halten, wenn ein Drache näher als ca. 8 Kilometer (5 Meilen) kommt.

Schwarze Flügel

→ Nazgûl

Schwarze Jahre

Die Zeit im → Zweiten Zeitalter, in der → Sauron einen großen Teil von → Mittelerde beherrschte, je nach Interpretation ab 1000 DZ bis zu seiner Niederlage 3441.

Schwarze Menschen

die → Haradrim

Schwarze Númenórer

→ Dúnedain, Anhänger von → Sauron, die beim Untergang von → Númenor in → Mittelerde waren und deshalb überlebten

Schwarze Pest

→ Pest

Schwarze Reiter

→ Nazgûl

Schwarze Schlange

Das Wappen von → Harad

Schwarze Sprache

Eine → Sprache, die → Sauron im 16. Jahrhundert des → Zweiten Zeitalters erfand, während er versuchte, → Eregion einzunehmen, mit viel »a«, »o« und »u« und ohne »e«, voller Schnalz- und Zischlaute. Im → Dritten Zeitalter diente sie vor allem als eine Art Hoch- und Zeremonialsprache für Saurons Diener, nur wenige Stämme sprachen sie als Hauptsprache, so die → Bergtrolle. Es sind nur wenige Beispiele dieser Sprache überliefert, z. B. die Inschrift auf dem → Herrscherring: → »Ash nazg durbatulûk...« Tolkien selber mochte diese Sprache nicht; einen Kelch, den ihm ein Verehrer schenkte und in den diese Worte eingraviert waren, benutzte er als Aschenbecher.

Schwarzer Anführer

der → Hexenkönig

Schwarzer Anhauch, Atem

Eine magische Ausstrahlung der → Nazgûl, die die Betroffenen mit bösen Träumen, Verzweiflung und sogar Ohnmacht schlagen konnte und wenn man ihr lange ausgesetzt war, zum Tod führte. Ein wirksames Gegenmittel war → Athelas. Auch der Schwarze Schatten genannt.

Schwarzer Dorn von Brethil

Ein Kampfname für → Gurthang

Schwarzer Feldherr

Der Herr der → Nazgûl, der → Hexenkönig von Angmar

Schwarzer Hauptmann

Der Herr der → Nazgûl, der → Hexenkönig von Angmar

Schwarzer Heermeister

Der Herr der → Nazgûl, der → Hexenkönig von Angmar

Schwarzer Herr, Schwarzer Herrscher

Bezeichnung für → Morgoth und auch für → Sauron

Schwarzer Hexenmeister

Der Herr der → Nazgûl, der → Hexenkönig von Angmar

Schwarzer König

Bezeichnung für → Morgoth

Schwarzer Ostling

→ Khamúl, Zweithöchster der → Nazgûl

Schwarzer Schatten

→ Schwarzer Anhauch

Schwarzer Schwan

Das Schiff, das den → »Roten Wurm« in der Geschichte → »Roverandom« versenkt

Schwarzer Stein

→ Stein von Erech

Schwarzer Tod

Die dunkle → Pest

Schwarzer Turm

→ Barad-dûr

Schwarzes Land
→ Mordor

Schwarzes Schwert
→ Mormegil

Schwarzes Tor
Das → Tor der Toten, auch → Morannon

Schwarzgrundtal
Tal des → Morthond

Schwärzlinge
Die → Haradrim

Schwarzschwert
Ein Name, den man → Túrin in → Nargothrond gab

Schwert
→ Schwerter

Schwertel
Fluss aus dem Nebelgebirge, der in den
→ Schwertelfeldern in den → Anduin floss,
Sindarin »Sir Ninglor«

Schwertelfelder
Der Name ist eine Teilübersetzung aus dem
Sindarin-Namen »Loeg Ningloron« (»Teiche der goldenen Wasserblumen«) und
bezeichnet ein Sumpfgebiet voller Ried-
gräser und Schwertlilien an der Mündung
des Flusses → Schwertel in den → Anduin.
Hier wurde 2 DZ → Isildur erschlagen und
ging der → Herrscherring verloren, und hier
fand ihn 2463 DZ → Gollum.

Elbenschwert

Ulrike Schneidewind

Schwerter

In der modernen Fantasy-Literatur sind magische Schwerter eine Selbstverständlichkeit, und es gibt sie auch bei Tolkien. Dies hat ja auch eine Tradition in den Sagen; das Schwert von → Artus etwa, Excalibur, machte seinen Träger unverwundbar. Allerdings sind die Schwerter bei Tolkien selten so stark, wie es heute meist üblich ist, wo der Held dadurch oft unschlagbar wird. Ein einziges solches Schwert hat Tolkien erfunden: → Schwanzbeißer (Caudimordax), das Schwert, mit dem → Bauer Giles von Ham den → Drachen → Chrysophylax unterwirft. Im »Herrn der Ringe« warnen manche Schwerter durch Aufleuchten beim Nahen eines Feindes wie → Glamdring, das Schwert von → Gandalf, → Orkrist (→ Thorin Eichenschild) und → Stich (→ Bilbo). Die → Magie anderer Waffen ist nicht überliefert, obwohl davon auszugehen ist, dass ein Schwert mit Namen besondere Eigenschaften haben muss. Auf jeden Fall waren nur Waffen mit Magie, magischer Inschrift oder anderen besonderen Eigenschaften in der Lage, Wesen wie die → Nazgûl zu verletzen, so z. B. auch die Schwerter, die die → Hobbits aus den → Hügelgräbern hatten. Das berühmteste Schwert im »Herrn der Ringe« ist natürlich → Narsil bzw. → Andúril, das Königsschwert von → Aragorn, weiter werden erwähnt Herugrim (→ Théoden) und Gúthwine (→ Éomer). Im → Silmarillion gibt es Ringil (→ Fingolfin), Aranrúth (→ Thingol), Anguirel (→ Eorl) und vor allem → Gurthang/→ Anglachel (Túrin), das einzige intelligente und sprechende Schwert in Mittelerde, das zudem einen eigenen Willen hatte – wahrscheinlich ein Vorbild für das Schwert »Stormbringer« in der Elric-Saga von Michael Moorcock. – Die Filmschwerter aus dem → Film von Peter → Jackson kann man bei der Firma »Arms of Valor« erwerben – da erhält man dann für ein paar hundert Euro z. B. Stich oder Glamdring (www.armsofvalor.com, auch über www.elbenwald.de).

Schwertfliegen

Nicht näher beschriebene Insekten, die in der Geschichte → »Roverandom« auf dem → Mond leben

Schwestersohn

Ein Neffe, z. B. ist → Éomer der Sohn der Schwester von König → Théoden, also dessen Neffe.

Schwimmender Balken

Gasthaus in → Froschmoorstetten

Scimitar

Krummsäbel, eine Waffe, die sehr häufig von → Orks benutzt wird

Sechste Schlacht

Die letzte der sechs großen → Schlachten von → Beleriand, mit der das → Erste Zeitalter endete

Sedryn (Sindarin)

»Getreue«, z. B. in → Echad i Sedryn

See des Zwielichts

Auch »Evendim-See« oder »Abendrot-See« genannt, der See → Nenuial nördlich des → Auenlandes

See-Elben

Die → Falathrim

See-Kobolde

Nicht näher beschriebene Wesen, die in der Geschichte → »Roverandom« im Meer leben, ziemlich rüpelhaft sind, gerne auf Seepferdchen galoppieren und manchmal an den Strand kommen, um in der Brandung zu spielen. Sie können längere Zeit außerhalb des Wassers leben.

Seele

Wenn die → Elben »die Welt leid« waren oder getötet wurden, verloren sie nur den Körper (»Hroa«), während ihr »Fea«, der Geist oder die Seele, in die → Hallen von → Mandos einging und nach einer frühen Konzeption von Tolkien sogar wiedergeboren werden konnte (→ Wiedergeburt).

Seelenwanderung

→ Wiedergeburt

Seeschlange

Die uralte Seeschlange, die auf dem Grunde des Meeres ruht, hunderte von Kilometern lang ist und vielleicht sogar die ganze Erde mit ihrem Leib umschlingt, so gefährlich, dass sie schon einmal einen Kontinent zum Untergang brachte, muss der Zauberer → Artaxerxes in der Geschichte → »Roverandom« besänftigen. Der → Midgardschlange der → Germanen nachempfunden.

Seestadt

→ Esgaroth

Segensreich

→ Aman

Sehende Steine

→ Palantiri

Seiler Gamdschie

Hobsen → Gamdschie

Sekundärliteratur

Es gibt zahlreiche Werke zu Tolkien und seinen Werken. Viele davon finden sich im Literaturverzeichnis. Ein paar ausgewählte sollen hier noch einmal gesondert empfohlen werden:

Carpenter, Humphrey:
    J. R. R. Tolkien: Eine Biographie
    Stuttgart, 1979
Day, David:
    Tolkiens fantastische Welt
    München, 1980
Day, David:
    Tolkien: Eine Illustrierte Enzyklopädie
    Remseck 1992, 2001
Day, David:
    Das Buch von den Hobbits
    Hildesheim, 1997
Fonstad, Karen Wynn:
    Historischer Atlas von Mittelerde
    Stuttgart, 1994
Foster, Robert: A Guide to Middle-earth
    New York, 1978

Eines der Standardwerke über Mittelerde, hier in der Ausgabe von Unwin Paperbacks von 1978

Hammond, Wayne G.; Scull, Christina:
J. R. R. Tolkien. Der Künstler
Stuttgart, 1996
Helms, Randel
Tolkiens Welt
Passau, 1995
Helms, Randel:
Tolkien und die Silmarille
Passau, 1986
Krege, Wolfgang:
Handbuch der Weisen von Mittelerde
Stuttgart, 1996
Pesch, Helmut W.:
J. R. R. Tolkien, der Mythenschöpfer
Meitingen, 1984
Pesch, Helmut W.:
Das Licht von Mittelerde
Aufsätze und Vorträge
Passau, 1985
Shippey, Tom A.:
The Road to Middle-earth
London, 1982
Shippey, Tom A.:
J.R.R. Tolkien – Author of the Century
London, 2000

Sell (Sindarin)
»Tochter«

Sellath (Sindarin)
»Alle Töchter«

Senya (Quenya)
»mein Sohn«: liebevolle Anrede

Sepp
Spitzname von Carl → Kattun in der alten
Übersetzung des »Herrn der Ringe«

Serech
→ Fenn von Serech

Sereg (Sindarin)
»Blut«

Seregon
»Steinblut«: eine Pflanze mit roten Blüten,
die auf dem → Amon Rûdh wuchs

Sergent, Brian
Der Darsteller von Timm → Sandigmann
im → Film von Peter → Jackson, neusee-
ländischer Schauspieler, gewann u. a. den
Chapman Tripp Best Supporting Actor
Award und den Preis als Best Actor of the
Year 1992. Er spielte mit in:
»Carry Me Back« (1982)
»Footrot Flats: The Dog's Tale« (1986)
»Meet the Feebles« (1989)
»Braindead« (1992)
»Via Satellite« (1998)

Serinde (Quenya)
»die Stickerin«: → Miriel

Serke (Quenya)
»Blut«

Sern (Sindarin)
»kleiner Stein, Kiesel«

Serni
Fluss in → Lebennin, nahm oberhalb von
→ Linhir den → Gilrain auf und mündete
in die Bucht von → Belfalas

Shagrat
→ Schagrat

Shah, Kiran
Hobbit-Double im → Film von Peter
→ Jackson, verkörpert u. a. → Bilbo und
→ Frodo. Er wurde am 28. September 1956
in Nairobi (Kenya) geboren, mit 13 Jahren
kam er nach London. Seit seinem 16.
Lebensjahr wirkte er in Filmen mit, u. a. in:
»Jäger des verlorenen Schatzes« (1981)
»Die Rückkehr der Jedi-Ritter« (1983)
»Der Dunkle Kristall« (1983)

»Greystoke – Die Legende von Tarzan, Herr der Affen« (1984)
»Gothic« (1986)
»Aliens – Die Rückkehr« (1986)
»Die Abenteuer des Barons von Münchhausen« (1988)
»Elizabeth« (1998)
»Alice im Wunderland« (1999)

Sharkey
→ Scharker

Shelob
→ Kankra

Shire
das → Auenland

Shore, Howard
Komponist der Filmmusik für den → Film von Peter → Jackson, bekannt u. a. durch seine Arbeit für »Das Schweigen der Lämmer«

Sichel der Valar
»Valacirca«: Name bei den → Elben für das Sternbild → »Großer Bär«, nach der Legende von → Varda vor dem Erwachen der Elben als Drohung für → Melkor an den Himmel gehängt

Sichel und Wagen
Name bei den → Hobbits für das Sternbild → »Großer Bär«

Sîdh (Sindarin)
»Frieden«

Sidmouth
Ort, in dem Familie → Tolkien im September 1938 Urlaub machte. Hier hatte Tolkien die Idee des → »Herrscherrings« und erwähnte erstmals den Titel → »The Lord of the Rings«.

Sieben Lampen
Ein Name für das Sternbild → »Großer Bär«

Sieben Ringe der Zwerge
Sieben der → Ringe der Macht, aufgeladen mit positiver → Magie, die → Celebrimbor, der größte aller Schmiede von → Eregion, im 16. Jahrhundert des → Zweiten Zeitalter schuf, von → Sauron verführt. Sie fielen Sauron in die Hände, der sie sieben Zwergenfürsten gab, wahrscheinlich den sieben Königen der sieben Häuser der Zwerge. Allerdings wurden diese kaum beeinflusst, weder unter Saurons Macht gestellt noch böse oder langlebiger, nur noch goldgieriger. So versuchte er die Ringe zurückzugewinnen. Vier allerdings landeten in Drachenhorten, nur bei drei gelang es ihm. Den letzten nahm er 2845 DZ → Thráin II. in → Dol Guldur ab.

Sieben Schmetterlinge
Ein Name für das Sternbild → »Großer Bär«

Sieben Steine
Die → Palantiri

Sieben Sterne
Ein Name für das Sternbild → »Großer Bär«, sieben Sterne zieren auch die Zeichen von → Elendil und → Durin und das Wappen von → Gondor

Sieben Tore
Sowohl die Sieben Tore zu den sieben Ebenen von → Minas Tirith können gemeint sein wie die Sieben Tore in der Schlucht → Orfalch Echor auf dem Weg nach → Gondolin

Sieben Väter der Zwerge
Die sieben → Zwerge, die von → Aule gefertigt und von → Ilúvatar in ein echtes Leben gerufen wurden

Siegfried
Der Drachentöter im → Nibelungenlied

Sieh drüben Fastitocalon!
Beginn des Gedichtes → »Fastitocalon«

Sie-Si
Das unerreichbare Ebenbild der → Prinzessin Ich-Mi

Sigil (Sindarin)
»Dolch, Messer«

Sil (Quenya und Sindarin)
»Glanz, Schein«: ein Name des → Mondes

síla (Sindarin)
»weiß leuchten, strahlen«

Silberbaum
Name sowohl für Telperion, den älteren der → Zwei Bäume von Valinor, wie auch für → Celeborn, den Baum von Tol → Eressea

Silberglöckchen
Blumen, die in der Geschichte → »Roverandom« auf dem Mond wachsen und Musik machen

Silberlauf
Der → Celebrant

Silbern fließen die Bäche
Beginn eines Liedes über → Lebennin, das → Legolas singt

Silberner Bär
Ein Name für das Sternbild → »Großer Bär«

Silberner Baum
Name sowohl für Telperion, den älteren der → Zwei Bäume von Valinor, wie auch für → Galathilion und → Celeborn, den Baum von Tol → Eressea

Silberner Baum von Valinor
Der ältere der → Zwei Bäume von Valinor: Telperion

Silberschiff
das Schiff des → Mondes

Silberwagen
Ein Name für das Sternbild → »Großer Bär«

Silberzinne
Der Berg → Celebdil

Silima
Der Stoff, aus dem die Silmaril geschaffen wurden, von → Feanor so genannt

Silindrin
»Mond-Kessel«: ein Kessel mit Silberlicht in → Valinor

Silma
»Mond« in der Sprache der → Gnomen

Silmariën (Quenya)
»Silberglanz«: die Tochter von → Tar-Elendil, des vierten Königs von → Númenor, geboren 548 ZZ, Mutter von → Valandil, des ersten Herrn von → Andúnië, Vorfahrin von → Elendil und dessen Söhnen → Isildur und → Anárion

Silmariëns Stein, Silmariëns Stern
Der erste → Elendilmir

Silmaril
»Leuchtender Schimmer, Glanz von Silima«: Drei von → Feanor geschaffene künstliche Edelsteine, in denen er das Licht der → Zwei Bäume von Valinor einfing und die aus eigener Kraft leuchteten, das größte jemals von → Elben oder Menschen gefertigte Kunstwerk. → Varda weihte sie, und wenn sie fortan jemand berührte, der dazu

nicht berechtigt war, wurde er versengt – nicht nur in dieser Hinsicht erinnern die Simaril an den → Gral. Laut → Mandos lagen in den Silmaril die Geschicke von → Arda, von Land, Meer und Luft beschlossen. Sie hatten keine Zauberfähigkeit außer ihrer eigenen → Magie, brachten keine Macht, doch waren sie etwas ganz Besonderes: nach der Zerstörung der Zwei Bäume die einzigen Gegenstände, in denen das reine Licht der Bäume erhalten blieb. Denn selbst die Blüten, aus denen Sonne und

Silmaril: Das Licht der Bäume

Ulrike Schneidewind

Mond bestanden, waren von → Melkor und → Ungoliant verunreinigt. Deshalb wollte Feanor nach der Zerstörung der Zwei Bäume die Silmaril nicht herausgeben, obwohl → Yavanna mit ihrer Hilfe die Bäume vielleicht hätte retten können. Während noch darüber gestritten wurde, stahl Melkor die Silmaril. Damit nahm das Unheil seinen Lauf: Feanor und seine Söhne schworen ihren unseligen Eid, die Silmaril um jeden Preis zurückzuerobern, und das weitere Schicksal der → Elben wurde fortan von der Jagd nach und den Kriegen um die Silmaril geprägt. Einen der Steine eroberten → Beren und → Luthien, und → Earendil fuhr damit nach → Valinor und später an den Himmel. Die anderen beiden stahlen → Maedhros und → Maglor nach der aus dem Heerlager der Valar, doch sie versengten ihnen die Hände. Maedhros stürzte sich mitsamt dem Stein in einen glühenden Vulkan, Maglor warf seinen Silmaril ins Meer, wo er vielleicht noch immer liegt.

Silmarillion

Das erste Buch, das Christopher → Tolkien aus den Manuskriptfragmenten seines Vaters zusammensetzte (unterstützt durch Guy Gavriel → Kay) und 1977 veröffentlichte. Es basiert auf dem → »Buch der Verschollenen Geschichten« und benutzt einen Titel, der erstmals in einem Brief von Tolkien an den Observer vom 20. Februar 1938 auftauchte. Im Gegensatz zu den → »Nachrichten aus Mittelerde« und → »The History of Middle-Earth«, wo Christopher Tolkien bewusst Fragmente und Variationen anbietet, versuchte er im »Silmarillion« das »Buch der Verschollenen Geschichten« in lesbare Form zu bringen; das »Silmarillion« erzählt die Geschichte der ersten drei → Zeitalter in ziemlich geschlossener Weise und ist so sicher auch leichter lesbar als die Folgebände. Trotz aller Kleinarbeit

konnte man nicht *»völlige Stimmigkeit (sowohl innerhalb des Silmarillion selbst als auch zwischen diesem und anderen veröffentlichten Schriften meines Vaters) ... erwarten; sie ließe sich, wenn überhaupt, dann nur mit hohem und unnötigem Aufwand erzielen. Außerdem sah auch mein Vater schließlich ›Das Silmarillion‹ als eine Sammlung an, als ein Kompendium von Erzählungen, das viel später aus höchst unterschiedlichen Quellen (Gedichten, Geschichtswerken, mündlichen Berichten), welche die Zeitalter überdauert hatten, zusammengestellt wurde; und diese Vorstellung entspricht auch der tatsächlichen Geschichte des Buches«* (aus dem Vorwort von Christopher Tolkien). Man sagt dem

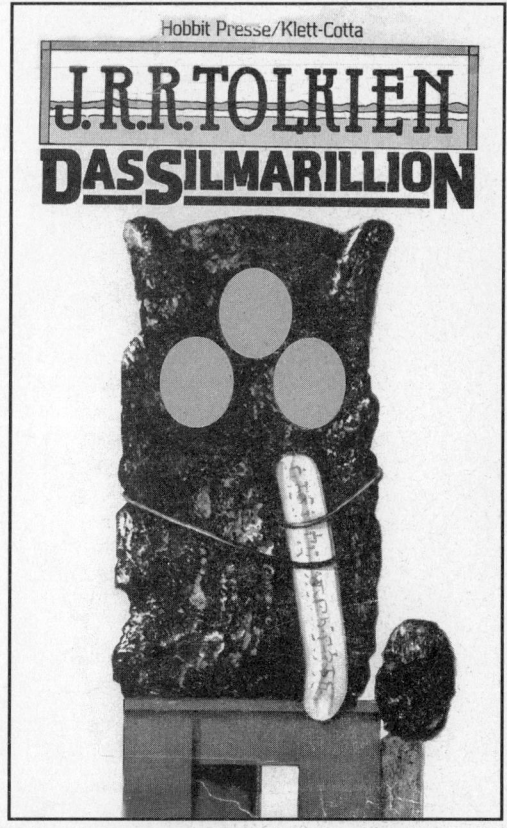

Das Silmarillion: Gebundene Ausgabe des Klett-Cotta-Verlages von 1979

»Silmarillion« gerne nach, es sei ein schwierig zu lesendes Buch. Doch kann man, wenn man sich einlässt auf das Abenteuer, in wenigen hundert Seiten die Geschichte von Jahrtausenden erzählt zu bekommen, hineinlesen wie in einen spannenden Roman. Sicher fehlen die komischen Momente, die im »Hobbit« und im »Herrn der Ringe« z. B. durch die → Hobbits hineinkommen, dafür gibt es einen großen Atem, einen epischen Charakter, einen ungebrochenen »hohen Stil«, wie man dies oft nennt. Wer gerne → Sagas liest oder sich für → Mythologie interessiert, wird auch diese *»Götter- und Heldensagen von Mittelerde«* (Verlagswerbung) lieben.

Silme
»Sternenlicht«; auch Name des Tengwar-Zeichens Nr. 29, ↊, das für »s« steht.

Silme nuquerna
»umgedrehtes Silme«: Name des Tengwar-Zeichen Nr. 30, ↋, das ebenfalls für »s« steht, aber auch für ein konsonantisches »y« benutzt wurde.

Silmerosse (Quenya)
»Schimmernder Regen«: Name für Telperion, einen der → Zwei Bäume von Valinor

Silmo
Der Hüter des Baumes → Silpion

Das Silmarillion, aktuelle Ausgaben: links die Taschenbuchausgabe des Klett-Cotta-Verlages von 1999, rechts die amerikanische Paperback-Ausgabe von Ballantine Books/Del Rey, Ausgabe von 2000, Titelbild von Darrell K. Sweet aus dem »Tolkien-Calendar« 1982

Silmo (Quenya)
»Mond«

Silpion (Quenya und Sindarin)
»Kirschenmond«: in der frühen → Mythologie ein Name für Telperion, den älteren
der → Zwei Bäume von Valinor, behütet
von Silmo

Silubrilthin
»Silmaril« in der Sprache der → Gnome

Simbelmyne
»Immertreu« in der Sprache von → Rohan:
kleine, weiße Blume mit glockenförmigen
Blüten, auch Uilos (Sindarin: die Weiße)
genannt und Alfirin. Wuchs vor den Toren
von → Edoras und → Gondolin und auf dem
→ Amon Anwar, dem → Halifirien, am
Grab von → Elendil dem Langen.

Sinclair, Harry
Der Darsteller von → Isildur im → Film
von Peter → Jackson wurde in Auckland
(Neuseeland) geboren und begann seine
Schauspielkarriere am Corporate Theater of
Auckland, er arbeitet auch als Produzent,
Drehbuchautor und Regisseur. Er spielte in
den Filmen:
»Walkshort« (1987)
»The Lounge Bar« (1989)
»Lindas Body« (1990)
»The Footstep Man« (1992)
»Braindead« (1992)

Sinclair, Stephen
Ist beteiligt am Drehbuch des → Films von
Peter → Jackson

sinda (Quenya)
»grau«

Sindacollo (Quenya)
»Graumantel«: Beiname von → Thingol

Sindar (Quenya)
»Grau-Elben«: So nannten die aus → Aman
zurückkehrenden → Noldor alle → Teleri-
Elben, die sie in → Beleriand vorfanden,
ausgenommen waren die → Avari und auch
die → Grünelben von → Ossiriand. Woher
der Name kommt, ist nicht klar; er ist vielleicht eine Ableitung vom Beinamen von
→ Thingol, Singollo, deutet aber eher auf
die Stellung der Sindar zwischen → »Lichtelben« und → »Dunkeleben« hin. Auch
»Elben der Dämmerung«, »Elben des Zwielichts« und Grauelben genannt.

Sindarin (Sindarisch)
Die → Sprache der → Sindar, die gemeinsame Volksprache der → Elben in → Mittelerde, entwickelt von den Sindar unter
ihrem König → Thingol in → Beleriand aus
dem → Proto-Elbisch als Parallel-Entwick-
lung zu → Quenya über mehrere Zwischenstufen, darunter Alt-Sindarin. Sindarin wurde auch Grauelbisch genannt, die
Edle Sprache, die Sprache von Beleriand
oder einfach die Elbensprache. Im Ersten
Zeitalter bildeten sich mehrere Dialekte aus,
etwa die Sprache von → Doriath, der Dialekt der → Mithrim, der von → Nargothrond, der von → Gondolin, der der →
Söhne Feanors und der der → Falathrim,
auf dem das Sindarin des → Dritten Zeitalters hauptsächlich basiert. Vom Quenya
unterscheidet sich Sindarin u. a. durch die
meist konsonantischen Wortendungen und
durch die Beibehaltung einiger Laute, die
dafür sorgten, dass Sindarin weniger vokal-
und silbenreich war und etwas rauher klang.
Damit wollte Tolkien den Klangcharakter
etwas mehr dem Walisischen anpassen, die
Sindar sollten in ihren Sagen und Geschichten ein wenig den → Kelten entsprechen.

Sindel (Quenya)
»der Graue«: ein → Sindar, PluralSindeldi

Sindo
»Der Graue«; Beiname von → Thingol

Sing all Ye joyfull
Englischer Beginn des Liedes → »Singet nun alle, zusammen vor Freude!«

Sing hey! for the bath
Englischer Beginn des Badeliedes → »Ein Lob dem Bade«

Sing now! Sing now! Sing now!
Englischer Beginn des Liedes → »Singet nun, ihr Menschen« in der alten Übersetzung des »Herrn der Ringe«

Singe! Singe! Singe!
Beginn des Liedes → »Singet nun, ihr Menschen«

Singet nun alle, zusammen vor Freude!
Beginn eines Liedes, das die → Elben von → Bruchtal singen bei → Bilbos zweitem Besuch, nach der → Schlacht der fünf Heere am → Erebor (neue Übersetzung des »Hobbit«; alt Fassung: Singt, Freunde, singt alle). Eine Vertonung des englischen Originaltextes »Sing all Ye joyfull« von Marion Zimmer Bradley findet sich auf der CD und im Songbuch → »The Starlit Jewel«.

Singet nun, ihr Menschen
Beginn des Liedes, das ein großer Adler aus dem Osten den Menschen in → Gondor singt und mit dem er sie informiert, dass → Sauron dahin und der → Dunkle Turm gefallen sei. In der alten Übersetzung des »Herrn der Ringe« heißt es »Singe! Singe! Singe!«; dies entspricht sehr viel besser dem Original »Sing now! Sing now! Sing now!«

Singollo
Kurzform von Sindacollo (Quenya), »Graumantel«: Beiname von → Thingol

Singt, Freunde, singt alle
Beginn des Liedes → »Singet nun alle, zusammen vor Freunde!«

Siniath (Sindarin)
»Neuigkeiten«

Sinnarn (Sindarin)
»Erzählung, Novelle«

Sippenmord von Alqualonde
Nachdem sich → Feanor und die von ihm geführten → Noldor gegen die → Valar aufgelehnt hatten und nach → Mittelerde ziehen wollten, um die → Silmaril von → Melkor zurückzuerobern, brauchten sie Schiffe, um nach Mittelerde zu kommen. Die → Teleri von → Alqualonde weigerten sich jedoch, sie ihnen zu überlassen, und so nahmen die Noldor sie sich mit Gewalt und töteten viele der Teleri. Für diesen → »Sündenfall« wurden sie mit dem → Fluch von Mandos bestraft.

Sippenstreit von Gondor
Eine Fehde innerhalb des Königshauses von → Gondor, die dafür sorgte, dass das Reich innen- wie außenpolitisch stark geschwächt wurde. → Castamir, Führer der Flotte von Gondor und Großcousin des Königs, führte 1437 DZ eine Revolte gegen König → Eldacar an und stürzte diesen, 10 Jahre später konnte Eldacar die Herrschaft zurückerobern. Grund für den Sippenstreit war die nicht reinrassige Abkunft von Eldacar, dessen Mutter aus → Rhovanion stammte (→ Rassismus). Die Folgen waren für Gondor schwerwiegend: Castamirs Söhne errichteten in → Umbar eine von Gondor unabhängige Herrschaft. → Telumehtar konnte Umbar kurzfristig unter Kontrolle bringen, doch erst → Aragorn II. Elessar konnte es endgültig wieder unterwerfen und seinem Reich anschließen.

Sîr (Sindarin)
»Fluss«

Sîr Angren
Name des Flusses → Isen (= Eisen)

Sir Gawain and the Green Knight
Gawain ist einer der bekanntesten Ritter aus der Tafelrunde des Königs → Artus. Für manche Mediävisten ist er, wie Parzival und Galahad, ein Sucher nach dem → Gral, doch allgemein gilt er als die Figur, die das vollendete Rittertum verkörpert und damit den Weg des Diesseits wählt, nicht die religiöse Erfüllung sucht. Im englischen Sprachraum entstanden im 13. und 14. Jahrhundert zahlreiche Dichtungen über die Heldentaten einzelner Ritter, u. a. Parzival und Galahad, vor allem aber Gawain. Als besonders gelungenes Beispiel dieser Tradition gilt das Versepos »Sir Gawain and the Green Knight«, das um 1370 von einem anonymen Dichter verfasst wurde. 1925 veröffentlichten John R. R. Tolkien und Eric Valentine → Gordon eine Übersetzung in modernem Englisch (Clarendon Press, Oxford, 1925), die sehr erfolgreich wurde. Eine revidierte zweite Ausgabe, bearbeitet von Norman Davis, erschien 1967. 1953 wurde diese Übersetzung von der BBC dramatisiert und im Dezember gesendet; 1954 wurde die Sendung wiederholt. Hierfür verfasste Tolkien das Vorwort »A Fourteenth Century Romance«, das am 4. Dezember 1953 in der »Radio Times« abgedruckt wurde; es basierte auf einem Vortrag, den er unter dem Titel »Sir Gawain and the Green Knight« am 15. April 1953 an der Universität Glasgow gehalten hatte. Dieser ist abgedruckt in »Sir Gawain and the Green Knight, Pearl, and Sir Orfeo« (1975) und in »The Monsters and the Critics and Other Essays« (1983, deutsch: »Die Ungeheuer und ihre Kritiker«, 1987).

Sir Gawain and the Green Knight, Pearl, and Sir Orfeo
Dieser Sammelband, herausgegeben und mit einem Vorwort versehen von Christopher Tolkien, beinhaltet drei Übersetzungen von J. R. R. Tolkien sowie dessen Kommentare dazu. Nur → »Sir Gawain and the Green Knight« war bis zu diesem Zeitpunkt veröffentlicht worden; die anderen beiden Übersetzungen, → »Pearl« und → »Sir Orfeo« stellte Tolkien zwar fertig, doch konnte er sich nie aufraffen, die notwendigen Einleitungen zu schreiben (George Allen & Unwin, London, 1975; Houghton Mifflin, Boston, 1975)

Sîr Ninglor
der Fluss → Schwertel

sir (Quenya)
»fließen«

Sirannon (Sindarin)
»Torfluss, Torbach«: Bach, der am → Westtor von → Moria entsprang und nach Westen floss, bis er in den → Glanduin mündete, während der Zeit des Ringkriegs ausgetrocknet.

Sirenen
So werden in der Geschichte → »Roverandom« die dunkelhaarigen Meerfrauen genannt, im Gegensatz zu den goldhaarigen → Nixen. In der Odyssee heißen so die Meerjungfrauen, die durch ihren Gesang die Seeleute ins Verderben locken wollen. Diese Töchter des Meeresgottes Phorkys werden als menschenfressende Meeresnymphen mit Vogelleibern und Frauenköpfen beschrieben (→ Anthropophagen). Odysseus kann ihnen entkommen, weil er seinen Gefährten die Ohren mit Wachs verstopft und sich selbst am Mast festbinden lässt. Auch die Argonauten begegneten den

Eine »wissenschaftliche« Darstellung aus der Zeit der Aufklärung:
Diese beiden Meermenschen sollen zwei Stunden lang im Nil gesehen worden sein,
behauptet ein Buch des italienischen Naturforschers Odysseus Aldrovani von 1599

Sirenen, doch der Sänger Orpheus, der Mitglied der Mannschaft der Argo war, sang noch süßer als die Sirenen und übertönte ihr Lied. Die Vorstellung der singenden Sirenen hat sich bis ins Mittelalter und sogar bis in die Zeit der Aufklärung gehalten (siehe Abbildung) und findet sich auch in der Sage von der Loreley.

siria (Sindarin)
»fließen«

Siril
Der Hauptfluss von → Númenor, floss vom → Meneltarma nach Süden ins Meer

Sirion (Sindarin)
»Strom, Fluss«: Fluss in → Beleriand, etwa 600 Kilometer lang und damit nur etwa halb so lang wie der → Gelion, trotzdem gerne der große Strom genannt. Er bildete die Grenze zwischen West- und Ost-Beleriand,

entsprang im Norden bei → Eithel Sirion und floss fast gerade nach Süden, bis er ins große Meer, ins → Belegaer, mündete. Im → Fenn von Serech nahm er den → Rivil auf, bildete dann mit seinem Tal die Grenze zwischen → Mithrim und → Dorthonion und später zwischen → Brethil und → Doriath. Nachdem er die Sirionsümpfe gebildet hatte (→ Aelin-uial), stürzte er sich das Scheidegebirge (→ Andram) hinab (Fälle des Sirion) und verschwand für 15 Kilometer unter der Erde, bis er an den Pforten des Sirion wieder zum Vorschein kam. Dann durchströmte er → Tasarinan und bildete vor der Bucht von → Balar ein großes Delta.

Sirion-Brunnen
→ Eithel Sirion

Siriondil (I)
»Flussliebhaber«: → Dúnedain, 11. König von → Gondor (748–830 DZ)

Siriondil (II)

»Flussliebhaber«: → Dúnedain, Sohn von → Calimmacil, Großneffe von → Narmacil II., Vater von König → Earnil II.

Sirion-Fälle

→ Fälle des Sirion

Sirionmündungen

Das große fruchtbare Delta des → Sirion vor der Bucht von → Balar; → Círdan errichtete hier ein Refugium für Flüchtlinge, die Häfen des Sirion. Hierher flohen u. a. die Familien von → Earendil und → Elwing. Am Ende des → Ersten Zeitalters wurden die Häfen von den → Söhnen Feanors vernichtet.

Sirionsümpfe

→ Aelin-uial

sirith (Sindarin)

»fließend«

Sirith

Fluss in → Lebennin, floss von seinen Quellen in den → Ered Nimrais nach → Pelargir, wo er in den → Anduin mündete

Sirius

Der »Hundsstern« Sirius wurde von den → Elben → Helluin und → Nielluin genannt.

Sirnúmen und Tal

Fluss in → Valinor in den frühen Geschichten

Sirvinya

»Neuer Sirion«: ein anderer Name für den → Anduin

Sitha

»Fliege« in der Sprache der → Gnome

Sithagong

»Drachenfliege, Libelle« in der Sprache der → Gnome

Sithaloth, Sithaloetha

»Fliegenschwarm« in der Sprache der → Gnome, auch das Sternbild der Plejaden

Skalden, Skaldendichtung

Ein Skalde war ein höfischer Dichter des nordischen Mittelalters, der seine Werke – zumeist in musikalischer Begleitung – vortrug (→ Island, → Germanen). Die Skaldendichtung war sehr strengen formalen Regeln unterworfen und unterscheidet sich hierin von den → Sagas.

Skimitar

Krummsäbel, eine Waffe, die sehr häufig von → Orks benutzt wurde

Smaragd

→ Beryll

Smaug

Der → Drache unter dem → Erebor, der 2770 DZ von den → Ered Mithrin kam und die Zwerge aus ihrem Reich vertrieb. 2941 wurde er zum ersten Mal gestört, als → Bilbo unsichtbar in seine Höhle eindrang. Nachdem dieser ihm einen Pokal aus seinem Schatz gestohlen hatte, machte er sich wütend auf, die Stadt → Esgaroth zu zerstören. Das gelang ihm, doch konnte → Bard ihn mit einem Pfeil an seiner einzigen schwachen Stelle treffen, einem ungeschützten Fleck an seinem Bauch. Den hatte Bilbo entdeckt, und Bard hatte davon durch eine Drossel erfahren. Smaug stürzte in den → Langen See und verrottete dort langsam. Wie sein entfernter Vorfahr → Glaurung wurde auch Smaug »der Goldene« genannt. Der Name Smaug ist eine Ableitung von dem germanischen Verb »smugan«, »durch ein Loch drücken«; Tolkien selbst bezeichnete das als »schlechten Philologenwitz«.

Smaug (Zeichnungen)

Es gibt mehrere Zeichnungen, auf denen Tolkien → Smaug darstellt, z. B. → »Unterhaltung mit Smaug« und → »Smaugs Tod« (Titelillustration für einige Ausgaben von → »The Hobbit«, Abbildung dort). Auf mehreren anderen Bildern ist Smaug klein oder als Randfigur dargestellt, z. B. auf Zeichnungen des → Erebor.

Smaugs Tod

Skizzenhaft angelegte farbige Zeichnung von Tolkien mit Bleistift, Buntstift, schwarzer und farbiger Tusche, angefertigt für das 14. Kapitel von → »The Hobbit«, die Tolkien selbst nicht sehr gefiel; er hielt sie für zu modern angelegt, für eine »Kritzelei«. 1965 schickte er die Zeichnung an Allen & Unwin, als Anregung für den Illustrator der englischen Paperback-Ausgabe. Der Verlag übernahm sie als Titelbild (abgebildet bei »The Hobbit«).

Sméagol

Der ursprüngliche Name von → Gollum

Smial

Wohnbau der → Hobbits: in einen Hügel gegrabene Höhle mit oft verzweigten Stollen. Wenn es keine Hügel gab, bauten die Hobbits niedrige, langgestreckte Häuser aus Holz oder Stein. Typisch waren bei beiden Bauweisen immer die runden Türen und Fenster und das Fehlen von Treppen; Hobbits bauten immer eingeschossig. In großen Smials konnten über hundert Hobbits leben, wie etwa im → Brandyschloss.

»Home, sweet home«: Auch in einer Hobbithöhle kann es gemütlich sein.

Helen Schneidewind

Smith of Wootton Major
Originaltitel der Geschichte → »Der Schmied von Großholzingen«

Smith, Geoffrey Bache
Schulfreund von Tolkien, drei Jahre jünger als Tolkien, Mitglied des T.C.B.S., gestorben am 3. Dezember 1916 in Frankreich an den Verletzungen, die er durch eine explodierende Granate erlitt. Seine Gedichte veröffentlichten Tolkien und Wiseman als Herausgeber 1918 in dem Band »A Spring Harvest, poems by Geoffrey Bache Smith, late Lieutenant in the Lancashire Fusiliers« (Erskine MacDonald Ltd., London).

Snaga
»Skave« in der → Schwarzen Sprache. So wurden die schwächeren, kleineren, »gewöhnlichen« Orks von den → Uruk-hai genannt. Die meisten Snaga im → Dritten Zeitalter stammten aus dem → Nebelgebirge, sie dürften den Orks des → Ersten Zeitalters entsprochen haben und deren Nachfahren sein.

Snorra-Edda
Die jüngere → Edda des → Snorri Sturluson

Snorri Sturluson
Isländischer Chronist, Dichter und Staatsmann (1179–1241), gilt als einer der bedeutendsten Historiker des Mittelalters. Geboren in Hvamm im westlichen → Island als Sohn eines mächtigen Stammesführers, wuchs in Oddi, kulturelles Zentrum im Süden der Insel, auf. Studierte Rechtswissenschaft und Literatur, heiratete reich und lebte komfortabel auf seinem Gut bei Reykjaholt. Als mächtiger Stammesführer wurde er dreimal zum Gesetzessprecher des isländischen Freistaats gewählt, war also Landesoberhaupt, und als solches verwickelt in Machtkämpfe und politische Intrigen in Island und Norwegen. Er wurde auf Betreiben des norwegischen Königs Håkon IV. ermordet (1264 wurde Island norwegisch). Snorris Hauptwerke sind die Heimskringla- → Saga, entstanden um 1220 bis 1235, die als typische Königs-Saga die norwegischen Herrscher bis ins Jahr 1177 beschreibt, und die (jüngere) → Edda, vollendet 1222 oder 1223, auch Snorra-Edda oder Prosa-Edda genannt. Anders als oft vermutet, handelt es sich bei dieser nicht um religiöse Dichtung, sondern um eine → Mythologie. Snorri wollte den jungen → Skalden das für ihre Kunst notwendige Rüstzeug vermitteln. Als Christ hatte er an den Mythen einerseits ein nationales, andererseits ein wissenschaftliches, auf keinen Fall jedoch ein religiöses Interesse. Wahrscheinlich ist Snorri auch der Verfasser der Egils-Saga, entstanden um 1226.

Snowdon
Der mit 1085 Metern höchste Berg von Wales; hier soll zeitweise der → Weiße Drache gehaust haben, ehe er zum → Mond zurückkehrte (→ »Roverandom«)

Snow-white! Snow-white, O Lady clear!
Englischer Beginn des Liedes → »O Königin, schneeweiß und fern«

soga (Sindarin)
»trinken«

Sogannen (Sindarin)
»Trank, Getränk«

Söhne Feanors
Die Söhne von → Feanor waren → Maedhros, → Maglor, → Celegorm, → Caranthir, → Curufin, → Amrod und → Amras.

Söhne von Elendil
→ Isildur und → Anárion

sollen (Sindarin)

»geschlossen«

Solmath

Im → Kalender des → Auenlandes und von → Bree der zweite Monat, grob unserem Februar entsprechend, oft Somath ausgesprochen

Solosimpi, Solosimpse

»Flötenspieler des Küstenlandes«: früherer Name für den dritten Stamm der → Elben, aus dem später die → Teleri wurden

Somath

→ Solmath

Sommer

→ Laire

Sommertage

In → Bree der Name für die → Lithe-Tage

Songs for the Philologists

Sammlung humoristischer Gedichte von J. R. R. Tolkien und E. V. → Gordon und anderen. Sie wurden zunächst maschinengeschrieben an der Universität Leeds verbreitet, 1936 gedruckt (Privatdruck, Department of English at University College, London). Die Gedichte sind nicht mit Namen gezeichnet. Von Tolkien stammen die teilweise altenglischen Gedichte »Bagme Bloma«, »Éadig béo þu!«, »Frenchmen Froth« »From One to Five«, »I Sat Upon a Bench«, »Ides Ælfscýne«, »La, Húru«, »Lit and Lang«, »Natura Apis: Morali«, »Ofer Widne Gársecg«, »Ricardi Eremite«, »Ruddoc Hana«, »Syx Mynet«, »The Root of the Boot« (später überarbeitet veröffentlicht als »The Stone Troll«)

Sonne

Im »Narsilion«, dem Buch von Sonne und → Mond, wird erzählt, wie → Ariën, die → Maia der Sonne, von den → Valar nach der Zerstörung der → Zwei Bäume auserwählt wurde, das Sonnenschiff Anar zu lenken. Deshalb ist die Sonne bei den Elben auch bekannt als Sonnenschiff, Galeone oder Barke der Sonne, als Schiff aus Gold und Schiff des Morgens. Wie sich dies seit der → Umwandlung der Welt am Ende des → Zweiten Zeitalters verhält, seit die Erde rund ist und die Sonne im Zentrum unseres Sonnensystems steht, darüber haben die → Eldar nichts mehr geschrieben oder es ist uns zumindest nicht bekannt geworden. Wahrscheinlich leuchtete im → Dritten Zeitalter schon die Sonne, die wir kennen. Diese ist ein typischer Stern von mittlerer Größe und Helligkeit und von der Erde im Schnitt etwa 150 Millionen Kilometer entfernt, das Licht braucht für diese Strecke ca. 8 Minuten. Die Sonne bildet das Gravitationszentrum unseres Sonnensystems; ihre Strahlung ermöglicht das Leben auf der Erde. Pro Sekunde wandelt sie etwa 600 Millionen Tonnen Wasserstoff per Kernfusion um in Wärme und Licht. Die auf ihrer Oberfläche erscheinenden dunklen Sonnenflecken werden durch starke Magnetfelder verursacht und unterliegen einem 11-Jahres-Zyklus.

Sonnenturm

→ Minas Anor, später → Minas Tirith

Sonniger Sam

Der Name, unter dem der stets Übles voraussagende Hufschmied bekannt ist in der Geschichte → »Bauer Giles von Ham«; eigentlich hieß er Fabricius Cunctator (»Hersteller und Zauderer«)

Sonntag

Zur Zeit des Ringkrieges Name des zweiten Tages in der Woche der → Hobbits, entspricht unserem Sonntag (aber normaler Arbeitstag)

sóra (Quenya)
»lang, schleppend«

Sorno, Soron (Quenya)
»Adler«

Sornontur
So hieß das Haus von → Tuor an den → Sirionmündungen

Sorontar (Quenya)
»Herr der Adler«: der Quenya-Name für → Thorondor

Sorontil (Quenya)
»Adler-Horn«: ein großer Berg an der Küste des nördlichen Vorgebirges von → Númenor

Soronto
Fürst von → Númenor, Sohn von → Ailinel, der Schwester von → Tar-Aldarion, und Vetter von → Tar-Ancalime. Er drängte sie zur Aufgabe ihrer Thronanwartschaft, da sie nicht verheiratet war, daraufhin heiratete sie im Jahr 1000 ZZ ihren Verwandten → Hallacar.

Sorontur (Quenya)
»König der Adler«: Quenya-Name für → Thorondor

Soronúme
Name eines Sternbildes, bedeutet vielleicht West-Adler

Soundtrack
Der Soundtrack zum → Film von Peter → Jackson lag bei Redaktionsschluss noch nicht vor. Zum → Zeichentrickfilm »The Lord of the Rings« von Ralph → Bashi von

1978 gibt es den Soundtrack bei Various auf CD; er beinhaltet folge Titel: »History of the ring« · »Gandalf throws ring« · »The journey begins: encounter with the ringswraiths« · »Trying to kill Hobbits« · »Escape to Rivendell« · »Company of the ring« · »Mines of Moria« · »The battle in the mines; the balrog« · »Mithrandir« · »Frodo disappears« · »Following the orcs« · »Fleeing orcs« · »Attack of the orcs« · »Gandalf remembers« · »Riders of Rohan« · »Helm's deep« · »The dawn battle; Théoden's victory« · »The voyage to Mordor: Theme from The Lord of the Rings«

Spachtler
Name einer Hobbitfamilie in der → Neu-Übersetzung des »Herrn der Ringe«, in der alten → Gruber

Spät abends kam er auf den Bühl
Beginn des Klageliedes über → Gandalfs Tod, das → Frodo in → Lórien dichtet. In der alten Übersetzung heißt es »Stand einst daheim der Abend grau«, und diese alte Übersetzung kommt dem Original erheblich näher und ist auch poetischer.

Spence, Bruce
Der Darsteller von → Saurons Mund im → Film von Peter → Jackson wurde 1945 in Neuseeland geboren. Er spielte bisher in fast 30 Filmen, u. a. in:
»Stork« (1971)
Die Killer-Autos von Paris« (1974)
»The Great McCarthy« (1975)
»Oz« (1976)
»Mad Dog – Der Rebell« (1978)
»Mad Max II – Der Vollstrecker« (1982)
»Return of Captain Invincible oder Wer fürchtet sich vor Amerika?« (1984)
»Wo die grünen Ameisen träumen« (1984)
»Mad Max – Jenseits der Donnerkuppel« (1985)

»Das Jahr meiner ersten Liebe« (1987)
»Almost« (1990)
»Ace Ventura – Jetzt wird's wild« (1995)
»Dark City« (1998)
»Double Deal – Eine verhängnisvolle Affäre« (1981)

Spiegelsee

Der See im südöstlichen Teil des → Schattenbachtales, bei den → Zwergen »Kheledzâram« genannt, hier erblickte → Durin die sieben Sterne von → Durins Krone

Spiele

→ Brettspiele, → Rollenspiele, → Sammelkartenspiele

Spinne der Nacht

→ Ungoliant

Spinnen

Tolkien mochte sie nicht sonderlich, vielleicht weil er als Kind in Südafrika einmal von einer Tarantel gebissen worden war. Er erinnerte sich nach eigenen Angaben nicht mehr an den Biss, aber Spinnen spielen nie eine positive Rolle bei ihm. Allerdings gibt er sich selten mit »normalen« Spinnen ab, sie sind bei ihm meist monströs oder sogar urtümliche Mächte. In → »Roverandom« jagen die → Mondspinnen die → Mondstrahlen. 57 Arten von Spinnen leben auf dem → Mond, und sie fressen alles, was sie kriegen können. In der → Mythologie von → Mittelerde zerstört die Riesenspinne → Ungoliant die → Zwei Bäume von Valinor. Sie ist allerdings keine normale Spinne, sondern ein → dämonisches Wesen, also wahrscheinlich eine der abgefallenen → Maiar, die sich in die Gestalt einer so mächtigen Spinne kleidet, dass selbst → Melkor sich vor ihr fürchtet. Ihre Nachkommen können diese Gestalt nicht mehr ablegen und werden zunehmend kleiner.

Letzte wirklich mächtige Nachfahrin von Ungoliant war → Kankra, die → Frodo und → Sam in → Cirith Ungol auflauerte und schon Jahrtausende zuvor mit → Beren auf dessen Flucht aus → Dorthonion gekämpft hatte. Wie ihre Verwandten konnte sie die → Sprachen der Menschen verstehen, zumindest → Sindarin oder → Westron. Kankras Kinder, z. B. die Riesenspinnen, mit denen es → Bilbo und die → Zwerge im → Düsterwald zu tun bekamen, waren schon verkümmert und schwach, und dieser Verkleinerungstrend setzt sich fort bis zu den Spinnen, die wir heute kennen. Zugleich müssen sich diese Nachfahren sehr stark verändert und differenziert haben, denn auf der Erde unterscheidet man heute in der Ordnung der Webspinnen *(Araneae)*, also jener Tiere, die man allgemein Spinnen nennt, über 100 lebende Familien mit etwa 34.000 Arten. Diese gehören keineswegs, wie viele glauben, zu den Insekten, sondern zu den Spinnentieren (Arachnida; dazu gehören u. a. auch Weberknechte, Milben, Zecken und Skorpione), die bereits vor über 400 Millionen Jahren zu den ersten landlebenden Tieren überhaupt gehörten und von denen man über 60.000 Arten in zehn Ordnungen kennt. Alle Spinnen haben acht Beine und sind sehr beweglich, denn der vordere Teil ihres Körpers (Cephalothorax oder Prosoma) ist über einen dünnen Hinterleibsstiel (Petiolus) mit dem hinteren Körperteil (Opisthosoma) verbunden. Auf dem Prosoma befinden sich in der Regel vier Paar einfacher Augen. Am ersten Gliedmaßenpaar (Cheliceren) sitzt meist je eine Giftklaue, in deren vorderem Ende sich die Öffnung der Giftdrüse befindet. Das nächste Gliedmaßenpaar (Pedipalpen) sieht fast wie Beine aus, ist aber zu einer Art Taster umgewandelt; bei den Männchen sitzt hier das Kopulationsorgan. Am Prosoma sitzen auch die acht Laufbeine

(4 Paar). Die Gliedmaßen am Hinterleib sind bei den meisten Spinnen zu Spinnwarzen umgewandelt, aus denen die Seide abgesondert wird. – Die meisten Spinnen sind Landbewohner, allerdings leben einige im Süßwasser angepasst, indem sie Unterwasserglocken spinnen, in denen sie Luftblasen mit sich führen können. Die meisten Spinnen sind kleiner als ein Zentimeter, die größte bekannte Art hat eine Körperlänge von rund neun Zentimetern; die Spannweite der Beine kann dann durchaus 30 Zentimeter betragen. – Wie die Mondspinnen bei Tolkien leben auch die Spinnen auf der Erde alle räuberisch und ernähren sich nur von lebender Beute. Da sie nur flüssige Nahrung aufnehmen können, injizieren sie Verdauungsflüssigkeit in ihre Beute, verdauen diese in der Regel außerhalb ihres Körpers und saugen dann die so entstandene Flüssigkeit auf. Die meisten Spinnen sind zu klein, um die menschliche Haut durchdringen zu können, der Biss großer Spinnen kann schmerzhaft sein, doch nur wenige Arten können dem Menschen gefährlich werden. Dazu gehören die verschiedenen Arten der Schwarzen Witwe (*Latrodectus spec*); sie beißen jedoch nur, wenn sie sich bedroht fühlen. Meist kommt es nach einem Biss zu einem Schwächeanfall und Atemnot, selten aber ist der Biss bei gesunden Erwachsenen tödlich. – Nicht alle Spinnen bauen Netze, sondern jagen ihre Beute, indem sie ihr auflauern, wie etwa die Springspinnen. Fast alle Spinnen aber können spinnen; ihre »Seide« ist ein Eiweißfaden, der flüssig ausgesondert wird und in einer Molekülkette von großer Festigkeit erstarrt. Die meisten Spinnen können mehrere Arten von Fäden herstellen; sie nutzen sie in vielfältiger Weise: als Sicherheits- und als Schwebfäden (im Altweibersommer lassen sich Jungspinnen vom Wind viele Kilometer weit tragen), für Kokons für Eier,

für Wohn- und Beutekammern, als Auskleidung für Wohnhöhlen, für »Taucherglocken« – und für ihre Insektenfallen, die Spinnennetze. Wie sie diese bauen, ist ihnen angeboren; sie können sich aber erstaunlich anpassen, z. B. an die Schwerelosigkeit im Weltraum. Einfachste Netze sind unregelmäßig und liegen auf dem Boden, komplexere, die fliegenden Insekten den Weg abschneiden sollen, bestehen oft aus mehreren Spiralen und vielen klebrigen und nicht klebrigen Fäden. Man hat versucht, die Spinnseide zur Herstellung von Kleidung zu nutzen; dies erwies sich jedoch als nicht rentabel. Eingesetzt wird sie bisher für Fadenkreuze in optischen Instrumenten. – Bei den meisten Spinnen sind die Männchen sehr viel kleiner als die Weibchen und werden nicht selten nach der Paarung vom Weibchen verspeist, so hat dies auch Kankra mit ihren Paarungspartnern stets gehalten. – Späte literarische Nachfahren von Tolkiens Riesenspinnen sind z. B. die riesigen Spinnen im Verbotenen Wald von Hogwarts in den Büchern um Harry Potter.

Spinnennest
→ Torech Ungol

Spinnenspalte
→ Cirith Ungol

Spinnen-Spalte, Spinnen-Pass
→ Cirith Ungol

Sprache der Hobbits
→ Hobbitisch

Sprache der Riddermark
Die → Sprache der → Rohirrim; hierfür hat Tolkien das Altenglische benutzt

Sprache von Beleriand
→ Sindarin

Sprachen

Zeit seines Lebens hat Tolkien sich mit Sprache beschäftigt, sie war sein Lebensinhalt. Er beherrschte 15 existierende Sprachen zumindest in den Grundzügen: Altgermanisch, Altgotisch, Altgriechisch, Angelsächsisch, Deutsch, Englisch, Finnisch, Französisch, Isländisch, Italienisch, Latein, Russisch, Schwedisch, Spanisch und Walisisch. Das Erfinden von Sprachen nannte er sogar sein »geheimes Laster« und schrieb darüber einen Essay: »A Secret Vice« (1931, veröffentlicht 1983 in »The Monsters and the Critics and Other Essays«, deutsch in »Gute Drachen sind rar«, 1984, und in »Die Ungeheuer und ihre Kritiker«, 1987). Schon damals legte er klar, dass seine → Mythologie von → Mittelerde und seine Geschichten in erster Linie entstanden seien, um den Sprachen einen Raum, eine Geschichte zu geben, in der sie sich entfalten konnten. Schon als Kind entwickelte Tolkien Fantasie-Sprachen, als erste das → »Animalisch«, später → »Nevbosh« und → »Naffarin«. Für Mittelerde entwickelte er eigene Sprachen für mehrere Völker oder Stämme; nur für die → Rohirrim bediente er sich des Altenglischen. Natürlich hat er nicht alle diese Sprachen voll ausgearbeitet; die beiden bekanntesten der Elbensprachen, → Quenya und → Sindarin jedoch, hat er soweit entwickelt, dass er sogar Tagebücher darin schrieb. Er legte auch eigene Lexika an, z. B. das Lexikon der Sprache der → Gnome, das »Goldogrin«. Wie sich Tolkiens Mythologie und die Geschichte von Mittelerde immer wieder veränderte und weiterentwickelte, so änderten sich auch die Sprachen: ihr Name, ihre Grammatik, ihre Ableitung voneinander. Es gibt kein eindeutiges System, in das man alle Sprachen packen könnte, und es gibt auch zahlreiche Widersprüche. Dies nicht etwa, weil Tolkien es nicht besser konnte, sondern im Gegenteil, weil er sich über Jahrzehnte so intensiv mit diesen Sprachen auseinander setzte und eben weil er ein so hervorragender Fachmann war und immer wieder daran arbeitete. Er hat sdie Sprachen nie für eine umfassende Veröffentlichung vorgesehen; was über die Beispiele in seinen Geschichten hinausgeht und aus seinen Unterlagen veröffentlicht wurde, z. B. in der → »History of Middle-Earth«, ist ein Riesenberg an Entwicklung und Ideen. Manche Fachleute vertreten sogar die Auffassung, dass sich darin sprachwissenschaftliche Erkenntnisse verbergen könnten, die noch herauszuarbeiten seien. Es gibt zahlreiche Veröffentlichungen zu Tolkiens Sprachen, einige davon auf fachwissenschaftlichem Niveau. Alleine die Ableitung der Sprachen voneinander ist eine eigene Untersuchung wert. Zunächst hier eine kurze Darstellung, wie sich die Sprachen in Mittelerde und → Aman zueinander verhalten und auseinander entwickelten, wenn man von dem Stand ausgeht, den Tolkien im »Herrn der Ringe« verwendet. Die älteste aller Sprachen ist die der → Valar, das Valarin oder Valian (in Quenya: Lambe Valarinwa); Fachleute vermuten, dass Tolkien sich dabei an das Babylonische anlehnte. Es sind nur einige Dutzend Wörter aus dieser Sprache bekannt. Die → Elben sprachen zunächst ein Proto-Elbisch oder Proto-Eldarin, die Sprache, die die Elben von → Orome gelernt haben sollen, auch Primitives Quendisch oder Gemein-Elbisch genannt. Alle Sprachen außer jener der Valar und der → Zwerge lassen sich auf diese Ur-Elben-Sprache zurückführen, auch die der Orks und aller Menschen (da die Rohirrim Altenglisch sprechen, also auch alle modernen Sprachen!). Jene Elben, die nach → Aman gezogen waren, entwickelten daraus das Hoch-Elbische, Quenya, für das es zahlreiche andere Namen gab. In Aman bildeten sich drei Dialekte von Quenya heraus, die zu den drei Stämmen der Elben gehörten: Vanyarin, Noldorin und Telerin, wobei Letzteres von manchen als eigene Sprache betrachtet wird. Das Quenya, das im Dritten Zeitalter in Mittelerde bekannt war, ging natürlich auf das Quenya der Noldor zurück, da nur diese Aman verlassen hatten. Es wurde (außer in → Gondolin) nur noch als zeremonielle Hochsprache, als Sprache der Gelehrten und Dichter, als Buchsprache gebraucht. Häufig wird der Begriff → Eldarin mit Quenya gleichgesetzt, eigentlich meint er aber alle Elbensprachen. – Während der Jahre, die die Noldor bis zu ihrer Verbannung in Aman verbrachten, lebten die → Sindar unter ihrem König → Thingol in → Beleriand und entwickelten eine eigene Abart des Eldarin, das → Sindarin. Tolkien kennt und nennt zahlreiche Zwischenstufen in den Entwicklungen der Sprachen, so gibt es etwa ein Alt-Sindarin. Als die Noldor nach Mittelerde kamen, hatten sich Quenya und Sindarin bereits soweit auseinander entwickelt, dass man sich zunächst nicht verstand. Dies sollte einen nicht erstaunen, selbst wenn man die lange Lebensdauer der Elben berücksichtigt. Wenn man sich überlegt, wie sich z. B. das Deutsche innerhalb von 1000 Jahren verändert hat, vom Althochdeutschen über das Mittelhochdeutsche bis zu unserer modernen Sprache, dann hat Tolkien die Sprachentwicklung der Elben sogar sehr konservativ und langsam stattfinden lassen, es gibt nämlich noch immer viele Ähnlichkeiten und gemeinsame Begriffe. Sindarin setzte sich nun schnell als gemeinsame Volkssprache der Elben durch, während Quenya zur Hochsprache wurde. Sindarin wurde auch Grauelbisch genannt, die Edle Sprache, die Sprache von → Beleriand oder einfach die Elbensprache. Natürlich bildeten sich auch

hier Dialekte aus, etwa die Sprache von → Doriath, der Dialekt der → Falathrim oder der der → Mithrim. Das Sindarin des Dritten Zeitalters basiert wahrscheinlich hauptsächlich auf dem der Falathrim. Es gab noch einige andere Elbensprachen, die nicht so verbreitet waren. Jene Elben, die auf dem Marsch nach Aman zurückblieben oder abbogen, die → Nandor, entwickelten das Nandorin, auch bekannt als Grünelbisch, Waldelbisch oder Waldsprache. Die → Avari, vielleicht auch alle → Dunkelelben, sprachen Avarin, von dem nur sechs Wörter überliefert sind (diese Sprachen sind bei weitem nicht so ausgearbeitet wie Sindarin oder Quenya). Die Menschen sprachen zur Zeit des Ringkrieges eine gemeinsame Sprache oder Gemeinsprache, das Westron, obwohl es natürlich einzelne Gruppen gab, die eigene Sprachen hatten, etwa die → Rohirrim (Altenglisch), die → Hobbits (→ Hobbitisch), die → Drúadan und die → Haradrim (über diese Sprachen weiß man wenig). Sogar die Elben sprachen teilweise Westron, das sich als eine Art Verkehrssprache durchgesetzt hatte. Auch die Zwerge benutzten Westron im Umgang mit anderen, da sie ihre eigene Sprache, das → Khuzdûl, vor allen anderen geheim hielten und diese sich außerdem stark von allen anderen unterschied. Außer der Sprache der Valar war dies die einzige, die nicht vom Proto-Elbisch abstammte, denn die Zwerge hatten sie von → Aule gelernt. Fast ebenso alt war die Sprache der → Ents, die aber auch auf das Proto-Elbische zurückging, denn von den Elben hatten sie das Sprechen gelernt. Man weiß wenig über diese Sprache, außer dass sie sehr langatmig und die Wörter sehr lang waren. Die → Orks hatten mehrere Dialekte, ob diese eine eigene Sprache bildeten, ist Auslegungssache; auf jeden Fall waren es ursprünglich Elbensprachen. Später mischten sich in diese immer mehr Ausdrücke aus der → Schwarzen Sprache, die → Sauron im 16. Jahrhundert des Zweiten Zeitalters erfand. Im Dritten Zeitalter diente diese vor allem als eine Art Hoch- und Zeremonialsprache für Saurons Diener, doch wurde sie auch von den → Bergtrollen benutzt. – Tolkien entwickelte im Lauf der Zeit noch einige andere Sprachen, die in verschiedenen Stadien seiner → Mythologie eine Rolle spielten. Dazu gehörte das Ilkorin, in einer frühen Konzeption von Tolkien die Sprache der → Ilkorindi, der Elben von Mittelerde. Aus Ilkorin und Noldorin entwickelte sich nach dieser Konzeption erst Sindarin, Vanyarin hieß damals Lindarin. Andere Elbensprachen oder -dialekte, die Tolkien entwarf und über die man kaum etwas weiß, sind Lemberin, die Sprache der → Lembi, und Ingwiqendya, vielleicht die Sprache, die in den → Hallen von Mandos gesprochen wird. Die Menschen sprachen in frühen Entwürfen im Ersten Zeitalter Taliska, eine Sprache, die dem Gothischen ähnelt, ergänzend entwickelte Tolkien die Sprachen Mork und Hvendi, die dem Altenglischen und Altnordischen angelehnt waren. Die Menschen von → Númenor sprachen Adûnaisch, entstanden aus der alten Sprache des Hauses → Hador, stark beeinflusst durch Sindarin. Aus Adûnaisch entstand später das Westron. Eine Sprache, die eine Sonderstellung einnimmt, ist Gnomisch oder Goldogrin, die Sprache der → Gnome. – Von den meisten Sprachen, die Tolkien entwickelte, ist nicht viel bekannt oder zumindest veröffentlicht. Selbst bei Quenya und Sindarin ist die Grammatik im Wesentlichen unbekannt oder wird von Sprachwissenschaftlern nachträglich interpretiert oder entwickelt. Eine der Elbensprachen wirklich sprechen zu wollen, setzt also neben ausführlichem Studium von Tolkiens Schriften und eventuell anderen Werken auch eine gehörige Portion Kreativität voraus, und natürlich müssen dann Regeln gefunden werden, die für alle Beteiligten gelten. Wie schwierig das ist, zeigt sich schon an der Schreibweise. Tolkien hat viele Wörter mit k geschrieben. Zeitweise wollte er zumindest in den Elbensprachen alles auf c umstellen, analog dem Lateinischen. Doch hat er dies nie vollendet und blieb selbst sehr inkonsequent: Ein und dasselbe Wort kann auf zwei aufeinander folgenden Seiten mal mit c und mal mit k geschrieben sein. – Wer sich für Tolkiens Sprachen interessiert, findet im Literaturverzeichnis Material. Im Internet gibt es einige interessante Seiten, die man z. B. über die Seite http://www.tolkiengesellschaft.de findet. Besonders empfehlenswert ist die Seite http://www.erols.com/aelfwine/Tolkien/linguistics/resources.html.

Sprachen der Könige
So nannten die → Hobbits die → Sprachen der → Elben.

Sprechende Geldbörse
Die Geldbörse von Hucki bzw. → Bill Huggins, einem der drei → Trolle in → »The Hobbit«. Sie verrät → Bilbo, als er sie stehlen will.

Sprich, Freund, und tritt ein
Übersetzung von Sindarin → »Pedo Mellon a Mino«

Spukberg
Der → Dwimorberg

Spuktal
»Dwimordene«: Name für → Lórien bei den → Rohirrim

Spurenleser
Beiname für → Beleg Cúthalion

St. John's Street No. 50
Wohnung in → Oxford von John Ronald Reuel → Tolkien und seiner Familie 1918/19

St. Mark's Terrace No. 11
Wohnung in → Leeds von John Ronald Reuel → Tolkien und seiner Familie 1921 bis 1924

St. Philip's Grammar School
Schule in Birmingham, die Tolkien von Anfang 1902 bis Herbst 1903 besuchte.

Stabträger
→ Gandalf

Stachel
→ Stich

Stadel
Ort im → Breeland, von Menschen und → Hobbits bewohnt

Stadt aus Stein
→ Gondolin

Stadt der Bäume
→ Caras Galadhon

Stadt der Götter
→ Tirion, → Kór

Stadt mit den Sieben Namen
→ Gondolin

Staffordshire
County in Mittelengland, wo → Tolkien 1915 eine Spezialausbildung in Nachrichtenübermittlung erhielt

Stahlbögen
Die Bogenschützen der → Númenórer benutzten hohle übermannsgroße Stahlbögen, mit denen sie Pfeile verschossen, die über einen Meter lang waren. Über das Sehnenmaterial ist nichts überliefert.

Stan (Quenya)
»Sperre«, z. B. in → Sandastan

Stand einst daheim der Abend grau
Alte Übersetzung von → »Spät abends kam er auf den Bühl«

Standelf
Ort im südlichen → Bockland

Starkhorn
Berg in den → Ered Nimrais, der → Dunharg überragte

Starlit Jewel
→ The Starlit Jewel

Starre
Einer der drei Stämme, in die die → Hobbits unterteilt waren, wanderte um 1150 DZ über den → Rothorn-Pass in den Winkel zwischen → Bruinen und → Mitheitel, teils bis nach → Dunland. Ein Teil wanderte im 14. Jahrhundert zurück an den → Anduin in die Nähe der → Schwertelfelder, was später aus ihnen wurde, ist nicht bekannt. Aus dieser Gruppe stammt → Gollum. Gegen 1630 zogen alle Starre ins → Auenland, wo die meisten sich im Bruchland niederließen. Die Starren waren kräftiger gebaut als andere Hobbits und wohnten am liebsten auf flachem Land und an Flussufern. Bauer → Maggot zeigte typische Merkmale der Starren, auch darin, dass er wenig Scheu vor dem Umgang mit Menschen oder anderen Fremdlingen hatte.

Starrkopf, Malva
Geburtsname einer → Hobbitfrau, verheiratet mit Gormadoc → Brandybock

Statthalter

In der → Neu-Übersetzung des »Herrn der Ringe« Bezeichnung für die → Truchsesse von → Gondor

Statthalter-Kalender, Statthalter-Zeitrechnung

Der → Kalender von Gondor in der Form, wie ihn → Truchsess → Mardil 2060 DZ einführte

Staub und Stein

Beginn eines Liedes von → Gollum

Stechdorn, Tom

Einer der Leute, die bei dem Handgemenge Anfang 1419 AZ (3019 DZ) in → Bree ums Leben gekommen sind (in der neuen Übersetzung: Tom Piekedorn)

Stechfliege

So nennt sich → Bilbo Beutlin im Gespräch mit dem → Drachen → Smaug, um seinen Namen nicht preiszugeben.

Stege des Teiglin

Furt über den → Teiglin in → Brethil an der Südstraße von → Tol Sirion nach → Nargothrond, scheinbar die einzige Stelle, an der man den Teiglin überqueren konnte. Hier fanden zahlreiche Gefechte zwischen den → Haladin und den → Orks statt, ein paar Jahre überwachte → Túrin die Furt und hielt die Gegend von Orks frei.

Stehende Ruhe

Sitte in → Gondor: Vor dem Essen stand man für einen Moment auf und blickte schweigend nach Westen, in die Richtung von → Aman und des untergegangenen → Númenor

Steilhang, Hagebutte

Hagebutte → Tuk

Steilhang, Herr

Ein → Hobbit, Gast im Gasthaus von → Bree, als → Frodo und seine Gefährten dort eintreffen (in der neuen Übersetzung des → »Herrn der Ringe«; alte Übersetzung: Hang).

Steilhang, Willi

Einer der → Hobbits, die bei dem Handgemenge Anfang 1419 AZ (3019 DZ) in → Bree ums Leben gekommen sind (in der alten Übersetzung: Willi Hang)

Stein der Unglücklichen

Gedenkstein, den die → Elben bei → Cabed Naeramarth errichteten zur Erinnerung an → Túrin und → Niënor, später Teil von → Tol Morwen

Stein Earendils

Der (erste) → Elessar, den wahrscheinlich auch → Aragorn trägt

Stein Elendils

Der → Palantir von → Emyn Beraid

Stein von Anor

Der → Palantir von → Minas Anor

Stein von Earendil

Der (erste) → Elessar, den wahrscheinlich auch → Aragorn trägt

Stein von Elendil

Der → Palantir von → Emyn Beraid

Stein von Erech

Ein kugelrunder pechschwarzer Stein von etwa anderthalb Meter Durchmesser auf dem Gipfel des → Erech, den → Isildur aus → Númenor mitgebracht und dort hatte hinstellen lassen, auch Isildurs Stein genannt. Hier wurde der Bund zwischen Isildur und dem → König der Berge geschlossen.

Stein von Silmarien
Der erste → Elendilmir

Stein von Valandil
Der zweite → Elendilmir

Steinbogenbrücke
Die große Brücke über den → Baranduin, oft auch Brandywein-Brücke genannt, wahrscheinlich von → Zwergen erbaut

Steinbruch
Steinbruch im → Auenland in den → Bangener Hügeln

Steinbüttel
Ort im Südwesten des Südviertels des → Auenlandes, in der neuen Übersetzung Hartbuddel genannt. Hier leben Mitglieder der Familie → Sackheim und starb Lobelia → Sackheim-Beutlin.

Steine, die sieben
Die → Palantiri.

Steinerne Wächter
Zwei Statuen am Eingang zum → Turm von → Cirith Ungol: große, auf Thronen sitzende Figuren, von denen jede drei miteinander verwachsene Leiber und drei Geierköpfe hatte. Sie waren unbeweglich, doch verwehrten sie jedem Unbefugten den Zutritt. Mit Hilfe von → Galadriels Phiole konnte → Sam allerdings an ihnen vorbei, um → Frodo zu befreien.

Steinige Furt
So wurden sowohl die → Arossiach-Furt wie auch → Sarn Athrad genannt, im → Dritten Zeitalter auch die → Sarnfurt.

Steinkarrental
Das Tal »Imrath Gondraich«, das sich durch den → Drúadan-Wald am Ostrand der → Ered Nimrais bis zu den Steinbrüchen im Gebirge zog; hindurch führte die Alte Wagenstraße. Auf diesem Weg führte → Ghân-buri-Ghân die → Rohirrim bis an den → Pelennor; nach dem → Ringkrieg bekamen die Drûadan den Wald zurück.

Steinstadt
→ Minas Tirith

Steintroll
Eine der beiden Arten von → Trollen, taucht z. B. im »Hobbit« auf und im Gedicht → »Der Steintroll«

Steinwächter
→ Steinerne Wächter

Sterbliche Lande
→ Mittelerde

Sterblichkeit
→ Tod

Stern der Dúnedain
Möglicherweise der zweite → Elendilmir

Stern des Nordens, des Nord-Königreichs
Der → Elendilmir

Stern des Nördlichen Königsreichs
Der → Elendilmir

Stern Elendils
Der erste → Elendilmir

Stern in der Dunkelheit
Ein Name für → Earendil

Stern von Elendil
Der erste → Elendilmir

Stern von Silmariën
Der erste → Elendilmir

Stern von Valandil

Der zweite → Elendilmir

Stern, der mit dem Mond gejagt hat

→ Earendel

Sternbraue

Der Name, mit dem die → Elben von → Elbland den Schmied in der Geschichte → »Der Schmied von Großholzingen« ansprechen

Sterne

Viele Sterne schuf → Ilúvatar, als er → Arda schuf. Manche anderen setzte → Varda an den Himmel, um den → Elben bei ihrem Erwachen zu leuchten, und diese waren diejenigen, die die Elben höher schätzten. Am meisten aber verehrten sie den Stern, der aufging, als → Earendil seine Fahrt am Himmel aufnahm.

Sternglas

→ Galadriels Phiole

Sternlose Leere

Die → Äußere Dunkelheit

Sternschnuppe

→ Meteor

Sterrendei

Archaische Form des Namens des ersten Tages in der Woche der → Hobbits, entspricht unserem Samstag

Stertag

Zur Zeit des Ringkrieges Name des ersten Tages in der Woche der → Hobbits, entspricht unserem Samstag

Steward

englisch für → Truchsess, Statthalter

Stich   Helen Schneidewind

Stewards-Reckoning

der → Kalender von → Gondor zur Zeit des Ringkriegs

Stich

Das Schwert von → Bilbo, das er auf der Reise zum → Erebor mit → Gandalf und den → Zwergen um → Thorin Eichenschild in einer → Trollhöhle fand, leuchtet wie diese beiden blau, wenn → Orks in der Nähe waren. Natürlich war es für den ursprünglichen Besitzer eher ein langes Jagdmesser gewesen, doch für einen → Hobbit gab es ein prima Schwert ab, wie auch → Frodo und → Sam, die späteren Besitzer, feststellen konnten.

Stift

Spitzname für Alf, den Küchenjungen und späteren Küchenmeister in der Geschichte → »Der Schmied von Großholzingen«; in Wirklichkeit der Elbenkönig

Stille Straße

→ Rath Dinen

Stille Weiher

→ Aelin-uial

Sting

Der englische Name für → Stich

Stirling Road

Straße im Stadtteil Edgbaston in → Birmingham, in der John Ronald Reuel → Tolkien von 1905 bis 1908 lebte.

Stirne (Quenya)

»Stirn«, z. B. in → Tar-Elestirne

Stock

Ein Dorf der → Hobbits am Nordrand des → Bruchs, gelegen am Stockbach. Erwähnt in dem Gedicht → »Tom geht rudern«, auch

Name einer Straße im → Auenland; im Gasthaus »Goldener Barsch« gibt es laut → Sam Gamdschie das beste Bier im Auenland.

Stockbach

Nebenfluss des → Baranduin, fließt durch das Dorf → Stock

Stockstraße

Straße, führt von → Buckelstadt durch die → Grünberge nach → Stock

Stollen, Herr

Ein → Hobbit, Gast im Gasthaus von → Bree, als → Frodo und seine Gefährten dort eintreffen.

Stolzfuß, Bodo

→ Hobbit aus dem → Auenland *(Bodo Proudfoot)*, verheiratet mit Linda → Beutlin

Stolzfuß, Linda

Linda → Beutlin

Stolzfuß, Odo

→ Hobbit aus dem → Auenland *(Odo Proudfoot*, 1303–1405 AZ), Sohn von Linda → Beutlin und Bodo Stolzfuß. Er war so stolz auf seine Füße, dass er sie immer auf den Tisch legte. Und er wollte, dass man seine Familie »Stolzfüße« und nicht »Stolzfußens« nannte.

Stolzfuß, Olo

→ Hobbit aus dem → Auenland *(Olo Proudfoot*, 1346–1435 AZ), Sohn von Odo → Stolzfuß

Stolzfuß, Sancho

→ Hobbit aus dem → Auenland *(Sancho Proudfoot)*, geboren 1390 AZ, Sohn von Olo → Stolzfuß, wurde nach der Abschiedsparty von → Bilbo entdeckt, wie er heimlich in → Beutelsend nach Schätzen suchte

Stolzhals, Stolznacken
Spitzname von Madoc → Brandybock

Straffgürtel
Eine → Hobbitfamilie aus dem → Auenland

Straffgürtel, Hilda
Geburtsname einer → Hobbitfrau, verheiratet mit Seredic → Brandybock

Straffgürtel, Hugo
→ Hobbit aus dem → Auenland, Gast bei → Bilbos → Abschiedsparty. Er war bekannt dafür, Bücher auszuleihen und sie nicht zurückzugeben.

Straffgürtel, Lobelia
Geburtsname von Lobelia → Sackheim-Beutlin

Strahlenkranz am Morgen
Ein Name für → Earendil

Strandelb
→ Solosimpi

Straße von Hulsten
Die direkte Verbindung von → Moria nach → Eregion

Streicher
→ Aragorn

Strohköpfe
Schimpfwort für die → Rohirrim bei den → Dunländern

Strolche
So nennen die → Hobbits die Menschen, die 3019 DZ im Auftrag von → Saruman

das → Auenland besetzt halten. Verbrecher wäre treffender gewesen.

Strom (großer)
→ Anduin

Stumme Wächter
→ Steinerne Wächter

Sturmkrähe
Ein abwertender Name für → Gandalf, besonders in → Gondor und → Rohan

Stybba
Ein Pony aus → Rohan, das → Merry von König → Théoden erhält

Sub-Creation
→ Zweitschöpfung

Such nicht die Muhlipps!
Beginn des Gedichtes → »Die Muhlipps«

Südburg
Name der → Hornburg bis zur Zeit von → Helm Hammerhand

Südgasse
Straße in → Wasserau; hier lebte die Familie → Kattun

Süd-Harad
Der südliche Teil von → Harad

Südhöhen
Hügel südlich von → Bree

Südkönigreich
→ Gondor

Südländer
Eine Bezeichnung für Menschen aus dem Süden, vor allem die → Haradrim, aber auch für → Dunländer gebraucht

Südleuchte
→ Ormal

Südliches Königreich, Südliches Reich
→ Gondor

Südlinge
Die → Haradrim

Südostland von Númenór
→ Hyarrostar

Südstern
Die schlechteste der drei besten Sorten an → Pfeifenkraut bei den → Hobbits

Südstraße
Straße im → Ersten Zeitalter von → Tol Sirion nach → Nargothrond über die → Stege des Teiglin, im → Dritten Zeitalter der Name der Straße von → Minas Tirith nach → Pelargir

Südviertel
Eines der vier Viertel des → Auenlandes, das wärmste und fruchtbarste Gebiet, in dem man besonders gut → Pfeifenkraut anbauen konnte

Südwasser
Der Fluss → Harnen

Südwestland von Númenór
→ Hyarnustar

Suffield, Beatrice
Schwester von Tolkiens Mutter Mabel → Tolkien, bei ihr in der Stirling Road in Edgbaston in → Birmingham lebten Tolkien und sein Bruder von 1905 bis 1908

Suffield, Jane
Schwester von Tolkiens Mutter Mabel → Tolkien, verheiratete → Neave

Suffield, John
Der Großvater von → Tolkien, Vater von Mabel → Tolkien, Beatrice → Suffield und Jane → Neave. Geboren um 1833, stammte aus einer reichen Tuchhändlerfamilie aus → Birmingham, die aber bankrott ging. Handlungsreisender für Desinfektionsmittel. Wurde über 90 Jahre alt.

Suffield, Mabel
Der Geburtsname von Mabel → Tolkien

Suil (Sindarin)
»Gruß, Begrüßung«

suila (Sindarin)
»grüßen«

Súl (Quenya und Sindarin)
»Wind«

súlima (Quenya)
»windig«

Súlime (Quenya)
»der Windige«: Name des dritten Monats im → Kalender der → Elben und auch der → Númenórer, entspricht grob unserem März.

Súlimo (Quenya)
»der Atmer«: der Herr des Windes, → Manwe

Sümpfe des Sirion
→ Aelin-uial

Sunda (Quenya)
»Wurzel«

Sündenfall
Sein wollen wie Gott – das ist der klassische Sündenfall. Und den hat Tolkien gleich zweimal in seiner → Mythologie verarbei-

tet: in der Maßlosigkeit von → Feanor, der sich mit den »Göttern«, den → Valar, vergleicht und messen will, und im Hochmut und der Anmaßung der → Númenórer, die das Land der Götter, → Aman, erobern wollen, um unsterblich zu werden, zu werden wie die Götter. Und in beiden Fällen ist die Reaktion die Gleiche wie in den klassischen Religionen: die Vertreibung aus dem → Paradies. Im ersten Fall werden die → Noldor aus Aman verbannt, im zweiten gibt es gar eine → Umgestaltung der Welt. – Die Vorstellung vom Sündenfall ist in allen drei monoteistischen Religionen, Judentum, Christentum und Islam, stark und hat dadurch unsere Kultur erheblich geprägt. Selbst wer nicht die direkte Verbindung sieht, reagiert auf die Muster. Der Sündenfall wird geschildert im ersten Buch Mose, der Genesis, im dritten Kapitel (Verse 1–24): »*Aber die Schlange war listiger als alle Tiere auf dem Felde, die Gott der Herr gemacht hatte, und sprach zu dem Weibe: Ja, sollte Gott gesagt haben: ihr sollt nicht essen von allen Bäumen im Garten? Da sprach das Weib zu der Schlange: Wir essen von den Früchten der Bäume im Garten; aber von den Früchten des Baumes mitten im Garten hat Gott gesagt: Esset nicht davon, rühret sie auch nicht an, daß ihr nicht sterbet! Da sprach die Schlange zum Weibe: Ihr werdet keineswegs des Todes sterben, sondern Gott weiß: an dem Tage, da ihr davon esset, werden eure Augen aufgetan, und ihr werdet sein wie Gott und wissen, was gut und böse ist. Und das Weib sah, daß von dem Baum gut zu essen wäre und daß er eine Lust für die Augen wäre und verlockend, weil er klug machte. Und sie nahm von der Frucht und aß und gab ihrem Mann, der bei ihr war, auch davon, und er aß. Da wurden ihnen beiden die Augen aufgetan, und sie wurden gewahr, daß sie nackt waren, und flochten Feigenblätter zusam-*

men und machten sich Schurze. Und sie hörten Gott den Herrn, wie er im Garten ging, als der Tag kühl geworden war. Und Adam versteckte sich mit seinem Weibe vor dem Angesicht Gottes des Herrn unter den Bäumen im Garten. Und Gott der Herr rief Adam und sprach zu ihm: Wo bist du? Und er sprach: Ich hörte dich im Garten und fürchtete mich; denn ich bin nackt, darum versteckte ich mich. Und er sprach: Wer hat dir gesagt, daß du nackt bist? Hast du nicht gegessen von dem Baum, von dem ich dir gebot, du solltest nicht davon essen? Da sprach Adam: Das Weib, das du mir zugesellt hast, gab mir von dem Baum, und ich aß. Da sprach Gott der Herr zum Weibe: Warum hast du das getan? Das Weib sprach: Die Schlange betrog mich, so daß ich aß. Da sprach Gott der Herr zu der Schlange: Weil du das getan hast, seist du verflucht, verstoßen aus allem Vieh und allen Tieren auf dem Felde. Auf deinem Bauche sollst du kriechen und Erde fressen dein Leben lang. Und ich will Feindschaft setzen zwischen dir und dem Weibe und zwischen deinem Nachkommen und ihrem Nachkommen; der soll dir den Kopf zertreten, und du wirst ihn in die Ferse stechen. Und zum Weibe sprach er: Ich will dir viel Mühsal schaffen, wenn du schwanger wirst; unter Mühen sollst du Kinder gebären. Und dein Verlangen soll nach deinem Manne sein, aber er soll dein Herr sein. Und zum Manne sprach er: Weil du gehorcht hast der Stimme deines Weibes und gegessen von dem Baum, von dem ich dir gebot und sprach: Du sollst nicht davon essen –, verflucht sei der Acker um deinetwillen! Mit Mühsal sollst du dich von ihm nähren dein Leben lang. Dornen und Disteln soll er dir tragen, und du sollst das Kraut auf dem Felde essen. Im Schweiße deines Angesichts sollst du dein Brot essen, bis du wieder zu Erde werdest, davon du genommen bist. Denn du bist Erde und sollst zu Erde werden. Und Adam nannte sein Weib Eva; denn sie wurde die Mutter aller, die da leben. Und Gott der Herr machte Adam und seinem Weibe Röcke von Fellen und zog sie ihnen an. Und Gott der Herr sprach: Siehe, der Mensch ist geworden wie unsereiner und weiß, was gut und böse ist. Nun aber, daß er nur nicht ausstrecke seine Hand und breche auch von dem Baum des Lebens und esse und lebe ewiglich! Da wies ihn Gott der Herr aus dem Garten Eden, daß er die Erde bebaute, von der er genommen war. Und er trieb den Menschen hinaus und ließ lagern vor dem Garten Eden die Cherubim mit dem flammenden, blitzenden Schwert, zu bewachen den Weg zu dem Baum des Lebens.« Der → Islam hat die Geschichte praktisch unverändert übernommen: *»Und wir sprachen: ›O Adam. Du und deine Frau, bewohnt den Garten und eßt von ihm in Hülle und Fülle, wo immer ihr wollt; aber naht nicht jenem Baume, sonst seid ihr Übeltäter.‹ Doch Satan ließ sie straucheln und vertrieb sie von wo sie weilten. Und wir sprachen: ›Fort mit euch! Der eine sei des anderen Feind. Doch auf Erden sollt ihr eine Wohnung und Nießbrauch auf Zeit haben.«* (Koran 2,35–36)

Sunlending
Name der → Rohirrim für → Anórien

Sunnendei
Archaische Form des Namens des zweiten Tages in der Woche der → Hobbits, entspricht unserem Sonntag (aber normaler Arbeitstag)

súr
»lang, schleppend« in der Sprache der → Gnome

Súrfang
»Langbart« in der Sprache der → Gnome, zunächst Bezeichnung für einen der → Zwerge von → Belegost, später für alle Zwerge; Mehrzahl »Súrfangrim«

Súrion, Tar-
→ Tar-Súrion

Súruli
In der frühen → Mythologie → Elementargeister der Winde, die → Manwe und → Varda dienen

Süßes Galenas
In → Gondor Name für das wildwachsende Pfeifenkraut

Sûthburg
»Südburg« in Altenglisch, der Sprache der → Rohirrim: Name der → Hornburg bis zur Zeit von → Helm Hammerhand

Swann, Donald
Freund von Tolkien, Komponist des Liedzyklus → »The Road Goes Ever On«. Er schrieb die ersten 6 der 8 veröffentlichten Lieder 1965 in Jerusalem, ohne Tolkien zu kennen. Nachdem der Verlag Allen & Unwin das Kennenlernen ermöglicht hatte, änderte er das Thema von → »Namarië« und benutzte eine Melodie, die ihm Tolkien vorschlug. Später fügte er zwei weitere Lieder hinzu; ein neuntes Lied, »Lúthien Tinúviël«, wurde nicht veröffentlicht.

Symphonie
1988 schrieb der Niederländer Johan de Meij eine Symphonie »Lord of the Rings« mit fünf Sätzen: I. Gandalf – II. Lothlórien – III. Gollum – IV. Journey in the Dark – V. Hobbits. Anlässlich der Dreharbeiten zum → Film von Peter → Jackson in Neuseeland wurde die Symphonie vom Auckland Wind Orchestra am 12. August 2001 in Auckland aufgeführt.

Szepter von Annúminas

Das Szepter der Könige war das Haupt-kennzeichen der Königswürde von → Nú-menor, und es ging mit der Insel und ihrem letzten König unter. → Elendil allerdings brachte das Szepter seines Hauses mit, der Fürsten von → Andúnië, einen silbernen Stab, und dieser wurde zum Königsmerk-mal des → Hohen Königs der Menschen von → Mittelerde. Nach Elendil trug erst → Aragorn wieder das Szepter; er erhielt es von → Elrond zu seiner Krönung.

T.C.
→ Tee-Club

T.C.B.S.
Ein literarischer Club, den Tolkien 1911 mit einigen Freunden, darunter Christopher → Wiseman, als Tee-Club gründete, später umbenannt in T.C.B.S.; endgültige Mitglieder waren Tolkien, Wiseman, Robert Quilter → Gilson und Geoffrey Bache → Smith.

Tabak
→ Pfeifenkraut

Tabletop-Spiel
Das Nachspielen historischer oder fiktiver Schlachten mit Miniaturen auf einer (zumeist modellierten) Landschaft als Spielfeld nach feststehenden Spielregeln, neuerdings auch Wargaming genannt. Auch für den »Herrn der Ringe« sind schon Tabletop-Spiele angekündigt.

Tachol (Sindarin)
»Brosche, Spange«

Tâd (Sindarin)
»Zwei«

Taddail (Sindarin
»Zweifüßer«: die → Kleinzwerge

tadol (Sindarin)
»doppelt«

Taeg (Sindarin)
»Grenze, Grenzlinie«

Taen (Sindarin)
»Gipfel«

taen (Sindarin)
»lang und dünn«

taer (Sindarin)
»geradeaus«

Taes (Sindarin)
»Nagel«

Tag der Dämmerung
Der 10. März 3019, der Beginn des → Ringkriegs: Eine große Wolke zog von → Mordor aus über das Land, der ganze Tag blieb düster.

Tag des Schicksals
Der Tag des → Weltendes

Tag ohne Morgen
Der → Tag der Dämmerung

Tage der Flucht
Die → Dunklen Jahre

Tage der Not
So werden in den Chroniken des → Auenlandes die Jahre 1158 bis 1160 AZ (2758–2760 DZ) genannt, die Jahre um den → Grausamen Winter.

Tage des Todes
So wird in den Chroniken des → Auenlandes der → Grausame Winter genannt.

Tage des Zwielichts
Die Zeit nach der Erschaffung der Erde,
noch bevor die → Leuchten der Valar
geschaffen wurden

Tailbiter
Der englische Name des Schwertes
→ »Schwanzbeißer« (»Caudimordax«), mit
dem → Bauer Giles von Ham den → Drachen → Chrysophylax unterwirft

Taimonto
Ein alter Name für → Telimektar

Taith (Sindarin)
»Mark, Gebiet«

Tal (Quenya und Sindarin)
»Fuß« (auch »dal«)

Tal der Geister
Das → Morgultal

Tal der Grabkammern, Grabstätten
→ Noirinan

Tal der lebenden Toten
Das → Morgultal

Tal der Mond-Kobolde
→ Mond-Kobolde

Tal des Schlafes
→ Murmenalda

Tal des Zauberers
»Nan Curunir«: das Tal von → Isengard

Tal von Immermorgen
Zentrum von → Elbland in der Geschichte
→ »Der Schmied von Großholzingen«

Talaf (Sindarin)
»Grund, Boden«

Talagan (Sindarin)
»Harfenspieler«

Talan (Sindarin)
Ein → Flett, Mehrzahl Telain

Talath (Sindarin)
»Ebene, weites Tal«

Talath Dirnen
»Bewachte Ebene«: hügeliges Land nördlich von → Nargothrond zwischen dem
→ Teiglin und dem → Narog, bis zur Zerstörung von Nargothrond von den → Elben
immer bestens bewacht. Durch die Ebene
führte die → Südstraße von → Tol Sirion
nach Nargothrond über die → Stege des
Teiglin.

Talath Rhúnen
»Osttal«: älterer Name für → Thargelion

Talceleb
Ein Name für → Idril Celebrindal in der
Sprache der → Gnome

Talf (Sindarin)
»Handfläche«

Taliska
In frühen Entwürfen von Tolkien die
→ Sprache der Menschen im → Ersten
Zeitalter, die stark dem Gothischen
ähnelte

Talka Marda
Beiname von → Aule in der Sprache der
→ Gnome

Talma (Quenya)
»Wurzel«

talta (Quenya)
»gleiten, abrutschen, stürzen«

Taltelepta
Ein Name für → Idril Celebrindal in der Sprache der → Gnome

talu (Sindarin)
»flach«

Tama (Quenya)
»Schmelze, Schmiede«

Tamar
Ein alter Name von → Aule

Tambe (Quenya)
»Kupfer«

tambina (Quenya)
»aus Kupfer«

Tamenel (Quenya)
»Hoher Himmel«: Die Quelle des Windes, der → Earendil nach → Aman geblasen hat

Tamildo
Ein alter Name von → Aule

Tamin (Quenya)
»Schmiede«

tamma (Sindarin)
»klopfen«

Tan, Tano (Quenya)
»Schmied, Erbauer«, z. B. in → Artano und → Tar-Ciryatan

tana (Quenya)
»zeigen, anzeigen«

Tanaqui
Zeichnung von Tolkien (Bleistift und Wasserfarbe) aus dem Jahr 1915, die einen einsamen Berg in einer bunten Fantasie-Landschaft mit einer weißen, leuchtenden Stadt darauf zeigt; es handelt sich wohl nicht um einen Vorläufer des → Taniquetil, sondern um eine Illustration zum Gedicht und zur Stadt → Kôr.

Tang (Sindarin)
»Bogensehne«

tangada (Sindarin)
»bestätigen, bekräftigen«

Taniquelasse (Quenya)
»Blatt vom Taniquetil« oder »Hohes weißes Blatt«: ein wohlriechender immergrüner Baum, den die Elben aus → Tol Eressea nach → Númenor brachten

Taniquetil
»Hoher weißer Gipfel«: der höchste Berg der → Pelóri und von Arda, also der ganzen Welt, auf dessen Gipfel → Ilmarin steht, der Palast von → Manwe und → Vardas, auch der Weiße Berg genannt. Der Name Taniquetil taucht bereits auf einem → Bild von Tolkien vom Juli 1928 auf, das auch den Titel trägt »Hallen Manwes auf den Bergen der Welt über dem Feenland«. Auf dem sorgsam mit Bleistift, Wasserfarben und Deckweiß ausgeführten Gemälde sieht man auf einem hohen Berg über den Wolken, in der oberen Schicht der → Atmosphäre (die Schichtung in → Vista und → Ilmen ist deutlich erkennbar) die leuchtenden Hallen von → Manwe und → Varda. Umgeben von einem Strahlenkranz steht auf einem Schneefeld ein Gebäude in Blau und Weiß. Am Fuß des Berges ist eine Stadt der → Elben zu sehen, auf dem Meer davor fahren zwei Schiffe, gebaut wie die → Drachenschiffe der Wikinger, aber mit Schwanen- statt Drachenköpfen. Da → Sonne und → Mond zu sehen sind, ist dies eine Darstellung nach der Zerstörung der → Zwei Bäume von Valinor.

Tanna (Quenya)
»Zeichen«

Tannacolli
»Tierkreis«

Tanyasalpe
»Schale des Feuers«: in einer frühen Version der Geschichte von → Túrin ein magisches reinigendes Bad

Tänzelndes Pony
Kurzname für das Gasthaus → »Zum Tänzelnden Pony«

Tänzer an den Küsten
Die → Solosimpi

tar (Quenya)
»hoch, edel, erhaben«

Tara, Tarambo (Quenya)
»Schlag, Stoß, Hieb«

Tar-Alcarin (Quenya)
→ Dúnedain, 17. König von → Númenor, geboren 2406 ZZ, rechtmäßiger König 2637–2737, doch regierte er nur von 2657 bis 2737, da sein Vater → Herucalmo widerrechtlich den Thron besetzte.

Tar-Aldarion (Quenya)
»Fürst der Bäume«: der sechste König von → Númenor, geboren 700 ZZ, gestorben 1098, regierte von 883 bis 1075, Sohn von → Tar-Meneldur, Geburtsname Anardil. Nannte sich seit der Thronbesteigung Tar-Aldarion – er war stets um gutes Holz für den Schiffbau besorgt, sorgte schon als Kronprinz für eine umfangreiche Aufforstung, um den Holzverbrauch für die Flotte auszugleichen. Reiste in seiner Jugend bereits nach → Mittelerde, mit seinem Großvater → Veantur, und freundete sich mit → Círdan und → Gil-galad an. Gründete die »Gilde der Wagemutigen« (»Uinendili«, Geliebte → Uinens) aus mutigen jungen Kapitänen, ließ den Leuchtturm Calmindon auf → Tol Uinen errichten und begann, aus Númenor eine Seemacht zu machen. Gründete → Vinyalonde als Stützpunkt und Holzhafen in Mittelerde. Seine Gattin → Erendis hatte für seine Reisen kein Verständnis; es kam zu einer starken Entfremdung, die zur Trennung und dazu führte, dass die Tochter Ancalime praktisch nur von Frauen erzogen wurde. 882 brachte er ein Schreiben Gil-galads nach Númenor, in dem dieser von → Sauron berichtete und um Beistand bat. Tar-Meneldur, der stets gegen die Entwicklung zur Seemacht gewesen war, dankte ab und übergab seinem Sohn das Szepter, der Gil-galad eine Kriegsflotte schickte. Da Tar-Aldarion keinen Sohn hatte, änderte er später das Thronfolgerecht, nach dem der nächste männliche Verwandte erbberechtigt gewesen wäre, und ließ Ancalime zur Thronfolgerin ausrufen, die als → Tar-Ancalime erste regierende Königin von Númenor wurde. (Geschichte → »Aldarion und Erendis: Das Weib des Seefahrers«, NAM)

Tar-Amandil (Quenya)
»Freund von → Aman«: → Dúnedain, der dritte König von → Númenor, Enkel von → Elros, Sohn von → Vardamir Nólimon. Geboren 192 ZZ, regierte von 442 bis 590 (eigentlich als zweiter König, da sein Vater nie herrschte), starb 603.

Taramarth (Sindarin)
»Meister des Schicksals«, Sindarin-Name von → Túrin

Tarambolaike (Quenya)
»Schlag-Schärfe«: die Axt → Dramborleg von → Tuor

Tar-Anárion (Quenya)
»Sohn der Sonne«: 8. König von → Númenor, geboren 1003 als Sohn von → Tar-Ancalime, regierte 1280–1394, starb 1404

Tar-Ancalime (Quenya)
»Die Hellste«: erste regierende Königin von → Númenor, siebtes Glied in der Herrscher/innen-Folge, einziges Kind von → Tar-Aldarion und → Erendis. Wurde 873 ZZ geboren, übernahm 1075 das Szepter, gab es 1280 ab und starb 1285. Wegen ihr änderte ihr Vater Tar-Aldarion die Thronfolgeregeln, so dass von nun an, falls es keine Söhne gab, auch eine Tochter den Thron besteigen könne – vorausgesetzt, dass sie zu diesem Zeitpunkt verheiratet war. Ancalime wuchs fast nur unter Frauen auf, war stolz und starrsinnig und blieb lange unverheiratet. In ihrer Jugend nannte man sie Emerwen (Hirtin) oder auch Emerwen Aranel (Prinzessin Hirtin). Erst als ihr Rivale → Soronto sie zur Aufgabe ihrer Thronanwartschaft drängte, heiratete sie im Jahr 1000 ihren Verwandten → Hallacar, der sie umworben hatte, indem er sich als Hirte ausgab. Ihr gemeinsamer Sohn → Tar-Anárion wurde später König. Sie hatte später viel Streit mit ihrem Mann und änderte Númenors Politik radikal; die Unterstützung der → Elben in → Mittelerde wurde komplett eingestellt.

Tar-Ancalimon (Quenya)
»Der Hellste«: 14. König von → Númenor geboren 1986 ZZ, regierte 2221–2386. Unter seiner Herrschaft spalteten sich die Númenórer in eine → Königspartei und die Opposition der → Elendili, der Elbenfreunde oder Getreuen.

Tar-Anducal (Quenya)
»Licht des Westens«: Name von → Herucalmo, als er unrechtmäßig herrschte

Tarannon Falastur
→ Dúnedain, 12. König von → Gondor, erster der → Schiffskönige. Er hieß Tarannon (»Hohe Gabe«) und legte sich bei der Thronbesteigung den Namen Falastur, »Küstenherr« zu. Baute eine große Flotte auf. Der erste kinderlose König, Nachfolger wurde sein Neffe → Earnil I.

Tar-Ardamin (Quenya)
»Der Erste des Reiches«, adûnaisch Ar-Abattârik, → Dúnedain, 19. König von → Númenor, geboren 2618 ZZ, regierte 2825–2899.

Taras
Berg auf einer weit ins Meer hinausragenden Landzunge vor der Küste von → Nevrast; hier baute → Turgon seine erste Stadt → Vinyamar.

Tarasness
Die Landzunge, auf der der → Taras stand

Tar-Atanamir (Quenya)
Genannt der Große und auch der Unwillige, → Dúnedain, 13. König von Númenor, geboren 1800 ZZ, regierte 2029–2221. Der erste König, der nicht freiwillig der Macht und dem Leben entsagte, sondern regierte, bis er an Altersschwäche starb, und so hielten es nun alle seine Nachfolger.

Tar-Calion (Quenya)
Der 25. und letzte König von → Númenor: → Ar-Pharazôn

Tar-Calmacil (Quenya)
»Lichtschwert«: → Dúnedain, 18. König von → Númenor, adûnaisch Ar-Belzagar, geboren 2516 ZZ, regierte 2737–2825. Ein großer Seefahrer, der weite Landstriche in Mittelerde eroberte. Der erste König, der einen Namen in Adûnaisch annahm.

Tarcil

→ Dúnedain, der sechste König von → Arnor, gestorben 515 DZ

Tarciryan

»Schiffsherr«: → Dúnedain, Vater von → Earnil I, Bruder des kinderlosen Königs → Tarannon Falastur

Tar-Ciryatan (Quenya)

»Schiffbauer«: → Dúnedain, 12. König von → Númenor, geboren 1634 ZZ, regierte 1869–2029, starb 2035. Nötigte seinen Vater → Tar-Minastir zu frühzeitiger Abdankung, begann mit der Tributerhebung in → Mittelerde und lehnte sich als Erster offen gegen den → Bann der Valar auf.

Tareg

Ein → Ilkorin-Elbe

Tareldar (Quenya)

→ »Hochelben«

Tar-Elendil (Quenya)

»Elbenfreund« oder auch »Sternenfreund«: → Dúnedain, vierter König von → Númenor, Sohn von → Tar-Amandil. Geboren 350 ZZ, regierte 590–740, Todesjahr unbekannt. Durch seine Tochter → Silmariën Vorfahr der Fürsten von → Andúnië, von → Elendil und → Aragorn. Auch »Parmaite« genannt, »buchhändig«, denn er schrieb selbst zahlreiche Bücher. Während seiner Regierungszeit erreichten die ersten Schiffe der Númenórer → Mittelerde.

Tar-Elestirne (Quenya)

»Herrin mit der Sternenstirn«, Beiname von → Erendis

Tar-Falassion (Quenya)

→ Dúnedain, 22. König von → Númenór: → Ar-Sakalthôr

Targon

Koch der Dritten Kompanie der Wachen von → Minas Tirith

Tar-Herunúmen (Quenya)

→ Dúnedain, 20. König von → Númenor, → Ar-Adûnakhôr

Tar-Hostamir (Quenya)

→ Dúnedain, 21. König von → Númenor, → Ar-Zimrathôn

Tári (Quenya)

»Gebieterin, Herrin, Königin«: Beiname von → Varda

Tárie (Quenya)

»Höhe«

Tári-Laisi (Quenya)

»Gebieterin des Lebens«: → Vána

Tárinar (Quenya)

»(Tag der) Mächte oder Valar«, auch Tárion, Name des sechsten Tages in der sechstägigen Woche im → Kalender der → Elben und des siebenten Tages im Kalender von → Númenor, der wichtigste Tag in der Woche

Tárion (Quenya)

»(Tag der) Mächte oder Valar«, auch Tarinar, Name des sechsten Tages in der sechstägigen Woche im → Kalender der → Elben und des siebenten Tages im Kalender von → Númenor, der wichtigste Tag in der Woche

Tark

Ursprünglich in → Westron Bezeichnung für einen → Dúnedain, einen Abkömmling der → Númenórer, bei den → Orks eine Bezeichnung für einen »Mann von → Gondor«.

Tarkilmar

»Heim der Númenórer«: ein Name für → Annúminas

Tarlangs Hals

Schlucht in → Lamedon

Tarma (Quenya)

»Pfeiler«

Tarmasundar (Quenya)

»Wurzeln des Pfeilers«: die fünf Bergrücken, die in → Valinor vom → Meneltarma ausgehen

Tarmenel (Quenya)

»Hoher Himmel«

Tar-Meneldur (Quenya)

» Himmelsliebhaber«: → Dúnedain, fünfter König von → Númenor, Geburtsname Írimon, »der Gewünschte«, geboren 543 ZZ, regierte 740–883, starb nach 885. Der einzige Sohn und das dritte Kind von → Tar-Elendil, heiratete → Almarian, Tochter von → Veantur. Trat vorzeitig zurück zu Gunsten seines Sohnes → Tar-Aldarion. Er ließ eine Sternwarte im nördlichen Vorgebirge bauen.

Tar-Minastir (Quenya)

»Turmwächter«: → Dúnedain, 11. König von → Númenor, geboren 1474 ZZ, regierte 1731–1869, starb 1873. Baute auf dem → Oromet in der Nähe von → Andúnië einen hohen Turm, von wo aus er oft nach Westen schaute. Schickte → Gil-galad eine große Flotte als Hilfe gegen → Sauron, die diesen in der Schlacht am → Gwathló 1700 besiegte.

Tar-Minyatur (Quenya)

»Hoher Erster König«: Königsname von → Elros als erster König von → Númenor

Tar-Miriel (Quenya)

»Strahlend wie ein Juwel, Juwelenfrau«: Tochter von → Tar-Palantir, von → Ar-Pharazôn zur Ehe gezwungen, was nach númenórischem Recht als → Inzest galt, als Königin Ar-Zimraphel genannt, gestorben beim Untergang von → Numenor 3319 ZZ

Tarn Aeluin (Sindarin)

An diesem Bergsee im Osten des Hochlandes von → Dorthonion lag das Hauptquartier der Bande von → Barahir, des Vaters von → Beren. Nach einem gefährlichen Kundschaftergang fand Beren hier seinen Vater und dessen zwölf Männer erschlagen.

Tarn Fui

→ »Tor der Nacht«

Tarnmäntel

Mäntel, die → Frodo und seine Gefährten in → Lórien als Geschenk erhalten, von → Galadriel selbst und ihren Mägden gewoben: leicht und doch warm in der Kälte, aber auch kühlend in der Hitze. Sie nehmen die Farbe der Umgebung an und können so als Tarnmäntel dienen. Einen wirklich unsichtbar machenden Tarnmantel mit sehr viel stärkerer → Magie erhielt → Tuor von → Ulmo persönlich; diesen Mantel nahm er wohl mit nach → Aman. Tolkien greift mit den Tarnmänteln wieder einmal auf nordische Mythen zurück, in diesem Fall z. B. auf das Motiv der Tarnkappe im → Nibelungenlied (→ Unsichtbarkeit).

Tarntobel

Der Ort, an dem die → Ents sich zu ihrem → Ent-Thing treffen

Tarondor (Arnor)

»Steinherr«: → Dúnedain, siebenter König von → Arnor (515–602 DZ)

Tarondor (Gondor)

»Steinherr«: → Dúnedain, 27. König von → Gondor (1656–1798 DZ). Er verlegte endgültig die Residenz nach → Minas Anor.

Tarostar (Quenya)

→ Rómendacil

Tar-Palantir (Quenya)

»der weithin Sehende«: → Dúnedain, der 24. König von → Númenor, adûnaisch Ar-Inziladûn (»Blume des Westens«), geboren 3053, regierte 3177–3243. Bereute die Entfremdung von den → Elben und → Valar und die Taten seiner Vorgänger, doch es war zu spät: Die Elben aus → Tol Eressea kamen nicht mehr, und die Königspartei unter seinem Bruder → Gimilkhâd wurde immer stärker. Seine Tochter Miriel, die als → Tar-Miriel Königin werden sollte, wurde entmachtet.

Tarquende (Quenya)

»Hochelbe«

Tarquesta

»Hohe Sprache«: eine Bezeichnung für die → Sprache → Quenya

Tar-Súrion (Quenya)

»Sohn der Winde«: → Dúnedain, neunter König von → Númenor, geboren 1174, regierte 1394–1556, starb 1574.

Tar-Telemmaite (Quenya)

»Silberhändig«: → Dúnedain, 15. König von → Númenor, geboren 2136, regierte 2386–2526. Ließ viel nach Silber und vor allem → Mithril suchen, vernachlässigte dabei die übrige Politik.

Tar-Telemnar (Quenya)

»Silberflamme«: → Dúnedain, der 23. König von → Númenor → Ar-Gimilzôr

Tar-Telperien (Quenya)

Zweite Königin von → Númenor, zehnte in der Liste der Regierenden, Tochter von → Tar-Súrion, geboren 1320, regierte 1556–1731, starb kurz nach der Amtsniederlegung 1731. War unverheiratet, nach ihr herrschte → Tar-Minastir, Sohn von Isilmo, dem zweiten Kind von Tar-Súrion.

Taru (Quenya)

»Horn«

Tarumbar (Quenya)

»König der Erde«: ein Beiname für → Morgoth

Tar-Vanimelde (Quenya)

Dritte Königin von → Númenor, 16. in der Reihe der Regierenden, geboren 2277, regierte 2526–2637. Die Macht übte ihr Gatte → Herucalmo aus, der nach ihrem Tod widerrechtlich das Szepter übernahm. Er zählt nicht als König in den Listen, der rechtmäßige Nachfolger ist → Tar-Anducal.

Tasare (Quenya)

»Weidenbaum«

Tasarinan (Quenya)

»Weidental, Land der Weidenbäume«: eine Landschaft im Lied von → Fangorn »Ich ging durch die Fluren von Tasarinan«, auf Sindarin Nantasarion oder Nantathren, an der Mündung des → Narog in den → Sirion.

Taschen-Hobbit

Diese Zusammensetzung aus Taschendieb und → Hobbit entsteht, als → Bilbo im »Hobbit« versucht, den drei → Trollen zu verheimlichen, wer und was er ist (in der neuen Übersetzung von Wolfgang Krege). Im Original heißt es »burrahobbit«, aus »burglar« (Einbrecher, Dieb) und Hobbit.

Tass (Sindarin)
»Arbeit, Aufgabe«

Tata (Quenya)
»Zwei«: So hieß der Legende nach die zweite → Elbin, die am → Cuiviénen erwachte

Tata (Quenya)
»Papa«

Tathar (Sindarin)
»Weidenbaum«

Tatie (Quenya)
»der Zweite«: So hieß der Legende nach der zweite → Elbe, der am → Cuiviénen erwachte.

Taur (Quenya und Sindarin)
»(großer) Wald, Urwald«

Taur-e-Huinéva
»Wald der Finsternis«: ein früherer Name für den → Taur-na-Fuin

Taurelasse (Quenya)
»Blatt im Wald«, Mehrzahl Taurelasseli

Taurelasseli (Quenya)
»Blätter im Wald«:das Laub des Waldes

taurelasselindon (Quenya)
»wie Laub der Wälder«

Taurelilómea (Quenya)
»vielschattiger Wald«: ein Begriff, den → Baumbart benutzt, um → Fangorn zu beschreiben

Tauremomalómë (Quenya)
»schwarzschattiger Wald«: ein Begriff, den → Baumbart benutzt, um → Fangorn zu beschreiben

Tauremorna (Quenya)
»schwarzer Wald«: Begriff, den → Baumbart benutzt, um → Fangorn zu beschreiben

Taur-e-Ndaedelos (Sindarin)
»Wald der großen Furcht«: ein Name des → Düsterwaldes

Taur-en-Faroth (Sindarin)
»Wald der Jäger«: bewaldetes Hochland westlich des Flusses → Narog nahe bei → Nargothrond, manchmal auch Hoch-Faroth genannt

Taur-im-Duinath (Sindarin)
»Wald zwischen den Strömen«: wildes Land südlich von → Andram zwischen den Flüssen → Sirion und → Gelion, etwa doppelt so groß wie → Doriath, kaum je von einem → Elben oder Menschen betreten

Taur-na-Neldor (Sindarin)
»Wald der Buchen«: → Neldoreth

Taur-nu-Fuin (Sindarin)
»Wald unter dem Nachtschatten«: im → Ersten Zeitalter ein später Name für → Dorthonion, im Dritten Zeitalter ein Name des → Düsterwaldes

Tauron (Sindarin)
»Waldmann, Herr der Wälder«: ein Name für → Orome bei den → Sindar

Tausend Grotten
→ Menegroth

Tavari
»Feen der Wälder«: frühere Bezeichnung für die → Waldelben

Tavor (Sindarin)
»Specht«

Tavrobel, Tavrost
»Waldheim, Waldfestung«: in frühen Versionen der Verschollenen Geschichten ein Dorf der → Elben in → Tol Eressea

taw (Sindarin)
»aus Wolle«

Tawar (Sindarin)
»Holz«, aber auch »Wald«

tawaren (Sindarin)
»hölzern, aus Holz«

Tawar-in-Drúedain (Sindarin)
»Wald der Drúedain«: der → Drúadan-Wald

Tawarwaith (Sindarin)
→ Waldelben

Tê (Sindarin)
»Linie, Pfad, Weg«

Teddy
Einer der drei Bären, die → Herr Glück in seinem neuen Auto mitnehmen muss

Tee-Club (T.C.)
Ein literarischer Club, den Tolkien 1911 mit einigen Freunden, darunter Christopher → Wiseman, gründete, später wurde daraus der → T.C.B.S.

Tegil (Sindarin)
»Stift, Schreibfeder«

tegilbor (Sindarin)
»schriftkundig«

Tehta
»Zeichen«, Plural tehtar: zusätzliche Schriftzeichen neben den → Tengwar, um Vokale, Längen u. ä. zu bezeichnen

Teiglin
Fluss in West-→ Beleriand, entsprang mit drei Quellflüssen in den → Ered Wethrin, bildete im Süden die Grenze des Waldes von → Brethil und mündete dann in den → Sirion.

Teiglin-Schlucht(en)
die → Cabed-en-Aras

Teiglin-Stege
→ Stege des Teiglin

teitha (Sindarin)
»schreiben«

Tekil (Quenya)
»Stift, Schreibfeder«

Tel (Quenya)
»Schluss, Ende«

Telain (Sindarin)
Mehrzahl von Talan, → Fletts

Telchar
Der berühmteste Waffenschmied des → Ersten Zeitalters, ein → Zwerg aus → Nogrod, Schüler von Gamil Zirak. Telchar fertigte u. a. → Hadors Helm, das Messer → Angrist und das Schwert → Narsil. Seine Waffen hatte keine eigene → Magie, sie schützten aber durch magische → Runen ihre Träger vor feindlicher Magie.

Telco (Quenya)
»Stengel, Stamm«, auch Zeichen für einen Bestandteil der → Tengwar

Telcontar (Quenya)
»Streicher«: der Name, den → Arathorn als König annahm und als Name der neuen Dynastie festlegte

Teld Quing Ilon
»Regenbogendach«: früherer Name für →
Cris Ilbranteloth

telda (Quenya)
»letztes, hinterstes«

Tele (Sindarin)
»Ende, Rücken, Hinterteil«

tele (Quenya)
»enden«

Teleb, Telpe (Quenya)
»Silber«

Telefonkarten
In Frankreich gab es im September 2001 für
begrenzte Zeit Telefonkarten mit Motiven
aus dem → Film von Peter → Jackson. Auf
der Rückseite gab es ein Gewinnspiel, mit
dem man eine Reise nach Neuseeland
gewinnen konnte.

Telelli
wahrscheinlich eine frühere Form des
Namens → Teleri

Telemmaite, Tar-
→ Tar-Telemmaite

Telemnar
»Silberflamme«: → Dúnedain, 26. König
von → Gondor ab 1634 DZ, starb wie seine
beiden Söhne an der Großen → Pest 1636.

Telemnar, Tar-
→ Tar-Telemnar

Telepathie
Gedankenlesen, Gedankenübertragung:
eine magische Fähigkeit. → Galadriel verfügt in Grenzen darüber, → Gandalf kann
sich mit → Schattenfell über weite Entfer-

nungen verständigen, und die → Palantiri
ermöglichten teilweise auch Telepathie.

Teleporno (Quenya)
»Silberbaum«: Quenya-Name von → Celeborn

Teleri (Sindarin)
»die Letzten, Hintersten«, Einzahl Teler: die
dritte und größte Schar der → Elben auf der
Wanderung von Cuiviénen nach Westen,
angeführt von Elwe (→ Thingol) und Olwe,
so genannt von den vor ihnen Wandernden.
Sie selbst nannten sich Lindar, »Sänger«.
Sie spalteten sich in drei Gruppen: Die
→ Nandor bogen vor dem → Nebelgebirge
ab. Die Leute von → Thingol blieben mit
ihm in → Beleriand zurück, als er → Melian
traf, und gründeten das Reich von → Doriath. Der Teil, der ans Meer kam, musste
erst mal noch ein paar Jahre warten, bis
→ Ulmo mit der entwurzelten Insel, mit der
er die → Vanyar und die → Noldor schon
nach Aman gebracht hatte, wieder vorbei-
schaute. Ein Teil ließ sich schließlich übersetzen; unter Olwes Leitung wohnten sie auf
→ Tol Eressea und später in der Bucht von
→ Eldamar am Hafen → Alqualonde.
Einige aber ließen sich von → Osse und
→ Uinen überreden, in → Mittelerde zu
bleiben, und sie wurden die See-Elben oder
→ Falathrim unter Führung von → Círdan.
– In den »Verschollenen Geschichten«
heißen die Teleri ursprünglich → Solosimpi, Teleri werden dort zunächst die
→ Vanyar genannt.

Telerin
Dialekt der Elbensprache → Quenya,
gesprochen von den → Teleri in → Aman;
von manchen Forschern auch als eigene
→ Sprache klassifiziert, von ihnen selbst in
ihrer eigenen Sprache Lindalambe oder Lindárin genannt.

Telerinquar (Quenya)
»silberne Faust, Silberhand«: ein Quenya-Name für → Celebrimbor

Telerrim (Sindarin)
»Volk der Teleri«

teli (Sindarin)
»kommen«

telia (Sindarin)
»spielen«

Telien (Sindarin)
»Spiel«

Telimektar (Quenya)
»Streiter des Himmels«: das Sternbild Orion, von → Varda zum Erwachen der → Elben aus alten Sternen neu zusammengesetzt, in frühen Versionen hieß so ein Sohn von → Tulkas.

Tellen (Sindarin)
»Fußsohle«

Telluma (Quenya)
»Halle, Kuppel«

Telma
»Abschluss, Ende, Fertigstellung«

Teloth
»Dach« in der Sprache der → Gnome

Telpe (Quenya)
»Silber«

Telperien, Tar-
→ Tar-Telperien

Telperimpar (Quenya)
»silberne Faust, Silberhand«: ein Quenya-Name für → Celebrimbor

telperin (Quenya)
»silbernfarben«

Telperinquar (Quenya)
»silberne Faust, Silberhand«: der Hauptname in Quenya von → Celebrimbor

Telperion (Sindarin)
»Silberbaum«: der häufigste Name des älteren der → Zwei Bäume von Valinor

telu (Quenya)
»letzter«, in Telufinwe.

Telufinwe (Quenya)
»Letzter Finwe«: Vatername von → Amras

Telume (Quenya)
»Dom, Kuppel, Himmelszelt«

Telumehtar (Gondor, Quenya)
»Himmelsstreiter«: → Dúnedain, 28. König von → Gondor (1798–1850 DZ). 1810 eroberte er → Umbar und nannte sich danach »Umbardacil« (»Sieger von Umbar«).

Telumehtar (Sternbild, Quenya)
»Himmelsstreiter«: älterer Name für das Sternbild Orion, von → Varda zum Erwachen der → Elben aus alten Sternen neu zusammengesetzt

Telumendil
»Freund des Himmels«: Name eines Sternbildes, von → Varda zum Erwachen der → Elben aus alten Sternen neu zusammengesetzt

Telvo
Kurzform des Namens → Telufinwe

telya (Quenya)
»beenden, abschließen«

Téma (Quenya)

»Linie, Spalte«

Témar (Quenya)

»Spalten«: Die vertikale Gruppierung der → Tengwar

Tempel von Melkor

→ Armenelos

Tengwar (Quenya)

»Zeichen, Buchstaben«, Einzahl Tengwa: Die ältere der beiden verbreiteten Schriften der → Elben in → Mittelerde; sie war in → Aman entwickelt worden für das Schreiben mit Pinsel oder Feder, im Gegensatz zu den in → Beleriand entwickelten → Cirth, die vor allem für eingeritzte oder eingeschnittene Inschriften entwickelt wurden und auch als → Runen bezeichnet werden. Beide entwickelten sich später ein wenig aufeinander zu, und es gab auch bei beiden erhebliche Abweichungen, Varianten und Modi. Die Tengwar waren das ältere Schriftsystem; es wurde zunächst in → Valinor von → Rúmil entwickelt. → Feanor gestaltete es um, er erfand es sogar fast neu, und seine Tengwar waren die, die sich in Mittelerde verbreiteten. Zur Unterscheidung nannte man dann die Zeichen in der Schrift von Rúmil Sarat, Mehrzahl Sarati. Die Tengwar Feanors wurden im → Dritten Zeitalter auch von vielen Menschen verwendet, man nannte sie die feanorische Schrift oder die Elbenschrift, um sie von den fälschlicherweise als »Zwergenrunen« bekannten → Angerthas zu unterscheiden. Es gab 24 Grund- oder Primärbuchstaben, die in vier Reihen (Témar) angeordnet wurden mit je sechs Stufen (Tyeller). Für Fachleute lassen sich diese Zeichen dann genau zuordnen nach »Artikulationsstelle« und »Artikulationsweise«; hier zeigt sich, dass Tolkien ein echter Sprachwissenschaftler

war. Wer sich dafür interessiert, findet umfangreiche Hinweise im Anhang zum »Herrn der Ringe«, und es gibt viel weiterführende Literatur. Für Laien genügt es, das einfache Aufbauschema der Tengwar zu erkennen: Sie bestehen aus einem Stamm (Telco) mit oder ohne Ober- und Unterlänge sowie einem Bogen (Lúva), der links oder rechts angesetzt sein kann, einfach oder doppelt. Jedes Tengwa hatte einen Namen in → Quenya. Einige Zeichen wurden dadurch erzeugt, dass man ein Zeichen vertikal umdrehte, sie hießen dann wie das Original, doch wurde ihnen das Wort »nuquerna« hinzugefügt, »umgekehrt, gewendet«. Ursprünglich gab es nur Tengwar für die Konsonanten, die Vokale wurden mit zusätzlichen Zeichen (Tehtar) angegeben, später gab es auch Tengwar für die Vokale. Überhaupt war diese Schrift sehr flexibel; ein Zeichen kann sehr viele unterschiedliche Bedeutungen haben, je nachdem in welcher Sprache es eingesetzt wird, und im Verlauf der Zeit änderten sich auch die Verwendungen. Außerdem kamen noch 12 ergänzende Tengwar hinzu, die Sekundärbuchstaben, die sehr stark unterschiedlich eingesetzt wurden. Die Vokale wurden in der Regel durch Zusatzzeichen dargestellt, die über den vorangegangenen oder folgenden Kononanten gesetzt wurden, je nach Sprache, es gab auch einen eigenen Träger für die Vokale, den man verwenden konnte. Hier die häufigst benutzen Formen der Vokale, jeweils mit und ohne Träger:

a	e	i	o	u
ꞷ	’	‘	ꞎ	ꞏ
ꞷ̣	’̣	‘̣	ꞎ̣	ꞏ̣

Es gab allerdings zahlreiche Varianten davon bis hin zu eigenen Zeichen, und auch bei den übrigen Tengwar waren viele auch individuelle Abweichungen möglich. In der Tabelle findet man die 24 Haupt-Tengwar mit den Bedeutungen, die im Dritten Zeitalter in → Imladris und → Gondor üblich waren (vor dem Schrägstrich nur für Quenya), mit den Namen und den Übersetzungen dazu; die anderen Tengwar und viele zusätzliche Varianten und Möglichkeiten sowie eine grundlegende Einführung in die Anwendung findet man im Anhang zum »Herrn der Ringe«.

Die Primärbuchstaben der Tengwar

Name in Quenya	Übersetzung	steht für	Tengwa
1. Reihe:			
tinco	Metall	t	ᴘ
parma	Buch	p	ᴘ
calma	Lampe	k	ᴄ
quesse	Feder	kw	ᴄ
2. Reihe:			
ando	Tor	nd/d	ᴘ
umbar	Schicksal	mb/b	ᴘ
anga	Eisen	ng/g	ᴄᴄ
ungwe	Spinnennetz	(n)gw	ᴄ
3. Reihe:			
thúle/súle	Geist	s/th	ᴄ
formen	Norden	f	ᴄ
harma/aha	Schatz	ch/h	ᴄ
hwesta	Brise	(c)hw	ᴄ
4. Reihe:			
anto	Mund	nt/dh	ᴄ
ampa	Haken	mp/w	ᴄ
anca	Kiefer	nk	ᴄᴄ
unqwe	Spinnennetz	nkw/gh	ᴄ
5. Reihe:			
númen	Westen	n	ᴍ
malta	Gold	m	ᴍ
noldo/ngoldo	Noldo	ng/n	ᴄᴄ
nwalme/ngwalme	Folter	n(g)w	ᴄ
6. Reihe:			
óre	Herz	r	ᴠ
vala	Vala	w	ᴠ
anna	Geschenk	nn/i	ᴄ
vilya (wilya)	Luft	pn	ᴛ

Tengwe (Quenya)
»Zeichen«

Tengwesta (Quenya)
»Zeichensystem«

Tengwestie (Quenya)
»Sprache, Sprachfähigkeit«

Terkáno (Quenya)
»Herold«

Terken (Quenya)
»Einsicht«

terkenya (Quenya)
»einsichtig«

Tevildo
der Fürst der Katzen: in frühen Fassungen ein Vorgänger von → Sauron (als Gefangenenwärter von → Beren) und → Carcharoth (als Riesengegner von → Huan), eine Art riesige sprechende zauberfähige → Wer-Katze, die auch den letzten Kampf mit Huan bestreitet.

Têw (Sindarin)
»Buchstabe«

thae (Quenya)
»querüber, hindurch«

Thain des ® Auenlandes
Der nominelle Herrscher des → Auenlandes und oberste »Kriegshauptmann« sowie (nominell) Vertreter des Königs bis zu dessen Rückkehr. Der erste Thain war → Bucca vom Bruch ab 379 AZ, der letzte in den bekannten Erzählungen Peregrin Tuk (→ Pippin). Das Amt war erblich, bis 740 AZ in der Familie → Altbock, bis diese ins → Bockland zog, ab dann war der Thain immer ein → Tuk.

Thains-Buch
Eine Abschrift des → Roten Buches der Westmark, die auf Bitten von König → Aragorn angefertigt wurde und die Pippin 64 VZ nach Gondor brachte.

Thal
Stadt und Königtum der Menschen östlich des → Düsterwalds vor dem Haupttor der Zwergenstadt vom → Erebor, 2770 DZ durch → Smaug zerstört, ab 2942 DZ von → Bard I., dem Drachentöter, wieder aufgebaut.

Thalion
»der Standhafte«: Húrin

Thalos
Fluss in → Ossiriand, floss von den Quellen in den → Ered Luin in den → Gelion

Tham (Sindarin)
»Halle«

Thamas (Sindarin)
»Große Halle«

Than (Sindarin)
»Schild« (Rüstungsteil)

Thang (Quenya und Sindarin)
»Unterdrückung, Tyrannei«

Thangail (Sindarin)
»Schildzaun«: eine Gefechtsformation der → Dúnedain

Thangorodrim
»Berge der Tyrannei«: das riesige Gebirge, das → Morgoth über → Angband aufgetürmt hatte, mit drei mächtigen Gipfeln. Sie sollen etwa 11.000 Meter hoch gewesen sein, das ist 2.200 Meter höher als der Mount Everest. In der → Letzten Schlacht zerstört, als → Ancalagon der Schwarze auf sie herabstürzte.

Tharbad (Sindarin)
»Kreuzweg«: Flusshafen und Stadt an der Stelle, wo die → Nord-Südstraße den → Gwathló überquerte, hier vereinigten sich auch → Mitheitel und → Glanduin zum Gwathló

Thargelion
»Land jenseits des Gelion«: Das Herrschaftsgebiet von → Caranthir zwischen dem Berg → Rerir und dem Fluss → Ascar, auch Dor Caranthir, »Caranthirs Land«, genannt

Tharkún
»Stab-Mann«: Name von → Gandalf bei den Zwergen

thaur (Quenya)
»widerwärtig, abscheulich«

Thauron (Quenya)
»Der Widerwärtige, Abscheuliche«: frühe Form von → Sauron

The Adventures of Rover
ursprünglich geplanter Titel von → »Roverandom«

The Adventures of Tom Bombadil
Das Gedicht → »Die Abenteuer des Tom Bombadil«

The Adventures of Tom Bombadil and other verses from The Red Book
Gedichtband, veröffentlicht 1962, zusammengestellt von Tolkien 1961 auf Bitten seiner 89-jährigen Tante Jane → Neave, enthält, so das Vorwort, Gedichte aus dem → »Roten Buch«. Die meisten der 16 Gedichte stammen angeblich von → Hobbits, einige

von → Bilbo oder → Sam Gamdschie. Ein paar sind ältere Überlieferungen. Viele sind alberne Nonsens-Gedichte, es sind aber auch traurige und sentimentale Texte dabei. Über Ereignisse, Personen oder Orte wird eine lose Beziehung zum »Herrn der Ringe« geknüpft, diese ist jedoch oft erst später hinzugefügt worden, da viele Gedichte bei der Veröffentlichung bereits lange existierten und für die Veröffentlichung mit Blick auf den »Herrn der Ringe« bearbeitet wurden. Übersetzt wurde das Buch u. a. ins Schwedische (1972), Französische (1975) und Japanische (1975), in Deutschland erschien es 1984 unter dem Titel »Die Abenteuer des Tom Bombadil und andere Gedichte aus dem Roten Buch« in der Übersetzung von Ebba-Margareta von → Freymann. Dies sind die 16 Gedichte: → Die Abenteuer des Tom Bombadil · → Tom geht rudern · → Irrfahrt · → Prinzessin Ich-Mi · → Der Mann im Mond trank gutes Bier · → Der Mann im Mond kam viel zu früh · → Der Steintroll · → Luftikus · → Die Muhlipps · → Olifant · → Fastitokalon · → Katz · → Schattenbraut · → Der Hort · → Muschelklang · → Das letzte Schiff

The Ancrene Riwle
Ausgabe des → Ancrene Riwle, in modernes Englisch übersetzt von M. B. Salu, zu der Tolkien das Vorwort schrieb (London, Burns & Oates, 1955)

The Apolausticks
Ein Studentenclub, den Tolkien 1911 in → Oxford mitbegründete

The Book of Lost Tales
Das → »Buch der Verschollenen Geschichten«

The Cat and the Fiddle
Frühe Fassung des Gedichtes → »Der Mann im Mond trank gutes Bier«

The Children of Húrin
Diese Geschichte um → Túrin und → Niënor, die Kinder → Húrins, war die zweite Geschichte im → »Buch der Verschollenen Geschichten«, die Tolkien im Rahmen seiner → Mythologie niederschrieb, im Spätsommer 1917; die erste war → »The Fall of → Gondolin«.

The Death of St. Brendan
Der ursprüngliche Titel des Gedichtes → Imram

The Fall of Gondolin
Die Geschichte von → Gondolin war die

»Die Abenteuer des Tom Bombadil und andere Gedichte aus dem Roten Buch«: Ausgabe bei Klett-Cotta von 1984

erste Geschichte im → »Buch der Verschollenen Geschichten«, die Tolkien im Rahmen seiner → Mythologie niederschrieb, 1917 während eines Genesungsurlaubs.

The Father Christmas Letters
Originaltitel von → »Die Briefe vom Weihnachtsmann«

The Fellowship of the Ring: being the first part of The Lord of the Rings
Originaltitel des ersten Bandes von → »The Lord of the Rings«

The Hill: Hobbiton-across-the-Water
Farbiges, sehr gründlich ausgearbeitetes Aquarell (»Der Bühl: Hobbingen jenseits der Wasser«), angefertigt mit Bleistift, Wasserfarbe, schwarzer Tusche und Deckweiß, das im Sommer 1937 entstand und als Illustration für die zweite Auflage von → »The Hobbit« in England und den USA diente – in der ersten Auflage wurde eine schwarzweiße Fassung als Frontispiz verwandt – sowie als Titelillustration des ersten Bandes einer amerikanischen Paperback-Ausgabe bei Ballantine Books von → »The Lord of the Rings« (Abbildung dort). Es basierte auf einer gleichnamigen Tusche-Deckweiß-Zeichnung, zudem gibt es mehrere Skizzen und Vorformen, darunter »Beutelsend Unterbühl« und »Der Bühl: Hobbingen«, beides Tusche-Bleistift-Zeichnungen.

The History of Middle-Earth
Zwölfbändige Reihe, die Christopher → Tolkien zwischen 1983 und 1996 herausgab und in der er Texte seines Vaters sammelte und kommentierte. Die ersten beiden Bände liegen als das → »Buch der Verschollenen Geschichten« auch in Deutsch vor. Während das → »Silmarillion« eher als literarisches Werk angelegt

ist, in dem die Geschichte von → Mittelerde erzählt wird, sind diese 12 Bücher eher Arbeitsbücher, Material für Forschende und Studierende. Es finden sich zahlreiche Varianten von Tolkiens Geschichten, viele unveröffentlichte Texte, Anmerkungen von Tolkien selbst und manche unausgegorenen Gedanken. Ein wichtiger Bestandteil sind die Erläuterungen von Christopher Tolkien, der selbst Sprachwissenschaftler ist und viel mit seinem Vater zusammenarbeitete. Diese zwölf Bücher sind mehr als nur Hintergrundmaterial zu Tolkiens Geschichten, sie sind ein umfassender Beleg für Tolkiens Leidenschaft für → Sprachen. »The History

»The History of Middle-Earth«: Der vierte Band, »The Shaping of Middle-Earth«, in der Paperback-Ausgabe von Ballantine Books/Del Rey, 1995

of Middle-Earth« umfasst folgende Bände:

1. The Book of Lost Tales, Part I (1983)
   deutsch 1986 als »Das Buch der Verschollenen Geschichten«, Teil I
2. The Book of Lost Tales, Part II (1984)
   deutsch 1987 als »Das Buch der Verschollenen Geschichten«, Teil II
3. The Lays of Beleriand (1985)
4. The Shaping of Middle-Earth
   The Quenta, The Ambarkanta and
   The Annals (1986)
5. The Lost Road and Other Writings
   Language and Legend before
   The Lord of the Rings (1987)
6. The Return of the Shadow
   The History of The Lord of the Rings
   Part One (1988)
7. The Treason of Isengard
   The History of The Lord of the Rings
   Part Two (1989)
8. The War of the Ring
   The History of The Lord of the Rings
   Part Three (1990)
9. Sauron Defeated
   including
   The History of The Lord of the Rings
   Part Four (1992)
   in Teilen veröffentlicht als
   »The End of the Third Age«
10. Morgoth's Ring
    The Later Silmarillion, Part One
    The Legends of Aman (1993)
11. The War of the Jewels
    The Later Silmarillion, Part Two
    The Legends of Beleriand (1994)
12. The Peoples of Middle-Earth (1996)

The Hoard

Das Gedicht → »Der Hort«

The Hobbit: Or There and Back Again

Das ist der Titel eines Werkes, das am
Beginn der modernen Fantasy-Literatur
steht, auch wenn sich dieses Genre erst fast

20 Jahre später mit dem »Herrn der Ringe«
herausbilden sollte. Ursprünglich als
Geschichte für Tolkiens Kinder konzipiert
und erzählt und im Kollegenkreis vorgelesen, wurde es 1936 beim → Verlag George
Allen & Unwin in London eingereicht; Gutachter war der damals zehnjährige Sohn des
Verlegers, Rayner Unwyn, der für einen
Schilling das Buch las und bewertete: *»Es
ist gut und wird allen Kindern zwischen fünf
und neun Jahren gefallen.«* 1937 erschien
»The Hobbit« und wurde sofort ein Bestseller. Im April 1938 erhielt Tolkien einen
Preis der New York Herald Tribune für das
beste Kinderbuch der Saison. 1950 folgte
eine überarbeitete Ausgabe, bei der das
Kapitel mit → Gollum etwas verändert
wurde. Im Deutschen liegen zwei Übersetzungen vor, von Walter Scherf bei dtv
→ »Der kleine Hobbit« und von → Wolfgang → Krege eine → Neu-Übersetzung bei
→ Klett- Cotta unter dem Titel → »Der
Hobbit oder Hin und zurück«. – Im Gegensatz zu → »The Lord of the Rings« erzählt
der Hobbit eine relativ geradlinige
Geschichte, bei der noch die Tiefe fehlt, die
Verweise auf die zugrunde liegende →
Mythologie und Geschichte bleiben rar und
vage, und das Ganze ist sehr viel mehr auf
Unterhaltung und Situationskomik ausge-
legt. Dennoch ist der Hobbit mehr als nur
ein unterhaltsames Märchen; er ist zugleich
ein Entwicklungsroman, der deshalb etwas
ganz Besonderes ist, weil hier nicht ein junger Mensch durch neue Erfahrungen lernt,
sondern ein immerhin rund 50 Jahre alter
Hobbit. Außerdem ist diese Geschichte
einer abenteuerlichen Schatzsuche eine
Parabel auf die Ergebnisse von übertriebe-
ner Gier und somit auch ein sehr morali-
sches Buch. Erzählt wird die Geschichte
ganz aus der Sicht des fünfzigjährigen
wohlhabenden → Hobbits → Bilbo Beutlin, der zunächst ein ganz gemütliches

Leben führt, aus dem er durch → Gandalf herausgerissen wird. Es bleibt unklar, was Gandalf wirklich dazu veranlasste – erst im Rückblick aus der Zeit des → Ringkrieges wird so manches verständlich, entstehen aber auch einige Widersprüche. Einiges an Hintergrundinformation hat Tolkien in den Anhängen zum »Herrn der Ringe« geliefert, noch mehr findet man in → »Nachrichten aus Mittelerde«. Dort erfährt man, dass Gandalf durchaus schon mehr wusste oder zumindest ahnte, als im »Hobbit« ersichtlich wird. Im »Hobbit« wird Bilbo zu Beginn vollkommen überrascht, als Gandalf, den er aus seiner Jugend nur vage als Zauberkünstler in Erinnerung hat, ihn einer Gruppe von → Zwergen unter der Führung von → Thorin Eichenschild als Meisterdieb empfiehlt. Obwohl Bilbo rundweg ablehnt, auf irgendeine Art von Abenteuerreise zu gehen, bringt Gandalf die Zwerge mit einem Trick mit Bilbo zusammen, und diese schaffen es, ihn als Meisterdieb anzuheuern, um den Schatz, den der → Drache → Smaug unter dem → Erebor, dem Einsamen Berg, bewacht, zu stehlen. Gandalf steuert eine Karte und einen Schlüssel für die geheime Tür in den Erebor bei, die er einst von Thorins Vater, → Thráin II., erhalten hatte. Auf dem Weg erleben sie viele Abenteuer: Sie werden von → Trollen gefangen genommen, die glücklicherweise von Gandalf so lange aufgehalten werden, bis die Sonne sie versteinert. In deren Höhle finden sie einige magische → Schwerter. Eine gemütliche Rast machen sie in → Imladris, das im »Hobbit« noch nur → Bruchtal heißt, bei den → Elben unter → Elrond. Auf der Weiterreise werden sie von → Orks überfallen und voneinander getrennt; Bilbo irrt alleine unter dem Berg herum. Dabei findet er einen goldenen Ring, von dem erst Jahre später bekannt werden wird, dass es der → Herrscherring ist. Zunächst findet Bilbo nur heraus, dass der Ring → unsichtbar macht. Das ist sehr nützlich für ihn, als er → Gollum trifft, dem er nach einem Rätselspiel entfliehen kann, auch aus dem Berg und den Orkhöhlen entkommt er mittels des Ringes. Nachdem er seine Gefährten wiedergetroffen hat, werden sie von Orks und → Wargs, den großen Wölfen, auf Bäume gejagt und fast verbrannt, im letzten Moment jedoch von den großen → Adlern des → Nebelgebirges gerettet. Ihre nächste Rast legen sie bei → Beorn ein, der sie mit Ponys und Ratschlägen ausrüstet. Vor dem Durchqueren des → Düsterwaldes verlässt Gandalf sie, und sie schicken die Ponys zurück. Im Wald fällt → Bombur, der dickste der Zwerge, in

»The Hobbit«:
Englische Taschenbuch-Ausgabe von Allen & Unwin, dritte Auflage von 1966; die Titelillustration »Smaugs Tod« stammt von Tolkien selbst.

den → Verzauberten Fluss und in einen tiefen Schlaf. Als dieGruppe versucht, bei den → Waldelben um Hilfe und Proviant zu bitten, wird Thorin gefangen genommen. Die übrigen werden von riesigen sprechenden → Spinnen überfallen, die Zwerge werden in Netze eingesponnen, Bilbo kann aber alle retten. Die Zwerge werden jedoch kurz darauf alle von den Waldelben gefangen genommen, nur Bilbo kann als Unsichtbarer entkommen. Wochenlang schleicht er sich in den → Hallen des Elbenkönigs herum, bis er schließlich die Zwerge befreien kann, indem er sie in leere Fässer steckt, die nach der Seestadt der Menschen, nach → Esga-

»The Hobbit«:
Amerikanische Paperback-Ausgabe
bei Ballantine Books/Del Rey,
revidierte Ausgabe von 1982

roth, geflößt werden. Dort finden die Gefährten großzügige Unterstützung, nachdem Thorin aich als Erbe des → Königs unter dem Berge zu erkennen gegeben hat. Am Erebor angekommen, dauert es lange, bis Bilbo die geheime Tür findet; am → Durinstag können sie die magische Pforte schließlich öffnen. Bilbo schleicht sich zum Drachenhort und stiehlt einen Pokal, bei einem zweiten Besuch unterhält er sich sogar mit Smaug. Dieser will, wütend über die Störung, die Seestadt zerstören, wird aber von → Bard tödlich getroffen. Dieser erfuhr von der verwundbaren Stelle an Smaugs Bauch durch eine Drossel, die davon bei einem Gespräch zwischen Bilbo und den Zwergen, das sie angehört hatte, erfahren hatte. Die Menschen von Esgaroth ziehen nun zum Berg, um aus dem Drachenhort Entschädigung zu fordern, Thorin aber verbarrikardiert sich und ruft mit Hilfe der Raben vom → Rabenberg seinen Verwandten → Dáin Eisenfuß zu Hilfe. Die Menschen und die inzwischen ingetroffenen Waldelben belagern die Zwerge. Um Frieden zu schaffen, händigt ihnen Bilbo den → Arkenstein aus, den er aus dem Hort als seinen Anteil genommen hat, ohne Thorin, der das Juwel verzweifelt sucht, zu informieren; Thorin betrachtet ihn nun als Verräter und Feind. Als Dáin mit 500 Zwergen eintrifft, kommt es beinahe zur Schlacht, doch da greift eine riesige Armee von Orks an, die nach dem Tod von Smaug die Herrschaft über das Land an sich reißen wollen. In der → Schlacht der fünf Heere werden die Orks geschlagen, Thorin stirbt, nachdem er sich mit Bilbo versöhnt hat. Bard baut die zerstörte Stadt → Thal wieder auf, Dáin wird König unter dem Berge im wieder errichteten Zwergenreich, Esgaroth wird neu aufgebaut, und Bilbo kehrt nach etwa einem Jahr nach Hause zurück. Er kommt gerade rechtzeitig, um zu verhindern, dass er für tot erklärt und sein gesamter Besitz versteigert wird. Er bringt genügend Gold und Silber mit für ein genmütliches Leben. Sein Schwert → Stich und das → Mithril-Kettenhemd, das er aus dem Drachenhort mitgebracht hat, werden später seinem Neffen → Frodo bei der Vernichtung des Herrscherrings gute Dienste tun. Am Ende des »Hobbit« schreibt Bilbo seine Memoiren: »Hin und zurück, oder Ein Hobbit auf Reisen«, die die Grundlage das → Rote Buch der Westmark legen werden und so auch in den »Herrn der Ringe« und teilweise ins → »Silmarillion« einfließen.

The Homecoming of Beorhtnoth, Beowulf's Son

Das einzige Drama, das Tolkien je geschrieben hat. Es ist ein fiktiver Schluss zu dem unvollständigen altenglischen Heldenlied »The Battle of Maldon«. Die Übersetzung und Kommentierung dieses Gedichtfragments mit anschließender Weiterführung in Form eines Dramas wurde 1953 veröffentlicht in »Essays and Studies for Philologists. Das Gedicht, das Tolkien als Vorlage benutzte, beschreibt eine Schlacht im Jahre 991 in der Nähe von Maldon (Essex) zwischen → Angelsachsen unter dem Kommando von Beorhtnoth und angreifenden Wikingern. Beorhtnoth gestattet den Wikingern aus »Fairness«, einen Fluss zu überqueren, der die Engländer geschützt hatte, und daraufhin werden alle Angelsachsen erschlagen. Tolkien führt die Geschichte in seinem Drama fort und lässt einen Jungen und einen alten Kämpfer das Schlachtfeld besuchen und sich über die Ereignisse unterhalten. In einem darauf folgenden Essay schreibt er dann über falsches Heldentum. Das Drama wurde nie aufgeführt, aber 1954 im 3. Programm der BBC gesendet. Tolkien ärgerte sich darüber, da sich die Sprecher sich nicht an sein Versmaß hielten

The Inklings
→ Inklings

The King beneath the mountains
Englischer Beginn des Liedes → »Der König unter dem Berge«

The Lord of the Rings
Das Erfolgwerk von Tolkien besteht aus drei Bänden: »The Fellowship of the Ring: being the first part of The Lord of the Rings« (erschienen 1954), »The Two Towers: being the second part of the Lord of the Rings« (erschienen 1954) und »The Return of the King: being the third part of the Lord of the Rings« (erschienen 1955). Diese Aufsplittung erfolgte nicht aus literarischen, sondern nur aus Kostengründen von seiten des Verlages George Allen & Unwin. Bald stellte sich aber heraus, dass die Vorsicht unbegründet war; das Buch wurde zum Bestseller. Die ersten Jahre war allerdings noch nichts von dem überragenden Erfolg zu erkennen, den das Werk einmal haben sollte. Zwar beeinflusste es von Anfang an stark die fantastische Literatur und schuf praktisch eine neue Gattung, doch zum Weltbestseller wurde es erst, als 1965 in den USA eine Raubkopie als Taschenbuch erschien, innerhalb kürzester Zeit gingen Hunderttausende von Bänden über die Ladentheke. Und seither ist die Begeisterung nicht abgeflaut. Es gab einen → Zeichentrickfilm, mehrere → Hörspiele, und durch den → Film von Peter → Jackson wird der »Herr der Ringe« sicher neue Fans finden. – Erzählt wird die Geschichte eines letzten großen Konfliktes zwischen Mächten der → Altvorderenzeit, verkörpert in → Sauron und den → Nazgûl, auf der einen Seite und → Elben, → Menschen, → Zwergen, → Hobbits und anderen Wesen auf der anderen. Sauron versucht, mit Hilfe des von ihm einst geschmiedeten → Herrscherrings

die Macht über die ganze zivilisierte Welt zu erringen, die andere Seite versucht unter Führung von → Gandalf, einiger Elben- und Menschenfürsten, Sauron zu widerstehen und den Ring zu vernichten. Dazu muss er an den Ort gebracht werden, wo er geschmiedet wurde, zum Schicksalsberg → Orodruin. Diese Aufgabe übernimmt eine eigens gebildete → Gemeinschaft des Rings und letztendlich die beiden Hobbits

»The Lord of the Rings«:
Der erste Band der amerikanischen Paperback- Ausgabe bei Ballantine Books von 1974, die Titelillustration »The Hill: Hobbiton-across-the-Water« zeigt den Bühl und stammt von Tolkien selbst; die anderen Bände zierten Tolkiens Zeichnungen »Fangorn« und »Barad-dûr«

→ Frodo und → Sam. Um diesen Versuch vor Sauron zu verbergen, wird an vielen Fronten gleichzeitig gekämpft, und es kommt zum → Ringkrieg, an dessen Ende Sauron und der Ring vernichtet werden, es ein neues → Vereintes Reich der Menschen gibt und sich die Elben und → Zauberer aus der Welt zurückziehen. – Die deutsche Übersetzung liegt in zweifacher Form vor unter dem Titel »Der Herr der Ringe« beim Verlag → Klett-Cotta. Die alte Übersetzung von Margaret → Carroux besteht aus den drei Bänden

Band 1:   Die Gefährten
            Stuttgart, 1969
Band 2:   Die zwei Türme
            Stuttgart, 1969
Band 3:   Die Rückkehr des Königs
            Stuttgart, 1970

Die umstrittene → Neu-Übersetzung von Wolfgang → Krege besteht aus den drei Bänden

Band 1:   Die Gefährten
Band 2:   Die zwei Türme
Band 3:   Die Widerkehr des Königs
            alle drei Stuttgart, 2000

In beiden Fassungen gibt es Versionen, die die Anhänge beinhalten, und solche ohne die Anhänge. Die Hörspiele und Hörbücher zum »Herrn der Ringe« gibt es sowohl in Deutsch wie in Englisch beim HörVerlag.

The Lord of the Rings Adventure Game

Einfaches → Rollenspiel von → Decipher zum Buch → »The Lord of the Rings«, eher für Jugendlich gedacht, beschränkt auf 9 vorgegebene Charaktere, Einführung und Vorstufe zum »The Lord of the Rings Roleplaying Game«. Die ersten Unterlagen, »Welcome To Middle-earth«, ein Einführungsheft mit 24 Seiten, und »Through The Mines Of Moria«, ein erstes Abenteuerbuch mit 32 Seiten, sind im November 2001 erschienen.

The Lord of the Rings Roleplaying Game
→ Rollenspiel von Decipher zum → »Herrn der Ringe«, lieferbar ab Februar 2002

The Man in the Moon Came Down Too Soon
ursprünglicher Titel des Gedichtes → »Der Mann im Mond kam viel zu früh«

The Mewlips
Das Gedicht → »Die Muhlipps«

The Oxford English Dictionary
→ A New English Dictionary on Historical Principles

The Princess Ni
ursprünglicher Titel des Gedichtes → »Prinzessin Ich-Mi«

The Return of the King: being the third part of the Lord of the Rings
Originaltitel des dritten Bandes von → »The Lord of the Rings«

The Road Goes Ever On
Dieser Liedzyklus vereint Gedichte von Tolkien, vertont von Donald Swann, und erschien als Notenbuch 1967 mit Illustrationen von Tolkien in Boston bei Houghton Mifflin, 1967, dann 1968 in London bei Allen & Unwin, beide unter dem Titel »The Road Goes Ever On. A Song Cycle«. Gleichzeitig brachten Caedmon Records eine Langspielplatte unter dem Titel Poems and Songs of Middle Earth (TC 1231) heraus, mit William → Elvin als Sänger und dem Komponisten Donald Swann am Kla-

The Road goes ever on

Helen Schneidewind

Cover der CD von »The Starlit Jewel«

vier; außerdem trägt Tolkien darauf einige seiner Gedichte vor. Die deutsche Ausgabe erschien 1993 beim Olaf Hille Verlag in Hamburg – der Innenteil ist ein Nachdruck der englischen Ausgabe, in einem Beiheft ist eine deutsche Übersetzung von Ulrike Ascher beigefügt, die allerdings nur das Vorwort und die Anmerkungen umfasst, nicht die Liedtexte. Der Zyklus umfasste zunächst folgende sieben Lieder: The Road goes ever on (→ Die Straße gleitet fort und fort) · Upon the Hearth the Fire is Red (→ Im Herd das Feuer leuchtet rot) · In the Willow-meads of Tasarinan (→ Ich ging durch die Fluren von Tasarinan) · In Western Lands (→ Im hellen Westen blüht es schon) · → Namarië · I Sit beside the Fire (→ Am Feuer sitze ich und denk) · Errantry (→ Irrfahrt). 1974 erhielt Swann von Christopher → Tolkien das Gedicht »At the Gray Havens«, das Tolkien schon einige Jahre vor seinem Tod geschrieben hatte, und vertonte es; als → »Bilbo's Last Song« (»Bilbos Abschiedslied«) kam es als achtes und letztes Lied in die zweite Auflage von 1978 bei Houghton Mifflin in Boston und findet sich auch in der deutschen Ausgabe.

The Root of the Boot

ursprünglicher Titel des Gedichtes → »Der Steintroll«

The Sea-Bell

Originaltitel des Gedichtes → »Muschelklang«

The Starlit Jewel

Eine CD mit Liedern aus dem »Hobbit« und »Der Herr der Ringe«, mit Musik von der Bestseller-Autorin Marion Zimmer Bradley, Kristoph Klover und Margaret Davis, erschienen bereits 1996 und 2000 neu aufgelegt, jetzt ergänzt um ein Songbook mit Noten. Enthalten sind: Lay of Nimrodel · Galadriel's Lament · Snow-white! Snow-white, O Lady clear! · Sing all Ye joyfull · When Spring unfold the beechen leaf · In Western Lands · Lament for Boromir · Children's Song from Dale · Merry Old Inn · The Troll Song · The Road goes ever on · In Durin's Day · The Bath Song

The Stone Troll

Gedicht → »Der Steintroll«

The Tolkien Ensemble

Ein Ensemble von sechs dänischen Musikerinnen und Musikern, gegründet 1995 mit dem Ziel, die erste komplette musikalische Interpretation der Gedichte von Tolkien zu schaffen. Über 50 Profi-Musikerinnen und -Musiker setzt das Ensemble dabei ein bei seinen Konzerten; das erste fand am 19. Januar 1996 auf Burg Gjorslev in Dänemark statt, 1999 spielte es auch an Tolkiens früherer Wirkungsstätte, am Exeter College in Oxford. Die sechs regulären Mitglieder Signe Asmussen, Mads Thiemann, Morten Ryelund Sørensen, Katja Nielsen, Peter Hall und Caspar Reiff haben außer Hall alle an der Royal Danish Academy of Music studiert, Hall am London College of Music. Es sind also ausgebildete klassische Musiker, und das merkt man ihren bisher zwei CDs auch deutlich an, die im musikalischen Niveau weit über dem meisten liegen, was bisher zu Tolkien erschienen ist, und zudem eine ungemein passende Atmosphäre schaffen. Die CD → »An Evening in Rivendell« erschien 1997, → »A Night in Rivendell« 2000, beide bei Classico Records. Die Cover zieren Illustrationen von → Königin Margarethe von Dänemark, die sie 1977 unter dem Pseudonym Ingahild Grathmer veröffentlicht hatte.

The Tolkien Society

1969 in England gegründete Gesellschaft, die sich der Erforschung von Werk und Leben von John Ronald Reuel Tolkien widmet. Drei große Veranstaltungen im Jahr bringen die Mitglieder zusammen: das jährliche General-Treffen mit Dinner im Frühjahr, ein Wochenend-Seminar im Sommer und »Oxonmoot« im September, meistens an der Universität → Oxford. Die Ortsgruppen der TTS nennen sich → Smials. Alle zwei Monate erscheint die Zeitschrift »Amon Hen«, einmal im Jahr das Jahrbuch »Mallorn«. Die Gesellschaft unterhält eine Bibliothek und ein Archiv.
Kontakt: http://www.tolkiensociety.org

The Two Towers: being the second part of the Lord of the Rings

Originaltitel des zweiten Bandes von → »The Lord of the Rings«

The Voyage of Earendil the Evening Star

Ein frühes Gedicht von Tolkien, verfasst 1914, ein erster Ausdruck seiner → Mythologie, in dem bereits → Earendil auftaucht

The world was young, the mountains green

Englischer Beginn des Liedes → »Die Welt war jung, die Berge grün«

»The Tolkien Ensemble«: Die erste CD

Thêl (Sindarin)
»Schwester«

Thellamie
Ein erfundener Ort oder ein erfundenes Land in dem Gedicht → »Irrfahrt.

Thengel
Sechzehnter König von → Rohan (2905–2980 DZ, regierte ab 2953). Lebte von 2925 bis 2953 in → Gondor, da er mit seinem Vater → Fengel nicht klarkam. Heiratete 2943 → Morwen von Lossarnach; sie hatten fünf Kinder, darunter → Théoden und → Théodwyn.

thent (Sindarin)
»kurz«

Théoden
Siebzehnter König von → Rohan (TA 2948–3019, herrschte ab 2980, Sohn von → Thengel und → Morwen von Lossarnach. Er ließ sich von → Gríma Schlangenzunge einreden, krank und schwach zu sein, verließ seinen Palast nicht mehr und ließ alle Anweisungen durch Gríma ertei-

len. Gandalf heilte ihn am 2. März 3019, danach führte er sein Heer in die Schlachten an der → Hornburg und auf dem → Pelennor, wo er erschlagen wurde. In den Annalen Rohans wurde er als Theóden Ednew geführt, der »Wiedererstarkte«. – Im → Film von Peter → Jackson wird König Théoden von Bernhard → Hill dargestellt.

Théodred
Sohn von König → Théoden von → Rohan (2978–3019 DZ), gefallen bei der ersten Schlacht an den → Furten des Isen.

Théodwyn
Jüngste Tochter von König → Tengel von → Rohan (2963–3002 DZ), heiratete 2889 → Éomund, Marschall der Ostmark, Mutter von → Éomer und → Éowyn

There is an inn
Englischer Beginn des Liedes → »Der Mann im Mond trank gutes Bier«

Thin (Sindarin)
»Abend«

thin (Quenya)
»grau«

thind (Sindarin)
»grau, blass«

Thingol (Sindarin)
»Graumantel« (Quenya Sindacollo oder Singollo); Beiname für Elwe, einen der beiden Fürsten, der die → Teleri beim Auszug von → Cuiviénen führte. Er war einer der Botschafter der → Elben in → Aman gewesen, und wenn er auch später in → Beleriand blieb, so hatte er doch das Licht der Bäume gesehen und zählte zu den → Hochelben. Traf → Melian im Wald von → Nan Elmoth und verfiel in eine lange Liebestrance, die eine lange, aber unbestimmte Zeit dauerte, dann ließen die beiden sich als Königspaar der → Sindar nieder, gründeten → Doriath und → Menegroth. Der Vater von → Lúthien, Schwiegervater von → Beren, Pflegevater von → Túrin und zeitweiliger Besitzer eines → Silmaril war als König von Doriath einer der mächtigsten Elben in Beleriand und König aller → Sindar. Er musste kaum kämpfen, obwohl er sein Schwert Aranrúth (»Königsgrimm«) sicher zu führen gewusst hätte. Sein Reich wurde nie von außen erobert, es ging zu Grunde, als er sich mit den Zwergen von → Nogrod um das → Nauglamir stritt. Thingol wurde bei diesem Streit 505 EZ erschlagen.

thinna (Sindarin)
»dämmern«

Thîr (Sindarin)
»Aussehen, Ausdruck«

Thlim (Sindarin)
»Rasse«

Thol (Quenya und Sindarin)
»Helm«

Thón (Quenya)
»Kiefer«

Thond (Sindarin)
»Wurzel«

Thôr (Sindarin)
»Adler«

thora (Sindarin)
»einzäunen, umzäunen«

thoren (Sindarin)
»umzäunt«

Thorin I.
König der → Zwerge vom → Erebor aus dem Hause → Durin (2035–2289 DZ), Sohn von → Thráin I.

Thorin II. Eichenschild
Zwerg aus dem Hause → Durin (2746–2941 DZ), Sohn von → Thráin II., bekam seinen Beinamen nach der Schacht im → Schattenbachtal, da er dort einen Eichenast als Schild benutzt hatte. Wurde 2845, nach Thráins Verschwinden, König im Exil, reiste und handelte viel. Von → Gandalf auf die Idee gebracht, dem Drachen → Smaug mit einem Meisterdieb auf den Leib zu rücken, organisierte er die Fahrt zum → Erebor. Seine Gier und seine Sturheit führten fast zum Krieg mit den Menschen, doch kamen die → Orks dazwischen. Bei der anschließenden → Schlacht der Fünf Heere fiel er, versöhnte sich vor seinem Tod noch mit → Bilbo und Gandalf.

Thorin III. Steinhelm
König der → Zwerge vom → Erebor aus dem Hause → Durin (geboren 2866 DZ, König ab 3019), Sohn von → Dáin II.

Thorndor
Frühe Form von → Thorondor in der Sprache der → Gnomen

Thoron (Sindarin)
»Adler«, Mehrzahl Thoronath

Thorondir
»Adlersicht«: → Dúnedain, 22. Herrschender → Truchsess von → Gondor (2852–2882 DZ)

Thorondor
»König der Adler«: der größte Vogel von → Mittelerde, mit einer Flügelspannweite von fast 30 Metern, der Herr der → Adler von → Manwe, manche vermuten, er könne sogar ein → Maia gewesen sein. Er sprach → Sindarin und → Quenya und war mächtig genug, → Melkor selbst zu begegnen.

Thorongil
»Adler des Sterns«: der Name von → Aragorn, als er inkognito in → Gondor diente

Thráin I.
Erster König der → Zwerge vom → Erebor aus dem Hause → Durin (1934–2190 DZ, König ab 1999), Sohn von Náin, Vater von → Thori I., führte sein Volk nach der Flucht vor dem → Balrog von → Moria 1091 zum → Erebor und gründete dort 1999 das Königreich unter dem Berg. Er fand den → Arkenstein.

Thrain II.
König der → Zwerge im Exil aus → Durins Volk (2644–2850 DZ, König ab 2790), Sohn von → Thrór, Vater von → Thorin Eichenschild. Führte den → Krieg der Zwerge gegen die → Orks an (2793–2799), verlor bei der Schlacht im → Schattenbachtal ein Auge. Wanderte anschließend unstet umher, bis er sich in den → Ered Luin niederließ. Thráin kehrte nach → Dunland zurück, wanderte mit seinem Gefolge durch → Eriador und fand schließlich einen Wohnsitz im Osten der Blauen Berge. 2845 von → Saurons Schergen gefangengenommen und gefoltert; man nahm ihm den → Ring der Macht ab, den → Durin III. von → Celebrimbor erhalten hatte. Er lebte noch einige Jahre als Zwangsarbeiter in Saurons Bergwerken; kurz ehe er starb, gab er → Gandalf die Karte vom Erebor und den Schlüssel zu der Geheimtür.

Thrainthrorssohnssohn
So nennt der → Bürgermeister von → Esgaroth → Thorin Eichenschild.

Thranduil

König der → Waldelben vom → Düsterwald, Sohn von → Oropher, Vater von
→ Legolas, wahrscheinlich selber kein
Waldelbe, sondern ein → Sinda, tauchte
schon in → »The Hobbit« auf.

Thrihyrne

Dreizackiger Gipfel der → Ered Nimrais
hinter der → Hornburg

Thrimich

→ Thrimidge

Thrimidge

Im → Kalender des → Auenlandes und von
→ Bree der fünfte Monat, grob unserem Mai
entsprechend, oft auch Thrimich geschrieben

Thrór

König der → Zwerge von → Durins Volk
(2542–2790 DZ, König ab 2589), Sohn von
→ Dáin I., Vater von → Thráin II., führte
sein Volk nach dem Tod seines Vaters zum
→ Erebor zurück, wurde aber 2770 von
→ Smaug vertrieben. Vor Verzweiflung
drang er, nur von → Nár begleitet, in
→ Moria ein und wurde von → Azog getötet. Sein Tod löste den → Krieg der Zwerge
gegen die → Orks aus. Von Thrór stammte
die Karte vom Erebor, die → Gandalf
→ Thorin Eichenschild gab.

Through Rohan over fen and field

Englischer Beginn der → Klage über →
Boromir in der alten Übersetzung des
»Herrn der Ringe«

Through The Mines Of Moria

Erstes Spielebuch des neuen einfachen
→ Rollenspiels → »The Lord of the Rings
Adventure Game« von → Decipher,
erschienen 2001, 32 Seiten

Thû

Ein → Zauberer, der für kurze Zeit in Tolkiens Geschichten → Tevildo ersetzte. Dieser »Herr der Wölfe« wurde dann durch den
»Herrn der Werwölfe«, → Draugluin, ersetzt (HIS 2). Auch ein früherer, später verworfener Name für → Sauron.

thuia (Sindarin)

»atmen«

Thûl (Sindarin)

»Atem«

Thúle (Quenya)

»Geist«: Name für das → Tengwar-Zeichen
Nr. 9, ᚻ , das fur »s« oder ein »th« (wie im
Englischen) stand.

Thurin

»Geheimnisvoller«: ein Name, den → Finduilas → Túrin gab

Thuringwethil

»Frau vom Geheimen Schatten«: eine Botin
von → Sauron von → Tol-in-Gaurhoth,
erschien als große → Fledermaus mit
Stahlklauen, wird auch als → Dämon und
→ Vampir beschrieben. In ihrer Gestalt
schlich sich → Lúthien in → Angband ein.

Tiberth

Ein Name für → Tevildo in der Sprache der
→ Gnome

Tiefelben

die → Noldor

Tiefenhain

Ort im Ostviertel im → Auenland, westlich
vom → Bruch

Tiefschürfer

Gormadoc → Brandybock

tif
»pfeifen« in der Sprache der → Gnome

Tifanto
Vorläufer von → Daeron, ursprünglich als Bruder von → Tinúviël angelegt

Tifil
Ein Name für → Tevildo in der Sprache der → Gnome

Tifin
»kleine Flöte« in der Sprache der → Gnome

Tilde (Quenya)
»Spitze, Horn«

Tilion
»Gehörnter«: Steuermann des → Mondes, ein → Maia aus dem Gefolge von → Orome, bewaffnet mit einem silbernen Bogen, den er auch schon brauchte: Kurz nach seinem Aufgang versucht → Melkor, ihn fangen zu lassen, er konnte die Angreifer jedoch abwehren. Da er gerne bummelt und nie seinen Zeitplan einhält, dann aber auch wieder versucht, → Ariën nahe zu kommen, wurde die Pause für die → Sonne, also Tag und Nacht, eingerichtet.

Tilkal
Spezielles Metall, das → Aule durch → Alchemie für die Kette → Angainor herstellte

Till (Sindarin)
»Horn«

Tilthin
Ein früherer Name für die → Teleri

Tim
Der Onkel von Tom, schon lange tot; seine Knochen spielen eine wichtige Rolle im Gedicht → »Der Steintroll«

Timbreting
Ein früherer, später verworfener Name für den → Taniquetil

Timp
»Vogelschrei, Ton einer Flöte« in der Sprache der → Gnome

timpa
»klingen, klingeln« in der Sprache der → Gnome

Timpi
»kleine Glocke« in der Sprache der → Gnome

Timpinen (Quenya)
»Flötenspieler«: → Kobold in den frühen Geschichten, genannt Zwitschervogel

tin (Quenya)
»funkeln«

Tinc (Sindarin)
»Metall«

Tinco (Quenya)
»Metall«, auch Name des ersten → Tengwar-Zeichens, ȝ, das meistens für »t« stand.

Tincotéma
»t-Reihe«: Dentalkonsonantenreihe bei den → Tengwar (t, d, th, n usw.)

Tindeomerel (Quenya)
»Zwielicht-Tochter«, »Tochter der Dämmerung«: eine Quenya-Form für → Tinúviël, die Nachtigall

Tindóme (Quenya)
»Sternen-Zwielicht«: Morgendämmerung

Tindómerel (Quenya)
»Zwielicht-Tochter«, »Tochter der Däm-

merung«: eine Quenya-Form für → Ti-núviël, die Nachtigall, auch der Name einer Tochter von → Elros Tar-Minyatur

Tindriel
Der früheste Name von → Melian

Tinfang
»Flötenspieler« in der Sprache der → Gnome, ein → Kobold in den frühen Geschichten, genannt Zwitschervogel

Tinfing
»Flötenspieler« in der Sprache der → Gnome, ein → Kobold in den frühen Geschichten, genannt Zwitschervogel

Tinker
große schwarze Katze, die in der Geschichte → »Roverandom« im selben Haus wie → Rover lebte

Tinnu (Sindarin)
»Sternen-Zwielicht«

tinta (Quenya)
»zum Funkeln bringen, entzünden«

Tintalle (Quenya)
»Die Entzünderin, die Entfacherin«: ein Name für → Varda als Schöpferin der Sterne, z.B. in Galadriels Klagelied → Namarië. Steht immer nur als Beiname, nie allein.

Tinthellon
Früherer Name von → Tinwe Linto in der Sprache der → Gnome

tintil (Quenya)
»funkeln«

Tinto Ellu
Früherer Name von → Tinwe Linto

Tintóellon, Tintoglin
Frühere Namen von → Tinwe Linto in der Sprache der → Gnome

Tinu (Sindarin)
»Funken, kleiner Stern«

Tinúviël (Sindarin)
»Zwielicht-Tochter«, »Tochter der Däm-merung«: die Nachtigall. Der Name, den → Beren → Lúthien gab und später auch → Aragorn → Arwen. In den frühen Geschichten ist es der Hauptname für Lúthien.

Tinwe (Quenya)
»Funke«

Tinwe, Tinwe Linto
Ein früher Nahme für → Thingol in frühem Quenya, ursprünglich Herr der → Solo-simpi und König von → Artanor

Tinwelint
Name von → Tinwe Linto in der Sprache der → Gnome

Tinwe-malle (Quenya)
»Sternenstraße«: ein anderer Name für → Ilmen, die mittlere Luftschicht der → Atmosphäre

Tinwetári (Quenya)
»Königin der Sterne«: ein Beiname für → Varda

tir, tiria (Sindarin)
»schauen, wachen«, auch »(be)schützen«

tíra (Sindarin)
»sehen«

Tiranne
Frühester Name von → Morwen

tiriel (Sindarin)
»beobachtend, überwachend«

Tirin (Quenya)
»Turm«

Tirion (Quenya)
»Großer Wachturm, Hoher Wachturm«: die Stadt der → Vanyar und der → Noldor auf dem Hügel von → Túna in → Aman, gelegen im → Calacirya. Das höchste Bauwerk war der Turm von → Ingwe, → Mindon Eldaliéva. Nachdem die Vanyar später nach → Valinor und die meisten Noldor unter → Feanor und → Fingolfin nach ihrer Rebellion gegen die → Valar nach → Mittelerde gezogen waren, wohnte hier nur noch → Finarfin mit dem Rest der Noldor als deren König.

Tirith (Sindarin)
»Wache, Wächter, Hüter«

Tirmo (Quenya)
»Wache, Wächter, Hüter«

Tirn (Sindarin)
»Wächter, Hüter«

tirnen (Sindarin)
»bewacht«

tiro (Sindarin)
»schau!«

tithen (Sindarin)
»klein, winzig«

Tîw (Sindarin)
»Buchstaben«: ein anderer Name für die → Tengwar

toba (Sindarin)
»decken, bedecken«

Tod
Nach der → Mythologie der → Elben ein Geschenk von → Ilúvatar an die Menschen:: *»Mit dieser Gabe der Freiheit ist es eins, daß die Menschenkinder nur für eine kurze Zeit in der lebendigen Welt wohnen und nicht an sie gebunden sind, sondern bald scheiden; wohin, das wissen die Elben nicht. Die Elben indes bleiben bis zum Ende aller Tage.«* (SIL) Die Menschen konnten diese Auffassung nie so ganz nachvollziehen – was war daran gut, zu sterben? Die Elben erklärten dies so, weil ihnen unklar war, was mit den Menschen geschah: Die Elben kamen auf Dauer in die → Hallen von Mandos, doch die Menschen blieben dort nur kurze Zeit und zogen dann, mit Ausnahme von → Beren, weiter: *»Was mit ihrem Geist nach dem Tode geschehen mag, wissen die Elben nicht. Manche sagen, auch sie begeben sich in Mandos' Hallen, warten dort aber nicht am gleichen Ort wie die Elben, und wohin sie gehen nach der Sammlung in jenen stillen Hallen am Außenmeer, das weiß von allen nur Ilúvatar bis auf Manwe nur Mandos allein. Keiner ist je aus den Häusern der Toten zurückgekehrt bis auf Beren, Barahirs Sohn, dessen Hand einen Silmaril berührt hatte; er aber sprach später nie mehr mit sterblichen Menschen. Nicht in den Händen der Valar liegt vielleicht das Schicksal der Menschen nach dem Tode, und nicht alles war in der Musik der Ainur schon geweissagt.«* (SIL) Was also bei der → Zweiten Musik der Ainur und am → Weltende passiert, ist Spekulation.

Todeshöhe
Hoher Hügel vor der → Hornburg, wo die → Ents die Leichen der gefallenen → Orks aufgestapelt hatten

tofn (Sindarin)
»tief, niedrig«

tog (Sindarin)
»führen, bringen«

Tol (Sindarin)
»Insel«, meist nur benutzt, wenn sie steile Ufer hatte

tol (Sindarin)
»kommen«

Tol Brandir (Sindarin)
der »Zinnenfels«: steiler Berg, der sich als Insel am südlichen Ende aus dem → Nen Hithoel erhob, wurde nie von jemandem betreten

Tol Eressea (Sindarin)
»Einsame Insel«, oft auch nur Eressea genannt: Insel, die → Ulmo vom Meeresgrund losriss (die Insel → Balar war ein abgerissenes und liegen gebliebenes Stück) und auf der er zunächst die → Vanyar und → Noldor und später Teile der → Teleri über das → Belegaer nach → Aman brachte. Auf Bitten der Teleri setzte er sie in der Bucht von → Eldamar fest. Zunächst Wohnstätte der Teleri, bis diese nach → Alqualonde zogen, nach dem Ende des Ersten Zeitalters Heimat vieler Noldor und → Sindar. Am östlichen Ufer stand die Stadt Avallóne. Eressea war das am weitesten östlich gelegene der Verbotenen Lande von Aman und wurde bei der → Umwandlung der Welt mit entrückt. Eine Zeitlang verfolgte Tolkien das Konzept, → England sei die gestrandete Insel Tol Eressea

Tol Galen
»Grüne Insel«: Insel im Fluss → Adurant in → Ossiriand, lag im »Dor Firn-i-Guinar«, dem »Land der Toten, die leben«; hier lebten → Beren und → Lúthien nach ihrer Rückkehr aus den → Hallen von Mandos für den Rest ihrer Tage

Tol Morwen
Eine Insel im Meer nach dem Untergang von → Númenor, die Anhöhe östlich der ehemaligen Schlucht → Cabed-en-Aras. Auf ihr stand der Gedenkstein für → Túrin, → Niënor und → Morwen. So heißt es zumindest in einem Lied des Sängers und Sehers Glirhuin aus → Brethil aus dem 6. Jahrhundert EZ.

Tol Sirion
Insel im → Sirion, auf der → Finrod den Turm von → Minas Tirith erbaute zur Bewachung des → Sirion-Passes, nach der Eroberung durch → Sauron 457 EZ → Tol-in-Gaurhoth genannt, nach der Befreiung durch → Lúthien wurde Finrod hier begraben.

Tol Uinen
Insel in der Bucht von → Rómenna an der Ostküste von → Númenor

Tolfalas
Insel in der Bucht von → Belfalas, nahe dem Delta des → Anduin

Tol-in-Gaurhoth
»Insel der Werwölfe«: Name für → Tol Sirion nach der Eroberung durch → Sauron 457 EZ

Tolkiana
sekundärliterarische Reihe des EDFC (→ Erster Deutscher Fantasy Club e. V.)

Tolkien
Die Familie Tolkühn wanderte im 18. Jahrhundert nach England ein; der Familienname geht, wie J. R. R. → Tolkien in einem Brief 1955 selbst erläutert, auf das deutsche (sächsische) »Tollkühn« zurück. Die Familie Tolkien besaß im 19. Jahrhundert eine Klavier-Firma, die »Giraffen-Modelle«

herstellte, Klaviere mit hohem aufgerichtetem Resonanzkasten. Die Firma ging allerdings bankrott, und Arthur → Tolkien, der Vater von John Ronald, musste sein Geld als Bankangestellter verdienen. – In Deutschland gibt es über 20 Einträge »Tolkien« im Telefonbuch,.

Tolkien on Tolkien

Nach einem Text von Tolkien, den er für seinen Verlag schrieb, mit einer kurzen Darstellung seines Lebens und seiner literarischen Beweggründe, der gedruckte Text erschien in »Diplomat« XVIII No. 197, Oktober 1966

Tolkien Society

→ The Tolkien Society

Tolkien, Arthur Reuel

Vater von J. R. R. Tolkien, Bankangestellter, geboren Ende der 1850er-Jahre. Verlobte sich 1888 mit Mabel Suffield, übernahm 1989 eine Stelle bei der Bank of Africa in Südafrika, wurde Ende 1990 zum Leiter der Filiale von Bloemfontein ernannt. Am 16. April 1891 heiratete er Mabel geborene Suffield in der Cape Town Cathedral in Bloemfontein. Am 3. Januar 1892 wurde der ältere von zwei Söhnen, John Ronald Reuel → Tolkien, geboren, am 17. Februar 1894 der jüngere Sohn Hilary Arthur Reuel → Tolkien. Arthur Reuel blieb nach der Abreise seiner Familie nach England im April 1985 in Südafrika und sollte baldmöglichst nachkommen. Er starb jedoch unerwartet aber am 14. Februar 1896 in Südafrika nach einem schweren Blutsturz, von dem er sich nicht erholte.

Tolkien, Baillie

Zweite Frau von Christopher → Tolkien, Herausgeberin von → »Die Briefe vom Weihnachtsmann«

Tolkien, Christopher Reuel

der dritte Sohn von John Ronald Reuel → Tolkien, geboren im November 1924, Ausbildung ab 1939 am Trinity College, zwischendurch 1944 Pilotenausbildung in Südafrika, ab 1945 Mitglied der → »Inklings«, später Privat-Tutor, Lektor und Dozent in Oxford. In erster Ehe verheiratet mit Faith, einer Bildhauerin, in zweiter Ehe mit Baillie. Zwei Kinder: Adam und Rachel. Erhielt 1981 den »Mythopoeic Award« der → Mythopoetic Society. Seit Beginn der 70-er-Jahre stark mit der Herausgabe der Texte seines Vaters beschäftigt (→ »Silmarillion«, → »Nachrichten aus Mittelerde«, → »The History of Middle-Earth«). Lebt inzwischen in Frankreich auf einem bewachten Gelände und äußerte sich besorgt über die mögliche Belastung, die der Rummel um den → Film von Peter → Jackson mit sich bringen könnte.

Tolkien, Edith Mary

die Ehefrau von J. R. R. Tolkien, geboren am 21. Januar 1889 in Gloucester als Edith Pratt und anglikanisch getauft. Uneheliches Kind von Frances Bratt aus Wolverhampton, aufgezogen von ihrer Mutter und ihrer Cousine Jenny Grove. Sehr musikalisch, besuchte sie nach dem Tod ihrer Mutter 1903 ein Mädcheninternat, das auf Musik spezialisiert war. Danach brachte ihr Vormund sie in der Pension von Mrs. Faulkner unter, wo sie 1908 Tolkien kennenlernte. Im Sommer 1909 erkannten Ronald und Edith, dass sie sich liebten. Nachdem die »Affäre« aber von Pater → Morgan unterbunden worden war, zog Edith nach Cheltenham und lebte bei Rechtsanwalt Jessop und dessen Frau. Nachdem sie 1913 Tolkiens Drängen nachgegeben hatte, vor einer Heirat katholisch zu werden, musste sie im Sommer aus dem Haus der Jessups ausziehen und teilte sich mit ihrer Cousine

Jenny Grove eine Wohnung in Warwick. Am 8. Januar 1914 wurde sie in die katholische Kirche aufgenommen, danach verlobten sich Ronald und Edith öffentlich. Am 22. März 1916 heirateten die zwei, Edith zog nach Great Haywood in Staffordshire. 1917 zog sie mehrmals um, um ihrem Mann bei seinen Lazarett-Aufenthalten und Einsatzorten nahe zu sein: im Frühling nach Hornsea, im Herbst nach Cheltenham. Hier wurde am 21. November das erste Kind, John Francis Reuel, geboren. Sie zog nach Roos, während Ronald als Leutnant in Hull stationiert war. Aus den gemeinsamen Waldspaziergängen, bei denen Edith für Ronald sang und tanzte, entstand das zentrale Thema des Silmarillion: die Geschichte von → Beren und → Lúthien. Lebte das eher gemächliche Leben einer Professorengattin. Im Alter zunehmend lahm, von Krankheit, Verdauungsbeschwerden und Schmerzen geplagt. Mitte November 1971 erkrankte sie an einer Gallenblasenentzündung. Am 29. November 1971 starb sie, zweiundachtzig Jahre alt. Auf dem Grabstein des Ehepaares Tolkien steht:

Edith Mary Tolkien
Lúthien · 1889–1971
John Ronald Reuel Tolkien
Beren · 1892–1973

Tolkien, Hilary Arthur

Der jüngere Bruder von John Ronald Reuel → Tolkien, geboren am 17. Februar 1894 in Bloemfontein in Südafrika. Im Ersten Weltkrieg Hornist; später hatte er eine Obstfarm bei Evesham.

Tolkien, John Francis

Geboren am 21. November 1917 in Cheltenham, Priesterausbildung in Rom, tätig als Pfarrer in → Staffordshire. John Tolkien, nun katholischer Priester im Ruhestand, äußerte sich besorgt über die mögliche Belastung, die der Rummel um den → Film von Peter → Jackson mit sich bringen könnte.

Tolkien, John Ronald Reuel

Der Alt- und Großmeister der phantastischen Literatur war einer der größten Phantasten der Literaturgeschichte und ist der erfolgreichste Fantasy-Autor überhaupt. »Autor des Jahrhunderts« nennt ihn Tom Shippey, »Prince of Fantasists« Richard Adams (»Watership Down«). Wenn man Tolkiens Biographie betrachtet, scheint dies zunächst kaum glaublich – zu trocken, seriös und akademisch scheint er zu sein. Keine Tellerwäscher-zu-irgendwas-Karriere, keiner jener Autoren, der von LKW-Fahrer bis Kofferträger alles gemacht hat – nein, eine ganz geradlinige Karriere eines ernstzunehmenden Wissenschaftlers, der »nebenbei« eben auch die umfangreichste, fantastischste, schlüssigste und faszinierendste literarische → Mythologie geschaffen hat. Schaut man sich den Lebenslauf des Professors und Sprachwissenschaftlers allerdings mal etwas genauer an, gibt es schon früh Hinweise auf seine überbordende Fantasie. Sein wissenschaftlicher Schwerpunkt war die Entwicklung der englischen Sprache zwischen 700 und 1500; das beinhaltete das Studium der angelsächsischen/altenglischen Sprache und deren Beziehung zu linguistisch ähnlichen Sprachen wie Altnordisch, Altgermanisch und Gotisch sowie die Entwicklung zum Mittelenglischen. Überdies beherrschte Tolkien mindestens 15 Sprachen zumindest in den Grundzügen: Altgermanisch, Altgotisch, Altgriechisch, Angelsächsisch, Deutsch, Englisch, Finnisch, Französisch, Isländisch, Italienisch, Latein, Russisch, Schwedisch, Spanisch und Walisisch. Dies alles versetzte ihn in die Lage, die alten Mythen und andere Literatur in diesen Sprachen selbst zu lesen, und so konnte Tolkien auf wohl einzigartige Weise diese literarisch wie poetisch auswerten, als Quelle der Inspiration wie der Namen und Mythen nutzen. Beides gemeinsam, die Phantasie und Kreativität auf der einen Seite und das wissenschaftliche Herangehen, die gründliche, manchmal überpenible Recherche und Konstruktion auf der anderen Seite, ergeben zusammen mit einer enormen Gründlichkeit diese einmalige Mischung, die bisher nicht wieder erreicht wurde und wohl kaum wieder erreicht werden wird. Nebenbei malte Tolkien, wenn auch seine → Bilder niemals das Niveau seiner Geschichten erreichten, und wenn man Donald → Swann glauben kann, dann ist ihm sogar die eine oder andere Melodie eingefallen. – Tolkien war kein einfacher Mensch. Glaubt man den Biographen, war er sehr gefühlvoll, aber kontrolliert, ein Mann der Kontraste, dessen Pessimismus bis zur Depression gehen konnte. Ein streng katholischer, tief gläubiger konservativer Monarchist und Antidemokrat mit ausgeprägtem Standes- und Klassenbewusstsein, → Rassenvorstellungen und einem → Frauenbild, die ganz in seiner Zeit verhaftet waren. Tolkien lehnte viele Entwicklungen der modernen Welt ab (und wüsste sich dabei sicher mit manch modernem Umweltschützer in einigen Punkten einig), und hatte manchmal fast krankhafte Phobien, z. B. eine extreme Abneigung gegenüber Frankophilem; er hat den Normannen nie verziehen, dass sie England erobert hatten. Zugleich war er ein Mensch mit starken romantischen Neigungen, die sich aber wohl weniger in seinem Leben und in seinem Verhalten zeigten als in seiner Literatur wie etwa bei → Beren und → Lúthien oder im → »Schmied von Großholzingen«. Und ist nicht seine Literatur das, worauf es ankommt? Tolkien war

der Meinung, eine Biographie sage wenig aus über den Künstler, das Werk müsse für sich sprechen. Dem ist nur zuzustimmen. Wenn man nichts über ihn weiß, wird sein Werk dann weniger großartig? Sicher nicht. Und kann man nicht von seinem Werk begeistert sein, auch wenn man ihn oder seine Ansichten nicht mag? Sicher. Doch auch wenn ein Lebenslauf nicht weiter wichtig ist, wäre dieses Lexikon als Nachschlagewerk nicht vollständig ohne einen solchen, zumindest in Kurzform. Wer mehr wissen will, sei auf die im Literaturverzeichnis angegebenen Biographien verwiesen, besonders auf die von Carpenter, und die Biobibliographie im Anhang dieses Lexikons. Nun also ein Lebenslauf in Kürze mit besonderer Berücksichtigung der ersten Lebenshälfte, als die Mythologie von → Mittelerde entstand.

John Ronald Reuel Tolkien wird am 3. Januar 1892 in → Bloemfontein in Südafrika geboren als Sohn von Arthur Reuel → Tolkien und Mabel → Tolkien (geb. Suffield). Am 31. Januar wird er in der Bloemfontein Cathedral katholisch getauft; sein Rufname ist Ronald. Ab 1895 lebt er mit Mutter und Bruder in Birmingham, ab September 1900 besucht er die König-Edwards-Schule im Zentrum von Birmingham. Ende 1900 zieht die Familie nach Moseley um, einem Stadtteil von Birmingham, der näher an Ronalds Schule liegt, 1901 in ein Haus hinter dem Bahnhof King's Heath, Anfang 1902 in die Oliver Road 26 in Edgbaston, einem Vorort von Birmingham. Ronald besucht von 1902 bis 1903 die St. Philip's Grammar School, ehe er 1903 ein Stipendium für die König-Edwards-Schule erringen und im Herbst auf diese Schule zurückkehren kann, in die sechste Klasse. Schon damals beginnt er, Griechisch, Finnisch und Walisisch zu lernen. Nach dem Tod seiner Mutter im November 1904 in → Rednal, wo die Familie im Sommer und Herbst 1904 lebte, übernimmt Pater Francis Xavier → Morgan die Vormundschaft über die beiden Jungen; Anfang 1905 ziehen Ronald und Hillary zu ihrer Tante Beatrice Suffield in die Stirling Road in Edgbaston. Ronald lernt Christopher → Wiseman kennen, der in seiner Schulklasse den zweiten Platz einnimmt (Ronald ist auf dem ersten Platz), interessiert sich immer mehrfür alte Sprachen, lernt neben Griechisch und Latein auch Deutsch und Französisch, liest Alt- und Mittelenglisch und beginnt, erste Phantasiesprachen zu entwickeln. Anfang 1908 ziehen Ronald und Hilary auf Vermittlung von Pater Morgan in die Pension von Mrs. Faulkner in der Duchess Road 37. Hier lebt die 19-jährige anglikanische Waise Edith Mary Bratt, mit der sich Ronald anfreundet und die er später heiraten wird. Im Sommer 1909 erkennen Ronald und Edith, dass sie sich lieben. Im September erfährt Pater Morgan davon und untersagt die »Affäre«. Er quartiert Ronald und Hilary in ein anderes Haus um. Im Dezember scheitert Ronald mit dem crsten Versuch, ein Stipendium in Oxford zu erringen. Nachdem Edith und Ronald sich 1910 noch einmal getroffen hatten, untersagt Pater Morgan Ronald jeden Kontakt mit Edith bis zu seiner Volljährigkeit. Im März zieht Edith nach Cheltenham. Ronald schreibt ein erstes Gedicht, »Waldsonnenschein«, in dem Feen und Waldgeister tanzen. Er trägt in der Schule im Debattierclub seiner Schule in Griechisch, Latein, Gotisch und Angelsächsisch vor, ist aber keineswegs ein Studienhocker: Beim Rugby bricht er sich die Nase. Im Dezember erringt er ein Stipendium für das → Exeter College in → Oxford. Ehe er 1911 die König-Edwards-Schule verlässt, wird er Schulpräfekt, Sekretär des Debattierclubs und Sekretär für Rugby und schließlich »Bibliothekar«, ein Ehrentitel und Verwaltungsamt. Mit einigen Freunden, darunter Christopher Wiseman, gründet er einen »Tee-Club« (T.C.), später umbenannt in »Barrovian Society« (B.S.) und schließlich abgekürzt → T.C.B.S. In der Schulchronik wird ein erstes Gedicht veröffentlicht. Bei einer Sommerwanderung in der Schweiz erwirbt er eine Karte mit dem Bild »Der Berggeist« des deutschen Malers Joseph Madelener (1881–1967); viel später schreibt er auf den Umschlag: »Gandalfs Ursprung«. Im September beginnt Tolkien sein Studium der klassischen Philologie, Spezialfach Vergleichende Philologie. Er spielt weiter spielt Rugby, schließt sich dem Essay-Club und der Dialektischen Gesellschaft an, gründet den Club »The Apolausticks«, raucht regelmäßig Pfeife und lernt etwas Finnisch, um das → »Kalevala« zu lesen. An seinem Geburtstag 1913 nimmt er wieder Kontakt mit Edith Bratt auf, am 8. Januar erklärt sie sich bereit, ihn zu heiraten. Er drängt sie, katholisch zu werden; nachdem sie eingewilligt hat, muss sie im Sommer aus dem Haus der Jessups ausziehen und teilt sich mit ihrer Cousine Jenny Grove eine Wohnung in Warwick. Tolkien wechselt im Sommer zur »Honour School of English Language and Literature« und beginnt, Anglistik zu studieren, mit Spezialisierung Sprachwissenschaft und Spezialfach Altnordisch. Besonders beeindruckt ihn der »Crist« des → Cynewulf, in dem der → Engel → Earendel auftaucht, stark beschäftigt ihn auch die → Edda. Seine Sommerferien verbringt er auf einer unglücklich verlaufenden Sommerreise nach Frankreich als Betreuer einer mexikanischen Familie. Nachdem Edith am 8. Januar 1914 in die katholische Kirche aufgenommen worden ist, verloben sich Ronald und Edith öffentlich. Tolkien wird Präsident des Debattierclubs am Exeter-College und gewinnt den Skeat-Preis für

Englisch an seinem College. Im Sommer schafft er den ersten Ausdruck seiner späteren → Mythologie, das Gedicht »The Voyage of Earendil the Evening Star«. Bei Ausbruch des Ersten Weltkrieges meldet sich Tolkien zur Offiziersausbildung, will aber parallel noch sein Studium abschließen. Nach dem Weihnachtstreffen 1914 der T.C.B.S. schreibt Tolkien viele Gedichte, darunter »Goblin Feet« und »The Man in the Moon Came Down Too Soon«. 1915 vervollkommnet er seine »Feensprache« und schreibt erste Gedichte darin sowie ein erstes Quenya-Lexikon. Er stellt eine Übersetzung des mittelalterlichen »Sir Orfeo« fertig, die aber erst nach seinem Tode von Christopher Tolkien veröffentlicht wird. Im Juni schließt er sein Studium ab mit Erster Rangnote mit Auszeichnung; er fährt Motorrad und lässt sich einen Schnurrbart wachsen. Im Juli zu den Lancashire Fusiliers ins 13. Bataillon einberufen, wo er in Bedford und Staffordshire eine Spezialausbildung in Nachrichtenübermittlung erhält (das merkt man seinen Büchern manchmal an). 1916 wird er Nachrichtenoffizier seines Bataillons, am 22. März heiratet er Edith. Edith zieht nach Great Haywood in Staffordshire. Am 4. Juni wird Ronald nach Frankreich eingeschifft und lernt dort »das tierische Grauen« des Grabenkrieges kennen, am 8. November kommt er wegen »Grabenfieber« nach England zurück – wenn Tolkien über Krieg schreibt, weiß er, wovon er spricht. Und auch, wenn er von Verlust und Trauer um gefallene Gefährten schreibt: Als er mit Edith Weihnachten feiert, sind zwei der vier Mitglieder des T.C.B.S. gefallen, Robert → Gilson und G. B. → Smith. Anfang 1917 schreibt Tolkien während seines Genesungsurlaubs in Great Haywood die erste Geschichte des → »Book of Lost Tales«, des späteren → »Silmarillion«: »The Fall of → Gondolin«. Die Elbensprachen → Quenya und → Sindarin sind einigermaßen ausgeformt, Tolkien beginnt außerdem ein Lexikon der Sprache der → Gnome (der → Noldor), das »Goldogrin«. Edith schreibt seine Geschichten in Reinschrift, und sie wird schwanger. Tolkien wird immer wieder krank, verbringt das Jahr in Krankenhäusern und Kasernen in Yorkshire und Hull und schreibt im Spätsommer »The Children of Húrin«. Edith zieht im Frühling nach Hornsea und im Herbst nach Cheltenham. Am 21. November wird dort das erste Kind, John Francis Reuel, geboren. Tolkien wird zum Leutnant befördert und in Hull stationiert; Edith zieht in die Nähe, nach Roos. Aus ihren gemeinsamen Waldspaziergängen, bei denen Edith für Ronald singt und tanzt, entsteht das zentrale Thema des Silmarillion: die Geschichte von ® Beren und ® Lúthien. 1918 wird Tolkien mehrfach verlegt, nach Penkridge und wieder nach Hull, und verbringt wieder Monate im Krankenhaus. Er arbeitet an seiner Mythologie und den Elbensprachen, lernt ein wenig Russisch und arbeitet an seinem Spanisch und Italienisch. Nach Kriegsende bezieht Tolkien Ende 1918 zum ersten Mal mit seiner Familie eine gemeinsame Wohnung, St. John's Street No. 50 in → Oxford, wo er als Mitarbeiter eingestellt wird bei → »A New English Dictionary on Historical Principles«. Gemeinsam mit Christopher Wiseman gibt er den Band »A Spring Harvest, poems by Geoffrey Bache Smith, late Lieutenant in the Lancashire Fusiliers« heraus. 1919 beginnt Tolkien, Privatunterricht zu geben. Im Sommer bezieht die Familie das Haus Alfred Street No. 1 (heute Pusey Street) und leistet sich ein Haus- und Küchenmädchen. Ein Jahr später verdient er als Privatlehrer genug, um im Frühjahr die Arbeit am »New English Dictionary« aufzugeben. Im Sommer wird er Dozent für englische Sprachwissenschaft an der Universität von → Leeds, wo er in einem möblierten Zimmer wohnt. Am 22. Oktober wird in Oxford der zweite Sohn, Michael Hilary Reuel, geboren. An Weihnachten schickt Tolkien seinen Kindern den ersten der → »Briefe vom Weihnachtsmann« und beginnt damit eine Tradition, die fast 20 Jahre dauern sollte (bis 1939). Am Jahresanfang 1921 bezieht die Familie eine möblierte Wohnung in Leeds, zu Jahresende zieht sie um in ein kleines Haus: St. Mark's Terrace No. 11. Tolkien lehnt eine Professur in Kapstadt ab und beginnt 1922 mit dem Kanadier Eric Valentine Gordon, einem neuen Lektor in Leeds, mit der Arbeit an einer Ausgabe von → »Sir Gawain and the Green Knight« (erschienen 1925). Gemeinsam gründen sie mit Studenten den »Wikinger-Club«. Im Sommer macht die Familie den ersten Badeurlaub in Filey an der Küste von Yorkshire. Im Mai 1923 bekommt Tolkien während einer Lungenentzündung Besuch von seinem Großvater John Suffield, der bei Tolkiens Tante Jane in Nottinghamshire wohnt. Deren Farm heißt »Bag End«: Der Name für → »Beutelsend« taucht erstmals auf. Im Sommer besucht Familie Tolkien Bruder Hilary auf dessen Obstgärtnerei bei Evesham. Tolkien veröffentlicht in diesem und den folgenden Jahren (bis einschließlich 1927) mehrere Gedichte, die in überarbeiteter Form später in → »The Lord of the Rings« oder → »The Adventures of Tom Bombadil and other verses from The Red Book« Eingang finden. 1924 erhält er eine eigens für ihn geschaffene Professur für englische Sprache in Leeds und kauft ein Haus am Stadtrand. Im November wird der dritte Sohn geboren, Christopher Reuel, der später das Werk seines Vaters herausgeben wird. Im Sommer 1925 wird Tolkien zum Rawlinson- und Bosworth-Professor für Angelsächsisch in Oxford berufen; er tritt die Stelle im Herbst an. Er wird stark tätig im Bereich Lehrplan-Entwicklung und auch Universitätspolitik – er war nie ein weltfremder Gelehrter oder Poet, wie ihn manche gerne sehen. Im Urlaub im September in Filey verliert Michael seinen schwarz-weißen Spielzeughund aus Blei am Strand, deshalb erzählt Tolkien die Kindergeschichte → »Roverandom«. Er fertigt erste Zeichnungen zum »Silmarillion« an. Anfang 1926 zieht Familie Tolkien in ein Haus in Nord-Oxford, das Tolkien im Herbst gekauft hat. Am 11. Mai lernt Tolkien C. S. → Lewis kennen. Beide gründen gemeinsam mit anderen Dozenten den literarischen Dozentenclub der → »Kolbítar« und werden gute Freunde. Tolkien stellt eine Übersetzung des → »Pearl« fertig, die aber erst nach seinem Tode von Christopher Tolkien veröffentlicht wird. Das »Elben-Alphabet« ist so weit vollendet, dass Tolkien von nun an bis 1933 seine Tagebücher in dieser Schrift verfasst. 1928 schreibt Tolkien, während er Klausuren korrigiert, auf ein leeres Blatt Papier: »In a hole in the ground there lived a Hobbit.« 1929 zieht Familie Tolkien in ein größeres Nachbarhaus, Northmoor Road No. 20, Tolkiens Heim für die nächsten Jahrzehnte. Das vierte Kind und die einzige Tochter, Priscilla Anne Reuel, wird geboren. Tolkien veröffentlicht seine Studie »Ancrene Wisse and Hali Meiðhad«. Er ist zu diesem Zeitpunkt bereits ein anerkannter Wissenschaftler mit Reputation und ein sehr beliebter und geschätzter Dozent, auch wenn man ihn oft kaum versteht: Seit seiner Jugend war er bekannt als schneller und undeutlicher Redner. Doch wenn er rezitiert, alte Sagas oder seine eigenen Gedichte, ist er in seinem Element, dafür ist er berühmt. Man setzt große Hoffnungen in ihn, die sich allerdings nur zum Teil erfüllen: Er legt sehr viel weniger Veröffentlichungen vor als erwartet, nach 1945 kaum noch welche. Dies hängt mit seinem Zeitmangel zusammen. Als einer von drei Professoren der englischen Fakultät von Oxford ist er sehr stark von Lehrverpflichtungen in Anspruch genommen – zeitweise 35 Unterrichtsstunden pro Woche –, hinzu kommen das Korrigieren von Prüfungsarbeiten und Verwaltungsaufgaben. Später nehmen ihn der → »Herr der Ringe« und die Mythologie von Mittelerde in Anspruch. Hinderlich für größere Publikationszahlen ist aber auch sein Perfektionismus, den man ja auch deutlich erkennen kann, wenn man die → »History of Middle-Earth« oder auch nur die → »Nachrichten aus Mittelerde« betrachtet. – 1930 oder 1931 (vielleicht aber auch ein, zwei oder drei Jahre früher) beginnt Tolkien, den → »Hobbit« zu schreiben, lässt das Manuskript aber unvollendet. Die Lehrplan-Reform, die er 1925 anregte und in Angriff nahm, wird vom Fakultäts-Ausschuss 1931 angenommen. Am 19. September 1931 entwickelt Tolkien in einem Gespräch mit C. S. Lewis und Hugo Dyson seine Idee vom »Mythos als Erfinden in Bezug auf die Wahrheit« und von seiner schriftstellerischen Tätigkeit als »Nachschöpfen«, die → »Zweitschöpfung«. Er fasst das Gespräch und seine Erkenntnisse im Gedicht → »Mythopoeia« zusammen (auch »Misomyhos« und »Philomyth to Misomyth« betitelt). Die »Coalbiters« beginnen, sich aufzulösen. Tangye Lean gründet den literarischen Kreis → »Inklings«, zu dem Tolkien und Lewis hinzustoßen. 1932 kauft Tolkien sein erstes Auto. Sein Ungeschick beim Fahren verarbeitet er in der reich und farbig illustrierten und illuminierten Geschichte → »Herr Glück«. (Nach 1945 fuhr er nicht mehr selbst.) In Lamorna Cove in Cornwall bezeichnet Tolkien einen alten skurrilen Mann als »Gaffer Gamgee«, dieser Name kommt auch in »Herr Glück« vor und liefert den Namen der Hobbit-Familie → Gamdschie. 1936 macht die graduierte Studentin Elaine Griffiths, eine der wenigen Personen, die das Typoskript des »Hobbit« kennen, Susan Dagnall vom → Verlag Allen & Unwin darauf aufmerksam. Diese liest das (noch unvollendete) Typoskript und überredet Tolkien, das Buch fertig zu schreiben. Der Verlag nimmt das Buch zur Veröffentlichung an – »Gutachter« ist der spätere Verlagsleiter, der damals 10 Jahre alte Rayner Unwin, zweiter Sohn von Stanley Unwin – und fordert weitere Manuskripte an; Tolkien schickt ihm »Herr Glück«, »Die Abenteuer des Tom Bombadil«, »Roverandom« und die Anfang der 30er-Jahre entstandenen Geschichten »The Lost Road«, eine unvollendete Zeitreisegeschichte über → Númenor, und → »Bauer Giles von Ham«. Die Veröffentlichung wird von Allen & Unwin zumindest für den Augenblick abgelehnt, die von »Herr Glück« scheitert an den Kosten für die farbigen Zeichnungen (die Geschichte wird erst 1982 gedruckt). Am 21. September 1937 aber erscheint der »Hobbit« und wird sofort zum Bestseller; die erste Auflage ist bis Weihnachten verkauft. Verleger Stanley Unwin bittet Tolkien um eine Fortsetzung. Tolkien bietet ihm stattdessen ein Manuskript des »Quenta Silmarillion« an, Unwin lehnt ab. Tolkien beginnt mit einer Fortsetzung vom »Hobbit«, an der er fast 20 Jahre schreiben und aus der »Der Herr der Ringe« werden wird. 1938 erscheint der »Hobbit« in den USA und wird mit dem Preis der »New York Herald Tribune« als bestes Jugendbuch der Saison ausgezeichnet. Vor einem Studenten-Club liest Tolkien die Geschichte vom »Bauer Giles von Ham«, die er dafür überarbeitet hat. Diese Fassung bietet er noch einmal Allen & Unwin an; der Verlag nimmt sie begeistert an. Durch den Krieg und

Unstimmigkeiten bezüglich der Illustrationen wird die Geschichte aber erst 1949 veröffentlicht. Im September, in den Ferien in Sidmouth, hat Tolkien die Idee des → »Herrscherrings« und erwähnt erstmals den Titel »The Lord of the Rings«. Im Naturwissenschaftlichen (!) Museum hält er einen Vortrag über → Drachen, und am 8. März 1939 an der St. Andrew's University den berühmten Vortrag → »On Fairy-Stories« (»Über Märchen«, veröffentlicht 1947), für den er seine Ideen von der »Sub-Creation«, der »Neben-Schöpfung« durch den Menschen, ausarbeitet. Im Herbst 1939 wird aus dem Hobbit Bingo endgültig → Frodo, an Weihnachten schickt Tolkien den letzten »Brief vom Weihnachtsmann«. 1943 schreibt Tolkien »Leaf by Niggle«, → »Blatt vom Tüftler«, eine wunderschöne Geschichte, die man durchaus als Allegorie auf sein eigenes künstlerisches Schaffen lesen kann. Im Mai 1944 wird → Kankra erfunden. Im Herbst 1945 wird Tolkien zum Merton-Professor für englische Sprache und Literatur in Oxford gewählt. 1948 ist der »Herr der Ringe« eigentlich fertig; Tolkien überarbeitet ihn allerdings noch mehrere Monate. 1949 bietet er das im Zweifinger-System getippte Typoskript Milton Waldmann vom Verlag Collins an. Er ist verärgert über die Ablehnung des »Silmarillion« durch Allen & Unwin 1937 und deren aus seiner Sicht unzulängliche Werbung für den »Bauer Giles von Ham«, er hofft, Collins würde den »Herrn der Ringe« und das »Silmarillion« beide zugleich veröffentlichen. Es folgt ein jahrelanges Ringen. 1949 reist Tolkien zum ersten Mal nach Irland, das er später noch oft besucht, 1950 ziehen John, Edith und Priscilla in ein stilvolles Haus des Merton College. 1951 erscheint der berühmte Brief an Milton Waldmann, in dem er mit über 10.000 Wörtern seine Mythologie zu erklären sucht und warum der »Herr der Ringe« und das »Silmarillion« gemeinsam veröffentlicht werden müssten. 1952 einigt sich Tolkien mit Rayner Unwin auf die Veröffentlichung des »Herrn der Ringe« mit Gewinnteilung – eine für den Verlag riskolosere Variante, die sich für Tolkien und seine Erben als Goldgrube erweist. Im August nimmt George Sayer in Worcestershire Tolkien auf Tonband auf, als dieser aus dem »Hobbit« und dem »Herrn der Ringe« rezitiert und singt – Aufnahmen, die 1975, nach Tolkiens Tod, auf Langspielplatten veröffentlicht werden. Tolkien schafft sich ein Tonbandgerät an und nimmt in den nächsten Jahren immer wieder eigene und fremde Texte auf. 1953 ziehen Tolkien und seine Frau in ein erheblich ruhigeres Haus im Oxforder Vorort Headington; die Kinder sind inzwischen alle aus dem Haus. Im Sommer 1954 erscheint der erste Band des »Herrn der Ringe« in einer Startauflage von 3.500 Exemplaren, nach sechs Wochen muss eine zweite Auflage in Auftrag gegeben werden. Mitte November erscheint der zweite Band, beide Bände werden noch im gleichen Jahr von Houghton Mifflin in den USA veröffentlicht. Tolkien erhält die Ehrendoktorwürden der Universitäten Dublin und Lüttich. Im Mai 1955 liefert Tolkien die lang erwarteten Anhänge für den dritten Band beim Verlag ab, fährt dann mit Priscilla nach Italien in Ferien (Edith macht währenddessen mit drei Freundinnen eine Mittelmeer-Kreuzfahrt) und macht erst nach der Rückkehr die nötigen Korrekturen, so dass der dritte Band des »Herrn der Ringe« erst am 20. Oktober erscheint. Eine Hörspiel-Dramatisierung des »Herr der Ringe« treibt die Verkaufszahlen in die Höhe. Auch in den USA erscheint der dritte Band. 1956 erhält Tolkien eine erste Gewinnbeteiligung: über 3.500 Pfund, mehr als sein Jahresgehalt. In den Niederlanden erscheint die erste Übersetzung des »Herrn der Ringe«. 1957 lösen sich die Inklings ebenso auf wie die Beziehung zwischen Tolkien und C. S. Lewis. Tolkien nimmt das Angebot der katholischen Marquette University (USA) an, für 1.250 Pfund die Manuskripte von → »The Hobbit«, des → »Herrn der Ringe«, des → »Farmer Giles of Ham« und des → »Mr. Bliss« zu erwerben. Ende des Jahres schlägt er ein erstes Filmangebot aus. Im Sommer 1959 wird Tolkien pensioniert und widmet viel Zeit seiner Frau Edith, die zunehmend lahmt und unter Verdauungsbeschwerden leidet. Das gesellige Leben ist eingeschränkt. Zu den Kindern gibt es wenig Kontakt, am meisten noch zu Christopher, Lektor am New College, und dessen Frau, der Bildhauerin Faith, weniger zu Priscilla, Bewährungshelferin in Oxford, und kaum zu Michael, Lehrer mit Frau und zwei Töchtern in Mittelengland, und John, Pfarrer in Staffordshire. Ab 1960 widmet sich Tolkien wieder dem »Silmarillion«. Er stellt eine Teilzeit-Sekretärin ein und leidet zunehmend an Hexenschuss. 1961 stellt er auf Bitten seiner 89-jährigen Tante Jane ein Buch mit Gedichten zusammen: → »The Adventures of Tom Bombadil«. Kurz nach dessen Veröffentlichung 1962 stirbt Tante Jane. 1963 wählt das Exeter College Tolkien zum Ehrenmitglied, und das Merton College ernennt ihn zum Fellow Emeritus. 1965 schreibt Tolkien seine letzte Geschichte: → »Smith of Wootton Major«. In den USA wird Tolkien durch eine Raubkopie des »Herrn der Ringe« zum Kultautor. Eine Briefkampagne von Tolkien, unterstützt durch The Tolkien Society of America und die Science Fiction Writers of America, lässt den raubkopierenden Taschenbuchverlag Ace Books nachgeben: Tolkien wird am Gewinn beteiligt und die Veröffentlichung der Raubkopie eingestellt. 1966 ist der »Herr der Ringe« in den USA über eine

Million Mal verkauft. Der Tolkien-Kult wächst und wächst, es erscheinen Doktor-Arbeiten über Tolkiens Werk und Zeitschriften dazu. Edith und John Tolkien feiern mit einem großen Fest Goldene Hochzeit, dabei wird der Liederzyklus → »The Road Goes Ever On« aufgeführt mit William Elvin als Sänger und Komponist Donald Swann am Klavier. 1968 dreht die BBC einen Film über Tolkien, »Tolkien in Oxford«, und produziert ein sehr gelungenes Hörspiel zum »Hobbit«. Ende des Jahres sind insgesamt etwa 3 Millionen

Die bekannteste Biographie von Tolkien und die einzig autorisierte ist das Standardwerk von Humphrey Carpenter, hier die Ausgabe des Klett-Cotta-Verlages von 1979

Exemplare des »Herrn der Ringe« verkauft. Tolkien stürzt, verletzt sich am Bein und bringt einige Wochen im Krankenhaus und noch einige Zeit mehr mit Gipsbein zu. Die Tolkiens kaufen ein Haus (ohne Treppen) in Poole bei Bournemouth in der Nähe ihres bevorzugten Hotels, des Miramar. Es gelingt, Adresse, Telefonnummer und sogar den Wohnort geheim zu halten; Verehrerpost wird über den Verlag abgewickelt. 1969 kommt der »Herr der Ringe« endlich auch in Deutschland an. Mitte November 1971 erkrankt Edith Tolkien an einer Gallenblasenentzündung. Am 29. November stirbt sie, zweiundachtzig Jahre alt. Tolkien, nun alleine, zieht im März 1972 in ein College-Gebäude des Merton College. Im Juni verleiht ihm die Universität Oxford die Ehrendoktorwürde für Literaturwissenschaft. Die Königin zeichnet ihn mit dem Kommandeurs-Orden des britischen Empire aus. Ende des Jahres beginnt er an Verdauungsstörungen zu leiden und wird auf Diät gesetzt. Im Juni 1993 erhält er die Ehrendoktorwürde der Universität Edinburgh. Mitte Juli verzichtet er auf seine Diät. Ende August besucht er Denis und Jocely Tolhurst in Bournemouth. Am 29. August, einem Donnerstag, fühlt er sich nach einer Geburtstagsfeier unwohl, hat in der Nacht Schmerzen und wird am Freitag, 30. August, in eine Privatklinik gebracht. Man stellt ein blutendes Magengeschwür fest. Am Samstag, 1. September, kommt eine Entzündung in der Brust hinzu, und am Sonntagmorgen, 2. September 1973, stirbt Tolkien im Alter von 81 Jahren. Er wird neben seiner Frau auf dem Friedhof von Wolvercote bei Oxford beigesetzt. Auf dem Grabstein des Ehepaares Tolkien steht:

Edith Mary Tolkien
Lúthien · 1889–1971
John Ronald Reuel Tolkien
Beren · 1892–1973

Tolkien, Mabel

Die Mutter von John Ronald Reuel → Tolkien, geboren als Mabel Suffield im Januar 1870 in → Birmingham, Vater John → Suffield, Schwestern Beatrice → Suffield und Jane → Neave. Verlobte sich gegen den Willen ihres Vaters 1888 mit Arthur Reuel → Tolkien, reiste im März 1891 mit dem Dampfer »Roslin Castle« nach Südafrika, um ihn dort am 16. April 1891 in der Cape Town Cathedral in → Bloemfontein zu heiraten. Am 3. Januar 1892 wurde der ältere von zwei Söhnen, John Ronald Reuel → Tolkien, geboren, am 17. Februar 1894 der jüngere Sohn Hilary Arthur Reuel → Tolkien. Im April 1895 reiste Mabel Tolkien mit den beiden Söhnen an Bord der »SS Guelph« nach England zu ihrer Schwester Jane nach → Birmingham, da sie das südafrikanische Klima nicht vertrug. Nach dem Tod ihres Mannes am 14. Februar 1896 mietete Mabel Tolkien ein Häuschen in Sarehole bei Birmingham. Dort blieb sie mit den Jungen vier Jahre lang. Im Juni 1900 trat sie in die katholische Kirche ein. Ende 1900 zog die Familie nach Moseley um, einem Stadtteil von Birmingham, der näher an Ronalds Schule lag, 1901 in ein Haus hinter dem Bahnhof King's Heath, Anfang 1902 in die Oliver Road 26 in Edgbaston, einem Vorort von Birmingham. Im April 1904 kam Mabel Tolkien, geschwächt durch die aufwändige und zeitintensive Pflege ihrer Kinder, die Masern und Keuchhusten, Hilary auch eine Lungenentzündung, hatten, ins Krankenhaus, wo man Diabetes diagnostizierte. Im Sommer wurde sie aus dem Krankenhaus entlassen und zog mit den Jungen zur Erholung in ein kleines Landhaus der Kirche in Rednal. Anfang November erlitt sie einen Zusammenbruch und starb im Haus in Rednal am 14. November 1904, vierunddreißig Jahre alt.

Tolkien, Michael Hilary Reuel
Geboren am 22. Oktober 1920 in → Oxford,
studierte am Trinity College, Lehrer mit
Frau und Kindern, gestorben 1984

Tolkien, Priscilla Anne Reuel
Das vierte Kind und die einzige Tochter von
Sohn von John Ronald Reuel → Tolkien,
geboren 1929

Tolkien-Gesellschaften
Über die → Deutsche Tolkien-Gesellschaft
e.V. erhält man die Adressen zahlreicher
Tolkien-Gesellschaften.

Tolkien-Tage
Jährliche Veranstaltung der → Deutschen
Tolkien-Gesellschaft

Tolkien-Thing
Jährliche Veranstaltung der → Deutschen
Tolkien-Gesellschaft

Tollers
Spitzname von Tolkien vor allem in seiner
Jugend und frühen Studentenzeit

Tolli Kimpelear
»Dämmerinseln«: Die → Verwunschenen
Inseln, die Schatteninseln im Meer westlich
von → Tol Eressea

Tolli Kuruvar
»Zauberinseln« auf der Zeichnung vom
→ »Schiff der Erde«

Toloth, Tolothen (Sindarin)
»Acht«

Toltha (Sindarin)
»beschwören, herbeirufen«

Tolto (Quenya)
»Acht«

Tom
»Held« des Gedichtes → »Der Steintroll«,
mit Sicherheit nicht → Tom Bombadil, wie
manche vermutet haben, da er verletzlich
ist und einen verstorbenen Onkel hat.

Tom (der Troll)
Einer der drei → Trolle in → »The Hobbit«
(Name im Original und in der alten Über-
setzung von Walter Scherf, in der neuen von
Wolfgang Krege heißt er seltsamerweise
Toni)

Tom Bombadil
»Meister von Wald, Wasser und Berg«, so
nennt ihn seine Gattin, die → Nixe → Goldbeere, er selbst nennt sich »Meister« mit
»Macht über Geister«. Eines der ältesten
Wesen in → Mittelerde (nicht das älteste,
die → Istari sind mindestens genauso alt),
genannt auch → Iarwain Ben-adar, Forn,
→ Orald, der Uralte und der Vaterlose. Er
ist zwar alt und weise und in seinem Wald
ausgesprochen mächtig – selbst → Sauron
hätte ihn erst besiegen können, wenn er den
Rest der Welt beherrscht hätte, und er hat
keine Probleme, → Frodo und seine Gefährten vor dem → Alten Weidenmann und den
→ Grabunholden zu befreien. Doch vom
Eindruck her erinnert er an eine Witzfigur,
nur wenig größer als die → Hobbits, in
blauer Jacke und gelben Stiefeln, eine blaue
Feder am Hut, stets singend und Nonsens-
Texte von sich gebend, nur selten zu ern-
sten Gesprächen bereit. Tolkien selbst
meinte, Tom sei eines jener Rätsel, die es
eben geben müsse. Man kann vermuten,
dass er entweder ein → Maia ist, der sich
in Mittelerde niederließ, oder noch eher
einer der Schutzgeister, die auf Bitten von
→ Yavanna gerufen wurden, um die
→ Olvar zu beschützen. Er unterhält Kontakte zu Menschen und → Hobbits, z. B. zu
Bauer → Maggot, den er in dem Gedicht

→ »Tom geht rudern« freundlich »Alter Ackerkloß« nennt. Über seine Hochzeit mit Goldbeere berichtet das Gedicht → »Die Abenteuer des Tom Bombadil«.

Tom der Jüngere
Tolman → Kattun (II)

Tom geht rudern
Zweites Gedicht im Buch → »The Adventures of Tom Bombadil and other verses from The Red Book« (1962). Laut dem Vorwort stammt das Gedicht aus → Bockland und wurde von → Hobbits geschrieben, die → Tom Bombadil kannten, ohne allerdings um seine Macht zu wissen. Beschrieben werden witzige Wortgeplänkel mit verschiedenen Tieren und ein Besuch beim Bauern → Maggot.

Tom, der alte Bombadil
Beginn des Gedichtes → »Die Abenteuer des Tom Bombadil«

Tombo (Quenya)
»Gong«, gemeint ist meist der → »Gong der Kinder«

Tón a Gwedrin
Das → Feuer der Geschichten in der Sprache der → Gnome

Tond (Sindarin)
»groß, hochgewachsen«

Tong (Sindarin)
»straff, stramm, gespannt«

Toni
Einer der drei → Trolle in → »The Hobbit« (Name in der → Neu-Übersetzung von Wolfgang Krege, in der alten Übersetzung von Walter Scherf heißt er wie im Original Tom)

Took
englischer Name der Hobbit-Familie → Tuk

Tôr (Sindarin)
»Bruder«

Tor der Nacht
→ Morannon, auch eine der → Pforten der Nacht

Tor der Statthalter
→ Fen Hollen

Tor der Toten
Der nördliche Eingang zu den → Pfaden der Toten am Fuß des → Dwimorberges. → Aragorn fand hinter dem Tor das Gerippe vom → Baldor.

Tor der Truchsessen
→ Fen Hollen

Tor des Morgens
In einer frühen Version eine der → Pforten der Nacht

Tor Durins
Das Westtor von → Moria

Tor von Mordor
→ Morannon

Tor von Moria
Zeichnung mit Bleistift und Buntstift von Tolkien, entstanden um 1940, mehrfach überarbeitet

Tor zum Erebor
Haupttor zur Zwergenfestung unter dem → Erebor, durch das der Fluss → Eilend ins Freie floss.

Torbach
→ Sirannon

Tore der Könige
die → Argonath

Tore der Nacht
Ein nur einmal im Silmarillion auftauchender Begriff, der scheinbar die → Pforten der Nacht meint. Doch gibt es da einen Widerspruch, da → Earendil durch die → Tore der Nacht muss, um am Himmel fahren zu können. Die Sterne liegen jedoch nicht in der → Äußeren Dunkelheit, sondern in der obersten Schicht der → Atmosphäre.

Tore des Sommers
Sommerfest in → Gondolin, wahrscheinlich am Mittsommertag gefeiert; man besang den Aufgang der Sonne

Tore von Argonath
die → Argonath

Tore von Gondor
die → Argonath

Torech (Sindarin)
»Nest, Gelege«

Torech Ungol
»Spinnennest«: die Höhle von → Kankra, auch Kankras Lauer genannt, sie lag in der »Spinnenspalte« → Cirith Ungol

Tórin
Ein anderer Name für → Daurin

Torlas
Onkel von → Bergil, geboren 2990 DZ, lebte in → Minas Tirith

Torlose Lande
→ Unsterbliche Lande

Torog (Sindarin)
→ Troll

Toss (Sindarin)
»Busch«, auch ein langsam wachsender Baum

Tote Menschen von Dunharg
Ein Volk von → Rhovannion, das gegen Ende des → Zweiten Zeitalters → Isildur und → Gondor Beistand gegen → Sauron versprochen hatte, seinen Eid jedoch brach: Dafür wurden der ehemalige → König der Berge und alle seine Soldaten verflucht (von wem, ist unbekannt; es muss jemand sehr Mächtiges gewesen sein), als → Geister unter den → Ered Nimrais zu hausen, bis sie ihren Eid einlösen würden. Wer ihre → Pfade der Roten betrat, musste sterben, es sei denn, er war ein → Erbe von Isildur. → Aragorn rief sie im → Ringkrieg zur Erfüllung ihres Eides auf; danach waren die Toten erlöst.

Tote Stadt
→ Minas Morgul

Totendeich
Ein Name für das verfallene → Fornost

Totenhäuser
Die → Hallen von → Mandos

Totenkönig
Der → König der Toten

Totenkopfmond
Das Zeichen des Herrn von → Minas Morgul, des Schwarzen → Hexenmeisters und deshalb auch der → Ork-Truppe von → Gorbag

Totenreich
die → Hallen von Mandos

Totenrichter
→ Mandos

Totensümpfe

Sümpfe zwischen → Nindalf und der → Dagorlad, mit stinkenden Tümpeln und stickigen Nebeln, vergiftet durch die Leichen der auf der Dagorlad Gefallenen, der in die Sümpfe getriebenen Unterlegenen wie der auf der Dagorlad Begrabenen, da sich der Sumpf ausdehnte. Wenn durch die entstehenden Sumpfgase Irrlichter entstanden – man nannte sie auch die Kerzen der Toten –, waren in den Tümpeln die Gesichter der Gefallenen zu sehen, magische Abbilder, die man nicht berühren konnte.

Toter Baum

der → Weiße Baum von Gondor, als er abgestorben war

Tragu

der »wahre« Name von → Smaug in der Sprache der → Drachen

Trahald

»Schleicher, Kriecher, Gräber« in der Sprache der → Starren, der eigentliche Name von → Gollum

Trann (Sindarin)

»Provinz«, auch für das → Auenland benutzt

Traum

Träume und Traumwelten spielen eine wichtige Rolle bei Tolkien. In der Geschichte → »Roverandom« z. B. kommen manche Kinder im Schlaf auf die dunkle Rückseite des Mondes, wo sie im Traum spielen. In einer frühen Konzeption von → Mittelerde gibt es in → Lóthien in → Valinor den »Olóre Malle«, den »Pfad der Träume«, den ausgewählte Menschen in ihren Träumen besuchten durften. Manchmal gibt es auch wichtige Hinweise in Träumen, so macht sich → Boromir nach → Imladris auf, weil er in einem Traum den Auftrag erhielt, das »zerbrochene Schwert« zu suchen, und → Turgon baute → Gondolin, weil → Ulmo es ihm in Träumen empfahl.

Trennendes Meer

Das große Meer → Belegaer

trevad (Sindarin)

»überqueren«

Trewesdei

Archaische Form des Namens des vierten Tages in der Woche der → Hobbits, entspricht unserem Dienstag

Trewstag

Zur Zeit des → Ringkrieges Name des vierten Tages in der Woche der → Hobbits, entspricht unserem Dienstag

trî (Sindarin)

»durch«

Triton

In der Geschichte → »Roverandom« laut dem → Mann im Mond ein ehemaliger Seezauberer, Vorgänger von → Artaxerxes. In der griechischen → Mythologie ein Meergott, Sohn des → Poseidon und der Amphitrite, von Gestalt halb Mensch und halb Delphin.

Trockener Fluss

Der Zugang zu → Gondolin, ehemals ein Fluss, der unter den → Echoriath hindurch in den → Sirion geflossen war.

Troll saß allein auf einem Stein

Beginn des Gedichtes → »Der Steintroll«

Troll

Trolle (Übersetzung aus dem Sindarinwort

»Torog«) bilden neben den → Orks die Hauptstreitmacht der »Bösen«, zwar ist ihre Zahl geringer, doch dafür sind sie sehr viel stärker; → Gothmog war stets von einer Troll-Leibwache umgeben. Im → Ersten Zeitalter waren die von → Melkor gezüchtete Geschöpfe ausgesprochen dumm und kannten nicht mal eine Sprache. → Sauron bildete sie so weit aus, dass sie ein wenig sprechen konnten. Es gab zwei grundlegende Arten: Die ältere waren die Steintrolle, wie man sie aus → »The Hobbit« kennt; sie werden durch das Sonnenlicht versteinert. Die Trolle im »Hobbit« sind allerdings schon sehr weit entwickelt; die meisten Trolle waren nicht in der Lage, sich in der gemeinsamen Sprache zu unterhalten oder so zivilisiert, ihre Opfer kochen zu wollen oder gar eine → sprechende Geldbörse zu haben. → Antropophagen, also Menschenfresser, waren sie aber alle. Die drei sind absolut untypisch. Im → Dritten Zeitalter züchtete Sauron eine weitere Art, die Bergtrolle, in der → Schwarzen Sprache »Olog-hai« genannt. Sie sprachen nur die Schwarze Sprache und waren furchtbare Kämpfer; eine Abart waren die Höhlentrolle in → Moria. Manche vermuteten, Sauron habe Orks eingekreuzt. Sie konnten das Sonnenlicht vertragen. Es soll auch → Halbtrolle gegeben haben. – Tolkien greift mit den Trollen wieder einmal auf die nordische → Mythologie zurück. Bei den → Germanen gab es die Geschichte vom Zwerg Alwis (»der Allwissende«), der für die von ihm für die Asen geschmiedeten Waffen Thrud, die Tochter von Thor, zur Frau bekommen sollte. Thor, der Sohn von → Odin, trickste ihn jedoch aus. Als Alwis zur Hochzeit nach Asgard kam, fragte er ihn die ganze Nacht aus, bis das Sonnenlicht den Zwerg in Stein verwandelte. Im nordischen Volksglauben sind Trolle bis heute verbreitet; meist versteht man darunter den Menschen feindselig gesinnte → Dämonen, die in Höhlen oder in Schlössern auf Bergspitzen hausen und jeden Reisenden fangen und fressen, der sich nach Anbruch der Dunkelheit in ihr Gebiet wagt. Diese riesigen und dickhäutigen Wesen sind praktisch unverletzlich, nur das Sonnenlicht kann sie bezwingen: Je nach Sage versteinert es sie oder bringt sie zum Platzen. Im christlich geprägten Mittelalter wurden aus den Trollen, wie aus anderen Fabelwesen, ungläubige und seelenlose Diener des Teufels. – In dem Gedicht → »Der Steintroll« schildert Tolkien sehr humorvoll die Begegnung eines Menschen mit einem »normalen« Steintroll, während der Troll in → »Luftikus« ein ganz lieber Kerl ist, der sich nach Gesellschaft sehnt. Es gibt auch Hinweise, dass Tolkien über mehrköpfige Trolle nachgedacht hat.

Trollbörsen
Geldbörsen von → Trollen können sprechen, wie → Bilbo feststellen muss, als er in → »The Hobbit« eine stehlen möchte.

Trolle (Zeichnungen)
Es gibt mehrere Zeichnungen, auf denen Tolkien → Trolle darstellt, u. a. auf → »Die drei Trolle werden in Stein verwandelt«, → »Die Trolle« und »Hügel der Trolle«.

Trolle, Die
Atmosphärisch sehr dichte Zeichnung mit schwarzer Tusche und Deckweiß von Tolkien für das zweite Kapitel von → »The Hobbit«, entstanden wohl 1937: Die → Trolle verbergen sich im Wald, ein → Zwerg mit Zipfelmütze kommt gerade im Vordergrund auf die Lichtung.

Trollhöhen
Kleines, bewaldetes Gebirge in → Rhudaur, zwischen → Mitheitel und → Bruinen, nach

dem Ende der nördlichen Königreiche von → Trollen heimgesucht. Hier erlebten → Bilbo und die → Zwerge um → Thorin Eichenschild ihr Abenteuer mit den drei Steintrollen.

Trollmenschen
→ Halbtrolle

Troy-Gewicht, Troy-System
System von Masseeinheiten für das Wiegen von Edelmetallen oder Edelsteinen, das zum Englischen System gehört. In der Geschichte → »Bauer Giles von Ham« wird mit Pfund Troy-Gewicht angegeben, wieviel Gold und Silber der → Drache → Chrysophylax aus seiner Höhle schleppt. 1 Pfund Troy-Gewicht entsprechen 373,242 Gramm.

Truchsess
Im frühen Mittelalter bezeichnete das Wort einen Beamten am königlichen Hof, der die Speisen darreichte und die Tafel überwachte, ab 936 wurde es ein einflussreiches Hofamt, das Grafen und Herzöge innehatten, vergleichbar einem Kanzler und Stellvertreter des Königs, später auch erblich. Diese Bezeichnung in der alten Übersetzung des »Herrn der Ringe« kommt deshalb dem, was Tolkien mit »*Steward*« meint, viel näher als das neue »Statthalter« von Krege. Zunächst waren die Truchsesse nämlich genau dies: Kanzler des Reiches und Stellvertreter den Königs bei dessen Abwesenheit. Der erste überlieferte Truchsess war Húrin von → Emyn Arnen; seither wurde das Amt immer in dieser Familie vergeben. Über die folgenden Truchsesse ist nichts überliefert, erst wieder ab → Pelendur (1944–1998), der nach dem Tod von König → Ondoher und seiner Söhne 1944 DZ ein Jahr lang regierte und starken Einfluss auf die Auswahl von → Earnil als

neuer König nahm. Mit ihm wurde das Amt erblich. Das Wappen und Banner der Truchsesse war ein leeres weißes Feld, ihr Amtszeichen ein weißer Stab. Pelendurs Sohn war → Vorondil, der große Jäger (1998–2029), es folgte sein Sohn → Mardil der Getreue. Nach dem Tod von König → Earnur 2050 wurde er der erste »Herrschende Truchsess« (»Regierender Statthalter«), es folgten noch 25 weitere, ehe mit → Aragorn Elessar der König zurückkehrte. Dies waren die Herrschenden Truchsesse:
Eradan († 2116)
Herion († 2148)
Belegorn († 2204)
Húrin I. († 2244)
Túrin I. († 2278)
Hador († 2395)
Barahir († 2412)
Diór († 2435)
Denethor I. († 2477)
→ Boromir († 2489)
→ Cirion († 2567)
→ Hallas († 2605)
Húrin II. († 2628)
Belecthor I. († 2655)
Orodreth († 2685)
Ecthelion I. († 2698)
Egalmoth († 2473)
Beren († 2763)
Beregond († 2811)
Belecthor II. († 2872)
Thorondir († 2882)
→ Túrin II. († 2914)
Turgon († 2953)
Ecthelion II. († 2984)
→ Denethor II. († 3019).
Der nächste, aber nicht mehr herrschende Truchsess war nach dem → Ringkrieg von 3019 DZ bis 82 VZ → Faramir (II).

Truchsessen-Kalender, Truchsessen-Zeitrechnung
Der → Kalender von Gondor in der Form,

wie ihn → Truchsess → Mardil 2060 DZ einführte und wie er auch zur Zeit des → Ringkrieges galt.

Tû
»Stärke, Muskelkraft«: ein → Elbe und mächtiger → Zauberer, der »Herr des Zwielichts«, in Tolkiens frühen Geschichten als Herr der → Dunkelelben erwähnt, die dort »Hisildi« (»Volk des Zwielichts«) genannt werden (HIS 1)

Tucher, Lilly
Kind in der Geschichte → »Der Schmied von Großholzingen«

Tüftler
Ein kleiner Mann, ein Maler, der eine weite Reise antrit, Hauptfigur der Geschichte → »Blatt von Tüftler«

Tüftlers Paris
Der Name der Landschaft, die Tüftlers Bild und Paris' Garten ist, in der Geschichte → »Blatt von Tüftler«

tûg (Sindarin)
»dick, fett«

Tuil, Tuile, Tuilir (Quenya)
»Frühling«

Tuile (Quenya)
»Frühling«: 54 Tage lange Jahreszeit im Kalender der → Elben von → Imladris, entspricht etwa unserem April und Mai, Sindarin Ethuil

Tuilear, Tuilére
»Frühlingstag«: zusätzlicher, zu keinem Monat gehörender Feiertag zwischen dem 3. und 4. Monat im → Kalender von → Gondor nach der Truchsessen-Zeitrechnung ab 2060 DZ

Tuilindo (Quenya)
»Frühlingssänger«: Schwalbe

Tuilinnn (Sindarin)
»Frühlingssänger«: Schwalbe

Tuivána (Quenya)
»Frühlings-Vána«: Beiname von → Vána

Tuk
Große und weitverzweigte → Hobbitfamilie im → Auenland, hauptsächlich im → Tukland lebend, stellte seit 740 AZ den → Thain des Auenlandes; 13. Thain wurde damals Isumbras I. → Tuk. Der Thain wurde auch einfach »der Tuk« genannt. Die Familie war bekannt als »abenteuerlustig« (etwa Hildifons und Isengar Tuk). In der Sprache der Hobbits lautete der Familienname Túk, im Englischen Took.

Tuk, Adalgrim
→ Hobbit aus dem → Auenland (1280–1382 AZ), Sohn von Hildigrim → Tuk, Vater von Paladin II. → Tuk

Tuk, Adamanta
Adamanta → Pausbacken

Tuk, Adelard
→ Hobbit aus dem → Auenland (1328–1423 AZ), Sohn von → Flambard Tuk. Erhielt von → Bilbo bei dessen Abschiedsfeier einen Regenschirm geschenkt.

Tuk, Bandobras
→ Hobbit aus dem → Auenland (1104–1206 AZ), genannt »Bullenrassler«, zweiter Sohn von Isengrim II. → Tuk, führte 1147 das »Heer« der Hobbits in der → Schlacht bei Grünfeld gegen die → Orks unter → Golfimbras. Der drittgrößte Hobbit in der Überlieferung des Auenlandes (nach → Merry und → Pippin), er war

etwa 1,33 Meter groß und konnte ein Pferd reiten.

Tuk, Belladonna
Geburtsname einer → Hobbitfrau aus dem → Auenland (1252–1334 AZ), neuntes Kind von Gerontius → Tuk, verheiratet mit Bungo → Beutlin seit etwa 1280. Ihr einziges Kind war → Bilbo.

Tuk, Dietmute
Juweline → Tuk

Tuk, Donnamira
Geburtsname einer → Hobbitfrau (1256–1348 AZ), verheiratet mit Hugo Boffin, zehntes Kind von Gerontius → Tuk

Tuk, Eglantine
Hagebutte → Tuk

Tuk, Esmeralda
Geburtsname einer → Hobbitfrau, geboren 1336 AZ, das fünfte und jüngste Kind von Adalgrim → Tuk, verheiratet mit Saradoc → Brandybock, Mutter von Meriadoc Brandybock dem Prächtigen, genannt → Merry

Tuk, Everard
→ Hobbit aus dem → Auenland, geboren 1380 AZ, das jüngste Kind von Adelard → Tuk

Tuk, Faramir I.
→ Hobbit aus dem → Auenland, geboren 1430 AZ, Sohn von Peregrin Tuk (→ Pippin), heiratete 1464 Goldfranse → Gamdschie, wurde 1484 der 33. Thain

Tuk, Ferdibrand
→ Hobbit aus dem → Auenland (geboren 1383 AZ), Sohn von Ferdinand → Tuk

Tuk, Ferdinand
→ Hobbit aus dem → Auenland (geboren 1340 AZ), Sohn von Sigismund → Tuk

Tuk, Ferumbras II.
→ Hobbit aus dem → Auenland (1101–1201 AZ), Sohn von Isumbras III. → Tuk, 24. Thain ab 2159

Tuk, Ferumbras III.
→ Hobbit aus dem → Auenland (1316–1415 AZ), Sohn von Fortinbras II. Tuk, 30. Thain ab 1380. Unverheiratet, Erbe wurde sein Großcousin Paladin II. → Tuk.

Tuk, Flambard
→ Hobbit aus dem → Auenland (1287–1389 AZ), Sohn von Isembard → Tuk

Tuk, Fortinbras I.
→ Hobbit aus dem → Auenland (1145–1248 AZ), Sohn von Ferumbras II. → Tuk, 25. Thain ab 1201

Tuk, Fortinbras II.
→ Hobbit aus dem → Auenland (1278–1380 AZ), Sohn von Isumbras IV. → Tuk, 29. Thain ab 1339

Tuk, Gerontius
→ Hobbit aus dem → Auenland, genannt »Alter Tuk« (1190–1320 AZ), Sohn von → Fortinbras I. → Tuk, 26. Thain ab 1248, verheiratet mit Adamanta Pausbacken, sie hatten 12 Kinder. Der bis → Bilbo Beutlin älteste Hobbit in der Überlieferung des Auenlandes, Großvater von Bilbo und Urgroßvater von Peregrin Tuk (→ Pippin).

Tuk, Goldfranse
Goldfranse → Gamdschie

Tuk, Hagebutte
→ Hobbitfrau aus dem → Auenland, Gat-

tin von Paladin → Tuk und Mutter von → Peregrin Tuk (Pippin), geborene Steilhang (alte Übersetzung: Heiderose Hang, englisch *Eglantine Banks*)

Tuk, Heiderose
Hagebutte → Tuk

Tuk, Hildibrand
→ Hobbit aus dem → Auenland (2249–2334 AZ), achter Sohn von Gerontius → Tuk

Tuk, Hildifons
→ Hobbit aus dem → Auenland (geboren 1244 AZ), sechster Sohn von Gerontius → Tuk, ging auf eine Reise, von der er nie zurückkehrte

Tuk, Hildigard
→ Hobbit aus dem → Auenland, geboren zwischen 1233 und 1238 AZ, als zweiter Sohn von Gerontius Tuk, starb als Kind

Tuk, Hildigrim
→ Hobbit aus dem → Auenland (1240–1341 AZ), vierter Sohn von Gerontius → Tuk, verheiratet mit Rosa → Beutlin

Tuk, Isembard
→ Hobbit aus dem → Auenland (1247–1346 AZ), siebenter Sohn von Gerontius → Tuk

Tuk, Isembold
→ Hobbit aus dem → Auenland (1242–1346 AZ), fünfter Sohn von Gerontius → Tuk

Tuk, Isengar
→ Hobbit aus dem → Auenland (1262–1360 AZ), neunter Sohn und jüngstes Kind von Gerontius → Tuk, fuhr in seiner Jugend zur See.

Tuk, Isengrim II.
→ Hobbit aus dem → Auenland (1020–1122 AZ), 22. Thain, begann 1083 mit den Grabungen zu den großen → Smials von → Buckelstadt

Tuk, Isengrim III.
→ Hobbit aus dem → Auenland (1232–1330 AZ), ältester Sohn von Gerontius → Tuk, 27. Thain ab 1320. Starb kinderlos, Nachfolger wurde sein Bruder Isumbras IV.

Tuk, Isumbras I.
→ Hobbit aus dem → Auenland, wurde 740 AZ der 13. Thain des Auenlandes und der erste der Tuk-Linie

Tuk, Isumbras III.
→ Hobbit aus dem → Auenland (1066–1159 AZ), Sohn von lsengrim II. Tuk, 23. Thain ab 1122

Tuk, Isumbras IV.
→ Hobbit aus dem → Auenland (1238–2339), dritter Sohn von Gerontius Tuk, 28. Thain ab 1330 als Nachfolger seines Bruder Isengrim III. → Tuk

Tuk, Juweline
→ Hobbitfrau aus dem → Auenland, geborene von Langcleeve, Gattin von Peregrin Tuk (Pippin). In der alten Übersetzung Dietmute (englisch *»Diamond«*).

Tuk, Mirabella
Geburtsname einer → Hobbitfrau (1260–1360), jüngste Tochter und elftes von zwölf Kindern von Gerontius → Tuk, verheiratet mit Gorbadoc → Brandybock, Mutter von sieben Kindern, Großmutter von → Frodo Beutlin

Tuk, Paladin II.
→ Hobbit aus dem → Auenland (1333–

1434 AZ), Sohn von Adalgrim → Tuk, verheiratet mit Hagebutte Steilhang, Vater von Peregrin Tuk (→ Pippin). 31. Thain ab 1382, verteidigte erfolgreich das Tukland gegen die Leute von Lotho → Sackheim-Beutlin und → Saruman

Tuk, Pearl
→ Hobbitfrau aus dem → Auenland (geboren 1375 AZ), älteste Tochter von Paladin II. → Tuk

Tuk, Peregrin
→ Pippin

Tuk, Pervinca
→ Hobbitfrau aus dem → Auenland (geboren 1385 AZ), dritte Tochter von Paladin II. → Tuk

Tuk, Pimpernel
→ Hobbitfrau aus dem → Auenland (geboren 1379 AZ), zweite Tochter von Paladin II. → Tuk

Tuk, Reginard
→ Hobbit aus dem → Auenland (geboren 1369), der älteste Sohn von Adelard → Tuk

Tuk, Rosa
Rosa → Beutlin

Tuk, Rosamunda
Geburtsname einer → Hobbitfrau aus dem → Auenland, geboren 2338 AZ, Tochter von Sigismund → Tuk, verheiratet mit Odovacar → Bolger, Mutter von Fredegar → Bolger und Estella, der späteren Frau von → Merry

Tuk, Sigismund
→ Hobbit aus dem → Auenland (1290–2391), Sohn von Hildibrand Tuk

Tukhang
Ort im Tukland

Tukland
Das Herrschaftsgebiet der Familie → Tuk, ziemlich im Zentrum des → Auenlandes, im Süd- und im → Westviertel rund um die Grünen Hügel, Hauptstadt und »Regierungssitz« des Auenlandes war → Buckelstadt

tulka (Quenya)
»stark, fest, unbeweglich, standhaft«

Tulkas
Der → Vala, der zuletzt nach → Arda kam, als er hörte, dass es dort Streit gab, »der Größte an Kraft und Mannestaten«. Besteigt nie ein Reittier; er ist sowieso schneller. Kämpft ohne Waffen, bezwang → Melkor im Zweikampf. Nicht der Hellste, aber ein treuer Freund. Verheiratet mit → Nesse. Auch Astaldo genannt, der Tapfere.

Tulkasse, Tulkastor
In den frühen Geschichten der Schwiegervater von → Lindo, Vater von Vaire

Tum (Sindarin)
»Tiefes Tal«

Tumbalemorna (Quenya)
»Tal tief dunkel«: Begriff, den → Baumbart benutzt, um → Fangorn zu beschreiben

Tumbaletaurea (Quenya)
»Tal tief waldig«: Begriff, den → Baumbart benutzt, um → Fangorn zu beschreiben

Tumbo (Quenya)
»Tal«

Tumhalad
»Tal der Haladin«: Tal in West-→ Beleri-

and zwischen den Flüssen → Ginglith und → Narog; hier fand die → Schlacht von Tumhalad statt.

Tumladen

»Weites Tal«: das verborgene Tal in den → Echoriath, in dessen Mitte → Gondolin lag. Im → Dritten Zeitalter hieß so ein Tal in der Nähe von → Lossarnach.

Tumladin

»Tal der Glätte«: in frühen Entwürfen das Tal von → Gondolin

Tumunzahar

»Hohlburg« in der Sprache der → Zwerge, → Nogrod

Tún

Ein späterer Name der Stadt → Kôr

Túna

Der grüne Hügel im → Calacirya, auf dem → Tirion, die Stadt der → Elben, stand, in frühen Versionen auch der Name der Stadt selbst

Tund (Sindarin)

»Hügel, Berg«

Tuor

Einer der ganz großen Helden unter den Menschen des → Ersten Zeitalters, Sohn von → Huor und → Rian, Gemahl von → Idril Celebrindal, Vater von → Earendil. Geboren 473 EZ, nach dem Tod seines Vaters in der → Nírnaeth Arnoediad, wurde von → Elben von Mithrim unter Leitung von Annael aufgezogen, mit 16 geriet er in Gefangenschaft von → Ostlingen unter Lorgan und diente drei Jahre als Sklave, ehe er 492 fliehen konnte. Schlug sich als Rebell und Bandit durch, bis → Ulmo ihm die unstillbare Sehnsucht nach dem Meer ein-

gab. In → Vinyamar fand er Waffen und Rüstung vor, die → Turgon hier auf Geheiß von Ulmo hinterlassen hatte, und dann erschien ihm als einzigem Menschen ein → Vala in Person. Ulmo gab ihm einen → Tarnmantel und schickte ihn, geführt von → Voronwe, nach → Gondolin mit einer Warnung vor dem baldigen Ende. Er wurde dort 496 mit offenen Armen empfangen, und 502 heiratete er Idril, die Tochter von Turgon, 503 wurde → Earendil geboren. 510, bei der Zerstörung von Gondolin, tötete Tuor den Verräter → Maeglin und führte die Überlebenden zu den → Sirionmündungen. Als er sein Alter spürte, baute er sich ein Schiff und fuhr mit Idril nach → Aman, als einziger Mensch, der dort aufgenommen wurde. Seine berühmte Axt → Dramborleg wurde als Erbstück in → Númenor aufbewahrt und ging bei dessen Untergang verloren. – »The Fall of Gondolin« ist die erste Geschichte des → »Buches der Verschollenen Geschichten«, die Tolkien im Rahmen seiner → Mythologie niederschrieb, schon 1917, während eines Genesungsurlaubs. Er greift hier zahlreiche Motive aus verschiedenen Mythologien auf, mehr als sonst aus der der → Griechen. Es gibt zahlreiche Varianten, im → »Silmarillion« findet sich eine stark gekürzte Version einer Fassung, die Tolkien wohl 1951 anfertigte.

Tur (Quenya)

»Kraft, Meisterschaft«, aber auch »Herr, Meister, König«

Tür der Statthalter, Tür der Truchsessen
→ Fen Hollen

Túr Haretha

»Grab der Frau in der Sprache der → Haladin, der → Haudh-en-Arwen, der Grabhügel von → Haleth im Wald von → Brethil

Túr

Alte Form von → Tuor

Turamarth (Sindarin)

»Meister des Schicksals«: → Turambar

Turambar (Quenya)

»Meister des Schicksals«: der letzte Name, den sich → Túrin zulegte, während seiner Zeit in → Brethil

Turambar (Gondor)

→ Dúnedain, neunter König von → Gondor (541–667), errang große Siege über die → Ostlinge, rächte so den Tod seines Vaters → Rómendacil I. und erweiterte das Herrschaftsgebiet von Gondor nach Osten

turca (Quenya)

»körperlich stark, kräftig, mächtig«

Turco (Quenya)

»Häuptling, Anführer«

Turgon (Sindarin)

»Herr der Macht« oder »Machtvoller Herrscher«: Zweiter Sohn von → Fingolfin, beteiligte sich widerstrebend an der Rebellion der → Noldor gegen die → Valar; seine Frau Elenwe kam beim Übergang über die → Helcaraxe ums Leben. Ließ sich zunächst an der Küste nieder und gründete → Vinyamar, 104 EZ verschwand er plötzlich mit dem größten Teil seines Volkes und verbarg sich in → Gondolin, das er auf den Rat von → Ulmo, der ihm in → Träumen erschien, hatte heimlich bauen lassen. Hier hielt er sich verborgen, bis er zur Überraschung von Freund und Feind 473 bei der → Nírnaeth Arnoediad mit 10.000 Mann teilnahm. Immer wieder versuchte er, Kontakt mit den → Valar aufzunehmen, doch alle seine Boten kamen um, mit Ausnahme von → Voronwe, den Ulmo rettet, damit er → Tuor den Weg nach Gondolin zeigte. In Vinyamar hinterließ er eine Rüstung und Waffen für einen angekündigten Freund; und als Tuor damit 496 kam, nahm er ihn freundlich auf und hatte nichts gegen dessen Ehe mit seiner Tochter → Idril Celebrindal. Er sah voraus, dass daraus Gutes erwachsen würde. Als die beiden 502 heirateten, war Turgon der mächtigste Elbenherrscher in → Beleriand, → Hoher König der Elben seit 473 und seit der Zerstörung von → Doriath und → Nargothrond der letzte Herrscher eines wirklich intakten Elbenreiches. Dies ließ Morgoth keine Ruhe, und durch List und Verrat konnte er 511 Gondolin einnehmen; Turgon weigerte sich, zu fliehen, und starb kämpfend in den Trümmern seines Palastes. Er war von den großen Elbenfürsten der zurückhaltendste und weiseste, man nannte ihn »Der Kluge«. Über seinen Enkelssohn → Earendil war er Vorfahr der Könige von → Númenor und → Gondor, und sein Schwert → Glamdring wurde im → Ringkrieg von → Gandalf geführt.

Turgon (Truchsess)

→ Dúnedain, 24. Herrschender → Truchsess von → Gondor (2914–2953 DZ)

Túrin

Sohn von → Húrin und → Morwen, Hauptgestalt des Liedes → Narn i Hîm Húrin, des »Liedes der Kinder Húrins«. Geboren 465 EZ, von seiner Mutter nach der Gefangennahme seines Vaters bei der → Nírnaeth Arnoediad 473 nach → Doriath geschickt, dort Schüler und Freund von → Beleg Langbogen, mit dem er von 482 bis 485 an den Grenzen von Doriath kämpfte, geschützt durch sein Erbteil, den Drachenhelm von → Dor-lómin, → Hadors Helm. Zurück in Doriath, geriet er mit dem elbischen → Rassisten → Saeros aneinander, der bei einem Streit umkam. Obwohl daran unschuldig, floh Túrin, da er eine Verurteilung erwartete. Dies war der erste Ausdruck des Fluches, unter den → Melkor Húrin und sein ganzes Haus gestellt hatte: Böses zu wirken, auch wenn sie Gutes tun wollten, Böses zu erleben, was sie auch taten, ohne Hoffnung zu sterben. Túrin übernahm eine Bande von Banditen und Geächteten, deren Anführer Forweg er erschlug; er nannte sich nun Neithan, »der Beraubte« (oft auch als »der Gekränkte« übersetzt). Als Beleg ihn 486 aufspürte und ihm die Verzeihung von → Thingol anbot, wies er sie zurück. Ein Jahr später nahm er den → Kleinzwerg → Mîm gefangen und nahm dessen Höhlen, die → Bar-en-Danwedh, auf dem → Amon Rûdh in Besitz. 497 schloss Beleg sich seiner Bande an; er brachte → Lembas für Túrin mit und kämpfte selbst mit dem Schwert → Anglachel, das er von Thingol erhalten hatte. Die »Zwei Kapitäne« befreiten mit ihrer Bande die Region von → Orks, und das Land wurde Dor-Cúarthol genannt, das »Land von Bogen und Helm«, denn Túrin trug wieder den Drachenhelm; er nannte sich nun Gorthol, »Schreckenshelm«. Ende 488 wurde die Bande von Mîm verraten und von Orks bis auf Beleg und Túrin vernichtet, Túrin wurde gefangen genommen. Als Beleg ihn befreite, erschlug er ihn aus Versehen. Gemeinsam mit → Gwindor ging er nach → Nargothrond, wo er sich als »Agarwaen« vorstellte, »Der Blutbefleckte«, Sohn von »Úmarth«, »Unglück«. Das stumpf gewordene Schwert Anglachel wurde neu geschliffen und »Gurthang« genannt, »Todeseisen«, und die nächsten Jahre kämpfte Túrin für Nargothrond. Gwindor verriet der Tochter des Königs, → Finduilas, wer Túrin war, denn diese liebte Túrin, doch er erwiderte ihre Liebe nicht. Doch er stieg bei König → Orodreth noch mehr in der Achtung, überredete ihn zu aggressiver Kriegs-

führung und dazu, eine Brücke über den → Narog zu bauen. Er führte die Elben in die → Schlacht von Tumhalad (496) und war einer der wenigen Überlebenden. Als er nach Nargothrond zurückkehrte, fand er es zerstört vor, denn die Brücke konnte nicht rechtzeitig abgerissen werden. → Glaurung unterwarf ihn seinem Bann, so konnte er Finduilas nicht retten. Stattdessen ging er, von Glaurung getäuscht, nach Dor-lómin, um seine Mutter und Schwester zu suchen, die aber längst in Doriath waren. Vor Wut erschlug er den Ostling → Brodda und viele andere, und als er zurückeilte, erfuhr er in → Brethil, dass Finduilas tot war. Als »Wilder Mann aus den Wäldern« ließ er sich bei den → Haladin unter ihrem Fürsten → Brandir nieder. Ein Jahr später kam → Nienor zu den Haladin, der Glaurung ihr Gedächtnis geraubt hatte. Túrin nannte sie Niniël, »Tränenmädchen«; im Jahre 500 heirateten sie. Im nächsten Frühjahr, als Niniël schwanger war, griff Glaurung Brethil an; Túrin erschlug ihn aus dem Hinterhalt. Doch sterbend löste er den Bann von Niënor, und entsetzt über ihren → Inzest, stürzte sie sich in die → Cabed-en-Aras, die danach auch Cabed Naeramarth genannt wurde, »Sprung des Entsetzlichen Schicksals«. Nachdem Túrin die Wahrheit erfahren hatte, stürzte er sich in sein Schwert, das dabei zerbrach. Die Elben errichteten ihm einen Gedenkstein mit der Inschrift »Túrin Túrambar Dagnir Glaurunga« (Túrin, Herr des Schicksals, Glaurungs Verderber). An dessen Westseite begrub später Húrin sein Weib Morwen, und diese Anhöhe, der → Tol Morwen, überstand die → Verwandlung der Welt und ragte auch noch in späteren Zeitaltern aus den Wassern des Meeres. – Die Geschichte der Kinder Húrins ist eine der ältesten, die Tolkien geschrieben hat, und wurde sehr stark und oft überarbeitet. Die Fassung im → »Silmarillion« ist eine sehr gekürzte Version, sehr viel ausführlicher findet man die Geschichte in den → »Nachrichten aus Mittelerde«. Tolkien hat hier sehr stark auf ältere Motive zurückgegriffen, es finden sich solche aus dem → Nibelungenlied, dem → Beowulf und besonders dem → Wälsungenlied, aber auch aus manchen griechischen Tragödien. Túrin ist *die* tragische Gestalt in Tolkiens → Mythologie. Selbst seine bestgemeinten Taten schlagen zum Bösen aus, so ist er durch seine Kriegstaktik und den Bau der Brücke mit schuld am Fall von Nargothrond.

Túrin I.
→ Dúnedain, sechster Herrschender → Truchsess von → Gondor (2244–2278 DZ)

Túrin II.
→ Dúnedain, 23. Herrschender → Truchsess von → Gondor (2882–2914 DZ). Baute die geheimen Festungen in → Ithilien wie → Henneth Annûn und schlug die → Haradrim 2885 an den → Furten des Poros.

Túrin Túrambar Dagnir Glaurunga
»Túrin, Herr des Schicksals, Glaurungs Verderber«: Inschrift auf dem Grabstein von → Túrin

Turkafinwe (Quenya)
»Starker Finwe«: Vatername von → Celegorm

Turm der aufgehenden Sonne
→ Minas Anor, später → Minas Tirith

Turm der Hexerei
→ Minas Morgul

Turm der Perle
Turm auf einer der → Verwunschenen Inseln in einer frühen Geschichte

Turm der Sonne
→ Minas Anor, später → Minas Tirith

Turm der Wacht
→ Minas Tirith

Turm der Zauberei
→ Minas Morgul

Turm des aufgehenden Mondes
→ Minas Ithil

Turm des Mondes
→ Minas Ithil

Turm von Cirith Ungol
Turm, der den Pass → Cirith Ungol und die folgende Straße überwachte. Erbaut nach dem Krieg des Letzten Bündnisses von → Gondor, später von den → Nazgûl besetzt. Zwei → steinerne Wächter mit Geierköpfen ließen niemanden unbefugt eintreten. Während des Ringkrieges war hier eine → Orkwache unter dem Befehl von → Schagrat stationiert, die → Frodo gefangen hielt. → Sam konnte den Turm mit Hilfe von → Galadriels Phiole betreten und Frodo befreien.

Turm von Ecthelion
Turm in → Minas Tirith

Turm von Ingwe
→ Mindon Eldaliéva

Turmberge
Kleines Gebirge (Emyn Beraid, »Hügel der Türme«) in der Westmark, zwischen den → Fernen Höhen und den → Grauen Anfurten, hier standen die drei → Weißen Türme

Türme der Zähne
die → Zahntürme

660

Turondo (Quenya)
Alte Quenya-Form des Namens → Turgon

Túrosto
Quenya-Form von → Belegost

Türschwelle
So nannten → Bilbo und die → Zwerge um → Thorin Eichenschild das kleine grasige Fleckchen in der Nische vor dem Hintereingang zum → Erebor, auf dem sie einige Zeit lagerten, um den Eingang zu öffnen.

Turu (Quenya)
»Holz«

turu (Quenya)
»meistern, beherrschen«

Turuhalme (Quenya)
»Das Holen des Feuerholzes«: Großes Fest in → Mar Vanwa Tyaliéva, der Hütte des vergessenen Spiels

Turukáno (Quenya)
»Herrscher-Gebieter«: Quenya-Name von → Turgon

Turumart
→ Turambar in der Sprache der → Gnome

Turuphanto (Quenya)
»Hölzerner Wal«: Name des Schiffes → Hirilonde während des Baus

tuv (Quenya)
»finden«

Túvo
Früherer Name von → Tû

Twiens
Das »unreife« Alter bei den → Hobbits des → Auenlandes zwischen der Kindheit und dem Vollenden des 33. Lebensjahres, nach dem sie volljährig wurden

tyelka (Quenya)
»hastig«

Tyelkormo (Quenya)
»Schnell-Aufspringer«: Muttername von → Celegorm

Tyelle (Quenya)
»Stufe«

Tyeller (Quenya)
»Stufen, Reihen«: Die horizontale Einteilung der → Tengwar

Tyelperion (Quenya)
»Silberbaum«: der ältere der → Zwei Bäume von Valinor, der Quenya-Name für Telperion

Tyelpinquar (Quenya)
»Silberfaust«: eine Quenyaform des Namens → Celebrimbor

Tyler, Liv
Die Darstellerin von → Arwen im Film von Peter → Jackson – diese Figur wurde gegenüber dem Buch erheblich ausgebaut. So ersetzt sie → Glorfindel bei dem Kampf mit den → Nazgûl an der Furt vor → Imladris. Liv Tyler wurde am 1. Juli 1977 in Portland (Maine, USA) als Tochter von Aerosmith-Leadsänger Steve Tyler und dem Model Bebe Buell geboren; bis zu ihrem 12. Lebensjahr dachte sie, Rockstar Todd Rundgren wäre ihr Vater. Das Magazin »People« wählte sie 1997 zu einem der 50 schönsten Menschen der Welt. Bisher spielte sie u. a. in folgenden Filmen:
Stummer Schrei (1994)
Liebeshunger (1995)
Das Empire Team (1995)

Gefühl und Verführung (1996)
Die Abbotts – Wenn Hass die Liebe tötet
(1997)
Armageddon (1998)
Onegin (1999)
Dr. T and the Woman (2000)
One Night at McCool's (2000)

Tynwfiel
Ursprüngliche Schreibweise von → Tinúviël im Typoskript

Tyrn (Sindarin)
»Hügel«

Tyrn Gorthad (Sindarin)
die → Hügelgräberhöhen

Úamanya (Quenya)
»Nicht-Aman-Elbe«: → Dunkelelbe

Úan (Sindarin)
»Ungeheuer, Monster«

uanui (Sindarin)
»monströs, ungeheuerlich«

Ubed (Sindarin)
»Ablehnung, Verweigerung«

Über dem Land liegt ein langer Schatten
Beginn der Vorhersage von → Malbeth dem
Seher über die → Toten Menschen von Dun-
harg

Über die Nebelberge weit
Beginn eines alten Zwergenliedes, das die
Zwerge unter der Führung von → Thorin
Eichenschild in → Bilbos Haus singen
(HOB, neue Übersetzung; alt: Weit über die
kalten Nebelberge)

Über Ferne und Fluren
Beginn der → Klage über Boromir in der
neuen Übersetzung des »Herrn der Ringe«

Über Märchen
Der berühmte Vortrag → »On Fairy Stories«, den Tolkien 1939 hielt

Überlithe
Im → Kalender der → Hobbits der Schalttag, der alle vier Jahre eingeschaltet wurde,
nach dem Mittjahrstag in den → Lithe-
Tagen

Übersetzung
Unabhängig von der Diskussion um die
→ Neu-Übersetzung vom »Herrn der
Ringe« und des »Hobbit« – eine Diskussion, die in vielen Ländern über die jeweiligen Übersetzungen geführt wird –, ist es
ganz interessant, darüber nachzudenken,
dass Tolkiens Bücher ja selber Übersetzungen zu sein vorgeben oder zumindest Nach-
erzählungen, nämlich aus dem → »Roten
Buch der Westmark«. Tolkien hat sich deshalb viele Gedanken gemacht darüber, in
welchem Stil er was »übersetzte«, und es
könnte nichts schaden, wenn sich manche
Übersetzerinnen und Übersetzer in andere
Sprachen sich mit diesen Gedanken aus-
einandersetzen würden. Tolkien hat im
»Herrn der Ringe« im Anhang auf mehreren Seiten seine Ansichten ausgeführt, es
lohnt sich, sie zu lesen. Er erläutert die Dialekte im → Westron, deren große Variabi-
lität er im Englischen nicht wiedergeben
konnte, die Anredeformen, die Übersetzung
der Namen, die verschiedenen Sprechwei-
sen und Sprachstile – und er entschuldigt
sich dafür, die Sprechweise der → Trolle
und → Orks nicht so gemein wiedergegeben zu haben, wie sie war. Einen kleinen
Seitenhieb auf die moderne Welt kann er
sich nicht verkneifen, wenn er meint:
»*Ziemlich dieselbe Redeweise kann man
noch heute unter den Orkgesinnten hören:
langweilig und Hass und Verachtung ständig wiederkäuend, zu lange vom Guten entfernt, um auch nur verbale Kraft bewahrt
zu haben, außer in den Ohren derjenigen,
denen nur das Schmutzige überzeugend
klingt.*« (zitiert nach der alten Übersetzung).
– Es gibt zahlreiche Übersetzungen der
Werke von Tolkien, am meisten natürlich

vom »Herrn der Ringe«. Nach 20 Jahren, 1974, war er übersetzt ins Holländische (1956), Schwedische (1959), Polnische (1961), Dänische (1968), Deutsche (1969), Italienische (1970), Französische (1972), Japanische (1972), Finnische (1973), Norwegische (1973) und Portugiesische (Brasilien, 1974). Inzwischen sind über 20 weitere Sprachen hinzugekommen, und immer wieder gibt es irgendwo eine Neuauflage. In den Nachfolgestaaten der Sowjetunion ist der »Herr der Ringe« sehr beliebt, seitdem er 1988 erstmals veröffentlicht wurde, nicht zuletzt, weil ihn viele Menschen auch als politische Allegorie lesen (woher sollen sie wissen, dass Tolkien das nicht mochte?). Viele Menschen verkleiden sich und spielen Szenen nach, diese »Tolkienisten« werden in den meisten Staaten geduldet. In Jekaterinenburg wurde sogar eine Burg errichtet, bei der alle zwei Jahre eine Schlacht in Verkleidung ausgefochten wird, eine besondere Form von → Live-Rollenspiel. Nur in Kasachstan werden die Tolkienisten verfolgt und sogar eingesperrt, man verdächtigt sie politischer Subversion und des Satanismus.

Übersetzung, neue
→ Neu-Übersetzung

Übersetzungen
aus dem Elbischen von B.B.
Drei Bände, die → Bilbo Beutlin während seiner Jahre in → Imladris anfertigte und die später Eingang in das → »Rote Buch der Westmark« fanden – und damit ins → »Silmarillion« und → »The Lord of the Rings«

Udalraph
→ Borondir

Udún (Sindarin)
Tal hinter dem → Morannon, der nordwestliche Zipfel von → Mordor, nach Süden abgeschlossen durch Vorsprünge der → Ered Lithui und des → Ephel Dúat und das → Isenmaul, im Westen stand → Durthang. – Udún war im → Ersten Zeitalter die Sindarinform von → Utumno; auf diese Festung von → Melkor bezieht sich → Gandalf, wenn er den → Balrog als »Flamme von Udún« bezeichnet.

Ufedhin
In einer frühen Geschichte ein mit den → Zwergen verbündeter → Gnom, der → Tinwe Linto umgarnt

Die neueste russische Übersetzung des »Herrn der Ringe«, gebundene Ausgabe von 2001

Ufthak

→ Ork aus → Cirith Ungol, von → Kankra gefangen und gelähmt, um ihn bei Gelegenheit lebendig zu verzehren

Uglúk

Anführer der → Uruk-hai aus → Isengard, die → Merry und → Pippin entführten, von → Éomer erschlagen Im → Film von Peter → Jackson wird Uglúk von Nathaniel → Lees dargestellt.

Uial (Sindarin)

»Zwielicht, Dämmerung«

Uilos (Sindarin)

»Die Weiße«: kleine, weiße Blume mit glockenförmigen Blüten, auch Alfirin genannt und Simbelmyne (Rohan: Immertreu). Wuchs vor den Toren von → Edoras und → Gondolin und auf dem Amon Anwar, dem → Halifirien, am Grab von → Elendil dem Langen.

Uin

Der älteste aller → Walfische, führte in früheren Geschichten die Wale und Fische an, die → Tol Eressea im Auftrag von → Ulmo zur Küste von → Aman zogen (HIS 2). Uin heißt auch der älteste aller Wale, ein Grönlandwal, der den kleinen Hund → Roverandom zum Palast des Meerkönigs bringt.

Uinen

Eine → Maia, die Herrin der Meerestiere und Meerespflahzen, Gemahlin von → Osse, wurde von den Seefahrern angerufen, damit sie den wilden, sturmliebenden Osse besänftigte. Die Insel → Tol Uinen in → Númenor war nach ihr benannt.

Uinendili (Quenya)

»Geliebte → Uinens«, die »Gilde der Wage-mutigen« aus mutigen jungen Kapitänen, gegründet von → Tar-Aldarion

Uinéniel (Quenya)

»Tochter → Uinens«, Herrin der See: Beiname, den → Valandil von Andúnië → Erendis gab, sehr zu ihrem Ärger; sie sah in Uinen eine Rivalin

Uir (Sindarin)

»Ewigkeit«

uireb (Sindarin)

»ewig«

Ûl (Sindarin)

»Geruch, Duft«

Úlairi

Eine Bezeichnung für die → Nazgûl

Ulbal

Matrose von → Tar-Aldarion, aus → Emerië in → Númenor

ulban

»blau« in der poetischen Sprache der → Elben, ein Lehnwort aus der Sprache der → Valar

Ulban, Ulband

»Ungeheuer«: ein früherer Name von → Melko in der Sprache der → Gnome

Ulbar

→ Númenórer, Schäfer im Dienste von → Hallatan von Hyarastomi, wurde später Matrose von → Tar-Aldarion

Uldor

Anführer der → Ostlinge, genannt der Verfluchte, Sohn von → Ulfang dem Schwarzen, Bruder von Ulfast und Ulwarth, einer der Anführer der Verräter bei der

→ Nírnaeth Arnoediad, dort von den Söhnen von → Bór getötet

Ulfang

Häuptling der → Ostlinge, schloss sich mit seinen Söhnen Uldor, Ulfast und Ulwarth 457 EZ Caranthir an, doch verrieten sie ihn in der → Nírnaeth Arnoediad 473. Seine Söhne fielen in der Schlacht, über sein Schicksal ist nichts bekannt.

Ulfast

Anführer der → Ostlinge, Sohn von → Ulfang dem Schwarzen, Bruder von Uldor und Ulwarth, einer der Anführer der Verräter bei der → Nírnaeth Arnoediad, dort von den Söhnen von → Bór getötet

Ulmo

»Begießer, Regenmacher«: Einer der acht → Aratar und der zweitbedeutendste der → Valar, der Herr der Wasser und König des Meeres. Er wohnte nicht in → Valinor, sondern im → Außenmeer, von wo er alle Gewässer der Welt regierte und sich oft auch noch in → Mittelerde einmischte, als die Valar sich sonst zurückgezogen hatten, so sandte er → Turgon und → Finrod mehrmals → Träume und erschien → Tuor in Person. Wer seine weißen Muschelhörner Ulumúri hört, wird von unstillbarer Meeressehnsucht erfasst. Zu seinen Untergebenen gehören → Osse, → Uinen und → Salmar.

Ulmonan

Die Hallen von → Ulmo im → Außenmeer

Ulmondil (Quenya)

»Freund von Ulmo«: Beiname von → Tuor

Ulrad

Mitglied in der Bande Geächteter, der → Túrin sich anschloss

Ulug

Ursprünglich »Wolf«, später → »Drache« in der Sprache der → Gnome

Ulumúri

Die großen weißen Muschelhörner von → Ulmo, von dem → Maia → Salmar geschliffen

Ulunn (Sindarin)

»Ungeheuer, Monster«

Ulwarth

Anführer der → Ostlinge, Sohn von → Ulfang dem Schwarzen, Bruder von Uldor und Ulfast, einer der Anführer der Verräter bei der → Nírnaeth Arnoediad, dort von den Söhnen von → Bór getötet

um (Sindarin)

»böse«

úmaia (Quenya)

»unheilig«: Bezeichnung für die Anhänger von Melkor

Úmanelda (Quenya)

»Nicht-Aman-Elbe«: → Dunkelelbe

Úmanya (Quenya)

»Nicht-Aman-Elbe«: → Dunkelelbe

Úmarth (Sindarin)

»Unglück, Mißgeschick«: Name, den → Túrin als den seines Vaters ausgab, als er nach → Nargothrond kam

Umbar (Quenya)

»Schicksal, Verhängnis«, auch Name des → Tengwar-Zeichens Nr. 6, ꝑ, das für »b« oder »mb« stand.

Umbar (Hafen)

Der größte Hafen von → Harad, südlich der

Mündung des → Harnen von den → Númenórern errichtet und 2280 ZZ als Festung und Zentrum einer númenórischen
Kolonie ausgebaut. Hier landete 3261 ZZ
→ Ar-Pharazôn, um → Sauron zu unterwerfen. Nach dem Untergang von Númenor überlebten in Umbar zahlreiche
→ Schwarze Númenórer, ihre Fürsten Herumor und Fuinor beherrschten zu Beginn
des → Dritten Zeitalters → Harad. Earnil I.
von → Gondor eroberte 933 DZ den Hafen
und die Festung Umbar, sein Enkel
→ Ciryaher 1050 auch das Umland. Nach
dem → Sippenstreit errichteten die Söhne
von → Castamir im 15. Jahrhundert eine
von Gondor unabhängige Herrschaft. Sie
bedrohten als → Korsaren die umliegenden
Länder, bis 1810 → Telumehtar Umbardacil Umbar eroberte und die Korsaren vertrieb. Doch bald ging Umbar wieder verloren. Erst → Aragorn II. Elessar konnte es
wieder unterwerfen, nachdem er und das
→ Heer der Toten die Flotte der Korsaren
bei → Pelargir erobert hatte. Danach schloss
Aragorn Frieden mit Harad, und Umbar
wurde wieder ein Hafen von Gondor.

Umbardacil
König → Telumehtar von → Gondor

Umbarto (Quenya)
»Vom Schicksal bestimmt«: Muttername
von Amrod

Umboth-muilin
→ Aelin-uial

Umgestaltung der Welt
Ein einziges Mal legten die → Valar die
Herrschaft über die Erde nieder: Als im
Jahre 3319 ZZ die → Númenórer unter
→ Ar-Pharazôn in → Aman landeten, um
es zu erobern. → Manwe rief Ilúvatar an,
und dieser änderte den Bau der Welt. Seither ist die Welt so, wie wir sie kennen: Die
Erde ist rund und dreht sich um die Sonne,
und egal, wie weit wir Menschen fahren,
wir nehmen immer den krummen Weg.
Denn Aman wurde aus der Welt entrückt
und zu einer → Anderswelt, und es ist nur
noch über den → »Geraden Weg« zu erreichen. Und nur die Schiffe der → Elben können den Weg finden, doch dass es solche
noch in unserer Welt gibt, glauben nur
Wenige.

Umuiyan
Torhüter von → Tevildo

Umwandlung der Welt
→ Umgestaltung der Welt

Umzingelnde Berge
die → Echoriath

Umzingelndes Meer
Ekkaia, das → Außenmeer, von dem
→ Arda umgeben ist

Ûn (Sindarin)
»Geschöpf, Lebewesen«

Und was dann noch geschah
Von → Bilbo ursprünglich geplanter und
dann wieder verworfener Titel für das
→ »Rote Buch«, das er → Frodo und die-
ser später → Sam übergab (in der alten
Übersetzung von → »The Lord of the
Rings« heißt es »Und was danach ge-
schah«).

Underhill
englischer Name für → Unterberg

Undolaure (Quenya)
Eine Quenya-Form des Namens → Glorund, einer früheren Form von → Glaurung

667

Undóme (Quenya)
»Zwielicht, Abenddämmerung

Undómiel (Quenya)
»Tochter der Abenddämmerung«, übersetzt auch als »Abendstern«, Beiname von → Arwen, weil sie die schönste aller Elbinnen war während der Zeit des Schwindens der Elben

Undúme (Quenya)
»Abgrund«

Úner
»Keinmann«: Die (Un-)-Person, die → Tar-Ancalime am liebsten geheiratet hätte, wenn sie die Wahl gehabt hätte, nämlich gar nicht zu heiraten

Unfinished Tales
of Númenor and Middle-earth
Originaltitel der → »Nachrichten aus Mittelerde«

Ungol (Sindarin)
»Spinne«

Ungoliant
Ein riesiges → dämonisches Wesen in Spinnengestalt, das im → Ersten Zeitalter die → Zwei Bäume von → Valinor zerstörte, wahrscheinlich eine der abgefallenen → Maiar, die sich in die Gestalt einer so mächtigen → Spinne kleidete, dass selbst → Melkor sich vor ihr fürchtete. Sie hauste in den Klüften von → Avathar und nahm alles Licht auf, um daraus Netze aus Dunkelheit zu weben, ein würgendes »Unlicht«, das selbst die Augen der → Valar nicht zu durchdringen vermochten. Durch das Verschlingen des Lichtes der Bäume wurde sie so groß und mächtig, dass sie Melkor umspann. Er stieß einen Schrei aus, der die → Balrog aus den Tiefen von → Angband zu Hilfe rief, und gemeinsam konnten sie Ungoliant vertreiben. Sie floh in die Region, die später → Nan Dungortheb genannt wurde, erzeugte zahlreiche Kinder mit anderen ihrer Art, die sie gleich darauf verschlang, und wanderte in den tiefen Süden der Welt. Dort soll sie sich aus Hunger schließlich selbst verschlungen haben.

Ungwe Lianti, Ungweliant, Ungweliante
Frühere Namen für → Ungoliant

Ungwe
»Spinnennetz«, auch Name des Tengwar-Zeichens Nr. 8, ᴛ, das für »g« und »gw« stand.

Unholde
→ Grabunholde

Universum
→ Ea

Unlicht
Die tiefe Finsternis, die → Ungoliant um sich verbreitet

Unnennbare, der
Ein Beiname für → Sauron

únótima (Quenya)
»unzählbar«

Unque (Quenya)
»Mulde«, auch Name des Tengwar-Zeichens Nr. 16, ᴆ, das für »gh« und »nkw« stand.

Unquendor
Name der Niederländischen Tolkien-Gesellschaft

Unser Ringkrieg
Von → Bilbo ursprünglich geplanter und

dann wieder verworfener Titel für das → »Rote Buch«, das er → Frodo und dieser später → Sam übergab (in der alten Übersetzung von → »The Lord of the Rings« heißt es »Was wir im Ring-Krieg taten«).

Unsichtbarkeit

Die Fähigkeit, sich unsichtbar zu machen, ist seit Tolkien ein klassisches Motiv der Fantasy. Er bietet auch gleich die wichtigen Varianten an: → Tuor und die Gefährten der → Ringgemeinschaft haben → Tarnmäntel, der → Herrscherring ist zugleich ein Unsichtbarkeitsring, und → Lúthien kann sich mittels Zaubersprüchen praktisch unsichtbar machen, → Ungoliant schließlich kann dies mit ihrer »natürlichen« → Magie. Das einzige »klassische« Mittel, das Tolkien nicht einsetzt, ist ein Zaubertrank. – Unsichtbarkeit ist auch in den von Tolkien so geschätzten Mythen und Sagen ein beliebtes Mittel, und auch in der mittelalterlichen Volkssage verbreitetet. Eine frühe Version eines »Unsichtbarkeitsmantels« ist der »Helm von Hundefell« in der Sage um die Medusa: *Wer sich damit bekleidete, ... sah, wen er wollte, und wurde von niemand gesehen.*« Der Besitz einer Tarnkappe wird den → Zwergen nachgesagt; sie spielt auch eine wichtige Rolle im → Nibelungenlied: Verborgen unter ihr, kann Siegfried den Zweikampf mit Königin Brunhild gewinnen und es so aussehen lassen, als habe sein Freund Gunther gekämpft. In vielen anderen Sagen ist Unsichtbarkeit eine große Gabe, Märchen kreisen darum, und schon Anfang des 20. Jahrhunderts hat H. G. Wells das Thema in einem Science-Fiction-Roman bearbeitet, der als Vorlage für einige Filme diente. – Es gab auch Versuche in der Realität, die Unsichtbarkeit zu erreichen, z. B. in der → Alchemie. In England wurde im 13. Jahrhundert ein Graf beschuldigt, er habe aus des Königs Schatzkammer einen Stein entwendet, der einen Menschen unsichtbar mache. Manche Alchemisten versuchten die Unsichtbarkeit mit geheimen Worten zu erreichen, die mit einer speziellen, sehr schwer herzustellenden Tinte geschrieben werden mussten. Im Mittelalter war die Vorstellung verbreitet, das Verspeisen von Menschenherzen könne unsichtbar machen; wegen dieses Aberglaubens soll es zu einigen Morden gekommen sein. Und Blut aus den Genitalien eines unschuldigen Knaben sollte ebenso unsichtbar machen wie das eines ungeborenen Kindes. – Laut dem Alchemisten, Arzt und Philosophen Joannes Baptista van Helmont (1579–1644), der als bedeutendster Nachfolger des → Paracelsus gilt, kann auch das Alkahest, das aus dem Stein der Weisen gewonnene → Elixier des Lebens, unsichtbar machen.

Unsichtbarkeitsmantel

→ Tarnmantel

Unsichtbarkeitsring

Der → Herrscherring

Unsterbliche Lande, Unsterblichenlande

Gemeint sind damit → Aman und → Tol → Eressea, denen man unterstellte, allen, die dort lebten, zur → Unsterblichkeit zu verhelfen – und wahrscheinlich war dies auch so.

Unsterblichkeit

Selbst in unserer Welt ist die Sehnsucht der Menschen nach Unsterblichkeit oder zumindest einer Lebensverlängerung sehr stark; auch der Glaube an eine → Wiedergeburt oder → Auferstehung scheint sie nicht zu mindern. Um wie viel stärker musste diese Sehnsucht sein bei den Menschen des → Ersten und → Zweiten Zeitalters, die neben den praktisch unsterblichen → Elben lebten und im Gegensatz zu uns vor Augen hatten, dass Unsterblichkeit möglich war. Den → Tod als stärksten Gegner, stärker noch als selbst → Sauron, bekämpfen zu wollen, war bei den stolzen → Númenórern ein fast zwangsläufiger Wunsch. Und da ihre Medizin ebenso versagte wie → alchemistische und → magische Techniken und die → Einbalsamierung nur eine höchst unbefriedigende Ersatzlösung bot, war es naheliegend, dass man sich den »Unsterblichen Landen« zuwandte und in ihnen das Heil suchte. Falls die Behauptung → der Valar zutraf, dass es nicht das Land war, sondern die Natur der betroffenen Wesen, die über die Lebensdauer entschied, war der Untergang der Númenórer auch ein Ergebnis mangelnden Krisenmanagements: Hätten die Valar rechtzeitig reagiert und z. B. ein paar Númenórer für ein paar Jahrzehnte zu sich eingeladen, um damit zu beweisen, dass nichts an der These dran sei, wäre die Konfrontation vermieden worden. Doch wahrscheinlich war genau das das Problem: dass die Vermutung richtig war. Denn Tolkien hat sich zwar nicht über die → Langlebigkeit der Númenórer, wohl aber über die vergleichbare und parallel stattfindende Abnahme der → Körpergröße geäußert und diese auf die Entfernung von → Aman zurückgeführt. Wahrscheinlich war also etwas dran an der Vermutung der Númenórer: Wenn sie nach Aman gingen, könnten sie ihr Leben verlängern und vielleicht sogar unsterblich werden. Wenn dies stimmt, hat die Auflehnung gegen der → Bann der Valar, so unsympathisch auch die Akteure gewesen sein mögen, etwas → Luziferisches und durchaus Bewundernswertes und erinnert im Mut, den Kampf gegen den unendlich überlegenen Gegner aufzunehmen, an → Feanor. Und es ist davon auszugehen, dass die Sterblichen, die nach dem Ringkrieg nach Aman fuhren, → Bilbo,

→ Frodo, → Sam und → Gimli, geheilt wurden und ewig leben. – Dazu kann ihnen evt. auch »Miruvóre« helfen, ein Trank, den Tolkien als den »Nektar der Valar« bezeichnet und der angeblich jung halten soll, eine Art → Elixier des Lebens. – Dass die Unsterblichkeit Probleme mit sich bringen kann, wenn in einer Beziehung nur ein Partner betroffen ist, wird an der unglücklichen Liebesgeschichte von → Aegnor und Andreth deutlich und ist ja auch ein beliebtes Motiv in der neueren Fantasy, von »Dragonlance« bis »Highlander«. Wie das Thema insgesamt ist allerdings auch dieses Motiv alt. Und es kann sogar in einer einzigen Person als Problem auftreten: In der → Mythologie der → Griechen gab es eine unglückliche Seherin namens Sybille, die das göttliche Geschenk des ewigen Lebens erbat, aber die ewige Jugend zu erbitten vergaß und so uralt dahinvegetierte. – Mit dem Thema Lebensverlängerung, Unsterblichkeit und → Wiedergeburt beschäftigten sich nach neueren Erkenntnissen schon die Neandertaler. Und eine der wichtigsten frühen literarischen Überlieferungen, das Gilgamesch-Epos, dreht sich in der Hauptsache um dieses Thema. »Held« der im Nahen Osten in Form verschiedener Dichtungen in mehreren altorientalischen Sprachen verbreiteten Überlieferungen, die um 1200 v. Chr. als 12-Tafel-Epos vom Priester Sinleke-Unnini in Keilschrift auf zwölf Tontafeln zusammengefasst wurde, ist Gilgamesch, der um 2600 v. Chr. über die Stadt Uruk herrschte (heute Warka im Irak). Der Name lautete ursprünglich wohl Bilgamesch und bedeutet »der Alte ist ein junger Mann«. Gilgamesch ist zu zwei Dritteln Gott und zu einem Drittel Mensch und ein so grausamer Herrscher, dass die Götter auf die Gebete der unterdrückten Bürger hin den wilden Tiermenschen Enkidu (Engidu) schicken, der Gilgamesch zu einem Ringkampf herausfordert. Keiner gewinnt, und die beiden werden Freunde. Die Liebesgöttin Ischtar (Inanna), zugleich Schutzgöttin der Stadt, verliebt sich in Gilgamesch; als der sie zurückweist, lässt sie ihren Vater den Himmelsstier nach Uruk schicken, der der Stadt sieben Dürrejahre beschert. Gilgamesch und Enkidu erschlagen ihn, die Götter bestrafen dafür Engidu mit dem Tod. Gilgamesch macht sich, um seinen Freund zu retten, auf einen beschwerlichen Weg. Über mehrere Jenseitsstationen kommt er ans Ende der Welt, wo er von dem Helden und Weisen Utnapischtim, der die Sintflut überlebt hat, das Geheimnis der Unsterblichkeit erfährt. Utnapischtim verrät ihm, dass er im Meer die Pflanze Bilgamesch (»jung wird der Mann als Greis«) finden könne. Gilgamesch findet sie, verliert sie aber später an eine Schlange. Das Gilgamesch-Epos wurde im Altertum häufig bearbeitet und übersetzt und wirkte weiter in zahlreiche Kulturbereiche, auch auf die Schreiber der Bibel. Weitere bekannte unsterbliche Figuren sind der Ewige Jude – weil er sich gegen Jesus vergangen haben soll – und Jack o'Lantern, dessen Geschichte an Halloween spielt und der vom Teufel zur ewigen Existenz zwischen Leben und Tod verurteilt wurde, auch die → Vampire gehören in diese Gruppe. Zu den Artefakten, die Unsterblichkeit verleihen sollen, gehört der → Gral.

Unsterblichkeitslande
→ Unsterbliche Lande

Unter dem Berge, hoch und kahl
Beginn eines alten Zwergenliedes, das die Zwerge unter der Führung von → Thorin Eichenschild in der Festung unter dem → Erebor singen, als sie von den Menschen von → Thal belagert werden (HOB, nur in der neuen Übersetzung)

Unterberg
Pseudonym von → Frodo im Gasthaus in → Bree

Untergang
→ Númenor

Unterhaltung mit Smaug
Gründlich ausgearbeitete farbige Zeichnung von Tolkien mit Bleistift, schwarzer und farbiger Tusche, Wasserfarbe und Deckweiß, für das 12. Kapitel von → »The Hobbit«. → Smaug wälzt sich auf seinem Goldschatz, → Bilbo ist unsichtbar, aber schwarz gezeichnet (zu groß und mit Rundungen an den falschen Stellen, wie Tolkien meinte, aber er ist ja unsichtbar).

Unterharg
Ein Dorf in → Rohan

Untertürmen auf den Turmbergen
Ort am Fuß der → Turmberge, der Sitz des → Verwesers der → Westmark des → Auenlandes. Hier lebten ab 1455 AZ Fastred aus Grünholm und seine Nachfahren, die Schönkind

Unterwelthammer
→ Grond

unuhuine (Quenya)
»düster, unter Schatten«

Unverlöschliche Flamme
Das Zentrum der Schöpfung, vielleicht sogar die Essenz von Ilúvatar selbst. Sie ist der eigentliche Lebensfunke, der Dinge SEIN und LEBEN lässt und über den außer Ilúvatar niemand verfügt, auch die → Valar nicht. Die Suche danach (und vielleicht der Neid darauf) veranlasste → Melkor zur Auflehnung. Und ohne dieses Feuer waren → Zwerge von → Aule mechanische Spiel-

671

zeuge, bis Ilúvatar ihnen Leben einhauchte. Manche Legenden der → Elben deuten an, → Varda habe die Gabe erhalten, in engen Grenzen über dieses Feuer zu verfügen. Auch das »Geheime Feuer« genannt, als dessen Diener sich → Gandalf erklärt beim Kampf mit dem Balrog von → Moria.

Unwin, Rayner

Zweiter Sohn von Stanley → Unwin, später Leiter des Verlages, geboren 1926. War der »Gutachter« 1936 für → »The Hobbit« und bekam dafür 1 Schilling.

Unwin, Sir Stanley

Bis Ende der 50er-Jahre Leiter des → Verlages George Allen & Unwin, in dem alle Bücher von Tolkien zu dessen Lebzeiten erschienen.

Uole Kúvion, Uole Mikúmi

Namen für einen alten Elben, der in den frühen Geschichten bekannt wird als der → Mann im Mond (HIS 1)

Upon the Hearth the Fire is Red

Englischer Titel des Liedes → »Im Herd das Feuer leuchtet rot«

úquétima (Quenya)

»unaussprechlich, unsagbar«

Úr (Sindarin)

»Hitze«: ein früher Name für die → Sonne, auch Name für das → Tengwar-Zeichen Nr. 36, o, das »w« oder »ur« bedeutete

Uralter

Ein Name für → Tom Bombadil bei den Menschen

Urban, Karl

Der Darsteller von → Éomer im → Film von Peter → Jackson wurde am 7. Juni 1972 in Wellington (Neuseeland) geboren uns steht seit seinem achten Lebensjahr vor der Kamera. Der leidenschaftliche Bergsteiger und Reiter spielt vor allem am Theater in Wellington und in neuseeländischen Fernsehserien wie »Herkules« und »Xena«. In folgenden Filmen wirkte er mit:
»Hügel des Todes« (1992)
»Heaven« (1998)
»Via Satellite« (1998)
»Amazon High« (1999)

Úre (Quenya)

»Hitze«: ein früher Name für die → Sonne, auch Name für das → Tengwar-Zeichen Nr. 36, o, das »w« oder »ur« bedeutete

Ure, Stephen

Der Darsteller von → Gorbag im → Film von Peter → Jackson ist ein neuseeländischer Schauspieler. der in den Fantasy-Serien »Xena« und »Herkules« auftrat sowie in den Filmen »Hügel des Todes« (1992) und »Broken English« (1996).

Urelbisch

Das → Proto-Elbisch

Úrien (Quenya)

»Sommer«: ein früherer Name von → Ariën, der → Sonne

úrima (Quenya)

»heiß«

Urime (Quenya)

»der Heiße«: Name des achten Monats im → Kalender der → Elben und auch der → Númenórer, entspricht grob unserem August.

Úrin

Form des Namens von → Húrin in den Verschollenen Geschichten

Úrion
→ Fionwe-Úrion

Urko (Quenya)
»Ork«

Uroboros
→ Ouroboros

Urthel
Einer der zwölf letzten Gefährten von
→ Barahir in → Dorthonion

Urug (Sindarin)
→ »Ork« (selten benutzt)

urui (Sindarin)
»heiß«

Uruí (Sindarin)
Name des achten Monats im → Kalender
der → Númenórer, nur von den → Dúnedain verwendet, entspricht grob unserem
August, Quenya: Urime

Uruk
→ »Ork« in der Sprache von → Rohan, auch
benutzt als Einzahl von → Uruk-hai

Uruk-hai
Von → Sauron gezüchtete Ork-Rasse (Ein-
zahl: Uruk), die zum ersten Mal um 2475
DZ in Erscheinung traten, als sie → Ithilien
überrannten und → Osgiliath eroberten. Sie
waren so groß und stark wie Menschen, und
das Sonnenlicht machte ihnen nichts aus.
Sie waren schwarzhäutig und schlitzäugig,
Menschenfresser (→ Anthropophagen) und
→ Rassisten: Sie fühlten sich den anderen
Orks, die sie »Snaga«, Sklave, nannten,
erheblich überlegen.

Urulóke (Quenya)
»Feuerschlange«: → Drache aus der frühen

Zucht von → Melkor, feuerspeiend, aber
ohne Flügel; der mächtigste aller Urulóki
war ihr Stammvater, der bösartige → Glaurung.

Urundil (Quenya)
»Kupfer-Liebhaber«: Beiname von →
Mahtan, des Schwiegervaters von → Feanor

Urwen
der eigentlich Name von → Lalaith, der
früh verstorbenen Tochter von → Húrin und
→ Morwen

Urwen, Urwendi
In den frühen Geschichten die Hüterin von
→ Laurelin und Herrin der Sonne

Uthe-Spencker, Angela
Übersetzerin der deutschen Ausgabe von
→ »Bauer Giles von Ham«, erschienen
zweisprachig 1970 unter dem Titel »Die
Geschichte von dem Bauern Giles und dem
Drachen Chrysophylax« bei Langewiesche-
Brandt, 1975 als »Die Geschichte vom Bau-
ern Giles und dem Drachen« beim Deut-
schen Taschenbuch Verlag (dtv, ebenfalls
zweisprachig) sowie als »Bauer Giles von
Ham« in »Fabelhafte Geschichten« bei
Klett-Cotta, neu aufgelegt bei dtv 1999 als
zweisprachige Ausgabe unter dem Titel
»Farmer Giles von Ham«

Utumna
Name der ersten Festung von → Melko, später durch → Utumno ersetzt

Utumno (Quenya)
»die tief Verborgene«: die erste Festung, die
sich → Melkor baute, im Norden von Mittelerde. Als die → Valar ihn zum ersten Mal
in Banden schlugen, zerstörten sie sie restlos. In Sindarin heißt diese Festung »Udún«;
darauf bezieht sich → Gandalf, wenn er den

→ Balrog als »Flamme von Udún« bezeichnet.

Úvalear

»Feen«: Name des → Schattenvolk von → Hisilóme

Úvanimor (Quenya)

»Wesen, die nicht recht, nicht richtig sind«: Ungeheuer und → Riesen aus der Zucht von → Melkor (oder → Melko)

vá (Quenya)
»nein«

Vai
Das → Außenmeer, der Äußere Ozean

Vailimo (Quenya)
Ein Name für → Ulmo als Herr von → Vai

Vaima (Quenya)
»Gewand«

Vaine (Quenya)
»Scheide« (Waffenscheide)

Vainole (Quenya)
»Köcher«

Vaire (Elbin)
in den frühen Geschichten eine Elbin, die Gemahlin von → Lindo

Vaire (Quenya)
»Die Weberin«: eine der → Valier, die Gemahlin von Mandos, webt in die Teppichen, die die Wände der → Hallen von Mandos bedecken, alles, was je gewesn ist – die Chronistin der → Valar

vaita
»einhüllen«

Vaitya
Die äußerste der drei »Lüfte«, der Luft-schichten der → Atmosphäre, die den Über-gang zum → Außenmeer bildet; sie besteht aus einem zähen, kalten Stoff, weder Gas noch Flüssigkeit.

Vaiya
Das → Außenmeer, der Äußere Ozean

Vala (Quenya)
Einer oder eine der → Valar, zugleich Name für das → Tengwar-Zeichen Nr. 22, ᴎ, das für »w« stand.

Valacar
→ Dúnedain, 20. König von → Gondor (1366–1432 DZ), Sohn von Rómendacil II., der ihn 1250 nach → Rhovanion schickte zu seinem Verbündeten → Vidugavia, damit er sich mit den Nordmenschen vertraut mache. Valacar verliebte sich in Vidumavi, die Tochter von Vidugavia, und heiratete sie. Weil man seinem Sohn → Eldacar diese → »Rassenmischung« später vorwarf, kam es zum → Sippenstreit von Gondor.

Valacirca (Quenya)
»Sichel der Valar«: Name bei den → Elben für das Sternbild → »Großer Bär«, nach der Legende von → Varda vor dem Erwachen der Elben als Drohung für → Melkor an den Himmel gehängt

Valahiru (Quenya)
»Herr der Valar«: ein Titel von → Manwe

Valandil (Númenor)
»Freund der Valar, der die Valar liebt«: → Dúnedain, der erste Fürst von → Andú-nië, Sohn von → Elatan und → Silmariën

Valandil (Gondor)
→ Dúnedain, dritter König von → Arnor, geboren in → Imladris 3430 ZZ als vierter und jüngster Sohn von → Isildur, nominell

König ab 2 DZ, übernahm die Herrschaft 10 DZ mit Erreichen der Volljährigkeit und starb 249 DZ.

Valandor (Quenya)

»Land der Valar«: früher Name für → Valinor

Valandur

»Diener der Valar«: → Dúnedain, achter König von → Arnor (602–652 DZ)

Valanya (Quenya)

»(Tag der) Mächte oder Valar«, auch Tárion, Name des sechsten Tag in der sechstägigen Woche im → Kalender der → Eldar und des siebenten Tages im Kalender von Númenor, der wichtigste Tag

Valaquenta (Quenya)

»Buch von den Valar«; eine kurze Schrift, eine Art »Vorwort« zur »Quenta Silmarillion«, in ihr werden die → Valar und → Maiar vorgestellt.

Valar

»Die welche Macht haben« oder kurz »die Mächte«, Einzahl Vala: jene großen → Ainur, die nach der Erschaffung von → Ea in die Welt hinabstiegen, wie es in der → Ainulindale beschrieben wird. Beherrschen die Welt und die geringeren Auinur, die → Maiar. Die obersten sind die 9 → Aratar, die weit über allen anderen stehen, von den weiblichen und männlichen Valar werden jeweils die sieben mächtigsten als → »Könige« und → »Königinnen« der Valar bezeichnet, diese sind → Manwe, → Ulmo, → Aule, → Orome, → Mandos, → Lórien und → Tulkas sowie → Varda, → Yavanna, → Niënna, → Este, → Vaire, → Vána und → Nessa. Über diese 14 ist einiges bekannt, wie viele Valar es insgesamt gab, hingegen nicht. Die Valar werden auch manchmal als → Götter bezeichnet, und sie ähneln auch stark den Göttern anderer → Mythologien. Durch ihren Eingang in die Welt nahmen sie eine Gestalt an, die ihre Fähigkeiten und ihren Charakter widerspiegelte, das galt auch für ihr Geschlecht, und so waren auch Ehen möglich. Da alle Ainur von → Ilúvatar geschaffen wurden, scheint es zunächst unverständlich, wieso manche als Geschwister bezeichnet werden (z. B. → Manwe und → Melkor); wie die Ehe unter den Ainur stellt dies wahrscheinlich einen Versuch dar, besonders innige Verhältnisse zwischen ihnen in eine uns verständliche Form zu übersetzen, vielleicht hängt es aber auch damit zusammen, wie Ilúvatar die Ainur geschaffen hat. Zudem hatte Tolkien in frühen Versionen einige Maiar und Valar als Kinder von anderen geplant, z. B. → Erinti, → Noldorin und → Amillo; in der endgültigen Mythologie hatten die Ainur keine Kinder aus Beziehungen untereinander, es gab nur eine Tochter aus der Maia-Elben-Beziehung → Melian-→ Thingol (→ Lúthien). 13 der großen Valar lebten in → Valinor, nur Ulmo nicht, der seine Hallen im → Außenmeer hatte. Alle anderen Valar scheinen auch in Valinor gewohnt zu haben mit Ausnahme der in den frühen Geschichten erwähnten Erinti, Noldorin und Amillo, von denen es ausdrücklich heißt, sie seien die einzigen Valar gewesen, die → Valinor verlassen hatten; sie lebten auf → Tol Eressea. Im »Máhanaxar«, dem Ratsring oder Schicksalsring vor den Toren ihrer Stadt Valimar (oder Valmar) fällten die Valar ihre wichtigen Entscheidungen. – Wenn Tolkiens These stimmen würde, dass → Mittelerde unsere Welt ist, dann herrschten die Valar immer noch; und vielleicht ließen sich aus gelegentlichen Eingriffen oder Erscheinungen dann die Mythologien etwa der → Griechen oder → Germanen erklären.

Valarauko (Quenya)
»mächtiger → Dämon«: ein → Balrog, die
Mehrzahl lautete Valaraukar

Valarin (Quenya)
Ein Name für die → Sprache der → Valar

valarinwa (Quenya)
»zu den Valar gehörig«

Valaroma (Quenya)
»Vala-Hörnerschall«: das große Jagdhorn
von → Orome

Valarya (Quenya)
»(Tag) der Mächte, der Valar«: eine ältere
Form für → Valanya

Valatúru (Quenya)
»König der Valar«: ein Titel von → Manwe

Vald (Quenya)
»Glückseligkeit, Fröhlichkeit«

Valentin, Veit
Fast tauber, alter Mann in der Geschichte
→ »Herr Glück« (englisch: Gaffer Gam-
dschie)

Valhöl
→ Walhall

Valian (Quenya)
Ein Name für die → Sprache der → Valar

Valië (Quenya)
Weibliche Form von »Vala«, doch nur
gebraucht für die sieben → Valier

Valier (Quenya)
»weibliche → Valar«, allgemein aber übersetzt mit »Königinnen der Valar«, damit
wurden die sieben höchsten weiblichen
Valar bezeichnet: → Varda, → Yavanna,
→ Niënna, → Este, → Vaire, → Vána und
→ Nessa. Einen entsprechenden Ausdruck
für die sieben höchsten männlichen Valar
gab es nicht.

Valimar (Quenya)
»Wohnung der Valar«: Stadt der → Valar in
→ Valinor. Im → Dritten Zeitalter von den
Elben (*pars pro toto*) für Valinor gebraucht,
z. B. in Galadriels Klagelied → »Namarië«.

Valinor
»Land der Valar«, entstanden aus → »Valinóre«: das Land der → Valar in → Aman,
zwischen dem → Pelóri-Gebirge im Osten
und dem → Außenmeer im Westen. Mittelpunkt war die Stadt Valimar (auch Valmar) neben dem → Taniquetil, dem Wohnsitz von → Manwe und → Vardas. Vor der
Stadt lagen der Hügel Corollaire (auch Ezellohar genannt), auf dem die → Zwei Bäume
von Valinor standen, und der »Máhanaxar«,
der Schicksalsring, wo die Valar sich berie-
ten. Valinor entspricht dem → Eylsium der
→ Griechen und dem → Avalon der → Kelten. Auch das Bewachte Reich genannt und
manchmal auch → Valimar.

Valinóre (Quenya)
Ursprünglich »Volk der Valar«, später für
das »Land der Valar« benutzt: → Valinor

Valinorean (Quenya)
Ein Name für dir → Sprache der → Valar

Valinori (Quenya)
Ein Name für die Bewohner von → Valinor

Valkane (Quenya)
»Folter«

Valkarauke (Quenya)
»mächtiger → Dämon«: ein → Balrog, die
Mehrzahl lautete Valkaraukar

Valkotukka

Ein Polarfuchs, Neffe des → Nordpolarbären Karhu. Der Name bedeutet
»Weißhaar«.

Valmar (Quenya)

Kurzform von → Valimar

Valwe

Ein anderer Name für → Manwe, in den
frühen Geschichten der Vater von → Lindo

Vampir

Der Vampir ist ein so beliebtes Monster,
dass es ihn natürlich auch bei Tolkien gibt:
→ Sauron lebt einige Zeit als Vampir, und
seine Botin, die → Dämonen-Fledermaus
→ Thuringwethil, ist auch eine Art Vampir.
Die → Orks in der → Schlacht der fünf
Heere werden kräftig von Vampirfleder-
mäusen unterstützt, die sich *»vampirgleich
an den Gefallenen«* festsaugen. – Vampire
sind die bekanntesten aller Blutsauger,
Untoten und → Wiedergänger: *»Vampir
(18. Jh.) – aus serbokroat. vampir: Verstorbener, der nachts aus dem Grab steigt,
um Lebenden Blut auszusaugen«*, so defi-
niert den Vampir das Duden-Herkunfts-
wörterbuch. Auch Vampir-→ Fledermäuse
werden als Vampire bezeichnet. Der Begriff
»Vampir« ist noch relativ jung und erst seit
etwa 1700 belegt für den polnischen und
russischen Sprachraum, dort eingeschränkt
auf den klassischen »wiederkehrenden
Blutsauger«. In vielen Balkanländern nennt
man den Vampir *vukodlak* (serbisch) oder
brukolak (griechisch), was jedoch beides
Wolfspelz, also eigentlich Werwolf, bedeutet. Ein → Werwolf saugt aber kein Blut...
Manche Autoren leiten den Vampir her vom
türkischen *uber* (»Nichtflieger«) oder aus
dem polnischen *upior* (geflügeltes
Gespenst; *upierzic* heißt »mit Federn versehen«). – Wenn man Vampir hört, denkt
man meist an den »klassischen« Blutsauger, der nur des Nachts umherstreift, vor
Kreuzen und Knoblauch zurückschreckt
und von Sonnenlicht zerstört werden kann,
also den Vampir, wie er u. a. durch den
»Supervampir« Dracula von Bram Stoker
und seither durch zahlreiche Filme bekannt
wurde. Doch der Vampir ist keineswegs nur
ein abendländisches oder gar christliches
Monster; auch in Afrika, bei den Germanen, Griechen, Römern und Kelten gibt es
Blutsauger-, Wiedergänger- und Untoten-
Vorstellungen, in Mexiko, China, Indien,
oder Malaysia – Vampire kommen in den
Legenden praktisch aller Völker seit alters
her vor. Der »klassische« Vampir ist
ursprünglich wohl in Bulgarien und dem
Gebiet des heutigen Rumänien beheimatet,
auch wenn es Vorfahren auch anderswo und
erheblich früher gab. Der Vampirglaube ist
dort seit Jahrhunderten und bis in unsere
Zeit verbreitet. So grub man dort vor 200
Jahren die Leichen von Kindern nach drei,
die junger Leute nach fünf und alle anderen nach sieben Jahren wieder aus, um zu
schauen, ob sie sich in Vampire verwandelt
hatten. Waren die Leichen nicht vollständig
verwest, wurden sie einem der zahlreichen
»Reinigungsverfahren« unterzogen. Noch
1920 soll es in der Bukowina zu zahlreichen
Leichenausgrabungen gekommen sein. Die
Angst vor den »Untoten«, den »Wieder-
gängern«, war groß – und ist es in manchen
Schichten noch heute. Im späten 19. Jahrhundert noch wurden in den USA Vampir-
hinrichtungen vollzogen und gab es in
Preußen Prozesse gegen Leute, die aus
Vampirfurcht Leichen ausgegraben und
geköpft hatten; für 1913 ist ein solcher Fall
in Sensberg belegt. In Rumänien glauben
heute immer noch große Teile der Bevölkerung an Vampire. Dort wurde 1997 eine
Scheidung ausgesprochen, weil die Frau
eine Hexe und ein »energetischer Vampir«

sei und ihrem Mann die sexuelle Energie raube. – Es gibt viele Vorfahren und Verwandte des Vampirs; aber auch über den »klassischen« Vampir waren die Vorstellungen schon immer unterschiedlich, hier einige Beispiele aus dem Volksglauben: Der Vampir liegt tagsüber mit offenen Augen im Sarg, manchmal auch komplett in Blut eingetaucht. Er kann sich verwandeln in verschiedene Tiere und in Nebel – ja sogar in einen Heuschober. Er kann an senkrechten Wänden klettern, fliegen, auf den Strahlen des Mondlichtes reisen ... Manchmal ist seine Stärke von den Mondphasen abhängig, hat er kein Spiegelbild, wird er von Sonnenlicht oder Wasser zerstört, kann kein fließendes Wasser überqueren und keine Nahrung zu sich nehmen ... Oft wird ihm nachgesagt, er könne Menschen bezaubern, und nicht selten ist sein Mythos mit dem des Gestaltwandlers verbunden. – Meine moderne Vampirdefinition bezieht mythologische, literarische, psychologische, soziale und politische Aspekte ein: »Ein Vampir im strengen Sinne ist ein Verstorbener, der sein Grab verläßt, um Lebenden Blut auszusaugen. Ein Vampir im allgemeinen Sinne ist ein ehemaliger Mensch, der entweder nach seinem Tode in menschlicher Gestalt weiterexistiert oder aber seine Existenz über das natürliche Maß hinaus verlängert bzw. das Altern aufhält, jeweils indem er sich der Lebenskraft lebender Menschen bedient.« Nicht das Blut-Trinken ist also das Entscheidende am Vampir; es ist das parasitäre oder raubtierhafte unnatürliche Wieder- oder Weiter-Existieren mit lebenden Menschen als Opfern. Diese Definition bezieht sich natürlich auf unsere Welt; in einer phantastischen Welt wie etwa → Mittelerde in den ersten drei Zeitaltern muss man sie noch einmal erweitern, etwa indem man auch Nichtmenschen einbezieht.

Vána
Eine der → Valier, die jüngere Schwester von → Yavanna und die Gemahlin von → Orome, genannt die Ewigjunge, pflegte besonders Blumen und Vögel

Vanda
»Eid, Schwur, Gelöbnis«

Vane Hansto
Der Landeplatz des Schiffes → Mornie

vane (Quenya)
»schön«

Vanesse (Quenya)
»Schönheit«

vanima (Quenya)
»richtig, recht, schön«

Vanimalda
frühere Form von → Vanimelda

Vanimelda
»schöne Elbin«

Vanimelde, Tar-
→ Tar-Vanimelde

Vansamzírin
Die Straße in → Valinor, auf der der Festzug bei → Samirien stattfand

vanwa (Quenya)
»fort, verloren, vergangen, tot«

Vanya
»der Helle«: Plural Vanyar: die Blondelben, kleinste und erste Sippe der Elben, die nach → Aman kamen. Sie blieben alle dort und spielen in der Geschichte von → Mittelerde keine Rolle mit Ausnahme der Vanya-Noldo-Mischlinge → Fingolfin und → Fi-

narfin, den Söhnen des → Noldor-Königs → Finwe und der Vanya → Indis, und deren Nachkommen wie → Turgon, → Finrod oder → Galadriel.

vanya (Quenya)
»hell, schön«

Vanyarin, Vanyarisch
Dialekt der Elbensprache → Quenya, gesprochen nur in → Aman von den → Vanyar

váquet
»ablehnen, sich weigern, verbieten«

vard (Quenya)
»herrschen, regieren«

Varda
»Die Erhabene, die Hohe, die Herrschende«: die Höchste der → Valier, eine der → Aratar und Gemahlin von → Manwes Gemahlin, mit dem sie auf dem → Taniquetil wohnt. Sie hat viele Sterne an den Himmel gesetzt und war an der Schaffung von → Sonne und → Mond beteiligt und Sonne, ihr Reich ist → Ilmen. Von den → Elben in → Mittelerde oft unter ihrem Sindarin-Namen Elbereth angerufen, andere Namen für sie sind Elentári (Sternenkönigin), Tintalle (Sternentfacherin), Herrin der Gestirne, Königin der Valar und Immerweiße.

Vardamir (Quenya)
»Juwel von Varda« oder auch »Herrscher des Juwels«: → Dúnedain (61–471 ZZ), Sohn von → Elros Tar-Minyatur und zweiter König der → Númenórer, dies allerdings nur dem Namen nach, denn er gab 442 das Szepter direkt an seinen Sohn → Tar-Amandil weiter. Er wird aber in den Chroniken geführt, als habe er ein Jahr regiert. Seine größte Liebe galt den Überlieferungen und den Lehren von → Elben und → Menschen, weshalb er den Beinamen »Nólimon«, »Der Kundige«, erhielt.

Vardar (Quenya)
»König«

Vardarianna (Quenya)
»Vardas Geschenk mit Kranz«: duftender immergrüner Baum, den die → Elben aus → Tol Eressea nach → Númenor mitbrachten

Vardilme (Quenya)
»Hohe Luft«: eine Tochter von → Vardamir Nólimon, auch als Vardilye überliefert

Vardilye (Quenya)
»Herrscherin von allen«: eine Tochter von → Vardamir Nólimon, auch als Vardilye Vardilme überliefert

Vardo (Quenya)
»Fürst«

Vardo Meoita (Quenya)
»Fürst der Katzen«: Titel von → Tevildo

Variags
Ein Volk aus → Kand, das in der Schlacht auf dem → Pelennor auf der Seite von → Sauron kämpfte. Sie werden als entfernt menschenähnlich beschrieben, hatten wohl eine gewisse Ähnlichkeit mit → Orks, und scheuten das Sonnenlicht

Varni (Quenya)
»Königin«

Vása (Quenya)
»Die Verzehrende«: ein Name der → Sonne bei den → Elben, auch als »Feuerherz« übersetzt

Vater der Drachen
→ Glaurung

Vater der Pferde
→ Felaróf

Vater der Sprache
→ Nuin

Väter der Menschen
Die → Atanatari

Väter der Zwerge
Die sieben → Zwerge, die → Aule schuf

Vaterloser
Ein Beiname für → Tom Bombadil

vaya (Quenya)
»umhüllen, umschließen«

Vé
Der Name der → Hallen von Mandos, den
→ Mandos (Vefántur) ihnen selbst gab

vea (Quenya)
»erwachsen, männlich, tapfer«

Veanne
Kind aus → Mar Vanwa Tyaliéva, der Hütte
des Vergessenen Spiels, das die Geschichte
von → Tinúviël erzählt

Veantur (Quenya)
»Herr der Tapferen«: → Dúnedain, Befehlshaber der königlichen Schiffe von → Númenor unter → Tar-Elendil, Großvater von
→ Tar-Aldarion. Kapitän des Schiffes
Entulesse (»Wiederkehr«), mit dem ihm um
600 ZZ die erste Überfahrt von Númenor
nach → Mittelerde gelang. Er landete in
→ Mithlond und knüpfte freundschaftliche
Kontakte zu → Gil-galad und den Menschen aus → Eriador.

Vefántur
»Fantur des Todes«: ein Name für → Mandos

velike (Quenya)
»groß«

Vene (Quenya)
»kleines Boot, Segelschiff, Schale«

Venedotia
Die Heimat des → Drachen → Chrysophylax

Venió, Venwe (Quenya)
»Gestalt, Umriss«

Venus
Der Morgenstern und der Abendstern, in der
→ Mythologie der → Elben → Earendil,
der als Stern in seinem Schiff → Vingilot
am Himmel seine Bahn zieht. Schon die
Babylonier verehrten die Venus als »Tages-
stern, Sohn der Morgendämmerung«, in der
Antike nannte man den Planeten auch
→ Luzifer. Der Name Venus bezeichnet die
römische Göttin der Erotik und Liebe. Die
Venus ist kein Stern, sondern der der Sonne
zweitnächste und der Erde ähnlichste von
neun Planeten in unserem Sonnensystem.
Sein Äquatordurchmesser beträgt 12.104
Kilometer (der viertkleinste Planet), der
mittlere Sonnenabstand 108 Millionen
Kilometer, der Erdabstand 45 bis 255 Millionen Kilometer, die Rotationsperiode 243
Tage 3 Std. 50 Min., die siderische Umlaufzeit 0,62 Jahre (die Umlaufzeit entspricht
fast der Tagesdauer!), sie er hat die
0,815fache Erdmasse (ca. 5 Trilliarden
Tonnen) und eine mittlere Dichte von
5,24 g/cm^3.

véra
»eigen, privat«

Verbannte

Die → Noldor, die aus → Aman nach → Mittelerde zurück zogen

Verborgene Stadt

→ Gondolin

Verborgener Felsen

→ Gondolin

Verborgener König

→ Thingol

Verborgenes Königreich, Verborgenes Reich

Damit können sowohl → Doriath wie auch → Gondolin gemeint sein.

Verborgenes Volk

Die Bewohnerinnen und Bewohner von → Gondolin, auch Gondolindrim genannt

Verbotene Lande

→ Aman

Verbotenes Tor

Das → Tor der Toten

Verdorrte Heide

Ein anderer Name für die → Dürre Heide

Verdorrter Baum

Der → Weiße Baum von Gondor, nachdem er abgestorben war

Verdorrtes Tal

Ein nicht zu lokalisierendes Tal, in dem → Huan und → Tevildo miteinander kämpften

Vereine und Clubs

Neben zahlreichen Fan- und Rollenspiel-Clubs gibt es in Deutschland drei Vereine, an die sich Tolkien-Interessierte wenden können: → Deutsche Tolkien-Gesellschaft e.V., → Erster Deutscher Fantasy Club e. V. und die → Inklings-Gesellschaft für Literatur und Ästhetik e. V; über diese drei erhält man auch die Adressen ausländischer Vereinigungen.

Vereinigtes Königreich, Reich

Das → Vereinte Königreich von → Gondor und → Arnor

Vereinigung der Geschlechter

In → Mittelerde meistens gebraucht für die (bis zum Ende des Dritten Zeitalters) zwei → Vereinigungen von → Elben und Menschen. Allgemeiner jedoch umfasst es alle Verbindungen zwischen verschiedenen → Geschlechtern, auch die → Vereinigung von Elben und → Maiar oder jene Beziehungen, aus denen die im »Herrn der Ringe« erwähnten Halbtrolle und → Halborks hervorgegangen sind. Auch andere Verbindungen, die nicht bei Tolkien erwähnt sind, scheinen möglich, etwa zwischen → Zwergen und Elben oder Menschen. In Fantasy-Rollenspielen sind derlei Varianten sehr beliebt ...

Vereinigung von Elben und Maiar

Nur ein einziges Mal kam es in der Geschichte von → Mittelerde zu einer Vereinigung einer → Ainur mit einem sterblichen Wesen (denn auch die → Elben sind sterblich): → Melian, eine »→ *Maia, vom* → *Geschlecht der* → *Valar*« (SIL), eine Verwandte von → Yavanna, heiratete Elwe Singollo, der als König → Thingol ein großer unter den Elben wurde, und durch ihre Tochter → Lúthien kam auch ein wenig vom Erbe der → Valar unter die Menschen. – Ob nicht so manches der Ungeheuer, die → Melkor und → Sauron auf Mittelerde losließen, durch eine ähnliche Vereinigung entstand, ist nicht bekannt, doch scheint eine solche Möglichkeit durchaus im Bereich des Möglichen, vielleicht sogar wahrscheinlich.

Vereinigung von Elben und Menschen

Dreimal kam es in der Geschichte von Mittelerde zu einer Vereinigung von → Elben mit → Menschen, aus denen Kinder hervorging, davon zwei im → Ersten Zeitalter. → Beren heiratete um 468 EZ → Lúthien, die nicht nur eine Elbin war, sondern über ihre Mutter → Melian, eine → Maia, eine »Halbgöttin«. Ihr Sohn war → Dior der Schöne, ihre Enkel → Elwing. → Tuor heiratete 502 EZ → Idril Celebrindal, die Tochter des Elbenkönigs → Turgon; ihr Sohn war → Earendil. Durch die Verbindung der → »Halbelben« Earendil und Elwing wurde das Erbe der Elben auch in den Königshäusern der Menschen weitergegeben, über → Elros und die Könige von → Númenor bis zu → Aragorn II. Elessar. Dieser heiratete 3119 DZ als dritter Mensch eine Elbin, Arwen Undómiel, die als Enkelin von Earendil auch das Erbe von Melian der Maia und Beren dem Menschen in sich trug. Ihr Sohn Eldarion war in jeder Hinsicht ein Mensch. – Es mag noch manche andere Beziehung der »Zwei Geschlechter« gegeben haben, doch spielen deren Nachkommen keine Rolle in der Geschichte Mittelerdes, mit Ausnahme vielleicht der Fürsten von → Dol Amroth. Zumindest nach deren eigenrn Überlieferung soll Mithrelas, eine Elbin und Begleiterin der verschollenen → Nimrodel, den Númenórer Imrazór geheiratet haben; von ihrem Sohn Galador stammten alle Fürsten von Dol Amroth ab. Dies wird von → Legolas praktisch bestätigt, als er ihrem Nachfahren → Imrahil Elbenblut bescheinigt. Außerdem ist noch die unglückliche Liebesgeschichte zwischen → Aegnor und → Andreth überliefert.

Vereintes Königreich

Das wieder vereinigte Königreich von → Gondor und → Arnor unter König → Aragorn II. Elessar ab dessen Krönung am 1. Mai 3019 DZ; es umfasste insgesamt etwa 1.860.000 Quadratkilometer, das ist etwa 5 Mal so groß wie Deutschland und ungefähr so groß wie der Iran, Indonesien, Mexiko oder Südafrika.

Verfilmung

→ Film

Verfluchte Jahre

Die Zeit im → Zweiten Zeitalter, in der → Sauron einen großen Teil von → Mittelerde beherrschte, je nach Interpretation ab etwa 1000 DZ bis zu seiner Niederlage 3441.

Verfluchter Wind

Ein krankmachender Wind, den → Morgoth von → Angband aus um 470 EZ nach → Beleriand schickte, an einer der dadurch verusachten Seuchen starb → Lalaith, die Schwester von → Túrin

Vergehen (Jahreszeit)

→ Quelle

Verhängnis auf den Schwertelfeldern

Der Tod von → Isildur und der Verlust des → Herrscherrings

Verhüllung von Valinor

Die Reaktion der → Valar auf die Revolte der → Noldor: Sie erhöhten die → Pelori, befestigten den → Calacirya und setzen die → Verwunschenen Inseln ins Meer vor → Aman, das sie zum → Schattenmeer umwandelten, das bis auf → Tuor und → Earendil bis zum Ende des → Ersten Zeitalters niemand durchqueren konnte. Nurtalë Valinóreva hieß die Verhüllung von → Valinor in Quenya, und das war wahrscheinlich auch der Titel eines großen Liedes, das sie beschrieb.

Verlage

Der Hausverlag für die deutschen Ausgaben von Tolkiens Werken ist → Klett-Cotta in Stuttgart, die → Hörbücher und -spiele erscheinen im Hörverlag. Einzelne Werke sind jedoch auch in anderen Verlagen erschienen. Der → »Bauer Giles von Ham« erschien zweisprachig 1970 unter dem Titel »Die Geschichte von dem Bauern Giles und dem Drachen Chrysophylax« bei Langewiesche-Brandt und seit 1975 als »Die Geschichte vom Bauern Giles und dem Drachen« beim Deutschen Taschenbuch Verlag (dtv, ebenfalls zweisprachig, seit 1999 unter dem Titel »Farmer Giles von Ham«). Ebenfalls bei dtv erscheint seit 1974 → »Der kleine Hobbit« in der Übersetzung von Walter Scherf, die bereits 1957 beim Georg Bitter Verlag in Recklinghausen aufgelegt wurde. → »Die Briefe vom Weihnachtsmann«, bei Klett-Cotta 1977 erschienen, wurden 1981 bei Ullstein in Lizenz als Taschenbuch veröffentlicht. Der Liederzyklus »The Road Goes Ever On« von Donald → Swann erschien in einer deutschen Ausgabe 1993 beim Olaf Hille Verlag in Hamburg. Die Bücher zum → Film von Peter → Jackson erscheinen parallel zu Klett-Cotta auch beim Burgschmiet-Verlag in Nürnberg. – In England erschienen alle Werke von Tolkien zu seinen Lebzeiten bei George Allen & Unwin in London. Beim »Herrn der Ringe« verhandelte Tolkien ab 1949 auch mit dem Verlag William Collins, in der Hoffnung, dieser würde mit dem »Herrn der Ringe« auch das »Silmarillion« veröffentlichen, aber 1952 schloss er doch einen Vertrag mit Allen & Unwin (siehe Biobibliographie). Dieser Verlag wurde Mitte der 80er-Jahre übernommen vom Verlag William Collins (mit dem Tolkien wegen des »Herrn der Ringe« verhandelt hatte, einem Verlag mit einer Tradition bis ins frühe 19. Jahrhundert. 1989 fusionierte Collins mit dem 1817 von den Brüdern James und John Harper in New York gegründeten US-Verlag Harper & Row zu HarperCollinsPublishers. Diese beschreiben sich selbst derzeit als führende Verlagsgruppe in der englischsprachigen Welt und zweitgrößten Verlag in den USA; sie sind Teil von The News America Publishing Group, zu der u. a. die Fox Entertainment Group (»Twentieth Century Fox« u. a.), die Zeitung The New York Post und die Zeitschrift »The Weekly Standard« gehören. HarperCollins sieht sich selbst als christlichen Verlag, zum Verlagsprogramm gehört »*Literary Fiction, Popular Fiction and Non-Fiction, plus Family Reference, Sports titles, Children's Books, dictionaries and Bibles*« (zitiert nach der Homepage *www.fireandwater.com*). Zu den Autorinnen und Autoren der Gruppe zählen Isabel Allende, Robert C. Atkins, David Eddings, James Herbert, Sidney Sheldon, C. S. → Lewis und natürlich Tolkien. – Die amerikanischen Ausgaben der Bücher erschienen meist bei Houghton Mifflin in Boston, die Paperback-Ausgaben (»Taschenbücher«) bei Ballantine Books, New York.

Verlassene Herberge

Ein verlassenes Gasthaus eine Tagesreise östlich von → Bree

Verlorene Elben

→ Verschollene Elben

Vermischung der Lichter

Die Stunde, in der die → Zwei Bäume von Valinor gleichzeitig leuchteten

Verschlossene Tür, verschlossenes Tor

→ Fen Hollen

Verschollene Elben

In frühen Geschichten → Elben, die während der Wanderung nach → Aman verschollen waren und später in → Hithlum lebten.

Verschollene Geschichten

→ Buch der Verschollenen Geschichten

Verwandlung der Welt

→ Umgestaltung der Welt

Verweser der Westmark

Oberhaupt der → Westmark des → Auenlandes; erster Verweser war ab 35 VZ (1455 AZ) → Fastred aus Grünholm.

Verwunschene Inseln

In der Geschichte → »Roverandom« liegen diese in den → Schattenmeeren, dahinter liegen → Elbenland und → Elbenheim. In der → Mythologie von → Mittelerde jene Inseln, welche die → Valar östlich von → Tol Eressea ins Große Meer → Belegaer setzten, als es zur → Verhüllung von Valinor kam. Auch Schatteninseln oder Dämmerinseln genannt.

Verwüstung Smaugs

So wurde zwischen 2770 und 2941 DZ das Gebiet um den → Erebor genannt, das der → Drache → Smaug verwüstet hatte und beherrschte.

Verzauberter Fluss

Ein Fluss, der den Düsterwald-Bergen im Nordosten des → Düsterwaldes entsprang und kurz vor den → Hallen des Waldkönigs in den → Waldfluss mündete. Wer sein Wasser nur berührte, fiel schon in einen langen tiefen Schlaf; dem dicken → Bombur geschah dies, und er war danach sein Leben lang noch schläfriger und träger als schon zuvor.

Vettar

Ein Ausdruck in den frühen Geschichten, der wahrscheinlich »Waldläufer« bedeutet und wohl die → Haladin in → Brethil meint

Vidugavia

»Wald-Bewohner«: ein Nordmensch, im 13. Jahrhundert DZ König von → Rhovanion; zumindest nannte er sich so. Er war der mächtigste von Rhovanions Fürsten, er beherrschte das Land zwischen → Düsterwald und → Celduin. Seine Tochter Vidumavi heiratete König → Valacar von → Gondor, woraus später der → Sippenkrieg erwuchs.

Vidumavi

»Waldmädchen«: Tochter von → Vidugavia, Ehefrau von König → Valacar von → Gondor, Mutter von → Eldacar

Vier freie Völker

In seinen → »Alten Listen« zählt der → Ent → Baumbart vier »freie Völker« auf: → Elben, → Zwerge, → Ents und Menschen. Die → Hobbits werden nicht erwähnt – es gab sie ja auch noch nicht, als er seine Listen lernte.

Vier Zeitalter

→ Zeitalter

Vierte Schlacht

die → Dagor Bragollach

Viertes Zeitalter

Das vierte der vier → Zeitalter, jene Zeit, die nach den Ereignissen begonnen hat, die in → »The Lord of the Rings« beschrieben werden. Allgemein galt zunächst als Beginn des Vierten Zeitalters die Abfahrt der → Ringträger von den → Grauen Anfurten am 29. September 3021, in den Aufzeichnungen von → Gondor beginnt es allerdings mit dem 25. März 3019 DZ. Dort wurde der → Kalender auf einen Jahresbeginn am 25. März umgestellt, die Monate begannen dadurch im Schnitt 5 Tage früher. Diese Zeitrechnung wurde mit der Zeit von den meisten übernommen mit Ausnahme des → Auenlandes, wo die Auenland-Zeitrechnung fortgesetzt wurde, 1 VZ entsprach dort dem Jahr 1422, und wenn die Hobbits überhaupt vom Vierten Zeitalterwechsel sprachen, dann ließen sie es mit dem 2. Jul 1422 beginnen. Im weiteren Sinne dauert das Vierte Zeitalter, die Zeit ohne Magie, an bis in unsere Zeit (siehe Zeittafeln im Anhang).

Vierzehnzwanziger

Das legendäre Bier aus dem Jahr nach dem Ringkrieg, 1420 AZ, in dem im → Auenland alles blühte und gedieh wie noch nie

Vile (Quenya)

»Brise, Windhauch«

vilin (Quenya)

»luftig, windig«

Vilna (Quenya)

Die unterste Schicht der → Atmosphäre, auch Vista genannt oder Aiwenor.

Vilya (der Blaue)

Der erste und laut dem »Herrn der Ringe« der mächtigste der → Drei Ringe der Elben, die → Celebrimbor geschmiedet hatte, der »Ring der Luft«, genannt auch »Ring des Himmels«, »Ring des Firmaments«, »Ring der Sterne«, der »Blaue Ring« und »Ring des Saphirs«, gefertigt aus Gold und mit einem großen Saphir besetzt (eine Variante der Edelsteinart Korund; die rot gefärbte ist der Rubin, wie er den »Ring des Feuers« → Narya schmückte). Der erste Träger des Ringes war → Gil-galad (er trug auch Narya), der ihn von → Celebrimbor erhal-

ten hatte. Er gab ihn um 1701 ZZ an Elrond weiter, der mit seiner Hilfe → Imladris erhielt. Auch bei Vilya war (wie bei → Nenya) die Macht des Bewahrens und Schützens stark, doch wohl auf eher »luftige« Weise, ist doch Imladris sehr viel »unterhaltsamer« und weniger ernst als → Lorien. Laut den »Nachrichten aus Mittelerde« könnte auch Nenya der mächtigste der drei Ringe sein.

Vilya (Quenya)

»Luft, Himmel«, auch Name für das → Tengwar-Zeichen 24, ᴧ, das für »tr« stand, spter auch für »pn«.

Vinge (Sindarin)

»Schaum, Gischt«

Vingelot (Sindarin)

Eine Variante von → »Vingilot«

Vingilot (Sindarin)

»Schaumblüte« (→ Quenya »Vingilóte«, → Adûnaisch »Rothinzil«): das Schiff, mit dem → Earendil → Aman erreichte, das schönste aller je gebauten Schiffe, gebaut aus weißem Birkenholz aus → Nimbrethil, mit einem Bug in der Form eines Schwanenkopfes, goldenen Rudern und silbernen Segeln und Laternen. Von den → Valar geweiht, trägt Vingilot Earendil als Stern über den Himmel.

Vingilóte (Sindarin)

»Schaumblüte«: → Vingilot

Vinitharya

de Jugendname von → Eldacar von → Gondor bei den → Nordmenschen von → Rhovanion

Vinya (Quenya)

»die Junge«

vinya (Quenya)
»neu«

Vinyalonde (Quenya)
»Neuer Hafen«: → Lond Daer

Vinyamar
»Neues Heim«: Die Stadt von → Turgon in → Mittelerde, an der Küste von → Nevrast am Fuß des Berges Taras auf einer breiten Landzunge, die ins Meer hinausragte, bis sich Turgon 104 EZ mit seinem Volk in → Gondolin verbarg. Er hinterließ auf Rat von → Ulmo in Vinyamar eine Rüstung und Waffen für einen geweissagten Freund und Retter; → Tuor fand sie später und traf hier auf → Voronwe, der ihn nach Gondolin führte.

Vinyarie
Ein anderer Name für → »Yestare«

Vinyarion
Der Geburtsname von → Hyarmendacil II.

Vinye (Quenya)
»Erneuerung«, u. a. in → Narvinye und → Vinyarie

Víresse (Quenya)
»der Klare«: Name des vierten Monats im → Kalender der → Elben und der → Númenórer, entspricht grob unserem April.

Virin (Quenya)
»durchsichtig«; auch Name der magischen Substanz, aus der → Aule den → Mond geschaffen haben soll, klar und glasartig

Vista (Quenya)
»Luft«: Name der untersten Schicht der Luft in der → Atmosphäre, die Luft, die man atmen und in der Vögel fliegen können; sie reicht bis über die Wolken.

Vogelhüter
Beiname für → Timpinen

Vola (Quenya)
»langgezogene Welle«

Volk der Sterne
Die → Eldar

Volk von Haleth
Die → Haladin

Völker des Westens
Auch »Hohe Völker«: So bezeichnet man in → Gondor die → Númenórer und alle Völker, die von ihnen abstammen, dies erklärt → Faramir (II) einmal → Frodo im → »Herrn der Ringe«

Völker des Zwielichtes
Auch »mittlere Völker«: So bezeichnet man in → Gondor die Menschen, die nicht von den → Númenórern abstammen, aber nicht mit → Sauron verbündet sind, wie die → Rohirrim; dies erklärt → Faramir (II) → Frodo im → »Herrn der Ringe«

Vom dunklen Dunharg
Beginn eines Liedes, dass die Barden von → Rohan noch lange später sangen, über den Ritt der → Rohirrim von → Dunharg über → Edoras nach → Minas Tirith, wo sie gerade rechtzeitig zur Schlacht auf dem → Pelennor kamen (in der alten Übersetzung: »Aus dem dunklen Dunharg...«).

Vom Regen in die Traufe
Sprichwort, das verglichen wird mit → Bilbos Spruch → »Den Orks entkommen, von den Wölfen geschnappt«

Von Túrin Turambar
Die Geschichte um → Túrin Turambar und seine Verwandten im → »Buch der Ver-

schollenen Geschichten«, basierend auf dem → »Narn i Hîn Húrin«. In frühen Varianten nannte Tolkien die Geschichte auch »Die Kinder Húrins« und kurzfristig »Der goldene Drache«.

vor, voro
»immer« in der Sprache der → Gnome

Voran, voran, Reiter Théodens
Beginn des Schlachtgedichtes, mit dem König → Théoden von → Rohan sein Heer in die Schlacht auf dem → Pelennor führte (in der alten Übersetzung, die dem Original sehr viel eher entspricht : Auf! Auf! Ihr Reiter Theodéns!)

Vordertür
Das Haupttor zur Zwergenfestung unter dem → Erebor, durch das der Fluss → Eilend ins Freie floss

Vorfrühling
→ Coire

vorima
»immerwährend, für ewig« in der Sprache der → Gnome

vórima (Quenya)
»standhaft«

Vorjul
Im → Kalender des → Auenlandes der zwölfte Monat, grob unserem Dezember entsprechend, in → Bree wurde er Julmath genannt

Vorlithe
Im → Kalender des → Auenlandes der sechste Monat, grob unserem Juni entsprechend, in → Bree Lithe genannt

voronda (Quenya)
»standhaft, treu, getreu«, besonders in einem Bündnis oder im Halten eines Versprechens

Vorondil (Quenya)
»beständiger Freund« oder »Freund der Standhaftigkeit«: → Dúnedain, → Truchsess von → Gondor (1998–2029 DZ), genannt der große Jäger. Er erlegt um 2000 in → Rhún das → Rind Oromes, von dem → Boromirs Horn stammte.

vorondo
»getreu, beständig« in der Sprache der → Gnome

Voronwe (Quenya)
»Der Getreue, der Standhafte«: → Noldo-Elbe aus → Gondolin, der einzige überlebende aller jener Seefahrer, die → Turgon in den Westen geschickt hatte, um → Aman zu suchen; nach sieben Jahren Irrfahrt von → Ulmo gerettet, damit er → Tuor von → Vinyamar nach → Gondolin führen konnte. – Voronwe war auch der Beiname des → Truchsessen → Mardil von → Gondor.

Vorotemnar
So hießen die Fesseln, mit denen die → Valar in den frühen Geschichten die Handgelenke von → Melko fesselten

W

Wabbelwanst und Krakelbein

Beginn eines Liedes, das → Bilbo singt, um die riesigen → Spinnen im → Düsterwald zu sich zu locken (HOB, neue Übersetzung; alt: Die ganze lahme Lümmelei)

Wachsamer Frieden

Die Zeit zwischen 2063 DZ, als → Sauron sich aus → Dol Guldur zurückzog und 2460 DZ, als er es verstärkt wieder besetzte.

Wächter des Nordens

Die → Dúnedain des Nordens

Wächter im Wasser

Eine Art Riesenkrake im See vor dem → Westtor von → Moria, ähnlich wie → Ungoliant ein Wesen aus uralter Zeit, vielleicht ein abtrünniger → Maia oder eine Zucht von → Melkor, ähnlich den → Drachen. Dieses Wesen tötete 2994 DZ den Zwerg → Óin und griff 3019 → Frodo an.

Wächterwald

Name für den Ring, den die → Ents und → Huorns im März 3019 DZ um → Isengard legten, um → Saruman einzusperren

Wacht-Stein

Magisches Hilfsmittel der → Drúedain, beschrieben in der Geschichte »Der getreue Stein«, in der der Drûg → Aghan einen solchen einsetzt (NAM).

Wachtturm, Turm der Wacht

→ Minas Tirith

Wachtwald

Name für den Ring, den die → Ents und → Huorns im März 3019 DZ um → Isengard legten, um → Saruman einzusperren

Wagemutige

Die → Gilde der Wagemutigen

Wagen

Die meisten Völker von → Mittelerde benutzten Wagen für den Transport von Lasten, Kranken oder Verwundeten. Doch im Krieg (defensiv als Wagenburgen oder offensiv als Streitwagen) benutzten sie nur die → Wagenfahrer, bei den anderen Völkern hätte ein Mann, der nicht reiten konnte, als zu schwach gewirkt; hier hat Tolkien Traditionen der → Germanen und anderer nordischer Völker aufgegriffen. Bei den → Elben war sogar das Rad verpönt, angeblich als Symbol für die → »krumme Welt« – wobei das nicht glaubhaft ist, denn den Ring oder Kreis schätzten sie sehr.

Wagenfahrer

Stamm oder Verbund von Stämmen aus → Rhûn, der ab 1851 DZ nach Westen zog, mit großen Planwagen ausgerüstet, die sie zu einer Wagenburg zusammenstellen konnten, und mit Streitwagen; auch ihre Frauen kämpften. (Irgendwie erinnert das an den »Wilden Westen«). 1856 wurde → Namacil II. in der Schlacht auf den Ebenen südlich des → Düsterwaldes erschlagen, in der Folge eroberten die Wagenfahrer den südlichen Teil von → Rhovanion, und → Gondor führte fast 100 Jahre Krieg gegen sie. 1944 schlossen sich die Wagenfahrer mit den Bewohnern aus → Khand und → Harad zu einem Bündnis zusammen und konnten das Nordheer von Gondor auf der → Dagorlad vernichtend schlagen, König → Ondoher und seine beiden Söhne fielen. Der Führer des Südheeres, der spätere König → Earnil II., konnte sie jedoch in der Schlacht des Lagers bei der Siegesfeier überraschen und in die → Totensümpfe treiben, damit waren die Wagenfahrer praktisch ausgerottet.

Wahrer Name
Macht oder → Magie des wahren Namens: → Zauberspruch

Wahr-Silber
→ Mithril

Wald der grünen Blätter
Der neue Name des → Düsterwaldes nach dem → Ringkrieg, auf → Sindarin »Eryn Lasgalen«

Wald der Nacht
→ Taurfuin

Wald von Neldoreth
→ Neldoreth

Wald von Region
→ Region

Walda
Zwölfter König von → Rohan (2780–2851 DZ, regierte ab 2842) erschlagen von Orks nahe → Dunharg.

Waldelben
Im → Ersten Zeitalter sind die → Laiquendi von → Ossiriand gemeint, im → Zweiten Zeitalter die → Nandor, sie sprachen eine eigene Sprache, das → Nandorin, im → Dritten Zeitalter die → Waldelben im → Düsterwald unter ihrem König → Thranduil, genannt die Tawarwaith (Waldvolk),

und die Galadhrim (Baumvolk) in → Lórien. Beide waren Nachfahren der → Nandor, die Oberschicht bildeten meistens → Sindar oder Mischlinge aus beiden Stämmen, oft zugewandert nach dem Untergang der Elbenstädte → Menegroth und → Nargothrond. Beide Gruppen lebten zu Beginn des Zweiten Zeitalters in der Region um Lórien, um 1000 ZZ zogen die Tawarwaith in den damaligen »Großen Grünwald«, den späteren → Düsterwald, geführt von König → Oropher, der 3441 im → Krieg des Letzten Bündnisses gegen → Sauron fiel. In Lórien herrschten nach dem Tod von → Amroth → Celeborn und → Galadriel. Während die Waldelben dort in → Fletts auf Bäumen lebten, zog sich Thranduil in die → Hallen des Elbenkönigs zurück, einen Höhlenpalast im Osten des Düsterwaldes nahe → Esgaroth – dies ist ein wenig seltsam, da als Begründung für den Wegzug aus der Nähe von → Moria die Bautätigkeit der → Zwerge angegeben wurde. Die Beschreibung in »The Hobbit« ist noch sehr dem Kinderbuchcharakter verhaftet; Thranduils Krone etwa besteht aus Pflanzen, Laub und Beeren, je nach Jahreszeit, und dass er dort als blond beschrieben wird, lässt viele Leute sich den Kopf darüber zerbrechen, welche Haarfarbe → Legolas wohl hatte, sein Sohn. Die Tawarwaith hielten sich aus den Streitigkeiten in → Mittelerde meistens heraus, sie nahmen aber an der → Schlacht der fünf Heere teil; Lórien wurde durch Galadriel und ihren Ring → Nenya beschützt. Im Ringkrieg mussten beide Waldelben-Reiche sich gegen Angriffe wehren, danach trafen sich Celeborn und Thranduil am Neujahrstag der Elben, dem 6. April 3019 DZ, in der Mitte des Waldes und gaben ihm einen neuen Namen: Eryn Lasgalen, »Wald der grünen Blätter«. Der Nordteil blieb das Reich der Tawarwaith, der Süden wurde unter die Herrschaft von Lórien gestellt und

die Mitte den → Beorningern und Waldmenschen zugesprochen.

Waldelbensprache
→ Nandorin

Waldende
Ein unbesiedeltes Hügelland im Ostviertel
des → Auenlandes

Wälder von Núath
Wälder am Oberlauf des → Narog

Waldfluss
Fluss, der in den → Ered Mithrin entsprang,
durch den nördlichen → Düsterwald floss
und in den → Langen See mündete. Kurz
vor den → Hallen des Elbenkönigs nahm er
den → Verzauberten Fluss auf.

Waldhof
Dorf im → Auenland am östlichen Ende
der → Stockstraße im Ostviertel des →
Auenlandes

Waldläufer
Beiname für → Beleg Cúthalion und auch
für → Egnorm, außerdem Bezeichnung für
die Bande von Geächteten, zu der → Túrin
gehörte, und die Menschen von → Brethil.

Waldläufer des Nordens
Nach dem Untergang von → Arthedain ab
etwa 2000 DZ eine Bezeichnung für die
→ Dúnedain des Nordens, nachdem diese
in den Wäldern lebten; ihr Führer war zur
Zeit des → Ringkrieges → Aragorn II., der
spätere König Elessar.

Waldläufer von Ithilien
Kämpfer aus → Gondor, die, nachdem
→ Ithilien 2901 von → Orks überrannt worden war, dort in einer Art Guerillakrieg
gegen → Saurons Streitkräfte kämpften, zur

Zeit des → Ringkrieges von → Faramir (II)
geführt.

Waldmann, Milton
Angestellter beim → Verlag William
Collins, mit ihm verhandelte Tolkien ab
1949 über die Veröffentlichung des »Herrn
der Ringe« und des »Silmarillion«. Bekannt
durch einen Brief von Tolkien, in dem dieser
Ende 1951 versuchte, Waldmann mit über
10.000 Wörtern seine Mythologie zu
erklären und begründete, warum der »Herr
der Ringe« und das »Silmarillion« unbedingt gemeinsam veröffentlicht werden
müssten (veröffentlicht 1981, deutsch 1984
in Pesch: »J. R. R. Tolkien, der Mythenschöpfer«).

Waldmenschen
→ Waldläufer

Waldsonnenschein
Ein frühes Gedicht von Tolkien, verfasst
1910, in dem Feen und Waldgeister tanzen

Waldstraße
Die → Alte Waldstraße

Waldtor
Der westliche Beginn des → Elbenpfades,
der Eingang zum → Düsterwald, ein
Bogena us zwei großen einander zuge-
neigten Bäumen

Walfisch
Mehrfach taucht bei Tolkien ein uralter Wal
auf; der älteste aller Wale, ein Grönlandwal,
bringt → Roverandom zum Schloss des
Meerkönigs, und in den Verschollenen
Geschichten führt Uin, der älteste aller
Walfische, die Wale und Fische an, die
→ Tol Eressea im Auftrag von → Ulmo zur
Küste von → Aman ziehen und die → Elben
nach Aman bringen (HIS 2).

Walhall, Walhalla

In der → Mythologie der → Germanen die Heimstatt der ruhmreich auf dem Schlachtfeld gefallenen Krieger, die größte und prächtigste Halle (mit 540 riesigen Toren für je 800 Menschen) in Asgard, der Heimstatt der Asen, Sitz von → Odin. Die Männer, denen »Walvater« Odin mit seinem Speer Gungnir während einer Schlacht den Tod bestimmt hat, die Einherjer, werden von den Walküren, Schlachtenjungfrauen von herrlicher Schönheit, durch das Tor des Regenbogens nach Walhall gebracht, wo sie in Ewigkeit jagen, schmausen und kämpfen; ihre Wunden sind verheilt, bevor sie abends mit Odin tafeln (altnordisch Valhöl: »Halle der Gefallenen«). Alle anderen enden in der → Hel, etwa wer an Altersschwäche, Entbehrung oder Krankheit gestorben ist. Die Germanen hatten also keine Unterscheidung des Lebens nach dem Tode nach moralischen Kategorien, sondern nach der Art des Sterbens – eine sehr kriegerische Haltung und obendrein sexistisch, da Frauen in der Regel in der Hel endeten und nur Männer nach Walhall kamen. Ein Krieger, der den schmählichen »Strohtod« starb, konnte u. U. als → Wiedergänger umgehen.

Walhall: Die Einherjer ziehen durch das Tor des Regenbogens in Walhall ein

Runenstein

Waller

Großvater des Schmiedes in der Geschichte → »Der Schmied von Großholzingen«; war einst → Küchenmeister, trug den → Elbenstern, verschwand, als der spätere Schmied zwei Jahre alt war

Walsh, Frances

Einer der Drehbuchautoren zum → Film von Peter → Jackson, zugleich auch »conceptual designer«

Walstatt

Übersetzung von → »Dagorlad«

Wälsungen-Sage

Eine erst um 1370 niedergeschriebene → Saga, deren Grundthema Ähnlichkeiten mit dem → Nibelungenlied aufweist, bei der aber vor allem das → Inzest-Motiv wichtig ist. Mündlich mit Sicherheit viel früher überliefert, belegt durch direkte Anspielungen im nordischen »Eiriksmál« und der »Ragnarsdrápa« (beide 9./10. Jahrhundert) und auch schon im → Beowulf. In dieser Sage ist Sigmund die zentrale Figur. Seine Familie wurde durch den Gautenkönig Siggeirr ausgelöscht. Er zeugt unabsichtlich mit seiner Schwester Signy den Krieger Sinfjötli (= Siegfried), der an seiner Seite schließlich die Gauten besiegt und den Mord an Welsi, dem Ahnvater der Sippe, rächt. Sigmund stirbt in der Schlacht, und Sinfjötli, der durch Inzest gezeugte Sohn, wird von Sigmunds Frau vergiftet. – Dieses Inzest-Motiv wird in der Geschichte von → Túrin aufgegriffen.

Wandel der Welt
→ Umgestaltung der Welt

Wandelnder Unsichtbarer
So nennt sich → Bilbo Beutlin im Gespräch mit dem → Drachen → Smaug, um seinen Namen nicht preiszugeben.

War of the Rings
Der → Ringkrieg

Wargaming, War-Gaming
»Kriegsspielen« (englisch): neuerer Name für → Tabletop-Spiele

Warge, Wargs
Meistens sind damit die riesigen sprechenden Wölfe gemeint, die → Sauron als Reittiere für die → Orks gezüchtet hat. Manchmal wurden auch die → Drúedain als Wargs bezeichnet.

Wart der Heilung
Der Herr der → Häuser der Heilung von → Gondor, der → Kräutermeister

Warwick, Warwickshire
Region in → England, die Tolkien in seinen frühen Geschichten eine Zeit lang mit dem Gebiet Alalminóre in → Tol Eressea gleichsetzte

Was sehen wir da denn
Beginn eines Liedes, das die Elben von → Imladris singen bei → Bilbos erstem Besuch (HOB, neue Übersetzung; alt: Ich weiß ein paar Reiter)

Was wir im Ring-Krieg taten
Von → Bilbo ursprünglich geplanter und dann wieder verworfener Titel für das → »Rote Buch«, das er → Frodo und dieser später → Sam übergab in der alten Übersetzung von → »The Lord of the Rings«, in der neuen Übersetzung heißt es »Unser Ringkrieg«.

Wasa
Die Bezeichnung der → Drúedain in → Westron, die einmal im »Herrn der Ringe« auftaucht, ist eine »Modernisierung« des angelsächsischen »Wása«, das nur in der Zusammensetzung »wuduwása«, wilder Mensch, bekannt ist (im Englischen »Wose«).

Wasser des Erwachens
→ Cuiviénen

Wässer
Hauptfluss des → Auenlandes, entsprang in den Hochmooren oberhalb von Langcleeve, bildete das → Binsenmoor nahe dem Schiefertonwald aus, floss durch → Hobbingen, → Wasserau und → Balgfurt, mündete bei der Steinbogenbrücke in den → Baranduin.

Wasserau
Dorf im Zentrum des → Auenlandes und nah der Großen → Oststraße, mit dieser durch die Wasserauer Straße verbunden, die dann weiter nach Nordwesten die → Wässer lang nach → Hobbingen führte; das letzte Haus an dieser Straße war das Gasthaus »Grüner Drache«, Stammlokal der Familie → Gamdschie. Im Ort bildete die Wässer den Wasserauer See. Auf der Hauptstraße von Wasserau fand am 3. November 3019 die → Schlacht von Wasserau statt.

Wasserauer See
See, den die → Wässer in → Wasserau bildet

Wasserauer Straße
Nebenstraße der Großen → Oststraße im → Auenland, führt nach Nordwesten durch → Wasserau und → Hobbingen etwa 50 Kilometer entlang der → Wässer

Wasserfrau

So nennt → Tom Bombadil seine Schwiegermutter, die → Nymphe oder Nixe der → Weidenwinde; es ist unklar, ob sie einen Schwanz hatte.

Wassergeister

versammeln sich manchmal am Strand, an dem → Psamathos Psamathides wohnt (→ »Roverandom«); in der frühen → Mythologie gibt es bei Tolkien als → Elementargeister der Wassers u. a. die → Falmarini und die → Oarni

Wasserland der Schwäne

→ Nin-in-Eilph

Wasserfrau: Vielleicht ähnelte die Schwiegermutter von Tom Bombadil dieser Rheinnixe, wie sie Ludwig Richter (1803–1884) in diesem Holzschnitt darstelle.

Wasserrinne des Regenbogendaches
→ Cris Ilbranteloth

Wässertal
Das Tal der → Wässer

Wässriger Ring
→ Nenya

Weaving, Hugo
Der Darsteller von → Elrond im → Film von Peter → Jackson ist Australier und schloss 1981 erfolgreich seine Ausbildung am National Institute of Dramatic Art ab. Seither trat er in vielen Theater- und Fernsehproduktionen auf und in über 20 Filmen, darunter:
»The City's Edge« (1983)
»Für die Liebe allein« (1986)
»The Right Hand Man« (1987)
»Almost« (1990)
»Ein Schräger Vogel« (1993)
»Robin Hood Junior« (1993)
»Priscilla – Königin der Wüste« (1994)
»Ein Schweinchen namens Babe« (1995)
»Schweinchen Babe in der Großstadt« (1999)
»The Matrix« (1999)
»Strange Planet« (1999)
»The Magic Pudding« (2000)

Weberin der Düsternis
Übersetzung von »Wirilóme«, ein früherer Name für → Ungoliant

Wedelschwanz
Eines der Ponys von → Frodo und seinen Gefährten, die in den → Hügelgräberhöhen verloren gehen und die → Tom Bombadil wiederfindet; dabei gibt er ihm diesen Namen

Wedmath
Im → Kalender des → Auenlandes und von

→ Bree der achte Monat, grob unserem August entsprechend

Wegbrot
→ Lembas

Wege wandern weit und bang
Beginn eines Gedichtes und späteren Liedes, das → Bilbo Beutlin erfindet, als er nach seinen Abenteuern am → Erebor, dem Einsamen Berg, ins → Auenland zurückkehrt, in der alten Übersetzung des »Hobbit«; die neue Übersetzung ist angepasst an die später im »Herrn der Ringe« zitierte Fassung → »Die Straße gleitet fort und fort«.

Weglose Leere
die → Äußere Dunkelheit

Wegscheid, Wegscheide
Ort im → Auenland, nördlich vom → Tukhang, gelegen an der Großen → Oststraße in den → Weißen Höhen

Wegstunde
Ein immer wieder von Tolkien angegebenes → Längenmaß. Laut Fonstad (»Historischer Atlas von Mittelerde«) ist sie je nach Gelände und Fortbewegungsart mit 2,9 bis 17,5 → Meilen anzusetzen (ca. 4,6 bis 28 Kilometer). Fonstad hält für Längenberechnungen einen Wert von etwa 3 Meilen (rund 5 Kilometer) für sinnvoll, das scheint auch schlüssig, denn dies entspricht einem → Lár. In diesem Lexikon wurden alle → Längenmaße auf das metrische System umgerechnet; dabei wird bei der Angabe von Wegstunden von diesem Maß von 4,8 Kilometern ausgegangen.

Weidengrund
Ort im Süden des Ostviertels im → Auenland, gelegen am Distelbach

Weidenmann

→ Alter Weidenmann

Weidenwinde

Ein kleiner Fluss, der in den → Hügelgrä-
berhöhen entsprang, durch den → Alten
Wald floss und bei → Hagsend in den
→ Baranduin mündete. Die → Nymphe der
Weidenwinde war die Mutter von → Gold-
beere.

Weiher des Zwielichts

→ Aelin-uial

Weiher von Ivrin

→ Eithel Ivrin

Weihestätten

Die → Grabgewölbe der Toten Könige von
→ Gondor, auch »Häuser der Toten«
genannt

Weihnachtsmann

Der wohnt am Nordpol, ist genauso alt wie
die christliche Zeitrechnung (er schreibt
1925, er sei 1925 Jahre alt), und entsprechend zittrig ist seine Handschrift. Von 1920
bis 1939 schickte er an Tolkiens Kinder →
»Die Briefe vom Weihnachtsmann«. Sein
Bruder ist der »grüne Bruder«, der die Kinder versorgt, bei denen an Weihnachten
Sommer ist – beide heißen Nikolaus –, und
ihr Vater heißt Jul. Sein Sekretär ist der
→ rote Elfe → Ilbereth. Ein paar Monate
im Sommer schläft er und sein ganzes Team.
Trotz seines Alters ist er noch ein großer
Kämpfer, mit Blitz und Donner und Feuerwerk, wie er in der Schlacht mit den
→ Kobolden 1933 beweist. Als er 1939
durch die Übermacht der Kobolde in große
Bedrängnis gerät, setzt er zum ersten Mal
nach über 400 Jahren das große Windstoßhorn ein, das so weit schallt, wie der
Nordwind weht.

Weisen, Die

Die Führer der → Istari und der → Elben
im → Dritten Zeitalter, die den → Weißen
Rat bildeten

Weissagung des Nordens

Der → Fluch von Mandos

Weissagung von Malbeth

Die Voraussage des Sehers → Malbeth, dass
Isildurs Erbe (→ Aragorn) die → Pfade der
Toten beschreiten werde

Weißbrunn

Ort im → Tukland im → Auenland, um den
herum Felder der Familie → Tuk liegen

Weiße Dame

→ Galadriel

Weiße Dame der Noldor

→ Aredhel

Weiße Dame von Gondolin

→ Aredhel

Weiße Dame von Rohan

→ Éowyn

Weiße Hand

Das Wappen von → Saruman

Weiße Herrin

→ Galadriel

Weiße Herrin von Emerië

→ Erendis

Weiße Höhen

Kleines Gebirge an der Nordwest-Ecke des
→ Auenlandes, östlich der → Fernen Höhen

Weiße Hörner

Die → Ered Nimrais

Weiße Schar

Die Leibwache von → Faramir (II) als Fürst von → Ithilien, Hauptmann war → Beregond

Weiße Schiffe

Eine allgemeine Bezeichnung für Elbenschiffe, besonders für jene an den → Grauen Anfurten

Weiße Türme

Drei weiße Türme auf den → Turmbergen, die → Gil-galad für → Elendil hatte erbauen lassen, im höchsten, dem → Elostirion, wurde ein → Palantir aufbewahrt. Weiße Türme wurden auch die Türme bei den → Grauen Anfurten genannt.

Weißer Baum

→ Galathilion, auch erwähnt im Gedicht → »Das letzte Schiff«

Weißer Baum von Gondor

Nachfahre des Baumes, den → Isildur aus Númenor mitgebracht hatte, ein Schössling von → Nimloth, dem Weißen Baum von → Númenor. Zunächst wurde er in → Minas Ithil vor Ilsidurs Haus eingepflanzt, später in Erinnerung an → Anárion in der Zitadelle von Anor, dem späteren → Minas Tirith. Hier stand, solange es einen König gab und auch noch unter lange unter den → Truchsessen immer ein Nachfahr dieses Baumes. Doch zur Zeit des Todes von → Belecthor II., im Jahre 2852 DZ, verdorrte er und wurde als Toter Baum stehen gelassen »bis zur Wiederkehr des Königs«. → Gandalf fand nach dem → Ringkrieg einen frischen Schössling, und ab da gab es unter König → Aragorn II. wieder einen Weißen Baum von Gondor. Gandalf deutet im »Herrn der Ringe« übrigens an, dieser sei ein direkter Abkömmling des älteren der → Zwei Bäume von Valinor, Telperion.

Dies wiederspricht jedoch allen anderen Fundstellen, wonach → Galathilion als erster Vorfahr des Baumes von Gondor »nur« ein *Abbild* von Telperion war.

Weißer Baum von Númenor

→ Nimloth der Weiße

Weißer Baum von Valinor

Der ältere der → Zwei Bäume von Valinor: Telperion (der silberne Baum)

Weißer Berg

Der → Taniquetil

Weißer Bote

Ein Name für → Saruman

Weißer Drache

Großer → Drache, der in der Geschichte → »Roverandom« auf dem → Mond lebt, von wo laut dieser Geschichte alle weißen Drachen kommen. War früher auf der Erde und kämpfte dort zu Zeiten von → Merlin und → Artus mit dem Roten Drachen von → Caerdragon (»Schloss der Drachen«); hier greift Tolkien die alte Legende auf, wonach der rote Drachen der → Kelten durch den weißen Drachen der → Angelsachsen besiegt würde. Der weiße Drache auf dem Mond kann rotes und grünes Feuer spucken und färbt damit auch schon mal den Mond rot oder verfinstert ihn durch seinen Rauch; wenn es zu einer solchen Mondfinsternis kommt, muss der → Mann im Mond dies mit starken Zaubersprüchen in Ordnung bringen. Nachdem er von → Rover und Roverandom geweckt wurde und dies über den halben Mond gejagt hat, bringt ihn der Mondmann mit einem Zauber zum Absturz. Von diesem behält der weiße Drache schwarze Flecken auf dem Bauch, weshalb er nun auch das Marmorierte Monster genannt wird.

Weißer Rat

Rat der »Weisen« im → Dritten Zeitalter, → 2463 auf Anregung von → Galadriel gebildet, nachdem → Sauron nach → Dol Guldur zurückgekehrt war. Mitglieder waren → Gandalf, → Saruman, → Elrond, → Galadriel, → Celeborn, → Círdan und einige andere, namentlich nicht bekannte → Elben, → Thranduil gehörte nicht dazu. Wahrscheinlich war → Radagast manchmal auch beteiligt. 2851 verhinderte Saruman, dass Dol Guldur angegriffen wurde, da er selber auf der Suche nach dem → Herrscherring war. 2941 stimmte er zu, Sauron aus Dol Guldur zu vertreiben, da er inzwischen vermutete, der Ring liege in den → Schwertelfeldern. Die letzte Sitzung des Rates fand 2953 statt; Saruman belog dabei seine Ratsmitglieder und behauptete, er wisse, der → Herrscherring sei ins Meer gespült worden.

Weißer Reiter

→ Gandalf

Weißer Ring

→ Nenya

Weißer Turm von Gondor

Turm in → Minas Tirith

Weißes Gebirge

Die → Ered Nimrais

Weißes Pferd im grünen Feld

Seit → Éorl das Wappen von → Rohan

Weißfelle

Ein Schimpfname für die Menschen bei den → Orks

Weißfurch, Weißfurchen

Ort im → Auenland zwischen Froschmoorstetten und der Brandyweinbrücke

Weißfuß, Willi

→ Hobbit aus dem → Auenland, zur Zeit des Ringkrieges bis 1427 → Bürgermeister von Michelbinge, Spitzname Mehlkloß, von den Männern von → Saruman eingesperrt

Weißglöckchen

Blumen, die in der Geschichte → »Roverandom« auf dem → Mond wachsen und Musik machen

Weißquell

Der Fluss → Mitheitel

Weit über die kalten Nebelberge

Beginn eines alten Zwergenliedes, das die → Zwerge unter der Führung von → Thorin Eichenschild in → Bilbos Haus singen (HOB, alte Übersetzung; neu: Über die Nebelberge weit)

Weite Höhen

Grenzhöhen zwischen → Westmark und → Auenland, zwischen den → Weißen Höhen und den → Emyn Beraid, auch Fuchshöhen und Ferne Höhen genannt

Weit-Harad

Der südliche Teil von → Harad

Welcome To Middle-earth

Einführungsheft zum neuen einfachen → Rollenspiel → »The Lord of the Rings Adventure Game« von Decipher, erschienen 2001, 24 Seiten

Welt, Weltall

→ Ea

Welt-Ende

Dass es einst ein Ende der Welt geben wird, wird schon in der → Ainulindale angekündigt, doch wissen die → Valar und so auch die → Elben nicht mehr darüber, als dass → Ilúvatar das Ende der Welt mit einer → Zweiten Musik der Ainur einläuten (oder beenden) wird, bei der die Menschen mitspielen werden. Doch ob andere der intelligenten Wesen von → Mittelerde mitwirken, ist nicht gesagt, das Schicksal der → Elben, → Zwerge und anderer Nichtmenschen ist unklar. Ebenso ist nicht klar, ob es sich um eine Art Jüngstes Gericht handelt, bei der auch ge- und verurteilt wird, oder einen allgemein triumphalen Abschluss. Da in Tolkiens Mythologie aber nirgendwo eine → moralische Dimension einer Jenseitserwartung auftaucht (wie etwa mit Himmel und Hölle), sondern alle Toten unanhängig von ihren Handlungen in die → Hallen von Mandos kommen, ist davon auszugehen, dass er sich die Zweite Ainulindale eher als versöhnlichen Abschluss gedacht hat, in dem auch die Themen, die die »Abweichler« wie → Melkor und → Sauron gestaltet haben, integriert werden, denn letztendlich sieht Tolkien ja doch Ilúvatar als Ursprung allen Handelns, auch des Bösen: »*Kein Thema kann gespielt werden, das nicht in mir seinen tiefsten Grund hätte, noch kann das Lied einer ändern, mir zum Trotz. Denn wer dies unternimmt, nur als mein Werkzeug wird er sich erweisen, um Herrlicheres zu schaffen, von dem er nichts ahnt.*« (SIL)

Weltenschlange
→ Midgard-Schlange

Welt-Schiff
→ Schiff der Erde

Wen (Quenya)
»Mädchen«

Wendelin
Früherer Name von → Melian

Wenham, David
Der Darsteller von → Faramir (II) im → Film von Peter → Jackson wurde 1966 in Marrickville in Australien als jüngstes von sieben Kindern einer Arbeiterfamilie geboren. Er wirkte bisher in 13 Filmen mit, u. a. in:
»Flucht aus Absolom« (1994)
»Idiot Box« (1996)
»The Boys« (1997)
»Zum Teufel mit der Seele« (1998)
»Dark City« (1998)
»Russian Doll« (1999)
»Better Than Sex« (2000)
»Moulin Rouge« (2000)

Wenn der schwarze Atem weht
Beginn eines alten Gedichtes über die Heilpflanze → Athelas, das im »Herrn der Ringe« der Kräutermeister im → Haus der Heilung in → Gondor zitiert

wéra
»eigen, privat«, ältere Form von véra

Werft die Gläser an die Wand
Beginn eines Liedes, das die → Zwerge unter der Führung von → Thorin Eichenschild in → Bilbos Haus singen, um ihn zu foppen (HOB, neue Übersetzung; alt: Schmeißt mit Tellern)

Werwesen, Werwölfe
Werwesen sind → Gestaltwandler, die zwischen Menschen- und Tiergestalt wechseln können. → Beorn z. B. kann sowohl die Gestalt eines Mannes wie die eines Bären annehmen. Bei Tolkien scheinen die Werwesen stets die Kontrolle über ihre Verwandlung ausüben zu können; dies gilt zumindest für Beorn und auch → Sauron, der nach Belieben in Wolfsgestalt auftrat. Dieser schuf die Werwölfe, die ursprünglich »normale« Wölfe waren, in deren Kör-

per böse Geister eingesperrt wurden. Mit einem ganzen Heer solcher Werwölfe eroberte Sauron → Tol Sirion, die daraufhin → Tol-in-Gaurhoth genannt wurde, Insel der Werwölfe – *gaur* ist das Sindarin-Wort für Werwolf (Quenya *ngaur*). Der nach Sauron gefürchtetste Werwolf war → Draugluin, der Stammvater aller Werwölfe. → Cachraroth, der größte aller Wölfe, den → Huan im Zweikampf tötete, war wahrscheinlich kein Werwolf. Die Wölfe, die die → Ringgemeinschaft angriffen, waren Werwölfe, da ihre Leichen am nächsten Morgen verschwunden waren, außerdem nennt → Gandalf sie in seinem → Zauberspruch so. Der Fürst der Katzen, Tevildo, der Vorläufer von Sauron in der frühen → Mythologie, war eine Werkatze. Als mythische Wesen von → Mittelerde wird auch von Wer-Würmern berichtet, die es in frühesten Zeiten gegeben haben soll. – Werwesen gibt es in vielen Mythologien; meist werden darunter allerdings Menschen verstanden, die sich unfreiwillig in ein Tier verwandeln und dann die Kontrolle über sich verlieren; dies können Werwölfe sein, Katzenmenschen, Werlöwen, Wertiger oder Werbären (wie Beorn). Während in älteren wissenschaftlichen und literarischen Werken meist die bedrohliche Seite der Lykanthropie (so nennt man wissenschaftlich die Verwandlung in ein Werwesen) betont wird, nehmen in jüngerer Zeit in den Geschichten und Filmen andere Aspekte mehr Raum ein: der Reiz der Freiheit, die Rückkehr zur Natürlichkeit, die mit der Wildheit verbundene Erotik… In Osteuropa gibt es die Legende, dass ein Werwolf, der in tierischer Gestalt getötet wird, als → Vampir wiederkehrt. In Deutschland wurden noch im 17. Jahrhundert Menschen als Werwölfe hingerichtet, meist mit dem erfolterten, manchmal aber auch freiwillig abgelegten Geständnis, Menschenfleisch gegessen zu haben

(→ Antropophagie); sie litten dann evt. an einer Geisteskrankheit, die man ebenfalls Lykanthropie nennt und die mit der Wahnvorstellung einhergeht, sich in ein Tier verwandeln zu können oder zumindest so benehmen zu müssen. Die berühmten Märchen- und Sagensammler Ludwig Karl (1785–1863) und Wilhelm Karl Grimm (1786–1859) berichten in ihrer Sagensammlung: *»Zu Lüttich werden im Jahre 1610 zwei Zauberer hingerichtet, weil sie sich in Werwölfe verwandelt und viele Kinder getötet. Sie hatten einen Knaben bei sich von zwölf Jahren, welchen der Teufel zum Raben machte, wenn sie Raub zerrissen und gefressen.«* Und sie erzählen, *»noch heutzutage [um 1820!] hat sich an der türkischen Grenze unter den österreichischen Christen«* der Glauben erhalten, die *»Hunnen und Türken, die für ein Volk galten, wären Ungetüme, von einem Zauberer mit einer Wölfin zusammen erzeugt«*. In ihrer Sage »Die Werwölfe ziehen aus« heißt es: *»In Livland ist folgende Sage: Wann der Christtag verflossen ist, so geht ein Junge, der mit einem Bein hinkt, herum und fordert alle dem Bösen Ergebenen, deren eine große Zahl ist, zusammen und heißt sie nachfolgen. Zaudern etliche darunter und sind säumig, so ist ein anderer großer langer Mann da, der mit einer von Eisendraht und Kettlein geflochtenen Peitsche auf sie haut und mit Zwang forttreibt. Er soll so grausam auf die Leute peitschen, dass man nach langer Zeit Flecken und Narben auf ihrem Leibe sehen kann, wovon sie viele Schmerzen empfinden. Sobald sie anheben, ihm zu folgen, gewinnt es das Ansehen, als ob sie ihre vorige Gestalt ablegten und in Wölfe verwandelt würden. Da kommen ihrer ein paar Tausende zusammen; der Führer mit der eisernen Geißel in der Hand geht voran. Wenn sie nun aufs Feld geführt sind, fallen sie das Vieh grausam an und zer-*

reißen, was sie nur ergreifen können, womit sie großen Schaden tun. Doch Menschen zu verletzen ist ihnen nicht vergönnt. Kommen sie an ein Wasser, so schlägt der Führer mit seiner Rute oder Geißel hinein und teilt es voneinander, so dass sie trockenes Fußes übergehen können. Sind zwölf Tage verflossen, so legen sie die Werwolfsgestalt ab und werden wieder zu Menschen.« Wie in der Mythologie von Tolkien sind auch in historischer Zeit in manchen Kulturen andere Werwesen bekannt wie Katzenmenschen, Werlöwen oder -bären, hierzu gehören auch die Berserker der Germanen.

West-Beleriand
Der westliche Teil von → Beleriand, westlich des → Sirion, hier lagen u. a. → Nargothrond, die → Falas, → Arvernien, → Mithrim und → Brethil.

West-Emnet
Der nordwestliche Teil von → Rohan

Westernis
Ein Name für → Númenor

Westfold
Gebiet von → Rohan entlang den → Ered Nimrais von der → Pforte von Rohan bis nach → Edoras; in der Westfold liegt auch die → Hornburg

Westland
Meist ist damit → Númenor gemeint.

Westland von Númenor
→ Andustar

Westliche Inseln
→ Aman und → Tol Eressea

Westliche Wasser
das große Meer → Belegaer

Westlicher Grauer Port
Name für die → Grauen Anfurten im Gedicht → »Das letzte Schiff«

Westliches Meer
Das große Meer → Belegaer

Westmannskraut
So nennt → Aragorn scherzhaft das → Pfeifenkraut der → Hobbits

Westmark
Im → Ersten Zeitalter in → Doriath: → Nivrim. Im → Dritten Zeitalter die westliche Hälfte von → Rohan, von der Ostmark durch den → Schneeborn und die → Entwasser abgegrenzt, aber auch ein Landstrich westlich des → Auenlandes, von diesem durch die → Weiten Höhen getrennt, den → Aragorn 32 VZ (1452 AZ) den → Hobbits übertrug. 1455 AZ wurde → Fastred aus Grünholm der erste Verweser der Westmark.

Westmeer
Das große Meer → Belegaer

Westmenschen
Bezeichnung für die → Númenórer bzw. → Dúnedain

West-Ost-Straße
→ Oststraße

Westron
Die gemeinsame → Sprache zur Zeit des Ringkrieges, die sich als eine Art Verkehrssprache durchgesetzt hatte

Weststraße
Im → Dritten Zeitalter Bezeichnung für den Teil der → Nordstraße östlich des → Isen, der von → Gondor zur → Pforte von → Rohan führte

701

Westtor
Das westliche Tor von → Moria

Westviertel
Eines der vier Viertel im → Auenland, in dem die wichtigsten Ortschaften lagen, → Michelbinge, → Wasserau und → Hobbingen, und auch das → Tukland

Weta Fax
Neuseeländische Firma, die für die Spezialeffekte im → Film von Peter → Jackson zuständig ist. Arbeitete bisher bei allen Jackson-Filmen mit und war u. a. auch beteiligt an »Contact« und bei einigen Fernsehserien, z. B. (»Herkules«). Für die Massenszenen hat die Firma das Verfahren → »Massive« entwickelt.

Wetterberge
Kleines Gebirge zwischen → Bree und den → Trollhöhen; der südlichste Berg war der Amon Sûl, die Wetterspitze.

Wetterspitze
→ Amon Sûl

Wetwang
ein Name für → Nindalf

When Spring unfold the beechen leaf
Englischer Beginn des Liedes → »Entfaltet Frühling Blatt um Blatt«

Why the Man in the Moon Came Down Too Soon
Das Gedicht → »Der Mann im Mond kam viel zu früh«

Wichte
→ Grabunholde

Widfara
Reiter aus dem → Wold von → Rohan, kämpfte in der Schlacht auf den → Pelennor-Feldern

Wiedergänger
Ein wiedererstandener Toter, ein »Untoter«, wie etwa der Gräbergauch in dem Gedicht → »Die Abenteuer des Tom Bombadil«, die → Grabunholde auf den → Hügelgräberhöhen und die → Toten von Dunharg. Tolkien greift hier auf die alte Vorstellung zurück, Menschen könnten nach ihrem Tode nicht nur als Geist, sondern auch körperlich wiederkehren; diese ist zu allen Zeiten in fast allen Kulturen zu finden und ist zugleich Ausdruck der uralten Sehnsucht des Menschen nach Unsterblichkeit und der Angst vor dem, was die Menschen nach dem Tode erwartet wie auch vor der Rache, der Wiederkehr der Verstorbenen. Immer wieder findet man die Vorstellungen, die Toten seien noch mächtig; selbst in unserer modernen Gesellschaft erzeugen nicht nur der Tod, sondern auch die Toten Angst. In früheren Kulturen wurden die Toten oft als Feinde betrachtet. »Böse« Tote versuchen natürlich, den Lebenden zu schaden – dies ist eine von mehreren mythologischen Wurzeln für den Glauben an → Vampire. In manchen Kulturen kommen die Toten wieder, wenn sie zu früh verstarben, weil jedes Leben »zu Ende gelebt« sein will. Plötzliche Eingriffe wie Unfall, Mord, Selbstmord unterbrechen den natürlichen Ablauf; die Seele findet im Grab keine Ruhe. Aber auch Menschen, die sich extrem Böses haben zuschulden kommen lassen und/oder mit dem Teufel im Bunde standen, können wiederkehren, oder Menschen, die noch eine Rache zu vollziehen haben. Schließlich gibt es auch die Vorstellung einer unverschuldeten »Verdammung« zur Wiederkehr, durch fehlerhafte Rituale oder mangelhafte Trauer der Hinterbliebenen (in Vietnam), durch die Geburt am falschen Tag oder Ort

Die Bedrohung an der Wetterspitze:
Frodo und die Schwarzen Reiter

Ulrike Schneidewind

oder durch die falsche Todesart. Bei den → Germanen hing die starke Betonung der → Blutrache, die bis zum Sippenkrieg führen konnte, nicht zuletzt mit der Angst vor dem Wiederkehren des Getöteten zusammen. Selbstmörder hingegen galten ihnen als »harmlose Wiedergänger«, die umgehen mussten bis zum Zeitpunkt ihres »normalen« Todes. Aus dem Mittelalter sind die Nachzehrer in Hessen oder Schlesien bekannt; oft werden diese wiederkehrenden Toten als harmlose, wenn auch quälende Plagegeister beschrieben, als Aufhocker oder Würger, sie fressen die Vorräte weg, ärgern die Haustiere oder machen einfach Lärm. Der Neuntöter in → Island war allerdings sehr gefürchtet: Neun Jahre lang kam er aus dem Grabe zurück, um sich gierig und boshaft für seinen Tod zu rächen. Manche Wiederkehrer töten Menschen, um sie zu verspeisen, andere ernähren sich von Aas wie die orientalischen Ghule. In der Kultur des Voodoo ist die spezielle Abart des Zombie entstanden. Oft gab es die Vorstellung, dass Tote zu sexuellen Aktivitäten fähig seien; laut dem Talmud soll Herodes noch sieben Jahre lang mit seiner ermordeten Gattin geschlafen haben. In vielen Sagen und Märchen zeugen tote Männer oder gebären tote Frauen Kinder, oder tote Mütter kommen, um sie zu säugen. Laut einer verbreiteten Sage wurde der berühmte Arzt und Alchemist → Paracelsus beinahe zum Wiedergänger.

Wiedergeburt

Nach einer frühen Konzeption von Tolkien konnten die → Elben, die in den → Hallen von Mandos warteten, in einem anderen Körper wiedergeboren werden. Dieses Konzept hat Tolkien wohl später verworfen; er entschied sich dafür, dass am → Weltende jedem »Geist«, jeder »Seele« (→ Fea) nur ein Körper (Hroa) zugeordnet werden

soll. – Das Konzept einer persönlichen Wiedergeburt, eines neuen Lebens nach dem Tode in dieser oder in einer anderen, evt. auch zukünftigen Welt, ist sehr alt, schon Grabfunde der Neandertaler deuten auf solche Vorstellungen hin. Und eine der verbreitetsten Vorstellungen dabei ist die einer Reinkarnation oder Seelenwanderung, auch Metempsychose oder Transmigration genannt, mit deren Einführung sich Tolkien durchaus in guter Gesellschaft befunden hätte. In vielen Kulturen und Religionen glaubt man, die Seele ginge sofort oder nach einem Zwischenstadium nach dem Tod in einen anderen Körper über, um wieder zu leben und zu sterben und in neuen körperlichen Formen wiedergeboren zu werden. Dadurch kann man sehr gut für das Leben nach dem Tod moralische Bewertungskriterien einführen, indem das jetzige Leben als Lohn oder Strafe für das Verhalten in einem früheren Stadium der Existenz erklärt wird, und vor allem soziale Unterschiede auf für die Herrschenden unproblematische Art und Weise begründen. Außerdem kann man damit gut moralische Vorschriften aufrecht erhalten: Es ist leichter, Menschen vom sinnlosen Töten von Tieren abzuhalten, wenn sie glauben, sie könnten die Seele des Großvaters enthalten. – Bei vielen Naturvölkern in Afrika, Amerika und Australien findet sich die Vorstellung, ein unsterblicher Teil des Menschen gehe nach dessen Tode in den Leib einer Frau ein und werde von dieser als Kind erneut zur Welt gebracht wird, oft in Verbindung mit totemistischen Vorstellungen. So werden u. a. Familienähnlichkeiten erklärt. – Bei den → Kelten spielte die Vorstellung der Seelenwanderung eine wesentliche Rolle, zumindest bei den Druiden. Ob die Ägypter an die Seelenwanderung glaubten, ist umstritten. Im Manichäismus werden die Bösen in Tieren wiedergeboren. Bei den alten → Griechen war die Reinkarnationslehre besonders unter den Pythagoräern verbreitet; nach der Lehre des Pythagoras (6. Jahrhundert vor Christus) überlebt die unsterbliche Seele den Körper, in dem sie gefangen war, reinigt sich im Hades (den man mit den → Hallen von Mandos gleichsetzen kann) als Schatten und wird wiedergeboren, bis sie sich nach mehreren Wiedergeburten durch das Gewinnen von Tugenden und Enthaltsamkeit aus dem Kreislauf befreien kann. Die Seele kann sich an frühere Leben erinnern; so sieht das auch Empedokles: *»Ich war bereits einmal Knabe, Mädchen, Pflanze, Vogel und der Flut enttauchender, stummer Fisch.«* Für Platon war die Seele ewig und spirituell. Durch körperliche Begierden wird sie unrein. Sie kann sich aus der Körperlichkeit erst befreien nach einer ganzen Reihe von Seelenwanderungen. Je nach Verhalten endet sie dann im Zustand reinen Daseins oder im Tartarus als Ort ewiger Verdammnis. – Bei den östlichen Religionen spielt die Seelenwanderung ein zentrale Rolle, z B. im Hinduismus und im Buddhismus. In beiden sind die Seelen dem Samsara unterworfen, einer endlosen Kette von Leben und Wiedergeburten. Je nach den guten oder bösen Taten, dem Karma, wird man als Mensch, Tier, Pflanze oder Mineral wieder geboren. Buße, Rituale und Askese können zur Erlösung aus dem ewigen Kreislauf führen. Zwei Wege kann ein Hindu gehen: Er kann nach weltlicher Belohnung streben oder danach, aus dem Samsara erlöst zu werden, die Einheit der individuellen Seele, des Atman, mit der universellen Weltseele Brahman zu erreichen. Der Buddhismus lehnt die Existenz des Atman ab. Doch die Vorstellung einer Kette von Ursachen und Wirkungen der Wiedergeburten unterscheidet sich ansonsten nicht wesentlich von der im Hinduismus, Ziel der Erlösung ist hier allerdings das Nirvana. – Im Judentum und Christentum gibt es offiziell keine Seelenwanderung; nach der kirchlichen Lehre stünde diese auch diametral der Heilslehre des Christentums entgegen. In der Kabbala hingegen ist sie als »Gilgul« Bestandteil der Philosophie, und es gab und gibt auch christliche Gruppen, die sie vertreten, etwa die Katharer. Der Kirchenvater Origenes wurde wegen seiner Reinkarnationslehre drei Jahrhunderte nach seinem Tod offiziell exkommuniziert. – In den letzten Jahrhunderten haben im westlichen Kulturkreis u. a. Kant, Lessing, Lichtenberg, Herder, Schopenhauer und Goethe die Seelenwanderungslehre zumindest zeitweise vertreten. *»Ich bin gewiß, schon tausendmal dagewesen zu sein und hoffe, noch tausendmal wiederzukehren«*, schrieb Goethe an Frau von Stein, und: *»Des Menschen Seele gleicht dem Wasser: Vom Himmel kommt es, zum Himmel steigt es, und wieder nieder zur Erde muß es, ewig wechselnd.«* In der modernen Esoterik nimmt die Reinkarnationslehre einen bedeutenden Platz ein, z. B. in der Theosophie und in der Anthroposophie. Mit sogenannten Rückführungen auf frühere Existenzen wird außerdem eine Menge Geld verdient. – Wilhelm Busch (1832–1908) kleidete seine Zweifel an diesem Konzept der nicht-individuellen Wiedergeburt in die Worte: *»Die Lehre von der Wiederkehr ist zweifelhaften Sinns. Es fragt sich sehr, ob man nachher noch sagen kann: ›Ich bin's.‹«* – Die Idee der Seelenwanderung hat ein grundlegendes logisches Problem: Wo sollen bei 6 Milliarden Menschen – und täglich werden es mehr – die ganzen Seelen herkommen?

Wikinger-Club
Ein Studentenclub, den → Tolkien und Eric Valentine → Gordon 1922 in → Leeds gründeten

Wilde aus dem Hügelland
Ein Name für die → Dunländer

Wilde Elben
Bezeichnung für die → Waldelben, aber auch für die → Dunkel-Elben

Wilde Länder
In → Rohan eine Bezeichnung für alle Länder westlich der → Pforte von Rohan.

Wilde Menschen
Auch Dunkelmenschen: So bezeichnet man in → Gondor die Menschen, die nicht von den → Númenórern abstammen und mit → Sauron oder den dunklen Kräften verbündet sind; dies erklärt → Faramir (II) → Frodo im → »Herrn der Ringe«. Wilde Menschen wurden aber auch die → Drúedain genannt.

Wilder Mann aus den Wäldern
So nannte sich → Túrin, als er zu den Waldläufern von → Brethil kam

Wilderland
→ Rhovannion

wili (Quenya)
»segeln, fließen, fliegen«

Wilin (Quenya)
»Vogel«

Will
→ Kattun, Wilkomm (I)

Williams, Charles Walter Stansby
englischer Schriftsteller (1886–1945), Vorbild der → Inklings, Lektor bei der Oxford University Pressgeboren und gestorben in London, Vorbild der → Inklings. Schrieb Gedichte und Dramen sowie mit Horror-Elementen angereicherte phantastische Romane, als letzten »Die Nacht der Allerheiligen« (»All Hallow's Eve«, 1945), in dem der Antichrist auf die Welt kommt.

wilwa (Quenya)
»hin und her flatternd«

Wilwarin (Quenya)
»Schmetterling«: ein Sternbild, vielleicht Cassiopeia, von → Varda für das Erwachen der → Elben an den Himmel gesetzt

Windfola
Das Pferd, auf dem → Éowyn und → Merry von → Rohan nach → Gondor in die Schlacht auf dem → Pelennor ritten

Windstoßhorn
Das große Horn des → Weihnachtsmannes, das er nur in größter Not benutzt. Es schallt so weit, wie der Nordwind weht und erinnert an das Himmelshorn von Heimdall, Wächtergott der → Germanen, der die Regenbogenbrücke Bifröst bewacht.

Wing (Quenya)
»Schaum, Gischt«

Wingalóte (Quenya)
Eine Variante von → »Vingilot«

Wingildi
Geister der Brandung: → Elementargeister in der frühen Mythologie von Tolkien

Wingilot
eine Variante von → »Vingilot«

Winkel
Gebiet zwischen dem → Bruinen und dem → Mitheitel

Winkel von Lórien
→ Naith

Winter
→ Hrive

Winterfilth
Im → Kalender des → Auenlandes der zehnte Monat, grob unserem Oktober entsprechend, in → Bree Wintring genannt

Wintring
Im → Kalender von → Bree der zehnte Monat, grob unserem Oktober entsprechend, im → Auenland Winterfilth genannt.

Winzigherz
In den verschollenen Geschichten der Hüter des Gongs der Kinder, der in → Mar Vanwa Tyaliéva, der Hütte des Vergessenen Spiels, zu bestimmten Zeiten und Anlässen erklingt, Sohn von Bronweg (Gnomisch) bzw. Voronwe (Quenya)

Wir hörten ein Horn/von Hörnerklang
Beginn eines Liedes über die Schlacht auf dem → Pelennor, das ein Barde Jahre nach dem → Ringkrieg verfasst hat, bekannt als »Lied über die Hügelgräber von Mundburg« (alte Übersetzung: »Wir hörten von Hörnerklang aus den Bergen«; neue: »Wir hörten ein Horn aus den Hügeln schallen«)

Wirilóme
»Weberin der Düsternis«: ein früherer Name für → Ungeliant

Wirtshaus
→ Gasthaus

Wiruin
Ein früherer Name für → Ungeliant, aber auch der Name eines großen Strudels nahe der → Helcaraxe

Wiseman, Christopher
Gleichaltriger Freund von Tolkien, den er 1905 in der sechsten Schulklasse kennen lernte, Mitbegründer des T.C.B.S., Mathematiker und Amateur-Komponist

Witwe Rumpel
Die Haushälterin von Hamfast → Gamdschie, als er alt war

Wizards
So werden im englischen Original die → Istari bezeichnet, das Wort bezeichnet im Englischen → Zauberer oder Magier, die ihre Macht positiv einsetzen.

Wo sind Reiter und Ross
Ein altes Lied über → Éorl den Jungen, dass → Aragorn den Gefährten der → Ringgemeinschaft vorträgt

Wochentage
→ Kalender

Wóden
Altenglischer Name des → Germanen-Gottes → Odin; auf ihn führt → Eriol einmal seine Abstammung zurück

Wold
Hügelland von → Rohan, südlicher Teil von Ost-Emnet

Wolf
So heißt einer der Wolfshunde von Bauer → Maggot

Wölfe
→ Wargs, → Werwölfe, → Carcharoth

Wolfmenschen
Die → Gaurwaith

Wolfreiter
→ Orks oder ähnliche Wesen, die auf den → Wargs ritten

Wolfsjagd

Die größte aller Wolfsjagden, bei der → Carcharoth gejagt wurde von den → Elben von → Doriath unter Führung von → Thingol, → Beren, → Beleg und → Mablung. Carcharoth tötete Beren, und er und → Huan töteten sich gegenseitig.

Wolfsvolk

So nannten sich die → Ostlinge von → Dorlómin.

Wolkenkopf

Einer der drei Berge von → Moria, in der Sprache der → Zwerge Bunduschathûr

Wood, Elijah

Der Darsteller von → Frodo im → Film von Peter → Jackson wurde am 28. Januar 1981 in Cedar Rapids (USA) geboren als mittleres von drei Kindern von Warren und Debbie Wood. Trat jung in Moden-Shows, Werbespots und Musikvideos auf, 1988 zog er nach Los Angeles. Wood hat schon bei rund 20 Filmen mitgespielt, u. a. bei
»Zurück in die Zukunft II« (1989)
»Avalon« (1990)
»Internal Affairs – Trau ihm, er ist ein Cop« (1990)
»Forever Young« (1992)
»Das zweite Gesicht« (1993)
»Flipper« (1996)
»Deep Impact« (1998)
»The Adventures of Tom Thumb and Thumbelina« (2000)

Wörterbuch der Gnomischen Sprache

das → Goldogrin

Wose

→ Wasa

Wotan

→ Odin

Wright, Joseph

Akademischer Lehrer von Tolkien in → Oxford ab 1912

Wudu Wyyrtum Fæst

»Grendels Weiher«: zwei → Bilder von Tolkien zum → Beowulf von 1928

Wühler

Name einer → Hobbitfamilie in der neuen Übersetzung des »Herrn der Ringe«, in der alten heißt sie Lochner (englisch *Burrows*)

Wühler, Asphodele

Asphodele → Brandybock

Wühler, Kramer & Stibitz

Auktionsfirma, die die Versteigerung der Sachen von → Bilbo Beutlin vornimmt, als dieser für tot erklärt wurde, weil er bei seinen in dem Buch → »The Hobbit« beschriebenen Fahrten zu lange weg blieb (in der alten Übersetzung »Wühler, Wühler & Graber«)

Wühler, Milo

→ Hobbit aus dem → Auenland, Sohn von Rufus → Wühler und Asphodele → Brandybock, verheiratet mit Päonie → Beutlin

Wühler, Minto

→ Hobbit aus dem → Auenland, geboren 1396, Sohn von Milo → Wühler und Päonie → Beutlin

Wühler, Moro

→ Hobbit aus dem → Auenland, geboren 1391, Sohn von Milo → Wühler und Päonie → Beutlin

Wühler, Mosco

→ Hobbit aus dem → Auenland, geboren 1387, Sohn von Milo → Wühler und Päonie → Beutlin

Wühler, Myrte

→ Hobbit aus dem → Auenland, geboren 1393, Sohn von Milo → Wühler und Päonie → Beutlin

Wühler, Päonie

Päonie → Beutlin

Wühler, Rufus

→ Hobbit, verheiratet mit Asphodele → Brandybock, Vater von Milo → Wühler

Wulf

Sohn von → Freca aus → Rohan, den → Helm Hammerhand 2754 DZ mit der Faust erschlug, als er für seinen Sohn um die Hand von Helms Tochter bat. Er floh nach → Dunland und eroberte 2758 mit Hilfe der → Dunländer → Rohan und → Edoras, dabei tötete er Helms Sohn Haleth. Helm und einige seiner Leute verschanzten sich in der → Hornburg. Wulf rief sich zum König aus, wurde aber bereits im Frühjahr 2759 von Helms Neffen → Fréaláf Hildeson erschlagen, der die Dunländer wieder vertrieb und der nächste König von Rohan wurde.

Wunderlich wie Neuigkeiten aus Bree

Ein altes Sprichwort, das zeigt, wie bedeutsam → Bree im Zweiten Zeitalter als Kreuzungspunkt und Raststation war.

Wurm Morgoths

→ Glaurung

Würmer

→ Drachen

Wurmli

Neumodischer Name für »Würmlingshausen« (Aula Draconaria), jenen Ort, an dem ehemals die Feste der Draconarii, der → Wurmwächter, stand

Würmlingshausen

»Aula Draconaria«: die Feste der Draconarii, der Wurmwächter, eines Ritterordens im Kleinen Königreich des → Bauern Giles von Ham

Wurmwächter

Die Draconarii: der Ritterorden im Kleinen Königreich des → »Bauern Giles von Ham«

X

Xanadu

Titel einer schnellen Skizze, die Tolkien 1913 auf der Rückseite einer Schneiderrechnung anfertigte, inspiriert durch eine der Visionen, die der englische Dichter Samuel Tyler Coleridge (1772–1834) in »Kubla Khan« niedergelegt hatte. Interessant an dieser Zeichnung (Bleistift, Buntstift, Schwarze Tusche) ist besonders, was Tolkien selbst hinzufügt: zwei Bäume oder Lampen, die auf die → Zwei Bäume von Valinor vorausweisen könnten. Hammond und Scull sehen in diesem → Bild auch schon eine frühe Vision Tolkiens von → Cuiviénen, dem Ort, an dem die Elben erwachten.

Y

Yaime (Quenya)
»Klagen«

yaimea (Quenya)
»klagend«

yal (Quenya)
»rufen«

Yanta (Quenya)
»Brücke«, auch Name des → Tengwar-Zeichens Nr. 35, λ, das für »y« stand.

Yard
Die alte englische Maßeinheit, die Tolkien verwendet, ist ein halber → Faden und entspricht 3 → Fuß oder 91,44 cm. In diesem Lexikon wurden alle → Längenmaße auf das metrische System umgerechnet.

Yáre (Quenya)
»Der Alte«: Name für → Tom Bombadil

yarra (Quenya)
»grollen, knurren«

Yavanna (Quenya)
»Spenderin der Früchte«: die zweitbedeutendste der → Aratar, eine der → Valier, die Gemahlin von → Aule, Schwester von → Vána. Auch Kementári genannt, »Königin des Erdreichs«. Sie verbreitete in → Arda die Samen der → Olvar, der Pflanzen. Zwischen der Zerstörung der → Lampen der Valar und dem Aufgang von → Sonne und → Mond ließ sie diese in → Mittelerde ruhen, eine Zeit, die der »Schlaf von Yavanna« genannt wird. Sie liebte am meisten die Bäume (wie Tolkien), sie schuf die → Zwei Bäume von Valinor und auch → Galathilion, und sie erreichte bei → Manwe, dass die → Ents nach Mittelerde gesandt wurden. Vielleicht ist → Tom Bombadil einer ihrer Maiar.

Yavannamire (Quenya)
»Edelstein Yavannas«: ein wohlriechender immergrüner Baum mit roten Früchten, von den → Elben aus → Tol Eressea nach → Númenor gebracht

Yavannië (Quenya)
»Zeit von Yavanna«: Name des neunten Monats im → Kalender der → Elben und auch der → Númenórer, entspricht grob unserem September.

Yáve (Quenya)
»Frucht«

Yávië (Quenya)
»Herbst«: 54 Tage lange Jahreszeit im Kalender der → Elben von → Imladris, entspricht etwa unserem August/September, Sindarin Iavas

Yáviën
Eine Enkelin von → Vardamir Nólimon

Yáviére
»Herbsttag«: zusätzlicher, zu keinem Monat gehörender Feiertag zwischen dem 9. und 10. Monat im → Kalender von → Gondor nach der → Truchsessen-Zeitrechnung ab 2060 DZ

Yelin (Quenya)
»Winter«

Yelur
Ein früher Name von → Melko

yelwa (Quenya)
»kalt«

Yen (Quenya)
»Jahr«: Das lange Jahr der → Elben, das 144 Sonnenjahre (astronomisch → »Coranar«, historisch → »Loa«), das sind 52.596 Tage oder 8.766 Wochen à sechs Tagen, »Enquier« genannt.

Yénie (Quenya)
»Annalen, Aufzeichnungen«

Yénonótie (Quenya)
»Jahres-Aufrechnung«: ein dem Gelehrten → Quennar Onótimo zugerechnetes Werk

Yestare
Der erste Tag des Jahres im → Kalender der → Elben von → Imladris, der Neujahrstag, vielleicht der 25. oder 29. März, wahrscheinlicher der 6. April. Im Kalender von → Númenor und auch in der späteren Truchsessen-Zeitrechnung ist der Yestare als Neujahrstag der Tag nach der Wintersonnenwende, entsprechend unserem 22. Dezember.

Yggdrasil
In der Mythologie der → Germanen der → Baum der Welt, die immergrünende Weltesche, die mit ihrer Krone weit über das Himmelsgewölbe hinausragt, ihre Äste über die ganze Welt ausbreitet und mit ihren Wurzeln die → Hel bedeckt. Sie steht am Urdbrunnen; dort wohnen die Nornen, die als einige das gesamte Schicksal kennen. In den Wurzeln liegt u. a. die → Hel, an den Wurzeln nagt Nidhogg, der (Neid-)→ Drache. In der Esche wohnen zahlreiche Tiere, u. a. ein Adler, ein Falke, eine Ziege, das Eichhörnchen Ratatosk sowie die vier Hirsche Dain, Dvalen, Duneyr und Durathor. Wenn Yggdrasil welkt, bricht Ragnarök an, der Tag der Götterdämmerung, eingeleitet durch das Krähen von Vithofnir, des goldenen Hahn, der auf Yggdrasils Wipfel sitzt.

Ylf (Sindarin)
»Trinkgefäß«

Yomenie (Quenya)
»Treffen, Begegnung mehrerer Leute«

Yond (Quenya)
»Sohn«

Yondo (Quenya)
»männlicher Nachkomme, Enkel«

Yôzûyan
»Land des Geschenks«: Adûnaischer Name für → Númenor, also der Name des Landes in der Sprache seiner Bewohner

Yrch
»Ork« in der Sprache der → Waldelben

Ythlinge
»Kinder der Wellen«, auch Ythlingas: in einer frühen Geschichte ein Menschenvolk auf der Insel Eneadur, die besten und mutigsten Seefahrer der Welt, auf die → Ælfwine trifft. (HIS 2)

Yulda (Quenya)
»Schluck«

Yulma (Quenya)
»Becher«

Yulme (Quenya)
»Gelage«

Z

Za Frûmi

Gruppe von Künstlern, die eine CD produziert hat, »inspiriert von den Uruk-hai«: »Za shum ushatar Uglakh« beschreibt die Geschichte eines → Ork-Clans im Kampf gegen einen → Vampir-Lord, eine Sammlung von Liedern in der (weitgehend neu erfundenen) → Schwarzen Sprache, die fast schon ein Hörspiel darstellt. Im Booklet der CD gibt es eine Übersetzung der Dialoge. Inhalt: 1. Intro · 2. Dushatar · 3. Za Kala · 4. Za Shulg · 5. Nudertogat · 6. Albai · 7. Vrapogat · 8. Interludium · 9. Za Ismael Kala (Act 1) · 10. Za Ismael Kala (Act 2) · 11. Knish Requiem (Outro)

Zahlen

Die → Elben rechneten mit einem Zahlensystem auf der Basis 12. Nur wenige Zahlen in der Sprache der Elben sind bekannt:

Imin (Quenya)/Mim (Sindarin)	1
Tata/Tâd	2
Enel/Ole	3
Canad/Canta/Nel/Neled/Nelde	4
Lemin/Leben	5
Eneg	6
Otso/Odo/Odog	7
Tolto/Toloth/Tolothen	8
Olma/Neder/Nerte	9
Lempe/Cainen/Caer	10
Minque	11
Rasta	12
Leminkainen	23
Meneg	1000

Zähne von Mordor

Die → »Zahntürme«

Zahntürme

Die »Zähne von Mordor« → Carchost und → Narchost, zwei Festungen an den beiden Seiten der »Geisterspalte« → Cirith Gorgor, erbaut von → Gondor als Wachtürme gegen → Mordor, 1636 DZ aufgegeben und später von → Sauron genutzt, zur Zeit des → Ringkrieges von → Orks besetzt.

Zamin

Alte Frau im Dienste von → Erendis

Zaragamba

Ursprüngliche Form des Namens → Altbock in der Sprache der → Hobbits

Zauberbann der abgrundtiefen Furcht

Ein Bann, ein Zauberspruch, mit dem → Melko seine Sklaven belegte

Zauberer

Die allgemein verbreitete Bezeichnung für die → Istari. Nur die wenigsten wussten, dass es sich dabei um mehr als normale Menschen mit ein wenig zauberischen Fähigkeiten handelte (die viele sicher auch für Blendwerk hielten). Schließlich arbeiteten sie auch mit den klassischen Ingredienzen der Zauberei, mit → Zauberstab und → Zauberspruch. Ihre Macht kannten natürlich alle Mitglieder des → Weißen Rates, die auch erlebten, dass sie nicht alterten, doch um ihre wahre Natur als → Maia wussten unter den → Elben wohl nur → Círdan und vielleicht → Galadriel und → Elrond. – Tolkien verwendet durchgehend das Wort *Wizard*, das im Englischen einen Zauberer oder Magier bezeichnet, der über echte → Magie verfügt und seine Macht positiv einsetzt. Im Deutschen werden im allgemeinen Sprachgebrauch die Begriffe

Zauberer   Helen Schneidewind

Magier, Zauberer und Hexer in der Regel gleichgesetzt. Das Wort *Magier* kommt vom altiranischen *maga* (Opfergabe, Opferdienst); Herodot bezeichnete als Magier Angehörige einer Sippe des medischen Volkes mit priesterlichen Funktionen und großem politischen Einfluss. Zu ihren Praktiken zählten Astrologie, Dämonologie und Magie, sie galten als Stern- und Traumdeuter sowie Wahrsager. Sie waren Anhänger des persischen Propheten Zarathustra (auch Zoroaster, um 630 bis 550 v. Chr.). Dieser lehrte einen Dualismus zwischen Angra Mainju, dem bösen Gott, und Ahura Mazda (»Gott Weisheit«), dem guten Gott. Sein ethisch und dualistisch geprägter Monotheismus wirkte auf zahlreiche Philosophen und Religionen ein, bis hin zu Judentum und Christentum. Noch heute gibt es in Indien, Iran und Pakistan etwa 150.000 Anhänger dieser Religion, ihre Priester könnten heute als die einzig »echten Magier« betrachtet werden. Als *Hexen oder Hexer* werden bei den meisten Völkern Menschen mit der angeborenen oder ererbten Fähigkeit angesehen, durch übernatürliche Kräfte anderen Personen Schaden oder Nutzen zufügen zu können, wobei diese Fähigkeit auch unbewusst eingesetzt werden kann (im Mittelalter wurde dabei oft ein Pakt mit dem → Satan oder → Dämonen unterstellt). Der Begriff *Zauber* wird abgeleitet vom althochdeutschen *zoubar*, einer Bezeichnung der roten Farbe, mit der die eingeritzten → Runen bestrichen wurden. (Das englische Wort *spell* für Zauberspruch kommt übrigens vom angelsächsischen *speld*, Span, Splitter, das auch das Runentäfelchen bezeichnete.) Damit wurden meist magische Verfahren bezeichnet, die als »Volksmagie« oder als »niedere Magie« gesehen wurden, bei denen man oft auch die Hilfe böser Mächte vermutete, aber auch die Magie in betrügerischer Art, das Gaukelspiel. So gesehen ist wahrscheinlich *Zauberer* der dem *Wizard* im »Hobbit« und im »Herrn der Ringe« am besten entsprechende Begriff, zumal er den bei Tolkien starken Einflüssen der nordischen → Mythologie am nächsten kommt; bei den → Germanen und → Kelten waren Zauberer (wie etwa → Merlin) wichtige Mitglieder der Gesellschaft. Ab dem hohen Mittelalter änderte sich dies: Unter dem Einfluss des Christentums wurde die Zauberei zunehmend »verteufelt«, und 1225 kam der »Sachsenspiegel« den kirchlichen Forderungen nach harter Bestrafung von zauberischen Delikten nach und sah für Zauberei wie für Ketzerei den Feuertod vor. Allerdings waren Zauberer nie so starker Bedrängung ausgesetzt wie die Hexen in den Hexenverfolgungen. Verschont blieb zum Beispiel jeder, der »*niemant schaden gethan hett*«. Zauberer, die nichts mit dem Teufel zu tun hatten, wurden durch das Schwert und nicht auf dem Scheiterhaufen hingerichtet. Man darf dabei nicht vergessen, dass auch in kirchlichen Bereichen Aberglaube und Magie weit verbreitet waren; dies belegt das Buch »Katholische Zauberei und Volksaberglaube« aus dem Jahre 1585 des Heidelberger Professors Hermann Wittekind (1524–1603), der auch viel gegen Hexenverfolgungen schrieb und dem der folgende Auszug entnommen ist: »*Dieses mißbrauchs/aberglaubens/teuffelswirckung ist die pfaffenschafft in Pabstumb voll gewesen | und derhalben auch bey dem gemeinen Mann im schwang gangen: und noch bey uns Euvangelischen viel darvon uberig ist. Was war in der Messe das fuernembste anders | dann der zauberische segen | da der Pfaff | die fuenff Wort oder acht syllaben | ›Hoc est enim corpus meum‹, ubers brot sprach | hauchete darauff | machet mit dem kin drey kreutz darueber | meint damit wuerd auß dem brot der leib Christi. Glei-*

cher weiß verwandelt er den Wein im kelch ins blut Christi | so doch den worten und syllaben solch vermoegen nicht geben ist. Banneten den heiligen Geist ins tauffwasser | ins weihewasser | ins saltz | ins oele | ins wachs | in kreuter | in stein | in holtz | in erdboden | wann sie kirchen | altar | kirchhoefe weiheten: segneten fladen | Fleisch | eyer etc. Weiheten am Osterabend auch das feuwer | dass keinen schaden thete: so ich doch | leider | erlebt hab | dass fuenff tage darnach unser flecke in grund verbrannte. Deß feuwers Natur ist vnd bleibt | wanns verwarloßt wirdt | so machts brunst. Taufften vnd heiligten die glocken | gaben ihnen damit die krafft | dass sie durch jren Klang die boesen geister verjagten | die ungewitter stilleten | verhinderten dass sie keinen schaden theten | so weit der Klang gehoeret ward. Ja wol | ich habs gesehen | dass bey mir | in unserem kirchlein der donner den Gloeckner in dem er leutet erschlug | lag todt | hatt das seil noch in der hand. Wer kans alle erzelen was sie deß gauckelwercks und betrugs getriben haben. Wan ein Beuwerin ein krancke kuh hatte | kam der Pfarherr mit seinem rochet oder Chorrock und breuijr | gieng in stall | lase uber die kuh | besprengt sie mit weihwasser | machet kreutz darueber | gab jr geweihet Saltz ein. Ob sie davon gesund ward | weiß ich nicht. Bey dem gemeinen mann ward deßgleichen aberglaubens und mißbrauchs kein zal. Blutet einem die nase zuviel | oder war einer verwund | so stillet mann das blut mit heiligen worten | vom stechen und BlutFluss unsers Herren am kreutze. Hatte einer sonst etwan einen schaden am leib | so nam ein alt weib einen kreutzpfenning oder gulden | bestreiche den schaden damit | mummelt etliche woerter darzu | das halff dann wie man meinte. Ein edelfraw | mir nicht unbekannt | ließ jrem mann ein ring machen | darinn inwendig dise Wort auß dem Evangelisten gegraben waren | Os non cominuetis ex eo, das ist | Jr solt jm kein bein zerbrechen. Der ring behuetet jren mann | dass er nie kein bein zerbrach wie wol er offt gefehrlich mit seim gaul fiele. Wann einer den anfang 5. Johanns Evangelien geschriben am halß trug | so thet jhm kein boeser geist nicht: war frey fuer der fallenden seuche | fuerm donnerschlag vnd anderm ubel. Arme leute hiengen jhren Kindern in eim tuechlein ein bisslein Brot an halß | wie sie noch bey uns thun. Die andern segner und beschwerer koennen schwerter und waffen also bezaubern und zurichten | dass sie nicht schneiden | stechen | oder sonst verwunden | wie jr natur vnd eigenschafft ist: koennen auff schwertschneiden tantzen mit blossen fuessen on verletzung: beschweren anderer bogen vnd buechsen dass sie fehlen | segnen die jre dass sie treffen: davon auch zuvor gesagt. Jo. St. ein pfaffe und berhuembter Astronomus hatte ein gesegnets kraut | wann er das an ein schloss hielte | so gieng es auff | darzu es Gott nicht hatt wachsen lassen | hatte solche krafft auch vom segen nit. Der Teuffel war dabey | der zohe die schloesser auff. Etliche koennen mit beschweren die meuß und ratzen auß den heusern zusammen locken | dz sie jnen heuffig nachlauffen | wie die fercklein der saw. Fuehren sie hinauß ins wasser vnd erseuffen sie. Ob es aber rechte meuß seyn oder ein gespenst | dz mogen die erfahrn und wissen die solche gesellen darzu mieten | ob sie darmit weniger meuß nachmals in jren heusern spueren dann zuvor. Diß alles | und was deß mehr ist | streitet wid Gottes ordnung | welche ist die natur.« Auch Martin Luther wetterte gegen die Magie in der Kirche und bezeichnete den Reliquienkult wie viele andere der scheinbar zaubermächtigen Erscheinungen der katholischen Kirche als Aberglaube und »Teufelssakramente«: »Weihwasser soll Sünde tilgen, es *soll Teufel austreiben, soll den Poltergeistern wehren, soll die Kindbetterin schirmen, wie uns der Papst lehret… So soll Weihsalz auch tun. Agnus Dei, vom Papst geweiht, soll mehr tun, als Gott selber zu tun vermag … Glocken sollen die Teufel im Wetter verjagen. Autonii Messer stechen den Teufel. Die gesegneten Kräuter treiben die giftigen Würmer weg. Etliche Segen heilen die Kühe, wehren den Milchdieben, löschen Feuer. Etliche Briefe machen sicher im Kriege und auch sonst wider Eisen, Feuer, Wasser, Tiere etc. Möncherei, Messe und desgleichen sollen mehr denn gemeine Seligkeit geben. Und wer kanns alles herzählen? Ist doch keine Not so geringe gewesen, der Teufel hat ein Sakrament oder Heiltum drauf gestiftet, dadurch man Rat und Hilfe finde«* (»Von den Konzils und Kirchen«). So mancher Theologe hielt (und hält) die Transsubstantiationslehre der katholischen Kirche, also die Lehre von der Umwandlung von Wein und Brot in Blut und Fleisch, für magischen Aberglauben, für Hokus Pokus, und zumindest im Mittelalter wurde das Abendmahl, die Eucharistie, auch wie Zauberei benutzt: *»Die Bitten und Intentionen, die in den einzelnen Meßformularen oder ganzen Meßreihen vorgebracht wurden, spiegeln die vielfältigen Nöte und Leiden, aber nicht minder Zudringlichkeit und Frivolität: Meßfeiern nicht nur für Schwangere, sondern ebenso zur Liebesverzauberung, für eine glückliche Geburt, aber auch als Tötungszauber, gegen die Pest oder beim Gottesurteil. Undenkbar schien es, dass Gott das Opfer seines Sohnes, bei dem ihm dessen Fleisch und Blut dargebracht wurden, unbeachtet hätte lassen können. Prediger und Volk glaubten, wie Adolf Franz urteilt, an einen ›unbedingt eintretenden Erfolg‹. Auflistungen und Merkverse beschrieben die erhofften Wirkungen, die ›Meßfrüchte‹«* (Arnold Angenendt, »Geschichte der Religiosität im Mittelalter«, Darmstadt 1997). Man sprach der Eucharistie also extrem mächtige magische Wirkung zu – und kassierte dafür kräftig. Bis heute werden ja (bezahlte!) Messen gelesen als Bitt- und Sühneopfer. – Trotz dieser Ähnlichkeit zwischen magischen und kirchlichen Ritualen wurde noch 1749 der Begriff »Zauberey« im »Großen vollständigen Universal-Lexikon aller Wissenschaften und Künste« von J. H. Zedler als *»eines der allerschändlichsten Laster, die nur unter der Sonnen gefunden werden können«*, definiert. Im 19. Jahrhundert allerdings verlor die Zauberei den Ruch des Bösartigen und wird seither verwandt zur Beschreibung der »Taschenspielerei« der »Zauberkünstler«.

Zauberin vom Goldenen Wald
→ Galadriel

Zauberinseln
Die → Verwunschenen Inseln

Zauberlied
→ Lied der Macht

Zauberringe
Die → Ringe der Macht

Zauberspruch
Eine Beschwörungsformel, mit der Effekte der → Magie oder Zauberei, manchmal auch der → Alchemie, erzielt werden. In der Geschichte → »Roverandom« spielen Zaubersprüche eine ganz enorme Rolle. Aus → Mittelerde sind uns kaum Zaubersprüche im Wortlaut überliefert, dennoch spielten sie auch dort eine wesentliche Rolle. In den »Verschollenen Geschichten« z. B. belegt → Melko seine Sklaven mit einem »Zauberbann der abgrundtiefen Furcht«, → Lúthien legt Schlafbanne auf → Carcharoth, → Mel-

kor und dessen Hofstaat. Dazu verwendet sie ebenso einen gesungenen Zauberspruch, ein »Lied der Macht«, wie → Yavanna bei der Erschaffung der → Zwei Bäume von → Valinor. Im → Dritten Zeitalter vertrieb → Gandalf mit dem Zauberspruch → *»Naur an edraith ammen! Naur dan i ngaurhoth!«* die → Werwölfe, die die → Ringgemeinschaft angriffen. Und als er versuchte, das → Westtor von → Moria zu öffnen, probierte er zahlreiche Zaubersprüche aus. Häufig griffen die → Elben und → Zauberer in Mittelerde aber auch auf die Anrufung von Mächten oder Namen zurück, so berief sich Gandalf im Kampf mit dem → Balrog auf die → »Flamme von Anor« und das → »Geheime Feuer«. Dies waren keine leeren Worte, sondern zaubermächtige Namen, wie man auch an der Reaktion des Balrog erkennt. Damit ist Tolkien ganz auf der Linie der Wissenschaft. Man geht heute davon aus, dass Zaubersprüche sich zunächst an übernatürliche Wesen richteten und von Gebeten kaum zu trennen waren, später wurden daraus Beschwörungen mit Erfüllungszwang (wenn alles gut ging) etwa von → Dämonen. Besonders dem Namen der betreffenden Wesenheiten wurde dabei große magische Wirkung zugesprochen, viele Vorstellungen von der Funktionsweise der Magie basieren auf der Vorstellung, dass man alles beherrschen und/oder verzaubern könne, dessen »wahren« Namen man kenne. Auch dies scheint in Mittelerde ähnlich zu sein; nicht umsonst versucht → Smaug, den »wahren Namen« von Bilbo herauszubringen. Die → Elben waren üblicherweise unter ihrem Epesse bekannt, einem Beinamen; zumindest ihre Feinde kannten in der Regel nicht ihren eigentlichen, bei der Geburt verliehenen Namen, und auch wir kennen diesen von vielen Elben nicht. Und den wahren Namen eines → Zwergs hat nie jemand herausgefunden.

Auch dies findet sich bei vielen Völkern in historischer Zeit, wo der wahre Name eines Menschen geheimgehalten wird. In manchen Religionen (wie dem Islam) oder Geheimwissenschaften (wie der Kabbala) spielen die Namen Gottes eine große Rolle. – Seitdem Magie eher wissenschaftlich verstanden und betrieben wird, bestehen Zaubersprüche meist nur noch aus bloßen Befehlen an die Umwelt, deren Erfüllung sich automatisch einstellen soll, ohne dass Götter, Geister oder Dämonen damit befasst sind (ein schönes Beispiel dafür sind die Harry-Potter-Bücher). Die Macht liegt dabei im Wort; wurde doch dem Wort an sich schon immer eine besondere, manchmal sogar göttliche Wirkung zugesprochen, man denke nur an den Beginn des Johannesevangeliums: *»Am Anfang war das Wort.«* Viele Philosophen sprachen dem Wort magische oder sogar göttliche Kräfte zu, der Neuplatoniker Jamblichos eine umso stärkere, je fremdartiger sie lauteten. Der Theologe und Philosoph Pierre Poiret (1646–1719) vermutete, dass der Mensch ursprünglich alle Kreaturen durch seine Stimme beherrschen konnte. *»Es ist blos eine Erneuerung der ersten reinen Natur des Menschen, wenn die Heiligen der alten Zeiten so große Dinge thaten, wenn Noah die Thiere in die Arche zu sich rief, Josua der Sonne, Mose dem rothen Meer gebot. Denn der Mensch hat die Sprache nicht empfangen, um seines Gleichen seine Gedanken mitzutheilen, sondern um sich die Natur dadurch unterthänig zu machen.«* Sprache also in erster Funktion als magisches Instrument ... – Zaubersprüche sind schon aus dem Altertum belegt, etwa aus den Zeiten der ägyptischen Alchemisten, allerdings sind kaum welche in Wortlaut und Wirkung bekannt. Anders ist es bei den Zaubersprüchen der → Germanen, die diese wahrscheinlich auch in → Runen einritzten.

Man leitet deshalb auch das Wort Zauber ab vom althochdeutschen *zoubar*, einer Bezeichnung der roten Farbe, mit der die eingeritzten Runen bestrichen wurden. Und das englische Wort für Zauberspruch, *spell*, kommt vom angelsächsischen *speld*, Span, Splitter, das auch das Runentäfelchen bezeichnete. Tolkien kannte natürlich die 1841 entdeckten »Merseburger Zaubersprüche«, die wahrscheinlich im 8. Jahrhundert entstanden sind. Das erste ist eine Beschwörung der Idisen, der Schlachtjungfrauen, die wahrscheinlich mit den Walküren gleichgesetzt wurden: *»Eiris sazun idisi sazun hera mouder | suma hapt heptidun suma heri lezidun | suma clubodun umbi cuoniouuidi | insprinc hapt bandun invar vigandun.«* (»Einst sich setzten Idisen, setzten sich hehre Mütter, | flochten Feindesfesseln fest, hemmten deren Heere, | lösten Bande jener, die auf ihrer Seite streiten: | Entspringe den Banden! Entfahre den Feinden!«). Das zweite ist ein Blut- oder Wundsegen, der das Blut zum Stillstand bringen soll: *»Phol und Wotan ritten durchs Gehölz, | da brach des Balders Fohlen sich den Fuß, | da besprachens Sindgund und Sunna, deren Schwester, | da besprachens Frija und Volla, deren Schwester, | da besprach es Wotan, so gut ers vermochte: | Wie der Bruch im Bein, so der Bruch im Blut, | so der Bruch des Gliedes: | Knochen zu Knochen, Blut zu Blut, | Glied an Glied, als seien sie verbunden.«* Oft findet man in den Zaubersprüchen unverständliche, aus alten oder fremden Sprachen übernommene oder auch erfundene, nur so klingende Worte und Namen, wie in dem altenglischen Segen der Feldfrüchte *»erce erce erce eorthan modor«*. Schon in der Antike wurden die »Ephesischen Worte« *ASKION KATASKION LIX TETRAX DAMNAMENEUS AISION* als Exorzismus oder Schutzzauber verwandt, seit dem Mittelalter rätselt man über die geheime Bedeutung des »magischen Buchstabenquadrates« *SATOR AREPO TENET OPERA ROTAS*, das man frei mit »Der Sämann Arepo hält mit Mühen die Räder« übersetzen kann. – Einen ganz kurzen Zauberspruch (ein oder zwei Wörter) bezeichnet man als Zauberwort. Das bei Taschenspielern und Zauberkünstlern beliebte »abracadabra« stammt wahrscheinlich aus Altägypten; weitere beliebte Zauberworte sind einerseits »Hokus Pokus« sowie »Simsalabim«.

Zauberstab

Ein Zauberstab gehört im allgemeinen Verständnis zu einem → Zauberer einfach dazu. Bei den → Istari war er aber nicht eines dieser kurzen Stöckchen, mit denen Zauberkünstler in der Gegend herumfuchteln und auch mehr als nur ein Hilfsmittel zum Wirken von → Magie. Ihr Zauberstab war ein mächtiges Machtinstrument, das sie selbst überragte und auch als Waffe eingesetzt werden konnte, und zugleich Zeichen ihrer Ordenszugehörigkeit. Als → Gandalf nach der Eroberung von → Isengart den Stab von → Saruman, der seinem Auftrag untreu geworden war, zerbrach, nahm er Saruman nicht nur seine Macht, sondern stieß ihn auch aus dem »Heren Istarion« aus. Auch in verschiedenen → Mythologien gibt es Zauberstäbe von großer Macht. Hermes führte den goldenen Kerykeion, der von Schlangen umwunden und von Flügeln gekrönt ist. Dem Stab des Aeskulap, des griechischen und lateinischen Gottes der Heilkunst, sagte man ebenfalls besondere Kraft nach. Das Aeskulap heilige Tier war die Schlange, und bis heute ist der schlangenumwundene Äskulapstab das Symbol des Ärztestandes.

Zaun Melians

Der → Gürtel Melians um → Doriath

Zehenfarn

Pflanze, die in der Geschichte → »Rove-random« auf dem → Mond wächst und Musik macht

Zeichen des Schicksals

Name bei den → Elben für das Sternbild → »Großer Bär«, nach der Legende von → Varda vor dem Erwachen der Elben als Drohung für → Melkor an den Himmel gehängt

Zeichentrick-Filme, Zeichentrick-Verfilmung

1977 schuf Ralph → Bakshi seinen Zei-

Cover der VHS-Kassette des Zeichentrickfilms von Ralph Bakshi, angelehnt an das Filmplakat

chentrickfilm »The Lord of the Rings«, der 1978 unter dem Titel »Der Herr der Ringe« auch in die deutschen Kinos kam. Das Drehbuch schrieb neben Chris Conkling übrigens Peter S. Beagle, der später mit »Das letzte Einhorn« die Vorlage für einen Kultfilm der Fantasy-Szene schuf. (Als VHS-Video ist der Bakshi-Film in der deutschen Fassung erhältlich, verlegt bei Warner Home Video GmbH, 1998; der → Soundtrack ist bei Various erschienen). Bakshis Film ist bis heute sehr umstritten. Er ist nicht ganz so katastrophal, wie er von manchen gemacht wird, aber da er von der Subtilität und der erzählerischen Großartigkeit des Werkes praktisch nichts rüberbringt und zudem nur den ersten Teil des Ringskrieges erzählt, muss man ihn insgesamt wohl doch für misslungen halten, trotz mancher durchaus gelungener Szenen und Hintergrundbilder. Außerdem kann Bakshi sich nicht dazu durchringen, seine verschiedenen Techniken (Rotoskopie, das ist Aufnahme von Realschauspielern, die anschließend eingefärbt und evt. retuschiert werden, und »normaler« Zeichentrickfilm) sinnvoll den Inhalten zuzuordnen, dadurch entsteht zusätzliche Verwirrung. Selbst wenn man den Film nicht als Tolkienverfilmung anschaut, sondern als eigenständigen Film, ist er enttäuschend – es fehlt an innerer Spannung, es wird nur Action auf Action gestapelt, und am Schluss steht man ratlos vor einem offenen Ende – Fortsetzung folgt nicht... Auch nicht in dem gerne als solche deklarierten Zeichentrickfilm »The Return of the King« von Arthur Rankin jr. und Jules Bass (die 1982 »Das letzte Einhorn« machten). Diese hatten bereits 1977, zeitgleich mit Bakshis Film, ihren Zeichentrickfilm »The Hobbit« in die amerikanischen Kinos, gebracht, 1980 kam dessen Fortsetzung, »The Return of the King. A Story of Hobbits«, ins amerikanische Fernsehen. Dieser

Film ist nicht, wie immer wieder zu lesen ist, als Fortsetzung des Bakshi-Films angelegt, sondern ihres Zeichentrick-Films »The Hobbits«. Dennoch läuft es praktisch *auch* auf eine Fortsetzung des Bakshi-Films hinaus, denn die Film setzt praktisch ein, wenn Frodo und Sam in Ciril Ungoth sind und während der Belagerung von Minas Tirith, das Ganze erzählt als Rückblende zu Bilbos 129. Geburtstag. Die Zeichnungen sind eher missglückt – manche Orks sehen aus wie Kater Karlo, Gollum wie ein Frosch, Bilbo wie eine alte Märchenoma, und Elrond hat einen Heiligenschein. Die typisch japanische Animation ist eher zum Lachen. Auch ist die Geschichte extrem gekürzt, manche Figuren fehlen komplett, etwa Arwen, Boromir und die Zwerge. Dennoch ist der Film ganz liebevoll gemacht, mit manchmal sehr schöner Musik unterlegt (z. B. zu → »The Road Goes Ever On«) und hat durchaus einen gewissen Charme. Wenn man ihn nicht als Tolkienverfilmung, sondern als eigenständigen Film anschaut, kann er es z. B. durchaus mit dem »Letzten Einhorn« und so mancher Disney-Produktion aufnehmen. (Beide Filme liegen nur auf Englisch vor und sind leider vergriffen; erschienen sind sie als VHS-Videos bei Morning Star Entertainment«.)

Zeichnungen von Tolkien
→ Bilder

Zeit
In einem der Entwürfe von Tolkien war die Zeit der älteste aller → Ainur, Aluin (ursprünglich Lúmin genannt), der/die stets bei → Ilúvatar war und mit dessen/deren Erschaffung eigentlich die Welt begann; ohne die Zeit war die Welt nicht existent.

Zeitlose Leere
Die → Äußere Dunkelheit

Zeitalter
Die Geschichte von → Mittelerde wird von den im → Ringkrieg handelnden Personen im Rückblick in drei → Zeitalter eingeteilt (siehe Zeittafeln im Anhang), seit dem Ende des Krieges haben wir ein neues Zeitalter, das vierte, das bis in unsere moderne Zeit reicht. Das → Erste Zeitalter (EZ) beginnt, bevor die Erinnerungen der Elben einsetzen, mit der Erschaffung von → Arda. Zunächst gibt es keine Zeitrechnung, die für uns nachvollziehbar wäre – wie viele Jahrtausende dauern die »drei Alter«, die → Melkor eingekerkert war? Erst nach dem Erwachen der → Elben und → Menschen, dem Untergang der → Zwei Bäume von Valinor und dem Aufgang von → Sonne und → Mond werden die Sonnenjahre gezählt, von da an – die ersten zwei → Schlachten von Beleriand sind schon geschlagen – dauert das Erste Zeitalter noch etwa 600 Jahre. Das → Zweite Zeitalter (ZZ) beginnt mit der Gründung der → Grauen Anfurten, im Jahre 32 ZZ wird → Númenor gegründet, im 16. Jahrhundert werden die → Ringe der Macht geschmiedet, 3319 geht Númenor unter, und 3441 endet das Zweite Zeitalter mit dem Sieg über Sauron am Ende des → Krieges des Letzten Bündnisses. Das → Dritte Zeitalter (DZ) ist das Zeitalter von → Gondor, zu Beginn auch von → Arnor (die → Dúnedain sind nun gespalten in die des Nordens und die des Südens). 861 DZ wird Arnor aufgeteilt in drei Reiche, gegen 1000 kommen die → Istari nach Mittelerde, unter ihnen → Gandalf, um 1300 tauchen die → Nazgûl auf, 1600 besiedeln die → Hobbits das → Auenland, 1974 endet das nördliche Königreich, die Arbeit der Stammesführer der Dúnedain beginnt, 1980 kommt ein → Balrog nach Moria (Zeit von → Amroth), 2002 erobern die Nazgûl Minas Ithil (→ Minas Morgul), 2050 stirbt der letzte König von Gondor, die → Truchses-

sen übernehmen die Herrschaft. → 2463 wird der Weiße Rat gebildet und findet → Déagol den → Herrscherring, den ihm Sméagol abnimmt. 2770 vertreibt → Smaug die → Zwerge vom → Erebor, 2852 stirbt der → Weiße Baum von Gondor, 2890 wird → Bilbo geboren, 2931 Aragorn II. 2941 reisen Bilbo und die Zwerge um → Thorin Eichenschild zum → Erebor, Smaug wird getötet (Ereignisse, die in → »The Hobbit« beschrieben werden). 2951 baut Sauron → Barad-dûr wieder auf, 2968 wird → Frodo geboren, 2980 verloben sich Aragorn und → Arwen, 2989 wird die Zwergensiedlung von → Balin in Moria zerstört. 3001, mit dem Abschiedsfest von Bilbo, setzen die Ereignisse ein, die in → »The Lord of the Rings« beschrieben werden, die Hauptereignisse finden 3018 und 3019 statt. Am 25. März 3019 wird der Herrscherring zerstört, Barad-dûr fällt und Sauron schwindet dahin. Am 29. September 3021 fahren Gandalf, Frodo, Bilbo, → Galadriel, → Elrond und → Círdan in den Westen. Dies gilt als letzter Tag des Dritten Zeitalters, in → Gondor ließ man das → Vierte Zeitalter aber mit dem 25. März 3019 DZ beginnen. Die Zeitrechnung der → Hobbits, die Auenland-Zeitrechnung (AZ) begann mit dem Jahr 1601 DZ; das letzte Jahr des Dritten Zeitalters, 3021, war also das Jahr 1421 AZ. In → Bree begann die Zeitrechnung mit dem Jahr 1300 ZZ. Im Dritten Zeitalter nannte man das Erste Zeitalter »Altvorderenzeit« und die beiden vorhergehenden Zeitalter, also das erste und zweite gemeinsam, die → Älteren Tage; das eigene Zeitalter nannte man auch »Jüngere Tage«. Später, im → Vierten Zeitalter, nannte man alle vorhergehenden Zeitalter gemeinsam, also praktisch die ganze Zeit bis zum Ende des Ringkrieges, oft »Ältere Tage« oder »Altvorderenzeit«. (Siehe Zeittafeln im Anhang).

Zeitrechnung der Könige

Der → Kalender der → Númenórer, wie er bis 2060 DZ auch in → Arnor und → Gondor benutzt wurde

Zeitrechnung des Auenlandes (AZ)

Für die → Hobbits im → Auenland war das erste Jahr ihrer Zeitrechnung das Jahr 1601 DZ, als sie den → Baranduin überschritten und mit der Besiedelung des Auenlandes begannen. Das letzte Jahr des Dritten Zeitalters, 3021, war das Jahr 1421 AZ. Die Hobbits hatten auch einen eigenen → Kalender.

Zeitrechnung von Bree

In → Bree galt zwar der → Kalender der Hobbits, doch begannen die Breeländer ihre Zeitrechnung mit dem Jahr 1300 DZ – das letzte Jahr des Dritten Zeitalters, 3021, war also das Jahr 1722 in Bree.

Zeitrechnung

→ Kalender; siehe auch die Zeittafeln im Anhang

Zelte des Murrens

Lagerplatz der → Noldor bei der → Helcaraxe

Zerbrochenes Schwert

→ Narsil

Zeugen Manwes

Die → Adler des Meneltarma

Zimraphel, Ar-

Der Königinnen-Name von → Tar-Miriel

Zimrathôn, Ar-

→ Ar-Zimrathôn

Zinnenfels

→ Tol Brandir

Zinntrompeten

Blumen, die in der Geschichte → »Roverandom« auf dem → Mond wachsen und Musik machen

Zirak-zigil

»Silberzinne«: der Berg → Celebdil in der Sprache der → Zwerge

Zitadelle

Die innere Festung, die siebente Stufe von → Minas Tirith (→ Minas Anor)

Zoll

Die alte englische Maßeinheit, die Tolkien verwendet (*inch*), misst 2,54 Zentimeter; 12 Zoll ergeben einen → Fuß. In diesem Lexikon wurden alle → Längenmaße auf das metrische System umgerechnet.

Zu dem Meer! Zu dem Meer!

→ Zum Meer! Zum Meer!

Zum Efeubusch

Kleines Gasthaus an der Straße zwischen → Hobbingen und → Wasserau

Zum Meer! Zum Meer!

Lied von → Legolas nach dem Sieg im → Ringkrieg (in der neuen Übersetzung des »Herrn der Ringe«, in der alten »Zu dem Meer! Zu dem Meer!«)

Zum Tänzelnden Pony

Gasthaus in → Bree mit langer Tradition, seit Generationen im Besitz der Familie Butterblüm (Butterblume), zur Zeit des → Ringkrieges war der Wirt der ehrliche, ziemlich hektische und oft vergessliche Gerstenmann Butterblüm, ein Freund von → Gandalf. Treffpunkt der → Waldläufer des Nordens (die der Wirt mit viel Misstrauen betrachtete), gemeinsames Gasthaus für Menschen, → Hobbits und → Zwerge. Deshalb hatte das dreistöckige Gebäude auch Extra-Zimmer für Hobbits im Erdgeschoss, mit runden Türen und Fenstern. Das Gasthaus war bekannt für seine bequemen Betten, die gutbürgerliche Küche und das hervorragende Bier, das auch → Aragorn als König noch manches Mal genoss – nun auch vom Wirt geschätzt, der »Streicher« gar nicht gemocht hatte. Und es galt als Zentrum der Kunst des Pfeiferauchens.

Zur Brücke

Gasthaus an der Brandywein-Brücke, abgerissen von den Dienern → Sarumans

Zur Kreuzung

Gasthaus in der Geschichte → »Herr Glück«

Zur Übersetzung des Beowulf

Vorwort von Tolkien zu einer Beowulf-Übersetzung von 1940: → »On Translating Beowulf«

Zwei Bäume

→ Yavanna, die »Spenderin der Früchte«, schuf in den frühen Tagen von → Arda, nachdem → Melkor die → Lampen der Valar zerstört hatte, das bedeutendste aller Werke, das die → Valar jemals hervorbrachten, und da sie nichts mehr schätzte als Bäume, waren dies die zwei größten und schönsten Bäume, die die Welt je sah, und sie strahlten das allerreinste Licht aus. Nachdem die Valar → Aman und → Valinor fertig gestellt hatten, versammelten sie sich im Schicksalsring, dem Máhanaxar, und sahen zu, wie Yavanna auf dem Corollaire ein »Lied der Macht« sang, unterstützt von → Nienna und ihren Tränen. Und es wuchsen zwei strahlende Bäume, und aus den Blüten des älteren, Telperion (»Silberbaum«), troff ein Tau von silbernem Licht, aus den Büscheln feurig gelber Blüten von Laurelin (»Goldenes Lied«) aber fiel goldener Regen. Jeder Baum erblühte und verblaßte in jeweils sieben Stunden, und er begann immer eine Stunde, ehe der andere vollkommen dunkel wurde. Die Stunde, in der beide Bäume gleichzeitig leuchteten, nannte man die »Vermischung der Lichter«, und ein Tag in Aman dauerte zwölf Stunden und endete mit der zweiten Vermischung der Lichter. Der Tau von Telperion lieferte → Varda das Material für jene Sterne, die sie an den Himmel setzte, um den → Elben bei ihrem Erwachen zu leuchten, und ihr gemeinsames Licht bannte → Feanor in die → Silmaril. → Melkor vernichtete mit Hilfe von → Ungoliant die beiden Bäume, nur eine Blüte von Telperion und eine Frucht von Laurelin konnten gerettet werden, aus denen → Aule und → Varda → Sonne und → Mond schufen. Doch auch deren Licht war durch Ungoliant und Melkor besudelt, und so leuchtete das reine Licht der Bäume nur noch in den Silmaril, das von Telperion auch noch in den Sternen, die Varda an den Himmel gesetzt hatte. Vielleicht war dies einer der Gründe, warum die Elben Telperion mehr schätzten, den sie auch Silpion (»Dämmerglanz«) oder Ninquelóte (»weiße Blüte«) nannten. Ein anderer war, dass sie, die sie im Sternenlicht geboren waren, das hellere und heißere Licht von Laurelin, des Culúrien (»Rotgolden Glühender«) und Malinalda (»Goldbaum«), als zu grell und warm empfanden. Telperion verehrten sie so sehr, dass Yavanna für sie auf dem Gipfel des → Túna ein Abbild erschuf, das allerdings nicht leuchtete, den → Galathilion. Aus dessen Sprösslingen erwuchsen später → Celeborn in → Tol Eressea und dessen Abkömmlinge → Nimloth in → Númenor der → Weiße Baum von → Gondor. – Wie früh sich Tolkien mit dem Gedanken an die zwei Bäume trug, zeigt das → Bild → »Die Feenküste« aus dem Jahr 1915. Hammond und Scull sehen in Tolkiens Bild → Xanadu von 1913 bereits eine frühe Vision der zwei Bäume.

Zwei Geschlechter
Häufig wird in → Mittelerde, aber auch in → Valinor, von den »Zwei Geschlechtern« gesprochen; man meint damit die → Elben und die → Menschen als die älteren und die jüngeren → Kinder Ilúvatars, besonders in Bezug auf die (bis zum Ende des Dritten Zeitalters) beiden → Vereinigungen von Elben und Menschen. Der Begriff ist eine Sonderform des allgemeinen Begriffes → Geschlechter.

Zwei Königreiche
→ Arnor und → Gondor

Zwei, zwei, eins, sechs und noch vier
Beginn eines Lieds der → Orks im »Hobbit«, als sie → Gandalf, → Bilbo und deren Gefährten auf die Bäume getrieben hatten (neue Übersetzung; alt: Fünfzehn Vögel in fünf hohen Föhren)

Zwei-Federn-Hobbit
Hauptmann der → Landbüttel im → Auenland, so genannt wegen seines Rangabzeichens an der Mütze

Zweifelnd und zagend
Beginn des Liedes, dass Gléowine, der Barde von König → Théoden von → Rohan, für die Beerdigung des Königs schrieb; danach komponierte er nie wieder.

Zweig der Wiederkehr
→ Oiolaire

Zweite Linie der Könige
Die Könige der Mark, die Könige von

→ Rohan, wurden in Linien eingeteilt, die jeweils aus einer direkten Nachfolge bestanden. Die zweite Linie umfasste:

→ Fréaláf (2726–2798)
→ Brytta (2752–2842)
→ Walda (2780–2851)
→ Folca (204–2864)
→ Folcwine (2830–2903)
→ Fengel (2870–2953)
→ Thengel (2905–2980)
→ Théoden (2948–3019)

Zweite Musik der Ainur

Wie → Ilúvatar, der eine allschaffende Gott, am Anfang in der → Ainulindale mit Musik die Welt erschuf, wird er sie am → Welt-Ende mit Musik beenden: *»Einst aber haben die Valar den Elben in Valinor erklärt, daß die Menschen bei der zweiten Musik der Ainur mitspielen sollen; während Ilúvatar nicht verraten hat, was er mit den Elben vorhat nach dem Ende der Welt.«* (SIL)

Zweite Schlacht

Die → Dagor-nuin-Giliath

Zweite Stimme

Eines der beiden Wesen, die jeweils das Vorleben der Menschen bewerten und über den weiteren Verlauf ihres »Lebens nach dem Tode« entscheiden in der Geschichte → »Blatt von Tüftler«.

Zweites Geschlecht

Die Menschen, wenn man von einer Einteilung in zwei → Geschlechter redet, oder die → Noldor-Elben (→ Gnome) als das zweite der drei Geschlechter der → Elben.

Zweites Zeitalter

Das zweite der vier → Zeitalter, das Zeitalter von → Númenor, beginnt mit der Gründung der → Grauen Anfurten und endet 3441 ZZ mit dem Sieg über → Sauron am Ende des → Krieges des Letzten Bündnisses (siehe Zeittafeln im Anhang)

Zweitgeborene

Die Menschen als die jüngeren → Kinder von → Ilúvatar

Zweitschöpfung

Am 19. September 1931 entwickelt Tolkien in einem Gespräch mit C. S. → Lewis und Hugo Dyson die Idee vom → »Mythos als Erfinden in Bezug auf die Wahrheit« und von seiner schriftstellerischen Tätigkeit als »Nachschöpfen«. Dies meint er in mehrfacher Hinsicht. Zum einen sollte der Leser oder die Leserin von einer wirklich guten Geschichte so gefangen werden, dass er oder sie praktisch in ihr aufgeht, vergisst, dass es eine Geschichte ist, sich in dieser Welt zu Hause fühlt; der Autor oder die Autorin hat also eine eigene Welt geschaffen. Diese Vorstellung wurde von Michael Ende in dem Meisterwerk »Die unendliche Geschichte« zu einem Höhepunkt der Fantasy-Literatur umgesetzt. Später erweitert Tolkien als gläubiger Katholik seine Ideen dahin, dass das, was er als Autor tue, eine »Sub-Creation« sei, eine »Neben-Schöpfung« oder Nachschöpfung durch den Menschen. Das Gespräch und seine Erkenntnisse von 1931 fasste Tolkien im Gedicht »Mythopoeia« zusammen (auch »Misomyhos« und »Philomyth to Misomyth« betitelt), seine erweiterten Ideen stellte er am 8. März 1939 an der St. Andrew's University in dem berühmten Vortrag → »On Fairy-Stories« vor (»Über Märchen«, veröffentlicht 1947).

Zwerge

Die Zwerge in der → Mythologie von Tolkien basieren wie seine → Elben auf der Mythologie der → Germanen; dort waren sie ein mächtiges, zaubermächtiges Volk. In der mittelalterlichen Mythologie galten Zwerge sogar als → Elementargeister. Um sie von den niedlichen Zwergen des Volksglaubens und der Märchen abzugrenzen, verwendete Tolkien statt des korrekten englischen Plurals *dwarfs* das Wort *dwarves*. Wie er im Anhang zum »Herrn der Ringe« erläutert, sei dies eine sprachlich ältere Form. In seiner Mythologie haben die Zwerge einen ganz eigenen Ursprung: → Aule, der → Vala des Handwerks, der Technik und vor allem der Schmiedekunst, schuf die sieben Väter der Zwerge, die sich zunächst nur aus seinem Willen bewegen konnten. → Ilúvatar jedoch hauchte ihnen Leben ein. Doch mussten sie schlafen, bis → Ilúvatars Kinder, die Elben und Menschen, erwacht waren. Man kennt nur den ältesten dieser ersten Zwerge mit Namen, → Durin I., der in → Moria erwachte. Die meisten Zwerge, die bei Tolkien erwähnt werden, stammen aus seiner Sippe. Sie waren etwa 1,30 bis 1,40 Meter groß, stark, kräftig gebaut, unempfindlich gegen Feuer und die meiste → Magie; die → Ringe der Macht konnten ihnen nichts anhaben. Sie wurden etwa 250 Jahre alt und waren ungefähr mit 100 Jahren erwachsen. Nichtzwerge konnten Zwergenfrauen von den Männern nicht unterscheiden (beide Geschlechter hatten lange Bärte), und die einzige Zwergenfrau, die jemals erwähnt wird, ist → Dís. Es gab nur wenige Zwergenfrauen, weniger als ein Drittel des ganzen Volkes. Da zudem nur rund ein Drittel der Zwerge heiratete, waren sie zur Zeit des → Ringkrieges ein aussterbendes Volk. Denn ein großer Teil der Zwerge war schon am Ende des → Ersten Zeitalters ums Leben gekommen, als ihre großen Städte → Belegost und → Nogrod zerstört wurden. Die Zwerge als Geschöpfe Aules waren zäh, stur und verschlossen, fleißige und geschickte Höhlenbauer und hervorragende Metall-

und Edelsteinschmiede; Namen wie der von → Telchar lebten noch Jahrtausende später in den Liedern fort. Die Zwerge waren ein geheimnisvolles Volk, das seine Geheimnisse eifersüchtig hütete; aus der Zwergensprache → Khuzdûl sind nur wenige Ortsnamen und Begriffe bekannt, z. B. der Kriegsruf von → Gimli: »Baruk Khazâd! Khazâd ai-mênu!« (»Äxte der Zwerge! Zwerge über euch!«). Den → wahren Namen eines Zwerges hat nie jemand erfahren (vielleicht mit ein Grund für ihre Widerstandsfähigkeit gegen Magie); die Namen, die Tolkien verwendet, sind nordischen Ursprungs und stammen zum Teil aus dem Zwergenkatalog der → Edda. Sich selbst bezeichneten die Zwerge als Khazád, in Sindarin wurden sie Hadhodrim genannt oder Naugrim (die Kurzen), als → Langbärte wurden sie bezeichnet, und so auch als »Anfangrim«, »Inrafangrim«, »Indrafangrim« und »Súrfangrim«. Das Verhältnis der Zwerge zu den Menschen und Elben war oft angespannt bis feindselig, es gab aber auch gute Zusammenarbeit, wie bei dem Bau von → Menegroth oder der Ausgestaltung von → Moria (an dessen Westtor → Celebrimbor mitwirkte). Mit der Zerstörung von → Doriath und dem Streit um das → Nauglamir gab es jedoch einen Riss in den Beziehungen, der bis ins Dritte Zeitalter nachwirkte. – Was aus den Zwergen nach ihrem Tod wurde, ist unbekannt; sie selbst behaupteten, sie würden in eigenen → Hallen von Mandos warten auf das → Welt-Ende. Nur ein Zwerg ist jemals in die Unsterblichen Lande, nach → Aman, gereist, → Gimli, den sein Freund Legolas mitnahm. – In → »Die Briefe vom Weihnachtsmann« gibt es rote Zwerge. – Zwerge sind im Volksglauben weitaus präsenter und verbreiteter als Elfen. Als typische Beispiele seien hier drei Sagen angeführt aus der Sagensammlung der Brüder Grimm

(Jakob Ludwig Karl Grimm, 1785–1863, und Wilhelm Karl Grimm, 1786–1859). Die erste berichtet vom »Abzug des Zwergvolks über die Brücke«: *»Die kleinen Höhlen in den Felsen, welche man auf der Südseite des Harzes, sonderlich in einigen Gegenden der Grafschaft Hohenstein findet und die größtenteils so niedrig sind, daß erwachsene Menschen nur hineinkriechen können, teils aber einen räumigen Aufenthaltsort für größere Gesellschaften darbieten, waren einst von Zwergen bewohnt und heißen nach ihnen noch jetzt Zwerglöcher. Zwischen Walkenried und Neuhof in der Grafschaft Hohenstein hatten einst die Zwerge zwei Königreiche. Ein Bewohner jener Gegend merkte einmal, daß seine Feldfrüchte alle Nächte beraubt wurden, ohne daß er den Täter entdecken konnte. Endlich ging er auf den Rat einer weisen Frau bei einbrechender Nacht an seinem Erbsenfelde auf und ab und schlug mit*

Dieser Holzschnitt von Ludwig Richter (1803–1884) zeigt schön die landläufige Vorstellung der Zwerge im Volksglauben.

einem dünnen Stabe über dasselbe in die bloße Luft hinein. Es dauerte nicht lange, so standen einige Zwerge leibhaftig vor ihm. Er hatte ihnen die unsichtbar machenden Nebelkappen abgeschlagen. Zitternd fielen die Zwerge vor ihm nieder und bekannten, daß ihr Volk es sei, welches die Felder der Landesbewohner beraubte, wozu aber die äußerste Not sie zwänge. Die Nachricht von den eingefangenen Zwergen brachte die ganze Gegend in Bewegung. Das Zwergvolk sandte endlich Abgeordnete und bot Lösung für sich und die gefangenen Brüder und wollte dann auf immer das Land verlassen. Doch die Art des Abzuges erregte neuen Streit. Die Landeseinwohner wollten die Zwerge nicht mit ihren gesammelten und versteckten Schätzen abziehen lassen, und das Zwergvolk wollte bei seinem Abzuge nicht gesehen sein. Endlich kam man dahin überein, daß die Zwerge über eine schmale Brücke bei Neuhof ziehen und daß jeder von ihnen in ein dorthin gestelltes Gefäß einen bestimmten Teil seines Vermögens als Abzugszoll werfen sollte, ohne daß einer der Landesbewohner zugegen wäre. Dies geschah. Doch einige Neugierige hatten sich unter die Brücke gesteckt, um den Zug der Zwerge wenigstens zu hören. Und so hörten sie denn viele Stunden lang das Getrappel der kleinen Menschen; es war ihnen, als wenn eine sehr große Herde Schafe über die Brücke ging. - Seit dieser letzten großen Auswanderung des Zwergvolks lassen sich nur selten einzelne Zwerge sehen. Doch zu den Zeiten der Elterväter stahlen zuweilen einige in den Berghöhlen zurückgebliebene aus den Häusern der Landesbewohner kleine, kaum geborene Kinder, die sie mit Wechselbälgen vertauschten.« – Es existieren in vielen Ländern zahlreiche kurze Sagen, die erklären, warum die einst so hilfreichen Wichtelmänner verschwunden sind, meistens wird

ihnen ein Streich gespielt, hier zwei Beispiele: »Es war der Zwerglein Gewohnheit, sich auf einen großen Felsstein zu setzen und von da den Heuern zuzuschauen. Aber ein paar Schalke machten Feuer auf den Stein, ließen ihn glühend werden und fegten dann alle Kohlen hinweg. Am Morgen kam das winzige Volk und verbrannte sich jämmerlich; rief voll Zornes: ›O böse Welt, o böse Welt!‹ und schrie um Rache und verschwand auf ewig.« Und: »Dardesheim ist ein Städtchen zwischen Halberstadt und Braunschweig. Dicht an seiner nordöstlichen Seite fließt ein Quell des schönsten Wassers, welcher der Smansborn (Leßmannsborn) heißt und aus einem Berge quillt, in dem vormals die Zwerge wohnten. Wenn die ehemaligen Einwohner der Gegend ein Feierkleid oder zu einer Hochzeit ein seltenes Geräte brauchten, so gingen sie vor diesen Zwergberg, klopften dreimal an und sagten mit deutlicher, vernehmlichen Stimme ihr Anliegen, und:

Frühmorgens eh die Sonne aufgeht,
    schon alles vor dem Berge steht.
Die Zwerge fanden sich hinlänglich belohnt, wenn ihnen etwas von den festlichen Speisen vor den Berg hingesetzt wurde. Nachher allmählich störten Streitigkeiten das gute Vernehmen des Zwergvolks und der Landeseinwohner. Anfangs auf kurze Zeit, aber endlich wanderten die Zwerge aus, weil ihnen die Neckworte und Spöttereien vieler Bauern unerträglich waren sowie der Undank für erwiesene Gefälligkeiten. Seit der Zeit sieht und hört man keine Zwerge mehr.«

Zwergengrube
Übersetzung von Khazad-dûm (→ Moria)

Zwergenheim
→ Moria

Zwergenringe
Die → Sieben Ringe der Zwerge

Zwergenschrift
→ Cirth

Zwergensprache
→ Khuzdûl

Zwergenstraße
Im → Ersten Zeitalter die wichtigste Verbindung zwischen den Städten der
→ Zwerge und der → Elben. In → Eriador
wahrscheinlich identisch mit der → Oststraße des Dritten Zeitalters, weshalb von
der → Alten Waldstraße auch als Zwergenstraße gesprochen wurde. Nach → Beleri-
and führte ein Pass über die → Ered Luin,
dann ging es weiter am Nordufer des
→ Ascar über → Sarn Athrad, danach teilte
sich die Straße. Ein Nordzweig führte durch
→ Estolad über die → Arossiach durch
→ Nan Dungortheb und wurde selten
benutzt; es war zu gefährlich, ein Südzweig
führte nach → Menegroth und → Nargothrond.

Zwergentüren
Türen, die die → Zwerge schufen und die
sich nur zu bestimmten Zeiten oder auf
bestimmte Worte oder → Zaubersprüche
hin zeigten oder öffneten, wie etwa das
Westtor von → Moria

Zwickel von Lórien
→ Naith

Zwiefuß, Papa (Väterchen)
Ein alter → Hobbit, mit dem sich Ohm
→ Gamdschie im Gasthaus Efeubusch
unterhält

Zwielichtelben
Die → Sindar

Zwielicht-Seen, Zwielicht-Weiher
→ Aelin-uial

Zwitschervogel
→ Timpinen (auch Tinfang oder Tinfing)

Zwölfmeilenvetter
Im → Auenland war es Sitte, Verwande
regelmäßig zu beschenken. Damit dies aber
nicht zu teuer wurde, beschänkte man sich
dabei sich nähere Verwandten (maximal
Vettern und Kusinen zweiten Grades), die
näher als zwölf Meilen wohnten (ca. 20
Kilometer). Einen → Hobbit, der sich streng
an diesen Brauch hielt, nannte man Zwölfmeilenvetter.

Zymbelpfeifen
Blumen, die in der Geschichte → »Rove-
random« auf dem → Mond wachsen und
Musik machen

Zeittafel der Geschehnisse auf Arda

Das Erste Zeitalter

Den Beginn des Ersten Zeitalters markiert das Ende der Ainulindale, als die Ainur die Schöpfung betreten. Wie lange diese erste Zeit währte, ist unmöglich zu sagen – wie lange dauert eines der drei »Alter«, die Melkor eingekerkert war? Allein der »Schlaf von Yavanna« kann Tausende von Jahren gedauert haben. In jener nicht schätzbaren Zeit schufen die Ainur die Lampen der Valar und die Zwei Bäume von Valinor, sie bekämpften Melkor und kerkerten ihn ein, sie holten die Elben nach Aman, und drei »Alter« war Friede, der Frühling von Arda. Er endete mit der Zerstörung der Zwei Bäume durch Melkor. Sonne und Mond wurden geschaffen, und ab diesem Zeitpunkt werden die Jahre gezählt. Im Ersten Zeitalter sind allerdings die Jahresangaben nicht einheitlich und oft nur Schätzungen möglich, auch gibt es wegen unterschiedlicher Kalendersysteme häufig Abweichungen, dies hier sind also nur ausgewählte Anhaltspunkte.

1	Erster Aufgang von Sonne und Mond; 10 Tage vorher findet die Schlacht unter den Sternen statt
um 60	Dagor Aglareb
um 70	Thingol verbietet Quenya
104	Turgon geht nach Gondolin
306	Geburt von Maeglin
311	Beor tritt in den Dienst von Finrod
330	Tod von Aredhel und Eol
355	Tod von Beor
370	Die Haladin unter Haledh ziehen nach Brethil.
um 425	Die Sippe von Hador siedelt sich in Dor-lómin an.
435	Geburt von Beren
441	Geburt von Húrin
444	Geburt von Huor
455	Dagor Bragollach, die Schlacht des Jähen Feuers
457	Sauron erobert Tol Sirion, Húrin und Huor in Gondolin
460	Tod von Barahir
465	Beren trifft Lúthien, Geburt von Túrin
466	Beren tritt vor Thingol, Beginn der Suche nach den Silmaril
467/68	Tod von Finrod Felagund, Beren und Lúthien erobern in Angband den Silmaril

468	Carcharoth, Huan und Beren sterben, Beren kehrt von den Toten zurück	500	Túrin heiratet Niniël
470	Geburt von Dior	501	Túrin tötet Glaurung; Tod von Túrin und Niënor
473	Nirnaeth Arnoediad, die Schlacht der ungezählten Tränen; Tod von Fingon und Huor, Gefangennahme von Húrin	502	Húrin kommt frei, er tötet Mim, Morwen stirbt
		503/04	Heirat von Tuor und Idril, Geburt von Earendil
474	Morgoth erobert die Falas, Círdan baut die Häfen an den Sirionmündungen	505	Thingol erschlagen, Schlacht von Sarn Artrad
		508/09	Tod von Beren und Lúthien
482-85	Túrin kämpft für Doriath	509	Angriff der Söhne Feanors auf Menegroth, Tod von Dior
485	Túrin flieht und lebt als Geächteter		
488	Túrin tötet aus Versehen Beleg und geht nach Nargothrond	510/11	Fall von Gondolin
		543	Tuor und Idril segeln nach Aman
490	Tuor wird Sklave bei Lorgan	um 600	Earendil erreicht Valinor, die Große Schlacht
492	Tuor flieht		
496	Schlacht von Tumhalad Nargothrond wird zerstört		

Das Zweite Zeitalter

1   Gründung der
Grauen Anfurten

32   Die Dúnedaien
erreichen Númenor,
Herrschaftsantritt des ersten
Königs Elros Tar-Minyatur

442   Tod von Elros Tar-Minyatur
König wird Tar-Amandil

590   Tar-Elendil wird König,
seine Tochter Silmarien begründet die Linie der
Fürsten von Andúnië,
erste Schiffe aus Númenor
erreichen Mittelerde

740   Tar-Meneldur wird König

750   Die Noldor gründen Eregion.

806   Erendis lernt Aldarion
kennen

871   Heirat von Aldarion
und Erendis,
873 Geburt von Ancalime

883   Tar-Aldarion wird König

1000   Sauron lässt sich in Mordor
nieder und beginnt mit dem
Bau von Barad-dûr

1075   Tar-Ancalime wird Königin

ab 1200   Sauron beginnt, die Elbenschmiede von Eregion zu
umgarnen; die Númenórer
legen ständige Häfen in
Mittelerde an

1280   Tar-Anárion wird König

1394   Tar-Súrion wird König

1556   Tar-Telperien wird Königin

ca. 1600   Celebrimbor hat Ringe der
Macht fertiggestellt.
Sauron schmiedet den
Herrscherring und vollendet
Barad-dûr. Celebrimbor erkennt
seine Absichten.

1693   Sauron überzieht die Elben mit
Krieg, sie verstecken die drei
Elbenringe.

1697   Sauron erobert Eregion und
tötet Celebrimbor.
Elrond gründet Imladris.

1699   Sauron erobert Eriador.

1700   Kronprinz Tar-Minastir von
Númenor führt eine große
Flotte nach Lindon und besiegt
Sauron.

1731   Tar-Minastir wird König

1869   Tar-Ciryatan wird König

2029   Tar-Atanamir wird König,
genannt der Große und der der
Unwillige; weigert sich, das
Szepter niederzulegen, und
regiert bis zu seinem Tod, wie
alle Nachfolger

um 2200   Die Nazgûl erscheinen zum
ersten Mal.

2221   Tar-Ancalimon wird König;
unter seiner Herrschaft

	spalten sich die Númenórer in eine Königspartei und die Opposition der Elendili.	3262	Ar-Pharazôn nimmt Sauron gefangen und bringt ihn als Gefangenen nach Númenor; in den nächsten 50 Jahren wird Sauron in Númenor immer mächtiger, bis er als Gott verehrt wird
2280	Umbar wird zur Festung der Nómenórer ausgebaut		
2350	Pelargir wird errichtet und zum Haupthafen der Elendili	3310	Ar-Pharazôn beginnt, gegen Aman zu rüsten
2386	Tar-Telemmaite wird König	3319	Ar-Pharazôn greift Aman an, Umwandlung der Welt und Untergang von Númenor, Elendil und seine Söhne erreichen Mittelerde
2526	Tar-Vanimelde wird Königin		
2637	Herucalmo reißt unrechtmäßig die Herrschaft an sich		
2657	Tar-Alcarin wird König	3320	Gründung der Reiche Arnor und Gondor; Sauron geht nach Mordor
2737	Tar-Calmacil wird König		
2825	Tar-Ardamin wird König	3429	Sauron erobert Minas Ithil
2899	Ar-Adûnakhôr wird König	3430	Bildung des letzten Bundes der Elben und Menschen
2962	Ar-Zimrathôn wird König		
3033	Ar-Sakalthôr wird König	3434	Schlacht von Dagorlad, Sauron wird geschlagen, Beginn der Beagerung des Barad-dûr
3102	Ar-Gimilzôr wird König		
3177	Tar-Palantir wird König	3440	Tod von Anárion
3243	Ar-Pharazôn wird König	3441	Sauron tötet Elendil und Gil-galad, wird dabei aber auch geschlagen, Isildur nimmt den Herrscher-ring an sich
3319	Untergangs von Númenor		
3261	Ar-Pharazôn landet in Umbar		

Das Dritte Zeitalter

2	Isildur pflanzt einen Spross des des Weißen Baumes in Minas Anor. Meneldil übernimmt die Herrschaft in Arnor. Isildur stirbt auf den Schwertelfeldern.
3	Ohtar bringt die Bruchstücke von Narsil nach Imladris
10	Valandil wird König von Arnor
109	Elrond heiratet Celebrían
130	Geburt von Elladan und Elrohir
241	Geburt von Arwen
420	König Ostoher von Gondor baut Minas Anor aus
490	Erste Kämpfe mit Ostlingen
861	Tod von Earendur, Teilung von Arnor
933	Earnil I. von Gondor erobert Umbar
1050	Hyarmendacil von Gondor erobert Harad
um 1050	Sauron geht in den Grünwald, der zum Düsterwald wird; die Harfüße wandern ein.
um 1150	Die Falbhäute und die Starren wandern ein
um 1300	Der Hexenkönig siedelt sich in Angmar an. Die ersten Hobbits besiedeln Bree.
1350	Rhudaur wird Verbündeter des Hexenkönigs
1409	Der Hexenkönig von Angmar erobert Cardolan.
ab 1432	Sippenstreit von Gondor
1437	Brand von Osgiliath
1448	Die Anhänger von Castamir erobern Umbar.
1601	Die Hobbits besiedeln das Auenland.
1636	Die große Pest, Tod des Weißen Baumes von Gondor
1640	Minas Anor wird Hauptstadt von Gondor.
1810	König Telumehtar von Gondor erobert Umbar
1851	Die Wagenfahrer greifen an.
1899	König Calimehtar von Gondor besiegt die Wagenfahrer auf der Dagorlad.
1900	Calimehtar baut den Weißen Turm in Minas Anor.
1944	König Ondoher von Gondor fällt, Earnil schlägt die Wagenfahrer vernichtend.
1945	Earnil wird König von Gondor
1974	Der Hexenkönig erobert Arthedain.

1975	Der Hexenkönig wird bei Fornost besiegt.	2340	Die Altbocks besiedeln das Bockland und nennen sich Brandybock, Isumbras I. Tuk wird der erste Thain des Auenlandes aus der Familie Tuk.
1976	Aranarth wird der erste Stammesführer der Dúnedain des Nordens		
1979	Bucca vom Bruch wird der erste Thain des Auenlandes.	2460	Sauron kehrt nach Dol Guldur zurück.
1980	Der Balrog von Moria vertreibt die Zwerge.	2463	Auf Anregung von Galadriel wird der Weiße Rat gebildet. Déagol findet den Herrscherring und wird von Sméagol erschlagen.
um 1980	Geschichte von Amroth und Nimrodel		
1999	Thráin I. gründet am Erebor das Königreich unter dem Berg.	2509	Celebrian wird von Orks überfallen und misshandelt
2002	Die Nazgûl erobern Minas Ithil und einen Palantir.	2510	Celebrian fährt nach Aman. Eorl hilft Gondor bei der Schlacht von Celebrant. Die Éothéod erhalten Calenardhon und gründen das Reich der Mark.
2043	Earnur wird der letzte König von Gondor.		
2050	Earnur lässt sich vom Hexenkönig herausfordern und verschwindet in Minas Morgul. Mardil wird erster Herrscher der Truchsess.	2570	Baldor beschreitet die Pfade der Toten und bleibt verschollen.
		um 2570	In den Ered Mithrim tauchen Drachen auf.
2060	Mardil führt die Truchsessen-Zeitrechnung ein.	2589	Dáin I. und sein Sohn werden von einem Kaltdrachen erschlagen.
2063	Gandalf versucht, in Dol Guldur die Identität des Feindes zu erkunden, doch Sauron zieht sich zurück	2698	Ecthelion I. baut den Weißen Turm in Minas Tirith wieder auf.
2210	Thorin I. gründet das Zwergenreich in den Ered Mithrin.	2747	Bandobras Tuk schlägt die Orks unter Golfimbul und erfindet das Golfspiel

2758	Wulf und die Dunländer erobern Edoras. König Helm Hammerhand verbirgt sich in Helms Klamm. Der lange Winter
2759	Helm stirbt. Fréaláf wird erster König der zweiten Linie der Könige der Mark. Saruman erhält Isengart.
2770	Smaug besetzt den Erebor.
2790	Thrór geht nach Moria und wird von Azog erschlagen.
2793	Beginn des Krieges der Zwerge und Orks
2799	Schlacht im Schattenbachtal
2845	Thráin wird von Sauron gefangen genommen, Sauron nimmt ihm den Ring der Macht ab
2850	Gandalf schleicht sich in Dol Guldur ein, entdeckt, dass dieser von Sauron beherrscht wird, und findet den sterbenden Thráin, von dem er Karte und Schlüssel für den Erebor erhält.
2852	Der Weiße Baum von Gondor stirbt.
2901	Ithilien wird aufgegeben, Henneth Annún wird gebaut.
2911	Der Grausame Winter
2931	Aragorn wird geboren

2941	Die Ereignisse, die im »Hobbit« beschrieben werden. Sauron gibt Dol Guldur auf.
2951	Sauron baut Barad-Dûr auf.
2953	Letzte Sitzung des Weißen Rates
2980	Verlobung von Aragorn und Arwen
2989	Balin geht nach Moria
2994	Alle Zwerge in Moria kommen ums Leben.
3001	Bilbos Abschiedsfest
3018/19	Die Ereignisse, die im »Herrn der Ringe« beschrieben werden, der Ringkrieg.
3019	Am 6. April wird der Düsterwald umbenannt und neu aufgeteilt. Am 1. Mai wird Aragorn II. Elessar gekrönt. Am 3. November wird in Wasserau die letzte Schlacht des Ringkriegs geschlagen und das Auenland befreit. Am 25. März beginnt in Gondor das Vierte Zeitalter.
3021	Am 29. September segeln die Ringträger von den Grauen Anfurten los nach Aman.

Biobibliographie mit Zeittafel
zum Leben von John Ronald Reuel Tolkien

In dieser Biobibliographie ist in der Regel nur die Erstveröffentlichung angegeben; Parallelveröffentlichungen oder Nachdrucke nur in Ausnahmefällen. Nähere Angaben zu einzelnen Werken siehe Literaturverzeichnis und Lexikon-Text. Zur besseren Orientierung sind bis zum Erscheinen des »Herrn der Ringe« auch wichtige Ereignisse aus Politik, Wissenschaft und Kultur aufgeführt, um Tolkiens Situation leichter einordnen und bewerten zu können.

1899

Am 21. Januar 1889 wird in Gloucester J. R. R. Tolkiens spätere Ehefrau Edith Pratt geboren.

1891

Im März reist Mabel Suffield mit dem Dampfer »Roslin Castle« nach Südafrika. Am 16. April heiraten Mabel Suffield und Arthur Reuel Tolkien in der Cape Town Cathedral in Bloemfontein.

1892

Am 3. Januar kommt John Ronald Reuel Tolkien in Bloemfontein in Südafrika zur Welt als Sohn von Arthur Reuel Tolkien (Bankangestellter, geboren Ende der 1850er-Jahre) und Mabel Tolkien (geb. Suffield, geboren im Januar 1870). Getauft wird der Junge am 31. Januar in der Bloemfontein Cathedral; man ruft ihn Ronald. – Der Name Tolkien geht, wie J. R. R. Tolkien in einem Brief 1955 erläutert, auf das deutsche (sächsische) »Tollkühn« zurück; Tolkiens Vorfahren waren im 18. Jahrhundert nach England eingewandert.

In Hamburg wütet die letzte Cholera-Epidemie in Deutschland, Dubois findet Überreste des »Affenmenschen« Pithecantropus,

Verdi schreibt den »Falstaff« und Gerhard Hauptmann »Die Weber«, Toulouse-Lautrec malt das »Moulin Rouge«.

1894

Am 17. Februar wird Ronalds Bruder Hilary Arthur Reuel geboren.

Japanisch-Chinesischer Krieg, Dreyfus-Affaire in Frankreich, Weltausstellung in Antwerpen, Bruckner schreibt seine 9. und Mahler seine 1. Symphonie, Karl May die Winnetou-Trilogie, Rudyard Kipling das »Dschungelbuch«.

1895

Im April reist Mabel Tolkien mit den beiden Söhnen an Bord der SS Guelph nach England zu ihrer Schwester Jane nach Birmingham, da sie das südafrikanische Klima nicht verträgt. Arthur Reuel Tolkien bleibt in Südafrika, will aber baldmöglichst nachkommen.

Der erste Mensch betritt die Antarktis, das Helium und die Röntgenstrahlen werden entdeckt. Erste Filmvorführung in Berlin. Engels gibt den letzten (dritten) Band von »Das Kapital« von Marx heraus, Theodor Fontane veröffentlicht »Effi Briest« und Herbert George Wells »Die Zeitmaschine«.

1896

Am 14. Februar stirbt Arthur Reuel Tolkien in Südafrika nach einem Blutsturz. Im Sommer mietet Mabel Tolkien ein Häuschen in Sarehole bei Birmingham. Dort bleibt sie mit den Jungen vier Jahre lang.

Erste neuzeitliche Olympische Spiele in Berlin, Entdeckung der radioaktiven Strahlung des Uran durch Becquerel, Stiftung des Nobelpreises durch Alfred Nobel (†). Erster Vampirfilm »Le manoir du diable« von Georges Méliès. Richard Strauss komponiert »Also sprach Zarathustra«, Puccini »La Bohème«. Schauspiele »Die Möwe« von Tschechow und »Liebelei« von Schnitzler, Roman »Quo Vadis« von Sinkiewicz.

1900

Im Juni wird Mabel Tolkien in die katholische Kirche aufgenommen. Ab September besucht Ronald die König-Edward-Schule im Zentrum von Birmingham. Ende des Jahres zieht die Familie nach Moseley, einen Stadtteil von Birmingham, der näher an Ronalds Schule liegt.

Niederwerfung des Boxer-Aufstandes in China, Weltausstellung und Olympiade in Paris (Eiffelturm und erste Rolltreppe), das BGB (Bürgerliches Gesetzbuch) tritt in Deutschland in Kraft, Enrico Caruso beginnt mit Schallplattenaufnahmen, Schnitzler veröffentlicht »Der Reigen«, Jack London »Wolfsblut«.

1901

Da das Haus, in dem sie wohnt, abgerissen wird, zieht Familie Tolkien um in ein Haus in der gleichen Stadt hinter dem Bahnhof King's Heath.

Großbritanniens Königin Victoria stirbt mit 81 Jahren nach 63 Jahren Regierung, König wird George VII., Theodore Roosevelt wird Präsident der USA, Karl Fischer gründet die »Wandervogel«-Jugendbewegung, im Kongo entdeckt man das Okapi, ein Freiluftballon erreicht 10.800 Meter Höhe (Höhenrekord bis 1952), Marconi überbrückt drahtlos den Atlantik, Pawlow beginnt mit seinen Experimenten zu bedingten Reflexen und Gilette mit der Herstellung von Rasierapparaten. Opernkomponist Giuseppe Verdi stirbt, Antonin Dvorak schreibt die Oper »Rusalka«. In Mainz wird das Gutenberg-Museum eröffnet, Picasso beginnt seine »Blaue Periode«. Bücher/Theater: »Der arme Heinrich« von Hauptmann, »Kim« von Rudyard Kipling, »Die Buddenbrocks« von Thomas Mann, der »Totentanz« von Strindberg, »Der erste Mensch auf dem Mond« von H. G. Wells.

1902

Anfang des Jahres zieht Familie Tolkien in die Oliver Road 26 in Edgbaston, einem Vorort von Birmingham. Ronald und Hilary besuchen die St. Philip's Grammar School. *Südafrika (Oranje Freistaat) wird nach dem Burenkrieg britische Kronkolonie, Kuba wird Freistaat unter US-Protektion, Norwegen schafft die Todesstrafe ab. Nachweis des Aufbaus der Eiweiße durch Aminosäuren, Entwicklung der Röntgendosismessung. Erster Science Fiction-Film »La voyage dans la lune« von Georges Méliès: Emile Zola stirbt, Gauguin malt expressionistische Gemälde mit Südseemotiven, es erscheinen die »Gesammelten Werke« von*

Ibsen, das »Buch der Bilder« (Gedichte) von Rilke und in Deutschland die ersten Sherlock-Holmes-Geschichten con Arthur Conan Doyle (entstanden seit 1891). In Deutschland treten das Urheberrechtsgesetz und einheitliche Regeln für die Rechtschreibung in Kraft.

1903

Ronald und Hilary verlassen die St.-Philip's-Schule. Ronald erringt ein Stipendium für die König-Edwards-Schule und kehrt im Herbst dorthin zurück, in die sechste Klasse. Er beginnt, Griechisch, Finnisch und Walisisch zu lernen.

Erstbesteigung des Chomborazo, erster Motorflug der Brüder Wright, erster nordamerikanischer Spielfilm (der Western »The Great Train Robbery« von Edwin S. Porter). Gauguin stirbt, Greta Garbo wird geboren, Reklamekunst wird Unterrichtsfach an deutschen Kunstgewerbeschulen. Schönberg veröffentlicht die »Guggelieder«, Jack London seinen »Ruf der Wildnis« und von Schnitzler erscheint der »Reigen«.

1904

Anfang des Jahres bekommen die beiden Jungen Masern, später Keuchhusten, Hilary auch noch eine Lungenentzündung. Geschwächt durch die Pflege, kommt Mabel Tolkien im April ins Krankenhaus, wo man Diabetes diagnostiziert. Im Sommer wird sie aus dem Krankenhaus entlassen und zieht mit den Jungen zur Erholung in ein Häuschen der Kirche in Rednal. Anfang November erleidet sie einen Zusammenbruch und stirbt im Haus in Rednal am 14.

November, vierunddreißig Jahre alt. Pater Francis Xavier Morgan, Priester der Birmingham Oratory, übernimmt die Vormundschaft über die beiden Brüder.

Beginn des russisch-japanischen Krieges um die Mandschurei und Korea, Großbritannien erkennt den chinesischen Einfluss auf Tibet an. Erfindung von lichtelektrischer Photozelle, Bildtelegraphie, drahtloser Übertragung von Musik und Offsetdruck. Aleister Crowley verfasst das »Hauptwerk des Satanismus«, das »Liber Al vel Legis«. Puccini: »Madame Butterfly« (Oper); Jack London: »Der Seewolf«; Tschechow: »Der Kirschgarten«.

1905

Anfang des Jahres ziehen Ronald und Hillary zu ihrer Tante Beatrice Suffield in die Stirling Road in Edgbaston. Ronald lernt Christopher Wiseman kennen, der in seiner Schulklasse den zweiten Platz einnimmt (Ronald ist auf dem ersten Platz). Ronald interessiert sich immer mehr für alte Sprachen, lernt neben Griechisch und Latein auch Deutsch und Französisch, liest Alt- und Mittelenglisch und beginnt, Phantasiesprachen zu entwickeln.

Aufhebung der norwegisch-schwedischen Union, Sieg Japans über Russland, Gründung des deutschen Städtetages. Einstein veröffentlicht die Spezielle Relativitätstheorie. Entdeckung des siebenten Jupitermondes. Neu: elektrische Glühbirne mit Wolframdraht, autogenes Schweißen. Tod von Jules Verne und Lewis Wallace (»Ben Hur«). Léhar: »Die lustige Witwe« (Operette); Strauss: »Salome« (Oper); Hesse: »Unterm Rad«; Heinrich Mann: »Professor Unrat«.

1908

Auf Vermittlung von Pater Francis Morgan ziehen Ronald und Hilary Anfang des Jahres in die Pension von Mrs. Faulkner in die Duchess Road 37. Ein Pensionsgast ist die 19-jährige anglikanische Waise Edith Mary Bratt, mit der sich Ronald anfreundet.

Bulgarien wird unabhängiges Königreich, Zionisten gründen Tel Aviv. Entdeckung des 8. Jupitermondes und der Magnetfelder der Sonnenflecken. Onnes verflüssigt Helium, Matisse prägt das Wort Kubismus, Herbert von Karajan wird geboren, Freud schreibt »Charakter und Analerotik« und Shaw das Schauspiel »Heiraten«.

1909

Im Sommer erkennen Ronald und Edith, dass sie sich lieben. Im September erfährt Pater Francis Morgan davon und untersagt die »Affäre«. Er quartiert Ronald und Hilary in ein anderes Haus um. Im Dezember scheitert Ronald mit dem ersten Versuch, ein Stipendium in Oxford zu erringen, weil er zu schlecht vorbereitet ist.

Peary erreicht (zumindest ungefähr) den Nordpol, Shackleton den magnetischen Südpol, Soddy entdeckt die Isotope und Sörensen misst den pH-Wert. Erstmals wird ein Schauspieler »Star« genannt. Breuer veröffentlicht »Der Zupfgeigenhansl«, Léhar die Operette »Der Graf von Luxemburg«, Strauss die Oper »Elektra«, Reger den 100. Psalm, Käthe Kollwitz die Radierung »Arbeitslosigkeit«, T. S. Eliot »Gedichte«, Hermann Löns die Geschichtensammlung »Mümmelmann«, Thomas Mann »Königliche Hoheit« und Richard M. Meyer die »Altgermanische Religionsgeschichte«.

1910

Nachdem Edith und Ronald sich wieder trafen, untersagt Pater Morgan Ronald jeden Kontakt mit Edith bis zu seiner Volljährigkeit, also Vollendung des 21. Lebensjahres. Im März zieht Edith nach Cheltenham und lebt bei Rechtsanwalt Jessop und dessen Frau. Ronald schreibt das Gedicht »Waldsonnenschein«, in dem Feen und Waldgeister tanzen. Im Debattierclub seiner Schule trägt er vor in Griechisch, Latein, Gotisch und Angelsächsisch. Beim Rugby bricht er sich die Nase. Im Dezember erringt er ein Stipendium für das Exeter College in Oxford.

Großbritanniens König Edward VII. stirbt, Nachfolger wird George V., Japan annektiert Korea, China schafft die Sklaverei ab, Portugal wird Republik. Erster Dieselmotor für Kraftwagen. Halleyscher Komet erscheint erwartungsgemäß. Strawinsky schafft das Ballett »Der Feuervogel« und Kandinsky sein erstes abstraktes Gemälde, Ende des Jugendstils. Paul Herrmann veröffentlicht »Deutsche Mythologie«, Guido von List »Der Übergang vom Wotanismus zum Christentum«, Freud »Über Psychoanalyse« und Jack London »Lockruf des Goldes«.

1911

Tolkien wird Schulpräfekt an der König-Edward-Schule, Sekretär des Debattierclubs und Sekretär für Rugby, außerdem »Bibliothekar«, ein Ehrentitel und Verwaltungsamt, das auch andere Schüler innehaben, darunter Wiseman. Sie gründen den »Tee-Club« (T.C.), später umbenannt in »Barrovian Society« (B.S.), abgekürzt schließlich T.C.B.S. Tolkien entdeckt das

»Kalevala«. Bei der Abschlussaufführung seiner Schule spielt er in Aristophanes' »Frieden« den Hermes, bei der Weihnachtsaufführung des T.C.B.S. in »Die Nebenbuhler« von Sheridan die komische Hauptrolle. In den Sommerferien mehrwöchige Wanderung mit einer Reisegruppe durch die Schweiz, mit dabei Bruder Hilary, inzwischen Landwirt in Sussex. Tolkien erwirbt eine Karte mit dem Bild »Der Berggeist« von J. Madelener, schreibt viel später auf den Umschlag: »Gandalfs Ursprung«. Im September Beginn des ersten Semesters in Oxford, Tolkien studiert klassische Philologie, Spezialfach Vergleichende Philologie, spielt Rugby, schließt sich dem Essay-Club und der Dialektischen Gesellschaft an, gründet den Club »The Apolausticks« und raucht regelmäßig Pfeife.

Beginn der Revolution in China, Italienisch-Türkischer Krieg um Tripolis, Großbritannien führt eine Sozialversicherung ein, Amundsen erreicht den Südpol, Rutherford entwickelt sein Atommodell. »Selbstbildnis« von Klee, »Rote Pferde« von Marc, »Harmonielehre« von Schönberg, Musikdrama »Herzog Blaubarts Burg« von Bartók, Oper »Der Rosenkavalier« von Strauss, Ballett »Petruschka« von Strawinsky, Tragikomödie »Die Ratten« von Hauptmann, Mysterienspiel »Jedermann« von Hofmannsthal, erster »Pater Brown«-Roman von Chesterton, einem der Vorbilder von Tolkien..

Veröffentlichungen:
Gedicht »The Battle of the Eastern Fields« (in: The King Edward's School Chronicle, März 1911; nachgedruckt in »Mallorn«, No. 12, 1978). Für diese Zeitschrift außerdem Berichte über Versammlungen des Debattierklubs sowie Editorials für Juni und Juli 1911.

1912

Tolkien wird Schüler bei Joseph Wright. Anmeldung zum King Edward's Horse-Kavallerie-Regiment, in den Sommerferien bei diesem in Kent zwei Wochen Zeltlager und Reiten, anschließend Wanderung durch Berkshire. Tolkien lernt etwas Finnisch, um das »Kalevala« zu lesen. Weihnachten spielt er im Familienkreis die Hauptrolle im Theaterstück »Der Detektiv, der Chef und die Suffragette«, das er geschrieben hatte.

Italien gewinnt Krieg gegen Türkei, erster Balkankrieg, Marokko wird französisches Protektorat, New Mexico 47. und Arizona 48. Bundesstaat der USA, in China Gründung der Kuomintang, in Russland übernimmt Lenin die Leitung der Zeitung »Prawda«. Einstein begründet moderne Photochemie, Krupp entwickelt rostfreien Stahl, Schnelltelegraph übermittelt 1000 Zeichen pro Minute, Untergang der Titanic. Rudolph Steiner gründet die »Anthroposophische Gesellschaft«, Bram Stoker, der »Vater« von Dracula, stirbt. 90 % aller Filme stammen aus Frankreich, z. B. der Science Fiction/Fantasy-Film »A la conquête du pole« von Georges Méliès. Felix Genzmer veröffentlicht »Die Edda – 1. Band«, Friedrich von der Leyen »Die deutschen Heldensagen« und H. O. Sommer »The Vulgate Version of the Arthurian Romances«. 9. Symphonie von Mahler, Ballett »Daphnis und Chloe« von Ravel, Kinderbuch »Die Biene Maja« von Waldemar Bonsels, Drama »Pygmalion« von G. B. Shaw.

1913

An seinem Geburtstag (dem 3. Januar) schreibt Tolkien an Edith Bratt, die ihm antwortet, sie sei mit George Field verlobt.

Am 8. Januar trifft Ronald Edith, die sich bereit erklärt, ihn zu heiraten. Bei den Honour Moderations (Zwischenprüfung) erreicht er nur eine zweite Rangnote (von vier), aber ein »Alpha« in Vergleichender Philologie. Wechselt deshalb im Sommer zur »Honour School of English Language and Literature« und beginnt, Anglistik zu studieren, mit Spezialisierung Sprachwissenschaft und Spezialfach Altnordisch. Besonders beeindruckt ihn der »Crist« des Cynewulf, in dem der Engel Earendel auftaucht, stark beschäftigt ihn die Edda. Tolkien drängt Edith, katholisch zu werden; nachdem diese eingewilligt hat, muss sie im Sommer aus dem Haus der Jessups ausziehen und teilt sich mit Jenny Grove eine Wohnung in Warwick. Anfang Juli kauft Tolkien ein Skizzenbuch, in dem er in den nächsten Jahren zahlreiche Zeichungen machen wird; er tauft es »Das Buch der Ichkeit«. Im Sommer unternimmt er eine unglücklich verlaufende Ferienreise nach Frankreich als Betreuer einer mexikanischen Familie.

Zweiter Balkankrieg. Bohr stellt sein Atommodell vor. Entdeckung der Geschlechtschromosomen und des ersten Frühmenschen in der Oldovay-Schlucht (Afrika). Einsatz der Hochdruck-Ammoniak-Synthese, der ersten gasgefüllten Glühbirne und des ersten Großflugzeugs. Zahlreichende bahnbrechende Werke zur Psychologie, u. a. »Die Gestaltwahrnehmung« von Bühler, »Totem und Tabu« von Freud, »Allgemeine Psychopathologie« von Jaspers, »Gestaltprobleme und Gestalttheorie« von Köbler. Albert Schweitzer wird Missionsarzt, Charlie Chaplin geht zum Film. Erster deutscher Horrorfilm »Der Student von Prag«, erster amerikanischer Vampirfilm »Der Vampir«. Ballett »Le sacre du printemps« von Strawinsky, Operette

»Wie einst im Mai« von Walter Kollo, Gemälde »Die Erschießung« von Masereel, »Schlächter« von Munch und »Der Kamin« von Picasso. Phantastisch-erotischer Roman »Alraune« von Ewers, Zukunftsroman »Der Tunnel« von Kellermann, Novelle »Der Tod in Venedig« von Thomas Mann.

Veröffentlichung:
Gedicht »From the many-willow'd margin of the immemorial Thames« (in: The Stapeldon Magazine, Exeter College, B. H. Blackwell, Oxford)

1914

Am 8. Januar wird Edith in die katholische Kirche aufgenommen, kurz danach öffentliche Verlobung. Tolkien wird Präsident des Debattierclubs am Exeter-College und gewinnt den Skeat-Preis für Englisch an seinem College. Im Sommer Wanderungen in Cornwall und erster Ausdruck seiner späteren Mythologie, das Gedicht »The Voyage of Earendil the Evening Star«. Bei Ausbruch des ersten Weltkrieges meldet sich Bruder Hilary als Hornist; Tolkien will sein Studium abschließen, macht aber parallel eine Offiziersausbildung. Nach dem Weihnachtstreffen der T.C.B.S. schreibt Tolkien viele Gedichte, darunter »Goblin Feet« und »The Man in the Moon Came Down Too Soon«.

Beginn des Ersten Weltkrieges, USA besetzen teilweise Mexiko, Gandhi kehrt aus Südafrika nach Indien zurück. Entdeckung des 9. Jupitermondes. Erster Film von Charlie Chaplin, deutscher Horrorfilm »Der Golem«. Jazz beeinflusst Tanzmusik in den USA. Deutsche Ausgabe der isländischen Fridthiofs-Saga (14. Jhdt.) durch Wenz, Felix Dahn veröffentlicht »Walhall. Ger-

manische Götter- und Heldensagen«,
Georg Holz »Der Sagenkreis der Nibelun-
gen«. Roman »Die Verliese des Vatikan«
von André Gide.

1915

Tolkien vervollkommnet seine »Feensprache« und schreibt erste Gedichte darin
sowie ein erstes Quenya-Lexikon, u. a. entstehen das Gedicht »Kôr« und die Zeichnung »Tanaqui«. Er stellt eine Übersetzung
des mittelalterlichen »Sir Orfeo« fertig, die
aber erst nach seinem Tode von Christopher
Tolkien veröffentlicht wird (Tolkien konnte
sich nie zum Schreiben einer notwendigen
Einleitung aufraffen). Am 30. April schreibt
er das Gedicht »The City of the Gods«
(veröffentlicht 1923). Im Juni Studienab-
schluss mit Erster Rangnote mit Auszeichnung. Im Juli Einberufung zu den Lancashire Fusiliers, 13. Bataillon. Tolkien fährt
Motorrad und lässt sich einen Schnurrbart
wachsen. Spezialausbildung in Nachrichtenübermittlung in Bedford und Staffordshire.

Erster Gasangriff an der Westfront, Einstein
entwickelt die Allgemeine Relativitätstheo-
rie, Wegener die Kontinentalverschie-
bungstheorie. Roman »Der Sieg« von Con-
rad, Roman »Der Golem« von Meyrink.

Veröffentlichung:
Gedicht »Goblin Feet« (in: Oxford Poetry,
B. H. Blackwell, Oxford, mehrfach nach-
gedruckt)

1916

Tolkien wird Nachrichtenoffizier seines
Bataillons. Heirat von Ronald und Edith am
22. März. Edith zieht nach Great Haywood
in Staffordshire. Einschiffung von Ronald
nach Frankreich am 4. Juni, Dienst im 11.
Bataillon; Tolkien lernt »das tierische
Grauen« des Grabenkrieges kennen. Rückkehr nach England am 8. November wegen
»Grabenfieber«, Weihnachten feiert er mit
Edith. Zu diesem Zeitpunkt sind zwei der
vier Mitglieder des T.C.B.S. gefallen.

Abdankung des chinesischen Kaisers, Ein-
satz von Senfgas im Krieg, erste beweg-
liche Prothesen, Stern führt Intelligenz-
quotient ein, Martin Buber plädiert für
modernes Judentum (»Vom Geist des Juden-
tums«), Taze Russell, Begründer der »Zeu-
gen Jehovas«, stirbt. Radierung: »Mutter
mit Kind auf dem Arm« von Käthe Kollwitz,
Novelle »Die Verwandlung« von Kafka.

1917

Anfang des Jahres schreibt Tolkien während
seines Genesungsurlaubs in Great Haywood die erste Geschichte des »Book of
Lost Tales«, des späteren »Silmarillion«:
»The Fall of Gondolin«. Edith schreibt seine
Geschichten in Reinschrift; sie wird
schwanger. Die Elbensprachen Quenya und
Sindarin sind einigermaßen ausgeformt,
Tolkien beginnt ein Lexikon der gnomischen Sprache (der Sprache der Noldor), das
»Goldogrin«. Tolkien wird immer wieder
krank, verbringt das Jahr in Krankenhäusern und Kasernen in Yorkshire und Hull
und schreibt im Spätsommer »The Child-
ren of Húrin«. Edith zieht im Frühling nach
Hornsea und im Herbst nach Cheltenham.
Am 21. November wird dort das erste Kind,
John Francis Reuel, geboren. Tolkien wird
zum Leutnant befördert und in Hull stationiert; Edith zieht in die Nähe, nach Roos.
Aus gemeinsamen Waldspaziergängen, bei

denen Edith für Ronald singt und tanzt, entsteht das zentrale Thema des Silmarillion: die Geschichte von Beren und Lúthien.

Oktoberrevolution in Russland, Kuomintang-Regierung in China. Die Stammeskönige Arabiens und Finnland werden unabhängig, die Briten erobern Bagdad und Jerusalem. USA erklären Deutschland den Krieg, uneingeschränkter U-Boot-Krieg, Hungersnot in Deutschland. Deutscher Normenausschuss gegründet (DIN). Türkei führt den gregorianischen Kalender ein, Frankreich die Einkommenssteuer. In Paris wird Mata Hari als deutsche Spionin erschossen. Entdeckung der Bakteriophagen. Gründung der Salzburger Festspiele. Freud hält »Vorlesungen zur Einführung in die Psychoanalyse«, Jung schreibt »Das Unbewußte im normalen und kranken Seelenleben«. »Gedichte« von T. S. Eliot, »Segen der Erde« von Knut Hamsun, »Der Fall Deruga« von Ricarda Huch und »Jud Süß« (Drama) von Lion Feuchtwanger.

1918

Tolkien wird mehrfach verlegt, nach Pekridge und wieder nach Hull, und verbringt wieder Monate im Krankenhaus. Er arbeitet an seiner Mythologie und den Elbensprachen, lernt ein wenig Russisch und arbeitet an seinem Spanisch und Italienisch. Nach Kriegsende bezieht Tolkien Ende 1918 zum ersten Mal mit seiner Familie eine gemeinsame Wohnung, St. John's Street No. 50 in Oxford, wo er Mitarbeiter wird bei »A New English Dictionary on Historical Principles« (10-bändiges Nachschlagewerk, erarbeitet seit 1888, fertiggestellt 1928).

Ende des Ersten Weltkrieges, Novemberrevolution in Deutschland, Island wird selbst-

ständiges Königreich (Personalunion mit Dänemark), Ungarn Republik. Gründung von Jugoslawien (Königreich der Serben, Kroaten und Slowenen), der Republiken Litauen, Estland und Lettland und der RSFSR (Russische Sozialistische Föderative Sowjetrepublik). Wahlrecht für Frauen über 30 in Großbritannien. Erster regelmäßiger Luftverkehr (New York–Washingon), Farbenlehre von Otwald, Beginn der Ausgrabungen im Babylonischen Ur. Filme »Ein Hundeleben« und »Charlie als Soldat« mit Charlie Chaplin, »Carmen« von Ernst Lubitsch. Roman »Der Untertan« von Heinrich Mann.

Veröffentlichung:
Einleitung zu »A Spring Harvest, poems by Geoffrey Bache Smith, late Lieutenant in the Lancashire Fusiliers«
(Erskine MacDonald Ltd., London; Tolkien war gemeinsam mit Wiseman Herausgeber).

1919

Tolkien beginnt Privatunterricht zu geben. Im Sommer bezieht die Familie das Haus Alfred Street No. 1 (heute Pusey Street) und leistet sich ein Haus- und Küchenmädchen.

Friedensvertrag von Versailles, Spartakusaufstand in Berlin, Gründung der Weimarer Republik, Ermordung von Rosa Luxemburg und Karl Liebknecht. Südtirol kommt zu Italien, Mussolini gründet ersten faschistischen Kampfverband. Bergarbeiterstreik in Großbritannien (bis 1921), Gründung der Kommunistischen Internationalen. Abschaffung der Todesstrafe in Österreich. Bestätigung der Allgemeinen Relativitätstheorie durch Sonnenfinster-

nis (Ablenkung des Lichtes), erste künstliche Elementeumwandlung (Stickstoff in Sauerstoff). Gründung der Arbeiterwohlfahrt und der ersten Freien Waldorfschule (Stuttgart). Mary Wigman begründet ihren Stil des Ausdruckstanzes, der Jazz kommt nach London. Rassistisches Werk »The Rising Time of Color against White World-Supremacy« von Lothrop Stodard (USA), grundlegendes Werk »Herbst des Mittelalters« von Johann Huizinga, Weltkriegsdrama »Die letzten Tage der Menschheit« von Karl Kraus.

1920

Tolkien verdient als Privatlehrer genug, um im Frühjahr die Arbeit am »New English Dictionary« aufzugeben. Im Sommer wird er Dozent für englische Sprachwissenschaft an der Universität von Leeds, wo er in einem möblierten Zimmer wohnt. Am 22. Oktober wird in Oxford der zweite Sohn, Michael Hilary Reuel, geboren. Weihnachten schickt Tolkien seinen Kindern den ersten »Brief vom Weihnachtsmann« und beginnt damit eine Tradition, die fast 20 Jahre dauern sollte (bis 1939).

Internationaler Gerichtshof in Den Haag gegründet, Palästina wird britisches Mandatsgebiet, Ghandi beginnt den gewaltlosen Kampf um Indien, Hitler verkündet sein 25-Punkte-Programm in München. Erdbeben in China fordert 200.000 Tote, 12 Millionen Schweine und Rinder in Deutschland erkranken an Maul- und Klauenseuche. Furtwängler dirigiert erstmals in Berlin, der Jazz kommt nach Deutschland. Mondrian malt »Komposition« und Slevogt »Die Prinzessin auf den Inseln Wak-Wak«. Felix Genzmer veröffentlicht »Die Edda –

2. Band«, Gustav Neckel »Die Überlieferungen vom Gotte Balder« und Eduard Norden »Die germanische Urgeschichte in Tacitus' ›Germania‹«. Phantastische und/ oder expressionistische Filme: »Das Kabinett des D. Caligari« (Regie: Wiene), »Der Golem, wie er in die Welt kam« (Wegener/Boese), »Dr. Jekyll and Mr Hyde« (Robertson), »Der Januskopf« (Murnau). Schauspiel »Vatermord« von Arnolt Bronnen, Kriegsroman »In Stahlgewittern« von Ernst Jünger, Kindergeschichten »Dr. Doolittle und seine Tiere« von Hugh Lofting, Schauspiel »Sechs Personen suchen einen Autor« von Luigi Pirandello.

Veröffentlichung:
Gedicht »The Happy Mariners«
(in: The Stapeldon Magazine, Exeter College, B. H. Blackwell, Oxford; nachgedruckt 1923 sowie in »The Book Of Lost Tales, part II«)

1921

Familie Tolkien bezieht am Jahresanfang eine möblierte Wohnung in Leeds, zu Jahresende zieht sie um in ein kleines Haus: St. Mark's Terrace No. 11. Tolkien lehnt eine Professur in Kapstadt ab.

Abrüstungskonferenz in Washington, Abkommen gegen Giftgas im Krieg. Irland wird Freistaat als britisches Dominion, Nordirland bleibt bei Großbritannien. Transsilvanien (Siebenbürgen) wird Bestandteil von Rumänien, Konrad Adenauer Präsident des Preußischen Staatsrats. Erstes Auftreten der nationalsozialistischen SA (Sturmabteilung). Erster Unterhaltungs-Rundfunksender in den USA. »Geschichte der Klassischen Mythologie und

Religionsgeschichte« von Gruppe, »Die Kenningar der Skalden« von Meissner, »Nibelungensage und Nibelungenlied« von Heusler. Film »Der müde Tod« von Fritz Lang. Erste Musiktage für moderne Musik in Donaueschingen. Operette »Der Vetter aus Dingsda« von Eduard Künneke, Roman »Die Abenteuer des braven Soldaten Schwejk während des Weltkrieges« von Jaroslav Hasek, Roman »Dr. Mabuse« von Norbert Jacques, Geschichte »Wälsungenblut« von Thomas Mann.

1922

Der Kanadier Eric Valentine Gordon wird Dozent in Leeds. Er und Tolkien beginnen mit der Arbeit an einer Ausgabe von »Sir Gawain and the Green Knight« (erschienen 1925) und gründen mit Studenten den »Wikinger-Club«. Tolkien schreibt mehrere Gedichte, darunter »The Dragon's Visit«. Familie Tolkien macht im Sommer Badeurlaub in Filey an der Küste von Yorkshire.

Faschistischer Staatsstreich in Rom, Mussolini wird Ministerpräsident. Pius XI. wird Papst. In Indien kommt Ghandi ins Gefängnis (bis 1924). Carter findet das Grab von Tut-ench-Amun, Schönberg beginnt mit Zwölftonmusik, Murnau dreht »Nosferatu – Symphonie des Grauens«. Oswald Spengler veröffentlicht »Der Untergang des Abendlandes«, Paul Herrmann »Die Geschichte von dem starken Grettir dem Geächteten«, Axel Olrik »Ragnarök«, T. S. Eliot »The Waste Land«, John Galworthy »The Forsyte Saga«, James Joyce »Ulysses« und E. R. Eddisson »The Worm Ouroboros. A Romance« (Der Wurm Ouroboros).

Veröffentlichung:
»A Middle English Vocabulary«

(Clarendon Press, Oxford), zunächst Ergänzung zu »Fourteenth Century Verse and Prose« von Kenneth Sisam (1921), später sowohl zusammen mit diesem als Glossar wie auch getrennt nachgedruckt

Gedicht (in Mittelenglisch): »The Clerke's Compleinte« (in: The Gryphon, Bd. IV No. 3, Leeds University, Swan Press, Leeds)

1923

Im Mai bekommt Tolkien während einer Lungenentzündung Besuch von seinem Großvater John Suffield, der bei Tolkiens Tante Jane in Nottinghamshire wohnt auf einer Farm, die »Bag End« genannt wurde: »Beutelsend«(!). Familie Tolkien macht im Sommer »Ferien auf dem Land« bei Bruder Hilary auf dessen Obstgärtnerei bei Evesham. Tolkien arbeitet weiter am scheinbar fast vollendeten »Book of Lost Tales« und beginnt mit sich über die Jahre hinziehenden Umarbeitungen und Ergänzungen.

Großbritannien gestattet den Dominions eigene Außenpolitik. Atatürk (Kemal Pascha) wird erster Präsident der türkischen Republik (bis 1938). Ruhrbesetzung durch Frankreich, Hitler-Ludendorff-Putsch in München (Hitler in Haft), Höhepunkt der Inflation in Deutschland. Sowjetunion übernimmt gregorianischen Kalender, Deutschland aus den USA den Muttertag. Filme u. a. »Robin Hood« mit Douglas Fairbanks, »Ausgerechnet Wolkenkratzer« mit Harold Lloyd. Erste Unterhaltungrundfunksendung in Deutschland, drahtlose Bildtelegraphie Italien – USA, erste Polarstation der USA, Chromosomentheorie der Vererbung. Hermann Obert: »Die Rakete zu den Planetenräumen« (Beginn der Theorie der Weltraumfahrt), J. M. Keynes: »Traktat über Währungsreform«, Georg Lukàcs: »Geschichte und Klassenbe-wusstsein«, Felix Niedner: »Die Geschichte vom Skalden Egil« und »Snorris Königsbuch«, Paul Hermann: »Isländische Heldenromane« und »Nordische Nibelungen«.

Veröffentlichungen:
Gedicht »lúmonna Gold Galdre Bewunden« (in: The Gryphon, Bd. IV No. 4, Leeds University, Swan Press, Leeds; überarbeitet als »The Hoard/Der Hort« in »The Adventures Of Tom Bombadil«)

Gedicht: »The Cat and the Fiddle: A Nursery Rhyme Undone and its Scandalous Secret Unlocked« (in: Yorkshire Poetry, Bd. II No. 19, Swan Press, Leeds; überarbeitet später im »Herrn der Ringe«, Buch I Kapitel 9, und in »The Adventures Of Tom Bombadil«)

Gedicht: »The City of the Gods« (in: The Microcosm, hrsg. von Dorothy Una Ratcliffe, Bd. VIII No. 1, Selbstverlag, Leeds; überarbeitet unter dem Titel »Kôr – A City Lost and Dead« in »The Book Of Lost Tales, Part I« , Kap. V)

Gedicht: »The Eadigan Saelidan (The Happy Mariners)« (in: A Northern Venture: verses by members of the Leeds University English School Association, Swan Press, Leeds)

Gedicht: »Why the Man in the Moon Came Down Too Soon« (in: A Northern Venture: verses by members of the Leeds University English School Association, Swan Press, Leeds; später verändert in »The Adventures Of Tom Bombadil«)

Gedicht: »Enigmata Saxonica Nuper Inventa Duo« (in: A Northern Venture: verses by members of the Leeds University English School Association, Swan Press, Leeds)

Nachruf: »Henry Bradley, 3 December 1845-23 May 1923« (in: Bulletin of the Modern Humanities Research Association, Cambridge University Press, London)

Rezension: »Holy Maidenhood« (über »Hali Meidenhad« von Furnivall; in: Times Literary Supplement, London, 26. April 1923)

1924

Tolkien erhält eine eigens für ihn geschaffene Professur für englische Sprache in Leeds und wird mit 32 Jahren Professor. Familie Tolkien kauft ein Haus am Stadtrand: Darnley Road No. 2, West Park. Im November wird der dritte Sohn geboren, Christopher Reuel.

Chamberlain wird britischer Außenminister, Churchill Finanzminister. Griechenland wird Republik. In der Sowjetunion übernimmt nach Lenins Tod Stalin die Macht. Ibn Saud, Herrscher von Nedsch, erobert die Gebiete um Mekka. Hitler aus der Haft entlassen, schrieb dort »Mein Kampf«. Mutationstheorie der Krebsentstehung, Entwicklung der Röntgentherapie, erster Fund des Vormenschen Australopithecus africanus in Südafrika, erste Reihen-Rotations-Druckmaschine für Zeitungen, Einführung der Melkmaschine in Deutschland, zehnmillionstes Auto von Ford. Erste Olympische Winterspiele. Massenmörder Haarmann, der »Vampir von Hannover«, verhaftet. Gründung der »Büchergilde Gutenberg«. Erstes Hörspiel: »Danger« von Richard Huges. »Kammerkonzert« von Alban Berg, »Rhapsody in Blue« von George Gershwin, Oper »Turandot« von Puccini, »Die Geschichte Thidreks von Bern«, übertragen von Fine

Erichsen. *Abstrakte Periode bei Picasso, Miró beginnt mit abstrakt-surrealistischer Malerei, László Moholy-Nagy stellt das im Bauhaus entstandene »Theater der Tonalität« vor. Roman »Der Zauberberg« von Thomas Mann, Schauspiel »Die heilige Johanna« von Shaw.*

Veröffentlichungen:
Gedicht: »An Evening in Tavrobel«
(in: Leeds University Verse 1914-1924, Leeds)
Gedicht: »The Lonely Isle«
(in: Leeds University Verse 1914-1924, Leeds)
Gedicht: »The Princess Ni«
(in: A Northern Venture: verses by members of the Leeds University English School Association, Swan Press, Leeds; später überarbeitet als »Princess Mee« in »The Adventures Of Tom Bombadil«)
»Philology, General Works«
(Kapitel von: »The Years Work in English Studies«, Bd. IV, 1923, Oxford University Press, London 1924)

1925

Tolkien wird im Sommer in Oxford zum Rawlinson- und Bosworth-Professor für Angelsächsisch berufen; er tritt die Stelle im Herbst an und kauft ein Haus in Nord-Oxford: Northmoor Road No. 22. Er beginnt an einer Lehrplan-Reform zu arbeiten, die die Literatur- und die Sprachwissenschaften in Oxford versöhnen soll. Im September macht die Familie Ferien in Filey; Tolkien erzählt dort seinen Söhnen John und Michael die Geschichte vom Hund Rover und schreibt sie eventuell auch schon nieder, zunächst unter dem Titel »Die Abenteuer von Rover« (später »Roverandom«). Erste Zeichnungen zum »Silmarillion«.

Afghanistan wird Königreich, Zypern britische Kronkolonie, Risa Khan (Pahlewi) Schah von Persien, Tschiang Kai-Tschek neuer Führer der chinesischen Kuomintang und die Hauptstadt Norwegens, Kristiana, in Oslo umbenannt. Hitler gründet die NSDAP neu. Aleister Crowley wird in Thüringen zum »Weltheiland« ausgerufen. Quantenmechanik für Atome entwickelt, Einführung des Elektronen-Spins. Mumie von Tut-ench-Amun gefunden. Erste Leica-Kamera, Beginn der Fernsehentwicklung in Deutschland. Bauhaus siedelt von Weimar nach Dessau um. Oper »Wozzek« von Alban Berg, Louis Armstrong gründet seine Band »Hot Five«, Charleston wird Gesellschaftstanz, Lon Chaney spielt im Film »The Phantom of the Opera«. Gustav Neckel und Felix Niedner übertragen »Die jüngere Edda« und Ludwig Meyn »Gisli der Geächtete«. Alfred Lehmann veröffentlicht »Aberglaube und Zauberei von den ältesten Zeiten an bis zur Gegenwart«, Johannes R. Becher das Drama »Arbeiter, Bauern, Soldaten«, Lion Feuchtwanger den Roman »Jud Süß«, F. Scott Fitzgerald »The Great Gatsby«, Gorki »Das Werk der Artamonows« und Kafka (posthum) »Der Prozess«.

Veröffentlichungen:
Gedicht: »Light as Leaf on Lindentree«
(in: The Gryphon, Bd. VI No. 6, 4, Leeds University, Swan Press, Leeds; überarbeitet später im »Herrn der Ringe«, Buch I Kapitel 11)
»Sir Gawain and the Green Knight«, hrsg. von J. R. R. Tolkien und E. V. Gordon (Clarendon Press, Oxford, 1925; zahlreiche Neuauflagen, 2. Ausgabe 1967 bearbeitet von Norman Davis, Oxford)
»Some Contributions to Middle-English Lexicography« (in: Review of English Studies, Bd. I No. 2, Sidgwick & Jackson, London)

»The Devil's Coach-Horses«
(in: Review of English Studies, Bd. I
No.3, Sidgwick & Jackson, London)

1926

Zu Beginn des Jahres zieht Familie Tolkien in das Haus in der Northmoor Road. Am 11. Mai lernen sich Tolkien und C. S. Lewis kennen. Beide gründen gemeinsam mit anderen Dozenten die »Coalbiters« (»Kolbítar«) und werden gute Freunde. Tolkien stellt eine Übersetzung des »Pearl« fertig, die aber erst nach seinem Tode von Christopher Tolkien veröffentlicht wird (Tolkien konnte sich nie zum Schreiben einer notwendigen Einleitung aufraffen). Das »Elben-Alphabet« ist so weit vollendet, dass Tolkien von nun an bis 1933 seine Tagebücher in dieser Schrift verfasst.

Völkerbund verabschiedet Antisklaverei-Akte. Hirohito wird Kaiser von Japan. Generalstreik in Großbritannien niedergeschlagen. Gründung der Hitlerjugend, Goebbels wird Gauleiter von Berlin. Erste »Grüne Woche« in Berlin. Gropius errichtet das Bauhaus Dessau. Filme »Metropolis« von Fritz Lang, »Faust« von Murnau, »Alraune« von Galeen und »Panzerkreuzer Potemkin« von Eisenstein. Von Singer erscheint »Die Artussage«, von Tonnelat »La chanson de Nibelungen«, von Vulpius das »Handbuch der Mythologie«, von Hemingway »Fiesta«, von Edgar Wallace »Der Hexer« und von E. R. Eddisson »Styrbiorn the Strong« (Styrbjörn, der Starke).

Veröffentlichung:
»Philology, General Works« (Kapitel von: »The Years Work in English Studies«, Bd. V, 1924, Oxford University Press, London 1926)

1927

Im September macht die Familie Ferien in Lyme Regis an der englischen Südküste; Tolkien malt dort drei der 5 Illustrationen zu »Roverandom«. Spätestens im Dezember ist diese Geschichte auch schriftlich niedergelegt.

USA besetzen Nicaragua, Australien weiht neue Hauptstadt Canberra ein (gegründet 1913), britisches Gewerkschaftsgesetz schränkt Arbeiterbewegung ein. Begründung der Strahlengenetik, Lindbergh überfliegt den Atlantik. Oper »Antigone« von Honegger, Operette »Der Zarewitsch« von Lehár, 1. Symphonie von Schostakowitsch, erstes US-Musical »Showboat«, Erfolge der schwarzen Tänzerin Josephine Baker in Paris. Bühnenfassung von Hamilton Deane und John Balderstone von »Dracula« mit Bela Lugosi. Roman »Der Steppenwolf« von Hermann Hesse, Romanzyklus »Auf der Suche nach der verlorenen Zeit« von Marcel Proust (posthum, 1913-1922), Roman »Der Schatz der Sierra Madre« von B. Traven, Drama »Schinderhannes« von Zuckmayer. Eric Valentine Gordon veröffentlicht »An Introduction to Old Norse«.

Veröffentlichungen:
Gedichte: »Adventures in Unnatural History and Medieval Metres: being The Freaks of Fisiologus (i): Fastitocalon« sowie »Adventures in Unnatural History and Medieval Metres: being The Freaks of Fisiologus (ii): Iumbo, or, Ye Kind of Ye Oliphaunt« (in: The Stapeldon Magazine 7 No. 40, Oxford; später überarbeitet als »Oliphaunt« und »Fastitocalon« in »The Adventures Of Tom Bombadil«)

Gedicht: »The Nameless Land«
(in: Realities: An Anthology of Verse, hrsg. von G. S. Tancred, Swan Press,

Leeds; Gay & Hancock Ltd., London; Nachdruck in »The Lost Road«, 1988, dort auch als »The Song of Ælfwine«)

Gedicht: »Tinfang Warble« (geschrieben 1914, erneut 1920–1923 und 1927; unklarer Veröffentlichungsort, Nachdruck in »The Book of Lost Tales, Part I«)

»Philology, General Works« (Kapitel von: »The Years Work in English Studies«, Bd. VI, 1925, Oxford University Press, London 1927)

1928

Während er Klausuren korrigiert, schreibt Tolkien auf ein unbeschriebenes Blatt Papier: »In a hole in the ground there lived a Hobbit.«

Heisenberg entwickelt die quantenphysikalische Unbestimmtheitsbeziehung. Erste Chromosomenkarten (an der Taufliege), Erfindung des Fernschreibers. Erste Micky-Mouse-Zeichentrickfilme von Walt Disney. Jazzdichtung »Ein Amerikaner in Paris« von George Gershwin, »Dreigroschenoper« von Brecht/Weill. Fertigstellung des »A New English Dictionary on Historical Principles« (10-bändiges Nachschlagewerk, erarbeitet seit 1888), an dem Tolkien mitgearbeitet hatte. Romane »Schwanengesang« von Galsworthy, »Lady Chatterley's Liebhaber« von Lawrence und »Der Fall Mauritius« von Wassermann, »Zigeunerromanzen« von Lorca.

Veröffentlichung:
Vorwort zu: »A New Glossary of the Dialect of the Huddersfield District« von Walter E. Haigh (Oxford University Press, London).

1929

Familie Tolkien zieht um in ein größeres Nachbarhaus: Northmoor Road No. 20. Das vierte Kind und die einzige Tochter, Priscilla Anne Reuel, wird geboren.

Kursstürze an der New Yorker Börse, Beginn der Weltwirtschaftskrise (bis 1935). Heinrich Himmler wird Reichsführer SS, Weltumfahrt des Luftschiffes Graf Zeppelin, Entdeckung des Vitamin K, erste Fernsehsendung in Berlin. Jazzoper »Mahagony« von Weill, Romane »Menschen im Hotel« von Vicky Baum, »Berlin Alexanderplatz« von Döblin, »Emil und die Detektive« von Erich Kästner, »Im Westen nichts Neues« von E. M. Remarque.

Veröffentlichung:
»Ancrene Wisse and Hali Meiðhad« (in: Essays and Studies by members of the English Association, Bd. XIV, Clarendon Press, Oxford)

1930

Tolkien schreibt das mythische Lang-Gedicht »Aotrou and Iltroun« (veröffentlicht 1945).

Londoner Seeabrüstungskonferenz, erste Serum-Schutzimpfung gegen Gelbfieber, Planet Pluto wird entdeckt, das Positron wird vorausgesagt. Elektrifizierung der Berliner Straßenbahn. In New York Gründung des Museum of Modern Art, in Essen des Folkwang-Museums. Erster Micki-Maus-Tonfilm, Revuefilm »Broadway Melodie«, Operette »Im weißen Rössl« von Benatzky, Schlager »Happy Days are here again« (Erkennungsmelodie der US-Demokraten, in Deutschland als »Wochenend und

Sonnenschein«). Romane »Bauern, Bonzen, Bomben« von Fallada und »Narziß und Goldmund« von Hesse. Wegweisende Übersetzung der isländischen »Egil's Saga« von E. R. Eddisson.

Veröffentlichung:
»The Oxford English School« (in: The Oxford Magazine, Bd. XLVIII No. 21, The Oxonian Press, Oxford)

»Der Hauptmann von Köpenick« von Carl Zuckmayer. Romane »Die ganze Erde« von Pearl S. Buck, »Die Freistatt« von Faulkner, »Schloß Gripsholm« von Tucholsky.

Veröffentlichung:
Gedicht: »Progress in Bimble Town (Devoted to the Mayor and Corporation)« (in: The Oxford Magazine, Bd. L No. 1, The Oxonian Press, Oxford)

1931

Tolkien beginnt spätestens jetzt, den »Hobbit« schreiben (vielleicht aber auch ein, zwei oder drei Jahre früher), lässt das Manuskript aber unvollendet. Die Lehrplan-Reform, die er 1925 anregte und in Angriff nahm, wird vom Fakultäts-Ausschuss angenommen. Am 19. September entwickelt Tolkien in einem Gespräch mit C. S. Lewis und Hugo Dyson seine Idee vom »Mythos als Erfinden in Bezug auf die Wahrheit« und von seiner schriftstellerischen Tätigkeit als »Nachschöpfen«. Er fasst das Gespräch und seine Erkenntnisse im Gedicht »Mythopoeia« zusammen (auch »Misomyhos« und »Philomyth to Misomyth« betitelt), außerdem entsteht wahrscheinlich in diesem Jahr »A Secret Vice«. Die »Coalbiters« beginnen, sich aufzulösen. Tangye Lean gründet den literarischen Kreis »Inklings«, zu dem Tolkien und Lewis hinzustoßen.

Kanada erhält volle Autonomie, Großbritannien gibt Goldparität der Währung auf, Ghandi (erfolglos) auf Londoner Konferenz. Entdeckung von Bakterien im Erdöl. Filme »Dracula« mit Bela Lugosi, »Frankenstein« mit Boris Karloff, »Dr. Jekyll and Mr Hyde« mit Fredric March, »Lichter der Großstadt« mit Charlie Chaplin. Drama

1932

Tolkien kauft sein erstes Auto, einen Morris Crowley. Sein Ungeschick beim Fahren verarbeitet er in der reich und farbig illustrierten und illuminierten Geschichte »Herr Glück« (»Mr. Bliss«). Die Familie macht Ferien in Lamorna Cove in Cornwall; Tolkien bezeichnet einen alten skurrilen Mann als »Gaffer Gamgee«, dieser Name kommt auch in »Herr Glück« vor. Vor der Philologischen Gesellschaft hält Tolkien einen Vortrag über »Chaucer as a Philologist: The Reeve's Tale« (veröffentlicht 1934).

Ibn Saud gründet »Saudisch-arabisches Königreich«, Hungersnot in der Sowjetunion, Hitler wird deutscher Staatsbürger. Entdeckung des schweren Wasserstoffs und der Formel für Vitamin C. Lindbergh-Entführung in den USA. Max Schmeling verliert Weltmeistertitel im Boxen (erobert 1930) wieder an Jack Sharkey. Shirley Temple dreht mit vier Jahren ihren ersten Film. Weitere Filme »M – Eine Stadt sucht einen Mörder« und »Das Testament des Dr. Mabuse« von Fritz Lang, »Die Mumie« mit Boris Karloff, »Menschen im Hotel« mit Joan Crawford und Lionel Barrymore, Oper »Moses und Aaron« von Schönberg, Drama »Heilige Johanna der Schlachthöfe« von

Bert Brecht, Romane »Kleiner Mann – was nun« von Fallada, »Tod am Nachmittag« von Hemingway, »Schöne neue Welt« von Huxley. »A New English Dictionary on Historical Principles« wird als zwölfbändige Ausgabe als »The Oxford English Dictionary« neu veröffentlicht.

Veröffentlichungen:
»Sigelwara Land«, Part 1, Medium Aevum, 1 (Basil Blackwell, Oxford)

»The Name ›Nodens‹«. Appendix I zu: Report on the Excavation of the Prehistoric, Roman, and Post-Roman Sites in Lydney Park, Gloucestershire. Reports of the Research Committee of the Society of Antiquaries of London, No. IX, Oxford University Press London)

1933

Hitlers Machtergreifung, Rassengesetze und Bücherverbrennung in Deutschland. Filme »King Kong« und »The Invisible Man«, erster Farbzeichentrickfilm von Disney, »Drei kleine Schweinchen«. Schauspiel »Die Bluthochzeit« von Garcia Lorca, Romane »So lebt der Mensch« von Malraux, »Die Feuerzangenbowle« von Spoerl.

Veröffentlichung:
Gedicht: »Errantry«
(in: The Oxford Magazine, Bd. LII No. 5, The Oxonian Press, Oxford; Nachdruck in »The Adventures of Tom Bombadil«, stark verändert als »The Lay of Eärendil« im »Herrn der Ringe«)

1934

Hitler wird »Führer und Reichskanzler«, Röhm-Putsch, Gründung des Volksgerichts-

hofes, Führerprinzip auch in der deutschen Wirtschaft. Erster Diesel-PKW. Roman »Wendekreis des Krebses« von Arthur Miller.

Veröffentlichungen:
Gedicht: »Looney« (in: The Oxford Magazine, Bd. LII No. 9, The Oxonian Press, Oxford; überarbeitet später als »The Sea-bell« in »The Adventures of Tom Bombadil«)

Gedicht: »The Adventures of Tom Bombadil« (in: The Oxford Magazine, Bd. LII No. 13, The Oxonian Press, Oxford, später zentraler Bestandteil von »The Adventures of Tom Bombadil«)

Gedicht: »Firiel« (in: The Chronicle of the Convent of the Sacred Heart Roehampton; Nachdruck später als »The Last Ship« in »The Adventures of Tom Bombadil«)

»Chaucer as a Philologist: The Reeve's Tale« (in: Transactions of the Philological Society, David Nutt, London)

»Sigelwara Land«, Part 11, Medium Aevum, 3 (Basil Blackwell, Oxford)

1936

Susan Dagnall vom Verlag Allen & Unwin wird von Elaine Griffiths auf den »Hobbit« aufmerksam gemacht, liest das (noch unvollendete) Typoskript und überredet Tolkien, das Buch fertig zu schreiben. Der Verlag nimmt das Buch zur Veröffentlichung an – »Gutachter« ist der spätere Verlagsleiter, der damals 10 Jahre alte Rayner Unwin, zweiter Sohn von Stanley Unwin – und fordert weitere Manuskripte an; Tolkien schickt ihm »Herr Glück«, »Die Abenteuer des Tom Bombadil«, »Roverandom« und die Anfang der 30er-Jahre entstandenen Geschichten »The Lost Road«, eine

unvollendete Zeitreisegeschichte über Nú-
menor (veröffentlicht 1987), und »Bauer
Giles von Ham«. Am 25. November hält
Tolkien vor der Britischen Akademie den
Vortrag »Beowulf: The Monsters and The
Critics« (veröffentlicht 1937).

König Georg V. von Großbritannien stirbt,
der Nachfolger Edward VIII. dankt ab, um
eine Amerikanerin zu heiraten, König wird
sein Bruder Georg VI.; Ägypten wird weit-
gehend unabhängig, Beginn des spanischen
Bürgerkrieges. Olympische Spiele in Ber-
lin. Erste 3-D-Filme in Dresden. Filme
»Moderne Zeiten« mit Charlie Chaplin,
»Sabotage« von Alfred Hitchcock. Ernst
Fromm veröffentlicht »Autorität und Fami-
lie«, Margaret Mitchell »Vom Winde ver-
weht«.

Veröffentlichungen:
»Songs for the Philologists« von J. R. R.
Tolkien, E. V. Gordon u. a. (Privatdruck,
Department of English at University Col-
lege, London. Von Tolkien stammen die
teilweise altenglischen Gedichte »Bagme
Bloma«, »Éadig béo þu!«, »Frenchmen
Froth« »From One to Five«, »I Sat Upon
a Bench«, »Ides Ælfscýne«, »La, Húru«,
»Lit and Lang«. »Natura Apis: Morali«,
»Ofer Widne Gársecg«, »Ricardi Ere-
mite«, »Ruddoc Hana«, »Syx Mynet«,
»The Root of the Boot« [später überarbei-
tet veröffentlicht als »The Stone Troll«])

1937

Tolkien erhält ein Leverhulme-Forschungs-
stipendium für seine Forschungen 1936/37.
Die Veröffentlichung vom »Bauer Giles von
Ham«, »Tom Bombadil«, »The Lost Road«
und »Roverandom« wird von Allen & Unwin zumindest für den Augenblick abge-

lehnt, die von »Herr Glück« scheitert an den
Kosten für die farbigen Zeichnungen (die
Geschichte wird erst 1982 gedruckt). Am
21. September aber erscheint der »Hobbit«
und wird sofort zum Bestseller; die erste
Auflage ist bis Weihnachten verkauft. Verleger Stanley Unwin bittet Tolkien um eine
Fortsetzung. Tolkien bietet ihm stattdessen
ein Manuskript des »Quenta Silmarillion«
an, Unwin lehnt ab. Tolkien beginnt mit
einer Fortsetzung vom Hobbit, an der er fast
20 Jahre schreiben und aus der »Der Herr
der Ringe« werden wird.

Irland wird selbstständig, blutige Streiks in
den USA, chinesisch-japanischer Krieg
(Japaner erobern Peking). Weltausstellung
in Paris, Ausstellung »Entartete Kunst« in
Berlin. Picasso malt »Guernica«, Carl Orff
komponiert die »Carmina Burana«, Eck-
hardt Peterich veröffentlicht »Götter und
Helden der Germanen«, Cronin den Roman
»Die Zitadelle«, Hemingway »Haben und
Nichthaben«.

Veröffentlichungen:
»The Hobbit: or There and Back Again«
(George Allen & Unwin, London, seither
immer wieder neu aufgelegt und in zahlreiche Sprachen übersetzt; 1938 bereits in
den USA, in Deutschland erst 1957 als
»Der kleine Hobbit«

　　»Beowulf: The Monsters and The Critics« (in: Proceedings of the British Academy, 22 [1936], Oxford University
Press, London 1937; mehrfach nachgedruckt, u. a. in den USA 1963 und 1968,
in Frankreich 1963 und in Deutschland
1983)

　　Gedicht: »The Dragon's Visit«
(in: The Oxford Magazine, Bd. LV No.
11, The Oxonian Press, Oxford)

　　Gedicht »Knocking at the Door: Lines
induced by sensations when waiting for

an answer at the door of an Exalted Academic Person« (in: The Oxford Magazine, Bd. LV No. 13, The Oxonian Press, Oxford; später überarbeitet veröffentlicht als »The Mewlips« in »The Adventures of Tom Bombadil«)

Gedicht: »Iúmonna Gold Galdre Bewunden« (»The Hoard«/»Der Hort«, in: The Oxford Magazine, Bd. LV No. 15, The Oxonian Press, Oxford)

Der britische Premier Chamberlain versucht Hitler zu beschwichtigen; Münchner Abkommen, Reichskristallnacht. Schauspiel »Das Ekel« von Sartre, Hörspiel »Krieg der Welten« von Orson Welles.

Veröffentlichung:
Brief zum »Hobbit« (Observer, London, 20. Februar; Antwort auf einen Brief in derselben Zeitung vom 16. Januar)

1938

Im Naturwissenschaftlichen Museum(!) hält Tolkien am 1. Januar einen Weihnachtsvortrag für Kinder über Drachen, und ebenfalls im Januar spricht er in der BBC. Der »Hobbit« erscheint in den USA und wird mit dem Preis der »New York Herald Tribune« als bestes Jugendbuch der Saison ausgezeichnet. Vor einem Studenten-Club liest Tolkien die Geschichte vom »Bauer Giles von Ham«, die er dafür überarbeitet hat. Diese Fassung bietet er noch einmal Allen & Unwin an; der Verlag nimmt sie begeistert an. Durch den Krieg und Unstimmigkeiten bezüglich der Illustrationen wird die Geschichte aber erst 1949 veröffentlicht. Im Sommer stirbt Tolkiens Partner und Freund Eric Valentine Gordon, inzwischen Professor an der Universität Manchester, nach einer Operation an einer Leberstörung, 42 Jahre jung. Bei den »Summer Divisions« in Oxford spielt Tolkien den Dichter Chaucer und rezitiert auswendig dessen »Nun's Priest's Tale«. Im September macht Familie Tolkien Ferien in Sidmouth. Tolkien hat die Idee des »Herrscherrings« und erwähnt erstmals den Titel »The Lord of the Rings«. »Out of the Silent Planet«, das erste Buch der »Perelandra-« oder »Ransom-Trilogie« von C. S. Lewis, erscheint.

1939

Tolkien hält am 8. März an der St. Andrew's University den Vortrag »On Fairy-Stories« (»Über Märchen«, veröffentlicht 1947), für den er seine Ideen von der »Sub-Creation«, der »Neben-Schöpfung« oder »Zweitschöpfung« durch den Menschen, ausarbeitet. In den »Summer Divisions« in Oxford spielt Tolkien den Dichter Chaucer und rezitiert auswendig dessen »Reeve's Tale«. Charles Williams kommt nach Oxford und schließt sich den »Inklings« an; Tolkiens Freundschaft mit C. S. Lewis beginnt, sich etwas abzukühlen. Im Herbst wird aus dem Hobbit Bingo endgültig Frodo. Der älteste Sohn, John, lässt sich in Rom zum Priester ausbilden. Michael und Christopher gehen ans Trinity College. An Weihnachten schickt Tolkien zum letzten Mal einen »Brief vom Weihnachtsmann«.

Beginn des Zweiten Weltkrieg, Winston Churchill wird wieder Marine-Minister, Siam nennt sich ab nun Thailand. Filme »Ninotschka« mit Greta Garbo und »Vom Winde verweht« mit Vivien Leigh und Clark Gable. Romane »Finnegans Wake« von James Joyce, »Die Marmorklippen« von Ernst Jünger, »Das siebte Kreuz« von Anna Seghers, »Früchte des Zorns« von John Steinbeck.

1940

Britische Niederlage bei Dünkirchen, britischer Sieg bei der Luftschlacht um England. Churchill wird Premierminister. Filme »Dr. Cyclops« (SF) von E. B. Schoedsack, »Der Diktator« mit Charlie Chaplin und »Die Spur des Falken« mit Humphrey Bogart. Romane »Die Kraft und die Herrlichkeit« von Graham Green, »Wem die Stunde schlägt« von Hemingway.

Veröffentlichung:
Vorwort »On Translating Beowulf« zu:
»Beowulf and the Finnesburg Fragment.
A Translation into Modern English Prose« von John R. Clark Hall, neu bearbeitet von C. L. Wrenn (George Allen & Unwin, London, 1940).

1942

»The Screwtape Letters« von C. S. Lewis erscheint (deutsch »Dienstanweisungen für einen Unterteufel«, auch »Dämonen im Angriff«). Astrid Lindgren veröffentlicht »Pippi Langstrumpf« und Bert Brecht »Galileo Galilei«, im Kino fasziniert »Casablanca« mit Humphrey Bogart.

1943

Die Arbeit am »Herrn der Ringe« stockt. Tolkien schreibt »Leaf by Niggle«. »Perelandra«, das zweite Buch der »Perelandra« oder »Ransom-Trilogie« von C. S. Lewis, erscheint.

Warschauer Ghettoaufstand, Hinrichtung der Geschwister Scholl (»Weiße Rose«) in München, Höhepunkt des U-Boot-Krieges. Hermann Hesse veröffentlicht »Das Glasperlenspiel«, Sartre das existentialistische Schauspiel »Die Fliegen«, Antoine de Saint-Exupéry »Der kleine Prinz«.

Veröffentlichung:
»Sir Orfeo« (in modernes Englisch übersetzt, herausgegeben und mit einem Vorwort versehen, The Academic Copying Office, Oxford)

1944

Christopher Tolkien wird zur Luftwaffe eingezogen und geht zur Pilotenausbildung nach Südafrika; er erhält viele Briefe von seinem Vater zum »Herrn der Ringe«, aus denen sich der Fortgang der Arbeit ablesen lässt. Im Mai z. B. wird Shelob (Kankra) erfunden.

Missglückter Putsch gegen Hitler am 20. Juli, erfolgreiche Invasion der Alliierten an der Küste der Normandie, De Gaulle bildet provisorische französische Regierung. Island wird zur unabhängigen Republik.

1945

Tolkien wird im Herbst zum Merton-Professor für englische Sprache und Literatur in Oxford gewählt. Die Arbeit am »Herrn der Ringe« stockt. Tolkien schreibt »The Homecoming of Beorhtnoth Beorhthelm's Son« (veröffentlicht 1953). Christopher Tolkien studiert wieder am Trinity College und wird Mitglied der »Inklings«. »That Hideous Strength«, das dritte Buch der »Perelandra-« oder »Ransom-Trilogie« von C. S. Lewis, erscheint. Tolkiens Beziehung zu Lewis kühlt sich aufgrund literarischer und religiöser Differenzen weiter ab.

Ende des Zweiten Weltkrieges, Atombombenabwürfe über Hiroshima und Nagasaki. Oper »Peter Grimes« von Benjamin Britten, Roman »Christus kam bis Eboli« von Carlo Levi, Satire »Animal Farm« von George Orwell. Tod von E. R. Eddisson, laut Tolkien »der größte und überzeugendste Schöpfer erfundener Welten, den ich je gelesen habe«.

Veröffentlichungen:
»Leaf by Niggle« (in: The Dublin Review 432, Burns Oates & Washbourne, London; später häufig nachgedruckt und übersetzt, ins Deutsche 1975)
    »The Lay of Aotrou and Itroun« (in: The Welsh Review, Bd. IV No. 4, Penmark Press, Cardiff)

1946

Tolkien versichert Allen & Unwin im Sommer, der »Herr der Ringe« sei bald fertig, arbeitet aber nur im Herbst ein wenig daran. Ende des Jahres schreibt er die »Notion Club Papers« (unvollendet, nur das Gedicht »The Death of St. Brendan« wird unter dem Titel »Imram« 1955 veröffentlicht).

Filme »Die Schöne und das Biest« von Cocteau und »Tote schlafen fest« mit Humphrey Bogart. Kinderbuch »Das fliegende Klassenzimmer« von Erich Kästner, Roman »Stern der Ungeborenen« von Franz Werfel (posthum), Drama »Des Teufels General« von Carl Zuckmayer. Gründung des britischen SF-Magazins »New World«.

1947

John, Edith, Christopher und Priscilla ziehen in ein kleineres Haus des Merton College in der Manor Road. (Die Söhne leben inzwischen in eigenen Haushalten, John ist Pfarrer, Michael Lehrer mit Frau und Kind.) Rayner Unwin, nun Student in Oxford, erhält im Sommer die fertigen Teile des »Herrn der Ringe« und ist begeistert, ärgert Tolkien aber mit seiner Interpretation als Allegorie und dem Vergleich mit dem »Ring der Nibelungen« von Wagner. Der »Hobbit« erfährt eine Änderung in der Geschichte von Gollum und Bilbo und wird in Schweden veröffentlicht.

Teilung Palästinas in einen jüdischen und einen arabischen Staat und Indiens in Indien und Pakistan, Bürgerkrieg in China. Maria Callas beginnt ihre Karriere, Gründung der literarischen »Gruppe 47« (Böll, Bachmann, Enzensberger, Jens u. a.). Drama »Draußen vor der Tür« von Wolfgang Borchert, Roman »Die Pest« von Albert Camus.

Veröffentlichungen:
»›Iþþlen‹ in Sawles Warde« (in: English Studies, Bd. XXVIII No. 6, Swets & Zeitlinger, Amsterdam). (In Zusammenarbeit mit S. R. T. O. d'Ardenne.)
    »On Fairy-Stories« (in: Essays Presented to Charles Williams, hrsg. von C. S. Lewis, Oxford University Press, London; häufig nachgedruckt und übersetzt, ins Deutsche 1983)

1948

Der »Herr der Ringe« ist eigentlich fertig; Tolkien überarbeitet ihn allerdings noch viele Monate lang.

Spaltung Berlins. Drama »Die schmutzigen Hände« von Sartre, utopischer Roman »Affe und Wesen« von Aldous Huxley, erster

Roman der »Lensmen«-Serie von E. E. Smith (Space Opera).

Veröffentlichung:
»MS. Bodley 34: A re-collation of a collation« (In Zusammenarbeit mit S. R. T. O. d'Ardenne in: Studia Neophilologica, Bd. XX, Uppsala)

1949

Im Herbst ist das von Tolkien überarbeitete und im Zweifinger-System getippte Typoskript vom »Herrn der Ringe« fertig. C. S. Lewis gratuliert. Er beginnt, Tolkien die erste seiner Narnia-Geschichten vorzulesen; diese Geschichten führen zum fast kompletten Verfall ihrer Freundschaft. Tolkien, verärgert über die Ablehnung des »Silmarillion« durch Allen & Unwin 1937 und deren aus seiner Sicht unzulängliche Werbung für den »Bauer Giles von Ham«, bietet den »Herr der Ringe« Milton Waldmann vom Verlag Collins an in der Hoffnung, dieser würde beide Bücher zugleich veröffentlichen. Er reist zum ersten Mal in seinem Leben nach Irland (das er später noch oft besucht).

Gründung von BRD und DDR, Adenauer wird Bundeskanzler. Roman »Der dritte Mann« von Graham Greene, Anti-Utopie »1984« von George Orwell, Zukunftsroman »Heliopolis« von Ernst Jünger, SF-Roman »Der rote Planet« von Robert A. Heinlein, Gründung des »Magazine of Fantasy and Science Fiction«.

Veröffentlichung:
Farmer Giles of Ham
(George Allen & Unwin, London; zahlreiche Neuauflagen und Übersetzungen, ins Deutsche 1970)

1950

Im Februar bietet Tolkien den »Herr der Ringe« und das »Silmarillion« auch Allen & Unwin an in der Hoffnung, der Verlag würde ablehnen. Sir Stanley Unwin, inzwischen geadelt, lässt sich von seinem Sohn Rayner, nun Student in Harvard, beraten, nur den »Herr der Ringe« zu verlegen und das »Silmarillion« abzulehnen. Da Tolkien auf einer Veröffenlichung beider Bücher besteht, lehnt er am 17. April ab. John, Edith und Priscilla ziehen in ein stilvolles Haus des Merton College: Holywell Street No. 99, nur wenige hundert Meter vom alten, engen Haus entfernt. (Christopher, nun Privat-Tutor an der Englisch-Fakultät, hat inzwischen eine eigene Wohnung.) »The Lion, the Witch and the Wardrobe« (»Der König von Narnia«), der erste der sieben Narnia-Romane von C. S. Lewis, erscheint; die nächsten sechs Bände folgen im Jahrestakt bis 1956.

Die Goldene Ära der Science Fiction beginnt, es erscheinen: »I, Robot« von Isaac Asimov, »The Martian Chronicles« von Ray Bradbury, »The Dreaming Jewels« con Theodore Sturgeon, »The Dying Earth« von Jack Vance, »The Vpyage of the Space Beagle« von A. E. van Vogt. Im Kino laufen »Das Ding aus einer anderen Welt« und »Destination Moon«.

1951

Tolkien erschwert die fortdauernden Verhandlungen mit William Collins vom Verlag Collins durch immer weitere Ergänzungen zum Silmarillion. Ergebnis ist ein langer Brief an Milton Waldmann, in dem er gegen Jahresende mit über 10.000 Wörtern seine Mythologie zu erklären sucht und warum der »Herr der Ringe« und das »Silmarillion« gemeinsam veröffentlicht werden müssten (veröffentlicht 1981, deutsch 1984).

In der Science Fiction geht es weiter mit der »Foundation-Trilogie« von Asimov, »The Disappearance« von Phylip Wylie, »The Illustrated Man« von Ray Bradbury und »The Day of the Triffids« von John Wyndham. Im Kino kommt »Der Tag, an dem die Erde stillstand«. Humphrey Bogart und Katharine Hepburn brillieren in »African Queen«.

1952

Tolkien stellt dem Verlag Collins im März ein Ultimatum, worauf William Collins ihm am 18. April eine Absage erteilt und empfiehlt, die Manuskripte wieder Allen & Unwin anzubieten. Dies tut Tolkien mit einem Brief an Rayner Unwin vom 22. Juni, in dem er nur um die Veröffentlichung des »Herrn der Ringe« bittet. Unwin sagt sofort zu. Im August macht Tolkien Urlaub in Irland und besucht anschließend George Sayer in Worcestershire. Dieser nimmt Tolkien auf Tonband auf, als dieser aus dem »Hobbit« und dem »Herrn der Ringe« rezitiert und singt – Aufnahmen, die 1975, nach Tolkiens Tod, auf Langspielplatten veröffentlicht werden und heutzutage auch auf CD erhältlich sind. Tolkien schafft sich ein Tonbandgerät an und nimmt in den nächsten Jahren immer wieder eigene und fremde Texte auf. Am 19, September holt Rayner Unwyn das Typoskript des »Herrn der Ringe« ab und lässt sofort die Herstellungkosten ermitteln, es wird aus Kostengründen aufgeteilt auf drei Bände. Am 10. November sagt er Tolkien die Veröffentlichung zu mit Gewinnteilung.

König George VI. stirbt, seine Tochter Elisabeth II. (geb. 1926) wird Königin und regiert bis heute. Beckett veröffentlicht »Warten auf Godot«, Hemingway »Der alte Mann und das Meer«, Dürrenmatt »Der Richter und sein Henker«. Im Kino laufen »Don Camillo und Peppone« und »Moulin Rouge«.

1953

Tolkien und seine Frau ziehen in ein erheblich ruhigeres Haus: Sandfield Road No. 76 im Oxforder Vorort Headington (Priscilla lebt inzwischen in Bristol). Der Verlag und Tolkien einigen sich auf die Titel für die drei Einzelbände des »Herrn der Ringe«. Tolkien hält im April den Vortrag »Sir Gawain and the Green Knight«, aus dem das Vorwort einer Sendung der BBC entsteht, die im Dezember ausgestrahlt und im folgend Jahren wiederholt wird.

Ägypten wird Republik, Winston Churchill bekommt den Literatur(!)-Nobelpreis. Böll veröffentlicht »Und sagte kein einziges Wort«, Arthur Miller »Hexenjagd«, Ray Bradbury »Fahrenheit 451« und Alfred Bester »The demolished Man«. Im Kino fesseln Burt Lancaster in »Verdammt in alle Ewigkeit«, Audrey Hepburn und Gregory Peck in »Ein Herz und eine Krone« und Marilyn Monroe in »Blondinen bevorzugt« und in »Wie angele ich mir einen Millionär«, außerdem findet hier der »Krieg der Welten« statt und es drohen »Der Schrecken vom Amazonas« und »Gefahr aus dem Weltall«.

Veröffentlichungen:
»The Homecoming of Beorhtnoth Beorhthelm's Son« (Drama; in: Essays and Studies by members of the English Associa-

tion, New Series, Bd. VI, London, John Murray)

»Middle English ›Losenger‹«
(in: Essais de Philologie Moderne, Bibliothèque de la Faculté de Philosophie et Lettres de l'Université de Liège, fasc. 129, Les Belles Lettres, Paris)

»A Fourteenth Century Romance«
(Vorwort zur Sendung des »Sir Gawain and the Green Knight« in Tolkiens Übersetzung im dritten Programm der BBC, Radio Times, London, 4. Dezember 1953)

1954

Im Sommer 1954 erscheint der erste Band des »Herrn der Ringe« in einer Startauflage von 3.500 Exemplaren, nach sechs Wochen muss eine zweite Auflage in Auftrag gegeben werden. Am 14. August erscheint eine erste begeisterte Rezension in »Time & Tide«, verfasst von C. S. Lewis. Dieser wird auf einen neuen Lehrstuhl für Literatur des Mittelalters und der Renaissance in Cambridge berufen; von nun an treffen sich Tolkien und Lewis nur noch selten. Mitte November erscheint der zweite Band, beide Bände werden noch im gleichen Jahr von Houghton Mifflin in den USA veröffentlicht. Tolkien erhält die Ehrendoktorwürden der Universitäten Dublin (Irland; Juli) und Lüttich (Liège, Belgien; Oktober).

Mao Tse-Tung wird Präsident der chinesischen Volksrepublik. Ende des Indochina-Krieges. Aufstand in Algerien. Höhepunkt und Abflauen des McCarthyismus in den USA. Adorno veröffentlicht »Essays zur Kulturkritik und Gesellschaft«, J. B. Priestley den Roman »Die Zauberer«, Françoise Sagan »Bonjour tristesse«, William Golding »Der Herr der Fliegen«, an Science Fiction erscheinen u. a. von Gore Vidal »Messiah«, von Hal Clement »Mission of Gravity«, von Chad Oliver »Shadows in the Sun« und von Poul Anderson »Brain Wave«. Im Kino ist Curd Jürgens »Des Teufels General«, Anthony Quinn wandert in »La Strada« und Marlon Brando spürt »Die Faust im Nacken«. Aber auch Riesenameisen (»Formicula«) und eine Riesenechse (»Godzilla«) machen die Leinwand unsicher.

Veröffentlichungen:
»The Fellowship of the Ring: being the first part of The Lord of the Rings« (George Allen & Unwin, London, deutsch 1969)

»The Two Towers: being the second part of the Lord of the Rings« (George Allen & Unwin, London, deutsch 1970)

1955

Im Mai liefert Tolkien die lang erwarteten Anhänge für den dritten Band beim Verlag ab und fährt dann mit Priscilla nach Italien in die Ferien (Edith macht währenddessen mit drei Freundinnen eine Mittelmeer-Kreuzfahrt). Nach der Rückkehr macht er die nötigen Korrekturen, so dass der dritte Band des »Herrn der Ringe« erst am 20. Oktober erscheint. Am 21. Oktober hält Tolkien den Vortrag »English and Welsh«. Eine Hörspiel-Dramatisierung des »Herr der Ringe« treibt die Verkaufszahlen in die Höhe. Auch in den USA erscheint der dritte Band. Die Kritiken zum endlich vorliegenden Gesamtwerk sind wie die zu den einzelnen Bänden von Anfang an gespalten.

Veröffentlichungen:
»The Return of the King: being the third part of the Lord of the Rings« (George Allen & Unwin, London, deutsch 1970)

Gedicht »Imram« (geschrieben 1946 unter dem Titel »The Death of St. Brendan«; in: Time & Tide, London)

Vorwort zu »The Ancrene Riwle«, in modernes Englisch übersetzt von M. B. Salu (Burns & Oates, London).

1956

Tolkien erhält eine erste Gewinnbeteiligung: über 3.500 Pfund, mehr als sein Jahresgehalt. In den Niederlanden erscheint die erste Übersetzung des »Herrn der Ringe«. Tolkien schreibt das Gedicht »Cat« (1962 veröffentlicht in »The Adventures of Tom Bombadil«).

1957

Die Inklings lösen sich auf. C. S. Lewis heiratet Joy Davidman, was die Beziehung zu Tolkien endgültig ruiniert. Tolkien nimmt das Angebot der katholischen Marquette University (USA) an, für 1.250 Pfund die Manuskripte des »Hobbit«, des »Herrn der Ringe«, des »Farmer Giles of Ham« und des »Mr. Bliss« zu erwerben. Ende des Jahres wird ein erstes Filmangebot ausgeschlagen.

1958

Tolkien wird im Frühjahr in den Niederlanden begeistert empfangen und gefeiert.

1959

Die schwedische Übersetzung des »Herrn der Ringe« erscheint. Im Sommer wird Tolkien pensioniert und widmet viel Zeit seiner Frau Edith, die zunehmend lahmt und unter Verdauungsbeschwerden leidet. Das gesellige Leben ist eingeschränkt. Zu den Kindern gibt es wenig Kontakt, am meisten noch zu Christopher, Lektor am New College, und dessen Frau, der Bildhauerin Faith, weniger zu Priscilla, Bewährungshelferin in Oxford, und kaum zu Michael, Lehrer mit Frau und zwei Töchtern in Mittelengland, und John, Pfarrer in Staffordshire.

1960

Joy Davidman, die Frau von C. S. Lewis, stirbt. Tolkien beginnt, sich dem »Silmarillion« zu widmen, wird aber immer wieder durch andere Arbeiten unterbrochen und arbeitet auch nicht mehr sehr konzentriert. Er stellt eine Teilzeit-Sekretärin ein und leidet zunehmend an Hexenschuss.

1961

Auf Bitten seiner 89-jährigen Tante Jane stellt Tolkien ein Buch mit Gedichten zusammen: »The Adventures of Tom Bombadil«. Die polnische Übersetzung des »Herrn der Ringe« erscheint. In den Niederlanden und Polen wird der »Hobbit« veröffentlicht.

1962

Kurz nach der Veröffentlichung der »Adventures of Tom Bombadil« stirbt Tolkiens Tante Jane. In Portugal wird der »Hobbit« veröffentlicht.

Veröffentlichungen:
»The Adventures of Tom Bombadil and other verses from The Red Book«

(Allen & Unwin, London; mehrere Nachdrucke und Übersetzungen, ins Deutsche 1984)

»Ancrene Wisse: the English Text of the Ancrene Riwle« (Early English Text Society No. 249, mit einer Einleitung von N. R. Ker, Oxford University Press, London)

1963

Das Exeter-College wählt Tolkien zum Ehrenmitglied, und das Merton-College ernennt ihn zum Fellow Emeritus. Am 22. November stirbt C. S. Lewis. Tolkien beginnt, wieder Tagebuch zu schreiben.

Veröffentlichung:
»English and Welsh« (in: Angles and Britons: 0'Donnell Lectures, University of Wales Press, Cardiff)

1964

In Spanien wird der »Hobbit« veröffentlicht.

Veröffentlichung:
 »Tree and Leaf« (Neuausgabe von »On Fairy-Stories« und »Leaf by Niggle«, Allen & Unwin, London)

1965

Tolkien schreibt seine letzte Geschichte: »Smith of Wootton Major«. In Japan wird der »Hobbit« veröffentlicht. In den USA erscheint im Frühsommer eine nicht autorisierte Taschenbuch-Ausgabe des »Herrn der Ringe« bei Ace Books sowie, in Reaktion darauf, beim autorisierten Verlag Ballantine Books kurz darauf eine Taschenbuchausgabe des »Hobbit« und im Oktober eine des »Herrn der Ringe«. Unter den Studierenden wird Tolkien zum Kultautor – alleine Ace Books verkauft 1965 über 100.000 Taschenbücher. Eine Briefkampagne von Tolkien, unterstützt durch »The Tolkien Society of America« und die »Science Fiction Writers of America«, lässt Ace Books nachgeben: Tolkien wird am Gewinn beteiligt und die Veröffentlichung der Raubkopie eingestellt. Tolkien verhindert eine Zeichentrickverfilmung des »Herrn der Ringe«.

Joanne K. Rowling, Autorin der »Harry Potter«-Romane, wird geboren.

Veröffentlichungen:
Gedicht: »Once Upon a Time«
(in: Winter's Tales for Children, hrsg. von Caroline Hillier, Macmillan, London)
    Gedicht: »The Dragon's Visit«,
(in: Winter's Tales for Children, hrsg. von Caroline Hillier, Macmillan, London)

1966

In den USA ist der »Herr der Ringe« über eine Million mal verkauft. Der Tolkien-Kult wächst und wächst, es erscheinen Doktor-Arbeiten über Tolkiens Werk und Zeitschriften dazu. Edith und John Tolkien feiern mit einem großen Fest Goldene Hochzeit, dabei wird der Liederzyklus »The Road Goes Ever On« aufgeführt mit William Elvin als Sänger und Komponist Donald Swann am Klavier.

Veröffentlichungen:
»Tolkien on Tolkien« (in: Diplomat, Bd. XVIII No. 197)
    Beitrag zu »The Jerusalem Bible«

(Übersetzungsentwurf zum Buch Jona, London/New York)

»The Tolkien Reader« (Ballantine Books, New York; enthält »The Homecoming of Beorhtnoth«, »On Fairy-Stories«, »Leaf by Niggle«, »Farmer Giles of Ham« und »The Adventures of Tom Bombadil«)

1967

Veröffentlichungen:
»Smith of Wootton Major« (Allen & Unwin, London; viele Nachdrucke und Übersetzungen, ins Deutsche 1975)

»The Road Goes Ever On: A Song Cycle« (Gedichte von J. R. R. Tolkien, vertont von Donald Swann; Houghton Mifflin, Boston)

»Poems and Songs of Middle Earth« (Langspielplatte TC 1231 mit William Elvin als Sänger und Komponist Donald Swann am Klavier sowie Tolkien als Rezitator einiger seiner Gedichte; Caedmon Records)

Gedicht: »For W. H. A.« (in: Shenandoah: The Washington and Lee University Review, Bd. XVIII No. 2; W. H. Auden gewidmet, zwei Versionen: Altenglisch, signiert mit Ragnald Hrædmóding, und Englisch, signiert mit J. R. R. T.)

1968

Anfang des Jahres dreht die BBC einen Film über Tolkien, »Tolkien in Oxford«, und produziert ein sehr gelungenes Hörspiel zum »Hobbit«. Die dänische Übersetzung des »Herrn der Ringe« erscheint. Ende des Jahres sind insgesamt etwa 3 Millionen Exemplare des »Herrn der Ringe« verkauft. Tolkien stürzt, verletzt sich am Bein und bringt einige Wochen im Krankenhaus und noch mehr mit Gipsbein zu. Die Tolkiens kaufen ein Haus (ohne Treppen) in Poole bei Bournemouth – Lakeside Road 19 – in der Nähe ihres bevorzugten Hotels, des Miramar. Es gelingt, Adresse, Telefonnummer und sogar den Wohnort geheimzuhalten; Verehrerpost wird über den Verlag abgewickelt.

Veröffentlichung:
»The Road Goes Ever On: A Song Cycle« (Gedichte von J. R. R. Tolkien, vertont von Donald Swann; Allen & Unwin, London)

1969

In Dänemark und Frankreich wird der »Hobbit« veröffentlicht. Die ersten beiden Bände der deutschen Übersetzung des »Herrn der Ringe« erscheinen (übersetzt von Margaret Carroux, Gedichte und Lieder übertragen von Ebba-Margareta von Freymann, Ausstattung Heinz Edelmann).

Veröffentlichung:
»Brief über die Anfänge der Inklings« (in: »The Image of Man in C. S. Lewis« von William Luther White, Abingdon Press, Nashville und New York)

1970

Die italienische Übersetzung des »Herrn der Ringe« erscheint sowie der dritte Band der deutschen Übersetzung von Margaret Carroux. Bo Hansson veröffentlicht seine LP »Lord Of The Rings«.

Veröffentlichung:
Gedicht: »The Hoard« (in: The Hamish Hamilton Book of Dragons, hrsg. von

Roger Lancelyn Green, Hamish Hamilton, London)

1971

Mitte November erkrankt Edith an einer Gallenblasenentzündung. Am 29. November stirbt Edith Mary Tolkien, zweiundachtzig Jahre alt.

1972

Tolkien zieht im März in ein College-Gebäude des Merton College, Merton Street 21. Er besucht oft seine Verwandten: Christopher, dessen zweite Frau Baillie und die Kinder Adam und Rachel, John in seiner Kirchengemeinde in Stoke-on-Trent und seinen Bruder Hilary auf seiner Obstfarm bei Evesham. Im Juni verleiht ihm die Universität Oxford die Ehrendoktorwürde für Literaturwissenschaft. Die Königin zeichnet ihn mit dem Kommandeurs-Orden des britischen Empire aus. Ende des Jahres beginnt er an Verdauungsstörungen zu leiden und wird auf Diät gesetzt. In Norwegen wird der »Hobbit« veröffentlicht. Die französische und die japanische Übersetzung des »Herrn der Ringe« erscheinen, in Deutschland bringt Klett-Cotta die bekannte dreibändige grüne »wohlfeile« Ausgabe im Schuber heraus.

1973

Ballantine Books bringt einen Kalender heraus mit Zeichnungen von Tolkien. In der Tschechoslowakei und Italien wird der »Hobbit« veröffentlicht. Die finnische und die norwegische Übersetzung des »Herrn der Ringe« erscheinen. Im Juni erhält Tolkien die Ehrendoktorwürde der Universität Edinburgh. Mitte Juli verzichtet er auf seine Diät. Ende August besucht er Denis und Jocely Tolhurst in Bournemouth. Am 29. August, einem Donnerstag, fühlt er sich nach einer Geburtstagsfeier unwohl, hat in der Nacht Schmerzen und wird am Freitag, 30. August, in eine Privatklinik gebracht. Man stellt ein blutendes Magengeschwür fest. Am Samstag, 1. September, kommt eine Entzündung in der Brust hinzu, und am Sonntagmorgen, 2. September, stirbt Tolkien im Alter von 81 Jahren. Er wird neben seiner Frau auf dem Friedhof von Wolvercote bei Oxford beigesetzt:
Auf dem Grabstein des Ehepaares Tolkien steht:

Edith Mary Tolkien
Lúthien · 1889–1971
John Ronald Reuel Tolkien
Beren · 1892–1973

Ausgewählte Daten nach Tolkiens Tod

1974

Eine portugiesische Übersetzung des »Herrn der Ringe« erscheint in Brasilien. Tom Kirk illustriert den ersten Tolkien-Kalender. In den USA bringt Houghton-Mifflin eine »rote« einbändige »Collectors-Edition« des »Lord of the Rings« heraus.

Veröffentlichung:
Gedicht: »Bilbo's Last Song« (Poster mit Dekorationen von Pauline Baynes, Allen & Unwin, London; Poster mit einer Fotografie von Robert Strindberg, Houghton Mifflin, Boston;)

1975

In Bulgarien, Rumänien und Jugoslawien wird der »Hobbit« veröffentlicht. Es erscheinen zwei Langspielplatten der Caedmon Records (TC 1477 und 1478), auf denen Tolkien aus dem »Hobbit« und dem »Herrn der Ringe« liest, aufgenommen 1952 von George Sayer in Worcestershire. In Deutschland erscheinen die »Fabelhaften Geschichten«.

Veröffentlichungen (Auswahl):
»Guide to the Names in The Lord of the Rings« (A Tolkien Compass, hrsg. von Jared Lobdell; Open Court, La Salle)
   »Sir Gawain and the Green Knight, Pearl, and Sir Orfeo« (in modernes Englisch übersetzt; hrsg. und mit einem Vorwort versehen von Christopher Tolkien; Allen & Unwin, London) ·

1976

Im Ashmolean-Museum in Oxford beginnt im Dezember eine Ausstellung mit Zeichnungen und Illustrationen von Tolkien.

Veröffentlichung:
The Father Christmas Letters (hrsg. von Baillie Tolkien; Allen & Unwin, London; deutsch 1977 als »Die Briefe vom Weihnachtsmann«)

1977

Nach Ende der Ausstellung im Ashmolean-Museum in Oxford im Februar ist die Ausstellung im März und April bei der National Book League in London zu sehen. Humphrey Carpenter veröffentlicht seine inzwischen zum Standardwerk gewordene autorisierte Tolkien-Biographie »J.R.R. Tolkien – A biography« (deutsch 1979 als »J. R. R. Tolkien – eine Biographie«). Die Londoner Folio-Society veröffentlicht eine Jubilä-umsausgabe von »The Lord of the Rings«, illustriert von Königin Margarethe von Dänemark (als Ingahild Grathmer). In den USA kommt der Zeichentrickfilm »The Hobbit« von Arthur Rankin jr. und Jules Bass in die Kinos. SPI bringt das Strategiespiel »War of the Rings« heraus.

Veröffentlichung:
»The Silmarillion« (hrsg. von Christopher Tolkien unter Assistenz von Guy Gavriel Kay; Allen & Unwin, London; deutsch 1978)

1978

Der US-Zeichentrickfilm »Lord of the Rings« (1977) von Ralph Bakshi kommt in den USA in die Kinos, noch im selben Jahr als »Der Herr der Ringe« auch in die deutschen Kinos. Sally Oldfield veröffentlicht auf der LP »Water Bearer« die »Songs of the Quendi«.

1979

In den USA ist der Zeichentrickfilm »The Return of the King« von Arthur Rankin jr. und Jules Bass, angeblich eine Fortsetzung des Bakshi-Films, in Wirklichkeit aber ihres Hobbit-Filmes von 1977, im Fernsehen zu sehen.

Veröffentlichung:
»The Pictures of J.R.R. Tolkien« (mit einem Vorwort und Anmerkungen von Christopher Tolkien; Allen & Unwin, London)

1980

Veröffentlichung:
»Unfinished Tales of Numenor and Middle-earth« (hrsg. von Christopher Tolkien; Allen & Unwin, London; deutsch 1983 als »Nachrichten aus Mittelerde«)

1981

Die BBC produziert ihr berühmt gewordenes Hörspiel zum »Herrn der Ringe«, Humphrey Carpenter veröffentlicht »The Letters of J.R.R. Tolkien. Von Barbara Strachey erscheint »Journeys of Frodo« (deutsch 1982 als »Frodos Reisen. Der Atlas zu J. R. R. Tolkiens ›Herr der Ringe‹«), von Karen Wynn Fonstad »The Atlas of Middle-Earth« (deutsch 1985 als »Historischer Atlas von Mittelerde«).

Veröffentlichung:
»The Old English Exodus« (hrsg. von Joan Turville Petre)

1982

Veröffentlichungen:
»Mr. Bliss« (hrsg. von Christopher Tolkien und Frank Richard Williamson; Allen & Unwin, London; deutsch 1983 als »Herr Glück«)
    »Finn and Hengest: The Fragment and the Episode« (hrsg. von Alan Bliss; Allen & Unwin, London)

1983

An der Marquette-Universität findet im September eine Ausstellung mit Tolkiens Manuskripten statt.

Veröffentlichungen:
»The Book of Lost Tales, Part I [The History of Middle-Earth I]« (hrsg. von Christopher Tolkien; Allen & Unwin, London; deutsch 1986 als »Das Buch der verschollenen Geschichten, Teil I [Die Geschichte Mittelerdes]«) – der erste Teil einer 12 Bände umfassenden Geschichte Mittelerdes.
    »The Monsters and the Critics and Other Essays« (hrsg. von Christopher Tolkien; Allen & Unwin, London; deutsch 1983)

1984

Helmut W. Pesch gibt das Buch »J. R. R. Tolkien, der Mythenschöpfer«, heraus (Corian-Verlag, Meitingen), in dem neben Kritiken und Analysen auch der Brief von Tolkien an Milton Waldmann (1951) ist.

Veröffentlichung:
»The Book of Lost Tales, Part II [The History of Middle-Earth II]« (hrsg. von Christopher Tolkien; Allen & Unwin, London; deutsch 1987 als »Das Buch der verschollenen Geschichten, Teil II [Die Geschichte Mittelerdes]«)

1985

Veröffentlichung:
»The Lays of Beleriand – The History of Middle-Earth III« (hrsg. von Christopher Tolkien; HarperCollinsPublishers, London)

1986

Veröffentlichung:
»The Shaping of Middle-Earth. The

Quenta, The Ambarkanta and The Annals
– The History of Middle-Earth IV« (hrsg.
von Christopher Tolkien; HarperCollins-
Publishers, London)

1987

Im Mai werden an der Bodleian Library Tolkiens Zeichnungen zum Hobbit ausgestellt,
im September findet an der Marquette-Universität eine Ausstellung mit Tolkien-
Manuskripten, -Zeichnungen und -Aqua-
rellen statt.

Veröffentlichung:
»The Lost Road and Other Writings.
Language and Legend before The Lord of
the Rings – The History of Middle-Earth
V« (hrsg. von Christopher Tolkien;
HarperCollinsPublishers, London)

1988

Johan de Meij veröffentlicht seine Symphonie »Lord of the Rings«.

Veröffentlichung:
»The Return of the Shadow. The History
of The Lord of the Rings Part One – The
History of Middle-Earth VI« (hrsg. von
Christopher Tolkien; HarperCollinsPublis-
hers, London)

1989

Veröffentlichung:
»The Treason of Isengart. The History of
The Lord of the Rings Part Two – The
History of Middle-Earth VII« (hrsg. von
Christopher Tolkien; HarperCollinsPublis-
hers, London)

1990

Veröffentlichung:
»The War of the Ring. The History of
The Lord of the Rings Part Three – The
History of Middle-Earth VIII« (hrsg. von
Christopher Tolkien; HarperCollinsPublis-
hers, London)

1991

Karen Wynn Fonstad veröffentlicht »The
Atlas of Middle-Earth – Revised Edition«,
in dem sie die inzwischen erschienenen
Bände der »History of Middle-Earth« ein-
arbeitet (deutsch 1994 als »Historischer
Atlas von Mittelerde – vollständig überarbeitete Ausgabe«). Von David Day
erscheint »Tolkien: The Illustrated Ency-
cloaedia« (deutsch 1992 als »Tolkien: Die
Illustrierte Enzyklopädie«). In Deutschland
erscheinen die einbändige »rote« Ausgabe
des »Herrn der Ringe« und die »Briefe« von
J. R. R. Tolkien, herausgegeben von Humphrey Carpenter.

1992

Der Südwestfunk und Westdeutscher Rundfunk stellen ihre legendär gewordene Hör-
funkproduktion »Der Herr der Ringe« vor.

Veröffentlichungen:
»Sauron Defeated. The End of the Third
Age, the Notion Club Papers and the
Drowning of Anadune. Including The
History of The Lord of the Rings Part
Four – The History of Middle-Earth IX«
(hrsg. von Christopher Tolkien; Harper-
CollinsPublishers, London) – in Teilen
auch veröffentlicht als »The End of the
Third Age«.

1993

In Deutschland erscheinen die »Lieder der Hobbits«.

Veröffentlichung:
»Morgoth's Ring. The Later Silmarillion, Part One. The Legends of Aman – The History of Middle-Earth X« (hrsg. von Christopher Tolkien; HarperCollinsPublishers, London)

1994

Brian Sibley (Text) und John Howe veröffentlichen »The Map of Tokien's Middle-Earth« (HarperCollinsPublishers, London; deutsch 1995 als »Die Karte zu Mittelerde«). Das Hamburger »Theater für Kinder« spielt den »Hobbit« als Kindertheaterstück von Barbara Hass.

Veröffentlichung:
»The War of the Jewels. The Later Silmarillion, Part Two. The Legends of Beleriand – The History of Middle-Earth XI« (hrsg. von Christopher Tolkien; HarperCollinsPublishers, London)

1995

Wayne G. Hammond und Christina Scull veröffentlichen »J.R.R. Tolkien. Artist and Illustrator« (HarperCollinsPublishers, London; deutsch als »J. R. R. Tolkien. Der Künstler« 1996)

1996

Marion Zimmer Bradley und andere veröffentlichen ihre Vertonung einiger Tolkien-Lieder (»The Starlit Jewels«, Songbook 2000), Wolfgang Krege das »Handbuch der Weisen von Mittelerde«.

Veröffentlichung:
»The Peoples of Middle-Earth – The History of Middle-Earth XII« (hrsg. von Christopher Tolkien; HarperCollinsPublishers, London)

1997

David Day veröffentlicht »The Hobbit Companion« (deutsch 1997 als »Das Buch von den Hobbits«). In Deutschland erscheint als einmalige Sammelausgabe »Die Geschichte des Großen Ringkriegs« (»Der Herr der Ringe« in sechs Einzelbänden und »Der Hobbit«) im Schuber.

1998

In Deutschland erscheint eine neue Übersetzung des »Hobbit« unter dem Titel »Der Hobbit oder Hin und zurück«, angefertigt von Wolfgang Krege, der bereits das »Silmarillion« und die Biographie von Carpenter übersetzt hatte. In Berlin läuft mit großem Werbeaufwand das Musical »Der Herr der Ringe« an, das inhaltlich eher den »Hobbit« darstellt und bald wieder eingestellt werden muss. Die Deutsche Tolkien-Gesellschaft e.V. wird gegründet mit dem Ziel, das Werk von Tolkien bekannter zu machen und wissenschaftlich zu bearbeiten sowie zur Kommunikation zwischen Tolkien-Fans beizutragen.

Veröffentlichung:
»Roverandom« (hrsg. von Christina Scull und Wayne G. Hammond, Houghton Mifflin Company, Boston; deutsch 1999).

1999

In Deutschland erscheint eine neue Übersetzung des »Herrn der Ringe«, angefertigt
von Wolfgang Krege, der bereits das »Silmarillion« und die Biographie von Carpenter und 1998 den »Hobbit« übersetzt hatte.
In den USA bringt Houghton-Mifflin eine
»schwarze« siebenbändige »Millenniums-
Ausgabe« des »Lord of the Rings« heraus.

2000

Tom Shippey veröffentlicht seine Tolkien-
Biographie »J.R.R. Tolkien – Author of the
Century«.

2001

Im Dezember kommt der erste Teil der Film-
Trilogie »Herr der Ringe« von Peter
Jackson in die Kinos: »Die Gefährten«.
Schon vorher beginnt eine gewaltige Mer-
chandising-Welle, der sich auch die Verlage
anschließen, u. a. mit »offiziellen« Büchern
zum Film und speziellen Neuauflagen des
ersten Bandes des »Herrn der Ringe«.

Literaturverzeichnis

1 Original-Literatur von John Ronald Reuel Tolkien

Aufgeführt sind alle Werke, die als Bücher vorliegen, jeweils mit Angabe der Erstveröffentlichung. Zu finden sind hier außerdem einige wichtige Einzelveröffentlichungen sowie Neuausgaben. Weitere Einzelveröffentlichungen in Zeitschriften, Sammelwerken u. ä. siehe Biobibliographie.

1.1 Englische Ausgaben, alphabetisch nach Titeln

A Middle English Vocabulary
zunächst Ergänzung zu »Fourteenth Century Verse and Prose« von Kenneth Sisam, 1921, später sowohl zusammen mit diesem als Glossar wie auch getrennt nachgedruckt
Clarendon Press – Oxford, 1922

Ancrene Wisse:
The English Text of the Ancrene Riwle mit einer Einleitung von N. R. Ker
Early English Text Society No. 249, Oxford University Press – London, 1962

Beowulf. The Monsters and the Critics
Proceedings of the British Academy, 22 [1936], Oxford University Press – London, 1937

Bilbo's Last Song (At the Grey Havens)
Gedicht auf einem Poster mit einer Illustration von Pauline Baynes
George Allen & Unwin – London, 1974

Bilbo's Last Song (At the Grey Havens)
Gedicht auf einem Poster mit einer Fotografie von Robert Strindberg
Houghton Mifflin – Boston, 1974

Farmer Giles of Ham: The Rise and Wonderful Adventures of Farmer Giles, Lord of Tame, Count of Worminghall, and King of the Little Kingdom
George Allen & Unwin – London, 1949 (Houghton Mifflin – Boston, 1950; in Deutschland englisch bei Reclam, Ditzingen, 1995, sowie als zweisprachige Ausgabe bei Langewiesche-Brandt – Ebenhausen bei München, 1970, und Deutscher Taschenbuch Verlag – München, 1975 und 1999)

Finn and Hengest. The Fragment and the Episode
herausgegeben von Alan Bliss
George Allen & Unwin – London, 1982 (Houghton Mifflin – Boston, 1983)

Guide to Names in »The Lord of the Rings"
überarbeitet für die Veröffentlichung von Christopher Tolkien
in: Jared Lobdell (Hrsg.): A Tolkien Compass
La Salle – Open Court, 1975

Leaf by Niggle
in: The Dublin Review, Burns Oates & Washbourne – London, 1945

Morgoth's Ring. The Later Silmarillion,
  Part One. The Legends of Aman
  The History of Middle-Earth X,
  herausgegeben von Christopher Tolkien
  HarperCollinsPublishers – London,
  1993

Mr. Bliss
  herausgegeben von Christopher Tolkien
  und Frank Richard Williamson
  George Allen & Unwin – London, 1982

On Fairy-Stories
  in: Essays Presented to Charles
  Williams, herausgegeben von C. S.
  Lewis
  Oxford University Press – London,
  1947

Pictures by J.R.R. Tolkien
  mit einem Vorwort und Anmerkungen
  von Christopher Tolkien
  George Allen & Unwin – London, 1979
  (Houghton Mifflin – Boston, 1979)
  überarbeitete Neuauflage:
  HarperCollins – London, 1992
  (Houghton Mifflin – Boston, 1992)

Roverandom
  herausgegeben von Christina Scull und
  Wayne G. Hammond
  HarperCollins – London, 1998;
  Houghton Mifflin – Boston, 1998

Sauron Defeated. The End of the Third
  Age, the Notion Club Papers and the
  Drowning of Anadune. Including The
  History of The Lord of the Rings Part
  Four
  The History of Middle-Earth IX,
  herausgegeben von Christopher Tolkien
  HarperCollinsPublishers – London,
  1992 (Houghton Miftlin – Boston,
  1992)

Sir Gawain and the Green Knight
  herausgegeben von J. R. R. Tolkien und
  E. V. Gordon
  Clarendon Press – Oxford, 1925

Sir Gawain and the Green Knight
  zweite, überarbeitete Auflage,
  bearbeitet von Norman Davis
  Oxford, 1967

Sir Gawain and the Green Knight, Pearl,
  and Sir Orfeo
  in modernes Englisch übersetzt und mit
  einer Einführung versehen von
  J. R. R. Tolkien
  herausgegeben und mit einem Vorwort
  versehen von Christopher Tolkien
  George Allen & Unwin – London,
  1975; Houghton Mifflin – Boston, 1975

Smith of Wootton Major
  George Allen & Unwin – London, 1967
  (Houghton Mifflin – Boston, 1967)

Songs for the Philologists
  mit E. V. Gordon u. a.
  anonym als Privatdruck veröffentlicht
  am Department of English at University
  College – London, 1936

The Adventures of Tom Bombadil and
  other verses from The Red Book
  George Allen & Unwin – London, 1962
  (Houghton Mifflin – Boston, 1963)

The Book of Lost Tales, Part I
  The History of Middle-Earth I,
  herausgegeben von Christopher Tolkien
  Allen & Unwin – London, 1983
  (Houghton Mifflin – Boston, 1983)
  (deutsch 1986 als »Das Buch der
  Verschollenen Geschichten«, Teil I)

The Book of Lost Tales, Part II
    The History of Middle-Earth II,
    herausgegeben von Christopher Tolkien
    Allen & Unwin – London, 1984
    (Houghton Mifflin – Boston, 1984)
    (deutsch 1987 als »Das Buch der
    Verschollenen Geschichten«, Teil II)

The End of the Third Age.
    The History of the Lord of the Rings,
    Part 4: The History of Middle-Earth IX
    (Auszug),
    herausgegeben von Christopher Tolkien
    HarperCollinsPublishers – London, 1998
    (Houghton Mifflin – Boston, 1992)

The Father Christmas Letters
    herausgegeben von Baillie Tolkien
    George Allen & Unwin Ltd. – London,
    1976

The Fellowship of the Ring: being the first
    part of The Lord of the Rings
    George Allen & Unwin – London, 1954
    (Houghton Mifflin – Boston, 1954)

The History of Middle-Earth
    herausgegeben von Christoper Tolkien:
    1   The Book of Lost Tales, Part I
        George Allen & Unwin – London,
        1983 (deutsch 1986 »Das Buch der
        Verschollenen Geschichten«, Teil I)
    2   The Book of Lost Tales, Part II
        George Allen & Unwin – London,
        1984 (deutsch 1987 »Das Buch der
        Verschollenen Geschichten«, Teil II)
    3   The Lays of Beleriand
        HarperCollinsPublishers – London,
        1985
    4   The Shaping of Middle-Earth.
        The Quenta, The Ambarkanta
        and The Annals
        HarperCollinsPublishers – London,
        1986

5   The Lost Road and Other Writings.
    Language and Legend before The
    Lord of the Rings
    HarperCollinsPublishers – London,
    1987
6   The Return of the Shadow.
    The History of The Lord of the
    Rings Part One
    HarperCollinsPublishers – London,
    1988
7   The Treason of Isengart.
    The History of The Lord of the
    Rings Part Two
    HarperCollinsPublishers – London,
    1989
8   The War of the Ring.
    The History of The Lord of the
    Rings Part Three
    HarperCollinsPublishers – London,
    1990
9   Sauron Defeated. including
    The History of The Lord of the
    Rings Part Four
    HarperCollinsPublishers – London,
    1992 (in Teilen veröffentlicht als
    »The End of the Third Age«)
10 Morgoth's Ring.
    The Later Silmarillion, Part One.
    The Legends of Aman
    HarperCollinsPublishers – London,
    1993
11 The War of the Jewels.
    The Later Silmarillion, Part Two.
    The Legends of Beleriand
    HarperCollinsPublishers – London,
    1994
12 The Peoples of Middle-Earth
    HarperCollinsPublishers – London,
    1996

The Hobbit: Or There and Back Again
    George Allen & Unwin – London, 1937
    (Houghton Mifflin – Boston, 1938)

The Hobbit and The Lord of the Rings.
Boxed Set
Del Rey Books – New York, 1990

The Homecoming of Beorhtnoth,
Beorthelm's Son
in: Essays and Studies of the English
Association 6, 1953

The Lays of Beleriand
The History of Middle-Earth III,
herausgegeben von Christopher Tolkien
HarperCollinsPublishers – London,
1985 (Houghton Mifflin – Boston,
1985)

The Letters of J.R.R. Tolkien
ausgewählt und herausgegeben von
Humphrey Carpenter mit Unterstützung
durch Christopher Tolkien
George Allen & Unwin – London, 1981
(Houghton Mifflin – Boston, 1981)

The Lord of the Rings, in three volumes:
1 The Fellowship of the Ring: being the
   first part of The Lord of the Rings
   George Allen & Unwin – London,
   1954 (Houghton Mifflin – Boston,
   1954)
2 The Two Towers: being the second
   part of the Lord of the Rings
   George Allen & Unwin – London,
   1954 (Houghton Mifflin – Boston,
   1954)
3 The Return of the King: being the
   third part of the Lord of the Rings
   George Allen & Unwin – London,
   1955 (Houghton Mifflin – Boston,
   1955)

The Lord of the Rings (Collector's
Edition)
Jubiläumsausgabe in einem Band,
gebunden in rotes Leder

Houghton Mifflin – Boston, 1974

The Lord of the Rings
(Millennium Edition)
Siebenbändige Ausgabe, gebunden in
schwarzes Leder
Houghton Mifflin – Boston, 1999

The Lost Road and Other Writings.
Language and Legend before The Lord
of the Rings
The History of Middle-Earth V,
herausgegeben von Christopher Tolkien
HarperCollinsPublishers – London,
1987 (Houghton Mifflin – Boston,
1981)

The Monsters and the Critics and Other
Essays
herausgegeben und mit einem Vorwort
versehen von Christopher Tolkien
Inhalt: Beowulf: The Monsters and the
Critics · On Translating Beowulf ·
Sir Gawain and the Green Knight ·
On Fairy-Stories · English and Welsh ·
A Secret Vice
George Allen & Unwin – London, 1983
(Houghton Mifflin – Boston, 1984)

The Old English Exodus
herausgegeben von Joan Turville Petre
1981

The Peoples of Middle-Earth
The History of Middle-Earth XII,
herausgegeben von Christopher Tolkien
HarperCollinsPublishers – London,
1996 (Houghton Mifflin – Boston,
1996)

The Return of the King: being the third
part of the Lord of the Rings
George Allen & Unwin – London, 1955
(Houghton Mifflin – Boston, 1955)

The Return of the Shadow.
 The History of The Lord of the Rings
 Part One
 The History of Middle-Earth VI,
 herausgegeben von Christopher Tolkien
 HarperCollinsPublishers – London,
 1988

The Road Goes Ever On. A Song Cycle
 Text J. R. R. Tolkien, Musik Donald
 Swann. Mit Illustrationen von J. R. R.
 Tolkien
 Houghton Mifflin – Boston, 1967
 (George Allen & Unwin – London,
 1968; zweite überarbeitete Auflage
 Houghton Mifflin – Boston, 1978)

The Shaping of Middle-Earth. The Quenta,
 The Ambarkanta and The Annals
 The History of Middle-Earth IV,
 herausgegeben von Christopher Tolkien
 HarperCollinsPublishers – London,
 1986

The Silmarillion
 herausgegeben von Christopher Tolkien
 unter Assistenz von Guy Gavriel Kay
 George Allen & Unwin – London, 1977
 (Houghton Mifflin – Boston, 1977)

The Tolkien Reader
 Inhalt: The Homecoming of Beorhtnoth
 · On Fairy-Stories · Leaf by Niggle ·
 Farmer Giles of Ham · The Adventures
 of Tom Bombadil
 Ballantine Books – New York, 1966

The Treason of Isengart. The History of
 The Lord of the Rings Part Two
 The History of Middle-Earth VII,
 herausgegeben von Christopher Tolkien
 HarperCollinsPublishers – London,
 1989 (Houghton Mifflin – Boston,
 1989)

The Two Towers: being the second part of
 the Lord of the Rings
 George Allen & Unwin – London, 1954
 (Houghton Mifflin – Boston, 1954)

The War of the Jewels. The Later
 Silmarillion, Part Two. The Legends of
 Beleriand
 The History of Middle-Earth XI,
 herausgegeben von Christopher Tolkien
 HarperCollinsPublishers – London,
 1995 (Houghton Mifflin – Boston,
 1995)

The War of the Ring. The History of The
 Lord of the Rings Part Three
 The History of Middle-Earth VIII,
 herausgegeben von Christopher Tolkien
 HarperCollinsPublishers – London,
 1990 (Houghton Mifflin – Boston,
 1990)

Tree and Leaf
 Inhalt: On Fairy-Stories · Leaf by
 Niggle
 George Allen & Unwin – London, 1964
 (Houghton Mifflin – Boston, 1965)

Unfinished Tales of Numenor
 and Middle-earth
 herausgegeben von Christopher Tolkien
 George Allen & Unwin – London, 1980
 (Houghton Mifflin – Boston, 1980;
 deutsch 1983 als »Nachrichten aus
 Mittelerde«)

1.2 Englische Ausgaben, chronologisch nach Erscheinungsjahr

1922

A Middle English Vocabulary
zunächst Ergänzung zu »Fourteenth
Century Verse and Prose« von Kenneth
Sisam, 1921, später sowohl zusammen
mit diesem als Glossar wie auch
getrennt nachgedruckt
Clarendon Press – Oxford, 1922

1925

Sir Gawain and the Green Knight
herausgegeben von J. R. R. Tolkien und
E. V. Gordon
Clarendon Press – Oxford, 1925

1936

Songs for the Philologists
mit E. V. Gordon u. a.
anonym als Privatdruck veröffentlicht
am Department of English at University
College – London, 1936

1937

Beowulf. The Monsters and the Critics.
Proceedings of the British Academy, 22
[1936], Oxford University Press –
London, 1937

The Hobbit: Or There and Back Again
George Allen & Unwin – London, 1937
(Houghton Mifflin – Boston, 1938)

1945

Leaf by Niggle
in: The Dublin Review, Burns Oates &
Washbourne – London, 1945

1947

On Fairy-Stories
in: Essays Presented to Charles
Williams, hrsg. von C. S. Lewis
Oxford University Press – London,
1947

1949

Farmer Giles of Ham: The Rise and
Wonderful Adventures of Farmer Giles,
Lord of Tame, Count of Worminghall,
and King of the Little Kingdom
George Allen & Unwin – London, 1949
(Houghton Mifflin – Boston, 1950; in
Deutschland englisch bei Reclam,
Ditzingen, 1995, sowie als zwei-
sprachige Ausgabe bei Langewiesche-
Brandt – Ebenhausen bei München,
1970, und Deutscher Taschenbuch
Verlag München, 1975 und 1999)

1953

The Homecoming of Beorhtnoth,
Beorthelm's Son
in: Essays and Studies of the English
Association 6, 1953

1954

The Fellowship of the Ring: being the first
part of The Lord of the Rings
George Allen & Unwin – London, 1954
(Houghton Mifflin – Boston, 1954)

The Two Towers: being the second part
of the Lord of the Rings
George Allen & Unwin – London, 1954
(Houghton Mifflin – Boston, 1954)

1955

The Return of the King: being the third
part of the Lord of the Rings
George Allen & Unwin – London, 1955
(Houghton Mifflin – Boston, 1955)

1962

Ancrene Wisse: The English Text of the
Ancrene Riwle
mit einer Einleitung von N. R. Ker
Early English Text Society No. 249,
Oxford University Press – London,
1962

The Adventures of Tom Bombadil and
other verses from The Red Book
George Allen & Unwin – London, 1962
(Houghton Mifflin – Boston, 1963)

1964

Tree and Leaf
Inhalt: On Fairy-Stories ·
Leaf by Niggle
George Allen & Unwin – London, 1964
(Houghton Mifflin – Boston, 1965)

1966

The Tolkien Reader
Inhalt: The Homecoming of Beorhtnoth
· On Fairy-Stories · Leaf by Niggle ·
Farmer Giles of Ham · The Adventures
of Tom Bombadil
Ballantine Books – New York, 1966

1967

Sir Gawain and the Green Knight
zweite, überarbeitete Auflage,
bearbeitet von Norman Davis
Oxford, 1967

Smith of Wootton Major
George Allen & Unwin – London, 1967
(Houghton Mifflin – Boston, 1967)

The Road Goes Ever On. A Song Cycle
Text J. R. R. Tolkien, Musik Donald
Swann. Mit Illustrationen von J. R. R.
Tolkien
Houghton Mifflin – Boston, 1967
(George Allen & Unwin – London, 1968;
zweite überarbeitete Auflage Houghton
Mifflin – Boston, 1978)

1974

Bilbo's Last Song (At the Grey Havens)
Gedicht auf einem Poster mit einer
Illustration von Pauline Baynes
George Allen & Unwin – London, 1974

Bilbo's Last Song (At the Grey Havens)
Gedicht auf einem Poster mit einer
Fotografie von Robert Strindberg
Houghton Mifflin – Boston; 1974

1975

Guide to Names in »The Lord of the Rings"
überarbeitet für die Veröffentlichung
von Christopher Tolkien
in: Jared Lobdell (Hrsg.): A Tolkien
Compass
La Salle – Open Court, 1975

Sir Gawain and the Green Knight, Pearl,
and Sir Orfeo
in modernes Englisch übersetzt und mit
einer Einführung versehen von J. R. R.
Tolkien
herausgegeben und mit einem Vorwort
versehen von Christopher Tolkien
George Allen & Unwin – London,
1975; Houghton Mifflin – Boston, 1975

1976

The Father Christmas Letters
herausgegeben von Baillie Tolkien
George Allen & Unwin Ltd. – London,
1976

1977

The Silmarillion
herausgegeben von Christopher Tolkien
unter Assistenz von Guy Gavriel Kay
George Allen & Unwin – London, 1977
(Houghton Mifflin – Boston, 1977)

1979

Pictures by J.R.R. Tolkien
mit einem Vorwort und Anmerkungen
von Christopher Tolkien
George Allen & Unwin – London, 1979
(Houghton Mifflin – Boston, 1979)

überarbeitete Neuauflage:
HarperCollins – London, 1992
(Houghton Mifflin – Boston, 1992)

1980

Unfinished Tales of Numenor
and Middle-earth
herausgegeben von Christopher Tolkien
George Allen & Unwin – London, 1980
(Houghton Mifflin – Boston, 1980;
deutsch 1983 als »Nachrichten aus
Mittelerde«)

1981

The Letters of J.R.R. Tolkien
ausgewählt und herausgegeben von
Humphrey Carpenter mit Unterstützung
durch Christopher Tolkien
George Allen & Unwin – London, 1981
(Houghton Mifflin – Boston, 1981)

The Old English Exodus
herausgegeben von Joan Turville Petre
1981

1982

Finn and Hengest.
The Fragment and the Episode
herausgegeben von Alan Bliss
George Allen & Unwin – London, 1982
(Houghton Mifflin – Boston, 1983)

Mr. Bliss
herausgegeben von Christopher Tolkien
und Frank Richard Williamson
George Allen & Unwin – London, 1982

1983

The Monsters and the Critics and Other
   Essays
   herausgegeben von Christopher Tolkien
   Inhalt: Beowulf: The Monsters and the
   Critics · On Translating Beowulf ·
   Sir Gawain and the Green Knight ·
   On Fairy-Stories · English and Welsh ·
   A Secret Vice
   George Allen & Unwin – London, 1983
   (Houghton Mifflin – Boston, 1984)

The Book of Lost Tales, Part I
   The History of Middle-Earth I,
   herausgegeben von Christopher Tolkien
   George Allen & Unwin – London, 1983
   (Houghton Mifflin – Boston, 1983)
   (deutsch 1986 als »Das Buch der
   Verschollenen Geschichten«, Teil I)

1984

The Book of Lost Tales, Part II
   The History of Middle-Earth II,
   herausgegeben von Christopher Tolkien
   George Allen & Unwin – London, 1984
   (Houghton Mifflin – Boston, 1984)
   (deutsch 1987 als »Das Buch der
   Verschollenen Geschichten«, Teil II)

1985

The Lays of Beleriand
   The History of Middle-Earth III,
   herausgegeben von Christopher Tolkien
   HarperCollinsPublishers – London,
   1985 (Houghton Mifflin – Boston,
   1985)

1986

The Shaping of Middle-Earth. The Quenta,
   The Ambarkanta and The Annals
   The History of Middle-Earth IV,
   herausgegeben von Christopher Tolkien
   HarperCollinsPublishers – London,
   1986

1987

The Lost Road and Other Writings.
   Language and Legend before The Lord
   of the Rings
   The History of Middle-Earth V,
   herausgegeben von Christopher Tolkien
   HarperCollinsPublishers – London,
   1987 (Houghton Mifflin – Boston,
   1981)

1988

The Return of the Shadow.
   The History of The Lord of the Rings
   Part One
   The History of Middle-Earth VI,
   herausgegeben von Christopher Tolkien
   HarperCollinsPublishers – London,
   1988

1989

The Treason of Isengart.
   The History of The Lord of the Rings
   Part Two
   The History of Middle-Earth VII,
   herausgegeben von Christopher Tolkien
   HarperCollinsPublishers – London,
   1989 (Houghton Mifflin – Boston,
   1989)

1990

The War of the Ring.
  The History of The Lord of the Rings
  Part Three
  The History of Middle-Earth VIII,
  herausgegeben von Christopher Tolkien
  HarperCollinsPublishers – London,
  1990 (Houghton Mifflin – Boston,
  1990)

1992

Sauron Defeated. The End of the Third
  Age, the Notion Club Papers and the
  Drowning of Anadune. Including
  The History of The Lord of the Rings
  Part Four
  The History of Middle-Earth IX,
  herausgegeben von Christopher Tolkien
  HarperCollinsPublishers – London,
  1992 (Houghton Mifflin – Boston,
  1992)

1993

Morgoth's Ring. The Later Silmarillion,
  Part One. The Legends of Aman
  The History of Middle-Earth X,
  herausgegeben von Christopher Tolkien
  HarperCollinsPublishers – London,
  1993

1995

The War of the Jewels.
  The Later Silmarillion, Part Two.
  The Legends of Beleriand
  The History of Middle-Earth XI,
  herausgegeben von Christopher Tolkien
  HarperCollinsPublishers – London,
  1995 (Houghton Mifflin – Boston,
  1995)

1996

The Peoples of Middle-Earth
  The History of Middle-Earth XII,
  herausgegeben von Christopher Tolkien
  HarperCollinsPublishers – London,
  1996 (Houghton Mifflin – Boston,
  1996)

1998

The End of the Third Age.
  The History of the Lord of the Rings,
  Part 4
  The History of Middle-Earth IX
  (Auszug), herausgegeben von
  Christopher Tolkien
  HarperCollinsPublishers – London,
  1998 (Houghton Miftlin – Boston, 1992

Roverandom
  herausgegeben von Christina Scull und
  Wayne G. Hammond
  HarperCollinsPublishers – London,
  1998; Houghton Mifflin – Boston, 1998

1.3 Deutsche Ausgaben, alphabetisch nach Titeln

Bauer Giles von Ham – Farmer Giles of Ham
Zweisprachige Ausgabe, übersetzt von
Angela Uthe-Spencker
Neuauflage von »Die Geschichte vom
Bauern Giles« (1975)
*(Farmer Giles of Ham: The Rise and
Wonderful Adventures of Farmer Giles,
Lord of Tame, Count of Worminghall,
and King of the Little Kingdom –
London, 1949)*
Deutscher Taschenbuch Verlag –
München, 1999
deutsch auch enthalten in: Fabelhafte
Geschichten – Stuttgart, 1975

Baum und Blatt
Inhalt: Blatt von Tüftler (*Leaf by
Niggle*, 1945, übersetzt von Margaret
Carroux) sowie
Über Märchen (*On Fairy-Stories*, 1947,
übersetzt von Wolfgang Krege)
Ullstein-Verlag – Berlin, 1982

Beowulf – mit einem Essay von J. R. R.
Tolkien
Eigentlich kein Werk von Tolkien:
Den eigentliche Text präsentiert der
Verlag »nach der Übersetzung von
Georg Paysen Petersen«, einer Prosa-
Übersetzung von 1901, und das
überarbeitet und gekürzt. Der Essay
»Zur Übersetzung des Beowulf« von
Tolkien wurde in der Übersetzung von
Wolfgang Krege entnommen dem Buch
»Die Ungeheuer und ihre Kritiker«
(Stuttgart, 1987)
Klett-Cotta – Stuttgart 2001

Beowulf: Die Ungeheuer und ihre Kritiker
*(Beowulf. The Monsters and the Critics,
1937)*
übersetzt von Wolfgang Krege
in: Gute Drachen sind rar –
Stuttgart, 1984
sowie in: Die Ungeheuer und ihre
Kritiker – Stuttgart, 1987

Bilbos Abschiedslied
(An den Grauen Anfurten)
Gedicht auf einem Poster mit einer
Illustration von Pauline Baynes
*(Bilbo's Last Song – At the Grey
Havens – London, 1974)*
Klett-Cotta – Stuttgart, 1994
auch enthalten in: Pesch, Helmut W.
(Hrsg.): J. R. R. Tolkien – der
Mythenschöpfer (Meitingen, 1984)

Blatt von Tüftler (*Leaf by Niggle, 1967*)
übersetzt von Margaret Carroux
in: Fabelhafte Geschichten –
Stuttgart, 1975
sowie in: Baum und Blatt –
Berlin, 1982
sowie in: Das Tolkien-Lesebuch –
Stuttgart/München 1991

Briefe
ausgewählt und herausgegeben von
Humphrey Carpenter mit Unterstützung
durch Christopher Tolkien,
übersetzt von Wolfgang Krege
*(The Letters of J.R.R. Tolkien – London,
1981)*
Klett-Cotta – Stuttgart, 1991

Das Buch der Verschollenen Geschichten, Teil 1
herausgegeben von Christopher Tolkien, übersetzt von Hans J. Schütz
(The Book of Lost Tales, Part I – The History of Middle-Earth I – London, 1983)
Klett-Cotta – Stuttgart, 1986

Das Buch der Verschollenen Geschichten, Teil 2
herausgegeben von Christopher Tolkien, übersetzt von Hans J. Schütz
(The Book of Lost Tales, Part II – The History of Middle-Earth II – London, 1984)
Klett-Cotta – Stuttgart, 1987

Das Silmarillion
herausgegeben von Christopher Tolkien unter Assistenz von Guy Gavriel Kay, übersetzt von Wolfgang Krege
(The Silmarillion – London, 1977)
Klett-Cotta – Stuttgart, 1978

Das Tolkien-Lesebuch
Klett-Cotta – Stuttgart, 1991; Deutscher Taschenbuch Verlag – München, 1991

Der Herr der Ringe
übersetzt von Margaret Carroux
Gedichte und Lieder übersetzt von Ebba-Margareta von Freymann (in neueren Ausgaben überarbeitet von Roswitha Krege-Mayer)
Band 1:   Die Gefährten
(The Fellowship of the Ring – London, 1954)
Klett-Cotta – Stuttgart, 1969
Band 2:   Die zwei Türme
(The Two Towers – London, 1954)
Klett-Cotta – Stuttgart, 1969

Band 3:   Die Rückkehr des Königs
(The Return of the King – London, 1955)
Klett-Cotta – Stuttgart, 1970 (sowohl ohne wie auch inklusive Anhänge) erhältlich in mehreren Ausgaben, einbändig bis sechsbändig, gebunden oder kartoniert, mit und ohne Anhänge

Der Herr der Ringe – Anhänge:
Annalen der Könige und Herrscher. Zeittafel der Westlande. Familienstammbäume. Auenland-Kalender. Schriftzeichen und Buchstaben
übersetzt von Margaret Carroux
Klett-Cotta – Stuttgart, 1978

Der Herr der Ringe
neu übersetzt von Wolfgang Krege
einige der Gedichte und Lieder in der alten Übertragung von Ebba-Margareta von Freymann, überarbeitet von Wolfgang Krege, viele neu übersetzt
Band 1:   Die Gefährten
(The Fellowship of the Ring – London, 1954)
Band 2:   Die zwei Türme
(The Two Towers – London, 1954)
Band 3:   Die Widerkehr des Königs
(The Return of the King – London, 1955)
Klett-Cotta – Stuttgart, 2000; erhältlich in einem Band (gebunden, inklusive Anhänge) oder in drei Bänden (kartoniert im Schuber, ohne Anhänge), der erste Band ab November auch als eigenständige Ausgabe zum Film (s. u.)

Der Herr der Ringe. Anhänge und Register
neu übersetzt von Wolfgang Krege
Annalen der Könige und Herrscher. Zeittafel: die Jahre der Westlande. Familienstammbäume. Auenland-Kalender. Schrift und Lautung
Klett-Cotta – Stuttgart, 2000

Der Herr der Ringe – Die Gefährten.
Die Romanvorlage zum ersten Teil des
Films, neu übersetzt von Wolfgang
Krege, Gedichte und Lieder übersetzt
von Ebba-Margareta von Freymann,
überarbeitet von Wolfgang Krege
Klett-Cotta – Stuttgart, November 2001
(gebunden und kartoniert erhältlich; die
anderen beiden Bände sind jeweils zum
Filmstart 2002 und 2003 geplant)

Der Hobbit oder Hin und zurück
neu übersetzt von Wolfgang Krege
(The Hobbit or There and Back Again –
London, 1937)
Klett-Cotta – Stuttgart, 1998

Der kleine Hobbit
übersetzt von Walter Scherf
(The Hobbit or There and Back Again –
London, 1937)
Georg Bitter Verlag – Recklinghausen,
1957; Deutscher Taschenbuch Verlag –
München, 1974
(neu aufgelegt 2001 bei dtv als:
Der kleine Hobbit – Buch zum Film)

Der Schmied von Großholzingen
(Smith of Wootton Major, 1967)
übersetzt von Karl A. Klewer
in: Fabelhafte Geschichten – Stuttgart,
1975

Die Abenteuer des Tom Bombadil und
andere Gedichte aus dem Roten Buch
übersetzt von Ebba-Margareta von
Freymann
(The Adventures of Tom Bombadil and
other verses from The Red Book –
London, 1962)
Klett-Cotta – Stuttgart, 1984

Die Briefe vom Weihnachtsmann
herausgegeben von Baillie Tolkien,
übersetzt von Anja Hegemann
(The Father Christmas Letters –
London, 1976)
Klett-Cotta – Stuttgart, 1977;
Ullstein – Berlin, 1981

Die Geschichte der Kinder Hurins
Auszug aus »Nachrichten aus
Mittelerde«, Stuttgart 1983
Deutscher Taschenbuch Verlag –
München, 1988

Die Geschichte vom Bauern Giles und dem
Drachen – Farmer Giles of Ham
Zweisprachige Ausgabe, übersetzt von
Angela Uthe-Spencker
(Farmer Giles of Ham: The Rise and
Wonderful Adventures of Farmer Giles,
Lord of Tame, Count of Worminghall,
and King of the Little Kingdom –
London, 1949)
Deutscher Taschenbuch Verlag –
München, 1975

Die Geschichte von dem Bauern Giles und
dem Drachen Chrysophylax – Farmer
Giles of Ham
Zweisprachige Ausgabe, übersetzt von
Angela Uthe-Spencker
(Farmer Giles of Ham: The Rise and
Wonderful Adventures of Farmer Giles,
Lord of Tame, Count of Worminghall,
and King of the Little Kingdom –
London, 1949)
Langewiesche-Brandt – Ebenhausen bei
München, 1970

Die Sagen von Mittelerde
4 Bände in Schmuckkassette, Inhalt:
· J. R. R. Tolkien: Das Buch der
Verschollenen Geschichten, Band 1
· J. R. R. Tolkien: Das Buch der
Verschollenen Geschichten, Band 2
· J. R. R. Tolkien: Das Silmarillion
· Wolfgang Krege: Das Handbuch der
Weisen von Mittelerde
Klett-Cotta – Stuttgart, 1999

Die Ungeheuer und ihre Kritiker
Gesammelte Aufsätze, herausgegeben
und mit einem Vorwort versehen von
Christopher Tolkien
Inhalt:
· Beowulf: Die Ungeheuer und ihre
Kritiker *(Beowulf: The Monsters and
the Critics)*
· Zur Übersetzung des Beowulf
(On Translating Beowulf)
· Sir Gawain und der Grüne Ritter
(Sir Gawain and the Green Knight)
· Über Märchen *(On Fairy Stories)*
· Englisch und Walisisch *(English and
Welsh)*
· Ein heimliches Laster *(A secret vice)*
übersetzt von Wolfgang Krege
*(The Monsters and the Critics and
Other Essays – London, 1983)*
Klett-Cotta – Stuttgart, 1987

Fabelhafte Geschichten
Inhalt:
· Blatt von Tüftler *(Leaf by Niggle,*
1945, übersetzt von Margaret Carroux)
· Bauer Giles von Ham *(Farmer Giles
of Ham*, 1949, nach der Übersetzung
von Angela Uthe-Spencker)
· Der Schmied von Großholzingen
(Smith of Wootton Major, 1967,
übersetzt von Karl A. Klewer)
Klett-Cotta – Stuttgart, 1975

Farmer Giles von Ham – Bauer Giles of Ham
Zweisprachige Ausgabe, übersetzt von
Angela Uthe-Spencker
Neuauflage von »Die Geschichte vom
Bauern Giles« (1975)
*(Farmer Giles of Ham: The Rise and
Wonderful Adventures of Farmer Giles,
Lord of Tame, Count of Worminghall,
and King of the Little Kingdom –
London, 1949)*
Deutscher Taschenbuch Verlag –
München, 1999
deutsch auch enthalten in: Fabelhafte
Geschichten – Stuttgart, 1975

Feanors Fluch
Auszug aus »Das Silmarillion«,
Stuttgart 1978
Deutscher Taschenbuch Verlag –
München, 1991

Gute Drachen sind rar
Drei Aufsätze, herausgegeben von
Christopher Tolkien, Inhalt:
· Beowulf: Die Ungeheuer und ihre
Kritiker *(Beowulf: The Monsters and
the Critics)*
· Über Märchen *(On Fairy Stories)*
· Ein heimliches Laster *(A secret vice)*
übersetzt von Wolfgang Krege
Klett-Cotta – Stuttgart, 1984/2000

Herr Glück
übersetzt von Anja Hegemann
(Mr. Bliss – London, 1982)
Klett-Cotta – Stuttgart, 1983

Lieder der Hobbits
Band 1:   Der Mann im Mond trank
gutes Bier
Band 2:   Im Berg ein uralter
Drache lag
Band 3:   Prinzessin Ich-Mi
Klett-Cotta – Stuttgart, 1993

Nachrichten aus Mittelerde
übersetzt von Hans J. Schütz
*(Unfinished Tales of Numenor and
Middle-earth – London, 1980)*
Klett-Cotta – Stuttgart, 1982

Roverandom
herausgegeben von Christina Scull und
Wayne G. Hammond
übersetzt von Hans J. Schütz
(Roverandom – London, 1998)
Klett-Cotta – Stuttgart, 1999

The Road Goes Ever On.
Der Tolkien Liederzyklus
Text J. R. R. Tolkien, Musik Donald
Swann. Mit Illustrationen von J. R. R.
Tolkien
Übersetzung des Vorwortes von Donald
Swann durch Ulrike Ascher
*(The Road Goes Ever On. A Song Cycle
– Boston, 1967)*
Olaf Hille Verlag – Hamburg, 1993

Tuor und seine Ankunft in Gondolin
Auszüge aus »Das Silmarillion« und
den »Nachrichten aus Mittelerde«
Deutscher Taschenbuch Verlag –
München, 1985

Über Märchen *(On Fairy-Stories, 1947)*
übersetzt von Wolfgang Krege
in: Baum und Blatt – Berlin, 1982
sowie in: Gute Drachen sind rar –
Stuttgart, 1984/2000
sowie in: Die Ungeheuer und ihre
Kritiker – Stuttgart, 1987

1.4 Tonaufnahmen von Tolkien und/oder seinen Werken (Auswahl)

Der kleine Hobbit
Hörbuch: 4 Cassetten oder 4 CDs
Hör Verlag – München, 1996

Farmer Giles of Ham and Other Stories
von J.R.R. Tolkien
Audiobook: Derek Jacobi (Erzähler)
HarperCollins Audio Books – London,
1999

J.R.R. Tolkien Audio Collection
J. R. R. Tolkien, Christopher Tolkien:
Ausschnitte aus »The Lord of the
Rings«, »The Hobbit«, »The
Silmarillion« sowie »The Road Goes
Ever On« mit Donald Swann, William
Elvin und J. R. R. Tolkien (liest
Ausschnitte aus »The Lord of the
Rings« und »The Hobbit«)
Hörkassette: Caedmon Audio, 1992
CD (gekürzt): Caedmon Audio, 2001

Letters From Father Christmas
Audiobook: Derek Jacobi u. a.
(Erzähler)
Houghton Mifflin – Boston, 2000

Lord of the Rings
CD: Soundelux Audio Publishing, 1994

Poems and Songs of Middle Earth
mit William Elvin als Sänger,
Komponist Donald Swann am Klavier
sowie Tolkien als Rezitator einiger
seiner Gedichte
Langspielplatte TC 1231, Caedmon
Records, 1967

The Complete and Unabridged Recording
of The Lord of The Rings
Audiobook: 38 Cassetten, Rob Inglis
(Erzähler)
ISIS Audio Books (1992)

The Hobbit by J.R.R. Tolkien:
A Dramatic Narration
Adaption: Harley Usill. Erzähler: N.
Williamson
Argo Records – London, 1974

The Hobbit
Audiobook: Cassette
Soundelux Audio Publishing, 1984

The Hobbit (gekürzt)
Audiobook: Martin Shaw (Erzähler)
HarperCollins Audio Books –
London, 1993

The Hobbit
Audiobook: Martin Shaw (Erzähler)
Durkin Hayes Audio, 1994

The Hobbit
Audiobook: Cassette
BBC Audio (Spoken Word), 1996

The Hobbit
Audiobook: 4 Cassetten oder 4 CDs
Hör Verlag – München, 1998

The Hobbit (gekürzt)
Houghton Mifflin – Boston, 2000

The Hobbit and the Fellowship of the Ring
HarperCollins Audio Books –
London, 1992

The Lord of the Rings
Audiobook: Rob Inglis (Erzähler)
Recorded Books, 2001

The Silmarillion Vol. 1-3
Audiobook: Martin Shaw (Erzähler)
BDD Audio Publishing, 1998

The Silmarillion Vol. 1-5
Audiobook: Martin Shaw (Erzähler)
HarperCollins Audio Books – London,
1998

2 Durch J. R. R. Tolkien inspirierte Werke

2.1 Bearbeitungen, Ergänzungen, Nachfolge-Werke, Nachahmungen, Anthologien und Parodien (Auswahl)

Bauer, Stefan (Hrsg.)
Das Vermächtnis des Rings. Neue
Geschichten J. R. R. Tolkien zu Ehren
Bastei-Lübbe – Bergisch Gladbach,
2001

Baynes. Pauline
A Map of Middle-Earth
London 1970

Beard, Henry N.; Kenney, Douglas C. (=
The Harvard Lampoon)
Bored of the Rings: A Parody of J.R.R.
Tolkien's the Lord of the Rings
New York, 1969

Dschey Ar Tollkühn
Der Herr der Augenringe. Die Parodie
von H. N. Beard und D. C. Kenney
(Bored of the Rings: A Parody of J.R.R.
Tolkien's the Lord of the Rings, New
York, 1969)
Goldmann – München, 1983

Greenberg, Martin H. (Hrsg.)
Die Erben des Rings. Fantastische
Geschichten J. R. R. Tolkien zu Ehren
(After the King: Stories in Honor of
J.R.R. Tolkien. Tor Books, 1994)
Bastei-Lübbe – Bergisch Gladbach,
1996

Hobbit Presse (Hrsg.)
Aufbruch mit den Hobbits –
Das Fantasy-Buch
dtv/Klett-Cotta – München/Stuttgart

Hobbit Presse (Hrsg.)
Der Zauberwald von Fangorn –
Das zweite Fantasy-Buch
dtv/Klett-Cotta – München/Stuttgart

Hobbit Presse (Hrsg.)
Das HobbitBuch
dtv/Klett-Cotta – München/Stuttgart
1988

Howe, John (Illustr.); Sibley, Brian (Text)
Die Karte von Mittelerde (neu
gezeichnet von John Howe)
(The Map of Tollien's Middle-Earth,
übersetzt von Hans J. Schütz.
HarperCollins – London, 1994)
Klett-Cotta – Stuttgart, 1995

Howe, John (Illustr.); Sibley, Brian (Text)
Die Karte von Wilderland (neu
gezeichnet von John Howe)
(There and back again: The Map of the
Hobbit, übersetzt von Hans J. Schütz.
HarperCollins – London, 1995)
Klett-Cotta – Stuttgart, 1996

Howe, John (Illustr.); Sibley, Brian (Text)
Die Karte von Beleriand und den
Ländern des Nordens
(»Map of Beleriand and the Lands of
the North«, übersetzt von Hans J.
Schütz. HarperCollins – London, 2000;
erstmals veröffentlicht von Christopher
Tolkien, Boston 1977)
Klett-Cotta – Stuttgart, November 2001

Neißer, Horst
  Centratur –
  Übersetzungen aus dem Blauen Buch
  Erster Band: Kampf um Hispoltai
  List-Verlag – München/Leipzig 1996

Neißer, Horst
  Centratur –
  Übersetzungen aus dem Blauen Buch
  Zweiter Band: Die Macht der
  Zeitenwanderer
  List-Verlag – München/Leipzig 1997

Pesch, Helmut W.; von Allwörden, Horst
  Die Ringe der Macht
  Bastei-Lübbe – Bergisch Gladbach,
  1998

Pesch, Helmut W.
  Die Herren der Zeit (Fortsetzung von
  »Die Ringe der Macht«)
  Bastei-Lübbe – Bergisch Gladbach,
  2000

Schneidewind, Friedhelm
  Die Ballade von den Alten Zeiten –
  Die Mythen von John R. R. Tolkien in
  Verse und Musik gefasst
  Logos-Verlag – Saarbrücken 1992
  (Originalausgabe vergriffen);
  Schneidewind, Friedhelm: .
  ..wie schmelzen deine Blätter, 1993
  sowie in: Schneidewind, Friedhelm:
  Tandaradey. Liederheft, 1997
  sowie in: Schneidewind, Friedhelm:
  Liebe und Tod. Liederheft, 1998
  (alle drei: Verlag der Villa Fledermaus
  – Mannheim)

The Starlit Jewel Songbook
  Songs aus »Der Hobbit« und »Der Herr
  der Ringe«, vertont von Marion
  Zimmer Bradley, Kristoph Klover und
  Margaret Davis
  Songbook zur CD, Flowinglass Music –
  Oakland, 2000

Tolkien, Christopher
  Map of Beleriand and the Lands of the
  North
  Houghton-Mifflin – Boston 1977

Wenzel, David (Zeichnungen)
  Der Hobbit
  Comic in drei Bänden.
  Übersetzung Michael Nagula,
  Adaption Charles Dixon
  (Orginalausgabe: David
  Wenzel/Charles Dixon bei Grafton
  Books,/Harper Collins – London, 1990)
  Alpha-Comic Verlag – Sonneberg,
  1992; Carlsen-Verlag – Hamburg, 2001

2.2 Bild und Ton (Auswahl)

A Film Portrait of J.R.R. Tolkien
Dokumentation über das Leben und
Werk von Tolkien, bebildert von Judi
Dench, 1996

Blind Guardian (Band)
Nightfall In Middle-Earth
Musik-CD (Metal), B. G. Publishing,
1998

Broceliande (Songgroup)
The Starlit Jewel
Songs aus »Der Hobbit« und »Der Herr
der Ringe«, vertont von Marion
Zimmer Bradley, Kristoph Klover und
Margaret Davis
Musik-CD, Flowinglass Music –
Oakland, 1996/2000

Catley, Bob
Middle Earth
Musik-CD, Front, 2001

Gandalf (Musiker)
über 20 Musik-Alben, die meisten
direkt beeinflusst durch Tolkien,
zuletzt: Vision 2001
Doppel-Musik-CD, Columbia, 2000

Der Herr der Ringe
Soundtrack zum Zeichentrickfilm von
Ralph Bakshi, 1977

Der Herr der Ringe
Zeichentrickfilm von Ralph Bakshi,
1977
VHS-Video,
Warner Home Video GmbH, 1998

Der Herr der Ringe
Hörspiel; Produktion Südwestfunk/
Westdeutscher Rundfunk 1991/92
11 Audio-CDs, Hör Verlag – München,
1994
16 Cassetten, Hör Verlag – München,
1995

Der Kleine Hobbit
Hörspiel: 4 Kassetten oder CDs
Chlodwig H (BMG Vertrieb) 1999

Hansson, Bo
Lord Of The Rings
LP, Silence Records, 1970
Musik-CD, Demon Records –
London, 1996

Meij, Johan de
Lord of the Rings
Symphonie in fünf Sätzen
1988

Oldfield, Sally
Songs of the Quendi
auf der LP »Water Bearer«
Bronze Records, 1978

Palantir (Band)
Refuge in Fantasy (Musik-CD, 1998)
Empire of Illusions (Musik-CD, 2000)

Reddy, Barry
J. R. R. Tolkien: Father of Fantasy
Filmdokumentation

Schneidewind, Friedhelm
Die Ballade von den Alten Zeiten –
Die Mythen von John R. R. Tolkien in
Verse und Musik gefasst
Aufnahme »Conventus Tandaradey«
Video »Conventus Tandaradey«
Verlag der Villa Fledermaus –
Mannheim 2000

The Hobbit
  Hörspiel der BBC von 1968, 4 CDs

The Hobbit
  Zeichentrickfilm von Arthur Rankin jr.
  und Jules Bass, 1977
  VHS-Video, Morning Star
  Entertainment

The Lord of the Rings (14 CDs)
  Hörspiel der BBC von 1981
  BBC Audio (Spoken Word), 1995
  BDD Audio Publishing, 1999
  Hör-Verlag – München, 1999
  Listening Library, 2001

The Return of the King.
  A Story of Hobbits
  Zeichentrickfilm von Arthur Rankin jr.
  und Jules Bass, 1980
  VHS-Video, Morning Star
  Entertainment

The Tolkien Ensemble
  An Evening in Rivendell
  Classico Records, 1997

The Tolkien Ensemble
  A Night in Rivendell
  Classico Records, 2000

Thusian (Band)
  Silmarillion
  Musik-CD (Spacemusic), Aquamarin

Za Frûmi (Band)
  Za shum ushatar Uglakh (Musik,
  inspiriert von den Uruk-Hai)

2.3 Spiele, Theater und Sonstiges (Auswahl)

Donaldson, Terry
  Lord of the Rings Tarot
  Carta Mundi, 1997

Donaldson, Terry
  Lord of the Rings Oracle
  Carta Mundi, 1998

Gruber, Fritz
  Der Herr der Ringe –
  Das Spiel zum Film
  Brettspiel, Kosmos-Verlag – Stuttgart,
  2001

Hartwig, Jo
  Ringgeister
  Queen Games, 1993

Howe, John (Illustrator)
  The Hobbit 3D: a Three-dimensional
  Picture Book
  HarperCollins Children's – London,
  1999

Kalender
  Zahlreiche seit dem ersten von 1974
  (Illustrationen Tom Kirk), u. a.
  drei der Gebrüder Hildebrandt.
  Inzwischen mehrere verschiedene
  Ausgaben in jedem Jahr, Beispiele:
  2001 Calendar With Poster: The Lord
  of the Rings, Illustrator John Howe,
  HarperCollinsPublishers, London 2000
  The Tolkien Diary 2001, Illustrator
  John Howe, HarperCollins, London
  2000
  Der Herr der Ringe Agenda 2002,
  Heye, 2001
  Herr der Ringe, Datebook 2002, Heye,
  2001

Knizia, Reiner
Der Herr der Ringe
Brettspiel mit Illustrationen von John
Howe
Kosmos-Verlag – Stuttgart, 2000

Lee, Alan
The Hobbit Poster Collection
HarperCollinsPublishers – London 1997

Lee, Alan
The Lord of the Rings Poster Collection
HarperCollinsPublishers – London 1999

Lord of the Rings Postcard Book
HarperCollinsPublishers – London, 2000

Middle Earth Trading Card Game
Sammelkartenspiel
Decipher, 2001

Middle Earth Role-Playing Game (MERP)
Rollenspiel mit zahlreichen
Regelbüchern, Abenteuer-,
Regional- und Quellenmodulen
Iron Crown Enterprises (I.C.E.),
seit 1982

Mittelerde Rollenspiel (MERS)
Rollenspiel, deutsche Varianten von
MERP, inzwischen eingestellt
Queen Games (seit 1993), davor Laurin
(ehemals Citadel)
Sechs Regelbücher:
· Das Buch der Helden und Abenteurer
· Das Buch der Schwerter
· Das Buch der Magie
· Das Buch des Arkanen Wissens
· Das Buch der dunklen Künste
· Das Buch der Beschwörungen
sowie zahlreiche Abenteuer- und
Quellen-Bücher und Erweiterungssets:

Auswahl:
· Das Leuchtfeuer von Calenhad
· Das Phantom von Ithilien
· Der Dunkle Magier von Rhudaur
· Der Leitfaden für den Wanderer
· Die Dagorlad und die Totensümpfe
· Die Diebe von Tharbad
· Die Ents von Fangorn
· Die Festung auf der Wetterspitze
· Die Geisterarmee von Erech
· Die Gesetzlosen von Dor Rhunen
· Die Piraten von Pelargir
· Die Schattenkrieger von Dunland
· Die Schrecken der Entwasser
· Die Zähne von Mordor
· Ein Spion in Isengart
· Elronds Haus in Bruchtal
· Fluch über dem Ered Nimrais
· Flüsterschatten im Eryn Vorn
· Geisterarmee von Erech
· Kankras Lauer
· Korsaren im Eryn Vorn
· Lorien
· Mord in Dol Amroth
· Sturm über dem Meer von Rhun
· Überfall im Düsterwad
· Vergessenes Land Numeriador
· Verrat in Helms Klamm

Nasmith, Ted (Illustrationen)
Der kleine Hobbit
Brettspiel, Kosmos-Verlag – Stuttgart,
2001

Neugebauer, Peter
Der Herr der Ringe – Die Suche
Brettspiel mit Illustrationen von John
Howe
Kosmos-Verlag – Stuttgart, 2001

Palantir of Elostirion
(Middle Earth: The Wizards Unlimited)
Sammel-Karten-Spiel

Pracownik, Peter (Illustrator)
   The Lord of the Rings Tarot
   U.S. Games Systems

Schachspiel »Herr der Ringe«
   mit Steinfiguren aus der Welt des
   »Herrn der Ringe«

The Lord of the Rings Adventure Game
   Einfaches Rollenspiel mit 9
   vorgegebenen Charakteren, Decipher,
   ab 2001
   Einführungsheft:
   »Welcome To Middle-Earth« (2001)
   Erstes Abenteuerbuch:
   »Through the Mines of Moria« (2001)

The Lord of the Rings Roleplaying Game
   Rollenspiel, Decipher, ab 2001

Tolkien's Dragons and Monsters Postcard
   Book
   Postkartenbuch: Sammlung mit Bildern
   von Alan Lee, Ted Nasmith, John
   Howe, Roger Garland, Inger Edelfeldt,
   Carol Emery Phenix u. a.
   HarperCollinsPublishers – London,
   1993

Tolkien's Middle-Earth
   Postkartenbuch: Sammlung mit Bildern
   von Alan Lee, Ted Nasmith, John
   Howe, Roger Garland u. a.
   HarperCollinsPublishers – London

Tolkien's World: Paintings of Middle-Earth
   Bilder verschiedener Künstler, u. a. von
   Alan Lee, John Howe, Ted Nasmith,
   Inger Edelfeldt, Michael Hague und
   Roger Garland
   HarperCollinsPublishers – London
   1994; MJF Books, 1998

Use Palantir (Middle Earth: The Wizards)
   Sammel-Karten-Spiel

Vánaise, Jean
   Die großen Abenteuer
   der kleinen Hobbits
   Queen Games, 1994

Vánaise, Jean
   Die Hobbits
   Queen Games, 1994

Weichold, Dietrich
   Der kleine Hobbit –
   Spektakel in elf Bildern
   Reihe Werkstatt Literatur
   Klett-Cotta – Stuttgart, 2001

3 Sekundär-Literatur zu John Ronald Reuel Tolkien und seinen Werken

Wenn mir bekannt, sind die deutschen Ausgaben angegeben und die Originalquellen dann jeweils bei diesen zu finden.

3.1 Bücher, Artikel in Fachbüchern und –zeitschriften, Zeitschriften

Aldiss, Brian W.
Der Millionen-Jahre-Traum. Die Geschichte der Science Fiction *(Billion Year Spree, übersetzt von Michael Görden. 1973),* Bastei-Lübbe – Bergisch Gladbach, 1980

Allan, James (Hrsg.)
An Introduction to Elvish and to Other Tongues and Proper Names and Writing Systems of the Third Age of the Western Lands of Middle-Earth as Set Forth in the Published Writings of Professor John Ronald Reuel Tolkien Bran's Head Books, 1978/1983

Anderson, Douglas A. (Hrsg.)
The Annotated Hobbit Unwin Hyman – London, 1988; Houghton Mifflin – Boston, 1988

Auden, W. H.
The Quest Hero, in: Texas Quarterly 4 (1961), nachgedruckt in: Isaacs, Neil D; Zimbardo, Rose A. (Hrsg.): Tolkien and the Critics: Essays on Tolkien's The Lord of the Rings – Notre Dame/London, 1968

Battarbee, Keith (Hrsg.)
Proceedings of the Tolkien Phenomenon, University of Turku Press – Turku, Finnland,1993

Bergmann, Frank
The Roots of Tolkien's Tree: The Influence of George MacDonald and German Romanticism upon Tolkien's Essay »On Fairy-Stories« in: Mosaic, 2/1977

Blackwelder, Richard A.
A Tolkien Thesaurus New York/London, 1990

Bloom, Harold (Hrsg.)
J.R.R. Tolkien (Modern Critical Views) Chelsea House Publications, 2000

Bradfield, J. C.
A Dictionary of Quenya, and Proto-Eldarin and Ante-Quenya, with an Index. Compiled by J. C. Bradfield from the published works of the Late J.R.R. Tolkien. Zweite überarbeitete Ausgabe – Cambridge, 1983

Bradley, Marion Zimmer
Von Helden und Halblingen« (Men, Halflings und Hero Worship, FAPA – Fantasy Amateur Press Association, 1961; gekürzt nachgedruckt in: Isaacs, Neil D.; Zimbardo, Rose A. (Hrsg.): Tolkien and the Critics: Essays on Tolkien's The Lord of the Rings – Notre Dame/London, 1968) in: Pesch, Helmut W. (Hrsg.): J. R. R. Tolkien – der Mythenschöpfer (Meitingen, 1984)

Buchholz, Suzanne
　Das Tolkien-Mittelerde-Quizbuch
　(The Middle-earth Quizbook,
　 übersetzt von Philipp Bergmann und
　Thomas Kastura, Houghton Mifflin –
　Boston 1979)
　Deutscher Taschenbuch Verlag –
　München 1983

Cahill, Tim
　Charting the Splendors of Lechuguilla
　Cave
　in: National Geographic, 179/3,
　März 1979

Carey, John
　The Intellectuals and the Masses: Pride
　and Prejudice among the literary
　intelligentsia, 1880-1939
　St Martin's – New York, 1993

Carpenter, Humphrey
　J. R. R. Tolkien: Eine Biographie
　(J.R.R. Tolkien – A biography, übersetzt
　von Wolfgang Krege.
　George Allen & Unwin – London, 1977;
　Houghton Mifflin – Boston, 1977)
　Klett-Cotta – Stuttgart, 1979

Carpenter, Humphrey
　The Inklings: C. S. Lewis, J.R.R.
　Tolkien, Charles Williams, and their
　Friends
　George Allen & Unwin – London, 1978
　(Houghton Mifflin – Boston, 1979)

Carpenter, Humphrey
　The Letters of J.R.R. Tolkien
　ausgewählt und herausgegeben von
　Humphrey Carpenter mit Unterstützung
　durch Christopher Tolkien
　George Allen & Unwin – London, 1981
　(Houghton Mifflin – Boston, 1981)

Carratello, John; Caratello, Patty
　Der kleine Hobbit.
　Zum Buch von J. R. R. Tolkien
　Verlag an der Ruhr – Mühlheim, 1994

Carter, Lin
　Tolkien: A Look Behind
　»The Lord of the Rings«
　Ballantine – New York, 1968/1969

Carter, Lin
　Imaginary Worlds: The Art of Fantasy
　Ballantine – New York, 1973

Cascades
　»The Hobbit« of J.R.R. Tolkien
　Collins Educational (1993)

Catalogue of an Exhibition of Drawings by
　J.R.R. Tolkien
　mit einer Einführung von Baillie
　Tolkien und biographischen Notizen
　von Humphrey Carpenter
　Ausstellung im Ashmolean-Museum
　Oxford, Dezember 1976 bis Februar
　1977, und bei der National Book
　League, London, März bis April 1977
　Ashmolean Museum, Oxford/National
　Book League, London, 1976

Catalogue of an Exhibit of the Manuscripts
　of JRRT
　Ausstellung an der Marquette University
　Library, Department of Special
　Collections and University Archives,
　September 1983, Text: T. J. R. Santoski
　Marquette University – Milwaukee
　1983

Catalogue: Drawings for »The Hobbit« by
　J.R.R. Tolkien
　Ausstellung in der Bodleian Library,
　Februar bis Mai 1987
　Bodleian Library – Oxford, 1987

Catalogue: J.R.R. Tolkien: The Hobbit
Drawings, Watercolors, and
Manuscripts drawn from the Bodleian
Library and the Marquette University
Archives
Ausstellung am Patrick & Beatrice
Haggerty Museum of Art, Marquette
University, September 1987
Marquette University – Milwaukee 1987

Catalogue: J.R.R. Tolkien: Life and
Legend
Text: Priestman, Judith
Ausstellung in der Bodleian Library,
August bis Dezember 1992
Bodleian Library – Oxford, 1992

Christensen, Bonnijean
Beowulf and The Hobbit: Elegy Into
Fantasy in J.R.R. Tolkien's Creative
Technique
Dissertation, University of Southern
Califomia, 1969

Clark, George; Timmons, Dan (Hrsg.)
J.R.R. Tolkien and his Literary
Resonances: Views of Middle-earth
Greenwood Press – Westport/London,
2000

Coren, Michael
J. R. R. Tolkien. Der Mann, der »Herr
der Ringe« erschuf
(J.R.R Tolkien: The Man Who Created
the Lord of the Rings, Scholastic – New
York, 2001)
Heel-Verlag – Königswinter, 2001

Curry, Patrick
Defending Middle-earth: Tolkien, Myth
and Modernity
St Martin's – New York, 1997
(HarperCollinsPublishers – London,
1998)

Curry, Patrick
Tolkien and his Critics: A Critique
in: Honegger, Thomas (Hrsg.): Root
and Branch, 1999

Day, David
Tolkiens fantastische Welt
(A Tolkien Bestiary, übersetzt von Leni
Sobez. Mitchell Beazley – London,
1979; Ballantine, New York – 1979)
Moewig – München, 1980

Day, David
Tolkien: Eine Illustrierte Enzyklopädie
(Tolkien: The Illustrated
Encyclopaedia, übersetzt von Hans
Heinrich Wellmann. MacMillian – New
York, 1991)
RVG-Interbook Verlagsgesellschaft –
Remseck 1992, 2001

Day, David
Das Buch von den Hobbits. Mit
Illustrationen von Lidia Postma
(The Hobbit Companion, übersetzt von
Hans Heinrich Wellmann. Pavillion
Books – London 1997)
Gerstenberg – Hildesheim, 1997

Day, David; Lee, Alan (Illustrator)
Tolkien's Ring
Pavilion Books, 2001

De Camp, Lion Sprague
Literary Swordsmen and Sorcerers: The
Makers of Heroic Fantasy
Arkham House – Sauk City, 1976

Der Flammifer von Westernis
Offizielle Vereins-Zeitschrift der
Deutschen Tolkien-Gesellschaft
letzte vor Redaktionsschluss
erschienene Ausgabe: 11. August 2001

Doughan, David
   In Search of the Bounce: Tolkien seen
   through Smith
   in: Tolkien Society: Leaves from the
   Tree – London, 1991

Drabble, Margaret (Hrsg.)
   The Oxford Companion to English
   Literature
   Oxford University Press – Oxford/New
   York, 1998

Duggan, Alfred
   Heroic Endeavour
   Times Literary Supplement, 27.8.1954

Duggan, Alfred
   The Epic of Westernesse
   Times Literary Supplement, 17.12.1954

Duggan, Alfred
   The Saga of Middle Earth
   Times Literary Supplement, 25.11.1955

Duriez
   Tolkien and the Lord of the Rings
   Azure, 2001

Ellison, John
   Tolkien's Art
   in: Mallorn – Journal of The Tolkien
   Society, September 1993

Evans, Robley
   J.R.R. Tolkien
   Warner – New York, 1972

Fisher, Jude
   Der Herr der Ringe. Die Gefährten. Das
   offizielle Begleitbuch
   (Bildband, HarperCollins Entertainment
   – London, 2001, übersetzt aus dem
   Englischen von Hans J. Schütz)

Burgschmiet – Nürnberg,
   November 2001;
   Klett-Cotta – Stuttgart, November 2001

Flieger, Verlyn
   Splintered Light. Logos and Language
   in Tolkien's World
   Eerdmans – Grand Rapids, 1983

Flieger, Verlyn
   A Question of Time: J.R.R. Tolkien's
   Road to Faerie
   Kent State University Press – Kent,
   1997

Flieger, Verlyn; Hostetter, Carl F. (Hrsg.)
   Tolkien's »Legendarium«: Essays on
   »The History of Middle-earth«
   Contributions to the Study of Science
   Fiction and Fantasy 86
   Greenwood – Westport/London, 2000

Fonstad, Karen Wynn
   Historischer Atlas von Mittelerde
   (The Atlas of Middle-Earth, übersetzt
   von Hans J. Schütz. Houghton Mifflin –
   Boston; 1981; vollständig überarbeitete
   Ausgabe 1991)
   Klett-Cotta – Stuttgart, 1985; als
   »Historischer Atlas von Mittelerde –
   vollständig überarbeitete Ausgabe« 1994

Foster, Robert
   A Guide to Middle-earth
   Mirage Press – Baltimore, 1971
   überarbeitet als: The Complete Guide
   to Middle-Earth: From the Hobbit to
   the Silmarillion
   Ballantine – New York, 1978

Gilson, Christopher et. al.
   Parma Eldalamberon (»Buch der
   Elbensprachen«)

Golding, William
Fable, in: The Hot Gates. Faber &
Faber – London, 1965

Goodknight, Glen H.
A Comparison of Cosmological
Geography in the Works of J.R.R.
Tolkien, C.S. Lewis, and Charles
Williams
in: Mythlore, 1/3, Juli 1969

Gordon, Ida L. (Hrsg.)
Pearl
Clarendon Press, Oxford, 1953

Graves, Robert
Goodbye to All That
Jonathan Cape – London, 1929;
Penguin – Harmondsworth, 1960

Green, Roger Lancelyn; Hooper, Walter
C. S. Lewis: A Biography
1995

Green, Martin
Children of the Sun: A Narrative of
»Decadence" in England after 1918
Constable – London, 1977

Greer, Germaine
The Bock of the Century?
W. The Waterstone's Magazine 8,
1996/1997

Groden, Michael; Kreiswirth, Martin (Hrsg.)
Johns Hopkins Guide to Literary
Theory and Criticism
Johns Hopkins University Press –
Baltimore, 1994

Grotta-Kurska, Daniel
Eine Biographie von J. R. R. Tolkien:
Architekt von Mittelerde
(*J R.R. Tolkien: Architect of Middle-*
earth, 1978 revidiert als: *The
Biography of J.R.R. Tolkien: Architect
of Middle Earth*, übersetzt von Sibylle
Baier. Running Press Book Publishers –
Philadelphia, 1976/78)
Qualandar – Aalen, 1979)

Guide to Names in »The Lord of the Rings"
überarbeitet für die Veröffentlichung
von Christopher Tolkien
in: Jared Lobdell (Hrsg.): A Tolkien
Compass
La Salle – Open Court, 1975

Hammond, Wayne G.
J.R.R. Tolkien: A Descriptive
Bibliography (with the assistance of
Douglas A. Anderson)
St Paul's Bibliographies – Winchester,
1993; New Castle, 1993

Hammond, Wayne G.
A Continuing and Evolving creation:
Distractions in the Later History of
Middle-earth
in: Flieger, Verlyn; Hostetter, Carl F.
(Hrsg.): Tolkien's »Legendarium«,
Greenwood – Westport/London, 2000

Hammond, Wayne G.; Scull, Christina
J. R. R. Tolkien. Der Künstler
(*J.R.R. Tolkien. Artist and Illustrator,
übersetzt von Hans J. Schütz.
HarperCollinsPublishers, London,
1995; Houghton Mifflin, Boston, 1995*)
Klett-Cotta – Stuttgart, 1996

Hein, Rolland
Christian Mythmakers: C. S. Lewis,
Madeleine L'Engle, J.R.R. Tolkien,
George MacDonald, G. K. Chesterton
and others
Cornerstone Press, Chicago, 1998

Helms, Randel
Tolkiens Welt *(Tolkien's World,*
übersetzt von Sabine Keller-Dumont.
Houghton Mifflin, Boston, 1974)
EDFC (Erster Deutscher Fantasy Club)
– Passau, 1995

Helms, Randel
Tolkien und die Silmarille
(Tolkien and the Silmarils, übersetzt
von Sabine Keller-Dumont. Houghton
Mifflin, Boston, 1981)
EDFC – Passau, 1986

Hillegas, Mark R. (Hrsg.)
Shadows of Imagination: The Fantasies
of C. S. Lewis, J. R. R. Tolkien, and
Charles Williams
Southern Illinois University Press –
Carbondale, 1969

Honegger, Thomas (Hrsg.)
Root and Branch: Approaches towards
Understanding Tolkien, Walking Tree
Publishers – Zürich/Bern, 1999

Hostetter, Carl F.; Smith, Arden R.
A Mythology for England
in: Reynolds, Patricia; GoodKnight,
Glen H. (Hrsg.): Proceedings of the
J.R.R. Tolkien Centenary Conference,
1995

Howes, Margaret M.
The Elder Ages and the later
Glaciations of the Pleistocene Epoch
in: Tolkien Journal, 3/2, 1968

Isaacs, Neil D.; Zimbardo, Rose A. (Hrsg.)
Tolkien and the Critics: Essays on
Tolkien's The Lord of the Rings
University of Notre Dame Press, Notre
Dame/London, 1968

Isaacs, Neil D.; Zimbardo, Rose A. (Hrsg.)
Tolkien: New Critical Perspectives
The University Press of Kentucky –
Lexington, 1981

Johnson, Judith A. (Hrsg.)
J.R.R. Tolkien: Six Decades of
Criticism (Bibliographies and Indexes
in World Literature 6)
Greenwood – Westport/London, 1986

Jünger, Friedrich Georg
Der Herr der Ringe
in: Scheidewege, 1/1976

Juhren, Marcelle
The Ecology of Middle-Earth
in: Tolkien Journal/Mythlore, 11/1,
1970

Kilby, Clyde S.
Tolkien and the Silmarillion
Wheaton, 1972

Kilby, Clyde S; Plotz, Richard
Many Meetings with Tolkien
in: Niekas 19, 1968

Kindlers Neues Literatur-Lexikon
Hauptwerke der englischen Literatur,
Band 2
Kindler Verlag – München, 1995

Kirk, Elizabeth D.
I Would Rather Have Written in Elvish:
Language, Fiction and the Lord of the
Rings
in: Novel 5, 1971

Kocher, Paul H.
Master of Middle-Earth: The Fiction of
J.R.R. Tolkien, Houghton Mifflin –
Boston, 1972, britische Ausgabe:
Master of Middle-Earth: The

Achievement of J.R.R. Tolkien, Thames
& Hudson – London, 1972

Königs Erläuterungen
Der Hobbit. Mit Materialien
(Lernmaterialien)
C. Bange Verlag – Hollfeld, 2001

Koster, Katie De (Hrsg.)
Readings on J.R.R. Tolkien (The
Greenhaven Press Literary Companion
to British Authors)
Greenhaven Press, 2000

Krege, Wolfgang
Handbuch der Weisen von Mittelerde
Klett-Cotta, Stuttgart, 1996

Lewis, Alex
The Lost Heart of the Little Kingdom
in: Tolkien Society: Leaves from the
Tree – London, 1991

Lobdell, Jared (Hrsg.)
A Tolkien Compass
La Salle – Open Court, 1975

Lobdell, Jared
England and Always: Tolkien's World
of the Rings
Eerdmans – Grand Rapids, 1981

Lundwall, Sam J.
Science Fiction: What It's All About
New York, 1971

Manlove, Colin N.
Modern Fantasy: Five Studies
Cambridge University Press –
Cambridge, 1975

Murray, Andrew
Das Tolkien Quizbuch. 1200 Fragen
und Antworten
(The Tolkien Quiz Book, übersetzt von
Ulrike Keller. HarperCollinsPublishers
– London 1996)
Klett-Cotta – Stuttgart 1999

Nagula, Michael
Tolkiens Welt. Von A wie Auenland
bis Z wie Zauberring
Droemer Knaur – München, 2001

Nitzsche, Jane Chance
Tolkien's Art: A »Mythology for
England'« St. Martin's – New York;
MacMillan – London, 1979

Noad, Charles
On the Construction of »The
Silmarillion«
in: Flieger, Verlyn; Hostetter, Carl F.
(Hrsg.): Tolkien's »Legendarium«,
Greenwood – Westport/London, 2000

Noel, Ruth S.
The Languages of Middle-earth
Mirage – Baltimore, 1974
überarbeitet als: The Languages of
Tolkien's Middle-Earth
Houghton Mifflin – Boston, 1980

Noel, Ruth S.
The Mythology of Middle-earth
Houghton Mifflin – Boston, 1977;
Thames & Hudson – London
überarbeitet als The Mythology of
Tolkien's Middle-Earth
Frogmore/St. Albans, 1979

O'Connor, Gerard
Why Tolkien's The Lord of the Rings
Should Not Be Popular Culture
Extrapolation 13, 1971

O'Neill, Timothy R.
The Individuated Hobbit: Jung, Tolkien

and the Archetypes of Middte-earth
Houghton Mifflin – Boston, 1979

Palmer, D. J.
The Rise of English Studies
Oxford, 1965

Parker, Douglas
Hwaet We Holbytla...
Hudson Review 9, 1956/57

Patterson, Nancy Lou
Tree and Leaf. J.R.R. Tolkien and the
Visual Image
English Quarterly 7 no. 1, 1974

Pearce, Joseph
Tolkien: Man and Myth, Harper
CollinsPublishers – London, 1998;
Ignatius Press – San Francisco, 1998

Pearce, Joseph (Hrsg.)
Tolkien: Celebration
Sword of the Lord, 1999

Pesch, Helmut W.
Fantasy: Theorie und Geschichte einer
literarischen Gattung
Dissertation 1981 – Forchheim, 1982

Pesch. Helmut W.
J. R. R. Tolkien, der Mythenschöpfer
Corian-Verlag Heinrich Wimmer –
Meitingen, 1984

Pesch, Helmut W.
Das Licht von Mittelerde – Aufsätze
und Vorträge
EDFC (Erster Deutscher Fantasy-Club)
– Passau, 1985

Pesch, Helmut W.
Vorwort des Übersetzers
in: E. R. Eddisson: Der Wurm Ouroboros, übersetzt von Helmut W. Pesch
Bastei-Lübbe – Bergisch Gladbach
1993

Pesch, Helmut W.
Tolkien 2001. Eine Bestandsaufnahme
in: Stefan Bauer (Hrsg.): Das
Vermächtnis des Rings, Bastei-Lübbe –
Bergisch Gladbach 2001

Petty, Anne C.
One Ring to Bind Them All. Tolkien's
Mythology
University of Alabama Press, 1979

Petzold, Dieter
J. R. R. Tolkien: Fantasy Literature als
Wunscherfüllung und Weltdeutung
Carl Winter Universitätsverlag –
Heidelberg, 1980

Pienciak, Anne M.
J.R.R. Tolkien's the Hobbit and the
Lord of the Rings
Barrons Book Notes

Porteus, J. Douglas
A Preliminary Landscape Analysis of
Middle-Earth in Its Third Age
in: Landscape, 19/2, Januar 1975

Priestman, Judith
J.R.R. Tolkien: Life and Legend
Katalog einer Ausstellung in der
Bodleian Library, August bis Dezember
1992, Bodleian Library – Oxford, 1992

Ratcliff, John
The Lost Road, The Dark Tower, and
The Notion Club Papers: Tolkien and
Lewis's Time-Travel Triad
in: Flieger, Verlyn; Hostetter, Carl F.
(Hrsg.): Tolkien's »Legendarium«,
Greenwood – Westport/London, 2000

Ready, William Bernard
The Tolkien Relation – a personal
inquiry, Regnery – Chicago, 1968
überarbeitet als: Understanding Tolkien
and the Lord of the Rings.
Paperback Library – New York, 1969

Resnick, Henry
Interview with Tolkien
in: Niekas 18, 1967

Reynolds, Patricia; GoodKnight, Glen H.
(Hrsg.) Proceedings of the J.R.R.
Tolkien Centenary Conference
Tolkien Society – Milton Keynes;
Mythopoeic Press – Altadena, 1995

Reynolds, Robert C.
The Geomorphology of Middle-Earth
in: Swansea Geographer 12, 1974

Rosebury, Brian
Tolkien: A Critical Assessment
MacMillan – London 1992

Salu, Mary; Farrell, Robert T. (Hrsg.)
J.R.R. Tolkien, Scholar and Storyteller.
Essays in Memoriam
Cornell University Press –
Ithaca/London, 1979

Sayer, George
Jack: A Life of C. S. Lewis, 1994/1997

Schneidewind, Friedhelm
Fantasy und die Nordische Sagenwelt
in: Fantasy-Bote Nr. 10 – Saarbrücken,
1988, überarbeitet und erweitert als:
Vom Dunkel ins Licht? Elben, Fantasy
und nordische Mythologie
in: Friedhelm Schneidewind: ...wie
schmelzen deine Blätter
Logos-Verlag/Verlag der Villa
Fledermaus – Saarbrücken, 1993

Selections from the Marquette J.R.R.
Tolkien Collection
Marquette University – Milwaukee
1987

Sibley, Brian
Der Herr der Ringe. Das offizielle
Filmbuch (»The Lord of the Rings«
Official Movie Guide, HarperCollins
Entertainment – London, 2001,
übersetzt aus dem Englischen von Hans
J. Schütz) Burgschmiet – Nürnberg,
November 2001; Klett-Cotta –
Stuttgart, November 2001

Shippey, Tom A.
The Road to Middle-earth
George Allen & Unwin – London, 1982
(Houghton Mifflin – Boston, 1983)

Shippey, Tom A.
Tolkien and »The Homecoming of
Beorhtnoth«, in: Tolkien Society:
Leaves from the Tree – London, 1991

Shippey, Tom A. (Hrsg.)
The Oxford Book of Fantasy Stories
Oxford University Press – Oxford/New
York, 1994

Shippey, Tom A.
Tolkien as a Post-War Writer
in: Battarbee, Keith (Hrsg.):
Proceedings of the Tolkien
Phenomenon – Turku, Finnland, 1993
sowie in: Reynolds, Patricia;
GoodKnight, Glen H. (Hrsg.):
Proceedings of the J.R.R. Tolkien
Centenary Conference, 1995

Shippey, Tom A.
Orcs, Wraiths, Wights: Tolkien's
Images of Evil
in: Clark, George; Timmons, Dan

(Hrsg.): J.R.R. Tolkien and his Literary Resonances: Views of Middle-earth, Westport/London, 2000

Shippey, Tom A.
J. R. R. Tolkien – Author of the Century, HarperCollinsPublishers – London, 2000

St. Clair, Gloria S.
Studies in the Sources of J.R.R. Tolkien's Lord of the Rings Dissertation, University of Oklahoma, 1970

Stanton, Michael N.
Hobbits, Elves and Wizards: The Wonders and Worlds of J.R.R. Tolkien's »Lord of the Rings« St Martin's – New York, 2001

Strachey, Barbara
Frodos Reisen. Der Atlas zu Tolkiens »Herr der Ringe«, übersetzt von Joachim Kalka, *(Journeys of Frodo: An Atlas of J.R.R. Tolkien's »The Lord of the Rings«. George Allen & Unwin – London, 1981; Ballantine – New York, 1981)*, Klett-Cotta – Stuttgart, 1982

Suvin, Darko
Poetik der Science Fiction. Zur Theorie und Geschichte einer literarischen Gattung, *(Metamorphoses of Science Fiction: On the Poetics and History of a Literary Genre. Yale University Press – New Haven/London, 1979)* Frankfurt a. M., 1979

Tedhams, Richard Warren
Tolkien: An annotaded Glossary Magisterarbeit, University of Oklahoma, 1967

The Tolkien Papers. Mankato Studies in English, No. 2, Mankato State College Studies, Vol. 2, 1967

Thomas, Paul Edmund
Some of Tolkien's Narrators in: Flieger, Verlyn; Hostetter, Carl F. (Hrsg.): Tolkien's »Legendarium«, Greenwood – Westport/London, 2000

Tinkler, J.
Old English in Rohan in: Isaacs, Neil D; Zimbardo, Rose A. (Hrsg.): Tolkien and the Critics: Essays on Tolkien's The Lord of the Rings – Notre Dame/London, 1968

Tolkien, Christopher
Foreword to The Hobbit, 50th anniversary edition Unwin Hyman – London, 1987; Houghton Mifflin – Boston, 1987

Tolkien, John; Tolkien, Priscilla
The Tolkien Family Album Grafton Books – London, 1992; Houghton Mifflin – Boston, 1992

Tolkien, Priscilla
My Father the Artist in: Amon Hen – Bulletin of The Tolkien Society, 23, Dezember 1976

Tolkien Society
Leaves from the Tree. J.R.R. Tolkien's Shorter Fiction Tolkien Society – London, 1991

Tolkien-Times
unregelmäßig erscheinende Zeitschrift des Klett-Cotta-Verlages neuerer Untertitel: »Zeitschrift aus Mittelerde«

Tyler, J. E. A.; Reily, Kevin (Illustrator)
The Tolkien Companion
MacMillan – London, 1976;
St. Martin's – New York, 1976
überarbeitet als:
The New Tolkien Companion
MacMillan – London, 1979;
St. Martin's – New York, 1979

Ugolnik, Anthony J.
Wordhoard Onleac: The Mediaeval
Sources of J.R.R. Tolkien's Linguistic
Aesthetic, in: Mosaic 10:2, 1977

Unwin, Rayner
Publishing Tolkien
in: Reynolds, Patricia; GoodKnight,
Glen H. (Hrsg.): Proceedings of the
J.R.R. Tolkien Centenary Conference,
1995

Urang, Gunnar
Shadows of Heaven: Religion and
Fantasy in the Writings of C.S. Lewis,
Charles Williams and J.R.R. Tolkien
United Church Press – Philadelphia,
1971

Weinreich, Frank
John R. R. Tolkien: The Lord of the
Rings. Lernmaterialien. Inhalt –
Hintergründe – Interpretation
Mentor – München, 2001

West, Richard C.
Tolkien Criticism: An Annotated
Checklist, Kent State University Press –
Kent 1970/1981

Wilson, Edmund
Axel's Castle
C. Scribner's Sons – New
York/London,

Wilson, Edmund
The Bit between my Teeth: A Literary
Chronicle of 1950-1965
Farrer, Straus and Giroux – New York,
1965

Wright, E. M.
The Life of Joseph Wright
Oxford, 1932

Wynne, Patrick; Hostetter, Carl F.
Three Elvish Verse-Modes: Ann-
thennath, Minlamad thent/estent, and
Linnod
in: Flieger, Verlyn; Hostetter, Carl F.
(Hrsg.): Tolkien's »Legendarium«,
Greenwood – Westport/London, 2000

Yates, Jessica,
Macaulay and »The Battle of the
Eastern Field«
in: Mallorn – Journal of The Tolkien
Society, 13, 1979

Yates, Jessica
The Source of »The Lay of Aotrou and
Itroun«
in: Tolkien Society: Leaves from the
Tree – London, 1991

Yates, Jessica
Tolkien the Anti-totalitarian',
in: Reynolds, Patricia; GoodKnight,
Glen H. (Hrsg.): Proceedings of the
J.R.R. Tolkien Centenary Conference,
1995

Zahnweh, Gudrun
Heldenfiguren bei Tolkien – Die
Hierarchie des Heldentums im
»Silmarillion« und im »Herrn der
Ringe« EDFC (Erster Deutscher
Fantasy Club) – Passau, 1995

3.2 Artikel, Kritiken und Rezensionen in Zeitungen und Zeitschriften

Auden, W. H.
The Hero Is a Hobbit
The Lord of the Rings –
The Fellowship of the Ring
New York Times, 31. Oktober 1954

Auden, W. H.
At the End of the Quest, Victory
The Lord of the Rings – The Return of
the King; New York Times, 22. Januar
1956

Barr, Donald.
Shadowy World of Men and Hobbits
The Lord of the Rings – The Two
Towers; New York Times, 1. Mai 1955

Ducksch, Stefan
Viele Wege zum schönen Sieg
Der Stern, 27.11.2000

Eaton, Anne T.
New Books for Young Readers: The
Hobbit. Or, There and Back Again
New York Times, 13. März 1938

Focus-Titel: 100 Buch-Tipps
Fantasy – Tollkühne Abenteuer (zur
Neuübersetzung von »Der Herr der
Ringe«)
Focus, 16.10.2000

Hönig, André
Uns ärgern echte Fehler. Interview mit
dem Vorsitzenden der DTG
Badische Zeitung, 15. August 2001

Kawa, Rainer
Dorthin und wieder zurück –
Zur Ausstrahlungskraft von
J. R. R. Tolkiens Roman-Mythos »Der
Herr der Ringe«, Frankfurter
Rundschau, 2. September 1978

Kohl, Susanne
Die Mutter aller Filme
cinema, September 2001

Lackner, Dorothée
Filmische Odyssee ins Reich der
Fantasy
Mannheimer Morgen, 22. August 2001

Lemm, Karsten
Die Hüter der heiligen Schrift
Der Stern, 21.2.2001

Lischka, Konrad
Digitales Kino: Computer träumen von
»Mittelerde«, Spiegel Online, 5. 10.
2000

Lischka, Konrad
Moderne durch die Hintertür
Telepolis (Netzmagazin), Heise-Verlag,
August 2001

Mitchison, Naomi
One Ring to Bind Them, in: New
Statesman and Nation 48, 18.
September 1954

Muir, Edwin
Strange Epic
Observer, 22. August 1954

Muir, Edwin,
The Ring
Observer, 21. November 1954

Muir, Edwin
A Boy's World
Observer, 27. November 1955

Pfirstinger, Rico
Herr der Ringe: Elijah Wood als
Hobbit? Focus-Online, 6. Mai 1999

Pfirstinger, Rico
Herr der Ringe: Ian McKellen und Ian
Holm als Gandalf und Bilbo
Focus-Online, 29. Juli 1999

Pfirstinger, Rico
Der Herr der Ringe: Offizielle Website
ist der Renner
Focus-Online, 26. April 2001

Raidt, Erik
Und eine Prise Spott: Tolkiens »Herr
der Ringe« – neu übersetzt und gelesen
Stuttgarter Zeitung, 3. Mai 2001

Renye, Christiane
Kitschalarm, Mittelbadische Presse,
4./5. August 2001

Schneidewind, Friedhelm
Es ist eine Gabe. Laudatio auf J. R. R.
Tolkien, in: Saarländisches Kultur-
Journal, 1/1992 – Saarbrücken, 1992

Schneidewind, Friedhelm
Der wahre Herr der Ringe
in: Die Leseprobe, Berlin 2001

Servos, Stefan
Die ganze Welt im Hobbit-Fieber
Space View, August und September
2001

Sturm, Rüdiger
Neue Tolkien-Übersetzung: Dalli Dalli
in Mittelerde, Der Spiegel, 3. 11. 2000

Tolkien, John Ronald Reuel
Interviews (Auswahl) mit/von:
25.05.1958: Keith Brace, Birmingham Post

03.08.1966: John Ezard, Oxford Mail
06.08.1966: Daphne Castell, Glasgow
             Herald
11.08.1966: Daphne Castell, Christian
             Science Monitor
22.11.1966: William Cater, Daily Express
15.01.1967: Philip Norman, Sunday Times
17.01.1967: Richard Plotz, Seventeen
25.03.1967: William Foster, The Scotsman
09.02.1968: Don Chapman (Anthony
             Wood), Oxford Mail
22.03.1968: Charlotte und Denis Plimmer,
             Daily Telegraph Magazine
16.12.1970: Denys Gueroult, Now Read
             On, BBC Radio 4
02.01.1972: William Cater, Sunday Times

Tolkiens wunderliche Welt
Tomorrow 26/2000

Toynbee, Philip
The Writer's Catechism
Observer, 23. April 1961

Toynbee, Philip, Observer, 6. 8. 1961

Wilson, Edmund
Oo, Those Awful Orcs! Nation 182, 14.
April 1956, nachgedruckt in:
Wilson, Edmund: The Bit between my
Teeth: A Literary Chronicle of 1950-
1965 – New York, 1965

Wolf, Martin
Goldrausch in Fantasia
Der Spiegel, 23. Juli 2001

3.3 Ausgewählte Internet-Seiten

www.ambar.de

www.anillounico.net

www.barrowdowns.com

www.edfc.de

www.elbenwald.de

www.elvenrunes.com/

www.erols.com/aelfwine/Tolkien/
linguistics/resources.html

www.geocities.com/Athens/
Parthenon/9902/

www.glyphweb.com/arda/

www.herr-der-ringe-film.de

www.hobbitpresse.de

www.houghtonmifflin.com/

www.incantatio.de

www.klett-cotta.de

www.lordoftherings.net

www.lotr-movie.com

www.lotrw.cjb.net

www.mittelerde-rollenspiel.de3

www.mordor.ch/frodo/webring/
wrindex.html

www.mordor.ch/tolkien/

mouthofsauron.com

www.newline.com

onering.virbius.com/

www.planet-tolkien.com

www.theoldforest.cjb.net

www.theonering.net

www.therealmofthering.cjb.net

www.thetolkienist.cjb.net

www.tolkien.co.uk

www.tolkien.nu

www.tolkien-archives.com

tolkien.betovert.je/

tolkien.cro.net/

www.tolkien-ent.com

www.tolkiengesellschaft.de

www.tolkien-movies.com

www.tolkienshop.com

www.tolkiensociety.org

www.tolkiens-welt.de

www.tolkienworld.de

www.uib.no/People/hnohf/

www.universal-infantry.com/tolkien

2   Weiterführende Literatur

A New English Dictionary on Historical
Principles (10 Bände); Oxford 1928
(erarbeitet seit 1988); 1932 neu
aufgelegt als »The Oxford English
Dictionary« (12 Bände); 1989 überarbeitete erweiterte 20-bänd. Ausgabe

Ackermann, Erich
Märchen der Bretagne
Frankfurt a. M. 1989

Aitken, Hannah; Michaelis-Jena, Ruth
Märchen aus Schottland
Reinbek bei Hamburg 1993

Alexander, Heine (Hrsg.)
Germanen und Germanien in römischen
Quellen, 1991

Alexander, Michael (Hrsg.)
Beowulf, London 1995

Alpers, Hans Joachim; Fuchs, Werner;
Hahn, Ronald M. (Hrsg.)
Reclams Science Fiction Führer
Stuttgart 1982

Alpers, Hans Joachim; Fuchs, Werner;
Hahn, Ronald M.; Jeschke, Wolfgang
Lexikon der Science Fiction Literatur
München 1980 (in zwei Bänden)
überarbeitete Neuauflage 1988 (in
einem Band)

Althoff, Gerd
Die Deutschen und ihr Mittelalter
Darmstadt 1992

Ancrene Wisse: Guide for Anchoresses
übersetzt von H. White
Penguin Classics, 1994

Anderson, Poul
Pfusch und Schlamperei in der Fantasy
(On Thud and Blunder, 1978)
in: Das Tor der fliegenden Messer –
München 1986

Anderson, Poul
Fantasy im Zeitalter der Wissenschaft
(Fantasy in the Age of Science, 1981)
in: Das Tor der fliegenden Messer –
München 1986

Andersson, Theodore M.
The epic source of Niflunga saga and
the Nibelungenlied.
In: Arkiv för Nordisk filologi 88, 1973

Andersson, Theodore M.
The Legend of Brynhild
Ithaca/London 1980

Angenendt, Arnold
Geschichte der Religiosität im
Mittelalter, Darmstadt 1997

Anglo-Saxon Poetry
herausgegeben und übersetzt von S. A.
Bradley, Everyman's Library, 1993

Anglo-Saxon Prose
übersetzt von M. Swanton
Everyman's Library, 1994

Arrowsmith, Nancy
Die Welt der Naturgeister
Frankfurt a. M. 1984

Ashe, Geoffrey
König Arthur, Düsseldorf/Wien 1986

Asmussen, J. Peter u. a. (Hrsg.)
  Handbuch der Religionsgeschichte
  (3 Bände)
  Göttingen 1971-1975

Baetke, Walter
  Art und Glaube der Germanen
  Hamburg 1938

Baetke, Walter
  Zur Religion der Skalden
  Firenze 1956

Baier, E.; Heer, B.
  Der Horrorfilm
  Frankfurt a. M. 1979

Bandini, Ditte und Giovanni
  Kleines Lexikon des Aberglaubens
  München 1999

Bandini, Ditte und Giovanni
  Kleines Lexikon des Hexenwesens
  München 1999

Bartlett, Robert
  Die Geburt Europas aus dem Geist der
  Gewalt
  Eroberung, Kolonisierung und
  kultureller Wandel von 950 bis 1350
  München 1996 (London 1993)

Bauer, Wolfgang; Dumotz, Irmtraud;
  Goodwin, Sergius
  Lexikon der Symbole
  München 1987

Baugh, A. C.; Cable, T.
  A history of the English language
  London, [4]1993

Baumann, Hans D.
  Horror. Die Lust am Grauen
  Weinheim/Basel 1989

Bausinger, Hermann
  Volkskunde
  Berlin 1972

Behn, Friedrich
  Die Bronzezeit in Nordeuropa
  Stuttgart 1967

Beit, Hedwig von
  Das Märchen
  Bern 1965

Beit, Hedwig von
  Symbolik des Märchens
  Bern 1971

Bellinger, Gerhard J.
  Knaurs Lexikon der Mythologie
  München 1989/Augsburg 2001

Bemmann, Klaus
  Der Glaube der Ahnen
  Essen 1990

Bender, Ellen
  Nibelungen und Kudrun
  Frankfurt a. M. 1987

Beowulf
  Band 1: Text
  Paderborn 1963

Beowulf
  Band 2: Kommentar
  Paderborn 1961

Beowulf
  Band 3: Glossar
  Paderborn 1962

Beowulf und das Finnsburg Bruchstück
  übertragen von Felix Genzmer
  Stuttgart 1953

Beowulf und die kleineren Denkmäler der
altenglischen Heldensage Waldere und
Finnsburg (3 Bände)
übertragen von J. Klegraf, W.
Kühlwein, D. Nehls und R.
Zimmermann
Heidelberg 1976-1982

Berendsohn, Walter A.
Zur Vorgeschichte des Beowulf
Vaduz 1986 (Nachdruck der Ausgabe
von Kopenhagen 1935)

Berndt, Helmut
Die Nibelungen. Auf den Spuren eines
sagenhaften Volkes
Bergisch Gladbach ²1987

Berndt, Helmut
Unterwegs zu den großen Sagen
Düsseldorf 1996

Bertholet, Alfred
Wörterbuch der Religionen
Stuttgart 1976

Bettelheim, Bruno
Kinder brauchen Märchen
München 1980 (New York 1975)

Betz, Werner
Die altgermanische Religion
Berlin 1962

Biedermann, Hans
Handlexikon der Magischen Künste
von der Spätantike bis ins 19. Jahrhundert, 2 Bände
Graz 1986

Biedermann, Hans
Wunderwesen – Wunderwelten
Graz 1980

Biedermann, Hans
Dämonen, Geister, dunkle Götter.
Lexikon der furchterregenden
mythischen Gestalten
Bindlach 1989/1999

Biedermann, Hans
Lexikon der Symbole
München 1989/Augsburg 2000

Biedermann, Hans
Lexikon der Magischen Künste
Wiesbaden 1998

Bierwirth, G.
Die Problematik des englischen
Schauerromans. Ein kritisches Modell
zur Behandlung diskriminierter
Literatur
Frankfurt a. M. 1970

Birkhan, Helmut (Hrsg.)
Keltische Erzählungen vom König
Arthur (Anthologie mehrerer
inselkeltischer Werke)
Kettwig 1989

Björkman, Erik
Studien über die Eigennamen im Beowulf
1920

Bjork, Robert E.; Niles, John D. (Hrsg.)
A Beowulf Handbook
University of Nebraska Press, 1997

Blumenberg, Hans
Arbeit am Mythos
Frankfurt a. M. 1979

Boardman, John
The Novels of Eric Rucker Eddisson
in: Amra, vol. 2, no. 5, 1955, sowie in:
Lion Sprague de Camp (Hrsg.): The
Blade of Conan, New York 1973

Bolton, W. F.
   The Middle Ages
   London 1993

Bonin, Felix von
   Kleines Handlexikon der
   Märchensymbolik
   Stuttgart 2001

Boor, Helmut de
   Die höfische Literatur
   München 1974

Bordwell, David
   Narration in the Fiction Film
   University of Wisconsin Press, 1987

Borges, Jorge Luis (mit Margarita Guerrero)
   Einhorn, Sphinx und Salamander.
   Das Buch der imaginären Wesen
   München 1993

Borghart, Kees H. R.
   Das Nibelungenlied. Die Spuren
   mündlichen Ursprungs in schriftlicher
   Überlieferung
   Amsterdam 1977

Borrmann, Norbert
   Lexikon der Monster, Geister und
   Dämonen. Die Geschöpfe der Nacht
   aus Mythos, Sage, Literatur und Film
   Berlin 2000

Borst, A.
   Lebensformen im Mittelalter
   Frankfurt a. M./Berlin 1985

Borst, Otto: Alltagsleben im Mittelalter
   Frankfurt a. M. 1983

Botheroyd, Sylvia; Botheroyd, Paul F.
   Lexikon der keltischen Mythologie
   München 1992

Botheroyd, Sylvia; Botheroyd, Paul F.
   Kelten
   Kreuzlingen/München 2001

Breuers, Dieter
   Ritter, Mönch und Bauersleut. Eine
   unterhaltsame Geschichte des
   Mittelalters
   Bergisch Gladbach 1994

Briggs, Nancy
   Dictionary of fairies: Hobgoblins,
   brownies, bogies and other supernatural
   creatures
   London 1976

Brogsitter, K.O.
   Artusepik
   Stuttgart [2]1971

Bruce, James D.
   The Evolution of Arthurian Romance
   from the Beginnings down to 1300
   Gloucester [2]1958

Brunner-Traut, Emma (Hrsg.)
   Die fünf großen Weltreligionen
   Freiburg 1974

Buisson, Ludwig
   Der Bildstein Ardre VIII auf Gotland.
   Göttermythen, Heldensagen und
   Jenseitsglaube der Germanen im
   8. Jahrhundert nach Christus
   Göttingen 1978

Bumke, Joachim
   Die Quellen der Brünhildfabel im
   Nibelungenlied, in
   Euphorion 54, 1960

Burgess, Glyn S.
   Chrétien de Troyes
   London 1984

Burguière, André et al. (Hrsg.)
Geschichte der Familie. Mittelalter
Frankfurt a. M. 1997 (Paris 1986)

Burkert, Walter
Antike Mysterien. Funktionen und Gehalt
München 1994

Burri, Margrit
Germanische Mythologie zwischen
Verdrängung und Verfälschung
Zürich 1982

Burrow, J. A.
Medieval Writers and Their Work:
Middle English Literature and its
Background 1100-1500
Oxford 1992

Burrow, J. A.; Turville-Petre, Thorlac
A Book of Middle English
(u. a.: Ancrene Wisse; Sir Orfeo;
Sir Gawain and the Green Knight)
Oxford [4]1995

Butler, Ivan
The Horror Film
London 1967

Campbell, Joseph
Der Heros in tausend Gestalten
Frankfurt a. M. 1953

Campbell, Joseph
Mythen der Menschheit
München 1993

Capelle Thorsten
Die Wikinger. Kultur und Kunstgeschichte
Darmstadt 1988

Cavendish, Richard
King Arthur and the Grail
London 1978

Cavendish, Richard; Lind, Trevor (Hrsg.)
Mythologie der Weltreligionen
München 1985

Chambers, Edmund K.
Arthur of Britain
(Anthologie mittelalterlicher
Artus-Bearbeitungen)
London 1966

Chadwick, H. Munro
The Heroic Age
Cambridge 1917

Chant, Joy
Könige der Nebelinsel
Bergisch Gladbach 1984

Chase, Colin (Hrsg.)
The Dating of Beowulf
Toronto 1997

Chrétien De Troyes
Erec und Enide
übersetzt von Albert Gier, zweisprachig
Stuttgart 1987

Chrétien De Troyes
Perceval oder die Geschichte vom Gral
übersetzt von Konrad Sandkühler
Stuttgart [7]1990

Chrétien De Troyes
(oder vollendet durch seine Nachfolger)
Perceval – Der Gralskönig
übersetzt von Konrad Sandkühler
Stuttgart [3]1983

Chrétien De Troyes
(oder vollendet durch seine Nachfolger)
Irrfahrt und Prüfung
des Ritters Perceval
übersetzt von Konrad Sandkühler
Stuttgart [4]1990

Chrétien De Troyes
(oder vollendet durch seine Nachfolger)
Gauwain sucht den Gral
übersetzt von Konrad Sandkühler
Stuttgart [4]1986

Crystal, D.
The Cambridge encyclopedia of the
English language
Cambridge 1995

Clemen, Carl (Hrsg.)
Die Religionen der Erde (4 Bände)
München [2]1966

Clute, John; Grant, John (Hrsg.)
The Encyclopedia of Fantasy
St Martin's – New York, 1997

Coenen, Dorothea; Holzapfel, Otto
Germanische und keltische Mythologie
Freiburg/Br. 1982

Conrad, H.
Die literarische Angst.
Das Schreckliche in Schauerromantik
und Detektivgeschichten
Düsseldorf 1974

Cooper, J. C.
Illustriertes Lexikon
der traditionellen Symbole
Wiesbaden 1986

Cornwell, Neil
The Literary Fantastic
Hempstead 1990

Crossley-Holland, Kevin
The Norse Myths
London 1980

Cunliffe, Barry
Die Kelten und ihre Geschichte

(The Celtic World, Maidenhead 1979)
Bergisch Gladbach 1980

Dahn, Felix
Walhall.
Germanische Götter- und Heldensagen
Leipzig 1914

Das Nibelungenlied
übertragen von Helmut de Boor
München 1959

Das Nibelungenlied
übertragen, eingeleitet und erläutert von
Felix Genzmer – Stuttgart 1965

Das Nibelungenlied (2 Bände)
übertragen von Helmut Brackert
Frankfurt a. M. 1970

Das Waltharilied und die Waldere-
Bruchstücke,
übertragen, eingeleitet und erläutert von
Felix Genzmer
Stuttgart 1982

Davidson, H. R. Ellis
Gods and Myths of Northern Europe
Harmondsworth 1964

Davidson, H. R. Ellis
Scandinavian Mythology
London 1982

De Camp, Lion Sprague (Hrsg.)
The Blade of Conan
New York 1973

Delmer, F Sefton
English Literature.
From Beowulf to T. S. Eliot.
For the use of schools, universities and
private students
Hildesheim [41]1984

Der Schlangenkamm
Finnische und esthnische Volksmärchen
Jena 1922

Derolez, R. L. M.
Götter und Mythen der Germanen
1974

Deutscher Minnesang 1150 – 1300
Einführung/Auswahl Friedrich Neu-
mann, Übertragung Kurt Erich Meurer
Stuttgart 1978

Die Edda – 1. Band: Heldendichtung
übertragen von Felix Genzmer
Jena [4]1934 (11912)

Die Edda – 2. Band:
Götterdichtung und Spruchdichtung
übertragen von Felix Genzmer
Jena [3]1934 (11920)

Die Edda – Götterdichtung, Spruchweisheit
und Heldengedichte der Germanen
übertragen von Felix Genzmer
Düsseldorf/Köln 1981

Die Edda – Göttersagen, Heldensagen und
Spruchweisheiten der Germanen
übertragen von Karl Simrock,
Nachwort von Harri Günther
Berlin 1987

Die Geschichte Thidreks von Bern
übertragen von Fine Erichsen
Jena 1924

Die Geschichte vom Skalden Egil
übertragen von Felix Niedner
Jena 1923

Die Geschichte vom weisen Njal
übertragen von Andreas Heusler
Jena 1914

Die Geschichte von dem starken Grettir
dem Geächteten
übertragen von Paul Herrmann
Jena 1922

Die Geschichte von den Leuten aus dem
Lachswassertal
übertragen von Rudolf Meißner
Jena 1923

Die Götterlieder der älteren Edda
übersetzt von Karl Simrock
Stuttgart 1960

Die jüngere Edda
übertragen von Gustav Neckel und
Felix Niedner
Jena 1925

Die Nibelungen
In der Wiedergabe von Franz Keim
Frankfurt a.M., o. J.

Die Saga von Gisli Sursson
übertragen u. erläutert von F. B. Seewald
Stuttgart o. J.

Diederichs, Ulf (Hrsg.)
Germanische Götterlehre.
Textauswahl der Lieder und der Snorra-
Edda, mit mythologischem Wörterbuch
Köln 1984/München 1989

Diederichs, Ulf (Hrsg.)
Der Märchenpalast (3 Bände)
München 1992

Döbler, Hannsferdinand
Die Germanen
Gütersloh 1975

Donovan, Frank
Zauberglaube und Hexenkult
London 1973

Duby, Georges (Hrsg.)
Geschichte des privaten Lebens. (2 Bd.)
Frankfurt a. M. 1990

Dumezil, Gorges
Loki
Paris 1948

Earl, James W.
Thinking About Beowulf
Stanford 1996

Eco, Umberto
Kunst und Schönheit im Mittelalter
(Arte e belleza nell'astetica medievale,
Mailand 1987)
Wien 1991/München 1993

Egil's Saga
Übertragung aus dem Isländischen ins
Englische durch Eric Rucker Eddisson
Cambridge 1930

Egler, Aulo
Germanen. Vom ersten Jahrhundert
bis zu Karl dem Großen
Augsburg 1989

Egli, Hans
Das Schlangensymbol
Olten 1982

Eliade, Mircea
Mythen. Träume und Mysterien
Salzburg 1961

Eliade, Mircea
Ewige Bilder und Sinnbilder.
Über die magisch-religiöse Symbolik
Frankfurt a. M. 1998

Eliade, Mircea; Couliano, Ioan P.
Handbuch der Religionen
Zürich/Frankfurt a. M. 1997

Elias, Norbert
Der Prozeß der Zivilisation
Frankfurt a. M. 1977

Emrich, Wilhelm
Hebbels Nibelungen.
Götzen und Götter der Moderne
Mainz 1974

Ennemoser, Josef
Geschichte der Magie
1844

Ennemoser, Josef
Geschichte der Hexerei
1893

Ervast, Pekka; Joensuu, Tapio; Jenkins,
John Major
The Key to the Kalevala

Evola, Julius
Das Mysterium des Grals
Schwarzenburg 1987

Fahlbusch, E. (Hrsg.)
Taschenlexikon Religion und Theologie
Göttingen 1983

Falck-Ytter, Harald
Kalevala. Erdenmythos und
Menschheitszukunft
Stuttgart 1993

Fantasy – was ist das?
Ein Lehrbrief in sieben Artikeln des
Klett-Cotta-Verlages
Stuttgart 1985

Feige, Marcel
Fantasy-Lexikon. Xena, Conan, Artus
& der kleine Hobbit – Mythen,
Legenden und Sagen der Fantasy
Berlin 2000

Fischer, Hans W.
Götter und Helden. Germanisch-
deutscher Sagenschatz aus einem
Jahrtausend
Berlin 1935

Fischer, Hans W.
Germanisch-deutscher Sagenschatz
Eltville am Rhein 1985

Fischer-Fabian, S.
Die ersten Deutschen
München 1985

Fletcher, Robert H.
The Arthurian Material in the
Chronicles. Especially those of Great
Britain and France
New York 1966

Frenzel, Elisabeth
Stoffe der Weltliteratur
Stuttgart [7]1988

Früh, Sigrid (Hrsg.)
Märchen von Drachen
Frankfurt a. M. 1988

Früh, Sigrid (Hrsg.)
Märchen von Schwanenfrauen und
verzauberten Jünglingen
Frankfurt a. M. 1988

Galling, Kurt (Hrsg.)
Die Religion in Geschichte und
Gegenwart (RGG). Handwörterbuch für
Theologie und Religionswissenschaft (6
Textbände und 1 Registerband)
Tübingen 1957-1965

Garte, H. J.
Kunstform Schauerroman. Eine
morphologische Begriffsbestimmung
Leipzig 1935

Gellner, Ernst
Pflug, Schwert und Buch.
Grundlinien der Menschheitsgeschichte
Stuttgart 1990/ München 1993

Genzmer, Felix
Germanische Schöpfungssagen
Jena 1944

Geoffrey of Monmouth
The History of the Kings of Britain
aus dem Latein. von Lewis Thorpe
London 1966

Geoffrey of Monmouth
Vita Merlini –
Das Leben des Zauberers Merlin
aus dem Latein. von Inge Vielhauer
Amsterdam 1964

Giesen, Rolf
Der phantastische Film. Zur Soziologie
von Horror, Science Fiction und
Fantasy im Kino (2 Bände)
Schondorf 1981

Giesen, Rolf
Lexikon des phantastischen Films
(2 Bände)
Frankfurt a. M./Berlin/Wien 1984

Giesen, Rolf
Sagenhafte Welten. Der phantastische
Film
München 1990

Gilson, E.
Der Geist der mittelalterlichen
Philosophie
Wien 1950

Gisli der Geächtete
übertragen von Ludwig Meyn
Hamburg 1925

Glasenapp, Helmut von
Die fünf Weltreligionen: Hinduismus,
Buddhismus, Chinesischer
Universismus, Christentum, Islam
Kreuzlingen/München 1963/2001

Glauser, Jürg; Kreutzer, Gert (Hrsg.)
Isländische Märchensagas
Darmstadt 1998

Godwin, Malcom
Der Heilige Gral. Ursprung,
Geheimnis und Deutung einer Legende
München 1994

Golowin, Sergius; Eliade, Mircea;
Campbell, Joseph
Die großen Mythen der Menschheit
Freiburg/Basel/Wien 1998

Golther, Wolfgang
Handbuch der germanischen
Mythologie
Reprint von 1908: Stuttgart 1980

Gordon, Eric Valentine
An Introduction to Old Norse
Oxford 1927

Gottfried von Straßburg
Tristan
aus dem Mittelhochdeutschen von
X. von Ertzdorff, D. Scholz, C. Voelkel
München 1979

Gottschalk, Herbert
Lexikon der Mythologie
Berlin 1973
(Taschenbuch München 1993)

Gottzmann, Carola L.
Artusdichtung
Stuttgart 1989

Graubart, Mark
Astrology and Alchemy:
Two Fossil Sciences
New York 1953

Green, Roger Lancelyn
Myths of the Norsemen
London 1970

Green, Roger Lancelyn (Hrsg.   )
The Hamish Hamilton Book of Dragons
London 1970

Grimal, Pierre (Hrsg.)
Mythen der Völker
Frankfurt a. M. 1967

Grimm, J. & W.
Irische Elfenmärchen
Frankfurt a. M. 1987

Grimm, Jakob Ludwig Karl
Deutsche Mythologie
Graz 1968 (Nachdruck der 4. Auflage
von 1875-1878)

Grombach, Wilhelm
Kultur und Religion der Germanen
Darmstadt 1978

Gruppe, O.
Geschichte der Klassischen Mythologie
und Religionsgeschichte
Leipzig 1921

Gulian, C. I.
Mythos und Kultur. Zur
Entwicklungsgeschichte des Denkens
Wien 1972

Hahn, Ronald M.; Giesen, Rolf
Das neue Lexikon des Fantasy-Films
Berlin 2001

Hahn, Ronald M.; Jansen, Volker
Lexikon des Horrorfilms
Bergisch Gladbach 1989

Hahn, Ronald M.; Jansen, Volker
Lexikon des Science Fiction-Films
München 1997

Hahn, Ronald M.; Jansen, Volker;
Stresau, Norbert
Lexikon des Fantasy-Films
München 1986

Hale, John
Die Kultur der Renaissance in Europa
München 1994 (London 1993)

Hansen, Walter
Asgard. Entdeckungsfahrt in die
germanische Götterwelt
Bergisch Gladbach 1985

Hartmann von Aue
Erec. Übersetzung aus dem Mittelhochdeutschen von Thomas Cramer,
zweisprachig, Frankfurt a. M. 1972

Hartmann von Aue
Iwein
Text und übersetzt von Thomas Cramer
Berlin 21968

Hartmann, Wilfried (Hrsg.)
Mittelalter.
Annäherungen an eine fremde Zeit
Regensburg 1993

Hauck, Karl (Hrsg.)
Zur germanisch-deutschen Heldensage
Darmstadt 1961

Hausig, Hans W. (Hrsg.)
Wörterbuch der Mythologie (2 Bände)
Stuttgart 1971

Hederich, Benjamin
Gründliches mythologisches Lexikon.
Reprographischer Nachdruck der
Ausgabe von 1770
Darmstadt 1996

Heiler, Friedrich
Die Religionen der Menschheit
Stuttgart 1959

Heinzle, Joachim (Hrsg.)
Geschichte der deutschen Literatur von
den Anfängen bis zum Beginn der
Neuzeit
Frankfurt a. M. 1988

Heinzle, Joachim
Das Nibelungenlied. Eine Einführung
Frankfurt a. M. 1994

Heinzle, Joachim; Waldschmidt,
Anneliese (Hrsg.)
Die Nibelungen. Ein deutscher Wahn,
ein deutscher Alptraum
Frankfurt a. M. 1991

Heitmann, Heinrich
Odin
Vlotho an der Weser 1937

Heldenlieder der Edda
übertragen, eingeleitet und erläutert von
Felix Genzmer
Stuttgart 1952

Herrmann, Joachim
Germanen und Slawen in Mitteleuropa.
Zur Neugestaltung der ethnischen
Verhältnisse zu Beginn des Mittelalters
Berlin 1984

Herrmann, Paul
Deutsche Mythologie
Berlin 1910 – Reprint Stuttgart ca. 1980

Hetmann, Frederik
    Keltische Märchen
    Frankfurt a. M. 1975

Hetmann, Frederik
    Traumgesicht und Zauberspur
    Frankfurt a. M. 1982

Hetmann, Frederik
    Die Reise in die Anderswelt
    Frankfurt a. M. 1984

Hetmann, Frederik
    Märchen aus England
    Frankfurt a. M. 1991

Heusler, Andreas
    Nibelungensage und Nibelungenlied
    Dortmund 1965 (1921)

Höfer, J.; Rahner, K. (Hrsg.)
    Lexikon für Theologie und Kirche
    Freiburg 1957 ff

Hoffmann, Erich
    Die heiligen Könige bei den Angel-
    sachsen und den germanischen Völkern
    Neumünster 1975

Hoffmann, Werner
    Das Nibelungenlied
    Stuttgart 1987

Holz, Georg
    Der Sagenkreis der Nibelungen
    Leipzig 1914

Hoops, Johannes
    Kommentar zum Beowulf
    Heidelberg [2]1965

Hope, Murry
    Magie und Mythologie der Kelten
    München 1987

Huizinga, Johann
    Herbst des Mittelalters. Studien über
    Lebens- und Geistesformen
    des 14. und 15. Jahrhunderts in
    Frankreich und in den Niederlanden
    Stuttgart, verschiedene Auflagen
    (Original Niederlande 1919)

Hutterer, Claus Jürgen
    Die germanischen Sprachen
    Budapest 1975

Immermann, Karl
    Merlin, eine Mythe
    in: Werke – Wiesbaden 1977

Jens, Hermann
    Mythologisches Lexikon
    München 1958/1981

Jones, Gwyn
    A History of the Vikings
    London 1973

Jones, Gwyn
    Eirik the Red and other Icelandic Sagas
    Oxford 1982

Jordan, Michael
    Mythen der Welt
    Bern/München/Wien 1997

Jung, Emma; Franz, Marie-Louise vom
    Die Gralslegende in psychologischer Sicht
    Olten/Freiburg/Br.1983

Kenny, Anthony (Hrsg.)
    Illustrierte Geschichte der westlichen
    Philosophie
    Frankfurt a. M./New York 1995

Kerényi, Karl (Hrsg.)
    Die Eröffnung des Zugangs zum Mythos
    Darmstadt 1967

Kieckhefer, Richard
  Magie im Mittelalter
  München 1992

Kirby, W. F.
  Kalevala: or the Land of Heroes
  Society of Metaphysicians, 1996

Klingenberg, Heinz
  Edda – Sammlung und Dichtung
  Basel/Stuttgart 1974

Kluge, Manfred
  Das Buch Merlin
  (Anthologie von Merlinbearbeitungen)
  München 1980

Knapp, Fritz Peter
  Nibelungenlied und Klage. Sage und
  Geschichte, Strukturen und Gattung.
  Passauer Nibelungengespräche 1985
  Heidelberg 1987

Koch, Hans Jürgen
  Die deutsche Literatur in Text und
  Darstellung: Mittelalter I
  Stuttgart 1982

Köhler, Erich
  Ideal und Wirklichkeit in der höfischen
  Epik. Studien zur frühen Artus- und
  Gralsdichtung
  Tübingen 21970

König Artus und seine Tafelrunde
  Europäische Dichtung des Mittelalters
  Sammlung der wichtigsten
  Artusdichtungen
  Stuttgart 1982

Kralik, Dietrich von
  Die Sigfridtrilogie im Nibelungenlied
  und in der Thidrekssaga
  Halle an der Saale 1941

Krause, G.; Müller, G. (Hrsg.)
  Theologische Realenzyklopädie
  Berlin/New York 1977 ff

Kühn, Dieter
  Der Parzival des Wolfram von
  Eschenbach
  Frankfurt a. M. 1986

Langosch, Karl
  Europäische Literatur des Mittelalters
  Düsseldorf 1966

Langosch, Karl (Hrsg.)
  König Artus und seine Tafelrunde
  (Anthologie mittelalterlicher Werke)
  Stuttgart 1980

Larioux, Bruno
  Tafelfreuden im Mittelalter
  Stuttgart/Zürich 1992

Laxdaela Saga
  Übertragung ins Englische durch
  Magnus Magnusson u. Hermann Palson
  Harmondsworth 1969

Lee, Alvin A.
  Gold-Hall & Earth-Dragon: »Beowulf«
  As Metaphor
  Toronto 1999

Lehmann, Alfred
  Aberglaube und Zauberei von den
  ältesten Zeiten an bis zur Gegenwart
  Stuttgart 1925

Lévi-Strauss, Claude
  Mythologica I-IV
  Frankfurt a. M. 1976

Leyen, Friedrich von der
  Die deutschen Heldensagen
  München 1912

Leyen, Friedrich von der
  Deutsches Mittelalter
  Frankfurt a. M. 1980

Lissner, Ivar; Rauchwetter, Gerhard
  Glaube – Mythos – Religion
  Bindlach 1990

List, Guido von
  Der Übergang vom Wotanismus zum
  Christentum
  Wien 1910

Lönnrot, Elias
  Kalevala. Das Nationalepos der Finnen
  mit 20 Holzschnitten von Osmo Niemi
  Rostock 2001 (1. Auflage 1998)

Lönnrot, Elias; Fromm, Hans
  Ditzingen 1985

Lönnrot, Elias; Magoun, Francis P.
  The Kalevala:
  Or Poems of the Kaleva District
  Harvard 1985

Loomis, Roger S.
  The Grail – from Celtic myth to
  Christian Symbol
  Cardiff/New York 1963

Loomis, Roger S.; Loomis, Laura H.
  Arthurian Legends in Art
  New York 1970

Lorenz, Gottfried
  Gylfaginning von Snorri Sturluson –
  Texte – Übersetzung – Kommentar
  Darmstadt 1984

Löwe, Heinz
  Religiosität und Bildung im frühen
  Mittelalter. Ausgewählte Aufsätze
  Weimar 1993

Isländische Heldenromane
  übertragen von Paul Herrmann
  Jena 1923

Löpelmann, Martin
  Keltische Sagen aus Irland
  München 1988

Lurker, Manfred
  Lexikon der Götter und Dämonen
  Stuttgart 1984

Lurker, Manfred
  Wörterbuch der Symbolik
  Stuttgart 1985

Mackensen, Lutz
  Die Nibelungen
  Hamburg 1984

Malinowski, Bronislaw
  Magie, Wissenschaft und Religion
  Frankfurt a. M. 1973

Malory, Thomas
  König Artus
  Übersetzung von Helmut Findeisen
  Frankfurt a. M. 1977

Markale, Jean
  Siegfried ou l'or du Rhin
  Paris 1984

Markale, Jean
  Die keltische Frau
  München [2]1985

Markale, Jean
  Die Druiden
  München 1989

Matthew, Donald
  Weltatlas der alten Kulturen, Mittelalter
  München 1983

Matthews, Jon; Matthews, Caitlin
  Lexikon der keltischen Mythologie
  München 1994

McCoy, Edain
  Die keltische Zauberin
  München 2000

McCrum, R.; MacNeil, R.
  The Story of English
  London 1987

Meissner, Rudolf
  Die Kenningar der Skalden
  Leipzig 1921

Menghin, Wilfried
  Kelten, Römer und Germanen
  München 1980

Mensching, Gustav
  Allgemeine Religionsgeschichte
  Heidelberg [2]1949

Mensching, Gustav (Hrsg.)
  Handbuch der Religionswissenschaft
  Berlin 1948

Meyer, Richard M.
  Altgermanische Religionsgeschichte
  Berlin 1909 – Reprint Stuttgart ca. 1980

Middleton, Roger (Hrsg.)
  Arthurian Romace; in: Nottingham
  French Studies, Vol. 30 No. 2, 1991

Militz, Wolfgang:
  Mythen der Völker
  Stuttgart 1986

Minkwitz, J.
  Illustriertes Taschenwörterbuch der
  Mythologie aller Völker
  Leipzig 1870

Monaghan, Patricia
  Lexikon der Göttinen
  Bern/München/Wien 1997 (1991)

Mörschel, Thomas
  Die Historia vom heiligen Gral
  Saarbrücken 1994

Mörschel, Thomas (Hrsg.)
  Siegfried & Co. – Die Modernität
  des germanischen Mythos
  Saarbrücken 1995

Mühlhausen, L. (Hrsg.)
  Die vier Zweige des Mabinogi
  (mittelcymrischer Text)
  Tübingen [2]1988

Müller, Johannes
  Das Kulturbild des Beowulfepos
  1914

Müller, Ulrich; Mertens, V. (Hrsg.)
  Epische Stoffe des Mittelalters
  Stuttgart 1984

Nack, Emil
  Germanien
  Wien 1977

Nagel, Bert
  Das Nibelungenlied.
  Stoff, Form, Ethos
  Frankfurt a. M. 1965

Nebel, Gerhard
  Die Not der Götter.
  Welt und Mythos der Germanen
  Hamburg 1977

Neckel, Gustav
  Die Überlieferungen vom Gotte Balder
  Dortmund 1920

Nennius
Historia Brittonum –
The History of the Britons
englischsprachige Übersetzung aus dem
Lateinischen von Lewis Thorpe
Willits/Kalifornien

Newton, Sam
The Origins of »Beowulf« and the
Pre-Viking Kingdom of East Anglia
1999

Ninck, Martin
Wodan und germanischer
Schicksalsglaube
Jena 1935

Njal's Saga
Übertragung ins Englische durch Magnus
Magnusson und Hermann Palson
Harmondsworth 1968

Norden, Eduard
Die germanische Urgeschichte in
Tacitus' »Germania«
1920

Nordische Nibelungen. Die Sagas von den
Völsungen, von Rangar Lodbrok und
Hrolf Kraki,
übertragen von Paul Herrmann
Köln 1985 (Jena 1923)

Olrik, Axel
Ragnarök
Leipzig 1922

Ott, Inge
Kalevala
1979

Owen-Crocker, Gale R.
The Four Funerals in »Beowulf«
Manchester 2000

Oxenstierna, Eric Graf von
Die Nordgermanen
Stuttgart

Panzer, Friedrich
Studien zur germanischen
Sagengeschichte Beowulf
München 1910

Pennick, Nigel
Das Runenorakel
München 1990

Pentikainen, Juha; Poom, Ritva
Kalevala Mythology
Indiana University Press, 1999

Peterich, Eckhard
Götter und Helden der Germanen.
Kleine Mythologie
Olten/Freiburg [4]1955 (11937)

Peterich, Eckhard; Griemal, P.
Götter und Helden. Die klassischen
Mythen und Sagen der Germanen,
Griechen und Römer
Olten/Freiburg [4]1982

Phillips, Graham; Keatman, Martin
Artus. Die Wahrheit über den
legendären König der Kelten
München 1995 (London 1992)

Pors, Mette
The Vitality of the Arthurian Legend
Odense University 1988

Ranke-Graves, Robert v.
Griechische Mythologie (2 Bände)
Reinbek bei Hamburg 1982

Rebsamen, Frederick R.
Beowulf: A Verse Translation
London 1992

Religion in Geschichte und Gegenwart
(RGG): Handwörterbuch für Theologie
und Religionswissenschaft
Tübingen – 4. Auflage, erschienen
bisher 3 Bände seit 1998 (A-H)

Ridsen, Edward L.
Beasts of Time: Apocalyptic Beowulf
New York 1994

Rhŷs, John
Studies in the Arthurian Legend
New York 1966

Robert De Boron
Die Geschichte vom Heiligen Gral
übersetzt von Konrad Sandkühler
Stuttgart [3]1979

Robert De Boron
Merlin, Der Künder des Grals
übersetzt von Konrad Sandkühler
Stuttgart [2]1980

Röder, Brigitte; Hummel, Juliane;
Kunz, Brigitta:
Göttinnendämmerung. Das Matriarchat
aus archäologischer Sicht
München 1996

Romano, A.; Tenenti, A.
Die Grundlegung der modernen Welt
– Spätmittelalter – Renaissance –
Reformation
Frankfurt a. M. 1967

Rupp, Heinz (Hrsg.)
Nibelungenlied und Kudrun
Darmstadt 1978

Salewski, Michael
Zeitgeist und Zeitmaschine –
Science Fiction und Geschichte
München 1986

Sandkühler, Konrad
Das Weltenpferd. Keltische Sagen aus
England, Wales, Irland, Schottland und
der Bretagne
Stuttgart 1988

Scardigii, Piergiuseppe
Die Goten. Sprache und Kultur
München 1973

Scherf, Walter
Das Märchen-Lexikon. 2 Bände
München 1995

Schirmer, Ruth
Die Geschichte vom Schwanenritter
München 1992

Schlosser, Horst Dieter
Althochdeutsche Literatur – mit Proben
aus dem Niederdeutschen –
ausgewählte Texte mit Übertragungen,
Erläuterungen und einem Glossar
von Horst Dieter Schlosser
Frankfurt a. M. 1989

Schneidewind, Friedhelm
...denn wer die Mythen beherrscht
in: Mörschel, Thomas (Hrsg.):
Siegfried & Co.– Die Modernität des
germanischen Mythos.
Saarbrücken 1995

Schneidewind, Friedhelm
Das Lexikon rund ums Blut
Berlin 1999

Schneidewind, Friedhelm
Das Lexikon von Himmel und Hölle
Berlin 2000

Schneidewind, Friedhelm
Das ABC rund um Harry Potter
Berlin 2000

Schön, Wolf (Hrsg.)
Die schöne Mutter der Kultur. Unsere
Grundlagen in der antiken Welt
Stuttgart 1996

Schröder, Chr. M. (Hrsg.)
Die Religionen der Menschheit
Stuttgart 1961 ff

Schröder, Werner
Wolfram von Eschenbach, das
Nibelungenlied und »Die Klage«
Stuttgart 1989

Schücking, Levin Ludwig
Die Grundzüge der Satzverknüpfung im
Beowulf I. Teil
1904

Schücking, Levin Ludwig
Beowulfs Rückkehr.
Eine kritische Studie
1905

Schwab, Gustav
Sagen des klassischen Altertums

Sède, Gerard de
Das Geheimnis der Goten
Olten 1980

See, Klaus von
Germanische Heldensage.
Stoffe, Probleme, Methoden
Wiesbaden 1981.

Seesslen, Georg; Weil, Claudius
Kino des Phantastischen. Geschichte
und Mythologie des Horror-Films
Reinbek bei Hamburg 1980

Senior, William A.
Stephen R. Donaldson's "Chronicles of
Thomas Covenant": Variations on the
Fantasy Tradition
Kent/London 1995

Serraillier, Ian
Beowulf the Warrior
Bethlehem Books, 1994

Sills-Fuchs, Martha
Wiederkehr der Kelten
München 1983

Simek, Rudolph
Lexikon der germanischen Mythologie
Stuttgart 1984

Simek, Rudolph
Lexikon der altnordischen Literatur
Stuttgart 1987

Simrock, Karl
Handbuch der Deutschen Mythologie
mit Einschluß der nordischen
Bonn [4]1874

Singer, Samuel
Die Artussage
Bern/Leipzig 1926

Sir Gawain and the Green Knight, Pearl,
Cleanness, Patience
herausgegeben von A. C. Cawley und J.
J. Anderson
Everyman's Library, 1991

Snorri Sturluson
The Prose Edda
Cambridge 1954

Snorri Sturluson
  Gylfaginning
  Texte – Übersetzung – Kommentar von
  Gottfried Lorenz
  1984

Snorris Königsbuch (3 Bände)
  übertragen von Felix Niedner
  Jena 1922/23

Sommer, H. O. (Hrsg.)
  The Vulgate Version of the Arthurian
  Romances
  Washington 1908-1912

Spindler, Konrad
  Die frühen Kelten
  Stuttgart 1983

Stamer, Barbara
  Märchen von Nixen und Wasserfrauen
  Frankfurt a. M. 1987

Stamer, Barbara
  Märchen von Schicksal und
  Weissagung
  Frankfurt a. M. 1990

Stamer, Barbara; Zingsem, Vera
  Schlangenfrau und Chaos-Drache in
  Märchen, Mythos und Kunst.
  Schlangen- und Drachensymbolik im
  Kulturvergleich
  Stuttgart 2001

Stamm, Friedrich Ludwig
  Ulfilas oder die uns erhaltenen
  Denkmäler der gotischen Sprache
  Reprint der Ausgabe von 1872,
  Stuttgart

Sterath-Bolz, Ulrike (Hrsg.)
  Isländische Vorzeitsagas
  München 1997

Storch, Wolfgang (Hrsg.)
  Die Nibelungen. Bilder von Liebe,
  Verrat und Untergang
  (Ausstellungskatalog)
  München 1987

Tetzner, Reiner
  Germanische Göttersagen
  Stuttgart 1992

The Ancrene Riwle
  ins Englische durch M. B. Salu mit
  einem Vorwort von J. R. R.Tolkien
  London 1955

The Mabinogion
  Übersetzung aus dem Mittelcymrischen
  ins Englische von Jeffrey Gantz
  London 1981

The New English Dictionary (20 Bände)
  Oxford [2]1989 (1928 als »A New English
  Dictionary on Historical Principles«)

The Saga of Grettir the Strong
  ins Englische durch G. Hight
  London 1914

The Story of Burnt Njal
  Übertragung ins Englische durch
  George Webbe Dasent
  London 1911/Edinburgh 1961

Thomas, Edmund Paul
  Einführung zu »Der Wurm Ouroboros«
  von E. R. Eddisson, 1991
  in: E. R. Eddisson: Der Wurm
  Ouroboros, übersetzt von Helmut W.
  Pesch, Bergisch Gladbach 1993

Todorow, Tzvetan
  Einführung in die fantastische Literatur
  (Introduction à la litterature fantastique)
  München 1972 (Paris 1970)

Tolkien, Christopher
(Herausgeber und Übersetzer):
The Saga of King Heidrek the Wise
London 1960

Tolstoy, Nikolay
Auf der Suche nach Merlin
München 1987

Tonnelat, Ernest
La chanson de Nibelungen
Paris 1926

Tonnelat, Ernest
La légende des Nibelungen en
Allemagne au XIXe siècle
Paris 1952

Verhagen, Britta
Götter, Kulte und Bräuche der
Nordgermanen
Tübingen 1983

Vollmer's Wörterbuch der Mythologie aller
Völker
Stuttgart 1874

Vries, Jan de
Altgermanische Religionsgeschichte
Berlin 1956 – Reprint Berlin 1976

Vulpius, C. A.
Handbuch der Mythologie
Leipzig 1926, Reprint 1987

Wace
Roman de Brut
Edition par Ivor Arnold
Paris 1938-40

Wägner, Wilhelm
Nordisch-germanische Götter und
Helden
Leipzig 1887

Wais, K. (Hrsg.)
Der arthurische Roman
Darmstadt 1970

Wakefield, Ray M.
Nibelungen Prosody
The Hague 1976

Walker, Barbara G.
Das geheime Wissen der Frauen
Frankfurt a. M. 1993 (New York 1983)

Walter, Ernst; Mittelstädt, Hartmut (Hrsg.)
Altnordistik. Vielfalt und Einheit –
Erinnerungsband für Walter Baetke
Weimar 1989

Weber, Hartwig
Religion. Lexikon der Grundbegriffe in
Christentum und anderen Religionen
Reinbek bei Hamburg 1992

Weber, I.
Der englische Schauerroman
München/Zürich 1983

Westfalen, Timan
Beowulf 3150-55. Textkritik und
Editionsgeschichte
München 1967

White, T.H.
The Book of Merlyn
Austin 1977; London 1978

Widukind vom Corvey
Res Gestae Saxonicae – Die
Sachsengeschichte
Übersetzung aus dem Lateinischen von
Bernd Schneidmüller, zweisprachig
Stuttgart 1981

Wiebrock, Irene
Die Sippe bei den Germanen der
Frühzeit bis zum Ausgang der
Völkerwanderung
Marburg 1979

Wilhelm, Grönbech
Kultur und Religion der Germanen
(2 Bände)
Darmstadt 1987

Wilson, David M. (Hrsg.)
Kulturen im Norden. Die Welt der
Germanen, Kelten und Slawen
400-1000 nach Christus
München 1980

Wisniewski, Roswitha
Wohin gingen die Nibelungen wirklich.
Zum Stand der Nibelungenforschung
Saarbrücken 1990

Wissenschaftliche Buchgesellschaft
Die Schöpfungsmythen
Darmstadt 1996

Witte, Karsten (Hrsg.)
Theorie des Kinos
Frankfurt a. M. 1972

Wolfram vom Eschenbach
Parzival
Übersetzung aus dem
Mittelhochdeutschen von Wolfgang
Spiewok, zweisprachig
Stuttgart 1981

Wolfram vom Eschenbach
Titurel
herausgegeben von Albert Leitzmann
Halle 1902

Wolfram vom Eschenbach
Willehalm
Text von Werner Schröder,
neubearbeitet und übersetzt vom Dieter
Kartschoke, zweisprachig
Berlin 1989

Wolfram, Herwig
Das Reich und die Germanen zwischen
Antike und Mittelalter
Berlin 1990

Wulf, M. de
Geschichte der mittelalterlichen
Philosophie
Tübingen 1913

Wunderlich, Werner
Der Schatz des Drachentöters.
Materialien zur Wirkungsgeschichte des
Nibelungenliedes
Stuttgart 1977

Zingerle, A.; Mongardini, C. (Hrsg.)
Magie und Moderne
Berlin 1987

Zinn, K. G.
Kanonen und Pest. Über die Ursprünge
der Neuzeit im Mittelalter und
15.Jahrhundert
Opladen 1989

JEDEM SEIN LEXIKON

LEXIKON IMPRINT VERLAG

KAY WENIGER

Das große Personenlexikon des Films

Die Schauspieler, Regisseure, Kameraleute,
Produzenten, Komponisten, Drehbuchautoren,
Filmarchitekten, Kostümbildner, Cutter,
Tontechniker und Special Effects Designer
des 20. Jahrhunderts

Band 1
A – C

SCHWARZKOPF & SCHWARZKOPF

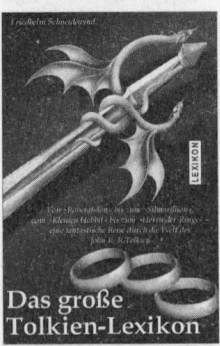

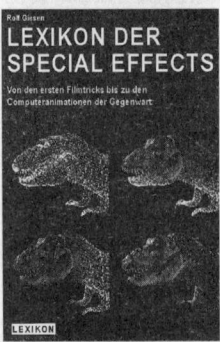

www.schwarzkopf-schwarzkopf.de • www.lexxxikon.de

J E D E M   S E I N   L E X I K O N

LEXIKON IMPRINT VERLAG

Egon Ludwig:
Das Tango-Lexikon

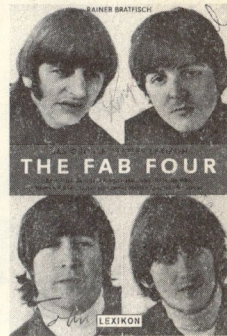

RAINER BRATFISCH
THE FAB FOUR

LEXIKON
Matthias Gründer
Lexikon der bemannten Raumfahrt
Raketen, Raumfahrzeuge und Astronauten

Egon Ludwig:
Música latinoamericana
Lexikon der lateinamerikanischen Volks- und Populärmusik

GRAND PRIX
Eurovision de la
Chanson

DAS GROSSE ABC DER FORMEL 1

LEXIKON
Das große Graffiti-Lexikon
Von Bernhard van Treeck

Horst-Dieter Radke
DAS LEXIKON DER COMPUTERPIONIERE

KLAUS RATHJE & JÜRGEN SACHT
HELMUT KOHL LEXIKON

Klaus Laubenthal
Lexikon der Knastsprache
Von Affenkotelett bis Zweidrittelgeier

Lexikon der Singer & Songwriter

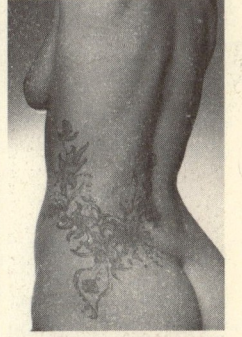

Dr. Bernhard van Treeck
Drogen- und Sucht-Lexikon

PUNK-LEXIKON

LEXIKON
Berndt Schulz
Lexikon der Road Movies

LEXIKON
Leo Moser
Eastern Lexikon

www.schwarzkopf-schwarzkopf.de • www.lexxxikon.de

Die Leseprobe

*Zweimal im Jahr informiert die umfangreiche kostenlose
farbige Zeitung »Die Leseprobe« über neue Sachbücher
aus den Berliner Verlagen Schwarzkopf & Schwarzkopf und
Lexikon Imprint zu den vielfältigsten Themen:*

*Lust & Liebe, Bildbände & Fotografie, Mode & Lifestyle,
Jugend & Szene, Politik & Zeitgeschehen, Musik & Musiker,
Graffiti & HipHop, Gothic & Wave, Punk & Alternative,
Film & Fernsehen, Medien & Kultur, Tattoo & Piercing,
Kosmos & Raumfahrt, Karl May, DDR-Themen und Lexikon-
Programm und vieles mehr.*

*Bestellen Sie jetzt ein Exemplar der »Leseprobe« –
kostenlos und ohne jede Verpflichtung.*

Per Post:
*Schwarzkopf & Schwarzkopf Verlag GmbH / Abt. Service
Kastanienallee 32, 10435 Berlin.*

Per Fax: 030 – 44 11 783

Per eMail:
info@schwarzkopf-schwarzkopf.de

Impressum
Friedhelm Schneidewind
DAS GROSSE TOLKIEN-LEXIKON
Von »Roverandom« bis zum »Silmarillion«,
vom »Kleinen Hobbit« bis zum »Herrn der Ringe« –
eine phantastische Reise durch die Welt
des John R. R. Tolkien

Titelbild: Ulrike Schneidewind
ISBN 3-89602-298-9

© Lexikon Imprint Verlag im Schwarzkopf & Schwarzkopf Verlag GmbH, Berlin 2001
Dieses Werk ist urheberrechtlich geschützt. Jede Verwendung, die über den Rahmen
des Zitatrechtes bei vollständiger Quellenangabe hinausgeht, ist honorarpflichtig
und bedarf der schriftlichen Genehmigung des Verlages.

Katalog
Wir senden gern den kostenlosen Katalog.
Schwarzkopf & Schwarzkopf Verlag Abt. Service, Kastanienallee 32, 10435 Berlin.
Service-Telefon: 030 – 44 33 63 043 / Service-Fax: 030 – 44 33 63 044

Internet
Ausführliche Informationen zum Verlagsprogramm finden Sie im Internet.
www.schwarzkopf-schwarzkopf.de • www.lexxxikon.de

E-Mail
info@schwarzkopf-schwarzkopf.de